U0901279

中国石油化工集团有限公司年鉴

CHINA PETROCHEMICAL CORPORATION YEARBOOK

2023

《中国石油化工集团有限公司年鉴》编委会　编

中国石化出版社
·北京·

图书在版编目（CIP）数据

中国石油化工集团有限公司年鉴．2023 /《中国石油化工集团有限公司年鉴》编委会编．-- 北京：中国石化出版社，2023.10

ISBN 978-7-5114-7297-7

Ⅰ．①中… Ⅱ．①中… Ⅲ．①石油化工厂—中国—2023—年鉴 Ⅳ．① F426.22-54

中国国家版本馆 CIP 数据核字（2023）第 207982 号

中国石化出版社出版发行

地址：北京市东城区安定门外大街 58 号

邮编：100011　电话：（010）57512500

发行部电话：（010）57512575

http：//www. sinopec-press. com

E-mail：press@ sinopec. com

北京科信印刷有限公司印刷

*

787 毫米 ×1092 毫米　16 开本　55.5 印张　66 彩页　1292 千字

2023 年 11 月第 1 版　2023 年 11 月第 1 次印刷

定价：480.00 元

《中国石油化工集团有限公司年鉴》2023年卷

编　委　会

《中国石油化工集团有限公司年鉴》2023年卷

编 辑 部

地　　址：北京市东城区安定门外大街58号
邮政编码：100011
电　　话：（010）57512414
电子信箱：shanxd@sinopec.com

The Editorial Department of
《CHINA PETROCHEMICAL CORPORATION YEARBOOK》

Add：58 Anwai Street, Dongcheng District, Beijing China
P.C：100011
Tel：+86-10-57512414
Email：shanxd@sinopec.com

编辑说明

一、《中国石油化工集团有限公司年鉴》(简称《年鉴》)是中国石油化工集团有限公司正式对外公布一定时期生产、经营、财务状况及有关数据资料的权威性出版物，向国内外公开发行。《年鉴》从1988年问世至今，已出版28卷。2023年卷《年鉴》为第29卷。

二、2023年卷《年鉴》全面、系统地记述了2022年集团公司在生产经营、深化改革、科技创新和企业管理等各方面的基本情况和重大事项，图文并茂，直观反映了集团公司及其所属企事业单位的新变化、新成果，为各级领导科学决策和科学管理提供依据，为集团公司内部和社会各界人士了解集团公司提供翔实、可靠、可鉴资料。

三、2023年卷《年鉴》文前设有特载。共设29个栏目：大事记、总述、境内油气勘探开发、境内石油工程、炼油生产、化工生产、境内炼化工程、新能源、产品销售、资本和金融业务管理、国际化经营、重点工程建设、公用工程、安全生产、绿色低碳、科研开发与管理、企业改革与管理、财务资本管理、组织人事管理、物资采购与管理、信息和数字化、内部监督、党的建设、宣传与企业文化、新闻与出版、企事业单位、人物、统计资料、附录。为便于读者查阅和检索，文前附中、英文目录，书后附企事业单位主题词索引和表题索引。

四、《年鉴》所收录的数据表中，空格表示该项统计数据不详，“—”表示无该项统计数据，“…”表示该项数据不足本表最小单位数。

五、《年鉴》中，“中国石油化工集团有限公司”简称“集团公司”，“中国石油化工股份有限公司”简称“股份公司”，两者统称“中国石化”。

六、《年鉴》中插图由各单位提供，图片版权归各单位所有。

七、在《年鉴》的编纂和出版过程中，承蒙有关单位领导、专家、管理人员的大力支持和帮助，在此，谨向为《年鉴》提供稿件和资料、对稿件进行审读把关及给予《年鉴》各种帮助的人士，致以诚挚的谢意！对2023年卷《年鉴》存在的缺点和疏漏，诚请广大读者批评指正。

《中国石油化工集团有限公司年鉴》编辑部

2023年8月

学习宣传贯彻党的二十大精神

中国石化坚持把学习宣传贯彻党的二十大精神作为首要政治任务，深入贯彻习近平总书记全面学习、全面把握、全面落实重要指示精神，切实加强组织领导，统筹推进各项工作，有力推动党的二十大精神在中国石化落实落地。

全面深化理论武装 坚持党组带头，围绕二十大报告和习近平总书记在二十大前后重要讲话开展8次专题学习研讨，深入理解内涵，精准把握外延，带动全系统迅速掀起学习贯彻热潮。党的二十大召开后，第一时间组织全系统大会，对学习宣传贯彻工作作出系统部署，制定印发《关于认真学习宣传贯彻党的二十大精神的通知》及配套运行表，明确7个方面措施、25项具体任务，纳入公司督办重点事项和党组巡视、党建考核重点内容，推动各级党组织层层压实责任、层层抓好落实。坚持“四屏联动”抓好学习组织，各级党组织开展集体学习2万余次，广大干部员工捍卫“两个确立”、践行“两个维护”的思想自觉、政治自觉和行动自觉不断增强。

全面开展培训宣讲 精心组织学习培训，分8期组织党组管理领导人员学

习贯彻党的二十大精神轮训。广泛开展宣讲活动，党组成员带头到分管领域、基层联系点宣讲20余场次，全系统7名党的二十大代表宣讲44场次，开展百名党委书记、万名党支部书记大宣讲，组建干部、专家、统战、青年等宣讲团，推动二十大精神直达基层、直通一线、走近群众。精心组织宣传引导，全系统1500多个媒体平台集中力量进行全方位宣传、多角度报道、深层次解读，充分展现学习贯彻新实践、新成效、新风貌和新典型，切实做到有声有色有气势、出新出彩出成效。

全面抓好贯彻落实 坚持以党的二十大精神统领全局工作、谋划未来发展，着力把党中央大政方针转化为中国石化的具体行动和落实措施。党组专题召开学习贯彻党的二十大精神研讨会，深入研究谋划2023年及未来一段时期工作思路；在公司工作会议上，进一步学习领会二十大精神实质，系统安排当前和今后一个时期重点任务，明确提出新征程上中国石化的新使命新任务，部署实施高质量发展行动，动员广大干部员工满怀信心谱写中国式现代化石化新篇章，为全面建设社会主义现代化国家、全面推进中华民族伟大复兴作出新的更大贡献。

董事长致辞

马永生

2022年是极不平凡、极为困难、极具挑战的一年。面对复杂多变的严峻形势、远超预期的不利局面、接踵而至的重大冲击，在以习近平同志为核心的党中央坚强领导下，中国石化以迎接学习贯彻党的二十大为强大动力，以学习贯彻习近平总书记视察胜利油田重要指示精神为工作指针，全面落实世界领先发展方略，凝心聚力推动高质量发展，坚定不移全面从严治党，以踔厉奋发的赶考姿态，推动各方面工作取得可喜成效和重要进展，在政治大年交出了饱含心血与汗水的合格答卷。

我们扎实开展"主题行动"，奋力将党的二十大战略部署和习近平总书记殷切嘱托转化为再立新功、再创佳绩的自觉行动。聚焦学习贯彻党的二十大和习近平总书记视察胜利油田重要指示精神，系统研究当前和今后一个时期重点任务，明确提出新征程上中国石化的新使命新任务，部署实施高质量发展行动，动员广大干部员工满怀信心谱写中国式现代化石化新篇章。扎实开展"牢记嘱托、再立新功、再创佳绩，迎接学习贯彻二十大"主题行动，锚定45项重点任务不放松，众志成城打赢生产经营攻坚战、科技创新突围战、深改行动收官战、疫情防控阻击战、安全生产保卫战，公司上下一盘棋应变局本领显著提升，搞好中国石化的志气、骨气、底气极大增强，捍卫"两个确立"、做到"两个维护"的思想自觉、政治自觉、行动自觉极大增强。

我们坚决扛起三大核心职责，以踔厉奋发、勇毅前行的进取精神迈向高质量发展新征程，取得更多丰硕成果。牢记习近平总书记"端牢能源饭碗"殷切嘱托，大力实施七年行动计划，"深地工程"全面启动，胜利济阳页岩油国家级示范区建设高标准推进，国内油气产量当量刷新历史纪录，国勘公司扭亏脱困取得重要进展。全力巩固优势产业主导地位，世界级炼化基地建设步伐加快，镇海一期、九江芳烃全面投产，海南乙烯建成中交，公司乙烯权益产能升至全球第二位。积极融入国家创新体系，投身国家战略科技攻关，超进度完成国务院国资委专项工程、国家能源局补短板工程，一批关键核心技术攻关取得重要进展。高质量完成深化改革三年行动各项任务，在国务院国资委考核中获评A级、国有企业公司治理示范企业。面对各种超预期因素叠加风险挑战，我们沉着应对、稳中求进、苦干实干，公司全年实现营业收入3.37万亿元、同比（下同）增长20.7%，利润总额1204.74亿元、增长3.34%，净利润952.39亿元、增长8.19%，均创历史最好水平，为稳住宏观经济大盘贡献了石化力量。

我们自觉扛起为党分忧、为国担当、为民造福的政治担当，积极履行社会责任，"党和人民好企业"形象更加彰显。千方百计筹措能源资源，持续提升供暖季天然气供应总量，护航亿万家庭温暖过冬。积极探索央企特色助力乡村振兴模式，定点帮扶成效考核连续5年获评为"好"。出色完成"飞扬"火炬牵头量产，高纯氢点亮"鸟巢"主火炬，服务保障北京冬奥工作赢得各方点赞。在抗击疫情、抢险救灾等急难险重任务中冲锋在前，多次立功受奖。深入实施"春蕾加油站""司机之家""爱心驿站"等公益项目，减免房租为中小企业和个体工商户纾难解困，农民工工资得到充分保障，民企清欠实现全面清理，"工装援疆"行动受到国务院国资委肯定，随着这些有创意、有温度、接地气的社会公益项目落地实施，公司"党和人民好企业"形象越擦越亮。

我们一以贯之、坚定不移全面从严治党，党建工作水平持续提升，风清气正、干事创业的政治生态持续巩固发展。深入贯彻落实新时代党的建设总要求和新时代党的组织路线，党建系统化、规范化、制度化水平进一步提升，中央企业党建工作责任制考核保持A档。坚持正确选人用人导向，持续选优配强领导班子，加大优秀年轻干部选拔使用力度，选人用人满意度创历史新高，能源化工领域重要人才集聚中心和创新高地建设成效初显。坚持务实创新融合抓党建，大力提升基层党建工作质量，推动各级党组织在企业改革发展稳定关键时期发挥关键作用。有力抓实意识形态阵地管理，正式发布第二批红色教育基地、十大社会责任示范项目，公司品牌价值连续6年居能源化工行业第一，品牌建设能力连续2年位居央企榜首。坚持"三不腐"一体推进，持续巩固深化靠企吃企专项整治成果，会风会纪整治、形式主义官僚主义纠治、为基层减负等工作取得更多实效。

成绩来之不易，凝结着以习近平同志为核心的党中央的亲切关怀，凝结着上级各部门、社会各界的指导帮助，凝结着广大客户和消费者的高度信赖，凝结着海内外合作伙伴的协作支持，也是公司全体干部员工辛勤付出、共同奋斗的结果。在此，我代表公司董事会、管理层，代表公司全体干部员工，向所有关心、支持和帮助中国石化的朋友们表示衷心的感谢！

2023年是全面贯彻落实党的二十大精神的开局之年、"十四五"承上启下的关键之年，同时也是中国石化成立四十周年，做好全年各项工作意义十分重大。我们将紧密团结在以习近平同志为核心的党中央周围，深入学习贯彻党的二十大精神和习近平总书记视察胜利油田重要指示精神，坚定信心，埋头苦干，全面推进高质量发展，加快打造具有强大战略支撑力、强大民生保障力、强大精神感召力的中国石化，满怀信心谱写中国式现代化石化新篇章，为全面建设社会主义现代化国家、全面推进中华民族伟大复兴作出新的更大贡献，以优异成绩庆祝中国石化成立四十周年。

我们将持续加强对外合作，与您携手共创更加灿烂美好的明天！

总经理致辞

2022年，国内外形势接连发生超预期变化，全球经济增长动能衰减，地缘政治波动加剧，油气价格宽幅震荡，市场需求大幅降低，公司生产经营遭遇前所未有的巨大挑战。面对严峻复杂局面，我们坚持以习近平新时代中国特色社会主义思想为指导，以“牢记嘱托、再立新功、再创佳绩，迎接学习贯彻二十大”为主线，全力稳运行拓市场、谋创新促发展、抓改革强管理、防风险守底线，公司全年实现营业收入3.37万亿元、增长20.7%，利润总额1204.74亿元、增长3.34%，净利润952.39亿元、增长8.19%，圆满完成国务院国资委“两利四率”指标要求，经营业绩创历史最好水平、保持中央企业前列。

我们全力以赴保运行，生产经营质量显著提升。国内上游大力落实七年行动计划，石油探明储量再上2亿吨，油气产量当量创历史新高。境外上游净利润和现金流实现“两个200亿”奋斗目标，经营业绩创近年来最好水平。炼油狠抓贸易、储运、生产三方协同，紧贴市场推进一体运行优化，产业链韧性充分彰显。化工全方位统筹优化原料、装置、产品结构，三大合成材料高附加值产品比例稳中有升，煤化工提质增效势头良好。油品销售有效应对市场消费大幅下降压力，全力承接配置资源、提高集采统采比例，有力稳住产业链运行、守住市场份额。炼油销售、化工销售、催化剂、石油工程、炼化工程等业务均取得较好经营业绩。

我们马不停蹄育先机，产业结构调整加快推进。重点油气产能建设项目加快推进，东营原油库迁建工程顺利投产，百万吨级CCUS项目投入商业运营，LNG接收站和储气库建设扎实推进。镇海基地一期、九江芳烃全面投产，海南乙烯建成中交，古雷炼化一体化项目实现商业运营，一批补链延链项目和化工新材料项目加快推进。新疆库车绿氢示范工程主体建成，建设和运营加氢站数量居全球首位，风电、光伏、地热等发展势头良好，成功组建国内首个碳全产业链科技公司。与卡塔尔签署27年LNG长约、列入中阿首脑峰会成果，与英力士签署一揽子合作协议，成功进入泰国成品油终端市场。

我们自立自强抓创新，科技攻关成果不断涌现。高质量推进国家战略科技攻关任务，国内首条万吨级48K大丝束碳纤维全国产化生产线建成投产，自主旋转地质导向钻井系统整体达到国际先进水平，POE、PVA光学膜、高等规聚1-丁烯、氦气提取、高温导热油等“卡脖子”技术取得重大突破，特深层油气勘探开发及工程、老油田大幅度提高采收率、页岩油气地质工程一体化、规模化绿电制绿氢、原油直接裂解制乙烯等关键核心技术攻关取得新进展。持续加强基础研究到工业应用的贯通式创新，成为国务院国资委首批原创技术策源地企业、氢能应用产业链链长。积极推进数字化转型专项行动计划落地，以“工业互联网+”、人工智能等10余项国家试点示范项目引领行业数智化发展。

我们多措并取促改革，企业管理效能持续彰显。全面完成深化改革三年行动，重点改革攻坚任务成效显著，易捷公司、镇海炼化、石化机械公司获评优秀“双百企业”，催化剂公司连续3年获评标杆“科改示范企业”。全面落实“两个一以贯之”，子企业董事会实现“应建尽建”，经理层成员任期制和契约化管理实现全覆盖，30户企业建立职业经理人制度。对标世界一流管理提升行动任务全面完成，加快建设世界一流企业实施方案制订发布，战略型集约化财务管控体系建设取得实质性进展，审计体制机制改革持续深化，公司管理能力和水平有效提升。稳妥应对乌克兰危机、疫情反复、全球通胀、油价震荡等各方面影响，守住了不发生系统性风险的底线，合规管理水平显著提升。

新一年开启新希望，新征程承载新梦想。我们将坚持以习近平新时代中国特色社会主义思想为指导，深入学习贯彻党的二十大精神和习近平总书记视察胜利油田重要指示精神，抢抓机遇、踔厉奋发、勇创一流，圆满完成全年各项目标任务，努力创造更好经营效益，以优异成绩庆祝中国石化成立四十周年！

组织机构图

（截至 2022 年底）

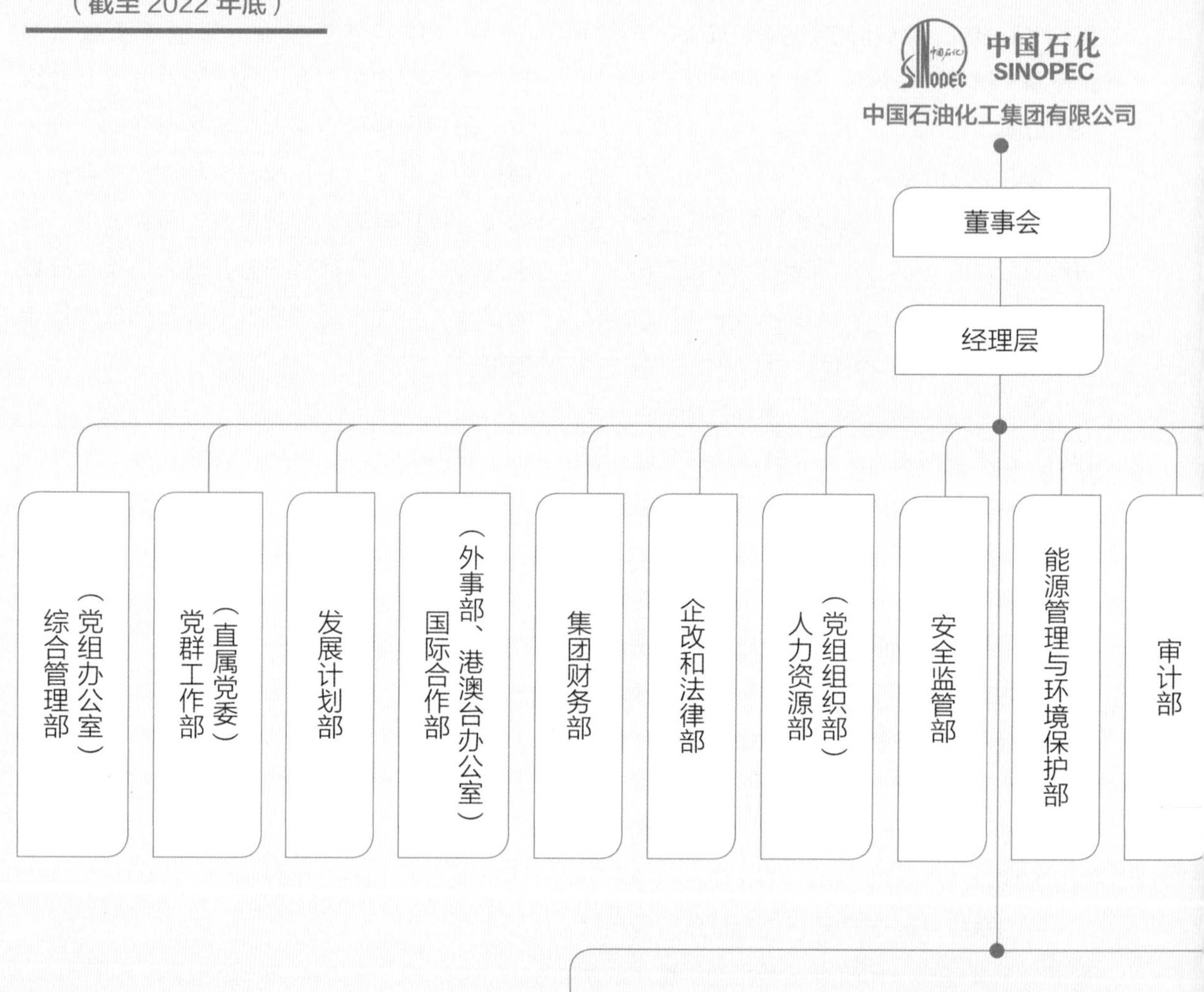

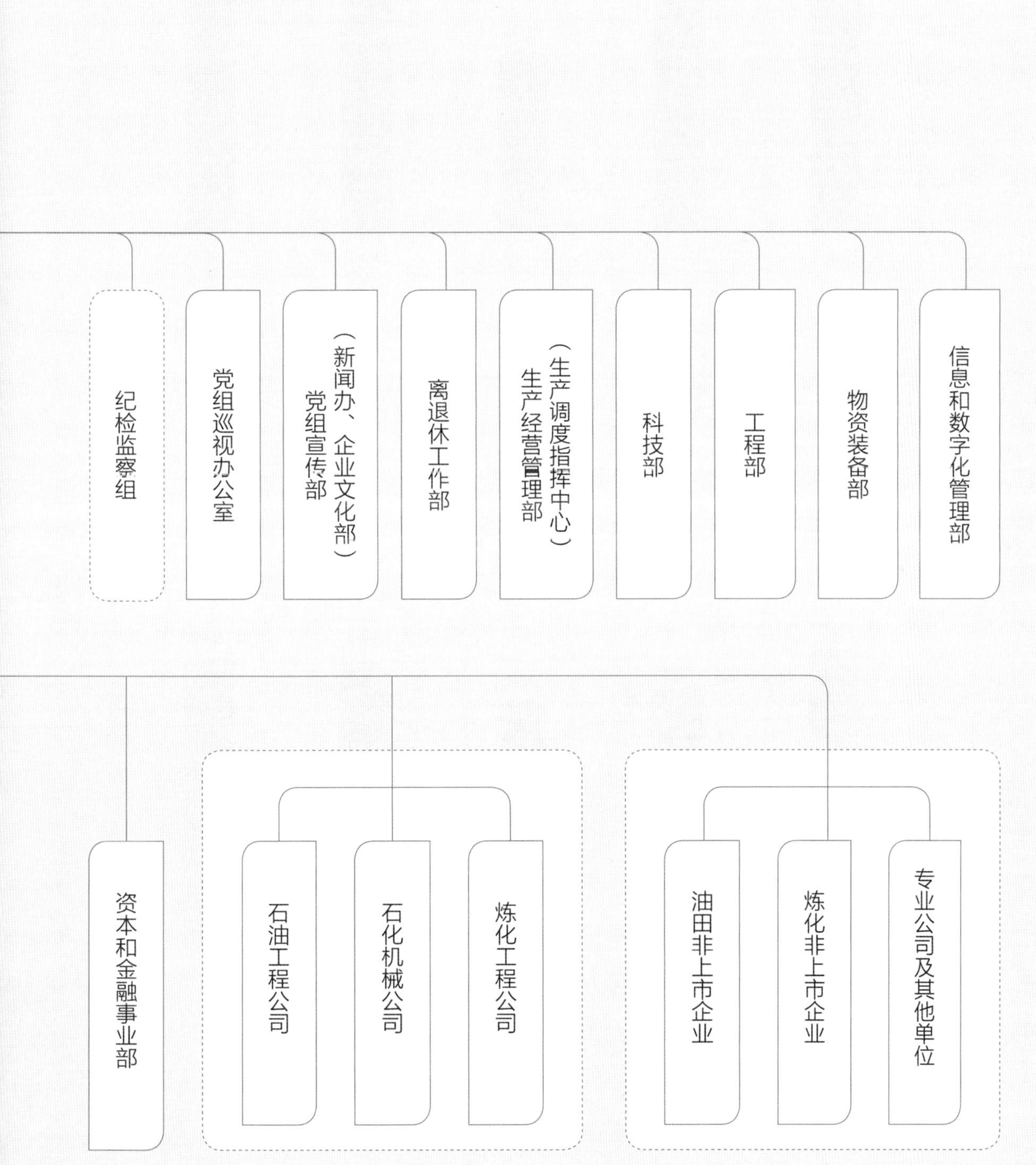
纪检监察组
党组巡视办公室
党组宣传部（新闻办、企业文化部）
离退休工作部
生产经营管理部（生产调度指挥中心）
科技部
工程部
物资装备部
信息和数字化管理部
资本和金融事业部
石油工程公司
石化机械公司
炼化工程公司
油田非上市企业
炼化非上市企业
专业公司及其他单位

单位：亿元
36000
30000
24000
18000
12000
6000
0
29368
30034
21423
27895
33669
2018 年
2019 年
2020 年
2021 年
2022 年

营业收入

单位：亿元
4000
3500
3000
2500
2000
1500
1000
500
0
3581
3122
2977
3418
3509
2018 年
2019 年
2020 年
2021 年
2022 年

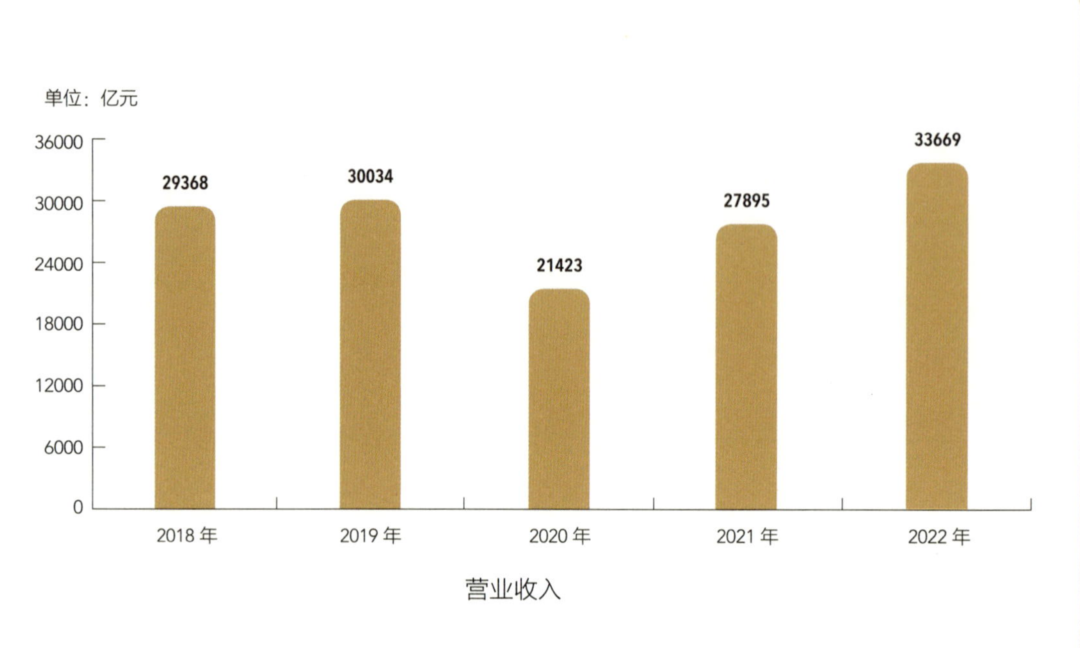

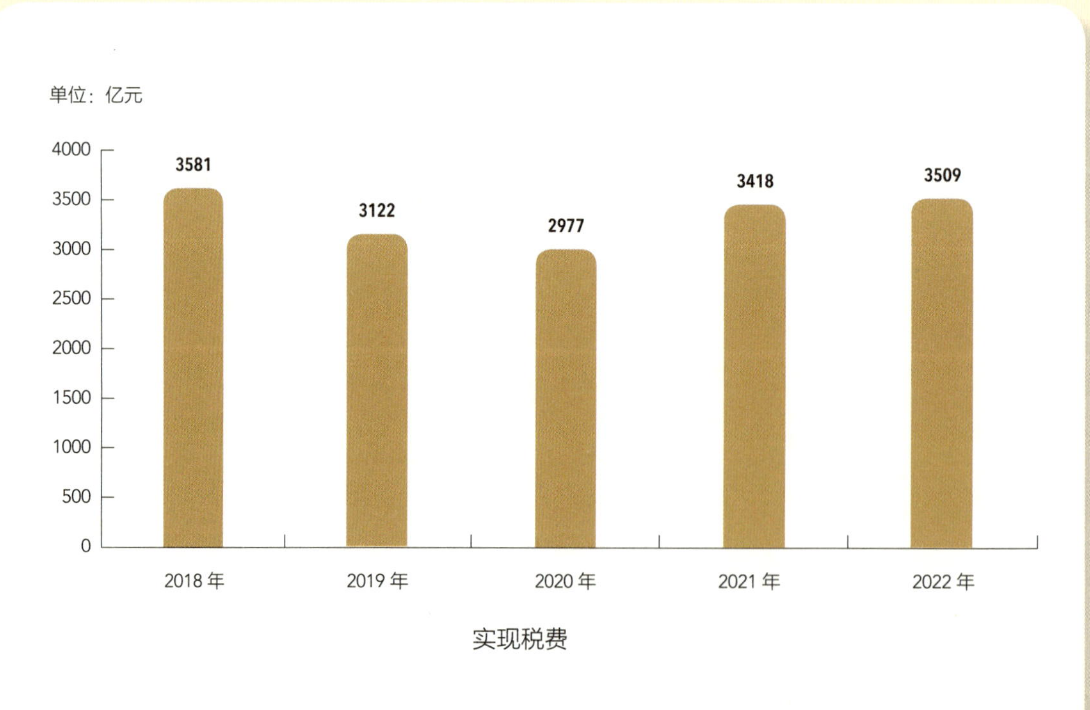

实现税费

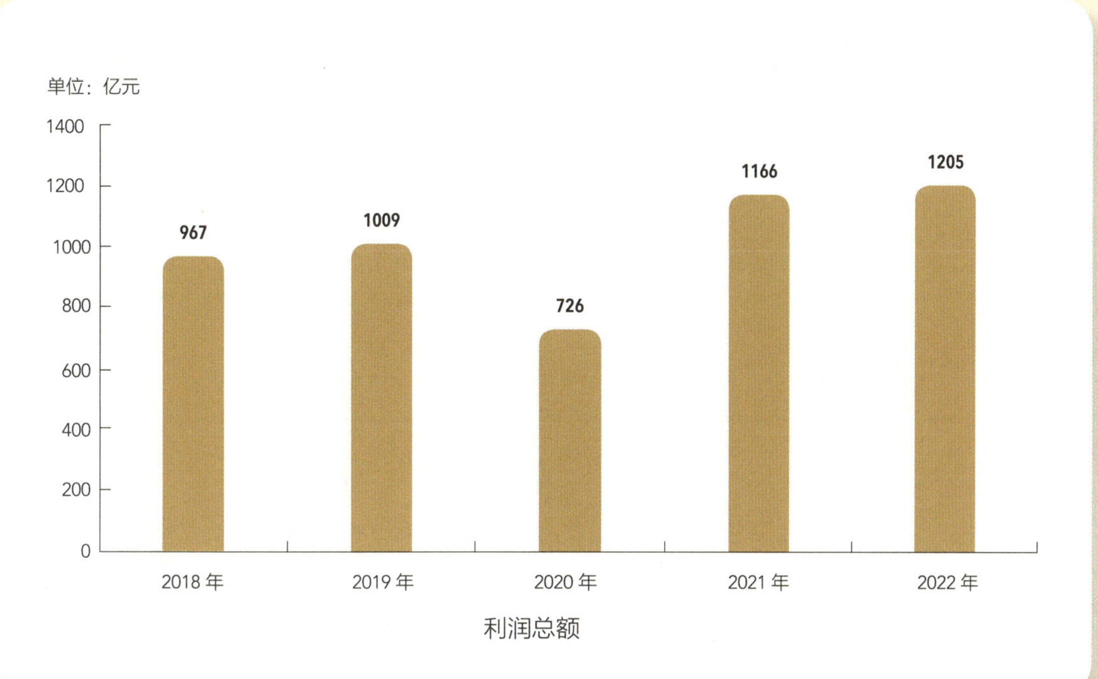

利润总额

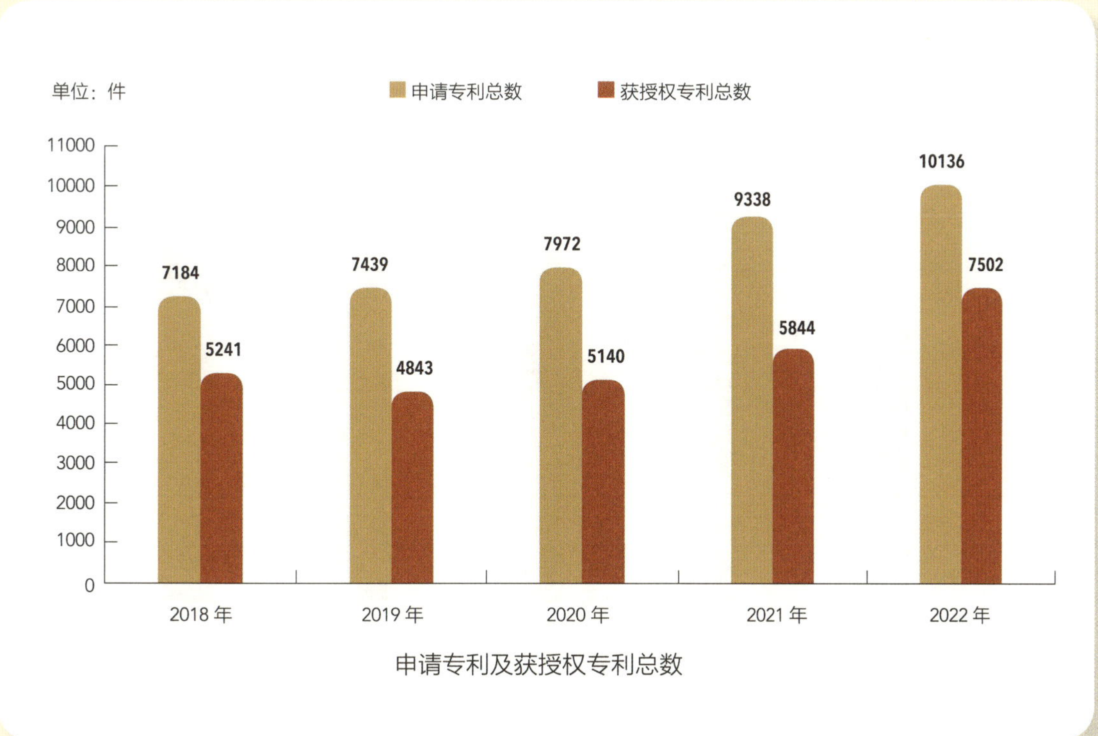

申请专利及获授权专利总数

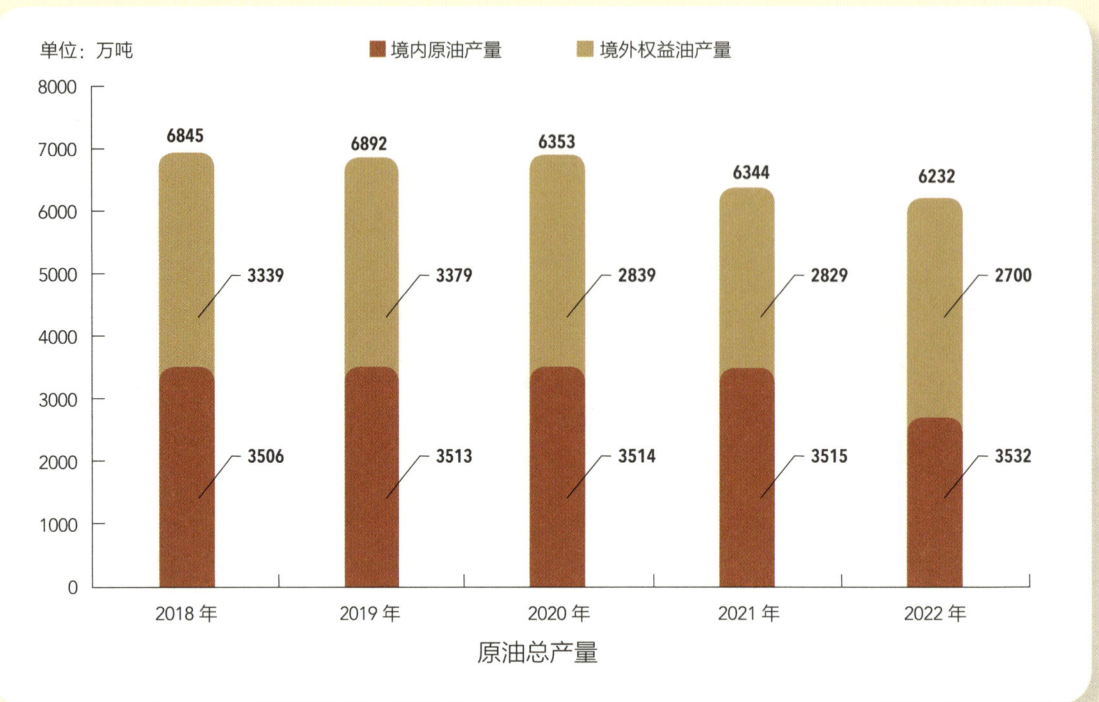
单位：万吨
境内原油产量
境外权益油产量
8000
7000
6000
5000
4000
3000
2000
1000
0
6845
3339
3506
6892
3379
3513
6353
2839
3514
6344
2829
3515
6232
2700
3532
2018 年
2019 年
2020 年
2021 年
2022 年
原油总产量

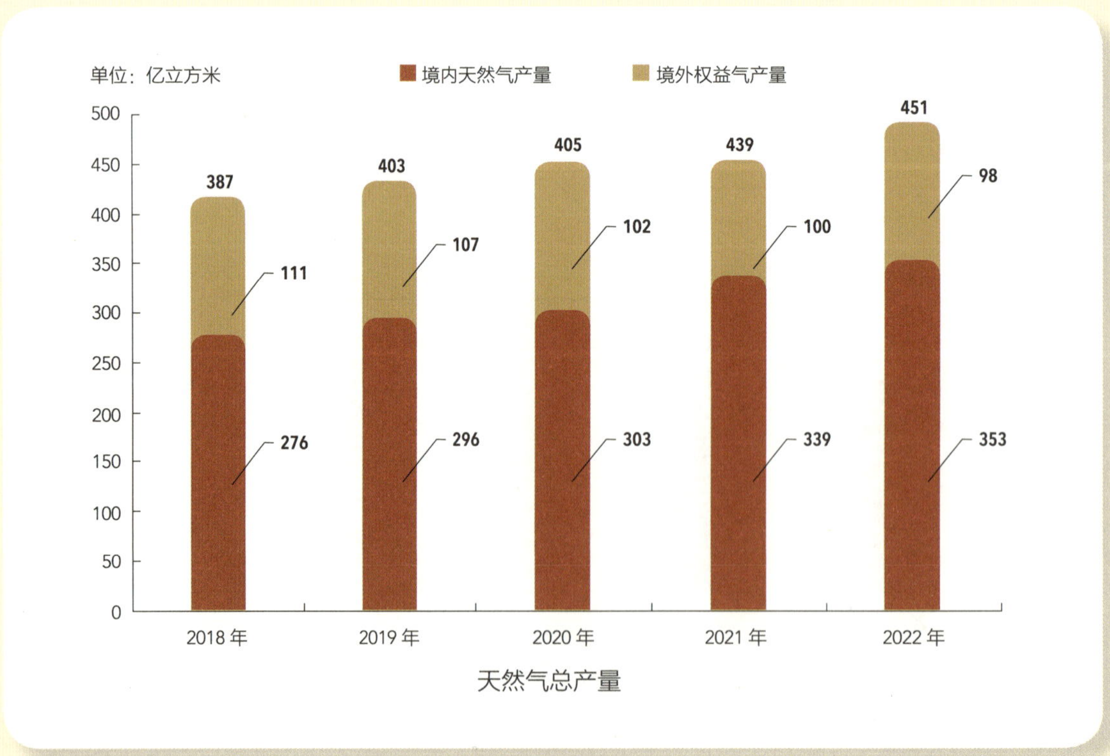
单位：亿立方米
境内天然气产量
境外权益气产量
500
450
400
350
300
250
200
150
100
50
0
387
111
276
403
107
296
405
102
303
439
100
339
451
98
353
2018 年
2019 年
2020 年
2021 年
2022 年
天然气总产量

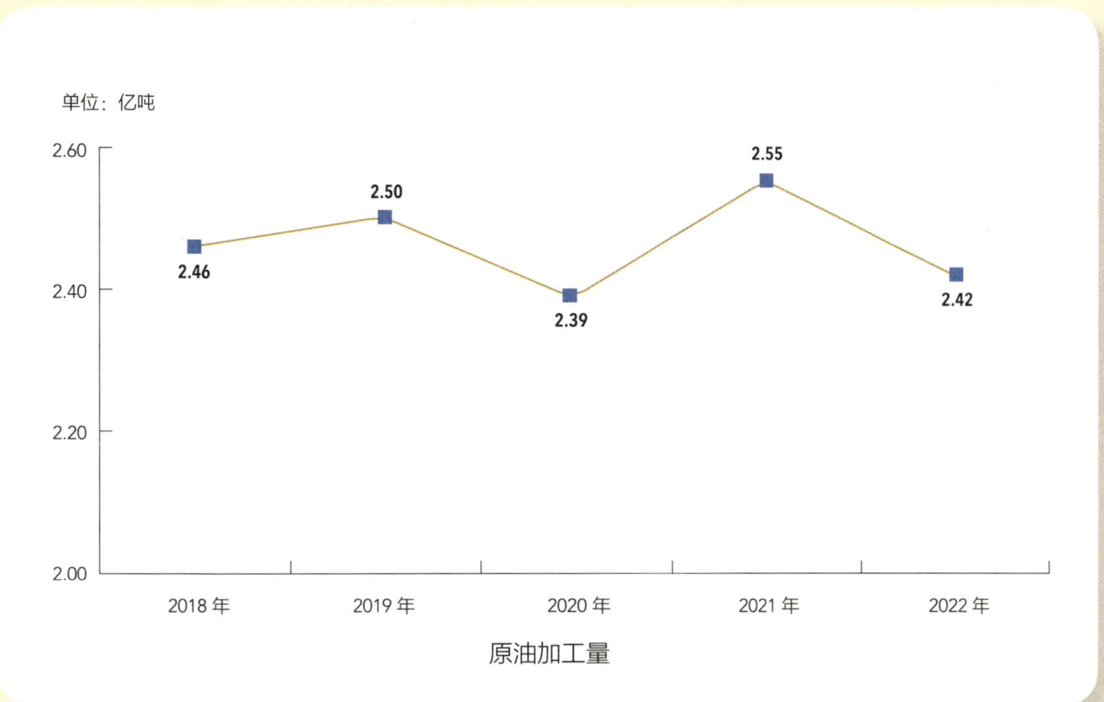

原油加工量

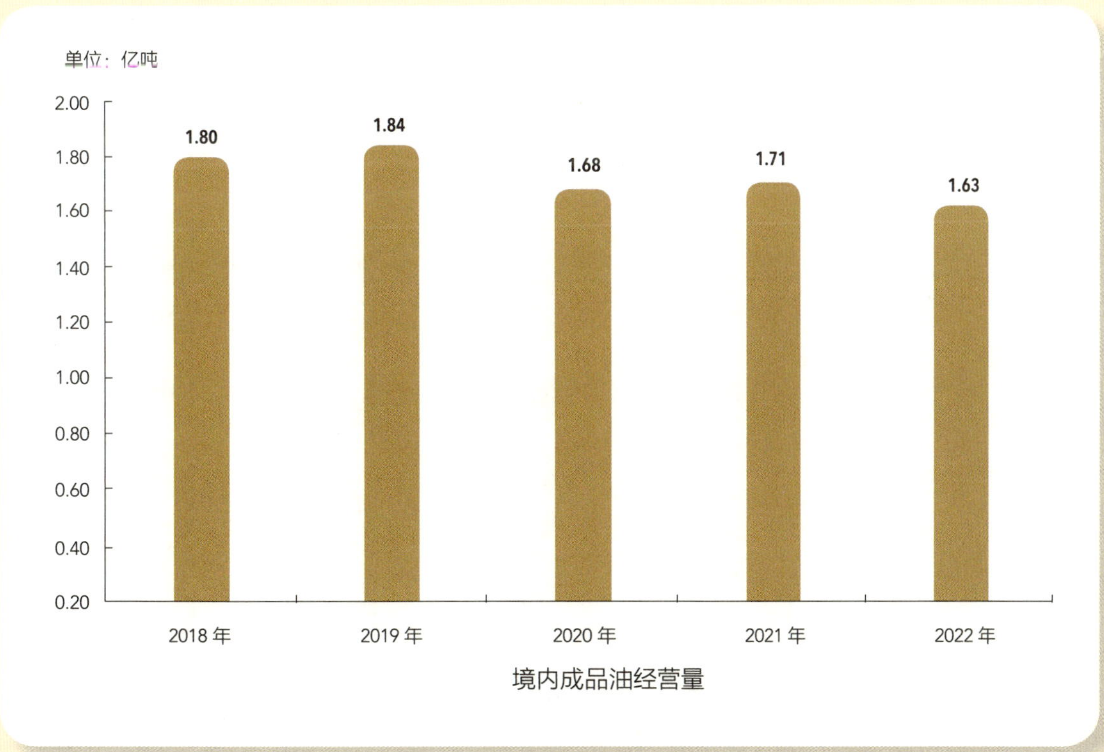

境内成品油经营量

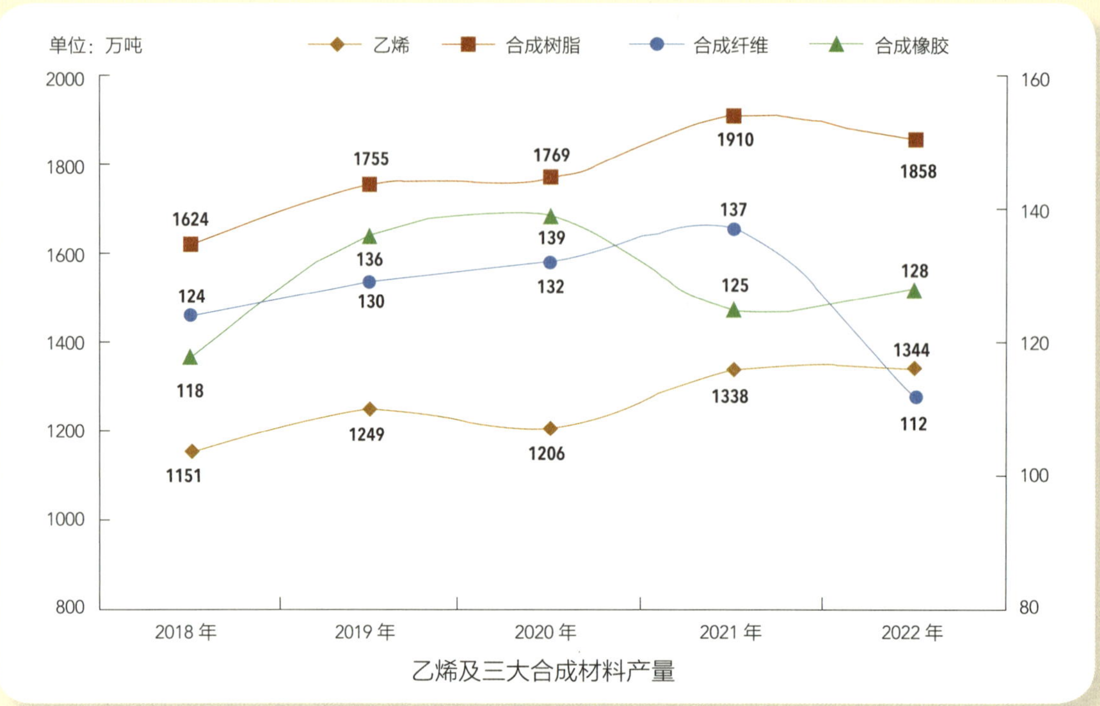

乙烯及三大合成材料产量

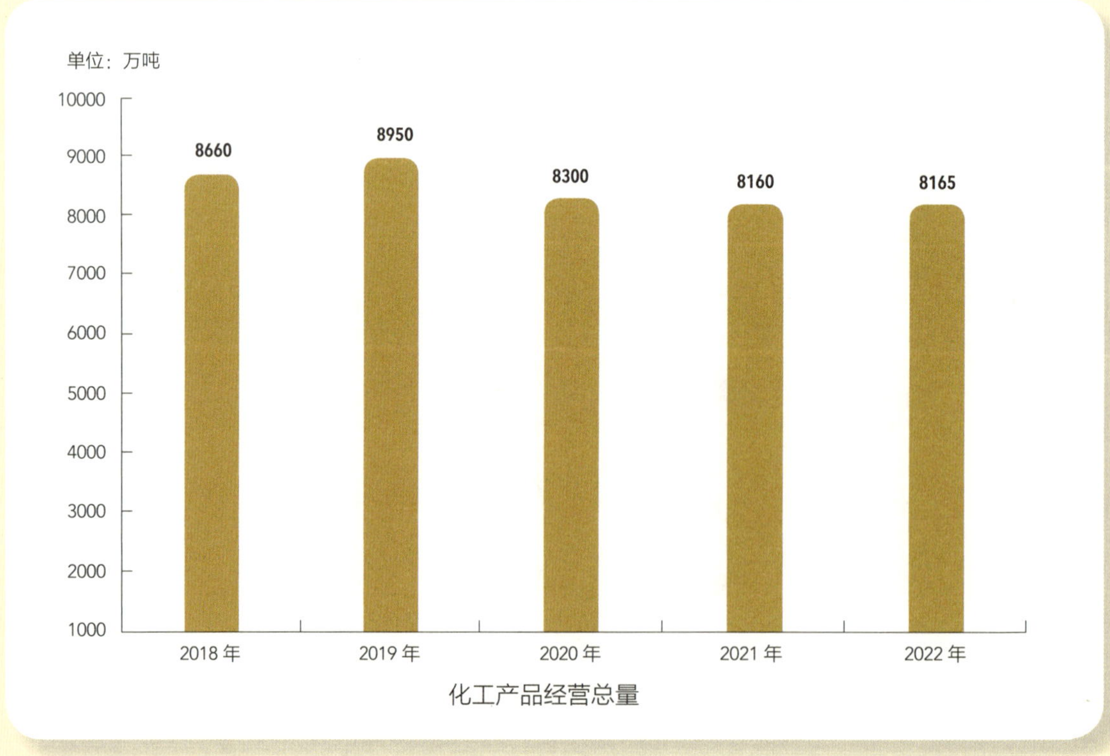

化工产品经营总量

2022年，集团公司国内上游大力落实七年行动计划，加大风险勘探和圈闭预探力度，强化富油气区带一体化评价，全面启动“深地工程”，深化“中－中”合作，高效推进胜利济阳页岩油国家级示范区建设，取得7项重大突破、12项重要突破、15项商业发现。抢抓高油价机遇，持续扩大原油效益建产规模，全年生产原油3532.3万吨，上产16.8万吨；天然气加快效益建产，深入推进涪陵页岩气田立体开发，抓好普光、元坝、大牛地等气田稳产，全年生产天然气352.7亿立方米，上产13.9亿立方米，油气产量当量创历史新高。境外油气增储上产成效显著，净利润和现金流实现奋斗目标，经营创效业绩持续巩固。图为页岩油国家级示范区、中国石化“深地工程”——胜利济阳页岩油基地

2022年，集团公司石油工程业务全面深化技术创新、改革创新、管理创新，扎实推动“七个全面提升”工作取得新进展。境内新签合同额810亿元，增加101亿元、增长14.2%。积极应对海外疫情不利形势，紧抓国际油价相对高位运行、业主投资回暖等有利局面，海外业务整体呈现出积极向好、昂扬向上的良好发展态势。境外新签合同额23.2亿美元，完成合同额19.3亿美元。图为涪陵页岩气田大型压裂现场

2022 年，集团公司炼油业务聚焦基础管理与转型升级“两个重点”，扎实抓好全产业链价值融合、炼油内部资源优化、总部管理协同“三个统筹”，狠抓贸易、储运、生产三方协同，紧贴市场推进一体运行优化，产业链韧性充分彰显，生产经营实现稳中向好、稳中有进，全年加工原油 2.42 亿吨。图为茂名石化装置夜景

2022 年，集团公司化工业务克服原料成本上涨、疫情持续影响、供需失衡等困难和挑战，聚焦提质增效，全方位统筹优化原料、装置、产品结构，三大合成材料高附加值产品比例稳中有升，煤化工提质增效势头良好，完成各项工作任务。全年化工产品经营总量 8165 万吨，生产乙烯 1344 万吨。图为镇海基地一期项目 120 万吨 / 年乙烯装置

2022 年，集团公司炼化工程业务积极应对市场形势，抓住机遇、精细管理、深化改革，各项生产经营目标全面完成。境内新签合同额创历史新高，达 653.24 亿元，增长 19.9%。境外努力应对疫情影响和复杂多变的市场环境变化，积极拓市，在非洲和中东市场有新突破，其他项目执行稳步推进。境外新签合同额 15.45 亿美元，完成合同额 6.84 亿美元。图为实现中交的海南炼化乙烯装置

2022 年，集团公司发布氢能中长期发展战略，以加快打造“中国第一氢能公司”为目标，积极推动氢能规划部署实施，氢能交通稳步推进、绿氢炼化重点突破、科技创新不断提升，产业链生态构建扎实推进。创新绿电消纳模式，大力推进风光发电业务快速发展，实现项目投资收益、用能企业减碳降本、碳资产储备三方创效能力的整体提升。继续把地热作为重要产业进行培育和打造，持续做强做优做大，清洁供热业务规模稳步提升。图为青岛炼化供氢中心正在为车辆进行氢气充装

2022 年，集团公司油品销售业务有效应对市场消费大幅下降压力，全力承接配置资源、提高集采统采比例，有力稳住产业链运行、守住市场份额。炼油销售、化工销售、催化剂等业务均取得较好经营业绩。全年实现境内成品油经营量 1.63 亿吨，易捷服务营业收入增长 7.6%，经营天然气 622.8 亿立方米。图为广东石油分公司东明三路综合加能站

2022 年，集团公司坚持底线思维，强化忧患意识，以全面风险防控为主线，深入推进安全生产专项整治三年行动收官、安全风险集中治理攻坚，扎实开展督导检查，促进 HSE 管理体系与“三基”工作融合。持续优化完善境外公共安全、疫情防控和风险防范化解管理体制和运行机制，连续 15 年保持境外公共安全“零死亡”纪录。图为沧州炼化开展火车装车着火事故“路企”联合应急演练

2022 年，集团公司深入推进污染防治攻坚战和臭氧污染防治专项行动，全面聚焦长江黄河流域生态环境保护工作，全力推动节能降碳行动，持续推进“绿色企业行动计划”。国内首个百万吨级 CCUS 项目全面建成投产。国内首个碳全产业链科技公司揭牌成立。全年废水、废气综合达标率分别达 100% 和 99.99%，固废妥善处理处置率 100%；4 项主要污染物化学需氧量、氨氮、二氧化硫、氮氧化物全面完成国家下达的年度减排目标。图为国内首个百万吨级 CCUS 项目——齐鲁石化—胜利油田百万吨级 CCUS 项目

2022 年，集团公司高质量推进国家战略科技攻关任务，国内首条万吨级 48K 大丝束碳纤维全国产化生产线建成投产，自主旋转地质导向钻井系统整体达到国际先进水平，POE、PVA 光学膜、高等规聚 1-丁烯、氦气提取、高温导热油等“卡脖子”技术取得重大突破，特深层油气勘探开发及工程、老油田大幅度提高采收率、页岩油气地质工程一体化、规模化绿电制绿氢、原油直接裂解制乙烯等关键核心技术攻关取得新进展。全年申请专利 10136 件、获授权专利 7502 件；7 件专利获第 23 届中国专利奖，其中 1 项获金奖，连续 4 年在央企专利质量排名中位列首位，专利综合优势保持央企领先。图为上海石化 48K 大丝束碳纤维装置生产线

2022 年，集团公司高质量完成深化改革三年行动各项任务，在国务院国资委考核中获评 A 级。市场化改革迈出重要一步，经理层成员任期制和契约化管理全面推开。“三能”机制建设不断深化。“两非”剥离、“两资”清理专项任务全部完成，全级次企业亏损面降至 4.9%，创历史新低。深入开展对标世界一流管理提升行动，全面提升重大风险防范化解能力，积极构建“五位一体”法治工作格局，支撑保障公司在高质量发展的轨道上行稳致远。图为中国石化对标世界一流管理提升现场推进会

2022 年，集团公司组织人事工作切实践行新时代党的组织路线，鲜明树立重实干、重实绩、重担当用人导向，注重从安全生产、科技创新、深化改革、攻坚创效、疫情防控一线选拔敢担当、勇创新、善作为的好干部，努力实现班子结构配备最优化和干部配置效益最大化。持续深化人才成长通道，加快高层次人才选拔培养，加快推进青年人才队伍建设，为打造世界领先企业提供更加坚强的组织保证、人才支撑和动力保障。图为中国石化 2022 年第七期青年干部培训示范班在河南油田南五井开展“传承石油精神、弘扬石化传统”现场培训

2022 年，集团公司信息化管理体系优化工作取得新进展，推进各领域数智化提升取得新成效，创新引领产业升级迈出新步伐，信息基础设施能力和网络安全水平实现新提升，多项成果达到行业领先水平，整体信息化水平持续保持央企前列地位。图为镇海炼化烯烃二部中心控制室

2022 年，集团公司在打赢生产经营攻坚战、科技创新突围战、深化改革收官战、疫情防控阻击战、安全生产保卫战等大战大考中推进全面从严治党、党风廉政建设和反腐败工作，充分发挥监督保障执行、促进完善发展作用。党组巡视有形有效完成全覆盖，规范有序推进党委巡察，持续加强巡视整改和成果运用。审计工作坚持“应审尽审，凡审必严”，聚焦主责主业，驰而不息推动所有审计项目重点把握“八大关注”，突出风险导向，进一步聚焦关键领域重大风险、典型问题，助力防范化解系统性风险。图为中国石化 2022 年党组巡视工作会议暨第一轮巡视动员部署会

2022 年，集团公司党组坚持以习近平新时代中国特色社会主义思想为指导，深入学习贯彻党的二十大精神和习近平总书记视察胜利油田重要指示精神，贯彻落实新时代党的建设总要求和新时代党的组织路线，巩固拓展党史学习教育成果和全国国企党建会精神落实成果，按照公司党建工作“1355”总体思路，以“牢记嘱托、再立新功、再创佳绩，迎接学习贯彻二十大”主题行动统领各项工作，努力推动全面从严治党责任更实、质量更高、实效更好，为打造具有强大战略支撑力、强大民生保障力、强大精神感召力的中国石化提供坚强保证。图为中国石化传达学习贯彻党的二十大精神视频会议

2022 年，集团公司有力抓实意识形态阵地管理，发布第二批红色教育基地、十大社会责任示范项目，公司品牌价值连续 6 年位居能源化工行业第一。千方百计筹措能源资源，护航亿万家庭温暖过冬。积极探索央企特色助力乡村振兴模式，定点帮扶成效考核连续 5 年获评为“好”。牵头完成“飞扬”火炬量产，高纯氢点亮“鸟巢”冬奥主火炬。在抗击疫情、抢险救灾等急难险重任务中多次立功受奖，深入实施“春蕾加油站”“司机之家”“爱心驿站”“情暖驿站”等公益项目，减免房租为中小企业和个体工商户纾难解困，民企清欠实现全面清理，“工装援疆”行动受到国务院国资委肯定，一批社会公益项目落地实施，公司“党和人民好企业”形象越擦越亮。图为广东石油分公司连续 10 年开展“情暖驿站”大型公益活动

中国石油化工集团有限公司年鉴 2023

目录

境内石油工程 020

炼油生产 032

化工生产 044

境内炼化工程 063

新能源 067

产品销售　071

资本和金融业务管理　077

国际化经营　081

重点工程建设　085

财务资本管理 120

组织人事管理 132

物资采购与管理 147

信息和数字化 153

内部监督 162

纪检监察

党组巡视

内部审计

党的建设 172

党组自身建设

党建统战群团

宣传与企业文化 180

新闻与出版 188

新闻媒体

图书出版

企事业单位 199

油气和新能源板块

炼油和销售板块

化工和材料板块

资本金融和支持板块

人物 763

统计资料 769

附录 787

索引 805

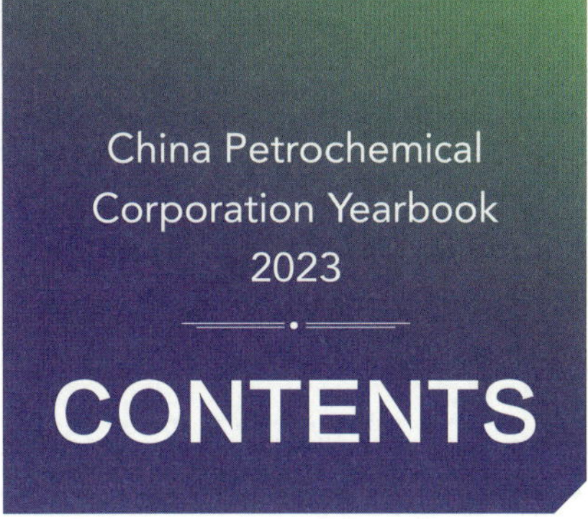

CHRONICLE OF EVENTS

SURVEY

DOMESTIC OIL AND GAS EXPLORATION & DEVELOPMENT

DOMESTIC PETROLEUM ENGINEERING

PETROLEUM REFINING

PETROCHEMICAL PRODUCTION

DOMESTIC REFINERY AND CHEMICAL ENGINEERING

NEW ENERGY

MARKETING

CAPITAL AND FINANCIAL BUSINESS MANAGEMENT

INTERNATIONAL OPERATION

KEY PROJECTS CONSTRUCTION

PUBLIC UTILITIES

SAFETY

GREEN & LOW-CARBON

SCIENTIFIC RESEARCH, DEVELOPMENT AND MANAGEMENT

CORPORATE REFORM & MANAGEMENT

FINANCE & CAPITAL MANAGEMENT

ORGANIZATION AND PERSONNEL MANAGEMENT

MATERIAL PURCHASE & MANAGEMENT

INFORMATION & DIGITIZATION

INTERNAL SUPERVISION

DISCIPLINE SUPERVISION

LEADING PARTY GROUP INSPECTION

INTERNAL AUDIT

PARTY BUILDING

企业形象宣传专版单位名称

前插页

1：天津钢管制造有限公司
2：中国工商银行股份有限公司北京市分行
3：星展银行（香港）有限公司
4：瑞穗银行（中国）有限公司北京分行
5：三菱 UFJ 银行香港分行
6：奇安信科技集团股份有限公司
7：立信会计师事务所（特殊普通合伙）
8：西安隆基氢能科技有限公司
9：北京瑞赛长城航空测控技术有限公司
10：天津中德工程设计有限公司
11：浙江驿公里智能科技有限公司
12：龙合智能装备制造有限公司
13：上海化学工业经济技术开发区
14：杭州普力材料科技有限公司
15：山东三维化学集团股份有限公司
16：湖北长江石化设备有限公司
17：西安西电新能源有限公司
18：中车西安车辆有限公司
19：茂名瑞派石化工程有限公司
20：济南瑞东实业有限公司
21：广西梧州国龙再生资源发展有限公司
22：上海重塑能源集团股份有限公司
23：江苏瑞祥科技集团有限公司
24：杭氧集团股份有限公司
25：天水长城开关集团有限公司
26：泽普林固体物料技术（上海）有限公司
27：成都华川油建工程建设有限公司
28：四川中泽油田技术服务有限责任公司
29：四川美丰化工股份有限公司

30：科大智能电气技术有限公司
31：杭州中恒电气股份有限公司
32：慎江阀门有限公司
33：深圳市诺安智能股份有限公司
34：中船双瑞（洛阳）特种装备股份有限公司
35：湖北泰和石化设备有限公司

后插页

1：中国石油化工股份有限公司中原油田分公司
2：中国石油化工股份有限公司上海海洋油气分公司
3：中石化石油工程技术服务股份有限公司
4：中石化石油工程建设有限公司
5：中国石化集团茂名石油化工有限公司
6：中国石化上海高桥石油化工有限公司
7：中石化石油化工科学研究院有限公司
8：中国石油化工股份有限公司齐鲁分公司
9：中国石化上海石油化工股份有限公司
10：中沙（天津）石化有限公司
11：中国石化扬子石油化工有限公司
12：扬子石化－巴斯夫有限责任公司
13：中韩（武汉）石油化工有限公司
14：中石化（北京）化工研究院有限公司
15：中石化（上海）石油化工研究院有限公司
16：中石化碳产业科技股份有限公司
17：石化盈科信息技术有限责任公司
18：中石化广州工程有限公司

大事记

2022

1月 JANUARY

10日

中国石化组织召开党史学习教育总结会议，巩固拓展党史学习教育成果，推动建立常态化长效化制度机制。

20日

国家炼化产能布局重点项目、中国石化第三代芳烃技术首套工业应用装置——九江石化 89 万吨 / 年芳烃装置高标准建成中交。

25日

中国石化顺北油气田重点探井获高产工业油气流，发现亿吨级油气区。

2月 FEBRUARY

4日

燕山石化生产的氢气燃料点燃北京 2022 年冬奥会“飞扬”火炬。

11日

中国石化产融数智平台成功接入中国人民银行数字人民币互联互通平台，成为首家接入央行数字人民币业务的央企。

28日

中国石化组织召开“牢记嘱托、再立新功、再创佳绩，迎接学习贯彻二十大”主题行动启动会，扎实推动习近平总书记视察胜利油田重要指示精神落实落地。

3月 MARCH

3日

国务院国资委公布最新一批“双百企业”名单，润滑油公司、石化机械公司、易捷公司、镇海炼化入选。

22日

中石化（北京）化工研究院有限公司入选国务院国资委“科改示范企业”名单。

4月 APRIL

6日

中国石化千吨级聚苯乙烯中试装置在湛江新中美化工有限公司开车成功，产出合格产品，有效填补国内聚苯乙烯成套技术空白。

8日

北京冬奥会、冬残奥会总结表彰大会在人民大会堂举行。上海石化被中共中央、国务院授予北京冬奥会、冬残奥会突出贡献集体称号。

18日

中国共产党中国石油化工集团有限公司直属第四次代表大会在北京召开，选举产生直属第四届委员会、直属纪律检查委员会。

22日

中央农村工作领导小组通报 2021 年中央单位定点帮扶工作成效考核评价结果，中国石化连续 5 年被评价为“好”。

5月 MAY

17日

中国石化自主研发设计建造的 27 万立方米大型液化天然气储罐在天然气分公司青岛 LNG 接收站气压升顶作业成功，标志着中国超大容积 LNG 储罐研发建造技术实现突破，进入全球领先行列。

24日

中共中央政治局常委、国务院副总理韩正到福建古雷石化调研，考察石化产业投资建设、安全生产等情况。

6月 JUNE

2日

中国石化召开领导班子（扩大）会议，中共中央组织部宣布中央关于中国石油化工集团有限公司总经理任职的决定：赵东任中国石油化工集团有限公司总经理。

6日

中石化产融控股有限公司在深圳成立。

9日

中国石化组织举办学习贯彻党的十九届六中全会精神暨习近平总书记视察胜利油田重要指示精神专题研讨班，推动党的百年奋斗历史经验和习近平总书记殷切嘱托转化为干事创业的强大动力。

22日

中国石化召开安全生产警示大会，为党的二十大胜利召开营造良好环境。

24日

中国石化发布《中国石化 2030 年前碳达峰行动方案》。

30日

中国石化成为国内首个“无废集团”建设试点。

7月 JULY

12日

青岛安工数联信息科技有限公司正式完成注册登记，标志着中国石化利用资本金融手段实现科技成果转化取得重要成果。

23日

中国石化与中国儿童少年基金会在北京启动“春蕾加油站”公益项目。

8月 AUGUST

9日

国内最长环氧乙烷长输管线在镇海炼化正式投用。

10日

中国石化命名顺北油气田为“深地工程”顺北油气田基地。

12日

中国石化发布2021年度社会责任报告。

26日

中国石化胜利济阳页岩油国家级示范区正式启动建设。

29日

中国最大的碳捕集利用与封存全产业链示范基地、国内首个百万吨级CCUS项目——中国石化“齐鲁石化－胜利油田百万吨级CCUS项目”正式注气运行。

9月 SEPTEMBER

2日

中国石化发布实施氢能中长期发展战略。

5日

根据中央组织部任职决定，吕亮功任中国石油化工集团有限公司副总经理、党组成员。

5日

四川省甘孜藏族自治州泸定县发生6.8级地震。中国石化向四川地震灾区捐款5000万元，中国石化西南石油局、四川石油分公司、勘探分公司等驻川企业全力支持抗震救灾和灾后重建。

7日

中国石化召开关键核心技术攻关大会，推动提升关键核心技术源头供给能力。

21日

中国石化与中国石油、上汽集团、宁德时代、上海国际汽车城集团共同投资成立上海捷能智电新能源科技有限公司。

22日

中国首个碳全产业链科技公司——中石化碳产业科技股份有限公司在江苏南京成立。

10月 OCTOBER

10日

中国首个万吨级48K大丝束碳纤维工程第一套国产线在上海石化碳纤维产业基地投料开车并产出合格产品，质量达到国际先进水平。

13日

中国石化召开贯彻落实习近平总书记视察胜利油田重要指示精神一周年座谈会，推动学习贯彻习近平总书记视察胜利油田重要指示精神向纵深发展。

16日

中国石化定点帮扶县——安徽省岳西县入选国家农业农村部、国家乡村振兴局联合发布的“2022年国家乡村振兴示范县”名单。

22日

在中国共产党第二十次全国代表大会上，公司总经理、党组副书记赵东当选第二十届中央委员会候补委员。

24日

中国石化党组召开扩大会议，传达学习党的二十大精神。

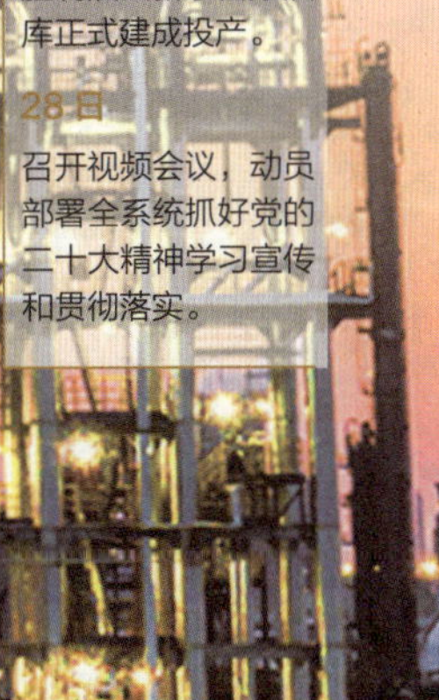

26日

胜利油田新东营原油库正式建成投产。

28日

召开视频会议，动员部署全系统抓好党的二十大精神学习宣传和贯彻落实。

11月 NOVEMBER

21日

中国石化与卡塔尔能源公司签署为期27年的液化天然气（LNG）长期购销协议。

30日

中国石化自主开发的首套氦气提纯装置在重庆石油LNG工厂一次开车成功，产出合格高纯氦气。

12月 DECEMBER

10日

中国石化首套自主研发的兆瓦级质子交换膜（PEM）电解水制氢装置在燕山石化成功开车，产出合格高纯度氢气。

19日

海峡两岸最大的石化合作项目——福建漳州古雷炼化一体化项目投入商业运营。该项目由福建炼化和旭腾投资有限公司共同建设。

21—23日

中国石化党组召开学习贯彻落实党的二十大精神研讨会，推动中国石化高质量发展取得新突破。

25日

中国单套最大质子交换膜（PEM）电解水制氢装置在中原油田投产。

25日

中国石化与中国石油通过无偿划转方式完成两家股份公司A股国有股份置换。

28日

中国石化发布涪陵页岩气田勘探开发10周年社会责任报告。

28日

中国石化“深地工程”再获突破，四川盆地风险探井——元深1井完钻，完钻井深8866米，打破仁探1井保持的四川盆地直井最深纪录。

29日

聘任焦开河、陈月明、吴献东、陈壁、潘正义为中国石油化工集团有限公司外部董事，张玉清、王丽丽、时欢不再担任中国石油化工集团有限公司外部董事职务。

总 述

2022年是极不平凡的一年。面对复杂多变的严峻形势，在以习近平同志为核心的党中央坚强领导下，中国石化以迎接学习贯彻党的二十大为强大动力，以学习贯彻习近平总书记视察胜利油田重要指示精神为工作指引，全面落实世界领先发展方略，凝心聚力推动高质量发展，坚定不移全面从严治党，以踔厉奋发的赶考姿态，推动各方面工作取得可喜成效和重要进展，在政治大年交出了饱含心血与汗水的合格答卷。全年实现营业收入3.37万亿元、增长20.7%，利润总额1204.74亿元、增长3.34%，净利润952.39亿元、增长8.19%，均创历史最好水平，在国务院国资委2022年度中央企业负责人经营业绩考核中获评A级。

以“主题行动”为总抓手，奋力将党的二十大战略部署和习近平总书记殷切嘱托转化为再立新功、再创佳绩的自觉行动。聚焦学习贯彻党的二十大和习近平总书记视察胜利油田重要指示精神，系统研究当前和今后一个时期重点任务，明确提出新征程上中国石化的新使命新任务，部署实施高质量发展行动，动员广大干部员工满怀信心谱写中国式现代化石化新篇章。扎实开展“牢记嘱托、再立新功、再创佳绩，迎接学习贯彻二十大”主题行动，锚定45项重点任务不放松，众志成城打赢生产经营攻坚战、科技创新突围战、深改行动收官战、疫情防控阻击战、安全生产保卫战，公司上下一盘棋应变局本领显著提升，搞好中国石化的志气、骨气、底气极大增强，捍卫“两个确立”、做到“两个维护”的思想自觉、政治自觉、行动自觉极大增强。

以进取姿态扛稳扛牢三大核心职责，取得一批高质量发展成果。牢记习近平总书记“端牢能源饭碗”殷切嘱托，大力实施七年行动计划，“深地工程”全面启动，胜利济阳页岩油国家级示范区建设高标准推进，国内油气产量当量刷新历史纪录，高质量完成东营原油库迁建工程，国勘公司扭亏脱困取得重要进展。全力巩固优势产业主导地位，世界级炼化基地建设步伐加快，镇海基地一期、九江石化芳烃装置全面投产，海南炼化乙烯装置建成中交，公司乙烯权益产能升至全球第二位，化工高端化发展势头良好，“油气氢电服”综合能源服务水平持续提升。积极融入国家创新体系，投身国家战略科技攻关，超进度完成国务院国资委专项工程、国家能源局补短板工程，一批“卡脖子”技术获重大突破，许多关键核心技术攻关取得新进展。

以更实举措深化改革强化管理，企业内生性动能不断增强。高质量完成深化改革三年行动各项任务，在国务院国资委考核中获评A级，易捷公司、镇海炼化、石化机械公司获评优秀“双百企业”，催化剂公司连续3年获评标杆“科改示范企业”。坚持在完善公司治理中加强党的领导，“两个清单”制定、“一肩挑”领导体制调整、子企业董事会建设实现“应建尽建”。市场化改革迈出重要一步，经理层成员任期制和契约化管理全面推开，“三能”机制建设不断深化，“两非”剥离、“两资”清理专项任务全部完成，全级次企业亏损面降至4.9%、创历史新低。全面完成对标世界一流管理提升行动任务，战略型集约化财务管控体系建设取得实质性进展，“严肃财经纪律、依法合规经营”综合治理专项行动圆满收官，采购管理对标评估连续8年位居央企能源化工小组首位，被国务院国资委评为国有企业公司治理示范企业，各领域改革效能持续显现。

以强烈的政治担当履行社会责任，民生保障力不断提升。千方百计筹措能源资源，持续提升供暖季天然气供应总量，护航亿万家庭温暖过冬。积极探索央企特色助力乡村振兴模式，定点帮扶成效考核连续5年获评为“好”。牵头完成“飞扬”火炬量产，高纯氢点亮“鸟巢”冬奥主火炬，服务保障北京冬奥工作赢得各方点赞。在抗击疫情、抢险救灾等急难险重任务中冲锋在前，多次立功受奖。大力推进绿色发展，打响污染防治攻坚战，沿江沿黄企业环保治理切实加强，国内首家“无废集团”示范创建取得成效，碳达峰行动方案启动实施，国内首个百万吨级CCUS示范项目投产运行，国内首个碳全产业链科技公司揭牌成立，绿色低碳发展走在行业前列。深入实施“春蕾加油站”“司机之家”“爱心驿站”等公益项目，减免房租为中小企业和个体工商户纾难解困，农民工工资得到充分保障，民企清欠实现全面清理，“工装援疆”行动受到国务院国资委肯定，一批社会公益项目落地实施，公司“党和人民好企业”形象越擦越亮。

以永远在路上的执著纵深推进全面从严治党，风清气正、干事创业的政治生态持续巩固发展。深入贯彻落实新时代党的建设总要求和新时代党的组织路线，党建系统化、规范化、制度化水平进一步提升，在中央企业党建工作责任制考核中保持 A 档。坚持正确选人用人导向，持续选优配强领导班子，加大优秀年轻干部选拔使用力度，选人用人满意度创历史新高，能源化工领域重要人才集聚中心和创新高地建设成效初显。坚持务实创新融合抓党建，大力提升基层党建工作质量，推动各级党组织在企业改革发展稳定关键时期发挥关键作用。有力抓实意识形态阵地管理，发布第二批红色教育基地、十大社会责任示范项目，公司品牌价值连续 6 年位居能源化工行业第一，品牌建设能力连续 2 年位居央企榜首。坚持“三不腐”一体推进，持续巩固深化靠企吃企专项整治成果，会风会纪整治、形式主义官僚主义纠治、为基层减负等工作取得更多实效。

2023 年是全面贯彻落实党的二十大精神开局之年、“十四五”承上启下关键之年，同时也是中国石化成立四十周年。中国石化将紧密团结在以习近平同志为核心的党中央周围，深入学习贯彻党的二十大精神和习近平总书记视察胜利油田重要指示精神，高质量开展学习贯彻习近平新时代中国特色社会主义思想主题教育，坚定实施高质量发展行动，加快打造具有强大战略支撑力、强大民生保障力、强大精神感召力的中国石化，奋力打造世界一流、迈向世界领先，满怀信心谱写中国式现代化石化新篇章，为全面建设社会主义现代化国家、推进中华民族伟大复兴作出新的更大贡献。

境内油气勘探开发

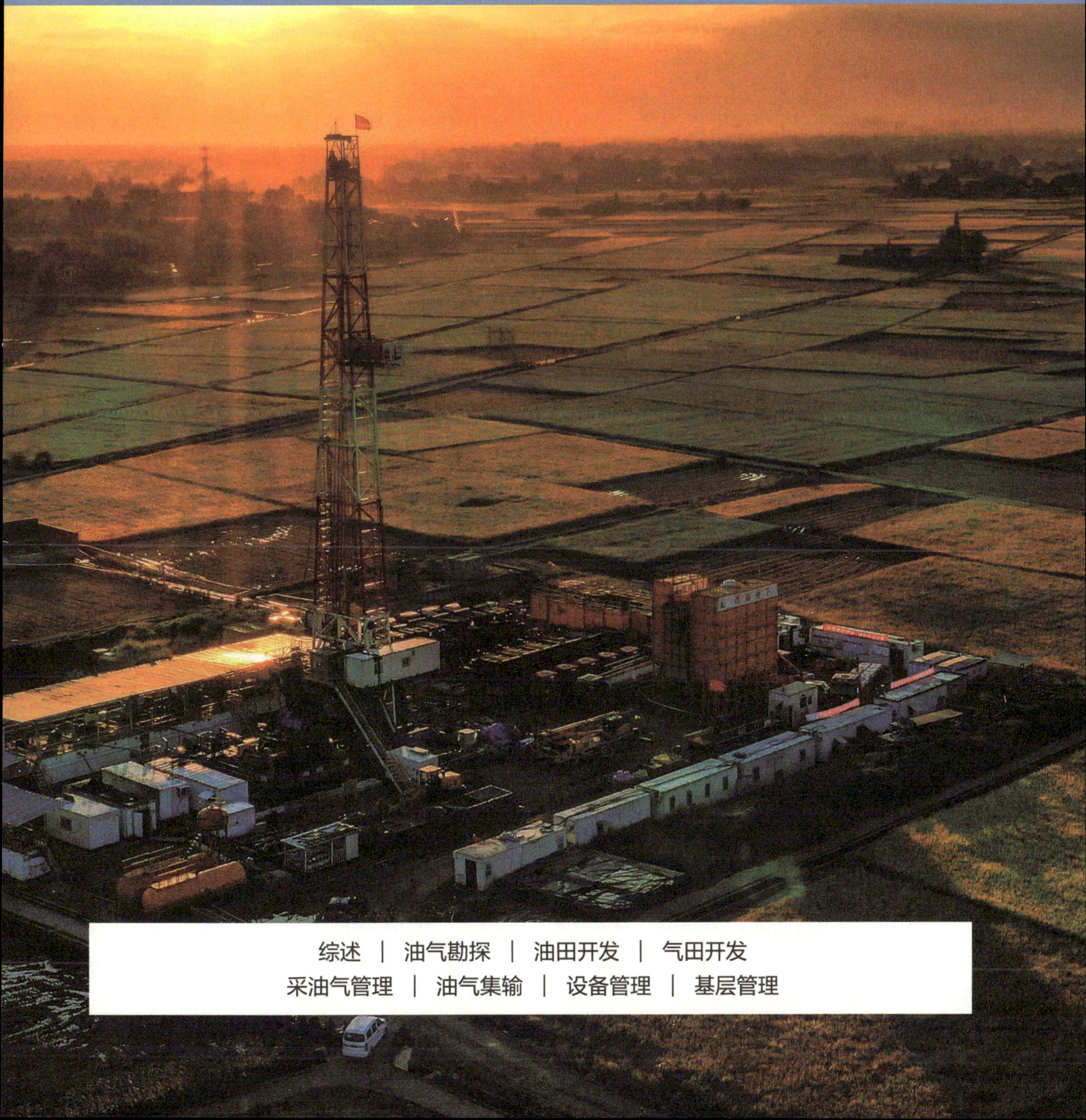

综述 | 油气勘探 | 油田开发 | 气田开发
采油气管理 | 油气集输 | 设备管理 | 基层管理

综述

2022 年，国内上游坚决落实集团公司党组部署要求，扎实开展“牢记嘱托、再立新功、再创佳绩，迎接学习贯彻二十大”主题行动，大力落实七年行动计划和“十四五”发展规划，统筹推进疫情防控、增储上产、降本增效、安全环保，圆满完成年度各项工作目标任务。

油气勘探取得重大突破。深化基础研究，扎实推进物探高质量发展，加大风险勘探和圈闭预探力度，强化富油气区带一体化评价，全面启动“深地工程”，深化“中－中”合作，高效推进胜利济阳页岩油国家级示范区建设，取得 7 项重大突破、12 项重要突破、15 项商业发现，超额完成年度三级储量任务，全年新增石油、天然气探明储量 2.02 亿吨和 2786 亿立方米，分别完成年计划的 101% 和 100.3%，增长 21% 和 3.9%。

原油开发创近 4 年最大增长量。抢抓高油价机遇，全面落实年度原油生产运行方案，克服生态红线区退出、疫情等影响，紧贴产能上限运行，高效推进顺北、塔河、海上等重点产建项目，全年新建产能 314.4 万吨，增加 26 万吨，创 2015 年以来新高；扎实推进老油田精细开发，加强大幅度提高采收率技术推广应用，自然递减率稳定在 10.4%。全年生产原油 3532.3 万吨，上产 16.8 万吨，连续 4 年超七年行动计划。

天然气大发展态势良好。开发方面，全面落实年度天然气生产运行方案，积极克服疫情、川渝极端高温限电等影响，强化重点企业上产运行组织，加快顺北二区、川西、海域、新场须家河组、中江、鄂北、南川、白马、威荣等效益建产，深入推进涪陵页岩气田立体开发，抓好普光、元坝、大牛地等气田稳产，全年新建产能 75.1 亿立方米，增加 6.8 亿立方米；生产天然气 352.7 亿立方米，上产 13.9 亿立方米。经营方面，全力筹措资源，供暖季天然气供应增长 6.2%，确保供气区域群众温暖过冬。沉着应对进口 LNG 价格高企的严重冲击，加强系统优化、控量增效，全年销售天然气 569.2 亿立方米，全产业链效益大幅增长。积极推进储气能力建设和储气库注气，全年新增储气能力 5 亿立方米，储气库注气 30.7 亿立方米，增加 15.3 亿立方米。

工程保障能力持续增强。①石油工程“四提”方面，启动示范井工程建设，形成“四提”技术 3.0 版，强化队伍装备保障和现场标准化，扩大钻井日费制，试点压裂日费制，创出施工新纪录 160 余项，全年平均钻井周期缩短 7.2%，压裂效率提升 17.1%，单井产量提高 11.9%，复杂故障时效降低 15.2%，钻机动用率 90.1%。②地面工程“五化”方面，完成回顾性评价，形成油田、气田、储气库等 5 个大类 11 个小类标准化设计定型；加快示范工程建设，东营原油库迁建工程高质量建成投运，顺北五号联第二列天然气处理装置提前 4 个月投运，普光和元坝净化厂停产检修技改圆满完成；标准化采购一体化推进，设备精益管理示范基地建设顺利启动，井下作业自动化加快推进。③采油气工程“双创”方面，加强水驱精细注采、稠油提干提效、深层控水补能，强化高效排采，全年作业频次降低 0.01，分注率、措施有效率分别提高 0.2 个和 0.5 个百分点。

经营效益创近十年最好水平。加强财务战略型集约化管控，深化业财融合，强化预算牵引和经济活动分析，严抓十大降本增效项目，深入推进全员成本目标管理、SEC 储量和区块目标管理，百万吨 / 十亿立方米产能投资、发现成本、开发成本稳中有降，油气盈亏平衡点箭头向下，各企业全面盈利，经营效益创近十年最好水平。

科技创新与新能源发展迈出新步伐。启动“陆上油气勘探开发”原创技术策源地建设，“深地工程”、陆相页岩油勘探开发、大幅度提高油气采收率、CCUS、高酸性气田长周期安全生产等关键技术装备取得突破，页岩气新区新层系勘探和立体开发技术保持国内领先，自主旋转地质导向钻井系统整体达到国际先进水平，国内首套高含硫天然气压缩机组成功试运。扎实推进国内上游数字化转型，系统梳理业务流程，重点信息化项目加快建设。积极落实国内上游新能源“十四五”

发展规划，胜利油田100兆瓦分布式光伏顺利投运，全年新增光伏发电装机186兆瓦、风力发电装机19兆瓦、余热供热21万吉焦。

改革管理见到新成效。全面完成深化改革三年行动任务，扎实推进信息化条件下基层劳动组织方式与生产运行模式变革，推进存续与上市业务一体化管理，统筹优化盘活人力资源，持续瘦身健体。制定实施《关于强化中国石化国内上游基础管理的指导意见》，修订“五项劳动竞赛”管理办法，与时俱进完善“三基”管理标准与评价考核体系，深入推进基层“两册”管理，推广精益管理范式，基础管理不断加强。全面完成对标提升行动任务，健全“3566”对标评价体系，“三个标杆”创建数量位居集团公司首位。严抓“严肃财经纪律、依法合规经营”综合治理专项行动，严格自查整改，及时发布风险提示，严格合资合作项目管控，依法合规治企能力持续提升。

安全环保严抓不懈。组织开展勘探开发系统安全督导，扎实推进安全生产专项整治三年行动，实施HSE体系效能提升工程，强化井控、酸性气田硫化氢泄漏等重大风险管控和隐患治理，狠抓带压作业等直接作业环节管理，制定实施承包商管理6项硬措施，加强沿江沿黄沿海企业环保治理，落实碳达峰行动方案，深入推进“绿色企业行动计划”和“能效提升”计划，实施甲烷控排行动，全年回收天然气10亿立方米、减排二氧化碳1500万吨。

（金　沙）

油气勘探

【概述】 2022年，集团公司各油气田企业聚焦拓资源、增储量、扩矿权，持续加大高质量勘探力度，全年新增石油探明储量2.02亿吨、控制储量2.62亿吨、预测储量13.9亿吨；新增天然气探明储量2786亿立方米、控制储量4441亿立方米、预测储量8085亿立方米，超额完成年度三级储量任务。截至年底，在全国32个陆上盆地和5个海域盆地拥有勘查区块188个，面积37.2万平方千米；8个区块增列页岩气勘查矿种，增列面积1.95万平方千米；开采区块352个，面积3.89万平方千米。

（时应敏）

【常规勘探工作量】 2022年共完成二维地震1326千米、三维地震5731平方千米；完成风险井4口、预探井86口、评价井161口、滚动勘探评价井166口，合计417口井、进尺145.22万米。

（时应敏）

【常规油气勘探3项重大突破】 ①顺北8号断裂新区带油气勘探取得重大突破，顺北8号断裂带中段顺北801X井、顺北802X井、顺北803X井3口井试获超千吨油气流，南段顺北82X井、顺北81X井常规测试获高产油气流，实现8号带86千米整体控制，提交控制储量石油4026万吨、天然气2172亿立方米。②准中二叠系、三叠系超深层新层系勘探取得重大突破，征10井、成6井2口风险井均获工业油气流，新增油气预测储量2336万吨、253亿立方米。③西湖海域玉泉构造新区新领域勘探取得重大突破，评价花港组圈闭天然气资源量1556亿立方米，有望培育西湖海域第3个千亿立方米大气田。

（时应敏）

【常规油气勘探10项重要突破】 ①渤海湾盆地桩海东部新层系油气勘探取得重要突破，桩海28井、埕北85井获工业油流，落实区带石油资源量7600万吨，新增预测储量2664万吨。②川东南綦江新区下二叠统天然气勘探取得重要突破，先探1井、福宝1井获工业气流，新增天然气预测储量700亿立方米。③川西－川北须家河组新区新类型致密气勘探取得重要突破，马6井、马8井、马301井、丰谷110井获工业气流，新增天然气探明储量516亿立方米、控制储量 453 亿立方米。④鄂北东胜气田独贵－十里加汗区带新层系勘探取得重要突破，锦 78 井、锦 89 井、锦 107 井、锦 124 井获工业气流，新增天然气控制储量 304 亿立方米、预测储量 571 亿立方米。⑤渤海湾盆地东濮凹陷西南洼新区带油气勘探取得重要突破，何 301 井获工业油气流，新增石油预测储量 1358 万吨。⑥松南新区带新类型油气勘探取得重要突破，长岭断陷西部北 12 井实现油气突破，梨树断陷陡坡带梨 11 井获工业油气流，新增预测储量天然气 133 亿立方米、石油 440 万吨。⑦渤海湾盆地车镇凹陷大王庄地区碳酸盐岩石油勘探取得重要突破，车古斜 40 井、大古斜 43 井获工业油流，新增石油预测储量 1012 万吨。⑧鄂南断缝体新类型油藏勘探取得重要突破，和 102H 井、红河 5101H 井获工业油流，新增石油控制储量 594 万吨、预测储量 526 万吨。⑨苏北盆地“三新领域”勘探取得重要突破，新增石油控制储量 855 万吨、预测储量 367 万吨。⑩江汉盆地潜江凹陷碳酸盐岩新类型勘探取得重要突破，广 86 斜井与老井复试钟斜 711 井、黄 20 斜 -4 井、潭 71 斜 -7-3 井等获工业油流，落实有利区石油资源规模 1.6 亿吨。

（时应敏）

【常规油气勘探 3 项新突破】 ①顺北 7 号断裂带新区带油气勘探取得新突破，顺北 701 井获工业油气流，新增石油控制储量 1020 万吨。②鄂南旬宜太原组新层系天然气勘探取得新突破，棋盘 1 井获工业油流，证实了在渭北隆起区古生界天然气具有规模勘探潜力。③川东北茅二段新区带新领域天然气勘探取得新突破，元坝 13 井获高产工业气流，落实天然气区带资源量 1126 亿立方米。

（时应敏）

【常规油气勘探 14 项商业发现】 ①石油勘探方面，顺北 4 号断裂带油气勘探取得重大商业发现，新增探明天然气储量 1226 亿立方米、凝析油储量 5760 万吨；准噶尔盆地西北缘石油勘探取得商业发现，新增石油探明储量 4992 万吨；渤海湾盆地东营凹陷石油勘探取得商业发现，10 口井获得成功，实现凹陷西部薄层滩坝砂岩千万吨级商业发现；塔河油田奥陶系鹰山组内幕石油勘探取得商业发现，新增石油探明储量 2181 万吨；渤海湾盆地沾化凹陷石油勘探取得商业发现，新增石油探明储量 1463 万吨；渤海湾盆地滩海地区石油勘探取得商业发现，新增石油探明储量 1136 万吨；苏北盆地石油勘探取得商业发现，新增石油探明储量 658 万吨、控制储量 240 万吨；渤海湾盆地惠民凹陷石油勘探取得商业发现，新增石油探明储量 621 万吨；江汉盆地潜江凹陷蚌湖向斜岩性油藏勘探取得商业发现，新增石油探明储量 504 万吨；准噶尔盆地春光探区石油勘探取得商业发现，高效探明春 52 井区白垩系 307 万吨整装油藏。②天然气勘探方面，四川盆地合兴场气田须二段天然气勘探取得商业发现，落实天然气探明储量 1191 亿立方米；鄂尔多斯盆地东胜气田新召东区带山 2- 盒 1 段天然气勘探取得商业发现，新增天然气探明储量 590 亿立方米；松辽盆地长岭断陷查干花次凹天然气勘探取得商业发现，新增天然气探明储量 139 亿立方米；西湖凹陷天然气勘探取得商业发现，新增天然气探明储量 184 亿立方米。

（时应敏）

【非常规勘探工作量】 2022 年完成二维地震 260 千米、三维地震 444 平方千米；完成风险井 7 口、预探井 29 口、评价井 20 口，合计 56 口井、进尺 31.5 万米。

（薛秀丽）

【非常规油气勘探 4 项重大突破】 ①济阳坳陷民丰－牛庄洼陷沙四段页岩油新领域勘探取得重大突破，丰页 1HF 井试获峰值日产油 265.7 吨、气 4.1 万立方米，丰页 1-1HF 井试获峰值日产油 263 吨、气 1.6 万立方米，15 口专探水平井测试获百吨以上高产油流，首次提交新增控制储量 1.13 亿吨、预测储量 10.37 亿吨。②苏北盆地页岩油新区新层系勘探取得重大突破，高邮凹陷花页 1HF 井、花 2 侧 HF 井、花页 3HF 井相继获高产油流，溱潼凹陷溱页 2 井试获峰值日产油 110.18 吨，落实有利区资源量 14.8 亿吨，新增石油预测储量 11972 万吨。③川东南新场深层页岩气勘探取得重大突破，新页 1HF 井试获日产气 53.19 万立方米，评价新场南有利区资源量 1240 亿立方米，新增预测储量 1196 亿立方米。④四川盆地寒武系筇竹寺组页岩气新类型勘探取得重大突破，金石 103HF 井试获日产气 25.87 万立方米，初步评价有利区资源量 3878 亿立方米。

（薛秀丽）

【非常规油气勘探 1 项重要突破】 四川盆地普光气田侏罗系页岩油气新区勘探取得重要突破，普陆页 1HF 井试获日产气 10.4 万立方米，初步评价东向斜有利区资源量 1138 亿立方米，新增页岩气预测储量 572 亿立方米、凝析油 342 万吨。

（薛秀丽）

【非常规油气勘探 2 项新突破】 ①四川盆地复兴侏罗系页岩油气评价勘探取得新突破，兴页 L1HF 井测试获日产油 43.9 吨、气 1.44 万立方米，属挥发油型油藏，新增预测储量页岩油 6138 万吨、页岩气 307 亿立方米。②四川盆地阳春沟南斜坡页岩气评价勘探取得新突破，初步评价阳春沟Ⅰ类区资源量 1928 亿立方米，新增预测储量 1169 亿立方米。

（薛秀丽）

【非常规油气勘探 1 项商业发现】 四川盆地綦江页岩气田丁山构造勘探取得重大商业发现，新增页岩气探明储量 1459 亿立方米。

（薛秀丽）

【勘探效益】 2022 年共预探圈闭 153 个，完钻 104 个，新获工业油气流圈闭 37 个，预探圈闭成功率 42.5%。常规勘探风险探井获工业油气流 5 口；预探井获工业油气流 41 口，成功率 42%；评价井获工业油气流 116 口，成功率 65%。非常规勘探风险探井获工业油气流井 4 口，成功率 44.4%；预探井获工业油气流井 12 口，成功率 100%；评价井获工业油气流井 18 口，成功率 94.7%。平均每口探井探明油气地质储量 124 万吨，每米进尺探明油气地质储量 322 吨，每吨探明油气地质储量直接成本 46 元。

（时应敏　薛秀丽）

油田开发

【概述】 2022 年，坚持“四精”开发理念，创新开发思路，加强地质工程一体化，努力盘活难动用储量，扩大效益建产规模；强化老油田稳产基础，优化产量、注采结构，增强可持续发展能力；积极有效扩大提高采收率技术应用，拓展增加经济可采储量空间；不断提升开发管理水平，油田开发工作稳中向好。

油田开发资源动用情况。截至年底，各油田企业投入开发油田 228 个，动用石油地质储量 78.3 亿吨，当年新增动用储量 10404 万吨。井网、工艺条件下标定可采储量 20.5 亿吨，采收率 26.2%。

油田开发现状。截至年底，共有油水井数 74232 口，其中油井 54048 口、注水井 20184 口。油井开井 41684 口，油井利用率 87.4%，年均含水 90.8%，平均单井日产油 2.3 吨，采油速度 0.45%，剩余可采储量采油速度 12.73%，采出程度 22.7%。注水开井 14466 口，水井利用率 85.4%，平均单井日注水 67.4 立方米，年注水 35277 万立方米，年注采比 0.91，累计注采比 0.82。

（潘欢欢）

【原油产量】 2022 年，国内上游原油产量 3532.3 万吨，增长 16.9 万吨。各油田企业原油产量见表 1。

（潘欢欢）

表 1　集团公司各油田企业原油产量　万吨

油田＼年份	2022	2021	2020	2019	2018	2017
国内上游	3 532.30	3 515.40	3 514.40	3 513.10	3 505.60	3 505.40
胜利油田	2 340.30	2 340.30	2 340.10	2 340.50	2 341.00	2 341.60
中原油田	127.50	125.40	125.10	124.00	126.00	127.30
河南油田	114.50	114.30	120.00	130.00	136.00	156.50
江苏油田	106.20	105.00	104.00	106.10	113.20	120.10
江汉油田	68.60	68.10	68.10	68.10	68.30	69.70
西北油田	681.00	670.00	670.00	662.00	650.00	630.00
华东油气分公司	46.70	46.30	46.00	45.30	42.20	36.00
华北油气分公司	18.70	19.50	18.10	16.30	13.10	10.00
东北油气分公司	8.70	7.30	4.40	5.10	3.00	1.80
西南油气分公司	3.60	3.00	2.70	2.70	2.20	1.30
上海海洋油气分公司	16.50	16.30	15.80	12.90	10.60	11.00

【滚动勘探与油藏评价】 瞄准规模滚动勘探单元、勘探开发一体化区带、规模未动用储量，全年共实施滚动勘探及油藏评价井 148 口、开发准备井 54 口，落实可动用地质储量 4422 万吨。①深化滚动单元划分及潜力评价。以滚动单元划分及潜力评价为抓手，强化基础地质研究系统性，建立目标论证及井位部署模板，全年围绕 140 个增储潜力区开展系统研究，累计部署滚动井 192 口，新增可动用储量 1935 万吨。②强化勘探开发一体化评价。围绕重点规模增储阵地积极推进勘探开发"一体化融合式"研究部署，全年部署油藏评价井 37 口，完钻 24 口，落实可动用储量 1559 万吨。③加强难动用储量评价与技术攻关试验。按照"区带整体研究，先导试验先行"的部署思路，积极开展评价与技术攻关试验，在义 282、义 184、罗 68-14 等区块落实可动用储量 929 万吨。

（潜欢欢）

【产能建设】 加强勘探开发一体化、地质工程一体化、地面地下一体化、技术经济一体化，深化石油工程"四提"，加快推进顺北、准噶尔、海上等重点产建项目，全年新建产能 314.4 万吨，增加 26 万吨。①抓好方案超前准备与优化论证。坚持超前研究、超前部署、超前论证，5 月完成全年工作量审批，为统筹推进实施、结构优化调整提供保障；根据征地、安环评手续进展及钻前准备情况及时优化调整，为钻完井均衡运行、加快产建提供保障。②加强产建过程管控。坚持将质量管控、效益为先的理念贯穿于方案优化和实施全过程，梳理产能方案节点，建立效益优化流程，严格执行方案"六不批"、井位"七不打"、新井"五不投"。③全力推进难采储量效益开发。借鉴非常规油气开发经验，攻关推广复杂缝网体积压裂、深层稠油降黏等技术应用，有效盘活一批丰度更低、埋藏更深、物性更差的深层低渗致密、低渗敏感稠油储量，全年动用储量 5108 万吨，新建产能 78 万吨。

（潜欢欢）

【老油田精细开发】 坚持以增加经济可采储量为核心，加强井网恢复完善、注采结构调整、油藏与工艺一体化治理，持续夯实老油田稳产能力。①加大精细油藏描述。全年精细油藏描述区块 258 个，覆盖储量 9.4 亿吨，增加 3.2 亿吨；地质建模覆盖储量 8.5 亿吨，数模覆盖储量 6.3 亿吨。②狠抓精细注水管理。持续加大流线流场调整、周期注采等低成本技术应用，控减低效无效水循环，减缓自然递减率，积极推进老区油藏、井筒、地面一体化综合治理等五类精细注水开发示范区建设，按照"应分尽分、韵律细分"思路，配套系列化精细分层注水技术，分注率52%，提高0.2个百分点。③提升稠油热采质量。大力推进小井距加密、化学辅助蒸汽驱，产量、油汽比基本保持稳定；积极推进郑364、排612等区块稠油热复合开发先导试验，为下步稠油油藏大幅度提高采收率提供技术支撑。④狠抓缝洞型碳酸盐岩油藏高效调整。发展完善缝洞型油藏建模技术，加强空间结构注采井网重构，确保井控储量和开发效果最大化，注水注气年增油量保持在160万吨以上。⑤开发技术攻关与应用取得新进展。扩大化学驱技术应用规模，全年新建项目11个，覆盖储量6241万吨，增加2371万吨，新投项目平均提高采收率13个百分点。推广注二氧化碳提高采收率技术，全年注入二氧化碳量50万吨，增加25万吨；增油6.4万吨，增加1.8万吨。海上化学驱、稠油化学驱、高温高盐油藏化学驱等一批开发先导试验技术见到好效果。

（潜欢欢）

【油田开发管理】 ①修订中国石化《油田开发管理纲要》。适应油气开发新形势、新目标、新要求，结合油气田企业体制机制调整，对原有油田开发管理纲要进行修订，促进开发工作流程化、制度化、标准化。②加强油藏建模数模技术交流与培训。克服疫情不利影响，采取线上线下灵活形式，组织系统内外油藏描述技术交流，召开中国石化数模建模工作研讨会，举办培训班，推动持证上岗，达到交流技术、沟通启发、提升水平的目的。③加强油藏分级分类管理。围绕找潜力、明方向，督导企业开展油藏分级分类评价，通过评价指标确定、次级类型划分、单指标评价标准、多指标综合评价构建评价体系，确定采收率状况、经济效益等多维度评价指标，实现单元开发水平量化分级，找差距、定措施、促提升。④建立二氧化碳驱分级分类评价标准。考虑混相能力、开发阶段对注气提高采收率的影响，按照驱动类型、含水分级、油藏类型对二氧化碳潜力进行综合评价，形成二氧化碳驱分级分类评价方法，挖掘中国石化二氧化碳驱经济可动资源潜力。

（潜欢欢）

气田开发

【概述】 2022年，聚焦少井高产、效益开发，持续加大顺北二区、杭锦旗区块、川西须家河组和川西中浅层等滚动勘探与气藏评价力度，全力推进川西气田、顺北二区、威荣页岩气田等重点新区上产工程，大力攻关川西须家河组难动用储量效益开发，持续加强普光气田、涪陵页岩气田、元坝气田、大牛地气田等综合调整和精细管理，全年生产天然气352.7亿立方米，上产13.9亿立方米。

储量动用情况。截至年底，投入开发常规天然气田（藏）158个，累计动用天然气储量18164亿立方米，探明储量动用率48.3%，标定经济可采储量采收率32.18%。其中，气层气动用储量14457亿立方米，标定经济可采储量采收率33.58%；溶解气动用储量3707亿立方米，标定经济可采储量采收率26.71%；新增常规天然气动用储量957亿立方米。投入开发页岩气田3个，累计动用页岩气储量6062亿立方米，储量动用率50.9%，标定采收率17.55%；新增页岩气动用储量531.7亿立方米。投入开发煤层气田1个，累计动用煤层气储量153亿立方米，储量动用率73.6%，标定采收率35.08%；新增煤层气动用储量2.86亿立方米。

气田开发现状。截至年底，共有常规天然气生产井5695口，开井4774口，开井率83.8%，平均单井日产气1.77万立方米；地质储量采气速度1.89%，采出程度24.82%；SEC储量替代率131.9%，储采比8.7。页岩气生产井1076口，开井835口，开井率77.6%，平均单井日产气3.25万立方米；地质储量采气速度0.8%，采出程度54.46%，动用储量储采比为10.5。煤层气生产井996口，开井885口，开井率88.9%，平均单井日产气0.12万立方米；地质储量采气速度1.9%，采出程度45.77%，动用储量储采比为6.2。

（刘庆彬　薛秀丽）

【天然气产量】 2022年生产常规天然气249.6亿立方米，上产14.6亿立方米；生产非常规天然气103.1亿立方米。

（刘庆彬　薛秀丽）

【生产能力】 截至2022年底，国内上游常规天然气生产能力261.58亿立方米，其中气层气生产能力247.18亿立方米、溶解气生产能力14.40亿立方米。非常规天然气生产能力105.56亿立方米，其中页岩气生产能力101.87亿立方米、煤层气生产能力3.69亿立方米。

（刘庆彬　薛秀丽）

【常规天然气开发进展】 ①加大滚动勘探与气藏评价力度，准备规模建产阵地，落实可动用储量760亿立方米。西北油田分公司紧跟探井实施进展，加快评价顺北二区，落实可动用储量325亿立方米。华北油气分公司深化东胜气田锦30、锦66和锦72等井区富集规律研究，加强储层及含气性预测，分区开展气藏精细描述和评价，落实可动用储量216亿立方米。西南油气分公司加强中江隐蔽窄河道储层预测和须家河组断褶裂缝体精细刻画，优选有利区开展评价，落实可动用储量192亿立方米。②持续扩大效益建产规模，加快推进规模上产工程，新建气层气产能45.45亿立方米，增加11.11亿立方米。顺北二区4号断裂带勘探开发一体化实现高效建产，攻关形成地质工程一体化“少井高产”关键技术，2022年投产井11口、新建产能5.78亿立方米，累计投产井20口、建成产能11.56亿立方米，平均单井产能18万米^3/日。川西气田加强潮坪相白云岩薄储层预测，持续优化新井轨迹，做好随钻跟踪调整，创新超深长水平井分段精细布酸工艺，2022年完钻测试6口井，储层钻遇率89.3%，平均无阻流量208万米^3/日，较前期提高54%。③持续攻关难动用储量开发，新场须家河组气藏效益开发取得重大突破。加强气藏富集高产规律研究，攻关形成多属性融合断褶裂缝体预测技术和分频重构高分辨率反演薄储层预测技术，有效裂缝预测符合率从45.9%提升到86.4%，储层预测吻合率由70%提升至86%。优选主体改造工艺，形成“超高压+变黏液+大排量+大规模”体积压裂改造技术，增产效果显著。一期3亿立方米先导试验设计新钻井18口，2022年投产8口井，平均单井日产气20.8万立方米、EUR4.2亿立方米，分别是方案设计的4倍、3.5倍，高效建成产能4.3亿立方米，其中新盛201井无阻流量288万米^3/日，创川西陆相新高。④全力抓好主力气田综合调整和精细管理，川东北海相碳酸盐岩气藏实现百亿立方米以上持续稳产，鄂北、川西中浅层等致密气老区产量稳中有升。普光气田加强零散未动用储量评价建产，老君区块2022年投产2口井、新建产能2.97亿立方米；加大稳气控水防硫力度，全年无新增见水气井，亿立方米气水侵量稳定在4.2万立方米左右，实施硫沉积治理252井次、恢复气量3亿立方米。元坝气田持续精准实施调整井，加强老井精细管理，高效完成首次全气田检维修，年产净化气37.1亿立方米，持续稳产7年，年末标定采收率55%，较投产初期提高6.5个百分点。大牛地气田加大立体开发调整力度，东胜气田攻关实现高含水致密气藏效益开发、持续分区块滚动评价建产，鄂北保持50亿立方米稳产。川西中浅层持续开展中江气田滚动扩边和新场气田调整挖潜，全年实施新井42口，新建产能4.7亿立方米；生产天然气25.2亿立方米，增加2.2亿立方米，实现20亿立方米以上稳产18年。

（刘庆彬）

【涪陵页岩气田开发进展】 焦石坝区块建立不同地质条件页岩气分类立体开发模式，全年两层立体开发完试、投产井30口，新建产能5.1亿立方米，区块整体采收率由12.6%上升至23.3%，两层立体开发有利区采收率39.2%，达到国际领先水平；编制国内首个页岩剩余气精准靶向设计方案，先期部署4个井组37口井，已批复实施2个井组17口井；东胜、白马复杂构造区常压页岩气细化开发分区，按照整体部署、评建一体、择优建产、动态优化，有效降低实施风险；一井一图精细刻画，提高复杂构造区优质储层钻遇率，确保单井产能；在构造平缓区，加强超长水平段攻关试验，实现效益开发。2022年开钻井149口，完钻井103口，完试井90口，投产井91口，新建产能16.6亿立方米，年产气85.8亿立方米。截至年底，气田累计投产井859口，开井770口，累产气540.3亿立方米。

（薛秀丽）

【威荣页岩气田开发进展】 威荣页岩气田以提产、增效为核心，稳步推进二期产能建设，优质储层钻遇率达 99% 以上；威页 25 平台通过先导试验，形成以“多段少簇 + 双暂堵”为核心的均衡压裂工艺技术，改造体积提升 16.7%，初期产能提升明显，EUR 提升 9.8% 左右；强化防治套变、压窜新工艺技术攻关，综合采用“六步法”防套变技术对策、均衡改造避免裂缝局部突进，套变、压窜影响有所降低。2022 年续钻井 42 口，完钻井 31 口，完试井 32 口，投产井 37 口，新建产能 6.6 亿立方米，年产气 9.2 亿立方米。截至年底，气田累计投产井 127 口，开井 121 口，累产气 28 亿立方米。

（薛秀丽）

【煤层气开发进展】 2022 年推广和改进有效支撑压裂“2.0+”，“一区一策”形成差异化“施工排量、粒径组合、液体配方”工艺参数，实现“裂缝充分延伸、有效铺砂支撑”，有效支撑缝控体积再提升 13%。年内 21 口开发调整井动用 1200 米以深、2 米厚煤层，初产由 0.3 万立方米提升至 1.2 万立方米以上，改变低产低效传统认识。与原常规压裂邻井相比，单井产能由 0.1 万立方米提升至 0.6 万立方米，EUR 由 410 万立方米提升至 890 万立方米。调整井产能大幅提升，实现低品位储量从“低效”到“高效”转变。2022 年开钻井 21 口，完钻井 21 口，完试井 21 口，投产井 21 口，新建产能 0.46 亿立方米，年产气 3.9 亿立方米。截至年底，累计投产井 996 口，开井 885 口，累产气 24.6 亿立方米。

（薛秀丽）

采油气管理

【采油工程队伍】 截至 2022 年底，采油工程系统共有采油（气）厂 58 个、采油气工程服务中心（或油气井下作业中心）6 个、石油工程技术研究院 11 个，合计 87375 人。其中，采油（气）厂 65902 人，采油气工程服务中心（或油气井下作业中心）18563 人，石油工程技术研究院 2910 人。从队伍类型上看，采油工程一线及辅助队伍（队站）共有 1355 个、54570 人，采油（气）厂科研单位 98 个、4230 人。

（马玉生）

【重点工艺技术措施工作量及效果】 2022 年，各油气田企业共实施油气水井大修作业 1317 口，成功 1281 口井，成功率 97.3%，平均修井天数 36 天。从大修工艺类型上看，以套损井修复、井下落物打捞、管柱解卡、复杂故障修复等复杂工艺为主，共实施 1160 口井，占成功井数的 90.6%。实施油气水井补孔改层措施 3134 井次，有效 2900 井次，有效率 92.5%；油气水井老井压裂 408 井次，有效 392 井次，有效率 96.1%；油气水井酸化 1339 井次，有效 1248 井次，有效率 93.2%；油井泵升级 655 井次，有效 568 井次，有效率 86.7%；油井防砂 1700 井次，有效 1563 井次，有效率 91.9%。

（马玉生）

【采油气工程综合管理】 2022 年，采油气工程重点围绕油气开发稳产上产，深化创新创效，深入推进水驱精细注采、稠油提干提效、深层控水补能和注采管柱“双五”延寿提升，狠抓井下作业“双提双降”行动，强化套损井治理、关停井效益复产，圆满完成年度任务，全年抽油井检泵周期延长 38 天、维护作业频次上升 0.01、分注率提高 0.3 个百分点、措施有效率提高 1 个百分点。①精细注采，筑牢水驱稳产基础。持续加大注采完善力度，推进精细注采技术配套，打造长寿注采管柱，推进水驱油藏均衡长效动用，夯实稳产基础。全年检泵周期延长 38 天，注水管柱检管周期延长 50 天。治理套损井 820 口，恢复水驱控制储量 2024 万吨，增油 22.9 万吨。②提干提效，保障稠油效益稳产。持续加强全程热采提效、蒸汽流场调整、接替技术攻关，全年完成产量 486 万吨，油汽比稳定在 0.58。井口注汽干度由 75.7% 提升至 84.4%，井底干度达 54.2%，提高 6.6 个百分点。③控水补能，提高深层油气采收率。针对碳酸盐岩油藏高含水、水气驱替效率变差等问题，强化控水完井、堵水调剖等技术攻关应用，全年完成措施产量 46 万吨，有力保障了塔河稳产和顺北上产。④高效排采，保障天然气持续上产。针对老区气田地层压力降低、井底积液严重、沉积堵塞等问题，完善差异化排液采气、沉积防治技术，全年排采增气 49 亿立方米。⑤优化运行，推进作业提速提效。围绕“深化管理、装备配套、技术创效”3 条主线，强化机制建设与过程管控，加快快速作业装备及技术升级，确保各项指标稳中有升。实施侧钻、大修、补孔等增产型工作量 507 口井，增油 6.85 万吨。

（马玉生）

【井下作业工作量情况】 2022 年，各油田企业共完成井下作业 31445 井次（不含投产投注井 2574 口），其中措施作业 14451 井次、维护作业 16994 井次。按井别分类，油井作业 23701 井次，其中措施 10329 井次、维护 13372 井次；气井作业 1319 井次，其中措施 339 井次、维护 980 井次；水井作业 6425 井次，其中措施 3783 井次、维护 2642 井次。油气水井年总作业频次 0.51 井次/口，年措施作业、维护作业频次分别为 0.23 井次/口、0.28 井次/口。

（马玉生）

【井下作业施工能力】 一线井下作业队伍共 372 支 16210 人，其中小修队伍 171 支 6481 人，年作业能力 18040 口井；大修队伍 26 支 1117 人，年作业能力 830 口井；试油（气）队 24 支 651 人，年作业能力 1160 口井，测试队等其他辅助作业队伍 151 支 7961 人。

（马玉生）

【井下作业装备现状】 截至 2022 年底，各油田企业共有井下作业设备 3250 台，其中提升设备 782 台、压裂酸化设备 477 台、辅助设备 1991 台。使用年限 10 年以上设备 1206 台，5—10 年 946 台，5 年以下 1098 台，分别占设备总量的 37.1%、29.1% 和 33.8%。后勤厂站 64 个，其中机修厂（车间）9 个，年机修能力 8100 台；泵修厂（车间）10 个，年泵修能力 4680 台；油管厂 23 座，年油管检测能力 3370 万米，年修复能力 2970 万米；抽油杆厂 11 座，年抽油杆检测能力 730 万米，年修复能力 480 万米。

（马玉生）

油气集输

【概况】 截至 2022 年底，油田原油集输处理系统共建有联合站 117 座、原油稳定装置 34 套、接转站 242 座、油库 12 座，原油储罐库容 162 万立方米。设计原油稳定能力 4101 万吨/年、原油外输能力 8040 万吨/年。2022 年稳定原油 1696 万吨，原油外输量 3691 万吨。油田采出水处理系统建有污水处理站 196 座，设计含油污水处理能力 5.6 亿米^3/年，处理含油污水 4.4 亿立方米。注水系统共有各类注水站 737 座、配水间 2918 座，实际注水量 3.5 亿立方米，站出口水质达标率 96%。

（黄业千）

【主要技术经济指标】 输油泵平均运行效率 50.8%，管网效率 70.2%，集输系统效率 35.7%；注水泵平均运行效率 74.2%，注水系统注水管网效率 74.3%，注水系统效率 55.1%。

（黄业千）

【海上油气开采设施及生产】 截至 2022 年底，集团公司海上油田（自营区块）共有各类海上采油平台 124 座。其中，中心平台 6 座、井组平台 91 座、单井平台 27 座；海底输油管线 102 条，总长 612.6 千米；海底输气管线 15 条，总长 990.8 千米；海底注水管线 67 条，总长 116.2 千米；海底电缆 137 条，总长 440.2 千米。2022 年海上油气水井共1049口，开井938口。其中，油井636口，开井557口，年生产油362.1万吨、气1.65亿立方米；气井119口，开井102口，年产气19.92亿立方米、产油34.3万吨；注水井294口，开井279口，年注水量2156万立方米。

（马玉生）

设备管理

【概述】 截至2022年底，集团公司国内上游共有在册设备235935台（套），设备资产原值1615.2亿元、净值468.4亿元，设备新度系数为0.29。共有主要专业设备176991台（套），设备资产原值390.9亿元、净值105.6亿元，新度系数0.27。综合完好率99.5%，主要设备利用率90.2%。

（刘德生）

【油田设备状况】 集团公司各油田企业主要专业设备状况统计见表2。

表2　集团公司各油田企业主要专业设备状况统计

单位	在册台数	原值/亿元	净值/亿元	新度系数
集团公司	97 113	404.87	104.70	0.26
胜利油田分公司	38 908	136.36	40.60	0.29
西北油田分公司	9 386	47.26	12.76	0.27
中原油田分公司	9 660	125.96	20.61	0.16
河南油田分公司	7 529	18.92	4.07	0.22
江汉油田分公司	7 081	14.09	3.39	0.24
江苏油田分公司	3 956	11.87	2.75	0.23
西南油气分公司	7 202	24.18	9.31	0.39
华北油气分公司	9 103	14.14	6.36	0.45
华东油气分公司	2 191	5.02	1.94	0.39
东北油气分公司	2 094	7.08	2.91	0.41

（刘德生）

【设备管理】 ①持续健全设备管理制度体系，编制完成《中国石化国内上游设备设施管理办法》（试行）。②设备设施完整性管理体系建设取得阶段成果，天然气分公司、中原油田完成体系文件发布。③井下作业自动化工作顺利推进，配套机械化、自动化设备215台，三年规划完成率75%。④设备设施运维和检维修管理进一步规范，高质量完成普光气田、元坝气田停产检修技改，保障设备设施“安稳长满优”运行。⑤设备管理挖潜增效成果显著，强化“六精”润滑管理，节省成本近2000万元，修旧利废及再制造创效约1亿元。⑥设备信息化建设稳步推进，完成国内上游设备设施完整性管理信息平台试点建设。⑦设备专业安全管理能力持续提高，国内上游16项动静设备、仪控等管理要素监测指标均处于可控范围。⑧标准化采购成果显著，采油化学剂和压裂酸化化学剂采购成本分别降低5.3%和4.7%。

（刘德生）

基层管理

【深化油公司改革】 做好深化改革三年行动收官，以优化体制、深化机制、管理创新、一体化管理、基础管理、风险管控、加强党的建设为重点，13 家企业完成 516 项深化改革三年行动重点任务。坚持油公司“七化”内涵，推进信息化条件下基层单位标准化建设，选取 15 个采油气基层单位推行以“生产指挥中心”为核心的“内外操”一体化管理试点，实施“集中监控、无人值守、有人巡检、专业维修”，华东油气田、江汉油田、西南油气田、华北油气田在采油气厂推行“厂直管班站”管理模式，扁平化体制进一步升级。培养引领市场专业化队伍，坚持“集中使用，统一调配，专业化管理，市场化运行”，进一步提升服务保障能力，国内上游专业化队伍人均创收增长 15.9%。持续“瘦身健体”，压减法人 8 户，完成 2 户 6 级法人压扁工作，管理层级、法人层级分别控制在 4 级、5 级以内。

（吕海峰）

【深化对标管理】 推进对标世界一流提升行动，13 家企业完成 528 项任务。健全完善国内上游“3566”对标提升平台，从事业部、分公司、基层单位 3 个层面，开展分层级、分专业对标提升，坚持季度对标通报、分析提升机制，板块“五力”同比提升，基层组织管理效能水平进一步提升。增补西南采气二厂、华北采气二厂、勘探分公司勘探研究院 3 家标杆基层单位，“三个标杆”数量位居板块前列。西北油田不断拓展与塔里木油田合作的广度和深度，建立共同协商、合作交流、联合攻关、成果转化机制，联合攻关超深断控缝洞型碳酸盐岩油气藏动静态储量评价、控储成藏研究、工程研究等 4 项关键技术，高质量钻井、超深井开发等取得重要突破。华北油气分公司坚持与长庆油田开展对标，在分公司和采油气厂两级，分勘探、开发、工程、经营 4 个专业组开展“长庆再对标”行动，促进管理提升。

（吕海峰）

【健全绩效考核激励机制】 突出价值创造和高质量发展，完善“一体两联三奖惩五细则”绩效考核机制，强化企业效益、产量、成本、可持续发展等指标考核，形成“多作贡献多挣绩效工资、兼顾效益和可持续发展”的绩效管理机制。坚持对生产运营、勘探开发、成本单耗等 19 项指标开展季度“星旗榜”评比，重点加大对勘探突破、高效开发、工程技术、天然气保供、管理创新等专项奖励，充分调动各单位各专业的积极性。

（吕海峰）

【持续推进“三项制度”改革和人力资源优化】 严格控制用工总量，统筹优化盘活富余人力资源。胜利油田、中原油田、江汉油田、江苏油田等企业推行“人力资源池”建设，配套制定离岗人员分流安置办法，充分发挥“蓄水池”“充电桩”“中转站”的作用，激发全员岗位价值创造活力。强化板块人力资源共享，对外闯市场人数和创效实施年度计划管理，东部老油田外闯市场员工 2.54 万人。

（吕海峰）

【强化基础管理实现新提升】 制定下发《关于强化中国石化国内上游基础管理的指导意见》，以落实管理责任为核心，以制度流程化、流程标准化、标准信息化为主线，构建国内上游“基础工作 +”管理模式。全面推进基层“两册”管理，油气生产和专业化基层单位实现“两册”全覆盖。胜利油田在基层推行“十不十要”管理，通过“十不”落实减负，通过“十要”促进赋能，配套建立验收检查督导机制，推动基础管理水平全面提升。河南油田优选精益管理工具开展制度流程梳理优化，提高制度流程运行效率，解决基层制度流程多、资料报表多、流程运行时间长的问题，精简优化基层资料 2155 项，优化标准化处置流程 118 项。

（吕海峰）

【加强全面风险防控体系建设】 树立“管业务必须管风险”理念，围绕推进风险防控制度化、精准化，强化依法合规经营，针对巡视、审计及内控测试等发现问题，结合经营环境变化和管理要求，组织开展风险识别、排查与评估，发布风险提示，综合施策，严守底线，2022 年共下发 3 期风险提示，发布重点风险防控 50 项。落实集团公司“合规管理年”专项行动，组织企业开展安全环保、投资、矿权、土地等领域风险隐患排查和专项治理。胜利油田、中原油田、江苏油田 3 家企业获评集团公司内控风控先进单位，河南油田、西北油田、西南油气田等 6 家企业管理部门获评集团公司内控风控先进集体。

（吕海峰）

【提升存续业务支撑保障能力】 持续深化存续、上市一体化管理，优化体制机制，统筹资源管理，进一步提升存续业务经营创效和后勤保障能力。胜利油田推进发供电和新能源业务向基础型、调节性电源发展，对油气主业的生产保障能力进一步提升，全年供电配网线损下降 11%，电网故障率降低 34%。河南油田进一步整合水电业务，聚集管理资源组建新的水电厂，提升管理效能。中原油田对内优化水务业务布局，对外走向市场，开展社会化服务，分流安置分离移交留存人员。江汉油田、河南油田和中原油田等推广“中央厨房＋门店食堂”的餐饮服务模式，整合前后线食堂，打造一公里餐饮服务圈，实行统一菜谱、统一采购、统一评价，食堂数量和服务人员大幅精简、服务成本下降的同时，服务质量和员工满意度得到提升。

（刘欣荣）

【强化存续业务价值创造能力】 围绕“剥离、治理、盘活、发展”，推进存续业务差异化发展，“一企一策”开展改革优化，存续业务价值创造能力持续提升。胜利油田推动与青岛石化等单位建立产运销一体化机制，低硫船燃与原油拉运市场突破 2 亿元。江苏油田加大与网络货运企业的合作，开辟皖东北管线物资供应、化销华东分公司聚丙烯产品运输等市场，仓储商贸物流业务承揽能力和经营效益持续提高。西南油气对液化石油气市场实施采销联动工作机制，实时优化调整采购方案，退出低效槽批业务，液化石油气销售业务实现扭亏为盈。

（刘欣荣）

【积极布局绿色低碳产业】 推进节能环保等业务的特色发展，加快新能源开发，形成新的经济增长点。胜利油田、中原油田、河南油田、江汉油田等企业利用现有场地、设施、土地等资源，开展合资合作，加快太阳能、风能、余热等新能源开发利用，全力推动风电、光伏项目建设。胜利油田组建高效用热、农业发展专班，热资源平台化统筹、盐碱地高效化开发加速实施。河南油田发展产出液处理、油泥砂、钻井废液等固废处理环保产业，含油污泥无害化处理、钻井泥浆处理、作业井场环保防渗膜等项目运营后见到实效。华东石油局完善二氧化碳捕集封存技术体系，实现南化公司捕集回收二氧化碳气的水运销售，研究计算 CCUS 减排量方法学，获江苏省高新技术企业认定；深化合作，开展 20 万吨二氧化碳尾气回收项目可研论证，持续扩大尾气回收规模。

（刘欣荣）

中国石化
SINOPEC

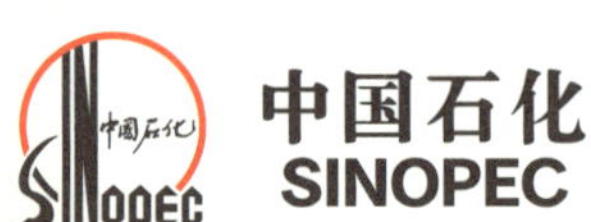

境内石油工程

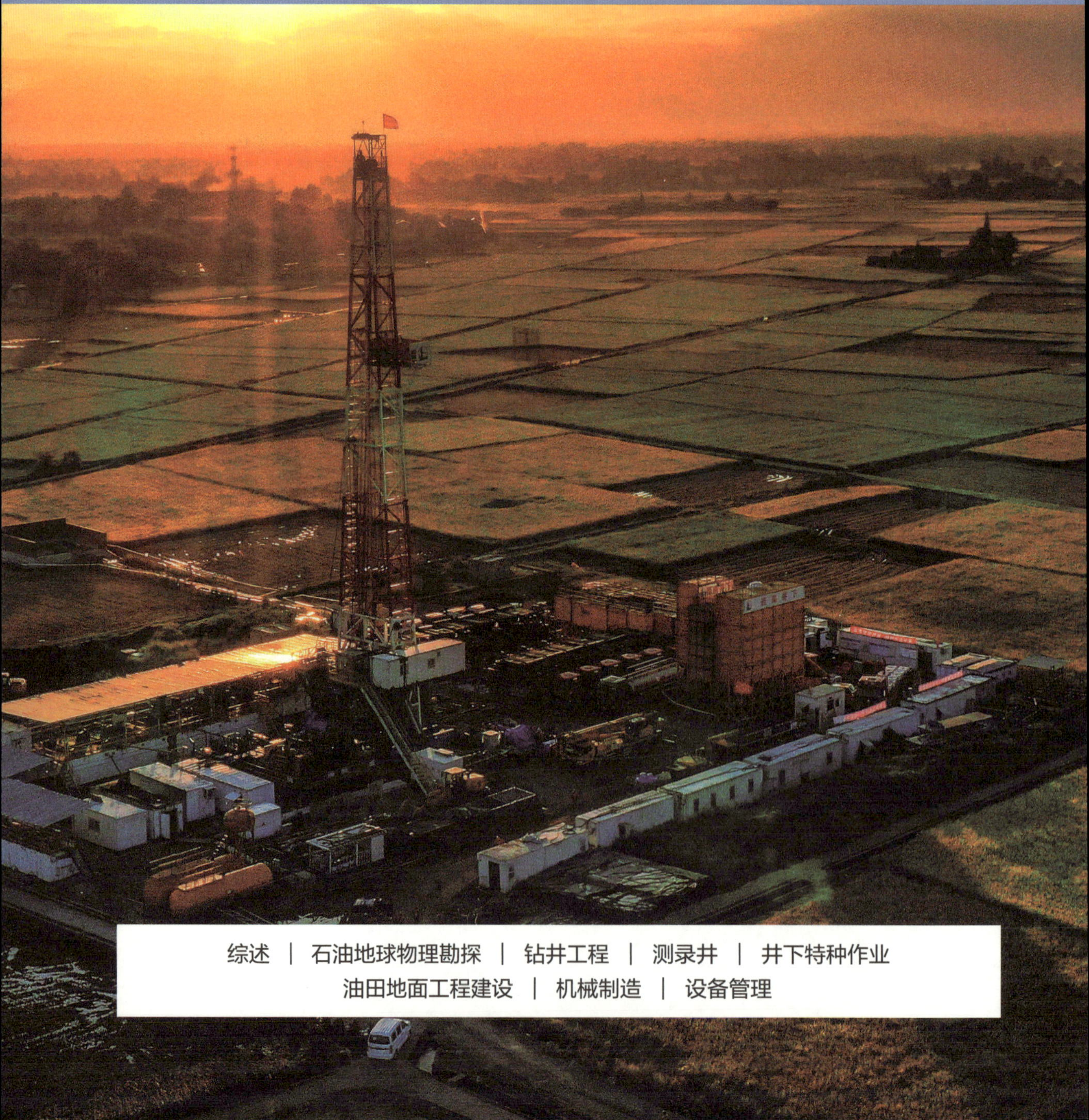

综述 | 石油地球物理勘探 | 钻井工程 | 测录井 | 井下特种作业
油田地面工程建设 | 机械制造 | 设备管理

综述

2022年，石油工程板块深入学习贯彻党的二十大精神和习近平总书记视察胜利油田重要指示精神，在集团公司党组的坚强领导下，深入开展“牢记嘱托、再立新功、再创佳绩，迎接学习贯彻二十大”主题行动，全体干部员工扛牢责任、踔厉奋发，全面深化技术创新、改革创新、管理创新，扎实推动“七个全面提升”工作取得新进展。全年完成境内陆地二维地震2946.46千米、三维地震7018.55平方千米，钻井进尺991.23万米，测井27735万标准米，录井天数135136天，井下作业5768井次，试油1481层次，工程建设完成合同额175亿元。全年新签合同额810亿元，增加101亿元、增长14.2%；实现营业收入737.7亿元，增加42.4亿元、增长6.1%，均创出“十三五”以来最好水平。实现利润总额7.3亿元，增加2.4亿元、增长49%；净利润4.6亿元，增加2.8亿元、增长158%，全面超额完成年度奋斗目标任务。

服务保障卓有成效。坚决落实上游板块党工委决策部署，全面深化甲乙方联动，推进一体化运行，以“四提”“五化”大提升，有力保障上游大发展。“四提”工作再上新台阶。完成井平均钻井周期缩短率、压裂施工效率提高率、压后单井产量提高率、复杂故障时效降低率、钻井队伍动用率等指标，均超额完成年度目标，有力支撑稳油增气降本。示范井连创施工新纪录。精选装备、队伍、技术，坚持靠前服务、精益施工，完钻的12口井平均钻井周期较设计缩短17.9%，较工区最短周期缩短30.8%，示范引领效果显著。打出一批高产井发现井。在顺北工区打出多口千吨井，在川东南新页1井试获高产页岩气流，在济阳坳陷页岩油多口单井累产破万吨，在川西新场难动用气藏高效完成产建目标，助力“少井高产”取得良好成效。保障重点工程建设坚实有力。大力推进“五化”体系建设及成果应用，全年安全高效实施重点项目92个、建成各类场站90座。东营原油库迁建工程主要指标创出新高，建成国内首座绿色低碳智能油库，打造了精品工程、示范工程。

市场开发亮点纷呈。石油工程板块抓住高油价和市场回暖机遇，坚持效益优先、保内争外，做优存量与做大增量并举，市场质效双升、优势互补。集团内部狠抓运行协调，统筹优化队伍，升级核心装备，推动年度框架协议落实和投资释放，全年新签合同额增长14.3%，钻井市场占有率保持高位有进。国内外部深化“中－中合作”，大力拓展成熟规模市场，全年新签合同额增长13.6%。其中，在中国石油、中国海油、国家管网市场新签合同额增长27.5%，优质规模市场更趋集中。

科技创新成果丰硕。持续加大科研投入，贯通抓好关键核心技术攻关突破、特色技术迭代升级、科技成果转化应用，全年创579项施工新纪录，获省部级科学技术奖励17项，申请专利949件、获授权专利711件，均创历年新高。关键核心技术有效突破。Ⅰ型旋转地质导向系统创新形成四大成果、9项核心技术，累计现场应用65口井，储层钻遇率达96%，产品鉴定整体达到国际先进水平。特深层高温电成像测井仪器和高温MWD更趋成熟定型，施工的渤深斜10井创国内测井施工最高井温纪录，标志着满足9000米以深、175℃高温的测井测量测控技术能力大幅提升。特色技术加快迭代升级。顺北特深层钻完井优化形成提速技术2.0版并在现场集成示范应用，打成8000米以深井22口，助力“深地工程”获重大突破。页岩气超长水平井钻完井技术能力持续提升，胜页9-3HF井、焦页18-S12HF井连续刷新国内页岩气井水平段最长纪录。胜利页岩油牛页一区试验井组实施多专业联合攻关，不断刷新技术和周期指标。科技创效取得重要进展。高端装备产业基地建成投运，化学助剂生产基地完成改扩建并投产，自主产品产业化及科技成果转化产值创出历史新高。信息化建设提速加力。石油工程一体化云平台（SICP）上线运行，井场一体化决策指挥中心、MRO物联网等数业融合深化应用，海量数据资源

“入湖”共享，赋能项目化管理效率和决策质量大幅提升。

改革优化纵深推进。深化改革三年行动全面完成并高质量通过集团公司专项审计，6个典型案例入选集团公司《深化改革三年行动经验案例集》。项目化管理体系基本搭建完成。全面完成《石油工程公司项目化管理办法》及各层级配套制度修编工作，“两池两库一平台”全面上线运行并取得阶段性成效，石油工程“前线呼唤炮火”体制机制从顶层设计转入实施阶段。特色化业务发展完成顶层设计。形成特色化业务发展指导意见，为做强具有规模效益和发展潜力的特色化业务提供指引。

基础管理持续夯实。系统梳理短板弱项，研究制定《强化“三基”工作提升基础管理实施意见》，细化行动任务清单。从严管控队伍规模，加大考核排名和末位淘汰力度，对收回施工资质的钻井队，严格落实“人员入池、装备入库”。大力精简机关人员、充实一线骨干力量，确保机关人员数量连年下降。落实“五懂五会五能”要求，抓实基本功“六项训练”，抓实各类培训、练兵，员工素质能力持续提升。组织开展金银牌基层队评比验收和“五比”对标劳动竞赛，充分调动各层级对标先进、创收创效积极性。深化推进“合规管理强化年”，健全合规管理体系，统筹内外部资源妥善处理法律纠纷案件，避免和挽回损失取得良好效果；加大疑难“两金”清理和历史遗留案件处置力度，开展项目管理专项治理，完工未关闭项目数量大幅降低，重大经营风险总体可控在控。

安全环保总体平稳。全面落实集团公司“总经理2号令”，充分发挥领导安全引领力，扎实推进安全生产专项整治三年行动、百日安全行动、勘探开发安全督导、HSE管理体系审核见到实效。全面开展设备本质安全、员工能力素质等重点领域安全管理大起底，抓实安全管理分级管控，常态化开展“现场+视频”安全督查，落实“两特两重”时期提级管理措施，保证节假日和特殊敏感时期的安全生产平稳运行。强化井控高风险井提级管理，抓实关键环节专家驻井包井，井控安全保持总体平稳。因时因势调整疫情防控策略，落实关心关爱措施，全力保障员工身心健康。

（马必才）

石油地球物理勘探

【概述】 截至2022年底，地球物理系统共有一线队伍55支，其中地震队35支、非地震队8支、新业务队12支。从业人员6344人，其中合同制员工5447人、规范劳务派遣业务外包工857人、其他用工40人。具有教授职称的26人、副高级职称的1420人、中级职称的945人，占从业人员的43.4%。

（孙刚刚）

【主要装备】 截至2022年底，地球物理系统拥有数字地震仪主机58台（套），采集站61.16万道，其中508XT采集站14.66万道、428XL采集站21.85万道、节点仪器23.60万道、滩海采集站1.05万道，各类检波器86.33万串（只），可控震源156台，沙漠工程车344台。各类装备资产原值61.47亿元、净值20.02亿元，综合新度系数0.33。

（孙刚刚）

【采集工作量及实施情况】 2022年，共实施境内陆地二维地震2946.46千米、三维地震7018.55平方千米。完成集团内部地震生产炮数增长43.6%，平均日效提高76%，采集资料一级品率较合同要求提高3.2个百分点。

（孙刚刚）

【主要技术进步】 ①单点高密度地震勘探技术应用范围进一步拓展。成功推广应用到准噶尔盆地成1井三维、南方山地荣县－宜宾三维、东部水网塔集北三维等项目，实现从东部走向西部、从找油走向找气、从断块型油气藏识别走向缝洞型油气藏识别的拓展，为油气勘探突破提供强有力的物探技术支撑。②黄土塬一体化物探技术攻关成效显著。开展鄂尔多斯盆地黄土塬区井震联合激发技术攻关，相较传统井炮拓宽中深层频带高频段达 10 赫兹；推广应用全节点采集技术，形成鄂尔多斯盆地“低频单点接收 + 宽方位 + 高覆盖”地震勘探技术。通过攻关应用井震联合、全节点采集、源驱动激发等技术，和盛三维地震勘探项目平均日产 1485 炮，最高日产 3306 炮，相较以往同类项目施工效率提升 4 倍。③宽频高效可控震源地震勘探技术实现规模化应用。戈壁、农田、沙漠等各类复杂地表条件下地震采集能力持续提升，在准噶尔盆地沙 1 井、排 6 井、成 1 井，塔里木盆地顺北 8 井，鄂尔多斯盆地黄土塬区和盛项目大面积应用。西部探区排 6 井项目通过采用“全节点 + 可控震源高效采集”，创造集团公司中西部地区地震采集日效新纪录。④山前带地震勘探技术攻关取得新成效。综合应用多方法联合表层调查及建模、分带分类动态设计激发因素、节点 + 有线间采和混采、源驱动智能激发等技术，极大地提高龙门山山前带地下推覆构造成像效果。⑤ 3 项前瞻技术研究取得新进展。依托“井中地震采集系统自主研发”课题，进一步完善分布式光纤探测技术及采集硬件；依托“浅海海底节点地震采集关键技术研究”课题，完成浅海压缩感知地震技术野外试验；依托“北斗系统在地震采集中的应用研究”等课题，加快北斗 + 物探技术，实现高精度时空基准构建与服务、实时实景三维设备导航控制、北斗 +5G 融合连续定位、人员穿戴式高精度自主定位等关键技术突破。⑥自主装备研发力度持续加大。Nodal 节点二代达到国内领先水平，节点自动埋置和回收装备持续优化升级，浅海综合导航设备和软件研发取得阶段性成果，北斗测量、定位导航等自主研发设备完成野外测试。

（孙刚刚）

钻井工程

【概述】 2022 年，集团公司钻井业务主要分布在石油工程公司的胜利石油工程公司、中原石油工程公司、江汉石油工程公司、西南石油工程公司、华北石油工程公司、华东石油工程公司 6 家地区分公司和海洋石油工程公司等单位。钻井研究、专业技术服务及钻井施工单位共 40 家，其中陆地钻井公司 20 家、海洋钻井公司 2 家、钻井研究院 3 家、钻井技术服务公司 10 家、其他油田服务公司 5 家。钻井系统用工总量约 5.15 万人，其中合同制员工约 3.05 万人。

（黄立玫）

【主要装备】 拥有陆地钻机 641 台，其中电动钻机 357 台、机械钻机 284 台；海洋钻井平台 13 座，其中自升式 11 座、半潜式 2 座。各类顶驱 398 套；LWD（FEWD）151 套，MWD439 套；防喷器 3177 台，其中单闸板 575 台、双闸板 1618 台、环形 984 台；固井装备 273 台，其中水泥车 250 台、混浆撬 23 台；欠平衡装备旋转防喷器 81 台；空气压缩机 88 套。

（黄立玫）

【工作量】 2022 年，平均动用钻机 468.50 台，开钻井 3227 口，完井 3173 口，完成钻井进尺 991.23 万米，其中集团公司内部市场完井 2278 口，进尺 706.37 万米；国内外部市场完井 225 口，进尺 98.51 万米。

（黄立玫）

【重点工艺井应用】 完成深井钻井 391 口，超深井（≥ 6000 米）钻井 172 口；完成定向井服务 2832 井次，其中水平井 977 井次；各类固井 7124 井次；常规欠平衡井 66 口，其中气体钻井 15 口。

（黄立玫）

【重点技术进步情况】①页岩油气工程配套技术获突破。持续推进页岩气超长水平段钻井、固井技术、钻柱双向扭转系统控制技术、水平加密井绕障技术、泡沫水泥堵漏工艺和页岩油长筒取芯、抗高温旋导工具优选、合成基钻井液性能优化等重点领域技术攻坚、现场应用与迭代升级，全年完成页岩气井钻井 249 口，钻井进尺 142.64 万米，完成井平均井深 5222.05 米，机械钻速 9.33 米/时，钻井周期 73.27 天；胜利济阳页岩油完井 22 口，平均井深 5754 米，平均机械钻速 9.87 米/时，平均钻井周期 69 天，施工质效大幅提升。其中，焦页 18-S12HF 井刷新国内页岩气井水平段最长（4286 米）、水平段“一趟钻”进尺最长（4225 米）等多项施工纪录；牛页 1-3HF 刷新胜利济阳页岩油井深最深（6200 米）、水平段最长（2425.09 米）2 项纪录。②超深井钻井技术趋于成熟。创新迭代形成顺北工区预弯曲钻具组合防斜技术、垂直钻井 + 螺杆优快钻井技术、“强攻击性异型齿 PDC 钻头 + 大扭矩螺杆钻具”高效破岩技术等超深井配套提速技术系列和西南工区精细控压钻井技术、酸性气超深水平井衬管安全下入技术、超深酸性气藏防腐防窜固井技术等提速技术系列。全年完井超深井 172 口，平均井深 6890.7 米，平均机械钻速 8.93 米/时，平均钻井周期 111.19 天，取得良好的提速提效成果。仁探 1 井刷新四川盆地川北区块直径 165.1 毫米井眼穿越层位最多、裸眼段最长等纪录；元深 1 井创出中国石化在四川盆地完钻垂深最深、直径 476.25 毫米套管下深最深等 7 项高指标。③“经纬领航”旋转地质导向系统攻关应用取得突破。形成 9 项核心技术、4 项创新点，具备可靠性高、适应范围广、测录导互补、轨迹控制精准、自主可控和开放兼容等特点，在川渝页岩气、济阳页岩油、渤海湾近海海油陆采、东部复杂结构井等施工 65 口井，累计循环时间 5651 小时，进尺超 4 万米，平均缩短建井周期 4.8 天，实钻最大造斜率 11.5 度/30 米，储层钻遇率达 96%。在焦页 70-S2HF 井，创一趟钻进尺 1980 米、连续无故障工作时间 276 小时等国产旋转导向新纪录。④钻井液技术取得新进展。形成抗高温聚磺低摩阻钻井液体系、抗高温环保钻井液降滤失剂、近油基钻井液、川西仿油基钻井液等技术。其中，抗高温聚磺低摩阻钻井液体系在顺北 801X 井和顺北 4-11H 井成功应用；抗高温环保钻井液降滤失剂为元深 1 井、先探 1 井、元坝 701 井等重点井提供有力的技术支撑；川西仿油基钻井液较好地解决川西中江工区下沙溪庙组地层砂泥岩互层井壁坍塌、高密度钻井液流变性难控制和滑动钻进托压等问题；近油基钻井液在塔河工区 TKC3-2X 井应用，全井钻井周期节约率达 36.38%，创石炭系碎屑岩水平井钻井周期最短纪录。⑤创造多项钻井新纪录。超深井钻井技术：江汉石油工程公司施工的顺北 801X 井创中国石化定向井最深纪录（9145 米）；中原石油工程公司施工的于深 1 井创中国石化直径 177.8 毫米套管下深最深纪录（8403 米）。定向井钻井技术：胜利石油工程公司施工的 MNIF-189 井创中国石化水平段最长纪录（4411.98 米）。取芯技术：胜利石油工程公司施工的义页 1-1VF 井创中国石化单次取芯芯长最长纪录（573.53 米）。

（黄立玫）

测录井

【概述】集团公司测录井业务主要分布在经纬公司，有胜利测井公司、胜利地质录井公司、中原测控公司、江汉测录井分公司、西南测控公司、华北测控公司、华东测控分公司共 7 家测录井单位；有测井、射孔队伍 244 支（裸眼测井队 129 支、生产测井队 34 支、射孔队 81 支），其中集团内部 213 支、国内外部 26 支、国外市场 5 支，用工总量 5435 人；录井队伍 459 支（综合录井队 394 支、地质录井队 63 支、其他录井队 2 支），其中集团内部 396 支、国内外部 50 支、国外市场 13 支，用工总量 4356 人。

（高瑞香）

【主要装备】拥有测井系统309套（裸眼测井177套、生产测井43套、射孔89套）。井下仪器7153支，包括成像井下仪器364支、特殊井下仪器525支、常规井下仪器6264支。拥有主要录井设备1004台，平均新度系数0.25，其中综合录井仪484台、新度系数0.23，气测录井仪12台、新度系数0.12，地质录井仪124台、新度系数0.30，其他设备384台。

（高瑞香）

【工作量】2022年，集团公司测井队伍累计完成各类测井12227井次（不含射孔）、27735万标准米，分别增加1298井次、841万标准米。测井曲线优等品率98.30%。累计完成录井2930口、录井天数135136天，增加62口、减少13526天。完井资料合格率100%。

（高瑞香）

【主要技术进步】持续开展测录井关键技术攻关，扎实推进特色技术规模化应用，"四提"成果不断显现。①随钻测井方面，形成3种尺寸的随钻测井仪器系列。其中，方位伽马测井、方位电磁波电阻率测井已规模应用，中子密度测井、伽马能谱测井进入现场试验阶段。随钻方位电阻率测井在胜利桩139-平25井馆陶组地层一趟钻进尺704米，打破旋转导向在浅部疏松地层应用"瓶颈"，边界探测精准控制轨迹距层顶1米穿行、远离底水，油层钻遇率100%；随钻高速数据传输突破伺服电机控制、信号编解码等"瓶颈"难题，形成连续旋转式系统工程样机，在滨308-斜11井试验成功，传输速率大幅提升，初步验证了系统传输和稳定性能，填补中国石化高速率传输技术空白。②裸眼测井方面，成像测井耐温性、耐压性、稳定性持续提升。200℃/172兆帕电缆推靠式、灯笼体式高温电成像测井技术趋于成熟，在西北、西南推广应用9口井，均取得合格测井资料；200℃/206兆帕直推存储式系列测井仪器规模化应用309井次，在8000米以上超深井施工61井次，一次成功率98.1%，钻具传输测井工艺替代率达96%，节约时效折合超4400小时。③工艺方面，过钻头存储式测井温压指标全面提升至175℃/140兆帕，实现"通测一体化"。累计应用122口井，单井节约1—2趟通井，提速40%以上，成为胜利济阳页岩油国家级示范区指定测井工艺；牵引系列持续完备，形成50毫米、70毫米、80毫米系列，完成409井次牵引器施工，其中新研制的50毫米小直径牵引器成功应用6井次，在新1-5H井输送38毫米三参数仪器870米，首次完成牵引器过油管测井施工。④解释评价方面，形成5类复杂储层测录井评价技术系列。以LogPlus平台为基础开发软件模块1.0版本，完成解释处理1000余井次，其中声波远探测实现井筒远端缝洞体及流体性质刻画评价，并在福宝1井成功应用，助力川南綦江下二叠统规模岩溶储层实现重大勘探突破；在新盛101-1井准确识别出井旁25米断层，助其压裂测试日产气16.49万立方米。⑤录井方面，高端录井装备系列迈向产业化发展。井眼稳定性监测系统、早期井涌井漏监测系统、钻具振动监测系统、碳同位素分析仪4种产品实现定型。研发高温有机碳分析仪，测量误差、灵敏度持续提升，分析周期缩短40%；完成拉曼激光气体分析仪改进，开展17井次配合试气技术服务。井场一体化决策指挥中心在牛页示范区投入运行，成功应用7口井，建立"双作战室"工作模式，满足"实时监控、快速反应、及时决策、动态调整"需求。

（张新华）

井下特种作业

【概述】集团公司石油工程井下特种作业业务主要分布在胜利石油工程公司、中原石油工程公司、江汉石油工程公司、西南石油工程公司、华北石油工程公司、华东石油工程公司6家地区分公司和海洋石油工程公司等单位，为油气田勘探开发提供试油测试、储层改造、修井作业、海上作业、稠油开采等专业的石油工程承包和技术服务。截至 2022 年底，全系统拥有员工 10506 人，专业队伍 303 支。

（曹　明）

【主要装备】 拥有各类主要生产设备 1969 台（套），拥有 2000 型及以上泵车 423 台，主要资产原值 84.6 亿元，新度系数 0.36。

（曹　明）

【作业工作量】 2022 年完成井下作业 5768 井次和试油气测试 1481 层次。

（曹　明）

【主要技术进步】 强化科技攻关、一体化协同和装备升级，持续深化“四提”工作，2022 年重点工区压裂效率超额完成年度提升目标。特深层试油气测试技术迈上新台阶，大平台工厂化压裂效率不断提升，页岩油气开发开采实现新突破，油藏综合服务业务实现新跨越，连续油管特色化技术实现规模化发展。①特深层试油气测试技术迈上新台阶。围绕西南和西北特深层试油气测试的世界级难题，持续强化技术攻关和关键工具研发，形成集研发攻关、工程设计、测试施工和解释评价于一体的产业链。2022 年在集团公司“深地一号”顺北油气田基地发现多口日产千吨高产油气井，在川西彭州气田试获多口日产超百万立方米高产气井，有力支撑勘探开发高质量发展。②大平台工厂化压裂效率不断提升。全力推动页岩油气电动压裂自动化攻关和标准化示范应用，配备多套国产 5000 型成套电动压裂装备，形成“一键式”自动供液、连续输砂系统、高压流程集群控制等系列化技术，工厂化压裂在涪陵、南川和威荣等页岩气工区得到全面推广，在胜利页岩油工区进行成功复制，全电动压裂技术处于国内领先水平。涪陵页岩气田焦页 12 扩平台创页岩气压裂最多等多项国内施工纪录，胜利济阳页岩油工区樊页 1 试验井组创东部页岩油最多等多项国内施工纪录。③页岩油气开发开采实现新突破。在涪陵页岩气田率先开展国内页岩气井重建井筒试验，探索实践页岩气老井提高采收率、增储上产的新工艺，焦页 5-1HF 井应用后测试产量恢复到初次产能的 75%，填补国内技术空白。在胜利页岩油工区采用二氧化碳混相破岩增能压裂技术大幅提升单井产能，累计发现多口初产超百吨高产井。④油藏综合服务业务实现新跨越。贯彻落实集团公司“拓展难动用储量开发规模、积极助力增储上产”的工作要求，聚焦难动用储量合作开发，加快重点项目合作开发力度。胜利东部老区的合作模式从 1.0 版本升级到 2.0 版本，川西新场须二气藏单井产量、单井 EUR 大幅超过预期，实现“少井高产”。2022 年累计动用原油储量、新建原油产能，累计动用天然气储量、新建天然气产能均创出历年新高，形成油气并举、常非共进的发展局面。⑤连续油管特色化技术实现规模化发展。连续油管作业队伍从最初的单支队伍发展到 30 支队伍，形成连续油管完井增产、测井、修井打捞和常规作业 4 个系列 36 项特色工艺。在连续油管侧钻方面，自主设计电控液驱型连续油管侧钻井下测控工具及液压式连续油管开窗工具，在胜利东部老区和江汉油田 3 口井成功应用，开窗周期提升 20%，填补中国石化在该项技术上的空白。

（曹　明）

油田地面工程建设

【概述】 截至 2022 年底，集团公司油气田地面工程建设系统有 3 家设计公司（石油工程设计公司、中原设计公司、江汉设计公司）、7 家施工公司（胜利油建公司、中原油建公司、河南油建公司、江汉油建公司、江苏油建公司、胜利建工公司、中原建工公司）、1 家监理公司（江苏监理公司）和 1 家管道技术服务公司（管道技术公司）；共有从业人员 12747 人，其中设计板块 2232

人（17.51%）、油建板块 7804 人（61.23%）、建工板块 2607 人（20.45%）、监理板块 104 人（0.81%）。

（雷　朱）

【资质情况】 勘察设计及咨询资质：工程勘察综合甲级；海洋工程勘察甲级；石油天然气（海洋石油）、海洋行业（离岸工程）、建筑行业（建筑工程）、市政行业（给水、排水、城镇燃气、热力工程）工程设计甲级；环境（固体废弃物处理专项）工程设计甲级；消防设施工程设计专项甲级；工程测量、测绘（测绘航空摄影、摄影测量与遥感、海洋测绘、地理信息系统工程、界线与不动产测绘市政行业）资质甲级；（桥梁工程、道路工程、电力行业、环境卫生工程）、海洋行业（沿岸工程）、化工石化医药行业（化工工程）、机械行业（通用设备制造业工程、金属制品工程）、环境工程（大气污染防治工程、水污染防治工程）专项设计乙级；石油天然气、建筑、市政公用工程、建筑、水运（含港口海河工程）、电子信息工程（含通信、广电、信息化）等工程资信甲级；固定式压力容器规则设计；特种设备设计许可证（压力管道）GA 类、GB 类、GC 类。

施工及制造资质：石油化工工程、建筑工程、公路工程、水利水电工程、市政公用工程施工总承包一级；机电工程、港口与航道工程、电力工程施工总承包二级；海洋石油工程、消防设施工程、钢结构工程、建筑装饰装修工程、防水防腐保温工程、地基与基础工程、公路路面工程、桥梁工程、电子与智能化工程专业承包一级；建筑机电安装工程、输变电工程施工专业承包二级；起重设备安装工程、环保工程专业承包三级；长输管道 DD1、公用管道 DD2、工业管道 DD3、球形储罐 RD2、第三类压力容器 RD3、第一、二类压力容器 RD4 等无损检测资质；特种设备设计、制造许可证（压力容器）A1/A2/A3 级、特种设备设计、制造许可证（压力管道）GB 类 /GC 类；特种设备安装改造维修许可证（锅炉）A 级 /B 级；曳引与强制驱动电梯 A 级 /B 级，自动扶梯与自动人行道 C 级、防爆电梯 A 级 /B 级的制造资质。

监理资质：建筑工程、石油化工工程、市政公用工程监理甲级；电力工程、机电安装工程监理乙级。

其他资质：通过 ISO 9001 质量管理体系、ISO 14001 环境管理体系、QHSAS 18001 职业健康安全管理体系认证。

（雷　朱）

【市场开拓】 2022 年，深入落实“三三制”市场管理体系，坚决贯彻“五不干”原则，强化分级决策、风险管控，充分发挥专业化、一体化优势，市场开发工作质量进一步提升。承揽 EPC 项目 39 项，EPC 业务比上年同期增长 57.7%。6 家单位组成的联合体成功中标山东管网东干线 BEPC 项目，单体合同额创 EPC 业务承揽历史新高。在国家管网市场取得新突破，3 家设计公司全部进入国家管网 2022—2023 年长输管道设计框架；3 家油建公司成功中标国家管网西四线 3 个标段，合同额创国家管网市场单项目承揽合同额新纪录。储气库建设再迎新发展，先后以 EPC 联合体模式承揽文 24 储气库、朱家墩储气库及大涝坝储气库、孤家子储气库建设，确保储气库建设成为稳定的业务增长点。

（雷　朱）

【主要装备】 截至 2022 年底，拥有各类设备 9814 台（套），综合完好率 99.6%，包括各类大型工程机械、大吨位起重机械、系列全自动焊机、大型定向钻机、成套站场预制设备、海洋船舶、漏磁内检测器、系列管道维抢修设备、工程勘察设备和仪器仪表等。其中，拥有 29 个全自动焊机组，适用直径达到全球范围最大口径。定向钻可以承接 1422 毫米超大管径、3000 米以上超长距离复杂地层大型定向穿越工程，2022 年施工的水平定向钻穿越工程最长突破 4000 米；带压封堵设备覆盖管径和漏磁内检测设备覆盖管径，能满足国内大多数长输管道口径施工需求；滩浅海工程建设装备齐全，可建造浅海自升式平台、1 万吨级大型固定平台，为进一步服务业主、深拓市场奠定坚实的基础。

（雷　朱）

【主要技术创新】 截至 2022 年底，拥有省部级施工工法 66 项，获授权专利 770 件、软件著作权 96 项；参与 1 项国家重大专项科技项目，承担 1 项集团公司“十条龙”科技项目和 20 余项省部级重点研发项目；1 个项目获河南省科技进步二等奖；2 项技术入选国家自然资源部《矿产资源节约和综合利用先进适用技术目录》。“生物质 CCS 潜力与示范可行性”等 2 个科技项目入围国家重点研发计划，“百万吨级燃煤电厂烟气二氧化碳捕集技术开发与工业应用”等 2 个科技项目通过 2023 年度“十条龙”科技攻关“入龙”评审。钨极氩弧自动根焊工艺功效提高 2—3 倍；500 万米³/日 LNG 成套工艺实现高液化、低功耗目标。编制上游地面工程管理体系文件 13 项，完成储气库、油气田、LNG 等定型成果，构建“模块设计、工厂成撬、现场拼装”的模块化建设模式，预制深度提高 20%—30%，试点建设高标准智能工地和数字孪生体，“五化”建设模式在东营原油库迁建工程等项目成功实践，全面实现“五省”目标，“五化”建设成效显著。

（雷 朱）

【重点工程】 2022 年，围绕项目管理“六大控制”目标持续发力，抓实重点项目全过程管理；聚焦一体化、专业化优势发挥，大力推动主动快速高效的项目管理模式；一体推进安全、质量、进度、效益管控，保障重点项目整体安全有序高效运行。东营原油库迁建工程全面实施一体化管理，大力推行“五化”及标准化智能工地建设与运营，9 月 29 日提前实现高质量中交，10 月 26 日一次投产成功，工程质量超过国家优质工程标准，为优化 EPC 联合体运作模式和项目标准化、精细化管理积累宝贵的经验，具有里程碑式意义。国内第一个百万吨级 CCUS 全产业链示范工程——胜利油田高 89- 樊 142 地区 CCUS 示范工程正式投产运行，标志着齐鲁石化液态二氧化碳顺利在胜利油田实现注入封存。顺北二区主干道路建设工程实现主线通车，单体施工里程及产值均为集团公司承建沙漠公路历史之最；塔河炼化乙烯厂际管廊提前中交，感官质量“内优外美”，开创管廊施工组织新模式；顺北油气田五号联第二列一次投运成功，“再次刷新西北速度”；山东管网南干线和东干线（南段）成功通气、皖东北管道按期中交，助力天然气分公司提升调峰互保能力，其中山东管网南干线工程（东段）沂河定向钻是国内管径 1219 毫米穿越距离最长的岩石定向钻工程；国内最深、华中地区规模最大的盐穴地下储气库——江汉盐穴天然气储气库一期工程地面和配套联络线工程正式注气，有效缓解季节用气调峰压力。国家管网中俄东线项目单机组单日焊接道口数量，创国内同口径、同配置机组日焊接纪录；西气东输四线天然气管道项目首次大规模应用全线采用数字射线检测技术及大口径管道双连管施工法等新工艺、新工法。

（雷 朱）

【海洋工程建造与安装】 2022 年，顺利完成珍珠模块钻机及生活楼项目建造，填补模块钻机施工方面的空白；刷新东海区域模块钻机最短联调时间纪录。宁波 19-6 平台海上井口回接屡次刷新东海区域井口回接纪录，为后续承揽东海区域项目打下坚实的基础。胜利海上 CB6A 倒伏井组治理干式工作仓围堰工程的设计及施工为胜利海上埕岛海域首次钢围堰施工的先例。中集来福士 AGOGO 项目上部模块项目实现深水油气田开发设计项目的突破。黄泽山—鱼山海底原油管道项目国内首次完成大口径油气管道海对海定向钻设计，顺利完成投产。温州液化天然气（LNG）接收站项目输气管线工程国内首次完成大口径海底油气管道水上弯头对接设计，顺利完成投产。聚集海上新能源技术发展，首次完成国家能源集团国华渤中 B2 厂址海上风电项目升压站详细设计等设计项目；承揽新星公司天津南港海上光伏项目初步设计，实现海上新能源业务突破。

（雷 朱）

机械制造

【概述】 集团公司机械制造业务涵盖石油工程、油气开发、油气集输三大领域，形成钻井、修井、固井、压裂设备、特种作业设备、钻头钻具、完井工具、天然气压缩机、油气集输钢管、井口及地面装置、环保装备等12类特色技术产品系列，建有国家认定企业技术中心、院士专家工作站、博士后科研工作站、全国钻采专标委固压设备标准工作部、国家石油机械装备重点实验室等科研平台，具备牙轮钻头4万只、金刚石钻头5000只、螺杆钻具3000根、固压装备300台（套）、钻修设备200台（套）、大型压缩机50台（套）、高压管汇20万件、钢管60万吨的年产能力，市场覆盖全国各油气生产区域并出口40多个国家和地区，形成产品门类齐全、特色技术优势突出的油气装备研发、制造、销售和服务体系。

（田治明）

【成功开发国内首套高含硫压缩机组】 2022年1月21日，石化机械公司自主研发的高含硫压缩机组在普光气田顺利完成72小时负荷试运转，各项运行参数和性能指标良好，客户予以充分认可。这也是国内成功开发的首套高含硫压缩机组。高含硫压缩机对抗腐蚀性、密封性、安全性要求高，是天然气压缩机中的高端产品。国产高含硫压缩机组的推广应用，为中国酸性气田的开发、稳产和增产提供核心装备支撑。

（沈玉梅　王　楠　胡汉桥）

【4项科技成果获中国石化科技进步奖】 2022年2月8日，石化机械公司主持或参与完成的4项科技成果获中国石化2021年度科技进步奖。“高效全电动大型压裂成套装备研制与工业化应用”项目获科技进步奖一等奖，装备技术水平跻身世界领先行列，并作为唯一油气钻采装备实物亮相国家“十三五”科技创新成就展。“煤制天然气长输管材制造关键技术研究与应用”项目获科技进步奖三等奖，支撑了新疆煤制天然气外输管道工程、鄂安沧输气管道项目等建设。“超深－特深层油气勘探开发工程关键技术与装备”项目获科技进步奖特等奖，全力支撑了7500米以深开发井的安全优质钻完井施工。“东海西湖深层高效钻井关键技术及工业化应用”项目获科技进步奖三等奖，促进了东海油气高质量勘探开发。

（胡　琼　孟森林）

【打破国内储气库压缩机最高压力纪录】 2022年4月29日，石化机械公司研制的高压注气压缩机组在山东省菏泽市白9块凝析气藏提高采收率协同储气库，圆满完成72小时试运转，最高注气压力40.14兆帕，超过当前所有已投产压缩机组的压力，其他各项运行参数均达到设计要求。该压缩机组配备在线监测系统，更具高压力、智能化等特点。

（王　麟）

【水下井口首次工程应用圆满成功】 2022年5月11日，中央广播电视总台《新闻直播间》报道“我国深水油气开发关键技术装备取得突破”，其中石化机械江钻公司研制的水下井口系统在南海西部某开发井应用成功，该公司技术团队独立完成包含低压井口下入、高压井口下入、BOP试压、套管悬挂器及环空密封总成下入等7个作业项目的全程技术服务，标志着国产水下井口首次工程应用圆满成功。

（苏　强　焦　刚）

【新型钻机助力国家级页岩油示范区建设】 2022年5月27日，石化机械公司研发制造的中国石化首台ZJ70DB现代型钻机，应用于黄河钻井70183钻井队承钻的牛页13-504HF井，创311.2毫米大井眼单日进尺1620米全国新纪录。该钻机集成多项先进技术，可实现井架、底座一次穿绳、同时起升到位，起升效率提高50%；整体结构布局紧凑，节省20%井场占用面积，适应井工厂作业；绞车、转盘和顶驱的集中控制单独成房，可随主机井间滑移，减少拆装电缆，提高移运效率 10%；配置双司钻操作系统，配备动力猫道、二层台自动排管、钻台机械手、铁钻工等全套自动化设备，一键操作流程化作业，起下钻速度最高可达 25 柱 / 时，有效减少现场作业人员；配备 MRO 物联网系统，对钻机作业状态数据实时采集、远传和监测，并利用大数据和人工智能技术进行分析，实现对石油工程装备全过程的故障预判和协同管理。

（黄 松 王 超）

【成功研制世界首台全电驱 XJ900 自动化修井机】 2022 年 5 月，石化机械公司推出的世界首台全电驱 XJ900 自动化修井机在山东东营投入工业应用，进一步引领修井机装备电动化发展。该设备最大钩载 90 吨，配备 8×8 纯电重载特种底盘，整车行驶和修井作业全部采用电能驱动，最大续航里程 80 千米；修井作业时连接井场 30—50 千伏安井场变压器，能量管理系统采用“网电优先”控制策略，实现“小网电、大功率”输出。搭载多款新型自动化设备和多重安全控制保护系统，自动化装备与主机一体化集成运输，设备安装方便，作业时通过集成控制系统协调控制，有效降低能耗成本和操作工劳动强度，可实现小修作业井口无人化，具备节能、降碳、低噪等优势，与传统燃油修井机相比整体能耗降低 65%，作业全过程零污染、零排放。

（许梦杰 李云祥 庞 坚）

【研选钻头钻具掘进“地下珠峰”】 2022 年 8 月，在“深地一号”顺北油气田基地，石化机械公司以高质量钻头钻具一体化服务，各开次平均提速 30% 以上，部分开次提速超过 50%。在超深井钻采实现井位 100% 全覆盖，持续赢得良好品牌声誉。

（严 炜 焦 刚）

【压裂装备建功页岩油井工厂】 2022 年 8 月，石化机械公司自主研制的第二代超大功率 SCF 连续满载全电动压裂成套装备，在国内东部油区首个页岩油井工厂樊页 1 试验井组再次建功，创下国内东部油区页岩油水平井施工总液量 69.66 万立方米、加砂量 4.14 万立方米、二氧化碳注入量 4.09 万吨、酸量 3740 立方米，以及单日压裂施工 7 段的优异指标。8 月 16 日，第二代超大功率 SCF 全电动压裂成套装备还亮相中央广播电视总台《经济半小时——“唤醒”沉睡地下的页岩油宝藏》节目，为江苏油田花 2 侧 HF 井创下单段压裂时长 9 小时，持续施工压力 100 兆帕以上新纪录，助力江苏油田页岩油开发取得重要突破，示范引领国内页岩油开发绿色高效。

（李 蓉）

【氢能技术装备亮相高交会】 2022 年 11 月 15—18 日，石化机械公司“加氢、制氢一体化成套装备技术”“全电动页岩气、页岩油勘探开发一体化装备技术”等成果，重磅亮相第二十四届中国国际高新技术成果交易会“全球清洁能源科技创新博览会”，引来专业观众的积极关注。

（杨晓军）

设备管理

【概述】 截至 2022 年底，石油工程系统拥有主要专业设备 22832 台（套）、关键设备 2549 台（套），主要包括陆上钻机 641 台（套）、顶驱 471 台（套）、旋转导向设备 39 套、无线随钻仪器 195 台、1800 型及以上压裂车（撬）441 台（套）、连续油管设备 44 台，物探地震仪器 69 台（套）、可控震源 161 台、自动焊接设备 450 台、水平定向穿越机 19 台、海洋钻井平台工程设备 12 台（套）、海洋作业平台 7 台（套）。设备资产原值 616.72 亿元、净值 232.27 亿元，新度系数 0.38。有设备管理人员 1087 人，设备维修人员 1489 人。

（张 军）

【主要设备技术指标】 2022年，石油工程主要专业设备综合完好率99.34%，综合利用率88%。2022年石油工程主要专业设备技术指标见表1。

表1　2022年石油工程主要专业设备技术指标

设备分类＼技术指标	设备数量/台（套）	综合完好率/%	利用率/%	故障停机率/%	新度系数
钻井设备	6 273	98.90	86.05	0.01	0.34
测录定设备	2 802	96.57	93.11	0	0.25
井下作业设备	4 446	99.55	89.95	0	0.25
物探设备	3 942	98.53	80.82	0	0.31
工程建设设备	2 186	96.29	87.01	0	0.35
海洋工程设备	944	99.26	95.66	0	0.55

（张　军）

【重大装备技术选型论证工作】 组织开展2022年度石油工程重大关键装备更新改造工作，加大装备更新和结构调整力度，逐步提高电动钻机、网电钻机、加强型钻机、现代型钻机配备比例。2022年更新改造钻机41部，新购顶驱36台、高压泥浆泵组95套、旋转导向仪器10套、自动焊设备10套、物探采集仪器10万道等。组织编制电驱动顶驱、电控系统、柴油发电机组、井场电路、钻井泵、井控设备6项设备采购技术标准，持续提高装备配套标准化水平。

（张　军）

【设备管理要素专项审核】 2022年3月，组织开展设备管理要素专项审核工作。其中，各地区（专业）公司内审共发现不符合项3577项，已全部完成整改。10月，组织开展物资装备HSE体系要素审核，对石油工程板块9家企业、28家专业经营单位、19个项目部、81家基层单位（项目）进行体系审核，访谈290余人，现场核查设备980余台。共审核HSE管理体系物资装备专业主管二级要素2个，发现不符合项90项，对8项严重和4项典型不符合项开展溯源分析。

（张　军）

【设备检测评估】 组织开展2022年石油钻机、修井机井架底座和整机检测评估分级工作，完成检测494部，其中整机262部、井架底座232部。出具检测评估报告，全面分析设备的整体状况、存在问题、安全隐患并指导制定整改措施。通过检测工作的开展，进一步规范大型设备检测评估工作，健全大型设备档案资料，并为设备维修保养和判报废工作提供基础和依据，切实提升设备运行效率和质量，确保设备的本质安全。

（张　军）

【装备库建设】 ①发布实施《“装备库”建设与运行管理办法》。推进“装备库”建设和规范运行，对“装备库”建设运行进行动态管理和调整，为装备统筹新增、盘活存量、报废处置、规范租赁，持续优化装备结构和装备资源统筹配置提供数据支撑和决策依据。②持续优化完善“装备库”平台功能和数据。完成“装备库”、设备全生命周期管理、MRO物联网的全部功能建设。③发布《关于钻井关键装备MRO物联网建设的指导意见》。推进钻井关键装备电子标签和MRO物联网配套，强化装备实时数据源头采集。

（张　军）

炼油生产

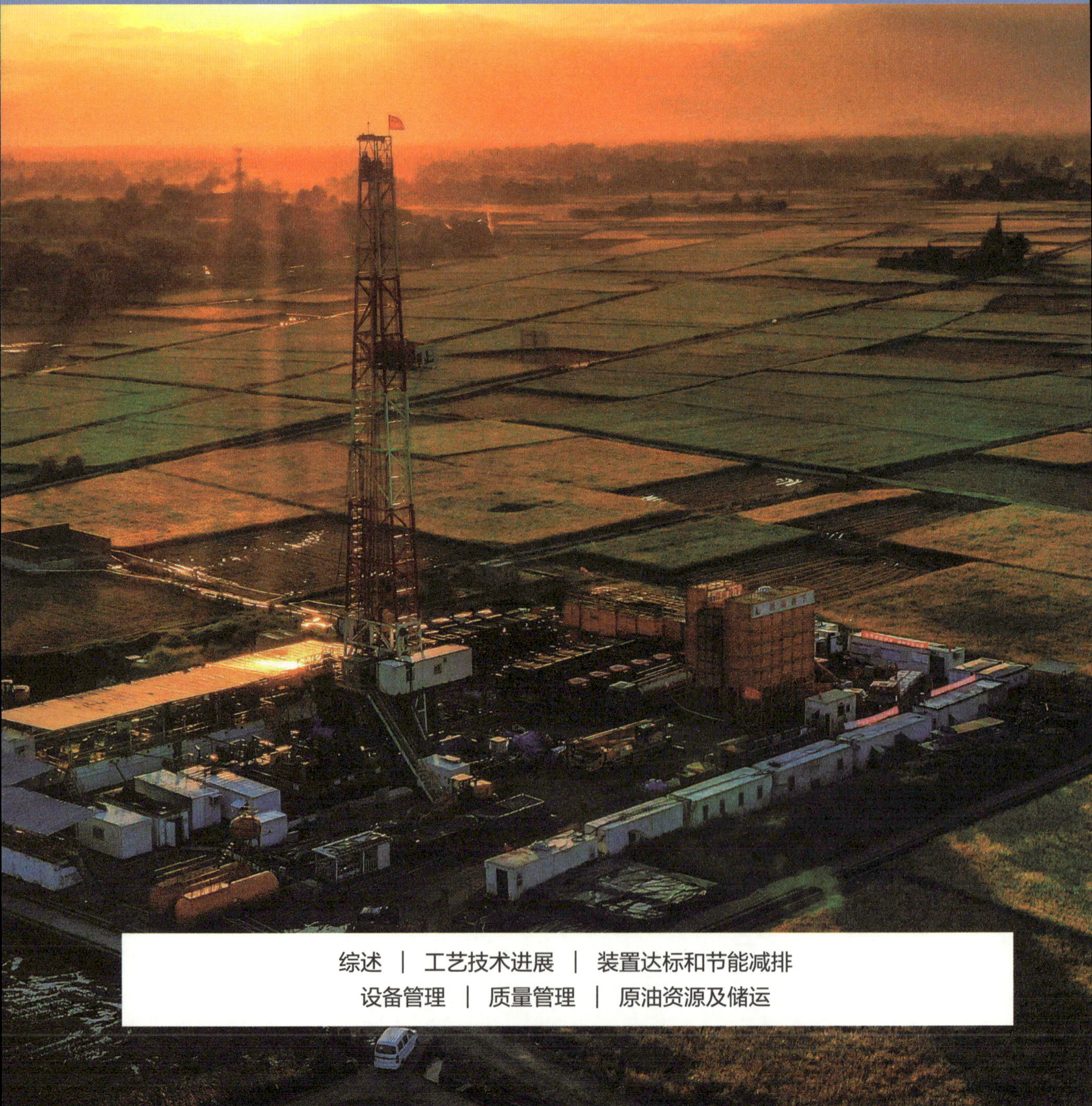

综述 | 工艺技术进展 | 装置达标和节能减排

设备管理 | 质量管理 | 原油资源及储运

综述

2022年，面对复杂严峻的国内外形势和多种超预期因素叠加带来的风险挑战，炼油业务始终牢记习近平总书记“旗帜、栋梁”嘱托，勇扛“再立新功、再创佳绩”职责，认真学习领会党的二十大精神，深入贯彻落实集团公司党组各项决策部署，以主题行动为抓手，聚焦基础管理与转型升级“两个重点”，扎实抓好全产业链价值融合、炼油内部资源优化、总部管理协同“三个统筹”，苦练内功应变局，顶住压力稳生产，攻坚克难创效益，抢抓机遇促转型，生产经营实现稳中向好、稳中有进，全年完成加工原油2.42亿吨。

被动中把牢安稳生产主动权。持续推进HSE管理体系优化，专业融合更加深入，“管业务管安全”有效落实。强化“两特两重”安全检查，深入企业驻点督导，北京冬奥会、全国“两会”、党的二十大等重大国事活动期间实现安全平稳生产；炼油企业克服疫情困难，疫情高发阶段生产总体平稳。启动炼化系统风险识别管控和隐患排查治理，开展老旧装置安全风险深度评估、液化烃罐区安全管理和设计安全提升等专项工作，安全防线持续巩固。从严承包商安全管理，限制事故承包商业务承揽，对严重违章的实施“一停二罚三清退”。制定高风险作业标准，明确重点环节管理要点，推广作业许可信息系统，推进安全管理定时工作，整治直接作业环节形式主义，直接作业环节安全管理标准化水平有效提升。首批工艺平稳性建设企业取得阶段性成果，按时完成老旧装置设计合规性排查，启动企业报警信息推送系统建设，生产工艺技术管理体系日趋成熟。设备完整性体系在炼油企业实现全覆盖，预防性维修得到普遍推广；全面开展高危泵专项治理等提升工作，转动设备故障维修率降低34%；启动“5S”管理，装置现场面貌得到改善。制定检修HSE管理规范，强化检修全过程管理，探索检修管理中心服务模式，20家企业的249套装置顺利完成检修任务。

变局中扛起国之大者硬责任。全面开展成品油、自销产品税务合规性自查，做到“不合规的钱一分不挣”。在原油加工量降低、柴油销售量增长的情况下，年产柴油收率提高2.59个百分点、内贸柴油供销售超计划537万吨，有力保供国内柴油市场。保供化肥企业生产用硫黄，支援农业民生，保障“春耕”“三夏”“秋冬种”用肥。超前完成国ⅥB汽油质量升级任务，出厂产品合格率100%。构建燕山石化、天津石化冬奥“双氢源”保障体系，累计供氢61.8吨，中国石化的清洁氢点燃了冬奥主火炬。镇海炼化沸－固复合床渣油加氢装置进入实质性工业应用阶段，安庆石化高效催化裂解（RTC）装置顺利中交，茂名石化重芳烃轻质化装置一次开车成功，新型高效天然气制氢系列催化剂在荆门石化等企业成功应用，炼油自主核心技术体系不断完善。镇海炼化成功产出符合3#喷气燃料标准的生物航煤并获全球RSB认证，航空减碳迈出坚实一步。建立企业、事业部两级环境事件定级标准和处理机制，环保在线仪表故障率、数据异常率逐月降低。大力开展污水池废气标准化治理，VOCs废气治理率达95.8%；建成投产华中（荆门）危险废物处置中心；沿江沿黄企业污水回用率提升27个百分点，6家企业达60%以上。依靠技术抓节能、落实项目降能耗，在加工量大幅下降的情况下，炼油单因能耗、万元产值能耗均实现环比降低。

困局中守住长期向好基本面。谨慎研判油价走势，稳妥把握采购节奏，适时调整采购策略引导市场，优化计价比例，加大高酸、重质、深贴水资源采购力度，挖掘企业加工潜力，积极争取国内资源，采购高性价比进口原油，全年原油采购降本133亿元；统筹利用系统储运设施，优化油轮租船和拼装，提高接卸和输转效率，实现物流降本6亿元；适时利用金融衍生品工具开展原油运作、避险降本，获益26亿元。坚持炼销一体协同创效，一季度高负荷保供国内市场，二季度降负荷、低库存应对油价震荡、疫情影响，三季度低负荷、稳生产全力减亏止损，四季度调结构、增出口抢抓机遇多创效，以生产的高韧性应对市场的不确定性，实现进退有度、稳中有进；

优化区域互供，保供化工原料，实现炼化整体效益最优。延布合资炼厂一举扭亏为盈，全年盈利超 15 亿美元。高档润滑油脂销售占比达 73%，海外市场销量增长 9%。工业用液化气销量增长 6%，工业与民用价差扩大 350 元 / 吨，全年创效 1.23 亿元；细分市场、差异化销售石油焦，经营量增长 17%，石油焦置换、掺配创效 5.13 亿元。高档白油品牌效应持续提升，荆门石化高档白油销量提高 37%，68 井 /100 井Ⅱ类白油价格首次突破 1 万元 / 吨，市场占有率居国内第一；PAO、高温合成导热油等高端特种油品售价分别达 1.9 万元 / 吨、2.7 万元 / 吨，“好产品卖出了好价格”。

逆境中开辟转型升级新局面。镇海炼化 1100 万吨 / 年炼油项目全面进入施工阶段，安庆石化、中韩石化、扬子石化等结构调整重点项目取得积极进展，洛阳石化、长岭炼化转型项目前期工作加速推进，中小型炼油企业区域整合、转型退出工作全面启动，加减并举、立破共进，炼油产能顶层设计不断清晰、结构调整稳妥有序。对 14 个行业、21 个用油领域、40 种油品进行市场摸底，“油转特”方向进一步向 5 个重点品类聚焦。润滑油产业链自主化水平不断提升，合成航空发动机润滑油通过适航认证，成为第一个进入商业应用的国产润滑产品；石油化工科学研究院 PMA 型降凝剂（T866）等自主添加剂国产化替代稳步推进。特种专用油品生产取得突破，茂名石化专用 150BS 基础油达到 HVI Ⅰc 级标准要求，荆门石化成功通过食品级白油认证，金陵石化高附加值重烷基苯实现工业化生产和市场应用。炭材料技术取得重大突破，金陵石化、茂名石化炭材料成功应用于 450 毫米、550 毫米高功率石墨电极和高端锂电池负极材料，济南炼化、齐鲁石化分别成功产出负极材料专用焦、低排预焙阳极焦。特色沥青产品技术取得新进展，特种改性沥青成功应用于虹桥机场，成都天府 F1 赛道专用改性沥青成功开发，净味环保沥青在多家企业得到推广应用。石油基商用火箭煤油在荆门石化实现首次试生产。依托副产氢资源，已在 9 家企业建成氢纯化及充装设施，总能力达 1.9 万米^3（标准）/ 时，氢能供应链不断完善，全年供氢量达 1686.5 吨、增长 243%。自主开发的燃料电池车用氢气纯化成套技术成功应用并投产。国内首个燃料电池氢供应中心工程技术规范正式发布实施，氢能产业标准趋于完善。

（易　漾）

工艺技术进展

【常减压蒸馏】 截至 2022 年底，中国石化共有 56 套常减压装置，总加工能力为 3.043 亿吨 / 年。2022 年共有 51 套装置投入运行，加工原油减少 1832 万吨，平均负荷率 77.05%。原油平均硫含量 1.69%，平均酸值 0.42 毫克（氢氧化钾）/ 克，API 平均 29.5。

装置运行经济技术水平。常减压装置的一次平均轻收上升 0.3 个百分点；总拔上升 0.1 个百分点。装置能耗降低 0.08 个单位。

（张红良）

【催化裂化】 截至 2022 年底，中国石化共有 52 套催化裂化装置，总加工能力达 8457 万吨 / 年。2022 年共有 49 套投入运行，加工原料 7407 万吨，平均负荷率 90.1%。加工能力 200 万吨 / 年以上催化裂化装置达 17 套。石家庄炼化 2# 催化办理报废手续。

装置运行经济技术水平。催化装置掺渣比降低 0.67 个百分点，平均能耗为 44.39 千克标油 / 吨。

新技术应用。催化裂化装置绿色低碳平稳高效运行智能管控关键技术顺利通过验收；梯级孔催化剂 Min-Coke 催化剂在金陵石化应用。

（崔守业）

【延迟焦化】 截至 2022 年底，中国石化共有 34 套延迟焦化装置，总加工能力 4645 万吨 / 年，2022 年共有 33 套投入运行，全年加工原料 3846 万吨，平均负荷率 83.5%；共有高端炭材料装置 2 套。

装置运行经济技术水平。焦化原料残炭21.41%，密度1029.6千克/米^3。焦化装置的总液收63.11%，平均能耗为23.75千克标油/吨。

新技术应用。金陵石化15万吨/年、茂名石化10万吨/年高端炭装置生产针状焦产品经下游评价达到特级焦水平；济南炼化实现稳定生产负极/储能专用石油焦；齐鲁石化成功试产低排预焙阳极焦；齐鲁石化2$^{\#}$焦化装置除焦系统增设密闭除焦设施。

（崔守业）

【催化重整】 截至2022年底，中国石化催化重整总加工能力达3343万吨/年。2022年有40套催化重整装置运行，其中连续重整35套、平均负荷率91.08%，半再生重整5套、平均负荷率87.34%。

装置运行经济技术水平。连续重整装置能耗为64.39千克标油/吨；半再生重整装置能耗为59.73千克标油/吨。

（张红良）

【S Zorb】 截至2022年底，中国石化S Zorb装置总加工能力达4350万吨/年。2022年运行装置31套，稳定生产硫含量小于10微克/克的精制汽油，平均负荷率70.86%。

装置运行经济技术水平。S Zorb装置原料硫含量为247微克/克，最高达656微克/克。产品硫含量为3.59微克/克，辛烷值（RON）损失为0.83。能耗为5.60千克标油/吨，剂耗0.02千克/吨原料。

新技术应用。“十条龙”科技攻关项目“S Zorb装置在线实时优化技术开发与应用”顺利“出龙”。

（崔守业）

【煤油加氢】 截至2022年底，中国石化煤油加氢装置总加工能力达2508万吨/年。2022年有26套装置运行，平均负荷率为69.74%。

装置运行经济技术水平。煤油加氢装置加工原料总硫含量为0.22%，硫醇硫为824×10^{-6}。产品硫醇硫为1.53×10^{-6}，总硫为570×10^{-6}，烟点为25毫米。能耗为7.14千克标油/吨。

新技术应用。拓宽馏程增产喷气燃料加氢精制技术（JeFIT）在中韩石化2$^{\#}$煤油加氢装置进行长周期运行考察，以加工拓宽后终馏点255℃的常一线原料，获得满足3$^{\#}$喷气燃料质量标准的产品。煤油液相加氢技术在巴陵石化8万吨/年粗白油加氢精制装置获应用。镇海炼化产出符合3$^{\#}$喷气燃料标准的生物航煤，获SCS亚洲可持续航空燃料首次全球RSB认证，实现国内商业化飞行。

（张红良）

【柴油加氢】 截至2022年底，中国石化柴油加氢处理装置总加工能力达10077万吨/年。2022年运行装置50套，柴油加氢装置平均负荷率为76.75%。

装置运行经济技术水平。柴油加氢装置加工原料硫含量为0.78%。精制柴油硫含量为8×10^{-6}，十六烷值50.44。原料中催化柴油比例为14.58%，焦化柴油比例为15.62%，装置能耗为9.22千克标油/吨。

新技术应用。RTS+技术在高桥石化260万吨/年柴油加氢装置上稳定生产国Ⅵ柴油，产品中多环芳烃含量小于3%，满足更高质量要求。

（张红良）

【蜡油加氢处理】 截至2022年底，中国石化蜡油加氢处理装置总加工能力达2415万吨/年。2022年运行装置14套，平均负荷率89.92%。

装置运行经济技术水平。蜡油加氢处理装置原料硫含量为1.97%，密度为926.6千克/米^3，总氮为1702微克/克。精制蜡油硫含量为2193微克/克，总氮为735微克/克，密度为899.2千克/米^3。加工原料中焦化蜡油比例为17.88%，溶剂脱沥青油比例为1.19%，精制蜡油收率为94.3%，精制柴油收率为3.79%。装置平均能耗为7.31千克标油/吨。

新技术应用。第二代劣质蜡油加氢处理RVHT技术在青岛炼化、茂名石化、天津石化和齐鲁石化等炼厂实现长周期稳定运转，加工不同蜡油原料，在脱硫率达90%和脱氮率达50%以上的条件下，可以实现4年甚至5年以上运转周期，装置能耗相比上一代技术降低10%—20%。

（张红良）

【加氢裂化】 截至 2022 年底，中国石化加氢裂化装置总加工能力达 4146 万吨 / 年。2022 年运行装置 28 套（含安庆石化、长岭炼化、茂名石化催柴转化装置，金陵石化 1# 恢复加氢裂化工况），平均负荷率 80.5%。

装置运行经济技术水平。加氢裂化装置处理原料密度为 897.5 千克 / 米 ^{3}，直馏蜡油比例为 78.34%，焦化蜡油比例为 3.2%，原料硫含量为 1.63%，总氮为 0.105%。轻石脑油收率为 5.25%，辛烷值为 64。重石脑油收率为 24.28%，芳烃潜含量为 47.13%。航煤收率为 18.21%，烟点为 25 毫米。柴油收率为 25.78%，硫含量为 2×10^{-6}，十六烷值为 55。加氢尾油收率为 20.68%，BMCI 值为 11.71，装置能耗为 23.19 千克标油 / 吨。

新技术应用。上海石化 150 万吨 / 年加氢裂化装置采用中压加氢裂化技术生产 3# 喷气燃料和优质尾油，完成 6 年长周期稳定运转，实现国内单周期最长运转纪录。首套蜡油加氢处理装置改造为蜡油中压加氢裂化的洛阳石化 150 万吨 / 年中压加氢裂化装置开工，航煤和柴油产品性质优良，实现蜡油加氢处理装置高值化利用。生产优质尾油的 RHC-233 催化剂在上海石化中压加氢裂化装置首次工业应用，结果表明，与上一代催化剂相比尾油 BMCI 值降低 0.8 个单位（BMCI 值 9.0），链烷烃提高 0.7 个百分点（链烷烃质量分数 54.6%），乙烯料性能得到进一步改善。

（张红良）

【渣油加氢】 截至 2022 年底，中国石化渣油加氢处理装置总加工能力达 4034 万吨 / 年（含沸腾床、浆态床各 260 万吨 / 年）。2022 年运行装置 17 套，平均负荷率 90.91%（其中沸腾床负荷率 90.8%，浆态床负荷率 77.3%）。

装置运行经济技术水平。渣油加氢处理装置处理原料硫含量为 2.84%，氮含量为 0.29%，残炭为 11.19%，金属（Ni+V）含量为 81.50×10^{-6}，密度为 971.5 千克 / 米 ^{3}。装置能耗为 16.48 千克标油 / 吨。镇海炼化沸腾床渣油加氢装置，在温度 425℃/427℃、原料性质接近设计值时，转化率 82.6%，氢耗 3.36%，催化剂置换率 0.96 千克 / 吨，脱硫率 90.57%、脱氮率 55.16%、脱残炭率 76.89%、脱镍金属率 85.89%、脱钒金属率 90.27%，能耗为 40.5 千克标油 / 吨。茂名石化浆态床渣油加氢，在设计温度 425℃、原料性质接近设计值时，转化率 89.67%，氢耗 3.2%，催化剂置换率 1.57 千克 / 吨，轻石收率 0.77%、轻油原料（重石：柴油 =3：7）收率 55.7%、蜡油收率 16.65%、油渣收率 10.85%，能耗为 36.26 千克标油 / 吨。

新技术应用。渣油深度加氢脱硫催化剂及级配技术在上海石化 390 万吨 / 年渣油加氢装置和金陵石化 200 万吨 / 年渣油加氢装置实现工业应用。九江石化 170 万吨 / 年渣油加氢装置稳定运行 800 余天，为国内运行最长纪录。

（张红良）

【润滑油生产】 截至 2022 年底，集团公司共有糠醛精制装置 9 套，总加工能力达 345 万吨 / 年，开工运行 7 套，负荷率 89.69%；酮苯脱蜡装置 10 套，加工能力达 225.5 万吨 / 年，开工运行 10 套，负荷率 80.62%；白土补充精制装置 6 套，加工能力达 93 万吨 / 年，开工运行 6 套，负荷率 92.55%；加氢补充精制装置 1 套，加工能力达 10 万吨 / 年，负荷率 76%；润滑油加氢 - 老三套组合工艺装置 1 套，其中加氢改质总加工能力达 30 万吨 / 年，负荷率 100%；润滑油全加氢装置 3 套，其中加氢处理单元加工能力达 130 万吨 / 年，负荷率 92.59%，加氢异构单元加工能力达 87 万吨 / 年，负荷率 81.61%；润滑油加氢异构装置 1 套，加工能力达 40 万吨 / 年，负荷率 50.1%。2022 年基础油综合收率降低 0.34 个百分点，综合能耗提高 2.53 个单位，综合物耗降低 0.32 个单位。

自主化进程加速推进。全年实现替代进口Ⅲ类基础油 1.17 万吨。茂名石化 PAO 在润滑油产品中实现 100% 使用。完成系统内氢化三联苯 LQD-340 导热油配方技术开发并形成首个应用案例。高端自主添加剂技术发展加速，按产品品种统计，核心技术自主化率由 40% 提升至 50%。高温抗氧剂实现批量生产，抗泡剂替代进口剂覆盖主流工业用油产品。

多个领域获创新突破。国产大飞机用航空发动机油取得 STC 适航认证。HSD 黏指剂 4030 实现工业化应用。SN 5W-30 累计销量超过 1 万吨，

CI-4 15W-40 累计销量超过 5.3 万吨。磷酸酯抗燃液压油成功应用于发电工程项目，填补行业空白。新型稠化剂技术替代氢氧化锂技术，实现错位竞争新优势。

技术认证成效显著。GF-6 发动机油完成日产认证；轿车轮毂脂通过宝马技术认可并批量试装；风电主轴承润滑脂批量试用，获金风科技全系列机型主轴承初装及售后用脂认可；氟醚油配套“国和一号”石岛湾核电站项目；第三代 dexos 1 油品通过通用公司技术认证；船用油取得 MAN CATII 认证；电池恒温液二代产品获宁德时代与小鹏汽车技术认证，100% 配套小鹏 G9 车型；新能源车辆制动液通过长安新能源技术验证并配套应用；高铁齿轮油配套中国首个海外高铁项目，VS 城轨齿轮箱专用油被列入中车戚所和重庆凯瑞推荐名录。

高端新产品持续推出。推出具有显著优势的高端 AE 长效液压油和 AE5000 宽温长效液压油；输出更具成本竞争力的 SP 0W-20 和 5W-20 全合成汽油机油；推出满足 IEC 60296:2020 超级绝缘变压器油的产品；通过聚脲电装轴承润滑脂产品解决电腐蚀问题，打破协同、克鲁勃在该领域的垄断；研制出满足 10 兆瓦燃气轮机防腐型润滑油 4210 合成航空润滑油，成为国内首个无灰防腐型发动机运行润滑油。

多项标准引领行业。自主制定的国家标准《动车组驱动齿轮箱润滑油》《复合磺酸钙基润滑脂》，新能源行业标准《纯电动汽车减速箱用油》《电动汽车冷却液》《氢燃料电池冷却液》《乙二醇基逆变器冷却液》，机器人行业标准《机器人摆线针轮（RV）减速器润滑脂》《机器人摆线针轮（RV）减速器润滑油》，行业标准《脂肪酸酯型（HFDU）难燃液压液》等正式发布实施。

（温成远）

装置达标和节能减排

【概述】 2022 年，中国石化 29 家炼油企业（不含福建炼化、巴陵石化）综合商品率提高 0.31 个百分点，加工损失率同比持平，综合能耗上升 1.2 个单位，单因能耗增加 0.05 个单位，储运损失率同比持平。

（佟玉文）

【炼油达标】 2022 年，综合商品率、加工损失率、油转特收率、单因耗能、原油储运损失 5 项指标达到年度达标考核指标，油转化收率、综合能耗 2 项指标未达到年度达标考核指标。其中，油转化收率、油转特收率 2 项指标是 2022 年为评价炼油转型发展而新设定的指标。

1. 专业达标

实现炼油专业保标的企业有 21 家：青岛炼化、镇海炼化、广州石化、金陵石化、中科炼化、天津石化、海南炼化、高桥石化、扬子石化、洛阳石化、中韩石化、塔河炼化、青岛石化、北海炼化、石家庄炼化、安庆石化、长岭炼化、济南炼化、河南油田、胜利油田、沧州炼化。

2. 专业竞赛

大型炼厂排名第 1—6 位的企业是青岛炼化、镇海炼化、广州石化、金陵石化、中科炼化、天津石化。

中型炼厂排名第 1—3 位的企业是中韩石化、塔河炼化、青岛石化。

小型炼厂排名第 1 位的企业是沧州炼化。

3. 同类装置竞赛

常减压装置。52 套运行的常减压装置参与同类装置竞赛，排名第 1—10 位的是青岛炼化、金陵石化 4#、天津石化 3#、天津石化 2#、金陵石化 3#、中科炼化、茂名石化 5#、湛江东兴公司、中韩石化 2#、镇海炼化 3#。

催化裂化装置。49 套运行的催化裂化装置参与同类装置竞赛，排名第 1—10 位的是安庆石化 3#、金陵石化 3#、青岛炼化、金陵石化 1#、齐鲁石化 3#、九江石化 1#、天津石化 2#、上海石化 2#、中韩石化 2#、长岭炼化 2#。

加氢裂化装置。27 套运行的加氢裂化装置参与同类装置竞赛，排名第 1—3 位的是天津石化

2#、中科炼化、燕山石化高压。

延迟焦化装置。34 套运行的延迟焦化装置参与同类装置竞赛，排名第 1—5 位的是镇海炼化 3#、九江石化、金陵石化 3#、上海石化 2#、广州石化 2#。

催化重整装置。33 套运行的连续重整装置参与同类装置竞赛，排名第 1—5 位的是金陵石化 3#、中科炼化、湛江东兴公司、广州石化 2#、安庆石化。

渣油加氢装置。15 套运行的渣油加氢装置参与同类装置竞赛，排名第 1—3 位的是金陵石化 2#、安庆石化、中科炼化。

S Zorb 装置。32 套运行的 S Zorb 装置参与同类装置竞赛，排名第 1—3 位的是石家庄炼化、长岭炼化 1#、天津石化 2#。

硫黄回收装置。62 套运行的硫黄装置参与同类装置竞赛，排名第 1—5 位的是镇海炼化 8#、天津石化 2#、齐鲁石化 5#、扬子石化 3#、上海石化 3#。

（佟玉文）

【节能减排】 2022 年，炼油综合能耗上升 2.0 个百分点、单因能耗上升 0.6 个百分点，单因能耗达标，综合能耗未达标。能效指标上升主要受原料油加工量大幅度降低影响。

标准化节能管理。编制并发布《中国石化炼油节能管理办法》。“办法”融合国家最新政策要求及集团公司最新发展方略，突出体系管理，细化并规范了节能基础工作。“办法”还对企业依法合规用能、职能部门履职尽责、装置用能优化、能效对标、内部节能审计及监察等作了明确规定。

加快落实能效约束限额国家政策。为落实《国家发展改革委等部门关于严格能效约束推动重点领域节能降碳的若干意见》和《石化化工重点行业严格能效约束推动节能降碳行动方案（2021—2025 年）》，编制板块能效提升行动方案并发文督促企业做好节能降碳方案及规划，并在年度指标对接时将压力传递给各企业。

积极参加行业活动，推动提升行业整体水平。积极参与石化联合会组织的 2022 年能效“领跑者”、水效“领跑者”数据核查工作。积极参加新版国标《炼化行业重点产品能源消耗限额》的编制工作。青岛炼化、广州石化分列石油加工行业能效“领跑者”第 1 名、第 2 名；金陵石化、青岛炼化和石家庄炼化获石油加工行业水效“领跑者”前 3 名。

狠抓能效提升项目，抓实节能效果。全年，企业开展“能效提升”项目 279 项，实际节能折标煤 9.60 万吨，增加约 0.3 万吨。累计实施合同能源管理项目 61 个，总投资约 5.47 亿元，年节能 14 万吨标煤，其中 37 个项目处于效益分享期，年节能 8.1 万吨标煤。

多方位开展节能专项服务。针对能效超过或接近能效限额值及有需求的企业开展专项节能服务。利用检修帮扶机会推动装置停开工用能优化。组织北海炼化、石家庄炼化和济南炼化的节能专项服务，参加荆门石化、安庆石化检修帮扶服务，推动企业进一步提升能效。

推进能效对标数字化转型。积极推进节能精益管理，创新能效对标体系，建立起涵盖全厂综合能效指标、装置能效指标、公用工程能效指标等共计 205 项指标的炼油企业能效对标指标体系，推动能效对标管理。

（谢小华）

【安全管理】 2022 年，深入贯彻落实“牢记嘱托、再立新功、再创佳绩，迎接学习贯彻二十大”主题行动、“百日安全行动”工作部署，克服疫情、台风、洪汛等不利因素影响，以“四性”工作为抓手，提升过程安全管控水平，开展老旧装置安全风险评估、液化烃罐区运行及设计本质安全提升等专项工作，加强承包商及直接作业管控。重点组织开展安全大检查、特殊时期安全督导、重点企业安全驻点等，确保北京冬奥会、全国“两会”、党的二十大等重大国事活动期间生产安全平稳，29 家炼油企业实现全年安全平稳生产，其中沧州炼化、青岛石化连续 10 年以上未发生上报集团公司级生产安全事故。

持续推进 HSE 管理体系落实落地。组织梳理 28 家企业要素牵头部门分布，指导企业构建分工明确、各负其责、协同保障的责任分工。识别、承接国家相关法律法规、标准规范及集团公司工作要求，编制标准化的体系审核细则，新增审核条目 158 项，进一步完善提升 HSE 管理体系审核标准。持续开展HSE履职能力培训取证，举办“三大员”岗位培训示范班。开展“专业服务+体系审核”，对10家企业开展现场专业技术服务和体系审核。持续推进38项安全管理定时工作，编发配套支持文件54项，35家企业全年共开展安全定时工作7240项次，逐步形成安全管理的习惯性和标准化动作。

不断强化承包商及直接作业环节管理。对事故进行全面、深入溯源分析，制定完善装卸剂无氧作业、“双监护”、基坑沟槽、移动式升降平台、外来设备调试人员、施工方案等薄弱环节的管理要求，指导企业避免重复性事故发生。收集汇总并编制下发《炼化企业直接作业环节形式主义案例》，供企业对照整改，引导企业进一步科学、有效开展直接作业环节管理。组织督导组赴荆门石化、安庆石化开展检修安全驻点督导，制定开工安全条件标准，协助企业提高检修现场安全及开工安全管理水平。推动企业全面建设设备缺陷及电子作业许可系统，实现设备缺陷管理、日周月计划管理、作业许可管理（线上）全流程管控，35家企业电子作业许可系统均已投入运行。

重点做好敏感时期现场督查和专项服务。组织企业大检查、安全生产专项整治自查、特殊时期安全督导、重点企业安全驻点等督导检查，保障北京冬奥会、全国“两会”、党的二十大期间炼油企业生产平稳无事故。组织生产技术、设备、企管、安全、环保5个专业组赴茂名石化、上海石化全面开展复工复产及管理帮扶，提出问题及建议1800余项，协助企业顺利开工及平稳运行。

深入推进重大风险管控和隐患治理。完成集团公司党组指导的2项重大安全风险和隐患销项降级。组织开展老旧装置安全风险自评、“回头看”和企业交叉深度评估，共评估确定老旧装置416套，全面推进问题整改，同步完成老旧装置的设计合规性排查和评估。组织编制《液化烃罐区合规性排查表》《液化烃储罐区安全技术管理规范》《液化烃罐区设计本质安全提升技术要求》，组织炼油企业对照排查，推进液化烃罐区运行及设计本质安全提升。围绕《全国危险化学品安全风险集中治理方案》要求，按期完成15项大型油气储存基地深度评估续转问题整改和30个油气储存基地“四个系统”建设。

充分做好疫情应对和职业健康管理。积极应对持续发展的国内疫情，实时跟踪企业疫情防控和安稳运行情况，加大协调解决力度，组织企业统筹做好生产运行、人员准备、异常人员处置等工作，确保疫情期间安稳生产。督促企业全面开展员工职业健康监测，职业健康体检率100%。参与制定并督促企业落实噪声超标危害治理实施指导意见，推动噪声、粉尘、高温等职业危害因素超标治理。安排专项资金，加大阻燃服、AED等健康防护装备配置力度，累计为6.4万余名员工配备阻燃服，配备率95%，着力提升个体防护水平。

（程彬彬）

【环保治理】 2022年，积极践行习近平生态文明思想，指导企业严守环保依法合规底线红线，加快污染治理，强化风险防控，推进环保从“治理”向“管理”转变，全面提高本质环保水平。26家企业全部完成“绿色企业”创建，全年未发生生态环境事件，外排工业废水平均达标率100%，外排有控废气平均达标率99.99%，危险废物合规处置率100%。

污染物排放量持续下降。大力实施环保隐患治理，加大硬件投入，加快技术措施落地，强化管理措施落实。实施污水提标改造、VOCs专项整治等项目，顺利完成COD、氨氮、二氧化硫、氮氧化物、VOCs减排任务，排放量分别减少5.7%、8.7%、12.6%、2.1%和3.9%。

从严环保监测管理。对环保监测数据连续异常、监测设备长期故障等事件，“分档分级”调查、追责和处理，仪表故障导致的数据异常逐月减少，督导企业实施精准考核。全年，炼油企业仪表故障导致的数据异常总时长减少60.5%。

深入推进水污染防治。持续挖掘沿江沿黄企业节水减排潜力，开展近零排放试点，实施污水提标改造、污水回用等措施降低外排水量，污水回用率增加27.8%，6家企业污水回用率达60%以上。开展水体污染风险防控技术交流，组织沿江沿海企业强化雨水排口、装卸码头等风险防控，有效降低环境风险。

强化VOCs综合整治。加大对治理漏项多、进度滞后企业的帮扶，指导企业制订优化技术方案。推进污水池标准化治理，VOCs 源项应治尽治率达 95.8%，提升 2 个百分点。开展 LDAR 检测大数据分析，结合国家及地方最新 VOCs 管控和设备本质安全环保要求，科学制定内控指标，优化检测频次，提升异味管控质量。

抓好固体废物“三化”和规范化管理。开展生化污泥属性鉴定和危险废物脱危工作，10 家企业完成生化污泥鉴定为一般固体废物。建成投产华中（荆门）危险废物处置中心，推进 6 家企业开展“无废集团”先行先试工作。

（程彬彬）

【节水减排】 2022 年，炼油企业工业水运行情况良好，加工吨原料油平均取新鲜水 0.43 吨，加工吨原料油排污水 0.17 吨，吨油取水、吨油排水指标保持低位。工业水重复利用率 98.2%，合格污水回用率 61.5%，循环水浓缩倍数 4.5，均达到较优水平。

继续推进节水减排工作。各企业积极开展水平衡测试，查漏堵漏；增加雨水回用设施，减少新鲜水用量；积极增上凝结水回用设施、污水深度处理设施；在合理范围内增加污水回用量；部分企业开展海水淡化替代新鲜水。

（朱　哲）

设备管理

【概述】 2022 年，炼油板块设备运行持续保持良好状态，装置长周期运行管理水平稳步提升，累计有 14 家企业全厂、4 家企业系列装置实现“四年一修”，平均运行周期达 3.8 年。炼油装置大检修管理工作顺利完成，所有检修装置全部一次开车成功，济南炼化、长岭炼化、九江石化、高桥石化、石家庄炼化全厂及上海石化、燕山石化、广州石化系列装置检修质量较高。

设备完整性管理体系推广建设工作稳步推进。①分片区组织开展电力系统技术服务和动静设备专业服务，围绕设备专业管理、预防性工作策略和定时性工作、技术管理等方面开展服务工作。②滚动完善完整性体系文件，结合设备管理经验和教训，组织专家修订预防维修策略和定时性工作，将设备专业指导意见纳入预防性文件，从解决“有没有”向是否科学、合理转变。③推进管设备运行环境措施落地，在设备完整性管理体系平台中增设“管设备运行环境”监控模块，实现报警自动推送提醒。④组织开展炼化企业设备工作暨完整性体系建设交流，40 余家炼化企业参加。

全年共有 24 家炼油企业的 268 套装置计划检修，与 2021 年计划相比，企业减少 4 家、装置减少 116 套。全厂停工大修的企业有海南炼化、扬子石化、荆门石化、安庆石化、清江石化、南阳化工 6 家企业；系列装置大检修的有上海石化、塔河炼化 2 家企业。海南炼化、扬子石化、清江石化全厂及塔河炼化 2# 系列、荆门石化 1# 系列装置实现“四年一修”。检修的六大类装置中实现“四年一修”的装置有 95 套，实现“三年一修”以上的装置共有 121 套、占检修装置的 91%。安庆石化为配合“油转化”项目全厂装置提前一年停工检修，荆门石化 2# 系列为配合全厂停工提前一年检修。

强化检修管理工作。坚持开展检修服务，组织专家赴海南炼化、扬子石化、塔河炼化、上海石化、茂名石化、荆门石化、安庆石化 8 家企业开展检修服务，累计提出服务意见和建议 2000 余项。选择 21 家企业分 6 个专业组建立检修管理中心，加强检修计划、费用预算和网络统筹管理，提升检修管理水平，培养高水平检修管理团队，在荆门石化、安庆石化 2 家企业试点开展工作。

（吕　伟）

【设备防腐蚀管理】 2022 年，炼油板块设备腐蚀情况问题持续保持较低水平，与设备腐蚀原因有关装置总部级非计划停工 1 次，减少 1 次。推进油漆保温专项提升，组织炼化工程公司洛阳技术研发中心陆续完成 21 家炼化企业油漆保温治理项目验收工作，针对发现的主要问题提出具体改进措施。开展泄漏管理提升，总结企业泄漏管理优秀经验，编制《炼化企业泄漏管理指南》，企业安环部门牵头开展“查漏”，设备管理部门负责“治漏”，设备和工艺管理部门联合开展“防漏”，推动泄漏管理从治标向治本、治理向管理转变。持续推进工艺防腐蚀精准加注技术在常减压装置推广应用和加氢、催化、焦化装置的拓展研究，燕山石化等 14 家常减压装置完成技术推广，广州石化等 10 家常减压装置完成技术交流。开展加氢碳钢高压空冷器腐蚀研究，工程建设公司牵头开展入口管道及空冷器管箱偏流研究。

（吕　伟）

【催化烟机运行】 2022 年，集团公司共有催化烟机 47 台，故障停机 9 台次，连续 6 年将故障停机次数控制在不超过 20 次。

（朱　哲）

【大机组运行管理】 2022 年，组织对炼油板块往复式压缩机完善机身振动报警联锁和活塞杆下沉报警。对 662 台往复式压缩机开展机身振动监测或联锁整改，对 558 台往复式压缩机开展活塞杆沉降监测整改。

（朱　哲）

【机泵管理】 2022 年，按照国标 GB/T 6075.7《机械振动在非旋转部件上测量评价机器的振动第 7 部分：工业应用的旋转动力泵》，炼油板块共识别出振动处于“D 区”机泵 95 台、“C 区”机泵 692 台，开展系统性整改。①开展机泵技术改造。根据机泵实际情况，针对性采取动平衡实验、转子改造、加强支撑、基础灌浆、配件修复、整泵更新、工艺调整等措施，改善机泵振动情况。②提高机泵采购质量。修订机泵采购技术要求，增加机泵噪声、制造精度、制造工艺、振动、外协件质量等要求，新采购机泵振动均达“A”区，从源头消除振动异常机泵。③统筹考虑机泵消振工作。在机泵设备节能改造、机泵更新、高危泵隐患治理等工作中，考虑机泵消振制订具体方案，节约了投资费用。④加强设备运行环境管控。组织开展“管设备运行环境”工作，将机泵出口阀开度、轴承温度、抽空等作为监控内容，改善机泵运行环境，使机泵平稳运行。

各企业治理工作推进顺利。截至 2022 年底，“D 区”机泵改造完成 76 台，占总数的 87.4%；“C 区”机泵改造完成 441 台，占总数的 68.3%，完成进度大幅超过原计划。整改机泵运行良好，振动情况和维修次数大幅度下降。

（朱　哲）

【电气专业管理】 2022 年，除北海炼化、湛江东兴公司等企业因外线路发生大面积停晃电事故以外，全年未发生因电气原因造成的二级及以上非计划停工。从企业抽调 40 余名核心专家组成 5 个专家组，对 27 家炼化企业开展电力系统技术服务，从企业设备完整性管理体系、组织架构、主网结构、继电保护管理、事故应急和抗晃电等相关环节进行全面诊断。在金陵石化进行电气状态监测平台试点建设，主要实现对电气一次、二次甚至三次设备，电力系统短路电流、N-1 运行、定值校核等状态进行监测。为降低仪控设备重复性、突发性故障，提高仪控 ITPM 水平，印发《炼化企业电气预防性工作策略》和《炼化企业电气定时性事务工作要求》（2022 版）。

（邢　勐）

【仪控专业管理】 全年未发生因仪控原因造成的二级及以上非计划停工。有序组织和推进 HSE 仪表分委会短期、中长期工作。在天津石化、青岛炼化进行仪控状态监测平台试点建设，实现对现场仪表、控制系统状态进行监测。印发《中国石化炼化企业仪控专业管理规定》，基本覆盖仪控专业全过程管理。为降低仪控设备重复性、突发性故障，提高仪控 ITPM 水平，印发《炼化企业仪控预防性工作策略》和《炼化企业仪控定时性事务工作要求》（2022 版）。组织开展单点联锁、仪表供电系统等隐患专项治理，确保 2026 年动态清零。针对洛阳石化“11·13”差压变送器三阀组故障，要求炼化企业和设计院加强对仪表集成商及配套供应商的管理。

（邢　勐）

质量管理

【概述】 2022 年，中国石化持续加强质量管理，认真履行“质量永远领先一步”“质优量足、客户满意”的方针目标，充分发挥上中下游一体化的整体优势，推行上游企业要为下游企业服务、上道工序要对下道工序负责的质量管理和考核机制，践行“每一滴油都是承诺”的社会责任，用实际行动维护企业的信誉，赢得客户的信赖，打造中国石化良好品牌形象。全年，通过严格产品指标管理、质量风险排查与管控、异常数据和全过程产品质量管控，无特别重大、重大质量事故发生，出厂产品合格率 100%；在国家、各级政府部门质量监督抽查中，抽检合格率 100%，产品质量稳定，满足标准要求和用户使用要求。全年重点围绕北京冬奥会超低凝柴油生产保供、全国国ⅣB汽油质量升级、生物航煤试生产及产品质量控制开展质量工作。

（李爱文）

【产品实物质量】 2022 年，炼油产品实物质量总体稳定，按照国家标准、地方标准和出口协议标准要求，稳定供应汽、柴油产品。

汽油：按照《车用汽油》《车用乙醇汽油调和组分油》等国家标准、地方标准（京标）和出口汽油协议标准等产品标准生产汽油。

柴油：按照《车用柴油》《军用柴油》等国家标准、军用标准、地方标准（京标）和出口柴油协议标准等产品标准生产柴油。

（李爱文）

【产品质量管理】 2022 年，中国石化紧紧围绕“质量永远领先一步”的质量方针、“每一滴油都是承诺”的社会责任和“质优量足、客户满意”的质量目标，不断加强质量管理工作，形成具有中国石化特色的质量管理模式，全员质量意识不断提高。从体系建设、制度管理、全过程质量控制、风险排查与管控、质量改进及用户服务等方面，开展质量管理工作。全年出厂产品质量合格率 100%，未发生质量事故。

按照《质量管理体系有效性评价》开展全过程质量管理体系有效性自我评价，查找薄弱环节及质量隐患，制定整改措施。围绕压实责任，提高质量管理体系运行有效性，全面提升企业质量管理水平。突出质量风险管理，全面构建风险防控体系，提升风险识别和管控能力。严格产品指标管理，进行月度统计分析和质量情况通报，狠抓全员、全过程质量控制，提高质量管理控制水平。组织开展“质量日”“质量月”活动，加强质量宣传、质量培训，增强质量意识，做好产品售后服务，提升客户满意度。聚焦客户，了解客户需求，解决客户困难，持续改进产品质量，满足客户使用要求。利用信息化手段，监控产品质量数据，加强异常数据分析，做到及时提醒、提前预防，使质量管理由事后处理逐步向事前管控转变，提高质量管理的科学性和工作效率。

（李爱文）

原油资源及储运

【储运设施】 截至 2022 年底，中国石化炼化企业共拥有原油长输管道 595 千米；炼化企业在用原油储罐 310 座；共拥有货主、合资原油深水码头 14 座，25 万吨级以上原油泊位 21 座。

（张　泽　韩　冰）

【原油资源配置】 2022 年，中国石化炼化企业原油资源配置减少 874 万吨，其中接收自产原油减少 69 万吨、接收中国石油原油增加 33 万吨、接收中国海油原油增加 62 万吨、接收进口原油减少 900 万吨。

中国石化以加工进口原油为主，2022 年进口原油占资源总量的 89%，进口原油品种 147 个，来源于 44 个国家，其中中东地区占 59.1%，西非地区占 14.2%，南美地区占 12.4%，欧洲、北美、大洋洲、东南亚等其他地区原油占比合计 14.3%。国内原油占资源总量的 11%，其中自产原油占 10.4%、中国石油供原油和中国海油供原油合计占 0.6%。

（张　泽　韩　冰）

【原油资源运输】 2022 年，中国石化炼化企业原油资源进厂量减少 773 万吨，其中管输与一程直靠进厂占原油资源总量的 93.8%、减少 737 万吨，其他方式运输进厂占原油资源总量的 6.2%（其中国内水运 5.5%、火车 0.3%、汽车 0.4%）、减少 36 万吨。

（张　泽　韩　冰）

【原油采购成本】 2022 年，中国石化克服全球新冠肺炎疫情持续蔓延及地缘政治动荡等因素影响，研判国际油价走势，优化原油采购节奏，有效管理原油库存，降低原油采购成本；强化炼化企业、商储公司、联合石化公司一体化协同运作，通过综合利用富裕库容、库存及套期保值工具等措施，实现原油运作降本；加强对高低硫原油价差走势跟踪，动态优化原油计价比例，实现优化计价降本；发挥集中采购优势，平衡分区域资源采购强度，积极落实高性价比资源，实现炼化企业资源经济性保供。

（张　泽　韩　冰）

【滞期管控优化】 2022 年，中国石化充分发挥一体化管理优势，克服二季度因加工量调减，企业厂内和中转库存大幅上涨导致原油输转效率下降，滞期时间大幅反弹，以及大风、大雾等坏天气等因素影响，统筹协调，及时研判和应对各种突发情况，细化日常运行管理，优化油轮接卸安排。密切跟踪油轮到港时间、接卸和输转动态，加强滞期管控；加强与国家管网、石油销售公司、商储公司沟通，挖掘区域内管道和中转油库、商储库罐容潜力，提升中转效率；优化调整船期和卸货方案，提高原油接卸效率。通过强化管理、加强协调等措施，全年实现滞期时间下降 658 小时，降幅 1.6%。

（张　泽　韩　冰）

【保障原油供应】 2022 年，中国石化面对市场波动和原油供应挑战，优化原油供应运输安排，一体化协同石油销售公司、炼化企业与国家管网日常运行，提高原油运输各环节运行效率，满足下游企业加工需求。积极应对挑战，在鲁宁线停输期间，统筹安排上下游企业资源流向。提前筹划三季度国家管网海底管线册岚线检修，优化商储和下游企业库容空间，解决资源供应困难。与国家管网和油田企业通力配合，顺利完成董东线原油管线投产、胜利油田东营油库和东营输油站同步搬迁工作，整体提高下游企业资源保障能力，满足管线长周期安全运行要求。

（张　泽　韩　冰）

【加强原油储运损失管理】 2022 年，持续加强原油途耗管理，强化到港原油接卸损失控制，着力解决原油末站交接计量工作中出现的问题，不断提升原油储运管理水平。全年原油储运损失率比年度目标低 0.002 个百分点，节约原油成本 1283 万元。

（张　泽　韩　冰）

化工生产

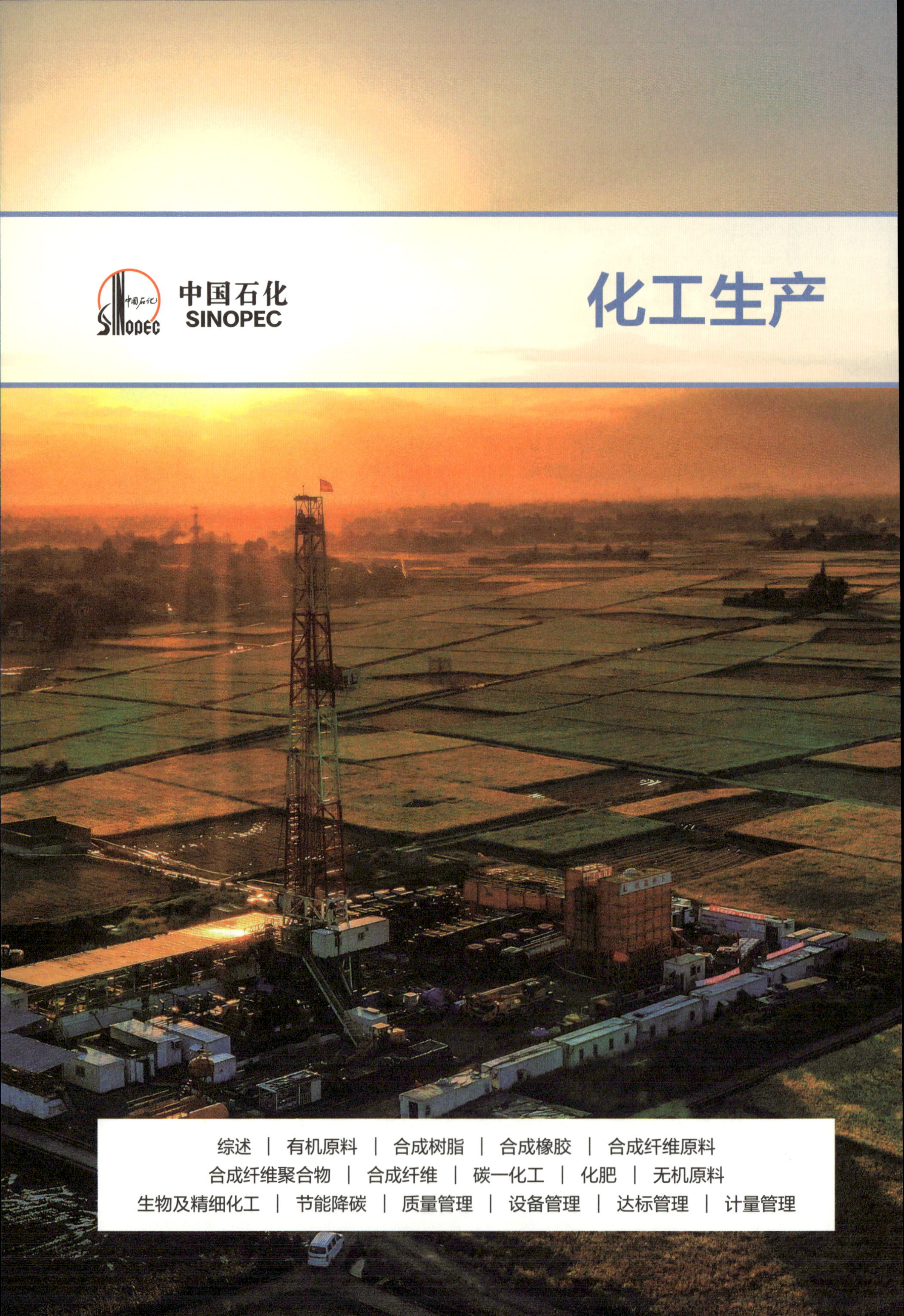

综述 | 有机原料 | 合成树脂 | 合成橡胶 | 合成纤维原料
合成纤维聚合物 | 合成纤维 | 碳一化工 | 化肥 | 无机原料
生物及精细化工 | 节能降碳 | 质量管理 | 设备管理 | 达标管理 | 计量管理

综述

2022 年，化工和材料板块在集团公司党组的坚强领导下，克服原料成本上涨、疫情持续影响、供需失衡等困难和挑战，抓优化、调结构、拓市场、强党建，聚焦提质增效，完成各项工作任务。

经营业绩稳步增长。全年乙烯产量 1344 万吨，化工产品经营总量 8165 万吨，实现全产全销。

生产经营优化成效显著。①炼化协同优化原料结构。炼油化工统筹协调共同应对原料供应困难，实现炼化整体效益最大化。根据成品油市场需求情况，及时调整优化重质裂解料加工方案，优化化工轻油配置。②紧盯市场调整产品结构。加强产销衔接，每日监测装置及产品效益，及时优化调整产销计划，2022 年产销计划调整单增加 86.4%。抓好盈利产品增产增效，开满开足盈利能力强的装置负荷。努力做大 EVA、合成橡胶等盈利产品产量。③预算牵引严控成本费用。积极推动战略型集约化财务预算管控，全面开展中长期财务规划制订工作。持续抓好三个月滚动预算，严控非生产性和重点业务外包费用，积极推动落实国家财税优惠政策。

新材料高质量发展加快。①合成树脂。加大新产品开发力度，结合区域装置特点、市场需求，持续调整优化产品结构，提升市场竞争力。齐鲁石化、中科炼化、扬子石化茂金属聚烯烃研发与产业化布局显成效，医用透气膜、包装高强膜及防水卷材用聚乙烯、医用及柔性纤维用聚丙烯等多系列产品行业领先等。②合成橡胶。推动产品结构优化调整，紧盯市场需求，发挥自身技术优势，及时开发出客户需要的新产品。燕山石化开发的 LCBR1302 实现对标产品 100% 替代应用。③合成纤维。根据市场需求开发新产品，加快成果转化，引领高端产品市场，形成新的利润增长点。推进三大高性能纤维工艺优化，提高装置运行稳定性和产品性能。上海石化 2 条国产化［2000 吨 /（条・年）］48K 大丝束碳纤维试生产成功等。④精细化工。加大重点应用领域的新产品开发力度。加快推进高端增量业务发展，增量项目实现平稳运行。巴陵石化环氧树脂在电子油墨、风电叶片、5G 电子封装等新兴领域实现突破性应用等。

生产运行管理不断强化。①安全管理方面。积极推进 HSE 管理体系审核，HSE 电气分委会运行效果显著。开展老旧装置安全风险评估及整改工作，组织开展高危细分领域安全风险专项治理，强化“举一反三”，持续推进液化烃罐区合规性排查及问题整改，完成中韩石化、古雷石化环氧乙烷精制塔塔釜管线隐患治理和消缺。②环保管理方面。持续深入打好污染防治攻坚战，推进挥发性有机物治理和异味整治，抓好臭氧污染防治专项行动。深入开展环保依法合规排查。高质量推进“绿色企业行动计划”，完善实施方案和项目清单，加大环保投入，完成主要污染物减排任务目标。做好环境风险管控。③绿色低碳方面。修订 2030 年碳达峰行动方案，分析重点装置能耗及碳排放，推广节能降碳典型做法，大力推进节能降碳项目。采取通流改造、抽改背、节能诊断等措施，推进热电机组节能提效升级改造。积极参与国家“促进绿电消费在行动”，中国石化已成为国内绿电消费最大的能源央企。④工艺管理方面。持续推进化工装置工艺平稳性管理，做好乙烯、基本有机原料、橡胶、煤气化等主要装置生产管理指导意见的制修订工作。开展乙烯裂解炉无效报警管控治理，编制下发乙烯装置复杂控制回路讲义，不断提升工艺平稳性管理水平。⑤设备管理方面。加快设备完整性体系建设，以设备 KPI 指标为引领，总结分析设备运行管理中的重点和难点问题，进一步推动技术进步和设备专业管理提升。强化检维修管理，落实检修技术服务，优化检修方案，加强费用管控，抓好直接作业环节的风险识别和防范。持续关注动、静、电、仪各专业的运行监控要素，落实专项排查。⑥生产保障方面。积极应对疫情影响，及时动态跟踪生产运行、物流和库存情况，确保运行平稳。完善热电专业生产事故预防措施，稳步提升机组运行水平。克服干旱、咸潮等不利因素，实现新鲜水系统保质保量稳定。

营销绩效管理持续加强。①营销质量稳步提升。加强大势研判和细分产品市场分析预测，完善市场价格预测跟踪管理机制，聚焦综合价差率指标，建立市场预测应用效果评价模型，提高决策准确性。深化销售折扣、合约销售、配送比例、跨区调拨等专题分析，制定价差率优化提升措施，统筹系统内外资源一体化运作，发挥“产销研用”优势，完善市场快速响应机制，提升客户服务能力，努力拓宽优质核心渠道，加强优质供应商培育，持续提升市场优质资源获取能力和自营贸易质量。②改进包装智能出厂。合成树脂包装物完成升级，智能出厂系统升级改进和套膜带托出厂，实现装卸搬运作业的机械化和自动化，全面提高物流作业速度和效率，降低全物流链成本。

企业改革创新蹄疾步稳。①积极推进所属企业深化改革。高质量完成国企改革三年行动收官工作。稳妥推进湖北化肥异地发展。根据集团公司深化改革领导小组会议部署，研究制订总体方案及配套方案，确保安全环保工作受控和职工队伍稳定。持续推进法人压减和“两非”剥离工作。综合运用吸收合并、股权转让、清算注销等多种方式，持续压减法人户数和非主业股权投资，缩短管理流程，提升管理效率。全年提前完成集团公司下达指标任务。②盘活低效无效资产创效显著。通过合作开发、租赁、置换和对外转让等多种方式，加大闲置土地房产盘活力度。

（师　巍）

有机原料

【概述】集团公司有机原料主要产品有乙烯、丙烯、丁二烯、苯、甲苯、二甲苯、环氧乙烷、环氧丙烷、环氧氯丙烷、苯酚、丙酮、丙烯酸和苯乙烯等。其中，乙烯、丙烯、丁二烯、苯、甲苯、二甲苯为基础有机原料，其余为主要中间原料。

集团公司主要有机原料生产能力见表 1。由表 1 可见，邻二甲苯、间二甲苯、环氧氯丙烷、苯酚、丙酮和丙烯酸等的生产能力没有变化，乙烯、丙烯、丁二烯、苯、甲苯、混合二甲苯、对二甲苯、环氧乙烷、环氧丙烷和苯乙烯的生产能力有所增加。

集团公司的乙烯、丙烯、丁二烯、对二甲苯等产品在中国大陆地区继续保持主导地位。

2022 年，集团公司推进对标一流管理提升行动常态化，深入开展所罗门烯烃、汤森芳烃和中国石化绩效评价，强化与国内外先进产能对标，积极查找差距，促进指标持续提升；面对行业景气周期持续下行的状况，全方位统筹原料、装置、产品结构，优化石脑油资源调运、区域互供方案，安排负边际效益装置降负荷或经营性停工，根据成品油市场需求情况及时调整优化重质裂解料加工方案，保障乙烯原料的稳定供应，实现效益最大化；针对 2022 年复杂严峻的安全环保形势和防疫压力，采用线上线下相结合的方式，全力做好装置大修停开工方案审查和技术服务工作，确保检修全过程管理受控，实现安全、环保、经济检修目标；深入学习贯彻党的二十大精神和习近平生态文明思想、习近平总书记关于安全生产的重要论述，坚持底线思维，强化忧患意识，全力推动节能降碳行动，持续推进“绿色企业行动计划”，促进 HSE 管理体系与“三基”工作融合，基础管理进一步夯实。

表 1　集团公司主要有机原料生产能力　万吨 / 年

产品名称 \ 年份	2022	2021	2020	2019	2018	2017
乙　烯	1 474.84	1 354.84	1 254.84	1 144.84	1 112.80	1 112.80

续表

产品名称 \ 年份	2022	2021	2020	2019	2018	2017
丙　烯	1 315.42	1 240.82	1 140.92	1 064.91	1 031.53	1 032.77
丁二烯	222.70	206.70	192.70	180.70	180.70	180.70
苯	630.13	591.97	578.07	555.82	555.82	548.84
甲　苯	344.47	305.40	258.02	196.19	196.19	167.60
混合二甲苯	558.05	514.99	473.16	386.20	373.20	337.52
邻二甲苯	46.52	46.52	46.52	46.52	46.52	46.52
间二甲苯	8.00	8.00	8.00	8.00	8.00	8.00
对二甲苯	692.42	580.42	583.41	583.91	483.91	483.91
环氧乙烷	235.65	225.65	194.25	157.25	146.45	155.95
环氧丙烷	77.50	62.50	62.50	62.50	62.50	62.50
环氧氯丙烷	2.60	2.60	2.60	2.60	2.80	2.80
苯　酚	75.75	75.75	75.75	75.75	75.75	75.75
丙　酮	46.04	46.04	46.04	46.04	46.04	46.04
丙烯酸	19.00	19.00	19.00	19.00	19.00	19.00
苯乙烯	365.00	325.00	253.00	253.00	242.30	242.30

（曾森洋）

【乙烯】 截至2022年底，集团公司生产乙烯的企业共18家，生产能力合计1474.84万吨/年（含中原石化和长城能化MTO装置），增加120万吨/年、增长8.86%，为镇海炼化有限公司乙烯装置投产新增产能120万吨/年。

采用的生产技术主要有美国Lummus公司、美国S&W公司、中国石化与Lummus联合开发及中国石化自主开发的专利技术，其中中韩石化（生产能力110万吨/年）、中科炼化（生产能力80万吨/年）、古雷石化（生产能力80万吨/年）、镇海炼化有限公司（生产能力120万吨/年）、中原石化MTO装置（生产能力10万吨/年）、中天合创MTO装置（生产能力64.8万吨/年）、中安联合MTO装置（生产能力32.04万吨/年）均采用中国石化自主专利技术。

2022年，集团公司紧贴市场形势变化，持续开展生产经营优化，全力做好乙烯原料保障供应和装置运行负荷调整，在安排天津小乙烯经营性停工，扬子石化2套、茂名石化1#等3套乙烯装置大修，茂名石化2#、上海石化2套、齐鲁石化、古雷石化等5套装置停工消缺的情况下，全年累计生产乙烯1344万吨。

（曾森洋）

【丙烯】 集团公司丙烯产品分炼油丙烯和化工丙烯两大类，截至2022年底，生产炼油丙烯的企业共28家，炼油丙烯由炼厂气分装置生产；生产化工丙烯的企业共18家，化工丙烯由蒸汽热裂解装置和MTO装置生产。集团公司丙烯生产能力为1315.42万吨/年，增加74.6万吨/年、增长6.01%，其中镇海炼化有限公司当年新增生产能力62.16万吨/年，齐鲁分公司新增生产能力13.33万吨/年，广州分公司核减生产能力0.01万吨/年（其中炼油新增生产能力0.55万吨/年，化工核减生产能力0.56万吨/年），河南油田分公司核减生产能力0.88万吨/年。

（曾森洋）

【丁二烯】 截至 2022 年底，集团公司生产丁二烯的企业共 15 家，生产能力合计 222.7 万吨/年，增加 16 万吨/年、增长 7.74%，其中镇海炼化有限公司新增生产能力 16 万吨/年。

（张　燕）

【纯苯】 截至 2022 年底，集团公司生产纯苯的企业共 30 家，生产能力合计 578.07 万吨/年，增加 38.16 万吨、增长 6.45%，其中天津分公司新增生产能力 1.13 万吨/年，镇海炼化新增生产能力 20.02 万吨/年，九江分公司新增生产能力 18 万吨/年，广州分公司核减生产能力 0.99 万吨/年。

（苏　莹）

【甲苯】 截至 2022 年底，集团公司生产甲苯的企业共 17 家，生产能力合计 344.47 万吨/年，增加 39.07 万吨、增长 12.79%，其中天津分公司新增生产能力 0.94 万吨/年，镇海炼化新增生产能力 40 万吨/年，广州分公司核减生产能力 1.87 万吨/年。

（苏　莹）

【混合二甲苯】 截至 2022 年底，集团公司生产混合二甲苯的企业共 20 家，生产能力合计 558.05 万吨/年，增加 43.06 万吨/年、增长 8.36%，其中天津分公司新增生产能力 0.97 万吨/年，镇海炼化新增生产能力 8.96 万吨/年，茂名分公司新增生产能力 38 万吨/年，九江分公司核减生产能力 3.5 万吨/年，广州分公司核减生产能力 1.37 万吨/年。

（苏　莹）

【对二甲苯】 截至 2022 年底，集团公司生产对二甲苯的企业共 10 家，生产能力合计 692.42 万吨/年，增加 112 万吨/年、增长 19.3%，其中九江分公司新建芳烃装置新增生产能力 89 万吨/年，福建炼化芳烃装置改造新增生产能力 23 万吨/年。

（苏　莹）

【邻二甲苯】 截至 2022 年底，集团公司生产邻二甲苯的企业共 6 家，生产能力合计 46.52 万吨/年，同比持平。

（苏　莹）

【间二甲苯】 截至 2022 年底，集团公司生产间二甲苯的企业只有 1 家，生产能力为 8 万吨/年，同比持平。

（苏　莹）

【甲醇】 截至 2022 年底，集团公司生产甲醇的企业共 4 家，生产能力合计 689.10 万吨/年，同比持平。其中，川维化工公司总生产能力为 87.10 万吨/年（77 万吨/年甲醇装置采用英国戴维甲醇合成技术，10 万吨/年甲醇装置采用德国鲁奇甲醇合成技术）；宁夏能化生产能力为 62 万吨/年，采用丹麦托普索低压甲醇合成技术；中天合创、中安联合生产能力分别为 360 万吨/年、180 万吨/年，均采用德国鲁奇甲醇合成技术。

（佘振红）

【丁醇】 截至 2022 年底，集团公司生产丁醇的企业共有 2 家，生产能力合计 35.50 万吨/年，同比持平。其中，齐鲁分公司装置采用英国戴维工艺技术；扬巴公司装置采用德国巴斯夫公司技术。此外，宁夏能化 BDO 装置副产丁醇。

（佘振红）

【辛醇】 截至 2022 年底，集团公司辛醇生产企业只有 1 家，生产能力为 25.50 万吨/年，同比持平。装置采用英国戴维工艺技术。

（佘振红）

【环氧乙烷】 截至 2022 年底，集团公司生产环氧乙烷的企业共 13 家，生产能力合计 235.65 万吨/年，增加 10 万吨/年、增长 4.43%，其中镇海炼化有限公司新增生产能力 10 万吨/年。

（张　燕）

【环氧丙烷】 截至 2022 年底，集团公司生产环氧丙烷的企业共 4 家，生产能力合计 77.5 万吨/年，增加 15 万吨/年、增长 24%，其中天津分公司新增生产能力 15 万吨 / 年。

（张　燕）

【环氧氯丙烷】 截至 2022 年底，集团公司生产环氧氯丙烷的企业只有 1 家，生产能力为 2.6 万吨 / 年，同比持平。

（张　燕）

【苯酚】 截至 2022 年底，集团公司生产苯酚的企业共 4 家，生产能力合计 75.75 万吨 / 年，同比持平。

（张　燕）

【丙酮】 截至 2022 年底，集团公司生产丙酮的企业共 4 家，生产能力合计 46.04 万吨 / 年，同比持平。

（张　燕）

【丙烯酸】 截至 2022 年底，集团公司生产丙烯酸的企业只有 1 家，生产能力 19 万吨 / 年，同比持平。

（曾森洋）

【苯乙烯】 截至 2022 年底，集团公司生产苯乙烯的企业共 18 家，生产能力合计 365 万吨 / 年，增加 40 万吨 / 年、增长 12.31%，其中茂名分公司新增生产能力 40 万吨 / 年。

（张　燕）

合成树脂

【概述】 截至 2022 年底，集团公司合成树脂总生产能力为 2125 万吨 / 年，增长 72.50 万吨 / 年。其中，聚乙烯生产能力为 927.92 万吨 / 年，增长 30 万吨 / 年；聚丙烯生产能力为 953.68 万吨 / 年，增长 28 万吨 / 年；聚氯乙烯生产能力为 60 万吨 / 年，没有变化；聚苯乙烯的生产能力为 69.80 万吨 / 年，没有变化；ABS 树脂的生产能力为 20 万吨 / 年，没有变化；其他树脂生产能力为 96.60 万吨 / 年，增长 14.50 万吨 / 年。各种合成树脂生产能力见表 2。在合成树脂中聚乙烯、聚丙烯两大品种占主导地位，截至 2022 年底，聚乙烯、聚丙烯两大品种的总生产能力为 1881.60 万吨 / 年，占集团公司合成树脂生产能力的 88.55%。

2022 年，集团公司合成树脂装置持续攻关创效，有效开展提质增效工作，发挥基层主观能动性和工作积极性，增强 HSE 管理体系运行有效性，强本固基、优化运行、精细操作，存量装置技术经济指标完成良好，新建合成树脂装置实现一次投料试车成功。年内，镇海炼化有 1 套 30 万吨 / 年高密度聚乙烯装置、1 套 30 万吨 / 年聚丙烯装置建成投产；中科炼化有 1 套 10 万吨 / 年 EVA 装置建成投产。

表 2　集团公司合成树脂分品种生产能力　万吨 / 年

产品名称 \ 年份	2022	2021	2020	2019	2018	2017
合成树脂合计	2 125.00	2 052.50	1 888.70	1 797.20	1 723.20	1 713.00
聚乙烯（PE）	927.92	897.92	837.92	796.42	761.42	756.42
低密度聚乙烯（LDPE）	154.62	154.62	154.62	154.62	154.62	154.62
高密度聚乙烯（HDPE）	413.30	383.30	323.30	281.80	281.80	281.80
线型低密度聚乙烯（LLDPE）	360.00	360.00	360.00	360.00	325.00	320.00
聚丙烯（PP）	953.68	925.68	840.68	790.68	751.68	749.98

续表

年份 产品名称	2022	2021	2020	2019	2018	2017
聚氯乙烯（PVC）	60.00	60.00	60.00	60.00	60.00	60.00
聚苯乙烯（PS）	69.80	69.80	69.80	69.80	69.80	69.80
ABS 树脂	20.00	20.00	20.00	20.00	20.00	20.00
其他树脂	93.60	79.10	60.30	60.30	60.30	56.80

（刘志武）

【聚乙烯】 截至 2022 年底，集团公司有 38 套聚乙烯装置，总生产能力为 927.92 万吨 / 年，增加 30 万吨 / 年。其中，单线能力最大的是镇海炼化线型低密度聚乙烯装置。38 套聚乙烯装置中，LDPE 装置有釜式法工艺 2 套，管式法工艺 8 套；HDPE 装置有淤浆法工艺 9 套，气相法工艺 5 套，环管加气相法工艺 1 套；LLDPE 装置有气相法工艺 13 套。

（刘志武）

【低密度聚乙烯】 截至 2022 年底，集团公司 LDPE 生产装置生产能力为 154.62 万吨 / 年，没有变化。共有 10 套 LDPE 装置，其中燕山分公司、上海石化、茂名分公司、长城能化各 2 套，齐鲁分公司 1 套、扬巴公司 1 套。燕山分公司 1 套采用日本住友化学釜式法工艺，1 套为美国埃克森管式法工艺；上海石化 2 套均采用日本三菱油化管式法工艺；茂名分公司 1 套采用美国匡藤公司管式法工艺，1 套为 BASELL 工艺；长城能化 1 套采用美国埃克森釜式法工艺、1 套为美国埃克森管式法工艺；齐鲁分公司装置采用荷兰 DSM 公司管式法工艺；扬巴公司 1 套采用 BASELL 管式法工艺。

（刘志武）

【高密度聚乙烯】 截至 2022 年底，集团公司 HDPE 装置生产能力为 413.30 万吨 / 年，增加 30 万吨 / 年。共有 15 套 HDPE 装置，分别是扬子石化、燕山分公司、茂名分公司、上海赛科公司、福建联合石化、中沙石化、中科炼化各 1 套，镇海炼化、齐鲁分公司、上海石化、中韩石化各 2 套。其中，燕山分公司、扬子石化装置采用日本三井油化淤浆法工艺；齐鲁分公司 2 套、福建联合石化 1 套采用气相流化床工艺；上海石化 1 套采用北欧化工环管加气相流化床反应器工艺技术；上海石化、茂名分公司各 1 套采用菲利浦环管淤浆法工艺；中科炼化 1 套采用道达尔公司双环管淤浆法工艺；上海赛科公司装置采用 bp 公司气相流化床工艺；中沙石化 1 套采用 INEOS 公司的双环管淤浆法工艺；中韩石化装置 2 套分别采用 INEOS 公司的双环管淤浆法工艺、LyondellBasell 公司的 Hostalen 釜式淤浆法工艺；镇海炼化 2 套分别采用气相流化床工艺、LyondellBasell 公司的 Hostalen 釜式淤浆法工艺。

（刘志武）

【线型低密度聚乙烯】 截至 2022 年底，集团公司 LLDPE 装置生产能力为 360 万吨 / 年，没有变化。共有 13 套 LLDPE 装置，其中天津分公司、齐鲁分公司、中原石化、茂名分公司、广州分公司、扬子石化、福建联合石化、镇海炼化各 1 套，采用美国 UCC 公司气相流化床工艺；中沙石化、中韩石化、长城能化的 2 家合资公司（中天合创、中安联合）所属装置采用自主开发气相流化床工艺；上海赛科公司的 30 万吨 / 年 LLDPE 装置采用 bp 公司的气相流化床工艺。

（刘志武）

【聚丙烯】 聚丙烯装置按生产方式可分为连续法和间歇法两大类。

截至 2022 年底，集团公司聚丙烯生产能力为 953.68 万吨 / 年，增加 28 万吨 / 年。连续法聚丙烯装置生产能力为 927.20 万吨 / 年，占聚丙烯总生产能力的 97.22%。共有 48 套连续法聚丙烯装置。生产工艺以环管法工艺为主，有30套环管法聚丙烯装置，占聚丙烯装置的63.83%，其中6套为引进海蒙特环管技术，单线能力最大为茂名分公司17万吨/年聚丙烯装置；24套为国产化环管技术，单线能力最大为中安联合35万吨/年聚丙烯装置。其他18套装置中，5套为三井油化釜式法聚丙烯工艺，6套为INEOS（原阿莫科）气相法聚丙烯工艺，2套为“NOVOLENE”气相法聚丙烯工艺，2套为“HORIZONE”气相法聚丙烯工艺，3套为BASSEL公司的多区反应聚合工艺。

间歇法聚丙烯装置生产能力为26.48万吨/年。

（刘志武）

【聚苯乙烯】 截至2022年底，集团公司聚苯乙烯生产能力为69.8万吨/年。共有6套聚苯乙烯生产装置，均采用连续本体法工艺。其中，燕山分公司、广州分公司、茂名分公司、上海赛科公司各1套，扬巴公司2套。

（刘志武）

【聚氯乙烯】 截至2022年底，集团公司PVC生产能力为60万吨/年，没有变化。生产PVC的企业只有齐鲁分公司1家。

（刘志武）

【ABS】 截至2022年底，集团公司ABS树脂生产能力为20万吨/年，没有变化。生产ABS树脂的企业只有高桥石化1家。

（刘志武）

【其他树脂】 集团公司生产的其他树脂包括乙烯醋酸乙烯共聚物（EVA）、聚碳酸酯（PC）等。截至2022年底，集团公司EVA生产能力为50万吨/年，增加10万吨/年；新增生产能力为中科炼化10万吨/年EVA装置。生产乙烯醋酸乙烯共聚物（EVA）的企业有扬巴公司、燕山分公司、扬子石化、中科炼化共4家。

（刘志武）

合成橡胶

【概述】 截至2022年底，集团公司合成橡胶生产能力为173.5万吨/年，新增0.5万吨/年，用于生产特种合成橡胶——氢化丁腈橡胶，集团公司仍是国内最大、世界第二大合成橡胶生产商。集团公司生产品种覆盖丁苯橡胶、顺丁橡胶、SBS（含SIS、SEBS和SEPS）、丁基橡胶（含溴化丁基橡胶、聚异丁烯）、乙丙橡胶、丁腈橡胶（含氢化丁腈橡胶）和异戊橡胶等七大类，是世界生产合成橡胶品种最齐全的生产商。

（徐忠亮）

【顺丁橡胶】 截至2022年底，集团公司顺丁橡胶生产能力没有变化。镍系顺丁橡胶方面，齐鲁石化顺丁橡胶装置丁二烯单耗、茂名石化顺丁橡胶装置能耗仍处于国内领先地位；11月10日，扬子石化顺丁橡胶装置回收单元开始施工，对装置进行提升本质安全改造。锂系顺丁橡胶（低顺橡胶）方面，高桥石化低顺橡胶产量再创历史新高；燕山石化对标国外进口产品新开发的1505G在高桥石化实现进口顶替。稀土顺丁橡胶方面，燕山石化产量创历史新高。

（徐忠亮）

【丁苯橡胶】 截至2022年底，集团公司丁苯橡胶生产能力没有变化。乳聚丁苯橡胶方面，齐鲁石化持续优化产品结构，提高环保产品比例，形成以1502E（环保产品）替代1502，以1723、1712E（均为环保产品）替代1712的高附加值产品结构，同时新开发的环保型乳聚丁苯油胶ESBR-1763形成连续生产；扬子石化乳聚丁苯橡胶装置高标准、高质量完成大检修工作，实现一次开车成功。溶聚丁苯橡胶方面，燕山石化丁苯橡胶装置完成官能化改造72小时标定，以其为原料试制的轮胎达欧盟A/B级。

（徐忠亮）

【SBS 热塑性弹性体】 截至 2022 年底，集团公司 SBS 生产能力没有变化。巴陵石化继续开展传统产品升级转型，突出附加值创效，先后完成 PSBB、SAM 等多个系列产品、牌号的工业化生产，并形成连续的市场供给，装置创效能力进一步提升；古雷石化 10 万吨 / 年 SBS 装置全年保持高负荷生产。

（徐忠亮）

【SEBS 热塑性弹性体】 截至 2022 年底，集团公司 SEBS 生产能力没有变化。巴陵石化合计开发生产 14 个 SEBS“新特专”产品，主要用于高档鞋材、医疗和塑改等领域；新建的 5 万吨 / 年 SEBS 装置全年保持连续稳定生产，成为新的效益增长点。中国石化 SEBS 总生产能力（实际生产能力）继续保持全球第一。

（徐忠亮）

【SIS 热塑性弹性体】 截至 2022 年底，集团公司 SIS 生产能力没有变化。巴陵石化合计开发生产 10 个 SIS“新特专”产品，主要用于高档黏合剂、高档纸尿裤和高档标签纸等领域。

（徐忠亮）

【SEPS 热塑性弹性体】 截至 2022 年底，集团公司 SEPS 生产能力没有变化。巴陵石化 SEPS 产量创历史新高，合计开发生产 7 个 SEPS“新特专”产品，主要用于润滑油黏指剂、光缆油膏和激光切割保护膜等领域。

（徐忠亮）

【丁基橡胶】 截至 2022 年底，集团公司丁基橡胶（含溴化）生产能力没有变化。

（徐忠亮）

【乙丙橡胶】 截至 2022 年底，集团公司乙丙橡胶生产能力没有变化。3 月受疫情影响，合资公司进行为期 78 天的封闭运行管理，于 6 月 1 日逐渐恢复。8 月，进行为期 1 个月的检修。装置全年保持良好生产态势。

（徐忠亮）

【氢化丁腈橡胶】 2022 年 12 月 26 日，采用自有技术的齐鲁石化 5000 吨 / 年氢化丁腈橡胶装置实现一次开车成功。

（徐忠亮）

【异戊橡胶】 截至 2022 年底，集团公司异戊橡胶生产能力没有变化。

（徐忠亮）

合成纤维原料

【概述】 集团公司生产的合成纤维原料有精对苯二甲酸（PTA）、精间苯二甲酸（PIA）、丙烯腈（AN）、己内酰胺（CPL）、乙二醇（EG）5 个品种。截至 2022 年底，集团公司合成纤维原料生产能力为 820 万吨 / 年。

（朱　良）

【对苯二甲酸】 2022 年，集团公司 PTA 生产能力为 311.9 万吨 / 年。年内根据 PTA 市场情况，适时调整装置开停车，天津石化、上海石化 PTA 装置经营性停车。

（朱　良）

【丙烯腈】 2022 年，集团公司丙烯腈生产能力为 99 万吨 / 年。根据市场行情情况，集团公司 6 套丙烯腈装置运行负荷较低。科鲁尔公司丙烯腈装置使用水解加光催化氧化新技术，对装置四效系统进行改造，减少低压蒸汽消耗 10 吨 / 时。

（牛克山）

【己内酰胺】 2022 年，集团公司己内酰胺生产能力为 90.9 万吨 / 年。石家庄炼化己内酰胺装置继续停工。巴陵石化己内酰胺产业链搬迁与升级转型发展项目建设进展顺利，新建装置使用浆态床蒽醌法制高浓度双氧水、环己烯酯化加氢制环己酮等新技术。

（牛克山）

【乙二醇】 2022年，集团公司乙二醇生产能力为329.86万吨/年。

（朱　良）

合成纤维聚合物

【概述】 集团公司生产的合成纤维聚合物主要品种有聚酯（PET）、聚乙烯醇（PVA）、聚酰胺（PA6）、聚对苯二甲酸丁二醇酯（PBT）。截至2022年底，集团公司合成纤维聚合物生产能力为361万吨/年。

（朱　良）

【聚酯】 2022年，集团公司聚酯生产能力为339.33万吨/年。

（朱　良）

【聚乙烯醇】 2022年，集团公司聚乙烯醇生产能力为29.83万吨/年。川维PVA主分散剂、辅助分散剂在齐鲁分公司PVC装置工业化应用取得成功。宁夏能化开发生产超低黏度产品。

（牛克山）

【聚酰胺】 2022年，集团公司聚酰胺生产能力为7.7万吨/年。石家庄炼化装置继续停工。巴陵分公司开发生产支化高流动性尼龙、无卤阻燃尼龙、用于碳纤维预浸料的高流动尼龙等产品。

（牛克山）

合成纤维

【概述】 合成纤维的五大品种是涤纶、锦纶、腈纶、维纶、丙纶，俗称“五大纶”。集团公司拥有涤纶、腈纶、维纶、丙纶和超高分子量聚乙烯纤维和芳纶生产装置。截至2022年底，集团公司合成纤维生产能力为180.51万吨/年。

（朱　良）

【涤纶】 2022年，集团公司涤纶短纤生产能力为130.6万吨/年。

（朱　良）

【腈纶】 2022年，集团公司腈纶生产能力为21.8万吨/年，减少4.68万吨/年。安庆分公司开发生产共聚型阻燃腈纶纤维，同时批量生产1.5D、2D和5D等共混型阻燃腈纶纤维。齐鲁分公司开发生产应用于滤材领域的功能性纤维。上海石化二步法抗起球腈纶和原液着色腈纶生产稳定性及产品性能不断提升，开发试生产石墨烯腈纶纤维。

（牛克山）

【维纶】 2022年，集团公司维纶生产能力1.65万吨。由于市场低迷，川维化工公司3S低温水溶纤维装置停工。

（牛克山）

【碳纤维】 2022年，集团公司碳纤维生产能力为0.75万吨/年。上海石化采用自有技术建设的1.2万吨/年48K大丝束碳纤维项目一期装置国产线试生产成功，生产的大丝束碳纤维强度达到指标要求；同时配套开发形成48K大丝束碳纤维拉挤、预浸料、编织物等复合材料加工、应用技术。

（牛克山）

碳一化工

【概述】 集团公司以煤、天然气、渣油等为原料生产的碳一化工产品涉及氢气、一氧化碳、合成气、合成氨、甲醇、丁辛醇等多种产品，主要作为下游装置低成本原料。

（佘振红）

【煤气化】 截至2022年底，集团公司有15套煤气化装置运行，湖北化肥Shell干粉煤气化装置停产。其中，金陵分公司、南化公司（2套）、齐鲁分公司、宁夏能化、茂名分公司、九江分公司、中天合创共8套煤气化装置采用GE水煤浆气化技术，安庆分公司、巴陵石化2套煤气化装置采用Shell干粉煤气化技术，扬子石化、中安联合、中科炼化3套煤气化装置采用中国石化具有自主知识产权的SE干粉煤气化技术，镇海炼化1#和2#两套煤气化装置均采用中国石化具有自主知识产权的SE水煤浆气化技术。2022年，茂名分公司水煤浆煤气化实现A级连续运行989天，刷新全球同类装置最好纪录；中天合创甲醇、中安联合甲醇、南化公司煤制氢等装置长周期运行均创投产以来最好纪录。年内煤气化装置竞赛中，中天合创甲醇、宁夏能化甲醇、南化公司煤制氢装置获水煤浆气化竞赛前3名；中安联合甲醇、巴陵石化合成氨装置获干粉煤气化竞赛前2名。

（佘振红）

【天然气】 截至2022年底，集团公司天然气化工装置主要分布在川维化工公司、扬子石化。其中，川维化工公司以天然气为原料制取乙炔和甲醇，进而生产合原合纤产品，天然气年加工能力约15.5亿立方米；扬子石化一氧化碳装置采用德西尼布天然气蒸汽转化技术、巴斯夫a-MDEA脱碳技术和空气产品公司深冷分离技术，以天然气为原料生产一氧化碳、氢气和羰基合成气，作为下游装置原料。

（佘振红）

【油气化】 截至2022年底，集团公司仅镇海炼化有1套油制氢装置。该装置采用德士古重油部分氧化气化技术和林德低温甲醇洗技术，以脱油沥青为原料制取氢气供炼油装置。

（佘振红）

化肥

【概述】 集团公司生产的化肥产品有合成氨、硫酸铵2个品种。截至2022年底，总生产能力为265.36万吨/年，同比持平。各化肥产品生产能力详见表3。

表3 集团公司主要化肥产品生产能力 万吨/年

产品名称 \ 年份	2022	2021	2020	2019	2018	2017
合成氨	127.50	157.50	157.50	157.50	157.50	157.50
硫酸铵	137.86	137.86	136.05	136.05	100.05	100.05

（佘振红）

【合成氨】 截至2022年底，集团公司合成氨生产企业有4家，生产能力合计127.50万吨/年，因湖北化肥装置停产减少30万吨/年。除川维化工公司以副产氢为原料外，其他均以煤为原料；安庆分公司、南化公司采用托普索氨合成工艺，巴陵石化采用凯洛格氨合成工艺；川维化工公司采用卡萨利氨合成工艺。

（佘振红）

【硫酸铵】 截至2022年底，集团公司生产硫酸铵的企业主要有9家，生产能力（实物量）合计137.86万吨/年（不含金陵分公司、中天合创、中安联合、中科炼化），同比持平。其中，石家庄炼化、巴陵石化、安庆分公司、齐鲁分公司、宜昌资产分公司生产能力分别为26.6万吨/年、102万吨/年、3.2万吨/年、4.06万吨/年和2万吨/年。

（佘振红）

无机原料

【概述】 集团公司无机原料产品主要为硫酸、硝酸、盐酸和烧碱4个品种。截至2022年底，集团公司无机原料总生产能力为270.30万吨/年，同比持平。各无机原料产品生产能力详见表4。

表4　集团公司主要无机原料产品生产能力　万吨/年

产品名称＼年份	2022	2021	2020	2019	2018	2017
硫　酸	178.00	178.00	178.00	138.00	123.00	88.50
浓硝酸	22.00	22.00	22.00	22.00	22.00	22.00
盐酸（折31%）	10.50	10.50	10.50	10.50	10.50	10.50
烧　碱	59.80	59.80	59.80	58.80	57.80	56.30

（佘振红）

【硫酸】 截至2022年底，集团公司生产硫酸的企业共4家，生产能力合计178万吨/年，同比持平。其中，南化公司、巴陵石化、荆门分公司、石家庄炼化生产能力分别为50万吨/年、89.5万吨/年、21.5万吨/年和17万吨/年。

（佘振红）

【硝酸】 截至2022年底，集团公司生产硝酸的企业只有南化公司，稀硝酸、浓硝酸生产能力分别为47.5万吨/年（折百）、22万吨/年，同比持平。

（佘振红）

【盐酸】 截至2022年底，集团公司生产盐酸的企业共4家，生产能力合计10.5万吨/年（不含南化公司、齐鲁分公司），同比持平。其中，江汉油田分公司、巴陵石化生产能力分别为5万吨/年和5.5万吨/年。

（佘振红）

【烧碱】 截至2022年底，集团公司生产烧碱的企业共4家，生产能力合计59.8万吨/年，同比持平。其中，齐鲁分公司、江汉油田分公司、巴陵石化、南化公司生产能力分别为20万吨/年、19.3万吨/年、10.5万吨/年和10万吨/年。

（佘振红）

生物及精细化工

【概述】 集团公司有功能高分子材料、功能添加剂、专用化学品和生物化工4个大类及10个小类产品，详见表5。

表 5　　集团公司生物及精细化工产品

大类	小类	产品
功能高分子材料	黏合剂和涂料	双酚 A 型液体环氧树脂、双酚 A 型中高分子量固体环氧树脂、邻甲酚醛环氧树脂、双酚 A 酚醛环氧树脂、苯酚酚醛环氧树脂、风电用环氧树脂、水性环氧树脂、溴化阻燃型环氧树脂、复合材料用环氧树脂及稀释剂、固化剂、增韧剂等 VAE 乳液、VAE 粉体
	特种聚合物及其单体	聚醚多元醇、聚合物多元醇
	功能膜材料	超滤膜及管式、帘式膜组件、纳滤 / 反渗透膜、PVA 光学膜
功能添加剂	合成材料助剂	橡胶防老剂（4010NA、4020、TMQ）、PVA 分散剂、纳普®弹性纳米粒子（复合 α 成核剂、复合 β 成核剂、抗菌剂等）
	油品添加剂	润滑油无灰分散剂（T151、T154A、T154H、T161、T161C）
	油气田化学品	耐温抗盐表面活性剂、聚胺抑制剂、极压减摩剂、极压润滑剂、高效润滑剂、纤维类随钻堵漏剂、有机土、消泡剂、聚合醇封堵剂、黏土稳定剂、降压增注驱油用纳米乳液等
专用化学品	杀菌防腐剂	漂粉精（次氯酸钙）、强氯精（三氯异氰尿酸）
	特种溶剂	对二乙基苯（PDEB）、戊烷（聚烯烃用、发泡剂用、脱附剂用）
	精细化工中间体	一乙醇胺、二乙醇胺、三乙醇胺、异戊烯
生物化工	尼龙及单体	C_{12} / C_{13} 长链二元酸

（戴　珺）

【黏合剂和涂料】 主要有环氧树脂、醋酸乙烯－乙烯共聚乳液（VAE）等产品。

环氧树脂生产企业为巴陵分公司。2022 年，巴陵分公司在电子油墨、风电叶片、风电结构胶、舰船结构件、5G 电子封装、紫外光纤涂覆、碳纤维复合材料用环氧树脂体系复合材料等新兴应用领域实现突破，成功形成 4 个系列产品牌号。主要新产品包括：5G 通信基材用环氧树脂、复合材料用树脂体系（开发出复合材料电杆、碳纤维复合导线、抽油杆、船舶舰艇等领域用树脂体系）、水性环氧树脂（适用于地坪、金属防腐、美缝剂等领域）、功能型环氧树脂（氢化双酚 A 型环氧树脂、多功能团环氧树脂体系）、装饰用高透环氧体系（已经形成系列化产品，在工艺涂层等方面应用广泛，产品远销国外）。

VAE 乳液生产企业有燕山分公司和川维化工公司。2022 年，燕山分公司扎实推进 VAE 新产品开发和推广应用，对标市场先进产品，通过完善工艺配方、优化工艺条件，持续开展自流平专用、复合黏接专用、建筑胶粉用、高耐水复合黏接专用胶等新产品的开发。川维化工公司 VAE 乳液现能生产 30 多个不同牌号的 VAE 产品，系列产品通过国家环境标志认证，为绿色环保产品。

（戴　珺）

【特种聚合物及其单体】 主要有聚醚多元醇（PPG）、聚合物多元醇（POP）。

天津资产分公司 4.5 万吨 / 年新建项目成功完成装置标定和试生产工作，重点推广聚醚新产品聚合物多元醇 POP 系列及弹性体系列，低 VOC 产品稳定供应大型汽车企业，采用定制化生产亲水性弹性体、慢回弹产品，均已推向市场。

（戴　珺）

【功能膜材料】 主要有超滤膜及管式、帘式膜组件、纳滤 / 反渗透膜、PVA 光学膜。

截至 2022 年底，燕山分公司 4 万支 / 年纳滤 / 反渗透膜项目具备连续稳定生产条件，BW 和 NF 膜片均通过权威机构的认证。膜组件在天津石化和沧州炼化进行示范应用，运行效果良好，与进口产品性能相当。

（戴　珺）

【合成材料助剂】 主要有橡胶防老剂系列产品和纳普®弹性纳米粒子，生产企业分别为南化公司和燕山分公司。

2022年，南化公司防老剂6PPD专用贵金属催化剂工业应用试验装置实现连续平稳运行，反应温度和压力显著降低，“三废”减少，产品质量稳定提升，产品竞争力进一步凸显。全球十大品牌橡胶用户中有9家使用南化公司防老剂产品，销售比例占20%以上。

纳普®弹性纳米粒子（简称粉末橡胶）是中国石化开发的世界首创技术，并在燕山分公司建成千吨级装置，可生产丁苯、丁腈、丙烯酸酯、硅、丁苯吡、氯丁等20多个牌号产品，主要用于热固性树脂和热塑性塑料（聚酯、尼龙等）的改性。热塑性树脂领域，在燕山石化汽车专用料及管材料领域得到工业化应用，在中天合创耐候膜领域实现工业化应用。热固性树脂领域，在下游环氧树脂预浸料领域成功应用。其他应用领域，推进粉末丁苯橡胶在润滑脂中的应用，主要评价其降低动、静摩擦系数及减震效果，小试取得良好效果。

（戴　珺）

【油品添加剂】 主要产品为润滑油无灰分散剂，生产企业为扬子石化，产品牌号有T151、T154A、T154H、T161、T161C等。

2022年，扬子石化无灰分散剂产销团队坚定“产品＋服务”理念，进一步拓展产品定制服务，装置在大检修2个月的情况下，产量仍再创新高，增长10%。

（戴　珺）

【油气田化学品】 主要有钻井助剂、注水压裂助剂和三次采油助剂3类12个产品，生产企业为南化公司。

南化公司围绕生产经营、挖潜增效，努力开发润滑剂、新型微乳表面活性剂等代加工新品种，2022年推进新研发产品现场试验，申报内部优势产品，推进自研油田化学品在更多油田企业应用，助力气田企业增产创效。

（戴　珺）

【杀菌防腐剂】 主要有漂粉精、强氯精等产品，生产企业为江汉盐化工湖北有限公司。

2022年，“两精”产品持续构建战略客户协同体系，充分发挥战略客户“压舱石”作用，及时稳定销售基本盘，为装置高负荷平稳运行、新装置产能有序释放提供保障。通过制订年度框架协议，锁定产品订单份额，大幅度保证销售任务的完成。全年加大战略客户开发，挖掘战略客户潜在份额，面对氯气、强氯精市场下行冲击及疫情反弹带来的不利影响，统筹高端订单执行与低端市场巩固，加大新市场、新客户开发力度，多渠道协同保障产品运输。

（戴　珺）

【特种溶剂】 主要产品为PDEB和戊烷。

PDEB生产企业为扬子石化，主要用于吸附分离法生产PX。2022年，扬子石化克服PDEB国内市场需求萎缩、国外出口受阻等诸多不利因素，积极拓展市场，全力保障九江石化新建芳烃项目开车用PDEB供应，PDEB国内市场占有率继续保持第一；继续畅通出口通道，完成年度出口任务。

戊烷生产企业为上海石化，提供聚烯烃用、发泡剂用、脱附剂用等细分产品。其中，聚烯烃用戊烷满足极低水分指标要求，长期应用于上海赛科公司聚烯烃装置。

（戴　珺）

【精细化工中间体】 乙醇胺产品包括一乙醇胺、二乙醇胺和三乙醇胺，由中科炼化生产。

2022年，中科炼化乙醇胺装置维持满负荷生产状态，下游产品覆盖广东、福建、湖南等市场，主要用于水泥助磨剂、表面活性剂、气体净化、金属清洁及加工等领域。全年装置产品根据市场变化灵活调整产品结构，加强产销协调，以销定产，确保产品满足市场需求，合理控制罐存。

（戴　珺）

【生物化工产品】 主要产品有 C_{12}/C_{13} 长链二元酸，生产企业为扬子石化。可批量生产供应合格的 C_{12} 二元酸精制产品，广泛应用于热熔胶、尼龙、防锈剂等领域。

（戴　珺）

节能降碳

【概述】 2022 年，化工板块万元产值综合能耗下降 0.064 个单位，节能率为 3.25%，节能量 171 万吨标煤，12 家企业能耗下降。

化工企业实施“能效提升”计划项目 81 个，总投资 8.3 亿元，年增效 4.9 亿元，年节能量 30 万吨标煤。齐鲁石化百万吨级 CCUS 项目 4 月 1 日投料后运行稳定，全年累计生产液体二氧化碳 35.7 万吨。

编写《中国石化化工企业 2030 年碳达峰路径研究》，内容包括未来可能投资的项目、拟停运装置及时间、二氧化碳新增排放量及近期的碳达峰行动方案。

按照国家能效约束要求，组织各化工企业制订 2022—2025 年节能降碳行动方案及行动清单。整理完成化工企业碳达峰八大行动工作清单。编制碳达峰季度简报和碳排放统计月报。提炼发布 8 个节能优秀案例。

召开炼化企业节能减碳工作视频会。通报各化工企业重点装置能耗、碳排放分析和节能降碳典型做法，介绍节能新技术。

组织 2022 年化工节能降碳专项培训，企业节能降碳技术骨干 40 人参加。

镇海炼化、仪征化纤、洛阳分公司、川维化工公司 4 家企业被评为 2022 年度化工节能先进企业。

（黄志壮）

质量管理

【概述】 2022 年，化工板块贯彻落实集团公司年度工作会议和 2022 年度质量工作要点要求，积极开展“质量日”“质量月”活动，以提升化工产品等级品率和化工产品质量稳定性为抓手，推动产品供给向“产品 + 服务”转变，运用信息化手段，提升化工产品品牌竞争力和客户满意度。

推进“互联网 + 包装二维码”深化应用。拓展化工产品“互联网 + 包装二维码”应用范围，利用化工产品质检单微信公众号二维码查询功能，支持“石化 e 贸”完成新功能开发。2 月 22 日，中国石化化工产品质检单二维码查询功能正式在“石化 e 贸”平台上线，实现 37 家企业化工产品质检单在“石化 e 贸”平台集成。

持续推进质量提升行动。组织化工企业实施“短、平、快”项目，帮助企业解决影响产品质量的“硬件瓶颈”问题。2022 年，将镇海炼化、安庆分公司、齐鲁分公司等 8 家单位的 16 个项目列入化工质量提升项目计划。

完成质量管理制度修订。承接集团公司《中国石化质量管理办法》《中国石化质量事故管理规定》等修订任务。结合新形势下化工专业管理实际，对《中国石化化工企业质量管理办法》《中国石油化工股份有限公司化工产品用户服务管理办法》《中国石油化工股份有限公司化工企业质量管理考核办法》进行整合修订。修订后的《中国石化化工企业质量管理办法》于 2022 年 12 月 5 日正式印发。

做好标准化管理工作。组织北京化工研究院、相关化工企业，完成《电线电缆绝缘类聚乙烯树脂》《挤出单丝类聚乙烯树脂》《注塑类聚乙烯树脂》3 项中国石化一级企业标准修订审查。完成《循环水处理效果监控方法 第 1 部分：监测换热器法》中国石化一级企业标准复审。

做好质量管理体系外审监督工作。组织对扬子石化、燕山石化质量管理体系审核过程进行监督观察，监督第三方审核机构审核工作，交流企业质量管理体系运行情况，评价质量管理体系有效性。

持续推进质量信息系统建设。①中国石化炼化企业质量管理系统建设（QMS）项目于2019年9月启动，2022年11月在镇海炼化、茂名石化等32家企业全面上线运行。②持续推进中国石化炼化企业实验室执行系统（LES）建设。LES第一批推广项目于2022年12月12日通过验收。③推进实验室智能化建设。实验室智能化建设项目于2022年11月3日通过技术审查（TR1），12月15日通过可研评审。④中国石化炼化企业在线分析仪表运行监控与管理系统（简称在线分析仪监控系统）于2019年12月底启动建设，并基于石化智云部署，2022年12月正式上线运行。

2022年，镇海炼化、安庆分公司、南化公司、燕山分公司4家企业被授予质量管理先进单位称号，11人被授予质量管理先进个人称号。

（韩文旭）

【化工产品客户服务】 开展涤纶短纤维和环氧乙烷产品客户满意度调查。组织召开2022年中国石化涤纶短纤维和环氧乙烷产品满意度调查情况发布视频会。化工销售公司、镇海炼化、仪征化纤等11家企业参会，从产品质量、产品使用性能、产品计量准确性、产品包装、产品交付、投诉处理、新产品技术服务、新产品开发服务8个方面介绍涤纶短纤维产品客户满意度情况，从产品质量、产品计量准确性、产品交付3个方面介绍环氧乙烷产品客户满意度情况。

（韩文旭）

【质量培训】 组织化工质量管理培训，促进化工质量管理人员能力提升。培训班采用线上授课—企业研修—线下集中授课、现场教学、研修报告交流答辩的教学方式。

（韩文旭）

设备管理

【概述】 2022年，以设备完整性体系建设为基础，以HSE体系专业要素管理为抓手，全面提升设备专业管理，全力推进先进技术研究和科研课题攻关，通过安排专项排查和现场整治，进一步夯实设备本质安全。合理优化大检修方案，安全环保高效完成大修任务。

（方紫咪）

【设备完整性管理】 克服疫情影响，通过视频会议等方式加强沟通交流，扎实推进各企业设备完整性体系建设工作。对燕山石化、天津石化、齐鲁石化、中韩石化、九江石化、上海石化、镇海炼化、广州石化、茂名石化等率先开展体系建设的企业进行体系在线评审，通过持续改进，使体系建设和专业管理进一步融合。第二批12家企业体系建设信息系统按进度推进，其中4家企业的信息系统基本功能上线，其余8家的主要功能模块进行试运行。第三批推广企业体系建设工作稳步开展，巴陵石化设备完整性管理体系手册于10月发布，信息平台基本建成，部分功能模块试运行。

（方紫咪）

【化工装置检修】 2022年，按照大修组织“八分准备、二分实施”的原则，策划早动手，准备更精心，实施更精细，充分发挥系统内有经验的专家和技术力量的作用，海南炼化芳烃装置、茂名石化1#乙烯装置、扬子石化和中安联合化工装置、镇海炼化芳烃装置及安庆石化化工装置均高标准、高质量地完成检修各项目标任务。

督促检修企业抓好直接作业环节的风险识别和防范，落实疫情防控措施，按计划高质量地完成检修任务。组织编制《乙烯装置停工大检修标准化流程指导意见》，规范大检修各个环节的工作内容和标准。针对海南炼化、扬子石化、茂名石化、中安联合、镇海炼化和安庆石化等企业的化工装置大修，先后组织专家开展技术服务。按照动设备、静设备、电气、仪表和检修综合 5 个专业，对企业检修和技改项目统筹、检修方案编制、物资准备、检修队伍落实、质量控制体系建设和检修安全环保管控等方面的情况进行较为全面地调研讨论，形成技术服务专业建议，为企业完成好大修任务提供帮助。

部分企业复工复产期间，组织专家组在 2 家企业现场开展化工板块设备安全管理提升工作。通过与公司、运行部、车间三级设备管理人员及部分维保单位座谈，提出针对性的管理提升建议，有效帮助企业抓好检修和复工后的设备管理工作。

（方紫咪）

【专业管理】 修订专业管理制度，确保依法合规。承接《中国石化设备管理办法》，组织编制炼化企业设备专业管理规定，整合现存同类制度，编制技术规范。开展《乙烯裂解炉用高合金离心铸造炉管及静态铸造管件质量复检办法》修订工作；组织修编电气、仪表管理规定及 17 个细则，进一步明确规范电气、仪表专业管理要求；将《中国石化炼化企业大型机组管理规定》和《中国石化炼化企业机泵管理细则》合并修订为《中国石化炼化装置转动设备管理规定》作为实施类制度；编制印发《炼化装置泵用状态监测系统技术规范》《炼化装置用往复式压缩机状态监测系统技术规范》《炼化装置大型机组运行管理指南》和《炼化企业电气能量隔离上锁指导意见》等执行类规范，为炼化企业设备管理人员提供指导和帮助。组织修订《中国石化空分专业管理规定》，进一步明确各管理部门的职责，在原有基础上完善《空分装置运行管理指导意见》和《技术经济指标考评细则》，作为制度的附件，细化空分专业管理，强化空分装置运行管理的安全性、可靠性和经济性。

加强设备专业管理，落实专项排查。持续关注动、静、电、仪各专业的运行监控要素。在大机组管理水平稳步提高的基础上，重点开展高危泵治理、机泵节能改造、振动“C、D 区”机泵整治；重视腐蚀管理和泄漏管理，组织编制小接管、止回阀等专项规定，并督促企业开展排查、消除隐患；督促企业认真落实单点联锁治理、仪表控制系统安全防护治理和仪表供电系统排查整改等工作。吸取事故教训，剖析故障原因，做到举一反三。参与编制液化烃罐区安全管理技术规范和炼化企业液化烃罐区安全管理提升方案，对新建罐区和在役罐区分别提出提升措施，根据 SEI 编制的《液化烃罐区合规性排查表》，组织企业开展设备专业的全面排查。组织排查带压封堵情况，明确带压封堵管理要求，督促开展整治工作，完成炼化企业带压封堵数量的统计（共 8099 个），制定下发带压密封管理指导意见，指导企业做好带压封堵作业管理工作。组织开展化工企业低温阀门排查，各企业落实风险防控措施。

组织科研课题攻关，补齐管理短板。针对企业实际运行中暴露出来的设备问题，组织科研技术攻关。研究乙烯装置关键换热器泄漏问题对策，收集扬子石化和茂名分公司大修的水冷器腐蚀调查的资料数据，对比分析相关防腐蚀技术；制订 EO/EG 装置腐蚀控制整体解决方案，以工艺为龙头，统筹考虑设计、材料、施工、运行、维护、检维修等环节，制定防腐蚀管理指导意见、选材导则、预防性维护和检维修指导意见；建立煤气化装置腐蚀控制技术体系，研究系统腐蚀评估、监检测与工艺控制技术，实现装置防腐蚀的全流程管理；开展高压蒸汽管道组织球化与寿命评估技术研究，编制完成《在用高压蒸汽管道定期检验导则》；推进石化大型挤压机长周期运行瓶颈问题研究及应对策略的课题攻关。

（方紫咪）

【设备大检查和技术服务】 组织系统内骨干专家队伍，开展电气和动静专业的现场技术服务。电气服务组在加强队伍建设、提升外部电源和主网架构可靠性、加强继电保护管理等方面，发现问题 635 项，提出整改要求 700 余项。动静服务组针对组织架构、完整性体系建设、专业管理、培训等方面提出建议，同时对机泵切换、机组联锁报警、多国牌问题、机泵振动实测等方面进行专项调研，摸清炼化企业设备管理状况。各企业对相关问题进行及时整改，消除了现场隐患，提升了管理水平。

分析关键设备故障，消除运行瓶颈。组织专家团队，帮助企业分析重点设备故障，消除装置隐患。针对困扰企业的疑难问题，分别组织专家进行专题分析研究，提出针对性措施和建议，保证装置安全稳定运行。

（方紫咪）

【设备信息化】 推进设备域一体化应用（一期）项目。设备域项目是以设备完整性体系要素管理为核心的中国石化第一个跨板块、跨专业、跨业态的信息化建设项目，同时按照国务院国资委央企协同机制工作要求，以工业互联网 + 设备管理为载体进行央企协同合作试点。2022 年设备域项目重点工作包括“工业互联网 + 设备”项目详细设计、开发建设及组件上线和设备域项目初步设计及设备完整性管理、关键机组状态监控等推广应用的开发建设。

（方紫咪）

【设备节能】 鼓励企业开展设备节能工作，落实节能改造项目资金，打造裂解炉节能改造、保温保冷效能提升等样板。2022 年共下达设备节能项目 30 项，计划总投资 7742 万元，年均效益 4466.7 万元，年节煤量 15185.94 吨标煤。积极落实国家电机、变压机的“能效提升”计划。

（方紫咪）

【专业培训】 2022 年，根据企业的需要，举办装置检维修技术、动设备、静设备等培训班。通过针对性地培训，培养一批基础扎实、技术过硬的专业管理人才，在提升设备专业管理水平、提高检修维护质量和加强修理费管理等方面，起到良好的促进作用。

（方紫咪）

达标管理

【工作组织】 化工达标管理工作按专业、分装置组织开展，包含专业达标和同类装置竞赛。专业达标方面，2022 年涵盖乙烯、芳烃、有机化工、合成树脂、合成橡胶、合成纤维原料、合成纤维、碳一化工 8 个专业、27 家企业。同类装置竞赛方面，2022 年覆盖乙烯、芳烃、乙二醇、苯乙烯、苯酚丙酮、丁二烯、MTO、醋酸乙烯、高压聚乙烯、低压聚乙烯、线型低密度聚乙烯、连续法聚丙烯（分化工和炼油两大类）、顺丁橡胶、SBS、PTA、聚酯、涤纶短纤维、丙烯腈、腈纶、己内酰胺、煤气化（分水煤浆气化和干粉煤气化两大类）等 23 类共计 155 套装置。

（马国锋　曾森洋）

【重点工作】 2022 年，化工板块认真贯彻落实党组决策部署，坚持“基础 + 高端”“化工 + 材料”战略，克服原料成本上涨、疫情持续影响、供需失衡等困难和挑战，持续推动攻坚创效，推进对标一流管理提升行动常态化，深化专业达标和同类装置竞赛，发挥示范引领和“比学赶超”作用，调动企业、班组全员积极性，大力实施原料产品结构调整和装置运行优化，聚焦提质增效，着力节能降耗，提升精益管理水平，努力实现化工装置“安稳长满优”运行，有力推动化工板块向低碳高质量、可持续发展迈进。

（马国锋　曾森洋）

【专业达标】 化工专业达标侧重生产运行的经济性，主要以物耗、能耗、损失率等技术经济指标的价值量化为主，重点体现实际完成与年度计划的差值，采用价值量化方式进行专业达标核算，体现效益优先的专业管理思路。根据达标规则，企业发生上报集团公司 B 级以上安全事故，取消当年达标评比资格。2022 年，设置达标考核的 8 个专业中，乙烯专业 5 家企业达标，天津分公司、中韩石化、中科炼化和上海赛科公司视同达标；芳烃专业 5 家企业达标，镇海炼化视同达标；有机化工专业 14 家企业达标，广州分公司、宁夏能化视同达标；合成树脂专业 11 家企业达标；合成橡胶专业 4 家企业达标；合成纤维原料专业 4 家企业达标，扬子石化视同达标；合成纤维专业 3 家企业达标；碳一化工专业 11 家企业达标，镇海炼化视同达标。

（马国锋　曾森洋）

【同类装置竞赛】 同类装置竞赛覆盖主要化工生产装置，以同类装置技术经济指标“比学赶帮超”竞赛为主，不同类型装置根据技术特点选取相应的考核指标，主要包括产量计划完成情况、物耗、能耗、损失率、非计划停工次数天数、长周期运行时间、产品质量、安全、环保及新产品和差别化等相关指标，通过同类装置对标改进推动整体技术经济水平提升。

2022 年，根据各类别装置考核规则和评分办法，共评选出优胜装置 44 套，其中中科炼化、镇海炼化 1#、广州石化分获乙烯装置前 3 名，金陵石化、海南炼化、扬子石化分获芳烃装置前 3 名，镇海炼化 1#、中科炼化、中韩石化分获乙二醇装置前 3 名，海南炼化、青岛炼化分获苯乙烯装置前 2 名，高桥石化获评苯酚丙酮优胜装置，中韩石化 1#、镇海炼化 1#、中科炼化分获丁二烯装置前 3 名，中天合创获评 MTO 优胜装置，宁夏能化获评醋酸乙烯优胜装置，燕山石化 2# 和 1# 分获高压聚乙烯装置前 2 名，中韩石化、中科炼化分获低压聚乙烯装置前 2 名，镇海炼化、广州石化、天津石化分获线型低密度聚乙烯装置前 3 名，燕山石化 1#、镇海炼化 2#、中科炼化 1# 分获化工连续法聚丙烯装置前 3 名，长岭炼化、济南炼化、石家庄炼化分获炼油连续法聚丙烯装置前 3 名，燕山石化获评顺丁橡胶优胜装置，巴陵石化获评 SBS 优胜装置，仪征化纤 2# 获评 PTA 优胜装置，安庆石化 2# 获评丙烯腈优胜装置，仪征化纤 3# 和 2# 分获聚酯装置前 2 名，仪征化纤 2# 和 3# 分获涤纶短纤装置前 2 名，安庆石化获评腈纶优胜装置，巴陵石化获评己内酰胺优胜装置，中天合创、宁夏能化分获水煤浆气化装置前 2 名，中安联合、巴陵石化分获干粉煤气化装置前 2 名。

（马国锋　曾森洋）

【创标树标】 镇海炼化深入践行绿色发展理念，坚持把“节能减排降碳”作为重点工作，2022 年第 11 次入选全国乙烯行业能效“领跑者”企业，通过研发裂解炉裂解深度控制与实时优化软件，根据原料质量、裂解炉运行周期、价格体系等变化自动计算优化值，实时优化调整；优化烧焦程序，实施快速烧焦，缩短烧焦、热备切出系统时间；乙烯装置 11 台裂解炉 1244 台燃烧器实施低氮烧嘴国产化改造，减少燃料气消耗和氮氧化物排放；实施裂解炉空预器改造，将热源由低压蒸汽改为急冷水和 2# 加裂装置热水，空气预热温度至 65℃左右；优化甲烷氢流程，增加低压甲烷至火炬气压缩机入口管线和乙烯裂解装置高压甲烷至对二甲苯装置管线，回收物料有效组分由 56% 提高至 93%。海南炼化入选 2022 年度全国对二甲苯行业能效“领跑者”企业，通过优化供热流程、装置热联合，建成技术先进的单炉膛芳烃加热炉，加热炉数量由常规 10 台减少为 4 台，并设置 2 套联合余热回收系统，加热炉排烟温度降至 95℃，热效率由 92% 提升至 94%；利用装置产生热水与有机工质换热发电及自产蒸汽余热发电，2021 年发电 1.26 亿千瓦 · 时，折标煤 15481 吨；以干气、液化石油气和天然气等清洁能源作燃料，及时调整燃料配比，优化燃料结构；定期开展加热炉吹灰和火嘴清理，及时调整火嘴、三门一板，年节约 257 吨标准煤。

（马国锋　曾森洋）

计量管理

【计量管理与监督】 2022 年，化工板块贯彻国家计量法律法规，落实中国石化计量工作要求，以加强计量基础管理和监督为工作重点，应用在线校准、远程诊断、智能控制等先进技术，不断提高计量管理水平。组织完成《计量仪表在线校准规范》编写工作，由石化出版社出版发行。组织编写计量仪表在线校准创新案例，被选为国家市场监管总局“计量测试促进产业创新发展”优秀案例。

（韩文旭）

境内炼化工程

综述 | 生产经营管理 | 技术创新 | 企业管理 | 安全生产

综述

2022 年是炼化工程板块重组十周年，也是高质量发展不断向前迈进的一年。面对国际形势动荡、能源化工行业转型等多重压力，炼化工程板块全体员工坚定建设世界领先技术先导型工程公司的发展目标，聚焦“价值引领、创新驱动、绿色洁净、人才强企、全球发展、融合共生”的企业战略，凝心聚力推动高质量发展，圆满完成各项目标任务。

生产经营任务全面完成。积极应对市场形势，抓住机遇、精细管理、深化改革，实现收入 530.28 亿元、净利润 22.82 亿元，全年新签合同总额 725.25 亿元，各项生产经营目标全面完成。

重点工程保障有力。强化过程管理，全力保障集团公司重点工程项目顺利实施，项目质量、安全整体受控。

（刘红叶）

生产经营管理

【概述】 2022 年，炼化工程板块全力抓好市场开拓、项目保障、技术创新、改革发展等工作，在一个又一个大考中苦干实干、担当作为，取得来之不易的经营业绩。

（刘红叶）

【市场开发再创佳绩】 2022 年，境内新签合同额创历史新高，达 653.24 亿元，增长 19.9%。新签合同包括惠州乙烯项目 BEPC 合同，合同金额总计数十亿美元；天津南港乙烯及下游高端新材料产业集群项目 EPC 总承包合同，合同金额总计约为 100.33 亿元；镇海炼化炼油和高端合成新材料项目 EPC 总承包合同，合同金额约 79.45 亿元；中国石化龙口 LNG 项目接收站 EPC 总承包合同，合同金额约 23.10 亿元；广西 LNG 扩建项目（三期）接收站 EPC 总承包合同，合同金额约 23.57 亿元。签订“三新”（新能源、新材料、新经济）领域合同 129 个，新签合同额达 46.5 亿元，新兴业务加速拓展。

（刘红叶）

【重大项目有力推进】 2022 年，境内外在执行项目 1192 个，日均用工超过 8 万人。其中，海南炼化一体化项目已中交，各装置已陆续开车；天津南港乙烯项目处于快速建设阶段，总体进度逾 60%；巴陵己内酰胺项目处于施工收尾阶段，总体进度约 90%；新疆库车绿氢示范项目处于快速建设阶段，总体进度逾 80%；天津 LNG（二期）项目处于施工收尾阶段，总体进度约 90%；山东 LNG（三期）项目处于施工收尾阶段，总体进度逾 90%；温州 LNG 项目处于施工收尾阶段，总体进度逾 90%；龙口 LNG 项目处于施工高峰阶段，总体进度约 50%。

（刘红叶）

技术创新

【概述】 炼化工程板块发挥科技引领、技术先导优势，聚焦新能源、新材料、炼化转型新技术等方面，加大创新力度，科技创新取得丰硕成果。

（刘红叶）

【技术创新引领行业发展】 2022年，炼化工程板块科技研发创效明显，全年新签各类技术开发合同301项、技术许可合同92项，技术开发和技术许可合同金额达8.55亿元，创历史新高；各类工程技术创新紧密围绕公司战略发展及工程市场技术需求，重点科研项目稳步推进，关键核心技术攻关取得新进展。

聚焦“双碳”目标做好转型储备，完成高温气冷堆技术与石化行业深度耦合应用的可行性研究，推动石化行业源头减碳降碳；开展石化行业碳源的梳理和研究，提出碳中和策略和实施路径，并从源头、过程和末端同步组织相关技术的开发和储备。科技创新机制持续优化，制定“揭榜挂帅”管理办法，科技创新机制探索迈出重要一步。

（刘红叶）

【专利申请保持良好势头】 2022年，炼化工程板块完成新专利申请771件，其中540件为发明专利，占比70%；新增获授权专利543件，其中发明专利284件，专利质量持续优化。在科技创新及工程建设领域获省部级及以上各类科技进步类奖项共计62项（次），其中获中国石化科技进步一等奖8项、二等奖7项、三等奖5项，其他省部级科技进步奖15项，国家级优质工程奖5项，国家级优秀设计奖4项。

（刘红叶）

【数字工程技术赋能智能工厂】 2022年，炼化工程板块累计完成近40个大型项目数字化交付，为智能工厂建设奠定重要基础。以行业数字工程能力先进水平为目标，持续深化数字技术应用，紧密贴合国内外项目执行需求，建立并完善系统基础平台、数字化服务平台和集成化设计平台，持续提升工程设计效率和质量；依托行业客户数字化交付以及智能化管理的新需求，开发基于工业互联网平台的交付应用一体化平台，实现设计、建造、交付、智能工厂建设和生产咨询服务一体化协同，以数字化交付为工厂运维赋能，推动数字工程建设向智能工厂延伸。

（刘红叶）

企业管理

【概述】 2022年，公司治理水平稳步提升。董事会规范运作，公司治理持续强化，注重股东回报，加强与利益相关方沟通，扎实推进公司全面可持续发展。

（刘红叶）

【生产运营能力持续提升】 2022年，持续加强精益管理，做好项目全周期收入及成本策划。以标准化设计和优化设计带动项目效率提高和效益提升，全年形成可推广应用的优化设计成果61项，标准化设计成果74项，推动设计资源和项目成本节约。完善分包管理，动态调整分包商评级，有效提高项目执行质量。组织管理对标，优化采购方案，采购议价和项目保供能力持续提升。推广先进工装应用，在29个项目上加大自动焊技术装备应用，自动焊应用比例提升7个百分点。大型装备制造能力进一步提升，安庆石化转型升级项目现场制造的反应沉降器筒体最大直径达18米，创造国内非标设备之最。发挥技术研发、工程设计、装备制造以及施工一体化优势，多个新材料项目高效协同攻关，打通工程技术转化全流程。

（刘红叶）

【改革发展持续提升管理效能】 2022年，编制发布《中石化炼化工程重大经营风险管控手册》，不断健全重大风险事件和指标跟踪监测体系，风险管理能力进一步提升。对标国际领先标准，强化合规治理，顺利通过劳盛ISO 37301合规管理体系认证，成为国内首批、石化行业首家通过该认证的专业公司，打造出具有自身业务特色的合规管理控制新模式；同时积极部署管理穿透力提升行动，厘清全业务链管理界面，持续推进管理体系一体化融合。

（刘红叶）

【人才队伍建设筑牢发展之基】 2022年，大力推进“人才强企”发展战略，优化人才培养模式。打造“未来科学家”平台开展青年科技精英赛，一批具有发展潜力的青年科技人才和具有前瞻性的创新项目脱颖而出，其中2人获中国石化优秀青年科技创新人才称号。首次实施“墩苗计划”，选调34名优秀年轻人才在板块内进行跨单位、跨岗位挂职锻炼，通过搭台子、压担子，加大年轻干部源头培养、实践培养、精准培养力度，提升年轻人才综合能力素质，实现人才与企业的共同发展。不断完善人才成长通道建设，建立工厂设计、工程施工、职能管理等41个专业267人的专家库。全年新增“中国石化科技功勋奖”获得者1人、中国石化突出贡献专家7人、闵恩泽青年科技人才8人，正高级职称35人。

（刘红叶）

安全生产

【质量安全环保保持良好态势】 2022年，炼化工程板块以推体系、强能力、抓落实、筑屏障为工作主线，通过综合治理和专项行动化解重大风险、提升发展质量。持续推进QHSE管理体系落地见效，做好本质安全与科技支撑，推动绿色企业行动，确保公司安全、优质、清洁生产形势持续稳定可控。获省部级设计、焊接等质量奖20余项，73个项目通过绿色工地评审、9家单位顺利通过绿色企业复核和创建。截至年底，完成2.5亿安全人工时，实现质量、环保等年度目标。

（刘红叶）

【绿色低碳取得新成绩】 在环境保护领域提供全方位服务，在茂名、洛阳、吉林、惠州等10余项重大石化基地咨询规划设计中全面贯彻资源节约利用理念，在石化工厂生命周期源头提升能源利用效率、水资源和土地资源利用效率，推动实施清洁生产。采用新一代自有技术的古雷乙烯、九江芳烃等一批具有代表性的项目装置能耗和主要污染物排放进一步降低，达到国际先进水平。一系列环保核心技术，如化工新材料污水处理技术、PTA废水厌氧膨胀颗粒污泥床技术、乙烯废碱氧化处理后废碱液冷冻结晶技术分别在镇海二期、仪征化纤、南港乙烯等项目上得到应用。为在运装置提供节能降耗咨询诊断，并为企业提供投资建设与工程实施的一体化解决方案，其中节能公司投资和实施的节能降耗项目累计节约标准煤17万吨/年，减排二氧化碳当量近41万吨/年。设计的3座加氢站参与北京冬奥会供氢，用高纯氢点燃2022北京冬奥主火炬，为“绿色冬奥”提供洁净能源保障。

（刘红叶）

新能源

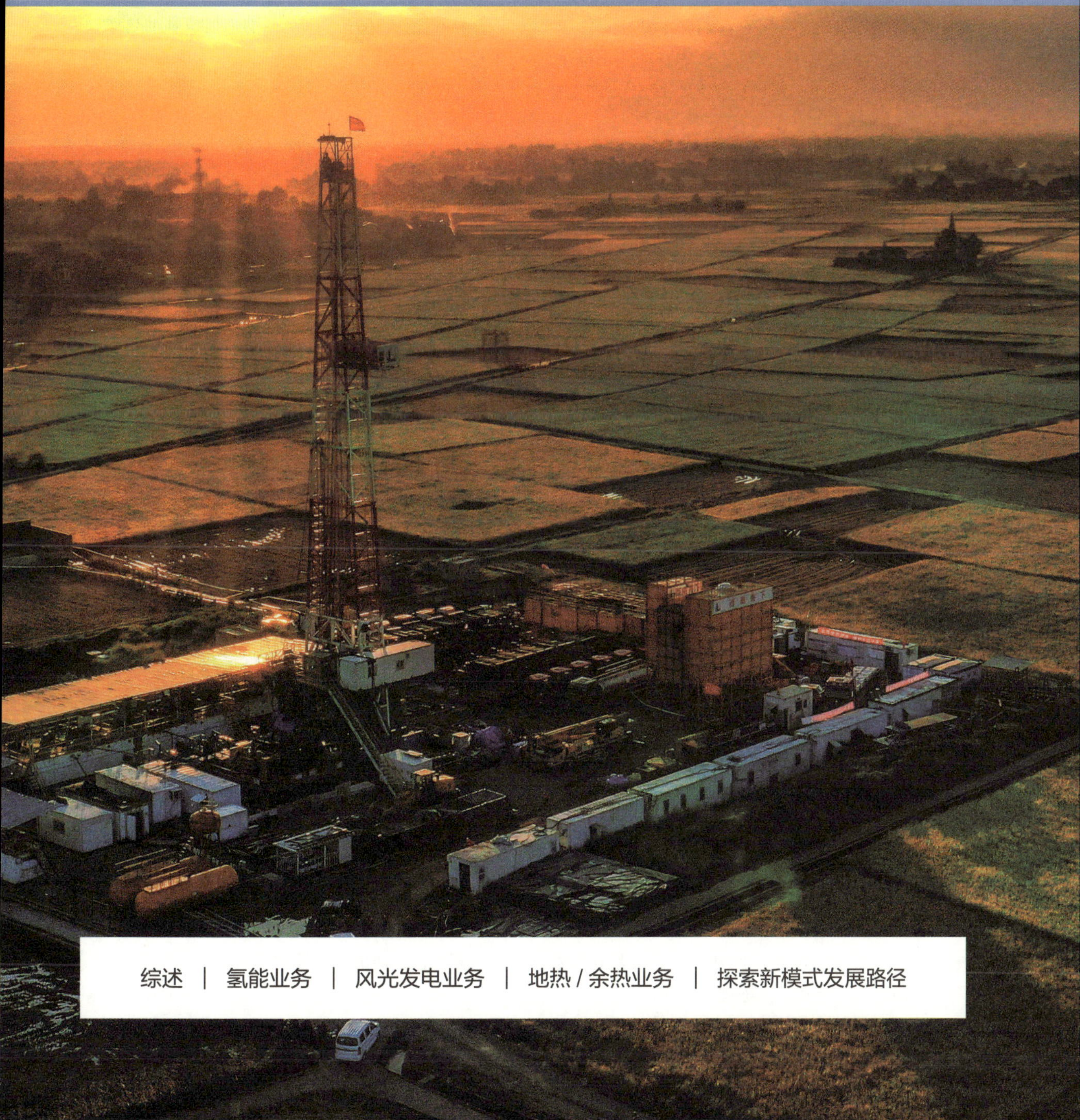

综述 | 氢能业务 | 风光发电业务 | 地热 / 余热业务 | 探索新模式发展路径

综述

2022 年是深化落实“十四五”新能源规划的关键之年，中国石化以实现可再生能源供应量不低于能源消耗总量为长远发展目标，持续推进可再生能源“四供”能力规模化发展，不断加强产业链“两融”协同发展，充分发挥科技战略支撑作用，推动增量“三新”业务高质量发展。

2022 年，中国石化发布氢能中长期发展战略，以加快打造“中国第一氢能公司”为目标，积极推动氢能规划部署实施，氢能交通稳步推进、绿氢炼化重点突破、科技创新不断提升，产业链生态构建扎实推进，发展基础进一步夯实。按照化石能源洁净化、洁净能源规模化、生产过程低碳化的发展要求，积极谋划专项部署，创新绿电消纳模式，大力推进风光发电业务快速发展，实现项目投资收益、用能企业减碳降本、碳资产储备三方创效能力的整体提升，“两融”成效显著。继续把地热作为重要产业进行培育和打造，持续做强做优做大。作为世界最大地热供暖企业、国内地热领军企业，中国石化清洁供热业务规模稳步提升。

（新能源办公室）

氢能业务

【稳步推进氢能交通】 按照“国家有布局、市场有需求、发展有效益、战略有协同”的总体思路，大力布局氢源供给和加氢站项目建设，氢能交通业务取得飞跃性进展。2022 年，在 9 家炼化企业建成氢纯化及充装设施项目，合计燃料电池总供氢能力 1.9 万米^3（标准）/ 时。累计建成加氢站 98 座，全年累计加氢量 1735 吨。北京 2022 冬奥会、冬残奥会期间，石化氢点燃了开幕式冬奥赛场的主火炬，4 座冬奥加氢站累计为赛事车辆加氢 87 吨，加注车辆 8689 车次，有力保障北京冬奥会的氢气能源供应。

（新能源办公室）

【全面部署绿氢炼化】 按照“氢电一体、绿氢减碳”的发展方向，依托炼化基地大力开展集中式风电、光伏开发，布局大型可再生能源发电—制氢—储氢—利用项目，推进“源网荷储氢”一体化项目建设。重点项目包括在建的新疆库车绿电制绿氢示范工程项目，处于前期阶段的鄂尔多斯风光制氢一体化项目、乌兰察布绿电制氢项目及配套纯氢长输管道项目。此外，在西北部和沿海等地区研究规划一批绿氢炼化重大项目。

新疆库车绿氢示范项目是国内首次规模化利用光伏发电直接制氢的项目。项目主要包括光伏发电、输变电、电解水制氢、储氢、输氢 5 个部分。项目新建装机容量 300 兆瓦、年均发电量 6.18 亿千瓦·时的光伏电站，年产能 2 万吨的电解水制氢厂，配套建设储氢规模约 21 万标准立方米及输氢管线、输变电设施等。

鄂尔多斯风光制氢一体化项目位于乌审旗乌审召镇，制氢厂选址位于苏里格经济开发区图克工业园区内。项目包括风力发电工程、光伏发电工程和电解水制氢储氢工程 3 个部分。建设内容为风光总装机规模约 700 兆瓦、电解水制氢 3 万吨 / 年。

乌兰察布绿电制氢项目及配套管道项目是通过建立风光发电—绿电制氢—氢气管输—炼化与交通用氢的一体化氢产业发展模式，实现氢能产业制、储、输、用全产业链示范布局，氢气通过长输管道送至燕山石化，管道项目规划经过内蒙古、河北、北京等三省（市）九个县区，管道全长 400 余千米，一期运力 10 万吨 / 年，预留 50 万吨 / 年的远期提升潜力，是中国首条跨省区、大规模、长距离的纯氢输送管道。

（新能源办公室）

【集中部署氢能科技】 中国石化氢能科技采取大兵团联合攻关模式，集中部署开展氢能重大科技攻关课题研究，成效显著。制氢方面，首套 30 米^3（标准）/ 时的 PEM 制氢实验装置和兆瓦级 PEM 制氢示范装置已在燕山石化投用，撬装式甲醇制氢装备已在大连盛港路加油站成功投产。储运方面，纯氢长输管道技术取得阶段性进展，编制企业标准《氢气输送管道工程技术规范》。用氢方面，氢燃料电池关键材料、催化剂等已达到国外同类商业水平。

（新能源办公室）

【融通带动引领氢能产业链发展】 2022 年，中国石化按照“科技支撑、产业引领、融通带动、开放合作”的总体思路，全力构建基础实力过硬、应用场景完善、产业生态良好的高质量氢能产业链，全力落实国家产业创新发展要求。成立工作领导小组，建立常态化工作机制，承担国内氢能产业链发展现状调研工作。7 月 14 日，中国石化举办氢能应用现代产业链建设推进会暨高质量发展论坛，强化合作契合点，打造产业生态圈。

（新能源办公室）

风光发电业务

【落实两个联营 推进风光发展】 ①开展煤电与可再生能源联营专题研究。为落实国家推动煤电与可再生能源联营要求，组织专业力量开展专题研究，在缓解自备电厂低碳转型压力、探索绿电指标获取新路径、减少“电网依赖”、碳资产储备等方面有所突破。②进一步完善风光大基地部署。为落实国家“支持中国石化等企业依托油区等资源和土地优势，及其他资源富集区推进新能源大基地建设”要求，在十大绿电绿氢基地的基础上，进行进一步的完善和细化，初步形成中长期风光基地部署方案。③落实风光发电列入油气企业主业。梳理风光发电业务现状，结合公司“打造世界领先洁净能源化工公司”企业愿景、构建“一基两翼三新”产业格局的实际，上报关于调整主业范围的请示。

（新能源办公室）

【推动绿电消纳模式创新】 2022 年，湖北安陆 120 兆瓦、胜利油田 106 兆瓦等集中式光伏项目及中原油田 112 兆瓦分散式风电等项目具备初设条件，项目所发绿电通过直供电或绿电交易的方式，全部由内部企业消纳，年实现减碳近 40 万吨。同时依托炼化产业格局，开发湖南、山西等地光伏资源，促进石化工业深度减碳。全年加油站分布式光伏累计建成 2450 余座、充换电站累计建成近 2299 座。

（新能源办公室）

【规范风光项目开发建设】 组织编制《中国石化风光发电项目可研编制规范细则》，明确项目可研报告编制要与中国石化用能需求和碳减排目标紧密结合，与主业发展高效协同，着重满足中国石化区域产业的绿色低碳发展需求，研究项目可行性和必要性。

（新能源办公室）

地热 / 余热业务

【清洁供热规模再上新台阶】 积极推广“地热 +”“余热 +”等清洁供暖模式，立足京津冀及渤海湾盆地等优质资源，积极打造地热七大片区，持续推进地热供暖业务发展。2022 年新增地热供暖能力超 1000 万平方米、累计地热供暖制冷能力超 8000 万平方米，实现余热综合热利用能力近

4000 万吉焦 / 年。燕山石化余热利用项目开工建设，为北方地区提供地热余热供暖，保障温暖清洁过冬。

（新能源办公室）

【积极筹备世界地热大会】 2022 年 4 月 16 日，2023 年世界地热大会（WGC）组织委员会第一次全体会议召开。7 月 4 日，由中国科学技术协会和中国石化共同主办的“拥抱双碳 共赢未来”地热科普公益展在中国科技馆开幕，引导公众了解“低碳”发展、践行“低碳”生活，助力中国实现“双碳”目标。

（新能源办公室）

探索新模式发展路径

【油气业务与新能源融合发展】 为深入推进新能源业务与油气、炼化的深度融合，系统谋划新能源业务发展，组织编制上游企业新能源业务“十四五”及中长期发展规划并提出“油气生产用能洁净化、绿色能源供应专业化、科技装备支撑低碳化”的发展路径。

（新能源办公室）

【推动打造油田绿色低碳融合创新发展体系】 组织编制胜利油田绿色低碳产业体系融合创新发展规划并提出，到“十四五”末，形成油气开发绿色低碳融合创新发展的产业体系；组织编制西北油田绿色低碳智能化发展规划并提出，西北油田按照“新区块按绿色低碳（零碳）模式开发、老区块逐步实现清洁能源替代”的思路，规划建设绿色能源替代项目。

（新能源办公室）

产品销售

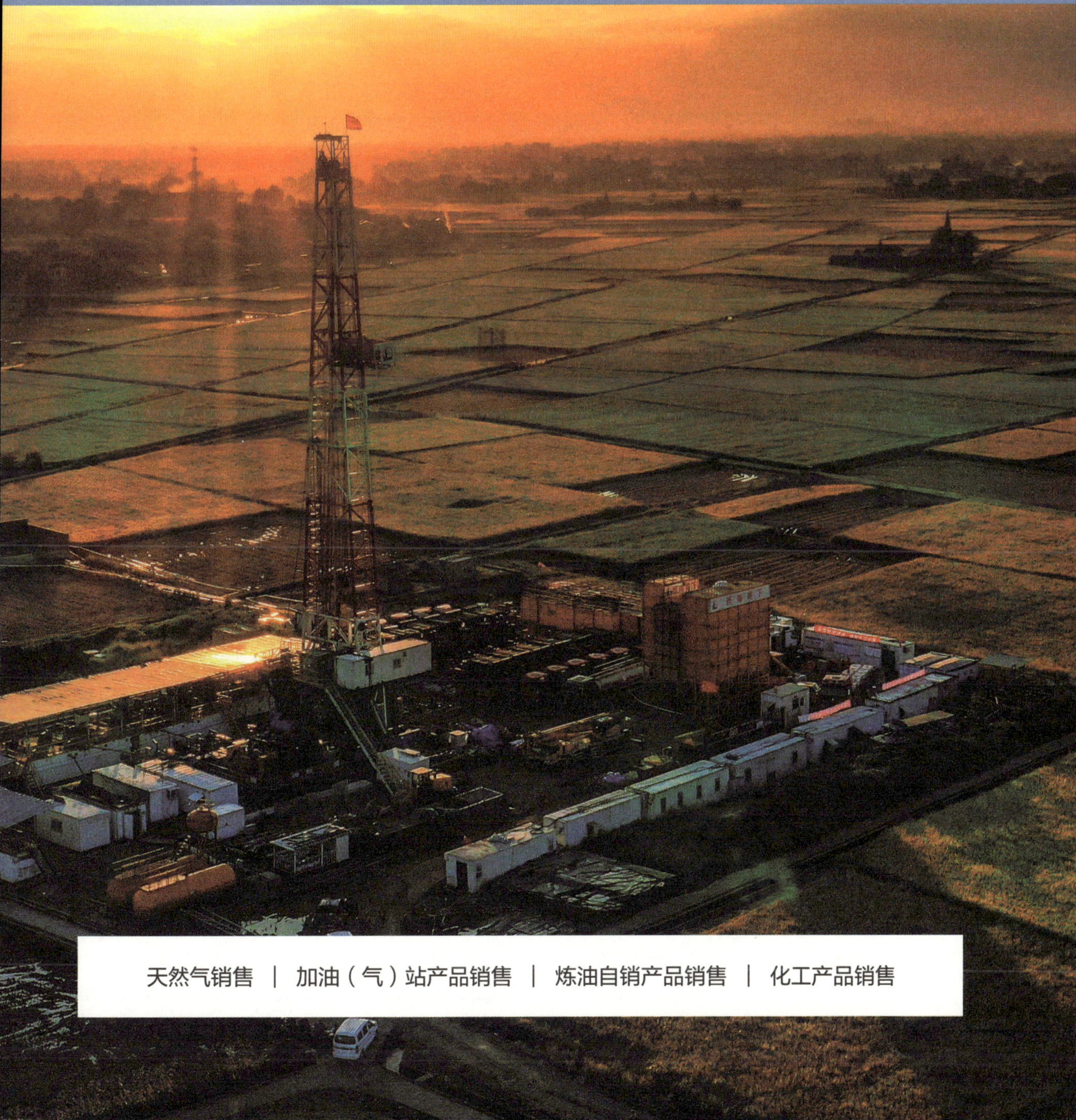

天然气销售 | 加油（气）站产品销售 | 炼油自销产品销售 | 化工产品销售

天然气销售

【概述】 2022 年，集团公司经营天然气 622.8 亿立方米、下降 5.4%，其中销售天然气 597.1 亿立方米、下降 8.4%，低于全国平均降幅 7.6 个百分点。

（李广泽）

【市场经营和储运设施布局】 充分释放天然气销售体制改革效能，保证上游气田自产陆上气资源全产全销，进一步提升国产气供应量。优化中长约 LNG 进口，从严管控现货 LNG 采购量，审慎开展套期保值，努力降低采购成本。持续优化资源流向、市场布局、客户结构，全力抓好控量增效，大力发展 LNG 终端直供业务，大幅提升高端用户和优质市场的数量规模。积极培育发展优质终端，全年成立终端公司 9 家，终端效益日益明显。天津 LNG 二期工程 5#、6# 储罐建成投用，青岛 LNG 三期第二码头工程建成中交，烟台龙口 LNG、广西 LNG 三期按计划加快实施，成功收购广东潮州华瀛 LNG 项目；山东南干线、东干线南段、皖东北管道干线及皖北支线、中原储气库群东部气源管道主体完工；金坛、黄场储气库全年造腔 60.4 万立方米，有效提升资源调峰能力。圆满完成党的二十大、供暖季、迎峰度夏等期间市场保供，切实发挥顶梁柱、压舱石关键作用，实现低成本、有效益的保供。

（李广泽）

加油（气）站产品销售

【概述】 2022 年，油品销售板块面对俄乌冲突乱局、欧美经济衰退、国际油价宽幅震荡等外部环境，面对国内疫情迭代散发、静态管控力度空前、经济下行压力增大等多重困难，面对不公平竞争拉锯反复、供需结构性问题突出、整治行动纵深推进、新能源替代提速等复杂局面，以“牢记嘱托、再立新功、再创佳绩，迎接学习贯彻二十大”主题行动为总抓手，迎难而上、持续攻坚，推动高质量发展破题起势，完成年度主要目标任务，稳步推动“十四五”规划落实落地。全年油气经营总量 2.13 亿吨、下降 5.5%。

（王雨卿）

【油气经营指标总体稳定】 境内成品油经营量 1.63 亿吨、下降 5.1%，其中零售量 1.07 亿吨、下降 6.5%。境外经营量 3037 万吨、下降 3.5%。天然气经营量 41.8 亿立方米、下降 16.8%，其中 LNG 零售量 15.5 亿立方米、增长 9.7%。易捷服务营业收入 381 亿元、增长 7.6%。营业利润 43 亿元、增长 6.2%。整体实现利润总额 266 亿元。

（王雨卿）

【易捷服务品牌逆市增长】 系统推进全域营销，年货节、养车节、酒水节、易享节等系列营销成效显著，易享节销售额 38.6 亿元、增长 42%，创历史新高。壮大“百亿俱乐部”，设立甄酒馆 372 座，酒类销售增长 38.8%。加大长城中小包装润滑油营销，推进散装尾气液布局，抓住燃煤脱硝技术替代先机，开发工业尿素市场，巩固环保产品先发优势。介入汽车销售业务，锁定汽车后市场消费，实现汽车销售 10 亿元、增长 60%。打造地方特色、生鲜地图等特色门店，开展生鲜主题直播 27 场，设立易行馆专区 145 个。完成“丰餐路舒”业务招商，新增餐饮项目 167 座。累计开发汽服项目 9313 座，联网洗车机 5263 台，打造国内最大自营洗车服务体系。拓展广告业务，联网电子屏 3.2 万块。落地“易起保”保险业务，提升车主消费黏性。建设“阳光招商”平台，实现采购“四个在线化”管理，加大统采力度，统采商品销售额 160 亿元、增长 10%。优化商品结构，统采商品淘汰率 28%。累计开发自有品牌 37 个、SKU 达 628 个，商品力进一步提升。优化仓储区域规划，推进 4 座中央仓选址建设。提升运营管理水平，实现物流费率下降 0.89 个百分点，仓配额增长 5.7%。

（王雨卿）

【油气营销服务成效显著】 开展“加油站服务提升百日竞赛”，投入治破治旧资金 2 亿元，完成加油站夜间亮化 1 万座、更新标识标牌 1.8 万座，翻新加油机 4.2 万台，升级厕所硬件超 7000 座。建设统一客服中心，客服接通率提高 2 个百分点，客户满意率达 98.3%。构建统一客户评价平台，推动差评闭环整改，差评率下降 60%。统筹组织“千站亮剑”行动，汽油、柴油厂零差分别提高 13 元和 134 元。搭建加油站数字化运营分析平台，深入开展加油卡及第三方合作营销，引入异业资源 43 亿元。推出“爱跑”系列营销，品牌汽油销量增长 19%。坚持市场导向，适时调整量价策略，引领市场预期，深度走访客户，实现量效应收尽收，汽、柴油直分销量 4508 万吨、增长 8.5%。推动数字化营销，推广“我要买油”App，打造一键送油配送服务，实现客户在线率、线上开单率、提油数字化上线率 100%。

（王雨卿）

【市场经营环境持续净化】 完善“11133”工作机制，10 个省 24 个地市完成“数字检察”、加油站智慧监测云平台建设试点。推动市场整治系列政策落地，地炼开票率升至 80%，社会站偷逃税现象有所好转，市场秩序由乱向治显著转变。

（王雨卿）

【营销网络质量持续提升】 规范统一站店新形象，完成形象改造 1312 座，新工装更换基本完成。深入开展存量资产盘活，一项一对接、一站一方案，提效改造低无负效加油站 293 座，复营 72 座，出租 60 座。优化油库布局，关停油库 11 座。新改扩建油库 7 座，新增库容 50 万立方米；智能化改造 49 座。狠抓网络增量，加油站投营 811 座，加大西北、华北等区域 LNG 网络发展，加气站投营 135 座。

（王雨卿）

【海外油气销售稳步推进】 香港公司深耕本港和新加坡终端市场，全力拓宽内外资源渠道，做大国际贸易，经营量 1801 万吨。燃料油公司经营规模突破 3000 万吨，专注船加油业务，保税船燃经营量 1001 万吨、增长 3.2%，市场占有率 46%，位居全国首位。

（王雨卿）

炼油自销产品销售

【概述】 炼油自销产品主要由炼油销售公司、化工销售公司、润滑油公司及燃料油公司等专业化公司统一销售。专业化公司充分发挥中国石化一体化经营优势，以资源优化、渠道优化、产品细分及客户服务促进市场开拓，实现了自销产品的扩量增效。

（张　曼）

【润滑油】 2022 年润滑油脂销量 127.1 万吨，其中高档产品销量 93.1 万吨，实现降本减费 3.5 亿元。中国石化正式成为国内第一个具备民用航空润滑服务保障能力的能源化工公司。深化与油品销售公司合作，实现销量增长 22.6%。与易捷公司联手推进润滑油新零售业务，易捷润滑油销售增长 29.4%。开展首次全方位、全层次、全体系的管理检视与提升行动，完成 4 个基础项目、7 个重点项目和 813 个单位（部门）级项目整改落实，工作质量与运行效率显著提升。发挥集团公司“油转特”优势，填补高端资源利用空白。中国石化Ⅲ 4 基础油实现稳产，在高档发动机油、高档液压油、高档涡轮机油等产品中替代进口，全年应用自产Ⅲ 4 基础油 1.17 万吨。“一带一路”国家实现销量增长 21%，海外实现销量增幅 9%，量效齐增，均创历史新高。

（张　曼）

【燃料油】 2022 年实现燃料油经营量 3059 万吨。①保税油实现量效双升新突破。坚持“扩销、控采、减库、推价、错峰”十字经营方针，实纸联动，引领带动亚太区域价格稳定上行。优化石化资源“全产全销”链条，落实 3 个月物流库存滚动计划，退租仓储 26.4 万立方米，实施沿海运费招标降费 13%，实现 800 万吨石化低硫船燃和 MGO“全产全销”。完成 15 艘海上流动加油站建设，打造供油代表队伍，服务质量持续提升。全年保税油实现经营量 1003 万吨、增长 3%，首破千万吨大关，市场占有率达 46%。②内贸业务实现增量提质新成果。常态化“访企业、送服务、拓业务、创效益”，舟山子公司、浙江分公司、上海分公司打通内外贸一体化流程。内贸船加油新增终端客户 197 家，与海警举办军民融合油料保障总结会议，推动江苏 8 座水上站划转、优化广东水上网点布局，实现上海第二座水上绿色综合服务区投营，水上专业化地位不断提升。完成国内首次船舶加注甲醇 90 吨，在行业引起强烈反响。全年内贸实现经营量 740 万吨，其中船加油经营量 182 万吨、增长 22%。

（李俊春）

【其他炼油产品】 ①经营业绩稳中提质。全年在系统内炼销产品资源减少 290 万吨、下降 8.6% 的情况下，积极拓展外部资源，自营总量增长 42.5%，完成年度经营总量目标。营业收入增长 29%，利润总额增长 1.2%，创历史新高。②服务保障农业用肥，实施硫黄稳价让利策略，累计保供 115 万吨，执行国家导向要求让利超 3 亿元。疫情期间，保供液化气和沥青，驰援方舱建设，全力保障下游复工复产，服务民生需求。③践行石化优良传统，提升“两个服务”质量。服务企业方面，坚持全产全销，保障企业后路畅通，液化气、石油焦、沥青、石蜡等产品产销率均达 100%。积极配合企业产品结构调整，全力抢占细分市场，实现优化创效。销售镇海炼化沥青连续 13 年、金陵石化沥青连续 9 年破百万吨；打通安庆石化、清江石化互供金陵石化油浆常态化；实现金陵石化、茂名石化针状焦全产全销；大力推动济南炼化、安庆石化等企业低硫石油焦进入负极材料等高端市场并成功应用，开发新客户 48 家，销售均价达 5433 元 / 吨，高于普通低硫焦 580 元 / 吨；置换和掺配石油焦合计 55.4 万吨，创效超 5 亿元。服务客户方面，修订完善客户管理办法，规范客户准入流程，明确客户考核评价指标，提升客户服务水平。2022 年客户忠诚度和满意度实现双提升，其中客户满意度达 96 分、客户忠诚度达 94 分，均创历史新高。④科技创新拓发展。融入产销研合作，参与和承担总部科研项目 19 项，自主和联合开发专利 11 件，创历史新高；攻关针状焦质量，推动产品成功应用于高端石墨电极和负极材料领域；引领产业链延伸，推动清江石化转型发展并与 BTR 公司合资项目建设，初步具备引领“专精特新”产业链基础。⑤物流优化增效益。推广配送销售模式，产品配送比例提高至 19%，创效近 3000 万元；深化铁企战略合作，持续推动“公转铁”“水转铁”集约运输，减费近 1800 万元；加强仓储商务合作，拓展前沿市场销售、掺配销售、置换销售等业务模式，推进供应链管理创新创效。

（张　曼）

【品牌建设】 持续提升中国石化长城润滑油品牌美誉，积极运用冬奥权益，加强冬奥期间品牌传播，在腾讯新闻、百度新闻、今日头条、抖音、快手平台进行信息流广告投放，彰显“洁净润滑、为冬奥加油”主题。参与北京冬奥组委组织的冬奥云展厅活动，长城润滑油天猫旗舰店和微信商城同时上线并配合开展冬奥有礼活动。在中国财经峰会第 11 届财经峰会暨 2022 可持续商业大会上，润滑油公司获杰出品牌形象奖；在 2022 国际绿色零碳节暨 ESG 领袖峰会上获 2022 绿色可持续发展贡献奖。

着力提升品牌价值，健全品牌组织体系，打造精品工程，“东海牌”沥青品牌影响力和美誉度不断提升。①紧抓优质工程，致力品牌建设。“东海牌”沥青顺利摊铺沈海高速茂名—湛江段改扩建试验段，首次在广东交通集团所属项目成功应用，为后续在广东省高等级公路的推广应用奠定基础；继 2011 年后，上海虹桥国际机场大修主要针对东跑道及联络道沥青道面的“盖被”加铺，应用面积约 26 万平方米，全部采用“东海牌”沥青，为品牌继续添彩。②全力开拓海外市场，新增 30# 沥青出口品种和高桥石化出口基地，全年完成沥青出口 49.7 万吨，提升了中国石化“东海牌”沥青海外市场影响力。

（张　曼）

化工产品销售

【概述】 2022年，化工产品销售加大客户服务、拓市攻坚力度，坚定深化改革决心，提升营销运作质量，全力保障资源稳定供应，维护化工产业链平稳运行，全面完成年度各项工作任务目标，以优异成绩迎接党的二十大胜利召开。

（武　晶）

【服务企业】 扛牢疫情防控重大责任，面对疫情管控导致产品、原料进出受阻情况，动态评估企业所在地疫情形势，提前对企业负荷、库存与库容进行跟踪，统一调度全国物流资源，保障生产企业原料供应、产品销售及物流运行。坚持低成本保供与产品后路畅通协同推进，科学调配系统内外乙烯、丙烯、丁二烯等保供资源，为企业降低原料成本。持续提高客户需求和市场研判精准度，助力企业动态优化排产，及时统筹衔接下游客户做好产品出厂安排，保障企业装置开满开足。有效应对系统内生产装置意外停车等突发事件，采取一系列应急措施，以最快速度实现资源再平衡，确保客户资源供应，保障企业顺利复工复产。与生产企业详细对接，提前谋划市场布局，主动服务新建装置原料保供和新产品销售。

（武　晶）

【服务客户】 坚持“以客户为中心”的经营理念，强化从“坐商”到“行商”转变，及时了解客户的共性需求，深入挖掘客户的潜在需求，以优质服务为客户创造价值。全年通过多种形式走访客户，成功开发多家生产型客户，稳固直销客户渠道。把握客户和行业对营销服务的新需求，运用好中国石化系统内外优势资源，全方位扩充服务资源储备，与科研单位、物流服务商、财务公司、行业协会等单位建立协作关系，为客户提供更加优质的技术研发、物流保障、供应链金融等一揽子服务方案。对标领先企业，优化再造服务体系和工作流程，制定涵盖客户服务全过程不同场景下的服务标准规范，展现化工销售的服务态度、服务效率和精神风貌。开展客户服务标准化体系建设，持续完善客户服务运行机制，提升客户满意度和黏性。

（武　晶）

【系统优化】 深入开展系统优化，坚持以系统优化为抓手，从市场运作、互供保供、物流运作等方面狠抓深度优化，全力提升经营管理水平。以市场为导向，助力生产企业充分发挥装置优势特点，引导优化排产满足市场需求。统筹优化资源配置，千方百计帮助企业降本减费，成功打通裂解汽油直供物流服务全流程。加强大势研判和市场预测，积极维护国内化工产业链健康稳定发展。以满足客户多样化需求为导向，高质量开展自营贸易业务，持续提升自营直采、直销比例。

（武　晶）

【营销提质】 深化与战略客户协同合作，实施战略合作项目制管理，为客户精心设计一揽子解决方案，战略客户采购量同比提高。全面深化与建筑材料、车用材料、新能源材料等领域企业战略合作，强化新产品研发和下游客户应用开发有机融合，协同生产企业与下游客户联手开发新产品和专用料，推动医用聚丙烯、LDPE超纤维与电缆料、稀土顺丁橡胶等新产品开发和市场化进程。积极打造废旧塑料回收利用产业合作联盟，开辟甲醇制氢、可降解材料等绿色发展市场，推广氢能重卡、共享托盘等绿色出厂方式，开发多家大型可降解材料供应商和客户，为实现绿色营销奠定基础。

（武　晶）

【电商平台】 加快打造“石化e贸”电商生态圈，不断探索向“平台＋支撑、线上＋线下、产品＋服务”电商新模式转型。完善线上营销模式和服务功能，打造数字化、标准化、智能化电商平台。发挥“石化e贸”平台服务支撑功能，加快数据整合、联通及可视化，建立线上需求反馈和沟通渠道，为新产品开发、产品质量提升、企业优化排产、产业链合作等提供支持。进一步完善运营、客服两大关键职能，加强金融和物流服务两大功能，为客户提供多样化价值创造和服务模式，改善用户体验。

（武　晶）

【绿色营销】 加速绿色营销转型，通过客户座谈会、产品推介、展览展会等多种方式宣传中国石化在打造绿色品牌、引导绿色消费、服务绿色发展等方面的典型案例，聚合产业链上下游合作伙伴一同讲好石化行业绿色低碳发展故事、构建绿色产业生态，全面塑造绿色供应商的社会形象。对氢能源车、国Ⅵ车辆予以政策支持，协同企业推进绿色低碳储运，持续抓好可降解材料的市场调研与推广，积极参与合成材料循环利用项目，提供符合行业发展趋势的绿色物流、绿色包装、绿色产品，在企业文化中注入绿色基因，不断提升绿色发展含金量。

（武　晶）

【安全管理】 建立更高门槛、更高标准的 HSE 标准体系，以 HSE 体系审核和 HSE 标准执行为抓手，狠抓危险化学品物流管理，促责任制落实落地。强化承运商监管，充分利用视频远程监控系统、GPS 定位跟踪系统、危险化学品道路运输安全管理系统等信息化手段，做到全过程、全方位、全天候监管。动态加强对物流服务商严考核、硬兑现、重奖惩的工作机制，真正做到优胜劣汰。开展 HSE 延伸管理，提升自提服务商及自提车辆等标准执行。不断完善各级各类应急预案和现场应急处置方案，提高应急处置响应速度。着力促进 HSE 管理体系与生产经营、“三基”工作深度融合，加大危险化学品事故案例警示教育力度，培育引导承运商从“要我安全”到“我要安全”的良好安全文化氛围，全面提升本质安全水平，筑牢高质量发展根基。

（武　晶）

资本和金融业务管理

【概述】 截至 2022 年底，资本和金融板块包括中国石化财务有限责任公司（简称财务公司）、中国石化集团资本有限公司（简称资本公司）、中国石化盛骏国际投资有限公司（简称盛骏公司）、中石化产融控股有限公司（简称产融控股公司）4 家公司，负责对集团公司新兴产业的财务投资和对各类金融服务业务进行专业化、集约化管理。

2022 年，资本和金融板块积极应对国内疫情反复、经济下行、国际形势恶化等不利因素，扎实开展“牢记嘱托、再立新功、再创佳绩，迎接学习贯彻二十大”主题行动，高效推进资金平台、产业金融、产业资本等业务运营，产融控股公司顺利组建，全面加强党的建设，全力深化改革创新，强化风险合规管理，推动工作执行落地，各项任务指标全面完成，实现考核净利润 56.53 亿元，完成年度指标的 109%，超额完成奋斗目标，业务风险可控在控。

（董　建）

【资金平台运营稳中有进】 资金平台通过不断完善资金配置策略，主动融入集团战略型数智化司库管理体系建设，成员企业融资成本持续降低，内部资金使用效率不断提升。全年实现净利润 40.46 亿元、增长 35.4%，通过免费结算、结售汇让点、贷款便利及利率优惠、信用证保函降费、免费金融咨询顾问等方式，让利内部企业，与主业协同降本增效 28.5 亿元。

财务公司发挥服务集团资金集中管理优势，保障集团司库体系运行，全年完成结算 3018 万笔、65 万亿元；紧贴集团主业结构调整和转型发展需要，积极调整金融业务结构，努力保障企业信贷需求，向保障国家能源安全、主业转型升级、绿色低碳发展等重点项目安排融资，全年提供贷款及票据支持 3437 亿元，日均规模 978 亿元；坚持内部资金信用市场化配置原则，对标市场完善存贷款定价体系，主动压降利差水平，在保持企业存款利率的同时大幅降低贷款利率，为企业减少财务费用 2.1 亿元；发挥集团境内购付汇主渠道作用，保障成员企业用汇需求 964 亿美元，助力企业降低购汇成本近 10 亿元，同时利用跨境“资金池”打通境内外资金调剂通道，盘活境外富余资金补充境内缺口 14 亿美元，协助股份公司降低年末负债率近 1 个百分点。

盛骏公司面对美元急剧加息的极端不利环境，持续调整经营策略，努力应对利率汇率风险，境外金融服务保持平稳。有效控制美元融资成本，在全年 3 个月 Libor 上升 225bp 的情况下，借款利率仅上涨 136bp。积极应对俄乌冲突影响，为化销香港、海投公司等解决结算和外汇难点问题。成功为国际事业公司打通俄罗斯跨境提还款路径，助力企业防控卢布汇率风险。协助国勘公司 UDM 项目提前平仓外汇敞口并实现汇兑收益 8433 万美元。及时处置中萨不良贷款项目，全额收回本金 1000 万美元，保障境外资产安全。集团境外资金集中管理模式被香港金管局评选为企业财资中心经典案例。

（董　建）

【产业金融业务有序开拓】 2022 年 6 月，产融控股公司挂牌成立，并以“集约高效”为底层逻辑，以创建“规范运营的金融控股公司”为目标，同步设立产融数智公司和产融养老公司，将易派客保理公司纳入产融控股公司管理，实现集团公司期货、保险、保理、租赁、年金、数智共 6 个金融业态 8 家企业的集中统一管理，为实现高水平产融协同、融融协同奠定坚实基础。严格落实集团党组“产业金融要全面提升服务效率和水平，为主业发展提供高质量支持服务”目标要求，为主责主业提供多渠道、多类别的一揽子金融服务解决方案，全力为主责主业健康发展注入新动能，全年实现净利润 4.74 亿元，为集团企业协同降本 1.5 亿元。

浙石期货公司服务系统内企业经纪业务交易规模达 1900 亿元，覆盖率从 50% 升至 70%。风险管理业务完成首单落地，成功走通点价业务，以期现结合服务支撑企业防范金融风险、扩大市场份额、提升定价话语权。资管业务成功发行 1 亿元产品，为集团资金市场化配置拓宽了渠道，丰富了手段。参加总部商品类衍生品月度例会，专题汇报大宗商品宏观市场走势，从“保牌照”走向“拓业务”。深入开展乡村振兴工作，获湖南省凤凰县乡村振兴局、新疆维吾尔自治区岳普湖县乡村振兴局及贵州省雷山县乡村振兴局授予的乡村振兴贡献奖。

保险经纪公司统保覆盖率达 94%，依托国内贸易信用保险，助力湖北石油稳妥开展国内赊销业务。研究争取新材料投保政策，为仪征化纤申请保费补贴 885 万元。积极对接国际市场，协助联合石化美洲公司在市场承保意愿极低的情况下安排美属维京群岛 OPT 储罐原油保险；帮助联合石化美洲公司压减董责险保费 50%，并实现保障额度翻倍。主动优化工程险投保方案，新星公司优化库车绿氢项目实现“79 万元保费、1 亿元保障”。充分发挥专业化优势，降低集团统保巨灾险综责险、安责险环责险续保费 1795 万元。扛牢乡村振兴社会责任，推动中国石化重点扶贫项目甘肃东乡藜麦产业园农险、防返贫保险、农产品价格指数保险等落地。

自保公司境外统保覆盖率达 96%，积极应对俄乌冲突后的地缘政治环境变化，为联合石化公司避免高额战争险加费近 2000 万元并获赔付近 3 亿元。深化投保资产梳理及与再保市场多轮询比价，降低国勘公司能源大保单续转保险成本 1400 万元；适度调整重点项目保险自留比例，成功续保国勘公司加拿大油砂项目并节约保费成本 4000 万元。总部积极推动 2 家内部保险机构积极开展“境内与境外衔接，境外向境内延伸”的境内外保险协同业务，协调自保公司参与股份公司和上海石化董责险、北海 LNG 三期工程保险、润滑油出口信用保险等境内保险业务的再保工作，协同保险经纪公司初步介入中国能源船舶管理公司货运险、国勘公司厄瓜多尔安第斯项目、澳大利亚 APLNG 运营期保险项目等境外保险业务的保险经纪工作，协同增收 3600 万元，开辟新的创效渠道。

保理公司贴近主业需求，优化业务模式，走访主业企业，为供应商在获得订单、交货、挂账等不同节点提供高效的低成本融资，助力产业链供应链上下游企业资金周转、健康经营、稳健发展，保障物资采购供应的安全性、及时性、经济性，保链、稳链、强链作用进一步发挥。

产融养老公司积极响应国家政策号召，打造石化员工专属个人养老金一站式服务平台，助力员工享受税优政策红利，为业内央企首创。累计开户 7957 人，缴存资金 3565 万元，员工个人税收优惠约 400 万元，践行了助力服务员工退休美好生活的使命，获国家人社部和市场同业的高度赞誉。

太平石化金租公司新增租赁投放 210 亿元，积极推进服务股东集团战略，发挥经营性租赁灵活便捷的作用，支持海洋石油工程公司及时锁定“勘探八号”钻井平台，节约购置成本近 1.5 亿元，积极参与股份公司 2 艘 LNG 运输船长约项目，取得良好降本和保障效果。

实华租赁公司聚焦石化产业链，发展石化特色租赁业务，融资租赁投放 3.6 亿元，主动服务主业需求，以经营性租赁方式，积极协助石化机械公司解决库存管理痛点，已签订 2.92 亿元合同。

产融数智公司助力集团电商平台发展数字经济取得成效，数字人民币推广取得进展，“石化金融”App 注册用户达 53 万人，推动与易捷、易派客、“石化 e 贸”等互联网平台营销合作，上线运营 10 余款保险产品，累计实现销售 4077 笔，打通内外部客户购买渠道。

（董　建）

【产业资本发展蹄疾步稳】 产业资本围绕服务和支撑主业发展，深耕新能源、新材料、节能环保、高端制造、大数据与人工智能等领域，通过“直投 + 基金”双轮驱动深耕投资布局，致力于建设成为具有中国石化特色的一流产业资本投资公司。资本公司全年完成直接投资 31.94 亿元。在管项目投资累计达 73.7 亿元，投资账面价值超 112 亿元，年均投资收益率达 11%，人均创效达 1862 万元。

多层次“研投管退”体系基本建立。聚焦产业协同推进大手笔项目投资，布局锂离子电池隔膜赛道，助力集团化工新材料加速迈向中高端市场，首个超 10 亿元直投项目完成交割。投资布局液氢技术和装备，累计投资 9.7 亿元，覆盖“制储输加用”各环节，氢能全产业链投资布局初步形成。投后赋能和管理能力进一步提升，建立并完善多层次项目退出体系，成功实现部分已投标的退出一级、二级市场，同时打通向集团主业企业进行股权转让的通道，构建“研投管退”全生命周期管理闭环，“产业—资本”良性互动局面基本形成，为主业转型发展培育新动能成效初步显现。

资本助力科技成果工作取得突破。多部门协同工作机制基本建立，成功召开集团公司上中下游资本助力科技创新创效座谈会，确定 8 个重点孵化项目。内部投行功能充分发挥，石油工程技术研究院近钻头伽马成像系统项目同步完成基金决策和立项批复，安全工程研究院安工装备和安工数联顺利起步。

石化特色基金运营体系初步构建。全面开展在管基金业务自查和基金激励约束机制调研，基金运营和管理更加依法合规。恩泽基金稳步开展项目投资，新增项目交割 4 亿元，累计实现投资 10 亿元。朝阳基金从出资能力、战略协同、产业基础、优惠政策等方面筛选新投资人资源，提前进行项目储备。资本公司在维护现有投资人关系的同时持续开展项目储备，确保基金后续顺利设立和运营，其中直投项目储备 100 余个、子基金储备超过 60 支。

（董　建）

【风险合规管理不断强化】 持续优化制度建设，各企业完善应急预案 35 项，制修订管理制度 126 项。扎实推进“严肃财经纪律、依法合规经营”综合治理专项行动，组织 196 家生产企业、9 家金融企业开展金融业务风险自查，“一企一表”抓实问题的专项治理。加大对资金、同业、境外反洗钱等重点业务领域风险排查力度，迎接集团金融风险管理专项审计和内控制度检查并按期完成问题整改。财务公司、太平石化金租公司分别接受国务院国资委和北京银保监局、上海银保监局的现场检查，总体评价良好。资本公司动员全员开展“我为制度作诊断”活动，深化基金业务风险管控。财务公司开发新一代信贷客服系统，合规管理制度体系基本建成。产融控股公司高起点建设风险合规管理体系，当年拟定 27 项管理制度。2022 年，资本和金融板块未发生重大风险事件，总体经营平稳有序。

（董　建）

国际化经营

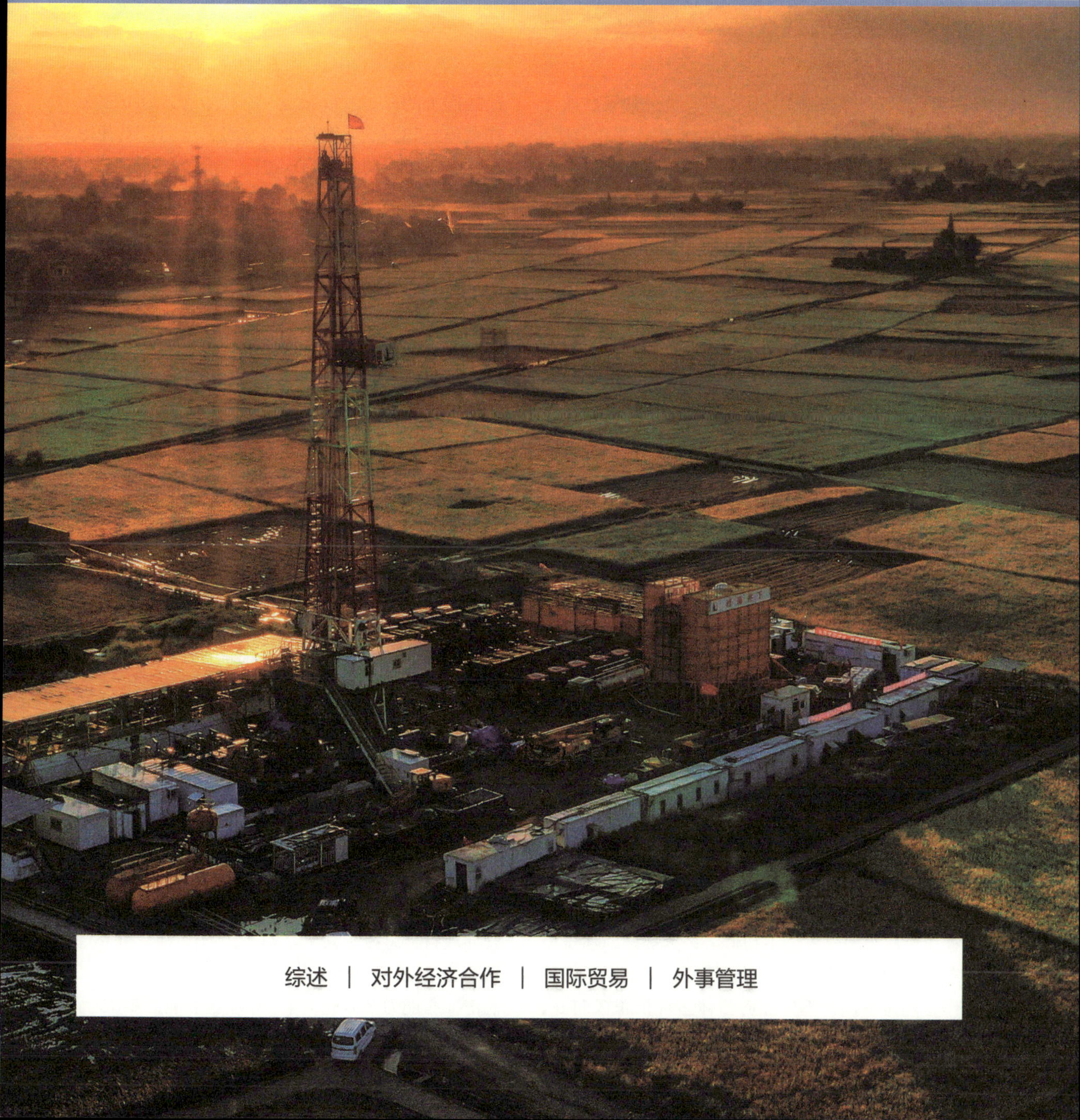

综述 | 对外经济合作 | 国际贸易 | 外事管理

综述

2022年，集团公司外事系统以习近平新时代中国特色社会主义思想为指导，认真学习宣贯党的二十大精神，紧紧围绕习近平总书记能源安全新战略和视察胜利油田重要指示精神，认真贯彻落实集团公司党组各项决策部署，锐意进取、开拓奋进、扎实工作，推动公司国际化经营迈出新步伐，取得新成绩。

（戚　鸣）

对外经济合作

【境外油气勘探开发】 2022年，境外油气勘探开发抢抓机遇、攻坚克难，安全生产工作平稳有序、油气增储上产成效显著、经营创效业绩持续巩固、风险隐患化解步伐加快、资产结构调整扎实推进、公司治理效能持续释放，国际化经营管理能力显著提升。

全年完成三维地震采集200平方千米、探井和评价井42口，在安哥拉、埃及等地区获1项勘探突破、8项勘探新发现和2项勘探新进展，新增权益2P储量和2C资源量916万吨油当量，超额完成年度储量目标。紧盯关键增产领域，加强高效井位论证，强化工程技术创新，力争早部署、早投产、早见效，新建权益产能326万吨，新产能当期产量贡献159万吨，当年产能贡献率48.8%，均大幅超过年度目标。新项目开发工作主动出击，增强与资源国政府、国家公司和国际油公司的沟通，拓展合作机会。加快推进低效无效资产处置，重点运营项目获得实质性进展，资产结构持续优化。

截至2022年底，在全球23个国家投资44个油气勘探开发项目，已初步形成油气并举、海陆兼顾、常规非常规多样化的总体境外油气战略布局。

（徐　晓）

【境外石油工程技术服务】 2022年，境外石油工程积极应对海外疫情不利形势，紧抓国际油价相对高位运行、业主投资回暖等有利局面，积极工作，加压奋进，海外业务整体呈现出积极向好、昂扬向上的良好发展态势。井筒业务紧盯业主工作量释放和发展非常规业务契机，全力以赴开拓市场，积极推动各类资审进程，新签合同额14.6亿美元。物探业务积极应对市场恢复缓慢、竞争愈加激烈局面，加大重点市场项目开发力度，签订沙特S84项目一年延期合同，中标玻利维亚国家石油公司2018年以来首个对外公开招标项目。地面业务坚持滚动开发成熟市场，全年新签36个项目，为加快地面业务复苏夯实基础。工程项下贸易中标科威特KOC公司5+1年合同，钻头产品成功进入中东高端市场，全年推广使用各类润滑油增长约30%。持续做好重点市场经营和新市场开发工作，在沙特、科威特、厄瓜多尔、哈萨克斯坦、玻利维亚、乌干达、阿尔及利亚、尼日利亚、泰国、缅甸等多市场多领域取得优良经营成果和业务新突破。

截至2022年底，在35个国家开展石油工程技术服务，在执行合同332个，合同额175.1亿美元。2022年，新签合同74个、合同额23.2亿美元，完成合同83个、合同额19.3亿美元，均超计划完成。

（徐　晓）

【境外炼化合资合作】 全面强化项目机会研究和投后管理，与全球合作伙伴构建更加紧密的战略合作关系。在全球5个国家参与投资8个炼化、仓储项目，总投资约117.71亿美元。拥有境外炼油能力750万吨/年、仓储能力136万立方米、润滑油脂能力8万吨/年、丁腈橡胶能力1.05万吨/年。正在施工建设的俄罗斯阿穆尔天然气化工项目为中俄石化合作的典范，设计产能230万吨/年聚乙烯、40万吨/年聚丙烯，计划于2027年建成投产。

（靳楚楚）

【境外炼化工程技术服务】 努力应对疫情影响和复杂多变的外部市场环境变化，炼化工程板块积极拓市，在非洲和中东市场有新突破，其他项目执行稳步推进。截至2022年底，在16个国家开展炼化工程服务项目70个，以设计、EPC、施工项目为主；在执行合同92个，合同额60.80亿美元；累计执行合同114个，合同额68.05亿美元；累计完成合同51个，合同额6.42亿美元；累计实现利润0.32亿美元。

（靳楚楚）

【境内国际合资合作】 助力中国石化化工产业实现差异化和向高附加值领域发展，2022年，成功收购英力士宁波ABS公司50%股权，设立合资公司。此外，为升级上海赛科公司产品结构、优化原料供应及提升管理水平，通过合资合作方式引入战略投资者，成功向英力士出售上海赛科公司50%股权，年内实现交割，设立合资公司。

（靳楚楚）

国际贸易

【概述】 为确保稳定能源供应，持续加强与产油国、供货商的战略合作，努力从全球获取高性价比原油资源。2022年，油气国际贸易经营总量3.65亿吨（含碳交易），减少3612万吨，降低9%。原油经营量2.94亿吨，减少2942万吨，降低9.09%；进口2.03亿吨，减少453万吨，降低2.10%；第三方贸易0.91亿吨。成品油经营量5055万吨，减少6万吨，基本持平；出口2346万吨，增加99万吨，增长4.4%；第三方贸易2482万吨。LNG经营量1783.2万吨，进口1558.2万吨。加大LNG优质长协引进力度，全力提升资源保障能力，年内签署卡塔尔北部气田扩能项目400万吨/年 ×27年LNG长约。

2022年，化工品境外贸易额65.4亿美元，增长56%；经营总量568.8万吨，增长10%。设备材料、其他炼销副产品及其他化工品等国际贸易规模10.55亿美元，下降22.71%。催化剂境外销售（出运）24098吨，金额14761万美元，增长86.58%，创历史新高，实现逆市上扬。润滑油境外贸易额总计3.17亿美元，经营总量19.6万吨。易派客国际站交易金额217.5亿美元。

（靳楚楚　徐　晓）

外事管理

【重要外事活动和对外交流】 2022年，全力配合并服务好国家总体外交和公司对外交往。坚决履行央企职责，积极参加博鳌亚洲论坛、进博会、服贸会等主场外交活动。通过参与并用好终止塑料废弃物联盟（AEPW）、世界可持续发展工商理事会（WBCSD）、二十国集团工商峰会（B20）、金砖国家论坛等多边、双边国际机制，贯彻落实绿色发展理念，展示央企担当；及时了解各国政策动向、最新国际趋势与治理机制动态，将加强环境保护、社会责任及公司治理（ESG）理念融入公司战略与生产经营，为实现高质量转型发展提供路径；积极参与全球治理，分享央企最佳实践，助力国际传播和品牌建设。集团公司董事长亲自担任二十国工商峰会（B20）能源组联合主席，代表中国企业发出“中国声音”。持续深化对外交流交往，不断营造良好外部环境。克服疫情对国际旅行的限制，集团公司领导与资源国石油公司、国际知名石油石化公司、金融机构和设备供应商高层通过线上、线下会议或访问其驻华机构等方式保持高频交流。全年，集团公司层级对外交往活动共 158 场，其中公司领导参与活动 73 场，通过深化与资源国政府和合作伙伴关系，不断扩大朋友圈，有力推动国际合作工作。

（戚 鸣）

【因公出国（境）管理与服务】 2022 年，因公出国（境）领域持续推出“放管服”和“我为群众办实事”实招新招。每周发布各国出入境管制措施，动态更新航班航线信息，引导出国（境）团组合理安排出行；授权境内 34 家单位及境外 1 家代表处作为因公护照保管单位，便利企业“走出去”；开发线上远程教育模块，充实外事行前教育内容，通过人机对话数据交互，对出国（境）人员参加外事行前教育情况进行数字化管控，强化依法合规开展境外业务，创新外事行前教育模式，同时满足外事专办员线上培训的需求。夯实基础工作，对托管护照单位通过“四不两直”“回头看”开展线上检查，及时消除基层单位办事流程和护照保管中存在的隐患，挖掘梳理有效的管理方法和经验，在系统内推广，促进基层单位外事管理水平整体提升，为迎接疫情后的外事出访出行超前做好准备。做好外国人来华邀请管理，在严格做好防疫要求的前提下，兼顾下属企业复工复产需要，邀请 140 名外国专家访华，为合资合作项目提供服务和保障。

（戚 鸣）

【境外公共安全管理】 2022 年，境外公共安全工作坚持“以人为本、预防为主、安全发展”理念，深入贯彻落实“疫情要防住、经济要稳住、发展要安全”重要要求，进一步提高站位、强化担当，树牢底线思维、极限思维，持续优化完善境外公共安全、疫情防控和风险防范化解管理体制和运行机制，连续 15 年保持境外公共安全“零死亡”纪录。

因时因势，持续优化境外疫情防控措施。面对全球疫情延宕反复，全球治理博弈加剧导致的国际安全形势复杂多变，密切跟踪新冠病毒变异毒株和疫情发展态势，因时因势因地，优化完善境外疫情常态化防控方案。加强防疫、医药物资等滚动储备，完善回国（境）人员全流程管控，力避聚集性疫情，不断提升各项措施的科学性、精准性和有效性。成功组织境外人员倒班轮休包机 22 架次，派送 531 人（中国石化 469 人）、接回 3929 人（中国石化 2069 人），多渠道积极推进境外员工倒班轮休，确保境外员工队伍稳定。

聚焦重点，持续加强新形势下境外公共安全管理。高度重视境外疫情持续蔓延形势下的安全风险防范，聚焦高风险国家（地区）及重点领域安全风险，加强境外公共安全巡检，做实突发事件应急演练；积极开展境外公共安全培训，继续组织“极速问诊”视频医生服务，加强境外员工身心健康管理，持续完善境外公共安全管理制度体系。发布《境外公共安全风险状况评估报告》2 期、《集团公司境外高风险及敏感国家（地区）清单》2 期；派驻安全官累计在外执行任务时间 1071 人 · 天；统筹系统内境外公共安全培训班 70 期、培训 1697 人，组织集团公司境外安全风险防范全员培训、累计参训 9723 人；累计发布《国别风险信息年度报告》1 期、《国别风险信息提示》4 期及各类风险追踪、形势分析等 124 期。

因地制宜，持续强化疫情新形势下员工身心健康。强化境外医务室和健康保障队伍建设，提升现场医疗保障能力。先后派驻中国籍医生前往沙特、科威特等项目现场为中方员工进行医疗健康知识培训、健康体检、心理咨询等，并全面了解项目现场设备配置及医疗应急预案情况。在做好常态化防控的基础上，投入更多精力关注和加强境外员工心理和精神健康关心关爱，进一步提高境外员工身心健康管理水平。持续推进境外员工身心健康管理与服务信息系统建设。

（戚 鸣）

中国石化 SINOPEC

重点工程建设

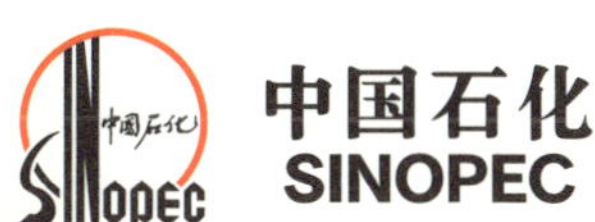

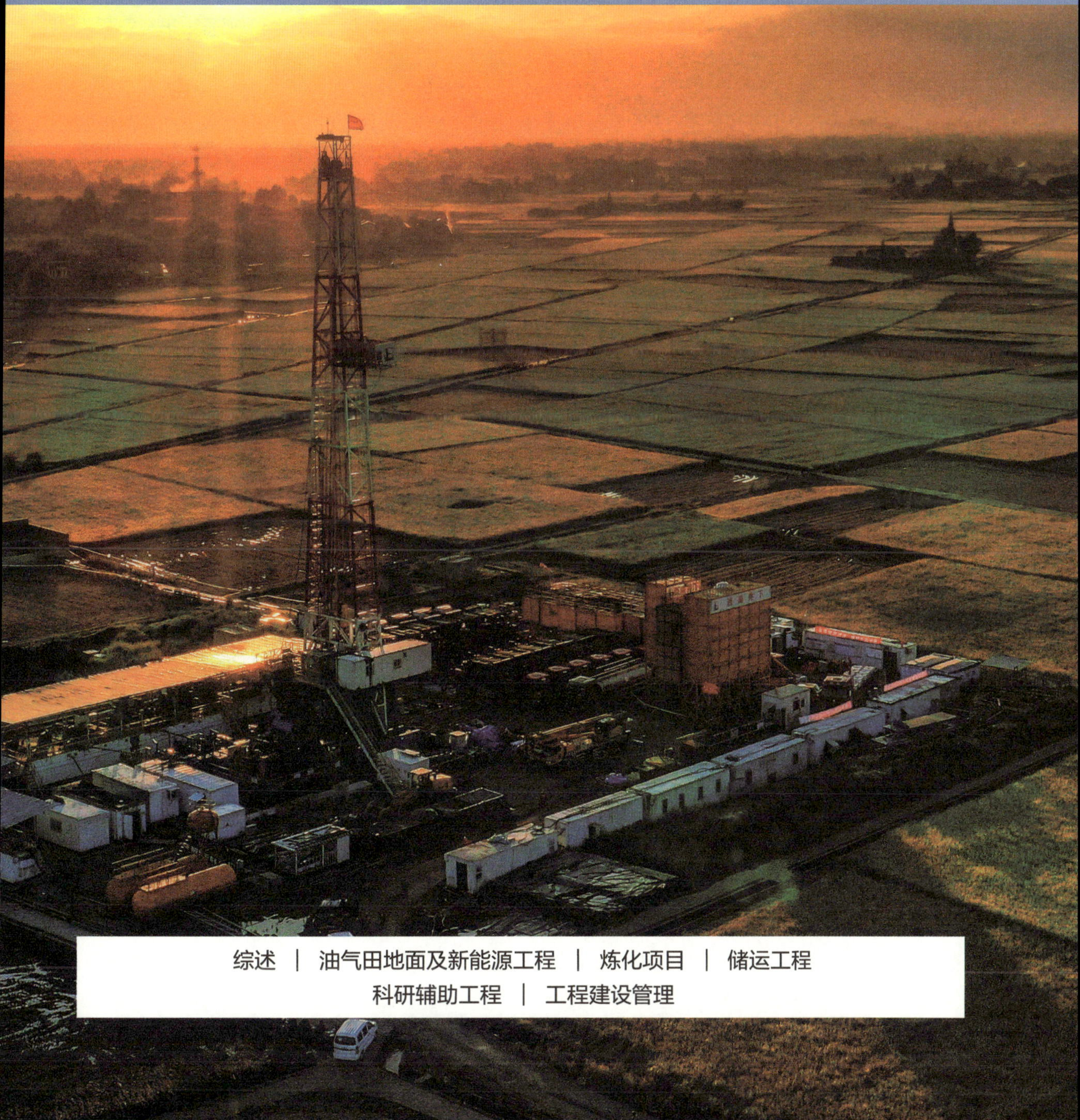

综述 | 油气田地面及新能源工程 | 炼化项目 | 储运工程

科研辅助工程 | 工程建设管理

综述

2022 年，工程建设系统深入落实集团公司党组各项决策部署，对标世界一流，将绿色发展、守正创新等理念融入工程管理和项目建设全过程，为公司保障国家能源安全、推动绿色低碳转型打好坚实基础，奋力打造世界一流中国石化工程建设品牌。

重点工程建设进展顺利。全年 45 个重点项目进展顺利，安全、质量、进度、投资总体受控。九江石化芳烃项目建成投产，标志着中国石化拥有自主知识产权、国际领先水平的第三代芳烃技术成功应用，中国成为世界上三个掌握该技术的国家之一，芳烃产业链迎来新发展。镇海炼化基地一期项目全部建成投产，成为国内首套完全国产化的百万吨级乙烯装置，入选“2021 年度央企十大超级工程”。茂名石化粗裂解气制乙苯 / 苯乙烯建成投产，标志着作为“十条龙”攻关的低成本乙烷裂解气制 40 万吨年苯乙烯成套技术取得重要进展。齐鲁石化 - 胜利油田 CCUS 项目全面投产，成为中国最大的 CCUS 全产业链示范基地，为推动中国构建低成本、低能耗、安全可靠的 CCUS 技术体系和产业集群发挥重要引领作用。茂名石化 POE 中试装置一次开车成功，产出合格产品，标志着中国石化成为中国首家具备相关成套自主知识产权的技术专利商，填补国内空白。上海大丝束项目投料开车成功，产出合格产品，标志着中国石化大丝束碳纤维从关键技术突破、工业试生产、产业化，成功走向规模化和关键装备国产化，让“黑黄金”有了中国技术，一举突破中国碳纤维生产和装备受制于人的被动局面。东营原油库迁建项目全面投产，实现高标准设计、高质量施工、高水平建设，成为国内一流的智能绿色标杆油库。天津 LNG 二期、川西气田地面工程等油气项目，天津南港乙烯、镇海基地二期等炼化项目，上海浦东科研基地项目、中国石化自贸大厦项目等科研辅助项目，正有序开展现场施工。

“六化”建设成效显著。在标准化设计上全面推广 LNG、川西气田酸性气处理装置的系列化标准化设计，促中国石化工程建设标准统一规定的落地。在工厂化预制、模块化建设上，天津南港乙烯、东营原油库搬迁项目全面推行“一个现场，两个工地”“装配式、模块化、撬装式”建造，实现“一个现场 +N 个工厂”的创新。在标准化工地创建上，九江石化芳烃、东营原油库迁建项目抓施工总平面规划落地，为安全有序和文明施工创造条件。在信息化、数字化交付上，各重点项目全面推广“二维码”技术多场景应用，实现在工程质量上的全过程数字化管控；抓智能安全帽、智能吊装监控、人员轨迹追踪、坠落报警提示、“天眼 + 地面”视频监控等智慧化管控手段的建立；建设智能工地指挥中心，深化 BIM 应用，打造数字孪生工厂，助力工程建设全过程的数字化转型。

（安飞一）

油气田地面及新能源工程

【胜利油田分公司东营原油库搬迁工程续建】 项目新建 6 台 10 万立方米、4 台 2 万立方米外浮顶原油罐及其配套设施，油库设计周转量 1900 万吨 / 年；国家石油天然气大流量计量站东营分站新建 2 套体积管流量标定装置、1 套静态质量法标定装置，配套流量计标定台、砝码自动加载系统等设施。新建输油管道 210 千米，以及 13 座相关站场、2 座计量交接点和 1 座阀室配套改造。新建东营原油库 110 千伏外电线路 13.1 千米。项目总投资 23.49 亿元，于 2022 年 10 月 26 日投产。

（黄婉萍）

【西南油气分公司川西气田产能建设地面工程续建】 项目新建产能19.8亿立方米混合气，采用分散脱硫、分散制硫模式。项目包括3#、4#、5#、6#四座天然气脱硫站场（处理规模分别为50万米^3/日、50万米^3/日、200万米^3/日、300万米^3/日）；*DN*250集输管道4.5千米；新建取水泵站1座，及*DN*400取水管线4千米，*DN*150取水管线2千米；35千伏电力线41千米，10千伏电力线21千米；道路长度8.8千米；新建生产管理中心1座，建筑面积8750平方米；新建应急救援站1座，建筑面积2 669平方米；外输管道线路全长53千米，沿线设置3座线路截断阀室和2座站场（外输首站、新场增压站），管径压力方案为*DN*600/6.3兆帕，设计输气能力13亿米^3/年。地面工程总投资48.72亿元。截至2022年底，总体进度约46.2%，3#、4#脱硫站土建结构收尾，5#、6#脱硫站基础、结构、地管施工。

（黄婉萍）

【华北油气分公司大牛地气田乙烷回收工程续建】 项目新建600万米^3/日乙烷回收装置1套、100万米^3/日天然气液化装置1套，包括天然气脱碳、天然气增压、天然气脱水、制冷、凝液分馏、产品储运等单元及配套公用工程。采用“活化MDEA脱碳、3A分子筛脱水、载硫活性炭脱汞”净化工艺；“丙烷、膨胀制冷、部分干气循环”乙烷回收工艺；“丙烷预冷+混合冷剂制冷”乙烷液化工艺；“多级丙烷预冷+混合冷剂制冷”天然气液化工艺。建成后日新增液化石油气149吨、日新增稳定轻烃50吨、日产乙烷355吨、日产LNG1350吨。项目总投资9.21亿元。截至2022年底，项目因疫情和征地问题尚未开工，施工图完成85%，办理土地手续。

（黄婉萍）

【胜利油田分公司高89－樊142地区二氧化碳驱油与封存示范工程（CCUS）续建】 项目以齐鲁分公司第二化肥厂煤制气装置排放的二氧化碳尾气为原料，通过增压、脱水、液化、精馏工艺生产纯度为99%以上的液态二氧化碳，通过汽车拉运方式运输至胜利油田高89-樊142地区进行驱油。项目新建二氧化碳注气站15座及注入管线81.2千米；利用闲置房屋新建前线生产指挥中心1处；配套建设自控、通信、供配电、防腐、结构、道路等系统。地面工程总投资2.27亿元，于2022年6月30日建成投用。

（黄婉萍）

【新星公司新疆库车绿氢示范项目新开】 项目新建300兆瓦光伏厂、2万吨/年制氢厂各1座，以及配套的220千伏升、降压站和输电线路、输氢管线等。项目总投资29.96亿元。截至2022年底，受疫情等因素影响，项目总体进度完成82.62%。

（黄婉萍）

炼化项目

【镇海炼化1100万吨/年炼油及高端合成新材料项目续建】 项目新建1100万吨/年常压蒸馏、2套300万吨/年催化裂解、560万吨/年固定床渣油加氢等11套主要生产装置及辅助配套设施；高端合成新材料工程计划新建60万吨/年丙烷脱氢、40万吨/年丙烯腈等8套主要生产装置及辅助配套设施，总投资约416.4亿元。截至2022年底，项目总体进度完成33.49%，桩基施工完成66.5%，钢结构开始安装。

（宋　铎）

【镇海炼化1#乙烯装置原料轻质化适应性改造项目新开】 项目对原有1#乙烯装置中丙烯制冷压缩机和二元制冷压缩机进行改造，低压甲烷压缩机整体更换，新增分离单元（冷箱、干气脱重塔、干气碳二粗分塔等），汽油分馏塔、脱乙烷塔和乙烯精馏塔内件改造，新建1套30万吨/年HDPE

装置及配套立体库，总投资 23.71 亿元。截至 2022 年底，项目总体进度完成 41.45%，乙烯主装置改造部分桩基施工，炉前区地管施工正在收尾。

（宋　铎）

【天津南港 120 万吨 / 年乙烯及下游高端新材料产业集群项目续建】 项目新建 120 万吨 / 年乙烯、60 万吨 / 年裂解汽油加氢、38 万吨 / 年芳烃抽提、10 万吨 / 年 UHMWPE 装置、20 万吨 / 年 LAO 装置、30 万吨 / 年 LLDPE 装置、50 万吨 / 年 HDPE 装置、10 万吨 / 年 POE 装置、35 万吨 / 年 PP 装置、13 万吨 / 年丙烯腈装置（含后处理装置）、30 万吨 / 年 ABS 装置、13/4 万吨 / 年 MTBE/1- 丁烯装置等 13 套工艺装置及公用工程、辅助配套设施等，总投资 290 亿元。截至 2022 年底，项目总体进度完成 62.13%，全厂构筑物完成 95%，钢结构安装完成 70%。

（宋　铎）

【催化剂公司天津新材料生产基地（一期）工程建设项目新开】 项目新建 10 条催化剂生产线，14 座甲类储罐、10 座丙类储罐，8 套装卸鹤管和 9 台装卸车泵，5 个自动化立体仓库，1 座 2600 吨 / 时循环水站，1 座 35/10 千伏总降变电站，3 座 10 千伏变电站，设置 10 台 2000 千伏安变压器等。截至 2022 年底，项目地下部分基础浇筑完成。

（宋　铎）

【海南炼化 100 万吨 / 年乙烯及炼油改扩建项目续建】 项目新建 100 万吨 / 年乙烯装置、55 万吨 / 年裂解汽油加氢装置、16 万吨 / 年丁二烯抽提装置、10/4 万吨 / 年 MTBE/1- 丁烯装置、35 万吨 / 年芳烃抽提装置、30 万吨 / 年 FDPE 装置、30 万吨 / 年 HDPE 装置、80 万吨 / 年 EG/EO 装置、30 万吨 / 年环管法 PP 装置、20 万吨 / 年气相法 PP 装置 10 套生产装置及配套码头；在炼油区新建 260 万吨 / 年加氢裂化装置、260 万吨 / 年连续重整装置、轻烃回收装置、2[#] 对二甲苯装置填平补齐 4 个单元及相应的公用工程和辅助设施等，总投资 281 亿元。截至 2022 年底，项目总体进度完成 99.9%，项目建成中交，进行生产准备工作。

（宋　铎）

【海南巴陵 17 万吨 / 年苯乙烯类热塑性弹性体项目续建】 项目新建 12 万吨 / 年 SBS 和 5 万吨 / 年 SEBS 共 2 套工艺装置及配套公用工程和辅助生产设施，总投资 19.2 亿元。截至 2022 年底，项目总体进度完成 97.03%，钢结构安装完成 100%，设备安装完成 97.4%。

（宋　铎）

【福建漳州古雷炼化一体化项目续建】 项目新建 80 万吨 / 年乙烯裂解、55 万吨 / 年裂解汽油加氢、35 万吨 / 年芳烃抽提、13 万吨 / 年丁二烯抽提、30 万吨 / 年乙烯醋酸乙烯树脂（EVA）等 10 套工艺生产装置及公用辅助工程，总投资 278.4 万元。截至 2022 年底，EVA 装置建成中交。

（宋　铎）

【九江分公司 89 万吨 / 年芳烃项目续建】 项目新建 90 万吨 / 年芳烃抽提、572 万吨 / 年二甲苯分馏、131 万吨 / 年歧化及烷基化转移、511 万吨 / 年吸附分离、409 万吨 / 年异构化 5 套主体装置，改造连续重整和加氢裂化装置，并完善配套公用工程和辅助设施，总投资 35.4 亿元。截至 2022 年底，项目按期建成投产。

（宋　铎）

【茂名分公司 40 万吨 / 年粗裂解气制乙苯 / 苯乙烯项目续建】 项目新建 12 万吨 / 年粗裂解气、42.4 万吨 / 年乙苯及 40 万吨 / 年苯乙烯 3 套工艺装置及其公用工程和辅助设施，总投资 24.37 亿元。截至 2022 年底，项目按期建成投产。

（宋　铎）

【安庆分公司炼油转化工结构调整项目续建】 项目新建 300 万吨 / 年重油催化裂解装置（含双脱）、160 万吨 / 年气分、80 万吨 / 年芳烃抽提、40 万吨 / 年乙苯苯乙烯、30 万吨 / 年聚丙烯装置和 200 吨 / 时酸性水汽提装置，将 80 万吨 / 年柴油加氢装置改造为 70 万吨 / 年裂解汽油加氢装置；对已有400万吨/年常减压装置、100万吨/年延迟焦化装置、220万吨/年蜡油加氢装置、200万吨/年催化裂化装置等进行材质升级改造。新建储罐18座（总罐容7.75万立方米）、空分空压站1座、制氮能力1万米³（标准）/时等公用工程及辅助设施；新建供电系统、循环水场、中控室1座、系统变电所1座等系统配套，总投资64亿元。截至2022年底，项目建成中交，进入生产准备阶段。

（宋　铎）

【扬子石化炼油结构调整项目续建】 项目新建260万吨/年渣油加氢装置、280万吨/年催化裂化装置、150万吨/年S Zorb催化汽油吸附脱硫装置、70万吨/年气体分馏装置、2×15万吨/年硫黄回收装置、170吨/时酸性水汽提装置、440吨/时溶剂再生装置、产品精制装置及配套公用工程和辅助设施，总投资51.69亿元。截至2022年底，项目总体进度完成67.93%，催化裂化装置混凝土浇筑97.82%，钢结构安装81.53%，设备安装21.29%。

（宋　铎）

【中韩石化炼油结构调整催化气分联合装置及系统配套改建工程项目续建】 项目新建280万吨/年催化裂化装置（含脱硫脱硝除尘）1套，1000立方米气分原料球罐4座和2000立方米丙烷球罐1座，750吨/时化学水处理设施和8000米³/时循环水场各1座，新建110千伏变电站及改造厂内供电系统、改造2#火炬系统等，总投资18.7亿元。截至2022年底，项目总体进度完成70.63%，主装置反应器、再生器封顶。

（宋　铎）

【仪征化纤300万吨/年PTA项目续建】 项目新建300万吨/年PTA装置1套，主要包括氧化单元、精制单元、溶剂和催化剂回收等；10万米³/时循环冷却水场，2台3万立方米PX储罐及输送管线，污水处理设施等；配套建设PTA风送、甲醇制氢、脱盐水制水、液氮气化、110千伏/10千伏变配电、中央控制室、成品包装及周转仓库等辅助设施，总投资52.05亿元。截至2022年底，项目总体进度完成69.43%，项目桩基施工全部完成，土方工程完成93.73%，混凝土浇筑完成85.97%，钢结构开始安装。

（宋　铎）

【巴陵石化己内酰胺产业链搬迁与升级转型发展项目续建】 项目新建9万米³（标准）/时空分装置、18.9万米³（标准）/时煤气化、净化装置、33万吨/年合成氨装置、66万吨/年硫黄制酸装置+3万吨/年硫化氢制酸装置、66万吨/年硫黄制酸装置配套低温热回收装置、2套12万吨/年过氧化氢装置、2套20万吨/年酯化法环己酮装置、8万吨/年氧化法环己酮装置、2套30万吨/年氨肟化装置、2套30万吨/年己内酰胺装置、2套45万吨/年硫铵装置、15万吨/年聚合装置，及配套公用工程和辅助生产设施，总投资139.4亿元。截至2022年底，项目总体进度完成88.52%，混凝土浇筑98.89%，钢结构安装86.6%，工艺管道安装63.31%。

（宋　铎）

储运工程

【天然气分公司天津液化天然气（LNG）项目二期工程续建】 项目新建1座3万—26.6万立方米LNG运输船泊位及相应工艺配套设施，新建5台22万立方米LNG储罐及配套设施。全站规模提高至1080万吨/年，项目总投资47.10亿元。截至2022年底，项目总体进度90.44%，码头工程投用，5#、6#罐具备投产条件，7#、8#、9#罐内罐施工。

（黄婉萍）

【天然气分公司山东液化天然气（LNG）项目三期工程续建】 项目码头新增1座靠泊26.6万立

方米 LNG 船舶的专用泊位，接收站新增 1 座 27 万立方米 LNG 储罐、10 兆帕气化外输系统、汽车装车设施及配套附属设施。三期工程建成后，接收站规模将为 1100 万吨 / 年（最大物理能力 1400 万吨 / 年），总外输能力为 154 亿米 ^{3}/ 年，其中 LNG 汽车装车能力为 150 万吨 / 年。接收站工程投资 16.99 亿元，码头工程投资 4.02 亿元，储罐工程投资 8.31 亿元。2022 年 5 月 30 日气化外输设施工程中交，10 月 30 日码头工程中交。截至 2022 年底，项目总体进度完成 93.42%，接收站和码头工程完成，储罐完成 76.77%。

（黄婉萍）

【天然气分公司龙口液化天然气（LNG）项目续建】 项目新建（改造）26.6 万立方米 LNG 接卸码头、4 座 22 万立方米 LNG 储罐、工艺处理设施、火炬设施及电厂温排水取水工程、取水泵房等配套设施。项目总投资 87.25 亿元。截至 2022 年底，项目总体进度完成 44.95%，储罐外罐施工。

（黄婉萍）

【天然气分公司广西液化天然气（LNG）项目三期工程续建】 项目建设 1 座 26.6 万立方米 LNG 接卸泊位及相应的配套设施，建设 4 座 LNG 储罐、站场工艺及其他配套设施，新增接收能力 600 万吨 / 年。项目总投资 94.64 亿元。截至 2022 年底，项目总体进度完成 14.67%，罐基桩基施工。

（黄婉萍）

【扬子石化连云港原油商业储备基地工程新开】 项目新建 16 座 10 万立方米储罐及配套设施，总投资 22.15 亿元。截至 2022 年底，项目开展施工准备工作。

（黄婉萍）

【浙江石油分公司灵昆成品油库工程新开】 项目新建 14 座 2 万立方米内浮顶储罐、6 座 5000 立方米内浮顶储罐、2 座 2000 立方米内浮顶储罐。项目总投资约 12.77 亿元。截至 2022 年底，开展方案优化工作。

（黄婉萍）

【江苏石油分公司槐泗成品油库工程新开】 项目规划总库容 9.9 万立方米，一期建设库容 6.8 万立方米，包括 2 座 4000 立方米、2 座 5000 立方米和 3 座 1 万立方米汽油储罐；2 座 5000 立方米、1 座 1 万立方米柴油储罐；1 座 9 个车位通过式下装汽车发油亭及配套控制系统；1 套油气回收装置，1 座 750 立方米事故池；以及配套污水处理等设施。项目总投资 2.75 亿元。截至 2022 年底，围墙、储罐基础开始施工。

（黄婉萍）

【天然气分公司山东管网东南干线工程续建】 南干线全长 462.7 千米。其中，岚山分输清管站至汤头清管站段线路长度为 85 千米，管径 DN1000，设计压力 10 兆帕；汤头清管站至济宁站段线路长度为 290 千米，管径 *DN*1200，设计压力 10 兆帕。东干线全长约 495 千米，包含主干线 436.5 千米，管径 *DN*1200，设计压力 10 兆帕，以及支干线和联络线。项目总投资 162.55 亿元。截至 2022 年底，南干线已具备投用条件，东干线完成 45.73%。

（黄婉萍）

【天然气分公司皖东北天然气管道工程续建】 项目设"一干两支一联通"管道，线路全长约 281 千米，管道设计压力 10 兆帕，设计输气 46.6 亿米 ^{3}/ 年。途经滁州市和马鞍山市 2 个市 8 个县区，沿途共设有 7 座站场、9 座阀室，穿越铁路 5 处、高速公路 8 处，大中型定向钻穿越 40 处。项目总投资 29.63 亿元。截至 2022 年底，项目总体进度完成 68.75%，干线与皖北支线施工基本完成，皖东支线施工。

（黄婉萍）

科研辅助工程

【中国石化上海浦东科研信息办公综合基地项目续建】 项目总建筑面积 260120 平方米，其中地上建筑面积 157500 平方米，地下建筑面积 102620 平方米。地上部分建设 1#—5# 科研办公综合楼、1 座科技交流中心、1 座信息中心共 7 栋建筑物及配套区域的总图、道路、绿化、给排水、供配电、暖通等公用工程和辅助设施。项目总投资 47.33 亿元，计划 2024 年 6 月 30 日竣工。截至 2022 年底，项目总体进度完成 66.6%，土建结构、安装施工。

（黄婉萍）

【中国石化海南自贸大厦项目续建】 项目总建筑面积 109092 平方米，其中地上建筑面积 78854 平方米、地下建筑面积 30238 平方米（含商业设施 4000 平方米），主楼地上共 34 层，建筑密度 35%，容积率 7.0，建筑高度不超过 150 米，停车位 391 个。项目总投资 13.51 万元，计划 2024 年 5 月 28 日竣工。截至 2022 年底，项目总体进度完成 38.77%，底板混凝土浇筑，地下核心筒结构施工。

（黄婉萍）

工程建设管理

【设计管理】 检查落实设计条件，检查协调工程设计进度，协调装置（单元）之间的界面关系、设计与采购施工的界面关系等，审查项目设计统一规定，论证可研方案、重大装备国产化、工艺技术路线、工艺包审查鉴定，审查总体设计和基础设计、总体统筹控制计划等，及时协调解决设计过程中出现的问题，确保设计质量和进度。项目启动初期，对接落实项目建设启动相关条件，指导编制《项目前期策划方案》，审查工程设计采购方案，落实工程设计招标、设计委托等设计选商工作。

服务重点项目建设，开展镇海基地二期、安庆石化炼油转化工结构调整、仪征化纤 PTA、天津石化南港乙烯、洛阳石化乙烯、贵州能化 PGA、川西气田产能建设、海南商储二期、库车绿氢示范、鄂尔多斯绿氢等项目的设计管理及检查协调。开展华北油气分公司大牛地气田乙烷回收项目设计过程审查，保证项目设计质量受控。

组织开展《中国石化建设项目设计管理办法》《建设项目设计过程专项审查办法》《石油化工工程数字化交付执行细则》等制度及工作标准的修订。编制并发布《建设项目包设备管理工作规定》工作规定，指导建设项目落实包设备采购相关职责和工作。

（贾　楠）

【标准管理】 2022 年，石油化工工程建设标准化工作，遵循“立足行业、服务企业、国际接轨”的工作方针，兢兢业业、扎实工作，较好完成全年各项任务。

标准体系建设工作。根据国家标准化改革实施要求和产业发展需求，加强工程建设标准的顶层设计、优化结构，提升全产业链标准，打造具有技术权威、实用性强、更新及时的标准体系。体系中以国家标准、行业标准建设为根本，经行业评审后申报，再经国家部委组织立项论证，共有 44 项标准计划得以批准，其中国家标准 6 项、行业标准 38 项。集团公司在新兴产业中注重科技创新，以形成企业核心技术，《氢气管道材料设计选用规范》等 7 企业标准项目计划和 7 项标准研究课题计划得到批准，并组织完成 2023 年企业标准项目计划初审工作，上报企业标准计划 14 项。

标准制修订工作。2022 年，工程建设国家标准和行业标准制修订在编项目 103 项，其中国家标准 27 项、行业标准 76 项。公告批准的国家标准和行业标准见表 1；集团公司级企业标准 60 项完成报批初审，其中有 13 项通过科技部的终审。完成《石油化工给水排水水质标准》等 14 项行业标准的备案和出版发行。

体系建设课题研究。根据集团公司提出的“加快构建统一、先进、全球认可的标准体系”的要求，开展中国石化炼化工程建设标准提升研究。该课题以设计、采购、施工及验收等炼化工程企业标准为研究范围。正在编制体现中国石化统一技术要求、统一标准、统一信息平台的具有强制约束力的《中国石化炼化工程统一规定》。

围绕新能源战略积极开展标准专项研究。根据中国石化加快新能源业务总体目标，组织研究氢能、光伏发电和风力发电等方面的系列标准，该系列标准列入集团公司《氢能标准体系》。有些编制需求比较紧迫的项目获得集团公司批准立项，如《风电、光电制氢工程技术规范》《氢气管道材料设计选用规范》等企业标准已下达批准计划，正在筹备标准编制工作。

（何轶奕）

表 1　2022 年公告批准的国家标准和行业标准目录

序号	标准编号	标准名称	发布机构
1	GB/T 50759—2022	油气回收处理设施技术标准	住房和城乡建设部
2	SH/T 3121—2022	石油化工装置工艺设计规范	工业和信息化部
3	SH/T 3169—2022	长输油气管道站场布置规范	工业和信息化部
4	SH/T 3172—2022	石油化工总图运输术语	工业和信息化部
5	SH/T 3218—2022	石油化工消防设施维护保养技术标准	工业和信息化部
6	SH/T 3219—2022	石油化工消防泵站设计规范	工业和信息化部
7	SH/T 3406—2022	石油化工钢制管法兰技术规范	工业和信息化部
8	SH/T 3408—2022	石油化工钢制对焊管件技术规范	工业和信息化部
9	SH/T 3544—2022	石油化工往复式压缩机组施工及验收规范	工业和信息化部

【炼化工程造价管理】 强化工程造价管理制度建设，填补管理短板，持续提升投资管控水平。开展《中国石化工程造价管理规定》和《中国石化建设项目实施投资控制管理规定》等制度宣贯。编制“工程建设计价指导意见”及《中国石化工程建设计价依据制（修）订管理标准》《中国石化工程项目投资控制路线图》《造价咨询企业管理及信用评价办法》，开展工程造价管理相关制度整合工作。

加强计价体系建设，夯实全过程投资控制基础。出版发行 2021 版《石油化工检修工程预算定额》《石油化工检修工程费用定额》，为编制检修预算和合同计价提供可靠的计价依据。推进工程建设计价模式研究，开展《石油化工建设工程工程量清单计价办法（2011）》修订工作，参加国家标准《构筑物工程工程量计算标准》修订。开展“标准化营地”建设研究、费用测算。加强设备材料价格预测研究，发布非标设备和主要材料价格趋势曲线；发布非标设备概算指导价和指标主材费调整系数；跟踪全国主要省市人工、材料和施工机械价格信息，测算工、料、机及综合上涨指数，为计价依据的动态调整奠定基础。

开展工程建设项目全过程投资控制基础工作，提升投资管控能力。帮助指导企业做好投资管控制度承接，完善投资控制体系。开展项目概算编制质量审查，协调处理工程计价、费用纠纷问题。

开展专题研究，夯实工程造价管理技术基础。调研设计费计算方法和设计成本管理现状，完成《关于调整设计费计取方式调研情况的报告》。调研分析价格波动对工程建设项目影响，完成《价差预备费调研报告》。根据管理经验形成《石油化工定额造价闭环管理体系探索与实践》，获中国石化第三十一届管理现代化创新成果三等奖。

契合时代发展，持续提升工程造价信息化管理水平。开展“费用分解结构 CBS 编码规定”课题研究。完善定额、指标及主材费等计价依据动态管理系统。开发阀门、电缆价格查询系统等，提高造价文件编制效率和质量。优化升级概算站、定额站网站安全性和运行效率，为工程造价专业人员提供技术支持。构建造价人员管理信息平台，建立造价人员信息管理数据库、在线培训管理系统等。开展“中石化工程项目实施过程投资管控信息平台”建设研究、策划及需求分析。

（蒋　炜）

【生产准备与投料试车】 2022 年，共有 2 座油气田地面工程、34 套炼油化工装置、2 套新能源设施、4 套油气储运设施建成投用（见表 2）。其中，新疆库车绿氢 2 套新能源设施受疫情等影响未投产；海南炼化 4 套炼油装置、皖东北输气管道干线和皖北支线因经营效益，日照 GC 因运营安排等原因未投产，但已具备投产条件。各企业按照《中国石化工程建设项目生产准备与试车管理规定》文件要求，认真做好组织、人员、技术、物资、资金、营销、外部条件 7 个方面的生产准备工作。加强生产准备工作前移、重视总结提升及经验推广、坚持以问题为导向开展工作，全力推进重点项目安全平稳建成投产。为保证投料试车一次成功，2022 年总部共组织总体试车方案审查 10 次、投料条件检查 7 次、各类研讨及问题协调会 6 次、开车队及开车专家组 29 批。

（王　刚）

表 2　2022 年油气田地面工程、炼油化工装置、新能源设施和油气储运设施投产情况

序号		单位	名称	建设规模 / 万吨・年 $^{-1}$	投产时间
一	1	胜利油田分公司	东营原油库搬迁项目	68 万立方米	10 月 26 日
	2		高 89　樊 142 地区二氧化碳驱油与封存工程	100	4 月 5 日
二	3	中科炼化	EVA 装置	10	3 月 3 日
三	4	茂名分公司	粗裂解气制乙苯 / 苯乙烯项目	40	5 月 30 日
四	5	天津分公司	环氧丙烷项目	15	1 月 14 日
五	6	镇海炼化	蒸汽裂解装置	120	1 月 7 日
	7		裂解汽油加氢装置	60	1 月 6 日
	8		丁二烯抽提装置	16	1 月 5 日
	9		环氧乙烷 / 乙二醇装置	80	1 月 15 日
	10		淤浆法聚乙烯装置	30	1 月 19 日
	11		聚丙烯装置	30	2 月 28 日
	12		环氧丙烷 / 苯乙烯装置	27.4/60.2	1 月 6 日
六	13	九江分公司	芳烃抽提装置	90	5 月 6 日
	14		歧化装置	131	5 月 28 日
	15		二甲苯分馏装置	572	6 月 8 日
	16		吸附分离装置	511	6 月 9 日
	17		异构化装置	409	6 月 8 日

续表

序号		单位	名称	建设规模 / 万吨・年 $^{-1}$	投产时间
七	18	海南炼化	热电装置	3×220 吨 / 时　25 兆瓦	6 月 13 日
	19		空分装置	4.5 万米 ^{3}（标准）/ 时	10 月 25 日
	20		加氢裂化装置	260	12 月 31 日
	21		连续重整装置	260	12 月 31 日
	22		芳烃抽提装置	100	12 月 31 日
	23		歧化装置	140	12 月 31 日
	24		蒸汽裂解装置	100	2023 年 2 月 16 日
	25		裂解汽油加氢装置	55	2023 年 2 月 21 日
	26		芳烃抽提装置	35	2023 年 2 月 5 日
	27		丁二烯抽提装置	16	2023 年 2 月 4 日
	28		MTBE/1- 丁烯装置	10/4	2023 年 2 月 26 日
	29		全密度聚乙烯装置	30	2023 年 1 月 5 日
	30		高密度聚乙烯装置	30	12 月 30 日
	31		环氧乙烷 / 乙二醇装置	80	2023 年 2 月 14 日
	32		环管法聚丙烯装置	30	12 月 28 日
	33		气相法聚丙烯装置	20	12 月 20 日
八	34	海南巴陵化工新材料有限公司	SBS 装置	12	2023 年 4 月 5 日
九	35	上海石化	原丝装置（一阶段）	2.4	9 月 17 日
	36		碳纤维装置（一阶段）	0.6	10 月 10 日
十	37	新星公司	库车绿氢示范项目光伏发电	300	—
	38		库车绿氢示范项目绿氢装置	2	—
十一	39	青岛石化	日照基地项目	50×10 万立方米	6 月 24 日
十二	40	广西石油分公司	广西南宁屯里油库工程	14.2 万立方米	9 月 7 日
十三	41	天然气分公司	山东液化天然气（LNG）项目三期接收站工程	3 500 万米 ^{3}/ 日	12 月 16 日
	42		皖东北输气管道工程（干线和皖北支线）	46.6 亿米 ^{3}/ 年	12 月 31 日

【QHSE 管理】 全面提级管理抓安全。全面加强各类工程机械管控，加强现场作业管理，全力防范和遏制事故发生。抓《加强工程建设项目安全管理的硬措施》的督办和落地，有效保障“两特两重”期间的安全稳定，为党的二十大胜利召开营造良好的氛围。截至 2022 年底，重点工程建设实现连续 9063.48 万安全人工时。

全面整治“低老坏”。狠抓“以包代管”“包而不管”，标准化工地建设全面开展，工程感官质量显著提高，大幅提升了工程本质安全水平。改革工程创优的评比机制，强化过程创优和阶段性促优工作。

全面加强监督检查力度。常态化开展安全质量现场督查和视频巡查、QHSE 管理体系符合性评审，将问题消灭在萌芽阶段。2022 年，重点工程项目焊接（按焊口计）一次合格率 96.4%。严格质量约谈通报处罚机制，对触犯“红线”的问题始终保持“零容忍”态势，对触犯“红线”的单位持续进行施压和警示教育。

全面从严管理承包商。强化甲方监管责任，强势管理承包商，严格审核承包商 QHSE 体系，严肃处理违规承包商，坚决清退不合格承包商，营造风清气正的建设环境 。

（远　征）

【工程招投标管理】 2022 年，中国石化电子招标投标交易平台在线完成采购标段 8283 个，其中招标采购标段 2441 个，非招标采购标段 5842 个；合同成交额 900.4 亿元，其中招标 848.77 亿元、非招标 51.63 亿元。中国石化建设工程招标投标管理委员会办公室依法依规履行工程招投标监管职责，结合中国石化项目特点，持续规范工程招投标活动和工程建设市场秩序，全年直接监管工程采购 748 个标段，总中标额约为 650.64 亿元，公开招标率按金额计算达 97.85%。

深入落实集团公司各项决策部署，服务企业做好支持工作，全力保障重点项目顺利实施，东营原油库迁建、镇海基地、库车绿氢示范工程、天津南港乙烯工程等一批重点项目顺利完成工程采购。主动落实国家发展改革委《关于严格执行招标投标法规制度进一步规范招标投标主体行为的若干意见》，结合中国石化工程采购实践下发《关于严格执行招标投标法规制度进一步规范招标投标主体行为的通知》。深入开展制度诊断，推进制度整合再造，切实推进工程招投标管理改革提升，起草《中国石化建设工程招标投标管理规定修编策划方案》。起草完成《工程招标投标专项治理企业整改情况报告》，做好工程招投标专项治理“后半篇文章”。组织完成招投标信息系统三期可研、基础设计评审，推进系统建设，开发工作基本完成。督促企业落实智慧监督 1.0 及发现问题的闭环管理，组织制订智慧监督 2.0 工作方案。制定《中国石化建设工程招标标准文件（2022 版）》，进一步提升招标标准化、规范化水平。持续推进承包模式、计价方式改革工作，协调招标人在招标文件中落实新型 EPC 模式有关要求，持续推进工程采购工作的规范和创新。

（杨　旭）

【石油工程造价管理】 2022 年，石油工程造价管理工作围绕集团公司工作部署，牢固树立“大造价”理念，充分发挥造价管理“资源配置的导向、投资优化的手段、业财融合的纽带”三大作用，为油气增储上产和工程“四提”“五化”提供专业服务支撑，圆满完成全年各项工作任务。

定额建设与管理。围绕勘探开发重点区域，助力“四提”“五化”，及时补充完善定额标准，为效益建产和精细开发提供科学计价依据，全年共组织编制（修编）8 项重点专项定额、17 项小项定额。①新编 2 个新区、修编 3 个老区钻井定额。重点关注页岩油、页岩气等新区块开发进度，组织西南资阳、丁山等 2 个新区块钻井定额编制，满足新区工程计价需要；组织开展胜利油田、华北油气田、江汉油田 3 个老油区钻井定额修编，满足井身结构优化、新工艺推广应用计价需求。②组织东部试油定额全面修编。将东部试油定额与四川盆地试气定额整合统一，形成统一的《中石化试油（气）工程定额》。整套定额划分为人工、机械、工序工时等 5 个主模块、11 个子模块，已完成 7 个子模块的修编任务。③构建通用的压裂工程定额。在四川盆地压裂定额基础上，以近两年 12 家分公司的施工数据为依据，综合东部、西北、西南三大区域的施工特点，坚持“适用性、先进性、统一性”的编制原则，构建形成通用的《中石化压裂工程定额》，涵盖中国石化现有全部压裂工艺类别。④组织工厂化预制定额编制。分钢结构底座和工艺配管两类撬块，按面积和材质划分 6 种不同类型，采用钢结构底座以“吨”为单位、工艺配管以“寸径”为单位的综合单价形式，编制形成 11 项综合单价。⑤增补修编 17 项小项定额，更好地满足勘探开发过程中新工艺、新技术、新设备推广应用对计价依据的需求。

清单计价体系建设与应用。①地面工程清单计价系统完成主体功能建设并上线运行。完成预结算、招投标、估概算编制等主体业务功能，建立 9 个专业清单、入库 12 个省市 154 套定额，可满足中国石化上游各工区地面工程计价需要；按计划在河南油田、江汉油田、中原油田、华北油气田 4 家分公司和石油工程建设公司相继试点上线，上线后应用情况良好。②石油工程清单计价平台深化应用。做好平台与 EPBP 数据共享，按照上游板块提升结算工作制度化、流程化、信息化的要求，建立与 EPBP 物料价格、辅助劳务、技术服务、车辆等基础数据的同步机制，实现应用标准的统一。在胜利油田、河南油田、江苏油田 3 家分公司实现井下作业工程结算一体化运行，打通业务数据壁垒，支撑结算效率和经营管理水平的有效提升。深入推进“设计与预算一体化”工作，助力方案设计阶段投资优化。总部层面与石油工程技术研究院合作开展钻井工程设计预算一体化研究，为上游板块推进设计预算一体化做好顶层设计；企业层面在江汉油田分公司先行先试，实现钻井设计与预算协同。

支撑服务油气板块重点工作。围绕“日费制”推行、“示范井工程”建设、对标追标和项目全过程投资管控、重点项目投资优化等工作，充分发挥造价管理专业优势，为油气板块重点工作提供专业服务支撑。①为上游推行“日费制”提供支持服务。为落实国内上游 2022 年度工作会关于做好“试油（气）工程日费制试点”的要求，根据施工工艺不同，分常规试油（气）和非常规试油（气）两类分别编制日费标准。常规试油（气）为“4+1+N”模式，非常规试油（气）为“2+N”模式。②推动“工程项目实施全过程投资管控平台”建设。根据总部安排，在上游造价信息平台的基础上结合石化工程特点，集成计价业务和项目管理功能，建立中国石化上中下游统一的工程项目实施过程投资管控平台，实现全过程造价文件编制、造价业务审核、造价大数据积累和分析应用，为项目投资管控提供支撑。2022 年度组织编制完成《中国石化工程建设实施过程投资管控体系建设方案》，组织专家集中办公，开展第一阶段预结算文件编制和业务审核流程构建、大数据分析应用等业务需求方案编制。梳理完成石化工程预结算、造价管控流程、大数据应用等业务，编制相关业务需求报告；对石化相关定额数据进行整理、转换格式，为年底前数据入库做好准备。③深化对标季报、价格分析 2 项应用。全年共编发 4 期石油工程钻完井造价指标对标季报，有效促进企业对比先进、寻找差距、分析原因，提出管理和工艺方法的优化措施，促进降低工程成本，提高效率。在连续 5 个年度完成《石油工程主材价格分析及趋势预测》的基础上，着眼于提升分析深度、助力业财融合，创新开展主材价格变动对工程造价的影响分析，为总部和企业提供价格信息服务。

项目审查。支撑总部投资方案优化与决策，做好重点项目投资审查。①根据油田部委托，完成华东海页 1 井、西南新桥 1 井、河南阳页油 1 井等 6 口重点井预算审查。②根据集团公司发展计划部安排，开展上海海洋油气分公司重点产能项目可行性研究方案投资估算审查工作，参与胜利海上埕岛油田埕北 351 等 15 座平台及管缆弃置工程可研估算审查，参与大牛地气田乙烷回收站概算审查。③根据集团公司安全监管部安排，完成“2022 年新疆石油勘探爆炸物品清查测算费用”审查工作，审定测算费用 2662 万元。④参与审计部组织的天津石化南港商储库、天津分公司炼油产品结构调整及油品质量升级改造项目、中原卫 11、文 13 西储气库等项目的决算审计，为工程项目的造价审计提供专业支持。

基础工作。深入推进人才队伍建设、对外交流合作、内部业务交流等工作，持续夯实造价管理高质量发展基础。①加强造价人才队伍建设。深化系统人才队伍建设整体规划，研究制订《造价人才队伍建设“三个一批”工程实施方案》，计划三年内“培育一批高水平专家、一批专业行家和一批业务骨干”，打造造价人才队伍核心力量，形成支撑发展的人才梯队。完成首期“三个一批”人才的遴选，入选高水平专家 32 人、专业行家 84 人、业务骨干 97 人。②对标先进，加强对外合作交流。深入开展中－中对标，加强与中国石油的业务交流，联合开展重点工区造价情况对标、市场化计价规则研究等工作。与高校合作，开展国外工程造价管理情况调查研究，了解国外造价管理新动态、新理念、新方法。③加强系统内业务交流。组织开展上游造价系统造价论文及成果交流，共征集造价论文、分析成果 124 项，成果质量有了新的提升。

（张　兴）

公用工程

热电 | 水务

热电

【概述】 2022年，热电业务全面贯彻落实党中央、国务院碳达峰碳中和重大决策部署和习近平总书记视察胜利油田重要指示精神，聚焦年度工作目标，稳步推进碳达峰行动，大力优化能源结构，提升能源利用效率，持续提升热电运行水平和创效能力，促进机组升级改造，落实电价政策，践行绿色洁净战略，推进燃煤发电转型升级，为集团公司持续健康发展提供坚强的公用工程保障。

（胡海翔）

【全面完成生产任务】 热电业务在满足主业用热需求的基础上，克服煤炭供需紧张价格上涨和政府限煤、阶段性限电及新冠肺炎疫情反复等不利形势，坚持保供第一，效益优先。全年完成发电量356.19亿千瓦·时、减少4.9%，供热量4.21亿吉焦、增加3.2%。

（胡海翔）

【稳步提升机组运行水平】 组织所属企业对照《防止电力生产事故的二十五项重点要求》及《锅炉安全技术规程》规定，开展热电业务生产事故预防措施排查。下发《关于开展热电装置安全警示活动的通知》，结合本企业热电装置现场情况，查找大隐患，识别大风险，防范大事故。严格热电装置非计划停工管理。督导南化公司、燕山石化等5家企业锅炉运行、电气系统管理等工作，开展专项隐患分析排查和整治。

（胡海翔）

【持续提升技经指标水平】 2022年累计供电标煤耗指标为298.05克/（千瓦·时），下降2克/（千瓦·时）（2021年数据有修正）；供热标煤耗指标37.46千克/吉焦，上升0.08千克/吉焦。充分挖掘潜力，提质增效，上报热电业务提质增效项目86项，完成增效目标189%。协调宁夏能化330千伏变电站隐患治理项目。

（胡海翔）

【持续开展机组节能提效】 加快推进镇海炼化、上海石化、长岭炼化等机组升级改造项目建设；组织胜利油田等企业专家研究中科炼化热电机组能效达标工作方案；协调长城能化开展3家煤化工企业热电机组节能诊断。落实集团公司与国家能源集团战略合作要求，推进煤电机组能耗达标技术专题对接机制工作进展。

（胡海翔）

【积极应对煤炭涨价及供应紧张】 及时跟踪分析煤炭价格、电力供需形势，积极应对煤炭供应紧张、价格飞涨局面，综合锅炉运行安全性和经济性，及时调整采购策略，提高煤炭市场分析和采购决策水平，增加石油焦掺烧比例，降低燃料成本。严把煤炭验收关，累计入厂入炉煤平均热值差90千焦/千克，完成150千焦/千克年度目标。优化发电负荷，保障生产用电需求，用好电力市场化交易、峰谷电价政策，控制外购电成本。

（胡海翔）

【实施电厂信息化建设】 结合中国石化自备发电厂提质增效及智慧电厂建设需求，在胜利油田、燕山石化、镇海炼化3家试点单位启动SIS项目建设，基于石化智云平台，面向国家、集团、企业、电厂4个层面，建设数据采集、分析与专业应用系统。同时，建成总部端电厂专业管控信息平台，对所有自备电厂的生产过程、运行情况进行实时监督和管理。

（胡海翔）

【加快推进新热电项目建设】 安庆石化、巴陵石化新建热电项目稳步实施，年内实现投产试车。指导天津石化煤改气技术方案论证和贵州能化燃煤机组项目核准和技术路线比选，完成九江石化、上海石化等企业新建项目方案论证。

（胡海翔）

【提高新能源发电比重】 利用灰场、屋顶、水库等加快推进光伏发电项目；与中国核工业集团进行核能等清洁能源发展专题交流；为新星公司海南风电项目提供专业支持；推进内蒙古鄂尔多斯3万吨/年风光制氢一体化项目建设工作。组织赴系统外电厂调研生物质掺烧技术，并在镇海炼化、天津石化、上海石化、广州石化等企业开展生物质燃料掺烧研究并取得成效。

（胡海翔）

【保障电改政策红利落地】 推进电力市场化交易，建设电力集中交易平台。发挥一体化优势，依托联合石化公司，建设集团公司电力交易平台，集中统一制订交易策略和交易方案，保障全系统充分享受电改政策红利。加强与主力发电企业的战略合作，扩大绿电交易规模。全年实现绿电交易6.8亿千瓦·时。

（胡海翔）

【持续加强现场专业服务】 组织专家团队赴青岛炼化、高桥石化、中科炼化等12家企业开展热电业务节能降碳提效现场技术服务，研究优化热电机组挖潜提效改造技术方案。加强专业交流，实现技术取长补短，经验交流互通。审查上海石化、九江石化等企业热电项目可研报告，提出专业意见。针对南化公司锅炉高压给水管线爆管问题，组织专家进行现场技术服务。

（胡海翔）

【确保机组达标排放】 贯彻《中共中央 国务院关于深入打好污染防治攻坚战的意见》，严格落实国家和地方环保标准，执行集团公司“总经理1号令”，专题研究CFB锅炉、煤粉锅炉低氮燃烧、SCR脱硝设施优化运行和技术改造措施，在不降低带负荷能力和运行周期的前提下，全负荷范围达到超低排放要求，同时减少三氧化硫、汞、砷等污染物排放。

（胡海翔）

【深化资源化综合利用】 积极争取政策支持，深入推广煤电+耦合发电技术应用，包括生物质、污泥、废气和垃圾焚烧发电及太阳能光热、LNG冷能发电等，提高各类资源综合利用能力。持续拓展粉煤灰、石膏、灰渣等资源化利用渠道，增强大宗固体废物综合利用水平。

（胡海翔）

【推进煤电机组碳减排】 按照2022年碳达峰碳中和重点工作任务要求，高度重视燃煤热电机组节能减排降碳工作。结合企业实际，制定减排降碳总体目标，开展二氧化碳减排工作。积极推进火电厂CCUS示范项目建设，减少二氧化碳排放量。优化能源消费结构，控制煤炭消费总量，论证推进光伏、风电等清洁能源发电项目。

（胡海翔）

水务

【概述】 2022年，水务业务认真贯彻落实集团公司党组决策部署和工作会议精神，强化专业安全管理，深入开展提质增效和节水减排，推广新技术应用，持续推进绿色低碳发展，提升服务保障能力，圆满完成年度工作目标任务。

（仲 强）

【专业安全管理不断夯实】 深入贯彻HSE管理体系要求，规范风险识别和管控措施，强化应急能力建设。①按照工艺流程逐单元梳理风险点，编制4个水务系统装置风险检查表。从安全、环保和合规性等多角度识别各类风险66项，并编制针对性管控措施。②编写完成水务系统应急处置要点。围绕HSE管理体系手册及《关于全面推广基层应急“135”原则的指导意见》等要求，结合典型企业水务应急处置方案及相关事故案例，制定发布水务系统应急处置要点，规范现场应急处置管理流程等关键内容，推进“135”原则在水务系统落地。

（仲 强）

【服务保障能力持续增强】 不断强化水务生产过程管控，进一步提高供水安全和稳定达标水平。新鲜水系统克服干旱、咸潮等不利因素，实现保质保量稳定供水。循环水、化学水系统通过水处理效果在线监控、自动加药设施完善和水质在线监控，水质综合合格率稳步提升。2022 年，水务有关技术指标稳步增长，其中新鲜水供水自用损失率完成 3.9%、进步 5.0%；循环水标准补新水率完成 9.0‰、进步 6.3%；化学水标准离子水耗完成 17.6 米^3/千摩、进步 8.9%；外排污水达标率实现 100%。

（仲　强）

【专业合规管理不断深化】 ①全面摸排炼化企业取水许可和计量管理情况。督导企业建立取水点和取水许可台账，针对排查问题制定整改措施并跟踪落实，做到严格按证取水，确保取水必有证、用水必计量，提高取（购）水合规性。②持续推进水务系统“三废”治理。重点督导新鲜水系统排泥水回收项目和污水处理系统废气治理、提标改造等相关项目实施。截至 2022 年底，已实施治理项目 129 个，投资 19.4 亿元，其中已完成项目 121 个。

（仲　强）

【提质增效工作持续推进】 ①深挖创效潜力。持续深挖节能降耗、增产增收和安全环保等多方面增效潜力，总结推广优秀提质增效案例，督导企业推进提质增效项目落地，共实施提质增效项目 36 项，超额完成年度增效目标。②开展循环水冷却塔提效专项工作。针对夏季生产循环水水温偏高的瓶颈问题，全面启动冷却塔冷却能力测试工作，督导企业制订测试计划，逐塔建立冷却能力档案，根据测试结果制订冷却塔提效专项治理工作计划，更好地服务主装置生产。截至 2022 年底，共完成 34 家企业的 324 间冷却塔测试工作。

（仲　强）

【节水减排工作持续强化】 ①落实国家工信部等四部委《关于印发重点用水企业水效领跑者引领行动实施细则的通知》要求，积极组织和指导茂名石化、镇海炼化和中天合创等 7 家企业开展申报工作；茂名石化、镇海炼化和中韩石化分别获乙烯行业水效“领跑者”称号，中天合创获煤制烯烃行业、宁夏能化获煤制甲醇行业水效“领跑者”称号。②不断强化节水减排工作力度，重点推进沿江、沿黄企业节水工作，合理确定污水回用技术路线，兼顾回用率和经济性，实现优水优用。2022 年，集团公司取新鲜水量 8.7 亿立方米、降低 7.1%，回用污水 1.0 亿立方米、增长 7.5%。

（仲　强）

【水务信息化建设不断深入】 ①推进智慧水务试点建设。在水务管理信息系统积累大量数据的基础上，充分调研企业智慧水务建设需求，探索智慧水务建设，推进水务业务数字化转型发展，完成茂名石化、扬子石化、洛阳石化和齐鲁石化 4 家企业初步建设方案。②按照集团公司数字化转型和“域长”负责制工作要求，积极推进水务信息系统数据治理，完成水务管理信息系统单位名称、装置名称、物料名称等近 1000 项主数据标准化工作，规范 100 余项水务专业常用量纲名称和单位符号，梳理完成 11 项水务业务流程盘点工作，夯实公用工程域水务业务数字化转型基础。

（仲　强）

【标准化建设有序推进】 ①加快推进标准化水场建设。督导企业落实项目计划，按照标准化水场建设“五化”原则，完善过程监控设施，实施硬件升级改造，补齐短板，提升水务装置装备水平。②逐步完善细分领域的专业标准。启动《水中正磷酸盐和总磷酸盐的测定 间断化学分析－磷钼蓝分光光度法》标准编制工作；组织开展《循环水处理效果监控方法 第 1 部分：监测换热器法》标准修订工作。

（仲　强）

【专业技术进步常抓不懈】 ①持续推进水务专业技术进步，协助完成纳滤膜在循环水补水软化预处理中的应用研究、冷却塔填料用抗菌亲水 PVC 材料的开发及应用、污水智能分析化验系统开发等 6 个科研项目立项，跟踪督导项目实施，持续探索专业前沿技术。②督导南化公司综合污水处理场自养反硝化绿色低碳技术试点建设。项目投运后，在设计进水量条件下，总氮去除率达 90% 以上，年可降低药剂费用 40% 以上，降低二氧化碳排放量 1100 吨，降本减碳效果显著。

（仲　强）

【专业技术服务持之以恒】 结合年度重点工作和企业实际需求，抓住疫情窗口期深入企业现场开展技术服务。组织专家团队赴古雷石化现场，就一循所服务的化工一部水冷器腐蚀问题开展技术服务，梳理出系统腐蚀原因并提出应对措施和建议；针对循环水系统预膜效果差、水质控制失稳等问题提出针对性措施及建议。协助洛阳石化实现新建含盐污水回用装置一次开车成功，并提出优化工艺参数控制、改善加药管线堵塞等建议，为企业切实解决实际问题。

（仲　强）

中国石化 SINOPEC

安全生产

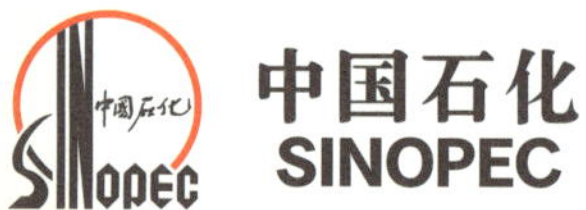

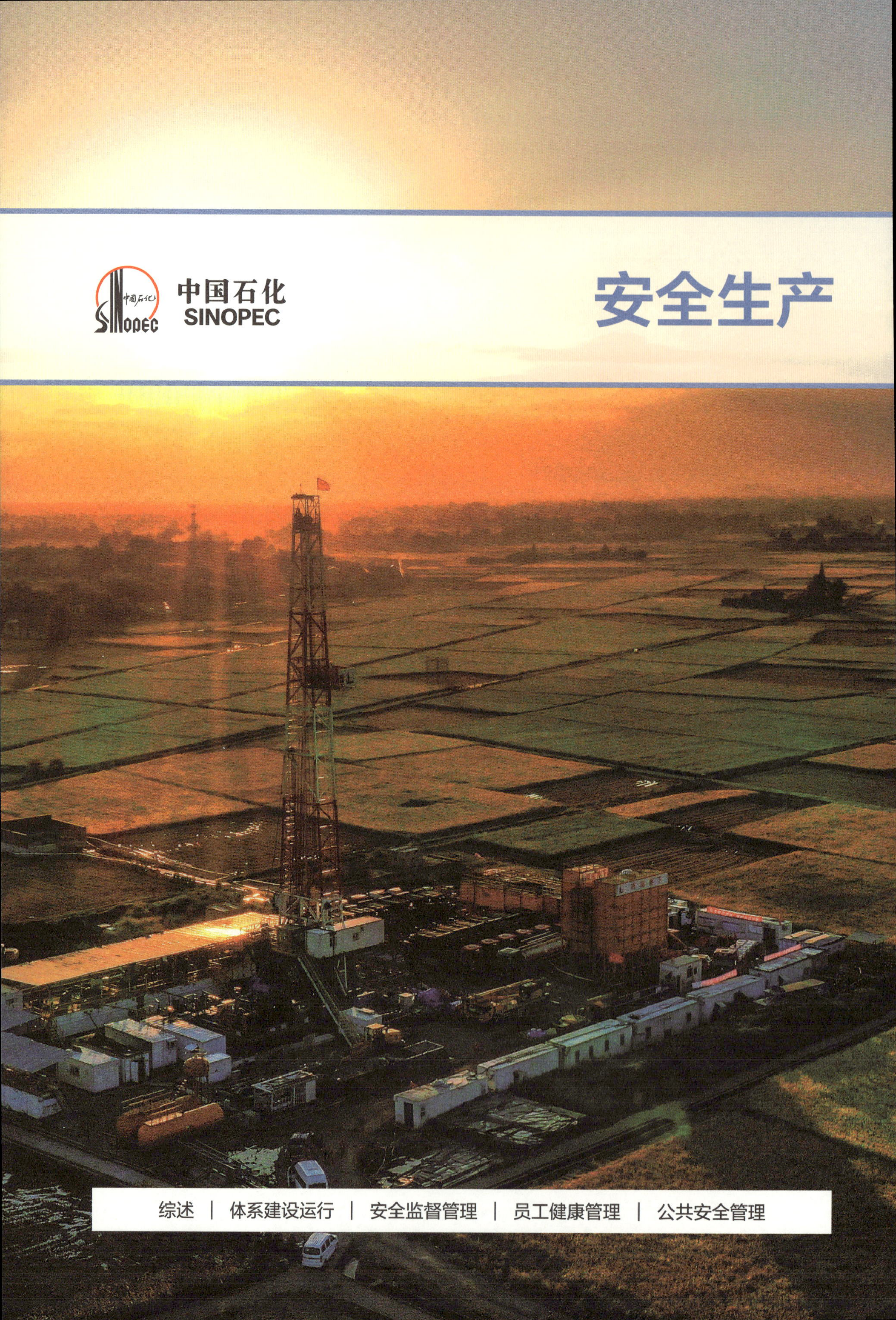

综述 | 体系建设运行 | 安全监督管理 | 员工健康管理 | 公共安全管理

综述

2022 年，集团公司坚持以习近平新时代中国特色社会主义思想为指导，深入学习贯彻党的二十大精神和习近平总书记关于安全生产的重要论述，坚持底线思维，强化忧患意识，以全面风险防控为主线，贯彻落实主题行动要求，深入推进安全生产专项整治三年行动收官、安全风险集中治理攻坚，扎实开展督导检查，促进 HSE 管理体系与“三基”工作融合，基础管理进一步夯实。

（程敬博）

体系建设运行

【压实安全责任】 开展安全生产警示教育，宣贯安全生产法，提高干部员工安全意识。逐级签订安全生产责任书，明确追责问责条款。实施高风险企业安全抵押，组织开展新任领导人员 HSE 述职评估，推动领导干部扛牢安全责任。抓实 HSE 关键岗位人员培训取证，提升知责履责能力。

（程敬博）

【推进体系有效运行】 组织召开 HSE 管理体系推进会，带动各企业学习先进、补齐短板。优化 HSE 委员会专业分委员会，明确总部部门体系要素管理分工，定期开展要素监测指标统计分析。修订完善体系审核细则，培训体系审核骨干，组织对重点企业开展专项体系审核和帮扶，对 82 家企业开展现场体系审核，溯源分析存在问题，促进安全管理持续改进。

（程敬博）

安全监督管理

【强化风险隐患管控治理】 集团公司重点管控的 9 项重大安全风险实现降级或销项，完成 20 项重大安全隐患治理。推进安全生产专项整治三年行动收官，按期完成问题隐患整改。推动安全风险管控和隐患集中治理攻坚，109 家生产企业完成“双重预防数智化管控平台”建设，编制应用 207 套风险检查表，实现重大危险源在线风险识别评估、隐患排查和风险监测预警；老旧装置按照“一装置一策”落实管控措施；开展长输管道安全风险专项治理，整改完成管道外部及本体隐患；完成“海洋石油安全风险监测预警系统”建设，开展有人值守平台安全风险深度评估、老龄化平台主结构安全评估；开展燃气、油气储存设施雷电隐患专项排查整治，完成高危细分领域专项排查治理。

（程敬博）

【严管承包商和直接作业环节】 修订“7+1”直接作业环节安全管理制度，组织全系统宣贯视频会，推动各级员工学习和执行制度。制作高风险作业事故警示片，警示和指导企业、承包商深刻吸取事故教训，严格落实安全管理措施。以“八查八整治”为主要内容，开展承包商安全专项整治，针对督查发现的违章问题，严格落实停工整改和问责考核。

（程敬博）

【抓实安全督查检查】 落实国务院安委会要求，

组织开展全系统安全大检查。组建 4 个集团公司安全专项督查组，完成 3 轮、51 家企业的督查任务。以工艺控制、报警联锁、作业管控为重点，开展“四不两直”检查。“十一”国庆节及党的二十大前后，成立 14 个检查组，对 42 家企业进行安全专项检查。组织开展海洋石油安全生产执法检查，完成煤矿安全体检和安全审计。以强“三基”、防风险、保安全为主题，在全系统开展“百日安全行动”，确保岁末年初安全生产形势总体稳定。

（程敬博）

员工健康管理

【夯实职业健康管理基础】 制定下发噪声超标危害治理实施指导意见，推动噪声治理，改善员工工作环境。编制《职业健康管理实务手册》，定期开展技术交流，提升职业健康专业队伍素质能力。持续开展劳动防护用品入库检验，推广阻燃防静电工服配备，提升个体防护水平。强化健康高危人员“一人一策”干预管理，落实管控措施。积极推进健康企业建设实践，获国家卫健委表彰。

（程敬博）

【从严常态化疫情防控】 全面准确贯彻落实国家疫情防控策略方针，时刻保持应急防控机制处于激活状态，及时调整防控目标与防控策略，统筹好人员准备、生产运行、物资保供、后勤服务、异常人员处置等工作，保障产业链供应链稳定。

（程敬博）

【着力服务中心大局】 聚焦疫情重点地区，举办 8 轮次心理直播课，编发《疫情期间员工心理疏导指南》电子书籍，加强人文关怀和心理疏导，帮助员工排解恐惧焦虑，保障队伍思想稳定。聚焦安全生产管理，用好安全心理“六必查”，加强对员工安全生产行为的学习教育，让安全管理人员科学有效做好安全管理工作。聚焦转型改革群体，把心理调查融入形势任务教育和思想动态调研，先后借助 159 个工作室开展团体辅导 800 余场，培育干部员工“站排头、争第一”的积极心态。

（王　丽）

【着力抓好危机应对】 将心理危机干预纳入企业应急救援工作体系，优选 EAP 骨干力量，组建心理危机干预专家团队，抢在心理危机“黄金 72 小时”前开展工作。在现场问卷调研、需求座谈、状态观察的基础上，分类分层开展安全生产心理干预工作，有效提升了心理干预效果。用 EAP 的方式对干工作“只求过得去，不求过得硬”、生产作业上还存在的“低标准、老毛病、坏习惯”等问题进行心理干预，邀请专家以《用“心”守护安全》进行专题讲座，3.9 万人观看，取得较好效果。

（王　丽）

【着力发挥平台优势】 用“奋进石化”平台充分了解基层动态，组织开展超过 30 万人参加的在线思想动态调查，精准把握基层员工心理状况。“心福咨询”平台更新 7×24 小时境内外员工心理咨询专线，通过开展网上 EAP 云课堂、编发“心理小贴士”和“心福日历”，科学及时普及心理学知识。创新开展线上“心福快车”一线行，面向需要的企业、群体开展在线辅导，打通走向员工心里的“最后一公里”。

（王　丽）

【着力强化基础工作】 发挥保障作用，借助“HSE 管理体系”和中国石化心理健康工作委员会，深化《关于大力开展员工帮助计划（EAP）的指导意见》和《关于做好境外 EAP 工作的实施意见》落实落地，加大对基层干部和境外管理人员培训。强化“一企一策”，分类梳理各板块工作特点，推动各单位形成各具特色的机制模式，进一步精准服务基层。

（王　丽）

公共安全管理

【概述】 推进治安反恐防范重点目标达标建设，一级、二级、三级重点目标自评估全部达标。组织西南工区企业开展地质灾害深度调查，形成地灾风险区划“一张图”和风险管理“一张表”，中高地灾风险点全部落实工程治理措施。明确“两特两重”管理措施，筑牢治安“三防”建设，完成“四个决不能发生”工作目标，保障了党的二十大、全国两会及北京冬奥会、冬残奥会、第五届中国国际进口博览会等特殊时期安全稳定。

（程敬博）

绿色低碳

综述 | 碳达峰碳中和行动 | 绿色企业行动 | 能源管理 | 环境保护 | 绿化管理

综述

2022年，中国石化深入贯彻习近平生态文明思想及习近平总书记视察胜利油田重要讲话精神，坚决落实党中央、国务院有关生态文明建设重大部署，深入推进污染防治攻坚战和臭氧污染防治专项行动，全面聚焦长江黄河流域生态环境保护工作，全力推动节能降碳行动，持续推进绿色企业行动计划，为集团公司高质量发展提供强有力的支撑保障。

全年，集团公司万元产值综合能耗下降1.7%，工业取水量下降1.1%，完成年度目标计划任务；国（省、市）控排放源废水、废气综合达标率分别达100%和99.99%，固废妥善处理处置率100%；4项主要污染物化学需氧量、氨氮、二氧化硫、氮氧化物全面完成国家下达的年度减排目标。

年内，集团公司连续12年获中国低碳榜样称号，3家企业获国家能效"领跑者"企业称号，6家企业成为行业能效"领跑者"标杆企业；8家企业获国家水效"领跑者"企业称号，8家企业成为行业水效"领跑者"标杆企业。4家企业获评石油和化工行业绿色工厂，1种化工产品获评2022年度石油和化工行业绿色产品。

（刘兆鑫）

碳达峰碳中和行动

【有序推进碳达峰行动】 ①印发实施碳达峰行动方案。坚决落实中央和国家关于碳达峰碳中和工作决策部署，印发《中国石化2030年前碳达峰行动方案》，制定实施清洁低碳能源供给能力提升行动、炼化产业结构转型升级行动、能源结构优化调整行动、节能降碳减污行动、资源循环高效利用行动、绿色低碳科技创新支撑行动、绿色低碳保障能力提升行动、绿色低碳全员行动等"碳达峰八大行动"，积极稳妥推进碳达峰碳中和。②大力开展"双碳"试点示范。编制印发《加油站碳中和实施及核算指南》《采油井场碳中和实施指南》，推进碳中和试点示范建设，建成江苏常州嘉泽碳中和加油站、辽宁葫芦岛连山碳中和油库、中原油田濮城采油厂PX82碳中和井场等27个示范项目。

（刘兆鑫）

【加大温室气体减排力度】 ①持续开展CCUS科研攻关，推动中国CCUS产业发展。2022年8月，中国最大的碳捕集利用与封存全产业链示范基地、国内首个百万吨级CCUS项目——齐鲁石化－胜利油田百万吨级CCUS示范项目全面建成投产。示范项目覆盖特低渗透油藏储量2500余万吨，共部署73口注入井。②加大对炼化企业高浓度二氧化碳回收利用，减少温室气体排放。油田企业有序开展二氧化碳驱油，全年二氧化碳回收153.4万吨、驱油注入65.7万吨；油田企业持续强化密闭混输工艺运用，大力实施套管气回收，推进火炬气综合利用，加强边远零散井回收等措施，积极实施放空天然气回收，全年回收甲烷约8.34亿立方米，减少温室气体排放约1250万吨二氧化碳当量。③加强碳交易集中管理，实现集团公司整体利益最大化。统筹控排企业配额盈缺情况，编制碳交易计划，组建专业碳交易团队，加强碳交易集中管理，按期完成碳配额履约任务，碳交易量271万吨、交易额2.2亿元。

（刘兆鑫）

【持续提升碳排放管理水平】 ①组建碳全产业链科技公司。2022年9月，中国首个碳全产业链科技公司——中石化碳产业科技股份有限公司揭牌成立，重点开展技术研发、碳资产管理运营、项目股权投资等业务，面向国内外碳产业市场提供综合解决方案，为中国实现“双碳”目标提供科技支撑。②加强碳排放制度建设和规范运行。开展碳排放管理制度适应性检查，提升制度执行力；开展数据质量排查，确保数据统计依法合规；严把固定资产投资项目碳排放评价审查关，从源头控制碳排放增量。③积极参与行业碳排放标准制定。依托中国石化科技研发应用优势和经验，完成 39 家企业 16 种产品碳足迹研究，编制 4 个“双碳”行业标准，为行业实践转换为标准成果作出石化贡献。

（刘兆鑫）

绿色企业行动

【持续推动绿色企业提质增色】 围绕国家生态文明建设新要求，按照高质量开展绿色企业行动、持续为绿色企业提质增色的总基调，全面完善评价指标体系，统筹谋划、系统推动未评企业补足短板，已评企业再上新台阶。截至 2022 年底，中国石化所属企业基本完成绿色企业创建，102 家已评绿色企业分级考核中，49 家企业被评为 A 级绿色企业。

（刘兆鑫）

【扎实开展绿色基层建设】 结合中国石化强“三基”工作部署，把绿色基层建设与基层党建、“三基”工作及 HSE 管理体系在基层的落实落地等深度融合，夯实绿色基层建设基础、营造浓厚绿色文化氛围，提升全员绿色行为和绿色意识、推动绿色发展理念落地生根。截至 2022 年底，中国石化共有 1.99 万个基层单位完成绿色基层创建，创建完成率达 65.4%。

（刘兆鑫）

能源管理

【“能效提升”计划成效显著】 深入实施“能效提升”计划，开展节能监察，核查项目节能效果，确保项目实施质量。2022 年，集团公司实施“能效提升”项目 483 项，节能 94 万吨标煤。油田板块深入推进注采输一体化“能效提升”工程，提高系统运行效率，减少用电量；炼油板块大力实施低温余热高效利用、胺液系统优化、氢气系统优化等系统节能项目，持续开展保温、加热炉等提效治理；化工板块开展同类装置能效对标，落实国家热电机组能效要求，全面实施供电标煤耗指标达标和循环水系统节电工作；油品销售板块加强储运环节电耗管理，减少用电量。在设备节能方面，企业持续加强加热炉能效检测，重点解决炉效及氧含量波动大、燃烧器负荷偏差较大、加热炉散热损失大等问题，实施空气预热器改型、加热炉火嘴适应性改造等措施，不断提升加热炉系统效率。

（刘兆鑫）

【节水减排工作取得新进步】 持续加强用水节水管理，编制《中国石化“十四五”节水工作指导意见》，按照“一企一方案”制订节水工作方案并督促企业落实，加快推进用水方式向节约集约转变，不断提高用水效率，建设节水型企业。加强源头节水，开展水平衡测试和管网漏失治理等工作，压减工业取水量。强化末端回用，加快污水回用项目建设，提高污水处理回用装置负荷，全年污水回用率同比提升。持续推进非常规水资源代替新鲜水工作，全年非常规水资源替代新鲜水资源超过 5400 万立方米。

（刘兆鑫）

【加大技术研发和推广力度】 ①加快技术研发。开展科改示范行动，优化完善研究方向和运行机制，发挥中国石化创新平台功能，集中开展节能降碳“卡脖子”技术攻关，提高自主和协同创新能力。加大煤电节能减排重大关键技术和设备研发，稳步推进智能电厂技术、燃煤电厂大规模二氧化碳捕集利用与封存技术集中攻关。开发燃气烟气自驱动深度全热回收技术、高温热泵能质调配技术，提升余热深度回收能力。②加快科技成果转化。开展技术交流，搭建技术交流平台，推进关键技术创新集成示范。在油田企业，重点推广油田能源优化管控关键技术、采出液短流程处理技术等。在炼化企业，重点推广实施能量系统优化、加热炉提效、汽轮机通流改造、高效喷射态传质塔盘、氢资源管理与集成优化、污水回用循环水系统等节能节水成套技术。

（刘兆鑫）

环境保护

【全力推进 HSE 管理体系环保内容落实见效】 充分发挥环保分委会统筹指导作用，定期召开月度和季度例会，研究解决重大问题。优化环保要素监测指标，月度进行跟踪监测，组织完成体系环保审核细则修订等 16 项年度重点工作和基础课题研究，推动 HSE 管理体系环保内容落实、落地。组织开展炼化企业雨污分流及 VOCs 治理专项审核，指导、参与年度 HSE 管理体系审核，针对典型问题开展“五回归”溯源分析和提升改进。制修订能源环境管理制度 6 项，完成 25 项制度企业执行情况评估诊断，收集企业建议 33 条，择机对制度进行修订。完善环保标准体系建设，组织修订 1 项企业标准，完成 7 项一级企业标准专业审核，提出 4 项一级企业标准制修订计划。

（刘兆鑫）

【全面强化环保依法合规管理】 健全环保依法合规排查长效机制，建立中国石化生态环境保护督查工作机制，聚焦环保责任制落实等 10 个方面，完成 30 家重点企业专项督查。聘请生态环境部环境工程评估中心专家对 7 家单位排污许可证进行全方位排查诊断。专项开展污染源自动监控设施规范化排查，对 49 家企业 919 个排放口自动监控设施进行全面排查。建立环保技术服务单位“黑名单”机制，组织对 26 家企业开展建设项目环保合规核查，完成 33 个项目节能环保专项论证，建设项目环保管理逐步规范。

（刘兆鑫）

【持续深入打好污染防治攻坚战】 科学统筹污染防治项目实施，突出精准、科学、依法治污，按月跟踪督办项目实施，确保党中央、国务院决策部署在中国石化落实落地。持续推进挥发性有机物治理和异味整治，抓好臭氧污染防治专项行动冲刺收官，全面完成集团公司“总经理 1 号令”部署的 265 项治理任务。有序推动炼化企业雨污水系统管理提升工作，积极推进补强短板。大力推进“无废集团”建设，12 家先行先试企业开展示范创建，稳步建设危险废物全流程管理和固体废物政企“一张网”信息共享平台，强化建设项目施工期间、炼化企业检维修期间、钻井施工期间固体废物规范管理，打造天津乙烯、海南炼化等示范工程。开展重点监管企业土壤隐患排查及监测专项督查，完成 14 个国家土壤源头管控项目、5 个边生产边管控试点项目申报。开展噪声与放射污染防治管理专项排查整改，确保新噪声法要求落实到位、辐射安全受控。

（刘兆鑫）

【坚决落实国家重要生态系统保护和修复工程】 开展沿江企业码头、站库、厂区雨污水切换设施，事故水收集转输设施，外排口紧急切断及监控设施排查整治，确保不让一滴油和一滴超标污水排入长江。集中研讨 23 家黄河流域企业存在的突出问题，提出整改措施，形成任务清单，持续跟踪推进。压实各相关企业责任，全力推动中央环保警示片问题整改，所有问题如期销项。严把能评、环评、碳评、水资源论证关，对标国际国内先进水平，高标准完成东营油库搬迁工作。

（刘兆鑫）

【全面提升突发环境事件风险管控与应急能力】 持续强化环境风险识别与管控，修订发布《突发环境事件风险指数评估技术指南》，开展全系统环境风险识别管控专题培训，高标准落实年度环境风险评估工作计划及管控措施，年初 41 项一级风险中的 30 项实现降级。不断加大突发环境事件应急能力建设，发布《企业溢油污染应急物资配备指南（试行）》，从溢油污染源控制、监视监测和预警、围控与防护、回收与清除等方面，提出具体管控要求，组织企业进一步规范维护、使用各类环境应急装备，科学配备溢油污染应急物资。

（刘兆鑫）

【积极发挥能源环境服务保障作用】 圆满完成冬奥会、冬残奥会及特殊时期空气质量保障任务，在国家和地方生态环境行政主管部门 424 次现场检查中实现“零问题”“零通报”，保障工作得到生态环境部高度肯定。围绕“六五”环境日“共建清洁美丽世界”主题，开展“喜迎二十大 美丽石化－清洁美丽基层”评选活动，优选“胜利油田埕岛三号平台”等 10 类 36 个案例向社会发布。通过系统内外新闻媒体开展“守护绿水青山”成就展示，编制《绿色低碳发展白皮书》，总结宣传中国石化绿色低碳发展 10 年历程。召开全系统节能、环保技术交流会，推进关键技术创新集成示范。

（刘兆鑫）

绿化管理

【全年有序开展义务植树活动】 通过身边增绿、沙漠植绿、长江岸线覆绿、黄河生态保护、员工认建认养、志愿服务等多种尽责形式，积极开展义务植树活动，不断提高义务植树参与度和综合尽责率。2022 年，实现义务植树（含折算）193.9 万株，综合义务植树尽责率达 100%，新建和改造绿地面积 186.9 万平方米，企业建成区绿化覆盖率提升至 32.3%。

（刘兆鑫）

【持续推进“互联网＋义务植树”活动】 鼓励引导员工及社会公众积极参与国土绿化行动，通过捐资植树的形式开展尽责活动，积极拓展“互联网＋义务植树”线上“云植树”活动。为深入贯彻落实习近平总书记在塞罕坝机械林场调研时的指示要求，中国石化联合中国绿化基金会在全民义务植树网官网平台设立“中国石化塞罕坝生态示范林”项目，共有 15.4 万余人参与捐资，募集资金总额共计约 675 万元。2022 年 5 月，启动中国石化塞罕坝生态示范林项目建设，截至年底，已完成 1000 亩（66.67 万平方米）的整地造林和 13.1 千米的架设管护围栏，植树 16.25 万株，为企业助力国家“双碳”目标实现、支持地方生态文明建设和社会经济发展探索了新路径。

（刘兆鑫）

【落实与国家林业和草原局签署的全面战略合作协议】 ①联合开展生物质能资源化利用课题研究。联合国家林业和草原局生态司和产业发展规划院，开展林业生物质资源化利用产业发展研究科研课题项目，调研林业生物质资源储量信息和林业生物质资源化产业发展现状，分析现有林业生物质资源化利用技术、产业政策、发展规划和存在问题，探索林业生物质资源化利用途径，助力国家探索林业生态产品价值实现机制。②探索开展沙枣生物质能源产业化课题研究。对沙枣能源林建设及沙枣燃料乙醇生产的全产业链经济性进行初步分析，从林业碳汇、生产燃料乙醇、沙枣核制生物质炭及沙枣种植全产业链的经济性等方面开展沙枣生物质能源产业化相关研究。

（刘兆鑫）

科研开发与管理

综述 | 知识产权

综述

2022年，集团公司紧密围绕产业转型发展需要，坚持“四个面向”，深入实施创新驱动发展战略，着力突破关键核心技术，持续强化前沿基础研究，纵深推进科技体制机制改革，不断提升科技创新支撑引领能力，全力交出一份勇攀高峰、攻坚克难的科技创新答卷。

科技体制机制改革持续深化。催化剂公司再获国务院国资委“科改示范企业”标杆称号，北京化工研究院入选提质扩围名单。8家直属研究院完成“科改”台账任务，在理顺管理权责、优化创新体系、明晰主攻方向、创新管理模式等方面取得实质进展。强化基础研究体系建设，首批6个前沿基础领域“揭榜挂帅”项目启动实施。实施“青年博士支持计划”，鼓励新毕业青年博士面向基础前沿、颠覆性技术领域开展探索。实施“种子计划”课题试点，首批针对化工与材料领域，面向重点高校院所征集原创性、前瞻性思路和解决方案，拓展新领域、新工艺、新技术源头供给。畅通科技成果转化路径，加快推进天津等中试基地建设，打造专业化科学试验和油田化学品助剂中试基地。加强与国际高校前瞻性科技合作，在非地震技术、新型结构分子筛等方面取得一批高质量国际合作成果。

关键核心技术攻关成果丰硕。全年共有8个“十条龙”项目“出龙”，一批关键核心技术工业化试验取得成功。在勘探开发技术方面，深层—超深层油气勘探开发及工程、页岩油气地质工程一体化、老油田大幅度提高采收率等关键核心技术攻关取得突破，形成全节点高密度地震勘探、旋转地质导向钻井系统等高端装备系列。在炼油技术方面，成功开发低硫重质船用燃料油成套技术，助力公司成为世界最大低硫船燃供应商。自主合成航空发动机润滑油取得全国首张STC适航认证证书，获得装机许可。10万吨/年生物航煤装置投入运行，产品通过欧盟可持续性认证，货运航班完成首飞。在化工与材料方面，第三代芳烃、粗裂解气制乙苯/苯乙烯、高等规聚丁烯-1、氢化丁腈橡胶工业装置开车成功。国内首条48K大丝束碳纤维生产线建成投产，碳纤维复合材料实现示范应用，工程入选2022年央企十大“国之重器”。在公用技术方面，形成高酸性气田智能化安全管控技术体系，成功上线S Zorb装置在线实时优化（RTO）成套软件。在新能源方面，氢能全链条技术攻关加速推进，形成燃料电池车用氢气纯化技术，建成氢气纯化装置和千吨级供氢母站，成功研发兆瓦级质子交换膜电解水制氢装置，为打造第一氢能公司提供有力支撑。

质量计量和标准化管理不断夯实。积极开展“质量日”“质量月”活动，牢固树立全员质量意识，助推集团公司高质量发展。大力推进客户服务一体化，95388客服电话上线产融数智平台服务业务，综合服务能力显著提升。加强国际标准化工作，牵头发布2项ISO标准和1项ASTM标准。5项计量管理案例入选国家市场监督管理总局优秀案例，入选数量排名第一。

（祝庆敏）

知识产权

2022年度，中国石化申请专利突破1万件、达10136件，获授权专利7500余件，分别增长8.6%和28.3%，再创历史新高；发明专利申请和授权数量分别占比81%和64%，远高于中央企业平均水平。累计申请专利突破10万件，获授权专利6.2余万件。7项专利获第23届中国专利奖，其中“羰基化合物氨肟化方法”获中国专利金奖。连续4年在央企专利质量排名中位列首位，专利综合优势保持央企领先。成为国家知识产权局国际创新管理体系与知识产权融合标准化首批3家试点单位，获批建设国家绿色能源化工产业知识产权运营中心。

（祝庆敏）

企业改革与管理

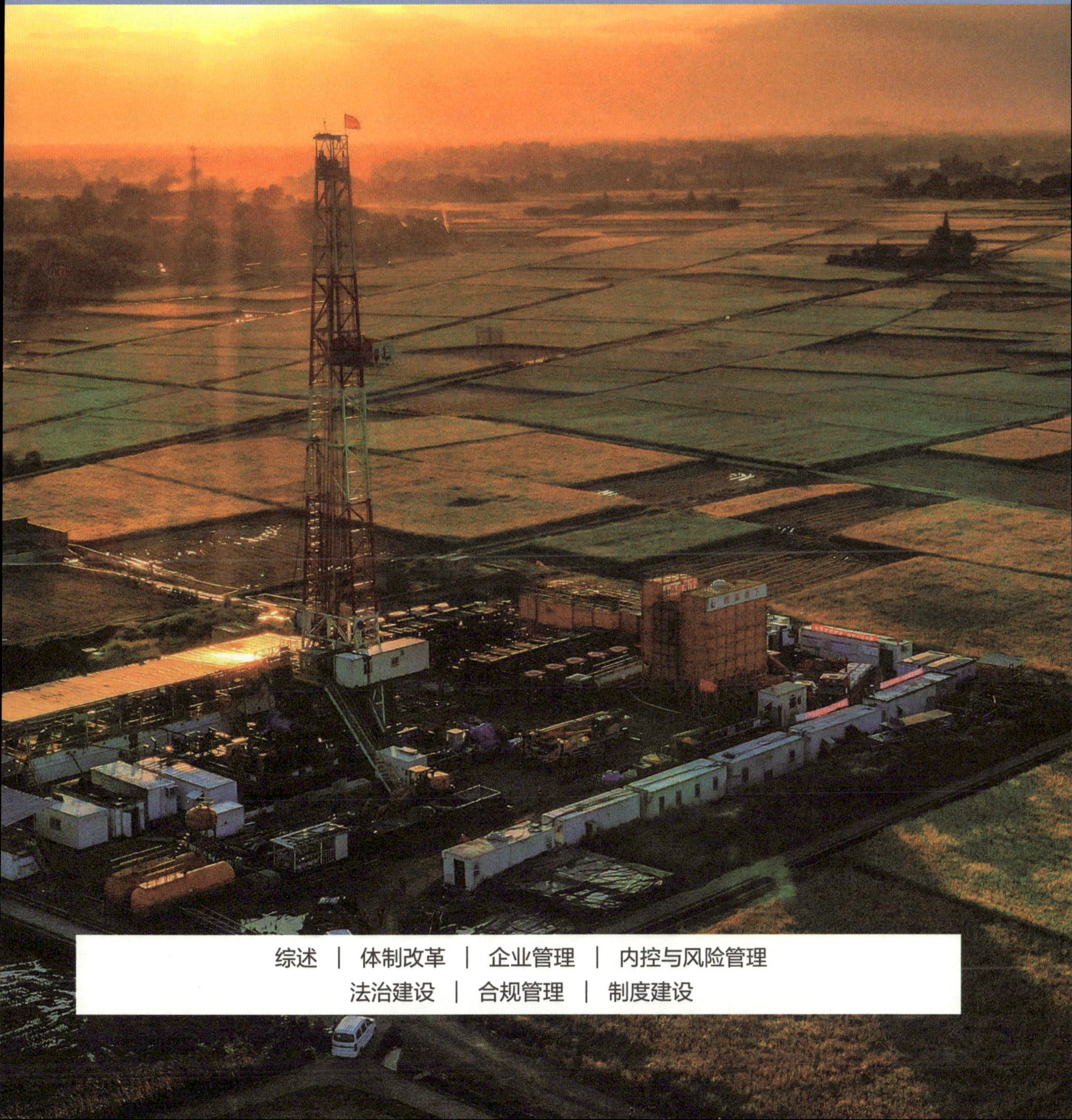

综述 | 体制改革 | 企业管理 | 内控与风险管理

法治建设 | 合规管理 | 制度建设

综述

2022 年，集团公司以习近平新时代中国特色社会主义思想为指导，深入贯彻习近平总书记视察胜利油田重要指示精神，全力打赢国企改革三年行动收官战，深入开展对标世界一流管理提升行动，全面提升重大风险防范化解能力，积极构建“五位一体”法治工作格局，支撑保障公司在高质量发展的轨道上行稳致远。

深化改革三年行动高质量收官。集团公司被国务院国资委推荐为中央企业改革“大典型”，被中宣部遴选为国企改革首批典型单位。坚持在完善公司治理中加强党的领导，两个清单制定、一肩挑领导体制调整、子企业董事会建设实现全覆盖，集团公司被国务院国资委评为国有企业公司治理示范企业。市场化改革迈出重要步伐，经理层任期制和契约化管理全面推开，“三能”机制建设不断深化，剥离企业办社会职能和解决历史遗留问题基本收尾。“科改示范行动”全面推进，催化剂公司被国务院国资委连续 2 年评为标杆企业。优化产业结构，推动能源清洁低碳转型，供给侧结构性改革迈出新步伐。“双百行动”、培训疗养机构转型养老服务、混合所有制改革等稳妥有序开展。中国石化各领域改革效能持续显现，有关经验做法在《人民日报》《经济日报》、新华网等主流媒体刊发。

对标世界一流管理提升行动任务全面完成。加强总体统筹和过程管控，8 个对标领域 45 项重点任务实行销项管理，工作清单完成率 100%。持续推进管理标杆创建与推广，两年累计评选标杆企业、标杆基层单位、标杆项目 81 个，示范引领作用进一步发挥。对标提升行动在国务院国资委年度考核中获满分，有关项目被纳入国务院国资委干部学习培训教材案例。加快建设世界一流企业实施方案正式出台，以更大力度打造现代新国企。“三基”工作扎实推进，印发进一步加强“三基”工作通知，强化“三基”工作与专业管理相融合，编辑“三基”工作手册，开展员工大讨论，营造务实重效抓“三基”氛围。

防范化解重大风险能力有效提升。强化内控执行，开展“我为内控制度作诊断”，把国企改革三年行动改革成果、公司治理要求等融入内控制度和内控权限。对 30 家企业开展内控检查，实现直属单位监督检查 3 年全覆盖。进一步压实风险防控主体责任、管理责任、监督责任，加强重大风险管理，进一步细化分工，强化动态评估和监控。强化高风险业务管控、高风险岗位及重点人员管理，加强金融衍生品业务风险防控，强化指标日常监控和应急处置。推进重大经营风险量化指标体系研究应用，初步实现重大经营风险指标集中管控，重点领域和关键业务风险全面覆盖。2022 年公司未发生重大系统性风险。

积极构建“五位一体”法治工作格局。弘扬合规理念，完善运行机制，构建以制度建设为基础、以风险控制为导向、以内控体系为平台、以合规管理为抓手、以法律支撑为保障的“五位一体”法治工作格局。规范业务流程建设，提升制度执行力，推进企业“本质合规”，石化特色合规管理体系更加完善。深入开展“合规管理强化年”和经营业务合规专项治理，举一反三开展合规风险排查，狠抓重点问题整改，专项治理取得新成效。落实开展“打击假冒国企专项行动”，维护企业合法权益。启动法治合规管理信息系统建设，打造法治合规数智化管理平台。

项目法律服务把关有力有效。突出做好重大项目全过程法律服务保障，高质量完成有关方案论证、法律文件起草和谈判事项。规范反垄断合规工作，明确各方职责，理顺反垄断经营者集中申报工作流程。更新合法合规性论证行政许可和审批事项清单，加强重大投资项目“双碳”“双控”“两高”合法合规论证，以及新能源项目合法合规性论证工作指引。持续开展合同专项治理，合同补签、倒签问题显著减少。落实合同合规、安全、环保等管理要求融入合同条款，合同管理信息系统数智结合、系统集成方面实现明显提升。

纠纷案件“压存控增”成效显著。公司新发案件、在办案件数量和金额实现三年三连降，2022 年办结纠纷案件 1458 件，避免和挽回损失 49.1 亿元，一批重大案件得到妥善处置。强化应收账款法律清收，分类分级采取法律处置措施，力促“两金”压降。编制沿江沿黄企业环境合规法律风险防控、环保行政处罚应对及维权等工作指引，妥善应对环境诉讼及行政处罚，有效防控环保法律风险。聚焦知识产权法律保护，助力打造技术先导型公司，持续推进重点知识产权维权案件处置，开展知识产权保护规范管理检查，加强知识产权法律风险防控课题研究，加快知识产权由被动维权向主动保护转变的步伐。

（赵　楠）

体制改革

【扎实推动深化改革三年行动，圆满完成改革任务】 深入贯彻落实习近平总书记关于国企改革发展和党的建设的重要论述，以及视察胜利油田重要指示精神，按照党组安排部署，紧锣密鼓、扎实有序推动深化改革三年行动，充分发挥以改革促发展、以改革谋转型的驱动作用，支撑集团公司实现高质量发展。截至 2022 年底，集团公司深化改革三年行动 7 个方面、80 项任务、498 条措施全部高质量完成，主要改革任务取得明显成效。中国特色现代企业制度更加完善，对标一流管理提升行动成效显著，市场化改革迈出坚实步伐，瘦身健体组合拳取得重要成果，深化科技体制机制改革纵深推进，混合所有制改革稳妥有序开展，改革尖兵示范引领作用有效发挥。攻坚啃硬推动高质量收官，制定高质量收官配套改革举措，全面检查和重点抽查相结合开展深化改革三年行动专项审计，提炼总结改革好经验好做法编辑出版《百舸争流 奋楫者先》案例集，梳理国企改革政策形成《国企改革 1+N 政策汇编》。集团公司深化改革三年行动工作得到多方肯定，在国务院国资委 2021 年度中央企业改革三年行动重点任务考核中获评 A 级（央企排序第 8），被国务院国资委评为“国有企业公司治理示范企业”，作为国务院国资委推荐的典型参加中办座谈会，被中宣部遴选为国企改革第一批典型单位，3 次在国务院国资委专题推进会上作交流发言，10 篇经验材料在国务院国资委国企改革三年行动简报刊发，有关经验做法在《人民日报》《经济日报》、新华网等中央主流媒体刊发，5 篇案例入选国务院国资委《改革攻坚：国企改革三年行动案例集》。

（邢新丽）

【修订中国石化法人单位设立变更撤销管理办法】 为进一步规范法人全生命周期管理，组织对法人单位设立变更撤销管理办法进行全面修订，明确法人设立条件，严控法人新增；对于变更和撤销，按照“能放尽放、能授尽授”的原则将有关权限下放企业，简化工作流程，提升管理效率；同时，将法人户数、法人层级、管理层级等压减工作要求固化到制度中，确保压减工作有法可依、有章可循。

（邢新丽）

【扎实推进压减工作“回头看”专项行动】 贯彻落实国务院国资委压减工作“回头看”专项行动工作安排部署，研究制订工作方案并组织推进。组织企业全面开展自查自评，完善形成压减 8 项标准，建立月汇总、季通报、年考核以及红黄绿运行机制，强化过程管理、抓实关键环节，全年完成法人压减 78 户，超计划 24 户；5 级以上法人减少 22 户，超计划 18 户。组织提炼企业压减工作好经验好做法，“聚焦提质增效 保障能源安全 中国石化深化油品销售业务法人压减工作——所属浙江石油公司压减典型经验”在《国企改革动态》刊发。

（邢新丽）

【组建中石化产融控股有限公司】 为推动集团公司金融业务市场化改革、规范化发展，2022 年 5 月 27 日，印发《关于组建中石化产融控股有限公司的通知》（中国石化企〔2022〕110 号），明确以股权划转的方式组建中石化产融控股有限公司，注册地深圳；注册资本 350200 万元，随后以股权划转等方式增至约 93 亿元。

（邢新丽）

【培训疗养机构改革取得突破】 2022年3月30日，中国石化转型健康养老服务设施的培训疗养机构改革方案获中央企业培训疗养机构改革工作小组批复。中国石化按照“1+N”经营、“旅居康养＋社区康养”及向社区延伸合作、盘活资源等思路，主动与合作央企进行沟通对接，重点落实合作范围、租金标准、运营模式、协议签订及后续实施等事项，积极推进培训疗养机构转型健康养老服务设施。9月26日印发《关于进一步做好培训疗养机构改革有关工作的通知》，传达落实国家有关部委要求，要求企业提高站位、倒排工期，确保批复一年内高质量完成改革任务。截至年底，被纳入改革范围的15家机构已全部完成资产清查、机构撤销、人员安置等工作，10家机构完成正式协议或框架协议签订，部分机构已完成物业资产交接进行适老化改造，完成既定工作目标任务。

（汪海洋）

企业管理

【高质量推进对标世界一流管理提升行动】 自2020年开展对标世界一流管理提升行动以来，坚持“高效率部署、高标准落实、高质量推进”，锚定世界一流企业目标和方向，扎实深入开展对标提升行动落实落地并取得实效。抓好工作清单重点任务落实，对8个对标领域45项重点任务实行销项管理，于2022年6月底、提前一个月全部完成，工作清单完成率100%。持续深入开展管理标杆创建，在对2021年评选的43家标杆基层单位阶段评估的基础上，按照管理体系健全、运行机制高效、提升效果显著的标准，评选增补17家标杆基层单位，2021年、2022年两年累计评选标杆企业、标杆基层单位、标杆项目共81个。建设对标提升信息系统，从价值创造、运营管理、能源保障、产品竞争、转型发展、科技创新、风险防控、品牌影响8个能力，集团、板块、分子公司、基层单位4个层级，搭建全覆盖、全级次、多维度的对标指标体系和集中统一对标平台。开展对标提升行动深化评估，系统全面总结对标提升行动主要做法、取得成效、经验启示等，对工作成果、工作落实、长效机制等方面情况进行自查自检，巩固对标提升行动成效，以对标提升信息系统为抓手建立长效机制。

（李旭东）

【制订印发加快建设世界一流企业实施方案】 落实党中央关于加快建设世界一流企业的决策部署和国务院国资委工作要求，准确把握新发展阶段，完整、准确、全面贯彻新发展理念，积极融入新发展格局，落实高质量发展要求，结合集团公司“十四五”规划和工作实际，编制印发《中国石化加快建设世界一流企业实施方案》，提出“三步走”远景目标，以及提升创新驱动力、提升全球竞争力、提升企业治理能力、提升彰显自信与担当的影响力、提升党建引领力等5个方面重点任务，坚决扛好“保障国家能源安全、引领中国石化工业高质量发展、担当国家战略科技力量”三大核心职责，实施世界领先发展方略，构建“一基两翼三新”产业格局，建设具有强大战略支撑力、强大民生保障力、强大精神感召力的中国石化，实现质量更优、效益更好、效率更高、竞争力更强、影响力更大的发展，加快将中国石化建设成为“产品卓越、品牌卓著、创新领先、治理现代”的世界一流企业。

（李旭东）

【强化“三基”工作】 为与时俱进抓实“三基”工作，焕发“三基”工作生命力，进一步提升基层管理水平，2022年7月6日制定下发《关于进一步加强“三基”工作的通知》，从强化基层建设、加强基础管理、加强基本功训练，以及“三基”与专业管理融合、与HSE体系融合、为基层减负、长效机制等方面提出切实可行的措施要求。8月17日，马永生在《中国石化报》发表《用好“三基”这个传家宝 夯实公司高质量发展根基》署名文章，强调“三基”工作是中国工人阶级的独特创造，凝结着对党忠诚的红色基因、实事求是的科学精神、严细管理的优良作风，是博大精深、历久弥新、常学常新、有用管用的传家宝，“三基”工作永不过时，要提高站位、深化认识，与时俱进、务实重效抓“三基”，不断夯实公司高质量发展的根基。整理编辑并发放《中国石化三基工作手册》，包括基本概念、基层建设、基础工作、基本功训练、落实“三基”工作共5个方面、100个问答，进一步普及“三基”工作知识。通过持续强化与落实，精力向基层集中、政策向基层倾斜、资源向基层投入、力量向基层聚集的要求得到落实，公司上下学习“三基”知识，改进作风抓“三基”的氛围日渐浓厚。

（李旭东）

【完成第三十一届企业管理现代化创新成果评选】 组织集团公司第三十一届管理创新成果评选，共收到146家单位申报的881项成果，评审出优秀创新成果291项，其中一等成果43项、二等成果118项、三等成果130项。创新成果与公司重点工作结合紧密，贴近生产经营实际，具有较强的示范性和可推广性。

（李旭东）

【7项成果获评全国企业管理现代化创新成果】 中国石化7项成果获评第二十九届全国企业管理现代化创新成果，其中一等成果2项，分别为“石油化工企业集团以业务变革为核心的数字化转型”“实现增油减碳的国内首个百万吨级CCUS项目建设与产业化运营”；二等成果5项。该届是中国石化获该成果奖项数量最多的一届。截至2022年底，中国石化累计获全国企业管理现代化创新成果90项。

（李旭东）

内控与风险管理

【发布2022年版内控手册】 2022年1月11日，经党组会、第三届董事会第二十九次会议审议通过，《中国石化内部控制手册（2022年版）》发布实施。

（吴雪琳）

【开展重大经营风险管理指标体系应用测试】 以2021年重大经营风险管理指标体系及风险识别评估标准研究为基础，梳理20项主指标、37项子指标风险指标属性，完善指标数据库，建立标准化风险指标档案，推进重大经营风险管理指标应用测试。

（吴雪琳）

【完善专项风险防控程序】 修订《中国石化重大经营风险事件报告管理办法》，调整报告范围，细化报告程序，完善报告模板。印发《中国石化重大及有关投资项目专项风险评估报告编制指引（试行）》，完善重大投资项目风险评估及程序性审核方法和标准，指导企业做好重大项目风险评估工作。

（吴雪琳）

【持续深化内控提升】 开展“我为内控制度作诊断”活动，梳理监管要求及管理现状，发动全员“啄木鸟”纠错，全系统开展风控内控征文、案例征集评审工作。持续开展风控内控检查，实现直属企业第一轮3年全覆盖，按照“六不放过”原则，压实整改责任，实行销项管理。

（吴雪琳）

【重点业务领域法律风险防控】 深入贯彻集团公司环保依法合规工作会议精神，组织企业加强对热点环保法律专题研究，提示风险，提出应对措施，完成《沿江沿黄企业环境合规法律风险防控指引》《环保行政处罚应对要点及维权措施》《环保证据备查与合规指引》《上市公司环境保护信息披露趋势及报告要点》的编制；妥善应对环境公益诉讼，广州石化、南化公司、华北石油局、中天合创等环境污染侵权诉讼一审均胜诉，舆情风险得到有效管控。聚焦知识产权法律保护，持续推进重点知识产权维权案件，己内酰胺、丁腈橡胶技术秘密维权案件取得积极进展，丙烯腈技术秘密维权已获公安机关受理；助力打造技术先导型公司，开展知识产权保护规范管理检查，针对页岩气开发、PVA 聚丙烯膜等重点技术制订专项保护方案，启动“中国石化知识产权法律风险防控”课题研究。开展系统内软件、图片、字体等著作权侵权风险排查，印发《关于防范宣传媒体平台著作权侵权风险的通知》，有效防范相关风险。联合集团财务部下发《关于应收账款法律清收模块上线及加强相关工作的通知》，督促企业对应收账款分类分级采取法律处置措施，2022 年全系统通过法律手段清收应收账款到账 7.79 亿元。

（徐　阳）

法治建设

【重大纠纷案件处理】 印发《关于持续加强法律纠纷处置工作的通知》，连续 3 年深入开展纠纷案件“压存控增”工作。对 18 家重点企业的 55 个 5000 万元以上案件下发督办函并定期督办，对重大复杂案件加强统筹协调，确定专人跟踪督办、提级办理。2022 年全系统办结各类法律纠纷案件 1458 件，避免和挽回损失共计 49.1 亿元，新发案件数量和金额分别下降 8.8% 和 36.3%，在办案件数量和金额分别下降 5.7% 和 3.4%，连续 3 年实现积案数量、涉案金额双下降。

（徐　阳）

【法律纠纷基础管理】 接入最高院司法大数据，实现全国法院立案、结案数据同步推送至中国石化法律信息系统纠纷管理模块，全面掌握纠纷案件“家底”，及时、准确了解案件信息。优化升级纠纷数据统计功能，实现纠纷数据多维度大数据分析，强化信息化管理效能。完成法律共享平台债权清收模块与财务信用平台的信息集成，实现应收账款逾期信息同步推送企业法律人员，确保法律维权手段及时介入应收账款清收工作。

（徐　阳）

【重大项目法律服务】 2022 年共为 61 个合资合作类项目提供法律服务，出具合资合作类投资项目合法合规性论证报告 14 份，参与资本运作类项目 12 个、股权管理类项目 27 个、融资担保类项目 14 个、新能源投资类项目 6 个，固定资产投资项目合法合规性论证 35 个。深度参与公司重大项目方案论证、法律文件的起草、修订和谈判等工作，包括与英力士合作项目、与沙特阿美合作古雷二期项目、夏至项目、完成股份公司与卡塔尔能源为期 27 年的液化天然气长期购销协议签署等。大力推动反垄断合规工作，编写并下发《关于进一步做好反垄断合规工作的提示函》，召开经营者集中申报工作机制讨论会，初步理顺反垄断经营者集中申报工作流程，明确各部门职责。编制下发《关于加强重大投资项目“双碳”“双控”“两高”合法合规论证工作的通知》《新能源项目合法合规性论证工作指引》，更新其他板块合法合规性论证行政许可和审批事项清单。

（冯带龙）

【合同基础管理工作】 夯实合同基础管理，打造坚强合同管理根基。落实巡视整改工作要求，持续开展合同专项治理工作。举办合同补签、倒签问题专题培训，对 50 家企业的 120 余名合同管理员和经办人提出合同管理要求和宣贯合同系统功能，全系统合同补签、倒签问题显著降低。坚持按季度下发合同管理情况通报。组织企业累计修订 3000 余份标准合同文本，组织编印《危险废物处置合同》示范文本，文本质量进一步提升。完善合同相对方合规尽职调查，将交易对手合规承诺函和合规尽调清单纳入物资采购和工程招投标系统。完成合同管理办法修订版宣贯，举办专职合同管理员培训班，共 700 余人参加。按照内控、内外部审计、巡视等检查调研发现的合同管理问题，督导企业制定整改措施和方案。做好机关合同审查工作。

（冯带龙）

【合同管理信息系统（CMIS）建设及应用】 注重数智结合，提升信息化管理水平，大力推动数字化建设，完成合同石化 e 签开发和试点实施，累计完成 51 家企业上线，6267 家签约主体注册认证（其中我方 533 家），签署电子合同 2.3 万份。合同智能化应用开启新阶段，积极探索合同智能化功能开发，借助百度云、北大法宝等外部力量，两个合同场景智能审核在 4 家企业成功试点上线，完成危废处置类高风险业务场景化。强化合同法律风险防范，继续深化系统集成，完成合同系统与科技平台、税务系统、信用平台等系统集成，税务系统集成后预计可减少重复交税上千万，紧跟境外财务共享实施进展，完成沙特地区有关单位财务共享与合同系统集成。

（冯带龙）

合规管理

【全面落实“合规管理强化年”工作】 贯彻落实国务院国资委“合规管理强化年”工作及经营业务合规专项治理有关部署，先后印发《中国石化“合规管理强化年”工作实施方案》《关于加快推进“合规管理强化年”相关工作落实的通知》等系列通知，全面推进“合规管理强化年”工作及经营业务合规专项治理，组织开展全级次、全领域、全方位合规自查。截至 2022 年底，完成对 134 家直属单位的合规管理体系评价验收，全面厘清生产经营业务合规风险，基本建立全面覆盖、有效运行且具有石化特色的合规管理体系。

（吴明晓）

【强化提升涉外合规经营能力】 贯彻落实国务院国资委新形势下全面加强中央企业涉外法治工作、促进境外依法合规经营的工作要求，将涉外法律合规管理作为重点工作推进落实。2022 年 4 月 13 日，组织党组理论学习中心组（扩大）会议，邀请国务院国资委法规局领导就涉外法治工作专题授课。10 月 12 日，印发《关于加强涉外依法合规经营 夯实国际化经营法律合规风险防线的实施意见》，首次以公司文件对涉外依法合规工作作出专门部署。启动公司涉外法治人才库建设工作，向国务院国资委推荐中央企业涉外法治领军人才 4 名、骨干人才 3 名。

（吴明晓）

【积极开展“打击假冒国企专项行动”】 贯彻落实国务院国资委、公安部、市场监管总局《打击假冒国企专项行动工作方案》有关部署，2022 年 5—7 月，组织相关直属单位积极开展打击假冒中国石化企业及商标字号侵权风险排查工作，通过当面告知侵权风险或送达警告函、向地方市场监管部门举报、通过 12345 服务热线进行投诉等方式依法开展维权工作，累计清理假冒企业 4 家、未经授权擅自使用“中石化”字号侵权企业 8 家、疑似侵权企业 14 家、网络地图侵权站点 375 个，并通过《法治日报》、企业官方微信公众号及重点省市区域媒体平台等，对非中国石化系统企业公示声明，提醒社会各界谨防误认混淆。

（吴明晓）

制度建设

【稳步推进制度体系优化提升】 2022 年，集团公司进一步优化制度体系建设，建立制度“家底”年度盘点机制，加强制度“立改废”统筹落实，全年共制、修订 110 项制度，总部制度总量从 807 项下降至 784 项。启动涉及基层一线制度删繁就简工作，印发《关于梳理简化需要基层执行落实规章制度的通知》，围绕“三基”工作梳理涉及基层一线的规章制度、规范性文件 283 件，建立文件清单，开展简洁化、具体化工作。全面升级制度管理信息系统，引入外部法规库，优化制度查询功能，提升制度流程引擎，新增制度画像功能。

（吴明晓）

财务资本管理

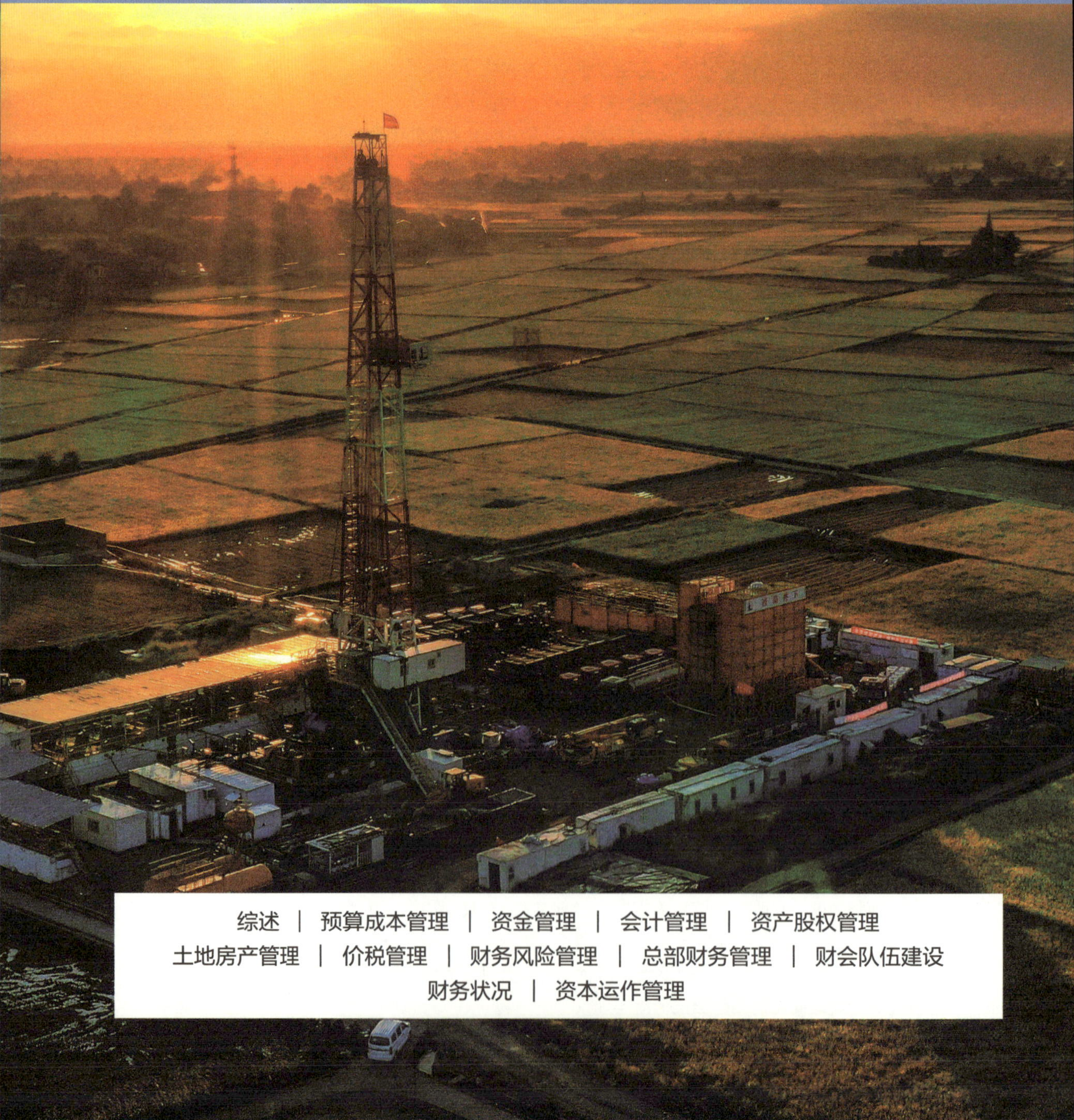

综述 | 预算成本管理 | 资金管理 | 会计管理 | 资产股权管理
土地房产管理 | 价税管理 | 财务风险管理 | 总部财务管理 | 财会队伍建设
财务状况 | 资本运作管理

综述

2022年，面对复杂严峻的生产经营形势、超预期因素叠加带来的风险挑战、极为艰巨的财务目标任务，在集团公司党组的坚强领导下，财务系统聚焦高质量发展，贯彻新发展理念，以公司主题行动为主线，并行推进提质增效、综合治理专项行动，紧盯市场形势，调配财务资源，全力保安全投入、保科研经费、保转型发展、保民生支出，开展中长期战略价值量化，提升战略型集约化财务管控质量，支撑公司战略落实，促进完成重点任务，推动经营业绩再上新台阶。

（夏吉鹏）

预算成本管理

【财务绩效创历史最好水平】 2022年，一体化推进国务院国资委提质增效专项行动与集团公司“牢记嘱托、再立新功、再创佳绩，迎接学习贯彻二十大”主题行动，制订主题行动经营效益组子方案，明确组内8个专业线条工作目标及措施，按月督导、按季总结，严格跟踪落实各项措施，“两利四率”和资金等指标圆满完成国务院国资委考核要求。集团公司全年实现收入3.37万亿元，增长20.7%，创历史新高。全年实现利润总额1204.74亿元、净利润952.39亿元，分别增加39亿元和72亿元，均创历史最好水平。实现营收利润率3.37%，好于预算目标0.1个百分点。研发经费投入268亿元，达到历史最高水平。研发投入强度0.8%。全员劳动生产率120.5万元/人，提升4万元/人。

（卢　静）

【构建战略财务管控体系】 围绕集团公司发展战略和愿景目标，组织各板块和企业开展长期价值量化测算，引导资源实现最优配置，推动公司战略落地。发布中国石化战略财务管控体系指导意见，形成战略财务七步法，完成集团公司战略财务管控方案，明确以自由现金流实现长期平衡、国有资本保值增值率不低于105.5%为战略财务管控目标底线。建立常态化工作机制，组织各板块和重点企业确定中长期战略财务管控目标和边界，深化应用高质量发展指标运营评价体系，并将评价结果纳入领导班子绩效考核，促进长期战略目标与业务发展规划有效融合。

（卢　静）

【强化战略成本管控】 开展全价值链成本分析和动因排序，制定弹性管控策略，细化成本费用管控举措，推动总成本、单位成本与经营规模联动管控，严控非生产性支出，有效遏制成本费用上升势头。全面分析人工成本，复盘过去20年人工成本要素，预测未来15年增长走势，推动人工成本与绩效深度挂钩。全年期间费用占收比4.2%、销售费用占收比1.7%，好于年度目标1.3个百分点和0.6个百分点，为近3年最好水平。各板块严格落实成本费用管控要求，单位成本均完成年度目标。

（卢　静）

【推动亏损企业体系化治理】 结合资产分类评价结果，对标同类企业资本回报水平，分析企业亏损关键性因素，制订54户重点企业亏损治理工作方案，推动本质扭亏。制定亏损企业治理规定，明确各层级管理责任，完善常态化治理机制。狠抓工作方案落实，按季召开治理工作例会，按月逐户检查扭亏措施落实情况，年末亏损子企业亏损面降至4.9%，创历史新低，完成年度治理目标任务。

（卢　静）

资金管理

【强化资金预算管理硬约束】 积极应对新冠肺炎疫情挑战，持续做好生产经营资金保障，锚定自由现金流等重点资金指标管控，引导企业提升创现转化能力，保持资金周转效率稳定高效。聚焦重点企业指标刚性约束，以创现能力为限严控投资支出。强化年初目标分解、月度运行跟踪和年末指标管控的资金预算闭环管理机制。进一步加强资金集约化管理，资金集中度维持 96%，发挥资金池头寸调剂作用，内部资金平台日均吸收企业存款 2100 亿元、发放贷款 1300 亿元，通过优化内部资金资源配置，有效保障生产经营资金需求。

（张 骞）

【优化筹融资集中管理】 创新融资模式，为集团公司绿色转型发展提供更多低成本资金保障。全年累计发行人民币债券近 1000 亿元，组织重点企业偿还和接续到期债务超 1000 亿元。全年综合融资成本率 3%。年末付息债务 4068 亿元，国际信用评级关键指标债务比 EBITDA 稳中向好，穆迪对公司独立评级调升一级，综合评级水平保持与国家主权一致。组织企业落实绿氢、光伏、风电等项目绿色贷款 85 亿元，融资成本远低于项目同期融资水平。组织盛骏公司完成 5 亿美元、国内石油石化行业首笔 5 年期可持续发展贷款。利用地热项目收费权，发行雄安地区首笔 3 亿元绿色债券。

（张 骞）

【强化资金结算集约化管理】 加强资金占用管控，推动票据池、企票通、跨境资金池等结算基础设施建设，有序推进人民币跨境使用，持续提升资金结算效率。强化“两金”占用管控，推进业财联合管控机制有效运行，督导企业按照年度管控目标优化“两金”管理，落实非正常、长账龄应收账款清收目标，坚持低库存运行策略，周转效率稳定在较高水平。年末“两金”占用 3393 亿元，低于收入增幅 4 个百分点。应收账款、存货周转率分别提升 4.7 次、0.4 次。发挥票据集约化功能作用，票据集中运作超 600 亿元，节约财务费用超 5 亿元。组织研究企票通商票结算试点方案，开展央企产业链清欠对接，探索打通外部资金结算堵点。依托跨境资金池，探索境内外资金统筹运作，全年完成经常项目跨境资金收付 16 亿元，资本项目跨境资金调拨 18 亿美元。人民币国际化使用大幅提升，全年完成人民币跨境使用 3028 亿元，增加 2040 亿元，增幅超 2 倍。

（张 骞）

【加强资产负债穿透式管理】 建立多维度、全级次财务杠杆约束长效机制，推动整体负债率水平在合理区间稳定运行。构建“总部—企业、业务—财务”协同工作机制，逐月跟踪“两金”占用、付息债务、衍生负债、套保浮盈等影响资产负债率运行的重点事项，压实管理责任，推动负债率管理压力横向传递、纵向落实，保障全年目标实现。2022 年末，集团公司资产负债率 48.9%，下降 0.1 个百分点，完成国务院国资委年度管控目标。通过提质增效、资产盘活创效、资本市场募资等方式，全级次高负债率子企业户数下降 14%，圆满完成国务院国资委专项工作任务目标。

（张 骞）

【优化资金信用配置】 坚持风险与收益对等，构建与战略目标相匹配、与价值创造相促进的资金信用资源配置体系，完善内部资金信用定价和资本配置机制。按照市场化、差异化原则，调整内部存贷款定价，推动资金信用管理从集中统筹向优化配置转型，提升资金平台存贷款集中效率，释放资金统筹优化配置效能。截至 2022 年 12 月末，财务公司存款规模较调整前增加 320 亿元，贷款规模较调整前增加 290 亿元，贷款比率提高 15 个百分点、达 64%，企业在财务公司存量贷款利率下降，年节约财务费用超 2 亿元。立足公司转型升级和结构调整战略，探索完善资本投入管理和运行评价，通过优化资本投入标准，强化资本运行评价，为资本结构调整及优化提供决策参谋，引导资本向价值创造和战略保障聚焦。

（张　骞）

【强化资金风险防控】 修订《资金管理办法》《担保业务管理办法》，完善“1+N”资金管理制度体系。出台《境外资金业务管理实施细则》，配套印发《境外资金业务操作指南》，细化内容，明确标准，增强企业资金业务管理与实操能力。分 6 批组织 127 家境内外单位开展资金安全专项检查，实现集团直属业务板块全覆盖、境外业务区域全覆盖。强化专项业务检查，巩固前期清欠工作成果，继续保持无分歧欠款零新增，有分歧账款较年初净减少 1986 万元。加强风险管控信息化建设，启用司库系统风险预警功能，开发资金安全风险排查与整改模块。扎实开展债务风险专项治理、境外侵吞公款专项整治等工作，进一步提升专项领域监管治理能力。

（张　骞）

【推进司库管理数智化升级】 按照“大数据、模型化、智能化”的总体思路，结合财务信息化建设实际，制订集团公司财务数智化转型规划，完成资金分析决策应用方案顶层设计。搭建资金分析决策平台，聚焦运行管理、风险管控和市场研判等内容，分业务、分场景建设资金管理可视化数据和模型库，组建第一批财务建模团队，构建各类模型超 20 个，初步实现司库管理场景化、动态化和模型化。加强数据治理，聚焦穿透监测、分析决策等功能应用，完成 15 类主数据、2 类国资监管数据标准治理，进一步夯实数据质量，完善数据治理体系。持续推动系统功能提升，完成票据集约化、票交所系统集成、HR 薪酬支付、应收款项管理、境外考核评价、明细资金单元等功能完善、开发和推广，优化系统风险排查、预警和销警功能，进一步提升风险管控信息化水平。

（张　骞）

会计管理

【巩固会计信息质量基础】 开展会计信息质量巩固提升专项行动，梳理 2021 年会计信息质量提升专项行动工作“回头看”问题，汇总整理 2021 年度决算审计及内部审计、纪检监察、巡视、受理信访举报等发现的涉及会计信息质量问题，形成内审外查清单 54 项，各项问题均完成财务整改，新增制修订制度或采取措施 163 项。开展全级次全覆盖自查自纠，企业自查发现问题 82 项，均完成整改，完善制度或采取措施 36 项。组织总部综合检查工作，选取 5 个片区 58 家企业开展全面综合检查，发现问题 69 项，全部完成整改。强化过程监督和问题督导，组织事业部和专业公司，对重点企业在 2021 年报决算审计发现的 33 项问题进行督导，扎实推进问题整改。结合专项行动检查发现的会计基础薄弱环节，组织修订《中国石化会计基础工作管理办法》《中国石化会计基础工作评价体系》，编制《中国石化会计基础工作评价操作指引》，进一步完善会计管理、稽核检查制度规范，为夯实会计信息质量基础提供制度保障。

（张晓光）

【拓展会计政策研究】 开展全系统“会计改革与发展‘十四五’规划纲要”大讨论，评选优秀论文 60 篇、优秀组织单位 15 家，在全系统进行通报表彰。发挥《中国石化财会》内刊平台优势，设立“‘十四五’大论坛”专栏，组织刊发 53 篇专题文章。组织参加国家财政部“会计改革与发展‘十四五’规划纲要”竞赛答题，参与范围涵盖全系统财务人员，近 1.5 万人参与答题，平均分 90.4 分，参与人数在央企名列前茅，得到国家财政部、国管局的充分肯定。紧盯国内外会计政策前沿动态，梳理会计政策研究团队研究进展，向国家财政部反馈可持续发展相关问题征求意见、向国务院国资委提出搬迁补偿、碳排放权交易、租赁适用递延所得税 3 项会计处理和会计政策意见。合作研究中国石化会计管理体系建设课题，组织访谈 7 家单位财务与业务领域专家，近 3000 名财务人员参与调查问卷，进一步夯实研究基础。推进会计政策研究团队各项课题研究，研究制定 23 项方向性课题，发表论文 10 余篇。

（张晓光）

【深化财务共享建设】 加快建设境外财务共享，推进沙特地区外账会计科目体系、附件标准化、业务情景化提报等建设，全面梳理适用境外的业务单元，制定业务操作规范，初步构建境外企业核算全流程标准化处理模式。稳妥开展上线实施工作，沙特地区 6 个外账主体试点成功，业务运营稳定，新上线 131 个内账主体，顺利完成年度上线任务。梳理财务共享服务承接范围及职责界面情况，增设风险管理、财务咨询、数据服务、财务培训等 7 类 40 项增值服务，形成新版财务共享服务目录。以流程优化为抓手，分类施策推进报表质效提升，财务报表实现提前 1 天出具。修订业务操作规范，分板块筛选确定原材料、水费、电费等 50 个费用类标准模板 ERS 系统落地场景。构建客观指标与主观问卷相结合的财务共享服务评价体系，组织 215 家企业开展线上服务满意度调查，根据“定量 + 定性”综合评价结果，形成问题清单 141 项，督导共享服务公司落实问题整改、提升服务质量。

（张晓光）

【深化财务信息化建设】 开展财务域顶层设计，组织线上访谈，编制财务域现状分析与整体优化建议。开展数据治理，编制 5 个数据标准模板，通过数据标准审查。优化关联交易平台建设，213 家企业切换上线，新增三单匹配功能优化、短信和邮件待办提醒、移动审批及关联交易内部清算功能。优化提升 FIRMS 报表系统，统一集团、股份企业报表格式，增加自动抵销业务场景，对大数据分析进行扩展。参与国家财政部电子凭证会计数据标准试点，完成 7 类电子凭证和财务公司电子凭证试点测试，实现工商银行账户电子回单、对账单全面上线。

（张晓光）

【完成 2021 年财务决算】 全面落实国家财政部和国务院国资委财务决算工作要求，强化组织运行、运维保障、审计协调，推进决算与重点工作衔接、落实审计问题整改、强化报表编制流程优化和质量审核等工作，集团公司 2021 年财务决算工作再次获国家财政部通报表扬，在受表彰央企中位列前十，集团公司财务决算工作质效得到进一步提高。

（张晓光）

资产股权管理

【完善资产股权管理制度建设】 持续推进“两库一公开”体系建设，提高资产评估报告备案质效，修订集团公司资产评估机构备选库管理办法，动态调整集团公司资产评估机构备选库。修订《中国石化境内股权变动涉及国资监管业务工作规范》，规范股权挂牌转让、协议转让、无偿划转及增资扩股经济行为，做到应进必进、进则规范、操作透明。将参股股权管理工作纳入党组管理领导班子约束性指标考核，进一步强化考核约束。运用信息化手段开展大数据筛查，做好民企挂靠国资问题风险防范。

（韦统郡）

【推进企业国有资产交易】 推动资产盘活处置，全年调剂资产 4.2 万项、净值 38.8 亿元，对外盘活资产 6881 项、净值 83.8 亿元，实现创效 9.8 亿元。推动存量股权结构调整，加快低效无效股权退出，整改参股经营投资问题 72 项，清理低效无效参股股权 12 项，回收资金 4.6 亿元。将胜利石油管理局持有的国网胜利（东营）供电有限公司 47% 股权无偿划转至国网山东省电力公司，实现资源在央企系统内重组优化。组织开展集团内部相关股权重组整合，将中石化保险有限公司等 5 家公司股权无偿划转至中石化产融控股有限公司，实现年金、保险、期货、租赁等持牌业务专业化、集约化管理。

推进石油工程公司内部资产重组。

（韦统郡）

【深入开展资产分类评价】 开展 2022 年资产分类评价工作，完善评价标准，编制资产分类评价报告，完成国企改革三年行动“两资”清理任务，低无负效资产占比持续回落。采取“理论 + 实践”模式开展课题研究，形成《中国石化低无负效资产盘活处置长效机制》课题报告。推进集团公司资产分类评价信息系统建设，完成集团公司试点企业及第一批企业主数据整改和系统上线。组织开展资产管理领域实践案例编报工作，梳理形成 4 类 37 篇资产经营提效优秀案例汇编。

（韦统郡）

【持续加强关键环节管控】 组织开展产权登记年度分析，更新集团公司产权图谱，办理产权占有、变更及注销登记 890 项，在前期国务院国资委两轮产权登记核对基础上，对系统内 245 家直属企业产权登记工作开展全面核查，整改产权登记瑕疵事项 762 项，进一步夯实企业产权登记基础。督促企业加强已吊销营业执照法人单位管理，积极妥善推进整改，全年处置、清理法人单位 35 家。梳理分析 2021 年资产评估备案情况，编制专项分析报告，优化备案工作运行机制，加强评估备案报告审核，全年共审核备案资产（产权）评估项目 251 项，切实维护国有出资人权益。持续规范个人代持境外国有产权和特殊目的公司管理，实时监控存量情况，清理无存续必要境外代持股权 4 项。完成民企挂靠国资问题整改主体工作。

（韦统郡）

【强化参股股权管理】 开展管理制度落实和执行检查工作，督导落实股权管理制度有效执行，实时更新股权管理清单，逐一明确股权管理主体，建立涵盖 8 个部门、169 家直属企业股权管理工作台账。加强参股股权财务监管，落实日常管理、重大事项报告、收益分红及风险防范工作职责，总部直管股权取得分红及减资款 4.67 亿元。完成股权管理系统全面上线并持续优化提升，动态监测参股股权运行情况，提升数据分析和应用能力。

（韦统郡）

【开展国有产权管理】 加强与日常工作协同，区分控制力强弱分类施策，形成排查范围释义等 8 项辅助资料，对存量股权按照控制力重新划分为 6 类情形，全面整治国有产权管理中归属不清、权责不明、流转不畅、保护不严及混合所有制改革推进不规范等问题。优化工作运行模式，依托股权管理系统开展自查整改，保证梳理排查数据的准确性和及时性、问题跟踪的持续性，自查发现问题 278 项，整改 255 项，按计划完成主体工作任务。

（韦统郡）

【完成深化改革三年行动任务】 紧盯工作任务，牵头组织推进部门负责的各项改革措施落实落地，11 项改革任务全面如期完成。压减法人、“两资”处置、参股清理、亏损企业治理和重组整合等改革措施及成效，在国企改革三年行动简报上刊发。《深化资产经营提效 助力中国石化高质量发展》成功入选中国石化深化改革三年行动经验案例。

（韦统郡）

土地房产管理

【推进胜利油田原油库搬迁】 完成新油库 504 亩（33.6 万平方米）土地的处置和报建。完成国家管网公司配建项目 292 亩（19.47 万平方米）用地协调处置。优化老油库 804 亩（53.6 万平方米）土地搬迁补偿方案和资产价值测算，争取整体收益最大化。

（王新成）

【规范不动产经营创效】 坚持计划先行、全程管控、效益跟踪，规范不动产经营创效，2022 年不动产综合创效40.42亿元。其中，完成日常土地处置170项、6696.3亩（446.42万平方米），综合创效23.57亿元；推动高桥石化化工板块、金陵石化化工一厂等重点项目土地搬迁，实现创利6亿元；实施不动产租赁项目8374项，对外收取租金10.85亿元。推动重点区域不动产试点经营，成立中国石化重点区域不动产主动经营试点工作领导小组，建立内外部联合工作机制，确定9家单位1290亩（86万平方米）土地作为经营试点，西南石油局阳明基地以市场化租赁提升租金收益率261%，南京工程公司六合基地通过政府有偿收储实现土地处置增效1683万元。

（王新成）

【推动办公用房优化】 对重点城市951.19万平方米办公类房产进行分类整理。确定办公房产“内内外”优化配置原则，制订“一次画像调查、一种评价模型、一个发布平台、一项管控办法”的一揽子实施方案，点对点筹划办公类房产优化调配方案，持续增加内部利用比例，降低外部租金成本。

（王新成）

【强化不动产信息化建设】 制订《中国石化不动产管理系统（SRES）推广应用方案》，举办3期不动产管理系统动员培训，采取线上、线下等多种方式，对156家企业强化“一对一”业务培训，完成不动产管理系统上线及推广应用，实现全部数据入库，形成数据成果。

（王新成）

【开展不动产政策研究】 以5家老油田为试点，专项组织油气废弃土地复垦整治工作。跟进土地复垦方案的新政策出台落地，参加国家自然资源部生态修复司组织的矿产资源开发利用方案、矿山地质环境保护与土地复垦方案编制执行监管研讨会，提出可行性建议。

（王新成）

价税管理

【扎实做好财税优化创效】 跟踪国家财税改革动向，推动国家储备石油财政办法、天然气地下储气库垫底气等政策出台。落实国家减税降费政策，紧盯增值税留抵、研发扣除等重点政策，制定《中国石化研发费用加计扣除管理办法》，将政策红利转化为发展实效。落实高新技术企业购置设备、全行业研发费用加计扣除政策，强化政策宣贯，督导重点企业加强政策应用，提前安排设备采购及研发列支等事项，充分用好税收优惠。

（卢　静）

【扎实推进房租减免专项工作】 落实国家疫情期间房租减免政策要求，全年减免房租3.6亿元、惠及1.2万户小微企业和个体工商户，减免金额和户数位居央企前列，为保持社会经济稳定作出积极贡献。

（卢　静）

财务风险管理

【加强金融衍生品业务专业化管理】 修订金融衍生品业务管理办法，同步修订配套制度，推动制度体系建设。加强业务资质审核，完成1家商品类操作主体、7家委托主体资质核准、批复工作。严格计划指标管理，完成商品类36家、货币类21家企业年度计划限额和风险指标审批，以及1家企业的年度计划调整工作。开展300余人次分层培训，提升企业风险管理水平。加强监督检查，组织开展保证金专项、货币类专项、操作主体业务等季度抽查。按照“严肃财经纪律、依法合规经营”综合治理专项行动工作安排，开展监督检查，编制风险排查报告，报送国务院国资委。持续完善和提升货币类衍生品业务系统功能。

（贾海晶）

【加强信用风险管理体系建设】 全面完成联动控制全系统上线，实现对高风险交易对手关键业务环节的实时联控。优化预警及评级模型、调整交易波动率预警逻辑，持续提升系统应用效果。分批推进境外交易对手上线，建立集团客户管理模式，引入舆情监控功能，持续拓展信用风险管理范围。组织3次系统培训，针对各阶段功能上线，召集企业开展信用风险制度和系统培训。开展信用风险年度排查，督促、跟进企业问题整改落实，强化信用风险定期排查机制。

（贾海晶）

【强化汇率利率风险管控】 逐月发布资金风险提示，促进部分企业及时应对风险。组织开展季度汇率风险排查，督促企业科学管理外汇敞口，合理配置外汇资产负债结构。组织利率汇率风险管理培训，讲解企业汇率风险管理的思路与案例。借鉴金融机构汇率风险压力测试工具，结合集团经营特点，设计压力测试方案，针对敞口超1亿元等值人民币的币种开展压力测试。完成财务数智化应用平台中集团汇率风险监测、企业汇率风险监测、“一国一策”汇率风险监测3个场景功能建设，持续丰富数智化管控手段。

（贾海晶）

【严控各类投资项目风险】 加强固定资产经济评价工作，全年参与36项、478亿元的集团直属企业固定资产投资项目审查，指导20个项目修改完善项目财务评价内容，23个项目可研报告获集团公司批复，对5个重大项目出具财务效益指标专项论证审查意见。参与可再生能源制氢、境外油气开发项目经济评价方法及参数编制，规范投资评价工作。组织11家企业、17个境外项目开展财务绩效指标评价，进一步摸清集团公司存量境外投资经营状况。

（贾海晶）

【持续加强税务风险管理】 组织直属企业开展2021年与2022年上半年税务风险自查，梳理问题，分析成因，督促相关企业制定整改措施及工作计划，持续跟踪重点风险事项解决进展。推进税务风险管理系统提升改造，优化调整实时在线预警逻辑，直属企业推广上线，实现税务风险系统全覆盖。

（贾海晶）

总部财务管理

【强化总部经费预算约束】 坚持无预算不支出原则，贯彻落实厉行节约的工作要求，聚焦战略成本管理，强化各项支出事前行为审批和标准审核的管控。严格控制日常工作经费，进一步优化资源配置，重点保障专项工作支出，严格按照预算批准的用途审批。定期通报经费预算执行情况，强化预算管控工作。2022年发生总部经费24.6亿元，比年度预算节约2.5亿元。

（王　元）

【规范个人所得税年度汇算清缴】 根据《国家税务总局关于办理2021年度个人所得税综合所得汇算清缴事项的公告》有关要求，编制汇算清缴操作手册，配合税务机关核实申报信息，协助员工进行申报，圆满完成2021年个税汇算清缴工作。

（王　元）

【开展总部费用分摊工作】 规范公司内部市场化收费机制，提升成本费用与收入匹配度，防控税务等监管风险。根据年度工作目标分解制订月度工作计划，成立跨部门（处室）专项工作小组，建立动态跟踪汇报专项工作机制，积极推进工作开展。梳理总部费用构成，起草《中国石化费用分摊管理办法（试行）》，向总部相关部门和部分企业征求意见，为各级总部实施费用分摊提供制度依据。

（王　元）

财会队伍建设

【打造学习型组织】 举办 2 期总会计师培训，120 名学员参训，进一步提升价值管理能力。组织国际财务高级经理、国际财务专业人才能力提升培训班，财会队伍整体素质能力稳步提升。

（刘国红）

【举办财金业务知识大赛】 采取“云竞赛 + 线上直播”模式，实现“练考赛”一体化运行，147 家企业、近 1.4 万人参赛，超 15 万人次观看赛事直播，达到以赛促学、以赛促练的良好效果。

（卢　静）

财务状况

【概述】 2022 年，集团公司合并报表实现营业收入 33669 亿元，实现利润总额 1204.74 亿元，实现利税 4371 亿元，实现净利润 952.39 亿元（其中归属母公司净利润 650 亿元）。截至年末，集团公司合并报表资产总额 25433 亿元，负债总额 12303 亿元，所有者权益 13131 亿元（其中归属母公司权益 9119 亿元）。报表口径资产负债率 48.37%，比年初下降 0.6 个百分点，低于国务院国资委管控目标 0.6 个百分点。

集团公司合并会计报表见表 1 和表 2。

（卢　静）

资本运作管理

【推动实施资产重组整合】 实施完成国家石化风险评估公司 100% 股权重组注入股份公司，助力科改示范行动落实落地。梳理分析资产公司生产经营业务现状，研究明确推进重组的时间安排和总体方案。分析论证炼油销售、化工、资本金融等板块业务资产和股权重组可行性，推动销售公司所属悦泰石化、易派客商业保理公司、资本公司乐橘科技等资产重组项目。

（李　果）

【深化混合所有制改革】 推进天津石化聚醚业务实施混改，通过公开进场挂牌方式引入外部投资者，双方已签订投资协议和合资经营合同，投资者全额缴纳投资款。组织开展对集团公司混合所有制改革整体工作自评价，完成对销售公司、新星地热、石化机械公司等重点混改企业（项目）评估总结。

（李　果）

【推进产权流转处置】 实施资本公司先导薄膜股权投资项目退出，首次打通投管退全流程。完成新星公司所属汉盛国际物流和石化机械公司所属江汉机械股权处置，实现低效无效资产清退。推动股份公司控股子企业青岛液化公司深化合资合作，研究拟订销售公司所属易捷宝利德公司增资扩股方案，组织推进燕山石化清退联营公司、销售公司处置郑州银行股权等项目。

（李　果）

【开展市值管理】 完成股份公司H股增持和A股、H股同步回购工作，该次回购是股份公司上市22年来首次回购，也是大型央企上市公司以维护公司价值、提升股东回报为目的在A股和H股市场同步回购的首次实践，获资本市场良好反馈。

（赵建航）

【引入市场化投资者】 2022年4月，完成石化机械股票非公开发行，引入8家投资者，满额募集资金10亿元，降低企业资产负债率约10%，是中国资本市场首单国企油气行业询价非公开发行。

（赵建航）

【与中国石油开展股权合作】 2022年12月，中国石油集团将其持有的中国石油天然气股份有限公司约18.30亿股A股股份（占总股本的1%）划转给中国石化集团，中国石化集团将其持有的中国石油化工股份有限公司约21.37亿股A股股份（占总股本的1.77%）划转给中国石油集团，该次股权合作有助于推动双方战略合作持续深化。

（赵建航）

【提高上市公司质量】 建立提高上市公司质量工作专班，细化分解国务院国资委工作要求，研究制订方案编制要点、工作计划和时间节点安排，分层分类逐项落实责任，高质量完成方案编制，工作方案整体获国务院国资委肯定。

（赵建航）

表1　资产负债表　单位：百万元人民币

项目	2022年	2021年	2020年
流动资产：			
货币资金	230 343.11	271 061.34	206 269.99
交易性金融资产	33 541.39	28 462.29	23 139.45
应收账款	55 744.00	48 169.64	41 146.59
应收款项融资	5 589.25	8 427.88	11 475.20
预付款项	23 670.89	22 889.09	19 450.11
其他应收款	36 540.14	42 626.48	44 218.34
存货	308 917.29	262 595.44	229 617.07
合同资产	26 280.58	24 534.74	21 274.88
一年内到期的非流动资产	15 293.76	2 655.37	902.29
其他流动资产	126 832.84	134 899.77	128 900.73
流动资产合计	862 753.25	846 322.05	726 394.65
非流动资产：			
其他债权投资	5 755.99	6 801.01	9 132.91
长期应收款	985.99	12 727.85	12 649.92
长期股权投资	233 539.71	200 676.86	181 061.16
其他权益工具投资	24 496.37	12 839.34	12 930.96
固定资产	593 115.43	570 452.47	546 827.57
油气资产	163 533.98	132 138.15	136 942.40
在建工程	217 816.18	173 719.01	149 461.53
使用权资产	40 243.07	37 968.79	36 455.57

续表

项目	2022 年	2021 年	2020 年
无形资产	146 714.15	145 462.24	139 516.21
商誉	8 649.03	10 778.94	10 804.23
长期待摊费用	19 766.56	17 102.58	15 991.86
递延所得税资产	21 857.52	21 355.56	26 920.78
其他非流动资产	204 118.54	229 738.64	235 130.06
非流动资产合计	1 680 592.53	1 571 761.42	1 513 825.15
流动负债：			
短期借款	81 098.80	69 122.24	71 467.67
应付票据	21 936.96	22 519.10	19 610.27
应付账款	288 920.96	251 277.72	208 302.10
合同负债	157 231.68	150 022.24	146 754.11
应付职工薪酬	25 784.73	19 674.11	14 378.20
应交税费	38 369.60	88 726.08	81 412.85
其他应付款	135 773.10	114 365.70	92 346.87
一年内到期的非流动负债	75 830.15	49 318.49	39 993.74
其他流动负债	37 682.42	62 727.62	46 490.48
流动负债合计	862 628.40	827 753.29	720 756.29
非流动负债：			
长期借款	92 638.71	46 452.60	43 134.47
应付债券	163 791.63	201 133.83	205 867.51
长期应付款	13 597.64	18 117.64	16 857.25
租赁负债	25 213.41	23 382.95	23 168.20
长期应付职工薪酬	1 731.69	1 957.01	2 047.80
预计负债	51 898.18	44 077.43	46 348.99
递延所得税负债	9 773.15	9 192.79	8 782.83
其他非流动负债	9 014.50	12 377.47	11 143.24
非流动负债合计	367 658.92	356 691.72	357 350.29
负债合计	1 230 287.32	1 184 445.01	1 078 106.58
所有者权益：			
实收资本	326 423.92	326 093.75	325 547.22
资本公积	62 651.64	55 989.61	55 813.12
其他综合收益	−6 119.97	−11 822.24	−22 589.58
专项储备	3 013.05	2 761.07	2 278.25
盈余公积	242 364.55	234 943.20	228 834.82
一般风险准备	2 816.91	2 303.82	2 040.77

续表

项目	2022 年	2021 年	2020 年
未分配利润	280 720.12	237 583.54	198 021.51
归属于母公司所有者权益合计	911 870.23	847 852.75	789 946.12
少数所有者权益	401 188.23	385 785.71	372 167.10
所有者权益合计	1 313 058.46	1 233 638.46	1 162 113.21
负债和所有者权益总计	2 543 345.78	2 418 083.47	2 240 219.80

注：集团公司所属企业自 2021 年 1 月 1 日起全部执行新租赁准则，对相关项目进行追溯调整列式

表 2 利润表 单位：百万元人民币

项目	2022 年	2021 年	2020 年
一、营业收入	3 366 865.58	2 789 498.71	2 142 332.42
二、营业总成本	3 272 326.15	2 665 562.10	2 100 708.66
其中：营业成本	2 840 169.21	2 239 760.38	1 726 347.17
税金及附加	266 782.27	261 695.02	237 335.18
销售费用	58 433.08	57 637.52	53 234.72
管理费用	74 990.46	75 246.96	57 461.27
研发费用	18 067.93	16 251.19	14 414.38
勘探费用	10 593.48	12 381.97	9 722.73
财务费用	3 289.71	2 589.05	2 193.22
加：其他收益	9 005.13	6 841.65	8 836.23
投资收益（损失以“－”号填列）	16 601.52	8 113.39	48 746.53
公允价值变动收益（损失以“－”号填列）	−1 169.03	4 929.01	791.63
信用减值损失（损失以“－”号填列）	3 007.30	−11 090.98	−3 064.96
资产减值损失（损失以“－”号填列）	−10 162.19	−13 798.94	−30 655.51
资产处置收益（损失以“－”号填列）	1 766.25	1 976.22	3 170.57
三、营业利润（亏损以“－”号填列）	113 588.40	120 906.97	69 448.25
加：营业外收入	13 861.91	5 941.58	10 461.53
减：营业外支出	6 975.84	10 263.57	7 287.35
四、利润总额（亏损总额以“－”号填列）	120 474.47	116 584.98	72 622.43
减：所得税费用	25 235.61	28 557.78	10 572.19
五、净利润（净亏损以“－”号填列）	95 238.87	88 027.20	62 050.24
减：少数股东损益	30 278.75	34 385.84	19 234.54
六、归属于母公司所有者的净利润	64 960.12	53 641.37	42 815.70

注：集团公司根据财政部 2021 年企业会计准则实施问答要求，对成本费用项目列示进行调整，并对上年数追溯调整列示

组织人事管理

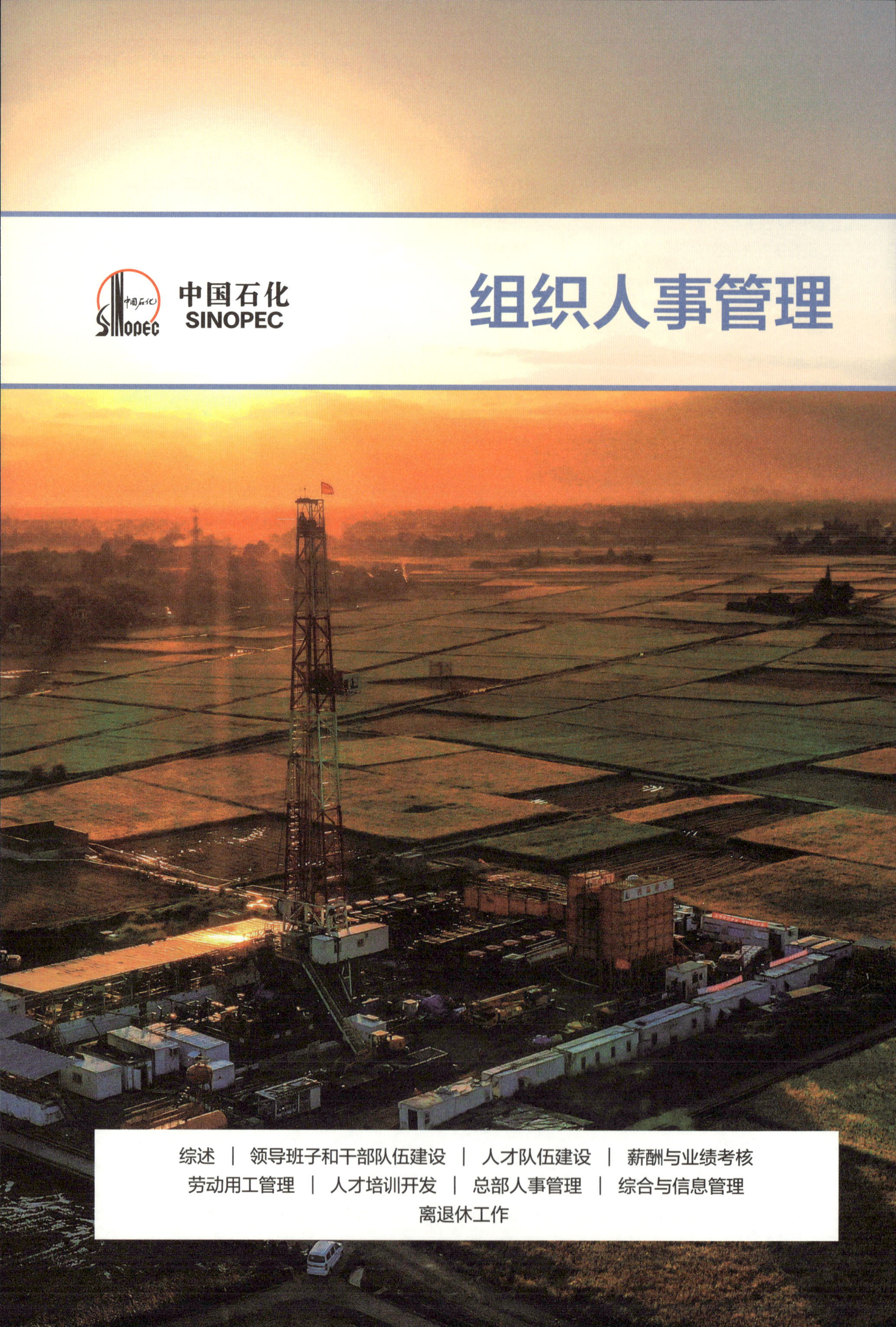

综述 | 领导班子和干部队伍建设 | 人才队伍建设 | 薪酬与业绩考核
劳动用工管理 | 人才培训开发 | 总部人事管理 | 综合与信息管理
离退休工作

综述

2022年，集团公司组织人事工作坚持以习近平新时代中国特色社会主义思想为指导，全面贯彻党的二十大精神、习近平总书记视察胜利油田重要指示精神，切实践行新时代党的组织路线，锚定建设具有强大战略支撑力、强大民生保障力、强大精神感召力的中国石化，深入贯彻落实集团公司党组战略规划和“牢记嘱托、再立新功、再创佳绩，迎接学习贯彻二十大”主题行动部署要求，埋头苦干、踔厉奋发，较好完成年度目标任务，为打造世界领先企业提供了更加坚强的组织保证、人才支撑和动力保障。

领导班子和干部队伍建设。探索研究“推动党的领导融入公司法人治理”，巩固深化27家单位“一肩挑”领导体制，推动公司直属党委和25家企业党委换届选举“应换尽换”，建立完善领导班子成员分工调整报备联审机制，持续加快中国特色现代企业制度建设步伐，《中央企业所属基层企业在完善公司治理中加强党的领导》获中央组织部优秀调研成果二等奖。更加突出政治建设统领作用，深入实施习近平新时代中国特色社会主义思想教育培训计划，全级次强化党的创新理论武装。鲜明树立重实干、重实绩、重担当用人导向，注重从安全生产、科技创新、深化改革、攻坚创效、疫情防控一线选拔敢担当、勇创新、善作为的好干部，努力实现班子结构配备最优化和干部配置效益最大化，2021年度中国石化“一报告两评议”选人用人工作评价为“好”的比例达96.8%，再创历史新高。强化“督事”与“察人”结合，制定实施《领导班子和领导人员综合考核评价暂行办法》《推进领导人员能上能下实施办法》，连续5年实现全系统一体化、网络化、标准化综合考评，以精准考评压实干部担当责任。始终把年轻干部工作摆在事关根本大计的重要位置来谋划推动实施，持续推进“领导人员梯队培养计划”，完成第二批“三百三千”实践锻炼计划。全面落实深化改革三年行动部署安排，不断加强外部董事配备和管理，“董事会应建尽建”“外部董事占多数”实现“两个100%”。开发干部选拔任用管理监督系统，实现选拔任用工作信息化，完成选人用人监督检查和治理提升行动，直属单位“干部选拔任用工作总体评价”“从严监督管理干部”“好”的比例分别为93.52%和94.95%，连续4年提升，再创历史新高。出台《中国石化领导人员亲属经商办企业管理规定》，建立长效管理机制。完成党组管理领导人员个人有关事项集中填报，重点查核一致率达98.28%。开展靠企吃企问题专项整治“回头看”，对“影子公司”“影子股东”、亲属经商办企业、“违规获取境外身份”问题全面排查整改。出台《中国石化机构编制管理办法（试行）》，强化机构编制资源优化配置。制定出台《中国石化总部议事协调机构管理办法（试行）》，对议事协调机构进行全面梳理规范，总量精简35%。出台《直属单位外部董事考核评价办法（试行）》等系列制度，构建外部董事管理制度体系，建立外部董事人才库，组织开展履职培训，全面加强外部董事管理。深入推进管理人员末等调整不胜任退出和竞争上岗，两项指标比例分别达7.15%和65.85%，均高于央企平均水平。

人才队伍建设与培训开发。落实中央人才工作会议、中央企业人才工作会议精神，召开公司人才工作会议，全面部署“十四五”期间及中长期人才工作。持续深化人才成长通道建设，设置首席科学家、首席工程技术大师，挑高人才发展空间。健全完善专家队伍选聘与管理，优化调整专家选聘职数设置、选聘条件、待遇薪酬、考核评价等工作，截至2022年底，在聘各类专家4462人、主任技师以上1501人。加快高层次人才选拔培养，一批优秀人才获国家级荣誉称号。加快推进青年人才队伍建设，与帝国理工学院合作培养青年科技人才13人。优化业务竞赛模式，推动竞赛比武由“精英赛”向“全员赛”转型，举办国家级竞赛4项、公司级竞赛5项。加大高层次人才引进力度，聚焦“高精尖缺”，推进实施“双百计划”，引进高层次人才74人。系统高效推进人才优化配置，鼓励和支持人才到缺员单位、新建项目、基层一线、急难险重岗位工作，全年优化配置系统内人才 1323 人。开展技能人才创新成果评审，对 100 项获奖成果进行表彰，进一步激发广大技能人才创新创效热情。持续加强教育培训统筹指导和顶层设计，研究完善高质量教育培训体系，优化推进各类重点人才培训，系统加强党校体系建设，指导企业加强基层一线培训练兵，总部全年培训各类重点人才 5732 人，全年网络培训超 5500 万学时。落实保就业要求，引进高校毕业生近 1 万人。青年英才“朝阳工程”培养体系获联合国教科文组织所属的国际继续工程教育协会 2022 年度企业领导力奖。国际项目经理培训获国际人才发展协会（ATD）2022 年度卓越实践奖。

劳动薪酬与绩效考核。围绕“五化”建立市场化用工机制建设评估指标体系和自评估模型。推进“人力资源池”建设，促进员工适岗匹配和市场化有序流动。推动开展“劳动合同 + 上岗协议”双契约签订工作，推动“双百企业”“科改示范企业”探索市场化用工机制。指导企业制定职业化员工管理办法和实施方案，开展职业化员工招录工作。加强“新型学徒制”全流程设计，开辟高技能人才培养和引进新途径。积极组织湖北化肥异地转型发展人力资源优化配置工作，协调湖北省内外招聘单位 18 家发布岗位数 838 个。开展集中整治拖欠农民工工资问题专项行动，逐级落实责任，未发生拖欠农民工工资情况。系统健全薪酬考核管理制度体系，制修订高级管理人员考核分配、党组管理领导班子经营业绩考核“1+3”、董事长和总经理奖励、中长期激励“1+6”、深化内部分配制度改革等约 15 项制度及实施细则，并抓好落地实施。高质量开展经营业绩考核工作，实现公司 2021 年度和 2019—2021 年任期两项考核结果均为 A 级，被国务院国资委评为任期业绩优秀企业、科技创新突出贡献企业，并连续 14 年被国务院国资委评为考核分配工作先进单位。健全薪酬总量决定机制，完善“效益联动、效率调节”工资总额决定机制，在 2021 年度考核兑现中引入薪酬业绩市场对标结果，制定 2022 年促进提质增效超额利润专项奖励办法，激励企业努力提质增效；完善人工成本调控机制，促进企业提高人工成本投入产出率。健全科技创新激励保障机制，促进企业技术创新。健全中长期激励机制，对镇海炼化、催化剂公司实施超额利润分享，对石化机械公司实施限制性股票激励，对江汉石油工程公司实施项目收益分红激励。健全境外薪酬考核机制，开展内部摸底调查和外部调研学习，全面梳理分析境外薪酬考核管理情况，形成调查分析报告，为后续全面强化境外薪酬考核管理奠定基础。

（杨应忠）

领导班子和干部队伍建设

【深入贯彻党的二十大精神和新时代党的组织路线】 坚持以习近平新时代中国特色社会主义思想为指导，认真践行新时代党的组织路线，牢牢把握选人用人工作的政治立场和政治方向。聚焦学习、宣贯、落实党的二十大精神，紧密结合践行习近平总书记视察胜利油田重要指示精神，深入实施习近平新时代中国特色社会主义思想教育培训计划，建立“第一议题”学习贯彻“五化模式”，持续强化领导人员理论武装。组织开展“牢记嘱托、再立新功、再创佳绩，迎接学习贯彻二十大”主题行动，把扛稳扛好中国石化“三大核心职责”作为考察识别干部的“第一考场”、培养锻炼干部的“第一现场”、选拔使用干部的“第一赛场”，全力打造堪当民族复兴重任的高素质干部队伍。2022 年，中国石化有 7 人当选党的二十大代表，推荐提名 88 人为省级及以上“两代表一委员”人选。

（杨　朋）

【坚持加强党的领导和完善公司治理有机统一】 坚定不移推进“两个一以贯之”，巩固深化 27 家单位“一肩挑”领导体制，实现 7 家直属科研院董事会“应建尽建”。探索研究“推动党的领导融入公司法人治理”，厘清党委会、董事会、经理层职责权限。明确股份公司监事会配备原则。建立完善直属单位领导班子成员分工调整报备联审机制，持续加快中国特色现代企业制度建设步伐。把党委换届作为加强党的领导、规范组织体系建设的重要抓手，加强“两委”人选审核把关，完成集团公司直属党委和25家企业党委换届选举工作，实现“应换尽换”。全面落实深化改革三年行动部署安排，调整配备12家直属单位外部董事，“董事会应建尽建”“外部董事占多数”实现“两个100%”。按照中央组织部专题调研工作安排，围绕领导班子和领导人员综合考评、央企班子分工调整运行、年轻干部培养选拔、激励干部担当作为等课题攻关研究，形成的《中央企业所属基层企业在完善公司治理中加强党的领导》研究报告，获中央组织部优秀调研成果二等奖。

（杨　朋）

【全力打造满足世界一流企业需要的领导班子和干部队伍】 锚定加快建设世界一流企业，重点突出“一个统筹、七个聚焦”，即坚持“一盘棋”思想统筹全系统领导人员资源优化配置，聚焦端牢能源饭碗，聚焦构建现代化产业体系，聚焦担当国家战略科技力量，聚焦绿色低碳发展、培育战略性新兴产业，聚焦保障产业链供应链安全稳定，聚焦强“三基”、保安全、促合规，聚焦服务乡村振兴等国家重大战略，着力优化班子结构、增强整体功能、激发队伍活力，切实筑牢干部人才“硬支撑”。2021年度“一报告两评议”选人用人工作总体评价为“好”的比例达96.8%，再创历史新高。

（杨　朋）

【健全完善激励干部担当作为机制措施】 突出重实干、重实绩、重担当用人导向，注重从安全生产、科技创新、深化改革、攻坚创效、疫情防控一线选拔敢担当、勇创新、善作为的好干部。强化“督事”与“察人”结合，制定实施《领导班子和领导人员综合考核评价暂行办法》，连续5年实现全系统一体化、网络化、标准化综合考评，初步构建起横向对比“看优劣”、纵向对比“看进退”的数字化、图表化分析研判机制。全力推进任期制契约化管理，完成直属单位600余名经理层成员首次年度考核兑现。制定《推进领导人员能上能下实施办法》，以激励约束增添干部担当活力，对不适宜担任现职的领导人员进行调整。

（杨　朋）

【推进年轻干部常态化培养选拔】 始终把年轻干部工作摆在事关根本大计、基业长青的重要位置来谋划推动，科学规划、精准选育、滚动实施，确保党的石化事业后继有人。持续推进“领导人员梯队培养计划”，建立“优上劣下、能进能出”机制，全面优化和提升梯次储备的规模、结构和质量，调整优化入库副职培养人选1433人、高潜人才培养人选1231人。健全完善年轻干部实践锻炼和跟踪培养机制，选派优秀年轻干部跨板块、跨单位、跨专业实岗挂职，圆满完成第二批“三百三千”实践锻炼计划。大胆选拔重用优秀年轻干部，下大气力优化各级领导班子结构，2022年共新提拔45岁左右党组管理领导人员66人，占新提拔领导人员总数的44%。

（杨　朋）

【营造风清气正的选人用人环境】 严格落实干部选拔任用“凡提四必”、廉洁背书“双签字”要求，听取纪检监察组意见，严防干部带病使用。深化落实“三个区分开来”，对5名党组管理的领导人员，综合考察履职表现、业绩成效予以重新使用；对9名处分影响期满、业绩突出的中层管理人员按程序提拔使用，真正为担当实干者撑腰鼓劲，让干部想为敢为有为。

（杨　朋）

【领导班子和领导人员监督】 出台《中国石化领导人员亲属经商办企业管理规定》及解读，并及时组织全系统宣贯，建立覆盖层级更全、亲属范围更广、规范要求更明确的领导人员亲属经商办企业行为长效管理机制。围绕建立完善领导干部财产报告制度，持之以恒加强个人有关事项报告工作，完成1282名领导人员集中填报、129名领导人员随机抽查及174名领导人员“凡提（任）必核”工作，重点查核一致率达98.28%。配合开展靠企吃企问题专项整治“回头看”，组织6422人补充申报“影子公司”“影子股东”问题、

47642 人补充申报亲属经商办企业情况，开展“违规获取境外身份”专项整治工作，严肃整改发现问题。

（王显达）

【选人用人监督】 充分发挥“数据 + 信息化”优势，开发上线干部选拔任用管理监督系统，首次实现选拔任用工作信息化，142 家单位选拔任用工作实现线上操作。完成 81 家单位选人用人检查工作，实现选人用人监督检查和治理提升行动全覆盖，对有关单位严重选人用人问题进行全系统通报，起到强烈警示震慑作用。梳理完善领导人员选拔任用与监督检查工作模板 42 个，为直属单位加强干部选拔任用和监督检查工作提供规范标准。从严把关直属单位干部选拔任用报备事项，批复 52 家单位 83 名中层领导人员破格提拔事项。146 家直属单位“选人用人工作总体评价”“从严监督管理干部”两项基础指标“好”的平均得票率分别为 93.52% 和 94.95%，连续 4 年提升，再创历史新高。

（王显达）

【机构编制管理】 制定出台《中国石化机构编制管理办法（试行）》，有效解决机构编制管理存在的职能分散、多头审批等问题，为各级机构编制工作提供基本遵循。坚持“价值引领”和“增一减一”原则，强化机构编制资源优化配置，聚焦绿氢示范、转型升级项目、境外业务拓展、科研机制优化，核增镇海炼化等 18 家单位中层机构 22 个、中层职数 50 个。支持产融控股公司、碳产业科技公司、国家危险化学品（青岛）研究院（基地）筹建及招标公司、贵州能化、湖北化肥等单位改革重组，指导做好机构编制设置。在保障新增业务的同时，实现机构总量不增，机构编制资源使用效益不断提升。对集团公司议事协调机构进行全面清理规范，总量精简 35%。制定出台《中国石化总部议事协调机构管理办法（试行）》，巩固清理规范成果，建立长效管理机制。截至 2022 年底，共有集团公司议事协调机构 60 个。

（王显达）

【外部董事管理】 针对外部董事管理从零起步的实际，加强顶层设计和系统谋划，先后制定出台《直属单位外部董事考核评价办法（试行）》《关于明确外部董事管理职责分工的通知》《关于加强直属单位外部董事履职支撑保障工作有关事项的通知》等制度文件，构建外部董事管理制度体系。按照“专兼结合、分类管理、动态调整”原则，建立 1600 人左右的外部董事人才库；开展外部董事履职培训，举办公司治理与董事、监事履职能力提升网上专题班，134 人接受培训。

（王显达）

【“三项制度”改革】 指导推动直属单位各级子企业签订实施“一协议、两书、两办法”，落实好经理层成员刚性退出要求。下发《关于做好 2022 年度中基层领导人员竞争性选聘和末等调整不胜任退出工作的通知》，制定 6 项落实措施，以硬指标倒逼企业建立完善市场化选人用人机制。采取信息化措施简化数据报送，按月跟踪完成进度，对排名靠后的单位逐一指导制定改进措施，确保改革任务按期完成。2022 年度集团公司竞争性选聘和末等调整不胜任退出比例分别达 65.85% 和 7.15%，均高于央企平均水平。

（王显达）

人才队伍建设

【人才强企战略】 全面学习贯彻中央人才工作会议和中央企业人才工作会议精神，召开集团公司人才工作会议，系统回顾十八大以来人才工作情况，全面部署“十四五”期间及中长期人才工作，配套发布“1+7+1”制度文件。在中央企业人才工作会议上，在国务院国资委通报表扬的战略科技人才队伍建设、海外引才工作两个方面的单项成效评价，以及上述两个方面的综合成效评价 3

项指标中，集团公司均位居央企前列。加快推进能源化工领域重要人才集聚中心和创新高地建设，制订印发《中国石化“十四五”期间及中长期人才发展规划》，实施六大人才工程，建强六大人才方阵，健全完善六大人才发展体制机制。围绕建设技术先导型公司，实现高水平科技自立自强，制定印发《关于加强科技人才队伍建设的实施意见》，着力打造高水平科技人才队伍，加快建设创新人才高地示范区。落实《关于加强新时代高技能人才队伍建设的意见》，制定印发《关于加强技能人才队伍建设的实施意见》，推进素质转型和技能升级，着力建设知识型、技术型、创新型技能人才队伍。

（李　康）

【人才成长通道和领军专家队伍建设】 修订完善《中国石化专家管理办法》，创新专家管理制度架构设计，形成“1+4”制度体系，取消专家选聘的年龄限制，规范破格选聘的事项及程序，严格考核管理与激励。对 2019 年前聘任的 8 名集团公司首席专家、88 名集团公司高级专家进行 3 年聘任周期考核，结果与薪酬兑现挂钩。进一步拓宽科技人才成长空间，在工程技术领域设置集团公司首席工程技术大师职位并首次开展选聘。截至 2022 年底，在聘集团公司首席科学家 3 人、首席专家 30 人、高级专家 145 人、技能大师 92 人。

（刘　伟）

【高层次人才选拔培养】 加快高层次人才选拔培养，一批优秀人才获国家级称号或表彰。马永生、郭旭升、孙焕泉、李阳、金之钧、康玉柱院士当选为中国地质学会首批荣誉会士，何治亮当选为中国地质学会首批会士；2 人入选第七批国家高层次人才特殊支持计划科技创新领军人才；张威获第十八届青年地质科技奖（金银锤奖）；熊治富、朱祥、徐文获第五届野外青年地质贡献奖（金罗盘奖）；罗红梅获第三届优秀女地质科技工作者奖；杨祖国获第五届杰出工程师青年奖。

（刘悦洪）

【青年人才培养】 加快推进青年人才队伍建设，选派徐籴（北京邮电大学）、王坤（香港大学）、白啸宇（新加坡国立大学）3 名学生到帝国理工学院攻读博士学位。此外，徐强、姚甲顺 2 人获帝国理工学院博士学位后入职石油物探技术研究院。

（姜　腾）

【成熟人才引进配置】 审核批复 48 家单位引进 272 人。从单位分布看，在京单位引进 218 人，京外单位引进 54 人；从人才来源看，系统内成熟人才 154 人，社会成熟人才 118 人。通过人力资源优化配置平台，审核发布 52 家单位 688 个岗位 1065 人的招聘公告，有效提升人力资源优化配置效能。创新实施人才引进“双百计划”，7 家单位推荐上报 13 名候选人。经专家评审，择优确定 12 人入选，其中科技领军人才 1 人、新兴业务骨干人才 11 人。

（许　斌）

【职称评审】 以贯彻落实国家人社部《职称评审管理暂行规定》精神和各专业系列职称深化改革指导意见为主线，结合实际，组织开展职称评审工作。审核并批复 68 家单位提报的独立评审或联合评审委员会的换届请示，批复化工销售公司、润滑油公司、中科炼化组建高级职称评审委员会。全系统推广职称评审信息化平台，实现全系列、各层级、全流程在线评审，120 余家直属单位的 3 万人使用平台进行线上评审。301 人通过正高级职称评审，4940 人通过高级职称评审，4194 人通过中级职称评审，5614 人通过助理级职称评审，447 人通过员级职称评审。

（许　斌）

【博士后工作】 新增胜利石油工程公司、经纬公司 2 个博士后工作站，完成石油化工科学研究院、北京化工研究院、石油工程技术研究院 3 家单位博士后工作（流动）站名称变更工作。现有博士后工作（流动）站 33 个，在站 247 人，2022 年出站 57 人，有 33 人出站后留在中国石化工作。承担省部级科研课题 161 项，博士后科研成果获省部级奖 14 项，申请专利 375 件，在核心期刊发表论文 195 篇。择优推荐 3 名第 23 批博士服务团成员。

（姜　腾）

【职业技能等级认定】 贯彻落实《关于健全新时代技能人才职业技能等级制度的意见（试行）》，在高级技师等级之上增设特级技师、首席技师等级，稳妥有序开展评审试点工作。组织认定机构备案续期工作，在胜利石油工程公司等 5 家单位新设认定机构。组织高级技师统一评审，新增 908 名高级技师。加强认定质量管理，主动接受地方监管，升级认定信息化综合管理平台。全年共组织认定 5.19 万人，合格 4.09 万人。合同制员工中技能操作人员持证率为 88.3%，其中高技能人才占技能操作人员比例为 57.6%。

（丁新兴）

【技术能手评选】 组织优秀技能人才评选表彰活动，经集团公司推荐、国家人社部批准，刘劲松（燕山石化）获中华技能大奖，唐守忠（胜利油田）、王建军（胜利石油工程公司）、郭亮（河南油田）3 人获全国技术能手称号，胜利石油工程公司获国家技能人才培育突出贡献单位奖。

（丁新兴）

【业务竞赛】 创新采用线上与线下相结合的方式，承办硫回收装置操作工等 4 项国家级二类竞赛，举办网络安全、财经业务知识和采油专业 3 项集团公司级竞赛，组队参加采油工等 3 项国家级竞赛。90 家直属单位的 756 名选手参加决赛，165 名选手分获金、银、铜奖，41 个单位获团体奖。共有 35 人被授予中国石化技术能手称号，46 人被授予中国石化青年岗位能手称号，8 人晋升高级技师技能等级。10 人在国家级职业技能竞赛中获前 3 名。

（丁新兴）

薪酬与业绩考核

【概述】 系统健全薪酬考核管理制度体系，制修订领导班子经营业绩考核“1+3”、中长期激励“1+6”、深化内部分配制度改革等 15 项制度及实施细则，并抓好落地实施。高质量开展经营业绩考核工作，实现集团公司 2021 年度和 2019—2021 年任期两项考核结果均为 A 级，被国务院国资委评为任期业绩优秀企业、科技创新突出贡献企业；高质量完成 172 家单位（部门）领导班子 2021 年度考核兑现，组织 140 家直属单位首次自主开展 550 余名经理层成员考核兑现。健全薪酬总量决定机制，完善“效益联动、效率调节”工资总额决定机制，在 2021 年度考核兑现中引入薪酬业绩市场对标结果，制定 2022 年促进提质增效超额利润专项奖励办法，激励企业努力提质增效；完善人工成本调控机制，促进企业提高人工成本投入产出率。健全科技创新激励保障机制，落实科技创新激励保障 5 个方面 22 条政策措施，促进企业技术创新。健全中长期激励机制，对镇海炼化、催化剂公司实施超额利润分享，对石化机械公司实施限制性股票激励、江汉石油工程公司实施项目收益分红激励等。开展境外薪酬考核管理专题研究，全面梳理分析境外薪酬考核管理情况，为后续强化管理奠定基础。

（李萌）

【集团公司经营业绩考核】 落实国务院国资委高质量发展考核要求，发挥牵头作用，加强工作统筹，引领各单位努力完成考核目标。2021 年集团公司高质量完成质量效益、服务国家战略、科技创新等各项目标。组织提出 2022 年度和 2022—2024 年任期考核目标建议值，明确集团公司年度和任期工作目标。集团公司 2021 年度和 2019—2021 年任期两项考核结果均为 A 级，并被国务院国资委评为任期业绩优秀企业、科技创新突出贡献企业。集团公司连续 14 年被国务院国资委评为考核分配工作先进单位。

（李　萌）

【高级管理人员薪酬考核管理】 修订印发《中国石化高级管理人员绩效考核和薪酬管理办法》，落实集团公司董事会对高级管理人员的考核分配职权，促进高级管理人员全面履职尽责、担当作为。

（颜家佳）

【领导班子经营业绩考核】 修订印发《中国石化党组管理的领导班子经营业绩考核管理办法》及总部部门、事业部（专业公司）、直属单位领导班子年度和任期经营业绩考核实施细则等“1+3”制度体系，强化分类和差异化考核，优化考核指标和评价体系，引入业绩考核系数，建立加分奖励和容错机制，增强考核的精准度和有效性。高质量完成172个单位（部门）领导班子2021年度考核兑现工作，实行考核结果强制分布、考核分配密切关联，激励先进、鞭策落后。组织确定单位（部门）领导班子2022年度经营业绩考核目标，逐家签订考核责任书，确保集团公司各项目标任务落实落地。

（李　萌）

【任期制和契约化考核分配管理】 贯彻国务院国资委关于规范经理层成员任期制和契约化管理契约文本等要求，组织直属单位完善经理层成员考核分配制度和责任书。组织140家直属单位首次自主开展557名经理层成员2021年度考核兑现工作，严格审核考核兑现结果，确保刚性兑现、奖优罚劣。组织直属单位“一岗一策”差异化确定经理层成员2022年度考核内容并签订责任书，全面压实经营责任。

（颜家佳）

【工资总额管理】 健全“效益联动、效率调节”工资总额决定机制，在2021年度考核兑现中引入薪酬业绩市场对标结果加大调节力度，制定2022年促进提质增效超额利润专项奖励办法，激励企业努力提质增效，实现“增效增工资、高效高工资”。推进工资总额市场化、差异化管理，对润滑油公司、石化机械公司、催化剂公司等“双百企业”“科改示范企业”实施工资总额备案制管理，支持企业改革发展。提高薪酬分配市场化程度，完成2021年薪酬业绩市场对标工作，并发布对标结果，指导事业部（专业公司）突出效益效率导向，合理调节企业间分配关系，增强薪酬与效能匹配性。

（李　肃）

【人工成本管理】 梳理分析集团公司2001年以来人工成本情况，测算未来中长期人工成本趋势，研究制定人工成本管控措施。依据效益效率动态调整企业人工成本预算指标，对效益下降和长期亏损单位加大控制力度，并优化福利费、离退休人员费用等调控措施，促进企业深化改革、降本增效，提升人工成本使用效能。

（徐小华）

【内部分配管理】 制定印发《关于深化内部分配制度改革的若干意见》，指导企业加大薪酬总量、内部分配、激励方式“三个结构”优化调整力度，进一步深化内部分配制度改革，激发员工内生动力和创造活力。修订印发《中国石化董事长、总经理奖励管理办法》，进一步健全正向激励机制，充分激发广大企业和干部员工价值创造热情。指导华北石油局、济南炼化、审计中心、产融控股公司等企业建立健全内部薪酬制度，参照劳动力市场价位，提升核心人才薪酬市场竞争力。

（李　肃）

【科技创新激励保障】 优化直属科研单位考核兑现机制，给予5家直属科研单位工资总额额外上浮。建立涉及71家直属单位87项重点科研任务的项目保障清单，对55项取得重大突破的项目给予特殊奖励4200余万元。实施工资总额单列支持政策，对6个关键核心技术攻关领军人才及团队、19个国家重点实验室等单列工资总额10.2亿元、增长72.9%，进一步激发科研骨干人才创新活力。

（花军委）

【中长期激励管理】 完善中长期激励制度体系，制定印发《关于中国石化中长期激励的指导意见》及上市公司股权激励、科技型企业股权和分红激励、混合所有制企业员工持股、超额利润分享机制、跟投实施细则等“1+6”制度，并大力推进实施，对镇海炼化、催化剂公司实施超额利润分享，对石化机械公司实施限制性股票激励、江汉石油工程公司实施项目收益分红激励，并指导北京化工研究院制订聚丙烯釜压发泡技术项目跟投方案。

（花军委）

【境外薪酬考核管理】 在开展内部摸底和外部调

研基础上，全面梳理分析境外薪酬考核方面存在的问题，从健全考核体系、强化总量管控、优化薪酬管理、夯实管理基础等方面研究提出优化措施，形成调查分析报告，为后续全面强化境外薪酬考核管理奠定基础。

（徐小华）

劳动用工管理

【用工总量管理】以“十四五”用工总量规划目标为引领，加强年度用工计划和岗位编制联动，核定下达各直属单位 2022 年度和 2023 年度用工计划奋斗指标和基本指标。开展用工管理量化工具研究，建立用工计划滚动调整机制，探索用工计划备案制度，构建更加精准的用工总量管理机制。组织开展专项评价激励工作，激励单位 70 家，激励额度 2.9 亿元。截至 2022 年 12 月末，集团公司境内外用工总量 60.2 万人，其中境内用工 57.3 万人（含国内派出到海外合同制员工 0.5 万人）、境外用工 2.9 万人。

（姚　旭）

【市场化用工机制建设】围绕“五化”建立市场化用工机制建设评估指标体系和自评估模型，设置 6 个评估因素和 19 个评估指标，指导 28 家重点单位开展自评估工作。推动 24 家市场化退出率较低的单位开展“劳动合同 + 上岗协议”双契约签订工作。推动“双百企业”“科改示范企业”等 20 家单位探索能进能出的市场化用工机制。指导销售公司易捷公司制定《职业化员工管理办法》和实施方案，开展 63 名职业化员工招录工作。以具有中国石化特色的岗位评估工具 SPE 为基础，指导 30 家直属单位开展岗位优化设置和岗位价值评估工作。

（俞庆国）

【人力资源优化配置】组织石化系统内单位推进人力资源优化配置工作，充分盘活各单位用工存量，提升人力资源优化配置效率，缓解部分单位存在的用工余缺并存矛盾。审核 66 家单位 508 个人力资源优化配置项目，涉及员工 1.63 万人，激励额度 3.14 亿元。推动湖北化肥积极开展人力资源优化配置，对企业异地转型发展后有上岗意愿的员工提供岗位支持，组织湖北省内外招聘单位 18 家，发布岗位数 838 个。

（党玉涵）

【新型学徒制】指导燕山石化和中原油田试点探索实施“新型学徒制”，积极与高校和地方政府沟通对接，加强“新型学徒制”全流程设计，研究制定招聘、劳动合同签订、岗位体系设计、技能培养及考核退出等各项制度措施并稳妥推进，有效缓解企业一线员工老龄化、技术工人短缺等矛盾，开辟了高技能人才培养和引进新途径。

（党玉涵）

【劳动关系管理】落实《关于进一步规范离岗人员分流安置工作的意见》，审核 21 家直属单位离岗人员分流安置制度和方案，从严控制内部退养、停岗留薪等“养人”政策，引导企业离岗人员盘活和分流。组织开发面向合同制员工和短期（阶段性）合同工的劳动合同管理系统（二期），在 38 家单位正式上线运行，实现相关单位劳动合同签订、续订、解除、终止等全流程在线管理。

（谭冬冬）

【特殊工时管理】贯彻落实国务院关于行政审批改革要求，向国家人社部申报特殊工时制度并获批，为各单位实行特殊工时制度提供明确政策依据，有效减少相关劳动争议和法律风险，其中不定时工作制岗位 21 个、涉及员工 2 万人，综合计算工时工作制岗位 204 个、涉及员工 26 万人。

（谭冬冬）

【海外劳动用工管理】落实《关于海外人力资源管理的指导意见》，加强海外劳动用工管理调研，指导各海外单位分解落实“十四五”海外用工总量规划目标，加强各类海外员工管理，规范劳动关系、优化用工结构，提升风险防控能力和劳动生产率。加强海外人力资源信息化建设，规范 SAP-HR 系统海外组织机构、岗位及用工数据，集团公司境外用工总量 3.36 万人。

（尹 刚）

【农民工管理】 贯彻落实党中央、国务院国资委决策和集团公司党组部署，印发《关于做好保障农民工工资支付工作的通知》，制订工作方案，以工程企业为重点开展集中整治拖欠农民工工资问题专项行动，指导各单位扎实推进农民工管理和保障工资支付工作，切实履行政治责任和社会责任。集团公司农民工总人数 23.7 万人（含外包和分包），未发生拖欠农民工工资情况。

（杨 鹏）

【劳动用工管理数字化建设】 研究开发用工编制管理数据分析预测工具，聚焦关键指标变量，为编制用工规划和计划、“三定”方案审核、用工配置决策等提供支撑。持续完善中国石化岗位价值评估数据库，新补充 500 余个标杆岗位，为建立中国石化标杆岗位价值标准等工作提供数据支撑。

（杨 鹏）

人才培训开发

【教育培训管理】 坚持抓统筹、抓优化、抓重点，加强教育培训统一领导和顶层设计，研究完善高质量教育培训体系，创新构建《中国石化教育培训体系纲要》，为人才快速成长和组织能力持续提升提供路径规划和策略指导。结合完善落实体系纲要，研究修订《中国石化员工教育培训管理规定》。克服疫情影响，坚持从严管理，线上线下相结合完成 2022 年集团公司重点人才培训任务，共组织重点培训项目 33 个 54 期次，培训 5732 人次，培训规模达到近十年最高水平。

（贾 凡）

【强化理论武装】 采用线上线下相结合的方式举办领导人员学习贯彻党的十九届六中全会精神暨习近平总书记视察胜利油田重要指示精神专题研讨班，指导各单位采取集中培训、专题研讨、辅导讲座、在线学习等多种形式，完成 1 万余名中层以上领导人员轮训。将学习贯彻党的二十大精神作为干部教育培训和各级党校教学的必修课程，印发《关于做好中层以上领导人员学习贯彻党的二十大精神集中轮训工作的通知》，第一时间部署开展全系统轮训工作。在中青年干部培训班、青年干部培训示范班等重点班次中设置专题课程和专题研讨，在中国石化网络学院开设党的二十大精神学习专区，组织举办党校系统学习贯彻党的二十大精神教学研讨会和师资培训班，推动党的二十大精神进教材、进课堂、进头脑。

（贾 凡）

【重点人才培训】 管理人员培训更加系统，巩固完善 8 个层级递进的“系统理论和党性教育 + 管理能力 + 岗位适应”系统培训体系，组织公司治理、哲学思维、价值管理等领导人员专题培训，开展新任领导人员全覆盖岗位培训，探索采用“直播培训 + 岗位实践 + 答辩考核”训战结合方式，组织中青年干部培训班、青年干部培训班。专业技术人才培训更有实效，支撑服务“一基两翼三新”产业格局，加强专业技术人才梯队培养，开展战略科学家融合创新、油气高质量发展、炼化绿色低碳发展等专家人才培训，加强“三新”人才储备培训，炼油工艺专业技术人才系统培训的做法获集团公司科技进步二等奖。国际化人才培训得到加强，围绕整建制培养海外项目团队，探索构建分层次分专业的矩阵式国际化人才培训模式，重点举办海外项目经理、国际贸易经理、国际财务人才、涉外法律合规人才等培训班，国际项目经理培训获国际人才发展协会（ATD）2022 年度卓越实践奖。

（李 强）

【加强基层培训】 印发《关于加强基层一线员工

培训与练兵工作的若干意见》，从层层压实责任、严格岗位培训、抓实 6 项训练、强化统筹与考核 4 个方面，研究制定 22 项落地措施。组织基层一线培训练兵工作经验交流，拧紧基层培训责任链条，推动基层一线员工培训质量提升。举办大国工匠锻造提升培训，锤炼了工匠精神，车间主任、“三大员”、班组长岗位培训更加规范，“五懂五会五能”培训、仿真培训、在线练兵等一批好做法得到广泛推广，基层一线员工岗位练兵常态化开展。着眼基层员工学习培训需求，启动 29 本培训教材修订工作，明确职责分工和时间节点，分批次推进职业技能培训教材体系更新升级。

（李　强）

【青年英才“朝阳工程”】 从新入职毕业生抓起，用 8 年时间分 3 个阶段加强青年人才跟踪培养和系统培养，青年英才“朝阳工程”培养体系获联合国教科文组织所属的国际继续工程教育协会 2022 年度企业领导力奖，中国石化成为近十年唯一获奖的中国企业，并在第 18 届世界继续工程教育大会作交流发言，进一步提升了公司品牌美誉度和国际影响力。

（贾　凡）

【培训基础建设】 指导制订《中国石化党校系统“十四五”发展规划》，举办企业党校教学研讨会，加强对集团公司党校、5 家分校和各企业党校的业务指导。组织直属单位党校、培训机构和实操实训基地基本情况调研，加快推动系统内优质教育培训资源共建共享。组织召开党校系统庆祝教师节视频会，首次面向全系统评选表彰 72 门优秀课程和 50 名优秀教师，党校系统和教育培训战线深受鼓舞。积极推进培训数字化转型，深化中国石化网络学院应用，全年网络培训超 5500 万学时。

（贾　凡）

【毕业生引进培养】 全面落实国资央企促进高校毕业生就业工作专题部署视频会要求，第一时间组织开展夏季专项招聘，2022 年实际引进毕业生近万人。集中组织 2022 年新入职员工培训，集团公司党组书记、董事长马永生为新员工讲授“入职第一课”，近三年入职员工约 3 万人一同听课。加强校企合作人才培养，与有关重点高校联合培养高层次急需人才，积极做好企业导师配备、专业实践项目等保障工作。

（卜　铎）

总部人事管理

【概述】 截至 2022 年底，总部直接负责组织人事管理的 23 个部门有内设机构 178 个，部门中层及以下定员 1122 个，其中中层领导职数 383 个、专业技术职位 739 个。实有中层及以下员工 953 人，其中现职中层领导人员 318 人、退出现职中层领导人员 54 人、部门各层级专家 180 人、业务人员 401 人。总部部门中层及以下员工平均年龄 44 岁，其中 35 岁以下占 11.4%、36—45 岁占 46.8%、46—55 岁占 33.1%、56 岁及以上占 8.7%。从学历结构看，博士研究生占 7.2%，硕士研究生占 44.8%，大学本科占 47.2%。从职称结构看，正高级（教授级）占 10.5%，副高级占 70%。

纪检监察组下设 6 个工作局，共有中层机构 24 个，中层及以下编制 72 个。实有中层及以下人员 53 人，其中中层领导人员 22 人、专家 8 人、业务人员 23 人。

（王双恩）

【机构编制管理】 根据集团公司发展战略和部门管理工作需要，做好机构编制动态优化调整工作。在油田、炼油、化工、油品销售 4 个事业部分别设立新能源部室，对综合管理部、集团财务部、党组组织部、科技部等部门新增职能或任务量所需机构编制统筹优化调整。参考部分央企巡视办机构编制设置，结合集团公司实际对党组巡视办公室内设机构和编制定员进行优化调整，进一步做好巡视服务保障工作。落实党组关于工程建设项目全生命周期本质安全管理要求，在工程部新设安全质量室。为加快推进炼油转型升级发展，优化整合炼油事业部节能低碳、特种油品和质量管理、市场营销与计划管理等职责，在不新增的情况下调整部门机构编制定员，进一步适应新形势新任务需要。

（周晓刚）

【干部队伍建设】 突出政治标准，坚持德才兼备、以德为先、任人唯贤，着力打造忠诚干净担当的高素质专业化干部队伍。优化调整干部选聘方式，进一步加大总部中层领导人员竞争性选拔力度。2022 年，组织开展综合管理部等 18 个部门中层领导人员选聘，新提拔任用中层领导人员 58 人，其中副提正 27 人、新提副 31 人。部门中层岗位竞争性选聘比例达 36.2%。持续优化干部年龄结构，共选用 40 岁及以下年轻干部 31 人，40 岁及以下干部占比达 26.5%，干部队伍有序接替、梯次更趋合理。着眼复合型干部培养，积极推动干部交流任职。共交流任职 17 人，进一步拓宽干部选用视野，丰富人才培养模式。

（朱　明）

【人才开发工作】 根据部门人才队伍建设情况和工作需要，积极推进总部部门级专家选聘，持续打造总部人才高地。围绕主要业务和新兴业务领域，共选聘部门级专家 33 人，其中首席专家 6 人、高级专家 11 人、专家 16 人。严把员工入口关，提升业务岗位人员素质能力。对调入总部员工加大竞争性选拔力度，为优秀年轻干部脱颖而出、成长成才创造条件。2022 年，组织党群工作部等 12 个部门开展 29 个业务岗位选聘，组织完成 13 个部门共 98 名业务人员晋升工作。进一步加强总部中层领导人员政治理论素质教育培养，组织开展总部学习贯彻十九届六中全会精神网上专题培训班，总部部门及事业部中层正职 137 人和首席专家 15 人，共 152 人完成培训。进一步完善职称评审体系，提升评审工作科学性和规范性，完成总部部门及 10 家在京单位职称评审，申报正高级职称 81 人、高级职称 135 人、中级职称 9 人，评审通过正高级 35 人、高级职称 96 人、中级职称 9 人。

（崔子晗）

【薪酬考核工作】 按照国务院国资委对考核分配工作的相关规定和指导意见，结合总部实际，研究提出集团总部工资总额管理和使用意见。在此基础上，完成 2021 年度总部工资总额清算评价和 2022 年预算相关工作，对 2022 年工资发放进行计划安排。持续完善总部员工薪酬结构和薪酬水平，更好地体现及时激励，增强员工获得感。研究提出 2021 年度绩效兑现奖金发放方案，指导部门结合考核情况做好奖金分配。根据人员变动、岗位调整等情况，及时准确做好月度薪酬调整和发放，完成 287 人基本薪酬晋档工作。进一步健全总部中长期激励措施，优化激励性年金评选机制，修订完善总部激励性年金管理办法，做好总部年度激励性年金评选推荐工作。

（杨莹莹）

【专项工作】 开展乡村振兴人才结对帮扶，根据定点帮扶县人才需求，选派科技特派员开展履职服务，支持地方乡村振兴事业。组织开展定点帮扶县挂职干部任中考核。采取个别谈话、实地调研等方式，了解挂职干部在思想政治素质、工作能力、工作成效和作风形象等方面的表现。按照集团公司统一安排，做好第二批“三百三千”计划在总部挂职干部跟踪培养相关工作，召开座谈会听取意见建议，组织部门做好期满考核，启动第三批实践锻炼计划，选拔到总部挂职 7 人，总部到企业挂职 6 人。组织相关在京单位接收 3 名军转干部，圆满完成安置任务，得到国家退役军人事务部的肯定和表扬。积极做好京外调干、解决夫妻两地分居工作。

（李乐涵）

综合与信息管理

【干部人事档案】 2022年，根据中央组织部干部人事档案专项审核工作有关要求，为进一步巩固扩展专审成果，集团公司在全系统完成22.27万余人的干部人事档案专项审核“回头看”工作，涵盖集团公司党组管理干部、总部部门及143家直属单位管理和专业技术序列等人员，共计重新认定5154人、补充材料66999份。各直属单位派出调查组155个，调查核实涉及1264人，处理完成1404项问题，维护了干部人事档案工作的严肃性。干部人事档案质量得到进一步提升。

（李乐涵）

【人力资源信息化建设】 按照集团公司信息化建设“域长”负责制有关要求，研究制订中国石化人力资源域信息化建设总体方案和行动计划、确定专家团队及工作职责。持续加强信息化对业务的支撑，开发干部选拔任用管理监督系统，实现干部选拔任用全过程记实、实时监控，并在142家直属企业上线应用；实现领导班子及领导人员薪酬与业绩考核的全流程信息化，预置薪酬测算模型，缩短测算周期，提高工作效率。开展人才子域数据治理，形成并发布数据标准，指导人力资源域系统建设和数据应用，发挥数据要素价值，为人力资源业务的数字化转型提供数据支撑。

（张玉乾）

【人力资源共享服务】 扎实开展基础共享服务，加强HR系统数据治理，全年共完成人员信息维护595万人次、薪酬计发及主数据维护5995万次、编制各类人力资源统计报表1.45万套，服务满意度99.82分。积极拓展人力资源共享业务范围，新增51家企业年金业务、13家企业社保业务的共享实施，全面完成8个城市社保区域化布局，首次独立开展集团公司薪酬对标分析，完成集团公司法律人才盘点，以及石油工程技术研究院、天津石化和华东石油局人才盘点，为集团公司“三项制度”改革评估、干部综合测评等工作提供数据和技术支持，在线考试、培训实习、职称评审、校园招聘等业务有新的突破，圆满完成多家国有企业人力资源共享建设管理咨询项目。

（孙军峰）

离退休工作

【概述】 2022年，按全口径统计，全系统共有离退休人员487782人，其中离休人员1582人、退休人员486200人。截至2022年底，集团公司已移交地方实行社会化管理的退休人员共有484550人。企业服务管理的离休人员1582人、退休人员1650人（暂未移交）、内退人员28309人。

全年，集团公司离退休工作以习近平新时代中国特色社会主义思想为指导，认真贯彻党的十九届六中全会和党的二十大精神，学习贯彻全国老干部工作“双先”表彰大会、全国老干部局长会议精神和集团公司年度工作会议精神，以喜迎党的二十大胜利召开为主线，统筹做好常态化疫情防控、离退休人员党的建设、服务管理、发挥作用等各项工作，为企业高质量发展作出积极贡献。

（崔文生）

【加强离退休人员党建工作】 按照党中央部署和集团公司党组要求，结合老同志特点和疫情防控常态化的实际，采取线上线下专题辅导、集中培训、巡回宣讲、送学上门等多种方式，组织老同志学习党的十九届六中全会精神。组织引导老同志认真学习党的二十大精神，引导老同志不断树牢“四个意识”、坚定“四个自信”、做到“两个维护”，在思想上政治上行动上始终同以习近平同志为核心的党中央保持高度一致。认真贯彻中办《关于加强新时代离退休干部党的建设工作的意见》，按照集团公司党组要求，6 月 17 日印发《中国石化做好新时代离退休人员党的建设工作重点措施》，为做好新时代公司离退休人员党的建设工作提供制度保障。

（崔文生）

【开展为党的事业增添正能量活动】 以迎接党的二十大胜利召开为主题，组织老同志开展“建言二十大”和“我看中国特色社会主义新时代”调研活动，引导老同志唱响主旋律、传播好声音、发挥正能量，为迎接党的二十大胜利召开营造良好氛围。组织老同志积极参与集团公司“牢记嘱托、再立新功、再创佳绩，迎接学习贯彻二十大”主题行动，以宣讲报告、座谈访谈、口述历史等多种方式，发挥老同志在传承红色基因、弘扬石油石化优良传统、促进社会和谐等方面的积极作用。配合有关部门开展企业历史档案征集工作。

（崔文生）

【做好离退休干部服务管理】 认真落实离休干部的政治生活待遇，为离休干部提供亲情化、个性化的精准服务。全年走访慰问离休干部 6451 人次，组织体检 1368 人次，开展精准服务 6295 人次，开展送学上门等活动 3363 人次。按照中央有关部署和集团公司要求，继续关心关爱退休人员，走访慰问退休人员 84371 人次，组织体检 310727 人次，开展帮扶救助 18222 人次，与社区街道开展党建共建、活动联办 1259 次，向老同志通报企业生产经营等情况 638 次。

（崔文生）

【组织开展离休干部服务管理工作调研和座谈】 按照集团公司离退休工作要点安排，为进一步加强离休干部服务管理工作，5—6 月，对 77 家有离休干部的直属单位离休干部服务管理工作情况进行书面调研。7 月 14 日—8 月 26 日，以视频形式先后组织召开 5 次共有 58 家单位离退休工作部门负责人参加的进一步加强离休干部服务管理工作座谈会。向党组分管领导报送开展离休干部服务管理工作调研和座谈情况的报告。

（崔文生）

【积极开展敬老月活动】 以敬老月为契机，向离退休老同志传递各级党组织的关心关爱。9 月 29 日，集团公司党组在《中国石化报》头版发表慰问信，向全系统离退休老同志致以节日祝福和诚挚问候。在《中国石化报》专版刊发部分企业开展敬老月活动的有关情况，展示了离退休老同志的精神风采。同时，积极指导企业开展敬老月活动，通过《离退休工作信息》、“石化离退休”公众号和微信群等多种媒体宣传企业开展敬老月活动情况，在石化系统营造了尊老敬老的浓厚氛围。

（崔文生）

【认真做好关心下一代工作】 ①学习宣传贯彻中办国办《关于加强新时代关心下一代工作委员会工作的意见》精神。指导各单位关工委通过专题学习、座谈交流、培训研讨等多种形式，深入学习中办国办“意见”精神。通过《离退休工作信息》、“石化离退休”微信公众号等宣传途径，刊发部分单位关工委学习贯彻情况，开展学习交流，营造浓厚氛围。②开展“老少同声颂党恩、携手喜迎二十大”主题教育实践活动。专门印发活动通知，对石化系统关工委开展主题教育实践活动进行整体安排。通过加大宣传力度、开展关工委片区研讨交流等方式加强对各单位关工委开展主题教育实践活动的指导。各单位关工委通过举办宣讲会、报告会，激发了青年员工和青少年爱党爱国爱社会主义的热情；通过开展主题实践活动，培养教育青年员工和青少年践行社会主义核心价值观；通过开展文化育人活动，培养教育青年员工和青少年坚定文化自信；通过开展“青少年党史学习月”活动，推动党史学习教育常态化、长效化。③开展青少年普法活动获全国表彰。3 月 30 日，中国关工委、中央政法委、司法部、共青团中央、中国法学会共同印发《关于表彰全国青少年普法教育先进集体、先进工作者和优秀辅导员的决定》，中国石化关工委 1 个集体和 6 名个人受到表彰。胜利油田关工委被评为全国青少年普法教育先进集体，王天均、于吉永被评为全国青少年普法教育先进个人，朱虹、黄海穗、李钧奇、周嘉谋 4 人被评为全国青少年普法教育优秀辅导员。④向中国关工委推荐第五批“全国关心下一代党史国史教育基地”。中国关工委于 6 月命名第五批 54 个全国关心下一代党史国史教育基地，中国石化关工委推荐的“镇海炼化公司红色教育基地”名列其中。⑤开展“孝老敬贤月”活动。10 月，以“尊老敬老爱老、弘扬‘五老’精神”为主题，开展“孝老敬贤月”活动。各单位关工委在发挥“五老”作用的同时，加大关爱“五老”的力度，积极开展“情暖重阳”走访慰问活动，营造尊重“五老”、爱护“五老”、学习“五老”、重视发挥“五老”作用的良好氛围。11 月 11 日，中国关工委在北京召开全国关心下一代“最美五老”先进事迹发布会，表彰 73 名全国关心下一代“最美五老”。胜利油田代旭升和中原油田侯文忠受到表彰。⑥继续开展关工委片区研讨交流工作。印发关工委工作研讨交流课题，指导 6 个片区关工委开展研讨交流工作，评审表彰年度关工委工作优秀理论文章。

（崔文生）

中国石化 SINOPEC

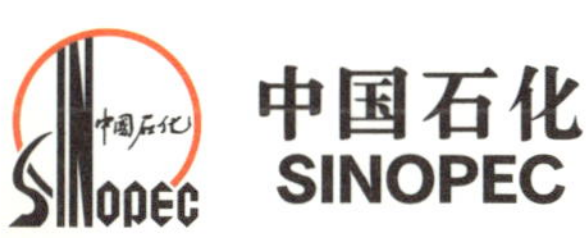

物资采购与管理

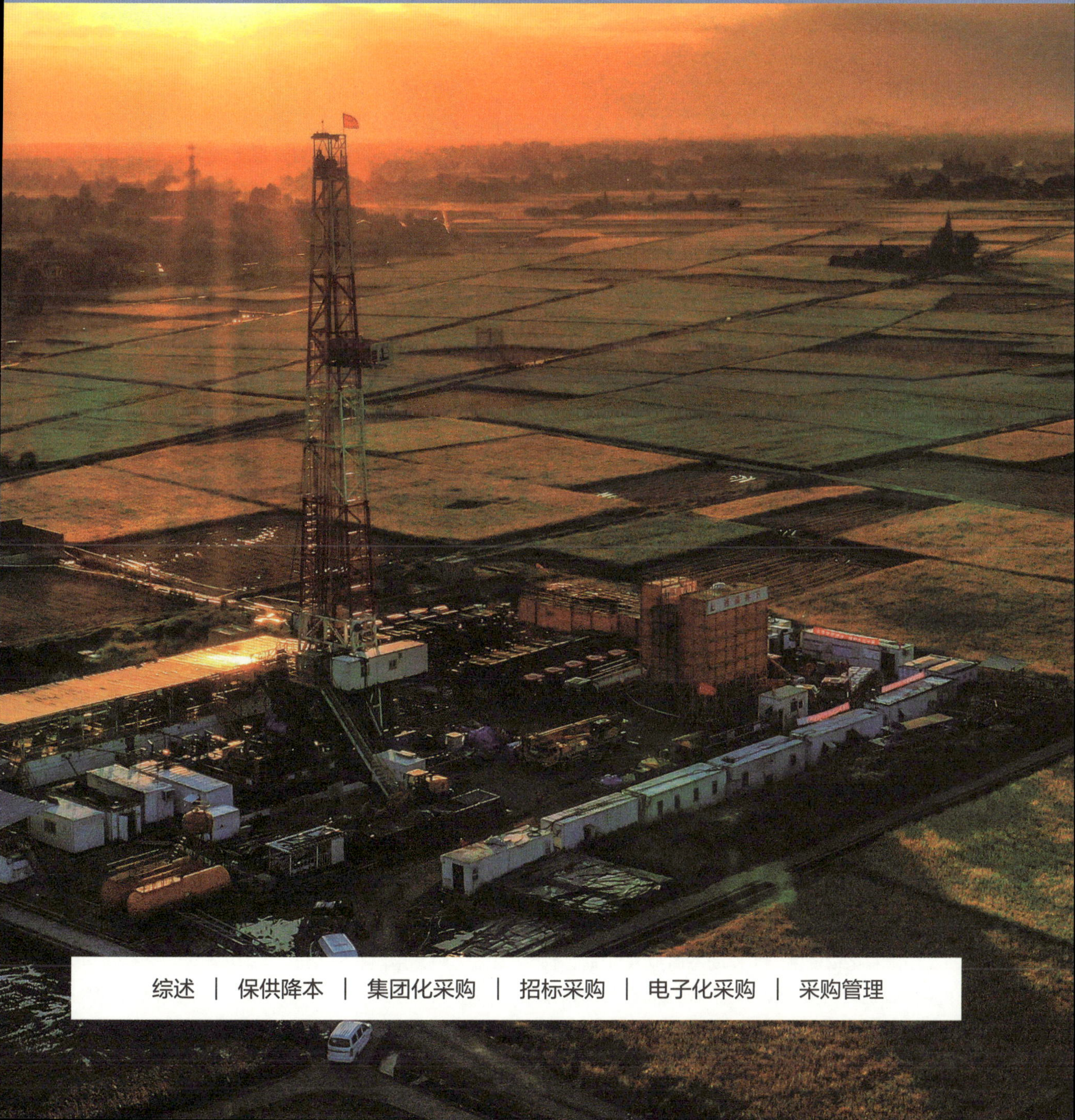

综述 | 保供降本 | 集团化采购 | 招标采购 | 电子化采购 | 采购管理

综述

2022 年，物资供应系统坚决贯彻集团公司党组决策部署，积极践行世界领先发展方略，奋力投身“一基两翼三新”产业格局，全力保障物资供应，着力推进降本增效，持续提优采购管理，创新壮大电商平台，采购管理水平和服务保障能力稳步提升，为集团公司生产安全平稳运行、项目高质高效建设提供坚强支撑。

服务大局保障供应。统筹重点项目物资需求，全面完成物资保障任务，助力东营原油库迁建项目、齐鲁石化—胜利油田 CCUS 项目高效建成投用，服务顺北油气“深地工程”实现重大突破。在冬奥会、冬残奥会和党的二十大等重大活动期间，全力保障安全生产和稳健运营。

采购降本成效显著。抓实采购优化和物流优化，通过强化战略合作、激活采购竞争、整合采购需求、价格避峰就谷、深化产业协同、优化物流运行，全年实现采购降本 197 亿元，创历史最高水平。

采购管理持续提升。持续推进对标世界一流管理提升行动，统筹完成集团公司对标提升重点任务，进一步提升集中采购、标准化采购、招标采购水平。在 2022 年国务院国资委中央企业采购管理对标评估中，中国石化连续 8 年位居央企前列。

平台成长持续向好。持续提升易派客平台功能，建立地热产业、新能源综合服务专区，助力集团公司“三新”产业发展。围绕供应链服务、数字化支持、专业化支撑，培育完善 19 项“易系列”工具，深化“互联网 + 供应链”创新。

（杜　涵）

保供降本

【概述】 2022 年，物资供应系统累计供应生产建设物资 2893 亿元，增长 4.1%，创历史新高，有力保障了生产建设物资的安全、及时、绿色、经济供应。按专业类别划分，全年采购化工原料 590 亿元、化工辅料 745 亿元、材料 365 亿元、煤炭 399 亿元、设备 500 亿元、电仪 294 亿元。

（杜　涵）

【保障生产建设物资供应】 紧盯集团公司 44 个重点工程项目、9 个重点大修项目，全力做好物资供应和现场服务工作。2022 年，有力保障 1 个基地项目、3 个油气地面工程、8 个炼油及化工工程按期建成中交或投产，高效保障 263 套炼化装置全部按期完成检修。坚持和完善日对接、周协调、月例会的保供服务工作机制，2022 年共发布《中国石化物资供应工作动态周报》51 期，14 个集团公司督办项目、57 个督办节点全部按期完成。在 2022 年北京冬奥会、冬残奥会、党的二十大等重大活动期间，“一企一策”制订保供预案，每日跟踪物资保供动态，确保燕山石化、华北油气田等 47 家保障区域企业生产物资稳定供应。

（杜　涵）

【服务大局彰显央企责任担当】 精心组织参加服贸会、进博会，2022 年第五届进博会上，与来自 14 个国家和地区的 34 家合作伙伴签订 401 亿美元采购协议，成功举办“聚焦能源安全，致力绿色发展”主题论坛并与 9 家公司签署合作协议。深入落实国务院国资委“工装援疆”行动，累计在新疆采购劳保服装 16.1 万套，其中 2022 年采购 8.9 万套，较 2021 年增长 24%。推动近 700 种新疆棉纺产品上线易派客平台，达成棉花交易 1.6 万吨，金额 3.2 亿元。

（杜　涵）

【加快重大装备国产化攻关】 2022年，依托集团公司重点工程项目，全年设立重大装备国产研发攻关项目35个，是“十三五”期间年均立项数的4倍。启动三轴光纤陀螺测量系统、60英寸超大口径裂解气大阀、50万吨/年PP循环气压缩机等25个国产化攻关项目，较进口同类设备节约采购资金2.63亿元，资金节约率33.7%，交货周期普遍缩短1/3以上。大力推广应用攻关成果，天津LNG接收站成功应用首台国产大口径卸料臂，镇海炼化120万吨/年乙烯装置国产“三机”和分散式控制系统（DCS）正式投入工业化运行。截至年底，中国石化百万吨级乙烯、LNG接收站、油气田勘探开发装备国产化率分别达90.9%、93%和97%，国产装备正在由持续“跟跑”向全面“并跑”、局部“领跑”快速迈进。

（杜　涵）

【推进物资采购优化和物流运行优化】 以物资采购优化、物流运行优化“两个优化”为抓手，多措并举降本增效。2022年，聚焦煤炭、石脑油、油套管、压缩机组、阀门等24个重点品种，综合施策，优化采购，节约采购资金91亿元，节约率达9.4%。推进煤炭长协采购合作，与23家国有煤炭企业签署中长期合同，全年采购到货2861万吨，节约资金33.7亿元。深化钢材采购战略合作，全年向战略供应商采购大宗重要钢材物资107亿元，节约资金9.6亿元，资金节约率达9.7%。全力推进易物流平台建设，上线船舶物流信息监控功能，完善车货寻源匹配服务，平台累计注册物流商4090家，入驻车辆2.5万余辆，“两大两高”（大件、大宗、高价值、高风险）物资物流透明化率达52%，物流优化累计降本3.4亿元。

（杜　涵）

集团化采购

【概述】 2022年，集团化采购金额2570亿元、增长4.1%，集团化采购规模创历史新高，集团化采购率88.8%，同比持平，其中总部直接集中采购、总部组织集中采购分别占年度采购总额的25.4%和63.4%。集团化采购节约资金172亿元，资金节约率6.7%。集团化采购物资中，框架协议采购占比达84.6%。

（杜　涵）

【优化集团化采购运行】 优化集团化采购操作模式，做精总部直接集中采购，做优总部组织集中采购，推进区域、企业协同采购。深化总部直采战略合作，2022年煤炭中长期协议采购占比85%，提升13.7个百分点；油套管、管线钢、大型储罐用钢等大宗钢材物资战略采购占比达92.4%。提升总部组采质效，对54家组采牵头单位开展考核评价，优良率达90.5%。做实内部优势产品互供，集团公司46家直属企业257项产品通过集中评审，其中白油内部互供采购占比87%，较上年提高52%。持续推进西南、西北、华北区域资源共享，打造采购、仓储、质检、配送一体化物资共享平台，节约综合作业成本1875万元。深入推进央企协同采购，与中国石油、中国海油、中国中化推进22个试点品种的采购合作，其中中国石化牵头采购金额50.6亿元，节约资金4.7亿元。

（杜　涵）

【大力推动绿色采购】 制定《中国石化2022年度绿色采购工作要点》，发布《中国石化绿色物资采购目录（2022年版）》，覆盖1500余项物资。落实“能效提升”计划，2022年集团公司高能效变压器、电动机采购占比分别达90%和95%，能耗降低15%—20%。打造易派客制造业绿色评价标准，在电动机行业试点开展认证，带动供应链上下游企业共同推动绿色低碳转型。完善易派客平台易竞拍专区，推进废旧物资绿色处置、再制造、再利用，专区2021年上线以来累计交易金额10.5亿元，其中2022年处置物资1317批次，回收资金6.7亿元。

（杜　涵）

【推进标准化采购】 系统整合采购技术规范，构建覆盖油气开发、炼油化工、油品销售领域的 30 个采购标准体系，实现选型更规范、适用更广泛、质量更可靠。持续升级信息标准化管理系统，实现采购技术标准与物料主数据对照关联，确保标准刚性执行、规范应用。大宗通用和关键核心物资标准化采购率达 89.3%，较“十三五”末提高 19 个百分点，“合格不好用”“多国牌”现象得到有效治理。

（杜　涵）

招标采购

【概述】 2022 年，物资供应系统深入落实国家部委政策意见，严格执行招标投标法规制度，持续巩固招标专项治理成效，坚守“应招必招”“能招尽招”，大力推进公开招标。集团公司物资招标采购规模达 1838 亿元、提升 19.6%，招标采购率 86.6%、提升 0.6 个百分点；公开招标率 96.9%，同比持平。

（杜　涵）

【加强招标基础管理】 深入贯彻国家发展改革委等 13 部门《关于严格执行招标投标法规制度进一步规范招标投标主体行为的若干意见》，制定 5 个方面 16 项具体措施，规范招标投标主体管理。推进招标专项治理问题整改，25 家单位共制定整改措施 372 项，追责问责 278 人，384 项问题整改完成率 100%，2022 年招标采购异议投诉数量下降 35%。优化招标关键环节，2022 年平均招标时长降至 33 天，缩短 12%，招标效能大幅提升。优化招标采购模式，针对高温高压、易燃易爆物资，在 9 个品类试点推进两阶段式招标，前移资格审查关口，源头防控质量风险。

（杜　涵）

【推进招标智能化建设】 加快电招平台升级，开发应用清标模块，借助大数据筛选和比对分析，对投标 MAC 地址、标书相似性、投标人股权关系、董监高关系和失信人信息等实现异常识别。开发应用发票验真模块，通过与国家税务系统联网，实现发票真实性核验，防范围标串标和业绩造假。推进招标电子文件归档国家试点项目建设，顺利通过国家档案局验收，实现招标过程资料全程在案、永久追溯。大力推行远程异地评标，降低各方成本，提高评标效率。

（杜　涵）

电子化采购

【完善电子化采购体系】 全面推进电子化采购，2022 年集团公司电子化采购率达 99.9%。深化物资域全流程贯通应用，44 家企业上线应用物资域移动 App，累计 14 家企业推广应用仓储数字化平台，油品销售板块 6 家企业试点应用 ERP 物资供应管理模块，持续提升采购效能。持续推进“互联网 + 供应链”创新，开发投用煤炭供应协同、危险化学品过程管控等系统，加快采购数字化转型。深化物资域数据应用，依托大数据打造采购全流程管理监督平台，覆盖 26 个物资采购重点领域，在总部及油田、炼化、科研、工程板块等 81 家企业上线运行，实现风险防控规范化、工具化、自动化。

（杜　涵）

【优化提升电商平台应用】 系统升级平台功能，全新打造易派客 2.0 版，完善石化采购专属区，推出“一企一面”易专采服务。截至 2022 年底，易派客平台上线商品 784 万余种，其中年度新增 202 万种，持续提优平台保供服务效能。持续优化采购专区功能，建立地热产业专区和新能源服务专区，截至年底，上线供应商293家、商品10.7万项。持续完善易派客科研专区，优化科研物资采购流程，科研院所平均采购时长缩短83%。深化易系列工具应用，全年开立易权通电子债权凭证超56亿元，提供投标保证金保险额超21亿元，助力关联方稳链强链，提升供应链运转效能。持续推进一体化连接和供应链阳光行动，截至年底，已有1793家关联方实现与易派客平台一体化连接，137家关联方加入供应链阳光行动。

（杜　涵）

【深化易派客标准建设应用】　建强国家技术标准创新基地，截至2022年底，累计制定工业品质量分级评价标准5859项，基本建成覆盖主要工业品的质量评价标准体系。研制发布3项国家标准，主导制定2项国际标准，推进标准的国际互认互用。推进法人信用认证，建立完善72个评价模型，覆盖4个一级指标、28个二级指标、137个三级指标，构建大数据信用评价体系，客观评价企业资信状况。落实国家市场监管总局“守底线、拉高线”指导意见，以标准引领产业结构调整和转型升级，全年开展法人信用认证2937家、产品质量评价3702家次，营造“知标、用标、守标”的工业品电商高质量发展生态。

（杜　涵）

采购管理

【推进采购管理对标提升】　深入贯彻国务院国资委管理标杆创建行动部署，扎实开展行业对标，2022年中国石化采购管理对标评估总分继续排名同组央企第一。做实专业对标，统筹完成集中采购、标准化采购、招标采购3项集团公司对标提升重点任务，聚焦基础管理体系、专业管理体系、支撑管理体系、供应链创新与应用体系4个方面，全力提质提优。做精企业对标，优化采购管理对标指标体系，分油气新能源、炼油、化工、石油工程、炼化工程、油品销售等板块，统筹组织各直属企业开展集团公司采购管理对标评估，推动企业对标追标创标，持续提升采购管理水平。

（杜　涵）

【加强供应资源管理】　截至2022年底，集团公司供应资源系统汇集供应商2.6万家，其中长期稳定交易供应商1.6万家、关键核心装备制造企业2894家，构建坚实可靠的供应资源体系。广泛搜寻优质供应资源，新增资格审查合格供应商2170家。持续加大对违法违规供应商的惩处力度，处理违约供应商289家，在易派客平台公开发布处理结果，坚决维护诚信健康的供应生态。严格供应商资格审查，共组织对1437家供应商开展现场审查，严守“见工厂、见装备、见产品、见管理、见业绩”，从源头防控供应风险。做实供应商履约动态评价，实行供应商星级管理，每月动态调整。对10901家供应商提升星级级别，对208家供应商降低星级级别。推进供应商法人信用认证，截至年底，累计10327家供应商通过法人信用认证，其中A-AAA级供应商占比68.8%，B-BBB级供应商占比31.1%，C-CCC级占比0.1%。依据法人信用等级变化情况，发布风险提示信息211项，有效防控供应资源风险。持续开展供应商培训，2022年共培训6期637人次，引导广大供应商坚守“质量第一、诚信经营”的理念。

（杜　涵）

【优化物资储备管理】　截至2022年底，集团公司物资总库存86.3亿元，其中常规储备物资61.5亿元、占71.3%，特殊储备物资19.8亿元、占22.9%，积压物资5.0亿元、占比5.8%。集团公司全年新增积压物资5.3亿元，减少4.5亿元；完成积压物资处置5.0亿元，其中处置新增积压物资3.6亿元、往年积压物资1.4亿元，积压物资压减成效持续放大。提升库存资源利用效率，钢材、“三剂”、机电设备及配件周转次数15.4次，加快1.1次。做强总部集中储备，优化21个总部集中储备库，涵盖煤炭、设备、电仪、化工和材料 5 个专业 14 个物资品种，储备备品配件 9.5 万余件（套）。加强秦皇岛、曹妃甸、南京、扬州、芜湖、湛江 6 个煤炭物流基地管理，全年中转煤炭超 2000 万吨，实现调峰平谷、资源统筹。推进区域联合储备，做强西南、西北、华北和内蒙古 - 山西 4 个区域油套管联合储备库，全年减少库存资金占用 5133 万元。推进与供应商库存资源共享，2022 年共对 6324 个物资品种实行储物于商，使用供应商库存金额 346.5 亿元。建立易派客物资储备专区，截至年底，已集成 84 家供应商 9.48 万条库存信息。

（杜　涵）

【强化供应质量管控】 坚决落实集团公司安全生产工作部署，严控物资质量风险，确保本质安全。紧盯物资监造、检验、验收等重要环节，严把质量关口，2022 年 A 类物资监造率达 100%，物资入库验收合格率达 99.8%，全年委托实施监造设备 4120 台（套）、石化阀门 3.15 万件、油田设备 2.42 万台（套）、重要材料 38.24 万吨，发现并跟踪处理质量异常问题 2803 项。构建覆盖企业、供应方、监造方的物资供应质量管理评价体系，全年组织对 21 家直属企业及 46 家供应商、监造商开展质量评价，全力打造关联各方高效协同、齐抓共管的物资供应质量管理生态。梳理“十二五”“十三五”期间出现的质量问题 377 项，开展溯源分析，实行“四不放过”闭环管理。

（杜　涵）

【加强物资供应队伍建设】 截至 2022 年底，集团公司物资供应人员共 9032 人，其中物资管理及采购人员 5797 人、占比 64.2%，供应服务人员（含仓储保管、配送、运输装卸、行政、安全、后勤等人员）3235 人、占比 35.8%。分层次组织直属单位物资供应中层管理人员、基层管理人员和业务骨干人员培训，全年培训 1.2 万人次，进一步提升物资供应队伍能力素质。加大人才引进力度，持续优化物资供应队伍结构，物资采购人员中级以上职称比例提升到 67.7%。物资供应系统在近年采购规模快速攀升、人员降至不足万人的情况下，全年人均采购额达 3203 万元，较“十三五”末增长 53%。

（杜　涵）

信息和数字化

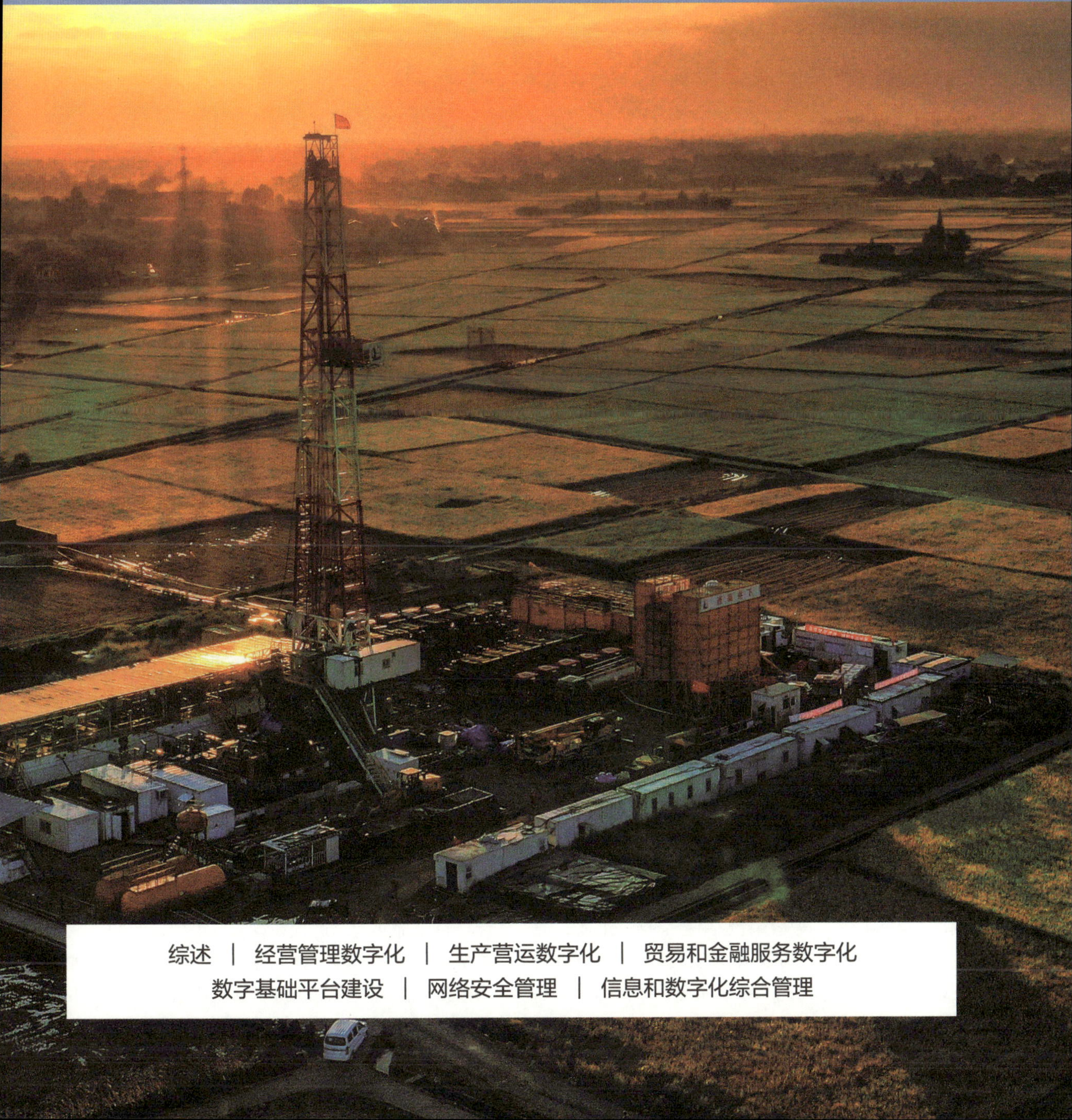

综述 | 经营管理数字化 | 生产营运数字化 | 贸易和金融服务数字化

数字基础平台建设 | 网络安全管理 | 信息和数字化综合管理

综述

2022年，中国石化认真贯彻党中央、国务院网信工作要求，聚焦高质量发展、打造世界一流，突出抓好数字化转型、智能化提升和疫情期间稳产保供支撑保障等重点工作，积极塑造竞争新优势，推动石化产业高端化、智能化、绿色化发展。信息化管理体系优化工作取得新进展，推进各领域数智化提升取得新成效，创新引领产业升级迈出新步伐，信息基础设施能力和网络安全水平实现新提升，多项成果达到行业领先水平，整体信息化水平持续保持央企前列地位，为公司高效运营、增收创效等工作提供重要支撑。

（王景涛）

经营管理数字化

【概述】 加快推进管理云建设，以ERP大集中系统为核心，整体推进战略与决策、风险与监督、财务、人力资源、物资供应、协同办公、党建、宣传、后勤服务等经营管理深化应用，强化集中集成，深化数业融合，提升了集团化管控水平，促进了管理创新、效率提升。

（王景涛）

【深化ERP推广应用】 ERP大集中系统用户数达13.1万人，日均同时在线人数1.5万人左右，月结高峰期间同时在线人数2.1万人左右；主要业务单据月均增长量约1.09亿条，含财务凭证、物料凭证、销售订单、采购订单等业务单据；与外围系统集成，收发消息总量日均265万条；数据总量共58.7TB，月均数据增长量在1TB左右。ERP大集中系统覆盖经营管理层90%以上的核心业务，流程标准化率达94%，支撑国家新政策、公司新决策快速落实。系统固化452个内部控制点，增强了集团管控能力；与300余套系统稳定集成，实现业务集成与数据共享，优化了供应链，支撑企业机构改革、管理变革和业务创新。

（王景涛）

【深化投资域融合应用】 完善提升一体化投资优化与管控平台，投资统计应用全面推广上线，支持战略规划（战略协议）、项目可研、项目审查、投资计划、执行监控、考核评价、综合统计、合资合作全生命周期的八大类业务，实现全集团战略与决策管理域人员100%线上工作、投资项目100%在线管理、投资规模100%线上管控，满足全集团投资业务穿透式管控、透明化运行。平台覆盖总部18个管理部门、9个事业部/专业公司，273个直属企业及其重点二级单位，管理项目总数18万余个，年度平均下达投资金额超2000亿元。启动投资、生产及财务三域协同融合课题研究。

（王景涛）

【加强监督域平台建设】 建设审计数据、审计作业和审计管控三大功能专区，打造集中统一、运行高效、上下贯通的“业审融合”平台，构建“数业融合”审计监督新模式。“业审融合”平台实现财务、物资采购、销售、工程4个业务领域重要数据采集利用，建成投用近百个审计模型，支撑了审计项目全流程在线管理。全面提升审计工作能效，集团层面260个审计项目和企业层面2000余个审计项目实现全流程在线作业和在线管控，审计中心实施项目平均现场审计时间、现场参审人数大幅压减。

有效提升大数据审计应用能力，借助审计模型等审计查证工具和业务信息系统，集团公司审计项目全部实现“远程在线+”审计，节约了成本费用，辅助发现各类业务问题线索数百个。强化数据资源共享应用，对审计成果进行有效归集利用，搭建问题分类库、法律法规库、兼职专家库、审计档案库、案例方法库和企业基础资料库等六大主题审计资源库，让审计数据的价值得以充分发挥。

（王景涛）

【强化财务域集中集成】按照构建战略型集约化财务管控体系要求，加快推进财务数智化升级，助力财务管控数智化转型。搭建财务数智分析决策系统，实现50多项数智化工作场景在线自助分析，助力经营决策从经验主导向数据和模型驱动的科学决策转型。统一财务指标体系，按照集团公司党组提前一天出表要求，在实现集团数据级大合并基础上，进一步提高报表效率超20%。建成全球规模最大、层级最深、体系最完整的全面预算系统，覆盖预算管理全链条，有效推进中长期目标与短期目标联动。完善全球司库管理功能，充分发挥集团整体资金的运作优势，资金集中管理综合运作效益年均61.60亿元左右，充分体现资金的聚合效应、规模效应、运作效应和平台效应。搭建财务风险管控平台，完成利率汇率风险、信用风险管理应用上线，通过交易对手管理、授信管理、监控预警、负面舆情管理等功能，对中国石化8000余家授信交易对手、300多亿元授信业务进行在线管控，全方位降低交易对手逾期风险。完成境外共享服务平台及外账核算系统主体功能开发，实现沙特地区17家企业39个核算主体上线。

（王景涛）

【推进人力资源域数智化】强化顶层设计，开展人力资源域全场景全流程梳理，完成149家直属企业人力资源业务全流程推广应用，实现员工日常管理类业务90%的流程信息化覆盖，提升了人力资源管理效能。推进智慧组织人事建设，推动干部选拔任用管理监督、薪酬绩效、培训管理全流程贯通，进一步完善人力资源域业务流程标准化体系，开展人力资源域数据治理工作，形成规则一致、定义统一、归属明确、可复用的数据标准，发挥数据要素价值，以数据标准指导系统建设和数据应用。推进石化e学上线应用，2022年组织线上直播课1142场、岗位练兵和考试11.1万场，线上学习累计1588.4万人次。

（王景涛）

【推进物资供应域数智化】实施全流程贯通、仓储数字化等域内贯通建设，完成设备类物资全生命周期成本分析等跨域联动建设和区域联合储备、煤炭供应协同等业务创新建设，持续优化电子化采购体系。在物资域全场景全流程梳理的基础上进行顶层设计、整体规划，打破系统和平台壁垒，完成145家企业物资域工作台推广、39家企业全流程贯通推广和11家企业仓储数字化推广。在ERP大集中模板基础上，结合信息化新技术应用，全面梳理物资域各业务系统的流程、数据和应用等，初步建成流程、主数据、系统和功能、权限、培训与测试5类规范。通过融通供应链、贯通产业链，与供应端139家企业实施供应链阳光行动，与采购端1800余家企业开展一体化连接。充分发挥信息化引领和支撑作用，推进业务创新和管理提升，完成西南区域10家企业联合储备试点；实现煤炭供应协同在27家用煤企业、6个煤炭基地上线。

（王景涛）

【推进综合协同域数智化】以业务赋能、资源共享、高效协同、标准管控、跨域联动为目标，构建综合协同管理域“六大核心业务应用”，实现综合协同管理域业务信息化覆盖率达85%以上（除涉及保密等特殊因素的业务外）。推进公文档案一体化建设，集团层面公文档案业务协同，实现文档生成、文档管理、文档利用、文档规范全过程一体化管理，满足总部及165家直属单位应用需求，构建“横向到边、纵向到底”的覆盖体系。推进智慧党建管理，石化党建平台管理各级组织近4万个，用户超60万人，累计发布资讯、视频等各类资源60余万项，日均登录超40万次，形成“PC+App”两位一体的“大党建”格局。优化综合事务管理，推进督办管理、信访管理和总值班管理3项关键业务提升，实现日常办公反馈及时率、质量达标率达95%以上。加强融媒体管理运营推广应用，搭建“石化云媒”技术平台，实现集团公司全覆盖，接入各类媒体141个，入驻人员10236人，新闻生产2000条/周，稿件投递 150 篇 / 日，初步构建全媒体传播体系。加强外事综合管理，实现出国境管理、境外风险管理、对外交流管理等信息化支撑，通过规范管理流程，提高工作效率，支撑国际合作部外事管理工作。推进智慧后勤建设，从综合服务、保障管理、楼宇管理、数据应用 4 个方面入手，完成 36 项子应用 / 子任务建设，实现后勤服务全流程标准化。

（王景涛）

【国资监管数智化提升】 认真落实国务院国资委有关推进国资监管信息化建设和国资监管数智化提升专项行动的部署要求，基于国资监管 2.0 平台开展相关专项应用建设与深化应用，积极推动国资监管业务与公司信息化建设深度融合，满足国务院国资委对中国石化监管的要求，支撑监管业务高效运行，进一步提高集约化管控、集团化监管的科学性、针对性和有效性。强化“三重一大”决策运行监管，汇集梳理各相关部门数据，梳理并完成“党的十九大”以来的“三重一大”信息录入上报工作。累计上报决策制度 1497 项、事项清单 58989 项、决策会议 37022 次、决策议题 98262 个。强化组织机构管理，建立组织机构库，实现组织机构全掌握。按法人层级梳理报送二级企业 127 家、三级企业 1247 家、四级及以下企业 997 家；按管理层级梳理报送二级企业 52 家、三级企业 409 家、四级及以下企业 2030 家。构建司库管理体系，以财务公司和盛骏公司为资金平台，依托全球司库管理系统，实现银行账户、资金预算、资金结算、筹融资、担保授信等资金业务的集中统筹管理。强化国企改革三年行动在线督办，通过对国企改革重点指标的监测分析，强化国企改革任务落实，实现改革成果量化，针对国企改革任务和所反映出来的问题，实现在线督办与结果反馈的全过程管理。

（王景涛）

生产营运数字化

【概述】 加快推进生产云建设，以智能运营为核心，稳步推进智能运营中心、智能化“田厂站院”建设，大力推动产业上中下游生产领域数智化升级，提升资源优化、生产协同、安全环保水平，促进提质增效、产业升级。承担“工业互联网 +”、5G 等 10 个国家示范项目建设，发挥中国石化的产业数字化升级引领作用。

（王景涛）

【推进生产营运域数智化】 深化总部智能运营中心应用，有效支撑集团层面协同优化和高效运营。实现财务、采购、计划、生产、销售等数据横向贯通，支撑跨业务、跨板块的运营分析，为集团生产优化方案及时调整提供支持；搭建集团及油田、炼油、化工、销售各板块效益测算及资源优化模型，促进各板块采产销协同，实现资源合理配置，加强区域资源平衡优化，提高集团生产经营整体优化水平和突发事件应急处理能力。

（王景涛）

【推进安全管理域数智化】 强化危险化学品运输安全管理，危险化学品运输安全管理系统覆盖集团所有生产企业，按照 4 个 100% 要求，实现对 728 家承运商、13100 余辆车辆的集中监管，对运输过程路线变更和人员疲劳驾驶、抽烟、接打电话等违规行为实时推送报警，上线以来运输过程人员违章事件下降 24.7%。强化施工作业安全管控，系统覆盖所有炼化企业，通过作业票电子化和移动应用支撑“7+N ”类高风险作业许可在线办理，沉淀 2 万条作业风险支撑 JSA 分析，管理作业事项 54 万次。较系统上线前单张作业票开具时间缩短 20%，评价作业风险识别数量增加 30%，定位签发和违规代签率情况彻底清零，提升高风险作业过程安全管理水平。提升应急指挥能力，系统覆盖集团所有生产企业，提供应急地图、监测报警、联动处置、VR 演练等功能，事故状态下可实现 10 分钟内接入视频，20 分钟内组建总部、企业指挥团队，半小时内调齐消防救援力量，为事故精准施救提供保障。提升海洋石油安全风险监测预警能力，系统覆盖 21 座有人值守固定式平台，完成 3094 条可燃有毒有害气体监测、工艺参数监测、火气监测系统等实时数据及 351 路海上平台视频数据接入，实现海上安全信息总部、分公司、作业公司、一线平台“四级贯通”。

（王景涛）

【推进环保管理域数智化】 强化能源环保一体化管理，建设中国石化能环一体化管理平台，支撑构建项目环保管理、污染治理、合规监管、风险管控四大预警机制，建立全口径环境数据指标库，建立涵盖源头防控、过程管控和末端治理的污染防治体系，形成“环保一张图”，丰富可视化监控手段，实现全集团环保排放可视化监管，为精准决策提供支持。强化碳资产管理，碳资产系统在 40 家企业上线，构建碳统计和盘查模型，实现中国石化上下一体化碳资产管理，支撑中国石化年度碳排放的盘查和核查，并逐步形成中国石化炼化产品碳足迹数据库，强化产品全生命周期碳排放精细化管理，助力企业减少碳排放，加快落实国家“双碳”目标。

（王景涛）

【智能化田厂站院建设】 推进智能油气田建设，助力油田企业高效勘探、效益开发。在胜利海洋、中原普光、江汉涪陵、西北油田 4 家企业开展智能油气田建设，围绕油田企业核心资产全生命周期管理，打造全面感知、集成协同、预警预测、分析优化 4 项能力，助力高效勘探、效益开发，实现油田企业资产价值最大化。通过建立油气藏开发预警闭环管理模式，提高油气藏异常预警预测准确率，根据预警预测结果，提前实施增产措施，促进油气田稳产、增产。通过对油气生产、集输系统，以及单井、抽油机、压缩机等重点设备设施的异常智能诊断报警，降低油气田异常停产时间，优化油气田开发生产运行。通过视频识别技术进行现场违章作业、井场及输油管线泄漏等的智能识别，促进油田安全环保管控水平；通过应急指挥一键接处警，提升应急响应速度，应急指令下达时间缩短为秒级。

推进智能工厂建设，促进炼化企业优化生产、本质安全、提质增效。完成广州石化等 6 家炼化企业的智能工厂 2.0 主体功能建设，累计建设 16 家智能工厂，实现生产一体化优化、设备预知性维修、装置智能控制、安全监控事前预警等生产管理模式重大转变，打造数字化、网络化、智能化的生产制造新范式。在中科炼化、镇海炼化等企业开展智能工厂 3.0 试点建设，着力打造“人工智能 +”“5G+”“数字孪生 +”应用新模式，推进新技术与业务深度融合。

推进智能加油服务站建设，赋能新零售新业态。新加油卡系统已在山东、河南等 12 个省推广，支撑 1.07 亿张加油卡业务办理。“石化钱包”在全国 3 万余座加油站应用，注册用户突破 1.2 亿人，累计消费交易超 9 亿笔。应用满足客户便捷服务和多种支付需求，填补零售业务移动支付空白，丰富业务场景，扫码付、授权码、一键加油、无感支付等新模式得到广泛应用。探索智能加油机器人应用，“开关盖 + 插拔枪”时间缩短至 120 秒，取得设备防爆认证，启动加油机器人与“易捷加油”App 对接，完成北京悦实达加油站、湖南长沙滨江新城加油站 2 座试点站点改造工作。

推进智能研究院建设，打造数据驱动、平台承载、AI 赋能的数字化科研新模式。3 家科研单位围绕科研管理、科研创新、技术服务 3 条主线进行整体布局，打造科研智能化样板工程，推动形成第四科研范式、形成新型科研生态。优化科技项目管理流程，实现科研管理业务全过程在线管理，为科研人员“减负松绑”，进一步激发科技创新活力。汇集实验全周期数据，优选数据处理算法，深挖大数据内涵规律，实现实验按需设计、要素关联分析、图谱智能识别等，全面提升科研创新能力。构建技术服务平台，打造加氢装置诊断、管道腐蚀预测等在线服务软件，初步形成全天候在线服务的新业态。

（王景涛）

【推进物流平台建设】 物流平台主体功能上线运行，包括运输、仓储、订单、决策等九大中心，平台已注册 907 家物流服务商、25933 名司机押运员、38471 辆危普车辆，承接 5 万余项物流订单，为全国几千个送达地提供配送服务。推动化工品、炼油品、燃料油、润滑油、天然气物流上平台，实现平台一体化运作。推进平台企业共享物流资源、优化物流成本、可视化管控物流全程，整合系统内外优质物流资源，打通生产企业和市场客户供需渠道，营造物流互联生态。

（王景涛）

贸易和金融服务数字化

【概述】 推进服务云建设，持续完善集团统一的电子商务和客户关系管理平台应用，促进易派客、“石化 e 贸”、石化商旅等服贸业务数字化转型。推进金融云建设，打造产融数智平台，提升产业金融服务能力，促进产融结合、跨界发展。

（王景涛）

【提升电商服贸平台功能】 “石化 e 贸”平台探索化工品上下游产业链协同，实现化工销售全部统销产品、生产企业自销化工产品交易业务上平台。平台注册用户超 2 万个，商品 4500 余种，年交易量突破 5800 万吨，累计成交数量 2.5 亿吨，成交金额 1.7 万亿元，其中竞价交易累计成交 240 万吨，实现溢价收益 4.1 亿元。化工销售累计成交 2.3 亿吨，成交金额 1.6 万亿元，客户自主开单比例达 80%。“易派客”平台完善石化专属采购区，累计实施供应端阳光供应链行动 141 家、采购端一体化连接 1821 家，实现系统互通、数据互通、供销互通，促进关联方资源高效协同，发挥平台保供服务效能。平台上架商品 290 余万种，会员 11 万家，累计下单金额 2.69 万亿元、外销金额 8620 亿元，在线支付金额 6505 亿元；国际站成交金额 800 亿美元。“易捷”服务平台积极打造全国统一线上平台和会员体系，整合提升、全面推广了易捷加油、易捷商城等 App 应用，开发易捷国际跨境商城业务，助力业务逆势增长；打造国内领先的综合“汽车服务平台”，构建“易捷自提、易捷到车、易捷到家”等全渠道消费场景，驱动业务创新发展；丰富直播、员工分销、企微社群等功能模块，试点前置仓、甄酒馆、易行馆等新兴模式，提升门店价值和客户流量规模。石化商旅平台实现员工出行免取票、预订免垫资、报销免贴票的便捷差旅体验，助力企业节约差旅成本 5700 余万元。

（王景涛）

【推进产融数智平台建设】 初步建成中国石化产融数智平台，形成 B2C 统一支付、数字人民币、产业链信评、互联网风控、互联网保险、年金养老、供应链金融等应用，运用多种渠道、方式与域内、域外场景融合，在积极发展产融生态方面取得一定成效。建成石化统一的线上支付、数字人民币，B2C 支付累计交易 3.62 亿元，数字人民币累计交易 325 万元。搭建统一金融数据服务，沉淀形成金融专属模型 160 个、封装 560 个 API 服务，已为物资装备部 RMS、企改和法律部合同管理、化工销售 /“石化 e 贸”等场景提供专业服务。搭建产业信评、互联网风控服务，为集团电商和产业金融业务提供多种风险预警服务。建设互联网保险销售、运营一体化平台，已上线 12 款互联网保险产品，累计销售 6217 笔、287.9 万元，助力金融服务域开拓互联网保险市场。

（王景涛）

数字基础平台建设

【概述】 聚焦平台赋能、数据赋智，推进“石化智云”平台建设，提升信息基础设施能力，强化数据治理与共享应用，推动“数据 + 平台 + 应用”新模式落地见效，夯实数字化发展基石，打造产业升级新引擎新动能。

（王景涛）

【石化智云平台建设】 完善提升“石化智云”工业互联网平台，发布《石化智云工业互联网白皮书》2.0 和系列规范，构建以服务管控、能力开放和持续交付 3 个中心为一体的服务体系，发布 API 服务 1 万余项，支撑总部和企业 85 个项目“上云上平台”，形成平台运营、项目质管、集成管控长效机制，提升了信息化项目建设质量与效率。“石化智云”被国务院国资委选为中央企业行业领域公有云。

（王景涛）

【信息基础设施建设】 提升“两地三中心”数字基础支撑能力，建成呼和浩特异地数据中心，云资源能力达 49 万核 CPU、71PB 存储，支撑总部和企业 1613 个应用系统建设与运行，实现新建应用 100% 云上部署。完成 843 套亦庄机房应用系统迁移，搭建覆盖总部、18 个区域中心和各企业的国资央企混合云，支撑党建平台、网络学院等系统部署运行。优化升级集团网络架构，建成朝阳门、沙河、呼和浩特数据中心环网，完成总部办公楼网络升级和保密专网总体设计，完成 9 个区域中心、9 个子节点的网络扁平化优化调整，建成郑州、武汉、广州区域中心双机房，提升企业到总部的网络链路性能和冗余可靠性。优化运行保障服务机制。

（王景涛）

【推动数据治理工作】 发布《中国石化数据治理工作指南》《中国石化数据治理技术白皮书》，完成财务、人力资源等业务域数据标准发布，完成物资、审计、炼化、油气等业务域数据标准制定，初步形成中国石化数据资源目录。纵深推进“多湖一中台”建设，促进数据在集团内外的共享流通。

（王景涛）

【推动数据分析应用】 加强数据服务平台推广应用，平台通过中国信通院数据中台能力成熟度测评，共接入数据源系统 500 余个，形成 API 数据服务 5000 余个，总部和企业全年调用服务 8.63 亿次，打造风险管理、炼化业财融合、财务价格分析、客户服务分析、集团生产运营等一批典型数据应用。

（王景涛）

网络安全管理

【概述】 全面落实国家网络安全监管要求，持续加强网络安全管理，重点推进关键信息基础设施安全保护和供应链安全保护工作，建立健全网络安全通报机制、网络安全保障与应急响应机制、检查评价考核机制，组建网络攻防红蓝军队伍，筑牢网络安全防线。

（王景涛）

【加强网络安全“三同步”管理】 全年完成 90 个系统的上线验收检查、10 个存量三级系统等级测评，消除高危风险隐患。

（王景涛）

【开展木马病毒专项治理行动】 全年共监测到 251 个 IP 存在挖矿木马流量，对 52 家企业下发整改通知书并完成处置，有效降低终端设备被“挖矿”木马控制进行虚拟货币“挖矿”的风险隐患。发现 3 起 APT 真实攻击行为，涉及 5 家企业、13 台主机，下发安全情况通报并完成处置。通过优化监测策略，“挖矿”木马与 APT 事件告警量降低 80%。发现 1 起黑客组织钓鱼事件，下发 5 起钓鱼预警通报，对 2 家企业下发安全情况通报。

（王景涛）

【组织网络安全攻防演练】 在 31 家企业选拔 64 人建立网络安全红蓝队，持续开展重点时期保障、攻防演习、常态化安全运营和漏洞挖掘等工作，形成网络安全联防联控长效机制。组织为期 6 天的全集团网络安全攻防演习，从互联网侧对中国石化重大、重点信息系统开展网络攻击和沙盘推演，内部演习期间共封禁攻击 IP 数 9165 个，分析处置事件数 90 个，共梳理出 62 家单位 228 个系统 2227 个漏洞，下发 195 份整改通知书，均已完成相关整改，确保风险清零。

（王景涛）

【参加国家级攻防演练】 共计 1000 余人参加，实战攻防演练为期 15 天，共封禁恶意地址 55510 个，处置安全事件 184 件，向演习平台提交成果报告 18 份、技战法报告和防守成效各 15 份，定位并处置攻击线索 23 条，有力提升网络安全防护能力水平。通过问题梳理和原因分析，从漏洞修复、账号密码修改、安全加固等方面完成风险隐患修复。

（王景涛）

【完成重要时期网络安保】 认真做好冬奥、党的二十大等重要时期网络安全重保工作，下发《关于做好中国石化网络安全保障工作的通知》《关于进一步做好 2022 年党的二十大网络安全保障工作的通知》，召开“网络安全工作部署暨警示大会”，对重保工作进行全面部署，从漏洞修复、账号密码修改、调整 VPN 防护策略、加强供应链安全管控等方面完成风险隐患修复，网络安全冬奥保障团队获国务院国资委优秀冬奥卫士和集团公司服务保障北京冬奥工作先进集体称号。

（王景涛）

【组织网络安全竞赛】 组织集团公司网络安全竞赛，全面开展全员岗位练兵，5 个团队、21 名选手获奖，引导员工向“我要学、我要练、我要赛”转变，进一步提高全员网络安全意识，提升中国石化网络安全技术防护水平。组织中国石化网络安全宣传周活动，以“网络安全为人民，网络安全靠人民”为主题，采取线上线下相结合方式，举办开幕式、网络安全展览、网络安全技术论坛、网络安全人才选拔赛、云课堂、云展映和云展厅等六大活动，深入开展宣传教育引导，营造网络安全人人参与、人人有责、人人共享的浓厚氛围。

（王景涛）

信息和数字化综合管理

【概述】 结合集团公司“放管服”改革、强化风险管控等要求，优化信息化管控体系，同步开展信息化制度体系、技术管理体系、软件工程造价体系、一体化 IT 运维体系的优化完善工作，提升信息化综合管控水平。

（王景涛）

【加强信息和数字化顶层设计】 深入落实国务院国资委关于国企数字化转型部署要求，组织各业务板块开展数字化转型研究与交流，制订实施中国石化数字化转型行动计划专项实施方案，并在 15 家试点企业开展数字化转型实施方案细化落地工作。

（王景涛）

【优化完善信息化管控体系】 重构信息化制度体系框架和管理流程，完成 15 项制度、25 项标准规范制修订工作，发布中国石化信息化应用架构 1.0 版。在石油石化行业创新开展软件工程造价评估体系建设和试点应用。构建信息技术管理体系，发布《信息化项目技术审查管理办法》，率先在央企中实行信息化项目技术门径管理，加强信息化项目技术管控和应用指导。建立信息和数字化专家库及管理系统、配套制度，完成第一批 181 名专家遴选入库与试应用，充分发挥专家队伍的智囊参谋、决策支持、创新攻关、解难释惑作用。开展信息化产品及服务供应商资源库建设，强化对 IT 战略合作伙伴、IT 专用供应商的风险预警与统筹管理，统筹 IT 专用供应商的监管、评价、风险评估的全周期管理。

（王景涛）

【推动域长负责制新机制落实】 全面检查年度重点工作落实情况，协调解决共性问题和重点难题，有效推动各业务域信息化的顶层设计、业务流程标准化、数据治理和深化应用等工作，初步构建“业务驱动、部门协同、全域覆盖”的长效机制，进一步促进业务和信息化深度融合。建立例会制度，33 个域 / 分域定期召开域长负责制专题会，组织宣贯研讨，推进落实域长负责制重点任务。加强顶层设计，各域长单位在集团统一应用架构基础上开展全域 App 设计，各事业部编制业务板块数字化转型规划和实施方案。制定配套的工作指南、标准规范和模板工具，指导 13 个域 / 分域开展全域业务流程标准化梳理工作。按照数据治理七步法，各业务域开展数据现状分析、数据盘点等工作，26 个域 / 分域启动数据标准制定工作，为推动数据入湖、发布数据资源、跨域数据共享奠定基础。

（王景涛）

【推进新技术试点应用】 累计承担工业互联网、5G、北斗等 12 个国家试点示范项目建设，其中“数字孪生的智能乙烯”入选国家科技部十大人工智能示范应用场景，“人工智能基础设施建设及应用”入选国家发展改革委示范项目，“石化智云”被国务院国资委选为中央企业行业领域公有云，“工业互联网 + 安全生产”“工业互联网 + 设备”“5G 基础设施建设及应用”等项目完成阶段试点工作。由中国石化牵头研制的国家《石化行业智能制造标准体系建设指南（2022 版）》正式发布。探索区块链技术应用，中国石化自有联盟区块链“长城链”已与北京、广州两个互联网法院连通，实现档案、电子合同、积分兑换、电子证据等应用上链，具备对外服务能力，链上存证超过 360 万份，验证总量 63 万次，基于区块链打造的“石化 e 签”应用实现 6000 家企业线上签约，线上电子合同平均签订时间缩短 3.1 天，签约效率提高约 6 倍。

（王景涛）

【推进数实融合工作】 集团公司信息和数字化水平持续保持央企前列，数字化转型成果丰硕。8 家企业通过“两化”融合管理体系 3A 级贯标认定，累计贯标 56 家，数量排名央企前列。加强信息化队伍建设，分层分类组织信息化培训，累计培训各级人员 6 万余人次。中国石化以业务变革为核心的数字化转型实践经验获第二十九届全国企业管理现代化创新成果一等奖，“石化 + 北斗”融合应用被国务院国资委评为“中央企业北斗发展三年行动计划”重要成果，数据服务平台获评 DAMA 中国最佳数据治理优秀产品奖，一体化投资优化与管控共享平台摘得 2022 IDC 中国未来企业大奖优秀奖，胜利油田、镇海炼化、中科炼化、海南炼化等企业被国家工信部分别评为工业互联网试点示范、数字领航企业、清洁能源炼化智能制造示范工厂。

（王景涛）

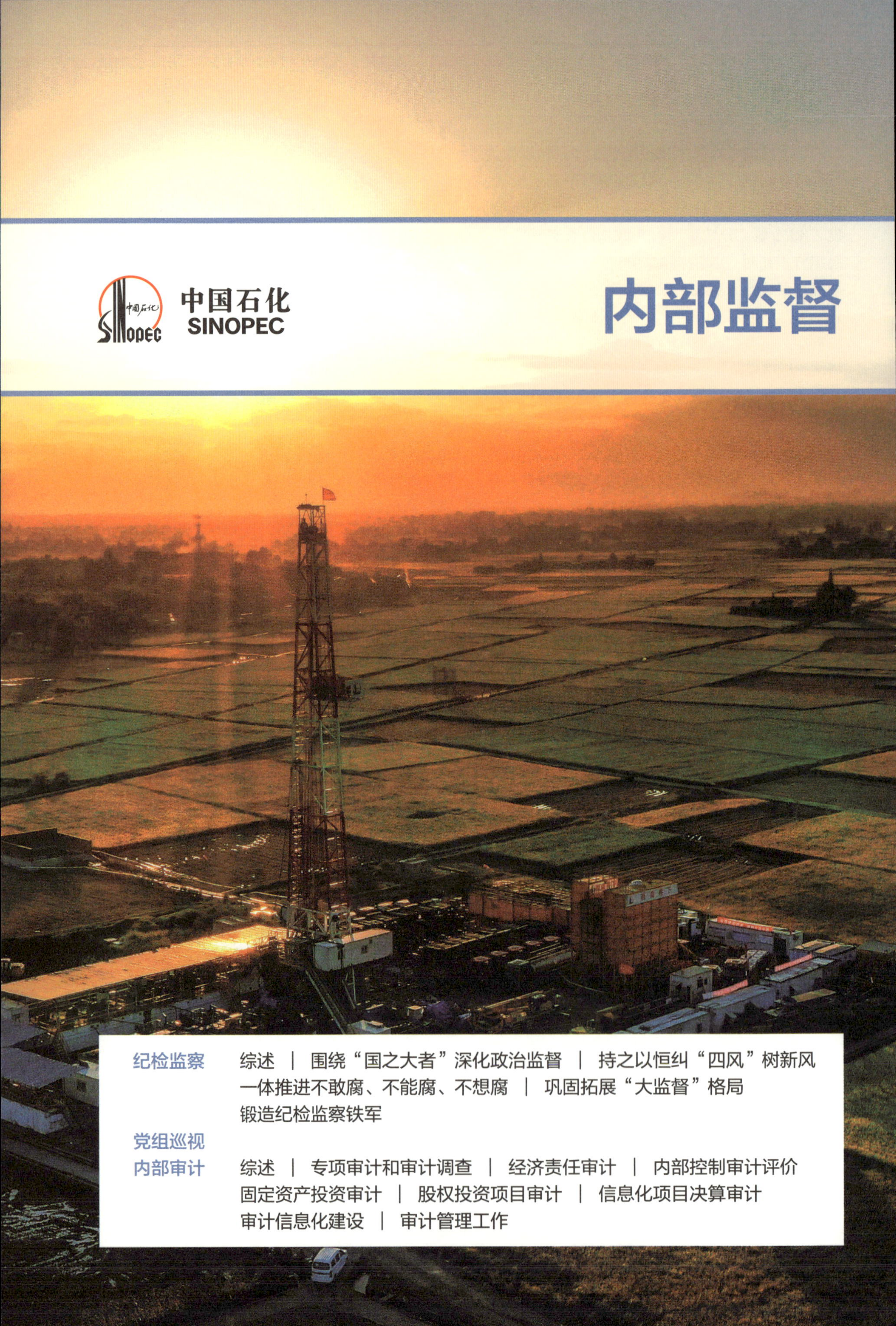

内部监督

纪检监察

党组巡视

内部审计

纪检监察

综述

2022年，在以习近平同志为核心的党中央坚强领导下，集团公司党组和纪检监察组以习近平新时代中国特色社会主义思想为指导，以迎接服务保障党的二十大胜利召开和学习宣传贯彻党的二十大精神为强大动力，深入贯彻落实习近平总书记视察胜利油田重要指示精神，在打赢生产经营攻坚战、科技创新突围战、深化改革收官战、疫情防控阻击战、安全生产保卫战等大战大考中推进全面从严治党、党风廉政建设和反腐败工作，充分发挥监督保障执行、促进完善发展作用，为公司完成全年目标任务、建设世界领先企业提供坚强保障。9月，国家监委特约监察员走进中国石化调研指导，给予公司纪检监察工作高度评价；中国石化纪检监察组在中央纪委国家监委考核中连年获评“优秀”等次；监督检查室被评为全国纪检监察系统先进集体。

（王　来）

围绕“国之大者”深化政治监督

【紧盯重大政治任务强化监督】 把学习宣传贯彻党的二十大精神作为首要政治任务，加强对公司上下学习宣传贯彻党的二十大精神情况的监督，及时发现问题、纠正偏差，推动党的二十大决策部署在中国石化落实落地。党组制订学习宣贯方案，细化明确7个方面25项具体任务。督促严格执行“第一议题”制度，党组集体学习习近平总书记重要讲话和重要指示批示精神49次78项。聚焦贯彻落实习近平总书记视察胜利油田重要指示精神，监督推动“牢记嘱托、再立新功、再创佳绩，迎接学习贯彻二十大”主题行动8个方面45项重点任务落到实处。

（王　来）

【紧跟中心大局强化监督】 聚焦完整准确全面贯彻新发展理念、推进实施“十四五”规划、“卡脖子”技术攻关、落实“双碳”目标、长江黄河流域生态保护、统筹疫情防控和企业发展、协助筹办北京冬奥会和冬残奥会等重点任务，靠前监督、跟进监督、常态监督、精准监督，有力保障党中央重大决策部署及党组重点工作落实落地。聚焦保障国家能源安全重大政治责任和使命职责，结合俄乌冲突影响深入调研，立足全局提出监督建议，得到中央领导和上级机关批示肯定。聚焦公司一度十分严峻的安全生产形势，调研提出监督建议和工作方案，以强监督倒逼强管理，推动扭转安全生产被动局面。

（王　来）

持之以恒纠“四风”树新风

【严肃整治享乐主义、奢靡之风】 修订党组进一步贯彻落实中央八项规定精神实施细则，为全体党员干部作出表率。印发《关于进一步规范违反中央八项规定精神问题处理情况报告事项的通知》，推动精准规范处置。通过专项检查、明察暗访、提级把关、提醒警示、通报曝光等形式释放信号，不断上紧思想发条、拧紧责任螺丝。全系统共查处违反中央八项规定精神问题 11 起、22 人，公开通报曝光 7 起。

（王　来）

【靶向整治形式主义、官僚主义】 以安全环保领域为重点坚决整治形式主义、官僚主义问题，连续 4 年系统施策、靶向纠治，推广镇海炼化经验做法，健全安全环保事故事件调查和追责问责程序，一体推进整治形式主义官僚主义、落实 HSE 管理体系、强化“三基”工作，筑牢安全环保作风屏障。抓住会风会纪小切口促进纪律作风大转变，深入排查整治为基层减负突出问题，一批员工反映强烈的问题得到有效解决。

（王　来）

一体推进不敢腐、不能腐、不想腐

【持续强化惩治震慑】 保持对腐败的压倒性力量常在，严肃查处徐向荣、王云山、刘旭东等严重违纪违法案件。在问题线索大幅下降的情况下，立案数、处分人数与上年基本持平，充分展现党组和纪检监察组坚决惩治腐败的决心意志与责任担当。全系统运用监督执纪“四种形态”共处分处理 1760 人次，其中第一、二、三、四种形态分别占比 61.7%、27.9%、6.7% 和 3.7%，咬耳扯袖、红脸出汗、防范“初”“小”的作用得到充分发挥。

（王　来）

【提升治理腐败综合效能】 将严惩腐败与揭示问题、促进整改、堵塞漏洞、建章立制、提升管理紧密结合，坚持运用纪检监察建议、提示提醒等方式，推动主管部门不断健全完善相关业务制度并强化制度执行，相关领域管理更加严格规范。综合运用提醒谈话、诫勉谈话等方式，督促“关键少数”补齐短板、纠正偏差。制定加强日常监督谈话工作办法，提高日常监督谈话规范化、精准化水平。

（王　来）

【不断深化反腐倡廉教育】 组织开展“整治靠企吃企、促进廉洁从业”反腐倡廉教育月活动，召开全系统警示教育大会，制作播放《靠企吃企 堕入深渊》警示片，在公司系统引起强烈反响。系统梳理分析年轻干部违纪违法问题，突出加强年轻干部反腐倡廉教育，帮助年轻干部系好“第一粒扣子”。在《中国石化报》开设“打造‘廉洁石化’亮丽名片”专栏，在《中国纪检监察报》《中国纪检监察》杂志、中央纪委国家监委网站等媒体主动发声，营造全面从严、崇廉尚廉的浓厚氛围。

（王　来）

巩固拓展“大监督”格局

【持续提升“大监督”效能】 组织召开提升监督质效研讨推进会，系统总结近年来监督工作做法成效、存在的问题，谋划提升监督质效的思路举措。健全“大监督”配套机制，推动实现发现问题、整改落实、督导抽查、问责追责的闭环，监督融入企业治理体系不断深入。建好用好“大监督”信息平台，运用信息化技术手段，延伸“大监督”触角，擦亮“大监督”眼睛。

（王　来）

【持续强化日常监督】 加强对“一把手”和领导班子监督，修订完善领导人员亲属经商办企业管理规定、政治生态评价等制度，精准开展“画像”评价。加强对重点工程、重点项目的监督，统筹抓好东营原油库迁建工程、新疆库车绿氢示范项目等 7 个专项督查，护航项目工程高效、安全、廉洁运行。每季度印发日常监督重点任务清单，把日常监督与日常管理结合起来，促进监督工作高质量发展。

（王　来）

锻造纪检监察铁军

【突出政治建设】 坚持以政治建设为统领，认真落实“第一议题”制度，每月组织纪检监察组理论学习中心组学习，全面学习宣传贯彻党的二十大精神，坚持不懈用习近平新时代中国特色社会主义思想凝心铸魂，从习近平总书记重要讲话中找方向、找方法、找答案，切实把对“两个确立”的坚定拥护转化为“两个维护”的自觉行动。

（王　来）

【提升能力素质】 坚持“优进优出、科学流动”，在“大池子”里选用干部，滚动调整监督执纪人才库，分级分类推进全员培训，办好纪检监察干部“学习交流大讲堂”，提高依规依纪依法履职能力。召开直属单位纪委书记述职会，对纪委书记进行考核评价，促进和支持纪委书记充分履职尽责。

（王　来）

【严格纪律要求】 加大严管严治、自我净化力度，教育引导纪检监察干部自觉接受最严格的约束和监督，坚守政治红线、纪律高压线、廉洁底线。制定修订监督检查审查调查措施使用管理办法、涉案财物管理办法等制度，强化措施使用监管，把监督执纪执法权关进制度“笼子”。

（王　来）

党组巡视

【概述】 2022 年，集团公司巡视巡察机构认真学习宣传贯彻党的二十大精神，深入贯彻习近平总书记关于巡视工作重要论述、视察胜利油田重要指示精神及全国巡视工作会议精神，以深化拓展中央巡视整改为牵引，有形有效完成党组巡视全覆盖，规范有序推进党委巡察，持续加强巡视整改和成果运用，为纵深推进全面从严治党、引领保障企业高质量发展提供有力保障。集团公司经验做法在十九届中央巡视工作总结调研座谈会上作书面交流。

（张跃耀　于　伽）

【中央巡视整改持续深化拓展】 认真贯彻落实习近平总书记关于“四个融入”抓整改要求，深化推动 2019 年中央巡视反馈问题整改到位见底。①整改合力进一步增强。定期召开专题会议，学习传达中央巡视工作部署要求，党组书记、纪检监察组组长带头压实主体责任和监督责任，对有关重点单位开展现场调研督导，推动整改措施落地见效。持续深化监督、加强督办、严格考核，紧盯重点问题，在常态长效上下功夫。②整改措施进一步完善。动态更新中央巡视整改台账，持续细化问题清单、任务清单、责任清单；结合中央经济工作会议精神和中央企业负责人会议要求，新增整改措施 7 项。③整改效果进一步深化。综合用好“红黄绿灯”督办和“月度跟踪、季度分析、半年回顾、全年总结”工作机制，切实加强过程管控和闭环管理，聚焦长期坚持深化的整改事项，定期跟踪问效、抓实督办，推动整改措施落细落实，坚决防止问题反弹回潮。

（张跃耀　于　伽）

【党组巡视工作质效持续提升】 充分发挥巡视综合监督平台作用，持续推动巡视监督融入“大监督”格局，引领保障党中央重大决策部署和党组重要工作安排落实落地。①突出重点、系统联动，打好“常规＋专项＋机动＋‘回头看’”巡视组合拳。全年分2轮对58家直属单位（总部部门）开展巡视。第一轮巡视32家，常规巡视突出“扫好尾”，高质量完成全覆盖；专项巡视突出“破难题”，聚焦“端牢能源饭碗”和“黄河流域生态保护”精准发力；机动巡视突出“短平快”，紧扣总部部门核心职能责任、聚焦金融领域防范化解风险强化监督；巡视“回头看”突出“看疗效”，紧盯责任落实和成果运用，督促提升整改实效。第二轮巡视26家，将学习宣贯党的二十大精神情况作为监督重点，开展贯彻落实习近平总书记视察胜利油田重要指示精神情况专项巡视、安全生产专项巡视及总部部门机动巡视。②围绕中心、服务大局，助力筑牢安全生产防线。采取“线上＋线下”等方式对104家单位开展安全生产专项督查，督促压实安全生产责任；组建2个专项工作组，开展勘探开发和炼化系统安全生产监督，充分依托巡视组对上海石化、巴陵石化“三合一”开展巡视“回头看”、安全生产专项巡视、安全生产监督，协同做好上海石化复工复产和事故调查；对安全监管部、齐鲁石化、茂名石化开展安全生产专项巡视，督促守牢安全生产“三道防线”。③以上率下、同题共答，做深做实巡视“后半篇文章”。党组书记主持召开巡视工作领导小组会，听取巡视汇报点人点事点问题并明确整改要求，召开党组会专题听取巡视整改情况综合汇报，以上率下推动巡视“后半篇文章”不断深化落实；总经理带头推动巡视反馈问题整改与促进生产经营提质增效深度融合；纪检监察组组长带队赴多家企业现场督导推动巡视整改工作；公司领导累计参加17场巡视反馈会，现场办公推进有关问题整改。做好整改督导，对每轮巡视后的整改完成情况进行总结，分析有关单位整改工作存在的共性问题，举一反三加强整改指导督导，全力推动被巡视单位进一步压实整改责任、细化整改措施、抓实工作落地。

（张跃耀　于　伽）

【党委巡察工作持续有效推进】 ①规范化水平持续提升。66家直属单位党委组建163个巡察组，对600余个党组织开展巡察。优化升级《直属单位党委巡察工作手册》，通过现场调研等方式，指导河南油田、九江石化等7家单位开展安全生产专项巡察。胜利油田、金陵石化等48家单位将安全生产监督纳入巡察重点检查内容，对300余个党组织进行监督；跟踪指导荆门石化、中韩石化示范推进交叉巡察，进一步破解“熟人社会”监督难题。国勘公司、石油工程公司、联合石化公司探索开展境外线上巡察，推动持续化解重大风险，护航境外业务高质量发展。②帮扶指导力度持续加大。探索开展巡察专家服务行，对巡察工作进展缓慢的单位进行帮扶指导；“线上＋线下”为销售公司、华东石油局等10余家单位“送课上门”，促进队伍业务能力提升；加强巡察工作督导和报备材料审核把关，查找工作不足，开展专题辅导，提升指导实效。③典型引路作用持续加强。深化巡视巡察上下联动，一体推进巡视巡察业务培训，梳理巡察工作特色做法、创新实践及工作成效，征集巡察工作案例117个，择优向中央巡视办报送典型案例13个，编发直属单位党委巡察工作优秀案例37个；开展境外巡察专题调研座谈，问需问计问策，促进先进经验交流、分享特色做法、深化同题共答；推进巡察课题研究和师资库、课程库建设，优选20位巡视巡察专家优秀课程，推动系统提升巡察工作质量。

（张跃耀　于　伽）

【巡视巡察队伍建设持续加强】 ①队伍建设更加有力。高度重视总部巡视部门改革发展和队伍建设，设置综合管理室、巡视业务室、指导督导室3个内设机构，增加2个中层职数和1个编制定员，为巡视工作正规化、高质量发展奠定坚实的组织基础。举办2期巡视巡察干部培训班，累计参训1200余人次，取得良好培训效果；部门领导班子成员讲授“员工职业化”等课程，手把手教工作方法、面对面教做人做事；采取“上派下挂”

方式强化实岗锻炼。党组选优配强巡视组负责人，增配专兼职正副组长；优化巡视组联络员和组办联系人配置，动态更新巡视人才库 241 人，补充“一池活水”。②作风纪律更加过硬。紧扣党组书记“监督工作要讲求质量和效率，在为基层减负方面作出表率”及纪检监察组组长“工防结合、把握节奏、讲求质效”的要求，指导巡视组精心制订巡视实施方案，严格执行疫情防控要求，“线上 + 线下”稳中求进推动工作。制定巡视巡察干部行为守则，在巡视组专设作风纪律监督员，组办一体强化规矩意识。部门、巡视组党史学习教育专题民主生活会“辣味”十足，工作复盘总结敢于揭短亮丑，刀刃向内检视问题，切实推进问题整改。

（张跃耀　于　伽）

内部审计

综述

2022 年，在集团公司党组和董事会的坚强领导下，集团公司审计战线坚持以习近平新时代中国特色社会主义思想为指引，认真学习领会党的十九大、十九届历次全会和党的二十大精神，深入贯彻落实党和国家及集团公司党组和董事会重大决策部署，坚持“应审尽审，凡审必严”，系统性谋划、“一盘棋”统筹、一体化运行，持续推进审计管理体制改革，创新探索集约化审计，较好完成全年各项审计工作任务。聚焦主责主业，驰而不息推动所有审计项目重点把握“八大关注”，突出风险导向，进一步聚焦关键领域重大风险、典型问题，助力防范化解系统性风险。全年开展审计项目 1139 个，通过审计堵塞漏洞挽回损失促进增收节支 27.98 亿元。实现以高质量审计促进集团公司高质量发展的一系列突破和创新。

（李西西）

专项审计和审计调查

【概述】 2022 年，审计部门紧紧围绕党和国家重大决策部署，围绕党组关心关注的焦点问题，高质量完成对集团公司深化改革三年行动情况、金融衍生品业务管理情况、金融风险、境外投资管理情况等开展专项审计或审计调查 519 项，促进公司治理效能更加有力有效。

（李西西）

【总部组织实施的专项审计和审计调查】 总部对集团公司深化改革三年行动总体进展情况进行专项审计。重点对上报国务院国资委任务清单整体完成情况、国务院国资委考核的 11 项重点任务进行检查，涉及 162 家企业。在完善中国特色现代企业制度，推进“三能”机制建设，推进产业布局优化和结构调整等方面提出审计建议。对金融衍生品业务管理情况进行专项审计，连续 4 年组织 41 家企业全面自查，并对其中的 15 家企业 2021 年度金融衍生品业务管理情况进行现场检查。审计发现各企业在操作方案、风险指标、套保核算、风险敞口等方面存在一些共性问题。2022 年首次组织对财务公司、盛骏公司、保险经纪公司等 6 家企业开展金融风险专项审计，在战略、法律及合规、运营及操作、信息技术等方面提出审计建议。组织19家直属涉外企业对“十三五”以来境外投资管理情况开展审计调查，对国勘公司、国际事业公司、联合石化公司等7家企业进行重点抽查。摸清集团公司境外投资基本情况，揭示投资决策和投后管理中存在的主要问题和风险，促进提升境外投资管理和国际化经营水平。

（李西西）

【企业组织实施的专项审计和审计调查】 企业审计部门紧紧围绕中心，抓住影响效益的关键领域和环节，组织开展成品油外采、经营绩效跟踪、营业收入真实性、危险废物管理处置、信息网络等专项审计或审计调查513项，收到较好的效果，促进了企业增收节支和精益管理。

（李西西）

经济责任审计

【概述】 2022年，审计部门贯彻落实《党政主要领导干部和国有企事业单位主要领导人员经济责任审计规定》，大力实施审计关口前移，持续推动事后审计向事中审计转变。全年开展经济责任审计243项。

（李西西）

【总部组织实施的经济责任审计】 总部对27家企业原主要负责人开展离任经济责任审计，其中任中审计占比61.5%，创历史最高水平。审计部门始终将所属企业主要负责人任职期间贯彻执行党和国家经济方针政策、集团公司党组决策部署，推动企业提质增效升级，经营管理国有资产、国有资源，防范化解重大风险等有关经济活动作为审计重点，加大对领导干部权力运行和责任落实情况的审计监督，促进了领导人员进一步增强依法治企、从严管理的意识，为组织人事部门考核评价经营者提供重要依据。

（李西西）

【企业组织实施的经济责任审计】 企业审计部门在强化下属二级单位领导人员经济责任审计工作的基础上，开展对关键部室负责人、建设项目部负责人等履职情况的审计，全年开展经济责任审计216项，促进了企业领导及关键岗位人员依法依规经营和管理。

（李西西）

内部控制审计评价

【概述】 2022年，审计部门为推进公司内部控制体系建设，促进企业内控制度有效执行和规范企业经营管理，防范化解重大风险，对照《内部控制手册》和相关监督办法，开展风险内控审计评价94项。

（李西西）

【总部组织实施的内部控制审计评价】 总部在开展经济责任审计、金融风险审计过程中，同步开展内控审计评价，重点对30户企业开展内部控制审计评价工作，重点检查公司层面控制、货币资金、工程项目、物资采购等业务流程的设计和执行情况，提出改进内部控制的审计意见和建议，促使相关部门和企业进一步完善内控制度。

（李西西）

【企业组织实施的内部控制审计评价】 2022年，为促进企业有效执行内部控制制度，防范经营管理风险，企业审计部门组织开展内部控制审计评价64项，结合自身实际选择主要业务流程，开展内部控制审计评价工作，实事求是地提出审计评价意见和建议，促进内控制度的有效执行和完善。

（李西西）

固定资产投资审计

【概述】 2022年，为落实国家和集团公司对固定资产投资项目的监管要求，满足竣工验收需要，以及加大重大投资项目在建跟踪审计力度，及时发现问题，防范风险，审计部门共开展固定资产投资项目审计231项，为集团公司控制投资成本、提高投资效益作出贡献。

（李西西）

【总部组织实施的固定资产投资审计】 总部结合集团公司一类固定资产投资项目（含投资50亿元及以上重大项目）进展状况，对79个固定资产投资项目开展审计。其中，对37家企业开展65项固定资产投资项目竣工决算审计；对11家企业开展14项重大投资项目在建工程跟踪审计，促进项目依法合规建设，提升投资效益。

（李西西）

【企业组织实施的固定资产投资审计】 企业审计部门开展固定资产投资项目152项，前移审计关口，加强过程监督，积极开展工程结算审计，为企业节约投资成本。

（李西西）

股权投资项目审计

【概述】 2022年，为强化股权投资“投、管、退”全程管控，防范股权投资风险，提升股权投资收益，审计部门开展合资合作项目审计23项。

（李西西）

【总部组织实施的股权投资项目审计】 总部对6个合资合作项目情况开展审计，重点对主业投资方向、合资合作项目章程（协议）执行、生产经营的合规性、会计信息的真实性等情况进行审计，有效维护股东权益，实现股东价值最大化。

（李西西）

【企业组织实施的股权投资项目审计】 企业审计部门以促进合资合作项目管理、防范投资风险和维护资产安全为目标，全年开展合资合作项目审计17项，促进防范企业的经营风险。

（李西西）

信息化项目决算审计

【概述】 为落实信息和数字化工作“六统一”原则，强化对信息化项目的监管，严格执行投资计划，依法合规建设，规范开发运行，审计部门对中国石化2020年智能工厂推广项目、中国石化智能化研究院推广建设项目、中国石化炼油与化工板块计划和调度管理系统提升项目开展决算审计，压实各方责任，规范信息系统建设管理，促进网络安全。

（李西西）

审计信息化建设

【审计数字化转型取得新突破】 2022 年，审计信息化建设应用重心从“支撑审计管理、保障审计查证”转向“拓展数据资源、挖掘数据价值、提升治理效能”，加快审计工作数字化转型升级。①“业审融合”大数据审计平台上线运行。高质量完成 5 项标志性成果：覆盖财务、物资采购、销售和工程 4 个业务领域的审计数据专区（一期）顺利投用；审计模型实验室上线运行，推动审计数据灵活分析和审计模型自助搭建创新应用实现新突破；50 个新建审计模型落地见效；“远程在线 +”审计方式在集团公司层面所有审计项目全部实现，推动试点企业初见成效；审计人员分层次应用审计查证工具取得明显成效。②坚持研建用互促，推动审计信息化数字化上水平。牵头组织编写数字审计指南，以第一名获国家审计署课题“智能审计研究”立项。③坚持开放融合，持续加强审计信息化和数字化工作交流。联合风险与监督部门同向发力，突破性实现异常贸易智能监测模块的共建共用，协同提升依法合规经营水平。

（李西西）

审计管理工作

【概述】 2022 年，审计部门坚持守正创新，稳步推进审计资源集约化管理，持续深入对企业审计工作的管理督导，不断深化审计数智化应用，持续加强审计成果转化利用的力度，审计队伍素质能力得到全面提升。

（李西西）

【全面有效落实党对审计工作的集中统一领导】 集团公司党组和党组审计委员会每年研究部署年度审计重点任务，定期听取审计工作汇报、研究审计问题整改，业已实现制度化、规范化和程序化，党组审计委员会作用充分彰显。企业审计工作领导体制机制不断健全，机构设置及队伍建设不断完善。集团直属企业均按国务院国资委要求成立党委审计工作领导小组，制定工作规则，发挥党委“把方向、管大局、保落实”作用。

（李西西）

【审计工作思路进一步明确】 时隔 4 年恢复召开集团公司审计工作会议，审计工作集中统一部署切实得到加强。集团公司董事长、党组书记马永生提出审计工作要牢固树立“四大理念”（政治强审、风险导向、“经济卫士”、增值服务），努力实现“四个转变”（实现传统的手工经验审计向数字化、网络化、智能化审计转变，实现审计资源配置由“橄榄型”向“哑铃型”转变，实现事后审计向事前事中审计转变，实现专一审计向融入“大监督”格局、更好发挥监督作用转变），全面履行“四项职能”（促进党和国家重大方针政策及中国石化战略部署落实落地的“顺风耳”和“千里眼”，推动公司依法合规经营的“经济卫士”，保障公司高质量发展的“全科医生”，促进党风廉政建设的“瞭望哨”），为当前和今后一段时期，公司审计工作高质量发展指明方向。国家审计署机关刊《中国审计》“央企行”，第一家走进中国石化，对马永生董事长开展高端访谈并作连续报道。历史上首次在 1 月研究下发集团公司年度审计计划和工作要点，有效推动集团上下审计工作一盘棋谋划。全年编发《审计关注》12 期，重点围绕国务院国资委、国家审计署和党组最新要求，动态指导全集团审计工作把准方向，突出重点。

（李西西）

【审计问题整改和成果运用取得新突破】 全面贯彻习近平总书记“要认真整改审计查出的问题，把‘最后一公里’抓实落地”的重要指示精神，不断完善审计整改体制机制，坚定不移完成“审计当年发现的问题当年必须全部完成整改”目标。2022年审计发现问题当年全部整改完毕。通过整改，制定制度45项，完善制度69项，补办各类手续71项。国家审计署经济责任审计发现的88项问题已全部完成整改。①着力推进审计整改标准化、制度化、规范化。制发《关于改进和加强审计发现问题整改工作的通知》，压实被审计单位问题整改的主体责任、总部部门和事业部督促整改的管理责任、审计组长和主审日常监督整改的督促责任。②多措并举推进问题整改力度。通过发函督办、现场督导、现场复审、定期通报、线索移交等措施，督促整改落实，动态掌握整改情况，推动审计成果有效转化利用。③全力推进成果共享，发挥监督合力。主动融入公司“大监督”体系，借助纪检监察、组织人事、巡视巡察、党建考核等力量促进整改工作，持续推进常态化协同监督机制。

（李西西）

【审计标准化水平创历史新高】 创新推出并用好经济责任、内控、竣工决算和在建跟踪4个审计报告模板，统一规范问题分类、责任认定、审计评价等重点内容，以审计报告的标准化促进审计质量提升。

（李西西）

【审计规范化水平大幅提升】 通过优化完善工作流程，职责边界更加清晰，流程更加规范有序。进一步规范计划立项管理，促进计划立项更加精准高效。通过加强获取资料和开通业务信息系统归口管理，避免了“重复要、多头要、越级要”，实现一个口统筹、一次性获取、一体化共享，大大降低迎审负担，受到迎审单位好评。

（李西西）

【审计集约化水平大幅提升】 以“集约、精简、高效”的理念，从人力资源、组织方式、监督资源等方面，推动集团公司层面和直属企业层面两级审计工作一体化管控，全年累计协调企业人员379人次参加各类审计项目等工作，提升全集团审计工作的质效，在统筹审计资源上取得新进展。创新实施“1+N+X”审计组织运行模式，把知识产权管理、工会经费管理等党组重点关注内容嵌入每个审计项目，切实提高审计工作效能，推动审计集约化再上新台阶。

（李西西）

【审计督导管理取得空前成果】 督促直属企业按照国务院国资委要求全部成立党委审计工作领导小组，34家企业补齐补强缺编的79名审计人员。推动化工销售公司、燃料油公司、润滑油公司3家企业优化审计管理体制，将下属分公司审计人员收归本部统一管理，强化一级审计力量，增强审计合力。

（李西西）

【研究型审计取得历史性突破】 坚持把研究型审计贯穿于审计工作全过程，以研究推动审计，及时总结提炼成果并推广运用，取得历史性突破。10篇论文、4篇研究型案例分别入选中国内审协会优秀论文集、案例库。5项现代化管理创新成果、17篇征文（案例）获集团公司表彰。深入研究国有大型集团企业内部审计集约化管理思路和发展方向，为审计工作转型升级提供理论支撑。

（李西西）

【审计队伍建设持续加强】 加强人才梯队建设，通过大学生引进、常态化职位选聘，总部审计队伍的年龄结构和专业结构持续优化。盘活用好总部、直属企业、兼职审计专家（审计专员）三支审计队伍，实现审计资源“一盘棋”统筹。驰而不息抓作风，带头遵守廉洁从业各项规定，融入“大监督”履行监督职责，审计队伍战斗力、凝聚力、向心力持续提升。抓住疫情防控“窗口期”，组织总部全体审计人员、全系统审计部门负责人共计4000余人次开展各类培训，审计人员综合素质持续提升。

（李西西）

党的建设

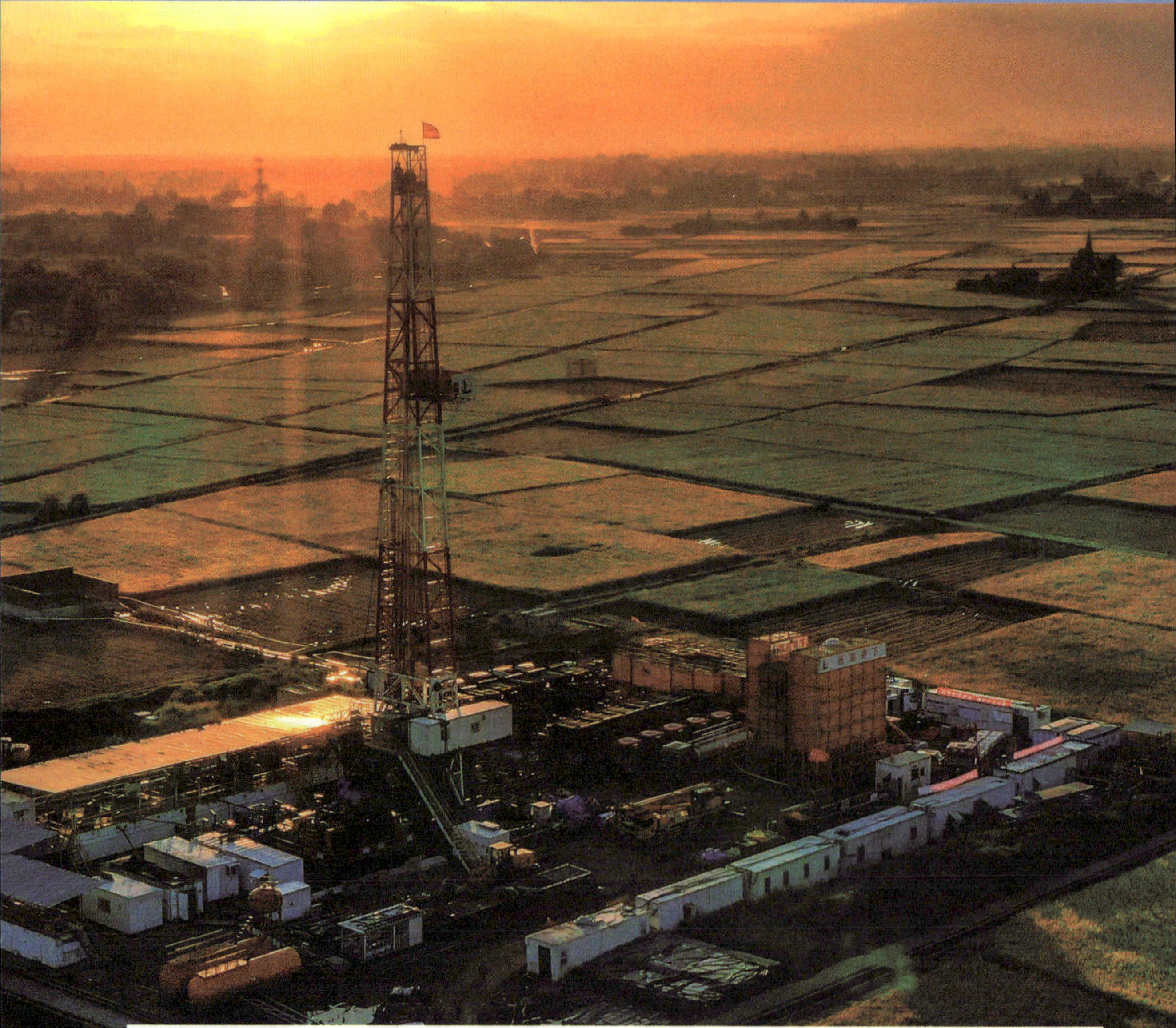

党组自身建设
党建统战群团

综述 | 党建工作 | 统战工作 | 工会工作 | 共青团和青年工作

党组自身建设

【加强党组自身建设】带头学习宣传贯彻党的二十大精神，坚决落实习近平总书记视察胜利油田重要指示精神，扎实推动“牢记嘱托、再立新功、再创佳绩，迎接学习贯彻二十大”主题行动8个方面45项重点任务，以实际成效捍卫“两个确立”、践行“两个维护”。带头落实“第一议题”制度，严格执行《党组深入贯彻落实习近平总书记重要指示批示工作细则》，党组集体学习习近平总书记重要讲话和重要指示批示49次78项，党组中心组开展14次专题学习，推进深入学习、研究部署、推动落实、跟踪督办、报告反馈闭环落实。带头推进全面从严治党，认真落实主体责任，定期研究决定党的建设等方面重大事项，推动解决党的建设突出问题，党组成员通过会议、调研、检查指导等方式切实履行“一岗双责”，引领推动全面从严治党向纵深发展。带头落实中央八项规定精神及党组实施细则，传承石油精神、弘扬石化传统，巩固“我为群众办实事”实践活动成果，实施党组18项民生实事项目，切实解决员工群众急难愁盼问题。

（张登宇）

【在完善公司治理中加强党的领导】坚持“两个一以贯之”，推进党组决定党的建设等方面重大事项清单、党组前置研究讨论重大经营管理事项清单同步纳入内控管理，嵌入“三重一大”决策事项清单，开发建设总部决策信息系统，推动决策权限清单化、清单流程化、流程信息化。把前置研究讨论重大经营管理事项作为党组全面履行领导职责的重要方面，聚焦“四个是否”评价标准，把好“政治方向关、使命导向关、发展指向关、宗旨取向关”，提交董事会审议的炼化企业转型升级、碳达峰行动方案等议案全部通过，有序有效付诸实施，实现党组发挥领导作用与董事会、经理层依法依章程履行职责相统一。加强对直属企业分类指导，以30家重要子企业为重点，建立“清单+制度”联动机制，推进党委“两个清单”与内控权限指引、“三重一大”决策制度有效衔接，推动党委发挥领导作用与公司治理相适应、与议事决策相衔接、与经营管理相配套。

（张登宇）

党建统战群团

综述

2022年，集团公司党组坚持以习近平新时代中国特色社会主义思想为指导，深入学习贯彻党的二十大精神和习近平总书记视察胜利油田重要指示精神，贯彻落实新时代党的建设总要求和新时代党的组织路线，巩固拓展党史学习教育成果和全国国企党建会精神落实成果，按照公司党建工作“1355”总体思路，以“牢记嘱托、再立新功、再创佳绩，迎接学习贯彻二十大”主题行动统领各项工作，努力推动全面从严治党责任更实、质量更高、实效更好，为打造具有强大战略支撑力、强大民生保障力、强大精神感召力的中国石化提供坚强保证。

（张阿阳）

党建工作

【高质量做好迎接服务保障党的二十大相关工作】认真开展党的二十大代表推荐提名工作，协助国务院国资委党委做好候选人初步人选考察、公示。在直属第四次党代会上，差额选举产生 5 名出席中央企业系统（在京）党代表会议代表。组织参加中央企业系统（在京）党代表会议，1 人当选中央企业系统（在京）党的二十大代表。扎实做好全系统 7 名党的二十大代表参会服务保障工作，姜志光分组讨论发言被国务院国资委作为典型进行宣传报道。党的二十大胜利闭幕后，第一时间组织代表参加党组扩大会，座谈交流参会体会；代表平安返岗后，及时指导代表从“参会”状态转向“宣讲”状态，通过在本板块、本单位参加党委中心组学习、宣讲会、座谈会、培训班授课等多种渠道，畅谈参会感悟，广泛宣讲党的二十大精神。

（王　嵩）

【指导督促党的二十大精神学习宣贯】按照党组统一部署，统筹抓好系统党工团、统战线条、总部部门 3 个层面学习贯彻工作，指导督促直属单位和总部部门党组织采取国内国外同步、线上线下集中学和自学联动等方式，同步收听收看党的二十大开幕式，做好学习研讨。将统战成员和劳模先进、青年员工代表纳入宣讲培训对象，在石化党建平台、微信公众号、办公门户等设置专题专栏，把学习宣贯工作引向深入。将学习宣传贯彻党的二十大精神情况纳入 2022 年度集团公司党建工作考核和总部部门党建考核，并作为 KPI 指标，考核督促直属单位和总部部门将学习宣传贯彻党的二十大精神与学习习近平总书记视察胜利油田重要指示精神相结合，与落实年度重点工作、谋划明年及今后一个时期的工作相结合，一体推进落实。

（王　嵩　张阿阳）

【扎实做好主题行动党建引领组工作】制订党建引领组工作方案，从目标要求、主要任务、组织领导和运行保障 4 个方面，对 13 项重点任务 64 项具体措施按节点进行细化完善。制定党建引领组每月重点工作运行表，定期召开党建引领组领导小组会，及时组织协调各责任部门梳理工作进展和下一步计划，明确责任、按月督导、确保实效。组织推荐 15 家单位在年中工作会议上交流经验做法，示范带动各单位各部门把强化党建引领作用贯穿主题行动全过程各方面。

（张阿阳）

【完善党建工作运行机制】完善党建工作领导小组发挥作用机制，全年组织召开领导小组会议 3 次，研究议题 12 项，其中首次组织召开领导小组专题会，研究推动需要党群部门和业务部门协作推进的大事要事。建立基层党建重点工作定期沟通推进机制，制定《直属单位党建部门季度例会运行办法（试行）》，全年组织召开全系统党建部门季度例会 3 次，定期通报情况、交流经验，同时针对突出问题进行同题共答、攻关破题，加强党建工作统筹协调和日常督促指导。

（张阿阳）

【持续优化党建工作考核】突出“就近组织、精准考核、慎重评价、深度反馈”，组织开展集团公司 2021 年度党建考核工作，首次增加综合研议环节，在国务院国资委组织的党建工作交流中介绍中国石化党建考核工作经验。2022 年度党建考核进一步探索创新，在保持考核体系总体框架、考核对象全覆盖、考核程序步骤“三个不变”基础上，组织运行突出“聚焦关键、减轻负担、统筹运行、务求实效”“四个强化”，现场查验做到“总部已经掌握的情况不查、信息化平台已有的内容不查、考评要点之外的内容不查、个人学习记录不查、封闭性问题不查”“五个不查”，进一步提升考核实效。

（张阿阳）

【深化直属单位党委书记抓党建工作述职评议】成

功组织新一任党组成立后的首次直属单位党委书记抓党建述职评议，党组成员全体出席，17家单位的党委书记集中述职（其中11家书面述职）。首次召开直属单位党委副书记述职会，30家直属单位党委副书记集中述职（其中20家书面述职）。全系统直属单位党委书记、副书记分别以视频方式参加会议，放大了述职效应。

（张阿阳）

【组织开展党建工作专题调研】 借鉴“寻乌调查”经验，组织开展科研单位党建工作专项调研，对8家集团直属研究院和4家企业所属研究院开展重点调研，在石油化工科学研究院十四室开展蹲点调研，在调研基础上研究制定《推动科研单位党建工作与科技创新深度融合的若干意见》，指导督促科研单位把党建优势转化为科技创新效能，在中国石化担当国家战略科技力量中发挥生力军作用。组织开展炼化企业党建工作专题调研，总结经验做法，深挖突出问题，提出对策建议，推动炼化企业结合实际完善党支部建设与“三基”工作有机融合机制。

（张阿阳）

【有序实施基层党支部书记基本功培训考试】 落实《中国石化基层党支部书记基本功培训管理办法（试行）》，编制年度和月度考试运行计划，全面推开基本功培训考试工作，全年共计145家直属单位和总部部门15213名党支部书记参加在线考试。

（张阿阳）

【强化党建与生产经营深度融合】 聚焦落实党组进一步加强“三基”工作、加快建设世界一流企业部署要求，在相关通知、方案中提出进一步加强以基层党支部建设为核心的基层建设、提升党建引领力等具体措施，充分发挥基层党支部在“三基”工作中的引领带动促进作用。聚焦抗击疫情、安全生产等，印发《关于充分发挥党组织战斗堡垒作用和党员先锋模范作用 进一步从严从实抓好疫情防控工作的通知》，对党组织和党员作出动员部署；印发《关于在北京2022年冬奥会和冬残奥会服务保障等工作中充分发挥党组织党员作用的通知》，指导相关党组织在能源供应、物资保障、志愿服务、文化传播等工作中走在前、作表率；在集团公司安全生产形势最为严峻的5月、6月，在全系统部署开展“三查三强”促安全主题党日，推动各级党组织在关键时期发挥关键作用。指导企业因地制宜深化拓展党建共建“六种模式”，国务院国资委《国资工作交流》刊发公司党建共建经验做法；总结推广东乡党建共建促乡村振兴经验做法，得到国家乡村振兴局社会帮扶司充分肯定，《中国组织人事报》刊发相关报道，打造公司继产业、教育、消费后的又一帮扶品牌。

（张阿阳　王　嵩）

【持续深化党建信息化工作】 锚定智能升级，坚持“管理＋服务”定位，于党的二十大前完成“五智一屏”（智能报表、智能推送、智能提醒、智能会务、智能共享、党建大屏）功能开发，如期上线石化党建平台3.0（一期），平台功能进一步完善，用户黏性进一步增强，打造“好用、管用、耐用”石化特色智慧党建平台取得新进展，以信息化推动党建工作高质量发展成效更加显现。中央和国家机关工委旗下刊物《旗帜》刊发中国石化《以信息化为党建工作提质赋能》文章，推广经验做法。

（于　川）

【高质量筹备召开直属第四次党代会】 制定运行大表、细化任务清单，拆解58个关键流程节点，打通12个会议工作流程，确保会议严肃、圆满、成功。会议审议通过直属第三届委员会、直属纪律检查委员会工作报告，选举产生直属党委第四届委员会、直属纪律检查委员会，各项工作得到上级充分肯定和各级党组织、广大代表一致好评。及时将会议精神纳入总部部门党支部月度学习安排，通过主题党日等形式做好会议精神宣贯。认真做好材料归档和资料汇编，形成可参考可借鉴的工作“样板”。

（王　嵩）

【强化总部部门理论武装】 严格落实“第一议题”制度，坚持把学习贯彻习近平总书记重要讲话和重要指示批示精神作为直属党委会议“第一议题”，做到全面系统学、及时跟进学、联系实际学。加强总部部门党组织理论学习指导，印发《党支部月度学习等有关安排的通知》12 期，统一布置 100 余项重点学习内容，通过“机关在线”、微信公众号等发布各类信息 1800 余条，营造良好学习氛围。

（王 嵩）

【抓实抓细直属党建工作】 印发《直属党委 2022 年工作要点》，全覆盖派员列席 24 个部门党史学习教育专题民主生活会，指导 2 个总部部门、8 个直属单位党组织完成换届选举，印发《总部部门党小组工作细则（试行）》，不断健全“直属党委—部门党总支（支部）—部室党小组”运行体系。组织开展总部部门党建工作述职测评与部门班子及班子成员综合考评，结果以书面形式向部门党组织书记一对一反馈。制订实施《规范和加强石化盈科公司党建管理的实施方案》，探索打造集团公司加强混合所有制企业党建工作的典型样板，形成规范制度机制。组织开展第 24 期、第 25 期入党积极分子培训班，集中培训 640 名重点发展对象，全年发展党员 440 名。首次组织总部部门党委（党总支）所属 37 名党支部书记线上培训考试，扎实做好党内统计、党费管理及公示、“光荣在党 50 年”纪念章颁发等工作，加强党内关怀帮扶。

（王 嵩）

【持续强化总部作风建设】 贯彻落实党组为基层减负重点措施，巩固深化“我为群众办实事”实践活动成果，将相关工作部署纳入直属党委会议题和总部部门党组织月度学习安排，部署开展作风建设主题党日，成立工作专班常态化开展“四不两直”监督检查，加大通报曝光、教育提醒、督促整改力度，锲而不舍纠治“四风”。

（王 嵩）

【从严从实推进总部党风廉政建设】 强化政治监督，督促总部部门党组织严格落实“第一议题”制度，以坚决贯彻党中央重大决策部署及党组落实措施的实际行动，捍卫“两个确立”、做到“两个维护”。紧盯关键少数做实做细日常监督，组织廉洁情况“活页夹”填报工作并动态更新，持续加强“一把手”和关键少数监督。创新制定纪检工作小组工作指引，每季度印发纪检工作小组重点工作任务清单，贯通直属纪委专责监督与部门党组织直接管理监督职责，推动监督更加有力有效。从严从实做好纪律审查工作。制作展播警示教育片《莫侥幸，酒驾醉驾误终身！》，3 次专题制作廉洁过节提醒，扎实做好以案促教工作。深入推进总部反腐倡廉教育月活动，着力强化思想政治引领、纪法知识普及、廉洁纪律提醒，推动“整治靠企吃企、促进廉洁从业”主题教育走深走实。

（王国庆）

统战工作

【持续完善大统战工作格局】 党组专题研究统战工作，印发年度统战工作要点，将统战业务纳入“学习贯彻党的二十大精神专题研讨班”课程内容，示范带动直属单位党委主体责任、党委书记第一责任人责任不断深化落实。推进直属单位统战工作领导小组应建尽建、直属单位所属单位统战工作领导小组宜建则建，基本形成上下贯通的大统战组织领导体系。

（杜明阳）

【深化建言献策工作室建设】 制定实施《关于中国石化党外代表人士建言献策工作室建设的实施意见》，开展首批工作室创建，遴选确定 13 个工作室进行命名授牌，建立起涵盖上中下游的党外代表人士建言献策工作室体系。提升完善石化党建平台“同心圆”云工作室，搭建起“互联网 +”建言献策平台，围绕落实“三大核心职责”设立课题，开展“揭榜挂帅”，吸引 140 名统战成员积极参与。“同心圆”云工作室课题组撰写的《关于加快孵化器培育促进科技成果转化的调研报告》

被国务院国资委党委统战部评为优秀调研报告，并被《2022 年度中央企业统战人士优秀调研报告汇编》收录。

（杜明阳）

【全面推进联谊交友落实落地】 集团公司领导带头，每人确定 1—2 名党外代表人士作为联谊交友对象，9 名领导共交友 12 人，实现全覆盖。春节前夕，公司领导通过致电或登门、委托有关直属单位党委现场看望等方式，慰问统战联谊交友对象，表达新春的祝福，勉励公司党外人士继续立足岗位、发挥专长，为谱写中国式现代化石化新篇章积极贡献力量。全系统有 1101 名党员领导干部与 1268 名党外人士联谊交友，实现集团公司领导和直属单位主要负责人全覆盖。

（杜明阳）

工会工作

【凝聚思想共识】 动员各级工会组织面向基层、面向职工，开展有特色、接地气、受欢迎的党的二十大精神主题宣教活动，团结引领广大职工听党话跟党走。开展“学习贯彻二十大精神”主题文艺作品创作征集活动，共收到 132 家直属单位报送作品 3452 件。在“中国石化职工之家”微信公众号开设党的二十大学习交流专栏，连续发布 10 期 200 余名工会干部、劳模典型的学习体会，进一步交流思想、汇聚共识。加强形势任务教育，指导各级工会组织通过编发口袋书、召开主题班会和宣讲会等形式，教育引导广大职工认清形势、坚定信心、攻坚克难。

（谢梓峰）

【开展劳动竞赛】 聚焦重点工程、重要领域、重大项目，广泛深入开展“十四五”主题劳动竞赛。示范督导东营原油库迁建工程劳动竞赛，组织参建单位落实“三上三送”工作机制，总结推广竞赛经验，获中国能源化学地质工会专项表彰。指导销售公司深化“百城万站・卓越服务”劳动竞赛，有效提升窗口服务水平。督导 6 家直属单位积极开展西南地区油气勘探开发劳动竞赛，围绕 300 亿立方米产能目标，分级落实“八赛”任务。系统总结中国石化劳动竞赛典型经验，通过推进产业工人队伍建设改革协调小组专报呈报中央全面深化改革委员会办公室，并在《工人日报》广泛宣传。

（谢梓峰）

【推进群众性创新】 组织参加全国总工会首届大国工匠创新交流大会，开设中国石化职工创新成果展区，同步上线中国石化云展厅，交流展示 30 项具有行业领先水平的职工创新成果，20 余万人次在线参观。配合做好技能人才创新成果评选，动员各单位积极申报中国能源化学地质工会 2022 年度 QC 小组活动成果和职工创新成果，为推动企业高质量发展汇聚智慧和力量。

（谢梓峰）

【弘扬劳模精神】 组织召开集团公司庆祝“五一”国际劳动节暨劳动模范和先进集体表彰大会，隆重表彰 350 名中国石化劳动模范、100 个中国石化先进集体。组织各直属单位召开劳模事迹报告会、座谈会，发动各级工会组织送荣誉、送关爱到一线，用好媒体阵地，积极宣传宣讲劳模先进事迹宣传，营造尊重劳动、尊重知识、尊重人才、尊重创造和“比学赶超”的良好氛围。2022 年，全系统获 1 个全国五一劳动奖状、7 人获全国五一劳动奖章、8 个集体获评全国工人先锋号。

（谢梓峰）

【深化民主管理】 制定《中国石化直属单位职工代表大会实施办法》，明确职代会建设基本原则、职权范围、组织程序，为职工代表依法履职、有序参与公司治理奠定基础。开展民主管理大调研，“线上 + 线下”相结合督导规范企业职代会建设，有效维护职工合法权益。以“三查三强”促安全主题党日为契机，组织职工代表安全专项监督检查，为企业安全生产贡献力量。

（谢梓峰）

【关心关爱职工】 建立健全走访长效机制，指导各级工会常态化开展送温暖活动，加大普惠制慰问力度。加强驻厂职工关心关爱，统筹协调各方力量，走访慰问因疫情隔离造成临时困难的职工家属，及时送上组织关怀。扎实推进“争做职业健康达人”活动，推进健康驿站进班组、进一线。关注职工心理健康，广泛开展 EAP 服务，丰富线上线下体育活动，促进职工快乐工作、健康生活。

（谢梓峰）

【文体工作】 举办中国石化 2022 年线上新春团拜会，实时在线观看超 120 万人次。开展“巾帼美”三八妇女节系列活动，发布党组致全系统女职工慰问信，举办“巾帼美”女职工手工作品展览，引导广大女职工发扬“自尊、自信、自立、自强”的巾帼精神。广泛开展职工阅读活动，引导职工读好书、诵经典，争做弘扬中华传统文化践行者。

（谢梓峰）

共青团和青年工作

【党组重视青年工作】 党组高规格召开学习贯彻习近平总书记在庆祝中国共产主义青年团成立 100 周年大会上重要讲话精神座谈会暨青年精神素养提升工程部署会，党组主要领导为广大石化青年讲授精神素养提升第一课，专题部署青年精神素养提升工程。“五四”期间，党组领导专门出席指导中国石化共青团庆祝建团 100 周年主题展览。

（刘政序）

【强化青年思想引领】 高标准开展“学习二十大、永远跟党走、奋进新征程”主题教育实践活动，集团公司团委召开学习贯彻党的二十大精神研讨会，示范带动全系统各级团青组织开展组织化学习 12056 场次、主题团日 13178 场次。高质量推进青年精神素养提升工程，研究制订实施方案，召开工作推进会，认真组织讲好第一课、第二课，相关工作经验做法在《中国青年报》《中央企业青年工作简报》刊发交流。落实《中国石化深入推进青年马克思主义者培养工程实施方案》，推动直属单位全覆盖开展“青马工程”。持续深化青工政治轮训，整体实现 40 周岁以下青工政治轮训全覆盖，成为新入职高校毕业生“必修课”。

（刘政序）

【助力青年岗位建功】 深入推进青年突击队工作，建团百年之际，首次以集团公司名义命名表彰石油工程建设公司东营原油库迁建工程青年突击队等 50 支中国石化优秀青年突击队。规范加强青年安全生产示范岗创建工作，研究制定《中国石化青年安全生产示范岗创建活动实施细则》，指导直属单位聚焦提升基层一线青年员工安全生产意识、风险辨识能力、技能操作水平、应急处突本领，激励引导石化青年在企业安全生产和“三基”工作中充分发挥生力军和突击队作用。

（刘政序）

【服务青年成长成才】 推动直属单位分层分类搭建助力青年成长成才平台，为优秀青年成长成才开辟“高速路”和“快车道”。扎实开展“我为青年办实事”实践活动，全覆盖开展团员青年思想动态调研，健全团干部直接联系服务青年常态化显性化工作机制，全系统全年共有 12061 名团青干部直接联系 97942 名青年，为青年办实事 17949 件，青年获得感幸福感不断增强。加强先进典型选树宣传，1 名团干部获全国优秀共青团干部称号，7 名优秀青年获全国青年岗位能手称号。研究制定《共青团推优入党工作实施细则（试行）》，党团联合推动推优入党工作的做法得到上级团组织充分肯定。

（刘政序）

【推进全面从严治团】 召开集团公司团代表会议，增补选7名集团公司团委委员；指导38家直属单位规范完成届中调整和换届选举工作。研究制定《总部部门青年工作组工作指引》，组织开展总部部门青年工作组研讨交流，进一步提升总部部门青年工作质量。举办直属单位团组织书记培训班，召开直属单位团组织书记抓团建工作述职评议会，持续提升团干部履职意识和能力。

（刘政序）

宣传与企业文化

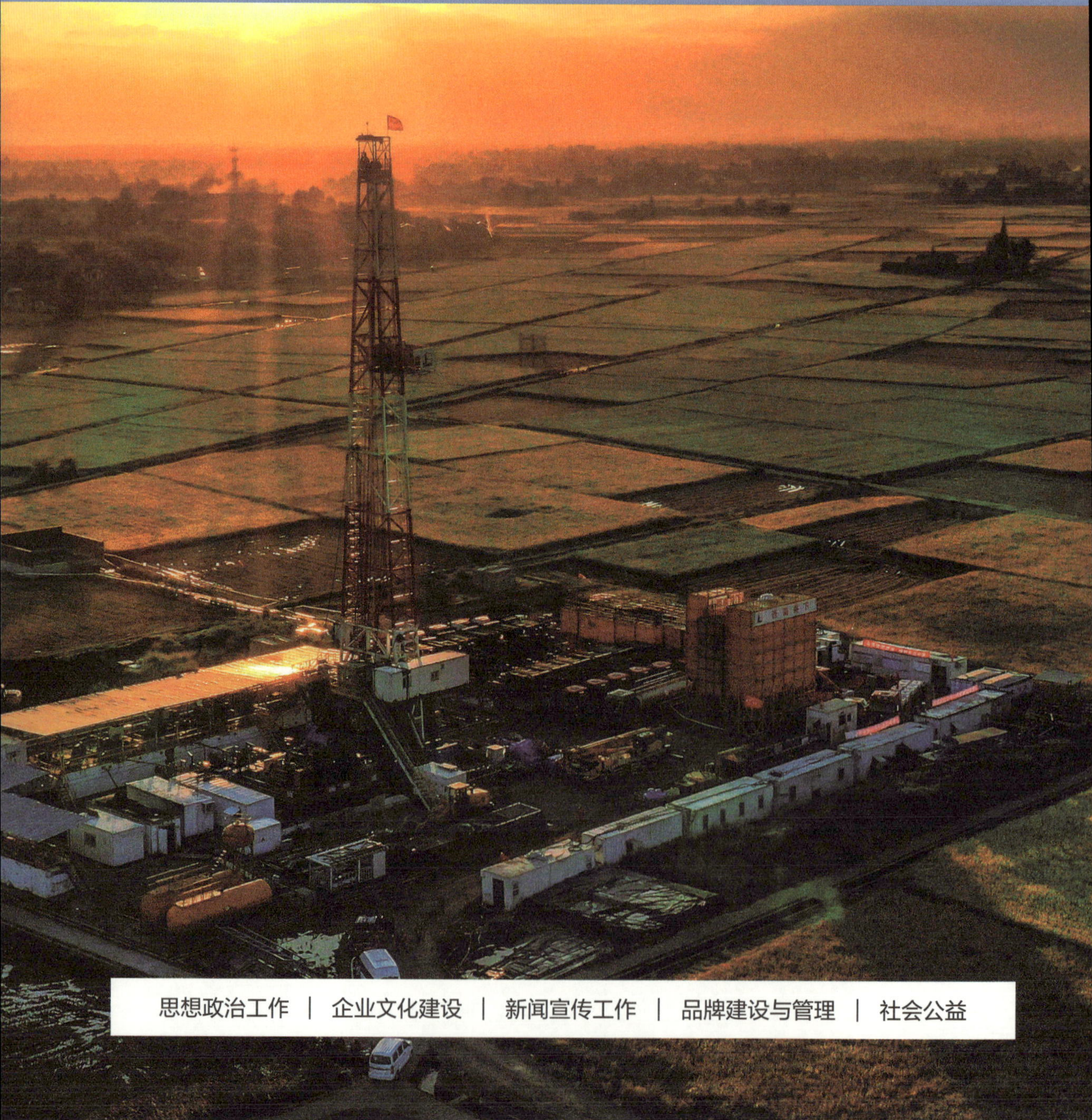

思想政治工作 | 企业文化建设 | 新闻宣传工作 | 品牌建设与管理 | 社会公益

思想政治工作

【强化领导责任】 集团公司党组认真落实国务院国资委党委有关要求，制定《关于新时代加强和改进思想政治工作的实施意见》，带头压实思想政治工作主体责任，将思想政治工作纳入集团公司年度重点工作督办落实，将测评结果纳入党建考核重要内容，把“软指标”变为“硬约束”，推动思想政治工作有力有效运行。

（王　丽）

【强化形势任务教育】 做好“牢记嘱托、再立新功、再创佳绩，迎接学习贯彻二十大”主题行动的宣传引导，下发形势任务教育“明白纸”4万份，组织宣讲近500场，开展优秀视频展播10期，集团媒体累计报道2.78万余条，为主题行动扎实推进营造浓厚氛围。面对油价剧烈波动、疫情不断反复等不利影响，加强困难企业转型发展的员工思想教育和引导，增强责任感、紧迫感，助力改革顺利推进。

（王　丽）

【强化基层思想政治工作】 聚焦抗击疫情、冬（残）奥保障和安全生产，开展31.4万人参加的思想动态在线调研和青年职工、部分沿江企业员工和基层民主管理专题调研，定期排查矛盾纠纷，抓好重点群体思想疏导，有效化解涉稳风险，用好“奋进石化”内部教育平台和EAP心理咨询服务，有效稳定新疆、上海、北京、广东等疫情重点地区企业员工思想情绪，让共克时艰、团结奋进成为公司上下的一致目标。

（王　丽）

【强化守正创新】 培养过硬队伍，坚持教育培训与实践锻炼两手抓，加快打造以专职为主、专兼结合、数量充足、素质优良的思想政治工作队伍。加强网络思想政治工作，发挥好“奋进石化”平台员工全覆盖优势，在原有基础上升级完善，实现“理论教育＋舆论引导”“形势分析＋知识普及”“心理咨询＋关心关爱”于一体，为创新开展网络思想政治工作提供重要支撑。

（王　丽）

企业文化建设

【概述】 中国石化以社会主义核心价值观为引领，在传承以苦干实干、“三老四严”为核心的石油精神和以“家国情怀、精细严谨、求真务实”为主要内涵的石化传统基础上培育的企业文化，是引领支撑公司高质量发展、打造世界领先洁净能源化工公司的精神动力。

（冯春艳）

【以“为美好生活加油”作为企业使命】 坚持把人类对美好生活的向往当作企业发展的方向，竭尽所能为社会提供更先进的技术、更优质的产品和更周到的服务；坚持走绿色低碳的可持续发展道路，构建有利于节约资源和保护环境的产业结构和生产方式；坚持合作共赢，使公司在不断发展壮大的同时，为各利益相关方带来福祉，为人类更美好的生活增光添彩。

（冯春艳）

【以“打造世界领先洁净能源化工公司”作为企业愿景】 端牢能源饭碗，坚决扛起保障国家能源安全、引领中国石化工业高质量发展、担当国家战略科技力量三大核心职责，加快构建以能源资源为基础、以洁净油品和现代化工为两翼、以新能源新材料新经济为重要增长极的“一基两翼三新”产业格局，建设具有强大战略支撑力、强大民生保障力、强大精神感召力的中国石化。

（冯春艳）

【以“人本、责任、诚信、精细、创新、共赢”作为企业价值观】 将其作为中国石化全体员工在打造世界领先企业中共同遵循的核心价值准则。其中，人本——以人为本，发展企业；责任——报国为民，造福人类；诚信——重信守诺，合规经营；精细——精细严谨，止于至善；创新——创新引领，追求卓越；共赢——合作互利，共同发展。

（冯春艳）

【积极培育“严、细、实”的企业作风】 严就是“三老四严”“严字当头”，对待工作，有严格的要求、严密的组织、严肃的态度、严明的纪律。细就是“精细严谨”“细字当先”，工作中始终拿着“放大镜”，对每个节点、每个工序、每个需要检查或注意的地方，一丝不苟，一点一点去做好过程控制和节点控制。实就是“求真务实”“实字当家”，坚持当老实人、说老实话、办老实事，踏踏实实工作，清清白白做人，静下心来谋发展，沉下身子做事情。

（冯春艳）

【传承石油精神，弘扬石化传统】 中国石化始终传承以苦干实干、“三老四严”为核心的石油精神，弘扬以“家国情怀、精细严谨、求真务实”为主要内涵的石化传统，坚守誓言，砥砺奋进，在建立和发展中国现代石化工业体系过程中发挥了重要作用。

（冯春艳）

【做实企业文化，助力企业发展】 根据集团公司“十四五”企业文化建设专项规划和对标一流管理提升行动方案安排，扎实推进文化管理各项工作，为打造世界领先洁净能源化工公司提供软实力支撑。成立中国石化精神文明建设指导委员会，修订印发《中国石化企业文化建设管理办法》和《中国石化典型选树宣传管理办法》，文化文明建设组织管理体系更加完善。持续推进传承石油精神、弘扬石化传统教育，遴选第二批 10 个中国石化红色教育基地，组织评选中国石化优秀故事，对内引导干部员工传承红色基因、赓续伟大精神，对外塑造和提升“党和人民好企业”形象。持续做好重大先进典型选树宣传，闵恩泽、陈俊武院士纪念室入选国家教育基地，张卫华入选国家“四个 100”优秀志愿者，组织评选集团公司精神文明建设“十大标兵”、优秀志愿服务“十大项目”，有效发挥重大先进典型的示范引领带动作用，进一步激发广大干部员工干事创业的积极性、主动性和创造性，凝聚起推进公司高质量发展的正能量。

（冯春艳）

新闻宣传工作

【全程把握主基调，壮大舆论声势】 聚焦主题行动，做强主流舆论声势。结合中国石化“牢记嘱托、再立新功、再创佳绩，迎接学习贯彻二十大”主题行动，开展“奋进新征程 建功新时代”主题宣传。结合中国石化主题行动，全年参与组织“百万吨级 CCUS 项目建成投产”“地热科普展”“氢能论坛”等 8 场重大新闻发布，“碳中和论坛”“白鹭全球慢直播”“校园招聘”等 30 多场次网络直播，联合央视策划《对话·向地球深部进军》《开年迎新访名企》《瞬间中国》《透视新科技》等节目，在内外部全平台播放量超过 6000 万次，有效助推公司改革发展和党建工作。协调在《人民日报》《学习时报》等党报党刊刊发《在新征程上再立新功再创佳绩》《为端牢能源饭碗再立新功》等 5 篇署名文章，协调在中央广播电视总台等电视媒体采访报道 15 次。围绕党的二十大、非凡十年、国企改革三年行动等重大主题和能源保供、科技创新、绿色发展、助力冬奥等重点工作，发布新闻通稿超 160 余篇，各媒体报道 28 万篇，140 余次登上《人民日报》和新华社报道，230 次登上央视新闻（其中《新闻联播》10 次、《焦点访谈》3 次），新媒体覆盖人群达 6 亿人次，主流声势不断壮大。

（裴　瑜）

【全员唱响主旋律，服务中心任务】 围绕党的二十大和习近平总书记视察胜利油田一周年，营造良好舆论氛围。结合习近平总书记视察胜利油田一周年，提前谋划、积极推进，适时、适当地做好相关宣传工作。做好党的二十大代表宣传工作，提前推送党的二十大代表人物素材，协助媒体做好代表采访工作，全方面展示石化人为"端牢能源饭碗"作出的努力和贡献，其中《工人日报》关于姜志光的报道《培养更多年轻人走技能报国之路》获中央宣传部点赞。做好总书记视察胜利油田一周年宣传工作，《中国石化胜利油田——学习报告明方向担当奋进立新功》登上《人民日报》头版，《牢记嘱托 踔厉奋发 写好端牢能源饭碗"新答卷"》刊发于国务院国资委网站。

围绕时事热点，持续打造集团公司"顶梁柱"国企形象。借势"两会"，多方征集素材和意见，共收集整理建议提案 45 项，加大正面宣传力度，"两会"宣传引导工作取得新提升。其间，在《人民日报》、新华社、中央广播电视总台等中央主流媒体发布新闻报道共计 6386 篇、热点话题 19 项，展示公司引领高质量发展的良好形象。聚焦抗击疫情，配合国务院国资委宣传局及中央、行业媒体，策划抗疫主题传播；配合国务院国资委组织多家媒体采访，对接外部媒体采访报道工作，展示积极履行社会责任和强化政治担当的央企"顶梁柱"形象。

围绕公众开放日，构建良好的公共关系。2022 年是中国石化公众开放日活动创办 10 年，全系统生产单位均已"入列"，截至年底已累计邀请超过 20 万名公众现场参观，现场直播参观人数超过 8000 万人次，获国家生态环境部和中央文明联合办颁发"美丽中国·我是行动者"十佳公众开放参与单位，公众开放日已成为集团公司讲好石化故事、传播好声音、汇聚正能量的重要公共关系交流平台。

（裴　瑜）

【全面科学处置舆情，有效维护企业声誉形象】 把握时度效，舆情处置工作扎实有效。2022 年，中国石化整体舆情态势较为平稳，除安全事故、环保问题、油品服务等常态化舆情外，在国际国内复杂局势背景下，海外业务与资本市场舆情防控压力空前，舆情防控与处置难度系数攀升。坚持源头预防、提前应对、科学处置，提高敏感信息的风险识别，完善网络安全预警机制，推动舆情监测关口前移，加大舆情分析研判力度，充分发挥牵头单位作用，稳妥处置各项敏感舆情，维护了声誉形象。年内，涉中国石化敏感信息 39985 条，占比 4.9%，降低 1.8 个百分点。

把握重大节点，利用好风险预案机制长效防控。进一步推进舆情管理"关口前移"策略，加强舆情预知预防、预警预判、处置修复，对可预见的舆情事件提前入手、做好预案；对突发舆情事件力争实现负面舆情有控，做到重大舆情处置不过夜，为中国石化的改革发展创造良好的外部舆论环境。针对党的二十大前后中国石化相关舆情管控，进一步加强舆情监测、研判和处置工作，建立相关机制，及时收集研判涉企舆情，制订相关方案，强化网络舆情防范、络舆情监测、网络舆情处置、意识形态阵地管理和员工思想教育和信息管控，努力做到快速妥善处理各类负面舆情信息，确保舆情整体平稳可控。同时，重点关注油品、天然气保供等舆情易发节点和重点，加强舆情防控和宣传引导工作，防控不良舆论。

把握管控和引导，升级舆情处置手段方法。根据舆论形势，在舆情引导"三分法"的基础上，探索舆情管控"三分法"，对个别媒体蹭热度、炒作"中国石化"标题党的行为，采取直接联系自媒体作者，沟通其主动删除不实信息；协调相关媒体，或投诉或发律师函协调管；向网信办汇报协调删除等三级处置，降低负面影响。

把握"双闭环"，促进企业管理提升。完善"双闭环"舆情管理机制，既有效化解网络舆情，又促进内部管理工作改进提升。完善舆情专报报告制度，全面、准确、及时、深入反映舆情信息；借助新闻宣传通气会等制度，助力企业精准监测、及时回应，掌握舆论话语权，及时匡正舆情走向。更新《2022 年重大风险应对指引》，及时总结应对经验和方法，为企业舆情管理能力的推升提供参考借鉴。创新制定《舆情管理与应对效果评估指标体系》，通过监测研判、上报联动、媒体协调、口径发布等量化指标，客观考核企业负面舆情应对水平，督促提升企业舆情危机应对能力。

（裴　瑜）

【全力推进媒体融合，持续加强新媒体内容建设】 融媒体中心全面建成运行。按照集团公司党组部署，扎实推进中国石化融媒体中心投入运营。①加强顶层设计，确保平台建设好。坚持建设开发和实际需求相结合、管理统筹与具体运营相结合、强化审核和使用便捷相结合。②加强系统推广，确保平台运用好。下发《关于启用融媒体平台的通知》，组织全系统相关工作人员线上培训，并正式启用融媒体平台，扎实推进媒体融合发展。③加强机制保障，确保平台管理好。制定融媒体管理机制，统筹集团企业二级融媒体中心建设，创新内容生产和传播渠道，升级内容敏感词审核功能，保障不出现意识形态错误。

新媒体品牌影响力稳步提升。2022 年，“两微三视十平台”官方新媒体稳步发展，文字、图片、视频立体多样传播，网络舆论引导阵地“红色地带”不断壮大，总关注人数超 2200 万人。2022 年，“两微三视十平台”官方新媒体稳步发展，文字、图片、视频立体多样传播，发布微博 4400 余条、微信 580 余篇、短视频 3300 余条，投稿“国资小新”400 篇次，总阅读量 9.5 亿次。顺应媒体发展新趋势，利用视频技术平台，以“云直播”“慢直播”等新手段，组织近 40 场网络直播，多角度、深层次、全方位地展示中国石化转型改革发展成绩、社会责任与品牌形象；新媒体品牌影响力稳步提升，影响力排名稳居中国企业前五。

（裴　瑜）

【全维推进机制建设，夯实新闻舆论系统管理基础】 重新修订《中国石化新闻舆论工作管理办法》。为贯彻落实《中国共产党宣传工作条例》，进一步规范和完善中国石化新闻舆论工作，按照相关部署安排，重新修订《中国石化对外宣传工作管理办法》，后更定为《中国石化新闻舆论工作管理办法》，共由总则、组织机构、新闻发布、新闻发言人机制、舆情管理、公共关系、阵地管理、机制保障、附则 9 个部分组成，不断提高宣传思想工作科学化规范化制度化水平，推动宣传思想工作守正创新发展。

推进集团级新媒体管办分离。为进一步加强新闻舆论工作，按照集团公司总部部门深化改革的要求，对部分国家部委和中央企业新闻舆论管理工作进行调研，形成深入推进集团公司新闻舆论工作管办分离建议方案，并协调组织实施。优化机构职能，调整总部媒体运营主体，将党组宣传部非管理职能业务移交至中国石化报社；建立运行保障机制，制定《中国石化集团级新媒体管理规定》，明晰管办界线，严格发布流程，完善考评体系，加强业务培训，增强系统管理和有效运行，推动传播能力持续提升。

优化规范总部新媒体管理运营。优化规范总部各部门、各专业公司新媒体管理运营，摸排运营情况，下发《关于优化规范新媒体管理运营的通知》，优化新媒体矩阵，规范新媒体运营，完善新媒体考核，严肃新闻发布纪律，坚持“谁主管谁负责、谁主办谁负责、谁发布谁负责”原则，落实各级党组织对各类媒体的管理责任，做强做精媒体，压减无效、低效和功能相近的媒体，优化规范总部新媒体管理运营。

（裴　瑜）

品牌建设与管理

【概述】 2022 年，中国石化贯彻落实习近平总书记“加快建设一批产品卓越、品牌卓著、创新领先、治理现代的世界一流企业”指示精神，围绕构建“四位一体”软实力体系实现品牌增值目标要求，不断加强品牌战略统筹，注重品牌理念引领，集团品牌与业务品牌协同发展，品牌价值持续增值，品牌形象不断提升。中国石化品牌价值高达 3275.71 亿元、增长 189.8 亿元，连续 6 年位居能源化工行业第一、全国第三。中国石化旗下业务品牌价值均有显著提升，其中“易捷”品牌价值 197.53 亿元、增长 13.53 亿元，“长城润滑油”品牌价值 87.23 亿元、增长 0.23 亿元，“易派客”品牌价值 106.74 亿元、增长 2 亿元,“中国石化机械”品牌价值 6.43 亿元、增长 0.63 亿元。

（李冬平）

【品牌体系化建设能力持续提升】 围绕对标世界一流、打造世界领先品牌，圆满召开品牌管理领导小组第九次会议。更新下发《中国石化品牌架构管理办法》制度。组织完成 2022 年度品牌建设负责人 329 人次线上培训班，培训效果测评得分 98.12 分。站排头、争第一，中国石化连续 2 年获国务院国资委央企品牌建设能力第一名。

（李冬平）

【扎实开展品牌对标工作】 参照国务院国资委关于中央企业品牌建设的对标体系指标，开发中国石化内部企业品牌对标体系和对标平台，推动品牌管理工作高质量发展。重点围绕品牌战略、品牌管理、品牌传播、品牌保障、品牌专项和集团评分 6 个维度完成全系统 131 家单位的品牌对标工作，形成全系统对标分析报告，各单位积极踊跃，品牌意识和认识提升明显，65 家单位品牌对标结果在 60 分以上，好于预期。协助探索集团公司层面对标指标优化，增加品牌影响力指标。

（李冬平）

【内外结合充分展示品牌形象】 聚焦中国品牌日“建设质量强国　畅享中国品牌”主题，突出“能源至净　生活至美”品牌承诺，在《人民日报》（中国品牌日·特别报道）专版报道头条推出马永生董事长署名文章《彰显责任担当 贡献品牌力量》，转载量达 47 篇。在中国新闻网融媒体矩阵策划开展大型专题《百企谈品牌强国》系列报道，引发学习强国中央企业学习平台、今日头条、百度百家号、搜狐号等媒体平台转载 69 篇。精心设置话题，对内提升品牌意识，在集团公司全媒体平台刊发系列报道。奋进石化、学习强国、头条号、一点资讯号等融媒体平台发布“一把手谈品牌”等相关帖文和报道，直属企业联动宣传，同频共振形成声势。

（李冬平）

【推进品牌融入业务】 典型带动做实做深品牌试点工作，业务品牌指导帮扶效果明显，品牌建设能力普遍提升。根据第一期品牌试点工作情况，总结完成《中国石化品牌理念落地指导手册》并下发全系统，为企业专业化开展品牌工作提供方法指引。选树一批具有行业特色、业务创新特点的新能源新材料企业，启动第二批（中原油田、燕山石化、新星地热、重庆石油、浙江石油、北化院）品牌试点工作，不断扩大示范成效，形成品牌建设浓厚氛围。帮扶指导业务品牌持续开展品牌创优工作，做强做优子品牌。指导仪征化纤进行“善解”的商标注册，推进“善解可降解材料”品牌的打造。协助石油工程板块整合旗下业务，集中优势资源打造“工程板块”品类品牌。指导百川公司创建“百川星服”品牌，助力打造强势服务品牌。

（李冬平）

【进一步强化标识标准化建设】 完成公益标识修订及手册下发工作，强化统一的责任品牌形象。将应用场景归纳分类为社会公益类、环保公益类、乡村振兴类、社会服务类、通用和其他类五大类，研究并形成分析报告，细化标识使用场景分类，明确准入标准和使用规范，优化完善图形标识，解决企业、乡村振兴县在实际应用中遇到的问题。

（李冬平）

【总结形成一批品牌研究成果】 总结品牌建设工作成果，梳理完成具有中国石化“三特三模”（特色、特点、特有，模块、模型、模式）的品牌工作方法体系和标准课件，完成对燕山石化、化工销售公司、共享服务公司、新星公司等单位的品牌建设专题辅导。指导品牌与文化研究所启动“中国石化品牌增值战略及路径”课题研究，邀请内外部专家加入课题组，探索具有中国石化特色的品牌增值战略及其路径。

（李冬平）

社会公益

【对外捐赠】 2022年，集团公司共实施捐赠项目270项，支出5.06亿元。其中，向贫困地区捐赠2.95亿元，向受灾地区捐赠1.37亿元，向公益救济和公共福利事业捐赠6007万元，向境外地区捐赠1368万元。

（谢梓峰）

【助力乡村高质量振兴】 坚决贯彻落实习近平总书记关于乡村振兴工作重要指示批示精神，持续加大帮扶资金投入，确保8个对口支援和定点帮扶县2.16亿元帮扶资金及时到位，较2021年增加投入2000万元，为巩固脱贫攻坚成果、持续助力乡村振兴提供资源保障。70家直属单位克服疫情影响，积极配合地方政府加快对口帮扶地区项目实施进度，全年完成乡村振兴帮扶项目142项，累计投入资金7978.73万元。指导37家直属单位开展教育帮扶项目，投入资金3217万元，完善学校教学设备和配套设施，提升教师专业素养和教学水平，成功打造一批“老百姓家门口的学校”。

（谢梓峰）

【抗疫救灾彰显责任担当】 面对新疆维吾尔自治区、内蒙古自治区疫情和四川地震灾害，第一时间落实国务院国资委有关要求，规范履行审批程序，分别向新疆维吾尔自治区红十字会和四川省慈善联合总会各捐赠5000万元，向内蒙古自治区红十字会捐赠3000万元。面对部分地区疫情突发的严峻形势，上海海洋石油局、东北石油局、内蒙古石油分公司等有关单位积极配合地方政府，着力解决民生保障和疫情防控问题，获地方政府充分肯定。

2022年8月，辽宁盘锦发生有水文记录以来最大洪灾，辽宁石油分公司和燕山石化、天津石化等单位第一时间组织突击队向灾区供应油品4.5吨，筹备饮用水、速食简餐、防疫物资等500余箱（件）及果蔬300余斤，现场搭建9座移动厕所，受到国家安全生产应急救援中心和辽宁省应急管理厅、盘锦市政府的感谢和好评。

（谢梓峰）

【公益品牌影响不断扩大】 积极参与社会公益事业，扶持一批社会影响广泛的公益项目，展现了中国石化“党和人民好企业”的良好形象。与中国儿童少年基金会联合实施“春蕾加油站”公益项目，精准帮扶中国石化对口支援及定点帮扶地区女童成长教育事业，已建成11个，获全国妇联充分肯定。助力“创青春”中国青年碳中和创新创业大赛、李四光地质科学奖、第21届国际沉积学大会等大型活动。连续11年支持中国法律援助基金会“1+1”法律援助志愿行动，惠及中西部欠发达地区逾6万名群众。

（谢梓峰）

【青年志愿服务】 认真贯彻落实习近平总书记关于志愿服务系列重要指示精神，扎实推进青年志愿服务的组织建设、机制建设和品牌建设。集团公司各直属单位及所属单位分别组建分队、支队，广泛招募石化青年通过“志愿中国”平台注册成为正式队员，动员广大队员积极参与助力乡村振兴、重大活动服务保障、社区志愿服务、公益奉献爱心、疫情防控等服务项目。截至2022年底，全系统各级团青组织组建青年志愿服务组织3132个，汇聚志愿者8.7万余名，志愿服务时长累计超30万小时。

（刘政序）

【“司机之家”“爱心驿站”建设】 2022年，新建“司机之家”1408座、“爱心驿站”1895座。创新立足于服务卡车司机等户外劳动者，拓展“司机之家”的服务内容，为从事跨省运输的卡车司机夫妻提供1000份“新春加油礼包”，全年享受在广东800多座“司机之家”免费休息、免费洗澡、免费洗衣、免费干衣、卡车免费加水五大权益。截至2022年底，集团公司在全国31个省市主干道累计建成“司机之家”3586座、“爱心驿站”5415座，为广大户外劳动者免费提供热水、休息场所，并提供小药箱、手机充电、电风扇等服务内容，为户外工作者打造“在户外的家”。

（王雨卿）

【情暖驿站】 2022年，集团公司抓住疫情三年后首次春运高潮，在广东、广西、江西共166座加油站设立为“情暖驿站”，服务春运返乡人员1030万人次、返乡摩骑13.2万人次，实现“传统+创新”服务，传统立足于服务返乡务工人员，延续摩骑“免费加油”和药品、热水、修车等“1+10+X”特色服务。此外，中国儿童少年基金会携手中国石化“春蕾加油站”首次加入“情暖驿站”公益活动，为卡车司机及摩骑们的孩子赠送3000份儿童关爱礼包。

（王雨卿）

【“中国石化光明号”健康快车】 2022年，“中国石化光明号”健康快车赴湖北、甘肃两地实施1995例白内障手术，为急需群众及家庭带来光明和希望。截至2022年底，累计捐赠超过1.8亿元，赴全国18个省（区）、44个地区，免费帮助5.2万名贫困白内障患者重见光明，捐建23所白内障治疗中心。

（王雨卿）

【特殊时期保供】 集团公司在党的二十大召开、春运、国庆等重要时期抗疫情保安全保油品供应，加强物流全环节安全监管，紧盯油品出库和实物库存变化，加大发运力度，做好实物资源衔接和运力组织，确保资源稳定供应和安全运行。各级物流运行部门讲政治、顾大局、负责任，克服困难，勇挑重担，冲在前线，干在实处，以统筹资源、精准调度、稳定供应的确定性应对市场环境的各种不确定性，确保特殊时期油品稳定供应，彰显企业责任和担当。

全力做好北京冬（残）奥会能源保障工作，提前完成京ⅥB汽油置换，协调衔接炼厂资源从生产到配送中的各工作环节，稳定赛会期间资源供应。充分发挥网络优势，指定15座加能站（北京地区10座、河北地区5座）、4座加氢站（北京地区3座、河北地区1座）、3座CNG站（北京地区）和2座LNG站（北京地区）作为专属保供站点。冬（残）奥会期间，销售企业为赛事服务车辆累计办理电子加油卡5000余张，加注成品油873.2吨、天然气（含CNG和LNG）190吨、氢气148吨。

（王雨卿）

新闻与出版

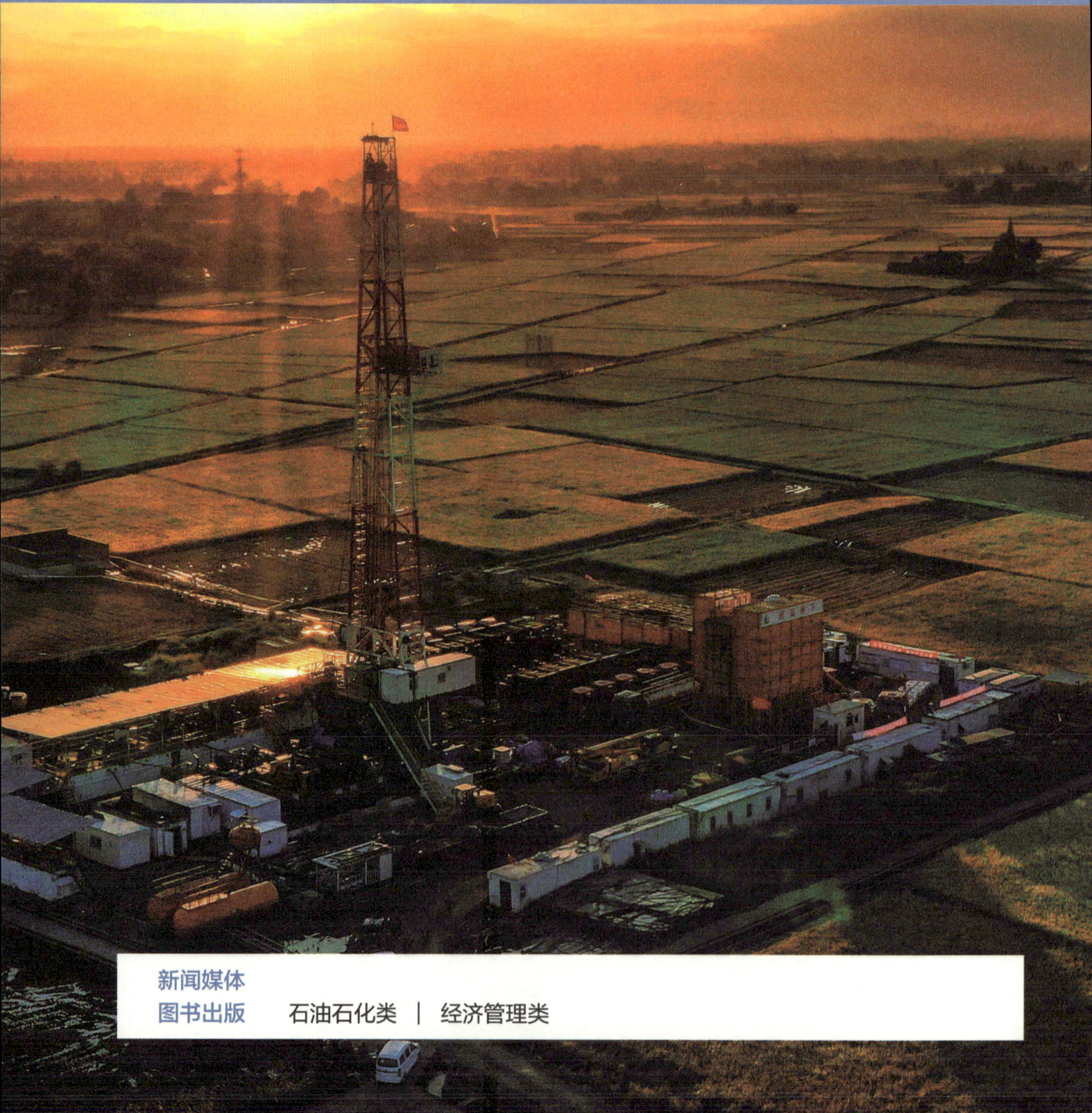

新闻媒体

图书出版　石油石化类 | 经济管理类

新闻媒体

【概述】 2022年，中国石化各媒体包括《中国石化报》《中国石化手机报》《中国石化》杂志、石化V视、中国石化新闻联播（电视）、中国石化新闻网、《车友报》、中国石化报微信公众号、中国石化新闻图片网、石化新闻客户端、中国石化新闻网微博、集团公司官网、股份公司官网，以及中国石化官方微博、微信等官方新媒体，坚持以习近平新时代中国特色社会主义思想为指导，深入学习贯彻党的二十大精神和习近平总书记视察胜利油田重要指示精神，紧扣集团公司党组全方位推进高质量发展工作部署，以“牢记嘱托、再立新功、再创佳绩，迎接学习贯彻二十大”主题行动为统揽，以“融合创新年”活动为抓手，以再立新功、再创佳绩的新作为，充分展示中国石化党组坚决捍卫“两个确立”、坚决做到“两个维护”的具体行动，广泛传播中国石化坚守“旗帜、栋梁”定位、担当“大国重器”“顶梁柱”“为美好生活加油”的生动故事，有力发挥内聚人心、外树形象的作用。

全年出版《中国石化报》252期、《中国石化》杂志12期；集团公司、股份公司官网发布新闻及社交媒体信息2745条，报告及公告538个，中英文专题21个，日均浏览量增长10.9%；中国石化新闻网发稿2.2万余篇，推出专题97个；石化新闻客户端发稿2.2万余篇；《中国石化手机报》发送249期4900余条；中国石化报微信公众号推送文章437篇，全年关注人数增长近1.1万人；中国石化新闻网微博发布信息594条，向国务院国资委报送信息650篇，在总部信息门户网站发布信息412篇；中国石化新闻图片网增加图片近4万张；中国石化新闻联播播出248期近4000条；为党组领导及部门领导录音录像40余次，为总部和企业制作宣传片5部，制作冬奥总结表彰大会专题片《冰雪向未来　荣耀再出发》、上海石油分公司抗疫专题片《坚守》等专题片10部；石化V视刊发短视频535条，关注人数净增长5.6万人，总阅读量1516.8万人次，总点赞量46.7万次，25场直播参与人数32.6万人次；《车友报》报纸出版50期、新媒体发布信息507条、制作微信海报32幅。

（庞　炜）

【为迎接学习贯彻党的二十大各项工作发声】 全媒体开设“牢记嘱托、再立新功、再创佳绩，迎接学习贯彻二十大”专栏，刊发稿件1576篇。重磅推出《中国石化这十年》特刊、专题片和融媒体产品，特色推出“油气勘探开发一线行”“油品保供一线行”“非凡十年”“独家专访·话十年”系列报道和短视频展播评选活动。与《人民日报》对标对表，浓墨重彩报道党的二十大开幕会、习近平总书记参加广西代表团座谈会、二十大闭幕会等，全文转载第二十届中央委员会第一次全体会议公报、新一届中央政治局常委同中外记者见面会等，及时转载二十大报告、新党章全文、习近平在瞻仰延安革命纪念地时的重要讲话等，跟进报道二十大精神在公司上下引发的热烈反响。

（庞　炜）

【为贯彻落实习近平总书记视察胜利油田一周年重要指示精神发声】 重磅推出《牢记嘱托立新功——习近平总书记视察胜利油田一周年特别报道》，《中国石化报》制作12个版面，中国石化新闻网、中国石化新闻联播同步推出专题报道，石化V视推出《牢记嘱托这一年》专题片，中国石化报微信公众号精心策划推出《今天，整整一年！》SVG作品，全面展示一年来中国石化干部员工牢记总书记殷切嘱托，在新时代新征程上为“端牢能源饭碗”再立新功、再创佳绩的具体行动，受到国家能源局、集团公司党组领导的表扬，多家企业点赞留言。

（庞　炜）

【为“牢记嘱托、再立新功、再创佳绩，迎接学习贯彻二十大”主题行动发声】 聚焦能源保障、炼化销售、科技创新、安全环保（绿色低碳）、改革管理、经营效益、党建引领7个方面，重点做好胜利济阳页岩油国家级示范区建设高标准推进、

"深地一号"推开超深层油气宝库大门、国内首个百万吨级 CCUS 示范项目投产运行、国内首条万吨级 48K 大丝束碳纤维全国产化生产线建成投产、东营原油库迁建、"飞扬"火炬牵头量产、高纯氢点亮"鸟巢"主火炬、中国石化高质量完成深化改革三年行动各项任务、第二批红色教育基地正式发布等宣传报道。

（庞 炜）

【为倾情服务、保障北京冬奥发声】 北京冬奥会期间，中国石化各媒体 26 名记者，冒着严寒深入一线，采写图文报道 192 篇、视频报道 52 条、微信推文 32 篇，精彩记录"北京冬奥会中的石化元素"，全媒体呈现中国石化服务冬奥的鲜活故事，很多作品成为"爆款"。《吉尔姆的中国年》通过海外社交平台传播阅读量超 36 万次，互动总量超 2.2 万次，形成"破圈"传播；《人民日报》也及时联系予以报道。中国记协、中国行业报协会多次表扬中国石化各媒体的冬奥会报道。

（庞 炜）

【为安全生产、疫情防控、深化改革发声】 面对集团公司一度面临的严峻安全形势，及时报道安全警示大会精神，刊发马永生董事长署名文章，配发 4 篇评论，开设《强"三基"保安全》专栏，全年刊发相关报道 1000 余篇。面对严峻的疫情防控形势，及时报道集团公司党组贯彻习近平总书记关于疫情防控重要指示作出的部署，推出 3 期抗疫保供纪实报道、2 部专题片和百余篇抗疫故事，展示中国石化各单位迎难而上、履行央企责任、坚决统筹抓好疫情防控与市场保供的具体举措。在国企改革三年行动收官之际，推出系列综述，特别展示中国石化纵深推进深化改革的措施成效。

（庞 炜）

图书出版

石油石化类

【《炼油结构绿色低碳转型》出版发行】 中国石化"十四五"重点图书出版规划项目《炼油结构绿色低碳转型》于 2022 年 4 月出版发行。本书聚焦碳达峰碳中和形势下炼油产业绿色低碳发展大方向，以炼油结构调整问题为切入点，以现有技术认识水平为基础，以案例展示辅证为手段，总结了炼油产业发展现状，系统分析了我国炼油产业发展的环境，提出了炼化一体化、装置大型化、产业集约化、管控智能化是炼油产业发展的趋势，重点论述了炼油厂产品结构、用能结构、用氢结构和数字化四个方面的绿色低碳转型，并列示了五个转型应用案例，为炼油产业绿色低碳高质量发展提供有价值的参考。

（炼油化工出版分社）

【《液化天然气接收站工艺与工程》出版发行】 中国石化"十四五"重点图书出版规划项目《液化天然气接收站工艺与工程》于 2022 年 1 月出版发行。本书是一部完整叙述大型 LNG 接收站工艺与工程的科学研究、设计方法、生产实践和最新技术发展动态的科技著作，使读者能够全面了解该工艺的相关知识和技术进步；在编写过程中坚持理论基础的系统性、科学研究的严谨性、生产操作的实用性和文献资料的新颖性等原则，是一本系统、完整、详实、实用的书籍。本书的出版将促进国内外 LNG 接收站工艺与工程的理论研究、技术开发、重要研究成果传播和工业实践，对该技术的发展和更广泛的应用起到积极的推动作用。

（炼油化工出版分社）

【《炼油专业管理实践》出版发行】 中国石化"十四五"重点图书出版规划项目《炼油专业管理实践》于2022年12月出版发行。本书根据炼油工业连续化、流程化、组分化的特点，结合企业管理学的原理和规律进行编写，聚焦炼油企业生产运营中的主要专业管理内容，重点论述了炼油企业安全、环保与健康，计划调度，工艺，设备，质量，营销，财务，生产优化等八个方面的专业管理工作，基本涵盖了炼油企业生产运营管理的全过程，具有较强的科学性、系统性和指导性。

（炼油化工出版分社）

【《催化裂化技术进展与应用》出版发行】《炼油工艺技术进展与应用丛书》之《催化裂化技术进展与应用》于2022年5月出版发行。全书系统介绍催化裂化技术的国内外进展、原料和产品、催化剂与助剂、流态化与气固分离、工程技术、工艺计算、专有设备、装置操作、腐蚀与防腐、过程控制与优化、生产过程绿色化、故障诊断及典型案例、工程师职业操守与工程伦理等方面的内容，内容具有科学性、新颖性、系统性和实用性。本书包含大量首次披露的先进科研成果与进展应用，突出原创性，便于国内从事催化裂化领域的科研工作者、炼油化工企业管理与操作人员以及高等院校有关专业师生使用，具有重要的学术意义和应用价值。

（炼油化工出版分社）

【《中国石化销售企业综合加能站运营手册》出版发行】《中国石化销售企业综合加能站运营手册》于2022年5月出版发行。本书从企业文化、员工管理、形象管理、服务管理、数质量管理、设备管理、HSE管理、经营管理、支付管理和系统管理等方面介绍中国石化综合加能站管理和零售业务，并在吸收借鉴国内外综合加能站经营管理先进理念和经验的基础上，对原"加油八步法"进行升级，增加加氢、充换电等新能源业务内容，文字通俗易懂，操作易用易行。本书既是中国石化综合加能站的运营标准、一线操作员的作业手册，也是相关管理人员的业务准则和评价标准，适合全国加油站、加气站、加氢站等综合加能站参考使用。

（炼油化工出版分社）

【《工厂选址与布局指南（第二版）》出版完成】 该书为翻译图书，原书 *Guidelines for Siting and Layout of Facilities,Second Edition* 由美国化工过程安全中心（CCPS）编著，中国石油大学孟亦飞、刘义、酒江波译，赵东风审。本书是一部关于工厂选址及布局具体技术的优秀指南书籍，系统介绍了工厂选址、工厂内布局新的或修改的工艺单元以及工艺单元内布局新的或修改的设备过程中，如何管理与危险物质和工艺相关的风险。本书能够帮助读者构建工厂选址及布局过程中的风险管控思想，帮助企业决定如何选择工厂的位置、如何识别和评估工厂的长期风险，以及如何在工厂内布置工艺单元和设备。本书的翻译及出版契合我国安全生产水平快速提升的迫切需求，弥补了当前工厂选址及布局相关专业技术书籍的不足。

（装备综合出版分社）

【《炼化装置腐蚀检查方法与防护》出版发行】 本书由中国特种设备检测研究院专家编写，将炼化装置腐蚀基础理论和腐蚀检查工程实例相结合，主要介绍炼化装置腐蚀的基本原理、检测监测方法和腐蚀检查案例。包括炼化装置的腐蚀与防护、炼化装置的检查方法、腐蚀检查案例、炼化装置腐蚀监测与控制手段等四大部分内容；腐蚀检查案例均为现场工作实例，涵盖了常减压装置、催化裂化装置、催化重整装置、加氢炼化装置、焦化硫黄装置、乙烯装置、乙二醇装置、芳烃装置、苯酚装置、PTA装置等多套炼化典型装置的腐蚀机理、腐蚀检查工作流程、重点设备腐蚀情况、腐蚀原因分析和相应的防腐措施及建议。

（装备综合出版分社）

【ASME锅炉及压力容器规范2021中文版出版发行】 ASME锅炉及压力容器规范是一部国际性规范，同时也为满足PED指令，出口欧盟承压设备提供了技术支持，已被许多国家采用。为满足中国ASME持证单位、计划进行ASME认证单位及其他单位对ASME锅炉及压力容器规范中译本的需要，经美国机械工程师学会（ASME）授权，与中石协ASME规范产品专业委员会（CACI）

合作，组织锅炉、压力容器、管道等设计、制造、材料、焊接、检测方面的专家，翻译出版 2021 版锅炉及压力容器和相关规范共 11 卷（册）。

（装备综合出版分社）

【《承压设备局部焊后热处理》出版发行】 该书在总结焊接残余应力分布规律的基础上，重点分析残余应力在局部热处理过程中的演化规律，提出主副加热分布式热源局部热处理新方法，并从局部热处理加热方法、热处理均温性控制方法、补焊热处理方法、便携式无损检测技术等全方位、多角度地论述了大型承压设备局部热处理关键技术，可以指导相关科研和工程技术人员制定科学的局部热处理工艺，降低残余应力。该书相关内容经过实验验证和大量的工程应用，效果可靠、方法成熟，具有较高的理论价值和应用价值。

（装备综合出版分社）

【《化工过程安全管理与实践》出版发行】 该书对化工过程安全管理 20 个要素逐个进行详细阐述，内容涉及安全领导力、全员安全生产责任制、安全生产合规性要求、安全生产信息管理、安全教育培训和能力建设、风险管理、安全规划与设计、生产装置首次开车安全、安全操作、设备完好性管理、安全仪表管理、重大危险源安全管理、作业安全管理、承包商安全管理、变更管理、应急准备与响应、安全事故事件的调查与管理、本质更安全、安全文化以及化工过程安全管理的实施、考核评审与持续改进等内容。该书对进一步提升化工行业员工安全管理水平会起到一定发的促进作用。

（装备综合出版分社）

【《石油化工储运管理》出版发行】 中国石化“十四五”重点图书出版规划项目《石油化工储运管理》于 2022 年 4 月出版发行。本书内容涵盖石油化工储运过程中“收、储、装、卸、洗、运”等六大环节，以全业务、全流程的风险管控和事故防范为主线，包括储运风险、工艺设备、VOCs 治理、信息与控制、氢气储运、二氧化碳应用、消防应急等管理内容，从实际应用的角度出发，对储运常见设备设施基本原理、运行维护和工艺管理、生产组织程序等基础性内容进行系统总结，并对储运新技术、新设备、新工艺等未来的发展趋势进行分析探讨，对涉及储运系统标准规范在工程实践过程中出现的应用难点提出建议。

（装备综合出版分社）

【《石油化工设备维护检修技术（2022 版）》出版发行】 该书继 2004 版以来每年出版一版，由中国石化、中国石油、中国海油、中国中化、国家能源集团总部及下属企业设备管理部门负责人组成编委会，收集了石油化工企业有关设备管理、长周期运行、状态监测与故障诊断、检维修技术、腐蚀与防护、机泵设备、润滑与密封、节能与环保、新设备新技术应用、仪表自控设备等 10 个方面的论文，在加强石油化工企业设备管理，提高设备维护检修水平，确保炼油化工装置安全、稳定、长周期运行等方面发挥了重要作用，为各石化企业技术人员提供了一个设备管理与技术交流的平台。

（装备综合出版分社）

【《中国石化“三基”工作手册》出版发行】 该书由中国石油化工集团有限公司组织编写，集团公司董事长、党组书记马永生作题为“用好‘三基’这个传家宝 夯实公司高质量发展根基”的序。全书内容分为五部分，“三基”工作基本概念 、基层建设、基础工作、基本功训练和“三基”工作落实。

（装备综合出版分社）

【《本质安全油库建设》出版发行】 本书从“人、机、环、管”四个方面，总结本质安全油库建设实践中好的经验、好的做法，将安全管理与技能操作相结合，探讨建设本质安全油库的有效路径。人员管理方面，从岗位责任出发，对各个层级人员的能力和培训提出要求，进而构建安全培训网络矩阵。设备管理方面，对“四个系统”、油库主要设备设施的安全设计、操作与使用进行阐述。环保篇章以建立绿色油库体系为核心，参照国家、地方及中国石化集团公司法律法规、制度标准以及对油库环保的相关要求，从废气、废物、废水、土壤、地下水污染防治情况，库区环境监控技术与环保设施、污染防治设施运维等方面进行总结。油库管理方面，对双重预防机制建设、重大危险源、应急消防、职业卫生等重点工作的管理进行归纳。

（装备综合出版分社）

【《管道器材选用与工程应用》出版发行】 出版社“十四五”重点图书出版规划项目《管道器材选用与工程应用》于2022年5月出版发行。本书是一本配管设计（管道设计）专业参考书，既有系统的压力管道器材选用理论知识介绍，又有国内外许多大、中型工程应用实例，同时能够紧密地结合最新的现代化工程技术在管道设计中的应用，介绍了现代化计算机技术在配管设计中的应用及提高配管设计工作效率的一些技巧，并结合最新版的国内外标准规范，对配管设计管道器材选用进行了系统的讲解。使读者可以依据本书，更加透彻理解和灵活利用国内外各种标准规范，熟练配管设计方法技巧，以提高配管设计质量。本书的出版发行为培养中国管道设计技术前沿科技高级人才，指导和规范管道器材选用从业人员的学习培训与工作实践，对推动中国管道设计技术的发展发挥了重要作用。

（装备综合出版分社）

【《中国石化突发事件应急预案（2021版）》出版发行】 该书由中国石油化工集团有限公司组织编写，全书内容包括突发事件总体应急预案、生产安全事故应急预案、中国石化突发环境事件专项应急预案、中国石化自然灾害专项应急预案、中国石化公共卫生事件专项应急预案、中国石化群体性上访事件专项应急预案、中国石化公共聚集场所事件专项应急预案、中国石化信息系统突发事件应急预案、中国石化油气供应事件专项应急预案、中国石化恐怖袭击事件专项应急预案、中国石化境外公共安全事件应急预案。

（装备综合出版分社）

【《中国石油石化安全生产与应急管理行业发展蓝皮书（2021—2022）》出版发行】 该书由中国应急管理学会、中国石油集团安全环保技术研究院有限公司、中国应急管理学会石油石化安全与应急工作委员会组织编写。该书集成中国应急管理学会、中国石油安全环保技术研究院与中国石油、中国石化、中国海油、国家管网等集团公司的专家团队，对涉及石油石化安全应急领域需求和未来发展趋势的重大问题和行业问题进行深入分析，运用专业分析方法提出关于企业和行业发展未来需求等重大问题的分析观点。全书分为重要论述篇、行业分析篇、行业展望和附录四部分。本书具有较强的权威性和时效性，对于理论研究者和实际工作者都具有一定的参考价值。

（装备综合出版分社）

【《海洋石油装备概论》出版发行】 中国石油和石化工程教材出版基金资助项目《海洋石油装备概论》于2022年5月出版发行。本书立足于将海洋石油开发的重要意义，以海洋油气开发所应用的主要技术装备为对象，系统介绍了海洋油气开采过程中的钻井和生产等工艺技术与装备，简要介绍了海洋油气集输、储运、修井等工艺涉及的主要技术装备，选择介绍了海洋装备结构检测技术和海洋油气生产安全与环保管理等内容，帮助读者对海洋石油装备的总体概况进行初步了解，并逐步达到基本掌握。

（装备综合出版分社）

【《新时代中国石油工业》出版发行】 该书系统梳理了中国石油石化行业2012—2022年期间的发展历程，全面展现以习近平同志为核心的党中央领导中国石油工业不懈奋斗的成功实践，大力传播、弘扬在中国石油工业波澜壮阔发展历程中长期孕育形成的伟大石油精神。该书是中国唯一一部石油行业新时代发展史，相关内容填补了我国新时代石油行业史领域相关研究及展示的空白。该书发布会曾入选“2022年度中国石油行业十大新闻”。

（勘探开发出版分社）

【《顾心怿传》出版发行】 该书为《中国工程院院士传记丛书》首批列选项目之一，入选“十三五”国家重点图书出版规划。全书系统记叙了顾心怿的成长经历、事业发展历程及所取得的突出科技成就。《顾心怿传》一书的出版发行，对于激励广大产业职工牢记习近平总书记殷切嘱托，聚焦保障国家能源安全、坚决端牢能源饭碗、高擎科技创新大旗、打造技术领先企业，传承弘扬科学家精神、劳模精神、工匠精神，以及新时代石油精神、石化传统具有重要的现实意义。

（勘探开发出版分社）

【《威荣深层页岩气田富集机理与高效勘探技术》出版发行】 该书系统梳理并全面总结了威荣深层页岩气田勘探过程中形成的新思路、新技术，建立了一套适应川南深层页岩气储层特点的评价方法，提出了“三元三控”深层页岩气形成富集新认识，形成了储层－工程－富集“三品质”地球物理预测体系，集成创新了一套深层页岩气高效勘探支撑保障新技术。该书的出版，对于同类型页岩气田勘探开发具有重要参考价值，对于提升页岩气产量、保障国家能源安全具有重要意义。

（勘探开发出版分社）

【《中国油气产业发展分析与展望报告蓝皮书（2021—2022）》出版发行】 该书是全面研究中国油气产业发展现状和趋势展望的分析报告，由中国石油企业协会和对外经济贸易大学“一带一路”能源贸易与发展研究中心合作完成，相关参编单位有中国石化勘探开发研究院、中国海油经济研究院等。全书共分国际篇、国内篇、合作篇、专题篇、附件 5 个部分。蓝皮书以文字分析为主，辅以必要的图表数据，分析与展望强调逻辑性、高度性、权威性，同时对产业热点问题坦率提出看法和观点，力求对相关部门和油气企业实际工作起到指导作用，对油气行业理论研究者和实际工作者均具有一定的参考价值。

［企业文化与教育出版分社（年鉴出版分社）］

【《中国石油化工集团有限公司年鉴. 2022》出版发行】《中国石油化工集团有限公司年鉴. 2022》（简称年鉴）于 2022 年 11 月出版，为出版的第 28 卷年鉴，共设 28 个栏目，全面、系统地记述了 2021 年中国石化在生产经营、深化改革、科技创新和企业管理等各方面的基本情况和重大事项，图文并茂，直观反映中国石化及其所属企事业单位的新变化、新成果，为各级领导科学决策和科学管理提供依据，为中国石化内部和社会各界人士了解公司提供翔实、可靠、可鉴资料。

［企业文化与教育出版分社（年鉴出版分社）］

【《中国石油化工集团有限公司年报（2021）》出版】《中国石油化工集团有限公司年报 2021》于 2022 年 6 月出版，分为中英文 2 个版本，主要介绍了中国石油化工集团有限公司 2021 年组织机构、科技创新、生产经营、数字化转型、企业管理、公司治理、党的建设、企业文化和社会责任等方方面面的内容，是中国石化对外交流的重要资料。该书图文并茂，数据详实、准确，是各行各业了解中国石化不可缺少的重要文献资料。

［企业文化与教育出版分社（年鉴出版分社）］

经济管理类

【《国资报告·国企这十年特刊》出版发行】 2022 年 10 月，《国资报告》杂志社以《国企这十年》为主题，通过党的领导党的建设全面加强、高质量发展道路上勇立潮头、服务国家在重大战略坚决有力、重大科技创新成果丰硕、国资国企改革成效显著、保障改善民生作用充分发挥等六大方面，全面梳理了国资国企在党的十八大以来的这十年进程中的在各个方面改革发展的丰硕成果。

（《国资报告》杂志社）

【《国资报告·国企改革三年行动专刊》出版发行】 2022 年 8 月《国资报告》杂志推出《国企改革三年行动专刊》，专刊通过梳理国企改革三年行动的概览、改革典型案例的分析、优秀改革成效的展示、企业领导专访、专家综合点评等多个维度全面系统的对国企改革三年行动开展以来国有企业再重要领域和关键环节取得重要成果进行了全面的梳理和展示。

（《国资报告》杂志社）

【《企业数字化转型认知与实践：工业元宇宙前传》出版发行】 该书从企业数字化转型的认知、模式到规划，从要素、风险到成熟度，从技术、流程到工具，梳理企业数字化转型的理论体系和实操要点。同时，对多个企业转型典型案例进行了深入剖析，对传统企业数字化转型具有重要的借鉴和指导意义。

（教育教材出版分社）

【《新使命 新担当》出版发行】 该书由胜利油田文联组织油田作家协会20余名作家参与采访和创作。该书分上、下两卷。上卷《胜利突破》重点描摹页岩油勘探开发、化学驱提高采收率、CCUS等三项胜利油田关键性技术突破，同时展示相关先进油气钻井、采油工艺等方面技术，凸显胜利油田锐意创新驱动，加快重点科技理论研究和关键技术攻关，矢志打造技术先导型企业，砥砺油气勘探开发利器，以科技创新和技术进步引领油田高质量的持续发展。下卷《胜利脚步》重点描摹胜利西部、海上、新能源等三个重要战略接替，刻画胜利油田积极响应国家号召及上级部署做出的努力和取得的成就，展示实现快速增储上产目标和新能源发展迭代的潜力及举措等，叙写西部新春、东部浅海夯实资源基础和新能源锐意创新进取，转观念，转方式，加快建设发展，细化经营举措，为油田持续效益稳产上产和绿色低碳转型发展所作的贡献。

（教育教材出版分社）

【《用新闻语言讲石化故事》出版发行】 该书以习近平总书记关于党的宣传思想工作论述为指南，以“讲好石化故事”为宗旨，将新闻理论与石油石化行业的优秀新闻作品案例结合，阐述了报纸专题报道有哪些模式，专题报道编辑需要具备哪些能力，工作通讯如何见人见事见思想，怎样运用辩证法处理人物报道，报纸专业性内容如何进行公众号表达，编辑如何拟好标题、把好文字关，等等。该书对石油石化行业新闻工作者有较强的指导性，对石油石化行业新闻报道工作有较强的实用性。

（教育教材出版分社）

【《漠北胜利人》出版发行】 该书由胜利油田文联组织油田作家协会多名作家和东胜公司的文学骨干共同创作完成。该书以报告文学、诗歌等形式，对胜利油田东胜蒙古公司20年来远征大漠、舍家忘我、奉献报国的事迹，进行深入挖掘和生动展现，以进一步弘扬胜利精神，激发油田广大干部职工的昂扬斗志，踔厉奋进，开拓进取，凝聚合力扛好使命担当，为推进油田发展、永续胜利辉煌砥砺前行。

（教育教材出版分社）

【《2021年度中国石化法律合规风险管理报告》出版发行】 法律合规风险管理，是中国石化全面风险管理的一项重要内容，也是中国石化加快提升依法合规经营管理水平、增强竞争力、促进持续健康发展的重要举措。编写年度法律风险管理报告，是中国石化于2014年建立的一项管理制度，旨在回顾过去、研判趋势、未雨绸缪、防范风险。该书以法律合规风险管理为主线，系统总结2021年工作，分析研判2022年需要重点关注的风险，并提出了应对措施和下步工作安排。书中所引资料、数据及案例等均来源于生产经营实际，所提工作措施和安排需要在日常经营管理中落地执行。针对中国石化业务面广、链条长的特点，该书宏观与具体相结合，正文侧重面上指导，附件对各项重要业务流程的法律合规风险进行了识别、分析和评估。该书是企业从事法律、合规管理及风险管理人员的必读书籍，对其他经营管理人员进行经营决策、防控法律合规风险也具有较强的指导意义。

（教育教材出版分社）

【《胜利新篇：胜利油田摄影美术作品选》出版发行】 该书由胜利石油管理有限公司群团工作部、胜利石油管理局有限公司文学艺术界联合会联合编写。全书分为摄影和书画两个部分，摄影部分包括能源报国、创新驱动、绿色发展、培根铸魂四个主题板块，书画部分则以国画、油画、版画、水粉画等多种形式，展现了油田建设、改革、发展和生活、风光等多方面内容，立意高远，风格多样，表现出优秀的绘画技法和很高的创作水准。其中，摄影部分有 267 件作品，书画部分有 100 件作品。这些作品全部由胜利油田的职工艺术家们创作完成，整个创作时间历时 6 个月，作品内容丰富，艺术精湛，既体现了胜利油田深厚的文化底蕴，又展示了职工艺术家们爱党爱国爱油田的真挚情怀。

（教育教材出版分社）

【《国家战略科技力量：新型科研机构》出版发行】 该书由樊纲、樊建平，以“新型科研机构”为主题，系统梳理了新型科研机构的发展历程、建设范式、面临挑战及未来的发展趋势，并提出促进新型科研机构发展的对策建议。该书基于中国科学院深圳先进技术研究院的优秀经验，帮助读者系统认知新型科研机构在治理结构、科研体系、教育教学、科技成果转化、机构管理和文化等方面的特点和范式，为我国发展中的新型科研机构提供一定的经验借鉴。

（教育教材出版分社）

【《国学日历：2023 癸卯年》出版发行】 2022 年 9 月，《国学日历：2023 癸卯年》出版发行。《国学日历》是日历体国学文化精品图书，该系列图书在国学爱好者中已有一定知名度，符合国家弘扬传统文化的指示精神。该书在 2022 年抖音“日历”类别图书中销量第一。本书由著名学者、国学泰斗楼宇烈担任总顾问，北京大学教授王守常等国学名家任顾问，李阳泉编撰。《国学日历：2023 癸卯年》主题为“四时风雅”，关注中国传统节日与节气，以及先民生活中的风雅与民俗，共有两条主线：第一条主线是一年四季，第二条主线是“风雅国学十三香”。其中“风雅”条目 230 条；“民俗”条目 60 条；“摄养”条目 32 条；“荐读”条目 43 条。风雅国学十三香，再现中国古人日常生活中风雅意趣，凸显古人高度审美和情趣。通过一本日历，全面了解古人生活的细节，看中国古人如何过好每一个普通或者有纪念意义的日子，传播和弘扬了中国优秀传统文化。

（教育教材出版分社）

【中国科协资助项目“蓝星使者生物多样性系列丛书”出版发行】 丛书由生态环境部宣传教育中心主编，获中国科协 2022 年科普中国创作出版扶持计划支持，并亮相《生物多样性公约》第十五次缔约方大会（COP15）第二阶段会议。丛书以旗舰物种为重点，图文并茂，讲述了中国基层组织及研究者研究和保护生物多样性的故事。“认识新朋友”“延伸阅读”板块为读者提供了更丰富的物种信息及更多知识，使人们可以近距离了解雪豹、藏狐、金丝猴、绿孔雀、长江江豚、高原鼠兔、乌雕等动物的生活习性，了解其现状和在生态系统中的作用，了解它们对于人类的重要性及其与自然的关系。丛书呼吁更多人一起展望这些“蓝星使者”的美好未来，呼吁更多人加入生物多样性保护的行列，一起感受生命的意义，更好地与自然和谐共处，共建地球生命共同体，共建美好家园。

（年鉴综合分社）

【《岁月的维度》出版发行】 本书是一位奋斗在钢铁战线近四十年的资深钢铁专家的倾心力作，作者对中国钢铁工业辉煌发展成就的自豪之情、对中国钢铁工业探索之路的理性剖析，以及对未来中国乃至世界钢铁工业发展的前瞻思考跃然纸上。本书共七章，分别从初心使命、理念引领、发展路径、转型升级、走向世界、管理创新、文化自信等方面，以河钢集团为样本，阐述了胸怀“让中国因为钢铁更强大，让世界因为钢铁更美好”的使命追求，在大起来、强起来到品牌亮起来的发展实践中所蕴含的理念和智慧。特别是围绕“当世界钢铁工业进入‘中国时代’，我们应该为世界钢铁留下什么”，作者认为，河钢要树立与中国在世界范围内打造经济强国地位相符合的远大志向，牢记“国之大者”的责任担当，把握世界钢铁发展趋势，在推动智能制造上不断取得重大突破，在实现材料创新上不断贡献“全球首发”，在引领绿色低碳发展上不断展现更大作为，全力打造极具竞争力的钢铁企业。本书多维度地对钢铁工业进行深度思考和探索，尤其是在未来中国钢铁工业如何更好地顺应时代大势、实现高质量发展方面，本书具有深刻的启发意义和资鉴价值。

（年鉴综合分社）

【《企业社会责任理论与实务》出版发行】 本书旨在为政策制定者、企业管理者、社会组织工作者、学术研究者提供企业社会责任领域的系统知识，也适合普通读者作为了解企业社会责任知识的入门读物。本书分为入门篇、理论篇、实务篇、素养篇和前沿篇五篇，重点介绍了利益相关方、实质性分析等企业社会责任的常见理论，以及企业社会责任报告编写、员工志愿者管理等常用技能。本书邀请了曾经或正在为商道学堂授课的行业专家参与编著，书中内容已经过商道学堂六年课堂教学的检验，可帮助读者全面系统地认识企业社会责任，掌握在企业等组织中实施企业社会责任的关键方法。

（年鉴综合分社）

【《中国国有资产监督管理年鉴2022》出版发行】 该书是一部全面记载中国国有经济运行、国有资产监管体制改革和国有企业改革发展，尤其是中央企业和地方国资监管机构所监管企业总体情况的大型工具书和资料性年度出版物，是国资委统一对外宣传的重要窗口和交流平台，对于宣传、指导中国国有资产监督管理工作及国有企业尤其是中央企业的工作具有重要参考价值。年鉴由国务院国有资产监督管理委员会主管、主办，《中国国有资产监督管理年鉴》编委会编纂，编委会由国务院国资委各厅局、地方国资委、中央企业的相关负责人和撰稿人组成。

（年鉴综合分社）

【《中国电建市政建设集团有限公司志（2007—2021）》】 本志书以概述为纲、大事记为经、各章为纬，记录中国电建市政建设集团有限公司2007—2021年发展历程和奋斗业绩，是一部全景式反映公司发展变化，客观全面记述公司发展历程的书籍，蕴涵着中国电建市政集团全体员工追求卓越、开拓进取的理想和精神，是国有企业高质量发展可资借鉴的一部宝典。本书入选石化出版公司2022年10月月度好书，并被作者方中国电建市政建设集团公司在其官方微信公众号中推荐展示。

（年鉴综合分社）

【《奋进——庆祝中国共产主义青年团成立100周年主题画》出版发行】 2022年是中国共产主义青年团成立100周年。在建团百年之际，为展示中国石化党的青年工作成果，引导广大石化青年积极投身“牢记嘱托、再立新功、再创佳绩，喜迎二十大”主题行动，以优异成绩迎接党的二十大胜利召开，集团公司团委组织编撰《奋进——庆祝中国共产主义青年团成立100周年主题画册》。该主题画册共收录305张照片，分为亲切的关怀、峥嵘的岁月、青春心向党、为青春加油和勇当生力军五个部分，从不同层面和角度充分展现了中国石化党的青年工作成果和共青团工作成果。希望通过本画册，各单位团青工作者能够更加了解中国石化不同时期、各个领域的共青团和青年工作，启迪大家在新时代推动石化共青团事业迈上新台阶。

（年鉴综合分社）

【《漫书保密——神秘人的神秘事》出版发行】 保密责任重于泰山，国家安全人人有责。为协助各企事业单位员工更好地学习保密知识、提高保密意识，出版公司出版了《漫书保密》系列图书。紧密围绕国家国防科技工业局重点关注的涉密人员管理、网络安全、智能设施设备管理等军工领域保密重点工作，内容涉及道路运输、涉密人员管理、智能设备管理、对外新闻宣传发布等。用生动幽默的漫画形式，在有趣的故事中使读者掌握日常生活中和工作中需要注意和掌握的保密常识。

（年鉴综合分社）

【《坐着火箭看四季——航天二十四节气文创礼盒》亮相中国（珠海）航展】 本产品为图书＋产品之文创礼盒，内容除包含首次对外发布的中国航天重要火箭发射一手现场图片外，还收录了独家设计的航天元素二十四节气明信片和四季冰箱贴。其中，明信片以中国发射火箭为原型，进行卡通化处理后结合中国二十四节气中华传统文化绘制；冰箱贴则以拼图形态展示了航天卡通火箭人 IP 形象，增添了图书的趣味性和多元性。文创礼盒作为作者单位在 2022 年中国（珠海）航展的伴手礼送与嘉宾。

（年鉴综合分社）

【《价值投资实战手册（第二辑）》出版发行】 本书由三部分构成：如何面对股价波动、如何估算内在价值和企业分析实战案例。核心目标是用通俗易懂的语言，将价投大师们的思想体系转化为任何具有初中文化水平的读者都能理解的文字，帮助读者彻底明白价值投资必然获利背后的逻辑及所需条件。相比 2019 年版本，本书丰富和完善了读者最为关心的估值技巧，详细论述了老唐估值法的实战运用细节，希望能够彻底粉碎朋友们对企业估值的恐惧和担忧，帮助朋友们将注意力聚焦于对具体企业的理解，早日到达“别瞅傻子，瞅地”的确定性赚钱境界。第三部分企业分析实战案例，全部更新为 2019 年之后发表的案例，由“唐书房”读者精选和推荐，所有案例均附有推荐理由及文章发表后的股价走势，供朋友们观摩和印证。

[中经录音录像（融合出版）中心]

【《雪球基金第一课：明明白白买基金》出版发行】 买基金越来越成为一种大众理财方式，但并不是所有基民都赚到了钱。雪球观察到，基民买基无非就是两大痛点，即“不会选”和“拿不住”。基于此，本书作者编写了《雪球基金第一课》，并在社群内通过音频、直播、答疑等多个栏目，让大家在 7 天内轻轻松松掌握基金投资的硬核知识。课程在推出的半年时间里获得了上万名用户的好评。本书作者倾听社群内用户的声音，根据他们的需求不断迭代课程并增加了更为实操的部分，整理成书。本书创立了“聪明五招”选基法，并提供了几种主流的基金买卖方案，让你明明白白买基金。投资路漫漫，你我都在路上。如果你想和其他基民一起探讨投资、遇到问题时想随时有人答疑，通过书中提示，加入“雪球基金第一课”微信群即可免费学习。

[中经录音录像（融合出版）中心]

【《投资改变人生：那些滚雪球的人（第二辑）》出版发行】 你可曾懵懂入市，不断修正理念，最终收获价值？你可曾坚守成长，历经市场检验，最终改变生活？你可曾跌跌撞撞，历经多轮牛熊，最终逆袭成功？你可曾徘徊底部，不得投资真谛，最终抱憾离开？股市没有百战百胜的神话故事，他们从战胜市场到回报社会，用投资点亮了价值；他们从误打误撞到建立体系，用投资改变了认知；他们从追随市场到调整策略，用投资提升了自我；他们从两点一线到拥抱自由，用投资改善了生活；他们从心存梦想到付诸行动，用投资温暖了人生。23 位历经风雨的投资达人，23 段真实宝贵的投资经历，23 个独具特色的投资笔记，23 种精彩纷呈的投资人生。他们以风格多样的投资智慧、截然不同的投资精神，激励着广大读者在投资道路上书写自己的绚烂人生。

[中经录音录像（融合出版）中心]

【《中国石化绿色低碳发展白皮书（2022）》出版】 为全面贯彻落实生态文明建设要求，优化能源结构，改善生态环境，保障公众健康，《中国石化绿色低碳发展白皮书（2022）》于 2022 年 12 月出版。本书系统介绍了中国石化 10 年来在绿色低碳发展道路上的贡献与成绩，并从战略理念、体制机制、大力发展清洁能源、资源节约利用等 8 个方面向社会各界集中展示中国石化的绿色低碳理念和实践。

[中经录音录像（融合出版）中心]

【《中国石化易捷便利店标准作业指导书（2022 版）》出版发行】 本书是中国石化易捷便利店的标准化操作手册，图文并茂，可读性和可操作性都较强，对于做好便利店服务具有重要的指导意义。手册分为 10 个部分，分别为认识易捷、基础知识、销售服务、商品流转、卖场打造、营销执行、库存管理、质量安全、督导管理和法律法规。该手册突出实操，通过二维码形式展示实操视频，对易捷便利店各个服务环节做了标准化梳理，有助于给客户提供标准化服务、人性化服务、个性化服务。

（中国经济书店）

企事业单位

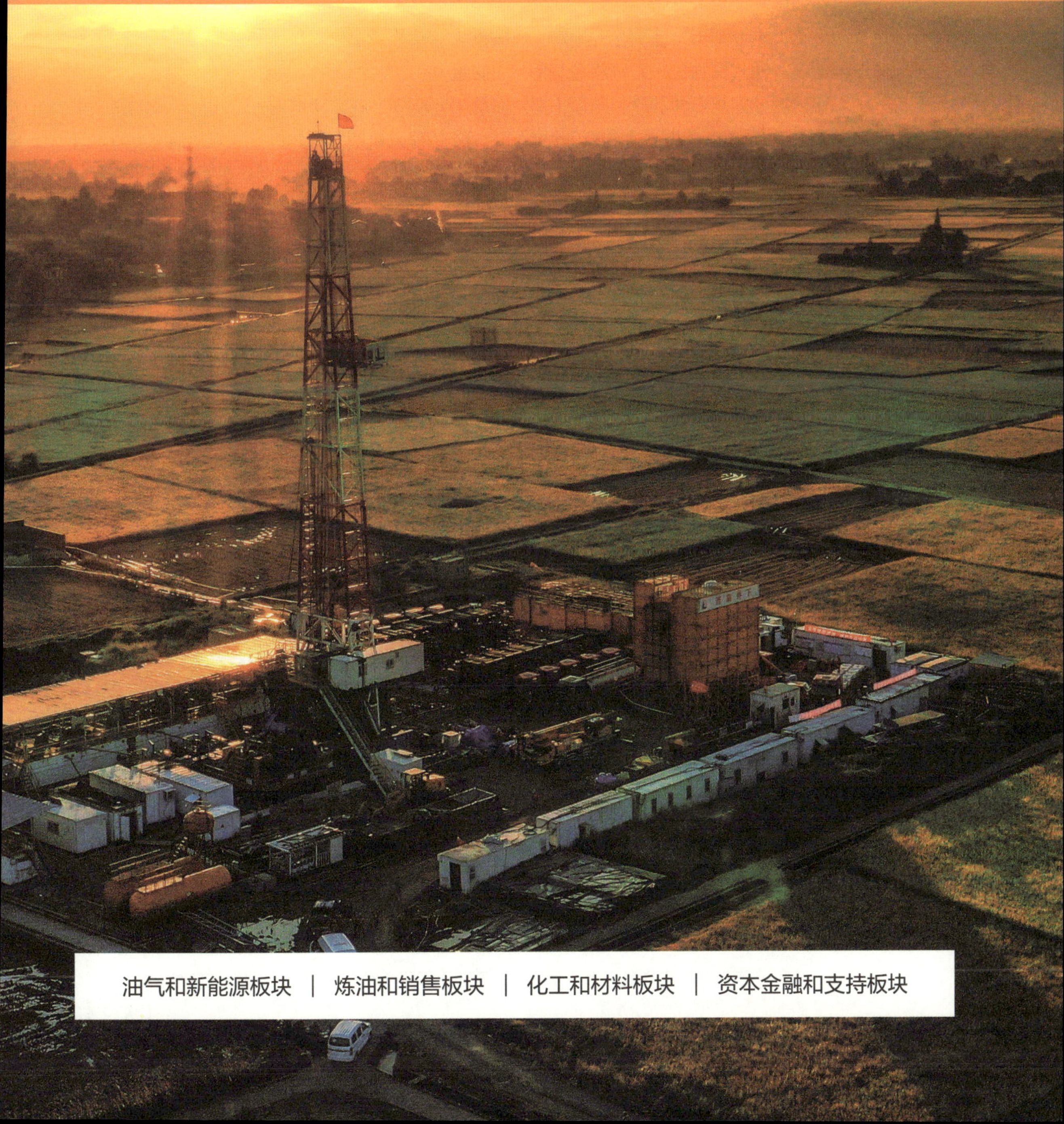

油气和新能源板块 | 炼油和销售板块 | 化工和材料板块 | 资本金融和支持板块

油气和新能源板块

胜利油田

【概况】 胜利油田是中国石化集团胜利石油管理局有限公司（简称胜利石油管理局）、中国石油化工股份有限公司胜利油田分公司（简称胜利油田分公司）的统称，主要从事石油天然气勘探开发、地面工程建设、油气深加工、矿区服务与协调等业务。工作区域分为东西两部分，东部主要分布在山东省东营、滨州、德州等 8 个市 28 个县（区）内及海上辽东东地区，主体部分位于东营市，包括渤海湾盆地的济阳、昌潍等 5 个坳陷；西部主要分布在新疆、青海、甘肃、宁夏 4 个省（自治区），涉及准噶尔、吐哈等 6 个盆地。胜利油田本部位于东营市济南路 125 号。

胜利油田是在 20 世纪 50 年代华北地区地质普查和石油勘探的基础上发现并发展起来的。1961 年 4 月，位于东营构造上的华 8 井首获工业油流，标志着胜利油田的发现。1964 年 1 月，中共中央批准组织华北石油勘探会战，胜利油田勘探会战和开发建设拉开序幕。1972 年 8 月，改称胜利油田会战指挥部。1989 年 8 月，更名为胜利石油管理局。1998 年 6 月，国家进行石油石化重组，胜利油田由原中国石油天然气总公司划归集团公司。2000 年 5 月，中国石化整合上市，将油田勘探开发核心业务组建成立胜利油田有限公司，2006 年 1 月，变更为胜利油田分公司。2017 年，进行公司制改造，成立胜利石油管理局有限公司。

截至 2022 年底，胜利油田有直属单位 59 个。其中，胜利石油管理局有直属单位 23 个，胜利油田分公司有直属单位 36 个。用工总量 9.07 万人。发现油气田 81 个，累计探明石油地质储量 57.36 亿吨；投入开发油气田 74 个，累计产油 12.93 亿吨。

胜利油田主要技术经济指标和主要生产建设指标见表 1 和表 2。

（陈化国　宋占魁　兰　峰）

【高质量勘探】 2022 年，胜利油田强化风险勘探和预探，推进矿权选区、深化“中－中”合作，持续向页岩油、深层、超深层拓展，取得 4 个勘探突破和 5 个商业发现。年内新增探明石油地质储量 9805.02 万吨，新增常规控制石油地质储量 7264.43 万吨，新增页岩油控制石油地质储量 1.13 亿吨，新增常规预测石油地质储量 8527.51 万吨，新增页岩油预测石油地质储量 10.37 亿吨。胜利油田东部探区民丰－牛庄洼陷沙四段页岩油、桩海东部新层系和车镇凹陷大王庄地区碳酸盐岩取得新发现，展示了东部老区较大增储潜力。东营、滩海、沾化和惠民凹陷发现规模储量阵地。胜利东部探区新增探明石油地质储量 5166.82 万吨、控制石油地质储量 1.76 亿吨、预测石油地质储量 10.97 亿吨。胜利油田西部探区在准中地区发现新的规模增储上产阵地——准中二－三叠系新层系超深层，拓展了准西北缘地区商业增储新阵地，新增探明石油地质储量 4638.20 万吨、控制石油地质储量 983.86 万吨、预测石油地质储量 2552.62 万吨，进一步夯实了西部上产资源阵地。

（侯　飞）

【民丰－牛庄洼陷沙四段页岩油新领域勘探取得油气新发现】 2022 年，胜利油田通过强化“基础研究、关键技术、井位部署、资料平台”全链条一体化攻关，实现多洼陷多类型页岩油战略性突破。民丰洼陷丰页 1HF 井突破混合型页岩油商业产能，峰值日产油 229.50 吨、日产气 4.13 万立方米（8 毫米油嘴），216 天累计产油 2.17 万吨、累计产气 377.44 万立方米。在牛庄洼陷纯上 2、4 层组上报页岩油预测储量 3.99 亿吨，民丰洼陷纯上 3 层组、纯下 1 层组上报页岩油预测储量 6.37 亿吨，落实 4 个亿吨级页岩油增储阵地。

（侯　飞）

【准中二－三叠系新层系超深层勘探取得油气新发现】2022年，胜利油田在准中地区二－三叠系开展地层、构造、沉积、储层等基本成藏条件研究，明确准中探区四大生烃凹陷有利勘探区带，按照整体研究、逐步实施思路，在东道海子、沙湾2个凹陷先后部署成6、征10风险井。其中，征10井在三叠系克拉玛依组（井段6695.70—6703.70米）常规测试，3毫米油嘴自喷，峰值日产油78.18立方米、日产气7530立方米；二叠系上乌尔禾组（井段7595—7655.40米）压裂测试，3毫米油嘴放喷，日产油9.40立方米、日产气9355立方米。成6井三叠系克拉玛依组（5202.40—5211.4米）压裂测试，2—4毫米油嘴求产，峰值日产油17.71立方米，平均日产油11.10立方米、日产气933立方米，二叠系下乌尔禾组（6524.90—6659.40米）压裂测试，峰值日产气3.40万立方米。征10井区在上乌尔禾组新增预测凝析油地质储量1484.80万吨、天然气地质储量253.30亿立方米；成6井区新增预测石油地质储量1067.80万吨、溶解气地质储量11.03亿立方米。

（侯　飞）

【效益开发】2022年，胜利油田全面强化油藏经营管理，谋划推进海上、西部、低渗、稠油、页岩油、化学驱、CCUS 7个产量增长点，全力推进高效产能建设，夯实老区稳产基础，加快关键技术攻关，强化精细开发管理，开发各项工作高效推进。年内，生产原油2340.25万吨、天然气8.03亿立方米，新增SEC经济可采储量4953万吨，储量替代率220%。聚焦增产能、提质量、创效益，建立产能建设全过程运行管理机制，强化大幅度提高单井产能示范引领，抓实监督监控，勘探开发一体化落实建产阵地，地质工程一体化优化方案设计，技术经济一体化提升建产效益，效益建产规模持续扩大，年内新建（增）产能160.20万吨。聚焦提能量、控含水、降递减，开展精细注水示范区建设，强化产液结构调整，加大细分注水、停产停注井治理、低渗压驱注水补能力度，完善注采井网，持续提升地层能量；加快非均相驱等化学驱成熟技术推广应用，加强正注项目调整增效，抓实海上、稠油、高温高盐油藏提高采收率技术攻关；推进稠油小井距加密和降黏开发，稳产基础不断夯实，化学驱年增油118.80万吨，自然递减率9.20%，综合含水保持稳定。

（张　宁）

【页岩油评价试验取得新成效】2022年，胜利油田页岩油开发按照“进军民丰、展开牛庄、试验博兴、准备渤南、评价利津”分层次加快推进，开发井完钻19口、投产12口，均获工业油流，其中峰值日产油百吨以上7口，新建产能20.90万吨，年产油13.09万吨。井组试验有序推进，樊页平1井组采用批钻模式钻井周期大幅缩短，樊页1-3HF钻井周期实现48天以内目标；压裂方面首次开展大平台、全电驱压裂施工组织模式，历时93天完成252段压裂，5口井峰值产量超百吨，井组日产油峰值达504.10吨。牛页一区试验井组采用4部钻机批钻模式，20口井全部完成二开，9口井完钻，靶盒钻遇率100%，有利岩相钻遇率98%。外围评价井顺利实施，牛庄洼陷页岩油Ⅱ类“甜点”开展大液大砂试验成效显著，牛页1-3HF井投产峰值日产油154.80吨。民丰洼陷丰页1-1HF井实现商业产能突破，峰值日产油262.80吨。渤南洼陷多井型页岩油投产，义页1-1VF、渤页5-2HF压裂试验取得好效果。

（张　宁）

2022年8月25日，“胜利济阳页岩油国家级示范区”“中国石化深地工程济阳页岩油基地”揭牌仪式在牛页一区举行
（王国章　摄）

【新能源产业发展】2022年，胜利油田坚持新能源与化石能源并进，内部加强统筹打造综合能源联合体，外部融入区域构建战略合作生态圈，推

动光伏、余热、地热等多类型能源项目高效实施，开展绿电制氢、陆上风能利用及储能装置研究应用，提前完成年度100兆瓦分布式光伏建设，孤东100兆瓦集中式光伏进入实施阶段，绿电制氢项目投产。2100兆瓦集中式光伏项目被纳入东营市新能源发展规划，与地方国企联合发展海上风电、充电桩、加油站光伏业务，加强新型电力系统建设。建成国内油气领域首个“源网荷储”智慧能源平台，投产新能源项目31个，生产用电中绿电占比14%。

（兰　峰）

胜利油田“源网荷储”一体化智慧能源系统（王国章　摄）

【专业化发展】 2022年，胜利油田瞄准人才、技术、装备、管理“四个一流”发展目标，配套升级核心技术装备，优化改进运行管理模式，对内增自营提质效、对外建平台拓市场，井下作业、动态监测、注汽等业务打造“专精特新”技术优势，发电供电、运输服务、海洋船舶等业务培育做强专业优势，石油工程监督、检验检测、物资采储配送等业务强化质量管控、标准规范，天然气销售、胜大产业、供水、热力等业务融入新型后勤服务管理体系建设，培训、宣传文化等业务优化培训供给、加强思想文化引领，专业化支撑保障主业能力和经营创效水平全面提升。

（宋占魁）

【经营创效】 2022年，胜利油田推进战略型集约化财务管控体系建设取得实质性进展，高质量发展指标评价运营机制全面提升，加强预算投资成本一体优化，推进分公司、管理局、工程公司、石化总厂“四大板块”业务互供协同创效，搭建物资贸易、地面工程、信息运维、后评可研“四大平台”整合资源一体创效，制定超产绩效激励、超产成本激励、增量稠油注汽补贴、高成本单元合作开发“四项激励政策”推动增产上产增收增效，强化稳产基础保障、亏损业务治理、外委费用管控，推进全员全链条全要素降本增收节支，实现挖潜增效43.50亿元。

（兰　峰）

【QHSE管理】 2022年，胜利油田以QHSE管理体系有效运行为总抓手，以质量进步标准提升推进本质安全环保，全面补短板、固根基、控风险，安全绿色发展基础不断夯实。完成安全生产专项整治三年行动任务，开展“加强基层管理 促进安全生产”“百日安全”等专项行动，大力整治安全领域形式主义、官僚主义问题，抓实高风险作业管理和重点领域监管，加强风险隐患排查治理、减量降级，全面升级员工健康管理，统筹抓好常态化疫情防控，保持生产经营平稳运行。抓好污染防治，推进甲烷控排、“无废油田”建设、油泥砂日产日清，开展臭氧污染防治专项行动，加强保护区设施提标改造，推进黄河口国家公园重点油气区块调整；深化能源与碳排放管控中心建设应用，有序实施能效提升项目，新增节能能力2万吨标煤；构建油气开发绿色低碳融合创新产业体系，促进“碳氢氧氮”协同高效利用，碳排放总量和强度持续下降。深化工艺、技术、管理、装备等重点领域标准提档升级，强化油水井现场标准化建设，建立页岩油、新能源、CCUS等新领域专项标准，实施集成化、撬块化作业，加快大地面优化简化、流程再造，实现业务发展与风险管控双促进。

（兰　峰）

【东营原油库迁建工程投产】 东营原油库迁建工程是认真贯彻落实习近平总书记视察胜利油田重要指示精神的坚定行动。胜利油田牢记嘱托，于2021年12月29日成立项目管理部，锚定创建“国优”工程目标，坚持能源环境指标当先、智能化水平领先、生态与民生优先，实施高标准设计、高质量施工、高效率推进、高水平建设，创新采用BEPC建设模式，推行标准化设计、工厂化预制、模块化施工、标准化工地、信息化管理、数字化交付，开展大兵团作战，强化党建引领，桩基施工、土建交安、储罐封顶、工艺安装等重要节点超前运行，历时10个月，于2022年9月29日完成中间交接，10月26日进油投产，工程建设实现安全、绿色、优质、高效。新的东营原油库总库容68万立方米，新建输油管道210千米，周转量1900万吨/年，首创开发一体化集成管控平台，突出零污染、零异味、零排放目标，实施本质安全层、自动调控层、人工干预层、紧急关断层“四层盾护”，构建信息全面感知、设备远程控制、风险实时预警、异常自动诊断、管理智能决策的数智化管控能力，实现“内操远程操控”生产管理新模式，打造一座智能高效、多能互补、环境友好的标杆油库。

（徐东亮）

东营原油库全景（赵汝国　摄）

【齐鲁石化—胜利油田百万吨级CCUS示范工程投产】 该工程项目是将齐鲁石化煤制气工业尾气中的二氧化碳捕集液化后，运输至胜利油田进行驱油利用与封存。项目于2021年4月启动，6月可行性研究获批复，7月正式建设。2022年4月，注入系统全面建成，试注运行；8月25日，集团公司在高89-樊142区块13号注气站举行“齐鲁石化—胜利油田百万吨级CCUS示范工程投产暨国内首条百公里级二氧化碳长输管道开工”仪式，国家能源局党组书记、局长章建华，集团公司党组书记、董事长马永生，山东省委常委、常务副省长曾赞荣共同出席。8月30日，《人民日报》第14版，以《我国首个百万吨级碳捕集利用与封存项目投产》为题报道该项目。

（房　龙）

【改革管理】 2022年，胜利油田全面完成国企改革三年行动、对标一流管理提升行动任务，充分激发发展活力。油公司体制机制不断完善，聚焦油藏经营价值最大化，油田层面加强管理制度化、制度流程化、流程信息化建设，建立完善责权清单，界面更加清晰、运行更加高效；开发单位层面做好制度机制承载转化，搭建综合服务保障平台，推进大岗位建设，服务基层能力不断增强；管理区层面持续提升承接能力，抓实油藏动态分析、效益评价、经营优化、高效运行，油藏经营管理主体责任进一步做实落地。市场化运营水平整体提升，构建“大市场”体系、搭建市场运行管理平台，配套竞争比选、优质优价等机制，形成甲方强管理降成本与乙方重服务创效益的良性互动。搭建社会化创效平台，承揽油气业务运营、一体化运维等项目，拓展热电、危化品运输、检验检测等特色市场，2022年外部市场签订合同额24.20亿元，中高端市场占比56.20%。新型后勤服务管理体系深化构建，统筹加快平台建设，协调推进公共服务均等化，配合做好移交市政设施改造，办社会职能分离移交收尾工作全面完成。加快矿区资产资源优化，实施37个片区改造提升，推进开放型区域食堂建设，强化后勤服务专业运行。

（兰　峰）

【科技创新】 2022年，胜利油田聚焦集中资源攻克关键核心技术、打造技术先导型企业，加大科研投入、培育创新生态，搭建高层次实验室、高水平开放合作、高效率成果转化“三大平台”，充分发挥科技创新支撑作用。勘探上，陆相断陷湖盆页岩油富集规律认识与评价、准噶尔盆地超深层油气成藏模式等理论体系深化构建，单点高密度地震勘探等关键技术系列不断完备，深层-超深层高效钻完井与试油等技术实现迭代升级；开发上，高温高盐油藏化学驱、二氧化碳驱等提高采收率技术完善推广，稠油降黏复合驱、微生物采油等先导试验取得积极进展；页岩油配套形成优快钻完井、组合缝网压裂等技术体系，引领支撑高效勘探开发。推进勘探开发决策智能化建设，“探井在线”在中国石化上游推广，加快智能油田试点建设，建成中国石化首座数字孪生智能油库。

攻关压缩空气储能、低浓度二氧化碳高效捕集等技术，形成覆盖全链条、可工业化推广的 CCUS 技术装备系列，促进科技强安增绿。2022 年，开展课题研究 605 项，其中国家级 3 项、集团公司级 164 项；申请专利 770 件、获授权 539 件；获省部级科技奖励 23 项。

（兰　峰）

【人才工作】 2022 年，胜利油田坚持人才引领发展战略地位，纵深推进人才强企工程。召开胜利油田人才工作会议，制订《胜利油田“十四五”期间及中长期人才发展规划》，锚定建设中国石化油气能源领域重要人才高地和创新高地目标，全力打造战略领军、科技创新、专业管理、新兴业务、一线骨干“五大人才方阵”。年内，选聘油田高级专家 15 人、直属单位首席专家（业务部门油田专家）50 人、油田首席技师 5 人、技能大师 33 人；1 人当选全国技术能手、1 人被确定为中央企业“大国工匠”培养支持人选、2 人当选泰山产业领军人才、6 人当选齐鲁首席技师、3 人当选东营市首席技师。引进博士后 17 人、出站留用 5 人、高校毕业生 594 人、系统内成熟人才 43 人，通过项目合作、兼职顾问等方式柔性引进高层次专家 2 人。强化重点人才培养开发，建立集团公司级、油田级专家后备人才库，在勘探、注采、设备、安全等 7 个领域选拔业务骨干 300 余人进行深化培养。年内，胜利油田有 45 人通过集团公司正高级职称评审、6 人通过集团公司高级职称评审，802 人通过油田高级职称评审；235 人晋升高级技师、590 人晋升技师、2547 人晋升高级工。深化以赛促学、以赛促练，胜利油田在全国行业采油工职业技能竞赛中获 1 金、2 银、2 铜及团体二等奖，在集团公司业务竞赛中获 5 金、6 银、4 铜及 1 个团体第 1 名。

（马圆圆　梁晓东）

【国企政治优势】 2022 年，胜利油田坚持务实创新融合，纵深推进全面从严治党，不断提升党的建设质量。思想政治引领持续深化，严格落实“第一议题”“第一课程”制度，推进党史学习教育常态化长效化，开展中层领导人员履职能力轮训，梳理宣贯“再立新功再创佳绩 176 条”，组织“理响胜利”宣讲，持续深化“三转三创”。大力弘扬石油精神、石化传统，开展优良传统教育、加强系列主题宣传，厚植新时期胜利价值观。组织和干部人才队伍建设全面加强，抓实支部书记基本功培训，完善党员“三重两特”作用发挥机制，基层党建质量全面提升。健全干部人才储备培养体系，深化“三能”机制建设，干部人才队伍活力持续激发。“大监督”实效不断提升，构建“常规 + 专项 + 政治生态评价 + 调研”巡察模式，开展油公司建设深化推进等专项审计，清理历史遗留问题 100 余项，开展“严肃财经纪律、依法合规经营”、纠“四风”树新风等专项整治，抓实常态化廉洁教育和“三务”公开督导，政治生态更加清爽、管理生态更加规范。

（兰　峰）

2022 年 4 月 19 日，胜利油田党委召开贯彻落实习近平总书记重要指示精神专题研讨暨工作推进会（王志伟　摄）

【和谐稳定】 2022 年，胜利油田完善“我为群众办实事”常态化机制，推动子女托管等服务员工实事项目落地见效，推进员工服务就近办、一站办、掌上办、网上办，协调推动油田医保“全国联网”，建立员工长期护理保险，强化重大疾病医疗保障，做好为老服务工作，推进职工互助、困难慰问、精准救助相衔接的梯度帮扶救助。发挥群团组织作用，开展群众性劳动和技能竞赛、一线生产难题“揭榜挂帅”创新活动。扎实推进消费、教育、驻村帮扶，支援地方应急抢险，协同推进平安油田建设，统筹做好特殊时期安保维稳工作，营造和谐稳定良好发展环境。

（兰　峰）

表 1　　胜利油田主要技术经济指标　　亿元

指标名称＼年份	2022	2021	2020	2019	2018	2017
工业总产值①	598.61	564.28	576.63	806.67	854.79	688.53
工业增加值	854.41	526.95	300.03	508.24	587.56	376.11
资产总计	1 759.11	1 573.74	1 591.98	1 639.36	1 234.83	1 414.71
流动资产	132.69	56.00	49.32	60.90	151.75	162.01
固定资产原值	4 441.33	4 220.01	4 059.6	3 923.35	3 822.30	3 801.52
固定资产净值	964.53	901.69	934.62	955.91	991.64	1 153.24
销售收入	1 216.66	883.78	664.85	838.99	888.50	797.27
实现利税	477.60	148.69	−25.48	142.79	84.40	−123.49
税金（费）	274.27	157.12	102.17	141.72	191.61	151.33
综合能耗①/吨标煤·万元$^{-1}$						
胜利石油管理局	2.963	3.057	3.376	3.534	3.649	3.758
胜利油田分公司	0.478	0.464	0.269	0.298	0.308	0.308

① 2020—2022 年产值计算采用 2020 年不变价，2010—2019 年采用 2010 年不变价计算

表 2　　胜利油田主要生产建设指标

指标名称＼年份	2022	2021	2020	2019	2018	2017
原油产量 / 万吨	2 340.25	2 340.30	2 340.11	2 341.51	2 341.00	2 341.61
天然气产量 / 亿立方米	8.03	6.27	5.68	4.88	4.80	4.07
新增原油生产能力 / 万吨	160.20	157.00	152.00	155.39	144.3	115.60
新增天然气生产能力 / 亿立方米	0.70	1.22	0.97	1.02	0.49	0.68
新增探明石油地质储量 / 万吨	9 805.02	6 949.65	5 760.65	4 644.29	2 502.61	3 458.90
新增探明天然气地质储量 / 亿立方米	34.48	10.83	24.92	13.78	7.52	11.95
二维地震 / 千米	1 163.00		301.00	959.00	819.00	431.00
三维地震 / 平方千米	1 771.00	1 637.00	1 999.00	2 258.00	1 066.00	1 375.00
石油钻井 / 口	1 190	1 140	1 335	1 441	1 318	1 043
钻井进尺 / 万米	341.77	321.65	328.74	339.58	300.39	240.62
勘探投资 / 亿元	74.97	69.73	57.91	56.45	37.83	37.47
开发投资 / 亿元	146.58	121.74	105.91	129.12	101.94	74.42

中原油田

【概况】 中原油田是中国石化集团中原石油勘探局有限公司（简称中原石油勘探局）和中国石油化工股份有限公司中原油田分公司（简称中原油田分公司）的统称，实行一体化管理。主要从事石油天然气勘探开发、工程技术服务、油气销售、油气生产后勤保障、公用工程经营服务、房屋租赁、员工培训、宾馆餐饮等业务，主要勘探开发区域包括东濮老区、川东北工区、内蒙古探区。

1975 年发现中原油田，1979 年投入开发。1982 年 3 月，成立中原石油勘探局。2000 年 1 月，重组为上市和非上市两个部分，上市部分称为中原油田分公司，非上市部分称为中原石油勘探局。2012—2013 年，完成石油工程专业化重组暨社区管理体制调整。2017 年 11 月，中原石油勘探局进行公司制改制，更名为中原石油勘探局有限公司。截至 2022 年底，中原油田资产总额 419.05 亿元，净资产 172.32 亿元，负债 246.73 亿元，负债率 58.88%。设置中层机构 63 个，其中机关职能部门 20 个、直属单位 43 个，用工总量 3.80 万人（合资公司员工 8272 人）。其中，中原油田分公司设置机关职能部门 18 个、直属单位 26 个，用工总量 2.70 万人；中原石油勘探局设置机关职能部门 2 个、直属单位 17 个，用工总量 1.10 万人。

2022 年，中原油田有油气资源探矿权、采矿权 52 个，面积 1.54 万平方千米。其中，探矿权 11 个，面积 1.37 万平方千米；采矿权 41 个，面积 1727.13 平方千米。完成勘探投资 10.061 亿元，新增预测石油地质储量 1358.01 万吨、天然气地质储量 565.82 亿立方米，新增控制石油地质储量 700.51 万吨、天然气地质储量 3.21 亿立方米。全年探明石油地质储量 426.63 万吨、天然气地质储量 115.71 亿立方米；生产原油 127.50 万吨、天然气 66.16 亿立方米、硫黄 173 万吨；收入 216.37 亿元，油田整体盈利 10.35 亿元，经营业绩创“十三五”以来最好水平。获省部级以上科技进步奖 10 项，申请专利 219 件、获授权专利 158 件。获集团公司主题行动先进单位、安全先进单位、环保先进单位等省部级以上荣誉 61 项，党建工作保持集团公司 A 档前列，员工平均收入增长 9.84%，油田整体呈现出稳中有进、稳中提质、稳中向好的发展态势。

中原油田主要技术经济指标和主要生产建设指标分别见表 1 和表 2。

（李　丽　张淑红）

【“数智赋能型”油田建设】 2022 年，中原油田实施数字化转型战略，推进油气生产物联化、科学研究协同化、业务流程信息化、决策指挥智能化，有效支撑油田高质量发展。①加快生产领域转型，形成“厂直管班站”生产运行管理新模式。按照“集中监控、无人值守、有人巡检、专业维护”的建设思路，完成明一联合站、马厂中转站 2 个示范站信息化自动提升改造，数字化采集实现更高程度覆盖，重要生产单元实现自动化操控，建成厂级指挥中心，形成贯穿局—厂—区三级的油田“1+N”生产指挥体系；依托厂级指挥平台，实现采油厂“六大方舱”数字监控、“六大模块”指挥场景、“五大管控”运行管理，生产组织运行效率大幅度提高，为油公司体制机制改革、采油管理区“一室一中心”建设提供有效助力。②加快科研领域转型，形成一体协同远程决策新模式。完成 50 万条实验数据采集共享，开展专业软件数据治理，降低数据准备时间 50% 以上；建立专业软件共享环境，配套油藏数模、物探处理解释等专业软件 62 套；实施科研领域数字化减负，开展数字研究院建设，实现石油工程技术研究院 74 项业务流程信息化，提高管理效率；全面推广石油工程远程决策平台，实现对钻井、重点作业过程的实时远程监控，有效支撑不同专业协同远程决策的新模式。③加快管理领域转型，形成一体化经营决策新模式。建成财务、投资、生产全流程督导的三大计划融合平台，通过预算、合同、投资、市场等模块全面升级改造，促进油田全面预算提质增效，有效推动管理生态和管理模式变革，打通项目三大计划全流程流转，实现油田经营管理融合运行、预算全局把控、流程大幅提速；预算管理运行效率提升 50%，投资审批流程时间综合缩短 59%，开发项目因运行效率提升，当年生产时效平均增加 45 天，项目投资批复率位列上游第 1 名，项目进度显著加快。

（李　丽）

【通南巴须家河组新类型致密气勘探取得突破】 2022 年，中原油田围绕已探明的须家河组二段、四段致密砂岩气藏，勘探上，按照“相控孔隙型”气藏模式部署马 10TNB 井、马 108TNB 井，按照“相控裂缝型”模式部署马 301TNB 井、马 501TNB 井。开发上，针对马 1、马 2 块探明储量区实施新井 5 口，老井利用 6 口。其中，马 301TNB 井对须四段及须五段共 4 层 59.4 米进行分层压裂测试，实施大型体积压裂改造，3 毫米油嘴 20 毫米孔板求产，获日产 6.22 万立方米工业气流；马 108TNB 井对须五段共 13 层 29.90 米射孔试气，5 毫米气嘴 16 毫米孔板求产，获日产 2.47 万立方米工业气流。马 1-11 井须三—须四段分 11 段压裂投产，控压生产，日生产天然气 3.79 万—4.04 万立方米。3 口井试气、试采资料证实煤系源岩层系内的储层含气较好，具备高产、稳产条件，实现新类型的重大突破，落实探明天然气地质储量 90.16 亿立方米。

（陶　岚）

2022 年 6 月 7 日，中原油田部署在通南巴气田施工的马 1-11 井现场（全　江　摄）

【普光探区侏罗系页岩气勘探取得重要突破】 侏罗系是四川盆地重点勘探层系，普光地区发育东岳庙、大安寨、千佛崖三套富有机质页岩，埋深 2500—3500 米，热演化程度高。2022 年，中原油田部署页岩气风险探井普陆页 1HF 井，实施导眼井系统取芯，评价优质页岩为纹层状长英质页岩，具有 TOC 含量高、热演化程度高、含气性好、物性好等特征。以 3# 优质页岩小层为靶窗层实施水平井，水平段长 1431 米，气测显示全烃最高 88.69%，均值 9.68%，共解释气层 1493 米。与中国石化石油工程技术研究院合作，采用“一段一策 + 多段多簇密切割 + 多级双暂堵 + 定向射孔 + 一体化变黏防膨滑溜水”压裂工艺，对水平段分 23 段 111 簇压裂，入井总液量 5.19 亿立方米，总加砂量 3252.43 立方米。用 10 毫米气嘴测试，日生产天然气 10.40 万立方米、原油 1.90 立方米。2 月 10 日，开始试采。截至年底，普陆页 1HF 井累计生产天然气 995 万立方米、原油 775 立方米，取得普光探区侏罗系页岩气勘探的重要突破，获 2022 年度集团公司油气勘探突破一等奖。

（陶　岚）

【东濮凹陷西南洼新区油气勘探取得突破】 2022 年，中原油田针对东濮凹陷“多隆多洼”油气运聚的特点，开展精细油源对比，在平面上划分出十大油气运聚系统，每个运聚系统均具有相对独立的源岩，通过再认识，明确构造演化、成烃、成藏规律。西南洼有石炭—二叠系高热演化煤系源岩和古近系沙三段暗色泥岩两套源岩供烃，具备双源供烃条件。明确沙二下多期河道砂体叠置发育，砂体累计厚度 100—115 米，有效储层单层厚度大、成组性强、物性好。通过建立“双源供烃、通源断裂输导、断背斜整体成藏”油气富集模式，东濮凹陷西南洼新区具有较大勘探潜力。年内，北部优选南何家、孟居构造一体化部署评价井 2 口、滚动井 2 口，其中部署在南何家的何 301 井，经射孔测试自喷，日生产原油 37.76 立方米、天然气 3439 立方米，上报预测石油地质储量 1358.01 万吨。落实重点目标区 4 个，石油圈闭资源量 3915 万吨、天然气 200 亿立方米；向南部署高密度三维地震 178 平方千米。

（陶　岚）

【东濮老区文濮接合部精细勘探取得商业发现】 东濮凹陷文濮接合部西邻濮卫次洼，东邻濮城次洼，南邻前梨园洼陷，三面环洼，具有很好的油气运聚条件。2022 年，中原油田对濮城主体重新开展“油气藏、储层、断裂、油气层”4 个精细评价，明确不同成藏单元油气分布规律。文留构造主体具有深层为气藏、中深层凝析气藏、浅层油藏的油气藏序列，濮城构造主体具有深层“大气顶小油环”、中浅层“小气顶大油环”的油气藏序列；文濮接合部地区中浅层油气藏序列不完整，存在有利规模增储空间，并且深层仍具有较大潜力。精细认识断裂发育特征，文濮接合部发育同向趋近调节构造，形成北东东走向断阶构造带，具备形成多类型圈闭条件。精细认识沉积储层条件，细分层段开展沉积微相和古地貌分析，明确浅水期滩坝砂体发育，濮城构造带南翼滩坝砂与主体连片分布。精细认识油气层下限，重新确定油气层电性下限标准，形成低阻油层判别和油层精细对比技术，扩展濮城构造南翼含油气场面。通过分层系评价，落实圈闭面积11.20平方千米，石油资源量1500万吨。先后部署濮158井、濮161井，其中濮158井日生产天然气3.50万立方米、凝析油10.70立方米，勘探开发一体化部署的濮158-1井、濮158-2井、濮158-3井均获高产工业油气流，上报控制石油地质储量700.51万吨。

（张　雨）

【中原油田新开工建设储气库2座】 2022年，中原油田加强关键技术攻关，强化一体化运行，形成一套复杂多类型储气库建设及运行技术体系，实现储气库建设与油气田开发协同推进，新开工建设文24储气库、白庙浅层储气库2座。其中，文24储气库设计库容5.51亿立方米、工作气量2.56亿立方米，日注气规模160万立方米，日采气规模300万立方米。该项目于4月26日完成可行性研究批复，实施新钻井施工5口，组织上修老井22口，新建增注站1座、丛式井场1个，12月26日文24储气库中交，标志着该项目由建设阶段转为生产试运行阶段。白庙浅层储气库设计库容7.08亿立方米、工作气量3.43亿立方米，7月26日完成可行性研究批复，9月27日取得东明县发展和改革局出具的项目规划许可。截至年底，白庙浅层储气库新钻井施工完成38%、老井处置施工完成58%。

（李宁侠）

【中原油田“十项重点工程”项目取得新进展】 2022年，中原油田强化“十项重点工程”科技攻关与方案设计研究同步运行，研究成果有力支撑油田增储稳产。其中，“普光气田70亿立方米安全稳产保效领先工程”攻关形成不同礁滩储层相控定量表征技术，落实天然气地质储量92.36亿立方米；形成井筒硫沉积低成本、高效溶解治理技术，现场应用80余井次，累计增产天然气超1.30亿立方米；形成酸气大尺寸集输管线高效泡沫排液技术。“普光气田三个‘10+’接续工程”攻关形成页岩气地质—工程双“甜点”评价、地层压力预测技术，落实预测天然气地质储量500亿立方米；攻关长水平井跟踪调整技术，普陆301井钻遇砂体2119米，落实控制储量100亿立方米。“通南巴区块‘10+’兑现工程”建立雷口坡组“白云岩岩溶+裂缝”的储层发育模式；建立须家河组3种气藏模型，明确4套主力砂组分类储层展布，马301井压后无阻流量9.2万米^3/日。“银额新区‘20+30’突破工程”形成绕射波成像偏移技术，新资料低频端拓宽1赫兹，高频端拓宽4赫兹；形成不同井型、不同改造方式下的产量递减模型；确定原油集输系统17—18℃安全界限和150×10^{-6}降凝剂最优加注浓度。“内蒙古两千‘5+5’增储上产工程”建立复杂岩性储层分类标准，综合递减率减缓8.98%，原油产量提升率26%；形成芬顿氧化+混凝沉淀的组合水处理技术，除垢率大于95%。“东濮老区‘130+2’降本增效工程”创新形成复杂油藏成藏差异性定量评价技术，在卫东构造带、文东斜坡带、濮南环洼带发现3个百万吨级的增储阵地；完善形成复杂断块构造精细刻画和高含水油藏剩余油精准研究技术，应用精细油藏描述成果开展19个单元综合治理，区块产量提高13.10%。

（张淑红）

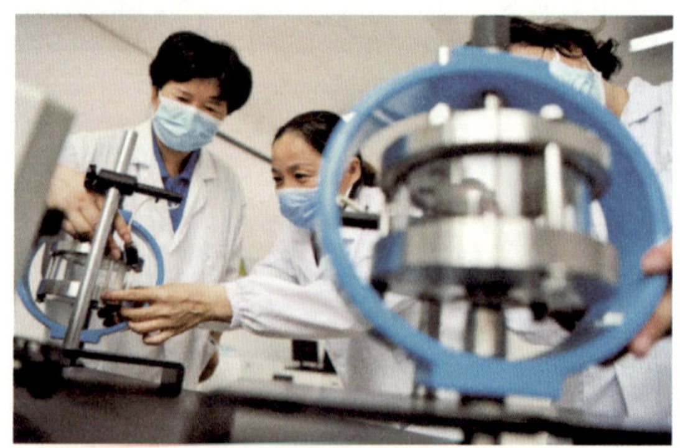

2022年8月16日，中原油田科研人员在氢脆安全评估实验室进行应力环测试（全　江　摄）

【完成集团公司“高酸性气田长周期安全生产关键技术研究与应用”项目】 2020—2022年，中原油田完成集团公司“十条龙”项目——高酸性气田长周期安全生产关键技术研究与应用。该项目以安全风险降级为目标，以防止气田硫化氢泄漏为核心，围绕泄漏监测、风险控制、应急处置、智能预警等方面，开发形成高酸性气田智能化安全管控技术体系。创新形成钻井防漏堵漏、动管柱作业防溢流、集输管网地灾风险预警等防控技术，开发整体热处理智能均温控制技术，全塔内表面温差小于等于15℃，硬度不高于180HB（布式硬度），硬度偏差±15HB（布式硬度）。研制高灵敏度微纳点式和红外面式泄漏监测设备，开发泄漏监测溯源定位新技术，系统响应时间从56秒缩短到平均15.60秒，覆盖率由80%提升到93%以上，站场泄漏平均定位误差小于5米。研制智能哨兵、硫化氢捕洗消、复杂山地大扬程消防远程供水及庇护所等应急处置装备，首创阀室、隧道、集气站场、净化装置硫化氢捕洗消一体化处置技术，捕消效率大于等于95%，硫化氢扩散至检修区域时间由15秒延缓至45秒。构建高酸性气田风险实时量化表征模型，研发多源感知数据跨域动态耦合分析技术，开发安全生产风险智能预警与管控平台，实现井控、集输、净化全流程安全风险智能识别与闭环管控，风险预警处置时间由小时级缩短至分钟级。截至2022年底，该项目开发新技术18项、设备32套，在普光气田成功应用，8项较大及以上风险全部实现降级；生产天然气245.41亿立方米、硫黄500.92万吨，利润101.44亿元，节省各类维修作业费用2.49亿元，对高酸性气田长周期安全生产具有典型的示范引领作用。

（张淑红）

【普光气田陆相致密气、页岩气示范工程建设正式启动】 中原油田在立足普光气田海相高含硫天然气勘探开发的同时，持续加强陆相天然气勘探，先后在普陆3井、普陆4井、普陆页1井千佛崖组获高产工业气流，取得致密气、页岩气等非常规天然气领域的勘探突破。2022年，采用“井工厂”模式设计试验井组，部署实施陆相试验井8口，将致密气、页岩气“同台立体开发”，评价普光气田陆相致密气资源量为1234.50亿立方米、页岩气资源量为6500亿立方米。7月7日，普光气田陆相致密气、页岩气示范工程举行开工仪式，标志着中原油田拉开新领域开发的序幕，陆相致密气、页岩气等非常规天然气工程建设正式启动。

（张　雨）

【复杂山地FWI技术首次实现工业化应用】 2022年，中原油田创新研发多尺度宽波数层析与全波形反演联合建模方法，刻画速度场的细节变化，实现工业化应用稳定性高、精度高、效率高的目标，为复杂山地速度建模奠定基础。全波形反演及高端成像软件率先研发基于国产DCU显卡加速的地震成像软件，在国家超算中心成功运行，对标美国英伟达K80-GPU显卡，并行效率提升1倍，实现软硬件双重安全可控，是复杂山地全波形反演工业化应用的保障。年内，该技术在通南巴地区实施580平方千米叠前深度偏移成像，复杂地质体成像精度显著提高，成果剖面复杂断裂带成像清楚，高陡断层归位准确，小尺度地质体刻画清晰，实现全波形反演技术在复杂山地工业化应用，填补行业空白。

（张　雨）

【国内首台高含硫天然气增压压缩机酸气试车成功】 2019—2021年，中原油田针对普光气田高含硫天然气增压需求，由石油工程技术研究院联合中石化石油机械股份有限公司开展“研制高含硫天然气增压压缩机”项目研究。经过前期压缩机工艺设计、工艺性能参数计算、关键部件抗硫材质优选、撬装设计等研究，完成国内首台高含硫天然气增压压缩机的整机制造，在压缩机氮气试车、酸气气密、酸敏试验的基础上，首次具备酸气试车条件。2022年1月9日，该设备在普光气田普101-2H井酸气增压试车成功，标志着国内首台高含硫天然气增压压缩机初步具备投产条件，为普光气田开发中后期整体增压奠定坚实基础，同时形成具有集团公司自主知识产权的高含硫压缩机核心技术。

（张　雨）

【国内最大质子交换膜电解水制氢示范项目投产】 2021年8月26日，国内最大质子交换膜

（PEM）电解水制氢装置——中国石化首个兆瓦级可再生电力电解水制氢示范项目被集团公司列入氢能技术重大科技攻关项目课题。该项目由中原油田牵头，大连石油化工研究院、广州工程公司、青岛安全工程研究院共同建设。项目研究期限为3年，2021—2022年为示范项目建设期，2023年为成果总结提升期，投资金额4500万元。2022年，中原油田成立项目运行工作组，下设工艺管理、设备管理、物资供应、施工管理等专业组，分别编制专项计划表，项目高质量推进。10月30日，该项目核心设备——质子交换膜电解水制氢装置完成吊装，正式转入设备安装调试阶段。11月20日，顺利实现中交。12月25日，该项目成功投产，实现以“绿电”制“绿氢”，日产纯度为99.99%的高纯度“绿氢”1.12吨。

（张淑红）

【中原油田首套自动化装车系统投入使用】 2022年，中原油田推进一流五星级站库建设，加快数字化建设在关键区域、关键装置的提档升级，开展装车系统改造工作，首套自动化装车系统投入使用。该系统新增2套定量装车系统、1套油气回收装置，升级地磅称重系统，优化改造4套原定量装车系统，其中原油自动装车鹤管、独立增压设备首次在油田原油上装操作中应用。该系统投入使用后，总控制室能自动分析装车情况，调节装车流量，控制装车流速，预判装车风险，实现装车、称重等过程的自动控制、主动预警、安全联锁。

（张淑红）

【普光气田完成第2次全面停产技改检修】 2022年，中原油田根据开发规律及集团公司相关规定，统筹内外部资源，克服疫情、天气等不利因素，精心组织运行，连续奋战24天，提前6天安全高效完成第2次全面停产技改检修。5月15日，普光分公司天然气净化厂火炬熄灭，实现全面、安全、平稳、绿色停产，标志着第2次全面停产技改检修开始。检修按照“由近及远、东西区交替停工”原则，历经方案审查、对接推演、培训交底、提前施工4个阶段，严格执行既定停产方案，实施专业化协调、规范化督导，协调解决186个难点，细化形成7个阶段方案及9776个子项，开展2轮54项推演，实行安全技术交底、全员持证上岗，实现人员、车辆、设备、物资精确到位。截至6月4日，9列净化装置全部平稳运行，井口气、净化气和外销商品气分别达2500万米³/日、1875万米³/日和1750万米³/日，实现全面复产。

（张淑红）

【推进安全绿色发展】 2022年，中原油田以“固本强基、五严五提”为主线，安全生产专项整治三年行动收官，油田保持“三零”局面。健全HSE体系，常态化实施干部轮训，安全管理责任全面压实。开展专项整治4个，普光气田检修等集团公司“1字号”风险隐患销项，“低老坏”发生率下降50.70%，油田风险减值24%。开展“双碳”行动，油田能源管控中心加快建设，碳中和井场、办公区初步建成，CCUS项目规模持续扩大。加强黄河、长江流域生态保护，中原油田保持集团公司绿色企业A级水平，普光净化厂采气厂、柳屯中心处理站被集团公司评为“清洁美丽基层”。全面推行“三基”工作“三册”管理，推进现场标准化建设，创建集团公司示范采油管理区2个，着力提升产品、工程、工作质量，优良率、满意率保持集团公司前列。

（李　丽）

2022年5月20日，中原油田建设的屋顶分布式光伏发电项目施工现场（赵奕松　摄）

【全面完成深化改革三年行动】 2022年，中原油田推进油公司模式建设，优化整合职能相近机构，实施“三项制度”改革，注采业务实现专业化管理，全面完成集团公司深化改革三年行动计划任务并通过集团公司专项审计，经营利润连续两年实现盈利，创“十三五”以来的最好业绩。①现代企业治理结构持续完善，制定《中共中原石油勘探局有限公司委员会常委会议事决策规则》《中原油田总经理工作规则》等制度14项，取消油田领导班子会，优化调整党委常委会议事决策事项，创新设计执行董事、党委书记、分公司代表决定书，规范明确公司党委“定”和“议”的职责范围，试点探索9家直属单位党委书记为“班长”的领导体制，切实将党的政治优势、组织优势转化为竞争优势、发展优势。②通过打造采油厂“管理＋技术”油公司模式，强化采油厂“一室一中心”建设督导，完成濮城采油厂、濮东采油厂注采业务专业化管理，厘清“内操”“外操”业务界面，建立“大包＋承揽”运营模式，推动人力资源深度盘活；优化职能相似相近的机关部门和直属单位，压减中层机构3个；推动中原石油勘探局与中原油田分公司一体化融合，将东濮老区11座污水站污水处理业务、濮城区域5家食堂业务交由中原石油勘探局专业化单位管理，提升存续业务发展能力。③构建“三能”长效机制，强化干部职数管控，储备中层副职、基层正职、基层副职3个层级梯队培养人选655人，压减内设机构139个、基层级干部职数344个；制定推进领导人员能上能下实施细则，中基层干部末等调整或不胜任退出占比3.6%，超过集团公司3%的目标；严格实施制度化退出，建立“1+4”人力资源池管理架构，优化用工超过2000人；加强工资总额和人工成本预算管理，加大对外闯市场、措施性减员、市场化退出等激励力度，同岗位薪酬差异化系数位列国内上游第2名。④“科改示范行动”取得进展，构建“1+4”科技管理体系，重塑“三院一中心”的科研架构，实施技术体系“链长”负责制，科研导向实现由单项创效向全面支撑的根本转变，科研攻关布局、组织架构、管理制度、组织形式、创新平台更加合理完善；探索建立创新团队、揭榜挂帅、厂院结合的大兵团作战模式，组建基础、系统、应用研究3个层次的攻关团队，启动新一轮三年科技攻关会战，科研成果转化率96.8%以上。⑤内部市场运行更加规范，制定9类262项自营业务清单，配套维修、作业、运输、供电、测试5项实施细则和价格双轨制、双向奖励等激励政策，推进内部工单化管理，明确污水处理等17项重点业务“外委”转自营任务，“外委”费用同比降低7000万元；实行生产服务类业务集中招标统一管理，减少重复性招标100余项；从严承包商管理，制定25个专业承包商准入标准，将弄虚作假、串标陪标企业纳入“黑名单”；开展“合规管理强化年”工作，结案率处于集团公司领先水平；强化“五全”风险管控机制，139项党委决定和前置研究事项融入内控权限指引，内控监督评价提前一年实现“全覆盖”，中原油田获集团公司内控先进单位称号。⑥印发《关于进一步强化“三基”工作实施方案》，建立“1+8+N”“三基”管理体系，配套7类工作标准，发布《基层管理手册》《岗位操作手册》《党建工作手册》编制模板，在油气生产单位11个类别43个基层单位全面推广应用，实现基层规范管理、规范操作；开展采油管理区标准化现场提升工作，30%以上采油管理区标准化现场建设达标，完成濮城采油厂采油管理四区、文卫采油厂采油管理四区国内上游示范采油管理区标准化建设，实现管理制度压减31%，业务流程压减50%，组织效能提高。

（李　丽）

【“四同四提”融合互促工作】 2022年，中原油田深化完善基层党建与生产经营“四同四提”融合互促机制，分油气生产单位、科研单位、专业化服务单位等片区召开现场推进会，聚焦油田安全环保、勘探开发、经营管理、深化改革、拓市创效等重点工作，组织党员签订目标管理责任书，创建党员责任区3179个，组建党员突击队、先锋队210支，在外部市场、重大工程等7个重点领域深化党建共建，开展“三查三强”促安全主题党日，组织党员“亮身份、亮承诺、亮行动”，有效发挥党支部战斗堡垒和党员先锋模范作用。“四同四提”主要做法在中共中央组织部《党建研究》推介，在《中国石化报》头版刊发，作为第六届全国基层党建创新典型案例进行展示，濮阳市委组织部到中原油田专题调研学习。

（张　雨）

【中国共产党中原石油勘探局有限公司第五次代表大会召开】 2022 年 8 月 26 日，中国共产党中原石油勘探局有限公司第五次代表大会召开。大会听取和审查中国共产党中原石油勘探局有限公司第四届委员会工作报告，审查中国共产党中原石油勘探局有限公司第四届纪律检查委员会工作报告。采用先差额预选、后等额正式选举的办法，以无记名投票方式，选举产生中国共产党中原石油勘探局有限公司第五届委员会 21 名党委委员和第五届纪律检查委员会 15 名纪委委员。通过《党费收缴、使用和管理情况报告》《中国共产党中原石油勘探局有限公司代表大会代表任期制实施办法》。明确今后 5 年中原油田党委工作的指导思想和奋斗目标，提出全面推进“六大战略”、建设“六型油田”、实施党建“五大工程”等重大战略部署。大会首次实现大型会议信息化应用，会议筹备较第四次和第三次党代会分别减少 92 天和 41 天，组织效能实现大幅提升。

（李宁侠）

【中原油田展览馆建成并开馆】 2022 年，中原油田挖掘使用石油石化红色资源，建成中原油田展览馆。展览馆总展陈面积 3700 平方米，设“序厅·奋进乐章”“峥嵘岁月”“科技创新”“磅礴力量”“共建美好”“尾厅·未来之路”6 个板块 4 个部分，运用文字、图片、实物、实景、沙盘、雕塑、视频、音频等呈现方式，集数字化、立体化、全景式、体验式等功能于一体，从油田的整体概况、发展历程、科技创新、党建文化、油地共建等方面，全方位、多角度展示中原油田开发建设的辉煌历程、改革发展的重要成果和未来发展的光明前景。9 月 7 日，举行开馆仪式，各级领导、干部员工代表、先进典型代表、参建人员代表等 200 余人进行实地参观。展览馆作为干部员工理想信念教育、新员工入厂教育、各级党组织开展主题党日活动的重要阵地，面向社会公众展示普及石油精神、石化传统，成为科普石油知识的阵地和濮阳市地域文化的重要补充。截至年底，展览馆累计接待参观人员 5000 余人次。

（李宁侠）

【中原油田获应急管理部表彰】 2021 年 7 月 17—23 日，河南省郑州、新乡等地遭遇历史罕见特大暴雨，发生严重洪涝灾害，特别是 7 月 20 日郑州市遭受重大人员伤亡和财产损失。国家危险化学品应急救援中原油田队、国家危险化学品应急救援普光队按照应急管理部指令要求，与河南省各方面救援力量一道，投入抗洪抢险救援。截至救灾结束，中原油田队和普光队先后转移被困群众 3261 人，转移危险化学品 9 吨，装运防汛沙袋 6000 余袋，运送防汛物资 130 余吨，排水 3.50 万立方米，修整道路 4.60 千米，搬运物资 4000 余件，排查危房 100 余间。2022 年 3 月 27 日，应急管理部印发通知，对在河南“7·20”特大暴雨灾害抗洪抢险救援工作中作出突出贡献的集体和个人给予奖励，其中中原油田队获集体三等功，4 人获个人三等功。

（陶　岚）

表 1　中原油田主要技术经济指标　亿元

指标名称 \ 年份	2022	2021	2020	2019	2018	2017
企业总产值①	204.90	186.07	145.85	169.58	140.06	157.64
企业增加值①	100.55	91.95	72.96	67.38	65.83	68.34
资产总计	414.28	398.73	380.98	416.44	279.24	334.97
流动资产	82.65	63.80	31.25	43.28	39.28	41.98
固定资产原值	417.74	391.55	392.00	384.97	359.36	398.72
固定资产净值	111.03	101.79	125.89	134.65	137.09	170.06
销售收入	216.37	199.38	127.91	151.97	149.84	174.05

续表

指标名称＼年份	2022	2021	2020	2019	2018	2017
实现利税	30.69	20.79	8.72	0.54	9.83	−31.95
税　金	28.26	20.63	14.51	18.26	20.79	21.59
综合能耗[②]/吨标煤·万元$^{-1}$ 中原石油勘探局	0.079	0.094	0.104	0.241	2.32	0.53
中原油田分公司	0.665	0.655	0.589	0.60	0.597	0.56

① 中原油田分公司企业总产值/增加值即工业总产值/增加值
② 2018 年数据为工业综合能耗，其他年份数据为综合能耗

表 2　中原油田主要生产建设指标

指标名称＼年份	2022	2021	2020	2019	2018	2017
原油产量/万吨	127.50	125.39	125.11	124	125.34	126.42
天然气产量/亿立方米	66.16	69.45	64.05	70.68	65.62	59.76
新增原油生产能力/万吨	8.66	8.03	10.20	9.55	7.74	5.71
新增天然气生产能力/亿立方米	7.03	4.88	4.62	2.93	1.05	3.97
新增探明石油地质储量/万吨	426.63	570.03	305.18	236.82	643.07	0
新增探明天然气地质储量/亿立方米	0	12.40	31.60	72.46	10.20	0
二维地震/千米	0	0	0	0	190.00	150.00
三维地震/平方千米	33.22	224.00	0	31.00	63.00	254.00
探井[①]/口	28	25	24	25	17	17
开发井[①]/口	43	23	37	31	14	13
勘探投资/亿元	10.06	9.72	7.22	7.99	6.82	5.73
开发投资/亿元	18.95	14.32	14.79	16.55	11.31	9.04

① 探井、开发井均为完井口数

河南油田

【概况】 河南油田为中国石化集团河南石油勘探局有限公司（简称河南石油勘探局）和中国石油化工股份有限公司河南油田分公司（简称河南油田分公司）的统称。其前身组建于 1972 年 5 月 1 日。1998 年，河南油田由中国石油天然气总公司划归集团公司。2000 年 1 月，河南石油勘探局和河南油田分公司分设分立。2012 年 9 月—2013 年 9 月，河南油田钻井公司、物探公司、油建公司等 7 个二级单位完成石油工程专业化重组，划归石油工程公司管理。2017 年 9 月，中国石化集团河南石油勘探局改制更名为中国石化集团河南石油勘探局有限公司。

河南油田是以油气生产为主，集油气勘探、开发、精蜡化工、施工作业、辅助生产和社会服

务于一体的国有大型Ⅰ类企业；矿权范围地跨河南省南阳、驻马店、周口、漯河，陕西省咸阳、铜川、延安和新疆维吾尔自治区巴音郭楞蒙古自治州、伊犁哈萨克自治州 9 个市（州）。本部设在河南省南阳市宛城区油田五一路中段，其所属新疆采油厂注册地位于新疆维吾尔自治区巴音郭楞蒙古自治州焉耆回族自治县城。截至 2022 年底，河南油田有探矿权区块 11 个、面积 4023.21 平方千米，采矿权区块 8 个、面积 2074.66 平方千米。油气资源总量达 13.62 亿吨，发现 16 个不同类型的油气田，累计探明石油地质储量 3.98 亿吨、天然气地质储量 130.65 亿立方米，投入开发 16 个油气田，累计生产原油 9224.98 万吨、天然气 31.94 亿立方米。

河南油田实行勘探局、分公司—二级厂（中心、院）两级管理体制。截至 2022 年底，河南油田设管理部门 17 个、机关直属机构 5 个、二级单位 17 个，其中河南油田分公司下属 10 个、河南石油勘探局下属 7 个。有 138 个厂（中心、院）直管班站。河南油田有党委 18 个，其中河南石油勘探局和河南油田分公司单位党委 17 个、移交单位党委 1 个，基层党总支 9 个，党支部 243 个（含直属党支部 1 个）；党员 5797 名，其中在职党员 5419 名、非在职党员 378 名。有合同制员工 10054 人（分公司 6807 人），其中拥有正高级职称的 55 人、高级职称的 2168 人、中级职称的 1458 人、初级职称的 822 人；享受政府特殊津贴的 3 人，集团公司突出贡献专家 8 人，获闵恩泽青年科技人才奖的 14 人，学术、技术带头人 6 人。拥有高层次技术、技能人才 154 人，其中高层次技术人才 92 人（油田首席专家 5 人、高级专家 19 人、专家 68 人）、高层次技能人才 68 人（集团公司技能大师 3 人、油田首席技师 11 人、主任技师 54 人）。

河南油田主要技术经济指标和主要生产建设指标分别见表 1 和表 2。

（郭运平　韩　伟）

【完成油气生产任务】 2022 年，河南油田新建产能 12.35 万吨，落实商业开发储量 264.06 万吨。生产原油 114.51 万吨（三采区块 27.50 万吨），其中老井自然产量 100.34 万吨、新井产量 5.04 万吨、措施增加产量 9.13 万吨。生产天然气 6817 万立方米，其中溶解气 2431 万立方米、气层气 4386 万立方米。年末综合含水率 93.93%，自然递减率 13.55%，稠油热采吞吐油汽比 0.16。

（韩　伟）

2022 年 12 月 26 日，河南油田采油气工程服务中心修井 108 队员工在双 T427 井井场进行下油管作业（鲁海涛　摄）

【控制储量完成情况】 2022 年，河南油田计划新增控制石油地质储量 400 万吨，实际完成新增控制石油地质储量 417.78 万吨，完成年计划的 104.45%。新增储量地区：下二门油田泌 436 区块古近系核桃园组油藏，划分为 1 个计算单元，新增含油面积 4.80 平方千米，控制石油地质储量 310.58 万吨，技术可采储量 27.95 万吨；春光油田春沙 1701 区块新近系沙湾组油藏，划分为 1 个计算单元，新增含油面积 0.72 平方千米，控制石油地质储量 107.20 万吨，石油技术可采储量 18.22 万吨。

（郭运平）

2022 年 12 月 12 日，中石化铜川油气开发有限公司彭镇 1 煤层气大型压裂施工现场（刘红欣　摄）

【能源化工生产】 2022 年，河南油田能源化工加工原油及原料油 24.51 万吨，生产特种蜡 15.12 万吨，销售特种蜡 15.64 万吨，实现经营收入 15.67 亿元。综合商品率 92.64%，加工损失率 1.19%。炼油能耗 43.86 千克标油 / 吨，单位能量因数耗能 9.65 千克标油 / 吨。开发特种蜡新产品

4个：NYTB-211包裹蜡、NYTM-202号专用蜡、NYST-204号建材专用蜡、NYTX-207号橡胶防护蜡。经重新梳理归类，特种蜡产品有27个品种、136个牌号。

（郭运平）

【科技创新】 2022年，河南油田全面推进科技铸剑工程，实施一体化攻关，建立“科研经费+”的项目化管理机制，开展科技攻关项目92项，其中集团公司级32项、油田级60项（铸剑项目8项）。完成科技项目53项。“提高浅层稠油高轮次吞吐开发效果关键技术”获集团公司科技进步奖三等奖，评出河南油田2022年度科学技术奖励39项。申请专利120件，其中发明专利55件；获授权专利150件，其中发明专利43件。

（韩 伟）

【安全环保管理】 2022年，河南油田落实集团公司“总经理2号令”，修订HSE制度24项，发布实施二级单位HSE管理手册，建立示范试点站6个，编制队基层HSE工作手册，健全完善HSE管理体系。加强风险清单闭环管控，油田级安全风险总值下降17%。推进安全生产专项整治三年行动，开展危险化学品罐区、燃气安全隐患老旧装置等28项专项隐患排查，消除能化公司中控室、埠江镇完全学校管线占压、油气集输管线储罐等较大安全隐患。加强承包商和直接作业环节监管，推行安全、质量、进度“三统一”管理，保障能化公司高熔高纯相变蜡装置建设、老旧破装置拆除、装置停工大修等重点项目的安全实施，实现全年安全生产无事故。推进绿色企业行动，开展“无废企业”创建，完成32台加热炉低氮改造，建成投用华中区域危险废物处置中心和环保围堰自动化清洗站，获集团公司绿色企业复核A档和节能环保先进单位称号。

（郭运平）

【保效增效】 2022年，河南油田加大成本管控力度，成立三采、电费管控、燃料费管控等“十大精益成本管理”项目组，实现降本增效3.71亿元。三采项目组通过采取优化建设投产方案、攻关提高采收率技术、加强招标竞价管理等措施，优化三采化学剂用量，完成保效增效4381万元。测井测试项目组通过采取严格工作量审批、加强信息化管理等措施，优化工作量，完成保效增效1120万元。电费管控项目组通过采取优化峰谷时段用电生产、节约变压器基本容量、扩大新能源规模等措施，降低能耗，完成保效增效4000万元。燃料费管控项目组通过采取调整锅炉运行参数、降低单耗支出等措施，完成保效增效3402万元。运输费用管控项目组通过开展车辆联动管理、精简用车量等措施，完成保效增效997万元。修理费管控项目组通过采取严格外委审批、推进内部承揽、加大激励力度等措施，完成保效增效4000万元。非生产性支出管控项目组通过采取加强油田中心区办公用房清查、精益管理等措施，完成保效增效350万元。

（韩 伟）

【工程建设】 2022年，河南油田完成工程项目投资16.52亿元，其中河南油田分公司完成投资16.19亿元、河南石油勘探局完成投资3300万元。河南油田分公司重点项目完成南阳、泌阳、春光、渭北区域勘探钻井31口、进尺7.54万米；完成双河、井楼、王集、春光等区块产能建设钻井158口、进尺22.08万米，建井146口，产能12.34万吨；完工投用“原油应急装车设施建设工程”“江河联合站6#5000立方米沉降罐隐患治理工程”“双河采油管理区埠江完全学校占压管线隐患治理工程”“新庄油田泌浅67区部分注汽干线隐患治理工程”“春光油田部分集输干线隐患治理工程”“井楼三区等区域注汽管线隐患治理工程”“采油一厂加热炉环保节能改造工程”“采油二厂加热炉环保节能改造工程”“采油二厂井古区域注水系统调整完善工程”“井楼油田八区注汽系统保干改造工程”“高纯相变蜡装置建设工程”“高熔相变蜡装置建设工程”12项；开工建设“采油一厂集输管线隐患治理工程”“江联3#5000立方米污水沉降罐隐患治理工程”“采油一厂江魏输油管线江井段部分隐患治理工程”“江河联合站VOCs隐患治理工程”“双河联合站VOCs隐患治理工程”“下二门联合站VOCs隐患治理工程”“采油二厂稠油联合站VOCs隐患治理工程”“新疆采油厂燃气设备环保改造工程”“井楼油田注汽管网热采全程保干改造工程”“江河联合站脱硫塔升级改造工程”10项。河南石油勘探局重点项目完成“双河区域井场作业防渗膜清洗建设工程”“下二门作业大院区域光伏发电建设工程”“魏岗矿及采油一队光伏发电项目”“东部原油应急装车区域光伏发电项目”“双河原油建分公司场地光伏发电项目”“油服中心原电泵队光伏发电项目”“能化公司办公区域场地光伏项目”7项，开工建设“下二门原作业九队光伏发电项目”“原双运小区场地光伏发电项目”2项。

（郭运平）

【节能工程】 2022年，河南油田加强节能技术推广应用，落实节能技术措施项目，丰富节能降碳技术手段，运用管理节能、技术节能、工程节能、结构节能等方法，在机采、注水（聚）、注汽、集输、生产辅助、新能源利用等系统，实施“采油一厂加热炉环保节能改造工程”“采油二厂加热炉环保节能改造工程”“采油二厂高耗能落后电机更新工程”等节能技术措施项目37项，节约标煤1.30万吨，减少二氧化碳排放量3.90万吨，完成年节能目标。

（韩 伟）

【新能源发展】 2022年，河南油田制定下发《加快推进新能源业务发展的指导意见》《光伏发电开发管理规定》，统筹推动新能源业务的有序、规范开展和效益开发。全年安排各类新能源项目11项，完工投运9项，实现发电1300万千瓦·时、节约天然气220万立方米，实现降本创收620万元、减碳1.20万吨。通过采取优选场站、简化方案设计、盘活利用废旧设备等措施，降低投资、提升项目效益，审减8个光伏发电项目可行性研究（方案）投资约600万元，5个项目施工创收约250万元。分析评价2021年完工投产的光伏发电项目，项目整体运行良好，实际单位造价、投资控制、运行成本、回报效益等主要指标均达到或好于方案设计标准，发电量平均增加19%、造价平均降低8%、单位成本平均降低12%。

（郭运平）

【精益管理】 2022年，河南油田全面实施精益管理，形成方针课题375项，创效6403万元；参与提案改善机制人员大约占总人数的70%；绘制业务流程图1222项，优化流程502项；将精益工具和方法融入班组基础管理，提升基础管理水平；推行异常管理数字化精益工具——EMBP，固化标准处置流程118个，输出课题11项，年创效近900万元。实现“五个一批”（开发一套精益管理基础培训课程，探索一条油田企业精益管理路径，打造一台全面改善管理高速引擎，培养一众乐于善于改善精益人才，形成一批精益管理典型改善案例）、“五个突围”（构建目标管理的新模式，打开降本增效的新格局，找到管理提质的新方向，明确强基固本的新举措，创建异常管理的新路径）基本目标，建成具有油田特色的精益管理模型，建立工作推进及点检机制，形成近万个课题和提案，实现降本创效2.80亿元，助推油田扭亏脱困可持续高质量发展，并总结汇总典型管理创新经验。

（韩 伟）

【外部市场开发与管理】 2022年，河南油田外闯市场按照“提规模、调结构、增效益、防风险”工作思路，制定实施《外部项目HSE管理办法》《外闯市场管理办法》，不断扩大市场规模、优化市场结构、提升创效能力、完善配套制度，产值、边际效益和外闯市场人数均创历史新高。国内市场遍布23个省（自治区、直辖市）实施各类项目288项，完成产值7.58亿元，创边际效益2.70亿元，外部市场用工人数3028人。其中，工程技术服务板块新拓展东北油气田腰英台区块油气合作开发、西北油田延长油田吴起采油厂油藏研究、石油勘探开发研究院沙河实验中心综合研究等项目，实现产值1.65亿元，增加2900万元、增长22%；产品销售板块实现产值2.95亿元，增加8200万元、增长39%；劳务输出板块实现产值2亿元，增加3700万元、增长23%；社会服务板块实现产值9800万元，增加1700万元、增长21%。国外市场涉及7个国家，新拓展中海油海外技术服务市场，新签合同额1232万元；实施各类项目10项，海外市场用工89人。

（郭运平）

【旬邑—宜君地区天然气勘探成果】 2022年，河南油田优选棋盘1井太原组气层为第一试气层，试获工业气流，证实在渭北隆起远离边界断裂地区具备较好的天然气保存条件，提升区块的勘探价值。为进一步落实古生界含气规模，向北部天然气保存条件更好的部位部署彭镇1井，在古生界钻遇良好砂岩储层，其中太原组解释含气层6.40米/3层、山西组—石盒子组解释含气层25.80米/4层。根据棋盘1、彭镇1井钻探情况，对太原组砂体进行精细标定、线描，结合波阻抗反演，刻画砂体展布，落实含气面积297.85平方千米，申报天然气预测储量107.33亿立方米。落实圈闭线索14个，圈闭资源量354.50亿立方米，形成新的增储阵地。

（韩　伟）

【油田开发成果】 2022年，河南油田强化区带整体研究，攻关多物源交汇区薄储层预测技术，创新构造复杂区深度域解释技术，落实可动用储量264万吨，完成年度计划的132%。强化效益建产，深化院厂融合，实施一体化全流程跟踪优化，提升油藏开发水平，部署新井148口，新建产能12.35万吨。坚持油藏、地面、工程一体化设计，分类施策，动态治理，方案符合率由2021年的79.70%提高至85.70%，新井平均日产油从2.80吨增加至3.20吨。强化正注单元过程管控，加快接替单元建设步伐，研究提高采收率新技术，实现三采增油12.76万吨，增加1.81万吨。深化非均相复合驱驱油机理研究，在双河油田开展化学驱井网、驱剂配方、注入参数等迭代优化，建成近年来最大化学驱单元——双北Ⅱ 4—5层系。攻关微乳液驱提高采收率新技术，自主研发的微乳液驱油体系室内岩芯驱替试验提高采收率23个百分点以上。

（郭运平）

【稠油冷采降黏复合驱技术】 2022年，河南油田针对稠油油藏水驱开发水油流度比大、水驱窜流严重、生产低效等问题，研究具备油相降黏和液相增黏的复合驱油技术体系，改善水油流度比，扩大波及体积，提高洗油效率及原油采油率。该技术在杨21226井组实施后，累计注入降黏复合驱剂8484立方米、调剖剂620立方米，该井组增油降水效果显著且有效期长，高峰时日产油由0.90吨增加至7.10吨，含水率由93.40%下降至77.30%，井组累计增油1276.30吨。

（韩　伟）

【技术推广应用】 2022年，河南油田推广应用成熟技术，降低勘探开发成本，提高生产效率。旬邑—宜君探区应用叠前深度域地震成像技术，建立高精度深度域速度模型，改善目标层延长组及古生界的成像精度。春52井区、春111井区应用强反射内超覆薄层识别技术，部署的4口油井均钻遇油层。应用稠油化学复合冷采矿场技术取得阶段性增油效果，并在采油二厂杨浅20区块建立示范区。应用7级8段精细分层注水技术，实现各层正常配注，对应受效井增油效果明显，提高井区储量动用程度。推广应用多级找堵水技术189井次，调层95井次，增油1.57万吨。推广应用精细注水配套工艺技术68井次，增加注水层段37个，阶段增加注水29.75万立方米。推广应用修井作业地面自动化装置配套技术，完成施工674井次，创产值4800余万元，井下作业环节每班组减少操作人员1—2人，减轻员工的作业劳动强度，改善修井作业条件，提高效益。

（郭运平）

【员工队伍培训】 2022年，河南油田举办各类培训班228期，培训19677人次。其中，举办领导人员学习贯彻党的二十大精神读书辅导班、政治能力提升培训班、“三基”送培训到基层等各类管理干部培训班50期，培训人员4266人次；举办“大师讲坛”“青马工程”、勘探开发技能提升等技术干部培训班26期，培训人员2764人次；举办班（站）长培训、技师（高级技师）培训、转岗培训等岗位提高培训班47期，培训人员2049人次。举办HSE取证、特种作业、特种设备等安全培训班105期，培训人员10598人次。开展“人人达标”活动，指导基层单位结合岗位特点和技术短板，通过现场操作、案例分享、应急演练等方式，进行多样化的岗位培训和练兵，提高员工业务操作技能和安全应急能力。

（韩　伟）

2022 年 8 月 17 日，河南油田培训中心组织的中国石化第七期青年干部培训示范班在南五井开展“传承石油精神”现场培训（陈 爽 摄）

【业务竞赛】 2022 年，河南油田组织开展采油、财政金融、采油工、井下作业工、井下作业工具工、电焊工、酮苯脱蜡装置操作工、配电线路工、绿化花卉工 9 个专业、工种的业务竞赛。各单位层层开展岗位练兵、培训选拔，300 余名选手参加决赛。55 名选手分获各专业、工种竞赛名次，并获油田技术能手称号；7 人被授予技师职业资格；刘建朴、刘璐瑶、翟晓东、封晓江、郭亮、王军、刘山、李林卿、程旗 9 人获业务竞赛优秀导师称号；采油一厂、采油二厂、采油气工程服务中心等 7 个单位获优秀组织单位称号。组织 4 名选手参加全国行业职业技能竞赛采油工竞赛，获个人金牌 1 枚、银牌 1 枚、铜牌 2 枚，河南油田被评为优秀组织单位；组织 6 名选手参加集团公司采油专业竞赛，获个人银牌 1 枚。

（郭运平）

【群众经济技术创新】 2022 年，河南油田开展群众性经济技术创新活动。评选表彰油田“工人先锋号”15 个、“师带徒标兵”10 对、优秀技术创新成果 70 项、优秀合理化建议成果 60 项。“油田修井现场抽油杆扶正器快速拆卸装置的研制”获中国职工技术协会优秀技术创新成果三等奖。在中国能源化学地质工会 2022 年职工技术创新成果评选中，河南油田参评 44 项，获奖 28 项。其中，“快速作业配套工艺技术研究与应用”“抽油机远程自动刹车装置”“一种油田不规则抽油杆打捞筒的研制与应用”等 4 项成果获一等奖，“水平井多段找水工艺技术研究”等 9 项成果获二等奖，“抽油机调平衡装置及配套工具的研制与应用”等 15 项成果获三等奖。建成“油田劳模和工匠人才创新工作室联盟”线上平台，推动油田劳模和工匠人才创新工作室开展线上交流学习、攻关协作。采油二厂采油工主任技师翟晓东获河南省“师带徒标兵”称号，“李林卿创新工作室”被河南省总工会命名为“河南省示范性劳模和工匠人才创新工作室”，“郭亮劳模创新工作室”获河南省“工人先锋号”称号。承办河南省职业技能竞赛河南油田赛区采油工竞赛，河南油田采油工李猛获比赛第 1 名。河南油田杨新前获河南省“中原大工匠”称号。

（韩 伟）

【河南油田成立 50 周年系列活动】 2022 年，河南油田开展“砥砺奋进五十载、牢记嘱托再出发”系列活动，包括开展“牢记嘱托、接续奋斗、从南五井再出发”石油石化优良传统现场学习教育、召开“回望五十年、致敬奋斗者”座谈会、组织“永远跟党走、初心如磐向未来”青年主题教育、开展河南油田发展史网上知识竞赛、组织“致敬五十载、奋斗新征程”征文大赛、举办“岁月流金、再创辉煌”摄影展、进行“闯市场、求生存、谋发展”网上先进事迹展播、举办“砥砺奋斗五十载、我为油田送祝福”抖音短视频大赛、录制河南油田五十年发展成就宣传片、组织以“十个一”工程为亮点的 50 年系列成就专题宣传等 10 项工作，引导干部员工从老一辈河南油田人胸怀祖国、战天斗地、激情创业的奋斗历程中汲取前进力量，增强使命感、自豪感、幸福感，传承以“苦干实干、三老四严”为核心的石油精神，全力打造“小而优”的新型油田，以优异成绩向党的二十大献礼的干劲和热情。

（郭运平）

表 1　河南油田主要技术经济指标　亿元

指标名称＼年份	2022		2021		2020		2019		2018		2017	
	勘探局	分公司	勘探局	分公司	勘探局	分公司	勘探局	分公司	勘探局	分公司	勘探局	分公司
工业总产值	1.58	68.14	1.59	49.36	1.49	32.40	1.49	47.76	1.76	53.97	1.93	47.28
工业增加值	0.51	32.72	0.53	15.68	1.01	9.06	0.98	19.59	0.38	18.86	1.07	8.43
资产总计	23.28	104.51	18.80	94.32	20.37	90.26	24.12	102.51	23.29	59.04	20.39	84.64
流动资产	4.37	8.45	1.79	7.70	4.79	5.01	7.91	5.33	6.95	6.26	5.02	9.52
固定资产原值	16.32	391.07	16.41	378.14	16.67	370.02	16.76	359.89	18.44	347.20	28.08	342.20
固定资产净值	5.59	41.71	5.83	31.11	5.91	29.41	8.63	37.64	9.95	36.52	13.80	62.16
销售收入	13.40	61.41	12.53	43.93	11.93	32.04	12.55	39.13	13.90	44.19	13.08	47.22
实现税费	1.13	12.22	1.33	4.52	0.96	2.69	1.18	5.50	1.29	7.52	1.21	7.08
综合能耗 / 吨标准煤·万元$^{-1}$	0.227	1.259	0.254	1.247	0.182	0.734	0.209	0.732	0.211	0.689	0.214	0.619

表 2　河南油田主要生产建设指标

指标名称＼年份	2022	2021	2020	2019	2018	2017
原油产量 / 万吨	114.51	114.31	120.00	130.01	136.01	156.50
天然气产量 / 亿立方米	0.69	0.82	0.88	0.91	0.84	0.80
新增原油生产能力 / 万吨	12.35	9.36	9.71	12.00	10.71	14.52
新增天然气生产能力 / 亿立方米	0.02	0.01	0.02	0.09	0.01	0.01
新增探明石油地质储量 / 万吨	413.05	321.83	329.17	311.06	0	0
新增探明天然气地质储量 / 亿立方米	0.21	0.59	0	0	0	0
二维地震 / 千米	0	0	0	200.00	—	—
三维地震 / 平方千米	0	0	0	0	80.00	100.00
石油钻井 / 口	179	134	124	167	132	121
探　井	31	30	36	33	39	43
开发井	148	104	88	134	93	78
钻井进尺 / 万米	28.84	24.57	20.68	27.88②	23.39	21.60
勘探投资① / 亿元	3.85	2.98	3.30	3.56	4.01	5.95
开发投资 / 亿元	9.61	7.01	7.21	9.50	5.86	4.63

① 勘探投资含滚动勘探投资部分

② 数据有调整

江汉油田

【概况】 江汉油田为中国石化集团江汉石油管理局有限公司（简称江汉石油管理局）和中国石油化工股份有限公司江汉油田分公司（简称江汉油田分公司）的统称，是以油气勘探为主、盐卤化工配套发展的国有大型企业。江汉石油管理局组建于1972年5月，1998年划归集团公司。2022年，江汉油田有江汉、八面河、坪北、彰武4个油区，主要分布在湖北省潜江市、荆州市、仙桃市、松滋市，山东省寿光市，陕西省安塞市，辽宁省阜新市。主要基层单位有21个，先后获全国文明单位、全国五一劳动奖状、全国模范职工之家等称号。

2022年，江汉油田全面落实习近平总书记视察胜利油田重要指示精神，深入学习宣贯彻党的二十大重要精神，围绕实现“千万吨油气田”战略目标，坚持构建“一主两域多元”发展格局，做大做强油气勘探开发主业，在确保国家能源安全、保障经济社会发展上贡献力量。累计生产天然气500亿立方米（页岩气416.7亿立方米）。

江汉油田主要经济指标和主要生产建设指标分别见表1和表2。

（王　冠）

【油气勘探开发】 2022年，江汉油田聚焦重点区带与领域，取得2个重大突破，形成3个规模增储阵地，实现2项重要进展，油气田自然递减、储量替代、运行效率等指标持续向好。全年完成探明石油地质储量221万吨、预测石油地质储量6598万吨；页岩气控制地质储量621亿立方米，油气开发通过优化生产组织运行，产量再创新高，全年生产页岩气71.96亿立方米、工业天然气1.41亿立方米、原油115万吨。

（王　冠）

【盐化工】 2022年，江汉油田盐化工实现营业收入14.99亿元，盈利4128万元，产量产值均创历史新高。取得国际红十字会2050吨的招标订单，新增葡萄牙市场销量过千吨，为欧洲高端市场销售提升开拓新的市场储备。紧盯生产运行“瓶颈”，开展技术攻关，实施股份公司级科技项目3项、油田级2项、公司级15项。10万吨/年电解设备更新技术改造项目11月一次性投产成功。

（王　冠）

【企业改革】 强化系统思维、顶层设计、底线意识，全力推动江汉油田管理体系持续优化、管理水平持续提升、风险防控体系持续健全。建成2个厂直管班站标准化示范区。将清河和荆州厂—区两级管理模式调整为厂站一级管理模式，实现操作业务内部市场化运作。打破行政化壁垒和人才区域限制，将荆州和清河140余名从事地质和工程类技术人员对口划转至物探院与研究院，实现地质和物探、科研和生产人才集中管理，撤销农林分公司机构，在资产经营管理中心组建农业资源资产专业化经营单位，推动自营生产型农业向农业资源资产综合利用型转变。组织开展承包商入库资格评审，将363家承包商纳入油田资源库统一管理，评审淘汰率19.29%。发布年度“立改废”计划，强化内控符合性、合法合规性审查，2022年审核发布制度92项。

（王　冠）

【科技创新】 紧扣江汉油田“万千百”战略目标，加强基础研究和关键核心技术攻关，健全海相与陆相、常规与非常规地质评价和甜点预测等技术，陆续在复兴地区、红星地区、川东地区取得重大突破。开展钻井瘦身技术研究，首创 2 种井身结构新模型，实现国内页岩油气钻井工程工艺革命性的突破。承担股份公司级科技项目 40 项，安排油田级科技项目 73 项；获省部级科技奖励 7 项，申报国家专利 93 件，发布 1 项页岩气国家标准、2 项页岩气行业标准，获省部级（中国石化）奖励 7 项，4 项技术入选国家自然资源部先进适用技术目录，牵头承担的 2 个项目获中国石化科技创新工资总额特殊奖励。

（王　冠）

【安全环保】 江汉油田召开“安全生产月”活动推进会，对抓好“三个学习、三个做实、五个确保”工作进行再动员、再部署。开展 2022 年 HSE 管理体系培训，邀请青岛安全工程研究院高级工程师刘士华进行专题授课。召开 HSE 工作务虚会，全面强化 HSE 管理体系建设及运行，分层分级优化体系要素监测指标设置，推动 HSE 管理体系与“三基”工作深度融合，加快岗位操作标准化建设，形成标准化管理流程、标准化操作规程、标准化记录清单，将体系要求落实到基层和岗位，打通体系运行“最后一公里”。

（王　冠）

【企业管理】 组织开展江汉油田机关职权梳理，共梳理 26 个职能部门（单位）职权 532 项，权力行使更加规范。组织开展承包商入库资格评审，将 363 家承包商纳入油田资源库统一管理，评审淘汰率 19.29%。修订合同管理办法，明确合同业务流程 10 个阶段、19 个程序节点业务职责分工，有效提高合同审签效率。修订油田法律纠纷管理办法，法律案件和法律中介聘用管理权限上提，由油田一级统一管理。

（王　冠）

【队伍建设】 开展“千名干部下基层”活动，干部通过下基层实践锻炼，磨炼心志、砥砺品行。深入开展“三查三强”主题活动，加快推进人才队伍建设，10 年来共引进在站博士后 18 人、高校毕业生 767 人、成熟人才 42 人，获国家科技进步奖一等奖 1 项、省部级以上科技奖 91 项，集团公司油气勘探重大发现特等奖和一等奖各 2 项，获授权国家发明专利 103 件。2022 年交流提拔中层领导 48 人次，40 岁以下中层领导人员占比由 17.6% 提升至 21%。8 人通过竞聘走上中层领导岗位，17 人通过公开遴选进入优秀党务政工干部储备库。接收或选派 27 名干部进行挂职锻炼，推荐 1 名中层副职到恩施州发改委挂职锻炼。出台《江汉油田干部人才有序流动的实施意见》，为年轻干部扎根基层夯实基础提供政策保障。

（王　冠）

【政治工作】 严格落实“第一议题”制度，制定《关于打造践行习近平新时代中国特色社会主义思想重要阵地的实施意见》，完善党史学习教育常态化长效化机制，修订干部员工理论学习制度，开展基层理论学习示范点创建，持续推动党的创新理论大学习、大普及、大落实。扎实开展“牢记嘱托、再立新功、再创佳绩，迎接学习贯彻二十大”主题行动，“1+10”个工作组高效运行，11 个方面、40 项重点任务高质量完成，相关做法在集团公司年中工作会上作经验交流。深化心田与油田共建强动力，统筹抓好形势任务教育、石油石化传统教育、感恩教育，加大员工思想动态分析和文化宣传力度，江汉油田继续保持“全国文明单位”称号。江汉油田员工张义铁、涪陵页岩气田绿色项目分别获集团公司精神文明建设标兵和社会责任示范项目称号。深化群众性创新创效激活力，开展五大群众性劳动竞赛，持续打造“张榜问计”“工匠杯”等群众性创新创效品牌，深入推进青年精神素养提升工程，2 项创新成果在首届大国工匠创新交流大会上展示，13 名个人、5 个集体获省部级以上荣誉。助力乡村振兴教育帮扶，西藏班戈县中石化小学教师培训班在江汉油田正式开班，为班戈县教育事业提供专业支撑和人才保障，共计 75 名班戈教师参加培训。深化“我为群众办实事”聚合力，调增补充医疗保险比例，优化住房公积金政策，调整外围工区员工休假管理办法，修建员工公寓，建立“中央厨房 + 职工食堂”服务模式，不断做实员工帮扶服务，有效解决群众“急难愁盼”。深入细致抓好信访稳定，信访事项办结率 99.6%，实现“五个不发生”。

（王　冠）

【获中国石化油气勘探开发总结会表彰】 中国石化 2022 年度油气勘探开发总结会宣布，江汉油田的“四川盆地侏罗系凉高山组页岩油勘探重要突破”“潜江凹陷碳酸盐岩新类型勘探重要突破”获油气勘探突破二等奖；“潜江凹陷蚌湖向斜岩性油藏勘探商业发现”获规模储量商业发现三等奖；“红星地区二叠系新层系页岩气勘探潜力评价与目标优选”获优秀研究奖；“石柱南三维地震勘探项目”获优秀工程奖。江汉油田的“江汉盆地潜江凹陷潜江组湖相碳酸盐岩石油勘探取得重大突破”勘探成果入选 2022 年十大油气勘探成果。

（王　冠）

【涪陵页岩气田焦页 18-S12HF 井完井】 焦页 18 超长水平探井完钻井深 7161 米，其中水平段长 4286 米、水平段“一趟钻”进尺 4225 米，一举刷新中国页岩气井水平段最长、水平段“一趟钻”进尺最长 2 项纪录，标志着中国页岩气超长水平井钻探取得重大突破，有力带动中国页岩气实现高效开发。

（王　冠）

【部署在涪陵页岩气田的焦页 26-Z1HF 井完钻】 该井为国内首口“瘦身Ⅰ型”井身结构＋高性能页岩水基钻井液的页岩气井，完钻井深 5470 米，水平段钻进实现一趟钻完成，创国内页岩气井应用页岩水基钻井液施工水平段最长、水平位移最大、位垂比最大、水平段一趟钻进尺最高、水平段使用常规定向钻具组合钻井进尺最高，“瘦身Ⅰ型”井身结构水平段最长、水平位移最大、位垂比最大、水平段一趟钻进尺最高、水平段使用常规定向钻具组合钻井进尺最高等 10 项纪录。

（王　冠）

【盐穴天然气储气库王储 6 井投产注气】 2022 年 6 月，天然气分公司江汉盐穴天然气储气库王储 6 井投产注气。该井深 2000 多米，是国内最深的盐穴地下储气库。

（王　冠）

【技校重启招生办学】 江汉油田着力建设油田战略性接替人才培训基地，2022 年，停办 6 年的油田技工学校重启招生。首季招生报名 440 人、注册 384 人。

（王　冠）

【艾晓慧当选党的二十大代表】 2022 年 6 月，江汉采油厂新沟采油管理区新一站党支部书记艾晓慧当选党的二十大代表。

（王　冠）

【潜江盐湖盆地碳酸盐储层油藏勘探取得突破】 2022 年 11 月 24 日，黄 20 斜 -4 井、潭 71 斜 -7-5C 井压裂后放喷均获得工业油流，其中黄 20 斜 -4 井通过复合酸压加砂压裂，用 3 毫米油嘴控制放喷日产油 26.22 立方米，获高产工业油流，实现江汉潜江盐湖盆地碳酸盐储层油藏勘探重大突破，打开勘探新领域，初步落实潭口地区有利区面积 17.5 平方千米，控制石油地质储量规模 3000 万吨，为老区资源接替寻找到新的规模增储阵地。

（王　冠）

【复兴地区凉高山组页岩油气探井测试获高产油气流】 2022 年 7 月 26 日，江汉油田复兴地区兴页 L1HF 井在侏罗系凉高山组测试产油 43.9 米^3/ 日，产气 1.44 万米^3/ 日，获高产工业油气流。

（王　冠）

【与省地质局签订战略合作协议】 2022 年 2 月 16 日，江汉油田与湖北省地质局签订战略合作协议。

（王　冠）

【涪陵页岩气公司获全国十佳环保设施开放单位】 2022 年 6 月，国家生态环境部联合中央文明办、辽宁省人民政府共同举办 2022 年“世界环境日”国家主场活动，中国石化江汉油田涪陵页岩气公司获评全国十佳环保设施开放单位，是中国石化唯一一家获评单位。

（王　冠）

【4 人获国家自然资源部通报表扬】 2022 年 7 月，江汉油田地质资料管理人员袁芳等 4 人获国家自然资源部通报表扬，此次受到该项表彰的仅 50 人。

（王　冠）

【五七油田会战指挥部旧址获评湖北省爱国主义教育基地】 2022 年 5 月，湖北省政府正式下文，命名江汉油田五七油田会战指挥部旧址为第五批湖北省爱国主义教育基地。

（王　冠）

表 1　　江汉油田主要经济指标　　亿元

年份 指标名称	2022	2021	2020	2019	2018	2017
工业总产值	166.61	142.08	117.94	125.58	123.13	110.90
工业增加值	133.95	105.20	82.50	95.54	96.57	83.72
资产总计	438.69	380.27	399.92	370.24	317.40	337.14
流动资产	69.94	36.97	34.06	16.43	15.84	18.36
固定资产原值	894.72	845.46	785.49	723.16	654.17	613.79
固定资产净值	257.65	252.50	292.77	280.88	261.91	250.43
销售收入	193.29	179.83	160.61	168.32	161.89	137.56
实现利税	62.28	18.35	24.71	32.73	20.41	8.94
税　金	26.44	14.26	8.39	11.01	11.87	11.10

表 2　　江汉油田主要生产建设指标

年份 指标名称	2022	2021	2020	2019	2018	2017
原油产量 / 万吨	115.70	115.05	115.24	116.57	117.00	119.18
天然气产量 / 亿立方米	73.37	72.97	68.05	64.43	61.41	61.34
新增原油生产能力 / 万吨	7.11	7.54	9.21	9.30	9.81	7.09
新增天然气生产能力 / 亿立方米	10.65	16.06	14.89	8.94	5.13	23.50
新增探明石油地质储量 / 万吨	221.04	216.99	226.68	229.67	0	0
新增探明天然气地质储量 / 亿立方米	0.51	1 048.83		0.32	0	0
二维地震 / 千米	163.25	67.75	65.00	175.00	354.00	550.00
三维地震 / 平方千米	416.06	587.00	469.00	150.00	187.74	200.00

续表

指标名称 \ 年份	2022	2021	2020	2019	2018	2017
石油探井 / 口	214	251	255	255	220	162
探　井	45	46	33	31	18	24
开发井	169	205	222	224	202	138
注水井 / 口	7	5	3	8	12	5
钻井进尺 / 万米	86.80	71.12	88.72	80.17	62.04	38.54
勘探投资 / 亿元	21.57	20.29	13.39	12.27	9.99	5.31
开发投资 / 亿元	50.58	56.17	62.48	47.80	33.43	25.67

江苏油田

【概况】 江苏油田是中国石化集团江苏石油勘探局有限公司（简称江苏石油勘探局）和中国石油化工股份有限公司江苏油田分公司（简称江苏油田分公司）的统称，是以油气勘探开发为主，石油炼制和盐卤盐硝开发生产综合发展的国有大Ⅰ型企业。江苏油田组建于 1975 年 4 月 23 日；1998 年 3 月划归集团公司；1998 年 11 月，安徽油田并入江苏油田；2000 年 1 月，设立江苏石油勘探局、江苏油田分公司；2012 年 12 月，剥离石油工程业务，设立江苏石油工程有限公司并独立运行；2017 年 9 月，中国石化集团江苏石油勘探局更名为中国石化集团江苏石油勘探局有限公司。主力油区分布在江苏、安徽 2 个省的 6 个地市 15 个县（市、区）58 个乡镇内，在广东徐闻、广西百色有部分探矿区块。江苏油田机关及主要科研单位设在扬州市经济开发区。

江苏油田实行江苏石油勘探局（江苏油田分公司）—二级单位—基层单位三级管理体制。截至 2022 年底，有二级单位 17 个，在岗合同制员工 7712 人。总资产 91.97 亿元，其中固定资产净值 48.29 亿元。江苏油田分公司所属油气勘查、开采区块共计 50 个，总面积 1.66 万平方千米。其中，油气勘查区块 6 个，面积为 1.51 万平方千米；油气开采区块 44 个，面积为 1495.91 平方千米。累计探明油田 38 个（含广东徐闻、广西百色油田），探明含油面积 287.12 平方千米，累计探明石油地质储量 3.1 亿吨、天然气地质储量 96.72 亿立方米（含溶解气）。投入开发油气田 38 个，动用含油面积 219.45 平方千米，动用石油地质储量 2.56 亿吨；动用含气面积 196.5 平方千米（气藏气 20.91 平方千米），动用天然气地质储量 76.3 亿立方米。累计生产原油 5087.94 万吨、生产天然气 17.38 亿立方米。

2022 年，新增探明石油地质储量 427.6 万吨，新增控制石油地质储量 665.2 万吨，新增预测石油地质储量 7191.09 万吨（常规油 745.09 万吨、页岩油 6446 万吨）；生产原油 106.21 万吨、天然气 5148 万立方米，吨油完全成本 2914.96 元；收入 78.81 亿元、利润总额 10.07 亿元。其中，江苏油田分公司收入 57.58 亿元、利润总额 10.01 亿元，江苏石油勘探局实现收入 21.23 亿元、利润总额 623 万元。

江苏油田主要技术经济指标和主要生产建设指标见表 1 和表 2。

（屈传刚）

【油气勘探】 2022 年，江苏油田分公司勘探总投资 10.96 亿元（常规油气 5.13 亿元、页岩油 5.83 亿元），完钻各类探井 57 口，探井综合成功率 51.5%。探索非常规页岩油资源，花庄地区阜二段

Ⅳ、Ⅴ亚段取得重大突破，完钻页岩油水平井 8 口，投产 7 口，当年产油 1.84 万吨，上交预测石油地质储量 6446 万吨，获中国石化 2022 年度油气勘探重大发现特等奖，江苏油田被股份公司定为首批页岩油示范井工程单位。通过精细处理唐港地区塔集北新三维资料，部署唐 12 井获日产油 12.8 吨，新增控制石油地质储量 153 万吨。针对多类型隐蔽油藏，制定预探泰州组、评价戴南组、拓展阜宁组思路，实施永 102 斜井、刘陆 3 斜井、庄 101 斜井、吉 2 井和河 802 斜井取得成功，提交控制石油地质储量 153.8 万吨、预测石油地质储量 287.55 万吨。

（屈传刚）

2022 年 5 月 23 日，江苏油田首口示范井——花页 1-1HF 井开工（宋永根　摄）

【油气开发】 2022 年，江苏油田分公司开发总投资 7.2 亿元，完钻开发井 83 口，新增可动用储量 301.55 万吨，新建产能 7.33 万吨。深化勘探开发一体化，加强高效滚动单元研究，实施滚动评价井 15 口，新增优质可动用储量 230 万吨。推动深层致密油效益开发，富 125、肖 17、永 48 三个区块新建产能 2.64 万吨，平衡油价 59 美元 / 桶。深化注水管理提升工作，实施流场综合调整 1355 井次，年增油 4 万吨。扩大三次采油应用规模，注入二氧化碳 6.97 万吨，增油 2.3 万吨；注入纳米乳液 39.6 万立方米，增油 1.2 万吨。强化 SEC 储量全生命周期动态评价优化，储量替代率 209.2%，储采比提升至 5.1。全年江苏油田自然递减率降至 9.64%，综合递减降至 3.95%。

（屈传刚）

【炼油化工】 2022 年，扬州石化有限责任公司（中国石化与扬州市江都区合资，中国石化持股 49%，扬州市江都区持股 51%）销售收入 40.01 亿元、利润总额 1593 万元，入库税金 6.3 亿元；完成投资 907 万元，计划完成率 68%；加工成本 484 元 / 吨，比指标节约 8 元 / 吨。催化业务方面，加工原（料）油 61.61 万吨，增长 19.14%。化工业务方面，生产聚丙烯 3.71 万吨、增长 14.71%，生产 MTBE2.83 万吨、增长 11.77%；生产丙烯 5.2 万吨，增长 14.99%；稀乙烯回收利用 3017 吨，增长 17.3%。化纤业务方面，生产复合纤维 3168 吨，增长 17.58%。销售业务方面，统配产品 35.61 万吨，直销产品 20.81 万吨。年平均销售价格 6951 元 / 吨，增加 1478 元 / 吨。

（屈传刚）

【新能源建设】 2022 年，江苏油田把新能源作为朝阳产业培育，成立风光电项目对新能源建设进行统筹部署，率先建成中国石化陆上油田首批 6 台（套）、18.5 兆瓦风力发电机组，年发电能力 5000 万千瓦·时。打造“光伏 + 井场”运行模式，利用自有土地等现有资源，建设光伏电站 126 座、21.5 兆瓦，年发电能力 7500 万千瓦·时。风能、光伏当年发电 1680 万千瓦·时，减少碳排放 9761 吨。

（屈传刚）

江苏油田首个风电项目——小纪油区分散式风力发电项目施工现场（屈传刚　供图）

【储气库建设】 朱家墩储气库是中国石化储气库“十四五”规划的一部分，应中国石化要求，2019

年5月，江苏油田启动朱家墩气田改建储气库可行性研究。2022年4月8日，江苏油田启动朱家墩储气库建设，设计库容6.62亿立方米，工作气量3.3亿立方米，垫底气量3.32亿立方米；6月13日，项目组正式进驻盐城市亭湖区现场驻地。截至2022年底，完成项目备案、职业卫生危害预评价、钻井临时用地手续、节地评价及节能评价，签订合同22项，金额3.3亿元；完成朱储1-1井、朱储1-平1井、朱储1-平2井全部注采井的地质设计、钻井设计和盐城1-3井、盐参1井、盐城3井三口老井的封堵设计。

（屈传刚）

【经营管理】 2022年，江苏油田强化成本对标管理和预算过程管控，挖潜增效1.28亿元。深化专项治亏行动，江苏油田分公司20个开发区块全部盈利，江苏石油勘探局经营业务盈利面扩大至85.7%。落实资产增效计划277项、创效4045万元，争取财税优惠政策1.31亿元、增加2890万元。强化资金运维管理，持续降低“两金”占用成本，江苏油田分公司资产负债率降至74.9%、降低6.7%，江苏石油勘探局资产负债率34.2%。深化国企改革三年行动方案，完成19项重点改革任务，人均劳效105万元，提高45.8%。落实对标世界一流管理提升行动，成立领导小组和10个专业组，聚焦江苏油田层面10个方面25个重点课题，推动16家二级单位梳理问题短板328个，围绕108个提升目标，制定384项提升措施。加大公开招标、规范选商和合同监管力度，实现所有区块链电子合同上线运行，江苏油田获评集团公司内控风控先进单位。

（屈传刚）

【市场开拓】 2022年，江苏油田外部市场收入15.6亿元，增长8.5%。华东市场获华东化销聚丙烯产品运输大单，拓展元明粉、硝卤水新客户，开拓采油运维、物业餐饮、仓储贸易、培训教育、房屋租赁、车辆服务等多元化创收渠道，收入10.63亿元，增长6.2%。西北市场拓展西北油田油藏承包经营、信息技术支持、办公后勤服务等新业务，承揽新疆油田抽汲捞油等新项目，收入1.35亿元，增长28.3%。华南市场中标北部湾港务集团、钦州港、海南炼化等物业餐饮业务，新签消防保卫、人力资源、公车服务等石油石化企业服务项目，收入1.88亿元，增长14.7%。东北华北市场扩大连续油管、气井带压等一体化施工服务，收入1.31亿元，增长9.4%。

（屈传刚）

【安全环保】 2022年，江苏油田优化设置55项安全要素监测指标，固化要素运行定期总结通报工作，按计划完成体系内审。加强风险管控，对6个重点站库开展风险评估工作，完成“一场一策”整治提升并通过江苏省验收。推进危险化学品安全风险管控和隐患集中治理攻坚战，安全生产专项整治三年行动顺利收官。严格直接作业环节和承包商管理，组织安全环保骨干全过程驻场监督200余天。建立违章信息实时通报、立查立改机制，247个视频督查问题第一时间得到纠治。持续推进“绿色企业行动计划”，组织实施污染防治项目4个，安装厂界VOCs污染源自动监测设施，把好污染物排放第一道关口。加强固废管理，建成小型危废贮存点6座。开展环境因素和环境风险源识别与评估，针对32个重要环境因素和80个中级环境风险源，逐一落实管控措施。联38断块建成中国石化首批碳中和示范区。江苏油田连续18年保持集团公司环保先进单位，成为国内上游首批碳达峰企业。

（屈传刚）

联38断块CCUS-EOR示范区（裘国岚　摄）

【科技人才】 2022年，江苏油田科技研发投入2.14亿元，组织运行科技计划项目93项，其中承担集团公司及以上科研项目17项；申请国家专利86件，获授权103件；登记软件著作权8项。有34项科技项目通过验收，其中股份公司科技项目3项、江苏油田科技项目31项。全年为173人次、142人发放项目奖励30.9万元；为338人次、295人发放项目津贴188.37万元。实施青山人才战略，完善10项人才管理制度，制定45项人才发展措施，引进114名大学毕业生、5名成熟人才，2名博士后落户油田。在国家级业务竞赛中获1银、1铜，在集团公司竞赛中获2金、1铜，2人被授予中国石化技术能手称号。

（屈传刚）

【党建思想政治工作】 2022年，江苏油田认真学习贯彻党的二十大精神，严格落实"第一议题"制度，两级党委围绕打造"九个重要阵地"开展专题研讨126次，以实际行动捍卫"两个确立"、做到"两个维护"。建立"四责联动、四会贯通、四考汇审"全面从严治党责任落实体系，对5家二级单位党委实施常规巡察和巡察"回头看"，督导检查18家二级单位，专项督导100个党支部，推动基层党组织全面进步、全面过硬。组织"奋进新征程、喜迎二十大"巡回报告会64场，建成江苏油田展馆，召开劳模事迹报告会，推进青年精神素养提升工程，唱响劳动者赞歌，凝聚奋斗者力量。

（屈传刚）

表1 江苏油田主要技术经济指标 亿元

指标名称＼年份	2022	2021	2020	2019	2018	2017
工业总产值	52.36	36.49	26.55	38.51	43.29	37.74
工业增加值	42.36	24.76	11.25	22.87	24.61	19.60
资产总计	91.97	72.81	92.27	78.22	69.69	82.59
流动资产	9.64	7.03	32.56	15.73	14.05	16.80
固定资产原值	309.43	293.81	284.96	286.72	300.59	295.43
固定资产净值	90.07	36.86	32.93	34.79	41.09	46.93
营业收入	78.81	58.46	43.01	62.45	67.32	58.58
实现利税	29.04	20.53	−1.74	1.38	7.68	−52.59
税　金	18.81	10.89	8.29	10.64	13.37	11.31

表2 江苏油田主要生产建设指标

指标名称＼年份	2022	2021	2020	2019	2018	2017
原油产量/万吨	106.21	105.01	104.03	106.09	113.16	120.10
天然气产量/亿立方米	0.52	0.51	0.40	0.51	0.70	0.43
新增原油生产能力/万吨	10.04	8.74	5.57	5.90	4.41	4.67
新增探明石油地质储量/万吨	427.60	308.03	213.54	159.53	67.80	105.00
新增动用石油地质储量/万吨	301.60	177.80①	151.44	149.18	163.53	67.80
二维地震/千米	—	—	—	—	42.81	30.00
三维地震/平方千米	136.60	266.35	292.00	40.00	70.20	170.00

续表

指标名称 \ 年份	2022	2021	2020	2019	2018	2017
完井 / 口	140	106	84	62	49	50
探　井	57	40	33	23	20	30
开发井	83	66	51	39	29	20
钻井进尺 / 万米	37.78	26.64	21.51	14.93	12.82	12.54
勘探投资 / 亿元	10.96	4.25	4.50	2.36	2.41	2.73
开发投资 / 亿元	7.20	8.49	4.39	3.53	3.55	4.96

① 包含当年新增 153.24 万吨、复算增加 24.56 万吨

上海海洋石油

【概况】 中国石化集团上海海洋石油局有限公司（简称上海海洋石油局）和中国石油化工股份有限公司上海海洋油气分公司（简称上海海洋油气分公司）统称上海海洋石油，位于上海浦东，是集团公司下属主要从事海洋油气勘探开发及工程服务的上游油田企业。上海海洋石油局主要承担油田企业基地、码头、房产的经营管理及公共服务职能，是矿区业务的利润中心和管理中心；上海海洋油气分公司主要在东海、南海、黄海等海域开展自营勘探，并承担中国石化部分海外海域油气资源勘探开发项目的评价研究，同时代表中国石化参与管理东海平湖油气田、西湖油气田的开发生产。

上海海洋石油的前身为地质矿产部上海海洋地质调查局，组建于 1973 年 4 月，1997 年 1 月整体归入中国新星石油公司，2000 年 3 月随中国新星石油公司整体并入集团公司，2002 年 7 月，分别直属集团公司和股份公司管理。2009 年，按照集团公司要求，上海海洋石油局、上海海洋油气分公司实行“一体化”管理。2014 年，上海海洋石油有关海洋石油工程业务整合成立中石化海洋石油工程有限公司（简称海洋石油工程公司），随石油工程公司上市。截至 2022 年底，上海海洋石油局、上海海洋油气分公司、海洋石油工程公司实行一体化集中管理、专业化集约发展模式。

截至 2022 年底，上海海洋石油设 13 个机关职能部门、4 个直属机构、4 个二级单位；有从业人员 708 人，在岗合同制员工 686 人，其中经营管理人员 159 人，专业技术人员 482 人，具有高级专业技术职称的 267 人。上海海洋油气分公司有勘查开采区块 32 个（含合作区块，中国石化为第一矿权人），探区主要分布在东海、南海、南黄海等海域，自营和联合勘查开采区块面积 8.37 万平方千米；自营探区有石油三级地质储量 1483 万吨油当量，其中探明储量 508 万吨油当量。合作探区有石油天然气三级地质储量 1.07 万亿立方米气当量，其中探明储量 3901 亿立方米气当量，探明油气田 23 个，投入开发油气田 13 个。

2022 年，上海海洋油气分公司生产份额原油 16.5 万吨、份额天然气 8.91 亿立方米；实现营业收入 42.16 亿元，利润总额 18.59 亿元。上海海洋石油局实现营业收入 1.3 亿元，利润总额 389 万元。

上海海洋石油主要经济指标见表 1。

（林雪梅　闫子彤）

【领导班子调整】 2022 年 6 月 8 日，上海海洋石油局召开干部大会（视频会），宣布集团公司党组对上海海洋石油局领导班子调整的决定：谢录杰任上海海洋石油局党委副书记兼纪律检查委员会书记，上海海洋石油局工会主席人选；免去朱岿然上海海洋石油局党委副书记、委员、纪律检查

委员会书记职务，不再担任上海海洋石油局工会主席职务，另有任用。12 月 29 日，集团公司党组决定：张尚虎任上海海洋石油局副总经理、党委委员，上海海洋油气分公司副总经理。

（林雪梅　闫子彤）

【合作区构造—岩性油气藏勘探取得重大突破】 2022 年，上海海洋油气分公司在东海玉泉某井获日产天然气 109 万立方米，打破东海单层油气测试最高纪录，证实玉泉地区发育纵向叠置、横向连片的构造岩性复合气藏，打破玉泉地区近 40 年勘探困境，指明未来 3 年主要勘探增储方向，初步落实待钻圈闭 13 个，圈闭资源规模 1766 亿立方米，有望落实中央背斜带第 3 个千亿立方米大气田，获 2022 年集团公司勘探重大突破一等奖，列为中国石化 2022 年十大油气勘探成果；在宝云亭古隆东翼获良好油气成果，提交探明储量 41.77 亿立方米气当量，落实圈闭资源规模 482 亿立方米，实现武云亭—宝云亭气田整体连片，获 2022 年集团公司商业发现三等奖。

（林雪梅　闫子彤）

【自营区勘探工作取得积极进展】 2022 年 12 月 15 日，涠洲油田涠 10 斜井开钻，涠西探区时隔多年再一次迎来自营井钻探，为推动中国石化首个中深海自营油气田建设奠定基础。2022 年，优选海中陡坡带海 2 构造部署风险探井，井位论证工作基本完成，海中陡坡带圈闭资源量约 3000 万吨。12 月 31 日，南黄海风险探井扬州 1 斜井开钻，对推动南黄海海域油气突破具有重要意义。

（林雪梅　闫子彤）

【招商区块开辟油气贡献新阵地】 2022 年，上海海洋油气分公司完成莺－琼盆地招商项目合同签订，成立联管会、招商项目管理部及勘探专班，运行体系完整构建；关键地质和工程技术攻关全方位推进，联合三大院有序推进地球物理资料攻关处理和解释、储层刻画以及高温高压油气富集规律等相关研究，集中优势资源加快部署实施，海域拓展工作空间迈出实质性步伐，该项目获集团公司优秀项目管理奖。

（林雪梅　闫子彤）

【工程院获乙级资质证书】 2022 年 6 月 22 日，上海海洋石油局收到上海市住房和城乡建设管理委员会颁发的“石油天然气行业（海洋石油专业）乙级工程设计资质证书”，标志着工程院具备承揽海上油气田开发工程建设项目海洋工程设计的能力。

（林雪梅　闫子彤）

【大力推进“我为群众办实事”】 2022 年，上海海洋石油始终贯彻“以人民为中心”的发展思想，建立“我为群众办实事”长效机制，加快美好家园建设步伐，实施东塘路基地室外运动场和停车场改造工程，改善生产生活配套条件；关心关注职工合理诉求，制定完善福利费管理制度，改善职工办公条件，增加晚餐和周末加班餐供应，加强员工健康管理，整租外高桥开发公司新高苑人才公寓，切实解决一批职工急难愁盼问题。在上海封控特殊时期和新冠病毒感染高峰期，为员工配送生活物资 1800 余份，筹措一批紧缺药品，解决员工燃眉之急。

（林雪梅　闫子彤）

【安全绿色发展基础夯实】 2022 年，上海海洋石油全面推进 HSE 管理体系建设，统筹疫情防控和安全环保专项行动，梳理体系要素指标，建立职责清单，推进体系要素表单化建设，提升风险识别管控能力；集团公司体系审核不符合项同比下降 22.9%，HSE 管理体系二方审核达标，审核成果较往年有一定程度提升；践行绿色环保措施，强化基地雨污分流整治，完成自营井作业历史遗留固体废物处理、海上钻井废弃钻井液随钻治理及 15 支绿色基层队伍创建，通过集团公司 2022 年度绿色企业创建。

（林雪梅　闫子彤）

海工船与平台配合消防演练（熊　磊　摄）

【科技攻关取得丰硕成果】 2022 年，上海海洋石油开展海域深层复杂目标地震资料处理技术攻关，地震资料品质持续提升；涠西探区获批中国石化第一个 OBN（海底节点）三维地震采集示范项目；为提高东海西湖复合油气藏识别精度，建立新的成藏模式，助力玉泉和宝东地区勘探突破；深化涠洲油田成藏富集规律认识，建立复杂断块勘探评价体系；加强地震地质一体化技术攻关，形成海上少井条件下储层精细刻画技术系列，有力支撑西湖老区调整井部署和新区产能建设；形成东海常规大位移井集成配套技术，解决平台周边 5000 米大位移井安全延伸和储量经济动用难题。

（林雪梅　闫子彤）

【决策运行体系更加完善】 2022 年，上海海洋石油建立“1+6”治理制度体系，修订 4 项制度，分别是《上海海洋石油局有限公司　上海海洋油气分公司　海洋石油工程有限公司“三重一大”决策制度实施细则》《上海海洋石油局有限公司党委讨论和决定重大事项清单》《上海海洋石油局有限公司党委会议事规则》《上海海洋石油局有限公司 上海海洋油气分公司　海洋石油工程公司会议管理实施细则》；新制定 3 项制度，分别是《上海海洋石油局有限公司 上海海洋油气分公司 海洋石油工程有限公司执行董事、分公司代表专题会议制度》《上海海洋石油局有限公司 上海海洋油气分公司 海洋石油工程有限公司总经理工作规则》《上海海洋石油局有限公司 上海海洋油气分公司 海洋石油工程有限公司总经理办公会制度》，进一步明晰决策运行体系和各治理主体工作规则、运作流程，初步形成权责清晰、权责透明、协调运转、有效制衡的公司治理结构。

（林雪梅　闫子彤）

【和谐企业建设取得新成效】 2022 年，上海海洋石油紧紧围绕“五个进一步”工作目标，加大矛盾摸排化解力度，严格落实信访安全保障方案，实现党的二十大、上海进博会等特殊时期零上访，确保全年“五个不发生”，在集团公司信访维稳年度综合评价中，排名 97 家非重点企业第三。

（林雪梅　闫子彤）

【干部队伍结构得到持续优化】 2022 年，上海海洋石油持续选优配强中层领导班子，抓好年轻干部实践锻炼和梯次培养，年内提拔中层管理人员 14 人，“80 后”干部占比 50%，采用“赛马”选拔机制占比 48.2%，队伍更加趋近“132”结构。加强人才工作顶层设计，确定“1564”人才发展整体规划，不断完善人才工作机制，有力支撑海域油气发展。

（林雪梅　闫子彤）

【高质量党建引领高质量发展动力更足】 2022 年，上海海洋石油坚定不移推进全面从严治党，高质量党建成效初显，集团公司党建考核现场查验进步明显，党组专项巡视充分肯定上海海洋石油党建工作。学习宣贯彻党的二十大精神纵深推进，专题学习、基层宣讲、新闻宣传等有声有色、成效显著；强化党建工作顶层设计，部署“六大行动”，积极打造三个“一流生态”，系统化推进、表单化分解，推动重点难点问题解决和党建责任落实；加强宣传思想工作，强化意识形态阵地管理，打造“红橙蓝绿”形势任务教育品牌，建立企业文化实施纲要，企业形象不断提升。

（林雪梅　闫子彤）

上海海洋石油局干部群众收看党的二十大实况
（张佳鹏　摄）

【“山海之约”教育帮扶广受好评】 2022 年，上海海洋石油继续对口教育帮扶贵州雷山县永乐小学，高质量推进教学硬件改造、师资素质提升、党建结对共建等帮扶项目，开展“一对一”牵手活动，获当地政府和师生高度肯定及集团公司乡村振兴办点名表扬，雷山县政府发来感谢信，贵州省乡村振兴局专门向集团公司发函致谢，上海海洋石油为讲好石化故事、唱响中央企业主旋律、提升石化美誉度作出积极贡献。

（林雪梅　闫子彤）

上海海洋石油局在对口帮扶小学举行结对帮扶捐赠仪式

（杨　涵　摄）

表 1　　上海海洋石油主要经济指标　　亿元

指标名称＼年份	2022	2021	2020	2019	2018	2017
企业增加值	29.62	−0.18	−2.45	−0.79	−38.34	1.91
上海海洋石油局	−0.085	0.55	0.49	0.54	0.54	0.43
上海海洋油气分公司	29.70	−0.73	−2.94	−1.33	−38.88	1.48
资产总计	169.23	142.93	133.04	128.21	130.10	164.33
上海海洋石油局	3.03	3.28	2.91	2.42	2.23	2.13
上海海洋油气分公司	166.20	139.65	130.13	125.79	127.87	162.20
流动资产	77.33	75.95	71.71	66.22	57.57	43.55
上海海洋石油局	0.63	0.74	0.73	0.77	0.65	0.50
上海海洋油气分公司	76.70	75.21	70.98	65.45	56.92	43.05
固定资产原值	17.55	17.48	16.26	16.19	16.17	16.07
上海海洋石油局	16.73	16.68	15.54	15.53	15.55	15.48
上海海洋油气分公司	0.82	0.80	0.72	0.66	0.62	0.59
固定资产净值	2.53	2.73	1.67	1.71	1.71	1.77
上海海洋石油局	2.37	2.51	1.47	1.51	1.56	1.59
上海海洋油气分公司	0.16	0.22	0.20	0.20	0.15	0.18
销售收入	43.46	35.76	17.74	14.69	13.99	14.09
上海海洋石油局	1.30	12.48	0.90	0.92	0.82	0.69
上海海洋油气分公司	42.16	23.28	16.84	13.77	13.17	13.40
实现利税	20.96	5.14	2.64	−9.78	−53.80	−12.53
上海海洋石油局	0.04	0.09	0.09	0.12	0.12	0.06
上海海洋油气分公司	22.13	5.05	2.55	−9.90	−53.92	−12.58
税　金	6.92	2.41	1.51	1.66	1.71	0.65
上海海洋石油局	…	0.05	0.02	0.06	0.07	0.04
上海海洋油气分公司	3.54	2.36	1.49	1.60	1.64	0.61

西北油田

【概况】 西北油田是中国石化集团西北石油局有限公司（简称西北石油局）和中国石油化工股份有限公司西北油田分公司（简称西北油田分公司）的统称，位于新疆维吾尔自治区境内，是中国石化上游油田企业之一，负责中国石化在塔里木盆地的油气田勘探、开发、销售及科研业务。本部机关设在新疆乌鲁木齐，在巴音郭楞蒙古自治州轮台县建有前线生产指挥基地，油田主体位于巴音郭楞蒙古自治州、阿克苏地区境内，少部分油区在喀什地区、和田地区境内。截至 2022 年底，西北油田在塔里木盆地有登记区块 35 个（含新获取矿权），面积 81163.26 平方千米，其中勘查区块 23 个、开采区块 12 个。累计探明石油地质储量 17.36 亿吨（石油 16.44 亿吨、凝析油 9236 万吨），探明天然气地质储量 2172.38 亿立方米。2022 年油气生产当量达 941 万吨，创历史新高。

西北油田前身是组建于 1955 年的华北地质局二二六队，1997 年 1 月整体归入中国新星石油公司，2000 年 3 月随中国新星石油公司整体并入集团公司，并于 2003 年 6 月整体划归集团公司、股份公司直属。2008 年 5 月，与勘探西北分公司整合重组，组合成新的西北油田分公司。2017 年 9 月，中国石化集团西北石油局改制为中国石化集团西北石油局有限公司。

截至 2022 年底，西北油田有中层机构 35 个，其中机关职能部门 17 个、直属机构 3 个、二级单位 15 个；合同制员工 3974 人，其中经营管理人员 764 人、占比 19.23%，专业技术人员 2828 人、占比 71.16%，技能操作序列人员 382 人、占比 9.61%。硕士研究生及以上学历 845 人、大学本科学历 2316 人、大专及以下学历 813 人。具有正高级职称的 47 人、副高级职称的 1089 人、中级职称的 1221 人。2022 年根据业务规划动态调整专家设置，新聘任专家 45 人，西北油田分公司级专家人数从 53 人增加至 88 人，其中南疆生产单位和专业化管理中心的专家从 9 人增加至 25 人。

西北油田主要经济指标和主要生产建设指标分别见表 1 和表 2。

（谢发红）

【领导班子调整】 2022 年 1 月 27 日，受集团公司党组组织部委托，西北油田召开党委会扩大会议，宣布任命 2 名新任职公司领导班子成员：张建梁任西北油田分公司党委委员、总会计师；程晓军任西北油田分公司党委委员、副总经理。

（谢发红）

【生产经营业绩】 2022 年，西北油田分公司生产原油 681 万吨，增加 11 万吨；生产天然气 32.6 亿立方米，增加 10.4 亿立方米；完成全年投资 119.48 亿元；营业收入 280.48 亿元；实现利润总额 116.99 亿元，增加 100 亿元；工业总产值 279.34 亿元；缴纳各项税费（金）69.95 亿元。西北石油局实现利润 989 万元，缴纳各项税费（金）2500 万元。

（任天和）

【保效增效】 2022 年，西北油田加快构建战略型集约化财务管控体系，全力推进经营优化，组织制定保效增效优化目标，推动全业务协同创效，全年增效 4.28 亿元，完成年度计划 3.16 亿元的 135.30%。在增收增效上，建立“基准价 + 增存量”差异化价格体系，结算价提升 26%，完善贴水双联动定价机制，紧盯轻混油需求差异，精准贴水，共实现经济效益 1.52 亿元；推动自用成品油使用实现消费退税、落实科研项目研发费用加计扣除、践行绿色采购抵免企业所得税，增效 3078.11 万元；推动天然气回收、掺稀优化、网电钻机接入增效 1802.47 万元。在降本减费上，做实全价值成本管控，通过增加 SEC 储量降折耗增效 1.15 亿元；降杠杆减负债，调整付息债务结构，积极拓展承兑汇票票源，全年降低财务费用 2685.50 万元；推进工艺技术改进与创新，优化作业费用，持续降低“三倒”、特车费用，严控非生产开支等多措并举，实现降本增效 8492.80 万元。

（任天和）

【推进改革管理创新】 2022 年，西北油田提前完成深化改革三年行动、管理对标提升行动全部任务。完善与现代油公司发展相适应的油藏经营管理体系，推行与高端、高效市场相适应的配套制度，围绕一切要素向价值创造聚焦，系统性推进现代油公司建设。按照高质量发展新要求，结合“引领统筹、指导服务、监督监控”三大职能定位，梳理机关部门、直属机构的职责，对公共事务管理中心、雅克拉采气厂进行机构改革，搭建扁平化管理机构；优化调整信息化和档案管理中心、实验检测技术中心“三定”方案，提升组织效能。统筹推进干部“能上能下”，中基层领导班子纳入任期制和契约化管理范围，提拔中层领导人员 35 人、轮岗交流 49 人、调整不胜任退出中层干部 7 人；新聘任专家 45 人，解聘专家 4 人。持续优化机关岗位配置，设立岗位职责相对集中的大岗位，建立岗位负责人制。岗位数量由最初的 124 个减少至 92 个，优化 18 人充实基层，机关岗位总体数量优化 25.8%；全面推行基层专业技术岗位和技能操作岗位“劳动合同 + 上岗协议”双契约管理，初步建成虚拟“人力资源池”，做实岗位责任制。油田公司 75% 的绩效增量投向生产一线和科研单位，发挥考核“指挥棒”作用，聚焦主责主业和职能定位，围绕重点工作和基础工作，强化关键考核指标设置，启动月度绩效的差异化兑现，年终绩效及单项奖奖励兑现力度持续加大，新的薪酬体系成功实现“一岗一薪、易岗易薪”。2022 年，西北油田分公司获中国石化“三项制度”改革 A 级企业称号。

（任天和）

【油气勘探】 2022 年，西北油田油气勘探工作按照“加快评价顺北油区、攻关突破顺北气区、拓展评价塔北奥陶系、滚动评价碎屑岩、加大探索三新领域”的思路，聚焦“少井高产”，全力打好石油规模增储、天然气大突破、矿权拓展三大攻坚战，全面推进油田高质量勘探，取得显著成果，获中国石化油气勘探 8 项大奖。实施三维地震 2015 平方千米，新部署勘探井 17 口，接转探井 18 口；完钻 18 口井，全年完成进尺 15.04 万米；完成各类测井施工 686 井次，测井一次成功率 99.71%，创历年最高纪录；完成测试井 14 口，其中顺北 47X、顺北 801X、顺北 46X 等 9 口井获工业油气流。勘探投资 36.5 亿元，完成年初计划的 121%。提交探明石油地质储量 8224 万吨，天然气地质储量 1226.55 亿立方米，溶解气地质储量 5.51 亿立方米；提交控制石油地质储量 5047.74 万吨（石油 1020.75 万吨、凝析油 4026.99 万吨）、天然气地质储量 2172.33 亿立方米，溶解气地质储量 5.64 亿立方米；提交预测天然气地质储量 1295.03 亿立方米，凝析油地质储量 4466.1 万吨，当量完成年初计划的 107.2%。2022 年新发现三级圈闭 21 个，新增圈闭面积 878.01 平方千米，新增圈闭资源量石油 34421 万吨、天然气 1413 亿立方米，可采资源量石油 5443 万吨，天然气 779 亿立方米。

（谢发红）

【油气开发】 2022 年，西北油田开发工作聚焦提高发展质量和效益，大力推进理念创新、管理创新，以项目化方式融合勘探开发、地质工程一体化贯穿研究评价、部署实施全过程，创新形成一体化工作机制和举措，实现从“打”高产井向“设计”高产井的根本转变。融合油田开发、科研单位和两个项目部，统筹联动加快效益上产节奏，油气 SEC 储量替代率达 127%、202%，获集团公司油气开发 14 项大奖。原油开发上钻新井 130 口，工作量完成率 101.56%，实际完成进尺 41.51 万米，进尺完成率 99.5%，新建（增）原油产能 85.05 万吨；天然气开发实施新钻井 15 口，完成钻井进尺 10.90 万米，新建（增）气藏气产能 10.84 亿立方米。新井产油 77 万吨、措施增产 46.20 万吨、老井自然产油 557.80 万吨（含注气产量）。年自然递减率 16.03%，综合递减率 9.08%；年均综合含水率 64.44%，含水上升率 5.16%。截至 2022 年底，有各类井 2506 口，其中油气井 2227 口，总开井 1818 口，其中采油气井开井 1687 口（自喷井 430 口、机抽井 1257 口），开井率 75.75%。日产液能力 67509 吨，日产油能力 19867 吨，综合含水率

69.54%。2022 年，顺北地区油气产量分别增加 29 万吨、11.5 亿立方米，4 号带建成少井高产示范区；塔河地区新增动用储量 2215 万吨，采收率提高 0.5 个百分点，保持效益稳产态势；碎屑岩领域新建产能 17 万吨，原油产量重上 100 万吨。大力夯实开发基础工作，实现塔河油田储量精细复算、主力单元建模数模全覆盖，修订完善规范标准 58 项，技术人员基本功培训覆盖率超 60%。

（任天和）

大漠中巡检的西北石油人（石立斌　摄）

【重大油气突破】 2022 年，西北油田相继获重大油气突破，为全面完成年度目标任务、实现高质量发展奠定基础。顺北 8 号断裂带顺北 8、顺北 801X、顺北 82X 等 8 口井相继获高产油气流，其中 6 口井测试初期日产达千吨油当量，实现顺北 8 号带南、中、北段的整体控制，证实顺北 8 号断裂带发育规模储集体、整体富集油气、纵向油气柱高度大。主干断裂 86 千米提交控制天然气地质储量 2172.33 亿立方米，凝析油地质储量 4026.99 万吨，油气当量 2.14 亿吨，落实两亿吨级规模储产新区带。顺北 8 号断裂带新区带油气勘探重大突破获中国石化油气勘探油气发现特等奖。在顺北 2 号次级断裂带部署的顺北 21 斜井实现分支断裂带新领域重大突破，创造台盆区钻井“关井压力最高、生产压力最高、分支断裂产量最高”3 项新纪录，开辟又一勘探阵地；风险探井顺深 1 斜井在奥陶系鹰山组上段中途测试获高产油气流，实现顺北主干断裂带之外“低序级断裂 + 内幕串珠”新领域重大油气突破，有望开拓成新的资源接替阵地。

（谢发红）

【重大商业发现】 2022 年，顺北 4 号断裂带勘探开发一体化实施的 18 口完试井均获高产油气流，其中千吨井 13 口，整体提交探明天然气地质储量 1238.91 亿立方米、凝析油地质储量 5839.72 万吨，打造顺北首个少井高产、高效探明示范区。顺北 4 号断裂带油气勘探重大商业发现获中国石化油气勘探商业发现特等奖。滚动评价塔河鹰山组内幕取得商业发现，TH121149 井区、TH123100X 井区共计新增探明石油地质储量 2181.57 万吨，为塔河中深层增储上产阵地建设夯实资源基础。

（任天和）

2022 年 6 月 14 日，顺北 802X 井获高产工业油气流，成为 2022 年中国石化在该地区发现的第三口千吨井。图为顺北 802X 井进行现场测试（付　莲　摄）

【科技创新】 2022 年，西北油田坚持问题导向和需求导向，创造性构建开放合作、集聚资源的科技创新平台，形成集中力量办大事的科研体系。修订《科学技术奖励实施细则》等 4 项制度，实现科技创新活动奖励的规范化和全覆盖，保障科技创新活力和动力。有序推进中国石化重点科研项目，聚焦“塔河、顺北、三新”领域关键难题与核心问题立项课题 16 个。其中，在油气勘探领域，设立“超深碳酸盐岩油气藏井震多参数联合描述技术研究”“南塔里木奥陶系油气成藏条件与目标优选”“塔北－塔中震旦系－寒武系成藏条件评价与区带优选”三大攻关项目群；在油气开发领域，设立“西部油田高效开发技术”项目群与“断溶体油藏不同注气介质优选及横向驱技术研究”重点实验室专项项目。西北油田分公司分领域、分层次开展项目立项，确定设立科研项目 31 项，落实科研经费 3580 万元。科研项目充分发挥集团公司技术优势，联合中国石化三大研究院、工程公司、石油院校等单位共同组成攻关团队，经费细化到课题及专题负责人，明确项目任务关键节点，确保项目高质量完成。2022年申请专利306件（发明221件），专利申请数同比增长15.5%。加快重点实验室建设，承担“缝洞型多尺度大型物理模型构建研究”等科研项目6项，重点实验室基础研发与创新能力、对外技术合作效率进一步提升。科技成果转化、推广方面，通过建设科技研发管理网络平台，成果小试、中试、成果转化推广均实现线上填报、实时查询，专利、论文、软件著作权等既有成果实现线上管理，平台上线访问32400人次。建立科技成果在地质设计、工程设计、开发方案科技成果应用等4种转化方式；北京荣基公司通过三方协议实现产品化成果转化60余项；理论认识类成果作为科研项目的研究基础，实现迭代升级。截至2022年底，科技成果库入库成果1346项，科技成果转化率86%，科技成果贡献率68%。西北油田分公司获省部级科技进步奖16项，其中“超深走滑断控缝洞型凝析气藏高效勘探关键技术”获中国石化科技进步奖特等奖，“多尺度缝洞地震全方位成像与定量表征技术”获中国石化科技进步奖一等奖，“超深超高沥青质超稠油开采关键用剂技术研究及应用”获新疆维吾尔自治区科技进步奖一等奖。

（谢发红）

【安全环保】 2022年，西北油田认真践行安全发展、绿色发展理念，全力开展疫情防控，实现安全生产、清洁生产、平安稳定。细化分解HSSE体系要素35项，修订发布西北油田新版《HSSE管理手册》；压实安全环保责任，开展全要素、全覆盖现场审核；坚持降能耗、减损耗、控物耗、净减排方向，深化提升绿色低碳发展水平；坚持把基础工作摆在突出位置，全力补短板、强弱项。2022年投入资金1.6亿元开展隐患治理项目，消除隐患232处。开展季度HSSE检查和燃气等专项检查，查摆问题1156项，整改率100%。开展“三重一险”作业104次，督查覆盖率100%；重点对联合站、天然气处理站、原油库、高含硫集气站等29套装置进行风险分析，实现数智化手段风险分级动态管控。制定《基层HSE管理规范》，完成32座油气场站现场标准化建设。组织井控和直接作业实操培训考核2300人次，开发试题13万道。深入开展“安全生产三年行动”等专项活动，完成205个任务，消除重大安全隐患19个，强化重点薄弱环节管理和承包商能力评估，加快重点井控装备升级和应急能力建设；推进承包商安全管理提升、标准化现场建设、“低老坏”专项整治、“绿色企业行动计划”和“能效提升”计划，加大绿电引入，扩大光伏、光热开发利用，持续实现“三零”目标。“绿色企业行动计划”和“能效提升”计划深入推进，5个基层单位、33支承包商施工队伍达标创建，通过集团公司绿色企业复核验收，绿色基层达标创建率提升至93%。新能源替代率5.5%，能源消耗总量和强度控制在下达指标范围之内。2022年8月初，新冠肺炎疫情导致新疆乌鲁木齐市及西北油田所在地州相继实施静默管控，西北油田分公司党委第一时间启动应急响应和安全生产应急预案，指导疫情防控和生产经营有序开展。制定发布《疫情防控责任清单》；组织600家承包商队伍签订《疫情防控承诺书》；建立区域化领导值班制度和异常情况立即上报工作机制；成立由4个生产部门骨干人员组成的疫情防控联合小组并实行24小时应急值班，科学精准、严谨细致组织疫情防控，最大限度保障员工身体健康。疫情期间，西北油田未发生一例员工感染，油气生产总体平稳，取得抗疫保产的“双战双胜”。

（谢发红）

【深地工程】 2022年，西北油田在油气勘探开发领域实施的“深地工程”获重大突破。6月15日，顺北802X井试获高产工业油气流，折算日产原油226.7吨、天然气125.7万立方米，油气当量达1228吨，成为顺北8号断裂带区域发现的第3口千吨井，标志着顺北8号断裂带新发现的亿吨级油气区得到有效落实。位于塔里木盆地中西部的“深地一号”——顺北深层油气田项目，储层平均埋藏深度超过7300米，定向井井深最深达9300米，具有超深、高温、高压等特点，是世界陆上最深的商业开发油气田之一。8月10日，顺北803X井测试再获高产工业油气流，折算日产原油244.3吨、天然气97万立方米，油气当量达到1017吨，成为顺北油气田超深层第15口千吨井。同日，中国石化命名顺北油气田为“中国石化顺北油气田基地”，顺北油气田基地同时被誉为“深地一号”。截至 2022 年底，在塔里木盆地顺北油气田，钻探垂直深度超过 8000 米的油气井达 41 口，4 个亿吨级油气区得到落实。

（谢发红）

2022 年 8 月 8 日，集团公司党组书记、董事长马永生和西北油田分公司代表张煜为中国石化“深地工程”顺北油气田基地揭牌（王福全　摄）

【天然气处理能力大幅提升】 2022 年 2 月 16 日，顺北油田联合站二列天然气处理单元一次性投产成功，天然气处理能力从 3.8 亿立方米增至 13.8 亿立方米。8 月，西北油田“大涝坝凝析气藏提高采收率兼顾天然气季节调峰工程”正式开工。项目在雅克拉采气厂大涝坝站新建集注站 1 座，增加 3 台注气压缩机，利旧 2 台注气压缩机，年储气调峰能力计划达 2 亿立方米。

（任天和）

【党建工作】 2022 年，西北油田分公司深入贯彻新时代党的建设总要求和组织路线，大力弘扬伟大建党精神，深入学习党的十九届六中全会、党的二十大精神和习近平总书记视察胜利油田重要指示精神，持续打造践行新思想的重要阵地。始终把党的政治建设摆在首位，完成在西北油田分公司治理中加强党的领导试点工作，不断提升领导班子引领力、干部队伍执行力、员工群众向心力。扎实推进党史学习教育，推进党建工作思路落实落地。认真践行“马上就办”，深入推进“为基层减负”，常态化实施“我为群众办实事”，组织开展“立新功、创佳绩”劳动竞赛，推进精文减会，规范检查评比，机关作风形象持续向好。严格落实“第一议题”制度，着力加强干部人才队伍建设，全年提拔干部 35 人，有序实施“三百三千”实践锻炼，交流干部 49 人，在聘专家增加至 88 人，选聘首席技师 2 人，队伍结构更加合理。推进正风肃纪从严从实、“三不腐”机制建设，创新开展“巡审联动”监督检查，专项巡察发现问题 145 项，问责违反制度规定、不担当不作为干部 10 人次。扎实推进“党建提质增效”专项行动，打造“十大标杆党支部”“十大基层党建品牌”，示范效应持续增强。2022 年 12 月召开西北油田第一次党员代表大会，凝聚高质量发展强大合力，进一步发挥党委“把方向、管大局、保落实”的作用。

（任天和）

2022 年 6 月 23 日，西北油田为新疆轮台县阳霞镇九年一贯制学校 65 名留守、单亲和品学兼优的困难学生捐助 3.25 万元。图为参加助学关爱志愿服务活动代表合影（崔庆玉　摄）

【乡村振兴】 2022 年，西北油田派出 4 个工作队、46 名员工对口支援新疆维吾尔自治区南疆地、州 18 个民族村，定点帮扶学校 1 所。投入专项资金 688 万元，启动帮扶项目 15 个。购买、消费帮扶产品 1170.74 万元，引进帮扶资金 2750 万元，帮助销售帮扶产品 324 万元。通过巩固前期引进、援建的“兴科服饰”、美食广场等产业项目，近 300 名村民实现家门口就业；在教育帮扶方面，通过开办 47 场种植养殖技能等专题培训班，助力农牧民年人均收入增加 3000 元；完成 73 间教室灯光改造，购买住校学生用床 230 张；多次组织优质师资力量对帮扶学校教师进行教学能力提升培训；开展支部联建、捐资助学、知识大讲堂、绘画比赛等活动 10 余次；帮助学校 1000 多名女生参加“春蕾计划”。在柯坪县和莎车县，完成校内 7200 平方米塑胶跑道改造工程，修缮坏、旧桌椅200余张及护眼灯150余盏。打造“小麦”“哈里”“老张”课堂，常态化开展新疆“三史”、中国梦等知识宣讲，提升当地村民和学生的国语水平，筑牢民族共同体意识。大力推进对口支援18个村的示范户、示范街、示范村建设，创建自治区级示范村1个，县级示范村2个、旅游示范村1个，当地人居环境整治效果持续改善。2022年，有3个集体、10人获自治区级荣誉；多家主流媒体报道西北油田乡村振兴工作186条（篇），其中中央电视台1条、自治区媒体9条（篇）、中国石化平台16条（篇）。

（任天和）

表1　西北油田主要经济指标　亿元

指标名称＼年份	2022	2021	2020	2019	2018	2017
工业总产值	279.34	180.97	112.85	172.13	180.33	132.51
工业增加值	261.07	123.60	72.31	130.88	154.27	98.59
资产总计	394.72	356.71	337.10	326.04	337.75	353.26
西北石油局有限公司	10.89	10.76	10.75	10.64	11.11	12.34
西北油田分公司	383.83	345.95	326.35	315.40	326.64	341.28
流动资产	178.53	17.46	14.19	15.75	16.57	15.80
西北石油局有限公司	3.32	2.81	2.56	2.06	2.02	1.90
西北油田分公司	175.21	14.65	11.63	13.69	14.55	13.90
固定资产原值	1 422.75	1 165.83	1 087.07	1 053.10	1 008.35	968.63
西北石油局有限公司	12.56	12.51	12.11	12.12	11.75	13.01
西北油田分公司	1 410.19	1 153.32	1 074.96	1 040.98	996.60	955.62
固定资产净值	261.87	252.52	237.07	249.43	269.74	300.20
西北石油局有限公司	6.28	6.65	6.79	7.16	7.20	8.59
西北油田分公司	255.59	245.87	230.28	242.27	262.54	291.61
总收入	282.10	180.54	114.76	176.09	184.59	135.26
西北石油局有限公司	1.62	1.81	1.59	2.23	2.60	2.26
西北油田分公司	280.48	178.73	113.17	173.86	181.99	133.00
实现利税	187.29	36.43	11.50	51.89	68.65	26.83
西北石油局有限公司	0.35	0.29	0.60	0.24	0.47	0.34
西北油田分公司	186.94	36.14	10.90	51.65	68.18	26.49
税　金	70.2	19.45	10.47	32.31	37.26	25.04
西北石油局有限公司	0.25	0.18	0.23	0.20	0.39	0.29
西北油田分公司	69.95	19.27	10.24	32.11	36.87	24.75

表 2 西北油田主要生产建设指标

指标名称 \ 年份	2022	2021	2020	2019	2018	2017
原油产量 / 万吨	681.00	670.00	670.00	662.01	650.03	630.03
天然气产量 / 亿立方米	32.60	22.24	19.10	18.02	17.42	16.00
新增原油生产能力 / 万吨	112.29	93.55	62.69	71.80	73.60	82.70
新增天然气生产能力 / 亿立方米	12.14	9.99	3.16	3.13	2.65	2.61
新增探明石油地质储量 / 万吨	8 223.45	9 379.92	5 853.74	4 885.32	5 050.00	
新增探明天然气地质储量 / 亿立方米	1 232.06	205.28	102.41	130.69	142.56	
三维地震 / 平方千米	2 015.00	2 066.00	1 364.00	2 228.00	1 033.00	1 540.00
石油钻井 / 口	94	117	84	95	93	90
探　井（含侧钻）	16	27	28	24	21	23
开发井	78	90	56	71	72	67
钻井进尺 / 万米	68.45	82.44	51.63	61.04	54.90	54.93
勘探投资 / 亿元	45.66	48.76	31.57	30.23	22.62	20.19
开发投资 / 亿元	64.14	57.56	44.01	39.41	29.59	27.79
综合能耗 / 吨标煤 · 万元 $^{-1}$	0.51	0.50	0.39	0.40	0.36	0.35

西南油气田

【概况】 西南油气田是中国石化集团西南石油局有限公司（简称西南石油局）和中国石油化工股份有限公司西南油气分公司（简称西南油气分公司）的统称。西南石油局负责西南油气田矿区（社区）管理与服务，西南油气分公司负责西南地区油气勘探、开发、销售业务。队伍主要分布在四川、重庆、贵州、云南、广西、湖南等地。西南油气田机关设在四川省成都市高新区吉泰路 688 号中国石化西南科研办公基地。

西南油气田的前身是组建于 1976 年的国家地质总局四川石油普查勘探指挥部，1983 年 3 月更名为地质矿产部西南石油地质局，1997 年 1 月更名为中国新星石油公司西南石油局，2000 年 3 月随中国新星石油公司整体并入集团公司，并于 2003 年 5 月调整为集团公司西南石油局和股份公司西南分公司。2007 年 3 月，西南石油局和西南分公司与中南石油局、中南分公司、滇黔桂石油勘探局、南方勘探开发分公司整合重组，组成西南石油局、西南油气分公司、石油工程西南公司。2009 年 12 月，石油工程西南公司划归西南石油局。2012 年 12 月，西南石油局石油工程物探单位全部划入中国石化西南石油工程有限公司和地球物理勘探有限公司。2017 年 9 月，中国石化集团西南石油局改制为中国石化集团西南石油局有限公司。

截至 2022 年底，西南油气田有机关职能部门 20 个、直属单位 24 个，用工总数 7612 人（合同制员工 5266 人），其中具有正高级职称的 58 人、高级职称的 1144 人。西南油气分公司有勘探区块 13 个，开采区块 25 个；累计提交探明天然气地质储量 1.39 万亿立方米（含勘探分公司勘探、西南油气分公司开发的区块内探明天然气地质储量 4578.73 亿立方米）；有气田 23 个、气井 2498 口，开井 2064 口，累计生产天然气 944 亿立方米，累计生产原油 46.28 万吨。

西南油气田主要技术经济指标和主要生产建设指标分别见表 1 和表 2。

（崔家麒）

【领导班子调整】 2022年1月25日，集团公司党组以视频形式召开干部大会，宣布西南石油局等单位领导班子调整决定：郭彤楼任西南石油局党委书记、西南油气分公司代表，免去其西南石油局、西南油气分公司总经理职务，仍任西南石油局执行董事；刘言任西南石油局总经理、党委副书记，西南油气分公司总经理；龙勇任西南油气分公司总会计师、西南石油局党委委员；杨功田、林永茂、吴基荣任西南油气分公司副总经理、西南石油局党委委员；免去张梅河西南石油局党委书记、副总经理，西南油气分公司副总经理职务，任党组巡视组第三组组长；免去张建梁西南油气分公司总会计师、西南石油局党委委员职务，另有任用；免去王国力西南油气分公司副总经理、西南石油局党委委员职务，另有任用。

（崔家麒）

【主要指标完成情况】 2022年，西南油气分公司新增天然气三级储量3489.87亿立方米，完成计划的122%。新增SEC储量107.7亿立方米，替代率138%。新建（增）天然气产能21.77亿米^3/年，增长24%，保有天然气产能首次超过百亿立方米；生产天然气84.01亿立方米，增长5%；销售天然气78.02亿立方米，增长5.2%；原油产销量3.61万吨，增长24.5%；硫黄产销量31.35万吨，完成计划的104%。完成投资94.89亿元，增长54%。天然气盈亏平衡点1.151元/米^3，下降0.338元/米^3；油气单位完全成本1158元/吨，下降257元/吨；营业收入140.7亿元，增长16.7%，利润总额35.76亿元，创历史最好水平。西南石油局完成投资0.25亿元，营业收入34.28亿元，利润总额0.22亿元。

（崔家麒）

【油气勘探】 2022年，西南油气田油气勘探取得1项重大突破、2项商业发现、2项新发现、4项重要进展，获集团公司勘探成果奖7项，首次获评集团公司优秀勘探管理单位。首次实现四川盆地筇竹寺组新类型页岩气勘探重大突破，金石103HF井测获无阻流量53.6万米^3/日，评价落实资源量3878亿立方米，开辟页岩气增储新阵地，对推动四川盆地筇竹寺组页岩气勘探进程具有战略引领意义，在党的二十大期间登上央视新闻，入选中国石化2022年十大勘探成果。丁山龙马溪组、合兴场须二气藏勘探取得商业发现，丁山区块新增页岩气探明地质储量1459.7亿立方米，探明又一个超千亿立方米的大型整装页岩气田，登上央视《新闻联播》和《人民日报》头版，入选2022年中国石油行业十大新闻；合兴场须二气藏新增探明地质储量522亿立方米，初步落实千亿立方米探明储量阵地。川西梓潼凹陷须二段、龙泉山构造上沙溪庙组勘探取得新发现，永兴1井测获2.67万米^3/日工业气流，首次取得梓潼凹陷须二段新层系天然气勘探新发现，新增预测储量703.5亿立方米，实现川西须家河组勘探从构造带向凹陷区拓展；龙泉山构造上沙溪庙组落实资源量285亿立方米，拓展中江气田增储上产新目标。新场雷口坡组、井研二—三叠系、资阳须五段和中江须二段勘探取得重要进展。

（崔家麒）

【油气开发】 2022年，西南油气田油气开发取得1个重大突破、2个硬稳产、3个好效果、2个积极成效，获股份公司开发成果奖16项，首次获评SEC储量管理先进单位。新场—合兴场须二气藏评价获重大突破，8口测试井平均日产气23万立方米，单井EUR2.8亿立方米、是方案的2.4倍，获评股份公司高效储量发现转化特等奖。元坝气田、川西中浅层实现硬稳产，元坝气田保持1200万米^3/日高产稳产，产量、压力、水气比保持“三稳定”，连续稳产7年，较方案延长1年；川西中浅层实现稳产上产，老井综合递减率6.7%，年产气25亿立方米，增加1.9亿立方米，连续18年稳产20亿立方米以上。川西海相、川西中浅层、永川背斜西南翼评价建产取得好效果，川西海相7口测试井平均无阻流量超200万米^3/日，较前期井提高65%以上，实现“少井高产”，全面建成20亿米^3/年产能；川西中浅层评价落实储量71亿立方米，50口开发井平均无阻流量16万米^3/日，单井EUR1亿立方米、较前期井提高一倍，建成5.55亿米^3/年产能，创新企地合作模式推进中江城市规划区开发，盘活储量40亿立方米；永川背斜西南翼永页54-1HF井，测获无阻流量51.8万米^3/日，试采稳定产量6万米^3/日，具备2亿米^{3}/年建产潜力。页岩气、常规气开发管理取得积极成效，强化页岩气跟踪优化，优质储层钻遇率 98.7%，新建产能 9.24 亿米^{3}/年，老井综合递减率 35.7%、较年度目标降低 2.3 个百分点，年产气 13.29 亿立方米；常规气新增 SEC 储量 95.8 亿立方米，储采比 10.3，新建产能 12.53 亿米^{3}/年，增长 79%，高效区块由 4 个增至 6 个。

（崔家麒）

蓬勃美丽的集气总站（江飞亚　摄）

【经营管理】 2022 年，西南油气田新开投资项目 87 项，产能建设项目平均税后内部收益率 14.1%，提升 2 个百分点，常规、非常规天然气开发成本分别下降 0.031 元/米^{3}、0.004 元/米^{3}。加强管网资源共享，保障新区外输通畅、老区供需平衡，增销 3.85 亿立方米。“一井一策”强化边远井销售，增销 0.9 亿立方米、增长 62%。积极拓展高端市场客户，扩大网上交易规模，建立价格联动机制，突破季节性推价界限，年内天然气综合含税价格 1.815 元/米^{3}、较预算上涨 0.149 元/米^{3}，增收 10.67 亿元。成立 12 个降本增效攻关小组，实施十大降本增效项目，油气单位完全成本下降 257 元/吨，单位现金操作成本下降 3 元/吨。开展资产分类评价，盘活资产净值 0.24 亿元。加强资金集约管理，首次实现经营净现金流超百亿元，川西气田较可行性研究节约利息支出 2.4 亿元。抓好招标采购，加强修旧利废，节约采购资金 1.12 亿元。完成存续业务管理流程重构，建立业务主管部门统筹协调、相关职能部门协作配合、基层单位高效执行的市场化经营机制，实现系统外收入 28.84 亿元，增长 59.7%。盘活闲置不动产 141 项，启动不动产遗留问题三年专项整治行动，完成整改销项 27 项；减免小微企业和个体工商户租金 0.3 亿元，实现不动产经营收入 2.9 亿元、增长 11.1%。终端销售业务规模效益大幅提升，充分利用管网和资源优势，积极发展大用户和民商用户，实施差异化调价策略，综合价格增长 0.34 元/米^{3}，销售终端天然气 10.49 亿立方米、增长 68%，实现销售收入 21.66 亿元、增长 101%。液化石油气销售业务实现扭亏为盈，开展资源采购综合成本对比分析，优化液化石油气供应链，实施精细化采购策略，“一城一策”抓好推价工作，销售液化石油气 9.63 万吨，取得销售收入 7.02 亿元，实现扭亏为盈。

（崔家麒）

销售人员冒雪服务（杨晓军　摄）

【生产运行】 2022 年，西南油气田统筹全链条、一体化运行，取得新井场规划批复手续 57 个、临时用地手续 60 个、区块环评手续 9 个、单井环评手续 68 个，实施钻井 149 口，累计进尺 48.34 万米，完成测试井 152 口，新（改扩）建站场 106 座，新建管线 118 千米，投产新井 130 口，新井产量增长 22%。重点产能工程建设取得积极进展，川西气田项目有序推进，3#、4# 脱硫站与新场雷四脱硫站同步达到交安条件。马井雷四络合铁脱硫站 127 天中交，刷新中国石化络合铁脱硫装置建设工期纪录。川西集输管网不断优化，建成投运 6 条集输管线，及时打通管道集输瓶颈，支撑川西老区稳产和中江气田上产。丁山页岩气集输工程加快推进，东峰场集输管道及集气总站建成投运，配套建成 7 座 LNG/CNG 站，实现边远井投产外输。设备设施维保落实到位。克服高温、疫情影响，精细组织统筹运行，提前 6 天完成元坝气田全面停产检修技改，打造大型酸性气田检修工程样板，获总部高度评价。完成中京燃气公司 LNG 装置停产检维修和 SIS 系统升级改造，开展 4 个设备示范基地建设，做好集输管道、燃气管道等占压、腐蚀隐患治理，实现设备设施安全运行。

（崔家麒）

元坝气田（廖怿灵　摄）

【安全环保】 2022 年，西南油气田修订《HSE 管理体系手册》，建立“运行 + 监测 + 溯源”常态化运行机制，构建三级专业化管理队伍，对 139 名中层干部进行 HSE 履职能力评估，有效压实岗位安全生产责任。召开“事故就在身边，教训就在眼前”反思会，开展“3·6”事故“五回归”溯源分析，制定安全生产 27 条措施 125 项任务清单，开展“严管理、重执行”专项行动，堵塞安全漏洞。健全完善双重预防管理机制，识别公司级较大风险 7 项，落实风险管控措施 95 项，完成 3 项公司监管隐患、11 项政府督办隐患销项。制定绿色基层建设标准，绿色基层创建率 100%。完成东泰及大邑填埋场等 10 项较大环保隐患治理，未发生上报集团公司级环保事件。推进川西和元坝气田水处理设施改扩建、VOCs 治理等 13 个污染防治项目，废弃物妥善处置率 100%。建立能源管理体系，制订“碳达峰、碳中和”“甲烷控排”行动方案，实施“能效提升”计划，加强甲烷回收，年节约 1100 余吨标煤，回收天然气超 2 亿立方米，获评集团公司绿色企业。

（崔家麒）

【科技创新】 2022 年，西南油气田优化外协科研合作机制，启动“揭榜挂帅”项目 4 项，深化“院—厂”合作，组建页岩气技术支持中心，推动科研生产相融互促。实施科研项目 175 项，投入资金 3.60 亿元，研发投入强度达 2.57%。获省部级科技奖励 6 项，其中“川西雷口坡组潮坪相白云岩大气田形成条件与勘探发现”获中国石化科技进步奖一等奖。获中国石化科技成果转化和首次实施新技术奖励各 5 项。“超深生物礁底水气藏（元坝气藏）高效开发”入选“科创中国”先导技术榜，1 项技术成果获评“十大地质科技进展”，3 项技术入选自然资源部先进适用技术。申请中国专利 282 件，完成年度任务的 120%，新增中国专利授权 297 件、国外发明专利授权 8 件。气田 PCS 正式上线，业务覆盖与完成率均超 99%，支撑了“厂管站”运行模式变革，获集团公司充分肯定。石油工程业务协同管控能力不断增强，年管控超 1000 井次，对外服务创效 845 万元；研究设计业务高效运行，管控科研生产项目 131 个，完成设计方案 144 份，新增成果 1117 项；地震资料处理集群性能提升 32%，首获集团公司网络安全水平“A 级企业”称号。

（崔家麒）

【改革管理】 2022 年，西南油气田深化改革三年行动收官，完成 23 项重点任务 116 项具体措施，2 项案例入选集团公司典型案例。成立公司重点产能建设领导小组、非常规油气勘探开发管理部，推动重点工程项目一体化建设。开展信息化条件下采油气基层单位标准化建设试点，编制标准化建设手册，完成采气三厂组织机构、岗位设置等 5 项标准化建设。深化推动“三项制度”改革落地，健全人力资源市场化机制，统筹配置人力资源 126 人次，收入分配进一步向主业一线、艰苦边远地区和重点建设项目倾斜。完成对标提升行动任务，采气二厂入选集团公司标杆基层单位，5 项案例入选油田事业部精益管理范式。开展“三基”工作大讨论，制定基础管理工作清单，分业务板块修编“两册”，推进“五项劳动竞赛”与“三基”建设互促共融。开展“严肃财经纪律、依法合规经营”专项行动，筑牢依法合规经营底线。开展“合规管理强化年”工作，构建风险防范“三道防线”，推进法律、合规、风控、内控、制度融合。加强股权投资管理，4 家控股企业、3 家合资企业投资收益率均超过 34%，7 家参股企业均实现分红。实施审计项目 45 项，深入揭示问题和风险 450 余项，被采纳审计建议 190 余项，促进增收节支 830 万元。

（崔家麒）

【党的建设】 2022 年，西南油气田深入学习宣传贯彻党的十九届六中全会、党的二十大和习近平总书记视察胜利油田重要指示精神，打造践行习近平新时代中国特色社会主义思想重要阵地取得新成效。厘清三大治理主体权责界面，修订公司“三重一大”决策事项等 3 个清单，进一步推动党的领导融入公司治理。推进干部工作“五大体系”建设，中基层领导人员竞争性选聘比例达 67.4%，新提拔 40 岁及以下中层领导人员比例达 34.6%，末等调整不胜任退出比例达 3.8%。积极推广基层党建创新实践案例，探索建立基层党建与“三基”工作融促机制，搭建“岗区队室”党建融合平台 525 个，党组织和党员班组覆盖率保持 100%，党建融入中心取得实效。牢牢掌握意识形态工作领导权，创新实施多级联动宣传模式，8 条消息登上央视新闻、《人民日报》和《四川日报》头版头条；元坝气田成功入选中国石化第二批红色教育基地，吴亚军工作室获评首批“中国石化党外代表人士建言献策工作室”。一体推进安全生产、疫情防控、主题行动等监督工作，探索实施案件交办和“一案三查五提高”工作机制，组织“纪法宣教一线行”1070 余场次，实现西南石油局党委任期巡察全覆盖。深入开展年度系列立功劳动竞赛及 3 个专项竞赛，大力推进职工之家建设提档升级，赵洪波创新工作室获评“四川省‘十佳’劳模和工匠人才创新工作室”。聚焦建团百年，抓牢“青马工程”，做优“青字号”品牌，全面推进青年精神素养提升工程，汇聚攻坚合力。扎实做好党的二十大等特殊敏感时期信访稳定工作，践行“三到位一处理”，解决贵州 1843 户权证办理等 10 项历史遗留问题，得到集团公司党组和老同志高度肯定，和谐稳定局面不断巩固。积极推进乡村振兴，开展抗震救灾、民生保供、公众开放日和“心气”志愿服务活动，社会责任报告获评“四星半级”，获评中国社会责任百人论坛“责任金牛奖”、四川省慈善总会“爱心单位”。

（崔家麒）

表 1　　西南油气田主要技术经济指标　　亿元

指标名称 \ 年份	2022	2021	2020	2019	2018	2017
工业总产值						
西南油气分公司	142.81	120.06	92.84	93.10	78.57	73.44
工业增加值						
西南油气分公司	81.07	62.76	56.01	52.85	44.60	41.69
资产总计						
西南石油局	22.70	23.22	23.21	24.17	25.08	26.95
西南油气分公司	342.99	318.65	375.15	348.03	327.63	360.30
流动资产						
西南石油局	5.95	6.96	7.30	7.35	7.79	9.08
西南油气分公司	8.11	20.65	35.27	7.82	3.61	2.79
固定资产原值						
西南石油局	19.43	19.09	18.86	19.87	19.89	21.14

续表

指标名称 \ 年份	2022	2021	2020	2019	2018	2017
西南油气分公司	701.54	632.80	619.93	603.64	585.65	571.70
固定资产净值						
西南石油局	10.01	10.34	10.56	11.54	12.08	13.11
西南油气分公司	184.98	165.19	220.21	236.40	258.58	289.37
销售收入						
西南石油局	34.28	22.54	18.96	24.89	23.91	21.76
西南油气分公司	143.51	122.94	93.61	93.24	83.67	77.05
实现利税						
西南石油局	1.21	1.04	1.93	1.03	0.99	1.01
西南油气分公司	34.79	−6.59	9.68	9.31	−11.32	10.38
税金						
西南石油局	1.19	2.07	1.13	1.36	1.23	1.41
西南油气分公司	15.88	12.09	9.22	8.91	8.90	7.99
综合能耗 / 吨标煤 · 万元 $^{-1}$						
西南石油局	0.03	0.04	0.04	0.03	0.04	0.04
西南油气分公司	0.65	0.66	0.84	0.90	0.92	0.90

表 2　　西南油气田主要生产建设指标

指标名称 \ 年份	2022	2021	2020	2019	2018	2017
完成二维地震采集量 / 千米	—	—	—	—	133.03	—
完成三维地震采集量 / 平方千米	286.00	521.02	331.09	—	437.49	882.00
完成钻井数 / 口	167	106	91	94	51	58
完成进尺数 / 万米	66.34	55.16	44.39	41.05	27.97	22.13
原油产量 / 万吨	3.60	3.00	2.70	2.69	2.18	1.29
天然气产量 / 亿立方米	84.01	80.01	67.14	66.21	61.45	60.68
新增天然气生产能力 / 亿立方米	21.45	17.56	14.11	5.29	2.94	1.75
新增天然气地质储量 / 亿立方米	3 489.87	1 949.78	2 503.07	2 002.47	3 419.21	1 206.58
勘探开发投资额 / 亿元	91.84	59.57	50.12	51.44	33.40	36.41

东北油气田

【概况】 东北油气田是中国石化集团东北石油局有限公司（简称东北石油局）和中国石油化工股份有限公司东北油气分公司（简称东北油气分公司）的统称，是中国石化在东北地区唯一一家从事石油天然气勘探开发研究的主体专业化油公司。本部机关位于吉林省长春市西安大路 4936 号。其前身成立于 1977 年，2000 年并入中国石化，2008 年 1 月 9 日，中国石化将原东北分公司、东北石油局、勘探北方分公司、华东分公司吉林项目部腰英台油田重组为新的东北石油局暨东北油气分公司，按大Ⅰ型企业管理，实行“一套班子、两块牌子”的管理体制。2017 年 9 月，中国石化集团东北石油局名称变更为中国石化集团东北石油局有限公司。

截至 2022 年底，东北油气田设 10 个管理部门、4 个直属机构、5 个二级单位；有正式职工 929 人，其中在岗合同制员工 902 人，含管理人员 219 人、专业技术人员 535 人、技能操作人员 148 人；具有高级职称的 365 人（教授级职称的 20 人），中级职称的 225 人，初级职称的 114 人。

截至 2022 年底，东北油气分公司辖有油气勘查与开采区块共 29 个，总面积约 1.09 万平方千米，分布在吉林省、黑龙江省和内蒙古自治区。其中，油气勘查区块 11 个、勘查面积约 0.97 万平方千米，油气开采区块 18 个、开采面积 0.12 万平方千米。油气总资源量 20.2 亿吨油当量。累计探明石油地质储量 1.05 亿吨、探明天然气地质储量 1315 亿立方米。

东北油气田主要技术经济指标和东北油气分公司主要生产建设指标分别见表 1 和表 2。

（吴　瑶）

【领导班子调整】 2022 年 8 月 30 日，集团公司党组召开东北石油局干部视频会，宣布对东北石油局、东北油气分公司领导班子调整的决定：马代鑫任东北石油局党委书记、执行董事，东北油气分公司代表，不再担任东北石油局、东北油气分公司总经理。元涛因年龄原因退出现职，办理退休手续。

（吴　瑶）

【经营业绩创新高】 2022 年，东北油气田深入贯彻落实习近平总书记视察胜利油田重要指示精神，面对疫情、汛情等诸多挑战，牢牢把握安全生产主动权，主要指标同比实现稳中有升、箭头朝上，利润总额 2.95 亿元，创历史新高。董事长马永生两次在签报上批示，充分肯定东北油气田在疫情防控、安全生产和攻坚创效等方面取得的积极进展。

（吴　瑶）

【成功扩展矿权】 2022 年，东北油气田通过深入研究遴选，主动协调沟通，推动目标矿权出让竞拍，经过 17 轮竞争，成功获得黑龙江省内 4 个区块 1994 平方千米的油气探矿权。

（吴　瑶）

【资源拓展创佳绩】 2022 年，东北油气田加强“三新”领域勘探，取得“一个重大突破、一个重要突破、一个新进展、一个新局面”的成果，其中“松南新区带新类型油气勘探”和“长岭断陷查干花次凹天然气勘探”获股份公司勘探突破二等奖和商业发现三等奖，年度新增天然气探明、控制、预测地质储量分别完成计划的 139%、103% 和 236%。

（吴　瑶）

【效益开发见效果】 2022 年，东北油气田坚持“稳健开发、效益开发”原则，践行勘探开发一体化、地质工程一体化、经济技术一体化理念，推进建设龙凤山高效开发示范区、查干花规模建产引领区、梨树有效动用探索区，龙凤山气田产量持续提升，查干花规模建产态势初步形成，梨树金山储量有效动用见到曙光，天然气产量 10.5 亿立方米、原油（含凝析油）8.65 万吨，实现超产。

（吴　瑶）

【推价提效增效益】 2022 年，东北油气田大力推行天然气价格市场化机制，利用交易中心竞拍方式突破门站价，LNG 领域最高单价达 3.5 元 / 米 ^{3}。推行龙凤山气田闪蒸气 5.6 元 / 米 ^{3}，变废为宝实现创效。CNG 领域定向推价，较门站价格上浮 58%。优化城市燃气用户供气结构，挂牌竞标增量气，最高成交价达 5 元 / 米 ^{3}。天然气价格较奋斗目标提高 15%，实现增收 2.35 亿元。

（吴 瑶）

【创新驱动能力显著增强】 2022 年，按照“面向生产、聚焦主业，立足当前、放眼长远”的科技创新思路，东北油气田在关键瓶颈技术攻关、成熟新技术迭代升级、新工艺新技术推广应用三个方面发力，不断提升科技支撑能力水平。①加强科技攻关研究，组建科技攻关团队，开展“松南断陷火山岩气藏勘探开发一体化技术研究”项目，被列为集团公司重点攻关项目。全年累计投入科研项目资金 6710 万元，增长 20%；申请专利 19 件，提升 58%，完成年度指标的 158%。②强化成熟技术应用迭代升级，大力推进工程技术总结、迭代、提升三步循环。开展高效钻头与破岩工具个性化设计，不断完善推广优质钻井液体系，推广多簇立体精细压裂、可控穿层压裂等新工艺新技术，钻井日进尺突破 1000 米，创造新纪录。③推进科研体制机制创新。开展“新型研究院建设”，加强基础研究力量，新设立科研所 6 个，提升学科建设水平。按照“融合聚能、加合增效、兵团作战”的思路，组建专业更全、力量更强、融合更深、管理更实的勘探攻关项目部、高效开发项目部，支撑东北油气田油气高质量勘探、效益开发。

（吴 瑶）

北 2-7HF 井压裂现场

【5G 智能作战指挥室投入使用】 2022 年，由东北油气田自主研发的集团公司上游板块首个 5G 智能作战指挥室投入使用。在首次运行中，来自北京大学的地质工程专家团队、东北油气分公司领导和专家团队及现场压裂施工人员，通过 5G 智能作战指挥平台，以多方实时连线、多维度联动监控的形式，分别在北京、长春、松原三地，对正在施工的北 201-31HF 井进行远程会诊，精准把脉。5G 智能作战指挥室投入使用是智慧油气田建设的重要组成部分，集成融合 15 套子系统，通过构建 5G 高清安防、5G 远程指挥、5G+AR 远程辅助等应用场景，具备应急指挥、视频监控、安全预警、资料处理等多重功能，实现钻井实时管控、压裂远程指挥、安全智能监控。

（吴 瑶）

5G 智能作战指挥室投入使用

【本质安全水平不断提高】 2022 年，东北油气田牢固树立安全发展理念，推进体系兴安、科技强安、管理固安，安全生产形势持续向好。①开展安全管理“4+1”主题活动，强化“三管三必须”要求，明确 HSE 职责。加大信息化智能化投入，建设 4 个安全平台，实现“智能安全员”24 小时在线监督，全面构建 HSE 信息化监管模式。东北油气田纪委发挥“再监督”作用，“四不两直”深入现场开展监督，有力纠治安全领域形式主义。严抓风险识别管控，风险总值降值 10%。②与时俱进强“三基”打牢安全基础。将“三基本”建设与“三基”管理有效融合，开展“创五星树明星，强三基创佳绩”行动，评选五星安全诊断员、安全管理员、安全监督员，推动全员识别风险，提高安全管理水平。③探索能源低碳转型新路径，投入资金 3300 余万元，持续推进钻井液不落地等重点环保项目；紧盯工业“三废”处理，实现大气污染物减排 20% 以上；实施固废减量化工程，固废危废减量 2000 余吨；优化污水处理运行管理，140 万立方米产出水全部回注地层，实现零外排；加大网电钻机应用和天然气发电钻井，使用率 72.4%，减排二氧化碳 8000 吨；大力实施 CCUS 项目，实施二氧化碳驱先导实验项目，全年回收利用二氧化碳 10 万吨，生态保护责任有效落实。

（吴　瑶）

【干部人才队伍建设持续加强】 东北油气田牢固树立“发展是第一要务，人才是第一资源”的理念，确立人才引领发展的战略地位。①首次召开东北油气田人才工作会议，明确“十四五”期间及今后一个时期人才工作的目标任务，构建“实施四大工程、构建五大平台、完善五大机制和落实三大保障”的人才发展工作模型。②注重领军人才培养，2022 年选聘高级专家 15 名，分领域选育培养 6 名团队技术首席。专业技术人员占比由“十三五”初期的 47% 提高到 61%。③加强干部队伍建设。严格落实党政正职“双向进入、交叉任职”要求，年度提拔、调整中层干部 28 人次。落实“三百三千”实践锻炼计划，外派 5 人、接收 1 人、内部交流锻炼 5 人，选派 21 名 35 岁以下基层干部参加青干班的培训，复合型领导人才培养储备不断加强。

（吴　瑶）

【改革发展再上新台阶】 2022 年，东北油气田深入推进国有企业三年行动，全面完成 11 类 25 项具体任务。深化“三项制度”改革，被集团公司评为 A 级企业。探索“厂管班组”示范区改革，获得油田勘探开发事业部高度认可。开展对标一流管理提升行动，连续三个季度被评为对标组织先进单位，松原采油厂连续两个季度在板块效能对标中位居采气厂第一。

（吴　瑶）

【全力抗击新冠病毒感染】 2022 年，面对吉林省的持续病毒感染，东北油气田主要领导靠前指挥，干部职工居家不停工、思想不懈怠、行动听指挥，在防控最艰难时期，工会千方百计采购 18 吨蔬菜，为分散在 483 个小区的职工一份一份分送到家；相关部门（单位）加强与政府沟通协调，申请办理 3000 多张省市县镇级通行证，保证油气生产销售正常运行，300 多名一线员工坚守岗位 60 多天没有轮换班，用实际行动诠释“苦干实干”“四个一样”的石油精神。

（吴　瑶）

疫情封控期间，东北油气田志愿者团队参加抗疫志愿工作

【学习贯彻党的二十大精神】 党的二十大召开后，东北油气田党委第一时间组织党委中心组传达学习、深入研讨，全面学习领会党的二十大精神实质。东北油气田内部制定主要领导系统全面讲、班子成员深入调研讲、中层干部结合实际讲、支部书记围绕“三基”讲、党员群众深入体会讲的“五级宣讲”体系，外部邀请党的二十大代表结合参会体会宣讲，深入把握党的二十大报告的新思想、新观点、新论断，推动党的二十大精神入脑入心。

（吴　瑶）

表 1　东北油气田主要技术经济指标　亿元

指标名称＼年份	2022	2021	2020	2019	2018	2017
工业增加值	15.70	13.00	22.90	11.65	10.08	8.63
东北油气分公司	15.55	12.85	22.75	11.50	9.97	8.58

续表

年份 指标名称	2022	2021	2020	2019	2018	2017
东北石油局	0.15	0.15	0.15	0.15	0.11	0.05
资产总计	61.52	60.99	54.56	57.21	48.89	51.62
东北油气分公司	58.95	59.04	52.64	55.26	46.94	49.65
东北石油局	2.57	1.94	1.92	1.95	1.95	1.97
流动资产	2.47	1.71	2.13	3.07	1.93	1.73
东北油气分公司	0.60	0.51	0.97	1.91	0.81	0.67
东北石油局	1.87	1.20	1.16	1.16	1.12	1.06
固定资产原值	168.80	162.55	147.46	133.22	124.19	126.42
东北油气分公司	167.89	161.58	146.49	132.13	123.09	125.26
东北石油局	0.91	0.97	0.97	1.09	1.10	1.16
固定资产净值	44.60	45.73	38.43	42.04	39.77	44.66
东北油气分公司	44.38	45.43	38.11	41.73	39.43	44.26
东北石油局	0.22	0.30	0.32	0.31	0.34	0.40
销售收入	23.18	20.13	14.97	17.29	13.86	11.92
东北油气分公司	23.04	19.98	14.82	17.14	13.74	11.87
东北石油局	0.15	0.15	0.15	0.15	0.12	0.05
实现利税	4.69	1.28	−11.34	2.29	1.97	0.80
东北油气分公司	4.64	1.24	−11.40	2.25	1.91	0.78
东北石油局	0.05	0.04	0.06	0.04	0.06	0.02
税　金	2.98	1.22	0.97	1.13	0.90	0.63
东北油气分公司	2.82	1.20	0.95	1.11	0.88	0.62
东北石油局	0.16	0.02	0.02	0.02	0.02	0.01
综合能耗 / 吨标煤・万元 $^{-1}$	0.55	0.54	0.63	0.50	0.54	0.54

表 2　东北油气分公司主要生产建设指标

年份 指标名称	2022	2021	2020	2019	2018	2017
原油产量 / 万吨	8.65	7.25	4.41	5.11	3.01	1.80
天然气产量 / 亿立方米	10.50	10.50	9.19	9.50	8.53	8.40
新增原油生产能力 / 万吨	1.04 （凝析油）	1.25	0.95 （凝析油）	0.99 （凝析油）	0	0.36
新增天然气生产能力 / 亿立方米	1.54	3.50	2.75	1.84	1.12	0.95
新增探明石油地质储量 / 万吨	—	24.51 （凝析油）	88.48 （凝析油）	394.21 （凝析油）	—	—
新增探明天然气地质储量 / 亿立方米	139.76	114.40	145.64	102.52	32.18	—
二维地震 / 千米	—	—	—	—	—	—
三维地震 / 平方千米	243.00	112.00	—	—	—	—

续表

指标名称 \ 年份	2022	2021	2020	2019	2018	2017
油气钻井 / 口	35	41	42	36	17	22
探　井	8	7	12	16	8	9
开发井	27	34	30	20	9	13
钻井进尺 / 万米	15.31	16.63	17.99	14.11	10.19	5.60
勘探投资 / 亿元	6.42	5.95	5.04	5.71	2.33	1.04
开发投资 / 亿元	8.54	10.39	10.07	7.47	4.33	2.24

华北油气田

【概况】 华北油气田是中国石化集团华北石油局有限公司（简称华北石油局）和中国石油化工股份有限公司华北油气分公司（简称华北油气分公司）的统称，本部位于河南省郑州市，是集团公司上游油田企业之一。其前身为组建于 1975 年 5 月的地质矿产部第二石油普查勘探指挥部，1997 年 1 月并入中国新星石油公司，2000 年 3 月随中国新星石油公司整体并入集团公司，2002 年 5 月，根据集团公司重组改制总体部署，华北石油局组建中国石化新星公司华北石油局和中国石油化工股份有限公司新星华北分公司，2003 年 7 月分别划归集团公司、股份公司直接管理。2013 年 1 月，按照集团公司关于石油工程专业化重组和矿区（社区）管理体制调整的总体部署，对石油工程和社区板块进行分离，成立华北石油工程有限公司，实现油公司、工程公司和社区业务“三分开”。2015 年 3 月，中国石油化工股份有限公司华北分公司更名为中国石油化工股份有限公司华北油气分公司。2017 年 9 月，中国石化集团华北石油局完成公司制改制工作，公司名称变更为中国石化集团华北石油局有限公司。

华北石油局主要负责社区管理，有郑州、新乡、咸阳、榆次、须水 5 个生活基地。华北油气分公司主要从事油气勘探开发、生产和销售业务，油气生产基地位于陕西省榆林市、延安市、咸阳市，内蒙古鄂尔多斯市，宁夏盐池县和甘肃省庆阳市、平凉市等地区。

截至 2022 年底，华北油气田配备有一套党政领导班子（成员共 8 人），设 16 个职能部门、2 个直属机构、11 个二级单位。有合同制员工 2977 人，其中具有教授级高级职称的 24 人、高级技术职称的 706 人。有探采区块 14 个，总面积 2.38 万平方千米，主体位于鄂尔多斯盆地，累计探明石油地质储量 2.55 亿吨、天然气地质储量 7887 亿立方米，保有天然气 SEC 储量 243.4 亿立方米，建成 3 个油气生产基地，累计生产油气分别为 456.5 万吨、555 亿立方米。

华北油气田主要技术经济指标和主要生产建设指标见表 1 和表 2。

（韩　蕾）

【领导班子调整】 2022 年 3 月，李建山任华北石油局党委副书记、总经理，华北油气分公司总经理。2022 年 8 月，胡渤任华北石油局党委委员，华北油气分公司副总经理。

（韩　蕾）

【生产经营】 2022 年完成投资 38.05 亿元，新增天然气探明储量 590.9 亿立方米、石油探明储量 902.5 万吨，新建天然气产能 10 亿立方米；生产天然气 50 亿立方米、原油（凝析油）18.7 万吨，油气储量、原油产量均超额完成任务。考核利润同比增长206%，“两利四率”指标持续改善。

（韩 蕾）

【高效勘探】加大风险勘探和预探力度，加强物探和探井项目管理，实施三维地震479.6平方千米，探井成功率60%，超额完成“六个500”增储任务，获集团公司油气勘探发现奖3项。

东胜气田上古勘探取得重大商业成果。新召东区带滚动拓展实现盒1段、山2段整体探明，形成盆地北缘第2个千亿立方米探明储量阵地。

大牛地气田深部拓展取得新进展。下古马五$_{6+7}$亚段和马四段等多层系试获工业气流，落实圈闭资源量1700亿立方米，新增控制天然气地质储量282.4亿立方米，千亿立方米接替阵地初步显现。

盆地南部油气并举取得新突破。麻黄山西宁古1井、富县羊泉区带任101井首次试获工业气流，开辟盆地西缘和富县中西部天然气勘探新场面。彬长和102H井、镇泾红河5101H井自然投产获高产油流，拓展断缝体油藏勘探新阵地。

非常规领域取得新发现。通许尉北1井、大牛地石1井深部煤层均试获千立方米稳定气流，阳煤1HF井、富页1H井在深层煤层气和页岩油领域有望实现产能突破。

（韩 蕾）

【效益开发】完善开发管理制度，新井上产、老井稳产和措施增产协同发力，大牛地气田连续10年稳产30亿立方米以上，东胜气田高含水气藏开发态势趋稳向好，获集团公司高效开发奖6项。

产能建设质量显著提升。强化地震地质、建模数模、地质工程一体化，重点推动大牛地气田上古高效调整、下古滚动建产，东胜气田分区分类型气藏滚动评价、建产，落实可动用储量200亿立方米，新建产能10亿立方米，产能达标率105.3%，单井平均初产、达产井比例等开发指标创历史最好水平。

气藏管理水平稳步提高。围绕“三提一控”，从气藏、井筒、地面、生产保障等维度，梳理分析影响递减因素，全面加强一体化治理，优化配产、泡排提升、井筒治理综合施策，老井月递减从上半年2.7%下降到1.5%。

措施增产迈出新步伐。组建公司级措施治理项目团队，系统摸排出老井地质、工程增产潜力，制定套管修复、储层解堵、机械排采、补孔转层等治理措施，全年投产措施井103口，累增气6871万立方米，措施产量大幅提升。

鄂南原油效益开发稳步推进。深化基础研究，精细刻画断缝体油藏单元55个，落实优质石油地质储量410万吨，2口评价井均获高产，红河油田3个井组平注平采扩大试验有序实施。

（韩 蕾）

大牛地气田处理站（李文昕 摄）

【高效运行和工程保障】组织运行效率持续提升，“四提”“五化”保障工程发力。

井位部署超前论证。2022年2月底完成产建方案及井位设计，年底全面完成2023年井位部署论证，为均衡高效产建提供优化空间。

形成压裂上产高效运行新范式。全力克服疫情影响，精心组织压裂上产活动，统筹全局资源，优化运行机制，实施挂图作战，物资供应和压裂液、酸液配送等高效保障，创出单日压裂5口12段施工新纪录，活动期末日增气近百万立方米。

全面开展石油工程冬季连续生产。优化完善常态化冬季施工方案，超前谋划现场人员、设备和物资到位，严格落实冬防保温和安全风险管控措施，保障钻井、压裂、试油气作业平稳有序运行。

石油工程“四提”成效显著。全力打好“五好”示范井，石化上游首家实行钻井—压裂—试气全专业日费制，示范井J30-6-P2井刷新工区8项指标记录。实施技术迭代提升和现场提级管理双轮驱动，推广振荡螺杆、高效PDC等先进工具，加大储层保护力度，全年钻井周期缩短10.5%，压裂效率提高17%，单井产量提升26%，工程成本下降5.8%，超额完成“四提”指标。

地面集输系统运行效率稳步提高。大牛地3号、4号脱硫站，东胜20号集气站，大牛地提质增效Ⅰ期等配套项目高效建成投产，圆满完成“五化”指标。全力推动重点工程项目建设，乙烷回收达到工程开工条件，提氦工程有效解决项目属性问题，手续办理按计划加快推进。强化设备精益管理，压缩机综合运行时率99.3%，建成压缩机管理示范基地。

（韩 蕾）

【科技支撑】 科技管理卓有成效。搭建高水平科技交流平台，组织召开勘探开发技术交流会，组建联合攻关团队，申报中国石化重大项目群2项，申请专利75件、获授权47件，通过中国石化科技成果鉴定7项，获得省部级科技奖励5项。深化应用“揭榜挂帅”协同攻关机制，创新“地质工程一体化”风险合作模式取得明显效果。

关键技术攻关取得新进步。和盛黄土塬三维地震攻关项目，集成应用系列新技术，实现黄土塬施工效率和资料品质双提升。持续完善盆缘过渡带差异化成藏、大型不整合岩溶成藏和断缝体成藏等三大理论认识，攻关复杂油气藏精细描述及甜点预测、高含水气藏效益开发、致密气藏提高采收率等关键技术，集成优快钻完井、差异化精准压裂、储层保护等工艺，有力支撑油气增储上产。密切割精准压裂技术迭代升级，锦30井区单井产能提升24%；碳酸盐岩水力加砂压裂先导试验取得重大突破；深部煤层气压裂规模创国内单轮次施工最大纪录。探索完善高含水气藏排水采气理论与技术体系，明确8类主体排采工艺标准及应用边界，高液气比气井生产时率提高4.7个百分点。

信息化建设有序推进。构建公司信息化提升与数字化转型“233”总体规划，落实业务域域长负责制，推动EPBP稳定运行，采气二厂PCS系统上线运行，打造一站式门户网站，有力保障特殊时期网络安全，网络安全水平首次获评集团公司A级，信息化支撑成效逐渐显现。

（韩 蕾）

【经营创效】 构建“12142”战略型集约化财务管控体系，深化业财融合，经营利润再创历史新高，位居国内上游第三。

强化全面预算价值引领。以“七抓七促”为抓手，应对高成本气藏开发挑战，实施低成本战略，持续完善全员成本管理体系，夯实基层成本管控，深入推进优化降本，重点成本费用持续下降，非生产性费用大幅压减，全年挖潜增效21亿元。

加强投资成本优化管控。推进项目负责制，坚持“五位一体”统筹优化，高效推进论证批复，以效益倒逼投资全业务链、全流程、全环节迭代优化，形成项目全生命周期闭环管理机制，10亿立方米产建投资首次控制到25亿元。重塑事前算赢体系，落实效益专项论证审查，前置论证审查项目35个，优化取消7个，涉及金额2600万元。

全力拓市推价增收增效。研究相关政策和市场变化趋势，大力拓市扩销推价，优选培育战略合作客户，供液厂天然气全部上市交易，动态优化销售流向，销售创效能力显著提升。

（韩 蕾）

【改革管理】 深化改革三年行动高质量收官。承接集团公司5个方面53项任务，华北油气田自定11项任务31项措施，均按时间节点100%完成，3项改革成果入选《中国石化深化改革三年行动经验案例》。制定完善党委会议事规则、总经理办公会等制度，推进治理主体依法依规履职尽责，公司现代企业制度趋于完善。

对标一流管理提升行动深入开展。建立“3+2”分层对标体系，对标追标清单完成率100%，2项成果入选国内上游精益管理范式，整体综合能力排名第三。推进采气二厂标准化示范区建设，入选集团公司标杆基层单位。获集团公司管理现代化创新成果奖4项，国内上游星旗榜夺旗2面、摘星11颗。常态化推进对标长庆，组织业务领域开展“对标长庆见成效、学习长庆争一流”调研，形成对标提升方案。

基础管理提升全面推进。开展基础工作提升行动，构建华北油气田“1+4+2”基础管理体系，“两册”编制实现全覆盖，启动“三标”达标建设，完善“三基”标准化清单，“三基”工作迈上新台阶。引入业务外包竞争机制，实施一体化管控，外包业务基础提升同步推进。

风险管控能力不断增强。深入开展“严肃财经纪律、依法合规经营”综合治理专项行动，全面构建“五位一体”合规体系，强化专业合规管理，突破性完成262宗土地取证，制订华延公司扭亏脱困方案，有效应对法律纠纷，扎实开展内部审计，依法合规治企水平持续提升。

（韩　蕾）

2022年6月5日，世界环境日当天，中国石化公众开放日（华北石油局站）（付绪凯　摄）

【安全环保】 HSE管理体系日趋完善。制修订制度14项，发布“自日安全行动”等专项方案12项，优化设置70项监测指标，体系审核符合率89.7%，通过集团公司体系审核。以“六表”形式规范分委会运行，推动专业安全履职尽责，体系有效性持续提升。

安全管理扎实深入。做实领导引领，公司级6项风险、5个风险点实现降级降值目标。建立4类隐患排查机制，实施33项安全隐患治理项目，隐患整改率99.5%。推广基层单位“四单两能”管理法，打通体系运行“最后一公里”。建成承包商安全环保管理信息系统（二期），组织承包商体系审核15家，承包商自主管理水平稳步提升。成立HSE技术协会，发挥专业人才技术支撑和辅助决策作用。加强企地联动，成功破获2起盗油案件，维护油区治安稳定。

绿色低碳发展基础不断提升。加强生态环境保护，规范勘探开发方案环保措施，新建项目生态红线避让率100%，恢复植被面积4500余亩，有序推动红碱淖、臭柏自然保护区逐步退出。深入打好污染防治攻坚战，落实环保隐患治理项目5项，二氧化硫、氮氧化物较2020年减排34%、12%。构建“135”节能降碳管理体系，约束指标均控制在计划内。

筑牢新冠肺炎疫情防线。始终将员工生命健康安全放在首位，强化防控体系建设和应急处置预案，积极应对郑州驻地和工区多轮次疫情影响，扎实做好防疫物资与生活后勤保障，有效保障员工生命健康安全。

（韩　蕾）

【党建引领】 按照集团公司“1355”党建工作总体思路，以加强党的政治建设为统领，全面推进从严治党，以高质量党建推动企业高质量发展。

党的政治建设全面加强。规范落实“第一议题”制度，深入学习贯彻国家能源安全新战略和习近平总书记视察胜利油田重要指示精神，扎实开展主题行动，精心组织喜迎党的二十大系列活动，认真学习宣传贯彻党的二十大精神，高效配合完成经济责任审计和党组专项巡视，坚决抓好整改“后半篇文章”，以实际行动践行“两个维护”。

人才强企工程深入推进。成立华北油气田人才工作领导小组，组织筹备人才工作座谈会，优化完善顶层设计。全面落实年轻干部核心储备“1234·百人计划”，推进竞争性选聘和末等调整不胜任退出，选人用人满意度持续提升。探索实施科研人才一体化管理，构建科技人员共建共享机制。加快拔尖人才培养，王文君获聘集团公司技能大师，王子雨获集团公司采油气专业竞赛金牌，张威获青年地质科技银锤奖。

基层党建质量全面提升。深入推进党的“三基本”建设与企业“三基”工作有机融合，打造“一体两翼”机关党建新格局，全面落实党支部书记基本功培训和持证上岗综合考评，规范创先争优载体建设，深化党建带团建“四带一健全”机制，党支部战斗堡垒和党员先锋模范作用有效发挥。

政治生态持续向好。以“六突出六提升”为主线，持续深化“三不腐”机制建设，加强对“一把手”和领导班子监督，强化监督执纪问责一体发力，信访举报总量同比下降50%。紧盯稳产上产、安全生产、疫情防控等重点任务开展政治监督，充分发挥监督保障执行作用。织密织牢巡视巡察联动监督网，实现常规巡察全覆盖。

和谐企业建设全面推进。开展形势任务教育，深化“四个再强化”大讨论，深入践行“以人为本、以企为家、聚焦主业、奋勇争先”企业文化理念，开展“奋战200天，稳产增长创佳绩”系列劳动竞赛，宣传工作形成声势，凝聚团结奋进合力。扎实开展“我为群众办实事”，组织开展第30届职工运动会、庆祝建团100周年等系列活动，认真做好离退休、关工委等工作，员工群众幸福感、获得感持续提升，华北油气田获“河南省模范劳动关系和谐企业”称号，采气二厂保持“全国文明单位”称号，实施青年精神素养提升工程，持续开展青年联合攻坚和安全生产示范岗建设，生力军作用充分发挥。圆满完成敏感时期维稳任务，持续推进甘肃东乡锁南中学结对帮扶工作，进一步树立企业良好形象。

（韩 蕾）

喜迎二十大活动（苏铭凯 摄）

表1 华北油气田主要技术经济指标 亿元

指标名称＼年份	2022	2021	2020	2019	2018	2017
工业总产值	104.42	89.88	63.42	67.25	57.28	46.56
华北石油局	0.62	0.49	0.37	2.12	0.62	0.37
华北油气分公司	103.80	89.39	63.05	65.13	56.66	46.19
工业增加值	83.43	67.84	53.07	50.77	46.31	31.42
华北石油局	0.35	0.29	0.11	0.19	0.33	−0.34
华北油气分公司	83.08	67.55	52.96	50.58	45.98	31.76
资产总计	219.17	200.66	197.40	191.89	213.58	227.20
华北石油局	3.75	3.37	3.34	3.57	3.66	5.20
华北油气分公司	215.42	197.29	194.06	188.32	209.92	222
流动资产	50.89	36.07	8.99	6.02	17.15	11.78
华北石油局	2.34	1.94	1.87	1.98	2.05	2.54
华北油气分公司	48.55	34.13	7.12	4.04	15.10	9.24
固定资产原值①	100.52	95.97	92.98	88.90	85.93	75.90
华北石油局	3.06	3.00	2.98	3.04	2.99	3.87
华北油气分公司	97.46	92.97	90.00	85.86	82.94	72.03
固定资产净值①	41.79	41.75	45.33	46.23	47.77	42.00
华北石油局	1.25	1.29	1.29	1.42	1.46	2.03

续表

指标名称 \ 年份	2022	2021	2020	2019	2018	2017
华北油气分公司	40.54	40.46	44.04	44.81	46.31	39.97
销售收入	114.35	96.34	69.35	72.64	65.65	48.40
华北石油局	2.11	1.67	1.89	1.97	2.65	2.13
华北油气分公司	112.24	94.67	67.46	70.67	63.00	46.27
实现利税②	52.59	20.06	10.94	7.64	4.58	−8.21
华北石油局	0.38	0.21	0.40	0.09	0.19	−0.42
华北油气分公司	48.13	19.85	10.64	7.55	4.39	−7.79
税　金②	4.77	3.59	3.03	3.38	3.22	2.57
华北石油局	0.31	0.21	0.18	0.18	0.19	0.13
华北油气分公司	4.46	3.38	2.93	3.22	3.03	2.44
综合能耗 / 吨标煤・万元 $^{-1}$	0.439	0.425	0.372	0.385	0.371	0.369
华北石油局	0.403	0.370	0.229	0.252	0.248	0.245
华北油气分公司	0.475	0.479	0.515	0.518	0.494	0.493

①② 2022 卷 2010—2020 数据有误

表 2　　华北油气分公司主要生产建设指标

指标名称 \ 年份	2022	2021	2020	2019	2018	2017
油气产量 / 万吨	415.88	425.58	396.97	368.91	336.05	307.14
新增油气生产能力 / 万吨	70.65	70.36	100.00	61.94	50.39	60.92
新增油气探明地质储量 / 万吨	433.99	4 210.21	4 459.97①	3 612.24①	—	5 175.10①
三维地震 / 平方千米	480.00	821.00	156.00	333.00	284.00	685.00
二维地震 / 千米	—	357.10	200.00	—	889.00	—
油气钻井 / 口	168	174	234	171	122	96
探　井	30	35	24	25	19	15
开发井	138	139	210	146	103	81
钻井进尺 / 万米	72.64	55.20	87.56	53.94	44.31	37.32
勘探投资 / 亿元	8.74	10.57	6.204	5.96	3.96	3.91
开发投资 / 亿元	25.88	30.96	32.70	21.74	19.32	13.75

① 2022 卷数据有误

华东油气田

【概况】 华东油气田是中国石化集团华东石油局（简称华东石油局）和中国石油化工股份有限公司华东油气分公司（简称华东油气分公司）的统称，是中国石化常规与非常规油气勘探开发的专业队伍。办公地点位于江苏省南京市建邺区江东中路375号金融城9号楼。华东石油局前身为1970年5月6日成立的江苏省石油勘探指挥所，隶属地质部石油海洋地质局管理。1997年1月纳入中国新星石油公司管理。2000年4月，随中国新星石油公司整体并入集团公司。2003年5月，华东石油局和华东油气分公司分别调整为集团公司和股份公司直接管理。2012年11月8日，华东石油局石油工程专业队伍划出，成立中石化华东石油工程有限公司。2015年3月20日，华东分公司开始运行油公司管理体制，更名为华东油气分公司。2018年生产油气131.40万吨，产量规模首次突破100万吨。2021年生产油气221.80万吨，产量规模首次突破200万吨。

截至2022年底，华东石油局和华东油气分公司机关部门实行一体化管理，共设有职能部门和党群部门14个、直属单位（机构）2个、所属二级单位10个（华东石油局3个，华东油气分公司7个），用工总量1685人；具有各类高级专业职称的454人、中级专业职称的402人，2人享受政府特殊津贴。华东油气分公司在苏北盆地、下扬子海相、四川盆地东南缘的盆外褶皱区、鄂尔多斯盆地周缘有矿权面积1.70万平方千米，总资源量35.40亿吨油当量，探明储量2.92亿吨油当量。

华东油气田主要经济指标和主要生产建设指标分别见表1和表2。

（刘 波）

【领导班子调整】 2022年1月25日，集团公司党组召开华东石油局干部大会（视频），宣布领导班子调整决定：姚红生任华东石油局党委书记、华东油气分公司代表，免去其华东石油局局长、华东油气分公司总经理职务；云露任华东石油局局长、党委副书记，华东油气分公司总经理；杨猛任华东石油局党委副书记、纪委书记、工会主席；何希鹏任华东油气分公司副总经理、华东石油局党委委员；免去李东海华东石油局党委书记、华东油气分公司代表职务，办理退休手续；免去何惠生华东石油局党委副书记、纪委书记、工会主席职务，另有任用。

（刘 波）

【生产经营指标创历史新高】 2022年，华东油气田聚焦主责主业，坚持稳油增气降本，通过科技创新应变求变，紧抓原油价格回暖时机，加大油气勘探开发力度，加快生产组织运行节奏。新增常规油三级储量817万吨、页岩油预测地质储量5526万吨、页岩气预测地质储量1169亿立方米。全年生产225万吨油当量，超产14万吨油当量，年产值58亿元，净利润3.10亿元。

（刘 波）

【页岩气生产势头继续向上】 2022年，华东油气田夯实当期产量，东胜区块精细分区、优化部署，提升甜点钻遇率与压裂改造强度，胜页2井、胜页27井区产建单井EUR由0.70亿立方米提升至0.80亿立方米；平桥南区试验三套层系立体开发模式，实现下部调整拓边、中部气层突破、上部气层稳产的预期效果，完钻18口井提高采收率4.30%，老区递减率下降6%；通过增压、泡排、气举等措施，全年措施增气量6725万立方米，实现新井产能、老井稳产双达标。阳春沟新区带部署实施勘探评价井，西区胜页6井测试日产气量13万立方米，中区胜页5井组试采日产气量5万—10万立方米，东区胜页4井气测显示良好，阳春沟提交预测天然气地质储量1169亿立方米。武隆区块加强低成本技术攻关，单井试采日产气量3万立方米，钻采投资控制在3800万元以内，为进一步盘活盆外万亿立方米常压页岩气资源奠定基础。

（刘 波）

【煤层气产量创历史新高】 2022年，华东油气田按照“精心挖潜延川南，保障持续硬稳产”的思路，稳步推进煤层气开发工作。开展老井复查，在平桥—东胜背斜实施阳1井，试获日产气量0.65万立方米，渝东南龙潭组煤层气取得战略性突破；探索晋中，评价出一、二类有利区面积921平方千米，资源量1298亿立方米，部署实施晋1井，钻遇层位符合预期，晋中深层煤层气显示新苗头。强化有效支撑压裂等工艺技术在深层煤层气运用，延川南气田新井与措施井单井日产气量0.5万—1.3万立方米，产气量较常规压裂提高5—10倍，日产气量稳定至110万立方米，年产量突破4亿立方米，创历史新高。

（刘　波）

【页岩油勘探开发成果显著】 2022年，华东油气田立足溱潼凹陷，按照“平面展开控储量，纵向拓展探新层，不同井型试工艺”思路，平面上实现溱潼凹陷深凹带储量整体控制，纵向上落实Ⅰ—Ⅱ亚段产能。沙垛1井、溱页1井累产油均超1.50万吨；溱页2HF井在Ⅱ亚段新层段取得突破，试获日产油113吨，新增预测石油地质储量5526万吨，取得溱潼凹陷页岩油新区新层系突破，获集团公司油气勘探突破特等奖。创新溱潼凹陷页岩油水平井+直井效益开发模式，实施井身结构优化配套高性能水基钻井液体系，推广全电动压裂、连续压裂技术，利用老区集输系统优化投资，水平井单井投资控制在5000万元以内。针对东斜坡构造复杂、难以打水平井的特点，利用老井侧钻鲁1侧井日产油35吨，部署实施红201斜井日产油70吨。

（刘　波）

【常规油接续发现优质增产阵地】 2022年，华东油气田在赵101井基础上强化圈闭落实技术评价攻关，发现一批有利圈闭，新钻赵102井试获日产油35吨，跟进一批开发井快速部署，新建产能1.20万吨，评建一体落实赵家庄油藏边界及储层岩性变化，新增含油小层3个，落实可动用储量123万吨。重新刻画陈家舍构造，滚动部署5口井，单井日产油6吨，新增产能1万吨，滚动外扩储量50万吨。实施老区调整井30口，恢复产能4万吨，新增可采储量24万吨，提高采收率2.50%。优化注采完善，水驱自然递减率控制在10%以内，老井措施有效率93%，单井增油272吨，年注二氧化碳17万吨，年增油6万吨，减缓递减3.60%。

（刘　波）

【科技创新支撑能力持续提升】 2022年，华东油气田攻关形成苏北盆地低TOC（有机碳含量）页岩油甜点优选及地质综合评价技术，自主研发页岩油含油率测定仪。形成阳春沟陡倾角成像、复杂构造精细解释及地应力预测地球物理一体化技术。页岩油探索形成“二开制井身结构+高性能水基钻井液”钻井技术，溱页2HF井实现高效成井。创新提出“规模注液蓄能量+多簇限流促体积+调节排量稳缝网+三级支撑保充填”压裂理念，配套全电压裂连续施工，压裂技术指标、时效有效提升，压裂成本持续下降。组织开展双碳技术攻关，成功申报江苏省CCUS重点实验室。围绕江苏地区百万吨级CCUS产业战略布局，完成15万吨捕集示范区建设，建成全国首个CCUS调峰中心。实施创新绩效考核机制，设置“0-1”自主创新和“1-10”效益转化两项考核指标。首次承担集团公司基础前瞻技术攻关，成功立项中国石化“深层煤炭地下气化关键技术研究”科技项目。“川东南南川常压页岩气田勘探开发关键技术”获中国石化科技进步奖一等奖。全年获授权专利62件，其中发明专利12件，计算机软件著作权登记证书5件，科技研发投入1.90亿元，研发投入强度4.10%。

（刘　波）

2022年9月14日，华东油气田首口全电动储层改造页岩油井——溱页2HF井完成22段施工（沈志军　摄）

【安全环保绿色发展落实落地】 2022年，华东油气田完善HSE管理体系建设，建立体系运行动态监测机制，严抓集团公司体系审核问题整改，推进落实集团公司安全生产二十条措施和“百日安全”专项行动，实施重点项目领导干部网格化驻点值班带班，强化连油、带压作业等重点环节风险管控，完成东胜脱水站和洲城联合站两个陆上石油天然气开采重点场站隐患治理，集中整治承包商直接作业环节违章，部署应用集团公司“双防”数字化平台和江苏省安全生产信息预警平台，创建江苏省二级安全生产标准化企业。持续推进污染防治攻坚战、臭氧污染防治专项行动和绿色企业行动计划，编制油气田“双碳”行动方案，积极开展VOCs检测修复与治理、天然气“应收尽收”、网电钻机及压裂应用等能效提升计划，探索建设绿色示范基层工作。通过集团公司绿色企业复核和持续清洁生产审核，保持“绿色企业”和“清洁生产企业”称号。

（刘　波）

【兴文化暖人心工程扎实推进】 2022年，华东油气田立足改革发展历史，编撰《“两论”的华东实践》系列报告文学，总结提炼企业文化理念和释义。持续打造“幸福华东”工程，跟进南京市人才安居、企业职工子女入学地方政策，办理人才安居53人次，解决8名职工子女入学、28名职工子女暑期托管问题。关注职工心理健康，通过EAP讲座、座谈访谈等方式开展心理疏导，1512人参加培训。探索“大健康”工作模式，持续推进绿色就医通道，加强检前和检后环节服务，解决员工重病就医实际困难39人次。履行社会责任，成立乡村振兴工作机构，选派帮扶挂职干部。举办公众开放日活动，社会受众超2000人次，群众认可度、社会美誉度获得提升。

（刘　波）

【全面从严治党坚强有力】 2022年，华东油气田深入贯彻新时代党的建设总要求，按照集团公司党组统一部署，制定落实局党委会“议”和“定”两个清单，理顺党委功能定位及与其他治理主体的职责界面，进一步规范决策程序，增强党委“把、管、保”作用发挥。取消局领导班子会，实行“党委前置审议＋分公司代表决定”决策模式，提高决策效率。找准“保落实”切入点，定期发布难点工作清单，累计3批17项难点工作，15项取得实质性进展。将党的基层组织工作重心下移，做实做优党小组，建立党小组日例会制度，增强党员组织生活仪式感、先锋模范责任感。畅通“上情下达、下情上传”渠道，全力为广大员工办实事、解难题，全年接收基层反映问题823项，反馈解决818项，完成率99%。针对安全环保领域严峻形势，将党的建设覆盖所有直接作业环节承包商，全局82个党支部与75家承包商完成共建结对，对承包商实行“员工视同”管理，共同促进承包商与直接作业环节管理提升。结合党组常规巡视、选人用人专项、科技“卡脖子”专项巡视问题整改，坚持“当下改”和“长久立”相结合，集团公司党组常规巡视整改措施完成率99%。

（刘　波）

2022年3月22日，华东油气田召开“牢记嘱托、再立新功、再创佳绩，喜迎二十大”主题行动启动会

（沈志军　摄）

【专项巡视工作动员会召开】 2022年12月12日，集团公司党组第二巡视组巡视华东石油局党委工作动员会以“视频＋现场”形式召开，开展贯彻落实习近平总书记视察胜利油田重要指示精神情况专项巡视。党组第二巡视组副组长吕红兵作动员讲话，就做好巡视工作提出要求，华东石油局党委书记、华东油气分公司代表姚红生作表态发言。

（刘　波）

表 1　　华东油气田主要经济指标　　亿元

指标名称＼年份	2022	2021	2020	2019	2018	2017
工业总产值	49.00	41.32	29.68	31.16	26.52	13.30
华东石油局	1.85	4.09	1.33	1.23	1.04	0.82
华东油气分公司	47.15	37.23	28.35	29.93	25.48	12.48
企业增加值	43.59	27.56	18.76	22.01	17.80	4.82
华东石油局	2.64	2.77	2.35	2.01	2.08	1.91
华东油气分公司	40.95	24.79	16.41	20.00	15.72	2.91
资产总计	127.57	121.82	108.01	95.04	87.73	90.28
华东石油局	14.70	15.47	15.79	14.72	13.95	13.56
华东油气分公司	112.87	106.35	92.22	80.32	73.78	76.72
流动资产	3.57	3.71	10.27	6.41	5.95	5.87
华东石油局	0.93	1.88	3.14	3.86	3.87	3.39
华东油气分公司	2.64	1.83	7.13	2.55	2.08	2.48
固定资产原值	229.22	194.26	177.36	143.89	123.04	113.45
华东石油局	16.52	16.46	16.07	6.66	7.01	6.61
华东油气分公司	212.70	177.80	161.29	137.23	116.03	106.84
固定资产净值	78.67	66.62	68.75	48.76	39.54	39.20
华东石油局	11.81	12.23	12.22	3.16	3.40	3.25
华东油气分公司	66.86	54.39	56.53	45.60	36.14	35.95
销售收入	57.60	42.50	34.12	34.57	29.63	15.79
华东石油局	9.86	5.20	4.74	4.70	4.10	3.30
华东油气分公司	47.74	37.30	29.38	29.87	25.53	12.49
实现利税	12.55	5.25	6.92	7.67	2.98	-18.13
华东石油局	1.05	0.46	0.43	0.25	0.39	0.15
华东油气分公司	11.50	4.79	6.49	7.42	2.59	-18.28
税　金	9.44	4.77	2.86	3.74	1.73	1.02
华东石油局	0.98	0.35	0.27	0.24	0.39	0.31
华东油气分公司	8.47	4.42	2.59	3.50	1.34	0.71

表 2　　华东油气田主要生产建设指标

指标名称＼年份	2022	2021	2020	2019	2018
原油产量 / 万吨	46.71	46.31	46.01	45.34	42.20
页岩气产量 / 万立方米	138 412.00	135 797.00	106 931.00	80 994.00	54 280.00
煤层气产量 / 万立方米	40 066.00	39 504.00	38 353.00	35 773.00	38 389.00
新增原油生产能力 / 万吨	3.60	4.19	1.81	4.42	6.10

续表

指标名称 \ 年份	2022	2021	2020	2019	2018
新增页岩气生产能力 / 万立方米	63 052.00	68 121.00	45 354.00	21 800.00	65 000.00
新增煤层气生产能力 / 万立方米	4 600.00	6 000.00	4 600.00	0	36 300.00
新增探明石油地质储量 / 万吨	209.57	238.30	236.21	216.47	0
新增探明页岩气地质储量① / 亿立方米	0	0	1 446.58	0	0
二维地震 / 千米	0	0	355.00	0	10
三维地震 / 平方千米	50.00	806.00	245.00	95.00	100.00
钻井 / 口	121	117	93	125	76
探　井	21	17	26	30	33
开发井	100	100	67	95	43
钻井进尺 / 万米	40.53	37.10	29.25	31.65	20.55

① 2019 年新增探明页岩气地质储量 1117.47 亿立方米为中国石化内审数据，未下公报，故修改为 0。该数据统一在 2020 年储量公报中公布，故 2020 年新增探明页岩气地质储量 1446.58 亿立方米包含 2019 年的数据

勘探分公司

【概况】 中国石油化工股份有限公司勘探分公司（简称勘探分公司）是中国石化唯一的专业化油气勘探企业，肩负着中国石化能源资源战略发展重任，业务归口中国石油化工股份有限公司油田勘探开发事业部管理。勘探分公司位于成都市高新区吉泰路 688 号中国石化西南科研办公基地。

勘探分公司前身是南方海相油气勘探项目经理部，成立于 1999 年 5 月。2002 年 4 月，中国石化整合南方海相油气勘探项目经理部和滇黔桂油田分公司，成立南方勘探开发分公司。2007 年 3 月，原南方勘探开发分公司和原中南油气分公司勘探研究、勘探管理及部分相关业务人员整合重组成立勘探南方分公司，同年 8 月迁址成都。2014 年 7 月，中国石化批复同意更名为中国石油化工股份有限公司勘探分公司。

截至 2022 年底，勘探分公司实有合同制员工 470 人，在岗合同制员工 469 人，均为管理和专业技术人员，具有中级及以上职称的 384 人，在岗员工平均年龄 43.6 岁。

按照中国石化统一安排，勘探分公司主要负责所管理勘查区域内风险勘探，同时开展国内重点含油气盆地分析、矿权登记、投入不足区块评价、风险井平行论证等工作。截至 2022 年末，归属勘探分公司管理的有效油气探矿权区块 19 个，总面积 3.34 万平方千米，其中 3 个区块增列页岩气矿种，面积 1.12 万平方千米，横跨陕西、贵州、云南、广西、四川、湖南、重庆和西藏 8 个省（自治区、直辖市），总资源量天然气 16.99 万亿立方米、石油 1.95 万吨（根据“十三五”资评核算）。

2022 年，勘探分公司部署探井 11 口，实施钻井 24 口，新开钻井 14 口。完成钻井进尺 8.07 万米，为年度计划的 101.22%。实施二维地震 260.48 千米、三维地震 562.13 平方千米，为年度计划的 100%。完成测试 22 层，获工业油气流 16 井 19 层，探井成功率 88.24%。新增天然气探明储量 1459.68 亿立方米，控制储量 514.88 亿立方米，预测储量 2261.23 亿立方米，分别为年度目标的 160%、103% 和 226%。完成投资 22.8 亿元，控制在年度计划之内；持续保障科研投入，实际研发投入强度 9.34%，位居集团公司前列。

勘探分公司主要经济指标和主要生产建设指标分别见表1和表2。

（姜智利）

【领导班子调整】 2022年1月25日，集团公司对勘探分公司领导班子进行调整，胡东风任勘探分公司代表、党委书记，王国力任勘探分公司总经理、党委副书记，冯建辉因年龄原因办理退休手续。2022年12月20日，集团公司党组对勘探分公司党委领导班子进行调整，冯景战任勘探分公司党委副书记兼纪委书记，为勘探分公司工会主席人选，丁东龙不再担任勘探分公司党委副书记、纪委书记、工会主席。至此，勘探分公司新的领导班子调整完毕，胡东风任分公司代表、党委书记，王国力任总经理、副书记，李真祥任党委委员、总工程师，毛怡任党委委员、总会计师，魏志红任党委委员、副总经理、总地质师，冯景战任党委副书记、纪委书记、工会主席。

（姜智利）

【高质量勘探取得新突破】 2022年，勘探分公司油气勘探取得1个重大商业发现、1个重大突破、2个重要突破、3个新进展和一批好苗头的油气勘探成果，获7项集团公司油气勘探重大发现奖。1个重大商业发现：綦江页岩气田丁山区块勘探取得重大商业发现，获规模储量商业发现特等奖。1个重大突破：川东南新场南深层页岩气勘探取得重大突破，获油气勘探突破特等奖。2个重要突破：通江须家河组“断缝体”新富集带勘探取得重要突破，綦江－元坝下二叠统海相多层系勘探取得重要突破。3个新进展：涪陵凉高山组河道砂凝析气勘探取得新进展，山前带致密砂岩气勘探取得新进展，盆外常压页岩气勘探取得新进展。

（姜智利）

【发现綦江页岩气田】 2022年11月17—18日，自然资源部专家组对中国石化勘探分公司、西南油田分公司联合申报的《綦江页岩气田丁山区块奥陶系五峰组－志留系龙马溪组页岩气探明储量新增报告》进行评审，在綦江丁山区块新增页岩气探明含气面积177.58平方千米，地质储量1459.68亿立方米。这标志着四川盆地又一千亿立方米级页岩气田——綦江页岩气田诞生，也是中国石化在四川盆地发现的第3个超千亿立方米的页岩气田。

（姜智利）

【落实万亿立方米页岩气资源阵地】 涪陵页岩气田发现后，勘探分公司持续加强川东南盆缘复杂构造区页岩气整体评价，十年磨一剑，提出深层页岩气“超压富气”理论新认识，突破地球物理和工程工艺关键技术瓶颈，相继在丁山、东溪和新场取得突破。2022年1月25日，丁页7井压裂测试获日产42.8万立方米高产页岩气，实现丁山深层页岩气勘探重大突破。6月18日，新页1井测试获日产气53.19万立方米，取得新场页岩气勘探重大突破，实现单井测试产量从10万立方米到20万立方米到40万立方米再到50万立方米的跨越，评价落实盆缘复杂构造带新场－东溪－丁山－林滩场有利区埋深小于5000米有利面积1585平方千米，资源量11930.5亿立方米。

（姜智利）

2022年6月18日，新页1井试获日产53.19万立方米高产页岩气。图为新页1井现场试气点火放喷

【“断缝体”富集带勘探新拓展】 2022年，勘探分公司持续开展川北须家河组“断缝体”勘探评价研究，甩开部署的马6井于3月4日在须四段试获日产天然气10.42万立方米，马8井于3月29日在须四段试获日产天然气20.63万立方米，实现“断缝体”勘探向新带、更深层拓展，新增控制储量453.26亿立方米。

（姜智利）

【下二叠统海相多层系勘探取得重要突破】 2022年，勘探分公司针对下二叠统多类型储层部署的先探1井、福宝1井和元坝13井在5层试获工业气流。其中，福宝1井于4月25在栖霞组试获日产气6.42万立方米，实现川东南地区栖霞组新层系勘探突破；于6月2日在茅口组一段试获日产气31.53万立方米，取得四川盆地茅口组一段盆内高陡构造超压富气新区带勘探突破，进一步证实四川盆地下二叠系具有良好的多层系立体勘探前景。

（姜智利）

【特深探井钻井2次打破纪录】 2022年，勘探分公司完成元深1井、仁探1井两口特深井钻探施工。元深1井、仁探1井完钻垂深分别为8866米和8445米，2次打破四川盆地最深直井完钻纪录。针对两口井工程钻完井难题，通过提速提效关键工具和工艺、安全保障关键技术、抗高温钻井液体系等关键技术的攻关与应用，取得上部大尺寸井眼提速和下套管技术、超深井长裸眼段多套压力体系安全钻进技术、超深井抗高温抗污染钻井液技术、超深超高温小井眼取芯技术、超深超高温小井眼完井技术等5项特深探井钻井关键技术重大突破，为两口井成功钻探提供保障。

（姜智利）

2022年11月28日，元深1井完钻，完钻井深8866米，打破四川盆地最深直井纪录。图为元深1井井场

【高水平科研项目进展顺利】 2022年，勘探分公司承担的国家自然科学基金企业创新发展联合基金03课题“海相深层页岩气富集规律及开发机理”通过总部科技部、国家基金委中期检查，在深层页岩气基础研究方面取得积极进展，有力支撑四川盆地深层页岩气勘探评价部署。勘探分公司承担的股份公司科技项目“川东北地区须家河组断缝体气藏富集主控因素及描述技术”完成结题验收，项目成果经专家鉴定总体达到国际先进水平，获集团公司科技进步奖二等奖。

（姜智利）

【羌塘盆地野外地质调查取得新进展】 2022年，勘探分公司根据羌塘盆地“十四五”油气科考规划的整体安排，联合无锡石油地质研究所、成都地质调查中心组建22人联合突击队，于5月25日—8月8日再上羌塘开展为期75天的野外地质调查工作，累计实（观）测剖面25.31千米/21条，采集各类样品1700余件，取得多项创新成果认识：首次在北羌塘西北部发现布曲组台地边缘礁滩白云岩储层，并建立台缘—斜坡—陆棚相带的沉积相模式；优选烃源岩指标较好的剖面开展探槽采样工作，建立北羌塘上三叠统烃源岩评价铁柱子；建立盆地西部三叠系地层基干剖面，明确盆地西部具有与东部可对比的碎屑岩→碳酸盐岩→碎屑岩组合；在盆地中央隆起带附近二叠系龙格组新发现“近源充注型”层状含油白云岩古油藏，有望拓展新的勘探领域。

（姜智利）

2022年5月25日—8月8日，羌塘野外地质调查联合突击队完成为期75天的野外地质调查工作。图为突击队在羌塘无人区加如藏布野保站合影

【测井新技术取得生产实效】 2022年，勘探分公司首次在涪陆101井凉高山组储层发育段应用斯伦贝谢二维核磁测井新技术，为更精确地描述评

价储层和流体性质及水平井靶窗的优选提供较好的手段；首次在福宝1井和先探1井针对二叠系岩溶缝洞储层应用经纬公司声波远探测技术，对井旁周围缝洞识别、有效性的评价、井周流井分布的预测等取得较好的效果，为两口井的测试选层提供重要依据。

（姜智利）

【物探技术取得积极进展】 2022年，勘探分公司以全时空“健全波场”采集思路首次在南方复杂山地采用全节点地震采集技术，取得较好效果，四面山东三维一级品率89.25%，节点数据回收率99.73%。拟真地表叠前深度偏移及随钻快速成像处理技术有效提高复杂构造成像归位精度，支撑水平井轨迹设计及跟踪控制，新页1井侧钻水平井B靶点垂深预测相对误差仅为0.07%。

（姜智利）

【安全环保平稳运行】 2022年，勘探分公司QHSE工作以“识别大风险、消除大隐患、杜绝大事故”为主线，以“零伤害、零污染、零事故”为目标，坚持“不安全的进尺一米不打、不安全的工期一天不抢、不安全的效益一分不要”原则，有效推动“承包商安全管理专项整治”“陆上石油天然气开采安全风险评估”“百日安全行动”等专项工作，获评集团公司2022年度安全生产先进单位。深入践行中国石化绿色洁净发展战略，压实安全环保责任，加强疫情防控和现场过程QHSE监管，提级“两特两重”时期安全环保管理，强化风险识别与管控、承包商与直接作业环节管理，积极推进QHSE主题活动，承包商和直接作业环节管理受控，无上报及未遂QHSE事故（事件），全面实现年度QHSE工作目标。

（姜智利）

【管理效能取得新提升】 2022年，勘探分公司持续深入推进企业改革和对标提升行动，全部完成所承接的深化改革三年行动任务，改革管理成果入选集团公司深化改革三年行动经验案例，勘探研究院被评为中国石化对标提升行动标杆基层单位。调整勘探研究院、物探研究院职责，清晰工作界面，进一步加强勘探支撑。强化基础管理和标准化建设，优化油气勘探核心业务管理流程，实现基层岗位管理手册管理全覆盖，“基础工作+”管理体系建设扎实推进。

（姜智利）

【高质量党建取得新成效】 2022年，勘探分公司认真落实集团公司“1355”党建工作思路，党建工作按照“一条主线、两项提升、三项重点、四项攻坚、五项建设”有序推进，集团公司党建考核首次迈入A档行列。以迎接学习贯彻党的二十大精神为主线，全面学习、全面把握、全面落实党的二十大精神，积极推动主题行动取得实效。认真抓好基层党支部建设提升和对外宣传企业形象提升，党建标准化规范化水平不断提升，对外宣传取得“三上央视、四上头条”的优异成绩。深入推进践行习近平新时代中国特色社会主义思想重要阵地建设、勘探分公司成立20周年总结宣传和第二次党代会3项重点工作，筑牢思想根基，明确奋斗目标，为勘探分公司“十四五”发展奠定坚实思想基础。全力做好战高原、战地震、战疫情、战高温4项攻坚战，持续打造“羌塘5001高地”特色党建品牌，在羌塘无人区打造中国石化党员突击队品牌，进一步实现党建工作与中心工作深度融合。统筹推进政治建设、思想建设、组织建设、廉政建设、群团建设，为勘探分公司高质量勘探、当好中国石化油气勘探“排头兵”提供坚强政治保证。

（姜智利）

【持之以恒培育创新人才】 2022年，勘探分公司紧紧围绕油气勘探高质量发展要求，成立人才工作领导小组，持之以恒培育创新人才，人才队伍建设成果在集团公司人才工作会议上进行经验交流。横向贯通人才成长通道，加大竞争性选拔力度，及时将优秀年轻干部充实到关键岗位，干部队伍展现新面貌。持续推进人才强企工程，加快高层次专家队伍建设，建立党委联系专家机制，实施第2批“三百三千”实践锻炼计划，1人被评为集团公司突出贡献专家，1人获孙越崎青年科技奖，2人获中国地质学会野外青年地质贡献奖，2

人获评集团公司主题行动先进个人。高质量引进高校毕业生 16 人，坚持“源头发力，量身培养，一线成才”，为勘探分公司高质量发展培养新力军；加大员工培训力度，全年推荐参加培训 293 人次，队伍综合素质进一步提升。

（姜智利）

表 1 勘探分公司主要经济指标

指标名称 \ 年份	2022	2021	2020	2019	2018
资产总计	12.74	12.42	12.87	14.83	12.82
流动资产	11.92	11.82	12.16	14.00	11.98
固定资产原值	2.66	2.43	2.36	2.53	2.78
固定资产净值	0.56	0.46	0.50	0.68	0.75
销售收入	22.50	23.08	17.79	18.83	13.68
实现利税	0.10	0.06	0.09	0.05	0.16

表 2 勘探分公司主要生产建设指标

指标名称 \ 年份	2022	2021	2020	2019	2018
新增天然气探明地质储量 / 亿立方米	1 459.68	773.67	789.90	408.53	
新增天然气控制地质储量 / 亿立方米	514.88	822.98	311.36	421.28	264.72
新增天然气预测地质储量 / 亿立方米	2 261.23	741.22	782.76	1 042.42	1 527.01
二维地震 / 千米	260.48	30.90	439.48	608.80	699.24
三维地震 / 平方千米	562.13	806.95	649.83	1 130.75	578.99
新开钻井 / 口	14	16	10	10	10
完　井 / 口	14	16	10	7	3
钻井进尺 / 万米	8.07	8.74	6.20	6.00	3.50
勘探投资 / 亿元	22.66	23.05	17.89	18.79	13.62

天然气分公司

【概况】 中国石油化工股份有限公司天然气分公司（简称天然气分公司）成立于 2005 年 6 月，是中国石化直属负责天然气业务发展的专业化公司，与天然气有限责任公司、长城燃气投资有限公司实行“一套机构，三块牌子”。主要负责中国石化天然气管道、LNG 接收站、储气库等天然气储运设施建设与运行管理，天然气市场开发和销售经营管理，地方管网、终端销售合资合作管理。其中，天然气分公司侧重于生产经营管理；天然气有限责任公司侧重于合资合作和投资管理；长城燃气投资有限公司专注于终端项目开发和管理。

天然气分公司贯彻中国石化天然气发展战略，按照“资源、设施、市场、效益”相统一的原则，坚持系统化布局、集约化运营、协同化发展，加快储运设施建设，加大市场开发力度，加强生产经营管理，实现天然气业务的快速发展。截至 2022 年底，除去向国家管网公司划转的 8300 千米天然气管道、北海 LNG 接收站、文 23 储气库等储运设施，天然气分公司有在运行天然气管道2458千米，青岛、天津LNG接收站2座（年接卸能力1780万吨、储气能力12.56亿立方米），经营管理文96、金坛盐穴、江汉黄场以及中原文13西、胜利永21等11座储气库（储气能力27.38亿立方米）。依托自有储运设施和“全国一张网”，天然气分公司构建“公司—省级销售单位”两级销售体系，先后成立川气东送、华北、华南、山东、河南、河北等15家区域（省级）销售中心和江苏、湖南等4家省级合资公司，做实省级分销和终端零售业务，进一步提升市场竞争力和价值创造力。

截至2022年底，天然气分公司共设有15个本部部门（直属机构）和37个直属单位（包括合资公司、项目部、筹备组）；资产总额1053亿元，有正式职工1996人；年经营天然气471亿立方米，国内市场份额为13.4%，市场销售范围覆盖25个省（自治区、直辖市）。

（李广泽）

【经营创效水平显著增强】 2022年，天然气分公司聚焦提质增效、效益发展，根据市场形势变化，优化调整经营策略，全年经营天然气471亿立方米、下降8.5%，其中销售天然气462.1亿立方米、下降9.0%，储气库净注气8.9亿立方米。资源结构更加合理。充分释放天然气销售体制改革效能，打通资源外输通道，确保销售后路畅通，进一步压实国产气“压舱石”作用。大力发展国内第三方资源外采业务，制定配套考核激励措施，资源外采取得重要突破，有效替代高价进口资源。抢抓窗口期，从严管控现货资源采购数量，审慎开展套期保值，有力对冲高额采购风险。市场结构不断优化。坚持经营好每一立方米天然气，持续优化资源流向、市场布局、客户结构，全力抓好控量增效，高端用户、优质市场的数量、规模、份额得到大幅提升。立足中国石化全产业链价值最大化，大力发展LNG终端直供业务，LNG液体终端销售量达到液体总销量的51%。发挥自身综合优势，培育发展优质终端，全年完成终端项目20项、成立终端公司9家，终端效益日益明显。创效水平显著增强。研究制定具有中国石化特色的营销策略，按照基础量、定价量、顺价量模式签订年度销售合同，坚持“一户一策”“一域一策”，灵活实施顺序结算、阶梯定价、夏冬联动、优化结构等措施，推动天然气市场化定价。全年利润总额30.85亿元、增利29.7亿元，成功消化因进口资源价格大幅上涨增加的采购成本374.4亿元，天然气分公司连续4年实现盈利，发展质量持续提升。

（李广泽）

天津LNG接收站接卸首船卡塔尔长协资源

【安全绿色发展统筹推进】 2022年，天然气分公司始终将“防风险、保安全、平安护航党的二十大”作为必须完成的重大政治任务，从最基础抓起，从最细节严起，全力化解各类风险隐患，实现安全平稳生产。天然气分公司连续2年获评集团公司安全生产先进单位、连续3年绿色企业复核获A档。安全形势保持稳定。研究制定“安全生产十条硬措施”，深入开展大起底、大排查、大整治专项行动，安全生产水平实现质的提升。完成公司新版HSE管理体系手册首次修订，持续推进HSE管理系统化、规范化、科学化。强化安全风险分级防控和隐患治理双重预防机制建设，深入开展安全督查大队“四不两直”监督检查，有效遏制各类安全事故发生。抓实员工健康管理，保障员工身心健康。生产运行提档升级。建成投用济南天然气调控中心，完成管道、LNG接收站、储气库等生产数据接入，研究储运设施运行优化措施，更好地实现管存、罐存、库存协同优化，新生产运行系统集约化管理、一体化调控、智慧化运营优势开始彰显。加强设备完整性管理，推进管道完整性体系建设，实现设备设施“安稳长满优”运行。绿色发展深入人心。深入学习贯彻习近平生态文明思想，制订《公司碳达峰碳中和方案》，明确时间表、路线图、施工图，部署 14 个方面重点任务，有力有序推进企业“双碳”工作。深入实施“绿色企业行动计划”，持续推进节能减排工作，研究实施天津 LNG 冷热互换站、甲烷控排等节能增效项目 4 个，共计节能 1.69 万吨标准煤，相当于减少二氧化碳排放 2.85 万吨，擦亮天然气分公司绿色发展的鲜明底色。

（李广泽）

山东管道公司章丘东站员工现场巡检设备

【储运设施布局加快落地】 2022 年，天然气分公司紧紧围绕“十四五”发展规划，抢抓政策窗口期、项目机遇期、施工黄金期，着力推动一批打基础、脱瓶颈、利长远的项目成功落地，为公司高质量发展注入强劲动力。前期工作迈出重要步伐。收购广东潮州华瀛 LNG 项目并顺利交接，舟山六横 LNG 接收站获得国家发改委核准和总部可行性研究批复，江苏张家港 LNG 中转站取得总部可行性研究批复，天津 LNG 三期一二阶段项目获得政府核准和总部可行性研究批复，“十四五”LNG 接收站规划布局提前完成。重点工程有力推进。天津 LNG 二期工程 5 号、6 号储罐提前建成并在冬季前投用；青岛 LNG 三期国内首台 27 万立方米 LNG 储罐开始内罐施工、第二码头工程建成中交；烟台龙口 LNG、广西 LNG 三期按计划加快实施。山东南干线、东干线南段、皖东北管道干线及皖北支线、中原储气库群东部气源管道主体完工；西北集气总站—轮南管道提前投产，塔榆末站 CNG 上载项目高效完工，丁山页岩气外输管道主体建成，打通资源上载新通道。金坛储气库全年造腔 44.8 万立方米，黄场储气库全年造腔 5.6 万立方米，有效提升资源调峰能力。“五化”建设实现新突破。强化标准化设计应用和迭代升级，率先尝试工艺包成果应用分成机制，LNG 接收站、长输管道标准化设计达到国内先进水平。引导施工企业装备和作业技术自主提升，补齐施工“三化”短板，实现智能化自动焊、大模块整体预制吊装等新技术应用。把信息化作为推动项目建设“全生命周期智慧化”的重要抓手，完成工程项目管理智能管控平台升级，实现线上数据采集、整理，有效提升项目管理效率。推动标准化采购和设备国产化取得新成效，全面保障天然气分公司生产建设物资安全、及时、绿色、经济供应。

（李广泽）

青岛 LNG 接收站国内最大 27 万立方米储罐成功升顶

【企业治理效能不断提升】 2022 年，天然气分公司按照集团公司打造世界一流企业要求，深刻认识当前企业管理工作存在的差距和短板，强化顶层设计，统筹部署推进，激发高质量发展新动能。改革红利加速释放。国企改革三年行动 56 项任务全部销项，企业发展动力更加强劲。组建天然气研究中心获得总部批复。“三项制度”改革向纵深推进，中基层管理人员竞争上岗率超过 60%，末等调整和不胜任退出率达 3%。适应市场变化，优化槽车充装用工方案，实施槽车充装“按量计费”，推进技术服务用工一体化管理，全年优化劳动用工 267 人、节约费用 3224 万元。管理水平对标提升。做深做实对标世界一流管理提升行动，40 项重点工作、103 项提升任务提前完成。5 项成果获集团公司管理现代化创新成果奖。现场学习镇海炼化“三基”工作先进经验，加快构建“三基”长效工作体系和推进机制，“三基”工作规范化、标准化水平不断提升。修订完善议事决策相关制度和党委决定党的建设重大事项、前置研究重大经营管理事项、"三重一大"决策事项3个清单，推动党的领导和完善公司治理有机统一。深入开展"严肃财经纪律，依法合规经营"综合治理专项行动，守住不发生系统性风险的底线。科技创新成果丰硕。聚焦LNG接收站、管道、储气库等建设运营核心业务开展技术攻关，全年新增科技项目立项20项，获集团公司科技进步奖1项，国内首套LNG自动化装车撬成功在青岛LNG应用。加强知识产权管理，全年申请专利42件、其中发明专利11件，获授权专利31件。持续推进"一中心、三平台"建设，销售服务平台一期项目建成投用；青岛LNG率先引入智能巡检机器人，天津LNG投入运行生产智能管控平台，山东南干线全面实现站场无人值守，信息化手段加快融入公司高质量发展各个环节。

（李广泽）

【党的建设取得显著成效】 2022年，天然气分公司坚持以党的政治建设为统领，认真贯彻新时代党的建设总要求，充分发挥党委"把方向、管大局、保落实"的作用，以高质量党建引领了公司高质量发展。高质量迎接、学习、贯彻党的二十大。将高标准高质量开展"牢记嘱托，再立新功、再创佳绩，迎接学习贯彻二十大"主题行动作为贯穿全年的工作主线，7个方面、38项重点任务圆满完成，取得好于预期的成果。党的二十大胜利闭幕后，迅速掀起学习宣传贯彻党的二十大精神热潮，持续不断推动党的二十大精神走深走实。政治建设持续加强。深入落实"第一议题"制度，坚持开展"每周一学习、每月一巩固"，坚持不懈用习近平新时代中国特色社会主义思想凝心铸魂，切实推动党中央重大方针政策和党组决策部署落实落地，党员干部队伍坚决捍卫"两个确立"、做到"两个维护"的自觉性进一步增强，政治判断力、政治领悟力、政治执行力不断提高。基层建设走深走实。牢固树立大抓基层的鲜明导向，制定进一步规范和加强基层党支部工作实施意见，形成"6+1+N"基本工作法，党支部战斗堡垒作用和党员先锋模范带头作用得到进一步发挥。组织开展"五比五赛创佳绩、夺旗摘星立新功"劳动竞赛，加强先进典型选树宣传，营造"比学赶超"的浓厚氛围。队伍建设扎实推进。坚持正确选人用人导向，选优配强领导班子，促进领导班子整体功能发挥最大化。推进中层领导人员分层分类考核，形成"横向同级比履职、纵向同类比名次"的良好局面。编制完成"十四五"人力资源规划，为天然气分公司高质量发展提供坚强有力的人才支撑。党风廉政建设不断深化。以高度的政治自觉主动接受巡视监督，全力支持配合党组专项巡视工作，以实际行动诠释对党绝对忠诚。扎实推进党委巡察，组建3个巡察组对10家所属单位党组织开展常规巡察，实现党的二十大前巡察高质量全覆盖。保持正风肃纪反腐高压态势，坚持"三不腐"一体推进，持续完善大监督格局，大力纠治形式主义、官僚主义、突出问题，涵养风清气正的政治生态。

（李广泽）

国勘公司

【概况】 中国石化集团国际石油勘探开发有限公司（简称国勘公司，英文缩写SIPC）成立于2001年1月，本部设在北京，专门负责中国石化海外油气投资与经营，先后获取68个海外油气项目。2015年12月，经国务院领导批示，国务院国资委对国勘公司实施重组改制，引入诚通集团、中国国新两家新股东，分别持股40%、30%，并按照《公司法》规定设立董事会、监事会规范运作。

截至2022年底，国勘公司有44个项目分布在23个国家，其中在实施项目41个、正在退出项目3个。在实施项目中，作业者项目13个（含掌控力强的联合作业项目）、非作业者项目（含参股、掌控力弱的联合作业项目）28个。公司2P权益储量4.37亿吨油当量，其中石油2.91亿吨、天然气 1.46 亿吨。

截至 2022 年底，国勘公司有 17 个总部部门、21 个海外机构、3 个直属单位；有正式员工 4002 人，其中中方员工 986 人、外籍员工 3016 人（占比 75%）。公司党委所辖党总支 4 个、党支部 53 个，其中境外机构党组织 26 个（党总支 2 个、党支部 24 个），党员总数 787 名，占中方员工总数 79%。

2022 年，新冠肺炎疫情跌宕反复，全球经济复苏乏力，局部冲突频发，世界进入新的动荡变革期。受地缘政治冲突等因素影响，国际油气价格创出近 14 年来的新高。国勘公司领导班子团结带领全体干部员工，抢抓机遇、攻坚克难，在增储上产、攻坚创效、风险化解、改革发展、党的建设等方面取得一系列新突破、新进展，归属母公司净利润、自由现金流双双刷新历史峰值，国勘公司扭亏脱困迈出关键步伐，取得重要进展，具有“里程碑”式的意义。

国勘公司主要生产经营指标见表 1。

（魏雨萌）

【安全生产工作平稳有序】 2022 年，国勘公司把安全生产和疫情防控作为一切工作的前提，层层压实责任，以严之又严、细之又细的举措，保障政治大年各项工作安全平稳运行。统筹开展境内外疫情防控工作，最大限度保障员工健康安全和生产经营秩序。以“两高”为重点深入开展全面 HSE 风险管控，建立健全安全风险分级管控和隐患排查治理双重预防机制，落实承包商全生命周期 HSE 风险分析和管控，国勘公司全年 HSE 实现近零业绩，优于国际行业平均水平。系统推进公司 HSE 管理能力建设，首次引入国际安全和可持续发展评级（ISRS），不断优化 HSE 全要素运行质量。

（魏雨萌）

【油气增储上产成效显著】 2022 年，国勘公司把握油价高企契机，深入开展基础研究，强化油藏精细管理，打出一套增储、上产、降本、增效的“组合拳”。紧盯关键增产领域，加强高效井位论证，强化工程技术创新，力争早部署、早投产、早受效。深挖老区开发潜力，开展停躺井治理、非计划损失管控、技术增油等三大攻坚战，老井递减下降 0.5%。强化中长期储量效益动用研究，积极谋划产建阵地准备，完成 7 个整装油气田及 3 个延期项目开发方案论证。持续推进精细滚动勘探、效益勘探，在埃及、安哥拉、俄罗斯、澳大利亚等项目取得 4 项勘探新发现、5 项勘探新进展。

（魏雨萌）

【经营创效业绩持续巩固】 2022 年，国勘公司持续优化投资安排，深化成本管控，深挖效益增长点，全力创造更好业绩。持续强化投资计划管理，稳步提升全过程投资精细管控质量，严把投资论证和效益决策关，针对油价大幅上涨的有利形势，挖掘效益工作量潜力、动态调整投资安排，提升当期贡献比例。持续拓宽成本管控思路，构建“生产过程 + 成本要素”网格式大成本分析体系。持续推动销售增效，“一项目一策”优化油气销售方案，抢抓高油价窗口期，拓展市场，早提尽提；积极应对俄乌冲突影响，及时打通陆上通道，调整销售流向，降低贴水。

（魏雨萌）

【风险隐患化解步伐加快】 2022 年，国勘公司有序推进历史风险化解，完善风险量化指标体系，不断强化全员风控意识，公司风险管理准确性、敏感性和前瞻性不断增强。法律风险方面，坚持“分级分类”管理机制和“专案专策”工作方案，多项困扰公司的法律纠纷取得胜诉或有利的阶段进展。债务及利率汇率风险方面，妥善应对美联储加息影响，防控重点币种汇率波动风险，动态优化债务结构，提前筹划、多措并举做好长期债务续接。税务风险方面，实现从“被动堵漏”向“主动防范”的突破，持续推进第三方税审制度，建立境外税务风险防控长效机制。

（魏雨萌）

【资产结构调整扎实推进】 2022年，国勘公司加强新项目开发基础工作，优化完善工作思路，坚定不移推进公司资产"腾笼换鸟"。不良资产处置方面，本着强烈的历史责任感，加快推进国务院国资委确定的重点项目运营，在2021年实现3个项目退出基础上，对其余9个优先处置项目分类施策，再次实现新的突破。新项目获取方面，综合考虑俄乌冲突、油价高企等因素影响，重点推进勘探作业者项目和受油价影响较小的开发生产项目评价，全年跟踪筛选新项目信息83个，重点评价项目20个。

（魏雨萌）

【公司治理效能持续释放】 2022年，国勘公司以深化改革和国际化能力提升为有力抓手，公司管理效率和队伍活力大幅提升。深改三年行动圆满收官，提前半年完成全部64项改革任务，改革成效获集团公司高度肯定并作为整体优秀案例在系统内推广。优化并持续推动国际化能力提升行动，通过"制度合规执行年"活动、"提升国际化经营管理能力"研讨会、内部国际化经验萃取等平台，逐步固化具有国勘特色的国际化能力提升长效机制。合规管理实质化运行迈出坚实步伐，在集团公司合规管理强化年检查暨直属企业合规管理评价验收中被评级为A类企业。

（魏雨萌）

【党的建设取得新的成效】 2022年，国勘公司坚持融入中心、建促发展，全力推动政治优势转化为治理优势、攻坚优势和发展优势。突出抓好党的政治建设，持续深入学习习近平总书记最新重要讲话和重要指示批示精神；班子成员带头学习宣讲党的二十大精神；全面开展"牢记嘱托、再立新功、再创佳绩，迎接学习贯彻二十大"主题行动。坚持以严的基调正风肃纪反腐，强化对各级"一把手"、领导班子等关键少数监督，完善领导人员日常谈话提醒和集体廉洁谈话工作机制；全面开展"靠企吃企"问题整治和境外腐败治理；优化监督委员会运行，制定重点跟进事项，进一步提升"大监督"效能。多措并举汇聚发展合力，持续开展"党委接待日"、公司政治生态问卷无记名调查，广泛倾听员工群众心声，及时发现问题，靠前化解矛盾，为政治大年的和谐稳定不断创造有利条件。

（魏雨萌）

表1　　国勘公司主要生产经营指标

指标名称＼年份	2022	2021	2020	2019	2018	2017
勘探新增权益石油储量（2P+2C）/百万桶	55.90	58.80	40.30	87.42	32.58	37.99
勘探新增权益天然气储量（2P+2C）/亿立方米	21.00	40.70	21.6.0	53.15	58.30	85.38
权益油气产量/万吨	3 500.80	3 643.00	3 672.00	4 252.00	4 249.70	4 371.89

石油工程公司

【概况】 中石化石油工程技术服务股份有限公司（简称石油工程公司，英文缩写SSC）是集团公司的控股子公司。2012年6月28日，集团公司实施石油工程专业化整合重组，成立中石化石油工程技术服务有限公司。2014年，石化集团公司实施仪征化纤股份有限公司（*ST仪化600871，仪征化纤1033）重大资产重组，于2014年将石油工程资产置入仪征化纤，并将化纤业务置出，实现石油工程公司在上海、香港两地上市。

石油工程公司是国内产业链最完整、专业门类最齐全的石油工程综合一体化服务上市公司，秉承"服务客户、支撑油气、技术领先、价值创造”发展理念，大力实施“专业化、市场化、国际化、高端化、特色化”发展战略。有涵盖油气勘探和生产全产业链的技术研发支撑体系，有超过60年的经营业绩和丰富的项目执行经验，是一体化全产业链油服领先者，能够为高酸性油气藏、致密油气藏、深层超深层油气藏、页岩油气藏等各类油气田提供一体化服务。“特大型超深高含硫气田安全高效开发技术及工业化应用”项目曾获国家科学技术进步奖特等奖，“涪陵大型海相页岩气田高效勘探开发技术”曾获国家科学技术进步奖一等奖，川气东送管道项目获国家优质工程金质奖；有国内领先的页岩气石油工程配套技术，形成井深超过3500米页岩储层的钻井、测录井、压裂试气、装备制造和工程建设等技术系列，关键核心技术基本实现国产化。截至2022年底，在中国的20多个省、76个盆地、561个区块开展油气工程技术服务；海外业务规模不断提高，在30多个国家和地区提供油田技术服务。

截至2022年底，石油工程公司设国际石油工程公司、石油工程建设公司、地球物理公司和中石化经纬公司等4家专业公司，胜利石油工程公司、中原石油工程公司、江汉石油工程公司、西南石油工程公司、华北石油工程公司、华东石油工程公司、海洋石油工程公司7家地区公司。有合同制员工6.68万人（在岗合同制员工5.79万人）、劳务派遣工409人。在岗合同制员工平均45.9岁，具有大学本科及以上学历2.43万人，管理、专业技术、技能操作人员分别为0.73万人、2.56万人、2.50万人，具有高级及以上技术职称的1.28万人、具有高级工及以上职业资格的1.40万人。

（马必才　何　骅）

【领导班子调整】 2022年1月，王军任石油工程公司党委副书记、纪委书记、工会主席，监事会主席。2022年5月，张建阔不再担任石油工程公司副总经理、党委委员职务。2022年8月，集团公司党组决定杜坤任石油工程公司副总经理、党委委员。2022年11月，左尧久到龄退休，不再担任石油工程公司副总经理（按大一型企业正职管理）、党委委员职务。

（乔　璐）

【财务资产经营状况】 截至2022年末，石油工程公司资产总额712.01亿元，负债总额637.73亿元，所有者权益74.27亿元，资产负债率89.57%。

（潘　莉）

【“四提”“五化”再上新台阶】 2022年，石油工程公司在集团公司“三北一川”及东部老区完成井平均钻井周期缩短8.6%，压裂施工效率提高15.6%，压后单井产量提高11.9%，复杂故障时效降低29.5%，钻井队伍动用率88.2%，均超额完成年度目标。高效完成12口示范井施工，平均钻井周期较设计缩短17.9%，较工区最短周期缩短30.8%，示范引领效果显著。大力推进地面工程“五化”体系建设及成果应用，安全高效实施重点项目92个、建成各类场站90座。东营原油库迁建工程主要指标创出新高，建成国内首座绿色低碳智能油库，打造精品工程、示范工程。

（马必才）

【市场结构持续优化】 2022年，石油工程公司坚持效益优先，做优存量与做大增量并举，在集团内部、国内外部、海外三大市场质效双升、优势互补，截至2022年底，三大市场收入占比约为6.3∶1.9∶1.8。集团内部保持高效运行，秉承“一家人、一条心、一盘棋、一块干”，深化各层级沟通协调，落实“六不等”，推动年度框架协议落实和投资释放，新签合同额同比增长14.3%，钻井市场占有率保持高位有进。国内外部持续做精做优，深化“中－中合作”，大力拓展成熟规模市场，中国石油、中国海油、国家管网三大主体市场新签合同额增长27.5%，优质规模市场更趋集中。海外市场保持稳健发展势头，在沙特阿拉伯、科威特、乌干达、墨西哥、厄瓜多尔等重点市场中标和新签一批优质长线项目，新签合同额增长14.7%；油田综合服务项目稳健向好。

（马必才）

【科技自立自强迈出新步伐】 2022年，石油工程公司持续加大科研投入，大力推进国家重大专项和集团公司重点项目研究突破与现场应用，加快成果转化，全年创 579 项施工新纪录，获省部级科学技术奖励数量、申请专利及授权专利数量均创历年新高。I 型旋转地质导向系统加快现场试验应用、持续迭代升级，通过产品鉴定，整体达到国际先进水平；特深层高温电成像测井仪器和高温 MWD 更趋成熟定型。全年打成 8000 米以深井 22 口；胜页 9-3HF 井、焦页 18-S12HF 井连续刷新国内页岩气井水平段最长纪录；胜利页岩油牛页一区试验井组实施多专业联合攻关，不断刷新技术和周期指标。高端装备产业基地建成投运，化学助剂生产基地完成改扩建并投产，自主产品产业化及科技成果转化产值创历史新高。石油工程一体化云平台（SICP）上线运行，井场一体化决策指挥中心、MRO 物联网等数业融合深化应用，项目化管理效率和决策质量大幅提升。

（马必才）

【改革优化纵深推进】 2022 年，石油工程公司深化改革三年行动全面完成并高质量通过集团公司专项审计。修订完善党委会决定和前置审议重大事项清单，制定董事会授权管理办法、董事长专题会和总经理办公会等配套制度，各治理主体权责边界更加清晰、运行机制更加完善，董事会职权有效落实，治理体系和治理能力持续提升。学习借鉴华为模式，积极构建以项目管理为中心，以“人才池”“资金池”“装备库”“物料库”和“SICP 一体化云平台”为支撑的项目化管理体系，全面完成《石油工程公司项目化管理办法》及各层级配套制度修编工作，“两池两库一平台”全面上线运行并取得阶段性成效，石油工程“前线呼唤炮火”体制机制从顶层设计转入实施阶段。形成特色化业务发展指导意见，为做强具有规模效益和发展潜力的特色化业务提供指引。经过近年来的持续改革攻坚，公司体制机制进一步健全，发展活力动力更加充沛。

（马必才）

【基础管理得到夯实】 2022 年，石油工程公司制定《强化“三基”工作提升基础管理实施意见》并细化行动任务清单，层层压实工作责任，确保高效落实到位。加大队伍考核排名和末位淘汰力度，对收缴施工资质的末位钻井队实施“人员入池、装备入库”，确保队伍精干高效。大力精简机关充实一线，新引进的毕业生全部充实到一线技术、管理和关键操作岗位，机关人员持续减少。抓实基本功“六项训练”，加大各类培训、练兵力度，提升一线人员技能操作水平。持续深入开展比效益、比贡献、比质量、比进步、比管理竞赛，按季度进行评比、排名、奖罚和通报，有效激发各层级对标先进、创收创效积极性。健全合规管理体系，统筹内外部资源妥善处理法律纠纷案件，加大疑难“两金”清理和历史遗留案件处置力度，开展项目管理专项治理，重大经营风险总体可控。

（马必才）

【HSE 管理不断加强】 2022 年，石油工程公司以安全生产专项整治三年行动、HSE 管理体系审核、领导现场蹲点督导等为抓手，进一步管控风险、补齐短板。全面开展吊索具规范使用、设备本质安全、员工能力素质、安全监管队伍配置等重点领域安全管理大起底大排查，实施安全分级管理，逐级落实安全包保、现场督导、技术指导等硬措施，组织开展勘探开发系统安全督导，强力整治“三违”、持续建强“三基”，保证节假日和特殊敏感时期的安全生产平稳运行。制定重点井井控管理清单，强化井控高风险井提级管理，抓实关键环节专家驻井包井，井控安全保持总体平稳。大力实施网电装置、自动化、环保钻井液等装备技术，一批优秀企业获“中国石化绿色企业”称号，高质量建成一批绿色基层标杆队。按照集团公司统一部署，因时因势调整疫情防控策略，落实关心关爱措施，保障员工身心健康。

（马必才）

【主题行动卓有成效】 2022 年，石油工程公司党委认真研究制订“牢记嘱托、再立新功、再创佳绩，迎接学习贯彻二十大”主题行动方案，部署 7 个方面 34 项重点工作，细化量化 35 项 KPI 指标，健全组织机构，压实工作责任，抓实月度督导、季度推进和各工作组常态运行，上下齐心推动各项目标任务圆满完成。公司主题行动方案及承担的“四提”“五化”和科技攻关等重点项目多次受到集团公司表扬，在主题行动中表现突出的 2

家所属单位、2 个重点项目和 17 名先进个人受到集团公司表彰。

（马必才）

【干部人才队伍建设取得实效】 2022 年，制订石油工程公司《“十四五”人才发展规划》，确定“2555”人才工作总体思路，构建“大人才”工作格局。配合集团公司完成各级领导班子配备优化，石油工程建设公司、地球物理公司领导班子规格实现升级，公司及所属单位班子力量得到充实，各级班子合力不断增强。持续加大年轻干部培养选拔，干部年龄结构持续改善。修订《中层领导人员能上能下实施办法》，严格落实领导人员末等调整、不胜任退出要求，干部担当作为明显增强。专家人才队伍作用有效发挥。专家队伍规模持续壮大，首次选聘首席专家，强化西北、西南工区两个项目管理部专家力量配备，为保障油气勘探开发提供有力支撑。组织开展首次覆盖全系统的人才资源效能盘点，加强全系统人才统筹调剂，全员劳动生产率较上年提高 11.3%。

（马必才）

【政治优势有效发挥】 2022 年，石油工程公司深入落实“第一议题”，专题学习研讨、“线上+线下”宣讲等措施统筹推进，党的二十大精神和习近平总书记视察胜利油田重要指示精神学习宣传贯彻在全系统走深走实，进一步统一思想、深化认识，进一步增强服务勘探开发、保障国家能源安全的责任感使命感，进一步明晰推动高质量发展的目标路径，进一步坚定建设世界一流技术先导型油服公司的信心决心。深入开展“三个在哪里”大讨论，持续抓好石油精神、石化传统教育，凝聚起牢记嘱托、勇担使命的强大合力。精心谋划石油工程公司成立十周年系列活动，组织编纂《中石化石油工程公司大事记》，制作记录十年发展历程的专题片《石油铁军心向党》，评选宣传“十大核心技术”和“十大特色产品”，组织开展以“奋进新征程、一起向未来”为主题的系列“云”庆祝活动，唱响新时代“我为祖国献石油”的主旋律。常态长效为群众办实事，自动化钻机配备、一线员工“云问诊”等民生实事有序推进，现场生产生活条件得到有效改善。

（马必才）

国际石油工程公司

【概况】 中国石化集团国际石油工程有限公司（简称国际石油工程公司）由集团公司出资于 2003 年 12 月成立，注册地北京。2012 年，集团公司石油工程专业化重组，国际石油工程公司出资人由集团公司变更为石油工程公司。主要负责统一管理协调中国石化石油工程海外业务，重点包括市场开发、项目管理、支撑服务、绩效考核、财税管理、队伍建设等，承揽项目并组织石油工程企业实施。业务范围包括地球物理勘探、钻修井、工程建设、油藏综合服务和物流贸易等。

2022 年，国际石油工程公司在 35 个国家执行项目合同 332 个，合同额 175.1 亿美元，其中集团公司投资项下合同 24 个、合同额 0.4 亿美元、占总额的 0.2%。期末实有境外作业队伍 187 支，其中钻井队 97 支、修井队 55 支、固井队 6 支、测井队 2 支、录井队 12 支、定向井队 2 支、连续油管队 1 支、下套管队 1 支、泥浆队 2 支、硫化氢检测队 1 支、井场道路队 1 支、污水和岩屑回注队 1 支、洗井队 1 支、固控队 1 支、海工队伍 1 支、物探队 3 支。执行项目管理及施工的中方人员 3987 人，雇用外方人员 8424 人。

国际石油工程公司 2017—2022 年境外合同额见表 1。

（杨　洋）

【海外业务呈现蓬勃向上良好态势】 2022 年，国际石油工程公司深入开展“牢记嘱托、再立新功、再创佳绩，迎接学习贯彻二十大”主题行动，持续加强党的建设，紧抓油价相对高位运行、勘探开发投资回暖等机遇，团结带领全体干部员工攻坚克难、奋力拼搏，生产经营指标创近年来最好水平，全面完成各项目标任务，在党的二十大胜利召开之年交出一份亮丽答卷。

（杨　洋）

【市场开拓成果丰硕】 2022年，井筒业务紧盯业主工作量释放和发展非常规业务契机，全力以赴开拓市场，积极推动各类资审进程。沙特市场再次签约非常规钻机项目，持续扩大非常规领域规模优势，定向井和连油酸液等技术服务资审取得积极进展。科威特市场续签钻修井机合同，满额中标钻修井机项目，在深井钻井领域取得历史性突破。厄瓜多尔市场与业主深化合作，中标钻修井和技术服务分包项目，取得地质力学研究服务资质。墨西哥、哈萨克斯坦等市场在业务领域、市场份额上均有所突破。物探业务，积极应对市场恢复缓慢、竞争愈加激烈局面，加大重点市场项目开发力度，签订沙特三维物探项目延期合同，玻利维亚市场取得突破。地面业务，坚持滚动开发成熟市场，签约乌干达油气集输工程总承包项目和泰国天然气管道项目，为加快地面业务复苏夯实基础。工程项下贸易，江钻钻头成功进入科威特KOC市场，长城润滑油在沙特、尼日利亚和科威特市场的销量持续增长。

（杨　洋）

【在建项目运行高效】 2022年，国际石油工程公司克服国际运输不畅、设备采购周期长、人员超期在岗、自然条件恶劣等不利影响，全力保障新项目启动，持续提升生产运行效率，井筒项目保持高质高效运行，物探和地面项目积极履行监管责任，油藏项目产量取得大幅增长。沙特项目高效组织钻机启动，积极推动复工复产，钻修井机运行数量创历史新高，常规钻井项目日费率保持较高水平，非常规项目屡次打破沙特阿美公司作业纪录，三维地震采集项目保持安全高效运行，地面建设项目全面踏上计划进度，多个项目多次获沙特阿美公司表彰。科威特钻修井项目强化关键作业环节管控，日费率达100%的钻修井队数量再创新高，统筹协调各方资源，新启动修井机提前开钻。厄瓜多尔项目深化油藏分布规律认识，优化井、层选择方案，增产效果大幅提升。哈萨克斯坦队伍动用率有较大幅度提升。

（杨　洋）

【安全生产平稳有序】 2022年，国际石油工程公司认真履行统一监管石油工程境外公共安全和HSE工作职责，深入推进HSE管理体系有效运行，持续开展HSE培训，强化风险评估管控，开展隐患排查治理，加强直接作业环节管理。动态评估境外疫情风险，及时优化调整疫情防控措施。推动境外中方人员倒班，做好境外员工关心关爱。扎实抓好境外公共安全风险防控，严格项目风险评估，强化安保对标和应急管理。密切关注高风险国家公共安全形势变化，及时处置突发事件，有效应对哈萨克斯坦、厄瓜多尔、斯里兰卡及玻利维亚等国发生的骚乱、冲突和罢工事件。连续9年未发生上报集团公司级安全生产事故和环保事件。

（杨　洋）

【职能作用有效发挥】 2022年，国际石油工程公司突出境外合规管理，聚焦重点领域和人员，组织开展合规风险专项排查，加强合同运行动态监测和违规预警提醒。统筹内外部资源，妥善应对法律纠纷案件，有效防范化解重大法律合规风险。统筹境外资金管理，以两级“资金池”集中管控、统筹调配，实现境内外资金高效运转。持续优化税收管理，合理筹划境外企业所得税，为地区（专业）公司抵免所得税。加强物流运输和采办保障，统一组织地区公司办理非常规钻机海运招标和动迁，积极推动沙特、科威特井筒业务签署采购框架协议。加强因公出国（境）管理，优化证照办理流程，确保人员派出及时、程序合规。充分发挥审计监督职能，牵头组织石油工程专项审计，开展境外机构负责人离任经济责任审计，及时发现问题并督促整改落实。

（杨　洋）

【党的政治建设持续加强】 2022年，国际石油工程公司党委深入学习贯彻习近平新时代中国特色社会主义思想，将学习贯彻党的二十大精神作为公司各级党组织、党委理论中心组、境外区域党工委的首要政治任务，组织中心组学习研讨14次，公司领导班子积极开展二十大精神专题宣讲，着力引导广大干部员工把思想和行动统一到党的二十大精神上来，在推动海外业务高质量发展过程中彰显政治担当。全面准确落实“两个一以贯之”要求，扎实推进在完善公司治理中加强党的领导，修订完善党委讨论和决定重大事项清单，合理划分执行董事和总经理决策事项范围和权限，确保各治理主体行权履职有章可循、研究决策规范高效。全年召开党委会 21 次，研究审议“三重一大”议题 64 项。

（杨 洋）

【党建质量持续提升】 2022 年，国际石油工程公司深入贯彻落实集团公司《关于进一步加强“三基”工作的通知》要求，研究制订工作方案，不断推动党的建设责任更实、质量更高、实效更好。成立党建工作领导小组，形成责任明确、领导有力、运转有序、保障到位的党建工作领导体制和运行机制，研究制定年度党建工作要点和党风廉政建设与反腐败工作要点，构建形成“大党建”工作格局。持续加强基层党组织建设，党支部按期完成换届选举，选优配强支部委员。开展基层党支部分类定级工作，不断压实管党治党责任。推动党建与生产经营相融互促，各党支部紧密结合中心任务选定支委会议题，研究制定具体措施，充分发挥保障作用。

（杨 洋）

【贯通合力构建“大监督”格局】 2022 年，国际石油工程公司贯彻落实集团公司纪检组“监督保障执行，促进完善发展”工作方针，聚焦政治监督和日常监督，深化拓展“大监督”工作格局，组织召开纪委会 3 次、监委会 4 次。围绕重点项目开展专项监督，对项目进度、工程质量、采办物流等进行监督，召开纪委联席会议，深入分析原因，提出改进措施。开展“境外腐败”专项治理，聚焦“六个禁止”贯彻落实情况，对境外佣金、领导人员亲属经商办企业以及违规取得外国长期居留权等开展专项整治。深入开展“境外违规投资经营”专项治理，组织石油工程板块下属 9 家涉外单位开展境外违规经营投资自查自纠，全面排查项目风险。扎实做好党的二十大期间维稳工作，全年未发生违反中央八项规定精神事件和违纪违法问题，实现“零违纪、零上访、零泄密”。

（杨 洋）

【加强干部人才队伍建设】 2022 年，国际石油工程公司加大竞争性选拔力度，结合公司中层干部队伍建设实际，首次组织 6 名中层干部竞争性选拔。持续优化干部队伍结构，抓实干部分层、分类、分阶段培养，用好各年龄段干部，新提拔中层干部 9 人，40 岁及以下占比超 24%，现职中层干部平均年龄 47 岁以下，逐步实现干部队伍梯次合理、有序接替。不断提高人才选拔科学性和精准度，建立综合考评体系，激发人才队伍干事创业活力。全年选聘公司首席专家 2 名、高级专家 5 名，新增设 8 个高级主管职位。优化完善人才工作制度，加大专家考核和动态管理力度，完成 3 名公司专家聘期考核。拓宽人才引进渠道，积极创造条件争取政策，调入长期借聘员工 9 人，借聘方式引进成熟人才 13 人。坚持运用符合国际业务特点的测试面试方式，新引进毕业生 9 人。

（杨 洋）

【内宣聚人心外宣树形象】 2022 年，国际石油工程公司对内宣传取得“新突破”，制定印发《国际石油工程公司新闻宣传工作管理实施细则》，进一步规范公司宣传工作。公司履行所在国社会责任、业务发展等情况被《人民日报》、中央电视台、新华社等中央主流媒体报道，重点市场项目突出业绩被《中国石化报》专版报道，项目签约等重大进展在石化新闻联播、石化新闻网等平台广泛宣传。国际传播迈上“新台阶”，总经理张从邦接受中央电视台阿拉伯语频道《对话》栏目专访，介绍中国石化石油工程海外业务的竞争优势，讲述与业主合作共赢、积极履行社会责任等事例。科威特分公司、厄瓜多尔子公司等机构通过境外社交媒体发布的新闻动态，多次被集团公司客户端转发推广。

（杨 洋）

表 1　　国际石油工程公司境外合同额　　亿美元

指标名称＼年份	2022	2021	2020	2019	2018	2017
新签合同额	23.23	20.17	23.62	23.75	22.15	19.02
完成合同额	19.30	14.38	16.32	18.14	18.81	20.17

石油工程建设公司

【概况】 中石化石油工程建设有限公司（简称石油工程建设公司）总部设在北京，于 2012 年 12 月 28 日正式挂牌成立，是石油工程公司的全资子公司；下辖 3 家设计企业（石油工程设计公司、中原设计公司、江汉设计公司）、7 家施工企业（胜利油建公司、中原油建公司、河南油建公司、江汉油建公司、江苏油建公司、胜利建工公司、中原建工公司）、1 家监理企业（江苏监理公司）和 1 家管道技术服务企业（管道技术公司）。2022 年，石油工程建设公司参股中石化碳产业科技股份有限公司。

石油工程建设公司是集团公司地面工程建设单位，是专业从事国内外陆地、海洋油气工程建设的技术服务商和工程承包商。提供油气田建设、长输管道、天然气处理、石油化工、节能环保、路桥市政、房屋建筑、压力容器制造等领域的工程建设服务，具有设计、施工、制造、安装、管道和场站运维保、监理、PMC 及 EPC“一揽子”总承包能力，业务范围遍布中国各省区的陆地、海洋以及 33 个海外国家（地区）。截至 2022 年底，有从业人员 12747 人，其中设计板块 2232 人（17.51%）、油建板块 7804 人（61.23%）、建工板块 2607 人（20.45%）、监理板块 104 人（0.81%）；有享受政府特殊津贴人员 2 人，全国工程勘察设计大师 1 人，集团公司高级专家 1 人，公司首席专家 5 人，集团公司突出贡献专家 7 人，集团公司三个层次学术技术带头人 19 人，闵恩泽青年科技人才奖 18 人；有集团公司技能大师 3 人，全国技术能手 6 人，集团公司（省部级）技术能手 55 人。

石油工程建设公司主要经济指标和合同额指标见表 1 和表 2。

（雷　朱）

【领导班子调整】 2022 年 1 月 25 日，集团公司任命何惠生为石油工程建设公司党委副书记、纪委书记、工会主席人选、监事；裴德芳为总会计师、党委委员；臧卫东为三级协理员；免去程新建总会计师、党委委员职务，另有任用。5 月 31 日，集团公司任命杜广义为石油工程建设公司执行董事、党委书记，王中红为公司总经理、党委副书记，何惠生为公司党委副书记、纪委书记、工会主席、监事，席治国、刘涛为副总经理、党委委员，裴德芳为总会计师、党委委员。

（雷　朱）

【企业管理持续向好】 2022 年，石油工程建设公司坚决执行集团公司党组决策部署，认真落实集团公司领导批示精神，高效推进“牢记嘱托、再立新功、再创佳绩，迎接学习贯彻二十大”主题行动，纵深开展“13336”工程，坚定打好“六个攻坚战”，各项工作全面提升，新签合同额 253.03 亿元、收入 175.7 亿元、净利润 2.12 亿元，分别完成年度目标的 121.8%、108.8%、124.7%，同比增长 41.7%、4.7%、22.1%，所属单位全部盈利。先后被集团公司评为主题行动、安全生产、质量管理、节能环保、财务管理、宣传思想工作先进单位；获评“中国石化重点工程建设突出贡献单位”“工程建设优秀企业”和“三项制度”改革评估 A 级企业；党建工作连续 5 年获评集团公司 A 档。

（雷　朱）

【党建质量持续提升】 2022年，石油工程建设公司党委坚持以习近平新时代中国特色社会主义思想为指引，认真贯彻习近平总书记视察胜利油田重要指示精神，以“牢记嘱托、再立新功、再创佳绩，迎接学习贯彻二十大”主题行动为总抓手，切实以高质量党建引领保障高质量发展。推行党委理论学习中心组“三四三”学习法，累计组织集体学习35次，专题学习习近平总书记重要讲话指示26次、开展研讨5次，为超额完成年度生产经营任务提供强有力的思想保证和理论支撑。邀请中组部专家专题解读党的二十大精神，6名党委班子成员带头深入基层和分管部门开展宣讲，组织327名党组织书记讲授专题党课，推动党的二十大精神进基层、进一线、进班组。深化“三基”工作在基层党支部工作中发挥“班校家”作用，推动党建“三基本”工作与企业“三基”工作相融互促。成立党员突击队169支，全力攻坚重大任务关键点、重大工程“卡脖子”难题。《推行“九八五”工作机制发挥基层组织战斗堡垒作用》获集团公司第三十一届管理现代化创新成果三等奖，“三查三强”促安全主题党日活动经验做法在集团公司党建通讯第8期刊发。刊发稿件2490余篇，在《新闻联播》《工人日报》等省部级以上媒体发稿490余篇，《国内首次实现原油管道海对海定向钻穿越》在央视财经频道播出并在中央电视台新闻客户端刊发，《把驻地前移，搬到工地附近》在《工人日报》刊发。发挥工会组织有效职能，开展安全生产主题宣讲（讨论）591次，设立群众安全监督检查员324人，群众安全隐患排查829个，及时督促落实隐患整改，提升本质安全水平；开展信访稳定督查，在冬奥会、全国“两会”以及党的二十大期间，实现“五个不发生”目标。构建市场化选人用人工作机制，加大领导人员竞争性选拔使用力度，完善管理人员末等调整不胜任退出机制，新聘任上岗人员340人，其中竞争性选聘215人，占比63.24%；中基层管理人员末等调整不胜任退出14人，占年初干部总数382人的3.66%；聚焦“高精尖缺”加强高层次人才储备，引进博士后9人，录取应届毕业生146人，引才渠道持续拓宽。围绕“第一议题”制度落实、东营原油库迁建项目运行、安全生产等重大事项开展政治监督；大力整治靠企吃企问题，持续开展领导人员亲属违规经商办企业问题专项治理；深化“大监督”格局，与天然气分公司、中原油田开展廉洁共建；下达文印出版费用、乘用车等专项审计和专项治理的“命题”监督任务，持续规范经营管理行为，推动监督更好融入企业治理。

（雷　朱）

【市场开发成绩显著】 2022年，石油工程建设公司充分发挥专业化、一体化优势，深化落实“三三制”，持续优化市场布局，国内外市场齐头并进，新签合同额创历史新高，取得成色十足的开发业绩。持续做大做强国内EPC业务，承揽EPC项目39项共92.8亿元，增加33.97亿元，增长57.7%，创历史新高。在国家管网市场取得新突破，单项目承揽合同额创国家管网市场新纪录。储气库建设再迎新发展，先后承揽多个储气库建设工程，确保储气库市场成为稳定的业务增长点。海外市场开发立足核心区域，集中优势力量实现定点突破，“老市场”更加稳固、“新市场”有序开拓，乌干达项目创海外市场新高；泰国曼谷市场保持连续4轮滚动开发，实现非洲市场新的突破和东南亚市场的稳定接续，海外市场新签合同额创5年来新高。

（雷　朱）

【技术攻关成果丰硕】 截至2022年底，石油工程建设公司有省部级施工工法66项、授权专利770件、软件著作权96项。2022年参与1项国家重大专项科技项目，承担1项集团公司“十条龙”科技项目和20余项省部级重点研发项目；获集团公司科技进步奖一等奖1项、河南省科技进步奖二等奖1项、集团公司科技进步奖三等奖1项。“天然气乙烷回收工艺设计包”及“百万吨级燃煤电厂烟气CO_2捕集工艺包”通过集团公司评议。2项技术入选国家自然资源部《矿产资源节约和综合利用先进适用技术目录》。新型LNG混凝土全容储罐设计技术等4项牵头的科技项目通过2023年集团公司科研立项技术论证，“生物质CCS潜力与示范可行性”等2项科技项目入围国家重点研发计划，“百万吨级燃煤电厂烟气二氧化碳捕集技术开发与工业应用”等2项科技项目通过2023年度“十条龙”科技攻关入龙评审。钨极氩弧自动根焊工艺功效提高2—3倍；500万米³/日LNG成套工艺实现高液化、低功耗的目标。“五化”建设成效显著，编制上游地面工程管理体系文件13项，完成储气库、油气田、LNG等定型成果，构建“模块设计、工厂成撬、现场拼装”的模块化建设模式，预制深度提高20%—30%，试点建设高标准智能工地和数字孪生体，“五化”建设模式在东营原油库迁建工程等项目成功实践，全面实现“五省”目标。

（雷　朱）

【工程创优成效突出】 2022年，石油工程建设公司牢记保障国家能源安全崇高使命，坚定服务集团公司油气增储上产和重大项目建设光荣责任，大力推行主动快速高效项目管理模式，项目全生命周期管理扎实有效，安全优质高效推进95个重点项目建设。在国内项目中，东营原油库迁建工程BEPC项目部和各承建单位密切协作，仅用10个月优质高效完成建设任务，先后2次获得集团公司党组主要领导批示肯定，6个团体获中国能源化学地质工会重点劳动和技能竞赛“立功集体”。获省部级以上优质工程30项，中广核阳江南鹏岛海上风电项目获电力建设行业工程质量最高荣誉“中国电力优质工程”奖，延安气田富县延694井区甘泉延653井区天然气地面集输工程获化学工业优质工程，永安油田永21块地下储气库建设工程等28项工程获全国优秀焊接工程。在海外项目中，沙特MIP项目部获沙特阿美承包商总体管理和合规管理最佳表彰、被中国驻沙特阿拉伯大使馆评选为2022年度沙特阿拉伯优秀中资项目；乌干达Tilenga EPSCC项目获乌干达矿业与石油商会2022年度金牌贡献奖。

（雷　朱）

【财务管理攻坚突破】 2022年，石油工程建设公司稳步推进战略型集约化财务管控体系建设，制订下发战略财务管控体系实施方案，明确“战略财务七步法”实施路径，分情境测算经营财务战略目标；深入开展“1+6+3”月度经济活动分析，创新实施“目标＋超交利润”全员成本目标管理考核，所属单位全部实现盈利。坚决打好资金保障攻坚战，强化“项目资金池”集约管控，自由现金流良好，较年度目标多结余资金3.33亿元，资产负债率较年初降低1.19个百分点。强化预算牵引提质增效，严格预算过程管控，百元收入营业成本较年度目标降低0.61元；期间费用较年度目标节约0.5亿元。夯实财税管理基础，积极推进国家税收优惠政策落地，大幅节税。强化财务人员素质提升，参加集团公司财金业务知识竞赛，3名选手晋级百强，公司代表队以第5名的成绩获总决赛团体三等奖。《创新实践一六三分析机制》获“中国石化基层优秀成本管理项目奖”，《坚持“三点发力”推动精益资金管控提质提效》入选集团公司财务工作会经验交流材料汇编。

（雷　朱）

【东营原油库迁建工程投产】 石油工程建设公司承建的东营原油库迁建工程是贯彻落实习近平总书记视察胜利油田重要指示精神的有力行动，对保障国家能源安全、推进黄河三角洲生态保护和高质量发展、保障胜利油田平稳生产、安全运行意义重大。该项目主要包括新建10万立方米储罐6座，2万立方米储罐4座，总库容68万立方米，由石油工程设计公司、胜利油建、胜利建工公司组成BEPC联合体承建，2021年12月16日开工，2022年9月29日项目实现高质量提前中交，10月26日一次进油投产成功。

（雷　朱）

东营原油库迁建工程建成全景

【山东管网南干线天然气管道工程中交】 石油工程建设公司承建的山东管网南干线天然气管道工程，为进一步完善中国石化在山东省的天然气管网布局，实现山东省天然气资源有效配置、增强市场供应和保障能力奠定坚实的基础。该项目全长 460 千米，设计压力 10 兆帕，沿线设 9 座站场，23 座阀室，由中原设计公司、江汉油建公司等组建 EPC 联合体承建东段 170.2 千米，2021 年 3 月 31 日开工，2022 年 11 月 18 日中交。

（雷　朱）

【西气东输四线天然气管道工程高效推进】 石油工程建设公司承建的西气东输四线是连接中亚和中国的又一条能源战略大通道，是推动共建新时代绿色能源丝绸之路的重大举措，具有重大战略意义。该项目包括 3 个标段，共计 533.7 千米，首次大规模应用 18 米加长管，全线采用数字射线检测技术（DR）及大口径管道双连管施工法等新工艺、新工法，为进一步提升长输管道建设能力奠定坚实基础。

（雷　朱）

西气东输四线天然气管道工程开工仪式现场

【中俄管道江苏滨海 LNG 配套输气管线项目投产】 石油工程建设公司承建的江苏滨海 LNG 配套输气管线滨海—盱眙（二标段）项目，是国家管网集团成立后首批招标且全线采用全自动焊接的工程。该工程主要包括沿线阀室 2 座、顶管穿越 G15 高速 1 处、顶管穿越连盐铁路 1 处、深基坑顶管穿越河流 2 处等，由江苏油建公司承建，2020 年 10 月开工，2022 年 11 月完成进气投产。

（雷　朱）

【顺北油气田五号联合站第二列天然气处理装置建设工程投产】 石油工程建设公司承建的顺北油气田五号联第二列天然气处理装置建设工程天然气脱硫处理装置、丙烷制冷及凝液回收装置项目，可实现液化气、轻烃回收及商品气外输，为西北石油局建设千万吨级油气田奠定坚实基础。该项目由石油工程设计公司与胜利油建公司组建的 EPC 联合体承建，2021 年 7 月 16 日开工，2022 年 2 月 16 日建成投产第二列天然气处理装置脱硫脱碳脱水及增压外输装置，7 月 16 日建成投产第二列丙烷制冷及凝液回收装置。

（雷　朱）

顺北油气田五号联第二列天然气处理装置建成投产

【中原油田分公司文 24 储气库项目地面工程中交】 石油工程建设公司承建的中原油田分公司文 24 储气库项目是中国石化的重点建设项目，也是 2022 年中原储气库群唯一在建储气库项目，将进一步缓解华北地区冬季用气紧张的局面，继续提高中原储气库群在保障民生的调峰作用。该项目由中原设计公司牵头与中原油建公司组成 BEPC 联合体承建，于 2022 年 5 月 26 日开工，12 月 26 日实现项目中交。

（雷　朱）

文 24 储气库地面工程中交

【京沪高速改扩建工程通车】 截至2022年底，石油工程建设公司承建的京沪高速改扩建工程是国内一次性扩建里程最长的项目，也是江苏省交通建设投资最大的项目，其中GY2标是全线体量最大、保通段落最长、施工组织最难的标段。该工程主要包括桥梁20座、箱涵12道、通道9条，由胜利建工公司承建，施工中创新应用钢箱梁顶推、轻质泡沫土、BIM+智慧工地系统等国内行业先进技术，2020年5月6日开工，2022年12月31日项目全线通车。

（雷　朱）

【昌邑市海洋牧场与三峡300兆瓦海上风电融合试验示范项目并网发电成功】 石油工程建设公司承建的昌邑市海洋牧场与三峡300兆瓦海上风电融合试验示范项目，是与山东电力工程咨询院有限公司首次合作的山东省内首个海上风电与海洋牧场融合试验示范项目。该项目规划装机容量300兆瓦，共建设50台6兆瓦风力发电机组，由胜利油建公司历时48天完成导管架的陆地预制，4个月完成升压站的建造任务，2022年12月15日并网发电成功。

（雷　朱）

【普光气田停产技改检修10项工程提前完工】 石油工程建设公司承建的普光气田停产技改检修工程是集团公司2022年度重点工程，主要包括普光气田净化厂全厂停产技改检修、普光主体“7+1”缺陷口治理等10个项目。该工程2022年5月10日开工，5月30日完工，仅用20天就提前完成检修任务，完成普光气田复产工作，为普光气田平稳运行提供强力保障。

（雷　朱）

【胜利花苑住宅楼续建工程顺利交房】 石油工程建设公司承建的胜利花苑续建工程14区13#—16#住宅楼工程作为胜利油田重点民生工程，按照创建文明工地的标准和要求，坚持“策划先行、样板引领、过程控制、一次合格”的管理思路，创新应用BIM+智慧工地系统，极大地提高项目的精细化、数字化管理水平，为业主交上一份满意的答卷。该工程2019年7月开工，2022年9月底竣工，10月如期交房，获“山东省优质结构工程”“泰山杯”等荣誉。

（雷　朱）

【乌干达Tilenga EPSCC项目部获金牌贡献奖】 石油工程建设公司承建的乌干达Tilenga EPSCC项目位于乌干达艾伯特湖默奇森瀑布国家公园（MFNP）内，是乌干达首个油田开发地面建设项目。该项目自开工以来，石油工程建设公司始终秉承“一带一路”共商共建共享原则，坚持用工当地化，持续为当地社区创造良好的就业环境，为当地经济发展作出贡献，成果惠及当地民众，赢得当地社会的广泛赞誉。

（雷　朱）

【泰国5号天然气长输管线工程一期项目竣工投产】 石油工程建设公司承建的泰国5号线天然气长输管线工程一期项目是公司在东南亚市场独立投标、独立运行的首个海外EPC项目。该项目2017年9月开工，2022年4月竣工投产，先后获得业主颁发的885万安全人工时奖，集团公司金牌标杆基层队、石油工程公司境外HSSE先进集体等称号，为泰国及东南亚市场开发和项目执行打下良好基础。

（雷　朱）

表1　石油工程建设公司主要经济指标　亿元

指标名称＼年份	2022	2021	2020
总资产	223.52	202.41	203.13
固定资产净值	16.45	14.10	12.38
营业收入	175.70	167.28	159.06

表 2　　石油工程建设公司合同额指标　　亿元

指标名称＼年份	2022	2021	2020
新签合同额	253.03	178.00	160.80
国内集团内	135.97	104.00	97.90
国内集团外	64.62	71.82	56.10
国　外	52.44	1.78	6.80
完成合同额	175.7	161.87	159.80
国内集团内	89.20	78.03	90.70
国内集团外	71.84	77.52	54.60
国　外	14.66	6.32	14.50

地球物理公司

【概况】 中石化石油工程地球物理有限公司（简称地球物理公司）是集团公司从事物探业务的独立法人和利润中心，是石油工程公司的全资子公司，是以地球物理方法勘探油气资源为核心业务，集物探资料采集、处理、解释、技术研发、装备制造、油藏服务，以及井筒地震、节能环保、管道技术服务、北斗应用等业务于一体的国际化地球物理技术服务公司，总部位于北京市朝阳区吉市口路 9 号。

地球物理公司由胜利油田、中原油田、河南油田、江汉油田、江苏油田和华北石油局、华东石油局、西南石油局等 8 家非上市油田企业的 10 家物探公司（大队），以及国际石油工程公司物探工程部整合重组成立，于 2012 年 12 月 21 日在北京注册，是集团公司参与国内外物探工程技术服务市场竞争的责任主体。主要职能是负责研究集团公司物探采集业务发展战略，提出中长期规划；执行石油工程公司战略和年度部署；负责物探采集、处理、解释经营和 QHSE 管理，承担资产保值增值责任；负责国内外物探业务市场开发；负责物探采集、装备仪器、软件等技术研发，为上游业务发展和石油工程公司参与国内外市场竞争提供技术支撑。

截至 2022 年底，地球物理公司设综合管理部（党委办公室、调查研究室）、党群工作部（党委宣传部、党委统战部、纪检监督部、审计部、工会、团委、维稳办）、党委组织部（人力资源部）、财务计划部、经营管理部（法律事务部）、安全环保部、市场开发运行部、科技信息部 8 个部门，国际业务发展中心、生产支持中心（物资装备中心）、科技研发中心、北斗运营服务中心 4 个附属中心，胜利、华北、华东、南方、地理地质信息勘查 5 家分公司，在西部工区设立西部工区项目管理部。有一线队伍 55 支，其中地震队 35 支、非地震队 8 支、新业务队 12 支。从业人员 6344 人，其中合同制员工 5447 人、规范劳务派遣业务外包工 857 人、其他用工 40 人。在职员工中，教授职称 26 人、副高级职称 1420 人、中级职称 945 人，中高级职称占从业人员的 43.4%。有数字地震仪主机 58 台（套），采集站 61.16 万道，其中 508XT 采集站 14.66 万道、428XL 采集站 21.85 万道、节点仪器 23.60 万道、滩海采集站 1.05 万道，各类检波器 86.33 万串（只），可控震源 156 台，沙漠工程车 344 台。各类装备资产原值 61.47 亿元，净值 20.02 亿元，综合新度系数 0.33。

地球物理公司主要生产经营指标见表 1。

（孙刚刚）

【领导班子调整】 2022年6月13日，集团公司党组对地球物理公司领导班子作出调整：张伟、胡来东任公司党委委员、副总经理。调整后的地球物理公司领导班子由宋明水、李秀娟、田新琦、奚修磊、张伟、胡来东组成。11月1日，集团公司党组将地球物理公司领导班子管理规格调整为大Ⅰ型，与企业管理规格相一致。

（孙刚刚）

【企业管理规格调整】 2022年9月14日，集团公司将地球物理公司管理规格调整为大Ⅰ型企业。

（孙刚刚）

【纵深推进党的二十大精神学习宣传贯彻】 2022年11月4日，集团公司党组书记、董事长马永生到地球物理公司开展首场党的二十大精神宣讲，强调要不断增强学习宣传贯彻党的二十大精神的政治自觉、思想自觉、行动自觉，深刻领悟“两个确立”的决定性意义，坚决做到“两个维护”，坚定信心、攻坚克难，向着高质量发展迈出更大步伐，为保障国家能源安全再立新功、再创佳绩。党的二十大召开以来，地球物理公司党委第一时间制订学习宣传贯彻方案，党委班子持续通过党委会、专题学习会、宣讲会深学深悟；内部宣传阵地开设学习宣传贯彻专栏，转发权威报道、刊发党员干部学习感悟文章，不断推进党的二十大精神进班组、到岗位、入头脑。

（孙刚刚）

【公司发展呈现新面貌】 2022年，地球物理公司以迎接学习贯彻党的二十大为强大动力，牢记习近平总书记殷切嘱托，深刻领会集团公司党组领导对公司提出的希望和要求，坚持“12346”工作方针，全面落实“一年打基础、两年上台阶、三年新跨越”的高质量发展三年行动计划，扎实开展主题行动，务实推进创新发展，有效应对世纪疫情反复影响、物探市场低位运行等风险挑战，全年完成收入46.57亿元、净利润694万元，实现经营持续盈利、员工收入持续增长、生产安全环保、队伍和谐稳定。地球物理公司通过中国石化绿色企业A档复核，获评集团公司物资供应管理先进单位，干部员工思想观念更新、管理体制机制更活、特色技术装备更优、高质量发展后劲更足，队伍整体焕发出顽强拼搏、奋楫争先的勃勃生机和活力。

（孙刚刚）

2022年，地球物理公司以主题行动为契机，大力推动项目提速提效提质，物探项目平均日效提高76%以上，采集资料一级品率较合同要求提高3.2个百分点（吴奇杰　摄）

【物探服务保障能力显著提升】 2022年，地球物理公司坚持把项目提速提效提质作为提升管理、增强找油找气能力的总抓手，持续加大政策激励、专家服务、技术支持和新技术新装备应用力度，高质量保障油气勘探升发能力实现新提升。完成集团内部地震采集工作量首次突破200万炮，增长43.6%；物探项目平均日效提高76%；采集资料一级品率较合同要求提高3.2个百分点，套尔河、塔集北、石柱南3个项目获集团公司优秀工程奖，所有三维项目均获评甲方优秀工程。

（孙刚刚）

2022年1月，地球物理公司南方分公司SGC2131、SGC2132队在重庆山地进行四面山－清溪沟三维地震勘探项目施工。该项目创出中国石化南方山地最高地震采集日效纪录（罗睿　摄）

【市场结构调整实现突破】 2022年，地球物理公司准确分析研判集团内、国际、国内外部三大市场发展趋势，坚持在稳定集团内部市场的基础上，把国外市场作为最大的增量市场，把国内外部市场作为潜在的增收市场，出台积极政策鼓励全员闯市场。国际市场收入同比大幅增加；国内外部传统地震、井筒地震、北斗应用、节能环保等业务快速发展，实现产值增长83.3%；集团内部市场保持稳定发展，三大市场结构更趋合理。

（孙刚刚）

【科技创新进步明显】 2022年，地球物理公司坚持把技术进步作为引领发展的第一动力，制定《打造技术先导型地球探测公司实施意见》，发布“十四五”技术发展规划，召开第一届科技大会、第一届技术交流会、技术专家研讨会，完善分公司总工程师岗位设置，创办《物探工程》期刊，营造浓厚的创新氛围。全年获授权专利同比增长96%，成功研发4种北斗定位应用产品。2项成果分获集团公司科技进步奖一等奖、二等奖，1项成果获集团公司优秀QC成果一等奖，宽频可控震源高效采集技术迈入国际先进行列，I-Nodal节点二代达到国内领先水平，SeisWay软件应用范围持续扩大。

（孙刚刚）

2022年5月20日，地球物理公司利用气枪震源进行埕中4滩海三维地震勘探（苏浩　摄）

【技术技能人才培养持续加力】 2022年，地球物理公司编制《“十四五”期间及中长期人才发展规划》，搭建科技大会、技术交流会、青年科技论坛“三大交流平台”，培育企企合作、企校联合、协会促进“三大合作平台”，增设30个专家职数，建立青年人才职位晋升绿色通道，隆重评选表彰物探希望奖、新星奖、成才奖，有力促进各层次人才快速成长。年度选聘公司级及以上专家22名，首席技师2名，主任技师、主管技师16名，培养技师、高级技师92名。

（孙刚刚）

【改革管理不断深化】 2022年，地球物理公司持续向改革要动力、要活力，高质量完成深化改革三年行动各项任务，部署安排公司7项深化改革重点工作，持续在重点领域关键环节上加强改革攻坚突破。①深化机构改革。优化两级机关设置，持续显现富余人员；设立西部工区项目管理部，区域化统筹各类资源；将综合管理支持中心、装备管理中心整合成集物资采购供应、装备管理、概预算、纪检监督审计、安全督查、人力资源统筹配置等职能于一体的生产支持中心，压缩管理机构，提升综合服务保障能力；推进武汉勘查公司整体转型发展，加快组建井筒地震中心，集中力量培育成长型优势业务。②深化激励引导。制定国内外部、国际市场项目考核奖励办法，落实“1+N”考核激励政策，所属单位季度工效挂钩兑现差距达1.7倍，中层正职年度绩效考核兑现差距达2.2倍；严格考核兑现项目成本节约、工期考核等奖励，形成“比学赶超”浓厚氛围。③深化内部市场化运行。搭建内部交易平台，达成交易84个项目，实现内部业务分包承揽，有力压减外包外委。

（孙刚刚）

【安全发展根基更加稳固】 2022年，地球物理公司树牢严抓严管的鲜明导向，实现安全生产无事故。①抓实领导干部引领力。加大安全环保问题直接责任人、主管领导、承包领导曝光次数和范围，增加风险抵押金额度和覆盖面，严格落实管理责任人季度作检查和风险抵押金联动扣罚制度，组合运用点名曝光、能力考核、经济奖惩等手段压实管理责任。②抓实员工执行力。制作10个典型HSE事故案例警示教育片，开发78个专题授课视频和36个实景标准操作视频，对219个在用操作规程开展再评估，突出抓好以岗位练兵、应急演练为主要形式的基本功训练，持续提升标准化作业水平；广泛开展安全经验分享、安全隐患随手拍、我为安全作诊断等活动，提高“我能安全”能力。③抓实风险管控力。落实双重预防机制，夯实安全风险分级管控和隐患排查治理，开展 HSE 典型问题销项行动，严格执行常态化疫情防控措施，广泛征集、固化和推广科技兴安新手段，强化标准化地震队建设，持续提升现场本质安全水平。

（孙刚刚）

【依法治企更加有效】 2022 年，地球物理公司深入开展“严肃财经纪律、依法合规经营”综合治理专项行动、“合规管理强化年”活动，优化“三重一大”决策制度体系，修订内控权限指引，构建日臻完善的公司治理体系。进一步强化经济责任审计和项目审计，开展工程分包、科研经费、物资采购等专项治理，持续释放依法合规越抓越严的信号。

（孙刚刚）

【物探一线生产生活条件持续向好】 2022 年，地球物理公司投入 1300 万元推进“宾馆式营地、物业式管理、家政式服务”标准化营地建设，大幅改善一线员工工作生活条件。加快研发和引进机械化、智能化、信息化装备，全探区推广节点仪器，大力研发节点自动布放仪，持续改变“人抬肩扛”的物探施工状况，一线员工劳动强度有效降低，野外生产安全系数得到提升。

（孙刚刚）

【政治优势转化有力】 2022 年，地球物理公司严格落实“第一议题”制度，综合运用集体研讨、专家辅导、论坛交流等多种手段，引导党员领导干部持之以恒学思践悟，及时跟进学习习近平总书记最新重要讲话和重要指示批示精神，深刻领悟“两个确立”的决定性意义，增强“四个意识”，坚定“四个自信”，做到“两个维护”。坚持正确的选人用人导向，强化异地交流和竞争性选拔，加大“下”的力度，中基层领导人员末等调整不胜任退出比例达 3.11%，选人用人满意度提升到 95.96%。全面加强党的纪律建设，充分发挥大监督作用，不断加大追责问责力度，定期通报靠企吃企、违反中央八项规定精神典型案例，常态化开设“物探廉播”教育专栏，持续营造风清气正的政治生态。坚持以“顶层再设计、制度再完善、流程再更新、运行再优化、控制再严密”为目标，部署“整改提升年”行动，系统抓好党组巡视“回头看”等内审外查成果运用，推动大起底、大整改、大提升。以公司成立十周年为契机，组织系列活动传承石油精神、弘扬石化传统，加大典型宣传，强化统战、群团、稳定等工作，全面激扬起团结奋进的高昂斗志。

（孙刚刚）

表 1　地球物理公司主要生产经营指标

指标名称 \ 年份	2022	2021	2020	2019	2018	2017
国内二维地震 / 千米	2 946.46	1 487.16	2 094.29	4 339.51	5 463.45	3 775.52
国外二维地震 / 千米	1 990.05	1 167.15	561.06	4 638.76	9 266.55	9 803.20
国内三维地震 / 平方千米	7 018.55	8 341.89	5 900.82	6 102.75	5 942.84	4 837.16
国外三维地震 / 平方千米	8 770.99	8 256.73	10 555.71	4 129.13	4 511.16	4 709.65
收入 / 亿元	46.57	46.64	44.13	43.02	46.55	38.97

经纬公司

【概况】 2020年，集团公司党组准确研判行业发展大势，立足保障国家能源安全、担当国家战略科技力量，实施测录定专业化重组，整合石油工程公司12家整建制单位和13家非整建制单位，成立中石化经纬有限公司（简称经纬公司）。2020年12月19日，经纬公司在山东青岛注册登记，2021年4月16日挂牌成立，注册资本10亿元，是国家高新技术企业、国务院国资委创建世界一流专精特新示范企业，致力于打造中国石化管理创新示范区、技术创新策源地、高新业务孵化器，引领石油工程迈向中高端。

经纬公司主营业务涉及测井、射孔、录井、定向井、技术贸易、测录定技术服务总包以及技术研发、产品制造与销售、资料解释评价、油藏研究等领域，能够满足陆地、海洋各种复杂条件下的勘探开发需求。设6个机关部门、2个机关直属机构、9个所属单位；设二级党委10个，有党总支15个、党支部172个、党员4377人；用工总量11274人，其中合同制员工8282人、规范劳务派遣业务外包工1666人、项目化用工1161人、海外当地用工116人、非全日制等其他用工49人。资产总额46.36亿元，各类主要生产设备2204台（套），施工队伍990支，市场遍布国内23个省（市）、自治区和海外8个国家。

坚持科技立企、科技兴企，研发投入强度10%，建有十大重点实验室、六大刻度井群和东营修造基地、西南修保基地、西北维保基地，建有国家级博士后科研工作站，有985名科研人员、10支创新团队，形成特深层高温高压油气藏、非常规页岩油气藏、碳酸盐岩油气藏等6项集成配套技术，“经纬领航”定向（旋转导向）、“经纬视界”随钻测井、“经纬东方”定测录导一体化等5个系列产品，以及测井数据采集处理控制、高时效快测、远距探测等26项特色技术，实现“研产服用”一体化发展，为高质量勘探、效益开发提供技术保障。自主研发的旋转地质导向钻井系统、随钻方位电阻率边界探测、偶极横波远探测、“探索者”高端综合录井仪等多项技术整体达到国际先进水平，部分达到国际领先水平。“一种测井方法”获中国专利银奖。

2022年，经纬公司面对艰巨繁重的改革发展任务，深入贯彻集团公司党组决策部署，认真落实石油工程公司党委要求，深入开展“管理提升年”活动，全力推进“党建铸魂、科技兴企、拓市增效、改革提质、管理筑基、安全固本”六大工程，全年测井27552.32万标准米、录井进尺832.11万米、定向进尺671.4万米；实现收入52.77亿元、净利润2.2亿元，位居石油工程前列，取得深化改革和生产经营“双胜利”。

经纬公司主要技术经济指标和主要生产建设指标分别见表1和表2。

（付卫波）

【领导班子调整】 2022年6月，集团公司党组对经纬公司领导班子作出调整，宣布许利辉任经纬公司副总经理、党委委员。

（付卫波）

【服务保障能力明显提升】 2022年，经纬公司坚持需求牵引、靠前服务。领导班子带队到胜利油田、河南油田、中原油田等6家油公司对接，汇整技术需求95项；与油公司联合组建创新攻关团队3个，开展联合攻关课题24项。加快补齐装备短板，投入5.3亿元配套旋转地质导向、高温定向、边界探测等高端仪器装备67台（套），统筹调剂高温电成像等高端仪器装备83批次、原值5.85亿元；落实旋导“四统一”管理，储备旋导仪器61串，日服务能力跃升到22口井。对岩性扫描、高精度核磁等应用频次低的技术，与斯伦贝谢、中油测井等联合服务136井次，满足勘探开发需求。加强标准化提升，集成推广6项配套技术、5条产品线和26项特色技术，分区域、分类型编制5个技术模板，让各区域、各队伍技术能力拉到最高水平；发挥处解分中心和专家“一小时保障圈”作用，跟踪重点井86口，专家现场巡诊问诊18次，解决40余项勘探开发难题。全年创高指标新纪录 123 项，其中在胜页 9-3HF 井创页岩气 LWD 钻探水平段最长纪录（4035 米）及在焦页 18-S12HF 井创页岩气井水平段最长（4286 米）、水平段“一趟钻”进尺最长（4225 米）等 3 项全国纪录。定向旋导节约钻井周期 2094 天、节约建井成本 2.89 亿元。测井资料优质率、录井资料优良率、测井解释符合率、趟钻成功率、储层钻遇率分别达 97.5%、99.9%、92.6%、96.9%、95.7%，提高 0.6、4.4、2.2、5.5、6.8 个百分点。

（刘　伟）

2022 年 9 月 20 日，经纬公司领导班子到河南油田开展技术合作交流（王玉庆　摄）

【科技引擎作用更加突出】 2022 年，经纬公司开展大兵团联合作战。与斯伦贝谢、贝克休斯等十余家知名企业签订战略合作协议，达成高端装备互联互通、联合申报国家重点实验室、深度产研融合等合作意向 53 项；与清华大学、北京航空航天大学、中科院等高校院所打造创新联合体，建成石大经纬产教融合研究院，成功认定教育部智能油田工程中心；联合勘探院、工程院、物探院开展旋转地质导向、断控体精细成像等 5 项集团重点项目研发。构建“大集中、小精专”研发布局。集全公司之力建设地质测控技术研究院，整合各地 10 个实验室、6 个刻度井群、55 个科研项目，建设工艺总装、微电子等 6 个研究所，配套建设 1 个实验中心、东营修造基地、西南修保基地、西北维保基地，形成贯通方法研究、仪器研制、采集处理、解释评价和推广应用的完整创新链条。创新科研体制机制。落实党组“科改示范行动”部署，做实研究院研发责任主体，建立产权清晰、权责明确、管理科学的法人治理体系，打造企业所属研究院所科改样板。借鉴风险投资、众筹模式，制定出台“五加大、一核增、一不变”激励办法和“两否决”约束机制，建成区域公司与测控院科研攻关责任共担、利益共享平台，调动区域公司参与科研积极性的同时，提升科研话语权，保证科研成果的现场应用性。科研创新实力增强，研发投入强度是重组前 3 倍，新增国家级课题 5 项、承担集团公司项目 24 项，获省部级以上科技奖励 11 项，申请专利 181 件、获授权 117 件。关键核心技术实现突破。经纬旋转地质导向钻井系统攻关形成 9 项核心技术、4 项创新点，整体达到国际先进水平，其中导向头工具面测量精度、方位电阻率测量精度达到国际领先水平；声波远探测全球首次探测 8000 米以深井旁地质异常体，实现从“一孔之见”到“一孔远见”；直推存储式测井将顺北目的层资料采集率提高至 94%；过钻头测井单井节约通井 1—2 次、提速 40% 以上；井场一体化决策指挥中心在国家页岩油示范区牛页一区成功应用 7 口井。经纬公司通过国家高新技术企业认定，入选 2022 年青岛市新经济潜力企业。

（张凤霄）

2022 年 11 月 6 日，经纬公司经纬旋转地质导向钻井系统鉴定会在北京召开。经纬旋转地质导向钻井系统通过鉴定，达到整体国际先进、部分国际领先水平（王玉庆　摄）

【市场开拓成效突出】 2022 年，经纬公司做强集团内部市场。加强一体化生产运行，统筹共享资源，高温电成像等高端仪器装备调配 32 批次，跨区域调配队伍 20 余次，队伍动用率 88.6%，增加 1.7 个百分点。做优国内外部市场，按照“成长型、成熟型、萎缩型、退出型”4 种类型，对 58 个区域市场建立档案，实施分级管理，直签国家管网中原储气库测录定一体化项目，首次中标塔里木油田、青海油田定向市场，吐哈钻探川页司市场，新开辟新疆互盈民营市场，广西能投地矿企业、河北干热岩地热等新兴市场，新签合同额增长117.6%。做大海外市场。中标科威特5+1年录井项目、沙特海上平台3+4年供气项目，科威特、沙特和厄瓜多尔市场规模逐步扩大，重启土库曼斯坦、孟加拉国、苏丹等市场，新签合同额增长105%。

（暴春雨）

【深化改革红利释放】 2022年，经纬公司深入推进"三定"改革。按照"2211"工作目标，实施全面"三定"，压减机构40%，机关后勤向一线流动186人，全员劳动生产率提高10%，实现机构、岗位、人员结构"三优化"；整合成立32个一体化项目部、37个专业化项目部，实现专业配合、装备仪器、施工标准"三统一"。坚持企业精细管理。实施制度、内控、风控、合规管理一体化运行。推进"放管服"改革，下放合同、资金等10项审批权限，强化科研立项、结算协调等服务功能。加强资源统筹优化，盘活用工1007人；加强成本精细管控，挖潜增效2.11亿元，其中压减外委费用4300万元。优化绩效考核机制。考核分配向基层一线、创效单位和关键岗位倾斜，一线岗位人均绩效达到机关后勤2倍，项目经理等关键岗位收入差距达4倍，区域公司间绩效最大差距达30%。

（莫　超）

【安全环保更加巩固】 2022年，经纬公司加强体系建设。全面落实集团公司"总经理2号令"，明确专业分委会"五个一"工作要求，建立"管业务、管要素、管运行"考核机制，重新修订QHSE管理体系手册，开展中层领导干部全覆盖履职能力评估。强化风险管控。系统梳理10类风险、28项作业项目和45个风险点，完善危险物品"三十六条"、交通安全"十六条"、吊装作业"十三条"等重点风险管控清单，规范刻度校验源、仪器内置源管理，明确32种民用爆炸物品同库存放要求，建立高风险作业报备机制，风险防控能力持续提高。强化监督检查。健全督查支队、督查大队、监督站联动管理机制，建立问题曝光机制，定期发布督查通报，十大类作业项目风险值下降56.8%。强化正向激励。实施基层队月度"343"考核，奖励7980队次，兑现2146万元；评选优秀诊断建议40条，奖励19.5万元。强化环境保护管理。大力推进绿企创建工作，制定发布《固体液体废物清单》，实施废物规范化管理提升行动，获"绿色企业"称号。

（李志强）

【党的建设不断加强】 2022年，经纬公司政治建设持续巩固。召开第一次党代会，制定"4344"发展纲要、"11342"发展思路、"三步走"发展规划，明确未来五年发展思路，提出建设"品牌经纬、创新经纬、人才经纬、开放经纬、精益经纬、幸福经纬"发展路径；召开党委会31次，研究发展规划、深化改革、党的建设议题99项；"牢记嘱托、再立新功、再创佳绩，迎接学习贯彻二十大"主题行动45项重点工作任务完成率100%。人才强企有力推进。统筹干部资源，优化班子结构，新提拔副总师2人、中层正职7人、中层副职16人，跨单位交流干部18人，中层班子平均年龄降至45岁以下，班子效能进一步提升。选聘石大经纬学者5人，引进4名"双百计划"高层次人才，引进6名博士入站，在站博士后达8人，招录126名高校毕业生，打造形成近千人研发队伍。举办首届"科技周·人才节"，5000余人参加技术比武、业务竞赛。基层党建做实做强。结合专业化重组，整合优化59个基层党组织，创建党员示范岗284个，开展党员先锋队活动140次，创新"三个三"融合工程，召开"对标先进抓三定，聚焦基层打基础"现场交流会，有力推动基层党组织全面进步全面过硬。旋转导向项目组党支部被评为青岛市"五星级基层党组织"，经纬公司成为中国石化驻青岛企业唯一获此称号的单位。与胜利油田等9家企业、甘肃东乡等7个地方单位建立党建共建关系，在密切甲方合作关系、构建新型企地关系、促进产业链融合发展等方面发挥桥梁和纽带作用。党风廉政建设不断增强。突出政治监督、强化日常监督、深化职能监督，一体推进"三不腐"，持续深化"靠企吃企"问题整治和安全领域形式主义、官僚主义专项治理，高质量开展党组巡视反馈问题整改，风清气正政治生态持续巩固。思想文化工作成效显著。加强思想引领，狠抓意识形态，高标准运行“报、微、网、端、视、屏”媒体矩阵，4 条新闻在中央电视台播出。坚持心系员工，开展“经纬心泉”EAP 服务，提高员工查体标准，深化“我为群众办实事”实践活动，升级改造 332 栋野营房，员工幸福指数持续提升。

（郑志成　付卫波）

2022 年 3 月 31 日，经纬公司召开“牢记嘱托、再立新功、再创佳绩，喜迎二十大”主题行动推进会（王玉庆　摄）

表 1　经纬公司主要技术经济指标　亿元

指标名称 \ 年份	2022
工业总产值	52.77
工业增加值	27.02
资产总计	46.36
流动资产	25.52
固定资产原值	53.34
固定资产净值	13.33
销售收入	52.77
实现利税	3.28
税　金	1.16
工业产值综合能耗 / 吨标煤 · 万元 $^{-1}$	0.025

（盖广点）

表 2　经纬公司主要生产建设指标

指标名称 \ 年份	2022
测井 / 井次	12 302
射孔作业 / 井次	14 158
录井 / 口	2 896
固井 / 井次	—

（暴春雨）

胜利石油工程公司

【概况】 中石化胜利石油工程有限公司（简称胜利石油工程公司）于 2012 年 12 月 20 日注册登记，2013 年 1 月 4 日挂牌成立，是石油工程公司的全资子公司，位于山东省东营市东营区济南路 125 号。2021 年 3 月，按照集团公司改革部署，将测井、录井、定向井、随钻测控业务划转到经纬公司。截至 2022 年底，胜利石油工程公司设机关部门 9 个、机关直属机构 4 个，设专业经营单位党委 15 个、公司机关党委 1 个、基层党委（党总支）29 个、党支部 442 个，有党员 10397 人（非在职党员 1772 人）；用工总量 19832 人（合同制员工 15300 人、规范劳务派遣业务外包用工 3027 人、非全日制用工 326 人、海外外籍员工 1179 人）。主要施工队伍 229 支，其中钻井队 139 支、井下作业队 90 支；主要专业设备 2313 台（套），其中陆上钻机 167 台、海上钻井平台 7 座、海上作业平台 7 座、2000 型以上（不含 2000 型）压裂车组 97 台。胜利石油工程公司可承担定向井、水平井、分支井、欠平衡井等各类井型施工，可提供从工程设计、钻井施工、井控、固井、完井到压裂、测试的综合一体化服务，被认定为国家高新技术企业。多年来，在全力保障集团上游勘探开发的同时，以技术服务开拓外部新市场、新阵地，构建形成“以胜利油田市场为主，国内外部市场、海外市场相辅相成、相互促进”的市场格局。

胜利石油工程公司主要技术经济指标及主要生产建设指标分别见表 1 和表 2。

（单衍涛　王文静　王玉玫）

【领导班子调整】 2022 年 1 月 19 日，集团公司党组召开干部大会，宣布对胜利石油工程公司领导班子调整的决定：免去孙永壮胜利石油工程公司总经理职务，仍任胜利石油工程公司执行董事、党委书记；张宗檩任胜利石油工程公司总经理、党委副书记；魏永军任胜利石油工程公司党委副书记、纪委书记、工会主席、监事；程新建任胜利石油工程公司总会计师、党委委员；免去王军胜利石油工程公司党委副书记、纪委书记、工会主席、监事职务，另有任用；免去郝继开胜利石油工程公司总会计师、党委委员职务，另有任用。8 月 29 日，集团公司党组对胜利石油工程公司领导班子进行调整：免去杜坤胜利石油工程公司副总经理、党委委员职务，另有任用。12 月 20 日，集团公司党组对胜利石油工程公司领导班子进行调整：葛磊任胜利石油工程公司副总经理、党委委员；李兵任胜利石油工程公司副总经理、党委委员；免去李子杰胜利石油工程公司副总经理、党委委员职务，另有任用。

（林　波）

【贯彻落实习近平总书记视察胜利油田重要讲话指示精神】 2022 年，胜利石油工程公司党委聚焦捍卫“两个确立”、做到“两个维护”，坚持把学习贯彻落实习近平总书记视察胜利油田重要指示精神作为首要政治任务，紧扣集团公司党组“六个准确把握”“七个再立新功、再创佳绩”部署要求，把“端好能源饭碗，推进技术先导，再立发展新功”作为重大政治使命和光荣历史责任，作为全部工作的目标定位和方向统领，作为想问题、办事情、作决策的根本基点，制定落实 6 个方面 19 项措施，与主题行动 109 项措施统筹推进，全年完成钻井进尺 357.55 万米，实现收入 148.72 亿元，净利润 1.02 亿元，超额完成总部下达的目标任务，公司获集团公司主题行动先进单位、安全生产先进单位、财务管理先进单位等荣誉，贯彻落实习近平总书记视察重要指示精神取得丰硕成果。

（单衍涛）

【支撑保障上游】 2022 年，胜利石油工程公司以勘探开发需求为导向，突出标准化、电动化、自动化方向，全年投入 12.6 亿元进行装备升级改造，70 型及以上钻机占比 41%，电动钻机占比 63.47%，同时广泛开展主题劳动竞赛和专项劳动竞赛，加强队伍综合排名考核，推进综合实力提升，打造保障勘探开发的“尖兵利器”。深化落实一体化运行机制，制定落实统筹疫情防控与生产运行 15 条保障措施，完善升级区域标准化施工模式，大力推进西北工区对标提升，全年胜利市场钻机动用率 90.76%、同比提升 6.63%，胜利和“两北一川”等重点工区平均钻井周期缩短 7.7%，平均压裂效率提高 24.3%，创出 67 项新纪录高指标，获“四提”奖励 5440 万元。以提效率、提产能、提效益为核心，大力攻关胜利页岩油和西部超深层关键工程技术，支撑勘探开发取得大突破，胜利济阳页岩油国家级示范区和深地工程正式挂牌。其中，樊页平 1 试验井组稳定产量 400 吨以上，牛页一区试验井组钻井周期最短降至 40.5 天，西部示范井永进 305 井钻井周期降至 60 天，施工的顺北 4-5H 井日产过千吨。瞄准做大增量、做大“蛋糕”，与胜利油田分公司拓宽合作思路、扩大合作范围、创新合作模式，合力推进未动用储量单元、“双低”单元、高盈亏平衡点单元合作治理，共计动用储量 4400 万吨、新建产能 47 万吨、产油 66 万吨，创造胜利样板。

（司世涛）

胜利石油工程公司在牛页一区试验井组进行页岩油钻井施工（张 玉 摄）

【本质安全绿色发展】 2022 年，胜利石油工程公司不断完善 QHSE 管理体系，健全 9 个专业安全分委员会，制定安全生产 30 条措施 125 个项点，公司领导班子成员到基层蹲点检查督导帮扶，中层领导干部分片包干基层队，在各专业经营单位配备安全总监，充实各级安全管理与监督人员，制定全员安全“保命条款”，促进安全生产责任有效落实。大力推进风险隐患排查治理，开展“风险再识别、隐患再排查、措施再细化、责任再压实”专项行动，建立闭环管理的重点隐患治理项目库，落实安全生产费用 3.16 亿元，对钻机搬迁安装、钻修井机井架底座腐蚀、套管单根吊卡、防喷器检维修平台等方面 756 项隐患进行治理，有效提升现场本质安全水平。配齐配强基层班子，在党支部设置安全委员，开展党员责任区、示范岗“四包四无”活动，深化“三标”建设和“5S”管理，在集团公司首家开展中层和基层干部安全履职能力评估，颁布使用《石油钻井工》等 4 套安全培训新教材，推行安全积累贡献奖励办法，在基层班组开展安全思想大调研并设置群众安全监督员，人人“想安全、会安全、能安全”氛围更加浓厚。加强重点领域监督管理，严格落实拆迁安作业安全管理措施，在所有钻井作业现场安装安全视频智能分析系统，保障直接作业环节施工安全；购置各类井控设备 101 台（套），严格落实井控风险分级管控和专家驻井制度，确保井控安全平稳；加强海上钻井平台就位、插桩、压载等作业过程监控，对胜利六号、七号、九号 3 座老龄化钻井平台降级使用、提级管理，实现海上风险销项降级；强势管理承包商，全覆盖开展 HSE 管理体系审核，承包商数量同比减少 98 家、下降 23.1%；统筹推进“碳达峰碳中和”行动 70 项重点工作，全面推广网电钻机、钻井液不落地等绿色低碳设备和工艺，西部工区网电年供电 5149 万千瓦·时、占比增至 85%，公司绿色基层队创建比例达 100%。2022 年胜利石油工程公司安全形势总体平稳，被集团公司评为安全生产先进单位。

（严志英）

胜利石油工程公司管具技术服务中心员工在井控车间对防喷器进行隐患排查（郑志能 摄）

【科技创新成果转化】 2022年，胜利石油工程公司持续构建"石油工程胜利研发中心"和"钻完井、修井、钻井液、检测、海洋工程"5个技术中心的"1+5"研发体系，加强"超深井钻井工程技术"等省部级重点实验室建设，成功申报"山东省海洋油气钻采关键装备技术创新中心"和"国家石油钻探仪器仪表产业计量测试中心"，对钻机自动化等20个项目实施"揭榜挂帅"、签订"军令状"，充分激发创新活力动力。立项攻关中国石化"十条龙"等课题153项，培育以深井超深井钻井为代表的23类100项特色技术，其中3项科技成果被集团公司鉴定为国内领先水平，3项技术入选石油工程公司科技创新"十大技术"，分支井眼筛管完井技术在中国石化实现突破，全电驱精细控压钻井装备达到国际先进水平，膨胀尾管悬挂器完井等25项成熟技术全年实现创收8.9亿元。统筹推进威飞高端装备产业化基地、史口化学助剂产业基地建设，完善产品系列、推进迭代升级，培育形成53类109项"胜利天工"系列产品，其中2项入选石油工程公司科技创新"十大产品"，15项被列入集团公司石油工程内部优势产品目录，全年创收3.1亿元。集成整合生产、办公等业务自建系统，完成国内首套基于现场实时数据驱动的钻井及压裂工艺工况数字孪生系统建设，研发钻井液智能坐岗系统，深化推广井筒业务一体化平台，提升装备MRO物联网功能，依托国家页岩油示范区形成"数字化钻井队"建设模板，其中装备MRO物联网平台被授予"山东省工业互联网平台"。

（梁成亮）

【高质量发展】 2022年，胜利石油工程公司全面构建以"钻井＋作业"两大井筒技术服务业务为主体、"钻完井工具、修井工具、自动化装备、油田化学处理剂"四条产品线为支撑、"概预算、胜工检测、调剂租赁、信息、培训、打捞"六个专业支持中心为保障的"246"产业格局。其中，"两大井筒技术服务业务"的行业地位更加稳固、创收增长8.6%，"四条产品线"的品牌优势更加强劲、创收增长14.1%，"六个支持中心"的支撑作用更加彰显、创收同比增长8.9%。协同推进管理局有限公司、油田分公司、胜利工程和石化总厂"四大板块"资源共享、合作共赢，全年实现新业务承揽收入0.68亿元。坚持以"小专业"撬动"大市场"，以"轻资产"实现"重回报"，全年国内外部市场新签合同额17.78亿元，其中轻资产技术服务项目新签合同额4.85亿元，占比27.3%、提升6.8%；全面启动沙特阿拉伯、科威特项目停待钻修井机，持续拓展孟加拉国钻井大包、墨西哥井筒技术服务等项目，合作开辟土库曼斯坦西部修井新项目，海外市场全年新签合同额4.4亿美元。大力推进外委转自营、业务承揽转型、人员进阶盘活等硬措施落实落地，全年辅业后勤累计盘活用工2721人，经营收入14.5亿元，利润1480万元。深化改革三年行动258项任务全面完成。

（谢　威）

【精细精益管理】 2022年，胜利石油工程公司扎实推进对标管理提升，8个领域、26项提升任务全部完成，在公司内部选树标杆项目5个、标杆基层单位12个，同时获石油工程"比学赶帮超"红旗129面、奖励金额位列板块第一。着力提升项目盈利能力，完善项目化管理体系，健全市场化运营和项目止损挽损机制，统筹推进"资金池＋人才池""装备库＋物料库"建设，加强单井单项目全过程分析管控，大力推进长期未关闭项目治理，钻井业务开发井毛利提升3.1%。深化细化全要素降本增效，系统优化"五大结构"，配套建立"五大新机制"，全力推进政策增效、优化增效等7个方面27项任务落实，全年挖潜增效9.26亿元，百元收入营业成本控制在年度预算指标之内。统筹推进"合规管理强化年"活动和"严肃财经纪律、依法合规经营"综合治理专项行动，对14项重大重要风险和18项一般风险逐项制定预警指标和应对措施，以合同管理为主线开展专项整治，依法合规治企能力持续提升，公司经营风险受控可控。

（王　辉）

【政治优势转化】 2022年，胜利石油工程公司坚持以习近平新时代中国特色社会主义思想为指导，深入贯彻落实习近平总书记视察胜利油田重要指示精神，紧扣集团公司党组"七个再立新功、再创佳绩"部署要求，以"端好能源饭碗，推进技术先导，再立发展新功"为使命责任，以"牢记嘱托、再立新功、再创佳绩，迎接学习贯彻二十大”主题行动为载体，全面落实“137”总体工作思路，统筹推进发展与安全、疫情防控与生产经营、全面从严治党与依法合规治企，各项工作取得新进展新成效新业绩。修订完善《公司章程》，全面推行党委决定和讨论重大事项“两个清单”，深化落实“双向进入、交叉任职”领导体制，在专业经营单位党委全面推行委员制，在2家单位推行公司代表制，规范基层党支部参与单位决策的方式和程序，党的领导在公司治理中有效落实。坚持“三重三看”导向选人用人，优化各单位班子和中层干部配置，系统规划“一高四区五引领”人才工作新格局，新提副总师7人、中层干部52人，新聘集团公司技能大师2人，公司首席专家1人、高级专家12人、专家30人，干部人才队伍建设卓有成效，胜利石油工程公司被授予“国家技能人才培育突出贡献单位”。深入开展专业经营单位抓党建工作述职评议和基层党支部“三问双听”工作，全面推行基层党支部书记持证上岗，用活用好“四包四无”“结对帮扶、经营会诊”等融入融合载体，务实开展“境外党建基础提升年”活动，常态化进行基层党支部点检巡查、分类定级，基层党建质量实效不断提升，胜利石油工程公司在集团公司党建考核中连续6年位列A档。全面落实党风廉政建设“两个责任”，统筹推进政治监督和日常监督、大监督和职能监督，扎实做好巡视“回头看”问题整改，深化开展靠企吃企和“微腐败”问题治理，大力整治安全领域形式主义、官僚主义，持续深化为基层减负，公司风清气正、干事创业的良好政治生态进一步深化。积极推进石油精神教育矩阵建设，举办庆祝公司成立十周年“六个一”系列活动，积极选树“十大铁军”“十佳百优”等先进典型，干部员工再立新功、再创佳绩的精神动力日益增强。建立落实“我为群众办实事”长效机制，累计支出2700余万元用于走基层访万家、防疫物资配备、困难帮扶救助等民生工程，员工群众幸福指数持续提升。充分发挥各级党政工团组织作用，扎实做好统战、工会、青年、综治、维稳、档案、保密各方面工作，营造人心齐、干劲足、形象好、大局稳的良好局面。

（单衍涛）

2022年8月19日，胜利石油工程公司党委人才工作会议

（张　玉　摄）

【海上平台突出风险整治工作完成】 2022年3月30日，胜利石油工程公司完成对胜利六号、七号、九号3座钻井平台升降控制系统老化、电缆皲裂老化、泥浆池容量不足、悬臂梁变形滑移困难、钢结构腐蚀变形等12项突出风险整治。根据矩阵法对平台安全风险进行评估，风险等级由重大风险F5（43）降为一般风险F2（15）。

（房岭海）

【刘东章获全国五一劳动奖章】 2022年4月28日，中华全国总工会召开大会表彰2022年全国五一劳动奖和全国工人先锋号获得者，胜利石油工程公司海洋钻井公司刘东章获全国五一劳动奖章，并作为代表在4月29日中国石化庆祝“五一”国际劳动节暨劳动模范和先进集体代表座谈会上发言。

（单衍涛）

表1　胜利石油工程公司主要技术经济指标　亿元

指标名称 \ 年份	2022	2021	2020	2019	2018	2017
工业总产值	139.42	118.56	128.07	129.04	115.48	76.61

续表

指标名称 \ 年份	2022	2021	2020	2019	2018	2017
工业增加值	58.99	57.05	58.32	60.37	21.27	15.64
资产总计	113.49	107.59	121.40	123.29	115.92	130.20
流动资产	38.14	33.34	44.14	38.21	40.04	44.72
固定资产原值	141.88	141.00	152.20	148.96	146.65	142.49
固定资产净值	55.16	55.35	58.93	61.18	64.04	69.96
销售收入	148.72	137.08	145.06	149.28	126.67	81.11
实现利税	4.13	3.02	1.98	5.34	2.46	−36.59
税　金	3.70	3.53	2.31	3.76	2.07	1.55
综合能耗 / 吨标煤・万元 $^{-1}$	0.14	0.16	0.216	0.218	0.22	0.23

表 2　胜利石油工程公司主要生产建设指标[①]

指标名称		2022	2021	2020	2019	2018	2017
钻井	开钻 / 口	1 316	1 190	1 296	1 292	1 067	638
	交井 / 口	1 229	1 174	1 323	1 267	1 063	715
	钻井进尺 / 万米	357.55	337.78	328.66	310.76	248.43	166.51
测录井	测井 / 井次	—	—	5 073	4 760	4 068	2 805
	射孔作业 / 井次			5 090	3 990	3 306	2 195
	录井 / 口			1 643	1 375	1 157	772
井下	维护作业（小修）/ 井次	593	595	452	299	1 329	691
	措施作业						
	压裂 / 井次	407	527	371	283	197	164
	大修 / 井次	48	70	134	188	115	94
	侧钻 / 口	9	23	34	29	23	35

① 2022 卷年鉴中 2016—2020 年数据有误

中原石油工程公司

【概况】 中石化中原石油工程有限公司（简称中原石油工程公司）于 2012 年 12 月 28 日成立，是石油工程公司的全资子公司，本部位于河南省濮阳市。主要从事油气勘探开发工程施工、技术维护及相关产业服务，业务涵盖钻井、固井、酸化压裂、试油气、油藏综合服务、钻井工程技术研究、石油钻采设备加工制造、钻完井液助剂研发生产及技术服务等专业。国内市场主要分布在中原、西南、西北、华北、东北5个地区；海外市场主要分布在中东、非洲、中亚、南美的10个国家。非洲有苏丹、南苏丹、乍得、乌干达，中东有沙特阿拉伯、科威特、也门、阿联酋，中亚有哈萨克斯坦，南美有厄瓜多尔。是哈里伯顿、贝克休斯、斯伦贝谢、道达尔等国际大公司的全球主要战略合作伙伴，哈里伯顿、贝克休斯中东北非首选合作伙伴。

截至2022年底，中原石油工程公司资产总额127.23亿元，主要专业设备3405台（套），新度系数0.36；设机关部门10个，机关直属单位2个，直属单位12个，境外机构7个；用工总量16818人，其中合同制员工10235人、规范劳务派遣业务外包工3568人、海外雇员3015人。2022年，中原石油工程公司深入贯彻习近平总书记视察胜利油田重要指示精神和“疫情要防住、经济要稳住、发展要安全”重大要求，以“牢记嘱托、再立新功、再创佳绩，迎接学习贯彻二十大”主题行动为主线，以故障复杂治理年、对标提升年、干部作风建设年三项行动为抓手，坚定不移拓市场调结构、优管理降成本、抓创新促转化、控风险提质量、强党建聚合力，各项工作平稳高效运行，呈现出稳中有进、稳中提质、稳中向好的发展态势。全年开钻1115口，完井1069口，进尺226.06万米，新签合同额120.76亿元，1项成果获河南省科技进步奖，1项成果获集团公司科技进步奖，1项技术成功入围石油工程公司十大核心技术，1个产品入围石油工程公司十大优势产品。

中原石油工程公司主要技术经济指标和主要生产建设指标分别见表1和表2。

（仲秀红）

2022年11月28日，中原石油工程公司钻井二公司90127钻井队承钻的中国石化重点预探井——元深1井完钻，完钻井深8866米，创7项高指标（刘建柱 摄）

【主题行动取得较好成效】 2022年，中原石油工程公司锚定“再立新功、再创佳绩”总目标，纵深推进主题行动取得务实成效。在学深悟透上下功夫。采取“自主学＋集中学＋网络学”相结合的方式，深入学习习近平总书记视察胜利油田等重要讲话精神，开展“迎接学习贯彻二十大”系列活动，力求把握要求、形成声势。党的二十大召开以后，及时把主题行动的着力点从“喜迎二十大”转到“学习贯彻二十大精神”上来，组织党员干部采取政治学习、讨论交流、辅导讲座、举办报告会、上党课等多种形式，深入细致学、带着思考学、结合实际学，着力推动党的二十大精神入脑入心、落实于行。在强化运行上下功夫。以主题行动统领全年工作，成立领导小组及“1+6”工作组，细化形成46项重点任务清单，建立“一月一小结、两月一汇报、半年一盘点、年底大总结”运行机制，形成党委统一领导、党政工团齐抓共管的工作格局。推行“一组多责、一趟多办、查教并重”复合型督导，明确重点督导工作任务清单23项，发现问题247个，现场帮助整改问题231项。在见行见效上下功夫。聚焦七方面再立新功、再创佳绩，扎实开展故障复杂治理年、对标提升年、干部作风建设年三项行动，全力推动总书记重要指示精神落实落地。公司故障复杂时效2.87%，下降51.36%；国内市场完成井在平均井深相当的情况下，口井施工成本大幅压减，盈利能力持续提升，获石油工程公司“比学赶帮超”83面红旗、300万元奖励；干部作风明显改善，形成头雁效应，基层“背对背”评价机关满意度持续提升、高位有进。

（仲秀红）

【保障勘探开发有力有效】 2022年，中原石油工程公司坚决扛稳端牢能源饭碗、保障国家能源安全的政治担当，切实当好服务集团公司增储上产的工程主力军。全年承钻“1”字号井11口，当年完工8000米以上超深井13口，位居集团公司超深井完井量榜首。优化运行强保障。协同落实“五个一体化”，强化各区域搬迁安及各开次中完作业标准周期管理，促进井位有序衔接、工序无缝对接。塔河工区优化作业程序，一、二开中完时间同比缩短17.1%和29.4%；西南工区推行“十字工作法”，平均搬迁安周期同比缩短2.6天。推进“四提”强保障。坚持管理提速和技术提速“双轮驱动”，刷新石油工程纪录和区域高指标134项，“三北一川”及中原工区完成井机械钻速同比提高12.04%、平均钻井周期缩短16.45%。承钻的新页1井助力集团公司开辟第2个万亿立方米页岩气资源阵地，金石103HF井助力川渝地区国家天然气（页岩气）千亿立方米级产能基地建设，丁页7井助力形成丁山—东溪地区5000亿立方米页岩气资源增储上产新阵地；在“深地一号”工程连续交出顺北41X、顺北802X等6口千吨井。深化合作强保障。精细难动用油藏地质评价，优选卫377、文153等4个区块，推动老区合作开发进一步拓展深化。完善提高水驱采收率等措施，促进三春集、卫4、三水等区块稳产增产，全年生产销售原油1.33万吨。提升装备强保障。高质量完成海外2部80DB钻机和3部50DB静音钻机配套；实施8部钻机电动化改造，国内电动钻机比例提升7个百分点。更新补充2500型压裂机组、柴油发电机组、顶驱等关键设备66台（套），装备保障能力持续提升。

（仲秀红）

【安全发展根基持续夯实】 2022年，中原石油工程公司坚持“史为鉴、预为先、防为主、治为要”，深入推进HSE管理体系规范运行，扎实开展安全生产专项整治三年行动和“百日安全行动”，公司安全生产形势持续稳定。抓体系、促融合。完善HSE绩效考核等10项管理制度，分层级开展体系培训，发布《HSE管理体系要素监测指标》，发现并整改不符合项1490个，体系愈加完善、运行良好。抓引领、明责任。突出理念引领、能力引领、行动引领、作风引领，公司领导班子成员与基层安全视频连线、下基层蹲点帮扶、开展安全观察和风险承包检查等66次，1145名领导干部实施个人HSE行动计划1.58万项次、发现和解决问题9276个，从严HSE记分806人次，HSE考核一票否决或降档基层队47队次，取消奖励项目部20个次。抓风险、除隐患。深入推进安全风险分级管控和隐患排查治理双重预防机制，完善HSE行为负面清单，严格落实“交报询领”机制和重大安全风险领导承包制度，实施“季发布、月分析、周认领、日提示”全过程风险措施管控，集中整治公司级安全隐患治理项目5个，组织隐患专项排查和安全生产大检查大排查15次，奖励优秀安全诊断建议40.18万元，确保21项年度系统性风险和47项季度风险可控在控。抓井控、严管理。落实“好、足、早、快、准”五字诀，强化井控风险清单管理，加强重点目的层施工井和压裂试气施工现场监管，大力开展井控应急抢险演练，强化井控关键装备配置，确保井控安全。抓培训、提素质。编制《基本功训练工作指南》和《基本功训练简明指引》，用活现场培训、用好停工培训、固化倒班培训，设置岗位练兵台，组织观看事故案例警示片等活动679场，开展岗位练兵3.9万人次，26万人次参与全国“新安法知多少”知识竞赛。

（仲秀红）

2022年8月29日，中原石油工程钻井一公司70228钻井队在文72-260井安全、清洁、环保起钻施工，绘就绿色发展“新画卷”（赵奕松 摄）

【市场开拓延伸取得实效】 2022年，中原石油工程公司坚持把市场作为生命工程，健全市场信息管理机制，科学谋划市场开发策略。集团内部，优化调整34支队伍，投入94部钻机保障上游，强化甲乙方一体化运行，突出同区域大兵团作战，队伍动用率88%，钻井进尺同比增加8.4万米，获西北工区流动红旗28面，获西南甲方表扬信15封。国内外部，加强市场全方位评估，巩固拓展中国石油、国家管网等“国家队”阵地，全年新签合同额增加15.26亿元。中标文23储气库二期工程全部22口井工作量。海外市场，积极做大增量、做优存量，新签和续签合同39项，全年收入、利润同比分别增长20%和29%。首次进入沙特非常规气井市场，首台超静音智能化钻机挺进非洲乌干达，科威特大包井项目投标有序推进。10 年期合同队伍达 4 支，高效启动新项目和复工队伍 21 支，4 支队伍提前开钻收获日费 1600 万元。

（仲秀红）

【精益管理水平不断提升】 2022 年，中原石油工程公司坚持眼睛向内，苦练内功，纵深推进深化改革三年行动和对标一流管理提升行动。优化整合促提升。厘清公司机关部门、各钻井公司和西南、西北工区指挥部之间管理权责界面，优化 14 项业务流程，充分为基层赋权、增能、减负，推动区域集约管理与单位支撑有机融合。实施机构精简、部门整合、业务重塑，推进装备管理部与物资采办中心、钻井工程技术研究院与技术公司的整合，扁平化管理持续深化。《三大体制机制优化探索与实践》被评为集团公司管理创新成果一等奖。盘活用工激活力。全面开展“三定”，压减优化各类机构 8 个、精简岗位 40 个、全口径减员 614 人，劳动生产率同比提升 15.1%。加强人力资源优化配置，劳务输出 193 人次、创收 2002 万元，获石油工程公司用工优化奖励 700 万元。推进生活服务、钻后治理等外委转自营，力争把效益留在公司内部，安置富余人员 64 人、节约外委费用 1011 万元。挖潜增效降成本。扎实开展“合规管理强化年”活动、“严肃财经纪律、依法合规经营”行动和对标提升年行动，深化全员成本目标管理，全领域、全链条排查效益流失点 479 个，分区域分单井开展成本对标分析，钻头、钻井液技术服务、运输、钻后治理等消耗水平持续下降，国内百元收入单井变动成本同比减少 2.8 元。推进内部结算系统应用，压实“两金”清收责任，深化疑难债权“一案一策”专项治理，全年合同资产结算率同比提升 6.38 个百分点，坏账回收 3671 万元。报废处置设备 1240 台（套），实现处置收益 2882 万元；整合清退土地、房屋 32.37 万平方米，节约租赁费用 1180 万元。

2022 年 2 月 7 日，沙特公司 SINO-16 队 10 名员工获沙特阿美公司史上首枚金质奖章。（林卫卫 摄）

（仲秀红）

【技术保障能力明显增强】 2022 年，中原石油工程公司聚焦现场致胜，坚持创新驱动，推动技术进步，增强核心竞争实力。科研创新方面。完善科技成果转化激励和科研项目立项竞争淘汰机制，推行“揭榜挂帅”模式，开展科研课题 103 项、转化科技成果 37 项，创产值 3.08 亿元；获授权专利 122 件，其中发明专利 43 件。完成“羌塘盆地钻探技术与科探井工程”等一批重要科研项目立项，研发 8 种油田化学助剂及单体、5 种固井工具。技术攻关方面。聚焦区域瓶颈，深化集智攻关，抗温 180—220℃的超高温钻井液体系在顺北工区应用效果良好，近油基、白油基钻井液和油基钻井液固结堵漏技术创出多项指标，生物质合成基钻井液技术首秀成功。川东北气体钻井、涪陵区块“瘦身井”，塔河工区碎屑岩安全优快钻完井技术实现持续突破，三维振荡减阻工具、小井眼取芯工具、高导流体积压裂工艺等一批新技术、新工艺、新工具助推提速增效。总结提炼《故障复杂预防双十条》《防漏堵漏双十条》《钻完井作业禁令二十条》，切实发挥专家作用，加强 5 项复杂地层防漏堵漏技术和 2 种堵漏工具应用，以技术降故障成效明显。延链补链方面。严格产品质量，加强推介交流，加快推进助剂在易派客上线，钻井液助剂完成产值 1.51 亿元，管具 PDC 钻头完成产值 839.1 万元，VDX 钻井参数仪完成产值 1183.98 万元，固控设备创收 1210 万元。

（仲秀红）

【全面从严治党纵深推进】 2022 年，中原石油工程公司聚焦受欢迎、起作用、见实效，深入实施党建质量提升“365”工程，以高质量党建引领保障公司高质量发展。①治理体系更加健全。深入贯彻“两个一以贯之”，修订《党委讨论和决定重大事项清单》《“三重一大”决策制度实施细则》，制定《执行董事授权总经理决策管理办法》，着力将制度优势转化为治理效能。②思想引领更加精准。建成铁军文化传承馆，加大形势任务教育力度，开展“三个在哪里”和“对标找差距、争当领跑者”“聚焦高质量、全员献良策”大讨论活动 600 余场次，组织 4.5 万人次参加微信有奖答题，构建多元、快捷、高效的舆论引导格局，在省部级以上媒体发稿 800 余篇，公司官微影响力排名保持在集团 A 档前列。③中坚力量更加精干。推进直属单位班子见习副职、基层领导人员定向选拔、年轻干部“三百三千”“双百双向”实践锻炼，公开选拔 14 名“80 后”见习中层副职，选人用人得到干部员工认可。深化实施人才强企工程，健全完善人才成长通道，出台“十四五”及中长期人才发展规划，聚力攻坚“五个重点专项”，打造“四支铁军劲旅”，涌现出享受政府特殊津贴、中国石化突出贡献专家、闵恩泽青年科技人才 20 人，在站和留用博士后达 17 人，公司级以上专家 76 人。④基层基础更加牢固。开展基层党建质量提升行动，举办“中原党建铁军杯”党支部工作拉力赛，坚持石化党建月度阅评，推进“党支部书记示范行、党建专家行”，完善基层党支部议事决策清单，推行党员“先锋指数”管理，抓实“三查三强”促安全主题党日、“六联六强”党建共建和境外党建，党组织凝聚力和战斗力不断增强。⑤廉洁底色更加亮丽。坚持严的基调不动摇，以“七个聚焦”持续推动“七个从严”，一体推进不敢腐、不能腐、不想腐，政治生态发生根本性变化，稳步向好态势明显。精准用好“四种形态”，坚持“四快”处置，减存遏增效果达到公司成立以来最好水平。完善“大监督”工作格局，强化对“一把手”和领导班子监督，开展安全生产领域形式主义、官僚主义典型问题排查整改和酒驾赌博、“靠企吃企”等治理，推进基层减负，压减文件、会议、综合性检查 50%，压减各类工作群和 App 应用 55%。⑥和谐局面更加稳固。深化“走基层、访万家”活动，以“点亮微心愿”解决员工诉求 293 项，为困难群体发放款物 397.5 万元，实施消费扶贫 519.54 万元。严格落实信访稳定责任，妥善处理员工群众的合理诉求，集中力量化解信访积案和突出问题，抓好党的二十大等敏感时期的维稳工作，实现队伍整体稳定。

（仲秀红）

2022 年 12 月 28 日，中原石油工程公司铁军文化传承馆开馆
（陈　涛　摄）

表 1　中原石油工程公司主要技术经济指标　亿元

指标名称 \ 年份	2022	2021[①]	2020	2019	2018	2017
工业总产值	113.75	109.85	122.14	123.81	103.40	76.07
工业增加值	45.02	42.99	46.99	41.30	41.11	13.92
资产总计	127.23	116.88	118.02	115.01	108.63	96.31

续表

指标名称 \ 年份	2022	2021①	2020	2019	2018	2017
流动资产	70.10	62.64	66.52	62.14	60.62	48.09
固定资产原值	108.65	103.15	109.24	106.56	105.02	105.17
固定资产净值	39.72	36.02	37.16	37.61	37.51	39.71
销售收入	113.75	109.85	122.14	123.81	103.40	76.07
实现利税	3.49	2.93	3.19	4.69	1.76	−21.84
税　金	5.35	3.19	2.75	2.81	3.17	4.64
工业产值综合能耗 / 吨标煤・万元 $^{-1}$	0.312	0.344	0.361	0.378	0.384	0.388

① 2021 年全部数据含测录定业务

（李永超　潘　涛）

表 2　中原石油工程公司主要生产建设指标

指标名称 \ 年份		2022	2021	2020	2019	2018	2017
钻井	开钻 / 口	777	622	641	787	726	649
	交井 / 口	729	657	668	774	677	638
	钻井进尺 / 万米	226.06	213.51	226.18	251.88	216.23	190.92
	海外大修井 / 口						
	开　工	338	204	212	256	199	240
	完　工	340	203	217	249	205	237
测录固井	测井 / 井次			2 392	2 446	2 891	2 454
	射孔作业 / 井次			1 962	2 148	1 785	1 214
	录井 / 口			319	297	284	297
	固井 / 井次	2 208	1 940	2 233	2 103	1 796	1 374
井下	维护作业（小修）井次	375	292	254	366	452	674
	措施作业						
	压裂 / 井次	190	212	167	247	205	136
	酸化 / 井次	71	61	48	46	42	41
	大修 / 井次	43	47	50	47	53	49
	侧钻 / 口	29	16	34	37	27	1

（郭胜芳）

江汉石油工程公司

【概况】 中石化江汉石油工程有限公司（简称江汉石油工程公司）2012 年底经中国石化石油工程专业化重组，于 2013 年 1 月 19 日挂牌成立，是石油工程公司全资子公司。截至 2022 年底，设 6 个专业经营单位、2 个直属基层单位，公司机关设 9 个职能部门、1 个直属机构，合同制员工 3523 人。业务涵盖钻完井、井下特种作业、环保工程、特种运输、国际贸易等领域，先后参与江汉、胜利、中原、塔里木、鄂尔多斯、普光元坝等油气田和重庆涪陵国家级页岩气示范区建设，形成以页岩气工程、深井超深井高温高压为代表的特色技术系列，具备页岩气工程设计施工一体化服务能力。被认定为国家高新技术企业，是中国石化石油工程页岩气技术中心、湖北省页岩气开发工程技术研究中心。被评为集团公司标杆企业，获全国科学技术进步奖一等奖、全国企业管理现代化创新成果一等奖、国家优质工程金奖等荣誉。

江汉石油工程公司主要技术经济指标和生产建设指标分别见表 1 和表 2。

（邓　毅）

【领导班子调整】 2022 年 12 月 27 日，集团公司党组召开视频会，对江汉石油工程公司领导班子进行调整：李子杰任江汉石油工程公司总经理、党委副书记，免去吴洪奎江汉石油工程公司总经理、党委副书记职务。

（邓　毅）

【深入开展“迎接学习贯彻二十大”主题行动】 2022 年，江汉石油工程公司党委以学习宣传贯彻党的二十大精神与习近平总书记视察胜利油田重要指示精神为工作指针，以“牢记嘱托、再立新功、再创佳绩，迎接学习贯彻二十大”主题行动统领全年各项工作，坚持方案先行、清单管理、一体推进，成立“1+7”个工作组，形成党委抓总、小组统筹、部门协同、单位实施、全员发力的良好氛围，确保 45 项重点任务落实落地，为公司年度目标任务的顺利完成提供坚实保障。

（邓　毅）

【发展质量效益实现新提升】 2022 年，江汉石油工程公司全面践行“保障能源安全、服务勘探开发、发展石油工程”核心职责，大力实施“四提一降”“三升一突破”“效益提升”三大工程，公司创收创效能力明显增强，有效应对新冠疫情反复、主力市场工作量调减等超预期因素叠加影响，收入、净利润超额完成石油工程公司下达的目标任务，在石油工程公司所属单位中，人均创收、创效指标位居地区公司第一，绩效考核情况、两利四率指标完成情况排名前列。

（邓　毅）

【服务保障能力持续增强】 2022 年，江汉石油工程公司加强与油公司的一体化合作，加快新技术、新工艺、新工具、新装备推广应用，推进装备改造升级，“四提一降”水平全面提升，刷新 155 项工程技术指标，创全国和集团公司施工纪录 29 项。主力工区钻井周期缩短 12%，压裂效率单井、平台井分别提高 22% 和 29%，助力江汉、西北等重点服务区域获评集团公司 2022 年十大油气勘探发现成果。保障涪陵工区高效开发，加强一体化合作促进白马区块、凤来区块难采储量动用，打造集团公司“示范井工程”，刷新白马区块 10 项钻井施工纪录，助力白马区块新增探明储量 1048.8 亿立方米。服务西北油田增储上产，累计完成 8 口千吨井施工任务，创 12 项优质工程，助力“深地一号”勘探开发取得重大突破。保障江汉老区稳产，开展钻机设备改造和钻井强化参数提速提效，钻井提速 30%。支撑新区新层系评价建产，在兴页 L1HF 井试获日产油 34.5 吨、气 1.44 万立方米，助力复兴陆相页岩油气勘探取得突破，初步落实千亿立方米增储阵地，承担完成苏北页岩油 1 字号井压裂施工任务，激活苏北盆地 11 亿吨页岩油资源量。

（邓　毅）

【特色业务保持稳步增长】 2022年，江汉石油工程公司推动特色技术规模化应用、产业化发展、品牌化创建，特色业务全年实现收入45亿元，收入占比82%。连续油管服务领域不断延伸，连续油管内置式完井管柱技术实现自有化，在焦页86-2HF井完成国内首次分布式光纤找水测试作业。环保产业保持增长，取得湖北省潜江市生态环境局核发的危险废物经营许可证，环保业务形成西南、西北两大规模市场，涪陵页岩气田钻后环保治理业务市场占有率100%，塔里木油田环保市场占有率连续两年保持70%以上。特色压裂持续拓展，实现贵州页岩气、中国石油山西煤层气、中联煤层气、“深海”页岩油市场首次突破，特色压裂迈向“深海”工程领域。

（邓　毅）

江汉石油工程公司新疆拜城油基岩屑处理站（彭　景　摄）

【技术创新能力显著提升】 2022年，江汉石油工程公司推动科研平台和重点实验室建设，全年承担科研课题61项，开展“卡脖子”技术攻关，其中“涪陵页岩气田立体开发关键技术”获集团公司科技进步奖一等奖，“页岩气工厂化高效压裂试气技术”“深层超深层三高试油测试技术”入选集团公司石油工程领域“十大核心技术”，研发的“高温高压测试完井工具”“可溶桥塞”入选集团公司石油工程领域“十大特色产品”，公司入选湖北省高新技术企业百强榜单。钻井专业突破长水平段钻井工艺技术难题，焦页18-S12HF井钻井施工刷新国内页岩气井水平段最长（4286米）、水平段“一趟钻”进尺最长（4225米）2项纪录，焦页147-2HF井创涪陵气田最深井（7006米）钻井纪录。加快特色产品研发应用，形成3种类型、21个规格的测试完井高端工具产品系列，基本实现西北油田井下工具国产化替代，高温高压井下工具检测助力西北油田深井工具作业施工一次成功率由81.8%提升至90.9%。

（邓　毅）

【改革管理持续深化】 2022年，江汉石油工程公司按照“核心主业突出、辅助业务专业化”思路，持续实施辅业专业化改革，组建管具服务中心、培训中心、综合服务公司，实行业务集中管理，释放专业发展活力。深化“三项制度”改革，全面推进公司和专业经营单位经理层成员任期制和契约化管理，严格落实管理、专业技术、技能操作三支人才队伍末等调整不胜任退出机制，中层、基层领导人员退出比例达5.1%，市场化选人用人机制进一步健全。

（邓　毅）

【党建质效全面提升】 2022年，江汉石油工程公司严格落实“第一议题”制度，认真学习贯彻党的二十大精神，坚决捍卫“两个确立”、自觉践行“两个维护”。深化基层党支部“五有四化”建设，召开“五有四化”基层党建推进会，推广总结党建品牌。强化正风肃纪，推进靠企吃企、项目分包等专项治理工作，开展安全生产领域形式主义、官僚主义、经验主义专项整治，风清气正良好政治生态进一步巩固。推进“人才强企”工程，选派26名干部参加挂职锻炼，畅通社会化用工成长通道，455名操作骨干走上技术管理岗位，社会化用工管理经验受到全国总工会关注，2项技术成果分别获中国石化技能人才创新成果一等奖和三等奖。加强企业文化建设，参与举办中国石化“探秘智慧能源”公众开放日活动，4部作品获中央企业和中国石化短视频创作奖，3部短视频参加国务院国资委宣传局举办的第五届中央企业优秀故事创作展示活动。

（邓　毅）

【亮相第二届 SPE 水力压裂技术论坛暨展会】 2022 年 1 月 11—13 日，江汉石油工程公司携最新水力压裂技术成果赴中东阿曼参加第二届 SPE 水力压裂技术论坛暨展会，江汉石油工程公司作为中国石化唯一一家参展企业首次参展国际石油工程行业高端大型展会。

（邓　毅）

江汉石油工程公司参加在阿曼举办的第二届 SPE 水力压裂技术论坛暨展会（彭　景　摄）

【完成国内最大规模电驱压裂施工】 2022 年 3 月 22 日，江汉石油工程公司完成涪陵页岩气田最大规模电驱压裂施工任务——焦页 12 扩平台 303 段“井工厂”压裂项目，创国内页岩气开发单平台压裂井数最多、段数最多、加液量最多、加砂量最多、单机组效率最高 5 项施工纪录，全电驱压裂技术达到世界领先水平，打造页岩气低成本、规模化、绿色施工的“中国样本”。“高效全电动大型压裂成套装备研制与工业化应用”获集团公司科技进步奖一等奖。

（邓　毅）

涪陵页岩气田大型压裂现场（彭　景　摄）

【“三高井”测试施工能力显著增强】 2022 年，江汉石油工程公司攻克元坝区块超深高含硫生物礁大气田测试难题，完成元坝气田高产、高压、高含硫化氢“三高”气井元坝 15 井油气测试施工，实现高温高压测试特色技术由西北向西南扩展。

（邓　毅）

【完成党组织关系和工会组织关系属地化工作】 2022 年 6 月 6 日，江汉石油工程公司完成党组织关系属地化相关工作，江汉石油工程公司党委由湖北省委领导，党的日常工作由湖北省政府国资委党委管理。7 月 15 日，完成工会组织关系属地化相关工作，江汉石油工程公司工会委员会由湖北省总工会直接领导和管理。

（邓　毅）

【获评国家能源行业页岩气标准化创新贡献奖】 由江汉石油工程公司编写的国家能源行业标准《页岩气井产量预测技术规范 NB/T 14024—2017》获评国家能源行业页岩气标准化创新贡献一等奖，牵头完成的《页岩气工厂化作业推荐做法第 2 部分：钻井》获评国家能源行业页岩气标准化创新贡献二等奖。

（邓　毅）

【管理现代化创新成果丰硕】 2022 年，江汉石油工程公司坚持以管理创新赋能高质量发展，对标行业一流企业，积极探索石油工程企业特色管理模式，持续推进管理理念、管理机制、管理方法创新，总结提炼的管理成果数量创历史最好水平，获集团公司级管理现代化创新成果 3 项、石油工程公司级 6 项。其中《石油工程企业特色化发展模式的创新与实践》获集团公司第三十一届管理现代化创新成果一等奖、石油工程公司第九届管理创新成果一等奖。

（邓　毅）

表 1　　江汉石油工程公司主要技术经济指标　　亿元

指标名称＼年份	2022	2021	2020	2019	2018	2017
资产总额	47.66	38.94	41.01	41.90	43.27	52.99
流动资产	22.46	15.95	17.90	18.60	21.60	30.28
固定资产净额	19.39	18.27	18.64	18.60	19.10	20.47
负债总额	34.99	27.12	28.38	29.90	32.59	43.35
营业收入	56.26	57.89	57.97	55.62	43.86	34.46
利润总额	0.70	1.15	0.91	2.36	1.33	0.06
综合能耗 / 吨标煤・万元 $^{-1}$	0.220	0.225	0.234	0.236	0.242	0.244

表 2　　江汉石油工程公司主要生产建设指标

指标名称＼年份	2022	2021	2020	2019	2018	2017
钻　井						
开钻井 / 口	287	212	262	277	258	211
完成井 / 口	209	240	244	249	262	205
钻井进尺 / 万米	87.60	73.90	86.50	82.60	81.40	60.70
测录井						
测井 / 井次			1 079	1 049	910	827
录井 / 口			252	250	249	217
井下作业						
作业井 / 口	1 490	1 450	1 715	1 834	1 772	1 501
作业 / 井次	1 490	1 450	1 718	1 858	1 789	1 532
试油气 / 口	214	249	154	119	131	90
试油气层数 / 层	265	1 080	1 848	1 013	742	622

西南石油工程公司

【概况】 中石化西南石油工程有限公司（简称西南石油工程公司）是石油工程公司的全资子公司，成立于 2012 年 12 月 21 日，具有钻井、固井、井下作业、技术研发、井控、环保、热力供暖、管具加工与检测维修等较为完整的油气工程技术服务业务链，享有独立的对外经济贸易和承包工程经营权，是国内国外业务一体化的专业化公司。本部位于四川省成都市，机关设 10 个部门和 2 个直属机构，下属 7 家专业经营单位和 1 个外派机构。

截至 2022 年底，有各类用工 7690 人，其中合同制员工 3297 人、项目化用工 1481 人、规范劳务派遣业务外包用工 1739 人、海外用工 1173 人；设立机关党委 1 个、二级单位党委 7 个，有党总支 12 个、党支部 134 个、党员 1898 名。施工队伍 143 支，其中国内 125 支、国外 18 支；甲级队 52 支、乙级队 64 支，石油工程装备 9903 台（套），原值 58.66 亿元，净值 21.39 亿元；年钻井能力超 100 万米、压裂作业能力达 245 井次 2430 层次。累计获省部级科技成果奖 22 项、石油工程公司科技成果奖 48 项；25 项成果通过省部级鉴定，其中 16 项国际先进、2 项国际领先；有授权专利 236 件、软件著作权 14 项。主体队伍早在 20 世纪 50 年代就服务于国内油气勘探开发，曾为发现大庆油田、扶余油田做出过突出业绩，多年来为西南、胜利、西北油气增储上产作出重要贡献。发展形成酸性气、深层页岩气、致密气三大勘探开发工程一体化服务技术体系，承担川渝地区绝大多数高难度井施工，在页岩气、致密油气田、高含硫气田及超深油气田勘探开发上积累丰富的作业经验。

2022 年，西南石油工程公司深入学习贯彻落实党的二十大精神和习近平总书记视察胜利油田重要指示精神，聚焦“保障能源安全、服务勘探开发”职责，以“牢记嘱托、再立新功、再创佳绩，迎接学习贯彻二十大”主题行动为主线，全力做好市场攻坚、创新驱动、价值引领、管理提升、风险防控“五篇大文章”，强化党建引领保障，完成钻井进尺 71.9 万米，为年度计划的 104.2%，新签合同额 48.03 亿元，为年度计划的 105.93%，工作量、收入、利润均顺利完成上级下达的目标任务。

西南石油工程公司主要技术经济指标和主要生产建设指标分别见表 1 和表 2。

（丁勇兵　张　润）

【领导班子调整】 2022 年 7 月，李刚不再担任西南石油工程公司副总经理、党委委员，任西南石油工程公司三级协理员。12 月，林泽俊不再担任西南石油工程公司副总经理、党委委员，任西南石油工程公司三级协理员；杜征鸿、王良才任西南石油工程公司副总经理、党委委员。

（丁勇兵　张　润）

【国内油气勘探开发保障有力】 2022 年，西南石油工程公司坚决端牢能源饭碗，服务国内油气勘探开发取得丰硕成果。集团内讲政治、强保障。优化市场布局，统筹队伍资源，西南市场主体地位进一步巩固，市场份额达 66.3%，同比提高 6.77 个百分点；彭州海相二期 7 口井安全成井，平均无阻流量达 209 万米³/日，推动川西气田全面建成；高效压裂试气助力川南笋竹寺组新层系评价落实地质资源量 3878 亿立方米；难动用储量合作开发项目取得重要进展，投产 8 口井，平均单井日产量大于 20 万立方米，远超设计目标，实现少井高产、高效建产。勘探分公司市场钻井、试气工作量提升 30% 以上，承担的重点井仁探 1 井、福 1 井安全优质顺利完钻，取全取准各项地质资料；丁页 7 井高效压裂日产气 42.8 万立方米，助力其获集团公司规模储量商业发现特等奖。集团外强合作、树品牌。抓住中 – 中合作契机，坚持高层座谈、部门协调、项目推进，中国石油川渝市场持续拓展，钻井队伍增加 8 支，年进尺达 12.28 万米，增长 571%。推广应用成熟技术体系，开展阶段对标追标，川庆钻探市场黄 202、自 201 页岩气井区钻井周期较工区平均压减 11%，大庆川渝市场合深 401 井茅口组测试产量 237 万米³/日，为甲方加快 20 亿立方米产能建设提供强力支撑。

（丁勇兵　张　润）

施工彭州 6 平台共 4 口井，设计进尺 31171 米，采用“井工厂”模式全力打造四川彭州海相样板工程（罗卫东　摄）

【海外发展优势持续扩大】 2022 年，西南石油工程公司坚持“做大沙特、做强科威特、提效厄瓜多尔”的发展思路，生产经营各项指标创历史新高，利润贡献持续扩大。三大主力市场新（续）签钻修井和技术服务合同大幅增长。统筹利用资源，优化生产组织，强化节点管控，各项生产指标持续提升，钻修井机平均日费率99.89%，上升0.39%；平均搬迁时间缩短0.51小时/次；完成经营收入增长29.63%；实现利润增长72.7%。管理优化提质增效，狠抓项目管理，推进HSE体系有效运行，创施工作业新纪录16项，无LTI奖励13项，收到各类表扬信6封，优异表现得到业主肯定。重点项目高效实施，沙特阿拉伯市场新中标项目SP31、SP32如期开钻，展现“当年启动、当年开钻”的西南速度。

（丁勇兵　张　润）

【工程“四提”成效显著】 2022年，西南石油工程公司聚焦生产需要，攻坚瓶颈难题，推进技术进步，高效保障重点工程施工和油气增储上产。科学设立“四提”目标，精细制订工作方案，聚焦难点问题，紧盯关键环节，“四提”工作取得成效。完钻井深增加4.26%，机械钻速提高8.38%，钻井周期缩短7.17%，故障复杂率降低11%，压裂效率提升25.3%，彭州海相提产76%，难动用项目3口井即达到可行性研究18口井产量目标。示范井工程取得积极进展，川西上沙、下沙水平井钻井周期分别突破至10天、20天以内。把好井控安全关，落实公司重大风险管控，井控态势平稳；把好管理源头关，开展重点项目施工设计审查74井次，验收35井次，现场关键环节把关128井次。

（丁勇兵　张　润）

【四川盆地直井最深井诞生】 2022年5月6日，由西南石油工程公司钻井一分公司90111XN钻井队承钻的重点预探井——“深地工程”仁探1井，钻达井深8445米完钻，刷新当时四川盆地直井钻井最深纪录及直径609.6毫米井眼钻深最深（1601米）、直径165.1毫米井眼穿越层位最多（8层）、裸眼段最长（1493米）、取芯钻深最深（8269.5米）等多项纪录。

（丁勇兵　张　润）

“深地工程”仁探1井钻达井深8445米完钻，刷新当时四川盆地直井钻井最深纪录（刁天宇　摄）

【科技攻关能力明显提升】 2022年，西南石油工程公司把好科技引领关，开展项目攻关63项，年度科研经费增加10%，专利和科研成果创新高。超深层钻完井技术取得积极进展，形成超深井防塌钻井液技术体系，超高温条件下钻井液稳定性、抗污染性显著提升。超深层酸压工艺、超高压储层酸压试气技术取得突破，元坝702井、元坝13井酸压测试一次成功。自主研制耐高温小井眼测试封隔器、高温酸化缓蚀剂，性能业内领先，现场应用良好。获省部级技术发明二等奖1项和科技进步奖二等奖1项、三等奖3项。完善科研支撑配套，推动酸性气技术中心建设，完成钻完井、固井和特种作业3个分中心挂牌，建设公司IT基础设施和数据资源中心，组建各层级创新攻关团队20个；实验室通过CMA认证和CNAS认可，配套支撑能力显著增强。

（丁勇兵　张　润）

【改革管理不断深化】 2022年，西南石油工程公司高效完成钻井液专业化整合，积极稳妥完成新疆工区管理资源优化，改革过程安全平稳，资源配置更加高效。深化改革三年行动圆满收官，“两池”“两库”建设基本成型，海外项目化管理方案持续优化。“三项制度”改革成效明显，中基层领导人员末等调整、不胜任退出力度持续加大，机关“三定”顺利开展，机关人数占比降至6.8%，用工总量持续降低。公司治理不断深化，推进党建入章，健全公司党委、执行董事、经理层决策机制，建成高质量发展指标评价体系，管理体系和决策程序更加规范。开展“严肃财经纪律、依法合规经营”综合治理专项行动和 3 个专项提升，强化内控日常监督，经营风险有效管控。

（丁勇兵　张　润）

【财务管理效能提升】 2022 年，西南石油工程公司创建“1243”战略财务管控体系，重塑全面预算管控模式，完成钻井项目标准成本体系建设，构建弹性成本管控模型，扎实开展保效增效，百元收入营业成本降低 0.31 元。强化资金动态平衡和财税优化，“两金”占用减少 585 万元，自由现金流持续改善。

（丁勇兵　张　润）

【安全风险防控扎实有效】 2022 年，西南石油工程公司持续筑牢安全防线。树牢 HSE 理念，深入学习习近平生态文明思想和安全生产重要论述，红线意识持续增强，绿色发展理念树得更牢。开展体系审核，做实全覆盖式体系审核，迎接集团审核，对严重（典型）不符合项溯源并落实纠正措施，取得体系认证证书，各要素均按照策划正常实施，体系运行整体良好。突出井控管理，发布实施钻井溢流压井提升方案，开展井控关键岗位能力提升培训 785 人次，强化溢流监测智能预警，井控重大风险管控到位，妥善处置多井次复杂溢流压井。强化直接作业环节管控，落实安全生产二十条措施，直接作业环节许可管理 10844 次，高风险作业提级管理 482 次，重大风险隐患得到有效防范和治理。持续做好疫情防控，优化防疫方案，强化现场管控，做实物资保障，有效应对川渝疫情冲击。

（丁勇兵　张　润）

【环保管理底线筑实筑牢】 2022 年，西南石油工程公司扎实推进绿企创建，选树 5 支绿色基层标杆队，绿色基层队验收通过率 96.6%，高效完成绿企创建工作任务。编制的《陆上钻井及井下现场环保标准化建设工作指南》被集团公司采纳并推广。重复利用压裂返排液 29.6 万立方米，回收利用钻井液 9.1 万立方米。配置环保卫生间 84 套，生活废水处理装置 22 套，建立油基岩屑资源化利用站，开展地层水达标处理工艺研究，污染物合规处置率 100%。

（丁勇兵　张　润）

中国石化公众开放日西南石油工程站在新深 105 井启动，传播“绿色低碳，创新驱动，安全生产”发展理念
（陆秋野　摄）

【引领保障作用有效发挥】 2022 年，西南石油工程公司深化应用“党务实操体系”，推动“三基本”和“三基”联动融合，扎实开展“三转一提一促”、党建工作座谈、现场观摩交流、党建指导帮扶等工作，促进基层党建水平整体提升。党风廉政持续从严，坚持“三不腐”一体推进，聚焦重点发挥“大监督”效能，推进内审外查问题整改，大力整治“靠企吃企”问题，会风会纪、形式主义、官僚主义专项治理取得实效，政治生态和管理生态持续优化。队伍建设再上台阶，2 名中层领导进入到领导班子，调整干部 28 人次，新聘续聘各级专家 26 人，引进各类人才 59 名，2 人获聘集团公司技能大师，4 人获聘公司首席技师，人才引进培养机制不断完善。群团工作聚力暖心，“五小”建设、员工帮扶慰问、社保转移、宿舍基地改造等实事办理赢得赞誉，公司成立十周年“五个一”活动广聚人心，青年创新创效大赛反响热烈，员工收入稳步增长，员工获得感、幸福感持续增强。

（丁勇兵　张　润）

表 1 西南石油工程公司主要技术经济指标 亿元

指标名称 \ 年份	2022	2021	2020	2019	2018	2017
工业总产值	56.07	54.73	57.42	55.45	40.74	36.88
工业增加值	17.22	15.09	16.66	17.03	15.12	11.54
资产总计	64.01	63.53	59.42	55.41	51.15	57.84
流动资产	29.02	29.78	27.80	28.15	24.09	28.66
固定资产原值	61.50	58.74	60.19	58.10	56.96	56.87
固定资产净值	22.60	22.94	23.28	22.52	23.13	25.07
销售收入	56.07	54.73	57.06	55.45	40.75	36.88
实现利税	0.68	0.45	0.89	2.30	1.55	-2.39
税　金	0.49	0.29	0.37	0.38	0.44	0.49
综合能耗 / 吨标煤 · 万元$^{-1}$	0.220	0.220	0.234	0.238	0.241	0.243

表 2 西南石油工程公司主要生产建设指标

指标名称 \ 年份		2022	2021	2020	2019	2018	2017
钻井	开钻口数 / 口	151	159	229	271	273	221
	交井口数 / 口	166	137	255	262	235	221
	钻井进尺 / 万米	71.91	65.35	78.21	88.84	75.82	66.18
	海外大修井口数 / 口						
	开　工	145	145	129	158		
	完　工	145	145	129	158	59	225
测井	测井 / 井次	—	—	977	904	673	735
	射孔作业 / 井次	—	—	680	588	45	362
	测井 / 万米	—	—	3 539.42	2 558.45	1 845.62	1 963.77
录井	录井 / 口	—	—	246	286	198	192
	录井进尺 / 万米	—	—	86.69	104.01	69.40	59.53
井下	维护作业（小修）/ 井次	55	80	108	169	156	185
	措施作业						
	压裂 / 井次	119	122	154	126	150	89
	酸化 / 井次	46	53	44	31	20	19
	大修 / 井次	62	84	76	73	39	77
	侧钻 / 口	3	4	0	0	0	0

华北石油工程公司

【概况】 中石化华北石油工程有限公司（简称华北石油工程公司）是石油工程公司的全资子公司，业务范围包括石油天然气开采辅助活动、工程技术研究与应用、油气藏综合研究与服务、地质设计等，是集钻完井、井下特种作业及相关业务技术研发服务为一体的石油工程专业化公司。注册地位于河南省郑州市中原区。

截至2022年底，华北石油工程公司设中层机构17个，其中机关职能部门10个、机关直属部门1个、所属二级单位6个。机关职能部门：综合管理部（党委办公室）、党群工作部（党委宣传部、工会、团委、维稳办）、财务资产部、改革发展部（法律事务部）、党委组织部（人力资源部）、安全环保部、市场开发运行部（项目管理部）、技术发展部、装备管理部、纪检监督部（审计部）。直属单位：物资管理中心。所属二级单位：五普钻井分公司、河南钻井分公司、西部分公司（深井超深井技术中心）、国际公司（外事办公室）、井下作业分公司、技术服务公司（致密油气技术中心、公司党委党校〈培训中心〉）。二级单位职能部门42个，机关附属6个，项目部16个。

截至2022年底，华北石油工程公司有各类施工队伍109支。队伍主要分布在华北油气分公司和河南油田分公司、西北油气分公司等中国石化内部市场77支；国内外部市场6支，分布在陕西、河南、山西、内蒙古、新疆、重庆等6个省（自治区、直辖市）；国外施工队伍26支，分布在尼日利亚、沙特阿拉伯、科威特、哈萨克斯坦、伊拉克5个国家。具有集团公司甲级队伍资质30支，乙级队伍资质40支，达标队资质9支，国际队伍资质26支，临时资质4支。有集团公司金牌标杆队1支，金牌队9支，银牌队15支。

截至2022年底，华北石油工程公司设备在册总台数6268台，有主要专业设备1914台（套），原值41.54亿元、净值13.69亿元，新度系数0.33。主要专业设备利用率80.71%，完好率99.94%。其中2022年新增设备414台（套），设备原值2.89亿元，设备净值2.82亿元。2022年报废设备996台，设备原值2.48亿元。

截至2022年底，华北石油工程公司用工总量5580人，其中合同制员工3394人（在岗3090人、不在岗304人）、规范劳务派遣业务外包用工1768人、海外当地用工418人。

华北石油工程公司主要技术经济指标和主要生产建设指标见表1和表2。

（台献民）

【生产经营】 2022年，华北石油工程公司全年实现营业收入42.59亿元，净利润2009万元，均超额完成年度预算指标。公司疫情防控和安全生产工作得到集团公司党组充分肯定，超深井钻完井关键技术位居集团公司石油工程十大核心技术之首，超深井地质导向现场实钻实验获得中科院高度赞誉，钻井队伍动用率在石油工程系统排名第一，钻井进尺创历史新高，连续10年完成上级下达的生产经营考核目标任务。

（台献民）

【突出党建引领】 2022年，华北石油工程公司以党的旗帜为旗帜、以党的方向为方向、以党的意志为意志，自觉把党委中心工作体现在坚持和加强党的全面领导、实现国企资产保值增值、完成年度目标任务、朝着高质量发展迈进的全过程，不断开辟基层党建融入基层管理的新途径。①始终把党的政治建设摆在首位。一体贯通学习贯彻党的十九届六中全会精神和习近平总书记视察胜利油田重要指示精神，第一时间掀起学习宣传贯彻落实党的二十大精神热潮，推动大会精神进基层、进班组、到岗位。始终坚持“第一议题”抓学习、“第一遵循”抓贯彻、“第一政治要件”抓落实，推动“第一议题”制度向基层组织延伸，“破题式”学习法得到集团公司肯定。②基层党建融入中心成效显著。市场开拓到哪里，党的建设就跟进到哪里，党支部的战斗堡垒作用就发挥在哪里，新设立党（总）支部7个，406个班组党员综合覆盖率100%。机关党支部与基层党支部结对共建，以“三个转变”推动机关为基层办实事、解难题。建立基层党支部“三会一效”融入机制，党支部牵头开好开工动员会、施工过程分析会、完工总结会，全员参与保效益，基层党建工作有效贯穿生产经营全过程，单井单项目运用 429 次，22 支基层队实现效益同比增加。扎实开展“双树双争”主题实践，把基层党支部的战斗堡垒作用和党员先锋模范带头作用充分调动起来、组织起来，形成争一流、创佳绩的磅礴力量。③人才强企战略走实走深。坚持党管干部原则，把政治过硬、忠于事业、业绩突出的干部选拔到重要岗位上，调整中层管理人员 58 人次，加大竞争性选拔任用力度，公开招聘中层副职 2 人，公司 40 岁及以下中层干部占比 20.3%，二级单位班子实现老中青合理搭配，干部选拔任用工作总体评价“好”的比例实现“三连升”，干部队伍接替基本完成。动态调整公司机关、二级单位、工区项目三个层级专家职位设置，高层次人才作用发挥更“实”。创造性开展为期 100 天的“百日练兵强素质，争当百佳创效益”冬季“双百”岗位大练兵活动，参与人数 12526 人次，全面提升员工岗位技能，强化岗位责任制落实。④全面从严治党向纵深发展。深化“大监督”格局，坚持将监督融入日常，融入生产经营各领域、全过程，制定 23 项监督事项清单，发挥“监督的再监督”。坚持“三不腐”一体推进，扎实做好监督执纪“后半篇文章”，持续巩固中央八项规定精神成果，深化“靠企吃企”专项整治，开展酒驾醉驾专题警示教育“四个一”活动，持续擦亮廉洁华北工程名片。

（台献民）

2022 年 7 月 1 日，华北石油工程公司科威特项目组织党员重温入党誓词（孔旭东　摄）

【服务勘探开发保障】 2022 年，华北石油工程公司谨记“端牢能源饭碗”嘱托，始终把服务油气勘探开发作为政治责任，以精干的队伍、精良的装备、精湛的技术为油气田勘探开发提供全方位、高质量、一体化支撑保障，在践行保障国家能源安全的职责使命中体现价值担当。完成钻井进尺 127.02 万米，创历史最高指标。①充分组织发动，市场占有率和队伍动用率显著提升。公司钻井队伍动用率 91%，同比提高 9.52 个百分点。投入 50DB 现代型钻机，调配 2500 型为主的压裂装备 10 台（套）服务鄂北工区，升级改造 2 台 80D 钻机挺进新疆工区，切实推动各项资源向优质高效市场聚集，实现整体效率效益最大化。鄂北工区钻井工作量占比 62.13%，承担华北油气分公司 80% 以上的探井、1 字号重点井和高难度水平井的施工任务，河南钻井 2 支钻井队年累计进尺突破 4 万米。②打造精品工程，增储上产再立新功。聚焦“十四五”油气增储上产主战场和石油工程技术难点，以高标准、高质量、高效率实现标杆引领。鄂北工区承担的 J30-4-P2 井稳定日产气 25 万立方米、无阻流量超 100 万立方米，打破东胜气田高产井纪录，助力天然气上产保供政治责任；集团公司首批“示范井”J30-6-P2 井，刷新东胜气田锦 30 井区斜井段机械钻速最高、水平井钻井周期最短纪录，形成 8 项可推广的先进技术、4 项可固化的典型经验；国内首口深层煤层气风险探井阳煤 1HF 井，安全高效连续取芯 9 回次，对大牛地气田非常规领域煤层气资源发展意义重大；南阳工区承担的集团公司重点风险探井阳页油 1 井，刷新 8 项纪录；新疆工区承担的集团公司重点探井顺北 21X 井，创关井压力最高、生产压力最高、分支断裂产量最高 3 项纪录，日产油气当量 1242 吨，实现顺北油气田大型分支断裂带重大油气突破，成为“深地工程”第 20 口超深层千吨井，为油田效益开发作出积极贡献。③持续提升管理水平，资源创效力不断增强。构建区域化资源共享、集约化服务保障的发展格局，鄂北工区运用“六大保障机制”进行物资联合储备，做到安全供应、及时供应、经济供应，实现“两小时”物资保障圈。西南工区整合资源，撤并三个二级单位项目部，成立公司级项目部，推进“七统一”管理，明确项目部管理主体责任、专业经营单位服务保障责任、基层队安全生产与增收增效责任。新疆工区落实石油工程公司要求，研究制订新疆轮台基地升级改造方案，着力提高工区资源利用率。

（台献民）

2022年2月28日，华北石油工程公司河南钻井分公司30908HB钻井队在双K4533钻进期间，年累进尺首上万米，创河南油田成立50年来钻井进尺突破万米最快纪录

（付 影 摄）

【安全管理】 2022年，华北石油工程公司从讲政治的高度深刻认识做好安全生产工作的极端重要性，以时时放心不下的状态抓好各项工作，安全生产保持平稳态势。①推动体系要求融入基层工作。领导干部发挥“头雁”效应，各级专业分委会和专业部门全面落实“三管三必须”，523名领导干部安全抵押622.6万元。坚持一切工作有标准、一切操作有规范，修订完善体系手册，开展体系审核，强化工作纠偏，打通体系运行“最后一公里”。②狠抓风险隐患排查整治。以风险分级管控和隐患排查治理双重预防机制为重点，建立安全风险分级管控机制，落实直接作业环节直接监管，从严日高风险作业管控，每天8点半前发布当日高风险作业清单及管控措施，责任领导安全提示指导，安全督查大队跟踪验证，施工现场做好安全措施落实及过程监管，形成立体交叉的安全风险管控网络，确保8367次直接作业环节、高风险作业可控在控。用好安全生产费用，24项公司级隐患治理项目全部整改销号。③坚决打赢疫情防控阻击战。面对4次且一次比一次更严重的疫情冲击，公司领导驻守办公室，第一时间建立扁平化指挥体系，确保指挥中枢高效运行，利用视频系统协调指挥疫情防控和安全生产工作，机关部门负责人及二级单位负责人值班值守，各项目部、基层队领导干部冲锋在前，24小时现场值班带班，全力保障党的二十大期间安全平稳。积极承担中国石化包机航班起降郑州任务，实现19班次回国3900余人次，大力缓解境外中方员工的倒班压力。④安全监管强力有效。持续完善督查大队建设，构建四位一体督查管理体系，发现整改隐患违章2811项，现场制止、叫停作业256次，对162人安全记分110.8分。严格50项典型问题和重复问题整治，38项问题实现销项，重复性问题得到有效控制。⑤多措并举确保井控安全。树立“大井控”理念，提升井控装备设施可靠性，明确技术专家和井控专家“一体两面”，严格执行钻井“三大纪律”，发现溢流和疑似溢流都立即关井，明确当班司钻是关井第一责任人，提升“班自为战”的应急处置能力。开展井控应急演练2386井次，成功处置5次溢流、高套压事件，顺北21X井安全高效处置钻遇高压气层和配合超高压测试，获“华北真铁军”赞誉。

（台献民）

【市场开拓】 2022年，华北石油工程公司坚持把市场作为生命工程，在拓市增效上再创佳绩。坚持市场决定生存理念，用技术占领市场，用服务赢得市场，公司市场结构持续优化，抗风险能力显著提升。新签合同额43.84亿元，完成上级下达年度指标的112.41%。①集团公司内部市场突出“讲大局、强保障”。牢固树立“大上游”“一盘棋”思想，华北油气分公司市场代表石油工程公司履行“市场主体单位”职责，推动战略合作框架协议落实落地，实现“扭亏为盈”，钻机动用率由64.28%提高到93.53%。河南油田分公司市场凭借优异施工业绩持续稳固“一对一”服务根基，建立定额和工程质量月度交流机制，开展常态化面对面沟通交流，新签和完成合同额同比提升27%和12.7%，南阳工区试油气市场占比100%，压裂市场占比100%，积极推进春17井区难动用储量合作开发，实现合作共赢。西北油田分公司市场全力参与“深地工程”建设，争专业冠军、创一流业绩，获流动红旗17面，占比27%，创历史最好成绩，顺北工区施工的5口井，钻探深度均超8000米，华北石油工程公司特深井钻探业务品牌持续巩固。②国内外部市场突出“谋拓展、强品牌”。提升外部市场贡献率，围绕西南页岩气项目盈利目标，以打造“五个典范”为发力点，提升运行管理水平，狠抓合同外工作量确认，加大资金清收力度，坚决站稳市场、赢得市场。持续发挥压裂技术优势，稳固临兴市场份额，推进技术一体化服务“样板工程”，市场占比 25.5%，提高 12%。加强与海洋石油工程公司技术合作，完成勘七平台 7 口固井技术服务，签订未来 3 年技术服务合同，开创海洋固井服务新局面。③海外市场突出“精管理、提效益”。克服市场竞争加剧、疫情肆虐蔓延、人员倒休不畅等多重困难，逆势中奋发作为，全力解决 8 部钻机合同续签难题，新签合同额完成年度指标的 155.8%。沙特市场抢抓机遇增体量，启动两部非常规钻机，科威特市场以业绩赢得认可，三部钻修机成功中标 KOC 公司 5+1 年合同，伊拉克和尼日利亚市场主动作为，新签合同额 5685 万美元。SP306 钻井队承钻的沙特阿美公司重点超深井 MNIF-198 井，钻达井深 8086.65 米，打破 5 项马尼法油田纪录，创五普钻井分公司成立 64 年来钻井最深纪录。

（台献民）

2022 年 12 月 26 日，华北石油工程公司井下作业分公司 HB-YL102204 压裂队冒着风雪，对集团公司重点风险探井——河南油田阳页油 1HF 井实施大型压裂（曲洪滨　摄）

【科技创新】 2022 年，华北石油工程公司锚定打造技术先导型公司目标，锻造核心竞争力，刷新施工纪录 82 项。以公司施工的顺北 56X 井为代表的超深井钻完井关键技术，位居集团公司 10 年来石油工程领域培育形成的十大核心技术榜首，引领中国石油工程核心技术实现跨越式发展。①强化“四提”攻关，勘探开发优质高效。坚持科研生产一体化实施、工程技术与生产组织一体化管理，缩短学习曲线，抓实异常预警，实施专家包井，建立完善 4 个施工区域提速模板，促进区域整体提速。平均钻井周期缩短 9.73%，压裂效率提升 10.77%。顺北 4-13H、顺北 4-12H 先后刷新 4 号断裂带最短钻井周期纪录，首次实现 4 号断裂带二开“一趟钻”。HB-1402 固井队承揽的且深 1 井，创 4 项施工纪录，得到西北油田分公司通报表扬。②强化支撑保障，管理水平持续提升。建立基层队技术管理、项目部技术支撑、专家团队技术保障的贯通式管理模式，组织专家对重点井钻井施工设计、井控技术措施审核 13 井次，做到源头把关。发挥技术专家“关键少数”在“关键作业环节”起到“关键作用”，专家驻井 624 人次，有效破解现场施工难题。③强化过程控制，加大井下复杂故障治理力度。坚持预案在先，优化设计源头，严格井下工具质量管理，开展专家包区、工程师包井，落实重大问题专家会诊，召开鄂北工区、塔河侧钻井、四川页岩气复杂故障井专题分析会，提升复杂故障的预防与快速处置能力，复杂故障率 0.28%，下降 25%。④完善科技创新体系，科技创效能力大幅提高。夯实以两个技术中心为主体的技术攻关创新平台，以各专业公司为主体的集成应用创新平台，在研科技项目课题 91 项，申请专利 30 件，高标准完成高新技术企业复审，“致密油气水平井增产及配套技术”获河南省科学技术进步奖三等奖。加快成果转化步伐，11 项技术成果转化应用 289 口井，科技创效 2371.48 万元，外拓市场创收 3810 万元。

（台献民）

【提升管理水平】 2022 年，华北石油工程公司聚焦改革创新强管理，落实集团公司合规管理强化年工作部署，切实把中国特色现代企业制度优势更好转化为治理效能。①依法合规经营基础持续夯实。全面加强依法合规经营的制度建设、能力建设，形成以风险控制为导向、制度建设为基础、内控管理为平台、合规体系为抓手、法律服务为保障的“五位一体”工作格局。②项目化管理体系建设成效显著。推进优势核心资源向优质市场项目聚焦，探索形成“13221”项目管理模式，即 1 套项目管理体系、3 种项目管理模式、2 池 2 库 1 平台项目运行保障机制。鄂北、西南工区“公司直管项目”，新疆工区“项目部 + 专业经营单位”齐抓共管，南阳工区“专业经营单位主管项目”，华北工程式项目管理模式崭露头角。③完成深化改革三年行动目标任务。完善治理机制，增强内生动力，实现改革任务目标完成率 100%、改革具体措施完成率 100%。落实公司治理中加强党的领导要求，在井下作业分公司推行分公司代表、党委书记“一肩挑”领导体制。在加强党的领导党的建设、完善现代企业制度、健全市场化经营机制、实施创新驱动发展战略等方面，固化形成 39 项管理制度、14 项运行机制。④成本管控能力显著增强。树牢“一切成本皆可控”理念，深化全员目标成本管理，细化增收提效工程具体措施，挖潜增效 1.2 亿元。9 类通用业务 95 个项目纳入公司集中统一招标，合同结算价格下降 3%，实现降本 1194.26 万元。

（台献民）

【群团工作】 2022 年，华北石油工程公司不断满足员工对美好生活的向往。加强党对群团宣传思想政治工作的全面领导，发挥工会组织的桥梁纽带作用，健全“我为群众办实事”长效机制，为 6300 余名员工建立国内知名医院绿色就医通道，高效节俭完成公司机关乔迁新址，办公环境焕然一新，员工精神面貌更加积极向上，坚持发展成果共享，员工收入持续提升，获得感、幸福感、安全感显著增强。凝聚青年力量，展现青春活力，深入推进青年精神素养提升工程。牢牢掌握意识形态工作的领导权和主动权，邀请统战代表人士列席公司重要会议，积极履行社会责任，为库车市搭建方舱医院提供场地后勤支持，全力参与伊宁县金矿坍塌事故救援工作，北京冬奥会、全国“两会”和党的二十大期间实现“五个不发生”和“零进京上访”。

（台献民）

表 1　华北石油工程公司主要技术经济指标　亿元

指标名称 \ 年份	2022	2021	2020	2019	2018	2017
工业总产值	42.98	39.74	47.51	49.13	40.27	37.68
工业增加值	16.38	15.76	17.74	17.09	15.25	11.93
资产总计	46.9	45.04	44.07	42.67	40.22	42.89
流动资产	22.18	23.44	19.86	19.64	18.87	21.12
固定资产原值	45.92	44.42	53.68	51.58	49.96	49.42
固定资产净值	16.41	14.94	18.19	18.32	18.48	19.00
营业收入	42.59	39.46	46.02	48.00	39.33	37.62
实现税费	0.74	0.78	0.44	0.75	0.96	1.26
税　金	0.11	0.08	0.14	0.47	0.86	1.23
综合能耗 / 吨标煤 · 万元 $^{-1}$	0.322	0.35	0.306	0.309	0.321	0.336

表 2　　华北石油工程公司主要生产建设指标①

指标名称 \ 年份	2022	2021	2020	2019	2018	2017
钻井 / 口						
开　钻	444	398	368	454	417	457
完　钻	447	403	376	442	418	449
钻井进尺 / 万米	127.02	105.60	106.36	123.19	106.54	109.70
测井、射孔 / 井次			3 090	3 086	1 563	1 562
测井 / 万标准米			4 824.80	4 791.53	3 446.00	2 938.00
录井 / 口			498	523	437	512
录井进尺 / 万米			150.71	163.12	134.21	134.04
井下作业 / 井次	1 289	1 225	964	1 262	883	726
试油、试气 / 口	52	47	123	240	203	203
压裂 / 口	416	416	351	425	275	156
压裂 / 层（段）	527	529	640	1 779	1 117	480

① 2021 年测、录、定业务剥离

华东石油工程公司

【概况】 中石化华东石油工程有限公司（简称华东石油工程公司）是石油工程公司的全资子公司。有综合管理部、党群工作部、财务计划部等 9 个职能部门，设江苏钻井公司、六普钻井分公司、工程技术分公司、华美孚泰公司、科技发展分公司 5 个专业经营单位，生产服务中心和物资装备中心 2 个项目化经营单元。机关设在南京。

截至 2022 年底，华东石油工程公司用工总量 4053 人，其中合同制员工 2777 人（含内退等不在岗人员 346 人），业务外包工 1115 人，海外其他用工 161 人。有资质队伍 88 支，其中钻井队 58 支（国内 56 支、国外 2 支）、井下作业队 15 支（国内 9 支、国外 6 支）。另有钻井液、固井、钻前等配套专业队伍 15 支。资产 45.06 亿元，设备资产原值 38.01 亿元、净值 15.38 亿元，新度系数 0.4046。国内业务主要分布在江苏、安徽、四川、重庆、吉林、海南、广西、山西、贵州等省（自治区、直辖市）；国外主要在阿尔及利亚、厄瓜多尔、泰国、玻利维亚、加蓬、科威特等国家。

2022 年，华东石油工程公司坚持以习近平新时代中国特色社会主义思想为指导，深入学习贯彻党的二十大精神、习近平总书记视察胜利油田重要指示精神，认真贯彻落实集团公司、石油工程公司工作部署，聚焦“安全生产、队伍稳定、本质盈利”三件大事，以开展“牢记嘱托、再立新功、再创佳绩，迎接学习贯彻二十大”主题行动为重要抓手，按照“1234”工作思路，扎实推动年度重点工作、主题行动重点任务，经受住政治大年的考验，完成年度目标任务，实现安全环保和大局稳定。全年完成钻井进尺 127.23 万米，收入 40.49 亿元，新签合同额 47.91 亿元，均为华北石油工程公司重组以来最高水平，实现从 2020 年到 2022 年的“三级跳”，产能达到新高度，生产经营势头稳步提升，政治生态持续向好，交出一份令人鼓舞、令人振奋的满意答卷。

华东石油工程公司主要经济指标和主要生产建设指标分别见表 1 和表 2。

（陈　超）

【服务保障贡献突出】 2022年，华东石油工程公司坚决担当保障国家能源安全责任，持续强化“四种能力”，推动“四提”提升，全力以赴保障勘探开发。①服务保障作出突出贡献。以高度政治站位认真落实“一家人、一条心、一盘棋、一起干”，为苏北盆地页岩油新区新层系突破获集团公司特等奖、丁山页岩气取得重大商业发现、东北松辽盆地火成岩油气勘探开发贡献华东石油工程公司力量。强化落实“示范井工程”保障方案，完成的5口“示范井”共打破2项集团公司纪录及多项区块纪录，切实发挥示范作用。②“四提”工作实现多项新高。全年平均机械钻速11.61米/时，提高9.12%；平均钻井周期27.88天，缩短13.73%；综合压裂速度2.83段/日，提高17.43%，钻机动用率89.7%，提高2.7个百分点。平均机械钻速、钻机动用率均为公司重组以来最优水平。③科研攻关取得丰硕成果。加大科技创新和成果转化力度，全年在研项目47个，申请专利58件，获授权专利54件，其中发明授权15件，发明专利申请及授权创历史新高。完成科技成果转化28项，合计成果转化产值7120万元。④奋勇争先打破近百项纪录。各工区争优夺先、勇争排头，全年共打破各类施工纪录93项，其中集团公司及以上9项。花页1-1HF井创完钻井最深、水平段最长等4项区块纪录；阳页54-3HF井创页岩气井钻井周期最短、平均机械钻速最高等2项全国纪录；丁页2-1HF井创平均机械钻速最高、钻井周期最短等9项区块纪录；北201-37HF井创钻井周期最短、平均机械钻速最高等5项区块纪录；焦页12平台创国内页岩气开发单平台压裂井数、段数最多等5项纪录；真页1-1HF井创集团公司生产套管固井水泥浆密度最低纪录。

（陈　超）

【市场质量持续提升】 2022年，华东石油工程公司加快调整优化市场布局，提升生产运行效率，全力推进增收创效。①集团内狠抓运行效率。与各油气田分公司深化一体化运行，强化生产组织，集团内市场钻机动用率90.2%，东北油气分公司市场占有率提升至75%以上，南川市场占有率突破80%。制定搬迁安周期考核办法、市场运行考核办法，搬迁安时间缩短4.51%。②集团外突出优选优化。坚持效益为先，全力推进集团外市场调整优化，有序退出中国石油浙江油田分公司市场，成功中标贵州页岩气、国家管网金坛储气库注采完井等项目，续签中联煤层气、中国石油四川页岩气等项目合同，市场布局持续优化。③海外加大开拓调整。海外市场有效推动市场优化、管理降本，超额完成经营指标，实现收入3.84亿元，增长39.64%。成功中标科威特9000米钻机合同，为中国石化在海外市场首部9000米钻机；厄瓜多尔市场队伍全部动工，阿尔及利亚市场积极推进复工复产，泰国市场中标抽油泵贸易服务、洗井机项目，加蓬市场加速关停退出，海外市场布局得到进一步优化。④特色业务努力增收增效。发挥压裂、连油、试油试气等一体化特种井下业务优势，全年压裂段数创新高，实现收入6.2亿元。大力发展信息、新材料、油气增产、环保等新业务，积极承建石油工程公司信息技术支持中心，外销新材料新型值班房46栋，中标长庆油田原位土壤修复项目，新业务增收增效取得积极进展。

（陈　超）

【深化改革落实落地】 2022年，华东石油工程公司全面推进以“项目化”管理为核心的深化改革，各项措施落实落地、取得成效。①深化改革三年行动任务全面完成。认真落实集团公司《深化改革三年行动考核评估实施细则》，压实工作清单297个节点措施和6项重点机制类改革任务责任，措施进度完成率100%。②深化改革总体方案落实落地。系统推进公司深化改革措施落实，全面推进压裂、物装、管具、生产辅助等业务优化整合、结构调整，深化改革红利逐步显现。聚焦项目化管理，制订项目化管理体系建设实施方案，完善“人才池”“装备库”“物料库”建设，项目运营和创效水平不断提升。③人力资源优化取得成效。坚持“创效保证用工，用工必须创效”要求，制定公司用工总量、机构及人员控制指标，全面完成石油工程公司下达的用工和机构优化目标，全员劳动生产率34.84万元/人，增长11.5%，位列石油工程公司前列。④绩效考核实行严考硬兑。完善“四统一”单井考核体系和项目分类定级考核机制，开展单井考核督导，促进严考核、硬兑现。全年单井兑现316口，奖励280口，业绩最好的北218-6井奖励115万元，同一工区内钻井队人均兑现最多相差6.51万元，较好发挥绩效考核“指挥棒”作用。

（陈　超）

【管理提效成果显著】 2022年，华东石油工程公司坚持强化管理，深挖潜力，推进降本增效、管理保效。①推进挖潜增效。细化编制2022年全员成本目标管理工作方案及保效措施方案，全年实现挖潜保效1.02亿元。制定“五外”公示管理规定、激励办法和相关专业管控办法，坚持“自己能干的活自己干”，“五外”费用同收入比压降4123万元。②强化“两金”清收。修订“两金”占用及自由现金流考核办法，制定重点疑难“两金”清收考核方案，加大激励力度，全年自由现金流1436万元，完成石油工程公司下达的年度目标。③优化资源管理。加强资产调剂盘活，不断改善公司资产结构，处置钻机5台、净值1263万元；通过资产调剂平台共进行资产调剂36项、净值6.86亿元。强化“装备库”“物料库”运行，基层队平均库存下降至10.23万元，全年停待费用减少4337万元。④推动管理创新和管理提升。全年管理创新立项12项，分别获集团公司管理创新成果三等奖2项，石油工程公司管理创新成果二等奖1项、三等奖4项。在石油工程公司对标评比中，红旗增加6面，黄旗减少14面，获奖励138.5万元，在石油工程公司排名前列。深入开展金银牌队创建工作，公司基层队再获集团公司金牌标杆队称号。⑤深化依法合规。以“合规管理强化年”为抓手，建立15项制度，开展“依法合规承诺”等活动，境外法律风险排查17次，应对涉及劳动争议等法律纠纷4起，组织应收账款诉讼2起，首次获得南京市商务局发展专项资金50万元，依法治企水平有效提升。经集团公司“合规管理强化年”评价验收，华东石油工程公司合规管理工作在石油工程公司各专业公司中排名第二。

2022年7月3日，华东石油工程公司工程技术分公司完成花页1-1HF井套管固井施工。该井是江苏油田在花页1平台部署的第一口评价井，也是集团公司首批示范井工程中第一口实施的页岩油水平井。图为花页1-1HF井固井施工现场

（文　佳　摄）

（陈　超）

【牢牢守住安全底线】 2022年，华东石油工程公司强化体系思维，压实主体责任，从严管控风险，安全生产形势保持平稳。①提高站位抓安全。认真学习贯彻落实集团公司关于安全生产系列部署，5次召开党委会专题研究贯彻措施和安全工作，制定落实安全生产18条措施，党支部广泛开展“三查三强”促安全主题党日活动，全面压实安全主体责任。②完善HSE体系建设。发布2022版HSE管理体系手册，高质量完成体系内审、集团公司HSE体系审核、第三方线上体系审核等工作；积极推动作业程序文件的修订，狠抓体系管理落实，HSE体系运行质量得到提升。③从严强化HSE管理。推进HSE风险分级管控机制，全年动态辨识公司级管控重大风险10项，综合性检查、视频观察发现隐患735项，均完成销项；开展危废固废、吊装、危险化学品等专项整治工作，推进承包商安全管理专项整治，清退资质不符承包商21家；强化干部HSE履职，对91名新任中层、基层干部开展履职能力评估；开展专项隐患治理，提升本质安全水平；抓好疫情防控工作，实时修订《新冠疫情防控实施指南》，保护员工生命健康安全。④加强“三基”与“三基本”融合落实。把强化“三基”工作、推进“三基本”建设作为保障安全生产的重中之重，细化“三基”4类10条工作责任清单，编制《基层党支部“三基”工作清单》，基础管理水平持续提升。加强基本功训练，组织各类管理提升培训36期、参培1210人次。精心组织公司第三届业务竞赛，员工

素质能力和安全技能得到提升。

（陈　超）

【全面从严治党纵深推进】 2022年，华东石油工程公司把迎接和学习宣传贯彻党的二十大精神作为重大政治任务，落实全面从严治党责任，推动党建融入中心，提升党建工作质量。①深入学习宣传贯彻党的二十大精神。第一时间制订学习方案，通过收看直播、党委中心组专题学习、党委会“第一议题”学习、举办专题讲座等各种形式，全面深入学习宣传贯彻党的二十大精神。强化政治引领，深入学习研讨，公司党委全年开展党委会“第一议题”学习研讨24次，中心组学习18次，专题研讨9次。②持续发挥“把管保”作用。制定关于落实集团公司《关于打造践行习近平新时代中国特色社会主义思想重要阵地的指导意见》的实施方案，强化贯彻落实成效；提升“端牢能源饭碗”政治自觉，全力落实公司关于持续深入学习贯彻习近平总书记视察胜利油田时的重要指示精神工作分工的意见。认真配合集团公司党组巡视“回头看”、石油工程公司党委巡察工作，高质量推进整改，加强成果运用，推动公司发展。③扎实推进主题行动。按照集团公司统一部署，制定方案、加强组织，全面开展“牢记嘱托、再立新功、再创佳绩，迎接学习贯彻二十大”主题行动，并将开展主题行动作为贯穿全年工作的重要抓手，主题行动在统筹推进、狠抓落实、典型选树中取得良好成效。④持续加强组织建设。按照“四同步四对接”，制订公司深化改革党组织设置方案，完成新组建单位党工团等组织建立，完成3家单位党委换届工作。制定落实基层党组织建设重点工作提示单、重大事项决策清单，强化履职成效，141名在职党支部书记全部参加并通过集团公司党支部书记考试。⑤强化监督工作成效。以党内监督为主导，推动各类监督贯通协调，持续加强对“一把手”和领导班子监督，推进政治监督常态化，压实监督委员会责任，扎实开展闲置装备和积压物资管理专项治理、分包管理专项审计等工作，一项审计项目获集团公司2021—2022年度优秀审计项目三等奖。持续加强正风肃纪反腐，强化标本兼治，编撰典型案例警示录，持续打造每周一“纪”纪律教育专栏，组织开展“整治靠企吃企、促进廉洁从业”反腐倡廉教育月活动，“三不腐”机制持续完善，清正廉洁干事氛围愈发浓厚。⑥推动人才队伍建设。制订人才强企工程工作方案，全面推进人才强企；获中国石化突出贡献专家、中国石化技术能手称号各1人，获石化油服铁军名匠称号3人；加大干部选用培养，中层领导人员年龄结构达到“132”目标；完成公司专家职位选聘、机关专业技术职位选聘工作，三支人才队伍成长通道建设进一步加强和畅通。

（陈　超）

【关爱员工落到实处】 2022年，华东石油工程公司树牢宗旨意识，深化“我为群众办实事”长效机制，推动依靠员工办企业，办好企业为员工。①加大形势任务教育。聚焦本质盈利中心任务广泛开展形势任务宣讲，组织召开“牢记嘱托 坚定信心 聚力奋进”形势任务专题宣讲会，加大全国五一劳动奖章获得者等先进典型宣传，开设“领导谈、部门讲、典型说、在一线”栏目，强化主题行动思想保证，营造共谋改革发展的良好氛围。②激发员工创业热情。开展“四强四创、四比四争”活动，举办“安全守法”主题演讲比赛、英语风采大赛、党课团课比赛等各类活动，结合“三个在哪里”组织开展“四答四论四立”大讨论，激发干部员工干事创业热情。③维护保障员工权益。组织开展一线走访慰问活动，做好困难职工帮扶工作，共帮扶12人次、发放救助金27.27万元。积极研究政策、争取政策，最大限度保证员工权益，2022年社会保险月人均缴费基数增长13%，绩效总额增幅创近年最好水平。增加在岗职工体检项目、提高体检标准，开通绿色就医通道，关爱职工健康。积极筹措资金，为野外施工队伍配备新型值班房等，着力改善员工生产生活条件。推进基层EAP工作室建设，组织开展团辅活动，加强统战工作，维护队伍稳定，营造团结一心、争先创优、和谐稳定的良好局面。2022年获江苏省工人先锋号1个、五一劳动奖章1个，江苏省五四红旗团委1个、优秀共青团员1个。

（陈　超）

表 1　　华东石油工程公司主要经济指标　　亿元

指标名称＼年份	2022	2021	2020	2019	2018
企业增加值	11.86	11.66	10.34	11.66	7.11
资产总额	45.40	43.18	42.91	37.19	35.05
营业收入	40.49	36.19	35.24	33.84	23.34
海外市场收入	3.84	2.79	3.62	6.55	7.13
利税总额	0.50	0.50	−0.91	0.87	−1.71
利润总额	0.02	0.10	−1.41	0.33	−2.13

表 2　　华东石油工程公司主要生产建设指标　　万米

指标名称＼年份	2022	2021	2020	2019	2018
钻井进尺	127.29	111.06	98.91	99.34	71.48

海洋石油工程公司

【概况】 中石化海洋石油工程有限公司（简称海洋石油工程公司）成立于 2014 年 11 月，位于上海市浦东新区，是集团公司从事海洋石油工程服务的专业队伍，其业务范围涉及海洋钻井、海洋物探、船舶运输、特殊作业、海洋石油工程技术研究等。

海洋石油工程公司的前身为地质矿产部上海海洋地质调查局，组建于 1973 年 4 月，1997 年 1 月整体归入中国新星石油公司，2000 年 3 月随中国新星石油公司整体并入集团公司，2002 年 7 月直属集团公司管理。2014 年，上海海洋石油局有关海洋石油工程业务整合成立海洋石油工程公司，随石油工程公司上市，直属石油工程公司管理。

截至 2022 年底，海洋石油工程公司设 11 个综合管理部门、5 个二级单位；有从业人员 1101 人，在岗合同制员工 719 人，其中经营管理人员 138 人、专业技术人员 435 人，具有高级专业技术职称的 100 人。

截至 2022 年底，海洋石油工程公司大型装备主要有钻井平台 6 座，其中自升式平台 4 座、半潜式平台 2 座；地震物探船 1 艘，海洋工程地质调查船 1 艘；多用途工作船 3 艘、平台供应船 3 艘，特殊作业服务技术系列基本完备。

2022 年，海洋石油工程公司实现营业收入 17.11 亿元，利润总额 1001 万元。

海洋石油工程公司主要技术经济指标和主要生产建设指标见表 1 和表 2。

（林雪梅　闫子彤）

【勘探四号等平台连创多项纪录】 2022 年 1 月 10 日，海洋石油工程公司勘探四号平台完成某井前三开钻井作业，创出 3 项施工新纪录，获甲方高度认可。3 项纪录分别是突破平台此型号泥浆泵在该海域泵压作业纪录、刷新平台自身二开裸眼长度纪录、创造该海域半潜式平台套管下深纪录；4 月 10 日，该平台在某井作业中，9⅝英寸套管下入深度 4253 米，创造东海半潜式平台下套管作业最深纪录；在随后一口井作业中，同型号套管下入 4420 米，再次刷新该区块下套管作业最深纪录。5 月 20 日，由勘探六号平台承钻的渤海生产井渤中 19-6-A10 井作业完钻，完钻井深 5813 米，再次打破渤海油田最深钻井纪录。8 月 29 日，勘探七号平台承钻的东海某气田首口开发井完钻，完钻井深 5525 米，钻井周期 25.10 天，较基本设计节省工期 18.4 天，提效 42.3%，创中国海油 5500—6000 米井深钻井周期最短纪录；10 月 20 日，该平台完成东海某气田第二口井钻完井作业，该次钻完井设计工期 106.75 天，实际仅用 61.05 天，提前 45.7 天，提效 42.81%；11 月 9 日，该平台承钻的东海某气田第三口井完井生产管柱正加压点火射孔一次成功，该井实际完井工期仅为 3.88 天，较完井基本设计工期提速 65.5%，创东海完井周期最短纪录，同时刷新集团公司 4500—5000 米自喷生产井完井周期最短纪录；12 月 6 日，该平台承钻的东海开发井某井表层 17.5 英寸井眼钻至设计深度 2431 米，平均机械钻速高达 133.42 米 / 时，刷新该区块表层海水机械钻速新纪录，2429 米套管下入到位仅用时 9 小时，再次刷新该平台套管下入最快纪录。

（林雪梅　闫子彤）

勘探六号创渤海工区最深井纪录（王大垒　摄）

【工程院首次中标合作区完井设计服务项目】 2022 年 1 月 13 日，海洋石油工程公司工程院首次中标东海西湖合作区完井设计服务项目，签订为期 1 年的合同。该次技术服务主要针对该区调整井、开发井基本设计与施工设计，包括完井机具能力评估等 20 项内容，将进一步促进工程院完井采油专业的发展，提升东海合作区域参与度，同时为自营油田建设奠定基础。

（林雪梅　闫子彤）

【多项专利获授权】 2022 年，海洋石油工程公司持续加强技术研发创新工作，发挥海洋物探工作室优势，注重产研结合和成果转化，年内有 12 件专利获授权。其中，“一种防水密插头以及高压气管折断的固定装置及震源气枪”能够有效避免海洋中水草等漂浮物缠绕水密插头以及高压气管，防止水密插头及高压气管被折弯、折断，从而避免设备损害、延长设备的使用寿命、提高海洋勘探施工效率，获国家实用新型专利；“气动绞盘、气枪阵列收放控制系统以及气枪阵列”提供一种气动绞盘、气枪阵列收放控制系统以及气枪阵列，该发明设计的气动绞盘用于在物探采集作业中线上或线下控制炮缆控制绳的收卷以调节气枪阵列炮缆与分水板的矢量角，进而调整气枪阵列的间距，同时在阵列收放过程中，避免气枪阵列交叉，提高收放效率，获国家发明专利。

（林雪梅　闫子彤）

【井筒技术服务创多项纪录】 2022 年 2 月 20 日，特殊作业分公司油化固井作业队完成东海区块开发井固井，该井封固段近 3000 米，创海洋石油工程公司中深海单井裸眼井段封固长度纪录；8 月 19 日，该公司完成大位移井 9⅝英寸套管固井，封固段长 2977 米，突破海洋石油工程公司单开次固井封固纪录，该井固井工程服务经济收益刷新单井产值纪录。

（林雪梅　闫子彤）

【“101”平台完成首次海上风电勘察工程作业】 2022 年 5 月 30 日，物探分公司运维的“101”自升式海上勘探试验平台完成山东半岛海域海上风电勘察工程作业。这是该平台投产以来完成的首个工程地质勘察项目，也是物探分公司进军海上新能源风电市场的一次突破。此次平台累计完成作业孔位 20 个，为海上风电场址施工及风机安装提供技术数据。

（林雪梅　闫子彤）

【钻井分公司中标韩国SK公司南海探井项目】 2022年6月22日，钻井分公司收到韩国SK公司正式授标通知，成功中标南海探井项目，实现钻井分公司市场开拓的重大突破，为后续国际市场开拓打下坚实基础。按照作业安排，由勘探四号平台为此项目提供钻完井服务，项目实施过程中，派驻业务骨干参与项目运作，克服5次撤台、应急资源不足等困难，实现安全作业零事故的既定目标，最终历时141天，完成2口井。

（林雪梅　闫子彤）

【发现6号完成首个海外合作项目】 2022年，物探分公司发现6号多缆物探船与英国凤凰物探公司合作，采取“光租＋中方关键技术人员派出”的模式参与海外物探作业项目。年内先后派出各专业技术骨干近20人次参与完成首个海外合作项目——埃及红海三维物探项目。该项目位于红海北部海域靠近埃及，分南北两个作业区块，施工面积1.16万平方千米，完成三维测线115条、总放炮数量超过150万炮，其中南部区块采用12缆不等长缆拖带施工，总拖带电缆长度10.35万米，创发现6号历次拖带电缆最长纪录。

（林雪梅　闫子彤）

【发现2号光荣退役】 2022年10月13日，发现2号物探船正式退役。该轮建造于1993年，2004年入列物探分公司，曾参与东海油气勘探和国家地调项目、墨西哥湾二维地震勘探项目及多个大型海外物探项目，作业足迹遍布全球四大海域，累计完成地震勘探8万余千米，被纳入国家海洋调查船队，获上海市青年文明号、上海市工人先锋号等称号。

（林雪梅　闫子彤）

【勘探八号平台顺利交付并开始首钻作业】 2022年11月18日，勘探八号海上钻井平台正式入列海洋石油工程公司。12月31日，该平台在南黄海自营区开钻。此次首钻作业，对于进一步落实南黄海探区资源潜力、油气地质条件及新区矿权登记具有重要战略意义；对于海洋石油工程板块实现有效市场拓展具有重要现实意义。

（林雪梅　闫子彤）

新引进的勘探八号钻井平台交付仪式（邵腾渊　摄）

【船舶分公司多次完成海上救援任务】 2022年4月18日，勘探211轮接广西钦州海上搜救中心救援通知，历经5个小时，成功营救3名被困船员，获海事相关部门高度赞扬。11月18日，勘探303轮听从海事调度指挥，救援渔运船舶“浙奉渔运00778”轮，帮助救援船只转运人员达14人次，并打捞气胀式救生筏，以实际行动保障水域安全，获多方赞誉。12月5日，勘探226轮航行前往珍珠平台途中紧急驰援遇险外籍船舶“INTAN轮（船舶进水，船体向左侧倾斜15度，原地漂航，有倾覆风险），为该轮船员抢修提供照明、伴航。

（林雪梅　闫子彤）

勘探211轮成功营救3名被困人员（郭飞飞　摄）

表 1　海洋石油工程公司主要技术经济指标

指标名称＼年份	2022	2021	2020	2019	2018
资产总计	44.68	47.28	48.57	51.91	52.63
流动资产	9.36	9.30	8.48	8.57	7.13
固定资产原值	71.50	73.64	74.95	76.36	76.03
固定资产净值	35.08	36.65	39.47	42.52	45.32
销售收入	17.11	15.65	14.66	15.22	12.78
实现利税	0.53	0.42	0.32	0.44	−0.97
税　金	0.44	0.38	0.30	0.36	0.01
综合能耗 / 吨标煤 · 万元 $^{-1}$	0.054	0.096	0.13	0.17	0.11

表 2　海洋石油工程公司主要生产建设指标

指标名称＼年份	2022	2021	2020	2019	2018
钻井 / 口	26	28	28	39	21
钻井进尺 / 万米	10.55	9.56	9.21	11.51	6.50
测井监督 / 井次	19	10	14	13	7
录井 / 口	15	14	14	10	10
固井 / 口	13	6	1	2	10
试油井次 / 口	0	0	2	1	0
试油层数 / 层	0	0	3	2	0

石油勘探开发研究院

【概况】 中国石油化工股份有限公司石油勘探开发研究院（简称石油勘探开发研究院）是中国石化直属上游综合性研究机构。其前身是 20 世纪 50—70 年代国家地质部所属的石油普查大队实验室、石油地质综合大队 101 队、石油钻探技术研究队、石油地质中心实验室、石油物探研究大队、石油地质研究所、计算技术应用研究所等 7 家油气勘查研究单位，后经地矿部、新星石油公司两个历史时期，于 2000 年整体并入中国石化。2000 年 7 月 14 日，中国石化党组为强化油气勘探开发理论和技术的创新能力、形成上中下游完整的科技工作体系，正式组建成立石油勘探开发研究院。截至 2022 年底，石油勘探开发研究院本部设在北京，并在无锡、合肥、郑州、成都、乌鲁木齐等地分别设立研究所（中心），本部办公地为昌平区沙河镇百沙路 197 号院中国石化科学技术研究中心。

石油勘探开发研究院秉承“求是、创新、协作、奉献”企业文化，以保障国家能源安全为己任，服务集团发展战略，支撑油田业务发展，锚定建设世界一流能源研究院愿景目标，按照“三部一中心”的职责定位，承担国家及中国石化重大项目的科技攻关和牵头组织、油气勘探开发基础理论及应用技术研究与集成、中国石化国内外油气地质基础研究、油气资源评价、勘探选区评价、中长期发展规划编制等任务，参与中国石化重大油气勘探开发科研项目和重大生产经营项目的设计审查、技术经济论证等工作，重点围绕西北地区（塔里木盆地、准噶尔盆地为主）、南方地区（四川盆地和周缘地区为主）、华北地区（鄂尔多斯盆地为主）、东部地区（渤海湾盆地、松辽盆地为主）、海域（东部海域为主）及海外业务，开展常规、非常规、新能源勘探开发技术研究与支撑工作，努力建成上游战略科技力量。

石油勘探开发研究院有4个国家级重点研发机构（页岩油气富集机理与有效开发国家重点实验室、国家能源页岩油研发中心、国家油页岩开采研发中心、国家能源陆相砂岩老油田持续开采研发中心等）、6个中国石化重点实验室［海相油气藏开发、油气成藏、页岩油气勘探开发、弹性波理论与探测技术、碳捕集利用与封存（CCUS）、深部地质与资源］以及一批具有国际先进水平的实验仪器设备，其中北京沙河基地实验室面积3.18万平方米，仪器588台（套）；无锡实验室面积1.1万平方米，仪器1115台（套）。主办《石油实验地质》《石油与天然气地质》《Energy Geoscience》等3份核心期刊和内部刊物《石勘党建》。拥有较强的计算与存储能力，现有CPU节点768个、GPU节点240个，存储裸容量20PB，专业服务器60台，办公服务器120台。

截至2022年底，石油勘探开发研究院设机构29个，其中管理部门8个、科研及支撑单位20个、子公司1个（北京石勘新能科技有限责任公司）。用工总量为1224人。有中国科学院院士1人，中国工程院院士2人，集团公司首席科学家1人、首席专家1人、高级专家11人。有博士人员585名，占比47.8%；硕士人员460人，占比37.6%；具有正高级职称的124人，副高级职称的743人，中级职称的239人；中共党员909人，占比74.3%。设有博士后科研工作站，在站博士后24人，累计出站310人。

2022年，石油勘探开发研究院承担各类科研生产任务537项。成功竞争立项国家级项目12项，申请中国发明专利382件，获授权153件，PCT申请3族，成功发布国标2项、行标3项；获省部级科技奖励23项。获党组领导签批参谋建议7份，评价有利区带89个，识别圈闭120个，支撑获得国内区块15个，被采纳重点方案44个，4项技术产品首次入选国家先进适用技术目录；集团公司党建考核连续5年为A。保持安全稳定、风清气正、奋发向上的良好态势。

石油勘探开发研究院2022年主要科研成果获奖及2017—2022年专利申请与获授权情况分别见表1和表2。

（孔强夫）

【领导班子调整】 2022年6月13日，集团公司党组决定，叶卫东任中共石油勘探开发研究院党委副书记兼纪律检查委员会书记，工会主席，免去于爱华石油勘探开发研究院党委副书记、纪委书记、工会主席职务，办理退休手续。7月20日，集团公司党组在石油勘探开发研究院召开干部大会，宣布对石油勘探开发研究院领导班子调整的决定：郭旭升任石油勘探开发研究院院长、党委副书记，石油勘探开发研究院执行董事、总经理，仍任股份公司副总地质师、油气和新能源板块党工委委员，免去郑和荣石油勘探开发研究院院长、党委副书记，石油勘探开发研究院执行董事、总经理职务，办理退休手续。

（孔强夫）

【支撑优质矿权获取】 2022年，石油勘探开发研究院持续创新区块地质－经济一体化评价技术，支撑上游新获陆上矿权11个6999平方千米、海域合作区块4个2577平方千米；优化形成四川等六大盆地及外围探区67个到期矿权延续方案，保留到期相对优质探矿权面积3460平方千米。

（孔强夫）

【支撑塔里木盆地深层油气勘探开发】 2022年，石油勘探开发研究院开展多级序断裂解析技术攻关与控储控藏作用机理研究，支撑顺北6、顺北21井两口千吨井重大突破，落实顺北4号带等2个亿吨级及顺北6号带等3个5000万吨级储产阵地。

（孔强夫）

【支撑鄂尔多斯盆地致密油气有效动用】 2022年，石油勘探开发研究院牵头论证风险井宁古1井在奥陶系克里摩里组测试获2.5万米^3/日工业气流，联合部署富县任101井在马五4亚段测试获日产气1.95万立方米。

（孔强夫）

【支撑四川盆地天然气大发展】 2022年，石油勘探开发研究院深化梓潼地区须家河组成藏规律研究，支撑永兴1井在须二下亚段试获天然气2.6万米^3/日。反复建议部署金石103HF井，制定最优压裂方案，压后无阻流量53.6万立方米，助力川南新区新层系筇竹寺组页岩气勘探取得重大突破。

（孔强夫）

【加大风险目标评价力度】 2022年，石油勘探开发研究院开展烃源分布与有效性、层序与沉积研究，提出深层碳酸盐岩、近源致密碎屑岩等6个领域26个突破方向，配合论证风险井17口，库富1、扬州1等6口井被采纳，杨坝1、大深2两口井的部署领域获认可。

（孔强夫）

【支撑上游效益开发】 2022年，石油勘探开发研究院深化地质工程一体化、建模数模、稠油油藏开发等关键技术攻关，搭建地质建模软件平台，完善和推广COMPASS页岩气数值模拟软件，开发二氧化碳驱数值模拟软件，有效支撑顺北一区、塔河老区、须家河组致密气、大牛地气田、鄂南致密油、海域老区等中国石化上游增储上产稳产重点领域的效益开发。

（孔强夫）

【深化陆相页岩油勘探开发技术攻关】 2022年，石油勘探开发研究院自研陆相页岩油“储集－流体－矿物”耦合分布评价分析技术，提出页岩油“甜点”三要素，建立纹层状富碳酸盐页岩岩相中“泥生、灰储、缝控渗”模式，明确中国陆相页岩岩相组合的主要类型和控制因素，揭示中国东部陆相页岩油富集规律。

（孔强夫）

【持续完善实验技术】 2022年，石油勘探开发研究院完善碳酸盐岩微区原位U-Pb定年方法，测试精度提高30%，并成功申报行业标准。建立陆相烃源岩“地质分子筛”组合模型，为深化成因法油气资源评价提供关键科学依据。

（孔强夫）

【支撑海外战略选区与新项目收购】 2022年，石油勘探开发研究院承担海外新项目评价34项，提出新项目招标建议18项，被采纳15项。落实10个加快动用区块目标，新增动用储量3076万吨，助力国勘公司整体价值增加13亿美元。

（孔强夫）

【持续深化改革加强管理】 2022年，石油勘探开发研究院持续完善内部机构设置，成立党委统战部、安全环保部、储气库研究中心和石勘新能科技有限公司；积极开展绿企建设，通过集团公司审核和验收；获集团公司管理现代化创新成果一等奖1项、风控内控先进单位称号。

（孔强夫）

【战略参谋作用有效发挥】 2022年，石油勘探开发研究院制定油气资源勘探开发（陆上）领域原创技术策源地行动方案，构建陆上油气深层－超深层、复杂构造区页岩气等6个子领域技术发展计划，通过国务院国资委审查；获党组领导签批参谋建议7份；助力集团公司与外方签订400万吨/年LNG合同。

（孔强夫）

【实验室建设取得新进展】 2022年，石油勘探开发研究院初步申报成功国家级创新平台2个，布局攻关方向7个，成功立项牵头课题46项。

（孔强夫）

【深入学习贯彻党的二十大精神】 2022年，石油勘探开发研究院党委理论学习中心组先后5次专题学习研讨，制订学习宣传贯彻实施方案，形成8项重点任务、16条具体措施，被评为集团公司“牢记嘱托、再立新功、再创佳绩，迎接学习贯彻二十大”主题行动先进单位。

（孔强夫）

【强化干部人才队伍建设】 2022年，石油勘探开发研究院新任中层领导人员13名，推荐参加总部“三百三千”挂职锻炼5名，上报CC计划2人，新聘首席专家4人，直聘专家2人，引进成熟人才22人。被评为国家科技创新领军人才（万人计划）1人、集团公司劳动模范3人、集团公司突出贡献专家1人、集团公司十大杰出青年岗位能手1人、主题行动先进个人3人。

（孔强夫）

【宣传工作有力有效】 2022年，石油勘探开发研究院科技创新成果、实验室公众开放日在中央电视台、新华网、《中国能源报》等主流媒体宣传发稿9篇，学习强国发稿7篇，石化媒体发稿124篇，稠油冷采技术等42篇稿件头版、头条刊发。首次承办中国石化深地工程媒体沟通会、油气勘探开发科普传播座谈会，取得良好传播效果。

（孔强夫）

表1 石油勘探开发研究院2022年主要科研成果获奖情况

序号	项目名称	获奖名称	获奖等级
1	超深走滑断控缝洞型凝析气藏高效勘探关键技术	集团公司科技进步奖	特等奖
2	深层致密砂岩裂缝储集体地质模式与精细刻画技术	集团公司基础前瞻奖	一等奖
3	稠油油藏化学冷采靶向降黏关键技术及应用	集团公司技术发明奖	一等奖
4	超深高含硫生物礁底水气藏持续高产稳产关键技术	集团公司科技进步奖	一等奖
5	涪陵页岩气田立体开发关键技术	集团公司科技进步奖	一等奖
6	川东南南川常压页岩气田勘探开发关键技术	集团公司科技进步奖	一等奖
7	基于完整性的时候化工设备运维关键技术与工业应用	集团公司科技进步奖	一等奖
8	稠油蒸汽热采后期多元复合调驱提高采收率关键技术及应用	中国发明协会创业奖创新奖	一等奖
9	高演化条件下海相页岩储层形成机理及评价方法	集团公司基础前瞻奖	二等奖
10	油气指示微生物异常成因机理与识别关键技术	集团公司技术发明奖	二等奖
11	中国石化投资规模测算方法与优化组合技术研究	集团公司科技进步奖	二等奖
12	油气勘探战略规划方法研究及应用	集团公司科技进步奖	二等奖
13	巴西深水盐下微生物岩油藏定量表征技术及应用	集团公司科技进步奖	二等奖
14	特高含水后期渗流表征及深部调驱技术	集团公司科技进步奖	二等奖
15	特殊类型气田高效开发关键技术及工业化应用	北京市科技进步奖	二等奖

表2 石油勘探开发研究院专利申请与获授权情况 件

年份	国内专利		国外专利	
	申请数	获授权数	申请数	获授权数
2022	383	153	3	1
2021	346	187	0	0
2020	219	145	2	5
2019	199	108	0	1
2018	199	98	1	1
2017	262	49	0	1

石油工程技术研究院

【概况】 中石化石油工程技术研究院有限公司（简称石油工程技术研究院）成立于 2009 年 6 月，2022 年 2 月由股份公司分公司变更为全资子公司，定位是集团公司及股份公司石油工程业务发展的参谋部、石油工程高新技术研发中心和国内外石油工程技术支持中心。主要任务是石油工程技术发展战略研究、基础前瞻性和重大项目研究、装备仪器软件等开发应用、信息及标准制修订、国外技术进展跟踪、重大项目工程技术支撑等。

石油工程技术研究院本部下设 7 个职能部门、14 个二级单位（含京外 4 个），委托管理中国石化中东研发中心。设有博士后科研工作站，建有 1 个国家重点实验室、2 个国家级研发中心、4 个中国石化重点实验室，直属单位大陆架公司为国家高新技术企业。通过 CNAS 国家实验室认可，HSE 管理体系、ISO 9001 质量管理体系和 API 产品认证，主办中文核心期刊《石油钻探技术》。

截至 2022 年底，石油工程技术研究院用工总量 633 人，其中具有正高级职称的 83 人，高级及以上占 69%；博士占比 32%、硕士占比 45%。拥有全国创新争先奖 1 人，国家级“百千万人才工程”人选 2 人、突出贡献专家 2 人，享受国务院政府特殊津贴专家 9 人，中国石化优秀创新团队 10 个。

2022 年，石油工程技术研究院共承担各类科研项目 329 项，申请中国专利 340 件（发明专利 338 件）、获授权 245 件（发明专利 236 件），申请 PCT 专利 7 件、境外专利 26 件。获省部级以上奖励 22 项。

石油工程技术研究院 2022 年主要科研成果获奖情况及 2017—2022 年专利申请与获授权情况分别见表 1 和表 2。

（陈　铖）

【第一届董事会正式成立】 2022 年 6 月 28 日，中石化石油工程技术研究院有限公司第一届董事会正式成立，成立子公司及董事会是贯彻落实集团公司国企改革三年行动、建立现代企业制度的重要举措，标志着公司科技体制机制改革关键环节取得重要突破。加强董事会建设和规范运作，基本健全制度体系和保障机制，初步发挥定战略、作决策、防风险作用，保证了公司科研生产经营健康发展，推动公司治理水平的进一步提升。

（陈　铖）

【领导班子调整】 2022 年 5 月 31 日，集团公司党组调整石油工程技术研究院领导班子：赵金海任石油工程技术研究院院长、执行董事、总经理、董事长、党委副书记，原院长、执行董事、总经理、董事长、党委副书记路保平退休。

（陈　铖）

【高质量开展主题行动】 2022 年，石油工程技术研究院高质量开展“牢记嘱托、再立新功、再创佳绩，迎接学习贯彻二十大”主题行动，深入学习贯彻二十大精神和习近平总书记视察胜利油田重要指示精神，坚持把主题行动作为推动各项工作的总抓手，与推动直属院科改示范行动、深化改革三年行动、合规管理强化年等重点工作一体部署，确保工作落实落地。全院干部员工认真学习宣传贯彻党的二十大精神，聚焦“一部两中心”职责，加快关键核心技术攻关，勇担国家战略攻关任务，为推进石油工程技术研究院高质量发展注入了强大动力。

（陈　铖）

【与清华大学成立联合研究中心】 2022 年 9 月 28 日，清华大学（化工系）- 中石化石油工程技术研究院有限公司油田化学联合研究中心揭牌成立。成立油田化学联合研究中心是工程院落实集团公司与清华大学战略合作协议的重要内容，油田化学联合研究中心依托清华大学化工系，联合校内相关优势学科，聚焦高质量井筒工作液、储层保护和提高采收率三大重点领域，针对聚合物、表面活性剂、智能与低碳环保材料 3 个研究方向，重点突破一批具有自主知识产权的高端油田化学材料技术难题，力争打造成为世界一流新能源、新材料“产学研用”平台。

（陈　铖）

工程院与清华大学联合成立油田化学联合研究中心

【“1+3”创新体系建设取得重要进展】 2022年2月7日，中石化石油工程技术研究院有限公司注册成立，建立了国有企业现代公司法人治理结构，实施创新驱动发展战略取得明显成效。7月27日，北京石工新能科技发展有限公司注册成立，近钻头伽马成像技术作为第一批入孵项目进行孵化。8月18日，中石化石工院（天津）科技发展有限公司注册成立。德州大陆架石油工程技术有限公司“科改行动”取得阶段成效，关键经营指标和人效指标持续提升，在中央企业所属“科改企业”2022年度专项考核中被评为标杆企业。“1+3”创新体系建设进一步明晰公司发展方向，推进自主创新能力显著提升，科技成果转化能力持续增强。

（陈　铖）

【首次获知识产权荣誉】 2022年，石油工程技术研究院获北京市知识产权示范单位和国家知识产权优势企业双称号。北京市知识产权示范单位是对企业创新效能、知识产权布局及成果转化能力的权威认定。国家知识产权优势企业评选是国家为培育一批具有自主知识产权和知名品牌、具备国际竞争优势的中国知识产权领军企业而开展的重点工程。石油工程技术研究院获该2项荣誉充分彰显在专利技术方面的深厚积淀和强大的研发实力，对提升企业核心竞争力具有重要意义。

（陈　铖）

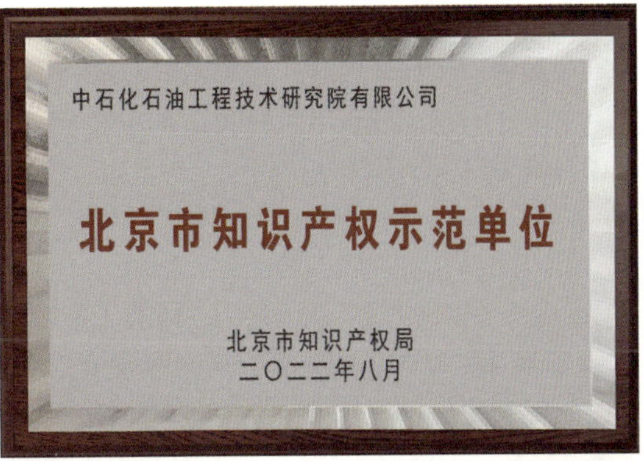

石油工程技术研究院获北京市知识产权示范单位和国家知识产权优势企业双称号

【巡视“回头看”整改成效显著】 2022年6月20日，党组第三巡视组对石油工程技术研究院党委巡视“回头看”工作动员会议召开。党组第三巡视组就巡视“回头看”工作提出要求。石油工程技术研究院党委成立整改工作领导小组，针对4类13条问题检视剖析，研究制定整改清单，提出71条整改措施，定期召开领导小组会，挂图推进，以抓铁有痕的决心和毅力确保整改工作高效有序推进，切实把整改成效转化为推动各项工作高质量发展的生动实践。

（陈　铖）

【首个行业重点实验室成功获批】 2022年10月21日，中国石油和化学工业联合会正式发布2022年度石油和化工行业创新平台认定名单，石油工程技术研究院作为牵头单位联合中国石化西北油田分公司共同申报的“石油和化工行业超深油气井钻完井技术重点实验室”成功获批。该重点实验室是石油工程技术研究院获批的第一个行业重点实验室，也是继2021年度石油工程技术研究院成功申报“中国石化超深井钻井工程技术重点实验室”后第二个深井超深井领域相关的重点实验室，彰显了石油工程技术研究院在深井超深井领域的科研实力和行业影响力。

（陈　铖）

【页岩油气工程技术实现新突破】 研发了窄密度窗口泡沫固井技术、页岩油压裂缝网模拟技术，提升了压裂滑套、降阻驱油压裂液性能，迭代升级形成第二代深层页岩气压裂技术，提高技术支持贴合度，争做精品工程参建者，刷新了国内页岩气水平井水平段 4286 米的最长纪录，威页 25-2HF 井改造体积提高 50% 以上，助力新页 1 井获高产工业气流。

（陈　铖）

表 1　石油工程技术研究院 2022 年度主要科研成果获奖情况

序号	项目名称	获奖名称	获奖等级
1	超深走滑断控缝洞型凝析气藏高效勘探关键技术	集团公司科技进步奖	特等奖
2	涪陵页岩气田立体开发关键技术	集团公司科技进步奖	一等奖
3	川东南南川常压页岩气田勘探开发关键技术	集团公司科技进步奖	一等奖
4	超深井裂缝性地层井筒强化技术研究及工业化应用	集团公司技术发明奖	二等奖
5	气藏型储气库注采技术及安全运行实践	集团公司科技进步奖	二等奖
6	复杂气藏立体缝网高效压裂关键技术及工业化应用	中国石油和化学工业联合会科技进步奖	一等奖
7	极地安全高效钻井关键技术及应用	中国石油和化学工业联合会科技进步奖	二等奖
8	四川盆地低渗气藏固井完井关键技术及规模化应用	中国石油和化学工业联合会科技进步奖	二等奖
9	油基钻井液用关键处理剂的研制与工业化应用	中国石油和化学工业联合会技术发明奖	二等奖
10	复杂钻井液体系混油含油性核磁共振在线监测技术及应用	中国石油和化学工业联合会技术发明奖	三等奖
11	一种页岩气藏水力压裂增产的方法（专利号：ZL2 0121 0065 828.6）	中国石油和化学工业联合会专利奖	金奖
12	调流控水装置、短节、管柱和二次控水完井方法（专利号：ZL2 0171 0508 018.6）	中国石油和化学工业联合会专利奖	优秀奖
13	一种用于油田或天然气开采的堵漏剂及其制备方法（专利号：ZL2 0131 0083 829.8）	中国石油和化学工业联合会专利奖	优秀奖
14	一种基于实时数据驱动的钻井井下仿真引擎及方法（专利号：ZL2 0171 0227 320.4）	中国石油和化学工业联合会专利奖	优秀奖
15	一种地球物理指导钻井方法及更新地层地震速度的方法（专利号：ZL2 0191 0846 441.6）	中国石油和化学工业联合会专利奖	优秀奖
16	复杂地层压力控制钻井关键技术装备与应用	中国石油和化工自动化应用协会科技进步奖	一等奖
17	页岩气藏水平井压裂渗流机理与开发关键技术及应用	中国石油和化工自动化应用协会科技进步奖	一等奖
18	复杂储层深度酸化酸压精准改造关键技术及规模应用	中国石油和化工自动化应用协会科技进步奖	一等奖

续表

序号	项目名称	获奖名称	获奖等级
19	深层超深层碳酸盐岩储层靶向缝网高导流酸压技术及应用	中国石油和化工自动化应用协会科技进步奖	二等奖
20	石油钻探技术	中国石油和化工自动化应用协会优秀期刊奖	二等奖
21	用于确定岩石可钻性的装置（专利号：ZL2 0170 652260.0）	中国石油和化工自动化应用协会专利奖	一等奖
22	用于采油系统的自适应控水装置及采油系统（专利号：ZL2 0140 199177.9）	中国石油和化工自动化应用协会专利奖	二等奖

表 2　石油工程技术研究院专利申请与获授权情况　件

年　份	国内专利		国外专利	
	申请数	获授权数	申请数	获授权数
2022	340	245	33	4
2021	332	247	8	3
2020	306	140	10	6
2019	305	190	6	2
2018	303	218	5	3
2017	291	72	3	4

石油物探技术研究院

【概况】 中石化石油物探技术研究院有限公司（简称石油物探技术研究院）是中国石化石油物探技术发展参谋部、物探高新技术和核心技术研发中心、物探专业软件研发及推广中心和重大物探工程技术支持中心，是中国石化唯一从事油气地球物理技术研发的直属专业研究机构，位于江苏省南京市江宁区。

石油物探技术研究院前身是1977年创建成立的国家地质总局石油物探研究大队，1983年更名为地质矿产部石油物探研究所，1997年建制更名为中国新星石油公司石油物探研究所，2000年建制更名为中国石化石油勘探开发研究院南京石油物探研究所，2009年11月28日组建成立石油物探技术研究院，2021年3月企业管理规格调整为大Ⅰ型，2022年7月重组改制为股份公司子公司——中石化石油物探技术研究院有限公司。

石油物探技术研究院设7个机关职能部门、10个直属单位和1家全资子公司。截至2022年底，石油物探技术研究院共有员工479名，有集团公司高级专家1名，院首席专家9名、高级专家14名、专家35人，享受国务院政府特殊津贴人员6人，集团公司突出贡献专家7人、闵恩泽青年科技人才奖15人，集团公司优秀青年科技创新人才3人，孙越崎青年科技奖2人，江苏省“333高层次人才培养工程”培养对象5人，中国石化优秀创新团队9个。主办出版国内第1份勘探地球物理专业科学学术期刊《石油物探》，和国内第1份SCI检索的地球物理与工程专业英文科技期刊《Journal of Geophysics and Engineering》（JGE）。固定资产原值7.6亿元、净值2.87亿元。

2022年，石油物探技术研究院获得省部级科技奖励12项，超出下达指标7项，其中中国石化科技进步奖特等奖、一等奖各1项。申请国内发明专利 350 件，超过指标 50 件，申请国外发明专利 2 件，获专利授权 57 件。

石油物探技术研究院 2022 年主要科研成果获奖情况及 2017—2022 年专利申请与获授权情况分别见表 1 和表 2。

（贾春梅）

【领导班子调整】 2022 年 1 月 27 日，召开领导班子（扩大）会，宣布集团公司党组、股份公司对石油物探技术研究院领导班子的调整决定。根据工作需要，刘定进任石油物探技术研究院党委委员、副院长（按大Ⅱ型企业副职管理）。

（贾春梅）

【企业重组改制】 2021 年 11 月 4 日，股份公司批复同意石油物探技术研究院重组改制为子公司；2022 年 3 月 1 日，集团公司党组批准公司董事会成员人选；4 月 20 日正式完成“中石化石油物探技术研究院有限公司”的企业注册登记并取得营业执照。

（贾春梅）

【石油物探技术研究院一届一次董事会会议胜利召开】 2022 年 7 月 15 日，中石化石油物探技术研究院有限公司第一届董事会第一次会议在南京江宁召开。董事长杨勤勇主持会议，董事徐旭辉、蔡勋育、朱相羽、刘望军，职工董事吴坛珍出席会议。监事会主席林彦兵，职工监事肖鹏飞、石展，石油物探技术研究院领导王立歆、刘定进列席会议。会议审议通过关于公司章程、董事会议事规则等 11 项基本管理制度制修订的议案，审议通过关于内部机构设置方案的议案，审议通过关于聘任副总经理、总法律顾问等高级管理人员的议案。

（贾春梅）

【子公司南京长城数智科技有限公司成立】 2022 年 12 月 1 日，召开南京长城数智科技有限公司成立大会，标志公司正式成立运行；12 月 14 日，南京长城数智科技有限公司党支部召开党员大会，选举产生第一届支部委员会。

（贾春梅）

【开展“牢记嘱托、再立新功、再创佳绩，迎接学习贯彻二十大”主题行动】 2022 年，石油物探技术研究院深入推进“牢记嘱托、再立新功、再创佳绩，迎接学习贯彻二十大”主题行动，成立领导小组，研究制订实施方案，设置综合协调、科技创新、支撑参谋、改革管理、党建引领 5 个工作组，建立宣传引导、督促指导、考核评价系列机制，助推企业圆满完成年度目标任务。

（贾春梅）

【深入学习贯彻党的二十大精神】 2022 年，石油物探技术研究院深入学习贯彻党的二十大精神，成立由主要领导挂帅的学习宣传贯彻党的二十大精神领导小组，压紧压实党委、支部两级责任。第一时间召开党委会专题研究学习宣传贯彻方案，制定具体工作清单和学习计划表。党委书记率先在石油物探技术研究院开展宣讲，示范带动班子其他成员深入分管领域、联系点开展宣讲。邀请江苏省委党校教授到石油物探技术研究院宣讲解读，推进党的二十大精神直通一线、直达基层。坚持学思用贯通、知信行统一，召开领导干部务虚会深入研讨交流，提前谋划好当前和长远工作，推动党的二十大各项决策部署转化为石油物探技术研究院高质量发展的生动实践。

（贾春梅）

【担当国家战略科技力量取得突破】 2022 年，石油物探技术研究院参建的国家油气地球物理勘探技术创新中心通过国家科技部初评；5G 智能节点仪研发首次进入“1025”专项；复杂油气藏地球物理技术及装备领域 11 项技术正式进入国家原创技术“策源地”。首次建成中国石化五大盆地、六大领域的复杂储层岩石物理共享数据库及专业应用系统，建立顺北断溶体、川东北礁滩相两类海相碳酸盐岩典型模型，物探技术方法的“试验田”初见成效，TTI-FWI、随机采样压缩感知等技术向实用化迈进，建立水合物矿体双相介质岩石物理模型，初步形成表征关键技术。

（贾春梅）

【“一软一硬”两大产品攻关扎实推进】 2022 年，石油物探技术研究院 π2.0 平台稳定性流畅性大幅提升，“红黄”两色预处理模块比例由 72% 降至 41%；PSTM 模块全面对标商业软件；推广到 9 个工区全流程应用，效果整体达到商业软件水平。π3.0 建成智能处理解释技术开发环境，完成自动化初至拾取、速度分析等 12 个模块研发集成。智能节点仪形成基于 5G 和窄带组网关键技术及装备，实现 5000 道量产，胜利江家店等野外测试验证其在全节点采集质量控制方面具有较好前景。

（贾春梅）

【成熟核心技术实现规模化应用】 2022 年，石油物探技术研究院 Q-RTM 提高塔河地区 15—20 米小尺度断裂成像清晰度；散射波成像提高艾丁 6、塔河 6-7 区等地小尺度异常目标识别精度；QgVA 支撑四川、鄂尔多斯、海域等致密气储层效益开发，含气性预测精度较常规弹性流体因子提高 15%；地层压力预测在非常规、致密储层、碳酸盐岩领域推广应用超 4000 平方千米，预测精度相对常规方法提高 5%以上，可实现商业软件替代。微地震完成 15 口重点探井 300 余段压裂监测，支撑苏北、普光、复兴等地区的页岩油气高效开发。

（贾春梅）

【西北探区生产支撑】 2022 年，石油物探技术研究院围绕顺北 4 号、8 号等主干断裂带，采用可控震源宽频保幅处理、Q-RTM 等技术，提高断控储集体成像及刻画表征精度，支撑顺北 47X、803X 等 14 口千吨井部署论证。参与塔河大兵团作战，建立优化模型库 1100 平方千米，完成 134 口井位部署论证和 55 个岩溶井组储集体刻画。

（贾春梅）

【四川探区生产支撑】 2022 年，石油物探技术研究院聚焦川东页岩油气，应用 OVT 域成像、双“甜点”定量预测等技术，井震误差减至 3‰以内，优质页岩钻遇率 100%，其中新页 1 井获 53 万米 ^{3}/日工业气流，有效支撑新场、复兴等页岩油气高效开发。持续深化川西中 - 浅层河道含气性预测研究，支撑的 JS240-1 井日产气 15.7 万立方米，创中江构造带产能纪录。龙门山山前带攻关持续推进，形成以保护低频和提升信噪比为主要手段的成像技术系列，隐伏断裂带成像品质改善明显。

（贾春梅）

【华北探区生产支撑】 2022 年，石油物探技术研究院杭锦旗示范项目顺利推进，研发形成适应复杂地表超大面积的地震连片处理技术流程及质控体系，支撑预探井贵 3、汉 3 论证部署。攻关形成黄土塬区和盛三维井震联合采集资料处理流程，新成果在保真性、保幅性以及构造成像、储层特征刻画方面较老成果改善明显。

（贾春梅）

【海域及其他探区生产支撑】 2022 年，石油物探技术研究院攻关形成宽频宽方位高精度融合处理和砂体预测描述技术系列，完成西湖凹陷绍兴、平北地区地震资料处理及综合解释工作，平湖组信噪比提高 15% 以上，井震误差控制在 5‰以内，砂体厚度吻合率均超过 80%，提出建议井位 35 口，前移支撑论证的 BYT-A8、A5 开发井每天稳产 20 万立方米以上。

其他探区方面，东北深层火山机构内幕成像和储层识别能力不断提升，支撑查 2、查 3 机构井位部署和储量申报，支撑的查 2-3、2-4HF 等 8 口勘探井发井均获高产工业油气流。综合利用黑三角去噪、径向五维规则化等技术，提高中原拐子湖地区复杂断裂及基岩潜山信噪比、分辨率，支撑拐 16 井井位设计。

（贾春梅）

【参谋作用成效显著】 2022 年，石油物探技术研究院构建“首席牵头、规划所落实、各方协同”的参谋工作模式，对油田部服务支撑由浅介入转变为全方位，参谋显示度持续提升。系统总结 2020—2022 年物探高质量发展取得的成果，编制 2023—2025 年高质量发展行动方案。首次承担的三元 1 井、塔深 7 井等 4 口风险井论证工作得到总部领导表扬。提出的 2023 年地震勘探部署建议被油田部采纳。首次建立“中石化地震勘探成效评价参数体系”并在胜利油田等地区推广应用。修订发布《中石化物探管理规定》。完成 7 个重点探区第三方采集设计，关键参数采纳率 100%。储气库全生命周期安全监测内参被总部采纳并上报中共中央办公厅。发布企业标准 3 项，新获批立项 3 项。

（贾春梅）

【改革管理不断深化】 2022 年，石油物探技术研究院深化企业改革三年行动、科改示范行动各项重点举措全面落实。完成“分转子”改制，权责明晰、协调运转的现代企业治理结构初步建立，董事会、监事会规范运行。南京长城数智科技有限公司正式组建运营，π 平台产品化建设步入快车道。“三项制度”改革持续深化，经理层任期制和契约化管理全面推行。深化科技“放管服”，根据重要程度实行项目分级管理；优化科技奖励机制，扩大业务单位奖金分配自主权。全年制修订制度 121 项，企业治理规范化水平全面提升。开展“严肃财经纪律、依法合规经营”综治专项行动，建成资产全生命周期管理平台，强化财务综合绩效量化考评，业财融合不断深入。开展物资采购、π 平台攻关等 7 项专项审计，及时消除业务风险隐患；扎实推进“合规管理强化年”工作，标准合同示范文本使用率提升至 96%，连续 7 个季度得到总部简报表扬。QHSE 管理体系通过再认证。成功申报绿色企业。全年安全生产态势保持平稳。中国石化数据灾备中心初具规模，备份数据 1.2PB。

（贾春梅）

【交流协作力度加大】 2022 年，加强与总部沟通联络，推进石油物探技术研究院改革管理、经费预算等工作落实。与西北油田、华北油田、经纬公司等企业签订战略合作协议，扩大企业“朋友圈”，促进横向增收和技术推广。强化开放创新，与中国移动、胜利油田等单位联合申报创新联合体项目。通过“南京市总部型企业”认证，在人才待遇等方面得到更大支持，向地方税务局争取留抵退税 479 万元，企地关系更加和谐。强化人才交流，实施内部人才跨岗位交流，有效促进科研生产融合。

（贾春梅）

【党的政治建设不断加强】 2022 年，将迎接学习贯彻党的二十大精神作为首要政治任务，严格落实“第一议题”制度，打造“学讲研做”学习模式，全年组织党委中心组学习 15 次，两级领导干部讲授专题党课 25 次，推进党史学习教育常态化、长效化，全面完成 55 项“我为群众办实事”事项，引领党员领导干部深刻领悟“两个确立”的决定性意义。

（贾春梅）

【党建宣传思想文化工作稳步提升】 2022 年，深化“四张清单”工作法，加强党建考核反馈问题整改，严格基层党建双月阅评和半年考核，制定印发《基层党建与中心工作“三同步三结合”融合互促指导意见》，扎实推进“四创”劳动竞赛、党建共建等特色工作，党建标准化、规范化水平持续提升。聚焦主题行动加强典型引领，超额完成宣传任务，思想政治、意识形态工作不断加强，扎实推进青年精神素养提升工程，强化职代会民主管理，落实联谊交友制度，队伍凝聚力不断提升。

（贾春梅）

【干部人才队伍建设取得突破】 2022 年，完成 14 名中层领导人员选任和 11 名专家选聘，继续实施“三百三千”实践锻炼计划 3 人次，新申报“CC 计划”3 人、获批 2 人，获评江苏省示范性博士后科研工作站。

（贾春梅）

【正风肃纪成效明显】 2022 年，深化“大监督”格局构建，压实“两个责任”，强化政治监督，聚焦深化改革三年行动、“两个作用”发挥等重点任务，督促制定落实措施 168 项。全面梳理整治近三年绩效考核有关问题，督导推进 π2.0 研发推广超额完成任务目标。不断深化“清风物探院”建设，政治生态向好态势得到拓展。和谐企业建设扎实推进。加强稳定风险评估和维稳隐患排查，确保“两特两重”期间稳定。持续提升食堂、物业等服务质量，建设新能源汽车充电桩，实施职工公寓出新，调整公积金管理机构，为职工创造更加舒心的生产生活环境。

（贾春梅）

表 1 石油物探技术研究院 2022 年主要科研成果获奖情况

序号	项目名称	奖项名称	获奖等级
1	薄储层地震识别机理与概率地震反演技术	集团公司前瞻性基础性研究科学奖	三等奖
2	潮坪相复杂碳酸盐岩气藏岩石物理基础研究	集团公司前瞻性基础性研究科学奖	三等奖
3	基于模糊逻辑的多成因地层压力预测技术及应用	集团公司技术发明奖	三等奖
4	基于稳相路径积分的可控阶多次波压制技术	集团公司技术发明奖	三等奖
5	超深走滑断控缝洞型凝析气藏高效勘探关键技术	集团公司科技进步奖	特等奖
6	涪陵页岩气田立体开发关键技术	集团公司科技进步奖	一等奖
7	多尺度缝洞地震全方位成像与定量表征技术	集团公司科技进步奖	一等奖
8	页岩气油气高效开发地球物理评价技术及应用	集团公司科技进步奖	二等奖
9	三维波动方程高精度正演模拟技术软件研发及应用	集团公司科技进步奖	三等奖
10	复杂地表高效综合静校正子系统软件研发及应用	集团公司科技进步奖	三等奖
11	面向大型专业软件系统的自动化测试技术与应用	集团公司科技进步奖	三等奖

表 2 石油物探技术研究院专利申请与获授权情况 件

年 份	国内专利		国外专利	
	申请数	获授权数	申请数	获授权数
2022	350	56	2	1
2021	217	98	1	5
2020	177	82	0	3
2019	175	86	0	0
2018	160	100	0	0
2017	152	85	0	0

石化机械公司

【概况】 中石化石油机械股份有限公司（简称石化机械公司）是中国石化唯一的油气装备研发、制造与专业技术服务中心和首批创新型企业，于 2012 年底由中国石化机械制造业务专业化整合重组而成，2015 年 7 月在深交所整体上市（证券简称石化机械，股票代码 000852），截至 2022 年底，总股本 9.41 亿股，集团公司持股 52.53%。历经 70 多年建设，石化机械公司发展成为国内研发实力领先、产品门类齐全、具有一定国际竞争力的油气装备重要骨干企业。

石化机械公司下辖四机公司、江钻公司、钢管分公司、四机赛瓦公司（持股 65%）、三机分公司、氢能装备分公司（机械研究院）、世纪派创公司、天然气项目部、国际公司 9 家单位，主要分布在湖北武汉、荆州、潜江等地。设综合管理部（党委办公室、董事会办公室）、党群工作部（党委宣传部、维稳办、品牌部、统战部）、党委组织部（人力资源部）、财务计划部、企业管理部（法律事务部）、市场发展部、安全环保部（设备管理部）、纪检监督部（审计部、监事会办公室）、科技质量部、物资供应管理中心 10 个职能部门。

截至 2022 年底，石化机械公司用工总量 6771 人，资产总额 99.40 亿元，净资产 30.50 亿元。

2022 年，石化机械公司实现营业收入 77.50 亿元、利润总额 7624 万元。

石化机械公司主要经济指标和主要产品指标分别见表 1 和表 2。

（田治明）

【科技创新迈上新台阶】 2022 年，石化机械公司紧贴稳油增气降本需求抓科研攻关，推出更高水平的技术装备一体化解决方案。7000 米自动化钻机应用于黄河钻井 70183 钻井队，创 311.2 毫米井眼单日进尺 1620 米的全国新纪录；改进提升第二代 5000 型全电动压裂装备，创胜利济阳页岩油压裂工效最高纪录 7 段 / 日，在苏北首口页岩油示范井取得 9 段 / 日优良业绩。国家能源局“补短板”工程项目攻关有力推进，国内首台 20 万立方米高含硫天然气压缩机在普光气田成功应用。世界首台全电驱自动化修井机、2500 型“一键固井”装备、国内首台电驱自动化连续油管作业装备、远程控制带压作业装备研制成功，引领大型装备发展潮流。52 兆帕储气库压缩机最高注气压力创国内之最，二氧化碳回注压缩机研制成功。高可靠长寿命混合钻头、匹配旋转导向金刚石钻头、超大扭矩螺杆钻具等新产品树立行业标杆，钻头钻具研选平台投入应用，助力“深地工程”三大基地、国内上游“示范井工程”、中海油重点科探井等打出最优指标 546 项。国内首套用于生产井的水下井口头成功应用。第一代高耐磨高抗冲复合片、超高硬度橡胶等基础研究取得突破，达到国内先进水平。压裂装备和管汇自动化控制、SOFElink 物联网等数智化技术向前发展。新产品策划、质量机能展开、失效模式及影响分析等质量管理三大工具有效导入，产品外观质量提升取得进步。全年申请专利 211 件、获授权 206 件，新增“1025 专项”工程、国家能源局和集团公司等科研项目 25 个、研发经费 4218 万元。

（田治明）

国内首套用于生产井的水下井口头成功应用

【市场开拓创造新业绩】 2022 年，石化机械公司加强市场与技术、生产一体化运行，拓市场、保供应、优服务保持主动。与用户建立更紧密的战略合作关系，3 类优势产品全部纳入集团公司内部优势产品目录，扭转中国石油和中国海油市场下滑局面，国内外部市场订货增长 40%。钢管订货创近 4 年最好水平，在集团公司内部钻修井机、分离器计量撬装一体化装置等框架采购招标中取得多个第一，钻采装备订货增长 56%，组建与胜利油田联合研发基地、胜利服务中心，掌握页岩油新兴市场开发主动权，钻头钻具在长庆、川渝、新疆和北美市场逆市提价，北美泵壳订单形成批量，全年交付 162 套，3 类优势产品订货增长 17.8%。持续深化服务转型，钻完井工具一体化服务国内领先地位巩固提升，压缩机运维服务规模、服务队伍、服务能力稳步提升，高压管汇在中国石油市场取得新突破，泥浆泵打开市场局面，管道检测、中国石油钻修井机检测等新业务、新市场逐步发展，泵送与增压服务保持较快增长，天然气服务转型和外部项目规模化发展积极推进，5 项特色服务订货实现稳增长。工程钻头市场扩大、订货增长 51.6%，氢能装备市场开发迈出步伐。

（田治明）

【关键制造实现新提升】 2022 年，石化机械公司统筹推进生产线数智化升级和精益生产，关键制造能力进一步增强。螺旋焊管自动化新产线投入试生产，加工效率、产品质量等大幅提升；金刚石钻头数字化车间完成建设，焊接自动化、数控集成化、转运智能化、数据可视化水平明显提升；四机公司结构件生产线升级进入收尾阶段，将改善作业环境、降低劳动强度、提高加工效率；氢能装备制造基地一期工程初步建成。采取超常规措施应对疫情多点频发、夏季异常高温和工业限电等严峻挑战，加强物料保供，优化生产运行，深挖上产潜力，固压设备、修井机年产量分别增长30%和21%，直缝焊管年产量突破20万吨，金刚石钻头年产量首超3000只，完成“深地工程”装备和工具、山东管网钢管等重点市场项目生产保供。探索泵类产品关键零部件集约化生产模式，提高制造资源利用效率。

（田治明）

金刚石钻头数字化车间完成建设，焊接自动化、数控集成化、转运智能化、数据可视化水平明显提升

【HSE工作开创新局面】 2022年，石化机械公司以上率下强化HSE工作，首次实现安全零事故，创历史最好安全业绩。开展体系全要素审核，优化管理制度，整改不符合项，体系运行有效性进一步提升。完善风险分级管控和隐患排查治理双重预防机制，公司级主要风险总值下降27、降幅11.4%。在258个班组开展安全生产标准化班组创建，按照油气行业标准提升外部作业现场安全管理水平，推动安全融入业务、操作规程符合实际、一线员工培训针对性强，狠抓HSE督查，加快向“我要安全”“我会安全”转变。加强环保依法合规排查整治，绿色基层创建达标率提升到91%，绿色发展水平持续提高。全面开展接害人员职业健康体检，推进职业危害因素超标场所治理，加强心脑血管疾病急救器械配置，用心用情做好健康管理。坚持员工健康至上、生产服从安全，因时因势调整疫情防控目标和措施，最大程度保护员工身心健康，平稳度过困难时期。

（田治明）

【改革管理迈出新步伐】 2022年，石化机械公司聚焦提效率、增活力、强管理，推动改革与管理形成叠加效应。深化“双百行动”综合改革重点任务全面完成，获评优秀“双百企业”，3项改革成果被集团公司改革典型案例集收录。非公开发行股票满额募资10亿元，股权激励计划获准启动。所属单位全年人均绩效工资最高与最低相差48%，中基层管理人员末等调整和不胜任退出比例8.9%，转岗培训盘活用工272人。推进“严肃财经纪律、依法合规经营”综合治理专项行动、对标提升行动，连续两年开展公司典型案例剖析“以案促管”，实施“两金”压降、资金管理等专项审计，调整优化授权放权，依法合规经营水平有效提升。推动“三基”工作与精益管理有机融合，在实施焦点课题、降低设备故障停机率等方面取得新进步。加强标准化采购，加快重点物资国产化攻关，框架协议采购达标率提升到90%，招标采购达标率提升15.7个百分点，采购资金节约率10%。持之以恒加强“两金”管控，开展典型问题剖析整改，“两金”增幅低于收入增幅3.5个百分点，全年回款85亿元、法律清收回款近1亿元，存货周转率提升29%、积压存货减少7%。以高质量发展指标评价体系为牵引，优化资产和债务结构，减少财务费用5756万元，深挖资金、投资管理等环节降本潜力，用好惠企财税政策，盘活股权投资，财务管理价值创造水平有力体现。“两化”融合管理体系建设、工程建设项目管理等工作取得进步。

（田治明）

【党的建设取得新成效】 2022年，石化机械公司坚定扛好管党治党责任，学习宣传贯彻党的二十大精神有序推进，专题学习、辅导讲授、基层宣讲等各方面工作有声有色。认真落实“第一议题”制度，扎实开展主题行动，完善党委讨论和决定重大事项清单，党建引领作用有力彰显。坚持选人用人正确导向，选优配强领导班子，选人用人满意度创历史新高，中层干部交流任职比例60%，中基层干部竞争性选拔比例68.9%，新提拔40岁以下中层干部比例40%。组建公司培训中心，开展全员素质能力提升，3人分获湖北工匠、技能大师、技术能手称号，成为包揽三大奖项的2家企业之一，1人获评全国青年岗位能手，1人作为集团公司唯一学员参加全国“青马工程”培训。举办十件大事和十人突出贡献人物评选等公司成立十周年系列活动，唱响“奋进新征程、建功新时代”主旋律。推进基层党建与中心工作相融互促，强化基层党支部书记基本功训练，推动各级党组织在企业经营发展稳定中发挥关键作用。坚持“三不腐”一体推进，发挥“大监督”效能，政治监督、“一把手”和领导班子监督切实加强，对所属单位党组织的巡察实现全覆盖，靠企吃企专项整治持续深化，风清气正的政治生态不断巩固发展，集团公司《监督工作动态》5次刊发公司经验做法。加强对外宣传和品牌建设，优势装备6次亮相央视，“中国石化机械”品牌对标在集团内部排名第七。推动事要解决，做好困难帮扶，完成特殊时期维稳保障任务，信访维稳综合评价得分跨入集团公司第一梯队。积极履行社会责任，认真落实产业帮扶、消费帮扶，石化机械公司获评湖北省乡村振兴工作突出派出单位。

（田治明）

【荣誉称号】 2022年，石化机械公司被评为集团公司2022年度网络安全和信息化工作先进单位、集团公司2022年度质量管理先进单位，“往复式天然气压缩机研发创新团队”被评为集团公司2022年度优秀创新团队。员工彭太锋、许诗友被评为中国石化劳动模范，龚成香获湖北省五一劳动奖章。

（田治明）

表1　石化机械公司主要经济指标　亿元

指标名称 \ 年份	2022	2021	2020	2019	2018	2017
总资产	99.40	81.20	82.00	88.60	78.40	70.00
净资产	30.50	20.00	19.60	19.50	19.20	19.00
固定资产	15.50	15.50	13.30	13.30	12.90	13.80
营业收入	77.50	69.50	62.10	65.60	49.20	40.00
利润总额	0.76	0.60	0.49	0.63	0.49	0.44

表2　石化机械公司主要产品指标

指标名称 \ 年份	2022	2021	2020	2019	2018	2017
机械产品吨位/万吨	34.30	33.90	18.60	35.80	38.50	24.50
设　备	1.80	2.10	1.50	1.60	1.10	0.90
设备配件及工具	2.40	1.70	2.10	1.60	1.40	1.10
钢　管	30.10	30.10	15.00	32.60	36.00	22.50
机械产品产量						
钻修设备/台（套）	36	87	47	32	56	42
固压设备/台（套）	271	301	323	227	145	118
钻头/只	29 713	27 037	25 081	29 354	32 306	31 001
天然气压缩机/台（套）	64	56	86	111	41	21

业务发展，有我助力。

凭借遍及全球的业务网络和根植本地的专业经验，
作为您忠诚的金融服务合作伙伴，
我们与您并肩前行，
共创充满机遇的新世界。

MIZUHO

www.mufg.jp/english

MUFG

龙合智能装备制造有限公司

智能无人装卸领军企业

龙合智能装备制造有限公司系一家集自主研发、高端制造、营销服务为一体的现代化企业，国家AAA级信用企业，注册资金9000万元人民币，员工468人，占地面积近100亩（6.67万平方米），高精尖设备约100余台（套）。公司主营业务为智能仓储无人装卸车系统的研发、生产、销售、租赁、服务等。

龙合智能拥有完整的设计研发、生产制造和质量保障体系，通过了GB/T29490-2013、OHSAS18001、ISO3834-2、ISO9001、ISO140001等多项体系认证。公司是国家高新技术企业、中国工业示范单位、国家第一批重点专精特新小巨人企业、全国工业车辆标准化技术委员会属具工作组召集单位、全国仓储物流设备标准化委员会委员、国家级服务型制造示范企业、福建省科技型企业和福建省知识产权优势企业。

龙合智能与中国航天科技集团第五研究院、清华大学天津高端装备院、福州大学等科研院校建立有产学研合作关系，拥有强大的研发能力及高精尖人才储备；龙合智能公司拥有299件国家专利（其中发明专利43项），并且获73项软件著作权，产品拥有完全的自主知识产权。研发设计的“智能无人装卸系统”荣获全国第二届智能制造创新大赛二等奖；2020—2022年公司和中石化宁波新材料研究院持续科研战略合作，共同就“绿色石化物流技术”深度研究。公司产品已成功应用于中石化宁波镇海炼化公司，并且以平板车智能无人装卸系统亮相央视财经频道，18分钟完成27吨智能化、无人化装卸，获央视、行业权威专家和客户的高度认可。

全国第二届智能制造创新大赛二等奖

中石化宁波新材料研究院签署协议

“灵空”智能无人装卸系统亮相央视

上海化学工业经济技术开发区

化工区鸟瞰图

上海化学工业经济技术开发区是国家级经济技术开发区，位于杭州湾北岸，规划面积 29.4 平方千米，是以石油化工为主导产业的专业开发区，建成以乙烯为龙头的循环经济产业链、以化工新材料为特色的高端产业集群，成为全国集聚知名跨国化工企业最多、主导产业产品链关联度高、安全环保管理严格、资源循环利用水平领先的化工园区，是国务院规划的国家七大石化产业基地之一，被评为国家新型工业化产业示范基地、国家生态工业示范园区、国家低碳工业园区试点单位、中国智慧化工园区试点示范单位，连续多年排名全国化工园区榜首。2022 年，化工区（包括金山、奉贤分区）共完成工业总产值 1504.87 亿元，销售收入 1675.63 亿元；引进项目投资 195.89 亿元，完成固定资产投资 67.72 亿元；园区企业实现利润 106.10 亿元，上缴税金 118.50 亿元；万元产值能耗 0.621 吨标准煤。截至 2022 年底，化工区累计批准项目总投资 349.63 亿美元，累计完成固定资产投资 1648.18 亿元。

科思创上海一体化基地 Deacon II 工厂

高桥石化苯酚丙酮装置

华谊集团丙烯酸及酯装置

巴斯夫生产装置

上海化工区生态湿地

上海赛科乙烯装置

地址：上海市目华路 201 号　电话：021-67120000　传真：021-67122222　邮编：201507

提供高性能、高价值的二氧化碳产业化应用方案

公司简介

杭州普力材料科技有限公司成立于2017年，以二氧化碳高价值利用技术为核心竞争力，致力于成为全球二氧化碳合成材料龙头生产商，为中国提供高性能的碳中和材料解决方案。公司拥有自主研发的利用二氧化碳合成化工材料的催化合成技术及生产工艺，可在合成材料中引入超过30%的二氧化碳，在降低石油基原料使用的同时降低二氧化碳排放，达到碳中和的效果的同时创造极高的经济价值。

产业布局

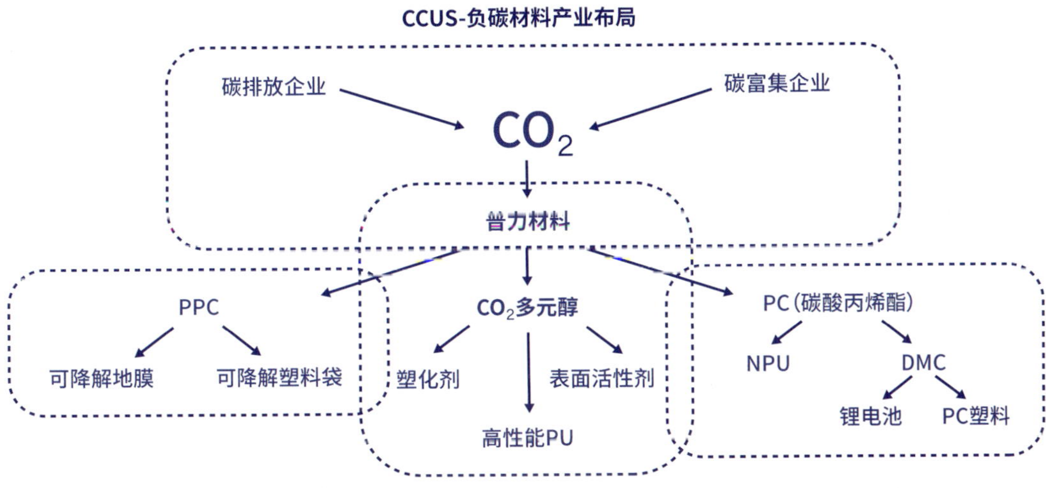

公司开发的二氧化碳材料可应用于胶黏剂、人造革、水性涂料、发泡材料、弹性体、可降解地膜、可降解塑料袋等领域，涵盖了建筑、家具家装、汽车、鞋材服饰、保温、包装等行业。特别是在新能源行业当中有着极其广泛的应用，包括锂电池电解液、电池正负极胶黏剂以及太阳能背板胶。

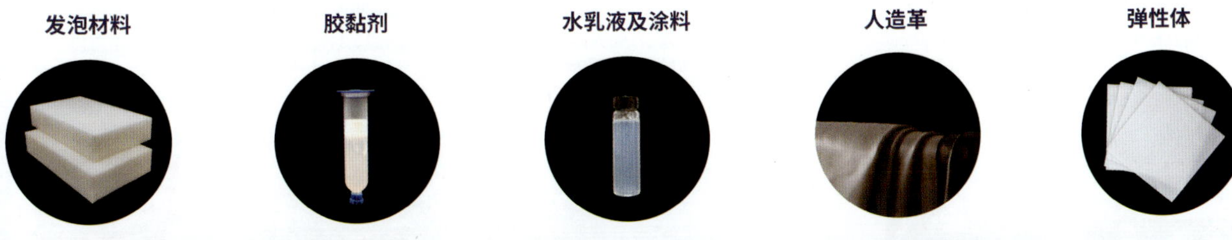

联系我们

杭州普力材料科技有限公司

地址：杭州市余杭区良渚大学科技园十号楼

邮箱：maohbzju@163.com

电话：13656718134 ；15924176959

普力工厂

湖北长江石化设备有限公司是从事石油化工设备研发、设计与制造的高新技术企业，注册资本10080万元。

公司占地面积400余亩（26.67万平方米），车间及办公建筑面积12万平方米，主要生产各种材质的换热器、空冷器，塔器、容器，无缝钢管，塔内件、填料等石化设备和配件产品。

公司是中国石化集团公司资源市场成员，中国石化股份公司换热器、空冷器总部集中采购主力供货商，中国石油天然气集团公司一级物质供应商，中海石油炼化有限责任公司主力供应商，中国工业防腐蚀技术协会会员单位，全国锅炉压力容器标准化技术委员会热交换器分技术委员会会员单位，美国HTRI会员单位。

西安西电新能源有限公司

大同经济开发区多能互补集成优化示范工程配套左云县50MW风力发电项目

西安西电新能源有限公司（以下简称西电新能源）成立于2016年6月，隶属于中国电气装备集团下属的子集团中国西电集团有限公司（以下简称中国西电集团），是中国西电集团新能源业务的专业平台企业，具有电力工程施工总承包（二级）、承装（修、试）电力设施许可证（三级）等资质。公司注册资本金6亿元，2022年销售收入23.5亿元。

甘肃金昌潮水山100MW风电项目

西电新能源依托中国西电集团输变电装备技术研发、制造能力，充分发挥品牌、资金等央企优势，以风力发电、太阳能发电为主的新能源项目开发、投资、建设、运营为主要业务，为客户提供商业解决方案、系统解决方案、工程及服务解决方案，致力于成为新能源领域国内一流的系统解决方案服务商。

广西崇左宁明桐棉50MW+50MW风电项目

安徽两淮颍上130MW领跑者水面光伏发电项目

西电新能源通过与“五大六小”、中国石油、中国石化、中国电建、中国南水北调等央企，申能、浙能、粤电等地方国企对标与合作，项目开发建设遍及全国16个省市，项目装机容量累计超过3吉瓦，项目业务涉及农光互补、渔光互补、分散式风电、调峰调频、增量配网、综合能源、储能等业务领域。近五年，公司营业收入年均复合增长率超过60%，是中国西电集团从输配电产品供应商到智慧电气解决方案服务商转型升级的重要力量，是中国西电集团“五大核心业务”之一。

放眼未来，在新能源行业高速发展东风助力下，西电新能源将抢抓双碳目标带来的发展重大战略机遇期，全力推动业务规模实现倍增式发展，持续为客户、股东、员工和社会创造最大价值，为国家双碳目标的实现作出更大贡献。

三峡新能源淳化100MW光伏项目

扬子石化25MW分布式光伏发电项目

中车西安车辆有限公司企业简介

中车西安车辆有限公司是中国中车旗下中车长江运输设备集团有限公司的全资子公司，是我国铁路罐车设计制造的龙头企业、铁路罐车行业标准的制定者，是国内铁路罐车和罐式集装箱研发制造基地，西北最大的铁路货车造修、铁路客车检修基地，国内最大的铁路危化品运输服务第三方物流企业，国内拥有C1、C2级移动式压力容器设计、制造资质的大型工业企业，也是西北地区城轨车辆组装检修基地。

中车西安公司始建于1938年，位于陕西省西安市，占地约1100余亩，在岗员工2600余人，其中专业技术人员270余人，高级工程师111人，正高级工程师16人。公司先后历经了“铁道部三桥车辆工厂”“西安车辆厂”“中国北车集团西安车辆厂”等多个发展时期，主营业务覆盖传统轨道装备、化工运储装备、车辆租赁服务、城市及旅游轨道装备、多式联运装备等五大板块。

深耕轨道交通运输装备行业八十余载，公司打造了国内一流水平的铁路罐车生产线和先进的敞车、平车、棚车生产线，加速升级可满足罐式集装箱、低温运储装备等产品的数字化生产线。在“做强做精传统产业、做优做大新兴产业”双主战略引领下，充分发挥核心技术优势，加快新产品关键技术研发，相继推进了黄磷（磷酸）、浓硫酸、乙二醇、食用油等品种罐箱和抑尘洒水装置的研发，以及城轨车辆组装等项目，持续拓宽公司产品谱系，提升核心竞争力。公司拥有产品研发省级技术中心，是中国铁路罐车型号合格证的主要持证企业，累计研发各型铁路罐车170余种，为中国铁路研发了90%以上的铁路罐车装备。制造各型铁路罐车10余万辆，罐车产品出口至亚洲、欧洲、非洲和澳洲十余个国家。

秉承“真诚 精进 求实”企业文化行动纲领，在“贡献 创新 工匠 绩效”企业精神和“有效性”核心理念引领下，公司坚持“守正创新，稳中求进”发展总思路，全力推进“数字化、高端化、国际化、协同化”发展，积极践行绿色低碳理念，致力于“成为受人尊敬的运储装备制造及服务企业”。多次荣获中国中车、中车长江集团“突出进步奖”“突出贡献奖”“特别贡献奖”和“陕西省百强企业”“西安市百强企业”“西咸新区突出贡献企业”等荣誉称号。

面向未来，中车西安公司将着力打造覆盖铁路、城轨、多式联运和化工运储及商贸一体的多元化发展新格局，竭诚服务用户，共创双赢发展良好局面。

GL70型沥青罐车

该车采用无中梁结构。主要由罐体装配、牵枕装配、加热及排油装置、车钩缓冲装置、制动装置、转向架及安全附件等部件组成。采用助开式人孔，不锈钢弹簧及阀芯的A41X型呼吸式安全阀;采用17型E级钢车钩、大容量缓冲器、KZW-A型空重车自动调整装置、NSW型手制动机和不锈钢制动配件管系以及转K6型转向架，提高了技术性能，确保商业运营速度120km/h。

GYA70S型低压液化气罐车

该车采用无中梁结构。主要由罐体装配、加排装置、牵枕装配、侧梯及走台装配。制动装置、车钩缓冲装置、转向架等部件组成。采用17型E级钢车钩、大容量缓冲器、KZW-A型空重车自动调整装置、NSW型手制动机和不锈钢制动配件管系以及转K6型转向架(大自重车体用)，提高了技术性能，确保商业运营度120km/h。车体二位端设有押运间，满足人员押运的规定要求。

GQ70型轻油罐车

该车采用无中梁结构。主要由罐体装配、牵枕装配、车钩缓冲装置、制动装置、转向架及安全附件等组成。采用助开式人孔，不锈钢弹簧及阀芯的A41X型呼吸式安全阀；采用17型E级钢车钩、大容量缓冲器、KZW-A型空重车自动调整装置、NSW型手制动机和不锈钢制动配件管系以及转K6型或转K5型转向架，提高了技术性能，确保商业运营速度达120km/h。

GN70（GN70H）型粘油罐车

该车采用无中梁结构。主要由罐体装配、牵枕装配、加热及排油装置、车钩缓冲装置、制动装置、转向架及安全附件等部件组成。采用助开式人孔，不锈钢弹簧及阀芯的A41X型呼吸式安全阀；采用17型E级钢车钩、大容量缓冲器、KZW-A型空重车自动调整装置、NSW型手制动机和不锈钢制动配件管系以及转K6型或转K5型转向架，提高了技术性能，确保商业运营速度120km/h。

GW70A型食用油罐车

该车为有中梁结构。主要由罐体装配、底架装配、底架附属件、罐与底架装配、加温套、侧梯及走台、风手制动装置、钩缓冲装置、转向架等组成，采用A41X型呼吸式安全阀及配套安全防盗罩；采用17型E级钢车钩、大容量缓冲器、KZW—A型空重车自动调整装置、NSW型手制动机和不锈钢制动配件管系以及转K6型转向架，提高了技术性能，确保商业运营速度达120km/h。

出口澳大利亚柴油罐车

该车采用无中梁结构。主要由罐体装配、牵枕装配、车钩缓冲装置、制动装置、转向架及安全附件等组成。采用直径为750毫米的人孔，A-2085型安全阀；采用F型车钩、MINER SL-76型缓冲器、ELX-B 40%比例的空重车阀、1900-1型手制动机和不锈钢制动配件管系以及32.5吨轴重三大件控制型转向架，提高了技术性能，确保了商业运营速度80公里/小时。

C70E（C70EH）型通用敞车

该车主要由车体、车钩缓冲装置、制动装置及转向架等组成。采用17型E级钢车钩、大容量缓冲器、KZW-A型空重车自动调整装置、NSW型手制动、K6（K5）型转向架，提高了技术性能，商业运行速度120公里/小时。

T85型液氢运输加注车

该车为低温绝热移动式压力容器铁路罐车。用于直接向火箭液氢贮箱加注、补加和卸出液氢；长途运输或短期贮存液氢；向其他设备转注液氢。该车各项技术指标、性能结构均达到同类产品国际先进水平。

地址：中国西安三桥建章路
Add: Jianzhang Road,Sanqiao,Xi' an,China
电话：029-82369253 82369225
Rail Tel: 86-029-82369253 82369225
路电：055-69253 69225
Railway Tel: 055-69253 69225
传真：029-82367111
Fax: 029-82367111
网址：www.crrcgc.cc/xa
Web Site: www.crrcgc.cc/xa
邮编：710086
Post Code: 710086

茂名瑞派石化工程有限公司

MAOMING R&P PETROCHEMICAL ENGINEERING CO.,LTD.

新疆宣力环保能源有限公司50万吨/年煤焦油加氢项目预处理装置
（2016年建成，获新疆维吾尔自治区科技进步一等奖）

茂名瑞派石化工程有限公司，前身是中国石化茂名石化公司下属单位——茂名石化工程公司（茂名石化设计院）。公司成立于1963年，2005年12月改制成为有限责任公司，至今已有60年独立承担工程设计、技术咨询业务的历史。持有化工石化医药行业甲级和石油天然气（海洋石油）行业（油气库）专业甲级《工程设计资质证书》，石油天然气（海洋石油）行业管道输送乙级和建筑行业建筑工程乙级《工程设计资质证书》，《特种设备生产许可证（压力容器设计、压力管道设计）》《工程咨询单位甲级资信证书》，QHSE管理体系认证证书。为国家高新技术企业，广东省石化设计工程技术研究中心依托单位。

公司技术力量雄厚，专业配备齐全。现有职工400多人，专业技术人员340多人，各类注册资格人员90人。在北京、广州、惠州、北海、湛江、洋浦设有分公司。

正在建设中的博贺新港至茂名油品管道项目EPC总承包工程
（计划2024年3月建成中交）

公司出色地完成了中国石化属下茂名石化、福建联合石化、镇海炼化、北海炼化、中科炼化、海南炼化、高桥石化及燕山石化等企业上百套炼油、化工、润滑油生产装置，油品和化工品储罐、长输管道、循环水场等配套项目，以及连云港卫星石化等企业的设计或EPC总承包任务，业务遍布广东、北京、上海、湖北、山东、云南、浙江、江苏、新疆、四川等21个省区市。获国家优秀软件金奖、国家工程建设质量银奖、全国发明展览会铜奖、国家优秀科技成果奖等多个奖项，获中国石化集团公司、广东省、新疆维吾尔自治区等的优秀设计奖、科技进步奖、优质工程奖一批；取得国家发明专利等50多项。

公司长期服务于中国石化，熟悉中国石化工程建设管理制度，适应严格的工程建设管理要求。公司业务范围不断拓展，业务能力不断提高，可为石化、化工企业提供优质的基建、改造、技措、维修等工程咨询、设计服务和工程EPC总承包服务。

茂名石化300万吨/年柴油加氢装置
（2013年建成，获中国石化优秀设计二等奖）

茂名北山岭原油商业储备基地项目EPC总承包工程
（2011年建成，获中国石化优质工程奖）

海南炼化100万吨/年乙烯及炼油改扩建项目
工区循环水场EPC总承包工程（2022年建成）

连云港卫星石化10万吨/年乙醇胺装置
（2023年建成）

湛江中科炼化12万吨/年丁二烯抽提
装置EPC总承包工程（2020年建成）

茂名石化50万吨/年干气回收富乙烷气装置
（2018年建成，获中国石化优质工程奖）

茂名石化55万吨/年芳烃抽提装置
（2017年建成，获中国石化优质工程奖）

济南瑞东实业有限公司

济南瑞东实业有限公司是一家为石油炼化行业提供优质化工助剂和专业技术服务的高科技公司。公司创立于2002年，注册资本7000万元。公司拥有一批多年从事炼化研究、生产及工程的中高级科技人员，与石油大学（华东）、中石化石油化工科学研究院有限公司、中石化（大连）石油化工研究院有限公司建立了紧密的技术合作关系并取得了一定的合作成果。

通过多年的发展，瑞东公司目前从事油垢清洗、环保综合治理、硫化亚铁防护、大型铬钼钢设备“披挂式”保温、催化剂装卸及重整催化剂物理分级、机械清罐等专业技术服务；同时提供炼油助剂、油品添加剂、炼油催化剂、装置停工清洗剂、水质添加剂等五个系列20多种产品。公司现有八套生产装置和六套辅助设施，年生产能力10000吨。

RUIDONG INDUSTRIA

质量管理体系认证证书 济南瑞东实业有限公司

HSE管理体系认证证书 济南瑞东实业有限公司

环境管理体系认证证书 济南瑞东实业有限公司

职业健康安全管理体系认证证书 济南瑞东实业有限公司

职业健康安全管理体系认证证书 济南瑞东实业有限公司

瑞东公司通过多年研发，开发了多种绿色环保停工技术，通过全装置“免吹扫清洗技术”和移动式VOCs综合治理技术等，真正实现了炼化装置停工过程中“气不上天、油不落地”，改变了传统的停工方式。该技术已成功应用在中石化上海石化、扬子石化、青岛炼化等大型炼化企业的百余套装置上，其中包括常减压、催化裂化、焦化、重油加氢等装置，并得到了业主的一致好评。

瑞东公司以创新为导向，以安全环保为中心，以人才为资本，以一流品质为前提，为炼化企业提供优质的产品和技术服务。无论现在还是未来，瑞东公司将始终坚持以更安全、更环保、更先进为理念，不断寻求进步与发展，为炼化行业贡献自己的一份力量！

诚实互信　致力共赢
致力于打造信赖的
合作关系

国龙再生资源发展有限公司

国龙再生资源发展有限公司（简称国龙公司）位于广西梧州进口再生资源园区，是一家创新型再生资源企业。国龙公司立足于废塑料的综合回收利用事业，是中国乃至全球首家实现废塑料回收-清洗-瓶片-造粒-产品-销售的全产业链闭环发展模式企业。其主要经营再生PET项目、再生HDPE项目、再生PP项目、再生ABS项目，始终坚持产品质量和安全第一的经营宗旨。

国龙公司设备精良，技术力量雄厚，全线引进行业内最先进的设备与技术，生产工艺技术和再生材料产品已获得多项国际认证。

国龙公司与中国石化集团建立和延续了牢固的合作关系，这其中包括与梧州中石化合作建设的再生塑料回收综合利用示范点——“瓶瓶屋”项目。该项目践行碳达峰碳中和战略行动，利用中国石化加油站网络回收机油瓶、尿素桶及饮料瓶等废塑料回收再利用。将废旧塑料进行专项回收，打包运往国龙工厂进行清洗、破碎、再利用，助推梧州市垃圾分类工作有序开展及可回收物资源的高效回收和利用。

国龙公司与梧州市第一中学携手合作开展建设回收网点“瓶瓶屋”将垃圾分类工作与公益爱心助学有机结合。通过校企合作，将变卖用于学校爱心送早餐活动，这有效地培养了学生的垃圾分类和再生资源再利用意识，为创设美好环境共出一份力。

国龙再生资源公司董事长：郭家万

与此同时，中国石化销售有限公司江苏分公司作为再生材料市场开拓及销售的主要牵头单位与国龙公司签署了战略合作协议，独家代理销售其聚烯烃再生料产品。国龙公司与中国石化的合作减少了二氧化碳排放量，极大地推动了绿色低碳循环的可持续发展。

相信在碳达峰碳中和的目标驱动下，中国石化和国龙公司能够充分发挥强大的本土优势、资源优势和技术优势，不断推动双方优势互补，实现共赢发展。

梧州中国石化合作“瓶瓶屋”项目正式启动

中国石化集团领导到我司参观考察

REFIRE

重塑能源

关于重塑能源

上海重塑能源集团股份有限公司（下称重塑能源）成立于2015年9月，总部位于中国上海，专注于氢能科技领域的技术研发及产品开发、氢能产业生态构建以及规模化商业应用的推广，是全球领先的全场景氢能科技解决方案提供商。

秉持“持续构建企业竞争力，成为全球领先的氢能科技企业，用氢能科技创造可持续发展未来”的宗旨，重塑能源通过8年的开拓与探索，形成了在氢能装备和燃料电池业务领域的全产业链关键技术布局，在上海和温哥华设有研发中心，在江苏常熟、浙江嘉兴、湖南常德建有规模化的产品制造基地，在上海、江苏、广东、河南等地建立了完善的售后服务体系。秉持生态思维，公司与中国石化、一汽解放集团、正泰集团、杭叉集团、杜邦、庄信万丰、有研集团、大陆、舍弗勒、丰田汽车等国内外知名企业建立了战略合作关系。发展至今，公司获得了中国石化资本、国家制造业升级转型基金、一汽解放集团、宇通集团、丰田通商、红杉资本、高瓴资本等产业资本和知名机构的投资。

通过旗下电力系统事业部的持续发展，重塑能源实现了燃料电池电堆、膜电极、双极板、氢循环系统、升压转换器等关键部件的自主开发和规模化生产能力，是为数不多打通材料-部件-产品-应用全链条的氢能科技企业。通过自主创新和技术迭代，重塑能源的燃料电池产品持续精进，系统功率、功率密度、使用寿命、环境适应性等核心指标保持行业领先，助力燃料电池持续向技术可靠、性能稳定、安全性强、经济性好的方向迈进。

基于在燃料电池领域所积累的技术研发、规模化生产、质量管理、客户需求洞察、产业生态圈构建等综合能力，重塑能源通过旗下氢能装备事业部向氢能产业上游进行业务延伸和技术创新，实现了质子交换膜（PEM）及碱性（ALK）电解水制氢装备及核心零部件的自主开发能力，并逐步构建规模化生产能力，成为业内为数不多具备双技术路线氢能装备自主化能力的企业。目前重塑能源已自主完成100Nm^3/h的PEM纯水电解制氢系统、250Nm^3/h兆瓦级PEM纯水电解槽、PEM制氢膜电极、ALK电解槽先进电极和制氢电源产品的开发，两代高质量ALK电解槽先进电极产品已投入市场应用。

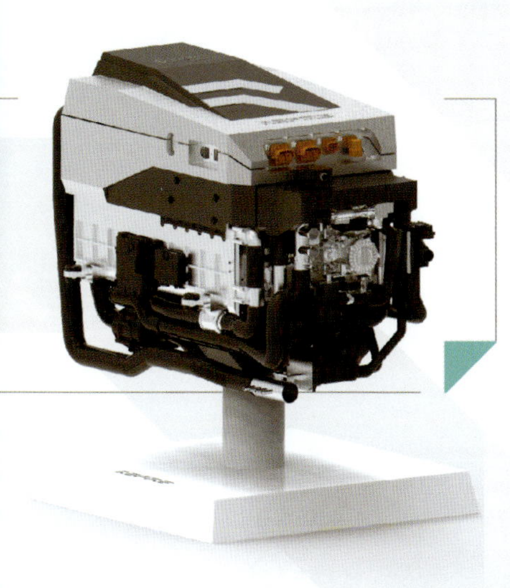

截至目前，重塑能源的业务覆盖中国20省34市，以及德国、瑞士、克罗地亚、日本、马来西亚等海外市场；产品与技术已应用于汽车、船舶、工程机械、物料搬运、分布式发电、绿氢制取、离网超充等多元化领域，并在车用领域累计部署燃料电池汽车超4000辆、行驶里程数超1.4亿千米、帮助减少碳排放超8.3万吨。

重塑集团是国家动力电池创新中心燃料电池分中心的依托单位，担任中国汽车动力电池产业创新联盟燃料电池分会理事长单位，与长城汽车、潍柴动力、国家能源集团、中国石化共同成为首批加入国际氢能委员会（Hydrogen Council）的中国企业。近年来，重塑集团陆续获得了由国家发改委认定的“国家企业技术中心”、国家工信部认定的第二批国家级专精特新“小巨人”企业、第六批“制造业单项冠军企业”、“国家知识产权优势企业”、上海市燃料电池制造业创新中心、2021上海市燃料电池系统技术创新中心等国家和市级企业称号，获得了“中国汽车工业科学技术奖”一等奖、“中国机械工业科学技术奖”一等奖、2022上海市硬核科技企业TOP100、2022上海市产学研合作优秀项目一等奖、2022上海市科技进步一等奖等企业荣誉。由重塑集团自主开发的大功率燃料电池供能装备被列为国家能源局2021能源领域首台（套）重大技术装备项目；重塑科技作为牵头单位，携手产业伙伴共同承担了科技部国家重点研发计划2022年度“新能源汽车”重点专项—“商用车用大功率长寿命燃料电池电堆及发动机技术”，持续引领行业突破核心技术难题。

瑞祥商联卡：

多用途预付卡覆盖生活众多领域
持续服务企业客户超30万家

瑞祥白金卡：

品牌卡券在线兑换 便捷消费
个性定制卡样 支持空中充值

瑞祥黑金卡：

瑞祥全球购线上线下便捷支付
个性定制 众多会员优惠活动

瑞祥全球购新零售门店：

线下体验店300余家
高端定制化礼品之家门店
赋予用户全新的礼品选购体验

泽普林固体物料技术（上海）有限公司

——物料处理系统行业领导者

泽普林集团（Zeppelin GmbH）创立于1950年，由生产出世界上第一台硬式飞艇的齐柏林飞艇制造有限公司发展而来。现已成为行业内具有领先实力的物料处理系统供应商和开拓者，业务覆盖石油化工、轮胎橡胶、塑料加工、食品加工工厂等领域。

1988—1998年，为加强在国际设备制造市场上的运作，泽普林（Zeppelin）在石油化工的主要市场（比利时、意大利、印度、新加坡、美国）创立了分公司。目前，泽普林集团已经在五大洲建立了分公司。

自1992年至今，泽普林分别收购了AVT设备和销售技术有限公司、Motan Materials Handling有限公司、mht Ludwigsburg公司、FAT Filtertechnik公司、Reimelt-Henschel公司和KOKEISL-Dosiertechnik公司，使得集团全面跨入PVC加工和配混市场，掌握了固体物料技术设备制造核心领域的气力输送技术，具备了橡胶加工和塑料配混方面的专业能力，可以建立自己的过滤技术产品线用以开发生产工艺中的过滤器特种用途，进一步增强了在计量技术领域的专业能力；并将之前的业务领域扩展到食品加工技术、混合技术和液体加工技术。

2010年，为适应需求逐渐旺盛的石油化工行业与不断发展的中国市场，泽普林固体物料技术（上海）有限公司成立。

泽普林固体物料技术（上海）有限公司位于上海市嘉定区，拥有强大的工程设计团队和先进的产品制造能，形成了销售-工程设计-制造-安装运行-售后服务一套完整的组织架构。以大型聚烯烃固体物料气流输送系统设计以及成套设备供货为主，兼顾化工行业其他固体物料处理工程系统和各种其他小型工程系统及配套能力。自主开发制造相关配套非标设备，并且形成了系列化和规模化。截至2022年底，泽普林上海公司在国内各地交付运行或即将交付运行的大型风送装置已达百余套，各类大型料仓总计超过1000台。并与中国石化集团公司等其他众多大型石油化工类企业建立了良好合作关系。

目前，泽普林固体物料技术（上海）有限公司主营固体物料输送、混合、分离、除尘等系统成套设计、供货以及对旧装置设备进行全方面升级优化，装置生产上的消缺改造业务，以及料仓设计及制造、物料清洁单元、冷却器、气体调节装置AQU、旋风分离除尘器、固体物料掺混和均化设备核心部件设计及制造、各类过滤元件、倒袋设备和卸袋设备、混料机和摇罐器及其他非标设备。

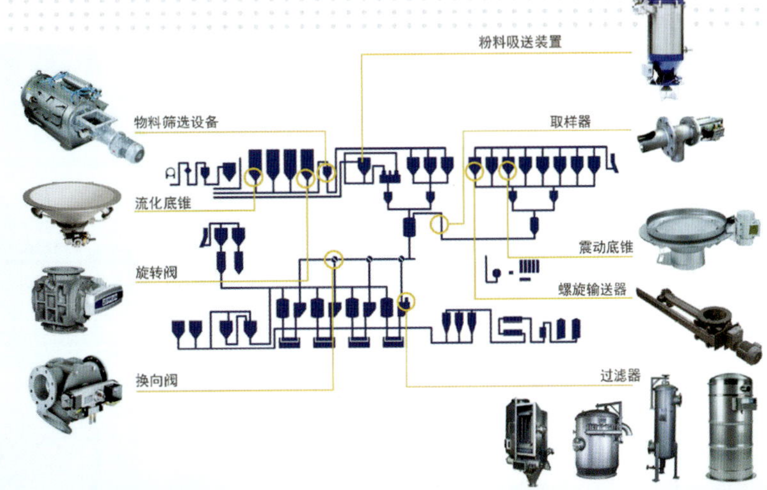

此外，为更好的提供客户服务，泽普林固体物料技术（上海）有限公司在以上海为中心的全国几大片区均建有售后服务中心（新疆地区办事处，陕西、内蒙地区办事处，东北地区办事处，华东、华南地区办事处），可以及时对用户提供快速反应及优质的现场服务。我司可在收到贵公司售后要求后24小时内到达现场提供现场服务及保修期服务。

成立以来，泽普林始终秉承着精益求精、客户至上的经营理念，以匠心生产每一个产品。在未来，我们仍将秉承初心，在固体物料技术领域中开拓出新的天地。

成都华川油建工程建设有限公司

成都华川油建工程建设有限公司，石油化工施工总承包一级单位，成立于2018年，注册资金5000万元，国际标准化组织（ISO）标准QES标准系统实施企业。

公司拥有一支能打胜仗的管理团队，深耕行业多年，深谙行业规则，沉淀了一批技术过硬的施工专业技术队伍，团队达500人以上（建造师、质检员、技术员、安全员及焊工、电工等各种特种作业人员齐备），年产值达约3亿元人民币。

“成就客户！提供最具竞争力的产品和服务”是我们的使命！公司立足新疆塔河油田，未来将为更广阔区域的客户提供价值。华川人不断进取和价值付出，斩获的荣誉（部分）：

中国石油化工股份有限公司西北油田分公司重点工程建设项目经理部2022年度质量管理先进单位；

中国石油化工股份有限公司西北油田分公司采油四厂优秀承包商；

中国石油化工股份有限公司西北油田分公司采油二厂优秀承包商；

2023年中国石油化工股份有限公司西北油田分公司地面工程管道安装业务竞赛最佳组织奖；

2023年中国石油化工股份有限公司西北油田分公司地面工程管道安装业务竞赛团体一等奖等……

“绿水青山就是金山银山”华川油建在经营过程中，尊崇规律，敬畏规则，注重环保和生态文明建设,与各族人民和睦共处，和谐共生

华川人遵循“敬畏客户！诚信，担当，高效”的核心价值观。公司投资兴建了标准的办公大楼，极大地改善了员工的办公生活环提升了归属感，激发了员工的工作热情。

公司硬件施工机械设备、工器具齐全，新建了塔河油田大型预制车间，预制件可为各类型石油化工新建工程、检修抢维等提供快便的服务。公司坚持自主创新，研发出自主研发的爬行器发电机，大大提升了沙漠恶劣环境下，作业的效率、质量，改善了环境。

“十年树木，百年树人”。公司建立了有竞争力的薪酬等激励机制，系统性地消除了员工的后顾之忧，让员工感到安心、舒心！工在平台上富有激情地奋斗与创造。建立起了全方位的人才培养体系，实现公司战略与个人战略一体化。培养员工敬业、职业、专神，德才兼备。

“雄关漫道真如铁，而今迈步从头越”，华川油建践行核心价值观，为客户创造价值！

承蒙不弃，华川油建愿与您一道，携手共建美好明天！

四川中泽油田技术服务有限责任公司

担当作为奉献石化 混改引领行稳致远

四川中泽油田技术服务有限责任公司（以下简称公司）于2016年1月在成都市高新区成立，是中国石油化工集团公司参股组建的混合所有制油气田专业技术服务公司。

公司整体构建了油气化工领域高端人才服务、油气工程技术一体化服务、能源化工投资服务三大板块协同发展的业务格局，覆盖钻井工程、地质录井、钻前钻后、油气采输、管道巡护及勘探开发相关领域，具备高压、高含硫气田采输、净化作业和稠油开采的运行能力。

以服务为本，打造优质品牌。公司国内项目主要分布在川、渝、滇、湘、陕、甘、新等地，国外项目主要分布在科威特、沙特等地。先后与中国石化、中国石油、国家管网下属45家单位建立了良好的合作伙伴关系。先后成功入库国家规上企业、四川省市场经济诚信建设促进会“四川省诚信示范企业”、成都市“小巨人”企业、成都市高新区瞪羚企业，荣获成都市安监局安康杯竞赛优胜单位、高新区先进党组织等称号。

以服务为本，掌握核心技术。公司坚持科技创新，与中国石化西南工程公司合作开发“新型包覆型裂缝转向暂堵剂研制及小试技术研究”“超深井钻井风险监控预警系统研发”等科技创新项目，与科研机构联合研发“智能柱塞排水采气”项目，许可推广四川省科学技术发明类一等奖“中石化集团机械编码式全通径无级滑套技术”，具有成熟的智能柱塞气举、槽车气举、井下节流、动态监测、增压开采等工艺。公司有国家新型实用专利32项，完成科研项目8项，QC成果18项，获得独家授权许可技术2项。

以服务为本，建设专业团队。公司拥有一支高素质员工队伍，其中石油工程、资源勘查工程、油气储运工程等主干专业大学生达50%；管理、技能、技术三类人才济济，有国家发明专利银质奖暨中石化发明专利一等奖1人，全国五一劳动奖章获得者1人、四川省五一劳动奖章获得者3人、成都市五一劳动奖章获得者1人，四川工匠1人、成都工匠8人、高新工匠16人，中泽工匠28人。

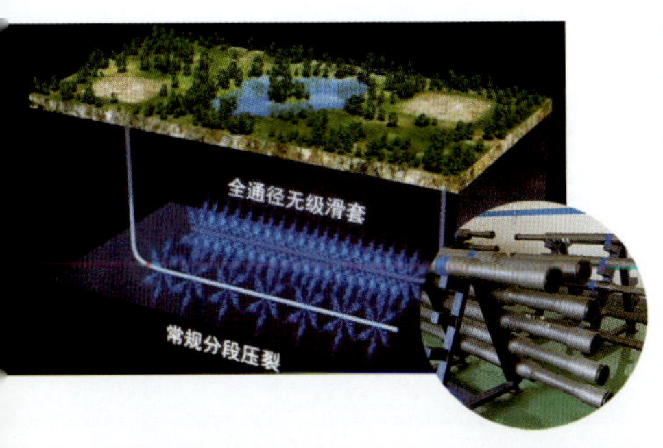

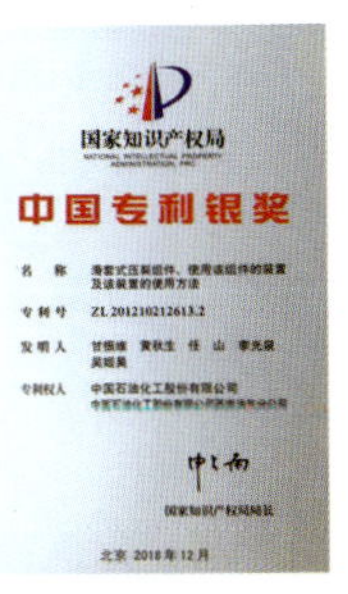

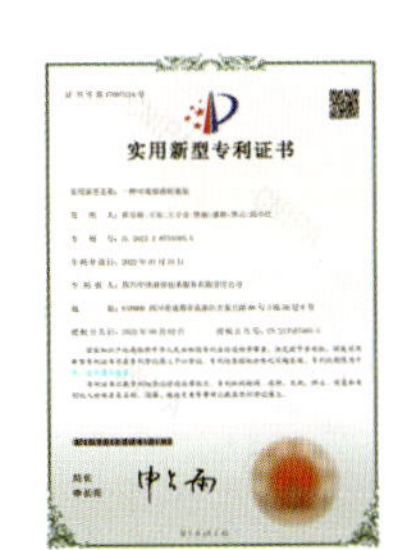

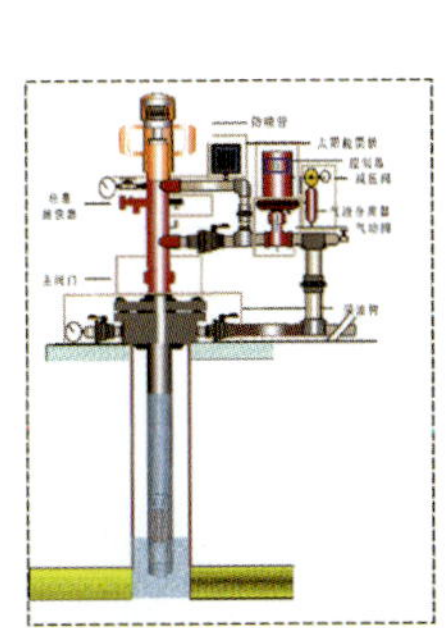

CSG科大智能

股票代码：300222

科大智能电气技术有限公司

科大智能源于中国科学技术大学，成立于2002年，于2011年在深交所创业板挂牌上市（股票代码：300222）。公司依托在智能电网领域的20年研发经验，以**"数字能源"**和**"数字工业"**两大业务载体，积极布局以**"源、网、荷、储"**为核心的新能源领域和围绕高端装备制造业的工业互联网领域。

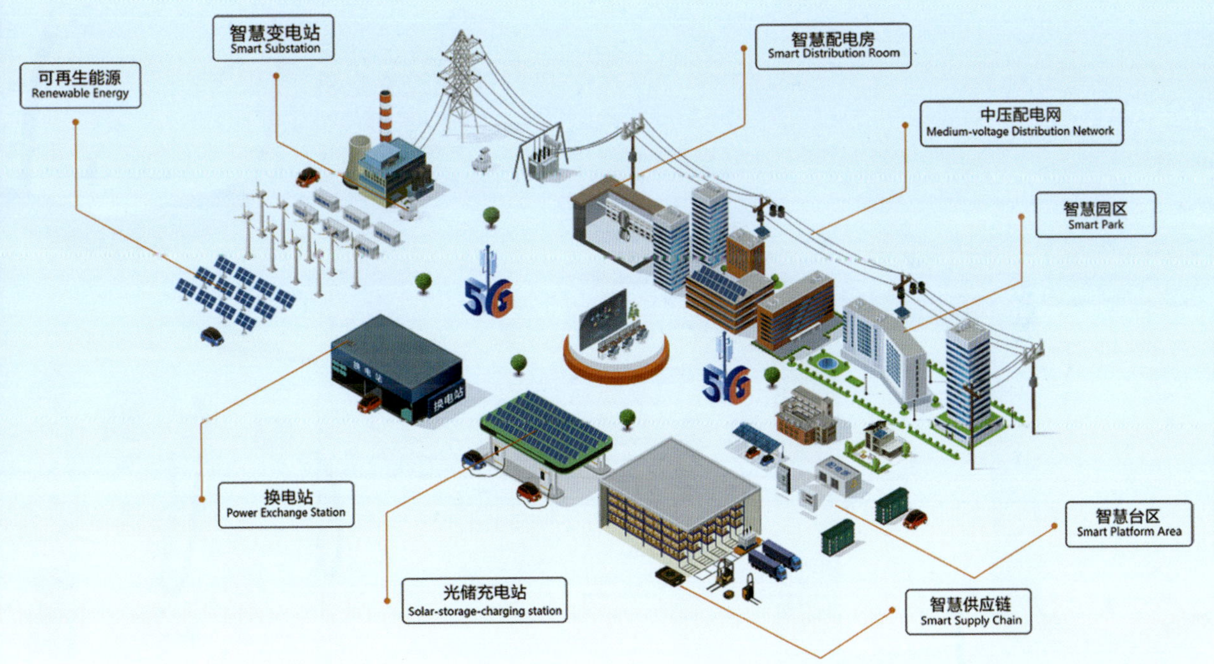

在数字能源领域，公司自主研发了包括随车交流桩、直流充电桩、液冷超充桩、换电站、智慧充电运营管理平台等充换电全系列产品；同时具备储能变流器、储能电池PACK、储能系统集成自主研发设计及生产能力，户用储能出口多个国家，工商业储能在钢铁、冶金等行业实现应用。基于公司在新能源领域的相关产品和解决方案的布局，目前已具备构建光储充换检一体化综合能源解决方案新模式，"光伏发电、电池储能、电桩充电、汽车换电、电池检测"多种功能为一体的"光储充换检"综合能源港，既能够加大园区光伏的消纳能力，在不改变园区配电系统的基础上增容扩容，通过有序充换电及储能配合，提升园区整体的运营效率，打造"生产、储存、消纳、再利用"的循环生态链。

在数字工业领域，公司作为国内高端智能装备制造领域的领先企业，深耕非标定制化智能装备、机器人核心技术的研发、应用，在相关方案设计、模拟仿真、工艺创新等关键环节形成深厚行业经验积累和技术沉淀，能够为高端制造业领域下游客户配套符合实际生产要求的非标定制化装备及智能化生产线，产品主要涵盖机械手、AGV移动机器人及AGV+解决方案、智能巡检机器人、堆垛机等。

科大智能将坚守"智能科技、智慧未来"的企业愿景，为未来能源应用新场景打造开创性的解决方案，用创新力量助推产业升级。

企业简介

杭州中恒电气股份有限公司（股票代码：002364）是一家专注于零碳智能社会建设的数字能源公司。公司聚焦绿色ICT基础设施、低碳交通、新型电力系统及综合能源服务四大领域构筑数字世界与能源世界的孪生系统，提供能源减碳的全链路产品和解决方案。

公司深挖低碳交通领域软硬件产品和综合能源服务，以充换电产品的设计-研发-生产-销售-售后为核心链路，配套运营、运维、综合能源服务三大平台，积极布局从“车-桩”到“能源互联”的关键技术，构建“智能充换电设备+云平台+能源利用管理”的绿色出行能源业务体系，助力终端用户的充换电体验和能源互联网建设。

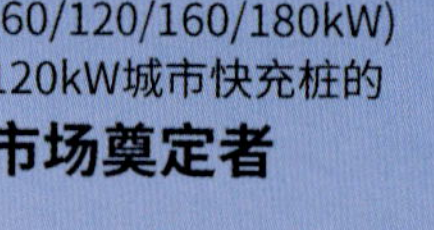

一体式直流充电机
(60/120/160/180kW)
120kW城市快充桩的
市场奠定者

一体式大功率直流充电机
(240/300/360kW)
物流、矿卡等大功率车辆
充电场站首选

分体式直流充电机
(240/360/480kW)
存量车型与超充车型混合
充电场景的优佳选择

整流柜（三开门结构） 整流柜（空调散热方案） 整流柜（双开门结构） 国标双枪终端 液冷单枪终端

交流充电产品
(7kW)
国内有序充电桩出货量
行业领先

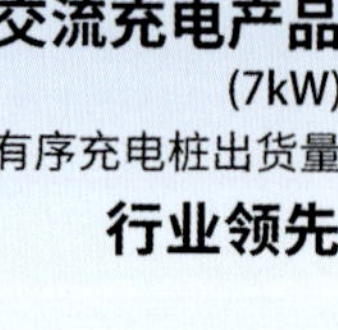

杭州中恒电气股份有限公司

SJV®
中国石油合格供应商
中国石油能源一号合格供应商
中国石化合格供应商
中国海洋合格供应商
中国化工集团合格供应商
国家能源集团合格供应商
SJV 热烈庆祝印度霍尔迪亚邦石油管线项目30" CL600大口径平板闸阀顺利交
工业阀门集成解决方案
慎江阀门有限公司始创于1979年11月
是一家专门从事阀门设计
制造和销售的国家级高新技术企业
专精特新中小企业
浙江省隐形冠军企业
公司注册资金12008万元
企业员工320人
占地面积100000平方米
建筑面积140000平方米
年产阀门达30000吨
公司技术力量雄厚
所属慎江大口径特种阀门研究院为省级企业研究院
省级企业研发中心
省级技术中心
建立了省级博士后工作站
公司拥有20余项专利产品
70余项专利
多项产品通过国家有关部门鉴定
公司研制的旋塞阀
高温高压闸阀
高温高压Y型截止阀
可在线拆装的顶装式球阀
平板闸阀达到国内领先
国际先进水平
综合技术能力处国内先进地位
慎江阀门有限公司
乐清市柳市七里港工业区
TEL:0577-6267 0836
SJV

湖北泰和石化设备有限公司

湖北泰和石化设备有限公司，成立于2007年8月，是一家长期专注于超低温阀门技术研发、设计、生产、销售及技术服务一体化的国家高新技术企业，产品广泛应用于石油化工过程、液化天然气以及空气分离、航天燃料储存、大型乙烯裂解等新能源领域。

目前，公司与国家管网、中国石油、中国海油、中国石化、中船重工、中集安瑞科等一大批国有大型企业以及新奥燃气、新地能源、广汇能源等大型能源企业开展了广泛深度的合作，尤其是在2022年交付的中国石化青岛三期LNG接收站项目42寸超低温LNG蝶阀应用，2023年在国家管网项目上24寸1500磅超低温球阀、46寸150磅超低温蝶阀的供货，均属于国内首台套，刷新了公司在超低温、高压、大口径领域实现国产量产的国内新纪录。

公司秉承“质量第一、诚信至上，竭力创新，终生服务”的理念，不断进行技术创新，坚持用中国的工匠精神缔造世界的高端阀门，并以一颗赤诚之心始终为清洁能源服务，与您携手并进、共创辉煌！

LNG行业超低温阀门解决方案

超低温球阀

- 设计标准API 6D、ASME B16.34 BS 6364、GB/T 24925
- 防火标准API607/ 6FA
- 微泄漏标准ISO 15848
- 顶装式全通径固定球，可在线拆卸
- 防火、防静电设计，防阀杆吹出结构
- 阀门结构为DIB-2
- 中法兰密封采用双重密封结构
- 阀杆密封采用lipsea+低泄漏石墨填料组结构
- 尺寸：1/2寸—24寸
- 压力：CL150LB-CL1500LB
- 温度：-196°C—150°C

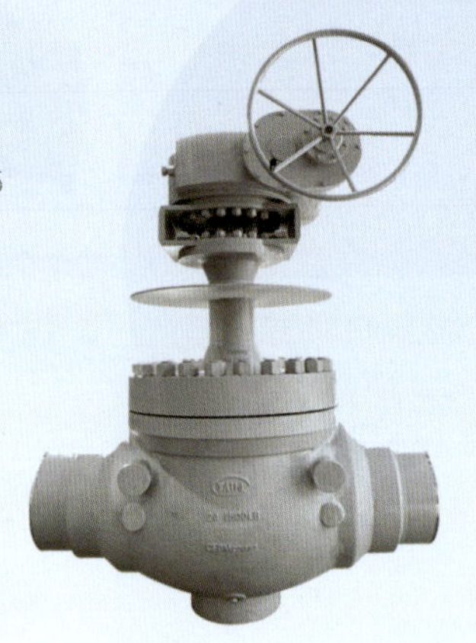

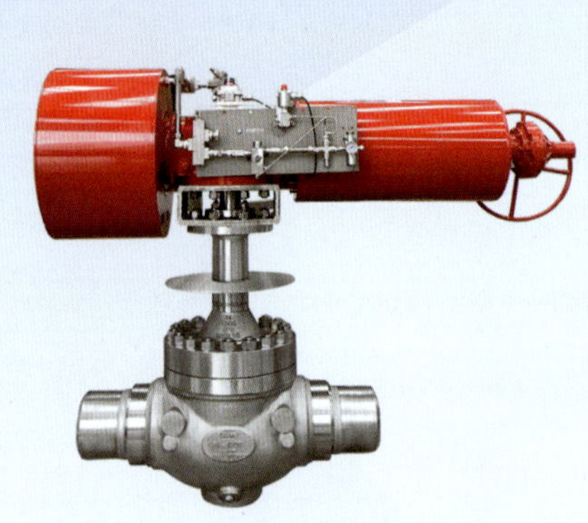

超低温蝶阀：

- 设计标准API609、ASME B16.34、GB/T 24925三偏心结构，开启过程无摩擦
- 防火标准API607/API6FA
- 微泄漏标准ISO 15848
- 加长阀盖设计标准BS6364和GB/T 24925
- 阀杆密封采用三重密封结构
- 活动阀座结构，阀座表面堆焊硬质合金
- 防静电、防吹出
- 纯金属硬密封结构
- 双向密封
- 尺寸：8寸—46寸
- 压力：CL150LB-CL900LB
- 温度：-196°C—150°C

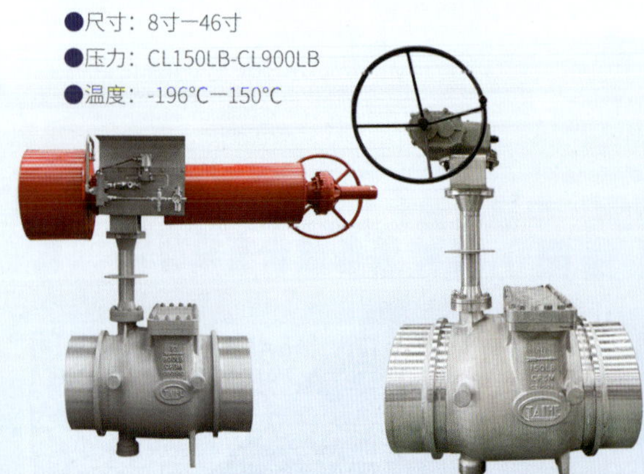

超低温闸阀、截止阀、止回阀：

- 设计标准：API602、API600、API623、API594、API6D、BS1873、BS1868、ASME B16.34、BS6364、GB/T24925等
- 结构长度满足ASME B16.10设计标准
- 防火标准：API6FA
- 防火、防静电结构设计
- 闸阀、截止阀防吹出阀杆设计，加长阀盖设计
- 纯金属硬密封结构
- 低泄漏设计
- 微泄漏标准：ISO 15848
- 尺寸：1/2寸—24寸
- 压力：CL150LB-CL2500LB温度:-196°C—150°C

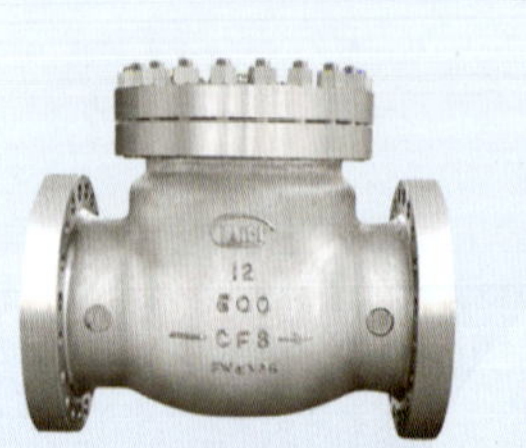

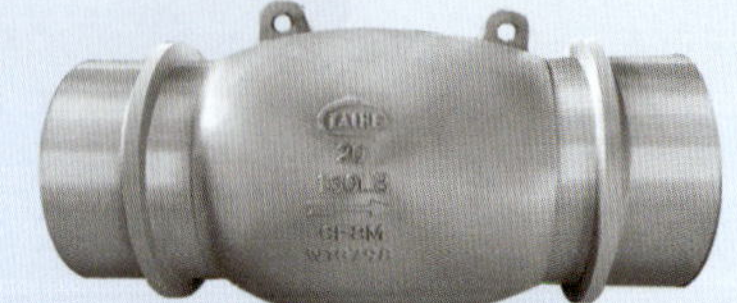

新星公司

【概况】 中国石化集团新星石油有限责任公司（简称新星公司）是中国石化以“地热+”为主营业务的绿色清洁能源公司，总部位于北京市海淀区。

新星公司前身是原地质矿产部石油地质海洋地质局，曾先后在中国陆地和海洋76个盆地进行系统的油气普查工作，在其中的35个盆地发现工业油气流，取得多次具有战略意义的重大突破，引领中国石油化工以发现大庆油田、突破珠江口盆地和东海陆架盆地、打出新疆塔北沙参2井高产工业油气流为标志的3次重要战略性转折，为中国石油工业发展作出巨大的贡献。2000年2月，新星公司整体并入集团公司。

2022年，新星公司贯彻党和国家能源安全战略部署，主动融入“碳达峰碳中和”战略，落实中国石化“一基两翼三新”产业格局，构建“以地热为引领，以氢能为方向，以风电光伏为支撑”的“热氢风光”新能源产业体系，着力打造中国石化绿色能源示范企业。业务范围辐射至北京、陕西、河北、山东、山西、河南、四川、江苏、湖北、广东、广西、海南、内蒙古、天津、新疆等省（直辖市、自治区）。“拥抱‘双碳’共赢未来”“2022年度全国科普日优秀活动。”

截至2022年底，新星公司设13个职能部门，全资子公司10个（含新能源研究院1个），控股公司3个，参股公司3个，离退休及后勤服务机构1个。用工总量1240人（不含中地海外用工），其中劳动合同制员工610人、合资公司合同制员工516人、职业雇员55人、劳务工59人。

新星公司主要经济指标见表1。

（徐　兵）

【领导班子调整】 2022年7月5日，集团公司党组对新星公司领导班子进行调整：鉴于年龄原因，免去杨劲松新星公司党委委员、总会计师职务，任二级协理员；12月29日，陈文钢任新星公司副总经理、党委委员。

（徐　兵）

【经营业绩】 2022年，新星公司实现收入62.85亿元、增加11.57亿元，利润总额2.45亿元、增加1.18亿元。其中，新能源板块收入16.43亿元、增加2.7亿元，净利润1.89亿元、增加0.57亿元。完成投资41.05亿元。新增清洁能源供暖能力1206万平方米，累计供暖能力8334万平方米。新增并网光伏装机容量205兆瓦，累计并网305兆瓦，发电量1.73亿千瓦·时；风力发电量0.47亿千瓦·时。生产混烃1.03万吨、CNG 485万立方米，管道天然气销售量1.6亿立方米、卤水折盐25万吨；生产清洁能源折合标煤95.2万吨。与10个省（市）、15家系统内外企业、2家地方政府签订合作协议。

（徐　兵）

【地热业务】 ①2022年，新星公司天津、青岛、开封、舞阳、夏邑等一批地热新市场项目落地。新增清洁能源供暖能力1206万平方米，新增供暖面积769万平方米、收费面积694万平方米，累计供暖能力8334万平方米、供暖面积4878万平方米、收费面积4736万平方米。全年新增矿权34个，面积66.892平方千米，取水证80个。②完成新能源信息化平台二期改造887座自然站建设，信息化覆盖率91.5%，深入探索建设“少人/无人值守+巡检”运维模式；生产装备管理信息化系统上线运行，实现“一物一码”，全生命周期、全过程动态、可追溯的精准管理；强化生产异常分级管控，开展低效站治理，建设完成新能源资源数据中心和雄安新区地热田勘探开发数据库，开通400供暖服务热线。

（徐　兵）

【风电光伏业务】 2022年，新星公司建成中国石化在广西最大的北海炼化光伏项目，海南海上风电测风工作稳步推进，新增并网光伏装机容量205兆瓦，累计并网光伏、风电装机规模达325兆瓦，储备风光资源指标突破1吉瓦。全年清洁能源发电量2.21亿千瓦·时，其中光伏发电量

1.74 亿千瓦·时、风力发电量 0.47 亿千瓦·时。清洁能源发电量累计 6.29 亿千瓦·时，其中光伏发电量 5.8 亿千瓦·时、风力发电量 0.48 亿千瓦·时。

（徐 兵）

海上测风

北海炼化光伏项目

【绿氢业务】 2022 年，新星公司推进新疆库车绿氢示范项目，有效发挥建设单位 + 项目管理公司项目联合管理部的组织优势，探索绿氢炼化、绿氢交通领域，氢工厂主体建成，项目总体进度完成 82.62%；推进鄂尔多斯、乌兰察布、宁夏宁东等绿氢项目前期工作，获得鄂尔多斯 3 万吨绿氢备案的配套风电光伏指标 740 兆瓦、乌兰察布绿氢项目 2.546 吉瓦风电光伏指标。

（徐 兵）

【节能降碳和碳资产交易】 2022 年，新星公司取得 GB/T23331—2020 能源管理体系认证并运行，两个 VCS（自愿碳减排交易）项目完成注册，首次签发减排量约 1.7 万吨，GCC（全球碳理事会碳减排）公示项目，年减排量约 10 万吨；庄三联项目一、二期 UER（上游碳减排项目）实现减排量 2.891 万吨，交易收益 101 万元。

（徐 兵）

【海外业务】 2022 年，新星公司推动中国政府资金项目落地，有序推进尼日利亚联邦道路项目、埃塞俄比亚会展中心项目、塞内加尔工业园二期项目等重点项目建设，完成喀麦隆公路等 13 个建设项目，获得喀麦隆公共工程部“百企千村”活动优秀案例奖；全年收入 45.6 亿元，净利润 6482 万元，新签合同额 3 亿美元。与埃方股东就中萨公司股权退出达成一致意见，并获得集团公司批复。

（徐 兵）

【科技创新】 ①2022 年，新星公司试点“揭榜挂帅”机制，组织新星公司“科技进步奖”“专利奖”等评奖工作。全年承担国家级科研课题 5 项，申报专利 30 件，立项集团公司科研项目 17 项，6 项科研成果分别被集团公司鉴定为国内领先、国内先进水平，获得省部级以上科技奖 2 项。②完成北京、上海、山西等省（市）新能源发展规划研究，开展天津、江苏等 42 个新供暖区域的地热开发可行性研究编制和方案优化。③运用全流程指标体系和数据库，筛选出 145 个地热开发重点区域，为未来业务发展明确方向和重点。④全年制定企业标准 75 项、新实施及报送行业标准 33 项，初步建立雄安新区地热田勘探开发数据库、地热资源动态监测可视化平台。

（徐 兵）

【HSE 工作】 ①2022 年，新星公司建立 12 个重点项目 HSE“三同时”周报机制，大力开展环保依法合规排查和月度排查。开展直接作业“7+1”制度承接，扎实开展承包商专项整治。②完成 13 座低标准站治理，规范基层站管理台账、安全检查标准，出台加强地热井钻井安全生产指导意见，组织开展安全标准化达标创建及 HSE 关键岗位和作业人员取证培训。③开展全覆盖 HSE 管理体系内审，修订、发布实施 2022 版手册。④全年未发生上报集团公司安全环保事故事件，再次获评集团公司绿色企业。

（徐 兵）

【企业治理】①2022年，新星公司全面推行经理层成员任期制和契约化管理，推进市场化用工，构建“三定”动态调整机制，建立“热氢风光”各产业劳动定员标准，统筹调配、从严执行用工计划，新能源板块人工成本利润率同比提高20个百分点。②建立“两高一重”范围清单、内控风险报告和全面风险管理报告制度。稳妥推进三类项目投资决策权限授权，优化项目投资决策管理，全年授权比例超80%。③设立北京区域财务共享中心，建立战略型财务管控体系，通过绿债、保理等方式以较低的融资成本解决贷款需求，全年绿色项目贷款获批25亿元额度，成功发行“ABS”绿债，获取国家和集团公司拨款16.18亿元，新星公司综合融资成本降至3.64%。

（徐　兵）

【党建工作】①2022年，新星公司深化落实“第一议题”制度，认真组织学习贯彻党的二十大精神。规范党委会、执行董事和经理层等治理主体的议事规则和职责清单，对子企业全面推行“一肩挑”新领导体制。加大竞聘选聘力度，动态调整新星公司“1234”优秀年轻干部数据库、“358”人才库，优选干部人才参加“三百三千”交流外部锻炼、内部实岗锻炼。②统筹抓实日常“大监督”与专项监督，认真配合完成集团公司党组专项巡视，完成6家单位党组织巡察，如期完成第一轮党委巡察全覆盖。③统筹开展“我为群众办实事”“党员项目攻关”“机关服务基层”工作，党支部战斗堡垒、党员先锋模范作用充分发挥。④举办“青年英语风采大赛”，组织开展青年精神素养提升工程，用好统战对象交友、定期联络机制，筑牢齐心协力谋发展的思想共识。⑤积极展示新星公司新能源产业发展成果，在新华网、人民网等主流媒体上刊发有关报道17次，选派1名火炬手、1名志愿者服务北京冬奥会，有序推进集团公司第二批品牌建设试点相关工作。⑥扎实筹备第七届世界地热大会，首创性地在中国科技馆举办中国首个地热科普公益展，迎接40余万人次参观，在“学习强国”平台推出地热专题答题和科普视频，获评“2022年度全国科普日优秀活动”，获得集团公司党组领导的充分肯定、党和国家领导同志的高度评价，新星公司新能源品牌知名度和影响力进一步提升。

（徐　兵）

新星公司在中国科技馆举办中国首个地热科普公益展

【新闻宣传】2022—2023年供暖季，新星公司上下联动，开展地热供暖宣传报道，累计在国家级、省部级、中国石化及地方媒体刊发（转发）稿件30余篇，网络搜索资讯达100余条。其中，关于新星公司地热供暖的新闻报道登录央视财经频道《经济信息联播》；《中国石化全面启动今冬地热供暖服务供暖能力近8500万平方米》单篇文章在新华财经网阅读量超30万人次；《火了，今年冬天，这样供暖有点“热”，700亿元大产业，爆发》在央视财经公众号阅读量超10万人次，形成关于地热供暖的“话题级”传播效果，擦亮“中国石化新星地热”品牌。

（徐　兵）

表1　新星公司主要经济指标　亿元

指标名称＼年份	2022	2021	2020	2019	2018	2017
工业总产值	16.09	10.06	10.50	9.13	6.97	5.51
企业增加值	17.76	16.31	20.69	20.73	17.62	20.51

续表

指标名称 \ 年份	2022	2021	2020	2019	2018	2017
资产总计	181.02	140.91	128.92	135.49	136.24	142.32
流动资产	84.24	74.40	70.38	78.17	81.16	96.58
固定资产原值	93.51	82.85	74.84	72.39	64.79	51.66
固定资产净值	57.76	51.68	47.02	45.84	41.37	30.23
销售收入	62.85	52.38	43.75	50.21	57.92	65.26
实现利税	3.40	1.90	2.10	1.35	1.08	4.44
税　金	0.91	0.59	0.44	0.28	0.36	3.18

炼油和销售板块

茂名石化

【概况】 中国石油化工股份有限公司茂名分公司（简称茂名分公司）、中国石化集团茂名石油化工有限公司（简称茂名石化公司）统称茂名石化，其中茂名分公司属上市部分，茂名石化公司属非上市部分。茂名石化系国有特大型综合石化企业，始建于1955年5月，以开采油母页岩、加工“人造石油”起家，是新中国“一五”期间156个重点建设项目之一，是中国首家千万吨级炼油厂、首座百万吨乙烯厂。茂名石化管辖范围包括炼油厂、乙烯厂等共18个管理区，生产设施分布在茂名市、湛江市2个地级市共9个区县。主要生产汽油、煤油、柴油、石蜡、道路沥青、合成树脂、合成橡胶等300多种石油化工产品，建厂以来累计为华南和西南地区保供成品油2.42亿吨，输出化工产品6780万吨。

截至2022年底，茂名石化原油一次加工能力1800万吨/年，乙烯生产能力100万吨/年，有炼油和化工主体生产装置89套（不含较小附属装置、中试装置）、CFB锅炉7台及配套汽轮发电机组7台，同时有港口、铁路运输、原油和成品油输送管道以及30万吨级单点系泊海上原油接卸等较完善的配套系统。2022年加工原油1883.52万吨，生产成品油1020.64万吨、乙烯80.03万吨、化工产品283.99万吨；实现销售收入1311.96亿元，创造利税353.06亿元，上缴税金369.39亿元，留存地方15.08亿元。

截至2022年底，茂名石化设14个机关部门、7个二级单位、8个业务中心及7家合资企业，公司党委下设11个基层党委、6个党总支部、117个党支部。公司用工总量7829人，在册合同制员工7008人，其中有正高级职称的17人、副高级职称的554人、中级职称的1414人。

茂名石化主要技术经济指标和主要产品产量分别见表1和表2。

（邵思远）

【领导班子调整】 2022年1月25日，茂名石化党委书记、执行董事、分公司代表尹兆林受集团公司党组委托宣布任职决定：李雪梅任中共茂名石油化工有限公司委员会常务副书记（仍任茂名分公司总会计师）。7月14日，集团公司召开视频会，宣布茂名石化有关领导人员职务任免决定：免去陆建明茂名石油化工有限公司总经理、党委副书记，茂名分公司总经理职务，任集团公司党组巡视组副组长，按大Ⅰ型企业正职管理；张悦任茂名分公司副总经理、茂名石油化工有限公司党委常委；免去关志鹏茂名分公司副总经理、茂名石油化工有限公司党委常委职务。9月1日，集团公司召开视频会，宣布茂名石化公司领导班子调整决定：杨文德任茂名石化有限公司总经理、党委副书记，茂名分公司总经理。12月30日，茂名石化党委书记、执行董事、分公司代表尹兆林受集团公司党组委托宣布任免决定：免去柯玉芸的公司党委副书记、常委、委员、纪委书记职务，不再担任公司工会主席、监事职务，任二级协理员；刘鹏程任公司党委常委、纪委书记，为公司工会主席人选。

（邵思远）

【化工1系列装置按计划停工检修】 2022年4月30日，茂名石化化工分部1#裂解装置停工，标志着化工1系列装置大修正式开始。本次大修涉及化工分部1#高压聚乙烯、1#加氢等10套装置，以及热电分部、水务运行部等配套设施，以1#裂解装置检修为主线，以1#裂解装置C300机组检修为关键线路，实施化工1系列装置中控室搬迁、"十四五"发展项目甩头等公司级重点项目。

（邵思远）

【安全管理水平不断夯实】 2022年，茂名石化用6个多月的时间，分3个阶段，扎实开展"反'三违'、防事故、保安全"主题全员大反思大讨论，召开安全警示大会，用带血的案例教育全体干部员工树牢"随意就是危险、违章就是犯罪""安全为天"等理念，为落实责任保安全打下思想基础。全面梳理完善规章制度、操作规程，推行"万无一失"操作法，强化"1号令""五项重点工作"落实，加强联锁、报警、生产异常、工艺设备变更管理，严控施工作业数量和非常规作业行为，深化老旧装置风险评估防控，实行公司"导师团"与基层单位领导班子、"三大员"结对"传帮带"制度，推行HSE履职能力评估及岗位安全胜任能力培训，积极组织实战化应急演练，硬化承包商管理，从严惩处违章违纪现象、不安全行为，实施157个安全隐患治理项目，其中建成投用87个，查治各类隐患7295项，其中集团公司级隐患15项，重大风险总值下降13.5%。同时，建成设备完整性管理体系3.0版，设备故障率下降45.36%。

（邵思远）

【环保管理持续深化】 2022年，茂名石化建成绿色环保项目20个，完成环保依法合规管理任务15项，综合利用危险废物2.8万吨。新创建绿色装置、罐区、实验室14个，茂名石化绿色装置创建率83.5%，超总部要求23.5个百分点。实施节能降碳项目52个，节能11.41万吨标煤，万元产值综合能耗下降8.56%，万元产值取水量比年度指标低2.3%。

（邵思远）

【积极应对茂名"1102"疫情】 2022年11月4日，为应对茂名"1102"疫情，确保员工安全防护和装置安全生产运行，茂名石化召开紧急会议研究疫情防控，果断决策启动厂区全面封闭管理方案。4日晚上开始，4700多名干部员工驻厂封闭管理，公司领导班子成员率领50%生产性专业部室干部骨干，分头进驻炼油、化工、港口三大生产片区，各二级单位、运行部和基层车间均安排一半以上管理人员留守厂区，一线员工按正常班次1∶1.5比例配员，组建加强班入厂驻守，同时，安排日常1.5倍保运力量值守。历经9天8夜，成功实现疫情防住、生产稳住的目标。

（邵思远）

【光伏发电项目投用】 2022年，茂名石化光伏发电项目生产绿电886万千瓦·时。1月4日，茂名石斛花化工厂区停车场太阳能光伏发电项目一次并网成功，这是茂名石化首个光伏发电项目；4月16日，茂名石化港口三区光伏发电项目并网发电，预计可减排二氧化碳7652吨。

（邵思远）

2022年1月4日，茂名石化首个光伏发电项目茂名石斛花化工厂区停车场太阳能光伏发电项目投用（周汝权 摄）

【化工热电技改项目全面投产】 2022年1月14日22时35分，茂名石化化工热电技改项目4#CFB锅炉一次产汽并网，标志着该项目全面建成投产。该项目每小时可增产超高压蒸汽800吨、发电量3万千瓦·时，可有效满足化工区公用工程蒸汽系统供应，结束了公司百万吨乙烯蒸汽保供能力紧平衡局面，并可为新建乙烯提质改造项目提供蒸汽。该项目中的3#CFB锅炉、4#汽轮发电机组分别于2021年11月17日、2021年12月8日建成投产。

（邵思远）

【千吨级聚苯乙烯中试装置开车成功】 2022年4月3日，茂名石化1000吨/年聚苯乙烯中试装置一次开车成功，标志着中国石化聚苯乙烯自主技术研发进入中试阶段。该项目2021年4月10日在湛江新中美公司开工建设，是中国石化科技攻关项目，由茂名石化牵头，中国石化北京化工研究院、上海工程有限公司共同承担，旨在开发拥有自主知识产权的聚苯乙烯技术，为高性能、高附加值聚苯乙烯新产品开发提供技术支持。

（邵思远）

【博贺新港至茂名油品管道项目开工建设】 2022年5月25日，茂名石化博贺新港至茂名油品管道项目进场施工，5月31日举行北山岭油库首站开工仪式。该项目是广东省能源发展“十四五”规划项目、茂名石化“十四五”发展规划“两步走”第一步的重点项目，批复投资概算24.23亿元，主要建设6条油品及化工品长输管道，管道工程起点位于电白区北山岭油库首站，并沿化工2号管廊进入炼油厂内。项目建成投产后可消除茂名石化仓储物流瓶颈，满足原料及产品进出厂需要，降低物流成本。

（邵思远）

【首个无人值守变电所全面投用】 2022年5月，茂名石化港口一区无人值守变电所项目试运行以来，各系统运行良好，不需人员现场值守。该项目是公司智能化工厂建设重点项目之一，通过智慧电气运维系统平台，实现变电所内电气设备的远程操作、巡检，对开关柜触头温度、局部放电和电机振动、温度等关键参数进行在线检测、监控，既节省人工成本，又实现对人工无法检测部位的监控，有利于提高公司电力系统和电气设备的可靠性。

（邵思远）

【自主研发重芳烃轻质化技术实现首次工业化应用】 2022年5月22日，国内首套50万吨/年重芳烃轻质化装置在茂名石化产出合格产品。这是上海石油化工研究院自主研发的重芳烃轻质化技术（S-HAP）的首次应用，该技术具有处理能力大、转化率高、稳定性强等特点。装置投产后，对公司解决碳九及其以上重芳烃出厂后路问题，实现产品增值，推动“油转化”战略具有重要意义。

（邵思远）

【年产40万吨乙烷裂解气制乙苯/苯乙烯装置投产】 2022年5月30日，茂名石化年产40万吨乙烷裂解气制乙苯/苯乙烯装置一次开车成功并产出合格产品。该装置批复投资24.37亿元，是中国石化“十条龙”科技攻关“低成本乙烷裂解气制40万吨/年苯乙烯成套技术开发”项目的工业化应用装置，2020年3月30日开工建设，2022年3月29日建成中交。该装置充分利用茂名石化的富乙烷气和纯苯资源生产苯乙烯产品，提高资源利用率，为园区延伸产业链提供丰富原料，有效保障华南地区对苯乙烯原料的需求。

（邵思远）

【华南最大氢燃料电池供氢中心一次开车成功】 2022年12月1日，茂名石化氢燃料电池供氢中心产出纯度为99.999%的高纯度合格氢气，标志一次开车成功。该项目是中国石化“十条龙”科技攻关项目的子项目，采用中国石化自有变压吸附技术，新建3000米^3（标准）/时氢气纯化装置和500千克/日加氢母站，2021年8月30日开工建设，2022年4月30日中交。投入运行后，可年产2100吨高纯氢，满足周边200千米范围内用氢需求。

（邵思远）

2022年12月1日，华南最大氢燃料电池供氢中心一次开车成功（柯裕清　摄）

【3# 喷气燃料（航煤）获首批广东碳标签证书】 6月28日，广东省举行碳标签发布会，茂名石化3# 喷气燃料（航煤）获颁首批广东碳标签证书。广东碳标签是“广东产品碳足迹评价与标识”的简称，是对各种产品所涉及的物料使用、生产制造、运输、使用、废弃处理等全过程产生的二氧化碳等温室气体排放量化评价，并以标识形式对外披露碳排放信息。企业在获得碳标签后，即可在产品介绍时使用。获得广东碳标签证书对促进茂名石化产品碳足迹优化、未来出口产品应对绿色贸易壁垒等具有重要意义。

（邵思远）

【聚丙烯低温热封专用料开发成功】 2022年1月11日，茂名石化成功产出聚丙烯低温热封专用料F4908XP新产品200吨。与普通产品相比，该产品具有热封强度高、热封起始温度低等优点，广泛用于生产包装内膜，与通用料相比，预计每吨增效2000元。

（邵思远）

【茂名石化博贺港储运有限公司揭牌成立】 2022年2月23日，茂名石化博贺港储运有限公司合资签约暨揭牌仪式在博贺新港区合资码头现场举行。该公司是茂名石化与茂名市属国企茂名港集团共同出资成立的合资公司，投资10.46亿元建设一个10万吨级油品泊位和4.38千米公用管廊，码头设计吞吐能力890万吨/年，预计2023年建成投产，配合茂名石化博茂油品管道项目，可实现茂名石化成品油从博贺港直接大船出口，进一步降低运输成本。揭牌仪式后，茂名石化博贺港储运有限公司举行第一届第一次股东会暨董事会，股东会一致同意通过尹兆林为茂名石化博贺港储运有限公司董事长。

（邵思远）

【获中国数据生产力大赛银奖】 2022年8月10日，茂名石化《零代码助力茂名石化打通数字化“最后一公里”》案例，获中国信息协会大数据分会主办的中国数据生产力大赛“零代码赛道”银奖。2019年引入零代码敏捷开发平台（简道云）以来，以导师带徒等模式，培养出70多名业务开发员，其中25人具备中级能力；与传统开发模式相比节省信息化投资100多万元，信息系统开发效率提升80%以上。

（邵思远）

【获全国工业和信息化技术技能大赛工业大数据算法赛项团队二等奖】 茂名石化派出王振元、赖官权、张艳宁3名选手，代表中国石化参加2022年全国工业和信息化技术技能大赛工业大数据算法赛项，获团队二等奖。本次大赛为国家级一类大赛，由工业和信息化部、人力资源和社会保障部、教育部、中华全国总工会、共青团中央联合主办，决赛2022年8月17—20日在深圳举行，设工业机器人技术应用、集成电路EDA开发应用、工业大数据算法等3个赛项，全国有28个省（自治区、直辖市）及 24 家中央企业 870 名选手参加，其中工业大数据算法赛项 276 人。

（邵思远）

【两基地获地方命名】 2022 年，化工净化水装置作为环境教育平台，被广东省生态环境厅命名为广东省环境教育基地；茂名石化厂史馆被定为茂名市职工思想文化教育基地，成为对地方职工进行革命传统教育、宣传中国石化良好形象的窗口。

（邵思远）

【扎实开展“牢记嘱托、再立新功、再创佳绩，迎接学习贯彻二十大”主题行动】 2022 年 2 月 28 日，集团公司主题行动启动会后，茂名石化立即行动，在 24 小时内完成茂名石化主题行动实施方案，成立以茂名石化主要领导为组长的领导小组，设立领导小组办公室，下设综合协调保障组、安环运行组、科技创新转型发展组、改革管理组、攻坚创效组、党建引领组 6 个工作组，逐项确定目标、细化任务、制定措施，明确责任单位、责任人、完成时限，强力督办推进落实。全年对 7 个牵头工作滞后、主体责任落实不够到位、工作推进不够有力的单位发送督办提醒函，对 6 项次牵头工作连续出现部分滞后的单位进行扣罚，推动主题行动各项任务落实到位。茂名石化有 3 人被评为集团公司主题行动先进个人。

（邵思远）

【积极推进教育帮扶工作】 根据中国石化助力乡村振兴“十四五”规划部署，茂名石化结对帮扶江西省瑞金市黄柏乡中国石化上垇希望小学，该项工作在 2022 年得到集团公司乡村振兴办的充分肯定，瑞金市教育部门、师生家长、当地村民均对中国石化和茂名石化表示由衷感激。2022 年，茂名石化抓好师资培训，通过学校结对、教学研讨、名师送课等举措，开展 4 次线上教研活动、4 次现场示范教学，培训教师 40 余名，受益师生 700 多人；推进硬件升级，有序实施校门陡坡、校园排水等安全隐患改造，新建篮球场、党建活动室，升级学生图书角，捐赠一批价值 11.4 万元的教学设备，发动公司职工捐赠图书 350 多册；安排 30 个基层党组织（团组织）与 30 名优才生和困难学生“一对一”结对，通过线上学习辅导、思想引领、生活关爱、书信来往等方式助力学生成长；发放奖（教）学金，表彰 8 名老师、56 名学生。

（邵思远）

【大力支持乡村振兴工作】 2022 年，茂名石化继续大力支持乡村振兴工作。茂名石化执行董事、分公司代表、党委书记尹兆林 3 次到结对帮扶的袂花镇调研并专项督导农村人居环境整治提升工作，派遣 1 名干部驻镇开展帮扶工作，茂名石化向 3 个行政村的新时代文明实践站捐赠 18 万元配备宣传电教场所设备，帮扶建设的袂花镇古张光伏发电站年内发电 12.2 万千瓦·时，收益 4.51 万元；帮扶的百香果产业基地实现收益 4.5 万元；被帮扶的 22 名人员人均年收入增加 2700 多元；同时帮助 28 人实现就近就业、5 名帮扶家庭子女外出就业；茂名石化职工食堂全年购买袂花镇农民专业合作社农副产品 4.18 万元。

（邵思远）

【驰援地方洪涝抢险救灾】 2022 年 7 月 7 日，茂名石化接地方政府救援请求，调派 19 名指战员和远程供水车、大功率抽水机等防洪抢险应急物资，前往茂名市茂南区禾步村严重积涝地段，连续作战 17 个小时完成排涝抢险任务；成立 92 人“抢险救灾突击队”，携带橡皮艇、救生衣等救援装备，迅速赶往茂南区新坡镇新城新村，救出 56 名被洪水围困的受灾群众，保障周边群众生命财产安全。

（邵思远）

2022 年 7 月 7 日，茂名石化驰援地方洪涝抢险救灾。图为茂名石化员工求助受灾村民（阿旺　摄）

表 1　　茂名石化主要技术经济指标　　亿元

指标名称 \ 年份	2022	2021	2020	2019	2018	2017
原料油加工量 / 万吨						
茂名分公司	2 057.02	2 189.05	2 198.94	2 183.36	2 051.49	1 979.62
工业总产值						
茂名分公司	1 268.79	1 063.64	829.90	1 030.97	1 059.67④	863.09
茂名石化公司	16.77	16.44	17.12	15.55④	16.12④	16.64
工业增加值						
茂名分公司	197.01	341.23	270.23	276.21	342.95	366.13
茂名石化公司	4.22	3.57	8.36	8.55	9.02	6.95
资产总计						
茂名分公司	420.72	489.70	382.32	348.73	340.09	311.87
茂名石化公司	39.18	38.27	39.64	40.35	41.99	47.89
流动资产						
茂名分公司	144.41	225.55	154.10	138.69	130.43	139.95
茂名石化公司	10.26	10.59	10.65	10.18	9.73	11.02
固定资产原值						
茂名分公司	529.48	481.84	429.12	414.77	408.77	391.08
茂名石化公司	81.22	80.55	80.73	79.54	77.59	79.54
固定资产净值						
茂名分公司	181.31	153.86	118.16	118.17	128.17	129.36
茂名石化公司	22.90	24.05	25.88	31.54	31.50	34.79
销售收入						
茂名分公司①	1 281.31	1 079.53	826.50	1 045.23	1 065.67	854.46
茂名石化公司	30.65	30.38	30.04	30.81	32.26	29.93
实现利税②						
茂名分公司	348.72	343.98	276.24	344.06	420.11	413.21
茂名石化公司	4.34	2.43	6.07	3.93	4.82	4.66
税　金②						
茂名分公司	365.85	243.80	219.61	280.84	320.07	301.88
茂名石化公司	3.54	1.95	3.30	2.31	2.57	2.10
综合能耗③/ 吨标煤 · 万元 $^{-1}$						
茂名分公司	0.834	0.906④	0.522④	0.533④	0.551	0.549
茂名石化公司	1.126	1.176④	1.254④	1.279	1.284	1.335

① 茂名分公司销售收入不含炼化互供

② 茂名分公司实现利税和税金的数据为当年税金实际缴纳数，并含进口原油增值税

③ 2019 年及以前为 2010 年不变价万元产值能耗，2020 年及以后为 2020 年固定价万元产值能耗，2021 年及以后能源核算口径发生重大变化

④ 数据更新

表 2　　茂名石化主要产品产量　　万吨

产品名称 \ 年份	2022	2021	2020	2019	2018	2017
乙　烯	80.03	104.84	118.39	118.20	119.06	117.59
丙　烯	50.24	62.48	67.59	67.69	69.69	66.30
三　苯	87.32	106.15①	103.70①	111.76①	71.31①	40.01①
三苯（化工）	30.24	36.32	39.61	35.47	37.26	35.91
三苯（炼油）	57.08	69.83	64.09	76.29	34.05	4.10
聚丙烯	49.22	64.46	68.40	69.09	69.40	67.99①
聚乙烯	58.48	74.20	84.67	86.82	88.00	95.71
高压聚乙烯	28.95	34.95	37.38	35.59	36.38	41.00①
全密度聚乙烯	7.27	11.30	11.34	13.86	14.75	19.41①
高密度聚乙烯	22.26	27.95	35.95	37.37	36.87	35.30①
丁二烯	10.25	13.03	14.81	14.47	14.67	15.02
MTBE	17.99	22.48	22.71	22.67	23.32	21.58
1- 丁烯	1.34	1.43①	1.26	1.62	1.51	1.72
乙二醇	3.20	6.44	6.13	5.68	12.26	5.40①
环氧乙烷	17.82	24.88	30.28	27.24	23.45	14.41
苯乙烯	1.63	10.03	12.13	12.78	11.11	13.11
SBS 橡胶	1.35	6.95	8.25	7.12	7.62	7.46
顺丁橡胶	7.77	7.93	9.25	9.53	9.05	9.70
液化气	81.44	77.44①	79.48①	88.18①	74.93①	66.05①
液化气供外销	56.70	52.98	41.62	33.20	22.26	20.57
石脑油	179.16	236.90	243.11	187.68	214.45	186.96
成品油	1 020.64	1 010.86	1 018.81	1 221.48	1 159.73	1 147.11
汽　油	358.23	415.66	383.29	433.83	422.82	412.67
高标号汽油	139.72	167.28	160.09	157.08	150.31	143.65
煤　油	173.60	177.13	190.19	354.08	323.64	290.03
柴　油	488.81	418.07	445.33	433.57	413.27	444.41
润滑油基础油	43.12	44.61	31.45	35.91	37.78	36.51
石　蜡	1.69	2.89	2.30	4.93	4.26	5.13
燃料油	142.62	115.43	94.26	11.88①	11.74①	14.15①
低硫重质船用燃料油	88.99	59.09	62.82	0.21	0	0
沥　青	86.79	122.01	179.39	111.39	125.79	146.12
石油焦	89.87	73.53	79.37	77.54	70.66	77.59
硫　黄	27.68	28.53	22.96	22.01	20.22	20.45

① 数据更新

高桥石化

【概况】 中国石化上海高桥石油化工有限公司（简称高桥石化）成立于1981年11月，经过40年发展，成为中国石化重要的大型燃料—润滑油—化工型骨干企业。占地面积4.12平方千米（高桥老区3.82平方千米、漕泾新区0.3平方千米）。高桥炼油区域具备原油综合加工能力1300万吨/年，分别为800万吨/年的汽油、柴油生产系统和500万吨/年的润滑油生产系统。漕泾化工区域有苯酚丙酮、丁苯橡胶、ABS三套装置，具备50万吨/年的化工产品生产能力，电厂装机容量17.5万千瓦；共有50多套生产装置，主要产品有汽油、柴油、航空煤油、润滑油（基础油）、石蜡、白油、苯酚、丙酮、丁苯橡胶、ABS等。2000年和2007年，根据总部改革部署，先后成立中国石化股份公司高桥分公司和资产公司高桥分公司；2016年，根据提升调整工作需要，在上海自贸区注册成立高桥石化有限公司，实现“分转子”的改革。

2022年，高桥石化累计原油加工量904.76万吨，化工产品总量48.95万吨，发电量5.26亿千瓦·时，供热量649.87万吉焦，全年利润37.53亿元、营业收入465.06亿元。高桥石化共有中层机构31个，其中职能部门16个、直属单位5个、二级单位10个。高桥石化与德国巴斯夫、美国雪佛龙、日本三井等企业合作，建立15家合资企业。另有改制企业10家，用工总量近3000人。

高桥石化主要技术经济指标和主要产品产量分别见表1和表2。

（魏之臣）

【认真学习宣传贯彻党的二十大精神】 2022年10月16日上午，中国共产党第二十次全国代表大会在人民大会堂开幕。习近平代表第十九届中央委员会向大会作题为《高举中国特色社会主义伟大旗帜 为全面建设社会主义现代化国家而团结奋斗》的报告。会后，高桥石化迅速掀起学习宣传贯彻党的二十大精神热潮，第一时间下发《关于认真学习宣传贯彻党的二十大精神的通知》。高桥石化领导班子带头到基层宣讲党的二十大精神，并与上海工程公司、上海石油化工研究院开展党委理论学习中心组联学。各部门、各单位结合实际开展多形式、多层次、全覆盖的宣贯工作，营造浓厚学习氛围，推动党的二十大精神进一线、进班组、进头脑。

（魏之臣）

【高桥石化蝉联浦东新区经济特别贡献奖第1名】 2022年，上海市浦东新区人民政府举行“2022年经济突出贡献企业表彰活动”，高桥石化蝉联浦东新区经济特别贡献奖第1名。

（魏之臣）

【被中国石油和化学工业联合会评定为“绿色工厂”】 2022年，高桥石化被行业权威评价组织——中国石油和化学工业联合会评定为“绿色工厂”。近两年来，高桥石化牢牢把握城市型工厂特殊定位，坚定不移走绿色低碳转型发展之路，不断加大绿色环保投入，完成环保减排项目66项。同时，聚焦“双碳”目标，积极推进能效提升三年行动，不断优化产业结构、用能结构，向绿色低碳转型，全力打造安全、绿色、领先的城市型工厂。

（魏之臣）

【优化调整作业部体制机制基层管理明显加强】 2022年，高桥石化优化调整作业部体制机制，完成整合内设机构、统筹基层管理力量、明晰各层级职责定位、规范专业人员管理关系、健全专业管理机制、优化内部工作机制6项改革任务及其27项具体改革事项，推进管理重心下移，充实一线力量，基层管理明显加强。

（魏之臣）

【发布实施新版《一体化管理体系指引手册》】 2022年，高桥石化发布、实施新版《一体化管理体系指引手册》，进一步完善高桥石化一体化管理体系文件架构，提高一体化管理体系水平，促进各体系之间的协同一致。该手册是高桥石化质量、环境、职业健康与安全、能源、“两化”融合、HSE、设备完整性管理体系的一体化管理的指引性文件，是开展一体化管理体系工作的基本规范，是向相关方提供一体化管理体系保证的依据性文件，也是全体员工进行管理活动的行为准则。

（魏之臣）

【明确企业文化核心价值理念】 2022 年，高桥石化构建形成企业文化体系，明确“打造安全、绿色、领先的城市型工厂”企业愿景、“1233”总体发展战略、“专注、严谨、力行”工作作风等企业文化核心理念，以及各专项文化和特色基层文化理念，为高桥石化企业文化注入新的内涵。

（魏之臣）

【完成赛科股权转让交割】 2022 年，中国石化与英力士投资（上海）有限公司完成上海赛科石油化工有限责任公司 50% 股权交割手续，其中高桥石化和股份公司分别向英力士出售 35% 和 15% 赛科股权。本次股权转让旨在让渡部分股权为赛科公司引入战略合作伙伴，提升高桥石化化工产业链水平，支撑高桥石化转型发展。

（魏之臣）

【成功举办第二届“最强操作”竞赛】 2022 年，高桥石化以“业务 + 竞赛”的形式启动第二届“最强操作”竞赛，共组织 17 个项目、31 场竞赛，每个项目的竞赛均完成成绩分析报告。本次“最强操作”竞赛，以加强三支队伍建设为目标，重点突出“全员学习、注重实效、锻炼队伍、激发活力”，激发广大员工学习技术、钻研技术、应用技术的积极性，培育精益求精的劳模精神、工匠精神，为高桥石化增效益、促发展、加强自主创新和提高核心竞争力培养和造就高素质的员工队伍。

（魏之臣）

【在沪率先向市场供应车用汽油国ⅥB】 2022 年，高桥石化第一罐 3200 吨 92 号车用汽油国ⅥB 分析合格，开出质量合格证，并于当天出厂供应油品市场，标志着高桥石化在沪率先向油品市场供应合格车用汽油国ⅥB，提前近 2 个月执行新的油品质量标准。与车用汽油国ⅥA 相比，车用汽油国ⅥB 中的烯烃含量由 18% 下降至 15%，车辆一氧化碳和氮氧化物排放指标均有明显下降，有助于改善空气质量，加快打赢蓝天保卫战。

（魏之臣）

【首次生产出 66 号全精炼石蜡】 2022 年，高桥石化首次生产出 66 号全精炼石蜡，填补高桥石化内贸石蜡全精炼牌号的生产空缺，有效推动“油转特”产业链转型升级，提升产品竞争力。66 号全精炼石蜡是经酮苯脱蜡、石蜡白土精制、石蜡加氢精制后生产出的高品质全精制石蜡。

（魏之臣）

【净味环保沥青首次在高桥石化生产并成功应用】 2022 年，中国石化自主研发的净味环保沥青首次在高桥石化生产并成功应用，首批次 150 吨净味环保沥青实现出厂销售，并在上海崧泽高架西延工程中成功应用。净味环保沥青在施工铺设过程中可减少刺激性气体排放量，对改善周边环境空气质量效果显著。新产品净味环保沥青的产销进一步提升高桥石化产品差异化竞争优势，助力高桥石化绿色转型升级。

（魏之臣）

高桥石化净味沥青首次应用于上海市公路建设

【新增 VOCs 网格化监测系统】 2022 年，高桥石化 VOCs 网格化监测系统完成项目建设投入使用，提高污染源准确定位能力和环保管理能力。该系统共设置 20 套监测站点，其中炼油区域 16 套、化工区域 4 套，采用单元网格管理方式。平台系统自动接入监测站点的气象监测数据、监测仪表的实时监测数据，实时在线分析各监测点位污染物浓度、气象条件，及时准确地掌握区域内大气环境特征污染物的现状和动态变化趋势，为区域内大气特征污染物监测、污染物溯源，以及制定节能减排方案提供数据支撑和科学辅助管理决策，提高企业风险管控、快速预警和应急响应能力。

（魏之臣）

【为 14 家中小企业和商户减免租金 400 余万元】 2022 年，高桥石化落实上海市人民政府印发《上海市加快经济恢复和重振行动方案》的通知和相关细则，坚持“应免尽免、能免尽免、应免快免”原则，为 14 家服务业中小微企业和个体工商户减免半年房屋租金 442 万元，彰显国企的责任和担当。

（魏之臣）

表 1　　高桥石化主要技术经济指标　　亿元

指标名称 \ 年份	2022	2021	2020	2019	2018	2017
原油加工量 / 万吨	1 050.33	904.76	1 030.60	1 075.43	868.04	1 054.22
工业总产值	691.57	456.74	411.01	528.45	471.51	450.98
炼　油	648.21	410.91	375.13	492.06	433.76	404.86
化　工	45.60	47.55	36.57	37.75	38.97	47.64
资产总计	395.93	375.61	342.77	377.44	316.70	254.34
流动资产	239.91	162.53	110.20	132.80	127.45	59.44
固定资产原值	190.01	187.91	185.05	180.75	173.49	172.45
固定资产净值	37.61	40.17	44.72	46.46	44.48	47.07
销售收入	690.19	462.24	402.28	519.43	472.72	450.80
实现利税	149.72	125.91	108.70	126.08	134.73	157.81
税　金	110.16	87.35	100.86	100.68	98.69	126.17

表 2　　高桥石化主要产品产量　　万吨

产品名称 \ 年份	2022	2021	2020	2019	2018	2017
汽　油	226.72	201.96	225.49	260.73	205.52	253.39
煤　油	102.85	95.23	117.42	153.96	111.09	135.39
柴　油	291.77	213.78	292.45	312.49	263.93	320.76
石油芳烃	6.24	6.59	6.44	7.43	5.94	6.97
润滑油基础油	27.52	27.20	27.56	25.93	21.88	28.30
商品原料油	24.63	29.18	33.57	35.47	22.84	26.36
石　蜡	12.53	12.19	13.58	13.31	10.06	12.81
石油焦	75.34	53.83	62.51	69.16	55.51	69.07
合成橡胶	8.21	7.69	7.45	7.03	6.93	5.24

金陵石化

【概况】 中国石油化工股份有限公司金陵分公司（简称金陵分公司）和中国石化集团金陵石油化工有限责任公司（简称金陵石化有限公司）统称金陵石化，位于南京市东北郊，占地面积 778.93 万平方米。金陵石化成立于 1982 年 1 月，1983 年 7 月划归中国石油化工总公司。

金陵石化主要从事石油炼制及石化产品的加工生产和销售，拥有炼油、芳烃、热电、烷基苯等大型生产装置 70 余套，原油加工能力 1800 万吨 / 年，是中国石化第三大原油加工基地和亚洲主要的洗涤剂原料生产基地，有金陵亨斯迈、江苏金桐等合资企业 5 家，在华东及沿江地区石化产业布局中占有重要位置。

金陵石化生产石油产品 50 余种，是华东及沿江地区成品油、液态烃、石油苯、烷基苯等产品的主要供应商之一，也是江苏地区乙烯、聚丙烯、合成纤维、新型环保材料等产业的原料供应基地，是南京市首家销售收入突破千亿元的工业企业。产品除供应华东市场外，还远销全国各地，并出口至美国、加拿大、日本等 30 多个国家和地区。

截至 2022 年底，金陵石化下设 14 个职能部室、8 个专业化管理中心、9 个生产运行部、1 家工厂。在职职工总数 5512 人，其中正高级（教授级）职称 9 人、副高级（高级）职称 407 人、中级职称 974 人。

金陵石化主要技术经济指标和主要产品产量见表 1 和表 2。

（陈　康）

【设立执行董事】 2022 年 5 月，集团公司发文任命张春生为金陵石化有限公司执行董事、成晖为金陵石化有限公司监事，金陵石化有限公司原董事会、监事会成员职务自然免除。

（陈　康）

【领导班子调整】 2022 年 5 月，刘振宁任金陵分公司副总经理、金陵石化有限公司党委常委；8 月，陈刚任金陵分公司副总经理、金陵石化有限公司党委常委；11 月，亚宏宇任二级协理员，不再担任金陵分公司副总经理、金陵石化有限公司党委常委。

（陈　康）

【营业收入创历史新高】 2022 年，金陵石化营业收入创历史新高，经济效益首次位居集团公司炼化生产企业第一。全年加工原油 1726.1 万吨，生产汽油、煤油、柴油合计 945.2 万吨，整体实现营业收入 1265.9 亿元（含金陵亨斯迈 77.15 亿元）、税金 204.3 亿元、利润 28.82 亿元。其中，金陵分公司实现利润 26.96 亿元（炼油板块盈利 20.36 亿元，在大型炼油企业排名第三；化工板块盈利 6.6 亿元）；金陵石化有限公司实现利润 1.86 亿元，在化工事业部托管企业排名第二。

（姜仲凯）

【全力拓市扩销增效益】 2022 年，金陵石化芳烃类产品产量增加 13.3%，增效 1.1 亿元；高端石墨装置双系列稳定运行，销量增长 81.4%；紧盯高、低硫焦价差，生产低硫焦 7.1 万吨，创效 1.5 亿元。抢抓机遇做大出口，航空煤油增加 115.6%，MGO 增效 1.1 亿元，低硫船用燃料油单月突破 13 万吨，全方位拉动产能释放。打通甲苯出口流程，98# 汽油管输供应沿江市场，自销产品实现全产全销，烷基苯产量创历史新高。

（赵　庆）

【持续推进降本减费】 2022 年，金陵石化大力推进原油重质化，原油采购单价较集团低 1.64 美元 / 桶，降本 12.8 亿元；科学调控到港接卸安排，原油超储费减少 65.6%；“两耗”合计 0.3%，蝉联炼油板块第一。炼油吨油费用、化工吨产品费用、有限公司期间费用分别较总部指标低 0.26 元、84.19 元和 4590 万元。资金、资产、价税等多个领域实现增收创效 1.1 亿元，非生产性费用压降超 11%。

（陈　康）

【国ⅥB汽油质量升级】 2022年10月18日，金陵石化首批国VIB汽油通过水路出厂供应江苏市场。

（杨文雅）

金陵石化生产的国ⅥB汽油首次供应江苏市场
（张　兴　摄）

【煅后针状焦达到国家Ⅰ级标准】 2022年8月6日，金陵石化高端石墨材料产品首次发往连云港，在合资公司——江苏金凌创联煅烧针状焦。8月31日，金凌创联公司针状焦煅烧项目投料试生产并一次开车成功。该项目以金陵石化针状焦为主要原料，主要产品煅后针状焦达到石墨电极用油系针状焦国家Ⅰ级质量标准，可作为生产锂电池负极材料的原料。

（杨文雅）

金陵石化高端石墨材料首次发往金凌创联（张　兴　摄）

【严抓细管夯实安全根基】 2022年，金陵石化“点线面”结合优化HSE管理体系运行，修订发布第二版手册，健全完善要素运行、绩效监测、体系审核等保障机制。高标准开展“百日安全行动”“我为规程做诊断”“老旧装置排查”等专项活动，持续强化工艺平稳性、设备完整性管理，报警数量和总漏点数不断下降，连续4年无上报非计划停工。建立双边作业管理系统，试点推广电子作业票，规范开展承包商QHSE体系审核，直接作业管理更加标准化。

（陈　康）

【环保工作常抓不懈】 2022年，金陵石化全力打好污染防治攻坚战，强化LDAR日检查、周通报，抽检泄漏率降至0.39%以下；利用大气走航车等先进设备，开展VOCs溯源分析，公司被评为重污染天气重点行业绩效评价A级企业。细化完善三级水体防控体系，对全厂含油污水系统逐井逐段排查，废水排放量减少8.7%。加快推进近零排放项目群落地，7个子项已经完成或正在实施，12个子项可行性研究上报总部，重点子项催化脱硫脱硝废水零排放进入基础设计编制阶段。

（陈　康）

【节能减排成效显著】 2022年，金陵石化抓实节能降耗，紧盯生产源头优化、保温伴热整治、节能技术运用等关键环节，实施甲苯塔低温热、电脱盐换热网络优化等项目，炼油单因耗能创历史新低。整体直、热供率分别提升至80%、78%。持续加大节水减排力度，污水回用率超54%。

（陈　康）

【首次获评水效“领跑者”标杆企业】 2022年8月25日，在2021年度石油和化工行业能效“领跑者”、水效“领跑者”发布暨节能降碳技术交流推广会上，金陵石化以吨原油取水量0.284立方米首次获评原油加工行业水效“领跑者”标杆企业，与恒力石化并列第一。

（陈　康）

【成立高端碳材料研发中心】 2022年12月15日，金陵石化与大连石油化工研究院签订战略合作协议，并举行高端碳材料技术与应用研发中心成立揭牌仪式。双方在合作推进中国石化首套高端石墨装置建成投产的基础上，将依托彼此人才、技术和资源优势，全面开展针状焦、负极材料、中间相沥青等高端碳材料产品市场调研、开发测试、应用探索、成果转化等工作，共同构建院企联盟一体化创新平台，实现产销研用全链条联动攻坚创效。

（陈　康）

金陵石化高端碳材料研发中心揭牌（张　兴　摄）

【深化改革提升管理效能】 2022 年，金陵石化深入落实“两个一以贯之”，深化改革三年行动和对标世界一流专项行动圆满收官，节能降碳、数字化转型两项亮点被集团公司树为典型推广。分层分类调增激励性年金标准，健全完善薪酬管理和绩效考核办法，员工干事创业热情有效激发。持续推进机构改革，撤销、合并内设机构 8 个，部门设置更加精简高效。与时俱进强“三基”，统筹推进全员培训、“三标”建设和“5S”管理，宣传推广优秀基层实践 39 项。扎实开展“严肃财经纪律、依法合规经营”综合治理专项行动，“合规管理强化年”28 项重点任务按期完成，通过集团公司合规体系建设预验收。

（陈　康）

【学习贯彻二十大精神广泛深入】 2022 年，金陵石化全覆盖组织学习培训，研究制订学习宣传贯彻党的二十大精神实施方案和计划表，组织 1100 多名干部员工分片区集中收看大会直播，举办二十大精神专题辅导讲座。班子成员带头深入研讨，分专业组织召开专题研讨会，推动党中央各项决策部署转化为公司高质量发展的生动实践。全领域开展集中宣讲，公司领导带头讲专题党课，各单位党委（总支）书记和其他中层领导人员在分管领域、联系点组织专题宣讲，各党支部利用“三会一课”、政治学习等形式开展学习宣贯，举办重点统战成员专题宣讲，大力营造全员学习贯彻党的二十大的浓厚氛围。全媒体实施宣传报道，及时开辟专题专栏，编发相关报道 70 多篇，征集干部员工学习体会 20 多篇，在外部媒体刊发重点报道 15 篇，生动展现金陵石化贯彻落实党的二十大精神的新实践、新风貌。

（连光坤）

【在完善公司治理中加强党的领导】 2022 年，金陵石化深刻领会集团公司《关于直属企业在完善公司治理中加强党的领导的实施意见（试行）》的精神实质，修订党委讨论和决定重大事项清单、“三重一大”决策制度和内控权限指引，建立执行董事/分公司代表决策机制，为加强党的领导提供制度机制保障。

（陈　康）

【干部人才选拔任用从严从细】 2022 年，金陵石化深化经理层任期制和契约化管理，配套制度体系更加完善。开展 3 批次中基层领导岗位竞争性选拔，全年共提拔使用干部 87 人，一批优秀人才脱颖而出，干部队伍结构持续优化。制定中层领导班子和领导人员综合考核评价制度，对 8 家单位班子运行状况及履职表现把脉问诊，严守“下”的红线，诫勉谈话 3 人，调整退出 2 人，督促干部担当作为。坚持举办中青班、新干班、骨干班，有计划分批次安排青年骨干参与重要任务实践锻炼，做好“三千”人员挂职锻炼和期满考核，提升骨干人员综合素质和岗位胜任能力。成立党委人才工作领导小组，组织召开人才工作会议，部署实施“头雁”“铸剑”“赋能”“强基”四大工程，着力打造炼化企业重要人才中心和创新高地。建立“两层三级”导师制人才培养模式，系统推进“幼苗”“青苗”“壮苗”培养计划，新聘职位人才 27 名，96 人取得技师及以上技能等级，人才队伍规模和结构持续改善。

（陈　康）

【基层党建质量实效持续提升】 2022年，金陵石化完善落实公司党建考核办法，组织两级党组织书记述职评议，压紧压实管党治党责任。坚持抓两头带中间，深化“五好”党支部创建和党支部分类定级，开展优秀党支部书记示范行，精简优化支部分类定级考核细则，建立“2+1”结对联系机制，推动基层党组织全面进步全面过硬。制订落实党员班组长比例专项提升计划，党员班组覆盖率、党员班组长比例分别达100%和70%，“两个覆盖”质量持续提升。做好石化党建3.0（一期）上线运行，加强主题党日和党员活动阵地管理，100名党组织书记通过基本功取证考试，基础工作更加规范高效。深化示范点党支部“品牌示范”“特色示范”创建，创新实施党建区长责任制，“双培养一输送”持续深化。扎实开展“五个一”主题活动和“三查三强”促安全主题党日，围绕履行“四个责任”、争做“五个示范”，深化党员责任区、党员示范岗创建提升，助力筑牢安全生产坚实防线。

（陈　康）

【宣传思想文化工作富有成效】 2022年，金陵石化强化意识形态阵地管控，建立落实舆论阵地常态化排查机制，逐月跟踪分析员工思想动态，扎实做好一人一事的思想政治工作。开展“强培训、精管理、促发展”全员汇智大讨论活动，引导干部员工积极建言献策，收集改善经营管理建议近1900条。制定企业文化建设实施细则，深化阐释、大力弘扬企业文化核心价值理念，建成用好公司历史陈列馆，分批组织1000多名干部员工参观学习，赓续传承石油石化优良传统。积极开展思想政治工作研究，2篇论文获南京市优秀思想政治研究论文奖。加强报刊网端等融媒体建设，在系统内外部媒体刊发稿件400多篇，新闻宣传量质齐升。连续9年发布社会责任报告，举办4场网络直播，吸引120万网民线上观看，绿色石化形象更加深入人心。

（陈　康）

【政治生态风清气正持续向好】 2022年，金陵石化坚持“当下改”与“长久立”相结合，全面完成党组常规巡视和生态环保专项巡视整改，巡视整改牵引作用不断显现。分解落实党风廉政建设6个方面27项重点任务，强化监督检查和考核评价，推动“两个责任”落到实处。对8家单位开展常规巡察，累计发现问题95项，落实巡察整改综合评估机制，圆满完成首轮党委巡察目标。做实“一把手”和领导班子政治监督，从6个维度对公司政治生态进行评价，约谈二级单位班子9次，切实管住“关键少数”。持续拓展“大监督”效能，统筹16项年度重点监督任务；强化重点领域日常监督，调查核实疑似问题32项；开展重点业务专项监督，提出意见建议18条；抓好安全环保领域形式主义、官僚主义问题专项整治，排查问题25项，有力促进依法合规管理和廉洁风险防控。扎实开展反腐倡廉教育月活动，排查并编制靠企吃企问题清单20项，抓实风险防范。

（连光坤）

【举办第七届职工岗位技能竞赛】 2022年，金陵石化组织“技能竞赛年”系列活动，历时8个月，共举办23项一类竞赛和37项二类竞赛，万余人次同台竞技，表彰奖励429人次，授予27人金陵石化技术能手、41人金陵石化五一创新能手、61人金陵石化青年岗位能手称号。

（陈　康）

【获多项荣誉】 2022年，金陵石化被评为江苏省文明单位、南京市文明单位，获集团公司2021年度安全生产先进单位、节能环保先进单位、财务管理先进单位、内控风控先进单位和炼化企业经济效益优胜单位等称号。金陵石化纪委获南京市工信系统纪检监察工作先进单位称号，金陵石化工会获南京市职工宣传思想文化建设先进单位一等奖，金陵石化团委获南京市共青团先进工作单位、南京市五四红旗团委称号。

（陈　康）

表 1　　金陵石化主要技术经济指标　　亿元

指标名称＼年份	2022	2021	2020	2019	2018	2017
原油加工量 / 万吨	1 726.10	1 802.22	1 677.39	1 770.12	1 800.61	1771.56
工业总产值	1 145.27	912.13	671.45	889.75	1 020.11	787.67
炼　油	1 002.30	801.23	597.20	792.56	879.08	691.18
化　工	139.83	106.11	70.87	93.70	135.36	90.49
其　他	3.14	3.29	3.38	3.49	5.67	6.00
工业增加值	211.55	276.15	213.59	228.13	291.61	291.08
资产总计	317.18	373.19	291.82	266.29	261.58	250.16
流动资产	147.24	198.20	112.83	85.87	104.16	88.99
固定资产原值	317.40	312.07	306.85	302.60	291.13	283.95
固定资产净值	99.22	104.93	110.96	116.70	117.37	121.15
销售收入	1 188.75	958.56	746.90	933.14	1 009.37	797.72
实现利税	233.00	258.09	169.88	191.53	261.58	256.99
税　金	204.30	205.36	160.00	165.87	203.21	198.69
综合能耗①/ 吨标煤・万元 $^{-1}$	0.40	0.40	0.28	0.29	0.28	0.27

① 2020 年前以 2010 年不变价格计算，2020 年以后以 2020 年不变价格计算

表 2　　金陵石化主要产品产量　　万吨

产品名称＼年份	2022	2021	2020	2019	2018	2017
汽　油	421.83	456.75	425.15	476.37	475.67	415.88
煤　油	165.47	162.03	185.63	256.48	253.93	237.35
柴　油	357.91	351.48	367.66	404.80	415.96	437.62
溶剂油	0.64	0.55	0.71	0.99	1.03	0.90
石脑油	126.22	152.23	130.80	126.01	137.01	176.31
商品燃料油	23.43	126.72	93.33	17.44	5.40	0.41
液化气	58.86	57.06	55.33	72.21	86.64	88.88
石油焦	70.44	60.35	51.70	52.51	76.80	87.26
沥　青	122.69	131.18	130.43	141.10	100.45	132.21
苯类合计	120.99	106.79	104.16	97.24	116.79	86.84
烷基苯	23.21	20.60	22.25	20.46	20.51	20.12
轻　蜡	25.52	25.17	28.67	29.09	29.48	25.14

福建炼化

【概况】 福建炼油化工有限公司（简称福建炼化）是由股份公司和福建省石油化学工业公司各出资50%合资设立的具有独立法人单位资格的大型炼油化工一体化企业，位于福建省泉州市泉港区。其前身福建炼油厂始建于1989年1月。福建炼化设8个机关部门，有1家代管单位、6家合资公司。本部职工总数173人，其中本科及以上学历的职工158人。

福建联合石油化工有限公司（简称福建联合石化）是由福建炼化、埃克森美孚中国石油化工公司、沙特阿美亚洲有限公司按50%：25%：25%比例合资建设的大型石油化工一体化企业，总投资319.85亿元，占地478.70万平方米。于2007年6月成立，2009年11月投入商业运营，2013年底完成脱瓶颈改造，有1400万吨/年炼油、110万吨/年乙烯裂解、100万吨/年芳烃、90万吨/年聚乙烯、67万吨/年聚丙烯、部分氧化/汽电联产装置（IGCC）等30套炼油及化工联合装置，主要加工沙特原油，生产汽油、柴油、聚乙烯、聚丙烯、对二甲苯、工业用纯苯、丁二烯等石化产品。

福建古雷石化有限公司（简称福建古雷石化）是由福建炼化与台方石化联合体投资的旭腾投资公司按50%：50%的比例合资建设，于2016年11月完成工商注册并举行揭牌仪式，负责建设运营海峡两岸合作投资最大的石化项目——古雷炼化一体化工程一期项目。该项目2017年12月正式开工建设，2021年8月投产。主要装置包括100万吨/年乙烯、55万吨/年裂解汽油加氢、35万吨/年芳烃抽提、13万吨/年丁二烯抽提、30万吨/年乙烯醋酸乙烯树脂（EVA）、10万吨/70万吨/年EO/EG（环氧乙烷/乙二醇）、60万吨/年苯乙烯、35万吨/年聚丙烯、10万吨/年热塑性弹性体（SBS）和配套码头、热电、空分等。2017年7月16日，福建古雷石化与福建漳州港口有限公司按49%：51%的比例合资成立福建漳州古雷石化码头有限公司。

福建炼化林德气体有限责任公司（简称福林气体）由福建炼化与林德气体（香港）公司按50%：50%的比例合资建设，于2008年8月正式成立，2010年底正式投入商业运营，主要为福建联合石化和泉港石化园区提供专业气体产品。

福建福华气体有限公司（简称福华气体）由福建炼化与联华实业投资香港有限公司按50%：50%的比例合资建设，于2018年3月正式注册成立，2021年2月正式投入商业运营，主要为福建古雷石化和古雷石化园区提供专业气体产品。

中石化化工销售福建有限公司（简称化销福建）由福建炼化与化工销售公司按10%：90%的比例合资建设，于2012年4月正式挂牌成立。

福建省福橡化工有限责任公司（简称福橡化工）由福建炼化与福建省石油化学工业公司按49%：51%的比例合资建设，于2011年5月正式成立，由于市场竞争等因素持续亏损，双方股东决定全面停产。

福建炼化主要技术经济指标和主要产品产量分别见表1和表2。

（刘　威）

【领导班子调整】 2022年3月21日，集团公司党组、福建省委决定，刘向东任福建炼化董事长、党委书记，福建联合石化董事长、党委书记，免去其福建炼化总经理职务，仍任福建古雷石化副董事长；赵天星任福建炼化董事、总经理、党委副书记，福建联合石化董事、党委副书记，仍任福建联合石化副总裁。

2022年11月10日，集团公司党组、福建省委省政府决定，赵天星不再担任福建联合石化副总裁职务，林栩任福建联合石化董事，李吉为福建炼化副总经理、福建联合石化副总裁人选，丁宏波为福建炼化副总经理人选。

（刘　威）

【认真学习宣传贯彻党的二十大精神】 福建炼化组织广大党员第一时间集中收看党的二十大开幕会直播盛况，认真聆听习近平总书记所作的工作报告，深刻领悟“两个确立”的决定性意义，不断增强“四个意识”、坚定“四个自信”、做到“两个维护”。把学习宣传贯彻党的二十大精神作为首要政治任务，精心制定学习宣贯方案，编制“一单两表”（学习贯彻运行计划表、领导班子学习宣传贯彻党的二十大精神有关事项清单和领导班子赴基层宣讲安排表），抓好推进实施，推动班子带头学、党员全体学、思践结合学，着力在全面学习、全面把握、全面落实上下功夫，不断把学习贯彻工作引向深入。

（刘　威）

【扎实开展主题行动】 2022 年，福建炼化扎实开展“牢记嘱托、再立新功、再创佳绩，迎接学习贯彻二十大”主题行动，45 项重点任务、133 项具体措施圆满完成。部署启动立足“早”，第一时间成立领导小组以及领导小组办公室和“1+7”个工作组，制定实施方案并召开启动会。组织运行做到“精”，全面落实“定期协调、月度通报、季度推动”运行机制，主题行动领导小组及各工作组实现有效运转。统筹结合力求“深”，把持续提质增效等重点工作与主题行动融合统一起来，一体推进、一体落实。跟踪督办坚持“严”，强化过程管控，按照“绿、黄、红”实行分级预警管理，工作进度与绩效挂钩。党建引领突出“实”，深化“五抓五促”党建引领，实施 40 项任务，引导各级党组织和广大党员充分发挥作用。

（刘　威）

【开展“持续提质增效”行动】 福建炼化坚持以效益为中心，以市场为导向，围绕安全环保、生产经营、利润、成本控制、工程建设五大目标，确定 132 个实施项目，开展 2022 年“持续提质增效”行动。“持续提质增效”行动成立领导小组及 6 个工作组，加强组织领导，压实工作责任，强化氛围营造，抓好各项措施落实。紧盯行动目标，坚持“一月一分析、一月一通报”工作机制，定期总结推进，确保工作成效，全年累计完成增效超 16 亿元，有力保障福建炼化连续 8 年完成股份公司调整下达的效益目标。

（刘　威）

【强化 HSE 管理体系有效运行】 2022 年，福建炼化采用集团公司“矩阵式”审核模式，通过访谈、现场验证、问卷调查等方式，完成 HSE 管理体系内审、管理评审。健全体系运行动态监测机制，强化体系要素执行过程测量、反馈与管控，推进将 35 个要素 105 项 KPI 指标细化为结果指标和过程指标，将日常业务管理和要素管理进行一体管理。指导督促合资公司、代管单位不断抓好体系运行完善，对福建联合石化、福建古雷石化、福建商储分公司开展第二方全要素体系审核；福建联合石化完成 OIMS 体系与安全生产标准化融合审查，福建古雷石化完成 HSE 管理体系手册修订。

（刘　威）

【福建联合石化获评国家级“绿色工厂”】 2022 年，福建联合石化树牢绿色理念，推进能源节约和能源结构转型，抓好污染物排放治理等节能环保项目实施，获评国家级“绿色工厂”、福建省级“绿色工厂”，绿色发展名片不断擦亮。福建联合石化注重管理体系的建设和执行，建立操作完整性管理系统 OIMS，推行并先后通过环境管理体系、质量管理体系、能源管理体系以及测量管理系统等第三方认证。采用先进的自动化技术，实现数字化工厂的管理控制一体化，确保各装置稳定、优化生产运行，并强化生产过程管控，确保生产过程清洁和生产清洁。

（刘　威）

【福建联合石化光伏项目一期正式并网发电】 2022 年 10 月 15 日，福建联合石化 21.05 兆瓦光伏项目一期正式并网发电。该项目采用“自发自用，余电上网”的开发模式，是目前福建省最大分布式光伏项目，也是中国石化单体最大的光伏项目。项目采用柔性支架与反吊膜结合的建设模式，是国内光伏项目首创。项目建设覆盖面积 16 万平方米，最大跨距 50 米，采用新型专利技术——柔性支架系统，解决传统结构设计无法实现大跨距的问题。项目设计年限为 25 年，年平均发电量 2198.51 万千瓦·时，按照发电煤耗平均 306.4 克标煤 /（千瓦·时），每年可节约标准煤 0.67 万吨，减排粉尘约 1.98 吨，减排二氧化碳约 1.4 万吨。

（刘　威）

福建联合石化光伏发电项目（林家孟　摄）

【有效应对疫情】 2022 年，福建炼化及权属合资公司有效应对 3 月、7 月、10 月多轮疫情冲击，实现疫情防控和生产经营“双战双胜”。特别是，福建联合石化面对 3 月疫情突袭，第一时间组织 1600 多名员工连续 21 天奋战生产一线封闭管理，及时打通原（料）油进厂、产品出厂进出两端通道，取得零感染、零确诊以及装置不停运、生产不间断、产品不断供的较好成绩。在疫情防控转段后，落实新阶段疫情防控工作要求，有效应对个别基层班组集中感染的情况，实现最大限度减少疫情对安全平稳生产的影响。同时，精准做好疫情感染“乙类乙管”常态化防控工作。

（刘　威）

【福建联合石化芳烃脱瓶颈改造项目有效实施】 2022 年，福建联合石化完成芳烃脱瓶颈改造项目，对二甲苯生产能力提升至 100 万吨 / 年，装置竞争力进一步提升，达到行业领先水平。该改造项目包括连续重整、二甲苯分馏、甲苯歧化及烷基转移、苯 - 甲苯分馏、吸附分离、异构化 6 套工艺装置及界区内的公用工程，是福建联合石化近年来最大规模的改造工程项目。同时，开展芳烃低温热利用改造，有效降低装置能耗。福建联合石化发挥芳烃脱瓶颈改造后的优势，抢抓市场机遇保持装置高负荷，成为年度创效的有力支撑，单月对二甲苯最高产量达 8.21 万吨、最佳能耗达 393 千克标油 / 吨，累计创效约 8 亿元。

（刘　威）

【古雷炼化一体化工程一期项目投入商业运营】 2022 年 12 月 19 日，海峡两岸最大的石化合作项目——古雷炼化一体化工程一期项目投入商业运营仪式举行。该项目主要包括 100 万吨 / 年乙烯裂解、10 万吨 /70 万吨 / 年环氧乙烷 / 乙二醇、60 万吨 / 年苯乙烯、35 万吨 / 年聚丙烯、10 万吨 / 年热塑性弹性体等 9 套化工装置，以及配套的公用工程、码头及储运设施等，总投资 278 亿元。项目 2017 年 12 月开工建设，2021 年 5 月中交，2021 年 8 月建成投产。自投产以来，装置总体保持安全平稳运行，苯乙烯、环氧乙烷 / 乙二醇等部分装置技术经济指标达到同行业先进水平。2022 年底，全力推进 EVA 装置投料试车工作。

（刘　威）

古雷炼化一体化工程一期项目投入商业运营仪式
（苏　哲　摄）

【推进古雷炼化一体化工程二期项目】 福建炼化按照集团公司党组安排部署，加强组织落实，推进古雷炼化一体化工程二期项目前期各项工作。2022 年 4 月，项目可行性研究报告获得股份公司批复同意。2022 年底，取得项目用海、用地预审与选址意见等行政许可，完成厂区选址性勘察，并与地方政府签订项目投资协议。该项目建设内容包括 1600 万吨 / 年炼油、150 万吨 / 年乙烯、2×160 万吨 / 年芳烃联合装置及下游配套装置等，以及配套的公用工程及辅助设施；总投资约 732.9 亿元（不含增值税），总占地面积 697.3 公顷。

（刘　威）

【深化改革三年行动、对标世界一流管理提升行动圆满收官】 福建炼化制定实施方案，通过定期召开会议、强化督促考核等方式，全力推进深化改革三年行动、对标世界一流管理提升行动落实落地。深化改革三年行动 46 项任务、318 项具体措施以及对标世界一流管理提升行动 86 项任务、111 项具体措施，提前于 2022 年 6 月 30 日全部完成，实现圆满收官。通过深化改革三年行动、对标世界一流管理提升行动，福建炼化形成 86 项标志性成果，管理水平和治理能力进一步提升。

（刘　威）

【推进创新工作】 2022 年，福建联合石化、福建古雷石化开发聚烯烃新产品 7 个，专用料比例逐年提升。福建联合石化加大产品研发力度，完成聚烯烃茂金属产品试生产；共产生 92 项职工“五小”创新项目，其中 1 项获授权国家专利、3 项获评中国能源地质化学工会优秀职工创新成果。福建联合石化参与的“丁二烯尾气选择加氢成套技术”项目获中国石化科技进步奖二等奖，福建古雷石化获省级“智能制造示范工厂”称号。福建炼化创办内部刊物《福炼科技》并定期发布，发挥对科技创新的促进作用。

（刘　威）

【成功召开党代会】 2022 年 7 月 29 日，中共福建炼油化工有限公司第五次党员代表大会、中共福建联合石油化工有限公司第三次党员代表大会胜利召开。集团公司党组等发来贺电贺信。党委工作报告《牢记嘱托建强基地、勇站排头再立新功，奋力谱写建成国内领先炼化一体化企业新篇章》、纪委工作报告《永葆自我革命精神，深化全面从严治党，以一流政治生态为建成国内领先炼化一体化企业保驾护航》明确未来五年发展目标和工作部署。大会表决通过《关于公司党委报告的决议》《关于公司纪委工作报告的决议》，以无记名投票方式选举产生福建炼化新一届党委、纪委。

（刘　威）

福建炼化召开党代会（董　铭　摄）

【做好“大监督”工作】 2022 年，福建炼化持续深化“大监督”格局，做实包括合资企业审计、财务、人事等在内的监督委员会，切实把监督委员会打造成贯通国企监督体系与合资企业管理体系的重要平台，不断推进监督职责再强化、监督力量再融合、监督效果再提升。充分发挥监督委员会平台作用，推动强化政治监督，做深做细日常监督，围绕安全生产、提质增效等重点工作，制定 3 个方面 28 条监督重点任务清单，开展各类监督检查 91 次，发现并督促整改问题 82 项。福建炼化监督委员会被评为中国石化“大监督”工作先进集体。

（刘　威）

【实现党委巡察全覆盖】 2022 年，福建炼化统筹部署党委巡察工作，对权属合资公司福建联合石化公司财务审计党支部、供应流通部党支部、机械设备部党总支、HSE 部党总支、技术与规划部党总支 5 个部门党组织开展常规巡察，推动全面从严治党向纵深发展，实现本轮巡察全覆盖、圆满收官。同时，扎实做好巡察“后半篇文章”，压紧压实被巡察单位整改主体责任，做好跟踪督促；对发现的普遍性和突出性问题建立共性问题整改台账，明确责任部门和责任人，督促职能部门切实抓好整改工作，实现巡察监督、整改和治理融合贯通。

（刘　威）

表 1 福建炼化主要技术经济指标[①] 亿元

指标名称 \ 年份	2022	2021	2020	2019	2018	2017
原油加工量 / 万吨	894.24	933.59	938.12	1 035.03	878.01	911.05
资产总计	121.16	146.72	141.49	133.46	122.60	109.17
流动资产	19.01	14.64	15.82	17.88	8.16	9.92
固定资产原值	2.72	3.15	3.22	3.20	3.19	3.72
固定资产净值	1.46	1.63	1.74	1.81	1.91	2.10
销售收入	796.36	547.12	431.57	619.73	572.60	549.34
实现利税	−18.73	10.20	2.90	5.15	16.45	28.01
税　金	0.22	0.28	0.22	0.23	0.26	0.29
炼油综合能耗 / 千克标油 · 吨 $^{-1}$	75.26	60.97	56.71	55.79	61.78	67.81

① 资产总计、实现利税、税金为福建炼化本部数据，原油加工量、炼油综合能耗为福建联合石化数据，其余指标包含福建联合石化、福建古雷石化；分置运营后，福建炼化本部没有工业产品生产，无工业总产值，企业集团工业总产值未做统计

表 2 福建炼化主要产品产量 万吨

产品名称 \ 年份	2022	2021	2020	2019	2018	2017
汽　油[②]	162.70	144.28	148.52	179.97	156.08	152.48
柴　油[②]	171.10	117.00	171.68	246.89	183.25	165.79
航空煤油[②]	77.55	109.46	101.85	127.32	102.50	107.07
石脑油[②]	244.33	249.20	254.21	268.10	216.72	273.90
液化气[①]	2.71	13.98	20.70	23.48	25.01	23.68
燃料油[②]	27.08	8.14	7.83	9.62	7.57	6.69
硫　黄[②]	15.57	15.22	16.08	16.60	15.40	16.69
丙　烯[①]	103.58	81.35	67.48	68.29	57.07	64.81
聚丙烯[①]	93.15	71.61	62.93	63.73	51.72	61.88
乙　烯[①]	178.47	142.15	116.39	121.67	100.86	120.07
聚乙烯[②]	74.31	90.40	88.21	94.23	79.17	96.52
对二甲苯[②]	80.39	68.41	75.19	82.14	67.44	77.89
苯[①]	62.38	53.67	42.64	42.85	38.81	44.73
丁二烯[①]	23.92	19.81	15.58	15.58	12.75	15.42
乙二醇[①]	97.8	53.47	34.28	42.51	37.09	45.32
环氧乙烷[①]	21.79	15.50	16.35	10.64	4.79	4.07
苯乙烯[③]	66.69	22.97	—	—	—	—
热塑性弹性体[③]	7.77	1.17	—	—	—	—

① 为福建联合石化、福建古雷石化数据

② 为福建联合石化数据

③ 为福建古雷石化数据

长岭炼化

【概况】 中国石油化工股份有限公司长岭分公司（简称长岭分公司）和中国石化集团资产经营管理有限公司长岭分公司（简称长岭资产分公司）统称长岭炼化，坐落在湖南岳阳风景秀丽的洞庭湖畔，北临长江，南靠京广铁路，与武广高速铁路、107 国道、京港澳高速公路、三荷机场相邻，水陆空交通便利。

长岭炼化前身为长岭炼油厂，始建于 1965 年，1971 年 5 月建成投产。2000 年 4 月，按照集团公司整体重组改制的要求，炼油主业部分重组改制为中国石油化工股份有限公司长岭分公司，存续部分改制为中国石化集团长岭炼油化工有限责任公司。2007 年 5 月，按照体制转换的要求，中国石化集团长岭炼油化工有限责任公司改制为中国石化集团资产经营管理有限公司长岭分公司。长岭炼化下辖 13 个机关部门、7 个运行部、5 个业务中心。截至 2022 年底，长岭炼化有员工 3056 人（长岭分公司 2293 人、长岭资产分公司 763 人）。

长岭炼化有炼油化工生产装置 30 套，原油加工能力 800 万吨 / 年，拥有 13 万吨 / 年聚丙烯、20 万吨 / 年改性沥青、10 万吨 / 年乳化沥青、10 万吨 / 年环氧丙烷生产能力，是中南地区重要的石油化工产业基地。主要生产汽油、柴油、航空煤油、石脑油、液化石油气、三苯、沥青、环氧丙烷、乙酸酯等 60 余种产品，有 17 种产品获省部级以上优质产品称号，其中出口轻柴油和 6[#] 抽提溶剂油获国家金质奖，石油甲苯、二甲苯和 120[#] 溶剂油等产品获国家银质奖。“东海牌”改性沥青铺上奥运会国家体育场鸟巢的主跑道；高铁专用乳化沥青成功应用于武广高铁建设，实现高铁专用乳化沥青的国产化，打破日本、德国的垄断。10 万吨 / 年双氧水法制环氧丙烷装置，拥有完全自主知识产权，打破国外技术垄断，填补国内空白。

2022 年，长岭炼化加工原（料）油 814.10 万吨（加工原油 709.48 万吨），生产汽油、航空煤油、柴油产品总量 513.43 万吨，完成营业收入 567.03 亿元，上缴税金 100.74 亿元，实现利润 11.38 亿元、吨油利润 135 元，利润总额、吨油利润均位列沿江企业第 1 名，分别排炼化板块第 9 名、第 7 名，创历史最好成绩，在集团公司党建考核中保 A 进位，获炼化企业经济效益优胜单位、炼油比学赶帮超优胜单位称号，继续保持湖南省安全生产优秀单位、中国石化绿色企业等称号。

长岭炼化主要技术经济指标和主要产品产量分别见表 1 和表 2。

（殷智斌）

【领导班子调整】 2022 年 9 月 1 日，集团公司以视频形式召开茂名石化、中韩石化、洛阳石化、长岭炼化 4 家单位干部大会，宣布 4 家单位领导班子调整决定。其中，免去刘百强长岭炼化副董事长、总经理、党委副书记职务；任命刘百强为中韩（武汉）石油化工有限公司董事、总经理，武汉分公司总经理、武汉石油化工厂厂长、党委副书记。

（殷智斌）

【经营效益排名沿江第一】 2022 年，长岭炼化狠抓平稳运行，装置平稳率获总部竞赛 24 金、77 银、64 铜，创历史最优。完成环氧丙烷、3[#] 催化烟机消缺、CFB 炉改造，国Ⅵ B 汽油质量升级项目提前开工一次成功。紧贴市场优化产品结构，协同巴陵石化推进炼油一体化，做大航空煤油、石油焦、船燃、苯、石油醚等产量，恢复开通 98[#] 汽油铁路、公路出厂，高标号汽油销量保持沿江第一。开展全口径成本管控专项行动，完成炉机节能改造，提升加热炉效率 93.56%，排名总部前列。实现利润 11.38 亿元、吨油利润 135 元，利润总额、吨油利润均位列沿江企业第 1 名，分别排炼化板块第 9 名、第 7 名，创历史最好成绩。

（殷智斌）

【安全生产实现“四无”目标】 2022 年，长岭炼化全面落实集团公司“总经理 2 号令”，系统推进 HSE 管理体系有效运行。对标对表落实领导引领力 10 条要求，坚持“风险饱和度”评价等量化方法，完善双重预防机制，完成焦化、聚丙烯等 9 套老旧装置安全专项评估，对环氧丙烷、2# 汽油吸附脱硫等 7 套装置开展设计安全诊断，开展“油气管道”“电气火灾”等 8 个专项排查，开发运行“承包商考评系统”，推进“零违章示范工地”建设，扎实做好疫情防控各阶段工作，保证生产装置、项目施工的安全，公司安全生产实现“四无”目标，创造直接作业环节 414 万工时零事故、零伤害的纪录。

（殷智斌）

【绿色低碳发展再上台阶】 2022 年，长岭炼化牢固树立和践行“绿水青山就是金山银山”的理念，牢记习近平总书记关于“守护一江碧水”的殷殷嘱托，主动拥抱绿色转型，以碳的净零排放为终极目标，稳步推进绿色企业建设，实施多个环保提标项目。抓好绿企复评，持续落实水体零污染、打造国控站房管理亮点行动，做好水资源全过程管理，含油污水下降 12%，大力推进“能效提升”计划，完成双氧水废氧化铝瓷球一般固废鉴定，危险废物实现近零库存。全年，长岭炼化外排“三废”指标全部达标，且部分优于国家标准，保持较好的绿色环保运行态势，为建设好与山水媲美、与花鸟共存，人与自然和谐共生的石化企业，切实走好生产发展、生活富裕、生态良好的文明发展之路、绿色转型之路奠定扎实的基础。

（殷智斌）

【转型发展建设稳步推进】 2022 年，长岭炼化聚焦高质量发展，与兄弟企业以“挑战不可能”的决心推进岳阳地区乙烯炼化一体化项目，项目可行性研究批复总投资 328.50 亿元，占地 269.4 公顷，不到一年半的时间获国家发展和改革委员会纳储批复，项目园区配套工程动土开工。码头提质改造项目 3 号 /6 号泊位投入运行，航空煤油管道、重整等项目向前推进。转型升级积极推动，75 项具体措施全面展开，提前布局碳材料生产，加快实施油浆综合利用项目，催化柴油制 BTX 项目列入总部“十条龙”科技攻关项目。大力实施智能工厂重点项目，效益测算由单装置向全流程拓展，发展 5G 工业互联网 + 智能化应用，智能巡检机器人进入试运行，通过“两化”融合“AAA”认证。公司进入高质量发展快车道。

（殷智斌）

【“三能”机制建设纵深推进】 2022 年，长岭炼化认真贯彻落实集团公司党组深化改革部署，将“三能”机制建设作为“三项制度”改革的关键。持续优化内部机制，深入推动“三项制度”改革，国企改革三年行动 53 项工作任务全面完成。坚持常态化竞争上岗，开展全要素量化审核，推进量化绩效评价，实施增浮减固措施，队伍活力不断增强。人力资源池、上岗协议和富余人员分流安置办法、“三大员”上岗认证等制度全面发布，能上能下、能增能减、能进能出机制进一步完善，“三能”机制建设向纵深推进。

（殷智斌）

【喜庆党的二十大胜利召开】 2022 年 10 月 16 日，中国共产党第二十次全国代表大会在北京人民大会堂开幕。长岭炼化党委书记、董事长、分公司代表王妙云当选党的二十大代表出席参加大会，并接受《人民日报》、中央电视台、《中国能源报》等中央及省部级媒体采访，《中国石化》杂志刊发王妙云长篇人物通讯。长岭炼化高标准高质量开展“牢记嘱托、再立新功、再创佳绩，迎接学习贯彻二十大”主题行动，全体干部员工认真学习党的二十大精神，喜庆氛围浓厚。主流媒体频频聚焦公司改革发展成就，长岭炼化走在前列的优秀企业形象更加彰显。

（殷智斌）

【高质高效抓好主题行动】 2022 年，“牢记嘱托、再立新功、再创佳绩，迎接学习贯彻二十大”主题行动启动以来，长岭炼化第一时间召开党委会专题学习研究部署，全面承接总部要求。突出把“站排头、争第一”的精气神贯穿于整个主题行动，以“走在前列”的标准启动主题行动，将重点任务细化为具体措施，建立健全高效运行的联动机制和工作例会制度，开展督查评价，实现主题行动高位推动、高标打造、高效推进。55 项重点任务、171 项措施全部完成。7 月中旬，集团公司党组成员、副总经理，股份公司总裁喻宝才到长岭炼化调研指导，对公司各项工作给予充分肯定。

（殷智斌）

【党建引领保障高质量发展】 2022 年，长岭炼化认真落实集团公司党组“1355”党建工作总体思路，以高质量党建引领保障高质量发展，获 2021 年度集团公司党建考核 A 档。以“三册两单”规范基础工作，以“三带三促”推进党建与中心工作深度融合，样板创建、一支部一品牌等活动收效良好。成功举办首届企业文化周活动，“厂史展览馆”“党建馆”入选中国石化第二批十大红色教育基地。发挥巡视巡察利剑作用，坚持“快、真、实”“四个融入”抓整改，巡视整改措施完成率 100%，得到党组巡视“回头看”的肯定。完成 6 家基层党组织常规巡察，实现三年巡察全覆盖。党建引领保障作用得到充分体现。

（殷智斌）

【高水准服务人民美好生活】 2022 年，长岭炼化聚力社会公益和乡村振兴，把共享发展成果作为最直接价值体现。继续定点驻村帮扶革命老区平江县三里村。果园、养猪等村级经济发展良好，村民人均收入持续提升；与泸溪县潭溪镇中心小学结成“一对一”帮扶对子，公司领导多次带队现场调研，到偏远学生家庭走访，派出驻校辅导专员，与当地党支部签署党建共建协议，捐赠校服、书籍及各类急需器材，致力于打造“农民家门口的优质学校”。累计消费帮扶 216.7 万元，每天为市场提供成品油及相关绿色化工产品超 1.5 万吨。南方持续高温干旱，长岭炼化为周边农田开闸放水，高水准服务人民美好生活，党和人民好企业形象进一步彰显。

（殷智斌）

【紧贴群众需求为职工办实事】 2022 年，长岭炼化真心实意关心员工身心健康，大力实施员工帮助计划，扎实开展“我为群众办实事”和“走基层、访万家”活动，加快单身公寓隐患治理和宜居改造，提高工作餐质量，修缮体育场馆，推进以“补充医疗保险普惠”“员工健康管理”等新增项目为延伸的员工普惠服务机制，上线“岭上 e+人”智慧工会系统，互助报销、合理化建议、困难职工帮扶、场馆预定得到线上快速办理，组织 2080 名员工进行体检。召开第七次团代会，聚焦青年精神素养提升，推进实施“青春 1+1”关怀计划。压实维稳责任，深入基层化解矛盾，保持大局和谐稳定，员工安全感、幸福感和归属感进一步提升。

（殷智斌）

表 1　　长岭炼化主要技术经济指标　　亿元

指标名称＼年份	2022	2021	2020	2019	2018
原油加工量 / 万吨	709.48	648.72	701.35	743.91	752.05
工业总产值	556.19	410.50	351.31	448.93	475.92
炼　油	550.29	401.09	338.19	441.27	466.29
化　工	14.74	14.78	13.12	7.65	9.63
工业增加值	126.76	133.21	123.44	133.02	144.80
资产总值	87.99	86.53	82.65	81.56	88.99
流动资产	25.78	23.75	21.35	15.88	17.03
固定资产原值	136.22	134.39	129.87	123.61	123.27
固定资产净值	43.21	47.75	49.36	48.38	53.25
销售收入	559.24	408.17	342.30	445.24	476.00
实现利税	104.14	97.40	87.68	97.26	117.07
利　润	11.38	13.33	−6.52	5.98	15.96
税　金	94.68	84.32	90.70	92.53	104.44
综合能耗 / 千克标油·吨$^{-1}$	65.24	62.27	67.92	65.33	65.98

表 2　　长岭炼化主要产品产量　　万吨

产品名称＼年份	2022	2021	2020	2019	2018
汽　油	251.80	242.70	257.22	280.12	278.62
柴　油	197.70	178.26	210.75	219.22	211.37
航空煤油	63.93	72.36	67.78	98.85	85.44
商品液化气	74.18	63.89	71.17	67.12	68.89
乙烯料	43.05	52.20	53.20	61.80	53.10
石油焦	32.78	28.10	25.78	31.18	35.42
三　苯	22.63	16.65	22.94	19.29	26.14
聚丙烯	13.01	11.36	12.63	13.22	13.77
环氧丙烷	9.22	7.04	7.46	2.91	3.11
乙　苯	8.87	6.54	8.85	7.52	8.39
工业硫黄	5.77	5.13	5.71	5.58	5.87
沥　青	5.58	10.45	9.23	10.69	11.77

广州石化

【概况】 广州石化是中国石油化工股份有限公司广州分公司（简称广州分公司）和中国石化集团资产经营管理有限公司广州分公司（简称广州资产分公司）的统称，其前身广州石油化工总厂成立于 1973 年 6 月 18 日。厂区占地面积 445 万平方米，有主要生产装置 60 多套，是华南地区重要进口原油加工基地和国Ⅵ标准清洁燃料生产基地。主要石油产品有汽油、柴油、航空煤油、液化气等 60 种；化工产品有聚乙烯、聚丙烯、聚苯乙烯三大类 70 种。

经过近 50 年持续发展，广州石化有原油综合加工能力 1275 万吨 / 年，乙烯生产能力 22 万吨 / 年，有惠州大亚湾 15 万吨级和 30 万吨级深水泊位原油码头各 1 个；有 29.9 万千瓦自备热电站。2022 年加工原油 1138.30 万吨，生产乙烯 21.96 万吨，盈利 15.5 亿元。从 1978 年投产起至 2022 年底，累计加工原油 3.05 亿吨，生产乙烯 482.43 万吨，上缴利税（不含海关增值税）1962.08 亿元。

截至 2022 年底，广州石化设有 13 个管理部门、4 个职能中心、3 个专业中心、8 个作业部及代管 1 家公司。在册职工 3894 人，其中正高级职称 13 人、副高级职称 358 人、中级职称 680 人，专业技术人员 1055 人，技能操作人员 2486 人。

广州分公司主要经济指标见表 1，广州资产分公司主要经济指标见表 2，广州分公司主要产品产量见表 3。

（邓　筱）

【领导班子调整】 2022 年 12 月 27 日，集团公司党组以视频形式召开干部大会，宣布调整广州石化领导班子。丘仲宜不再担任广州分公司代表、党委书记，办理退休手续；田宏斌担任广州分公司代表、党委书记。刘琤担任广州分公司总经理、党委副书记，广州资产分公司总经理。

（邓　筱）

【安全绿色高质量发展技术改造项目落地实施】 2022 年 5 月 31 日，安全绿色高质量发展技术改造项目调整后能评获广东省能源局批复，9 月 12 日、9 月 20 日项目调整可行性研究、总体设计先后获集团公司批复。完成厂区修建性详细规划调整，解决多年未解决难题，确保依法合规。9 月 21 日，成立项目部。10 月 28 日，参加广州市黄埔区重大项目集中签约动工活动。安全绿色高质量发展技术改造项目纳入广东省重点工程劳动竞赛。新建 MTBE、聚苯乙烯、氢能二期、二氧化碳捕集等项目前期工作稳步推进，“X”项目群初步显现。

（邓　筱）

【经营绩效排名破纪录】 2022 年，广州石化强化全流程优化管理，实施优化项目 101 项，创效 3.05 亿元。原油采购累计 CIF 价低于集团公司平均价格 0.39 美元 / 桶，列集团公司第六。推进“链长制”，与多家专精特新“小巨人”企业签订战略合作协议，加快高端合成树脂产品开发，提高产业链协同效能。推进合成树脂顶替进口，开发高熔板材料、低中高熔透明料系列等 10 个新产品。聚乙烯、聚丙烯、硫黄、液化气等产品推价增效 1.2 亿元。聚乙烯 7042、M2750 成功出口非洲和越南。聚苯乙烯 GH660、525 两个产品获国家层面及广州市绿色设计产品称号。高纯氢月出厂量连创新高，投产以来向大湾区供氢超 830 吨。强化成本管控，试点推进战略成本分析成果获集团公司肯定并系统内推广。全年加工原油 1138.30 万吨，生产乙烯 21.96 万吨。广州分公司盈利 13 亿元，其中炼油盈利 12.82 亿元，化工盈利 1860 万元，合计效益在集团公司炼化企业排名第五，创近 7 年来最好水平。广州资产分公司盈利 2.50 亿元，位居存续部分炼化企业第二，创资产公司成立 17 年以来历史纪录。获评集团公司炼化企业经济效益优胜单位、2022 年度财务管理先进单位、2021—2022 年度物资供应管理先进单位。

（邓　筱）

广州石化氢能源供氢中心（钟勇浜　摄）

【全年无发生上报事故】 2022 年，广州石化推进安全生产专项整治三年行动，抓好 HSE 体系有效运行，开展风险分级管控和隐患排查治理双重预防机制建设，常态化开展风险评估分级和管控，开展老旧装置、轻烃罐区等 6 项专项排查治理，风险值下降 39%。推动领导干部引领力建设，修订 HSE 岗位责任制，强化责任追究，安全生产问责领导干部 97 人次，安全记分 28 人次。落实直接作业环节“9+1”制度，严把承包商资质关入口关，加大直接作业环节安全监管力度，约谈承包商负责人 62 人次，列入黑名单 10 人。事故事件总数同比下降 48.4%，获评集团公司 2022 年度安全生产先进单位。

（邓　筱）

【第 7 年获评能效“领跑者”标杆企业】 2022 年，广州石化落实双碳行动方案，抓实碳盘查、碳配额管理，完成全流程碳足迹核算，在炼化企业中率先发布柴油产品碳标签。推动加热炉改造，炉热效率 92.79%、提高 0.19%。组织“能效倍增”节能行动，实施电机能效提升等 6 项改造，节能 95887 吨标煤，减少二氧化碳排放 23.43 万吨。获评 2021 年度中国石化和化学工业联合会能效“领跑者”，第 7 年获评石油和化工行业原油加工企业能效“领跑者”标杆企业。

（邓　筱）

【本质环保实现新突破】 2022 年，广州石化深化绿色企业和无废工厂建设，落实集团公司总经理 1 号令，打好污染防治攻坚战，打造绿色工厂、创建绿色基层，76 套装置全部通过绿色装置验收。打造“无异味工厂”，129 个异味源治理验收率 88.37%，现场异味明显减少，外部环保投诉下降 85.71%。开展臭氧污染防治专项行动，实施 12# 罐区 VOCs 治理，NO_x、SO_2、VOCs、COD、颗粒物等污染物排放量同比下降 2.21%、8.53%、4.74%、15.63% 和 41.22%。开展重点区域土壤及地下水污染排查，推动外排口合规整治，15 个雨水排口完成排污许可变更。推进试点建设“无废工厂”，落实固废减量化计划，危险废物量压减 11.75%，固废综合利用率 92.01%。未发生重特大环境事件。获评 2021 年度国家绿色工厂、集团公司 2022 年度节能环保先进单位。连续 4 年获评广东省、广州市环保信用评价绿牌企业，为国内首批取得碳标签的炼化企业。

（邓　筱）

【深化改革三年行动完成】 2022年，广州石化加强经理层成员任期制和契约化管理，实施全员日常考评、落实末等调整和不胜任退出，对2021年度130名末等调整人员进行降档降薪。实施离岗人员分流安置，7名符合条件人员自愿申请办理内部退养。鸡啼坑回水泵站、珠江水泵房等偏远岗位实现无人值守，压减用工10人。完成空分合资公司人员优化，对中海宏达、明珠宾馆等实行业绩薪酬市场对标机制。提前完成集团公司下达年度用工控制奋斗目标，机关精简至385人。“三能”机制改革、推动绿色采购入选集团公司深化改革典型案例。

（邓　筱）

【科技创新取得新成果】 2022年，广州石化推进研发中心试点改革，实施揭榜挂帅31项，完成结题并评级5个，15项取得积极进展。“炼化一体化企业清洁生产标准体系及应用”获集团公司科技进步奖三等奖，“石化高盐高浓度污水处理关键技术及应用”获广东省科技进步奖二等奖，“燃料电池车用氢气纯化成套技术开发”填补华南地区燃料氢检测技术空白，“化工行业烟气治理多功能耦合技术及示范”通过国家重点研发计划项目综合绩效评价专家组验收。申请专利25件，16件实用新型专利获授权。投入并实际列支研究开发费7868万元，研发投入增长13%。

（邓　筱）

【对标提升管理取得新成效】 2022年，广州石化对标一流管理提升47项重点工作任务全部完成。炼油吨排水等6个指标达到企业历史最好水平，化工计划完成准确率等83个指标优于2021年，炼油单因能耗、污水单位电耗、循环水标准补新水率、油转化收率4个指标集团公司领先。

（邓　筱）

【获评网络安全水平A级企业】 2022年，广州石化智能工厂整体上线运行。构建安全生产报警分级管理体系，对安全环保、工艺质量等关键指标全覆盖监控，装置峰值报警、重要报警数下降38%和39%。开发市场价格走势与物料库存、产品边际贡献关联模型，提供生产经营分析决策数据支撑。推进数据治理，完成54套系统整合。做好党的二十大等特殊敏感时期网络安防保障，获评集团公司网络安全水平A级企业、2022年度网络安全和信息化工作先进单位。

（邓　筱）

【科学精准疫情防控】 2022年，广州石化统筹疫情防控和生产经营，坚持科学精准疫情防控，未发生聚集性疫情。11月前，实现确诊为零、无症状为零“双零”目标。11月16日，17名消防队员组成突击队支援海珠区琶洲方舱医院建设，完成转运搭建铺设1.2万张床、7000套被褥被套任务。面对12月广州抗疫三年来最复杂、最严峻疫情形势，分级分类制定人员到岗和防疫物资准备方案，紧急采购10.8万个N95口罩、11.28万支抗原、942张折叠床、684个睡袋等防疫物资。编制三级应急响应预案，12月5日，化工一部液体化工区域启动二级响应。高峰期14个单位31个区域启动二级响应，5个区域启动一级响应，驻厂人数821人。30个直属单位建立385个网格，每天组织健康码和红码、黄码及涉疫人员、确诊人员动态排查。主动承担劳务派遣、改制企业、承包商单位等核酸检测任务，防范输入风险，组织111次核酸检测，检测26.82万人次。其间最大程度保护职工健康，最大限度减少疫情对生产经营的冲击，执行疫情防控新政后职工感染率76%，全程没有发生需带病返岗现象，实现安全生产平稳、市场保障有力、员工队伍稳定。

（邓　筱）

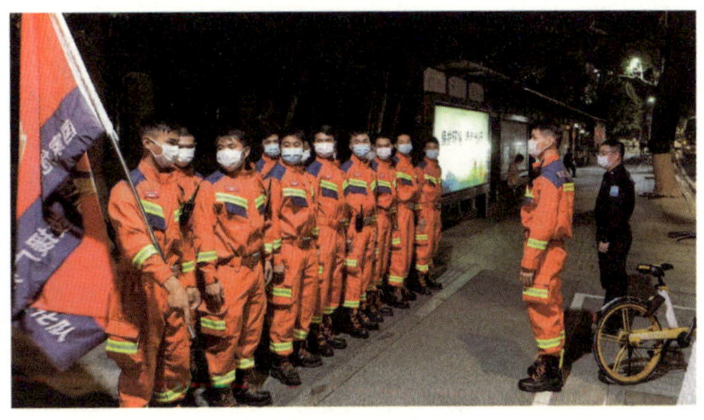

消防突击队紧急支援方舱医院建设（张　凯 摄）

【党建考核连续 6 年获评集团公司 A 档】 2022 年，广州石化以“牢记嘱托、再立新功、再创佳绩，迎接学习贯彻二十大”主题行动为总抓手，强化党建引领，用好“无异味工厂”创建、“十大异味源”治理、党建共建、党员攻关、“揭榜挂帅”、创新创效工作室等载体，实现党建工作与中心工作在目标任务上融合、在工作过程中融合、在绩效考核上融合，切实发挥党建优势助推企业高质量发展。编撰出版《南粤明珠文化手册》，创作《南粤明珠》之歌，制作《南粤明珠 光荣梦想》宣传视频，凝聚“建设好南粤明珠是我们的光荣、也是一代代广石化人的梦想”共识，创新开展“交班交思想”活动，持续推进“解决小诉求、凝聚大力量”工作，在广东省工会宣传工作会议、广东省新时期产业工人思想政治工作会议作经验交流。被列入广东省第二批产业工人队伍建设改革试点单位。获评集团公司主题行动先进单位。

（邓 筱）

【强化为基层减负】 2022 年，广州石化科学精准靶向整治，为基层松绑减负，把纠治形式主义、官僚主义摆在更加突出位置，推动作风建设走深走实、常治长效。制度建设方面，坚持“制度相互衔接、相互贯通”，组织制度承接、更新、压减合并，制度总量比年初下降 17.52%。培训统筹方面，制定覆盖全专业 1147 项精准培训项目，建立 12 套装置仿真系统，累计培训 42841 人次。装置整体运行平稳率 98.06%，集团公司排名第二。填报材料方面，推进基层“三标”工作手册与体系、制度、专业管理有机融合，智能巡检现场巡检到位率超过 98%，异常情况实现移动终端一键提报。建设投用“小诉求”信息管理系统，实现“掌上提报、云端处理、全程监督”，职工诉求办结率 99%。

（邓 筱）

表 1　广州分公司主要经济指标　亿元

指标名称 ＼ 年份	2022	2021	2020	2019	2018	2017
原油加工量 / 万吨	—	1 172.81	1 212.98	1 186.01	1 261.37	1 173.81
工业总产值	—	570.28	476.96	586.05	636.02	486.50
工业增加值	—	195.60	179.91	180.68	211.82	207.15
资产总计	201.81	267.95	237.76	218.14	188.81	246.15
流动资产	106.43	167.64	133.42	108.69	118.85	171.13
固定资产原值	235.01	235.11	232.62	224.28	221.83	218.50
固定资产净值	45.26	47.96	52.28	51.62	56.95	61.69
主营业务收入	715.95	559.37	463.01	579.65	628.99	478.23
实现利税	126.32	159.42	153.12	143.62	180.70	177.05
税　金	117.48	124.20	142.45	123.98	140.51	135.29
综合能耗① / 吨标煤 · 万元 $^{-1}$	—	0.58	0.41	0.39	0.39	0.41

① 综合能耗是指不变价的能耗

表 2 广州资产分公司主要经济指标 亿元

指标名称 \ 年份	2022	2021	2020	2019	2018	2017
资产总计	7.92	5.98	5.94	5.95	5.91	6.15
流动资产	3.65	1.68	1.33	1.22	1.00	1.09
固定资产原值	5.54	5.55	6.69	6.69	6.69	6.80
固定资产净值	3.85	3.97	4.27	4.38	4.55	4.76
主营业务收入	3.77	2.93	3.34	4.31	5.29	4.65
实现利税	2.92	−0.70	0.52	0.53	0.23	0.07
税　金	0.42	0.29	0.21	0.26	0.15	0.31

表 3 广州分公司主要产品产量 万吨

产品名称 \ 年份	2022	2021	2020	2019	2018	2017
汽　油	269.44	294.05	307.38	313.46	303.56	252.24
煤　油	129.25	148.13	146.43	205.23	197.32	176.81
柴　油	330.39	282.74	371.01	346.00	363.60	352.76
液化气	47.66	49.42	47.66	46.91	55.53	49.47
沥　青	31.48	66.73	72.57	70.85	64.06	54.95
石油焦	50.81	90.36	80.42	65.79	86.53	80.05
乙　烯	21.96	20.62	22.45	20.77	22.52	22.61
聚乙烯	19.29	18.31	19.61	17.30	19.52	19.69
聚丙烯	38.76	36.81	39.69	36.52	37.76	33.37
聚苯乙烯	6.59	6.24	6.80	6.25	6.61	6.46

洛阳石化

【概况】 中国石油化工股份有限公司洛阳分公司（简称洛阳分公司）和中国石化集团资产经营管理有限公司洛阳石化分公司（简称洛阳资产分公司）统称洛阳石化，是集团公司直属的油、化、纤一体化石油化工企业。洛阳石化前身是国家第五个“五年计划”期间批准建设的单系列 500 万吨 / 年洛阳炼油厂，于 1978 年动工建设，1984 年部分建成投产，1993 年建成 500 万吨 / 年炼油工程，2000 年建成 20 万吨 / 年化纤工程，2010 年形成 800 万吨 / 年炼油能力，2021 年完成 1000 万吨 / 年炼油结构调整项目建设。截至 2022 年底，原油加工能力 1000 万吨 / 年，有炼油、化工、化纤装置 39 套，主要产品有汽油、柴油、航空煤油、对二甲苯（PX）、精对苯二甲酸（PTA）、涤纶短纤维、聚丙烯树脂等 30 多个品种 50 多个牌号。

截至 2022 年底，洛阳分公司设 13 个处室、6 个中心、9 个运行部；用工总量 3859 人，其中合同制员工 2677 人；有正高级职称的 7 人，副高级职称的 326 人，中级职称的 465 人，初级职称 402 人。公司党委下设直属党组织 17 个，党员 1362 人。

洛阳石化主要技术经济指标和主要产品产量分别见表 1 和表 2。

（李新影）

【领导班子调整】 2022 年 6 月 21 日，受集团公司党组组织部委托，洛阳石化召开会议，宣布集团公司党组关于张勇的任职决定：张勇任洛阳石化党委副书记兼纪委书记，为工会主席人选。12 月 27 日，集团公司召开视频会议，宣布洛阳石化有关领导人员职务任免的决定：杜平安任洛阳分公司代表、党委书记，免去其洛阳分公司、洛阳资产分公司总经理职务；王家纯任洛阳分公司总经理、党委副书记，洛阳资产分公司总经理，免去其中原石油化工有限责任公司总经理职务（仍任中原石油化工有限责任公司董事长、党委书记）；刘耀宇任洛阳分公司常务副总经理（仍任党委委员）。

（李新影）

【生产经营】 2022 年，洛阳石化累计加工原（料）油 686.61 万吨，其中加工原油 619.38 万吨。生产炼油产品 643.05 万吨，其中汽油 172.76 万吨、柴油 196.08 万吨、航空煤油 42.15 万吨、化工轻油 100.62 万吨；生产化工、化纤产品 114.33 万吨；营收 430.92 亿元；实现账面利润 8422 万元，其中洛阳分公司 1667 万元、洛阳资产分公司 6756 万元；按照总部要求计提资产减值损失后，账面利润总额 -31766 万元，其中洛阳分公司 -38521 万元、洛阳资产分公司 6756 万元。

（李新影）

【安全根基更加牢固】 2022 年，洛阳石化全面推进 HSE 管理体系建设，认真落实各级责任，有序推进集团公司“总经理 1 号令、2 号令”，扎实开展安全生产专项整治三年行动计划、安全风险集中治理攻坚等工作，HSE 体系 127 个二级要素监测指标全过程受控，304 项内审不符合项全部完成整改，全年按节点完成隐患治理 31 项，4 项公司级风险实现降级销项，高风险作业 1.47 万次全部实现安全作业，组织公司级演练 2 次、月度综合演练盲演 12 次。全年未发生安全事故事件，连续 4 年实现安全生产。

（李新影）

【绿色发展持续推进】 2022 年，洛阳石化深入落实黄河流域生态保护和高质量发展要求，持续推进绿色发展，实施雨污分流治理、雨污水转输等项目，建成投用炼油污水含盐系统优化改造、氟化物治理等项目，外排水 COD 由 35.43 毫克 / 升降到 21.9 毫克 / 升，总氮由 15.73 毫克 / 升降到 6.76 毫克 / 升，总磷由 0.35 毫克 / 升降到 0.22 毫克 / 升，氨氮由 1.10 毫克 / 升降到 0.25 毫克 / 升，污水总排指标按期达到河南省新地标要求。开展黄河流域“清废行动”，合规处置危险废物 1.32 万吨，回用 0.61 万吨。全年政府环保监测数据、在线监测数据全部达标，化学需氧量、氨氮、二氧化硫、氮氧化物、VOCs 排放量等均完成总部指标，环保设施完好率和稳定运行率 100%。

（李新影）

【提质增效成效显著】 2022 年，洛阳石化坚持优化运行、精心经营，实现提质增效。持续发力成本管控，全年实施提质增效项目 123 项，增效 5.45 亿元。强化长周期平稳运行，全面推进设备完整性体系建设。加强原油资源优化降本，联合商储洛阳分公司开展资源运作降本 5781 万元。紧跟市场优化调整装置结构、产品结构，增加创效，多产多销“三苯”产品增效 2304 万元。大力推进“油转特”，研发生产新产品戊烷发泡剂 2.21 万吨、AH-70 重交道路沥青 4.61 万吨、RA5 和 RA25 热拌沥青再生剂 2.23 万吨、工业用碳十粗芳烃 2.64 万吨。强化产销衔接、拓市促销，炼油及化工统销产品销售计划完成率均达 102%，保税航空煤油投放市场，聚丙烯产品 Y35X、MN150 成功顶替进口并出口海外。

（李新影）

【科技创新成果丰硕】 2022 年，洛阳石化加快重点项目建设，扎实推进“十小龙”科技攻关，与北京化工研究院等单位合作的国家科技部“科技助力经济2020”重点专项项目“绿色抗菌防病毒专用合成树脂产业技术开发”通过国家科技部验收，与中国纺织科学研究院有限公司等单位联合承担的国家“1025”重点研发计划项目“高品质原液着色聚酯原位法连续聚合技术应用”工业化示范线开工生产一次成功。全年获专利授权14件。

（李新影）

【100万吨/年乙烯项目入规】 洛阳石化百万吨乙烯项目位于河南省洛阳市孟津区先进制造业开发区——石化园区内，占地280.92万平方米，总投资（不含税）278亿元，其中乙烯工程总投资260.2亿元、炼油配套工程总投资17.8亿元。项目建设方案以1000万吨/年原油加工规模为基础，新建生产装置13套，包括100万吨/年乙烯装置、15万吨/年丁二烯抽提装置、60万吨/年裂解汽油加氢装置、40万吨/年芳烃抽提装置、3万吨/年苯乙烯抽提装置、30万吨/年m-LLDPE装置、35万吨/年HDPE装置、25万吨/年LDPE/EVA装置、10万吨/年EVA装置、20万吨/年EO装置、40万吨/年3#PP装置、20万吨/年4#PP装置和5万吨/年SEBS装置。2022年1月11日，项目可行性研究获集团公司正式批复；8月，总体设计报集团公司审查；8月10日，基础设计启动。

2022年4月29日，集团公司和河南省政府联合向国家发展改革委、国家工信部提交将洛阳石化百万吨乙烯项目纳入国家《石化产业规划布局方案》的请示，12月取得入规复函。

（李新影　王培超）

洛阳石化百万吨乙烯项目基础设计内审会现场

【航空煤油管道项目按节点推进】 洛阳—新郑机场航空煤油管道项目总投资12亿元，设计输量330万吨/年，采用高度自动化的密闭输送工艺，管道全长185千米，管径355.6毫米，铺设管径406毫米，干线设计压力9.5兆帕。项目起点为洛阳石化厂区，途经孟津区、孟州市、温县、巩义市、荥阳市、新密市、新郑市及郑州航空港区等8个县（市、区），止于郑州航空港区华南蓝天航空油料有限公司河南分公司油库，全线设置洛阳首站、新郑末站及6座阀室。该项目是《河南省“十三五”能源发展规划》的重点工程项目，于2018年7月启动前期准备工作，2020年9月29日可行性研究获集团公司批复。2021年11月，获河南省发展改革委核准。2022年7月13日，项目防洪影响评价报告获黄委会批复；8月16日基础设计获总部批复，标志着项目具备开工条件。

（李新影）

【国ⅥB车用汽油供应市场】 2022年11月1日，洛阳石化全面完成汽油质量升级，生产国ⅥB车用汽油并正式供应市场，比国家要求时间提前2个月。与国ⅥA车用汽油相比，国ⅥB车用汽油更加洁净环保，油品中的烯烃含量由18%下降至15%。

（李新影）

洛阳石化作为中原地区主要成品油生产企业，始终坚守社会责任，不忘保护环境的使命，通过新建装置和技术改造，不断严格标准，强化产品质量监督和管理，汽油、柴油的各项技术指标均达到国ⅥB产品标准，实现油品质量的进一步升级

【光伏发电项目建成投用】 2022年，洛阳石化成功建设2期光伏发电项目，实现并网发电。其中，

一期工程于2021年4月启动，2022年1月正式并网发电，总装机容量567千瓦，每年可发电60万千瓦·时，减少二氧化碳排放量248吨；二期项目于2022年10月8日开始施工，12月正式并网发电，总装机容量为310千瓦，每年发电量为33.5万千瓦·时，可减少135吨二氧化碳排放。截至2022年底，2期项目累计发电61.46万千瓦·时。

（李新影）

【国企办社会职能移交全面收官】 2022年，洛阳石化协调推进“四供一业”分离移交、退休人员社会化管理等重点任务。10月，报请集团公司批准，调整洛阳石化物业和市政等分离移交项目资产（土地）范围。12月30日，市政供水、供暖、退休人员社会管理等8个分离移交项目的资产移交工作和不动产变更登记工作按计划完成，共计移交土地48宗、59.90万平方米土地（折合898.49亩），实现国有企业办社会职能移交工作全面收官。

（李新影）

【党建引领保障作用持续彰显】 2022年，洛阳石化党委持续强化政治、组织、队伍、思想、纪律、和谐企业建设，持续彰显党建引领保障作用。深入学习宣传贯彻党的二十大精神，全面增强干部职工对“两个确立”“两个维护”的思想认同、情感认同、政治认同。修订完善“三重一大”决策程序和议事规则，党委“把管保”作用进一步发挥。实施“组织力巩固提高工程”，聚焦疫情防控、安全环保、提质增效等重点，开展“党建共建”及“三查三强”促安全主题党日等活动，深化“双先指数”管理，推进党建“三基本”和“三基”工作深度融合。开展职工思想动态调研，举办“传承石油精神、弘扬石化传统”劳模事迹报告会，进一步鼓舞士气。强化政治监督，跟进监督党组环保专项巡视问题整改，推进“一把手”和领导班子监督工作，开展“强化责任落实，保障安全生产”专项监督，确保上级决策部署落实落地。

（李新影）

【主题行动扎实深入开展】 洛阳石化认真落实集团公司党组“牢记嘱托、再立新功、再创佳绩，迎接学习贯彻二十大”主题行动部署，抓好顶层设计，抓细运行管理，抓实目标落地，确保主题行动扎实深入开展。强化组织领导，成立以公司领导班子为主体的领导小组，完善“1+6”工作组运行模式，将“1+12”年度重点工作细化形成主题行动40项重点任务、100条措施，建立“党委盯目标、综合组督任务、专业组推措施、基层抓落实”推进机制，确保主题行动各项任务完成。开展季度系列主题劳动竞赛，增设主题行动季度奖励，形成人人奋进、个个争先的生动局面。注重宣传引导，开展主题行动宣讲解读53场次、发表宣传稿件448篇，营造全员投身主题行动的浓厚氛围。

（李新影）

2022年10月20日，全国青年岗位能手严冠豪、中国石化闵恩泽青年科技人才奖获得者刘健，带领企业青年岗位能手、优秀共青团员认真学习党的二十大报告思维导图

【人才强企工程持续深化】 2022年，洛阳石化继续坚持树立重实绩、重实干的选人用人导向，开展竞争性选聘及多维度“上挂下派”，持续开展高层次人才选聘，干部人才队伍结构进一步优化、素质进一步提升。全年提拔中层领导干部9名，选派7人进行“三百三千”挂职锻炼，18人走上高层次岗位，10名高层次人才与管理人员互通使用，高层次人才参与“提质增效”项目全覆盖。同时建立青年人才递进培养体系，启动青年人才“朝阳工程”，33名新入职职工签订“一徒三师”协议。

（李新影）

【党委巡察实现全覆盖】 2022年，洛阳石化党委认真贯彻集团公司党组巡视巡察工作部署，完成7家单位常规巡察和8家单位巡察整改日常督导任务，实现党委巡察三年全覆盖。全年开展巡察谈话332人次，查阅文件资料966份，发现问题92个，立行立改67项，督促被巡察单位制定整改措施277条，推动建立完善制度机制25个，止损挽损29.58万元；将安全生产纳入巡察内容，发现整改安全生产问题13项。

（李新影）

【积极助力乡村振兴】 2022年，洛阳石化继续积极助力结对帮扶村洛宁县小界乡苇山村推进乡村振兴，实施村内道路升级改造9800平方米，建设休闲文化广场2个、游客服务中心1个、文明新风研学点1个，安装太阳能路灯183盏，春山溪谷景区成功入选3A级旅游景区，带动村内29户群众发展农家乐，乡村新环境与新生态齐头并进。全年消费帮扶182万元，树立勇担社会责任的良好形象。

（李新影）

表1 洛阳石化主要技术经济指标 亿元

指标名称＼年份	2022	2021	2020	2019	2018	2017
原（料）油加工量/万吨	686.61	771.91	711.88	549.47	694.68	670.69
工业总产值	431.87	373.36	272.82	300.53	357.90	296.86
炼　油	385.36	331.32	248.16	276.57	323.99	267.11
化　工	46.51	42.04	24.66	23.97	33.91	29.75
工业增加值	97.48	117.05	92.82	80.96	106.55	105.29
资产总计	141.56	150.87	123.24	106.18	77.30	71.70
流动资产	48.60	54.18	28.14	23.49	32.09	29.40
固定资产原值	212.81	204.00	192.03	161.34	156.93	161.82
固定资产净值	69.02	67.96	60.29	32.92	32.94	37.29
销售收入①	430.92	374.35	274.36	300.13	325.19	301.40
实现利税	75.37	101.83	78.87	74.12	90.62	95.78
税　金	79.23	94.72	86.92	73.36	85.77	87.17
综合能耗②/吨煤·万元$^{-1}$	0.69	0.71	0.50	0.47	0.49	0.48

① 包括洛阳资产分公司
② 从2021年起万元产值能耗改为2020年固定价

表2 洛阳分公司主要产品产量 万吨

产品名称＼年份	2022	2021	2020	2019	2018	2017
92#汽油	117.55	128.41	122.48	115.62	125.73	108.32
95#汽油	55.44	77.02	71.16	58.96	61.38	58.82
98#汽油	—	—	—	1.63	5.78	12.79
3#喷气燃料	42.36	54.48	56.19	62.71	66.66	62.80
0#柴油	195.59	187.89	187.00	156.01	170.77	174.48
−10#柴油	0.73	1.55	1.48	2.54	1.80	1.05

续表

产品名称 \ 年份	2022	2021	2020	2019	2018	2017
2# 燃料油	—	—	—	—	5.75	0.49
炉用燃料油	3.79	3.40	1.31	3.80	2.11	—
船用轻质燃料油	—	0.77	2.13	—	—	—
4# 燃料油	—	—	—	—	—	1.60
化工石脑油		15.09	12.29	11.28	14.24	12.96
粗白油	—	—	—	—	—	5.08
戊烷发泡剂	2.21	—	—	—	—	—
热拌用沥青再生剂	2.23	—	—	—	—	—
石油醚	5.21	4.80	2.37	2.09	6.65	7.21
商品重油	—	1.01	—	—	0.11	0.58
沥　青	4.61	18.03	19.70	15.84	13.99	16.33
液化气	58.11	66.13	56.83	45.06	51.22	46.44
丙　烯	18.89	22.38	18.63	13.36	17.20	15.53
硫　黄	8.48	6.63	4.91	4.66	5.35	5.00
液　氨	0.47	0.50	0.42	0.33	0.35	0.32
聚丙烯	18.45	21.72	17.69	13.29	14.92	15.70
纯　苯	9.75	10.31	7.25	5.98	8.47	8.53
I# 石油甲苯	12.33	12.19	2.79	0.96	—	—
石油混合二甲苯	0	—	0.09	—	—	—
对二甲苯	16.22	14.74	11.53	10.71	14.21	15.07
邻二甲苯	3.30	3.74	0.80	0.98	2.80	2.28
工业用碳十粗芳烃	2.64	—	—	—	—	—
精对苯二甲酸	16.93	18.15	17.35	15.91	19.91	16.02
聚　酯	8.92	10.91	10.26	9.32	10.86	10.74
涤纶短纤维	8.75	10.78	10.18	9.19	10.79	10.58

青岛炼化

【概况】 中国石化青岛炼油化工有限责任公司（简称青岛炼化）成立于 2004 年，是中国石化、山东省、青岛市共同出资设立的特大型石油化工联合企业（出资比例为 85% ：10% ：5%）。青岛炼化位于青岛经济技术开发区重化工园区，总占地面积 290 公顷，毗邻青岛港，位置优越，配套完备，交通便捷。青岛炼化是目前中国石化系统内单套装置规模最大、体制机制最新、用工定员最少的炼化企业之一，1000 万吨 / 年大炼油项目是中国批准建设的第一个单系列千万吨级炼油项目，总投资125亿元，于2008年6月正式投产。青岛炼化采用较为先进的管理体制机制，组织机构扁平，采用两级管理组织架构，设8个机关职能部门、5个直属机构、7个二级单位；职工数量700余人。

青岛炼化工艺路线采用“焦化+CFB锅炉+催化”方案，主要加工进口高硫原油，截至2022年底，原油综合配套加工能力达1200万吨/年，有22套生产装置和相应的公用工程及辅助设施，每年可生产汽油、煤油、柴油800多万吨，生产聚丙烯、苯乙烯、混苯、硫黄等各类石化产品200多万吨。车用汽油、柴油质量可全部达到国Ⅵ标准。

青岛炼化主要技术经济指标和主要产品产量分别见表1和表2。

（王鑫磊　刘　煜）

【领导班子调整】 2022年1月25日，集团公司党组和股份公司发文，决定刘训书任青岛炼化党委书记；免去赵培录的青岛炼化党委书记、委员职务，另有任用。决定刘训书任青岛炼化董事长；赵培录不再担任青岛炼化董事长、董事职务，另有任用。8月29日，集团公司党组和股份公司发文，决定免去汪建林的青岛炼化党委副书记、委员、纪委书记职务，不再担任青岛炼化工会主席职务，另有任用。建议汪建林不再担任青岛炼化监事会主席、监事职务。

（王鑫磊　刘　煜）

【持续完善公司治理】 2022年，青岛炼化根据国务院国资委和集团公司要求，聚焦新形势下国有企业建立健全中国特色现代企业制度，完善公司章程，明确党委把方向、管大局、保落实，董事会定战略、作决策、防风险，经理层谋经营、抓落实、强管理，进一步形成各司其职、各负其责、协调运转、有效制衡的公司治理机制。扎实推进董事会建设，设立董事会专门委员会，优化董事配备，明晰决策主体，完善议事机制，做好支撑保障，董事会制度体系更加健全，董事队伍建设明显加强，董事会功能作用有效发挥。全年召开5次董事会会议，审议31项议题。

（王鑫磊　刘　煜）

【主题行动取得实效】 2022年，青岛炼化扎实开展“牢记嘱托、再立新功、再创佳绩，迎接学习贯彻二十大”主题行动，认真落实6个方面、39项重点工作任务，坚守“旗帜、栋梁”总定位，锚定“再立新功、再创佳绩”总目标，坚持稳中求进工作总基调，高质量完成全年任务目标，获评集团公司主题行动先进单位，张成、宋伟、王寿璋获评集团公司主题行动先进个人。

（王鑫磊　刘　煜）

【经济效益名列前茅】 2022年，青岛炼化加工原（料）油1082.74万吨（原油1047.42万吨），销售产品984.41万吨，实现销售收入659.56亿元，上缴税费136.52亿元、创历史新高。全年实现利润总额20.84亿元，利润总额、单位完全费用、单位现金操作成本3项经营指标在集团公司炼油板块位列第一，排名创青岛炼化历史最优。

（王鑫磊　刘　煜）

【动态优化产品结构】 2022年，青岛炼化扎实做好清洁油品稳定保供，有力保障民生需要。紧跟市场需求，快速增产碳十粗芳烃、戊烷发泡剂、低硫石油焦等创效产品，灵活排产沥青和低硫重质船用燃料油，首次成功产出4A石油焦和90号A级道路沥青。丙丁共聚项目顺利投产，累计研发9个聚丙烯产品、6个丙丁共聚产品，积极抢占高端医用和家电材料市场。持续拓展绿色能源供应，全年供应燃料电池氢190吨，在青岛地区的市场占有率超过95%。

（王鑫磊　刘　煜）

车辆在青岛炼化供氢中心进行氢气充装（刘　强　摄）

【安全生产保持稳定】 2022年，青岛炼化以HSE

管理体系贯通运行为主线，优化专业分委会设置，压实全员职责，实现 34 个体系要素有效管控全覆盖。改进班组副班学习模式，结合大检修准备和项目筹备等重点工作，举办各类培训班 20 余期，培训 1.45 万人次，取证 2500 余个。常态化开展现场隐患排查，努力推动安全风险降级，风险总值降低 12%。完成双重预防机制信息系统试点建设，经验做法获应急管理部全国推广。扎实开展百日安全行动，高质量开展“三查三强”促安全主题党日，建立网格化管理模式，落实作业提级管理要求，安全生产保持稳定。

（王鑫磊　刘　煜）

【公共安全和应急管理有力抓实】 2022 年，青岛炼化全力保障北京冬奥会、党的二十大等特殊时期的安全稳定，通过山东省治安反恐一级重点目标达标验收。积极推进应急指挥中心、安全培训中心改造升级，组织第十五届消气防运动会，企地联动开展青岛市西海岸新区恐怖袭击事件应急处置演练，启动“您身边的消防员”社会责任项目，协助处理 2 起企外危化品险情，获地方政府书面表扬。

（王鑫磊　刘　煜）

【持续打造绿色企业】 2022 年，青岛炼化保持危险废物处置全过程依法合规，强化污染物总量控制，外排废水、废气达标率 100%，全面落实环保三年提升方案，加快实施臭氧污染防治项目，通过绿色企业复核，被评为青岛市“节水标杆企业”。落实 37 项碳达峰行动措施，自主开发碳排放管理系统，完成山东省首批绿电交易 500 万千瓦·时。按时投用光伏发电项目，实现办公系统绿电覆盖。全年炼油综合能耗 57.41 千克标油/吨，连续 10 年蝉联石化联合会“能效领跑者标杆企业”榜首，连续 2 年获评石化联合会水效“领跑者”标杆企业；第 4 次获评工信部重点用能行业能效“领跑者”，首次获评工信部重点用水企业水效“领跑者”。

（王鑫磊　刘　煜）

【工艺管理成效显著】 2022 年，青岛炼化深入开展工艺平稳性体系建设，创新“三小”管理模式，建立报警管理平台，单装置小时平均报警数降至 2.7 次，达到集团公司领先水平。加强日常工艺管理与关键指标监控，产品出厂质量合格率 100%，在线质量分析仪表综合得分 99.05、排名集团公司炼化板块第二。炼油专业达标竞赛连续 9 年排名第一，常减压、催化裂化、加氢处理等 7 套装置进入同类装置竞赛前 3 名。

（王鑫磊　刘　煜）

【设备管理稳步提升】 2022 年，青岛炼化持续开展设备完整性体系建设，9 个模块实现信息化应用，启动“5S”提升行动，抓实 KPI 指标管理，设备完好率 99.91%、长周期达标率 100%。高标准推进大检修筹备工作，超前谋划停开工方案，全面梳理检修主线，精心组织项目论证，一批计划全部下达，可预制项目开工率 100%。

（王鑫磊　刘　煜）

【“三基”工作持续加强】 2022 年，青岛炼化制定强化“三基”工作实施方案，以“信得过班组”建设为抓手，促进基础管理全面提升。发挥劳模工作室、技师工作室优势，推动技能大师实践经验及创新成果传承推广，提高技能人才队伍整体水平；抓实实操训练、师带徒、业务竞赛、应急演练、仿真训练、在线练习“六大培训”，举办全公司区域内的业务竞赛暨技术比武，首次举办“最强青工”大赛，2 名青年装置通、19 名青年岗位能手脱颖而出。

（王鑫磊　刘　煜）

【人才支撑更加稳固】 2022 年，青岛炼化积极打造技术人才领军方阵，聘任 1 名公司高级专家，公开选聘 5 名公司专家；集中精力建好人才“蓄水池”，开展基层级专业技术职位公开竞聘，选聘主任师、副主任师 39 人；持续完善人才发展机制，加长人才培养板凳，主任工程师、运行工程师梯队不断充实；科学分析顺酐项目需求，完成成熟人才招聘工作。

（王鑫磊　刘　煜）

【转型升级取得突破】 2022 年，青岛炼化氢能基地项目引入首套自动化撬装试验装置，产能逐步扩大，全面启动绿氢替代工作。顺酐项目通过地方行政许可手续审批，基础设计获集团公司批复，现场施工全面展开；丁二酸项目地方行政许可手续基本完成，可行性研究报告获集团公司批复，完成基础设计并上报集团公司。混合脱氢项目完成方案论证；董家口整体发展方案全面编制，中国石化在青岛地区的炼化产业布局逐渐清晰。

（王鑫磊　刘　煜）

【企业管理规范高效】 2022年，青岛炼化高质量完成深化改革三年行动，切实开展岗位评价和薪酬体系优化，持续完善薪酬激励和绩效分配机制，“三项制度”改革获评集团公司A级。大力推广管理创新，“三小”管理模式、云计量“鹰眼”管控经验分获集团公司管理现代化创新成果二等奖、三等奖。扎实开展深化内控制度执行有效性提升行动，抓实抓好重大风险管控，紧盯“合规管理强化年”25项工作落实，推动“严肃财经纪律、依法合规经营”综合治理专项行动19项任务落地，强化审计监督，健全应付款项清理长效机制，切实规范生产经营，激发内生动能。

（王鑫磊　刘　煜）

【科技创新成果丰硕】 2022年，青岛炼化具有自主知识产权的“燃料油卸车管输技术”成功入选《山东省能源领域新技术、新产品、新设备目录》；自主开发的无纺布专用料获威高等高端客户认可，实现进口替代。丁二酸项目成功入选集团公司“十条龙”科技攻关。用好战略合作平台，联合科研院所开展10项课题研究，组织“零损失、零消耗、低投入”的丁二酸用氢攻关。首次举办技能人才创新成果评审，催化汽包炉水质量精确控制法、S Zorb装置创新优化分获集团公司二、三等奖；推行“揭榜挂帅”工作机制，9个科研项目张榜发布。

（王鑫磊　刘　煜）

【信息应用创新创效】 2022年，青岛炼化按期投用5G网络，完成信息化集成平台搭建，成功试点数据综合展示平台，云计量“鹰眼”管控平台全面升级，入选国家市场监管总局优秀案例。完成网络安全攻防演习，网络安全水平连续7年在集团公司保持A级，“两化”融合管理体系获石化行业首批AAA级认证。

（王鑫磊　刘　煜）

【党的建设迈向更高质量】 2022年，青岛炼化深入学习宣传贯彻党的二十大精神，建立完善党史学习教育长效机制；召开公司第二次党代会，加快构建“1345”大党建工作格局，推动新型国有企业党的建设取得新成效。策划“中国石化在青岛”品牌活动，积极展示中国石化驻青企业形象。抓实“石化党建”平台应用，持续推进党建工作标准化、规范化；以劳动竞赛和技术比武为契机，加强全员培训、岗位练兵，掀起全员学技能、学业务的高潮。强化日常监督，实现党委巡察全覆盖，上下联动促进整改落地见效。坚决解决形式主义突出问题，持续精简文件、会议，切实为基层减负松绑。建立“我为群众办实事”长效机制，开展“奋进新征程喜迎二十大”健步行等系列文体活动，不断增强干部员工的获得感、幸福感、安全感。

（王鑫磊　刘　煜）

2022年5月20日，青岛炼化召开第二次党代会

（刘　强　摄）

表 1　　青岛炼化主要技术经济指标　　亿元

指标名称＼年份	2022	2021	2020	2019	2018	2017
原油加工量 / 万吨	1 047.42	1 118.24	1 073.38	931.15	1 160.97	1 172.16
工业总产值	649.97	517.81	361.13	399.89	536.35	423.95
工业增加值	129.46	168.01	103.96	85.33	139.83	174.05
资产总计	227.82	226.25	175.65	189.51	201.74	185.22
流动资产	185.09	181.41	121.76	125.15	132.73	105.74
固定资产原值	165.99	163.93	162.96	159.23	157.34	155.91
固定资产净值	28.51	34.94	43.85	50.67	59.06	68.24
销售收入	659.56	518.25	359.12	398.90	538.26	427.92
实现利税	118.26	163.45	89.13	80.43	152.85	183.24
税　金	102.59	126.32	91.69	69.74	105.30	133.14
综合能耗 / 千克标油·吨 $^{-1}$	57.41	56.05	56.04	55.34	55.30	55.66

表 2　　青岛炼化主要产品产量　　万吨

产品名称＼年份	2022	2021	2020	2019	2018	2017
汽　油	299.60	340.72	297.93	273.38	343.03	336.98
柴　油	285.44	280.93	271.97	211.09	251.76	280.28
煤　油	82.04	84.67	123.17	144.00	188.59	186.44
液化气	82.85	85.07	80.66	68.33	84.22	81.59
石脑油	19.72	27.73	22.86	12.60	14.02	14.99
5# 白油原料	—	4.21	1.89	—	—	—
商品石油焦	51.64	48.31	39.31	45.60	64.35	67.09
发泡剂	11.92	8.63	7.17	4.46	8.62	11.07
纯　苯	—	—	—	0.05	0.67	0.22
混合二甲苯	31.37	26.79	30.20	21.82	29.37	31.29
硫　黄	19.54	18.86	18.21	17.18	20.99	20.95
聚丙烯	22.22	22.51	21.55	15.86	20.02	20.59

石家庄炼化

【概况】 中国石油化工股份有限公司石家庄炼化分公司（简称石家庄炼化分公司）和中国石化集团资产经营管理有限公司石家庄分公司（简称石家庄资产分公司）统称石家庄炼化，位于河北省省会石家庄市东南 25 千米处，其前身为石家庄炼油厂，始建于 1978 年，于 1983 年建成投产，同年 7 月 1

日划归中国石油化工总公司。1997 年采用局部改制方式募集发起设立石家庄炼油化工股份有限公司，上市筹集资金投入到当年河北省人民政府与中国石油化工总公司合资设立的石家庄化纤有限责任公司（简称石家庄化纤公司），共同建设 5 万吨/年己内酰胺工程。根据集团公司改革重组的统一部署，2006 年注销石家庄炼油厂，注册成立石家庄资产分公司，2007 年注册成立石家庄炼化分公司。2009 年 5 月，根据“一企一制”的整体要求，石家庄化纤公司整体、石家庄资产分公司部分资产和人员被整合并入石家庄炼化分公司。

截至 2022 年底，石家庄炼化共设机关职能部门 12 个、直属机构 6 个、二级单位 9 个。在职职工 2283 人，其中具有高级职称的 238 人、中级职称的 448 人、初级职称的 268 人。

石家庄炼化原油加工能力 800 万吨/年，己内酰胺生产能力 20 万吨/年，拥有炼油生产装置 28 套、化工生产装置 11 套、环保治理设施 18 套，主要产品涵盖汽油、柴油、航空煤油、己内酰胺、聚酰胺切片等 30 多个品种和牌号。

参股两家合资公司：河北康石新材料有限公司，由中国石化与武汉有机实业有限公司以 49%∶51% 的股比共同出资设立，成立于 2019 年 1 月 14 日。河北隆科新材料有限公司，由中国石化与浙江扬帆新材料股份有限公司以 49%∶51% 的股比共同出资设立，成立于 2021 年 3 月 7 日。

石家庄炼化分公司主要技术经济指标和主要产品产量分别见表 1 和表 2。

（黄俊慧）

石家庄炼化装置全景

【HSE 管理体系落地见效】 落实“六个全员”，推动 HSE 管理体系落地见效，认真履行安全生产职责。抓实领导干部安全引领力，2022 年领导干部参加安全检查 400 余人次，示范引领作用效果明显。精准落实集团公司及地方政府关于疫情防控的要求，疫情整体可控、安全生产整体稳定。落实新版“7+1”直接作业环节安全管理制度，发挥“6+N”会的作用，严抓直接作业，全年未发生上报集团公司一般及以上事故，未发生较大及以上环境事件，未发生火灾爆炸、严重泄漏等安全生产事故。绿色企业行动满足 A 档企业标准。先后通过安全生产二级标准化评审、市级安全文化建设示范企业验收及治安反恐防范重点一级目标达标验收。

（黄俊慧）

【优化生产经营取得实效】 石家庄炼化抓住一季度盈利黄金期，努力提高装置运行负荷，增效 1520 万元。全力落实配置计划，增销高标号汽油，其中 95# 汽油增产增销 5.44 万吨。抓实现场标准化管理，完成工艺平稳性体系建设，加强工艺应急处置“135”演练，注重生产异常问题分析，优化蒸汽、瓦斯、氢气三大系统管理方案，装置平稳性不断增强。开发分形气泡技术，解决 3# 液相柴油加氢装置存在的催化剂运行周期短等问题。产品质量整体稳定，实现上报集团公司产品质量事故为零、外部抽检合格率 100%、产品出厂合格率 100%，完成国Ⅵ B 车用汽油质量升级。

（黄俊慧）

【成功开发新产品】 跟踪液化气市场价格走势，2022 年 4 月 15 日，石家庄炼化成功生产符合新国标的戊烷发泡剂，成为企业新的效益增长点。4 月 28 日，石家庄炼化首次生产聚丙烯 F03D，产品质量稳定。

（黄俊慧）

石家庄炼化厂区

【降本减费成效显著】 石家庄炼化多措并举实现降本 3.1 亿元：原油运作累计降本 2.3 亿元。跟踪外购石脑油、燃料油市场价格，及时测算效益，优化招标采购，增效 181.8 万元。优化重整、芳烃等装置负荷，增效 911 万元。从严控制十项费用，全面压降非生产性支出 772 万元。落实化工提质增效措施创效 1645 万元。通过缓交、落实财税政策等创效 1014 万元。优化蒸汽系统，降低外购蒸汽费用近 1000 万元。探索新保函模式，加强资金运作，实现保函创效 467 万元。注重投资项目效益测算，严把资产入口关，审减项目资金 2020 万元。实施绿电项目，全年绿电交易 20 万千瓦·时。严抓节水减排，首次获水效“领跑者”标杆企业称号。

（黄俊慧）

【设备工程管理持续提升】 石家庄炼化开发应用设备完整性管理体系 7 个模块、264 项定时性事务实现上线运行。以现场管理为抓手，强化“管设备管运行环境”的要求。深入落实专业预防性维修策略，树立“泄漏就是事故”的理念，落实缺陷分级管控措施，降低了现场泄漏率。积极克服疫情和“双特”影响，顺利完成焦炭塔更新项目。组织完成 48 个重点项目、3 个一类项目、4 个二类项目的竣工验收工作。获第十二届全国设备管理优秀单位称号。

（黄俊慧）

【抓实“三基”提升管理效能】 石家庄炼化与时俱进夯“三基”，深化“三标”体系建设。围绕“信得过班组、标准化装置”开展树标杆活动，全年评选免检班组 15 个、红旗班组 167 个。推行班组一轮班一学时的“班组 11 课堂”和副班培训，共完成以技能操作员工为主的培训 2.2 万班次、19 万人次。全年在岗员工培训率 100%、在岗技能操作队伍持证上岗率 100%。推进“事不过三”管理，有效避免了重复性问题发生。开展“我为制度做诊断”活动，有效采纳制度诊断建议 123 项，优化 20 余项重点制度。聚焦“五个领域”，创新驱动绩效 ABC 区分机制落地。深入推进合规管理体系建设，年内未发生重大较大风险事件。依法依规开展内部监督审计，提升了合规管理效能。

（黄俊慧）

【绿色转型发展项目稳步推进】 2022 年 1 月 8 日，石家庄炼化召开绿色转型发展项目可研动员会；2 月 24 日按照《关于石家庄炼化转型发展项目开展前期工作的函》，绿色转型发展项目前期工作正式启动。3 月 28 日，完成绿色转型发展项目备案。6 月 7 日，完成绿色转型发展项目可行性研究报告，并上报总部。6 月 17 日，集团公司发展计划部组织召开可研报告论证启动会，进入论证程序，12 月 31 日论证完成。4 月 25 日，河北石家庄循环化工园区行政审批局组织召开绿色转型发展项目社会稳定风险评价评审会；5 月 9 日，河北石家庄循环化工园区行政审批局出具绿色转型发展项目社会稳定风险评价报告审查意见，通过稳评审查。5 月 18 日，河北石家庄循环化工园区行政审批局组织召开绿色转型发展项目环境影响评价评审会；6 月 17 日，河北石家庄循环化工园区行政审批局出具绿色转型发展项目环境影响评价报告审查意见，通过稳评审查。5 月 30 日，河北省工程资讯研究院组织召开绿色转型发展项目节能评价评审会；6 月 16 日，河北省发展改革出具绿色转型发展项目的节能审查意见，通过节能审查。6 月 2 日，石家庄市行政审批局组织召开绿色转型发展项目安全条件评价评审会；6 月 10 日，石家庄市行政审批局出具绿色转型发展项目的安全条件审查意见，通过安全条件审查。

（黄俊慧）

【企业改革扎实推进】 深化改革三年行动 35 项任务、120 项措施全部完成，任务完成率 100%。落实“对标世界一流管理”提升行动，8 个专业组按计划实施 52 项任务清单、154 项措施，全年完成率 100%。建立人力资源池，调整薪酬向生产一线和高价值岗位倾斜，有效调动员工积极性。成立合资运行部，化解了“厂中厂”难题。调整了招投标、工程二审、消防电讯等业务职能，以及炼油运行一部和三部部分管理区域，提高了管理效能。

（黄俊慧）

【合资公司建设取得进展】 河北康石新材料有限公司用于研究开发苯甲酸及下游衍生物等精细化工产品的装置设施于2022年11月21日建成中交，12月22日进入开工准备阶段。河北隆科新材料有限公司用于生产环己烷羧酸及下游衍生物等精细化工产品的装置设施于2022年6月6日进入开工生产，18日投料开车打通全流程，产出合格产品。

（黄俊慧）

【党建政治优势有力发挥】 石家庄炼化落实“第一议题”制度，学习宣传贯彻党的二十大精神、习近平总书记视察胜利油田重要指示精神，认真开展主题行动。树立正确选人用人导向，实施11个领导干部岗位竞争性选聘，年轻干部培养工作机制不断完善，干部年龄结构得到进一步优化。加强政治监督，深入整治靠企吃企问题，开展酒驾醉驾专项警示教育，落实为基层减负18项措施，开展廉洁提醒谈话。落实意识形态责任制，助力国家乡村振兴战略，开展“青年大学习”行动，凝聚奋进磅礴力量。

（黄俊慧）

2022年3月3日，石家庄炼化召开主题行动启动会

表1 石家庄炼化分公司主要技术经济指标 亿元

指标名称 \ 年份	2022	2021	2020	2019	2018	2017
原油加工量 / 万吨	589.12	483.95	546.71	618.66	614.16	476.31
工业总产值	400.58	258.82	233.65	340.78	361.05	236.13
工业增加值	98.51	90.20	89.05	105.83	119.07	96.35
资产总计	111.03	111.88	114.12	124.11	128.88	156.07
流动资产	42.84	36.88	35.52	38.70	38.96	60.94
固定资产原值	166.16	169.52	168.06	164.62	166.04	165.82
固定资产净值	69.63	77.27	65.95	69.68	77.21	78.97
销售收入	399.40	259.87	232.61	336.61	351.63	235.06
实现利税	84.44	74.15	71.55	89.89	104.00	82.85
税　金	84.30	69.64	76.43	87.09	90.92	74.60
综合能耗 / 吨标煤·万元 $^{-1}$	0.468	0.475	0.33	0.31	0.32	0.33

表2 石家庄炼化分公司主要产品产量 万吨

产品名称 \ 年份	2022	2021	2020	2019	2018	2017
汽　油	184.11	160.25	170.39	199.36	199.09	149.97
煤　油	33.78	36.04	49.77	64.53	58.29	42.64
柴　油	174.40	118.66	143.52	162.65	164.62	135.28
燃料油	11.22	17.50	18.61	21.10	13.69	9.69

续表

产品名称 \ 年份	2022	2021	2020	2019	2018	2017
液化气	49.99	34.13	45.88	45.08	54.29	43.58
硫　黄	8.00	5.76	6.07	7.86	8.02	5.90
精丙烯	18.41	14.35	16.61	18.12	18.08	12.97
聚丙烯①	19.24	15.05	17.55	19.08	18.83	13.49
石油焦	19.73	2.44	0.19	13.84	21.88	17.50
沥　青	0.09	27.51	20.14	8.68	0	0.38
己内酰胺	—	7.10	9.72	10.02	11.08	7.25
硫　铵	12.21	10.67	14.48	14.78	16.69	11.11
切　片	—	1.13	2.17	2.18	2.19	1.53
苯	4.91	4.78	5.72	5.70	5.54	4.49
甲　苯	11.87	8.55	11.48	11.34	10.54	5.73
二甲苯	12.94	15.17	18.15	17.91	18.25	8.94

① 聚丙烯产量未含带料加工量

荆门石化

【概况】 中国石油化工股份有限公司荆门分公司（简称荆门分公司）和中国石油化工集团资产经营管理有限公司荆门分公司（简称荆门资产分公司），统称荆门石化。荆门石化是国家“三线”建设时期的战备炼油厂，1970 年正式动工建设，1983 年由石油工业部划归中国石油化工总公司。生产区占地面积 4.61 平方千米，位于荆门市掇刀区东北部。建厂 52 年来，荆门石化已发展成为中国石化系统内加工生产燃料油、润滑油、特种油手段最为齐全、生产灵活性较大的企业之一，是国内特种油品开发的领先者和华中地区百万吨级润滑油、石蜡、特种油生产基地。

截至 2022 年底，荆门石化设机关部室 13 个、业务中心 6 个、运行部 7 个；在岗员工 3421 人，其中管理人员 290 人、专业技术人员 694 人、技能操作人员 2437 人。荆门石化在役生产装置共 52 套（燃料油系统 26 套、润滑油系统 15 套、环保装置 7 套、化工装置 2 套、公用工程装置 2 套），主要加工仪长管输原油、南阳原油、江汉原油、长庆原油、春风油，生产燃料油、润滑油基础油、原料油、石油蜡、石油焦、石油沥青、液化石油气、聚丙烯等 20 多个品种、100 多个牌号的产品。

荆门石化主要技术经济指标和主要产品产量分别见表 1 和表 2。

（曹春芳　王克文）

【领导班子调整】 2022 年 1 月 25 日，集团公司党组决定：金朝阳任中共荆门石油化工总厂委员会委员、荆门分公司总会计师。8 月 29 日，集团公司党组决定：沈伟任中共荆门石油化工总厂委员会委员、荆门分公司副总经理。10 月 23 日，集团公司党组决定：鉴于年龄原因，中共荆门石油化工总厂委员会委员、荆门石油化工总厂副厂长、荆门分公司副总经理代长江退出现职，任二级协理员。

（曹春芳）

【特色转型发展成果显著】 2022 年，荆门石化开发特种油新品种 3 个，特种油产品总量达 56.93

万吨，特种油占比 13.7%，“油转化”产品达 15.98 万吨。为系统内企业供应白油 3.7 万吨，部分产品替代进口；继 100 号高档白油成功出口东南亚后，W1-TB 轻质白油首次销往非洲；2 个牌号白油产品获食品生产许可证；商用火箭燃料油成功试生产，填补中国石化空白；长庆原油专列时隔 11 年后再进厂；投用树脂产品散料罐车运输项目；化工转型启动前期，明确通过实施五大措施增加化工品。

（杨克宏　黎　坚）

【推进企业改革　管理效能有效提升】 2022 年，荆门石化建立深化改革三年行动重点任务考核指标责任清单，坚持目标导向和问题导向，实施“揭榜挂帅”压实责任、“红黄蓝绿”挂牌督办、“回头看”等措施，各项措施办结率 100%，实现高质量圆满收官。“三项制度”改革向纵深发展，全面实施经理层任期制和契约化管理，深化落实“人力资源池”管理措施，推行特油部、检验计量中心、机电仪中心工资总额承包方案。持续推动薪酬分配改革落地实施，提升关键岗位、核心人才薪酬市场竞争力。以效益为导向，开展重点工作、重点项目专项考核。“四供一业”和退休人员社会化管理工作等企业办社会职能稳妥移交。机电仪、检验计量、信息管理等业务改革有序推进。

（刘　军　黎　坚）

【扎实推进绿企工作】 2022 年，荆门石化认真开展环保巡视反馈问题整改，完成年度环保隐患治理计划；深入开展污染防治攻坚，强化源头管控，持续开展清污分流和污污分治，完善中水回用措施，中水回用率 60%；开展臭氧污染防治，全面推进 VOCs 综合整治，抓好厂区异味专项整治，按期完成常压储罐浮盘密封改造和污油罐、氧化沟、污水处理场高浓度废气收集治理，结合含油污水可视化项目同步实施敞开液面 VOCs 治理，按期完成污油泥回收利用项目建设和开工，解决污水场“三泥”和罐底泥后路，实现资源最大化利用。外排污水达标率 100%，外排有控废气达标率 100%，固体废物合规处置率 100%。COD、氨氮、二氧化硫、氮氧化物、VOCs 等主要污染物排放量分别同比下降 23%、49%、31%、21%、3%。

（黎　坚　李清令）

荆门石化“6·5”环境日公众开放日

【稳步推进改善性住房项目建设】 2021 年 11 月—2022 年 10 月，改善性住房项目 4 个地块先后取得中华人民共和国建设工程规划许可证。2022 年 3—11 月，各地块先后取得建筑工程施工许可证，截至 2022 年底，所有 42 栋在建楼房封顶 21 栋。12 月，所有改善性住房取得湖北省商品房预售许可证书。

（曹春芳　孙克荆）

【以主题行动贯彻落实党的二十大精神】 2022 年 3 月 22 日，荆门石化党委制订“牢记嘱托、再立新功、再创佳绩，喜迎二十大”主题行动方案，明确 8 个方面 65 项重点工作任务和 349 条措施清单。3 月 28 日，荆门石化党委向全体干部职工发出《关于在“牢记嘱托、再立新功、再创佳绩，喜迎二十大”主题行动中充分发挥党组织和党员作用的通知》，通过“强六导，抓五带，提四力”，确保主题行动取得实绩。4 月 18 日，举行主题行动劳动竞赛启动仪式，对 4 个专项竞赛牵头部门进行现场授旗。10 月 16 日上午，组织集中收看党的二十大开幕盛况。随后，党委会对学习宣传贯彻二十大精神进行部署，提出贯彻落实要求，通过班子成员带头讲、党委宣讲团全覆盖宣讲、基层党组织书记亲自讲、邀请专家到厂专题讲等形式认真学习宣传贯彻党的二十大精神。

（王克文　黎　坚）

荆门石化贯彻二十大主题行动党建共建推进会

【积极履行社会责任】 2022年6月2日，荆门石化发布以“锚定目标立新功 踔厉奋发创佳绩”为主题的《荆门石化2021年度社会责任报告》，向全社会展示荆门石化履行国有企业政治、经济、社会三大责任成就。6月3日，荆门石化向四川紧急调运5000吨油品，交由四川石油用于“6月1日雅安芦山县6.1级地震”救灾抢险，截至6月6日，共发运油品10240吨。开展9期公众开放日活动，邀请社会公众代表近400人进厂参观；持续开展安徽省高皇石化学校教育帮扶，推进学校硬件设施建设，提升师资队伍能力素质，组织师生到荆开展“游学”活动；购买集团公司定点扶贫产品111.74万元，助力乡村振兴，荆门石化教育帮扶工作被《工人日报》专题报道。

（曹春芳）

【首次开展全厂性大修改造】 2022年10月14日，糠醛轻套装置开始停工，标志荆门石化建厂52年首次全停大修改造拉开帷幕。大修改造历时60多天，检修项目7492项，高峰期现场作业人员7300人。全面统筹安排，提前数月备战。按照“总指挥部＋分指挥部”管理模式，实施“网格化”管理，压实岗位责任。对重大作业、重要操作、关键设备要害部位落实提级管理和领导现场带班，严控各类安全风险。以满足现场作业需要为导向，开展员工大修改造能力培训活动。搭建各类劳动竞赛载体平台，并与承包商共同开展大修改造党建共建活动。全方位加强施工过程检查督查，做实班前安全喊话活动，明确作业监护及视频监控管理规范，坚持每日检查通报机制，从严考核问责，做到安全文明施工。加强疫情防控和现场安全督查，协调转运和隔离安置承包商人员，严控施工力量组织和防疫风险，确保大修改造各项工作有序推进。

（曹春芳　李清令）

荆门石化1#蒸馏装置大修改造重点项目

【落实双碳行动方案，完成碳排放权履约】 2022年12月6日，荆门石化完成湖北碳排放权履约，并盈余12.46万吨二氧化碳当量配额。12月9—14日，荆门石化通过碳市场交易卖出盈余配额，并参与政府预留配额竞买，共盈利646万元。荆门石化购买1万兆瓦·时光伏绿电，相当于减排二氧化碳0.72万吨；投用树脂产品免包装罐车推行绿色运输、使用电动车代替叉车装车减少柴油消耗；全年共回收利用2.82万吨二氧化碳，增长8.62%。

（曹春芳　黎　坚）

【光伏发电项目顺利中交】 2022年12月28日，荆门石化首个光伏发电项目中交。该项目位于漳河水源地，项目启动后，有序组织开工建设，加强工程质量管控，完成土地平整、地桩埋设、支架、1.20万平方米光伏板的安装以及逆变器、箱式变压器、电缆敷设等项目建设，保证光伏发电项目按期中交。

（黎　坚　王克文）

表 1 荆门石化主要技术经济指标 亿元

指标名称 \ 年份	2022	2021	2020	2019	2018	2017
原（料）油加工量 / 万吨	450.53	560.37	532.19	532.96	500.65	533.90
工业总产值	303.7	294.59	223.65	274.12	270.28	253.27
工业增加值	74.13	—	—	—	—	—
资产总计	92.24	86.18	92.33	92.73	80.49	86.51
流动资产	19.71	12.82	15.44	16.09	20.09	35.99
固定资产原值	132.28	128.92	126.22	110.78	96.16	96.42
固定资产净值	52.58	54.29	56.57	47.39	36.71	40.91
销售收入	337.18	335.03	249.41	298.51	295.15	271.05
实现利税	62.51	82.25	74.52	76.01	78.22	88.59
利　润	1.25	—	—	—	—	—
综合能耗 / 千克标油・吨 $^{-1}$	78.64	—	—	—	—	—

表 2 荆门石化主要产品产量 万吨

产品名称 \ 年份	2022	2021	2020	2019	2018	2017
汽　油	143.73	190.21	174.67	184.05	169.30	171.85
柴　油	97.43	117.22	129.68	131.47	134.11	148.72
煤　油	32.41	38.09	36.57	44.49	32.54	31.70
特种油产量	50.57	57.02	—	—	—	—
石　蜡	6.83	7.77	7.21	8.27	8.83	9.31
润滑油基础油	6.67	11.39	12.05	8.23	10.99	11.43
白　油	33.36	—	—	—	—	—
增塑剂	3.22	—	—	—	—	—
石油焦	11.92	15.42	20.62	25.22	24.98	30.72
聚丙烯	11.04	15.14	12.43	13.55	11.56	11.57

九江石化

【概况】 中国石油化工股份有限公司九江分公司（简称九江分公司）和中国石化集团资产经营管理有限公司九江分公司（简称九江资产分公司）统称九江石化。九江石化地处江西省九江市东郊，占地面积 3.68 平方千米，是江西省唯一的大型石油化工企业。九江石化前身为九江炼油厂，

1975 年经国家批准筹建，1980 年 10 月建成投产，1991 年 10 月更名为中国石化九江石油化工总厂，1998 年更名为中国石化集团九江石油化工总厂。2000 年，根据中国石化整体重组改制部署，九江石油化工总厂主要经营性业务划入集团公司上市部分，组建股份公司九江分公司。2007 年，非上市部分设立九江资产分公司。2010 年，按照总部统一部署，九江石化退出化肥做大炼油。2014 年，九江石化与盈德气体香港有限公司合资合作成立石化盈德合资公司。2015 年，完成油品质量升级改造，原油一次加工能力达 1000 万吨 / 年。2022 年，建成投产 89 万吨 / 年芳烃项目，向炼化一体化转型发展迈出关键一步。

截至 2022 年底，九江石化共有机关部室 13 个、专业中心 6 个、运行部 10 个，用工总量 2325 人（207 名劳务派遣工）。原油一次加工能力 1000 万吨 / 年，主营业务有炼油、化工生产经营，主要生产装置有常减压、催化裂化、连续重整、延迟焦化、汽（柴）油加氢、吸附脱硫、渣油加氢、加氢裂化、煤制氢、聚丙烯、苯乙烯、烷基化、芳烃等；主要产品有汽油、煤油、柴油、化工轻油、三苯、液化气、石油焦、聚丙烯、苯乙烯、烷基化油及芳烃类产品等。

九江石化主要技术经济指标和主要产品产量分别见表 1 和表 2。

（王立强）

【领导班子调整】 2022 年 1 月 27 日，九江石化召开领导班子扩大会，宣布领导班子成员调整。根据工作需要，经集团公司党组研究决定：聘任邹圣武为九江分公司副总经理，任命邹圣武为中共九江石油化工总厂委员会委员。

（王立强）

【深入学习宣传贯彻党的二十大精神】 2022 年，九江石化认真贯彻党中央的决策部署，落实集团公司党组要求，把迎接学习贯彻党的二十大精神作为首要政治任务抓好落实，以“牢记嘱托、再立新功、再创佳绩，迎接学习贯彻二十大”主题行动为抓手，把迎接学习贯彻党的二十大转化为推动各项工作的强大动力，聚焦重点难点，加强全面统筹，顺利完成全年各项目标任务。

（王立强）

【全力攻坚创效】 面对能源市场剧烈波动、经济下行压力增大等严峻复杂局面，九江石化高效统筹疫情防控和生产经营，保安全、降成本、提效益，严密防范各类经营风险。2022 年加工原（料）油 788.66 万吨，其中原油 718.94 万吨。九江分公司实现账面利润 8951 万元，其中炼油板块利润 5391 万元、化工板块利润 3560 万元；九江资产分公司实现利润 438.48 万元，保持全级次盈利。九江石化实现营业收入 515 亿元；上缴税费突破 130 亿元，位居江西省首位；营业收入和上缴税费均创历史新高。

（王立强）

夜景下九江石化全貌（黄继锋　摄）

【安全环保总体受控】 2022 年，九江石化持续推进 HSE 管理体系落地，专业融合更加深入，在全国“两会”、党的二十大等重大国事活动期间以及疫情高发阶段，九江石化保持安全平稳生产。扎实做好安全生产专项整治三年行动收官和危化品安全风险集中治理，开展“百日安全行动”，抓实双重预防机制建设、老旧装置安全风险评估。开展“油不落地、气不上天”管理提升行动，推进减污降碳协同增效，未发生环境污染和生态破坏事件，保持江西省环保 A 级绩效。

（王立强）

【深入开展结构调整】 2022 年，九江石化坚持“宜油则油、宜芳则芳”原则，贴近市场需求灵活组织生产，滚动优化产品结构，汽油产量对原油收率保持 29.30% 以上，“油转化”率提高 9.71%，实现高附加值产品量效齐增。全年生产成品油

484.25万吨、石脑油43.06万吨、液化气44.55万吨、聚丙烯11.26万吨、对二甲苯32.82万吨、苯12.41万吨；航空煤油、军油销量均创历史新高。

（王立强）

【加大高价值产品技术攻关】 2022年，九江石化加快现场科技攻关，组织特种油品、锂电池负极焦、高熔指聚丙烯纤维料等新产品开发，成功实现量产。开展氢气和燃料气资源优化、增产高价值产品、汽油国ⅥB标准低成本质量升级等技术攻关，实现科技成果应用有效转化。

（王立强）

【成本费用有效管控】 2022年，九江石化研判市场价格走势，优化资源配置，严控非生产性支出，跟踪落实89项重点措施，全年实现降本增效超2亿元，单位完全费用还原燃料价格上涨因素影响，下降近13元/吨。在整体负荷较低的情况下，降低燃动费用2570万元。细抓资金管理，严控“两金”占用，加大资金回笼，统筹资金支付，降低财务费用，落实财税优惠政策增效近8000万元。

（王立强）

【芳烃项目高标准建成投产】 2022年1月20日，国家产业布局重点项目、中国石化“十条龙”科技攻关项目、自主知识产权的第三代芳烃成套技术首套工业应用装置——89万吨/年芳烃项目高标准建成中交。6月8日，装置一次开车成功并产出合格产品。

（王立强）

芳烃装置全貌（黄继峰　摄）

【加快转型升级发展】 2022年，九江石化加快结构调整、延链补链，全力推进炼化一体化发展，150万吨/年芳烃及炼油配套项目可行性研究报告11月上报集团公司，配套的公用工程热电联产项目可行性研究报告9月获集团公司批复。

（王立强）

【改革管理纵深推进】 2022年，九江石化按期完成对标提升行动34项重点工作、深化改革三年行动31项重点任务，剥离企业办社会职能和业务重组后续工作基本收尾，创集团公司标杆基层单位1个，典型经验在系统内推广。深化“三项制度”改革，稳步调整部分组织机构，减少中层机构4个，内设机构更加精简高效。完成合规管理强化年、严肃财经纪律专项行动等工作，获集团公司合规管理A类评价，获评集团公司内控风控先进单位，保持江西省“守合同重信用”企业称号。

（王立强）

【科技攻关成效显著】 2022年，九江石化加快推进科技创新，国家“十三五”重点研发计划——高稳定国Ⅵ柴油加氢脱硫催化剂工业应用课题通过国家结题验收，集团公司“十条龙”科技攻关项目第三代高效环保芳烃成套技术开发与工业应用取得阶段性成果，催化油浆静电脱固技术侧线应用试验装置建成中交。获评集团公司科技进步奖二等奖1项，3个项目通过技术鉴定，9件专利取得申请号。深化智能应用，加快数字化转型和智能化提升，建成新一代ICT集中管控、工业互联网平台，支撑安全环保、生产经营等核心业务效率提升，取得“两化”融合管理体系AAA级评定证书，获IDC工业互联网平台应用领军者称号。

（王立强）

【党的建设更加过硬】 2022年，九江石化坚定不移推进全面从严治党，落实“两个一以贯之”重要要求，坚持在完善公司治理中加强党的领导，认真执行“三重一大”决策制度和内控管理制度，明确决策主体、决策权限和决策程序，发挥党委“把方向、管大局、保落实”领导作用。落实集团公司“1355”党建工作思路，坚持务实创新融合抓党建，有效保障装置平稳运行、产品销售畅通、项目高效推进，以高质量党建引领保障企业高质量发展。一体推进“三不腐”，发挥大监督效能，开展专项巡察，推进形式主义、官僚主义突出问题整治，持续为基层减负，九江石化监督委员会获中国石化“大监督”工作先进集体称号。高效务实推进产业工人队伍建设改革工作。实施青年精神素养提升工程，开展青工系列活动。做好平安建设（综治工作）、统战、武装、保密等工作。提高政治站位，压实维稳责任，化解矛盾隐患，解决员工群众实际困难，确保政治大年企业和谐、队伍稳定。九江石化连续 8 年保持全国文明单位称号。

（王立强）

【推进人才建设】 2022 年，九江石化持续优化干部队伍结构，选人用人满意度持续保持高位。高要求培育人才，推进人才强企战略，探索高校毕业生引进新型学徒制，开展职位选聘，畅通人才成长通道，创建 4 个大师工作室，144 人次获各类人才称号。构建精准培训体系，培训成果获集团公司管理现代化创新成果一等奖。

（王立强）

【巩固“我为群众办实事”实践活动成果】 2022 年，九江石化深入开展“大走访、大排查、大调研”专题活动，坚持问题导向，问需于民、问计于民，积极协调解决基层反映的突出问题。坚持为民办实事，推进瑕疵产权办证工作，全面完成经营性用房及公租房隐患整改。搭建“九江石化机关在线”平台，深入开展机关“五项服务”，提升服务基层水平。建全职工服务体系，全年累计发放困难补助、帮扶救助资金 102.4 万元，提供补充、互助医疗补助 349 万元。

（王立强）

【践行社会责任】 2022 年，九江石化对口帮扶江西省九江市修水县新湾乡回坑村，全年投入 50 万元。同时，九江石化对江西修水县、新疆岳普湖、安徽岳西县、甘肃东乡县、山西临县等 8 个帮扶地区进行消费帮扶，消费帮扶金额共计 126.8 万元，以实际行动助力乡村振兴。

（王立强）

表 1　九江石化主要技术经济指标　亿元

指标名称 \ 年份	2022	2021	2020	2019	2018	2017
原油加工量 / 万吨	718.94	666.66	701.88	786.60	766.59	698.72
工业总产值	512.57	365.20	309.73	444.84	456.60	351.60
炼　油	527.45	342.36	291.33	418.94	429.84	333.46
化　工	59.85	22.84	18.40	25.90	26.76	18.14
工业增加值	119.74	120.53	113.47	160.01	157.39	137.88
资产总计	130.13	126.90	121.21	117.43	122.98	169.79
流动资产	19.50	12.33	22.29	17.85	23.95	66.33
固定资产原值	202.48	168.77	164.09	162.84	158.12	158.82
固定资产净值	95.66	70.71	77.80	88.79	92.94	98.99
销售收入	513.50	374.21	306.98	443.41	457.38	354.37
实现利税	103.42	104.12	91.15	124.90	142.98	131.06
税　金	102.72	94.50	99.79	116.10	122.74	114.86
综合能耗 / 吨标煤・万元 $^{-1}$	0.704	0.527	0.38	0.37	0.36	0.36

表 2 九江石化主要产品产量 万吨

产品名称＼年份	2022	2021	2020	2019	2018	2017
98# 汽油	—	—	0.65	0.05	—	0.95
97# 汽油	—	—	—	—	—	—
95# 汽油	57.73	61.61	67.63	62.40	61.41	50.81
92# 汽油	152.77	136.08	143.34	181.90	176.65	152.14
柴　油	237.54	203.65	236.69	293.81	67.15	288.26
煤　油	36.20	45.73	54.24	70.73	1.41	57.47
燃料油	15.78	28.00	17.65	8.09	—	0.24
溶剂油	—	—	—	—	42.81	—
液化气	44.55	42.68	43.89	42.70	8.34	40.61
沥　青	0.93	5.48	7.07	8.44	11.21	6.65
聚丙烯	11.26	9.75	10.42	11.34	19.88	10.22
苯　类①	53.83	21.51	25.10	24.79	6.35	14.30
硫　黄	5.78	5.59	5.75	6.21	34.69	5.69
石油焦	31.00	28.97	32.38	32.11	39.99	31.23
石脑油	43.06	37.84	26.74	35.34	12.28	24.16
戊烷发泡剂	—	4.33	12.57	12.21		13.58

① 2022 年苯类含对二甲苯

济南炼化

【概况】 中国石油化工股份有限公司济南分公司（简称济南分公司）和中国石化集团资产经营管理有限公司济南分公司（简称济南资产分公司）统称济南炼化，始建于 1971 年，1975 年投产，1983 年划归中国石油化工总公司，1998 年留转至集团公司，2000 年根据重组改制方案，企业进行主辅分离，主业进入股份公司，成为济南分公司；辅业部分于 2006 年 11 月经过体制转换，成为济南资产分公司。

济南炼化位于山东省济南市历下区，占地面积 2.4 平方千米，地处胜利、中原两大油田之间，自备铁路与胶济线相连，厂区南北有济王路、309 国道和济青高速公路，距济南遥墙国际机场 15 千米，地理位置优越，交通运输四通八达。

截至 2022 年底，济南炼化固定资产原值 92.91 亿元、现值 31.43 亿元，具备 750 万吨 / 年原油一次加工能力，有常减压、催化裂化、柴油加氢、蜡油加氢、润滑油加氢、S Zorb、逆流连续重整、润滑油系列、聚丙烯等 30 余套主要生产装置，可生产汽油、柴油、液化气、航空煤油、石油焦、聚丙烯、硫黄、润滑油基础油等 50 余种产品，产品出厂合格率始终保持 100%。济南炼化在岗职工人数为 1564 人，其中各类专业技术人员 278 人（正高级职称 2 人，副高级职称 91 人，中级职称 127 人）。

济南炼化主要技术经济指标和主要产品产量分别见表 1 和表 2。

（孙丽颜）

【利润总额和吨油利润稳居中国石化炼化企业前列】 2022 年，济南炼化紧贴市场需求，灵活调整成品油收率和柴汽比，环保型橡胶增塑剂等特色产品拓市扩销，储能专用碳材料、聚丙烯高强度土工布专用料等新产品产销两旺，“鲁油鲁炼”、气分装置适应性改造、增产环保型橡胶增塑剂等新项目加快推进，屋顶分布式光伏项目并网发电，疫情防控、安全环保、生产经营实现“三战全胜”，“牢记嘱托、再立新功、再创佳绩，迎接学习贯彻二十大”主题行动任务目标顺利完成，“高端化、差异化、特色化”高质量发展再谱新篇，利润总额（16.88 亿元）和吨油利润（332.41 元）稳居集团公司炼化企业前列，获评济南市创新发展突出贡献企业。

（孙丽颜）

济南炼化员工认真巡检、精细操作保平稳创效益
（罗　龙　摄）

【储能专用炭材料新品旺销】 2022 年 1 月 25 日，济南炼化首批 100 吨储能专用炭材料工业试生产成功，全年累计销售 23165 吨，促进石油焦产品高端化、特色化。近年来，储能、动力、新能源汽车行业发展迅速，带动石墨电极、锂电池负极材料需求大增，中高端负极材料市场前景广阔。为此，济南炼化协同大连石油化工研究院、炼油销售公司瞄准中高端负极材料专用石油焦新产品靶向发力，反复研究优化原料性质和工艺条件，探索构建焦化工艺—焦炭结构—应用性能关联性，逐步改进负极焦首次放电比容量、压实密度等关键性能，开发出具有高容量、易石墨化特性、性价比更高的专用炭材料，满足下游客户负极材料关键性能指标要求。新材料占石油焦总产量 15% 以上，产品质量稳定，市场需求旺盛，获得更多行业企业认可，较普通石油焦增效明显。

（孙丽颜）

【成功生产高强度土工布聚丙烯专用料】 2022 年 4 月，由济南炼化、北京化工研究院、化工销售华北分公司联合开发的 YU28G 聚丙烯专用料工业化试生产成功。该专用料分子量分布窄、可纺性优异、单丝强度高，可替代同类进口产品，生产广泛应用于水利、交通和民用建筑等行业的高强度土工布。针对超宽幅聚丙烯长丝土工布特殊原料需求，定向攻关生产方案，反复调整工艺条件，优化改进产品性能，10 月，成功产出兼具可纺性及力学性能、拉伸强度、顶破强度优异的专用料，满足超宽幅聚丙烯长丝土工布生产各项指标要求。2022 年，济南炼化聚丙烯新产品和专用料占比超过 98%、创历史新高，较普通聚丙烯产品增效明显。

（孙丽颜）

【健康企业建设获评国家级优秀案例】 2022 年 7 月，济南炼化入选全国健康企业建设优秀案例名单，以实际行动将健康中国、健康企业建设要求落实到健康石化建设中。扎实践行“大健康”理念，不断完善管理体系，加大健康投入，开展健康活动，打造健康文化，逐步构建以职业健康为基础，职业健康、身体健康、心理健康、公共卫生、劳动保护五位一体的管理模式，2021 年 10 月获评山东省健康企业，2022 年在国家卫生健康委、全国爱卫办组织开展的健康企业建设优秀案例征集活动中被评为优秀案例。

（孙丽颜）

【完成国ⅥB 标准汽油质量升级】 2022 年 11 月 1 日起，济南炼化出厂汽油全部达到国ⅥB 车用汽油质量标准，提前实现油品质量升级目标，满足济南及周边地区绿色清洁油品需求。与国ⅥA 标准汽油相比，国ⅥB 标准汽油烯烃含量由 18% 降至 15%，一氧化碳和氮氧化物排放指标明显下降，有助于臭氧污染防治、改善空气质量，打造碧水蓝天。同时，可减少汽车发动机积炭和胶质沉积，降低车辆保养成本，延长发动机使用寿命。

（孙丽颜）

【光伏发电项目并网发电】 2022年12月23日，济南炼化光伏发电项目并网发电一次成功，装机总容量为1.08兆瓦，预计每年发电146万千瓦·时，节约标煤180吨，减排二氧化碳1380吨。本项目有效盘活厂区办公大楼、变电所、机柜间等闲置屋顶资源，共建设安装2469块高效单晶硅太阳能电池组件，总使用屋面面积约1.3万平方米，年均利用1070小时。项目采用“全额自发自用”上网模式，将太阳能发电并网至生产供电系统，直接作为装置生产用电使用，进一步优化生产能源结构、降低企业用电成本，为加快绿色低碳高质量发展助力加油。

（孙丽颜）

2022年12月23日，济南炼化分布式光伏发电项目并网发电一次成功（罗 龙 摄）

【“十条龙”科技攻关项目“出龙”】 2022年12月19日召开的中国石化2022年度“十条龙”科技攻关工作会议，宣布批准S Zorb装置在线实时优化技术开发与应用项目“出龙”。该项目由济南炼化、石化盈科信息技术、石油化工科学研究院、中石化工程建设公司、华东理工大学联合开发。项目验收意见指出，在S Zorb装置上应用实时优化技术属于国内首创，整体技术达到国际先进水平，建议在中国石化S Zorb装置上进一步推广应用。该项目以济南炼化S Zorb装置为试点，开发具有中国石化自主知识产权的在线实时优化成套软件和技术，在保证脱硫（产品硫不大于8ppm）效果且不增加装置能耗剂耗的情况下，辛烷值损失平均值降低0.3个单位，助力实现装置闭环优化和整体效益最优。

（孙丽颜）

【连续三年通过生态环境部“大气污染防治绩效评级A级企业”复核】 2022年，济南炼化针对黄河流域城市型炼厂环保工作“一失万无”的极端重要性，深化开展“深入践行习近平生态文明思想，着力打造精优强美绿色实践基地”行动，深入推进污染防治攻坚战和臭氧污染防治行动，全力推进节能降碳行动，持续推进绿色企业行动计划，19个可量化环保指标中有5个实现晋升，领先保持数量由11个增加至14个，绿色基层创建率86.7%，再次通过生态环境部“大气污染防治绩效评级A级企业”复核，入围中国石化“无废集团”首批先行先试企业名单，获评中国石化节能环保先进单位。

（孙丽颜）

【获评山东省首批首家反恐防范一级重点目标达标企业】 2022年，济南炼化对照《石油石化系统治安反恐防范要求》《石油石化系统公共安全行业反恐怖标准达标分解认定书》要求，制定并逐项落实58项防范措施，5月31日通过由省、市、区、辖区派出所四级公安机关反恐部门与行业专家的现场验收；6月29日通过山东省反恐办督导组的督导检查；9月8日“一级重点目标验收达标认定书”经过专家和公安部门签字确认，完成反恐防范一级重点目标达标，系山东省首批第一家企业。

（孙丽颜）

【持之以恒提“三力” 夯实高质量发展根基】 2022年，济南炼化以提升领导引领力、制度执行力、员工素质力为突破口和主抓手，一体谋划推进保安全、保环保，创一流、创效益，强“三基”、强党建各项工作取得新成效。①全面提升领导引领力。要求各级领导干部精力向基层集中、力量向基层聚集、把功夫下足在一线，带头旗帜鲜明讲政治、带头强化执行提质效、带头履职尽责争一流、带头改进作风树形象、带头联系群众解难题、带头廉洁自律做表率。②全面提升制度执行力。121项制度完成制定修订完善，136项业务实现流程化信息化，近700项违规违章行为全部考核整改到位。③全面提升员工素质力。将2022年定为培训攻坚年，举办催化裂化装置工艺技术人员素质能力提升培训班、“元友讲坛”设备员培训班等，连续三年开展全流程星级操作员考评，统筹用好“师带徒”、岗位练兵、夜班课堂、技师讲堂等平台，着力建强专业技术、技能操作、青年员工人才队伍，济南炼化高质量发展的根基越夯越实。

（孙丽颜）

济南炼化炼油二部开办胡学锋技师讲堂助力员工学习培训
（罗　龙　摄）

【力行“四化”提升巡察质效】 2022年，济南炼化坚守政治巡察定位，紧扣“四化”，从流程规范、监督重点、过程推进、问题整改四个方面精准施策，推动巡察质效明显提升。巡察流程标准化。修订完善党委巡察工作手册、领导小组工作规则、巡察办工作规则、巡察组工作规则，全面推进巡察整改标准化运行，明确整改“四个清单一表清”和“三必报”。巡察重点清单化。制订党委巡察要点及工作方案，将主题行动推进落实、党建与生产经营融合、强化安全生产管理、黄河流域生态保护、与时俱进抓“三基”等纳入巡察重点清单，确保把监督落实到关键人、关键处、关键事、关键时。巡察推进联动化。加大“组办联动”力度，巡前准备联动、多渠道收集了解被巡单位信息资料，巡中工作联动、及时传达最新要求精准指导纠偏，巡后成果联动、提升报告规范和质量。巡察整改长效化。实行班子成员带头与被巡单位反馈问题机制，通过“回头看”、实地督查、访谈测评等形式开展整改评估，不断深化整改成果在绩效评价、综合考核、干部调整、监督执纪中的运用。

（孙丽颜）

【抓实“七大工程”强化党建引领】 2022年，济南炼化锚定高质量党建目标，坚持务实、创新、融合，突出抓好“七大工程”，切实以高质量党建引领保障高质量发展。突出政治铸魂，提升政治三力。第一时间学习习近平总书记重要讲话和重要指示批示精神60余条，全面学习、全面把握、全面落实党的二十大精神，坚持不懈用习近平新时代中国特色社会主义思想凝心铸魂。突出责任聚力，服务中心大局。制订在主题行动中进一步发挥党建引领保障作用实施方案，按季设定推进主题，按月开展分析讲评，动态优化指标措施，跟踪督导任务进度，主题行动8项党建引领指标、52项任务清单按计划节点完成。突出管理强基，夯实发展根基。与时俱进抓“三基”、持之以恒提“三力”、打好培训攻坚战，靶向抓实“三查三强”促安全主题党日和百日安全行动，安全生产稳中有进，再次通过生态环境部“大气污染防治绩效评级A级企业”复核。突出组织塑形，建强基层堡垒。深化拓展“双保双创、双向融合”党建工作模式，探索创新“党建+”“+党建”工作思路，切实发挥好党支部的战斗堡垒作用、党小组的阵地保障作用、党员的先锋模范作用、领导干部的示范引领作用，努力做到制度完善、运行规范、活动经常、作用突出。突出人才强企，锻造一流队伍。深化推进“三项制度”改革，有序构建与岗位、能力、绩效“三挂钩”的薪酬分配体系，注重在“大战大考”中发现检验和选拔使用干部，40岁及以下中层干部比例提高5.27%，整体实现体制更顺、队伍更强、业绩更优。突出纪律固堤，涵养政治生态。坚持“三不腐”一体推进，深化靠企吃企专项整治，扎实开展“严肃财经纪律、依法合规经营”综合治理专项行动，完成13个党组织常规巡察，政治生态和管理生态持续向善向好。突出和谐共建，加油美好生活。用心用力服务济南市东崖村乡村振兴，服务融入济南市全国文明典范城市创建，带头参加全民义务植树和国土绿化行动，树牢“党和人民好企业”形象。

（孙丽颜）

表 1　济南炼化主要技术经济指标　亿元

指标名称＼年份	2022	2021	2020	2019	2018	2017
原油加工量 / 万吨	503.28	459.33	488.28	528.17	441.40	364.63
工业总产值	352.38	244.46	208.59	272.87	244.61	172.30
工业增加值	106.45	90.50	91.11	94.91	84.34	70.53
资产总计	62.46	80.21	69.16	65.67	59.13	51.91
流动资产	19.73	35.49	26.35	20.53	17.25	11.17
固定资产原值	92.91	91.58	88.94	91.16	86.36	75.33
固定资产净值	31.43	33.09	33.83	38.08	38.80	30.72
销售收入	351.86	244.89	209.87	280.08	242.43	172.63
实现利税	96.36	83.07	80.31	89.13	76.90	64.28
税　金	79.48	70.30	75.41	82.79	69.61	59.93

表 2　济南炼化主要产品产量　万吨

产品名称＼年份	2022	2021	2020	2019	2018	2017
汽　油	182.33	165.95	169.38	186.28	142.22	108.36
柴　油	135.32	114.56	128.62	138.97	136.71	129.54
沥青料	4.07	11.51	14.69	18.61	15.38	9.46
液化石油气	37.84	51.32①	32.81	33.15	22.42	18.06
润滑油基础油	10.54	5.40	9.83	10.01	10.81	6.80
聚丙烯	12.07	10.51	11.58	11.51	9.53	7.54
化工轻油	4.03	2.58	4.37	7.52	7.40	5.37

① 数据有调整

沧州炼化

【概况】 中国石油化工股份有限公司沧州分公司（简称沧州分公司）暨中国石化集团资产经营管理有限公司沧州分公司（简称沧州资产分公司）统称沧州炼化，位于河北省沧州市，始建于 1971 年，1975 年 10 月建成投产，建厂初期生产规模 50 万吨 / 年。1984 年 1 月 1 日，沧州炼化正式划归中国石油化工总公司。2000 年 1 月，按照集团公司统一部署，企业资产重组为上市部分中国石油化工股份有限公司沧州分公司和存续部分中国石化集团沧州炼油厂。2007 年 8 月，存续部分沧州炼油厂体制转换为沧州资产分公司。2009 年 7 月，中国石化集团资产经营管理有限公司与日本东丽精细化工株式会社合资组建沧州东丽精细化工有限公司（简称 TFCC），委托沧州资产分公司代为管理。2021 年 7 月完成资产重组，存续部分生产经营性业务资产全部注入上市部分。

截至 2022 年底，沧州炼化有在职职工 1355 人，离退休职工 947 人；有职能部室 11 个，业务中心 4 个，基层单位 5 个；党支部 21 个，在职党员 607 人。

截至 2022 年底，沧州炼化资产总额 39.81 亿元，原油一次加工能力 350 万吨 / 年。主体装置有 350 万吨 / 年常减压装置、120 万吨 / 年催化裂化装置、120 万吨 / 年延迟焦化装置、160 万吨 / 年和 60 万吨 / 年两套汽柴油加氢装置、40 万吨 / 年连续重整装置、30 万吨 / 年气体分馏装置、5 万吨 / 年 MTBE 装置、2 万吨 / 年两套硫黄装置、2 万米^3（标准）/ 时制氢装置、8 万吨 / 年苯抽提装置、6.72 万吨 / 年混合二甲苯装置、90 万吨 / 年 S Zorb 装置、12 万吨 / 年干气脱硫、30 万吨 / 年液化气脱硫、200 吨 / 时溶剂再生、70 吨 / 时污水汽提、7 万吨 / 年小本体聚丙烯、15 万吨 / 年半再生重整装置（停工）。TFCC 主要装置年产 1 万吨二甲基亚砜。

沧州炼化主要产品有汽油、柴油、石脑油、燃料油、石油苯、液化石油气、聚丙烯、石油焦、食品级硫黄及液硫等。TFCC 主要产品是电子级和医药级二甲基亚砜。

沧州炼化主要技术经济指标和主要产品产量分别见表 1 和表 2。

（马文月）

【迎接学习贯彻党的二十大】 2022 年，沧州炼化围绕迎接学习贯彻党的二十大，精心部署安全环保、维护稳定、疫情防控和保障服务各项工作，实现党的二十大期间安全环保稳定。推进党的二十大精神学习宣传贯彻工作，组织干部职工收听收看开幕盛况，制定下发学习宣传贯彻方案并组织实施。开展“牢记嘱托、再立新功、再创佳绩，迎接学习贯彻二十大”主题行动，细化制订主题行动方案，设立 4 个工作组，持续跟踪推进，4 个方面 33 项重点任务和 42 项具体措施落地实施。

（马文月）

【生产经营】 2022 年，沧州炼化加工原（料）油 263.99 万吨，营业收入 178.36 亿元，利润合计 2.21 亿元（上市部分盈利 2.09 亿元，存续部分盈利 1175 万元）；上缴税费 49.89 亿元，增加 11.74 亿元；累计吨油利润 79.05 元，比总部平均水平高 36.9 元。获评 2022 年度炼化企业创效进步优胜单位。

（马文月）

【安全生产】 2022 年，沧州炼化修订完善《HSE 管理体系手册》，建立体系运行机制，常态化开展要素指标监测，细化落实全员 HSE 责任。强化风险识别管控和隐患排查治理，建设双重预防数智化平台，组织老旧装置风险评估，开展装置 HAZOP 分析，分层级建立风险清单，1 项公司级重大隐患完成治理，3 项公司级安全风险实现降级，风险总值从年初的 130 降至 97。从严直接作业环节和承包商管理，推行“督查 + 服务”管理模式，建立领导旁站监督机制，落实安全双记分管理，保持安全督查考核高压态势，约谈通报 2 家承包商和 4 名承包商人员。强化综合应急能力建设，完善应急预案，组织三级应急实战演练 140 次。

（马文月）

2022 年 6 月 29 日，沧州炼化公司联合中国铁路天津货运中心、沧州车务段开展火车装车着火事故“路企”联合应急演练

【绿色发展】 2022 年，沧州炼化坚决打好污染防治攻坚战，实施 CEMS 更新、移动源应急体系建设、部分装置 VOCs 治理等项目，各项排放指标全部达到特别排放限值要求。全面落实“双碳”要求，编制《2030 年前碳达峰行动方案》，万元产值综合能耗实现 0.323 吨标煤，连续 4 年超额完成沧州市下达的节能目标。巩固绿色企业创建成果，绿色基层创建率 66.7%，绿色包装实现率 96.4%。

（马文月）

【职业健康】 2022 年，沧州炼化扎实推进健康企业建设，未发生职业病病例，获河北省健康企业称号。动态优化疫情防控策略，经受住多轮次疫情考验，守护职工身心健康。

（马文月）

【企业管理】 2022 年，沧州炼化深化对标世界一流管理提升行动，39 项重点任务全部完成。建立高质量发展指标体系，细化制定 23 项指标。推进制度“立改废”，开展制度有效性评估，发布制度 166 项，废止制度 136 项。与时俱进强“三基”，制定实施方案并细化措施 130 项，建设精益管理平台二期，深入推进新班组建设，优化星级评价规则。构建战略型财务管控体系，细化 7 项财务指标，确定财务战略管控措施和指标模型。提升物资供应管理水平，管理绩效位列炼化企业第 4 名。开展“严肃财经纪律、依法合规经营”综合治理专项行动，整改问题 13 项。完善组织绩效考核体系，增加关键任务、客户服务满意度评价模块，动态调整绩效责任书。

（马文月）

【深化改革】 2022 年，沧州炼化深化改革三年行动 44 项主要任务全部按期完成。健全公司治理体系，完善党委讨论和决定重大事项清单，同步调整“三重一大”决策事项范围及职能分配清单。推进“三项制度”改革，强化经理层成员任期制和契约化管理，落实中基层管理人员末等调整、不胜任退出，动态退出率 4.7%；优化岗位设置和定员标准，制定“人力资源池”制度，岗位数量压减 8%，机关部室减员 18 人，措施减员 10 人，退回劳务工 2 人；构建“岗位薪酬 + 能力薪酬 + 绩效薪酬 + 津贴补贴”薪酬分配体系。

（马文月）

【项目建设】 2022 年，沧州炼化下达投资计划 1.33 亿元，实施低硫船用燃料油、装置增加 GDS 系统、罐区增上 SIS 系统、高危泵隐患治理等建设项目 50 项。加大科技开发力度，投入 684 万元、增长 10.4%，实施有机液体储氢技术研发与工业示范、液化石油气脱硫醇碱渣资源化等 10 个科技开发项目，申请专利 2 件。加快推进信息化建设，推进信息系统国产化替代，完成 9 个信息化项目。

（马文月）

2022 年 4 月 7 日，沧州炼化公司聚丙烯造粒系列装置产品包装系统流程全部打通

【队伍建设】 2022 年，沧州炼化加大干部选拔交流力度，有针对性地安排干部跨领域、跨专业实践锻炼，注重年轻干部培养使用。实施人才强企工程，成立人才工作领导小组，健全工作机制，完善作用发挥平台，加强岗位练兵和基本功训练，开展技术比武和技能等级认定，实施青年精神素养提升工程，人才队伍素质和活力持续增强。

（马文月）

【党建工作】 2022 年，沧州炼化严格落实“第一议题”制度，党委理论学习中心组集中学习 27 次、专题研讨 21 次，领导干部宣讲 15 次，举办党的十九届六中全会精神专题研讨班，组织理论宣讲小分队深入基层宣讲 22 次。着力发挥党委领导作用，修订全面从严治党责任清单，完善党建工作实务手册，优化党建考核机制。抓好基层党支部建设，制定“三基本”建设与“三基”工作融合实施方案，试点推进党小组与班组融合共建，开展“党建专家行”“优秀党支部书记示范行”活动，完善党建共建运行机制，举办党支部书记素质能力提升系列培训。加强形势任务教育闭环管理，推动企业文化理念落地转化，实施“全覆盖”谈心谈话，强化疫情防控期间“点对点”心理帮扶，落实“我为群众办实事”机制，讲好“沧炼故事”。强化正风肃纪反腐，贯通落实“两个责任”，开展党委巡察，深入整治形式主义官僚主义，健全“大监督”运行机制，综合运用“四种形态”，巩固靠企吃企专项整治成果，政治生态持续向好。

（马文月）

2022 年 6 月 10 日，沧州炼化公司公用工程部党支部、设备工程部党支部和国家电网沧州供电公司输电运检中心党总支联合开展“党建共建、发挥合力、共保生产”主题党日活动

【社会责任】 2022 年，沧州炼化积极履行社会责任，服务保障冬奥会、冬残奥会，购买乡村振兴产品 64.2 万元，协助地方政府开展消防救援，组织特色志愿服务活动，帮扶救助困难职工 65 人次、21.2 万元。

（马文月）

表 1　沧州炼化主要技术经济指标　亿元

指标名称 \ 年份	2022	2021	2020	2019	2018	2017
原油加工量 / 万吨	257.14	205.83	256.22	266.12	270.98	239.12
工业总产值	177.64	113.77	117.32	146.66	150.29	112.41
沧州资产分公司	0	2.30	5.19	5.49	5.57	3.24
沧州分公司	177.64	111.47	112.13	141.17	144.72	109.17
工业增加值	48.09	44.07	48.12	47.80	46.58	39.36
沧州资产分公司	0	0.48	1.20	0.94	0.62	0.66
沧州分公司	48.09	43.59	46.92	46.86	45.96	38.70
资产总计	39.81	45.18	44.55	43.37	42.49	37.85
沧州资产分公司	2.15	2.30	3.52	3.58	3.82	3.65
沧州分公司	37.66	42.88	41.03	39.79	38.67	34.20
流动资产	14.17	18.46	19.08	17.15	16.29	16.68
沧州资产分公司	0.98	1.08	0.35	0.43	0.63	0.59
沧州分公司	13.19	17.38	18.73	16.72	15.66	16.09
固定资产原值	57.35	51.32	21.64	49.80	45.66	42.58
沧州资产分公司	1.92	1.92	6.07	5.76	5.58	5.62
沧州分公司	55.43	49.40	15.57	44.04	40.08	36.97
固定资产净值	20.27	16.49	18.27	21.37	19.21	16.94
沧州资产分公司	1.10	1.13	2.70	2.63	2.54	2.35
沧州分公司	19.17	15.36	15.57	18.74	16.67	14.59
销售收入	178.30	116.83	116.90	145.91	151.20	114.06
沧州资产分公司	0.37	2.76	5.80	5.95	6.12	3.53
沧州分公司	177.93	114.07	111.10	139.96	145.08	110.53
实现利税	43.76	40.80	42.01	40.76	44.25	40.08
沧州资产分公司	0.22	0.31	0.45	0.24	−0.08	−0.03
沧州分公司	43.54	40.49	41.56	40.53	44.33	40.12
税　金	41.55	34.57	43.08	40.63	41.41	37.47
沧州资产分公司	0.12	0.10	0.18	0.12	0.12	0.12
沧州分公司	41.43	35.93	42.90	40.51	41.29	37.36

表 2 沧州炼化主要产品产量 万吨

产品名称＼年份	2022	2021	2020	2019	2018	2017
沧州资产分公司						
聚丙烯	—	2.42	5.88	5.61	5.50	2.95
氮　气	—	0.94	2.23	2.41	2.12	1.83
净化风 / 万立方米	—	5 322.84	13 800.36	15 191.57	12 086.50	10 608.00
沧州分公司						
汽　油	84.02	71.52	87.19	89.42	75.79	67.65
柴　油	94.04	68.64	87.54	91.44	86.68	79.79
石脑油	2.22	1.01	1.99	5.00	23.20	18.60
液化气	19.68	15.15	19.39	18.77	18.01	14.52
石油焦	22.01	17.71	22.39	23.83	24.85	21.91
硫　黄	1.54	1.09	1.50	1.55	1.69	1.14
粗白油	—	—	—	—	—	7.74
燃料油	5.86	9.52	12.30	13.29	12.86	—
4# 燃料油	—	—	—	—	—	11.66
正己烷	—	—	—	—	—	0.14
聚丙烯	6.26	2.42	—	—	—	—

润滑油公司

【概况】 中国石化润滑油有限公司（简称润滑油公司）是股份公司下属全资子公司，前身是中国石油化工股份有限公司润滑油分公司，是集研发、生产、销售和服务为一体的专业化润滑油公司。2002 年 5 月，股份公司按照“统一计划安排、统一资源配置、统一市场开拓、统一品牌形象、统一产品开发”的原则，对润滑油业务专业化重组，成立润滑油分公司。2014 年 3 月 4 日，在润滑油分公司基础上改制成立润滑油公司，本部位于北京市海淀区安宁庄西路 6 号。

2022 年，润滑油公司调和能力 190 万吨 / 年，包装油脂生产能力 167 万吨 / 年，生产和销售包括内燃机油、工业油、船用油、金属加工液、润滑脂和合成润滑油脂等 21 类、2000 多个品种的“长城”润滑油脂产品。

截至 2022 年底，润滑油公司设 12 个管理部门、5 个业务中心、21 家直属单位［7 家区域分公司、9 家产销单位、2 家直属研究院、1 家长城科技公司、1 个空间润滑技术开发中心和 1 家海外（新加坡）全资子公司］、3 家合资公司。有在岗正式职工 2975 人，专业技术人员 1886 人，博士学历 36 人，硕士 527 人，本科 1150 人，高级专业技术资格人员 436 人（正高 20 人）。

润滑油公司主要技术经济指标见表 1。

（刘　芳）

【领导班子调整】 2022年6月1日，根据《关于免去荀连杰职务决定和建议的通知》（石化股份任〔2022〕95号）和《关于免去荀连杰同志职务的通知》（中国石化党组任〔2022〕136号），免去荀连杰润滑油公司董事职务，建议不再担任润滑油公司总经理，免去荀连杰润滑油公司党委副书记、委员职务。8月31日，根据《关于张春辉任职决定和建议的通知》（石化股份任〔2022〕147号）和《关于张春辉同志任职的通知》（中国石化党组任〔2022〕215号），张春辉任润滑油公司董事，建议为润滑油公司总经理人选，张春辉任润滑油公司党委副书记（兼）职务。11月14日，根据《关于免去赵安定职务建议的通知》（石化股份任〔2022〕191号）和《关于免去赵安定同志职务的通知》（中国石化党组任〔2022〕270号），建议赵安定不再担任润滑油公司副总经理，任二级协理员，免去赵安定润滑油公司党委委员职务。12月27日，根据《关于陈琦、莫悚任职建议的通知》（石化股份任〔2022〕210号）和《关于陈琦、莫悚同志任职的通知》（中国石化党组任〔2022〕296号），陈琦、莫悚任润滑油公司党委委员。

（刘　芳）

【纵深推进改革】 2022年3月，国务院国资委公布最新“双百企业”名单，润滑油公司入选。8月，润滑油公司入选国务院国资委公布新一批调整后的双百企业“科改示范企业”名单。润滑油公司纵深推进“三项制度”改革，推动员工从胜任力向创新力转变。①以任期制契约化管理激发干部创业干事热情。建立“一方案两办法”制度体系和“一协议两书”文本体系。②以联量联价联费计酬激发员工价值创造动力。润滑油公司整体实行工资总额备案制，内部各单位实行业绩导向的全口径人工费用管控机制，业绩升则薪酬升，业绩降则薪酬降。③以人力资源池机制激发人力资源配置效能，构建集人力资源优化配置与退出功能为一体的人力资源池机制，设立“周转池”“缓冲池”“待岗池”。2022年有151人入池，其中118人主动入池参加公司及各单位组织的岗位竞聘，112人通过竞聘重新上岗，有效提升人力资源配置效能，为解决国企改革市场化用工退出机制难题探索新的机制新的模式。④以激励机制创新激发科研人员价值创造动力。出台《科研创新贡献奖实施指导意见》《润滑油公司自有技术创新中长期激励奖励办法》等一系列科研改革方案，构建“1+N”科技创新激励体系，建立科研技术与价值创造联动考核机制，完善以价值创造为核心的工资总额决定与分配机制。坚持刀刃向内，以落后指标为突破口实施重点攻关。对照中央企业所属“双百企业”2021年市场化改革指标参考指标，组织查找差距，制定整改措施。在2022年评价数据填报中，10余项指标处于中央企业领先水平，任期制契约化管理、党委前置事项清单、改革任务完成工作质量预评价均超过95分，高标准地完成国企改革三年行动收官工作。

（刘　芳）

【国际化发展再创新高】 2022年，润滑油公司抓住“一带一路”发展机遇，对走出去的中资企业推行“相互支持、抱团发展”的合作理念，推进海外市场和渠道拓展，持续提升海外品牌知名度。2022年“一带一路”国家实现销量增长21%，海外实现销量增幅9%，量效齐增，均创历史新高，“全覆盖”推进海外经销网络布局，产品销往东南亚、中东、澳洲、欧洲、南美洲、非洲等70多个国家和地区。

（刘　芳）

2022年6月6日，中国石化SINOPEC船用润滑油首次亮相希腊波塞冬海事展

【持续提升中国石化长城润滑油品牌美誉】 2022年，润滑油公司积极运用冬奥权益，加强冬奥期

间品牌传播，彰显“洁净润滑 为冬奥加油”主题。开展冬奥期间广告宣传、互联网传播。2月3—21日，在腾讯新闻、百度新闻、今日头条、抖音、快手平台进行信息流广告投放。参与北京冬奥组委组织的冬奥云展厅活动，长城润滑油天猫旗舰店和微信商城同时上线并配合开展冬奥有礼活动。在中国财经峰会第十一届财经峰会暨2022可持续商业大会上，润滑油公司获杰出品牌形象奖。在2022国际绿色零碳节暨ESG领袖峰会上，润滑油公司获2022绿色可持续发展贡献奖。2022年中国品牌价值评价，“长城润滑油”品牌价值87.23亿元，增加0.23亿元。

（刘　芳）

2022年1月13日，润滑油公司获第十一届公益节2021年度责任品牌奖

2022年7月28日，润滑油公司获2022年杰出品牌形象奖

【做客《人民日报》数字传播《会聊》栏目】2022年8月25日，润滑油公司党委书记、董事长夏世祥应邀做客《人民日报》数字传播《会聊》栏目，就新时代下国企立足新发展阶段，推动高质量发展，更好发挥国民经济“顶梁柱”“压舱石”作用接受访谈。同时，润滑油公司还与《人民日报》数字传播部开展“奋进新时代、对话新国企”联合党建活动。

（刘　芳）

【深化与石油公司合作】润滑油公司和油品销售公司深入润滑油业务合作，积极发挥“结对子”作战优势，从联合发文、激励、平台、品牌等多个角度开展合作，推进2022年润滑油销售工作新提升，实现销量增长22.6%。润滑油公司与易捷公司联手推进润滑油新零售业务，2022年易捷润滑油销量增长29.4%。

（刘　芳）

【管理提升年行动】2022年，润滑油公司开展重组成立20年来首次全方位、全层次、全体系的管理检视与提升行动，全面检视与提升工作质量与效率，坚持价值创造导向、坚持问题导向，聚焦深化改革过程中的问题与公司经营发展中的难点问题与顽疾问题，活动先后经历4个阶段10个环节，历时1年，工作“站位高、方案实、问题准、措施明、抓到底”。先后有5000余人次参与大讨论，共梳理问题964个，其中机关222个，直属单位742个。从管理机制、制度与流程、执行三个层面入手，机关部门透过现象看本质，深挖问题产生原因，提出解决措施，进行整改落实，完成4个基础项目、7个公司重点项目和813个单位（部门）级项目整改落实工作。润滑油公司机关部门与基层单位关系更加密切，内部凝聚力持续增强，公司基础管理工作显著增强，一批难点、顽疾问题得到根治或部分解决，公司工作质量与运行效率显著提升。

（刘　芳）

【推进“油转特”工作】2022年，润滑油公司发挥集团公司“油转特”优势，填补高端资源利用空白。中国石化Ⅲ4基础油实现稳产即应用，在高档发动机油、高档液压油、高档涡轮机油等产品中替代进口，全年应用中国石化Ⅲ4基础油1.17万吨。加大茂名PAO在润滑油产品中的应用，除j品及未获OEM许可产品外，实现100%应用方案输出并使用。会同荆门石化、上海石油化工研究院在生产稳定性、工艺优化、质量提升、性能补强等几个维度开展技术攻关，完成使用系统内氢化三联苯的 QD 340 导热油配方技术开发并形成首个应用案例，实现在“井井”储能示范项目中应用，并启动在仪征化纤典型设备聚酯装置中的应用，形成系统内示范案例用于后续产品推广。与荆门石化结对子开展环烷基基础油的生产及应用研究攻关，促进荆门石化环烷基基础油的性能逐渐接近超高压变压器的苛刻要求。规模化使用自主 PMA 降凝剂 T866 替代进口降凝剂，应用于发动机油、齿轮油、液压油等主要产品中。扩大 SP 自主技术黏度覆盖范围，提升高端自主技术竞争力。

（刘　芳）

【确保疫情下中国石化客服中心热线畅通】 2022 年，润滑油公司关注疫情变化情况，制定客服中心应急预案。5 月 10 日开始，每日安排客服中心 4 人晚间驻厂，以应对可能出现的极端情况。5 月 12 日，海淀区将清河街道及周边地区划定重点区域，并实行居家办公。立即启动应急预案，安排 14 名员工在两小时内完成集结并到达工作岗位，并安排其他员工采取居家接听电话的方式，保证中国石化客服中心及润滑油客服中心两条客服热线的畅通。

（刘　芳）

表 1　润滑油公司主要技术经济指标　亿元

指标名称＼年份	2022	2021	2020	2019	2018	2017
工业总产值	157.02	166.08	141.43	136.78	136.06	134.71
工业增加值	22.36	22.12	28.62	23.78	22.97	23.32
资产总计	92.99	93.11	90.11	92.19	92.47	85.52
流动资产	49.22	47.29	44.25	47.57	57.94	53.00
固定资产原值	51.53	49.62	48.58	48.10	44.24	40.97
固定资产净值	22.15	22.67	23.69	25.30	23.37	21.81
销售收入	158.99	165.96	155.89	196.18	181.90	164.81
实现利税	8.47	7.29	14.99	12.88	11.79	14.10
税　金	6.05	5.25	6.97	6.71	6.67	8.08
综合能耗 / 吨标煤·万元 $^{-1}$	0.014	0.016	0.014	0.015	0.015	0.015

青岛石化

【概况】 中国石化青岛石油化工有限责任公司（简称青岛石化）位于青岛市李沧区，占地面积 0.94 平方千米，厂区临近黄岛油港，与黄岛油港、青岛港码头分别有输油管线相连，自备铁路专用线与胶济铁路相连，厂外公路与济青、青兰、青银高速公路相接。青岛石化前身为创建于 1962 年的青岛市手工业管理局炼油厂，1966 年 4 月改名为青岛石油化工厂。2000 年 12 月，青岛石化整体划转集团公司，企业名称先后为中国石化集团青岛石油化工厂、中国石化集团青岛石油化工有限责任公司。2009 年 3 月，青岛石化正式成为股份公司全资子公司，并更名为现名。

截至 2022 年底，青岛石化设 11 个机关职能部门、4 个直属机构和 6 个二级单位。资产总额为 49.76 亿元。在册员工总数为 833 人，其中在岗员工 786 人。原油一次加工能力为 500 万吨 / 年。生产装置主要包括 500 万吨 / 年常减压蒸馏、160 万吨 / 年延迟焦化、140 万吨 / 年重油催化裂化、100 万吨 / 年汽柴油加氢精制、60 万吨 / 年柴油加氢精制、60 万吨 / 年催化汽油选择性加氢脱硫、

25 万吨 / 年催化重整、20 万吨 / 年及 15 万吨 / 年气体分馏、7 万吨 / 年聚丙烯等 16 套。产品主要有汽油、柴油、低硫船用燃料油、石脑油、石油焦、石油液化气、车用液化气、丙烷、丙烯、聚丙烯、工业硫黄、纯苯、MTBE 等近 20 个品种。

青岛石化主要技术经济指标和主要产品产量分别见表 1 和表 2。

（徐彩滨）

青岛石化夜景

【领导班子调整】 2022 年 12 月 27 日上午，集团公司以视频形式召开青岛石化公司干部大会，宣布对青岛石化领导班子调整的决定：免去李振民青岛石油化工有限责任公司执行董事、党委书记职务，办理退休手续。刘训书任青岛石油化工有限责任公司执行董事、党委书记。

（徐彩滨）

【生产经营再创佳绩】 2022 年，青岛石化加工原（料）油 421 万吨（其中原油 347.95 万吨），全年产品销量 398 万吨，出口低硫船燃 168.7 万吨，实现营业收入 252 亿元、利润 9.26 亿元，上缴税金 33.4 亿元，各项经济技术指标明显提升。利润总额进步 9 名，获 2022 年度炼化企业经济效益优胜单位称号。

（徐彩滨）

【转型发展取得突破】 2022 年 2 月 24 日，中国石化与青岛市政府签署关于加快推进青岛石化下一步发展的合作框架协议，将规划建设绿色低碳、具有较强竞争力的化工新材料基地推上快车道。按照合作框架协议要求，全力推进转型发展工作。全年召开项目讨论会、协调会 50 余次，对 3 类 32 种产品进行市场调研，编制方案 15 版，规划方案总部基本同意。青岛石化转型发展项目被列入 2023 年山东省重点项目。

（徐彩滨）

2022 年 2 月 24 日，中国石化与青岛市签署关于推进青岛石化发展合作框架协议

【喜迎建厂 60 周年】 2022 年 5 月 5 日，青岛石化迎来建厂 60 周年，开展系列主题活动。首次落成厂史文化馆，精心打造以党性教育、石油石化传统教育、厂史厂情教育为重点的群众性课堂，厚植干部员工爱党爱国爱企情怀，激发凝聚奋进力量。组织编纂出版《青岛石化志》（1962—2022），大力传承弘扬“责任、进取、务实、奉献”的青岛石化精神。

（徐彩滨）

2022 年 5 月 5 日，青岛石化举行建厂 60 周年主题活动

【HSE 体系有效运行】 2022 年，青岛石化抓实 HSE 体系运行，针对体系外审发现的 298 项问题深入溯源分析，查找根本原因，抓实整改。修订完善 HSE 体系手册，设置 KPI 指标 108 个，每月组织分委会开展要素分析，修订 HSE 制度 28 项。聘请安全工程研究院专家指导开展体系内审，及时发现问题，及时纠偏。5 月底启动开展“抓体系、

强管理、保安全”安全专题活动，公司上下全员参与，一些安全隐患得到及时发现和整治，一些影响安全生产的苗头性、倾向性问题得到及时制止和处置。2022 年奖励“火眼金睛”“操作能手”“异味整治标兵”等优秀单位及个人 71 人次，总额 33.6 万元。推进“百日安全行动”，抓好隐患排查整治，完成老旧装置风险评估和降级，全面完成大型油气储存基地评估检查问题整改。强化风险识别管控，公司领导带头承包 4 项公司级主要风险，跟踪和督促管控措施落实，完成年度风险总值降低 10% 的目标。专业安全管理进一步抓牢。强化环保管理，持续推进污染防治攻坚战，抓好船用燃料油装火车废气治理和污水 VOCs 治理项目实施，抓实绿色基层创建，实现废水、废气 100% 稳定达标排放，固体废物 100% 规范化处置。

（徐彩滨）

【承包商管理和直接作业管控持续加强】 2022 年，青岛石化持续抓好承包商管理，完成主力承包商 QHSE 体系审核，开展承包商全员再培训、再教育，组织承包商专项检查 65 次，考核 211 项、处罚 39.4 万元，同时对表现优秀的承包商员工发放奖励 375 人次。强化直接作业管控，全面落实“7+1”管理制度，加大现场督查力度。“两特两重”期间对所有作业升级管理，各级领导现场带班，确保安全受控。

（徐彩滨）

【公共安全管理实现提升】 2022 年，青岛石化通过二级防范重点目标达标验收，董家口和日照油库均通过反恐一级重点目标达标验收。强化治安反恐防范，确保重要节点公共安全受控。

（徐彩滨）

【获省级健康企业称号】 2022 年，青岛石化积极推进健康企业创建，通过完善制度、改善工作和生活环境、提升健康管理和服务水平，8 月通过省级健康企业评审。

（徐彩滨）

【疫情防控受控】 2022 年，青岛石化坚持疫情防控与生产经营两手抓、两不误，管控期间每周研判疫情形势，及时调整防控措施，抓实抓细应急准备、物资保障，关键时期优化一线运行班次、骨干人员驻厂保运，有效应对疫情冲击，保障员工身体健康，实现疫情防控与安全生产双战双胜。

（徐彩滨）

【生产经营优化降本成效明显】 2022 年，青岛石化通过抓实原油采购、产品结构、跨周期调节等方面优化，着力挖潜增效、优化降本。抢抓杰诺、阿塔普等效益较好的机会油种，实现降本 26362 万元。拓展产品流向，打通古雷互供石脑油流程。滚动优化生产方案，召开优化会 39 次，测算方案 166 个，形成意见 326 条。依托“十条龙”攻关成果增产丙烯类等高附加值产品，丙烯（对催化原料）收率达 9.2%，提高 23.5%；“油转特”率 43%。加强跨周期调节，完成 11 万吨低硫船用燃料油－原油联合套保操作，锁定利润 6445 万元。借助衍生品工具锁价还油，创效 2.31 亿元。加大降本减费力度，实施全口径、全过程成本管控，细化预算指标分解，从严管控各项费用。吨油利润（220 元）炼油板块排名第四；单位完全费用（222.49 元／吨）较总部指标低 2.91 元／吨。

（徐彩滨）

【对标提升再创佳绩】 2022 年，青岛石化对炼油业务 89 项排名指标逐一分析，制定提升措施 279 条，常态化督导考核，排到总部前 10 名的有 30 项，相比 2021 年度进步的有 35 项。与沧州炼化进行联合对标，确定对标指标 107 项。2022 年可比综合商品率 95.1%，加工损失率 0.44%；专业竞赛比上年提升 7 名；装置平稳率持续提高，获奖牌 189 枚，其中金牌 84 枚，创历年最好水平。在总部炼油板块“比学赶帮超”活动中，连续排名板块第一，获 2022 年度“炼油比学赶帮超”优胜单位称号。公司单位产品价值连续两年入选总部标杆值；增值指数入选 2022 年标杆值。

（徐彩滨）

【“三基”管理更加扎实】 2022 年，青岛石化贯彻总部强“三基”工作部署，深入基层调研，制定 3 个方面 26 项提升措施，大力夯实“三基”。建立星级评价体系，每季度评选“星级单位”“星级班组”。完善、落实“十项制度”，梳理完成专业定时性工作1659条，压实专业管理责任。开展制度内容、制度执行力“双诊断”，狠抓基础管理“低老坏”整治。持续完善基于岗位能力提升的培训体系，制订三年培训规划，组织“三大员”周末大讲堂，开展技术比武，建立技能操作人员培训矩阵，实施精准培训，强化培训效果考核。

（徐彩滨）

【工艺、质量、检验计量管理进一步加强】 2022年，青岛石化完成工艺管理系统建设，工艺平稳性大幅提升。装置日均报警次数由2021年215次降至140次，下降35%。完成汽油国ⅥB质量升级工作。严控产品质量，抽检合格率100%。

（徐彩滨）

【设备完整性管理实现新提升】 2022年，青岛石化完成智修App2.0建设应用，系统功能进一步提升。强化转动设备状态监测、腐蚀在线监测等系统应用，设备维修计划执行率99.7%、预知性维修率94%。深入开展设备问题专项排查治理，各类问题全部完成闭环整改。

（徐彩滨）

【能源管理取得新成绩】 2022年，青岛石化坚持“小改动、增创效”思路，以提高直供料比例为切入点，抓牢生产节能优化。实施常一线直供柴油加氢装置等流程调整方案4个，节能创效成效明显。全年综合能耗、单因耗能、吨油碳排放强度均创历史新低。

（徐彩滨）

【强化投资项目全周期管理】 2022年，青岛石化采用“线上+线下”实施设计审查，各专业专家和基层单位深度介入设计工作，源头把好设计质量关。2021—2022年炼油板块在建及续建项目64个，投资计划全部受控。

（徐彩滨）

【科研攻关、信息化建设取得实效】 2022年，青岛石化甲醇制烯烃等项目按计划有序推进。气分装置产能提高项目完成操作优化，比设计负荷提升19.4%。全面开展信息化应用对标提升，完成仿真培训、智能考勤、智能进出厂、班组经济核算等信息系统建设。

（徐彩滨）

【一体化管理体系有效运行，合规管理持续加强】 2022年，青岛石化完成一体化内审和四体系再认证审核，体系运行绩效不断提升。扎实开展“合规管理强化年”工作，完成合规管理体系建设。深化全面风险管理，加强内部控制体系建设。抓好物资采购和招投标管理、合同管理，严把合同变更审查关，加强业务外包管理。基地项目规范化管理不断推进。

（徐彩滨）

【深化改革成效明显】 2022年，青岛石化积极推进深化改革三年行动方案落地，全部完成设定目标。持续完善“三能”机制，拓宽人员能进能出通道，14名员工通过招聘走上新岗位，5名员工不胜任岗位要求被解除劳动合同，17人通过“人力资源池”转岗培训实现再上岗。深化班组竞争，组织水处理、计量业务单元开展“揭榜挂帅定班长，赛道选马聘班员”，全面激活班组活力；在油品运转和锅炉班组，实施联合岗位竞争性考核晋级。以市场化、差异化引导薪酬体系优化，完成岗位价值评估和薪酬改革，实施“一人一表”精细考核，打造出岗位、绩效、能力“三元”薪酬体系。完善激励年金分配机制，分层分类对业绩优、能力强、贡献大的124名骨干员工实施精准激励。

（徐彩滨）

【政治建设持续加强】 2022年，青岛石化把学习、宣传、贯彻党的二十大精神作为首要政治任务，公司党委成员带头宣讲，推动二十大精神入脑入心。持续落实“第一议题”，党委中心组全年集体学习17期，其中专题研讨16期，将学习成果转化为推动改革发展的思路措施。抓实各支部政治理论学习，不断提升党员干部政治素养。周密部署，以高度政治责任感迎接、保障党的二十大召开，确保安全生产和大局稳定。

（徐彩滨）

【党建融合持续深化】 2022 年，青岛石化认真贯彻“牢记嘱托、再立新功、再创佳绩，迎接学习贯彻二十大”主题行动部署，强化党建引领，聚焦全年重点，成立推进发展、安全环保、效益优化等 7 个工作组，党委成员任各组组长，聚焦 6 个方面内容、26 项任务清单，细化措施指标、压实责任链条，攻坚克难、狠抓落实。各支部聚焦主题行动重点、难点，实践“党建 +”模式，开展“党员 + 重点”“支委 + 难点”攻关活动，推动党建与中心工作相融互促。基层支部与业务单位聚焦安全生产、创效增效开展党建共建，提升党建实效。

（徐彩滨）

【人才队伍建设不断加强】 2022 年，青岛石化贯彻落实总部人才工作会议精神，坚持“人才是第一资源”，加大年轻干部培养选拔力度，公司 40 岁以下中层领导占比由 6.4% 提高到 16.7%。锻造生产一线技能人才队伍，新聘任 3 名主任技师、15 名主管技师。以“人才盘点”形式对人才队伍常态化盘点、系统化分析、数字化掌握。实施人才培养“五大工程”，推进跨单位、跨部门、跨专业交流锻炼，打造复合型人才。

（徐彩滨）

【监督执纪和作风建设持续抓牢】 2022 年，青岛石化积极完善“大监督”体系，每季度形成监督重点任务清单，全年落实监督事项 27 件；抓实审计监督。开展“靠企吃企”问题专项整治，组织领导人员亲属经商办企业集中排查；聚焦安全环保领域形式主义官僚主义 10 种典型表现开展专项检查 11 次，通报曝光典型问题 9 次，对领导干部提醒 30 人次，诫勉谈话 1 人次。加强会议管理，规范基层资料填报，进一步为基层减负。扎实推进党委巡察，完成 4 个党支部巡察工作。巡视反馈和经济责任审计整改高质量完成。

（徐彩滨）

【宣传文化和群团等工作质量不断提升】 2022 年，青岛石化认真落实工作责任制，从严管控意识形态阵地，规范信息传播。坚持内聚人心、外树形象，讲好青岛石化故事，外宣量增加 35%。推进企业文化建设，大力传承青岛石化精神，公司连续 32 年保持“省级文明单位”称号。抓好员工思想动态分析，强化 EAP 工作。加强公司统一战线工作；落实党建带工建、团建要求，群团工作质量进一步提升；强化保密、维稳责任落实，企业保持和谐稳定。

（徐彩滨）

表 1　青岛石化主要技术经济指标　亿元

指标名称 \ 年份	2022	2021	2020	2019	2018	2017
原油加工量 / 万吨	347.95	355.50	266.67	268.61	260.27	223.77
工业总产值	251.75	192.26	112.88	144.27	141.22	99.21
工业增加值		56.09	34.98	49.36	53.87	44.54
资产总值	49.76	53.19	31.38	42.26	36.40	39.18
流动资产	35.85	37.95	15.01	25.29	17.82	18.60
固定资产原值	50.23	49.69	48.41	48.02	47.11	46.77
固定资产净值	10.46	11.86	12.33	13.45	14.71	16.51
销售收入	251.09	193.09	111.06	144.50	142.65	98.53
实现利税	39.16	45.76	23.89	48.76	38.11	36.28
税　金	29.94	36.60	29.19	48.31	34.70	34.49
综合能耗 / 吨标煤·万元 $^{-1}$	0.328	0.333	0.269	0.313	0.278	0.270

表 2　　青岛石化主要产品产量　　万吨

产品名称＼年份	2022	2021	2020	2019	2018	2017
汽　油	79.33	95.09	72.85	95.43	95.28	77.06
柴　油	73.19	74.43	59.83	86.41	72.72	59.60
低硫船用燃料油	167.51	155.98	92.94	0.22	—	—
石脑油	10.49	9.25	11.35	6.79	4.43	1.45
出口柴油	—	—	—	—	8.43	13.93
苯	1.22	1.36	0.85	1.07	1.28	0.68
燃料油	11.37	6.64	9.18	9.54	3.95	4.71
石油焦	20.69	19.61	17.49	25.71	27.86	23.74
硫　黄	1.17	1.11	0.76	1.60	1.54	0.96
液化气	16.63	17.40	15.47	18.90	17.74	14.68
车用液化气	4.22	4.32	2.88	5.15	5.00	4.11
丙　烯	4.21	3.30	1.87	2.71	0.91	1.09
聚丙烯	6.94	6.98	4.97	6.11	6.28	4.97

北海炼化

【概况】 中国石化北海炼化有限责任公司（简称北海炼化）于 2011 年 12 月由中国石化与北海市人民政府共同出资组建。北海炼化地处广西北海市铁山港区临海工业区，南临北部湾铁山港码头，距北海市区约 40 千米，是中国石化在西南地区唯一的炼化企业。

北海炼化原油加工能力 640 万吨 / 年。主要产品有汽油、柴油、航空煤油、石脑油、石油苯、液化气、聚丙烯、沥青、硫黄、石油焦等。主要装置有原料预处理、连续重整、催化裂化、延迟焦化、气体分馏、S Zorb、柴油加氢、蜡油加氢、干气制氢、聚丙烯等 20 余套，配备环保、公用、储运等辅助系统。主要关联设施有 320 万立方米原油商业储备基地，湛江至北海原油管道，北海至昆明、大理成品油管道以及吞吐能力为 150 万吨的铁山港石化码头。

北海炼化设有 8 个职能部门、4 个业务中心和 5 个运行部，代管商储北海分公司，并纳入北海炼化一体化管理体系。截至 2022 年底，有合同制员工 787 人，平均年龄 42.2 岁；在岗员工 775 人，其中管理人员 70 人、专业技术人员 183 人、技能操作人员 522 人。党委下设 17 个党支部，党员 382 人。

北海炼化全面践行新发展理念，围绕“打造世界领先洁净能源化工公司”愿景目标，积极融入中国石化“一基两翼三新”产业格局和广西向海经济发展战略，持续推动高质量发展。2022 年，共加工原油 636.80 万吨，营业收入 473.46 亿元、税费 160.74 亿元。净利润、全员劳动生产率、利润总额、吨油利润、吨油费用等 5 项指标在中国石化炼油企业排名前五。投产 10 年（2012—2021 年）来，北海炼化累计加工原油 5624 万吨，营业收入 3015 亿元，利润总额 147 亿元，上缴税金 1159 亿元（上缴北海市税金 873 亿元，原油进口环节税金 286 亿元）。吨油利润、单位成本、全员劳动生产率等主要指标位居国内炼油企业前列，纳税额连续多年保持北海市第一、广西壮族自治区第二，为地方经济社会发展作出积极贡献。先后获全国五一劳动奖状、国家绿色工厂、全国厂务公开先进单位等省部级以上荣誉称号 30 多项。

“十四五”以来，北海炼化围绕巩固“一个优势”、推进“两个转型”发展思路，努力打造中国石化好企业。40万立方米成品油储备基地、5万吨级石化码头项目进入实施准备阶段。10万吨/年乙苯-苯乙烯装置、60万吨/年丙烯项目等化工转型发展项目在推进中。与新星公司合作开发光伏和风能发电项目于2022年9月27日正式并网发电，每年可发绿电约2300万千瓦·时，节约标煤近7000吨/年，减少碳排放近2万吨；与广西石油合作布局绿色氢能产业链，计划建设燃料电池车用氢气纯化及加氢母站项目。

北海炼化主要技术经济指标和产品产量分别见表1和表2。

（覃辉平）

【领导班子调整】 2022年2月9日，北海炼化在办公楼二楼综合会议室召开干部大会，会议由总经理李继炳主持并宣读任命文件。经集团公司党组研究决定，陈力平任北海炼化党委副书记兼纪委书记，为北海炼化工会主席人选，任北海炼化监事。12月29日，北海炼化在办公楼二楼综合会议室召开干部大会，会议由总经理李继炳主持并宣读任命文件。经集团公司党组研究决定，杜玉山任北海炼化副总经理、党委委员。调整后的北海炼化领导班子由张忠和、李继炳、麦郁穗、蒋文军、韦巍、陈力平、杜玉山组成。

（覃辉平）

【加强党建引领，推动高质量发展】 2022年，北海炼化认真贯彻落实习近平总书记关于“坚持党的领导、加强党的建设，是国有企业的根和魂”等重要指示精神，以自我革命精神推进全面从严治党。贯穿全年抓实巡视问题整改。对标党组巡视和党建考核反馈问题，运用系统思维抓实问题整改，深化整改成果应用，全年完成整改措施76条，处理立行立改问题9项、信访件8件，修订完善制度47项。高质量完成整改任务，形成体系思维、创新务实的整改工作机制和标准，在党建考核中得到肯定。扎实落实“第一议题”制度，专题研究、部署，全面学习、宣传、贯彻党的二十大精神，分层分类抓好干部轮训。全年党委理论学习中心组集中学习研讨14次，北海炼化班子成员讲党课13次，举办党员轮训班4期。广大党员干部深刻领悟“两个确立”的决定性意义，“四个意识”更加牢固，“四个自信”更加坚定，践行“两个维护”能力持续提升。认真贯彻“两个一以贯之”，全面加强党在完善公司治理中的领导，进一步规范完善党委会前置研究与决策清单，全年党委会研究议题108项，“三重一大”事项决策79项，党委前置研究讨论29项，充分发挥党委把方向、管大局、保落实的领导作用。突出政治功能，强化问题导向，抓实党建强“三基”，深入推进党建与安全环保、生产经营融合互促，党的组织力进一步提升。注重加强宣传思想和意识形态工作，成立公司党校，创办《北海炼化报》，进一步强化党的阵地建设。优化选育管用工作，严格标准、创新思路配齐配强中基层领导班子，促进领导干部队伍年轻化，打通技术、管理和技能各类人才横向流动渠道。全年选拔任用领导干部17人，40岁以下干部占比58.8%，干部人才队伍结构进一步优化。严格整治形式主义为基层减负，全面梳理文件会议，定期通报会议和文件“马上就办”落实情况，强化监督落实，减文减会取得新成效。坚持严的主基调，一体推进“三不”，加强“靠企吃企”典型问题自查和国有产权管理专项治理，注重质量实效，扎实开展巡察加回头看的“2+2”党委巡察，全面从严治党不断向纵深推进，营造风清气正的良好政治生态。

（覃辉平）

2022年7月1日，北海炼化举行党校揭牌仪式暨“两优一先”表彰大会

【安全生产保持良好态势】 2022年，北海炼化树牢“发展不以牺牲人的生命为代价”理念，坚决守住安全红线。扎实推进一体化体系建设，突出HSE体系与“三基”工作的融合，强化体系思维，全面推动问题隐患的长效整改，HSE管理体

系进一步健全完善、效能进一步提升，实现安全生产专项整治三年行动胜利收官。扎实推进“百日安全行动”，推动“我为 JSA 分析找问题”落实落地、初见成效，补齐安全生产短板。健全完善“双防”机制，强势现场直接作业环节和承包商管理，加强违章整治和隐患排查治理，全年未发生各类上报事故，实现“零伤害、零污染、零事故”目标。深化设备完整性管理体系应用，设置 KPI 指标 77 个并进行排名考核，充分发挥 KPI 指标引领基层管理的作用；加强落实定时性事务和预防性维修，建立定时事务 220 项，预防性维修方式初见成效，设备完整性管理体系基本建成。扎实推进 5S 现场标准化建设，装置现场面貌明显改观。六联合单元被评为“优秀 5S 片区”，2# 柴油加氢装置、制氢装置、1# 石化码头、2# 催化裂化装置被评为“基本 5S 片区”。高效组织应急抢修，保证生产持续安稳运行。主要设备完好率 100%，关键机组故障率 0.074%，仪表完好率 99.8%，泄漏率 0.1‰。加强网络安全管控，抓实网络安全常态化管理，党的二十大期间等特殊时期信息系统安全平稳运行，获 2022 年度集团公司网络安全 A 级企业称号。加强生产异常管理，强化装置风险管控，杜绝装置非计划停工，全年上报总部异常事故事件同比下降 85%。针对高温、台风、雷雨恶劣天气特点，完善应急预案强化演练，提升应急处置能力，有效应对台风、洪涝等自然灾害。

（覃辉平）

2022 年 5 月 26 日，北海炼化 8 万吨 / 年硫黄回收装置一次开车成功

【经营业绩稳健增长】 2022 年，北海炼化应对疫情暴发、原油价格宽幅振荡、成品油市场低迷、装置低负荷运行、生产平衡困难等各种困难挑战，坚持稳中求进、守正创新，着眼生产经营优化、降本减费增效等六大板块，深入实施攻坚创效行动，在大疫之年保持高质量的经营绩效。密切跟踪疫情影响，及时调整生产策略，确保特殊时期生产经营稳定。紧盯市场及时调整原油采购及库存策略，原油采购降本增效明显，全年原油环节降本增效 3.1 亿元。持续开展原油分储分炼，总结提炼形成具有北海炼化特色的分储分炼工作机制，进一步推动原油采购优化和催化原料配比优化，全年实施分储分炼 9 批次，分炼原油 84.30 万吨，加工分储渣油 17.4 万吨。密切跟踪疫情对生产经营的影响，及时调整生产经营策略，优化调整产品结构，提高高价值产品产量，全年高价值产品收率 86.68%，提高 3.16%；汽油辛烷值富余控制 0.255，优于中国石化平均水平。组织完成重整、1# 柴加、2# 催化装置消缺改造和动力 B 炉抢修工作，长周期安全运行基础进一步巩固。坚持价值管理和效益导向，优化生产经营全过程价值管理，针对市场的剧烈震荡，提出并实施柴汽比宽幅调整、全产全销、快产快销的生产经营策略，拓市扩销取得明显效果。全年石油焦、聚丙烯、液化气等产品实现相对效益优势 7.8 亿元。外采 MTBE、甲醇、蜡油等原料油 31.4 万吨，降本增效效果明显。牢固树立“采购一元钱，节约一分钱”理念，持续推进物资采购降本增效，全年采购资金节约率 11.08%，提高 2.09%。全年攻坚创效 5.13 亿元。营业收入、上缴税费均创历史最好水平；利润总额、净利润、吨油利润、全员劳动生产率、吨油费用等主要经营指标保持行业领先。

（覃辉平）

【全力打造风清水秀的炼化企业】 2022 年，北海炼化深入贯彻习近平生态文明思想，认真践行“绿水青山就是金山银山”理念，高标准打好蓝天、碧水、净土保卫战，全力打造风清水秀的炼化企业。抓实污染防治攻坚，加强环保隐患治理，强化源头排放和过程管控，持续推动环保提升三年行动落实落地，资源综合利用和污染物减排能力持续增强。8 万吨 / 年硫黄回收装置一次投产成功，2# 催化烟气脱硝建成投用，效果良好。推进危废减量化、资源化处置，环保项目攻关取得新成果。液化气离子液体脱硫技术的应用研究项目完成实验室试验，脱硫后样品硫含量由 700 微克 / 克降低到 10 微克 / 克以下；油泥高效热分离减量处置工艺开发项目完成工业中试实验，脱水干化处理后含油污泥的含水量降至 80%，可减少固危废处理量 75% 以上；电渗析胺液净化废水处理的工业应用研究项目进入工业化应用阶段。深入推进“绿色企业行动计划”和“能效提升”计划取得新成效。完成能效提升项目 12 项，降低能耗 0.42 千克标油 / 吨，减少碳排放量 8632 吨。全厂 21 套装置通过绿色装置评审验收，创建完成率 80.7%。全年外排废水达标率 100%，有控废气达标率 100%，危险废物妥善处置率 100%；化学需氧量、氨氮、二氧化硫、氮氧化物等主要环保指标排放量均低于总部的考核指标，继续保持行业领先。

（覃辉平）

北海炼化 19.45 兆瓦光伏发电项目现场

【全力推动转型升级】 2022 年，北海炼化全面践行新发展理念，融入中国石化高质量发展战略和广西向海经济发展战略，坚持创新驱动发展理念，持续推动巩固“一个优势”，推进“两个转型”落实落地，在巩固成品油质量效益比较优势方面，在继续保持短流程低成本优势的基础上，又增加产品结构优化的比较优势。近年来，通过创新实践“一种原油理念”持续优化原油结构；通过结构调整项目全面运行，实现柴汽比的宽幅调整；通过分储分炼机制大幅压缩低附加值产品产率，产品结构优化且可快速适应市场变化；5 万吨码头和 40 万立方米成品油商储库准备建设，“一个优势”得到进一步巩固和提升。推进“两个转型”取得新进展。向新能源转型方面，与新星公司合作开发的 19.45 兆瓦光伏发电项目正式并网发电，年发绿电约 2300 万千瓦 · 时，减少碳排放近 2 万吨，这也是绿色低碳转型的重要一步。向化工新材料转型方面，新开发生产聚丙烯新产品 MN80；中国石化科技项目国产化技术的丙烷脱氢中试装置开工建设；在化工市场低迷、效益转负的背景下推动 10 万吨 / 年乙苯苯乙烯项目、60 万吨 / 年丙烯项目的深入论证，有效促进化工新材料的转型。技术攻关成效显著。S Zorb 装置原料换热器结垢项目攻关成效显著，换热器运行周期由原来 3—4 个月提升到 14 个月以上；聚丙烯 D508 粉尘分离收集技术攻关等项目有序推进；全年申请发明专利 2 件，实用新型专利 3 件，生物柴油发明专利获发明授权，科研经费支出 635 万元、增长 10.5%。智能工厂 2.0 项目建设取得新进展，5G 新一代信息技术与炼化业务融合加快推进，计划优化、计划管理、生产经营决策等 9 个功能模块完成开发应用；“生产智能巡检”“现场施工作业 5G 视频监控”等 6 个智能应用场景按计划上线运行，数智化转型步伐加快；双防数智化平台建设全面建成投用，以 ERP 为核心的经营管理平台、以 MES 为核心的生产营运平台进一步优化提升，打造北海炼化数智化转型新名片。

（覃辉平）

【持续深化改革管理】 2022 年，北海炼化坚持顶层策划、突出重点、专班推进，深化改革三年行动攻坚战高质量收官。国企改革重点工作 44 项主要任务全面完成，完成率 100%；完成 2021 年经理层成员经营业绩考核兑现，签订 2022 年经理层成员经营业绩考核责任书；4 项重点改革专项行动取得明显成果。深化薪酬分配制度改革，修订完善《北海炼化全员考核评价办法》，优化全员考评机制，深化考评结果应用，“三能”机制全面落实，员工的责任意识和工作紧迫感、危机感进一步增强。全面推进对标管理提升行动，构建包含 55 个一级业务、176 个二级业务、597 个三级业务的总体业务架构；北海炼化制度由 550 个精减到 201 个，压减率 63.4%；形成管理成果 66 项，打造以 ISO 9001 为基础，涵盖质量、安全、职业健康、能源及“两化”融合等专业要素的一体化管理体系。持续推进依法合规经营，强化劳动用工和合同管理，全年制度立改废、合同项目、重大决策法律合规审查率 100%。规范物资需求计划提报，全年需求计划达标率 96.98%、提升 2.78%，绿色采购率 27.8%、增长 7%。抓实“严肃财经纪律、依法合规经营”综合治理专项行动，强化资金管理，全年资金收益3.02亿元。规范项目投资管控，推动项目管理规范化，全年完成投资4.8亿元，计划完成率99.98%。强化审计监督，加强工程结算审核，严把工程结算关，全年审减1.83亿元。

（覃辉平）

【提升员工群众幸福感】 2022年，北海炼化坚持以人民为中心的发展思想，让改革发展成果惠及全体员工，全力提升员工群众的获得感、幸福感。严格落实职代会制度，加强基层民主管理，全年办理提案25项，员工关心的收入分配、安全卫生、生活福利等问题得到较好落实。坚持“培训是员工的最大福利”理念，聚焦技能提升，加强队伍基本功训练，全年培训费支出213.2万元，先后开展安全、设备、工艺等公司级培训73项，培训覆盖率100%，148人次取得各类上岗操作证，队伍素质能力进一步提升。吴志海获广西工匠称号，钟华锋、刘杨云获2022年度中国石化劳动模范称号，炼油二部一班获2022年度中国石化先进集体称号。加强安全文化、环保文化建设，常态化抓好“我为安全做诊断”活动，全年表彰奖励1622人次。坚持“走基层、访万家”，走访慰问困难患病员工和离退休人员，常态化抓实“送温暖”活动，为132名女职工购买“两癌”保险，发放互助金44人次14万元，办理职工医疗互助保障金补助52人次4.6万元。注重发挥团员青年在安全环保、生产经营、疫情防控的生力军作用，充分展现团员青年的担当奉献精神。参与铁山港化工园区的规划建设，全力做好疫情冲击下的市场保供，坚持开展消费扶贫、帮困助学等活动，较好地履行中央企业社会责任，树立良好的企业形象。

（覃辉平）

【召开党史学习教育总结会】 2022年1月19日，北海炼化召开党史学习教育总结会议，学习习近平总书记关于党史学习教育的重要指示精神和传达集团公司党史学习教育总结会精神，总结党史学习教育开展情况、成效和经验，对巩固党史学习教育成果作安排部署。

（覃辉平）

【召开第三届二次职工（工会会员）代表大会】 2022年1月21日，北海炼化召开第三届二次职工（工会会员）代表大会，总结回顾2021年工作，分析面临的形势任务，部署安排2022年工作。北海炼化总经理、党委副书记李继炳主持会议并传达集团公司工作会议暨HSE工作会议精神，执行董事、党委书记张忠和作题为《牢记嘱托、坚守初心、接续奋斗，在新时代新征程上再立新功再创佳绩》的工作报告。

（覃辉平）

【全面部署“迎接学习贯彻二十大”主题行动】 2022年3月1日，北海炼化召开“牢记嘱托、再立新功、再创佳绩，迎接学习贯彻二十大”主题行动启动会，全面部署安排“迎接学习贯彻二十大”主题行动进行。为切实推动2022年各项工作，北海炼化根据集团公司党组的部署安排，结合北海炼化实际，制定《“牢记嘱托、再立新功、再创佳绩，迎接学习贯彻二十大”主题行动方案》，以主题行动统筹全年各方面工作。成立以北海炼化党政主要负责人为组长的主题行动领导小组和专职党委副书记为主任的主题行动领导小组办公室，领导小组办公室设“1+6”个工作组，明确各工作组的责任分工，全面加强对主题行动的组织领导。主题行动实施方案围绕生产经营、安全环保、改革管理、转型发展、党建引领、巡视整改等方面，提出41项任务清单，做到“三个同步”即与部门全年工作同步计划、同步部署、同步落实。

（覃辉平）

【召开2022年党风廉政建设和反腐败工作会】 2022年3月7日，北海炼化召开2022年党风廉政建设和反腐败工作会暨党组巡视整改推进会。会议传达学习集团公司2022年党风廉政建设和反腐败会议精神，总结2021年党风廉政建设和反腐败工作，部署安排2022年重点工作任务。

（覃辉平）

【中国石化PDH中试项目在北海炼化开工】 2022年9月21日，中国石化PDH（丙烷脱氢）中试项目在北海炼化开工。该项目拟建规模为1000吨/

年，建设地点位于北海炼化 MTBE 装置的北侧预留空地。项目充分利用该丙烷原料优势，采用 SRIPT 丙烷脱氢技术进行中试研究，对于中国石化 PDH 成套技术开发，打破国外 PDH 技术垄断，形成中国石化自主知识产权 PDH 技术以及对未来北海炼化建设 PDH 装置有着重大战略意义和现实意义。

（覃辉平）

【中国石化在桂单体最大光伏发电项目正式商业运行】 2022 年 9 月 27 日，新星公司－北海炼化 19.45 兆瓦光伏项目商业投用仪式在北海炼化厂区内光伏项目现场顺利举办。该项目是中国石化目前在广西建设的单体最大的光伏发电项目。利用北海光照资源充足、日照时间长的优势，采用北海炼化厂区内闲置土地，建设分布式光伏发电装置，项目规划总装机容量 35.5 兆瓦。其中，一期装机容量 19.45 兆瓦，预计年发电量约 2300 万千瓦・时，年可节约标煤近 7200 吨、减少碳排放约 1.9 万吨。项目采用“自发自用、余电上网”运行模式，在为北海炼化生产提供稳定清洁电力、助力打造中国石化绿色示范园区的同时，可有效缓解地方用电压力。

（覃辉平）

【开展公众开放日“云直播”活动】 2022 年 10 月 13 日，北海炼化开展“牢记嘱托、再立新功、再创佳绩，迎接学习贯彻二十大”公众开放日“云直播”活动，向社会公众讲述北海炼化绿色发展。

（覃辉平）

【邀请党代表宣讲党的二十大精神】 2022 年 11 月 3 日、12 月 9 日，北海炼化举行 2 次学习贯彻党的二十大精神宣讲报告会，分别邀请党的二十大代表、北海市委书记蔡锦军和党的二十大代表、国家级技能大师郑志明到北海炼化进行党的二十大精神宣讲。北海炼化执行董事、党委书记张忠和主持会议。

（覃辉平）

表 1　北海炼化主要技术经济指标　亿元

指标名称 \ 年份	2022	2021	2020	2019	2018	2017
原油加工量 / 万吨	636.80	674.23	469.33	636.02	640.17	650.03
工业总产值	473.50	383.08	214.86	358.40	375.00	322.83
工业增加值	143.07	160.86	88.55	119.93	152.14	184.21
资产总计	169.54	193.96	153.35	180.92	171.37	168.11
流动资产	123.43	146.95	108.92	140.28	130.09	124.02
固定资产原值	82.89	79.16	66.16	63.31	61.88	58.71
固定资产账面价值	39.21	40.61	33.33	34.51	37.44	38.32
销售收入	473.46	384.75	214.20	358.12	376.06	325.79
实现利税	181.32	171.94	100.69	170.68	181.34	144.86
税　金	160.74	139.72	93.24	154.32	152.44	113.60
综合能耗 / 吨标煤・万元$^{-1}$	0.289	0.29	0.212	0.177	0.198	0.20

表 2　北海炼化主要产品产量　万吨

产品名称 \ 年份	2022	2021	2020	2019	2018	2017
汽　油	240.88	252.75	161.90	224.64	225.96	223.72
98# 汽油	0.33	1.40	1.91	3.60	3.46	6.83

续表

年份 产品名称	2022	2021	2020	2019	2018	2017
95# 汽油	59.09	76.72	52.41	65.68	63.22	53.13
92# 汽油	181.45	174.64	107.58	155.36	154.68	163.76
0# 柴油	237.59	240.81	183.62	267.34	258.88	265.25
3# 喷气燃料	8.29	10.14	7.85	13.33	15.20	
化工轻油	8.91	7.37	3.50	3.34	4.16	6.37
燃料油	18.74	8.89		2.70	1.50	
液化石油气	46.19	49.05	30.33	40.64	42.09	40.25
商品干气	1.02	1.10	1.77	2.59	1.49	1.40
聚丙烯	15.61	16.19	12.14	15.63	16.46	15.54
石油苯	2.91	3.08	2.14	3.16	3.30	3.12
石油焦	49.06	48.07	35.03	52.36	51.12	56.84
工业硫黄	6.76	6.96	4.82	6.94	6.73	6.99
沥　青	1.55	23.21	21.70	3.95	11.61	6.76

塔河炼化

【概况】 中国石化塔河炼化有限责任公司（简称塔河炼化）地处新疆库车市，是中国石化在西北五省（自治区）唯一的炼化企业。其前身是筹建于1993年的地方股份制企业——新疆塔里木油气化工有限公司，1998年11月被西北石油局全资收购，2003年12月整体划转股份公司，2004年4月30日设立中国石油化工股份有限公司塔河分公司（简称塔河分公司）。2012年6月25日，股份公司对塔河分公司进行改制，与新疆阿克苏地区共同出资组建塔河炼化。

截至2022年底，塔河炼化有炼油生产装置18套，原油加工能力500万吨/年，焦化处理能力340万吨/年，汽油、柴油混合加氢精制能力270万吨/年，催化重整能力60万吨/年，二甲苯生产能力52万吨/年，A级沥青生产能力40万吨/年，汽油异构化能力30万吨/年，航空煤油生产能力30万吨/年，硫黄生产能力8万吨/年。塔河炼化以加工塔河油田重质原油为主，可生产汽油、柴油、3# 喷气燃料、化工轻油、沥青、石油液化气、石油焦、硫黄、二甲苯等10余种产品，产品通过企业铁路专用线销往全国各地。

截至2022年底，塔河炼化有领导班子成员7人，总法律顾问兼副总会计师1人，副总工程师1人，安全总监1人；设5个机关部门、3个业务中心、4个生产作业部。在册员工1 149人，其中教授级高级工程师1人、教授级高级会计师1人，具有高级职称的45人、中级职称的180人、初级职称的368人；高级技师20人、技师52人，高级工402人、中级工366人、初级工81人。

塔河炼化主要技术经济指标和主要产品产量分别见表1和表2。

（刘希军　方淑琴）

【领导班子调整】 2022年1月28日，集团公司党组调整塔河炼化领导班子。塔河炼化召开领导班子扩大会，受集团公司党组领导委托，塔河炼化总经理盖金祥宣读集团公司党组、股份公司关于塔河炼化领导班子调整的决定：曹杰任中共中国石化塔河炼化有限责任公司委员会委员、中国石化塔河炼化有限责任公司副总经理。调整后的塔河炼化领导班子由丛煜、盖金祥、纪英顺、冯兵、高宏义、张怀玺、曹杰组成。

（刘希军　方淑琴）

【生产经营】 2022 年，塔河炼化紧盯年度指标任务，优化产销衔接，强化计划执行，持续开展生产优化和小指标竞赛活动，全面完成年度生产经营指标任务。在 2# 系列装置停工检修和疫情管控 80 多天的情况下，全年加工原（料）油 430.63 万吨，营业收入 232.99 亿元，利润总额 12.74 亿元，应缴税费 55.29 亿元。吨油利润 295.85 元，在集团公司炼油板块排名第三。股份公司授予塔河炼化 2022 年度炼化企业经济效益优胜单位、“比学赶帮超”优胜单位 2 项称号。塔河炼化获 2022 年度炼油专业竞赛中型炼厂第 2 名。

（刘希军）

【连续 2 年获评中国石化安全生产先进单位】 2022 年，塔河炼化持续推进 HSE 管理体系优化，修订完善《HSE 管理体系手册》等支撑体系运行的系列规章制度，压实体系要素管理责任，“管业务管安全”要求有效落实。分级分专业管控风险，完成 9 项安全隐患治理项目，风险总值由 159 降至 120，超额完成集团公司下达的年度风险总值削减 10% 的目标。激励全员参与大排查、大整治专项检查，治理安全隐患 16 项，奖励安全卫士 221 人次，发放奖励 7.49 万元，“低头捡黄金”活动调动全员消除装置风险、提升运行水平的积极性。坚持对承包商进行综合检查与考评，落实“双记分”和违章处罚管理，让承包商牢固树立“敬畏制度、敬畏安全”意识。持续开展 HSE 关键岗位培训和取证，确保全员持证上岗。强化“两特两重”安全检查，冬奥会、全国“两会”、党的二十大等重大国事活动期间生产安全平稳，连续 2 年获评中国石化安全生产先进单位。

（刘希军）

【首次获评中国石化节能环保先进单位】 2022 年，塔河炼化认真贯彻落实污染防治思想，坚持绿色低碳发展理念，以臭氧污染防治、雨污分流、污染减排和在线监测等专项治理为重点，制定 21 项绿色任务和 13 项绿色项目。完成轻油罐区、锅炉单元绿色装置创建和 2# 常压焦化、2# 加氢等 13 套装置的复核，有 15 个基层单位获绿色装置称号。强化水质管理，开展污水回用技术攻关，月度污水回用率提升至 50% 以上，创塔河炼化历史新高。实施装置大修改造用能计划管理，强化过程管控，大修改造用能下降 29%。建立环境分级预警机制，落实污染物减排措施，危险废物产生 1.22 万吨、下降 19.32%；危险废物综合利用率 85.11%、妥善处置率 100%。塔河炼化首次获评中国石化节能环保先进单位。

（刘希军）

【挖潜降本成效显著】 2022 年，塔河炼化深化全员成本目标管理，加快推进实现业务、财务跨单位、跨专业双向融合，全年优化创效 3000 余万元。大力推进数字化转型，开展班组经济核算信息化建设，抓实费用分解管控，全年压减费用 2224 万元。抓细资金收支统筹，实现利息净收入 1.14 亿元。用好用足国家税收优惠政策，享受税收优惠 1 亿元。对标先进严格工程预结算审核，完成 54 批次检维修项目和 46 个技改技措项目审核，核减工程费用 1372 万元。深度推进物资储物于商，减少库存物资占用 6840 万元。优化利用一年以上库存物资 768 万元。开展进口物资国内可替代资源调研，引入优质国产资源参与竞争，进口阀门配件国产化替代采购降本 147 万元。

（刘希军）

【完成 2# 系列装置检修改造任务】 2022 年 2 月 22 日，塔河炼化 2# 系列装置陆续停工检修改造，涉及 4 个作业部 10 套生产装置及动力、储运系统。有 3 家施工总承包商共投入劳动力 1200 人、大型吊装机械 5 台实施检修改造。完成常规检修项目 1403 项、技术改造项目 35 项，设备更新 66 项，检验压力容器 901 台、检测管道 174 千米。主要实施 2# 焦化装置富气压缩机检修、2# 焦化装置 35 台特阀检修、2# 加氢装置和连续重整装置离心机大修等10项重点检修项目，以及加热炉系统改造、串压项目改造、SIS系统改造、CCS系统升级等8项重点改造项目。4月22日，安全绿色高效地完成检修改造任务，消除装置安全隐患和生产运行瓶颈，装置可靠性和运行效能进一步提升。

（刘希军）

装置检修改造现场（曾 悦 摄）

【全面推进依法合规经营】 2022年，塔河炼化健全合规体制机制，修订公司章程，完善股东及股东会、党组织、执行董事、监事、经理层、依法治企合规管理和总法律顾问制度等内容和要求，发挥章程在公司治理中的地位和作用。完善合规管理体系，制定《合规管理实施细则》，推动合规管理要求融入现有管理体系、制度规定、业务流程、岗位职责；完善合规管理基础制度，修订《合同管理实施细则》，增加相对人信用风险审核、独家采购选商审核和谈判方案制定等合同前置审核程序，优化相关采购申请表，增强适用性；建立合规管理配套指引，制定《加强商业伙伴合规管理工作指引》《企业信用自律管理工作指引》，打造诚实守信、互利共赢的商业合作关系，促进公司依法合规、诚信经营，有效防范失信惩戒风险。开展法律法规识别与评审，识别更新适用法规、标准和制度1398部。强化制度识别转化，承接集团公司制度153项，制定制度15项，修订制度80项，同步废止108项，制度数量减少21.61%，超前完成“十四五”期间制度压减10%—20%的目标。强化提升“三基”工作，发布实施《关于进一步加强“三基”工作的实施方案》，明确基层建设、基础工作、基本功训练、专项强化等4个方面、33项重点任务、118条具体措施，形成《工作任务清单》。扎实开展“三标”建设，持续推进基层“三标”手册应用及基层管理工作提升。深化改革与对标提升行动顺利收官，深化改革三年行动总体完成率100%，对标提升行动总体完成率100%。

（刘希军）

【队伍建设】 2022年，塔河炼化完善中层领导人员契约化管理办法，组织中层经理层成员84人次完成“一协议、两书”签订，明确各级领导人员责权利。坚持“量其才，给其台”，通过竞聘上岗，选拔任用中层正副职12人、基层正副职25人，40岁以下中层干部比例由2019年初的10.81%提高至30.43%。选派2名干部参加“三千”实践锻炼；积极举贤荐才，1人获评中国石化突出贡献专家，1人获评中国石化技术能手，向集团公司推荐原油储运业务专家2人，向阿克苏地区推荐托峰英才6人。聚焦公司发展储备人才，从“三定”方案、用工配置、激励保障、专家团队等方面，编制形成乙烯项目人力资源工作方案，先后与燕山石化、中原石化、南京项目管理公司签署战略合作框架协议，全新开启中国石化内部企业“智慧援疆”工作新局面，从系统内“智慧援疆”单位聘用专家人才3人，推动人才引进与公司发展同行。扎实开展员工队伍培养，选派300人次参加集团公司组织的各类培训；完成公司级培训办班76项、培训6438人次，部门级培训办班266项、培训2.04万人次；员工在石化网络学院累计学习7.9万人次、11.74万学时，参加在线考试7.32万人次。开展全员岗位练兵和岗位任职能力测试17场次，练兵1.92万人次。举办第5届“塔河杯”技术比武，33名员工获相应工种金、银、铜奖，11名金牌选手获塔河炼化技术能手称号。

（刘希军）

【党建质量持续提升】 2022年，塔河炼化党委积极发挥“把管保”作用，扎实推进主题行动，紧紧围绕中心任务开展党建工作，为“建设千万吨炼油＋化工一体化项目，打造中国石化西部炼化企业桥头堡”的战略目标提供坚强政治保障。党的全面建设得到新加强。建立“完善学习制度、精准年度计划、增加学习频次、扩大学习人员、注重成果转化”的中心组学习长效机制，组织中心组学习25次，深刻认识“两个确立”的决定性意义，进一步增强政治判断力、政治领悟力、政治执行力。坚持“两个一以贯之”，落实“三重一大”决策制度实施办法，修订党委会议事规则，动态调整《党委讨论和决定重大事项清单》，明确党委“定”的事项49项，“议”的事项47项，进一步明晰党委职责定位，提高决策水平。2022年召开党委会22次，研究事项141项，党委“把管保”作用有效发挥。党委成员认真落实“一岗双责”，深入所在支部或基层联系点讲党课、指导民主生活会、参加主题党日和各类学习活动，认真落实分管领域党建工作职责。抓实主题行动创造新业绩。组织开展“牢记嘱托、再立新功、再创佳绩，迎接学习贯彻二十大”主题行动，全面落实72项具体工作，有效推动公司年度指标任务圆满完成，获集团公司主题行动先进项目（团队）奖。夯实党建基础取得新成效。增设乙烯项目党支部，整合成立安全环保治安消防联合党支部，完成3个党组织按期换届，增强基层党组织的组织力。统筹加强基层班子建设，细化支部委员工作清单，健全支委会议事规则，突出发挥支委班子整体合力。抓实班组建设，加大基层一线发展党员力度，党员班组覆盖率100%，党员班组长覆盖率提升至91.71%。强化典型示范引领，组织“党建共建”，党员在班组争当“安全红袖章”“攻关小能人”等角色，营造后进赶先进、先进更前进的氛围。采取“四不两直”形式，开展管理体系内部审核，督促整改问题40项。依托金钉子人才孵化室等6个创新工作室，党员带头开展技术攻关，解决基层专业难题100余项，突破技术10项，有效激发党员的创造力。党政深度融合实现新突破。创新实施党建工作与中心工作双向渗透、相融互促新机制，利用理论学习中心组平台，将理论学习内容与生产经营实际相结合，确定专题研讨主题，相继组织中心组以“确保检修安全，保证检修进度，降低检修成本，提高检修质量”为主题研讨7次，细化44条具体安全检修措施；结合安全生产形势，开展“落实集团公司安全生产二十条具体措施”专题研讨7次，提出51条“锦囊计”。装置检修期间，组织党员干部带头开展“党建引领、反‘三违’、保安全”1+N专项安全督查行动，消除问题67项。针对经济技术指标下滑的状况，组织开展“正视差距再出发、奋起直追创佳绩”大讨论11场次，促使塔河炼化在中国石化炼油企业专业竞赛中的排名回归至2021年的水平。面对新疆历史上传播速度最快、涉及面最广、感染人数最多、防控难度最大的重大突发公共卫生事件，塔河炼化党委及时研究制定疫情防控应对措施，做到炼油生产不停工、上游产能不减产，民生油品不停运、国防用油不断供，疫情防控不松劲、服务员工不打烊，彰显中国石化驻疆企业的责任和担当。

（刘希军　方淑琴）

【党风廉政建设有力有效】 2022年，塔河炼化聚焦涵养风清气正、干事创业的政治生态，坚定不移全面从严治党，持之以恒正风肃纪反腐，为公司持续健康发展提供保障。聚焦政治建设，完善工作机制。采取日常提醒、党建检查、党委巡察等方式，督促各党组织把学习融入日常、抓在经常，推动“第一议题”制度落实。塔河炼化党委定期研究党风廉政建设工作，细化分解26项重点任务，与10个党组织签订目标责任书，与廉洁风险岗位人员签订廉洁从业承诺书229份。党委委员带头对分管领域“一把手”开展廉政谈话，以上率下强化落实“一岗双责”。聚焦中心工作，做实日常监督。开展疫情管控工作监督，提出改进建议5条，协调解决困难8个，整改问题25项，推动疫情防控措施落实到位。规范农民工工资支付管理，下达监督建议书2份。围绕选人用人强化监督，对40名拟提任人员提出党风廉政意见。围绕“关键少数”开展节前廉洁谈话，填报领导人员廉洁“活页夹”47份，把党中央和集团公司党组关于加强对“一把手”和领导班子监督的要求落到实处。围绕安全环保隐患治理项目推进、应急管理部安全检查反馈问题整改和“正视差距再出发、奋起直追创佳绩”大讨论活动情况开展监督检查，推动问题整改到位、措施落实到位、指标完成到位。聚焦作风建设，营造清风正气。持之以恒落实中央八项规定精神，重要节点编发廉洁短信、组织学习典型案例，强化领导人员作风建设。持之以恒整治形式主义官僚主义，将安全环保领域形式主义官僚主义问题和整改落实情况作为日常监督、党建工作检查考核和党委巡察的重要内容，加强对基层反映强烈问题整改情况的监督，持续为基层松绑减负。持之以恒改进机关作风，坚持季度机关作风测评，及时梳理汇总、反馈测评结果，推动机关工作作风持续向好。聚焦正风肃纪，一体推进“三不”。巩固“不敢腐”的惩戒机制，全年受理信访举报1件，处置问题线索2件。巩固“不能腐”的防范机制，深化以案促改、以案促治，建立健全高效完善的监督机制，提升案件查办的治本功能。巩固“不想腐”的保障机制，围绕“整治靠企吃企、促进廉洁从业”主题，扎实开展反腐倡廉教育月活动，开展领导人员及其亲属经商办企业行为申报和制度宣贯。强化日常教育，2022年开展例行日常谈话228人次、新提拔和交流领导人员廉洁谈话60人次。加强廉洁文化建设，坚持开展温馨提示、向客商发送廉洁倡议信等活动，引导领导干部守住廉洁自律底线。

（刘希军　方淑琴）

【宣传思想文化工作得到新提升】 2022年，塔河炼化聚焦思想教育、文化建设、新闻宣传，做到再引导、再深入、再出彩，实现宣传思想文化工作新提升。思想教育再引导。坚持把维护意识形态安全作为守土有责的重要使命，坚持管用防并举，采用党委定期听取、月度巡查防控、舆论正向引导等方式，每季度开展员工思想动态调研，分析研判员工倾向性问题，编制公司“一人一事”思想政治工作优秀案例汇编；紧扣年度工作重点，推动形势任务教育到一线、到班组、到员工。文化建设再深入。统筹优化各单位形象墙、展示厅、活动室、展点等的设计与建设，凝练“子”文化，丰富企业文化内涵；持续加强安全、绿色、环保、廉洁专项文化建设，促进观念转变和行为养成，助力塔河炼化绿色低碳高质量发展；践行社会主义核心价值观，学习宣传《新时代公民道德建设实施纲要》，推进精神文明创建。新闻宣传再出彩。坚持与时俱进地以新语态阐释新思想、以新传播讴歌新时代、以新视听赞美新征程。2022年累计内宣上稿2128篇，外宣267篇，《全球最大绿氢项目年底产氢》《青春激扬中国梦》《一块馕饼》等优秀报道在中央电视台、人民网、新疆电视台等媒体破圈传播，实现主流媒体新闻传播的历史性突破，彰显强大的引领力、传播力、影响力，向社会各界充分展示塔河炼化好声音。

（刘希军）

【深入学习宣贯党的二十大精神】 2022年，塔河炼化制定方案、营造氛围，深入学习宣贯党的二十大精神。制订学习宣传方案和运行表，明确党委理论学习中心组、各党组织、党群部门等的目标任务、计划安排和工作责任。采取公司党委率先学、中层干部带头学、党员群众跟进学，及讲好一堂专题党课、交流一场感想体会、重温一次入党初心、策划一组主题宣传、开展一轮先进学习等形式，党的二十大专题学习、辅导讲授、基层宣讲等工作有声有色、成效显著。制作“五年辉煌宣传展”宣传展播和“十年奋进路、逐梦新塔化”十年成就展等，拍摄制作《奋勇创佳绩，喜迎二十大》《党建领航，筑梦塔化》等23部宣传纪录片，在公司门户网开辟主题行动、学习宣贯党的二十大精神等专栏，多渠道宣传公司突出成就、重大成果，全方位展示新变化、新面貌，持续营造干事创业、昂扬向上的精神风貌。

（刘希军　方淑琴）

【发布首份社会责任报告】 2022年5月31日，中国石化驻疆企业在新疆乌鲁木齐联合举行以“擘画蓝图启征程，同心共圆兴疆梦”为主题的中国石化在新疆社会责任报告发布会，塔河炼化发布首份社会责任报告——《中国石化塔河炼化2021社会责任报告》，系统披露公司2021年履行社会责任的行动与担当。

（刘希军）

发布首份社会责任报告（曾　悦　摄）

【和谐企业建设】 2022 年，塔河炼化落实提案征集与答复工作制度，职代会征集提案 45 件，合并立案 6 件，答复率 100%。坚持开展“走基层、访万家”活动，投入资金 11.70 万元，重要节日走访慰问劳动模范 13 人、新老员工 103 人、驻村人员 22 人、退伍军人 98 人、少数民族员工 41 人；投入资金 20.50 万元，采购牛奶、面包等食品慰问装置大修现场员工。疫情静默管控期间，第一时间印发塔河炼化党委书记、执行董事的亲笔信，发放 800 多份爱心包，保障驻厂一线人员生活需求；慰问驻守厂区职工、保产保供职工、志愿者、隔离职工等 10 余次，采购生活物资金额达 33 万元；在疫情管控升级、人车管制流动和生活物资严重短缺的情况下，积极打通生活物资和急需药品购买渠道，做到服务职工不打烊；公司工会每周电话关心驻厂一线职工、市区隔离职工的思想困惑和生活困难，通过石化通每日发布心福日报、戈壁心泉 EAP 之声等方式，有效缓解职工焦虑情绪，稳定职工队伍。深入开展“大走访、大排查、大调研”活动，选聘 26 名“民情联系员”，进一步拓宽“急难愁盼”诉求通道，确保职工诉求第一时间能反应、第一时间能处置、第一时间能解决。投入使用人才公寓 42 套、开设暑期子女托管班、研发个性化倒班员工点餐系统，先后解决职工暑期带娃难、大病就医难、青年职工找对象难、职工子女入学难、倒班职工点餐难、职工住宿紧张等实事 10 余项，不断提升职工的获得感、幸福感和安全感。充分发挥文联体协优势，举办元旦长跑、新春游园、庆“五一”系列活动等；持续组织春节联欢晚会、激情夏日等品牌活动；隆重举办“牢记嘱托、再立新功、再创佳绩、喜迎二十大”中秋联欢晚会及“三八妇女节”“阳光健身操”“蔬果变花艺、巧手绘生活”等文化活动；结合职业病防治宣传周开展“守望生命、大爱无疆”“助力健康中国、新疆在行动”等健康知识讲座，丰富职工精神文化生活，增强职工队伍凝聚力。舞蹈作品《启航新征程》获“牢记嘱托、再立新功、再创佳绩，迎接学习贯彻二十大”主题文艺作品创作征集活动二等奖。组织公众开放日活动 8 期，参与 376 人次，展示驻疆中央企业好形象。

（刘希军）

【履行社会责任】 2022 年，塔河炼化响应党中央“六稳”“六保”工作要求，录用毕业生 30 人。贯彻落实中国石化和地方政府乡村振兴工作部署，捐赠 260 万元进行产业帮扶，用于塔河炼化定点帮扶村人居环境改造、特色养殖、乡村振兴示范村打造、助力示范包联等项目。筹措 56.48 万元购置教学器具用品，对口支援新疆岳普湖县也克先拜巴扎镇中心小学。塔河炼化党委成员和中层干部与 30 名“优才生”开展“领导干部 + 优才生”一对一结对帮扶，赠送“微心愿”礼物；组织 14 个党支部与 21 个班级开展“党支部 + 班组”手拉手结对帮扶，打造“图书角”26 个，捐赠电脑 50 台；选派 2 名青年志愿者开展“驻校支教”工作，引导学生树立“学习改变命运，奋斗成就美好人生”的人生志向。响应集团公司号召，持续开展消费帮扶，购买新疆岳普湖县、甘肃东乡等 8 个县（乡）农产品 216.50 万元，帮助解决受疫情影响农产品销售难的问题，稳定农户收入保障。塔河炼化获新疆维吾尔自治区 2022 年度乡村振兴优秀履职单位；塔河炼化 2 个驻村工作队被评为自治区级优秀工作队，8 人获新疆维吾尔自治区“访惠聚”工作年度考核“优秀”等次，定点帮扶学校教师和校长分别获中国石化最美乡村教师和优秀校长荣誉。

（刘希军　方淑琴）

塔河炼化与新疆岳普湖县也克先拜巴扎镇中心小学“手拉手”结对教育帮扶（曾　悦　摄）

表 1 塔河炼化主要技术经济指标 亿元

指标名称 \ 年份	2022	2021	2020	2019	2018	2017
原油加工量 / 万吨	420.02	456.16	420.04	470.15	418.12	420.88
工业总产值	235.61	190.50	135.37	189.05	173.28	145.36
工业增加值	74.33	79.96	74.89	78.27	69.63	71.83
资产总计	83.85	90.73	84.80	83.90	84.62	72.71
流动资产	50.74	56.86	48.03	45.14	43.72	30.30
固定资产原值	76.45	73.49	71.86	71.16	69.56	69.25
固定资产净值	28.19	29.47	31.60	36.93	35.63	38.20
销售收入	232.15	192.63	133.16	189.77	174.03	144.82
实现利税	68.03	75.04	67.44	71.08	61.03	65.02
税　金	55.29	60.93	56.32	62.38	55.43	56.49
综合能耗 / 千克标油·吨 $^{-1}$	54.56	53.87	55.01	53.74	57.11	55.99

表 2 塔河炼化主要产品产量 万吨

产品名称 \ 年份	2022	2021	2020	2019	2018	2017
汽　油	57.91	60.35	54.54	58.12	45.46	47.80
3# 喷气燃料	14.68	21.18	16.80	18.28	12.74	10.18
柴　油	197.49	215.51	200.73	226.57	197.02	197.33
石脑油	—	—	—	0.07	0.57	—
重整生成油	—	—	—	7.33	16.36	12.25
沥　青	8.32	8.41	14.35	18.54	19.01	28.01
重交沥青	—	0.78	1.03	1.78	—	—
石油焦	102.93	111.28	98.03	107.78	97.59	96.10
硫　黄	4.06	4.47	4.03	4.45	4.08	4.09
商品液化气	11.84	12.41	11.69	13.01	12.08	12.10
二甲苯	12.64	12.15	10.39	6.70	—	—

炼油销售公司

【概况】 中国石化炼油销售有限公司（简称炼油销售公司）是中国石化下属全资子公司，成立之初为中国石化沥青销售分公司，于 2012 年 6 月 28 日正式挂牌更名。炼油销售公司全面负责中国石化系统内液化气、石油焦、沥青、硫黄、异辛烷、石蜡等产品的统一经营，业务涵盖产品研发、市场营销、物流运作、技术服务等领域，2017 年以来年平均经营量为 3837.47 万吨。

炼油销售公司本部位于上海市，在上海（自贸区）、青岛、荆门、达州设 4 家子公司，分别在广州、天津、武汉、南京、成都、青岛设华南、华北、华中、华东、西部、山东 6 家区域代表处，在中国石化系统内资源企业设 28 家驻企业办事处，协办 1 个国家级实验室和产品研发中心。

炼油销售公司有合同制员工 437 人，其中中国石化突出贡献专家 4 人、闵恩泽青年科技人才 5 人。炼油销售公司沥青创新团队、高端碳材料应用技术攻关创新团队，分别于 2016 年、2022 年获评“中国石化优秀创新团队”。

炼油销售公司旗下“东海牌”沥青是中国石化子品牌之一，享有“中国名牌产品”称号。2019 年，“东海牌”沥青登录上海期货交易所，成为中国石化首个上海期货交易所注册商品。截至 2022 年，“东海牌”沥青累计获得国家级奖励 1 项、省部级奖励 8 项、集团公司级奖励 6 项，品牌价值达 14.63 亿元。

炼油销售公司主要生产经营指标见表 1。

（陈熙平）

【各产品经营情况】 2022 年，炼油销售公司产品经营总量 3601.70 万吨，其中液化气经营量 1094.46 万吨、石油焦经营量 1136.22 万吨、沥青经营量 664.88 万吨、硫黄经营量 606.14 万吨、异辛烷经营量 85.46 万吨、石蜡经营量 14.54 万吨。

（陈熙平）

【创历史最好经营业绩】 2022 年，炼油销售公司营业收入和利润均创历史新高，其中营业收入达 1314.42 亿元，利润达 8.56 亿元。获中国石化主题行动先进单位、质量管理先进单位、炼化板块“比学赶帮超”优胜单位、服务保障北京冬奥工作先进集体、优秀创新团队等称号。

（陈熙平）

【创历史最高科研投入】 2022 年，炼油销售公司参与和承担总部科研项目 19 项，自主和联合开发专利 11 件，科研投入创历史新高。

（陈熙平）

【HSE 管理再上新台阶】 2022 年，炼油销售公司联合 20 余家企业开展承运商安全培训，创新开展危化品“五统一”专项审核，建立出车检查视频核验机制，上线物流安全管理数字化平台，相关经验得到集团公司高度认可。

（陈熙平）

【召开党委工作会和职工代表大会】 2022 年 1 月 20—24 日，炼油销售公司先后召开 2022 年党委工作会和一届九次职工代表大会，部署“党建工作亮化促进年”和“深化改革、强化管理年”工作目标任务。

（陈熙平）

【炸药蜡成功应用】 2022 年 1 月 13 日，炼油销售公司自主开发的高黏度环保炸药复合蜡产品实现工业化应用。

（陈熙平）

【储能专用碳材料成功应用】 2022 年 1 月，炼油销售公司与济南炼化联合攻关生产的储能专用碳材料实现工业化应用。

（陈熙平）

【高硬质沥青首次出口】 2022 年 3 月 15 日，炼油销售公司高硬质沥青首次出口海外市场。

（陈熙平）

【服务保障农业用肥】 2022 年，炼油销售公司严格执行国家政策，实施硫黄稳价让利策略，保供化肥企业硫黄 115 万吨，让利超 1 亿元。

（陈熙平）

【投入打赢大上海保卫战】 2022 年 4—5 月，炼油销售公司紧急保供上海市 20 余个三级站民用气资源，火速驰援 3 所方舱建设用沥青，组织员工封闭值守 63 天，服务居民 6000 人次，得到社会各界广泛赞誉。

（陈熙平）

炼油销售公司保供民用气资源

【抗脱落特种改性沥青成功应用】 2022年6月，炼油销售公司联合大连石油化工研究院研发的抗脱落特种改性沥青成功应用于机场跑道项目。

（陈熙平）

【体制机制改革全面落地】 2022年7月11—12日，炼油销售公司启动华东、华北、西部3家区域代表处运营，全面实施新型销售服务体系，完成历时2年的体制机制改革布局。

（陈熙平）

【召开成立10周年主题大会】 2022年7月29日，炼油销售公司召开成立10周年主题大会，发布炼油销售公司10周年重大事件、“我与炼销共成长”感悟故事集及“专心经营、用心服务、诚心合作、齐心进取”的“炼销精神”。

（陈熙平）

【完成首次自主进口液化气】 2022年8月27日，炼油销售公司首次自主打通进口液化气“采购、储运、销售”全业务流程。

（陈熙平）

【完成首笔套期保值业务】 2022年11月21日，炼油销售公司完成首笔沥青产品套期保值业务。

（陈熙平）

【净味环保沥青成功应用】 2022年12月22日，炼油销售公司联合大连石油化工研究院研发的净味环保沥青成功应用。

（陈熙平）

净味环保沥青成功应用

【针状焦质量攻关成绩显著】 2022年，炼油销售公司联合生产企业攻关针状焦质量，推动产品成功应用于高端石墨电极和负极材料领域，增效7.6亿元。

（陈熙平）

针状焦成功应用于高端石墨电极

表1 炼油销售公司主要生产经营指标

指标名称＼年份	2022	2021	2020	2019	2018	2017
经营总量 / 万吨	3 601.70	3 730.14	3 865.93	4 129.42	4 014.62	3 683.04
液化气	1 094.46	1 092.77	1 032.53	1 109.44	1 121.59	1 015.67
石油焦	1 136.22	975.34	1 082.01	1 309.29	1 329.73	1 288.33

续表

指标名称 \ 年份	2022	2021	2020	2019	2018	2017
沥　青	664.88	962.67	1 042.40	937.02	812.60	807.34
硫　黄	606.14	570.32	588.36	602.53	576.42	506.41
异辛烷	85.46	112.92	100.73	151.10	153.57	44.05
石　蜡	14.54	16.12	19.90	20.04	20.71	21.24
营业收入 / 亿元	1 314.42	1 018.99	676.54	899.00	951.92	724.85

中科炼化

【概况】 中科（广东）炼化有限公司（简称中科炼化）位于广东省湛江市东海岛，是中国石化在新时代建设的标志性炼化项目，是国家“一带一路”倡议及能源化工发展战略的重要支点，是广东构建“一核一带一区”区域发展新格局、支持湛江全力建设省域副中心城市、加快打造现代化沿海经济带重要发展极的重点建设工程。中科炼化一期规模为 1000 万吨 / 年炼油和 80 万吨 / 年乙烯，主要包括 20 套炼油装置、10 套化工装置，以及相应配套工程，建设用地 435 公顷，项目经竣工审计后的总投资为 378.99 亿元，主要生产国Ⅵ汽油、柴油、航空煤油等油品及聚乙烯、聚丙烯、环氧乙烷、乙二醇、EVA 等化工产品。2020 年 9 月 30 日项目打通全流程，进入试生产阶段，中科项目成为中国石化历史上首个炼油化工同步建设、同时开工的项目。2020 年 7 月 1 日，中科炼化与湛江东兴公司完成整合，炼油加工规模达 1500 万吨 / 年。

截至 2022 年底，中科炼化在册员工 2546 人，其中具有正高级职称的 7 人、高级职称的 161 人、中级职称的 571 人。

中科炼化主要技术经济指标和主要产品产量分别见表 1 和表 2。

（刘夏甜）

【领导班子调整】 2022 年 9 月 1 日，中科炼化召开领导班子扩大会，宣布集团公司党组对中科炼化领导班子调整的决定：陈志雄、梁超杰任中共中科（广东）炼化有限公司委员会委员，聘任为中科（广东）炼化有限公司副总经理。

（刘夏甜）

【经营效益保持稳健】 2022 年，中科炼化加工原（料）油 1455.22 万吨，生产乙烯 83.46 万吨，实现工业产值 1004.41 亿元，实现营业收入 993.01 亿元，产值和营收分别增长 24.62% 和 21.69%，其中出口收入增长 114.48%，完成集团公司“两利四率”指标任务，其中净利润、利润总额及全员劳动生产率排名炼化一体化企业前列。

（刘夏甜）

【实现安全环保生产无事故】 2022 年，中科炼化坚持把 HSE 体系运行作为重要抓手，创新编制岗位 HSE 工作指南，推动要素职责定时定量转化，全员安全环保生产责任有效落实，实现“四个为零”目标，东兴分部连续 21 年未发生安全生产事故，中科炼化获集团公司年度安全生产先进单位。严格落实源头雨污分流措施，全年高浓度外排污水达标率 100%；建立 15 套外排污染物在线监测预警机制，外排二氧化硫、氮氧化物、颗粒物总量下降 10%；全力推动分部中间罐区搬迁项目建成中交，本质安全与超清洁生产城市型绿色厂区建设取得重要突破。

（刘夏甜）

中科炼化厂区（林江海　摄）

【生产经营统筹优化成效显著】 2022年，中科炼化精准应对市场变化，充分发挥一体化优势，通过调优资源结构，持续深化“本部—分部”生产优化，统筹做好物料互供，推进生产计划配置优化，实现降本创效15亿元。深入开展“对标提升”竞赛，充分挖掘装置运行潜力，不断寻求最佳运行状态。中科炼化进入炼油能耗指标先进行列，炼油单因能耗比系统内平均水平低0.59个单位；乙烯能耗526.17千克标油，在系统内排名前列；常减压、渣油加氢、蒸汽裂解、EO/EG等一大批装置能耗保持系统内领先水平。

（刘夏甜）

【市场攻坚取得突破】 2022年，中科炼化强化商情管理，着力“拓市推价”，产品竞争力不断提升。新开发茂金属HDPE成为特色产品，医用透气防护膜mPE2735列为集团公司“十条龙”攻关项目。消光膜HD52090、流延膜PPR-F08E、高熔耐热PPH-MH20等17个新产品走向市场，推动树脂产品国产替代。打通乙烯汽运、环氧乙烷及二氧化碳管输等流程，产品销路进一步畅通。

（刘夏甜）

【全国首趟石化产品环湾班列“中科号”开通】 2022年9月22日，环湾班列“中科号”开通，这是中国石化下属企业开出的首趟定制化铁路班列，也是中国石化与铁路企业助力碳达峰碳中和、稳定畅通产业链供应链开行的全国首趟石化产品班列。

（刘夏甜）

【10万吨/年EVA装置投产】 2022年3月3日，中科炼化10万吨/年EVA装置投料开车打通全流程产出EVA产品，高水平一次开车成功。该装置的成功投产填补了中国石化在华南市场EVA生产空白，为国内高端化工产品市场注入新的活力。

（刘夏甜）

【企业管理特色品牌不断擦亮】 2022年，中科炼化建设投用“五星班组”信息系统，明确评价标准并构建常态化工作机制，“五星班组”数量稳步增加，“四星班组”及以上占比达59.21%，基层班组建设日趋成熟，在安全环保稳定生产方面的作用愈发突出。构建以“指标对标”“管理提升”“标杆创建”三位一体对标管理模式，设置297个技术指标，选取9个重点生产装置（区域）开展标杆创建。中科炼化“对标提升”案例入选集团公司深化改革三年行动经验案例，炼油二部获评集团公司标杆基层单位。对照总部“三基”框架和中科炼化实际，全面梳理总部“三基”要求的制度文件，逐条转化为90项专业内容、220个量化指标，有效解决要求“上下一般粗”、管理标准和导向不明、工作成效模糊等问题。加强“三基”工作标准宣贯，创新开展“三基”试评价工作，基层按标准抓“三基”、职能部门按专业促“三基”的工作思路逐渐清晰。

（刘夏甜）

【合规管理不断强化】 2022年，中科炼化认真贯彻落实集团公司“合规管理强化年”工作要求，健全完善合规管理机制，扎实推进“严肃财经纪律、依法合规经营”综合治理专项行动，重点加强“三道防线”职责落实，推动内部控制管理全面落位，率先完成“1+N”合规管理体系建设任务，相关工作经验得到总部的肯定和推广，中科炼化在集团公司法治央企建设总结验收考评中获A类成绩。

（刘夏甜）

【有效推动科研产业深度融合】 2022年，中科炼化发挥生产装置技术优势和科研院所优秀资源，推动科研产业深度融合，先后与3家科研院校签订战略合作协议，明确化工新产品开发、装置瓶颈问题消除等联合攻关内容，产品全流程竞争力得到提升。全年成功开发 17 个新牌号产品，生产新专产品 80.81 万吨，占比 82.65%，创效 3124 万元。

（刘夏甜）

【有力推动科技攻关成果运用】 2022 年，中科炼化深入推动先进技术优化提升，EO/EG 装置国产 YS-9010 银催化剂应用效果显著，各项技经指标达到世界领先水平，获中国石化科技进步奖一等奖；20PP 装置成功试用国产催化剂，助力加快催化剂国产化替代步伐；东兴分部重油催化裂化乳化进料技术成功开发，总液收提高 1% 以上，油浆产率下降 0.5%；优化催化装置催化剂配方，年减排二氧化碳约 1.5 万吨；推动光伏发电项目落地，年发电上网 66.65 万千瓦·时。

（刘夏甜）

光伏发电设备（林江海　摄）

【充分发挥智能工厂效能】 2022 年，中科炼化深化"数据 + 平台 + 应用"新模式，推动智能工厂应用优化运行，数据驱动业务创新创效能力得到提升。"数字孪生的智能乙烯工厂"成为首个进入集团公司科技攻关"十条龙"的信息化项目，"清洁能源炼化智能制造示范工厂"登榜国家级"智能制造示范"，中科炼化成为中国石化首个智能工厂 3.0 建设的试点企业。

（刘夏甜）

【队伍能力素质实现快速提升】 2022 年，中科炼化坚持把人才作为第一资源，深入贯彻中央人才工作会和集团公司人才工作会议精神，着力优化结构、锻造能力、提升素质，支撑中科炼化高质量发展的人才基础更加牢固。严格落实"党管干部、党管人才"责任，坚持政治标准选拔干部，干部年龄结构逐步得到优化，导向作用进一步树立。建立"三大员"培训矩阵，完成专业技术人员考核评价，提升专业技术队伍履职能力。组队参加全国首次举办的裂解汽油加氢装置操作工职业技能竞赛，获优秀组织奖、优秀裁判奖和个人铜奖。持续健全人才工作领导小组工作机制，大力实施人才强企工程，建立以市场为导向的人力资源管理体系，协调推进组织岗位、薪酬激励、职业发展、绩效管理四大体系建设，拓宽薪酬激励空间，注重分类分层培养，让员工晋升有空间、发挥有平台、成长有支撑。

（刘夏甜）

【党建引领作用发挥突出】 2022 年，中科炼化以落实全面从严治党"3+7"责任体系建设和集团公司党建考核问题整改为抓手，推动管党治党责任层层落实，推进党史学习教育常态化制度化，深化党支部标准化规范化信息化建设，以"三单管理"、兼职指导员、"四维"党建共建等特色做法，找准党建与生产经营的结合点，实现"三基本"建设与"三基"工作融合互促，党建引领和保障作用得到有效发挥。守"安全环保思想"阵地成效显著，按照"1+1+N"模式划分 696 个阵地，机关党员"沉"到一线，解决安全环保思想问题 1100 余项，"基层有需求，机关有响应"工作导向全面形成。持续拓展"六共四带"党建共建机制，推动业务外包单位"三同"管理有效融合。狠抓党风廉政建设，持续提升"大监督"效能，不断巩固良好政治生态。

（刘夏甜）

【作风建设更加刚强有力】 2022 年，中科炼化持续梳理作风建设正负面清单，作风监督周检通报机制不断深化，针对机关作风建设的难点痛点，制定出台"五强五严"机关作风建设十条措施，重点强化机关服务意识，能力过硬、作风过硬、形象过硬的管理文化基本形成，队伍作风发生根本性转变。中科炼化作风建设的做法多次受到集团公司党建考核组、各类检查组的好评。

（刘夏甜）

【企业和谐稳定环境持续向好】 2022 年，中科炼化大力弘扬“三老四严”、精细严谨、求真务实等石油石化优良传统，深入开展思想宣传和舆论引导，选树宣传各类先进典型 200 多个。开展系列 EAP 活动，举办“责任与奋斗”故事会 4 期，多形式展现中科炼化各条战线干部员工用心工作、精细管理、事争第一的精神风貌。打造 8 个劳模创新工作室，黄计杏工作室开发 17 个新产品，尹建明工作室一项成果获国家级行业创新二等奖，温福工作室 1 项成果获广东省科技进步奖二等奖。巩固办实事常态化机制，协调解决职工“急难愁盼”问题。加快构建大统战工作格局，抓好特殊时期维稳工作，保密、国家安全、综治等工作保障有力，队伍凝聚力、向心力进一步增强。助力东海岛化工园区建设规划，中科炼化产业引领力、经济带动力、品牌影响力不断增强。规范支持下游企业扎根发展，尽最大努力提供产品、公用设施等资源，实现高水平合作共赢。助力乡村振兴，2 名干部驻村帮扶，开展黑山羊养殖、火龙果种植项目，支持建设那凡村党群服务中心、讯地仔村爱心服务驿站暨村民议事中心，践行“三大责任”成果丰硕。

（刘夏甜）

表 1　中科炼化主要技术经济指标　亿元

指标名称＼年份	2022	2021	2020
原油加工量 / 万吨	1 390.97	1 438.07	795.59
工业总产值	1 004.41	805.98	351.84
工业增加值	221.93	294.48	142.40
资产总值	520.92	497.70	463.99
流动资产	142.33	97.84	86.63
固定资产原值	443.18	424.09	382.14
固定资产净值	336.23	315.07	318.30
销售收入	993.01	816.00	377.50
实现利税①	255.77	257.71	162.66
税　金	251.04	218.70	127.34
综合能耗 / 吨标煤・万元 $^{-1}$	0.745	0.789	0.836

① 中科炼化实现利税和税金的数据不含海关增值税

表 2　中科炼化主要产品产量　万吨

产品名称＼年份	2022	2021	2020
汽　油	442.07	462.72	266.48
煤　油	51.55	30.56	—
柴　油	442.60	454.83	282.68
燃料油	60.41	84.01	56.88
液化气	56.62	66.52	40.45
化工轻油	208.61	232.18	51.56
混合二甲苯	27.41	29.21	6.99

续表

产品名称 \ 年份	2022	2021	2020
乙　烯	83.46	81.75	14.14
丙　烯	60.52	60.67	27.35
石油苯	10.46	9.79	6.15
乙二醇	37.95	40.30	6.34
环氧乙烷	19.45	19.18	—
一乙醇胺	2.02	1.92	—
高密度聚乙烯	30.18	31.67	6.33
聚丙烯	74.62	73.55	25.79

联合石化公司

【概况】　中国国际石油化工联合有限责任公司（简称联合石化公司，英文缩写 UNIPEC）成立于 1993 年，是股份公司的全资子公司，是中国石化的油气大宗商品国际贸易专业平台，主营原油、成品油（含化工轻油）、LNG 贸易，与实货贸易相关的仓储物流和配套衍生品业务，以及碳、电交易。经过 30 年发展，联合石化公司与全球 100 多个国家和地区的近 2000 家交易对手建立长期合作关系，贸易量接近 4 亿吨，贸易额超过 1 万亿元，成长为具有较强国际竞争力的油气贸易公司。截至 2022 年底，联合石化公司设 11 个职能部门、5 个直属机构、6 个境外机构、2 个口岸公司、1 个国内全资子公司、1 个国内合资公司，有来自 20 多个国家和地区的 600 多名员工。

联合石化公司以打造世界领先能源大宗商品国际贸易公司为愿景，围绕集团公司上中下游一体化协同创效服务平台定位，积极落实国家能源安全新战略，持续提升一手资源获取能力和终端市场占有能力，不断深化依法合规治企，综合竞争力和抵御风险、应对危机的能力稳步增强。2022 年，联合石化公司深化落实“牢记嘱托、再立新功、再创佳绩，迎接学习贯彻二十大”主题行动，统筹资源和市场，严管严控风险，深入推进全面从严治党，取得较好的经营管理成效，实现贸易总量 3.65 亿吨，贸易额 1.76 万亿元，集团外收入约占集团公司营业收入的 21%，账面利润首次突破 80 亿元大关，协同产业链降本增效 266.7 亿元，获评集团公司主题行动先进集体，在集团公司党建考核中获评 A 档。

（杨国丰）

【LNG 船首次通行巴拿马运河】　2022 年 4 月 13 日，联合石化公司首船 VG 项目离岸现货资源完货离港，4 月 18 日通过巴拿马运河，实现公司 LNG 船舶运载美湾液货及通行巴拿马运河两大零的突破。与传统的好望角航线相比，单程节约航行时间 12 天，帮助企业减少进口 LNG 运输成本约 55 万美元。“联合石化 LNG 船过巴拿马运河”被集团公司海外账号刊载，并被中国驻外大使和当地账号转发，阅读量超 50 万次。

（张淑瑶）

联合石化公司 LNG 船舶通过巴拿马运河

【LNG 项目船实现国内首次夜间靠泊】 2022 年 10 月 29 日，联合石化公司 LNG 项目船“中能青岛”轮在国家管网深圳接收站实现夜间靠泊，成为国内首个实现夜间靠泊的大型 LNG 船舶，开启 LNG 船舶夜间靠泊进港新篇章，对国内接收站推行 LNG 船舶夜间靠离作业有示范意义。LNG 船舶夜间靠离作业可有效减少船舶滞期，提升船舶使用效率和节能减碳，提高港口周转效率和码头利用率，预计在全国各接收站推广后，可大幅降低进口 LNG 运输成本。

（张淑瑶）

LNG 项目船“中能青岛”轮在国家管网深圳接收站实现夜间靠泊

【电力交易平台试运行】 2022 年 7 月 15 日，中国石化电力交易平台试运行，平台操作主体联合石化公司配合江苏试点企业金陵石化，经过现场摘牌挂牌，完成 766 万千瓦・时购电交易，价格好于预期。该交易平台是集团公司的统一购售电平台，通过一体化统筹，发挥规模效应，实现全产业链用能优化降本。

（王冠华）

【人民币跨境结算规模创历史新高】 2022 年，联合石化公司在紧盯境内外价差波动、持续开展人民币跨境资金运作的基础上，展开多领域谈判，将人民币使用范围向多个国家和地区拓展，全年累计完成人民币跨境结算量超过 2000 亿元，创历史新高。通过合理运用人民币跨境支付手段，不仅能有效平滑美元购付汇节奏，实现资金创效，发挥人民币国际结算对国际贸易汇兑风险调节作用，还有助于进一步提升人民币在经常项下跨境贸易结算中的占比，助力人民币国际化。

（杨晓蕾）

【打通跨境资金池贷款业务新渠道】 2022 年 11 月，联合石化公司成功打通境内外筹资新渠道，通过财务公司跨境资金池从联合石化公司下属亚洲公司跨境借入 1 亿美元。该笔业务为财务公司跨境资金池资本项下首笔业务，也是集团公司首次通过跨境资金池实现境外资金调入境内使用，为股份公司资金平衡使用、降低整体资产负债率作出积极贡献。

（杨晓蕾）

【建成中国石化首个海事安全管理系统】 2022 年 11 月，联合石化公司自主开发的海事安全管理系统（UNIMAS）全面建成，这是中国石化首个集船舶及船东交易对手准入审查、过程监管、事件跟踪及综合分析为一体的海事安全管理系统，具备船舶安全准入审查、海事安全技术支持、数据查询等多项功能，实现在高度解析商船数据、自动评估安全要素、动态监控关键风险等方面的创新，有助于实时掌握和分析船舶及其管理公司的安全状况，为进一步筑牢海上运输安全防线、强化海事安全管理能力提供数字化管理手段。

（李文君）

【获全国碳市场优秀服务及管理实践证书】 2022 年 7 月 16 日，全国碳排放权交易市场正式上线一周年之际，联合石化公司获上海环境能源交易所颁发的全国碳市场首个履约周期优秀服务及管理实践证书。2021 年，集团公司下属 18 家企业自备电厂纳入全国碳市场，联合石化公司代理胜利油田、茂名石化、上海石化和中天合创等 4 家企业参与首日和首月碳交易，中国石化成为获上海环境交易所颁发的“全国碳市场首日交易集团证书”的 10 家企业集团之一。2021 年 7 月，联合石化公司代理茂名石化从华润集团买入 10 万吨全国碳市场碳配额，是全国碳市场正式上线以来的首笔大宗协议交易。2022 年 7 月，联合石化公司代理仪征化纤完成集团公司首笔全国碳市场自营碳交易。

（任　娜）

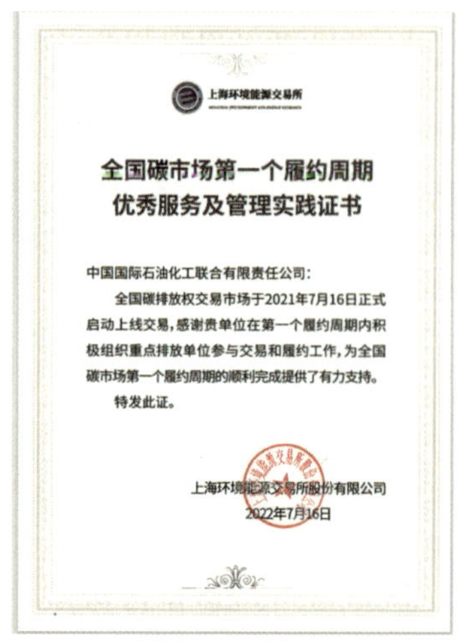

上海环境能源交易所

全国碳市场第一个履约周期
优秀服务及管理实践证书

中国国际石油化工联合有限责任公司：

全国碳排放权交易市场于2021年7月16日正式启动上线交易，感谢贵单位在第一个履约周期内积极组织重点排放单位参与交易和履约工作，为全国碳市场第一个履约周期的顺利完成提供了有力支持。

特发此证。

上海环境能源交易所股份有限公司
2022年7月16日

全国碳市场优秀服务及管理实践证书

【获集团公司审计工作先进称号】 2022 年 2 月 18 日，中国石化集团公司印发《关于表彰 2019—2021 年度集团公司审计工作先进单位、先进集体和先进个人的决定》，联合石化公司等 20 家单位被授予集团公司审计工作先进单位称号，联合石化公司审计部王海风被授予集团公司审计工作先进个人称号。

（王海风）

【入选 2022—2026 年度环球贸易商计划】 2022 年 2 月，联合石化公司下属新加坡公司入选新加坡政府“2022—2026 年度环球贸易商计划（Global Trader Programme Award，GTP）”，是连续第 6 次入选该计划。GTP 是新加坡政府为鼓励在当地注册的企业以新加坡为基地进行全球贸易的一项企业税收优惠计划，旨在进一步吸引具有一定规模和影响力的贸易公司前往新加坡设立区域贸易总部，鼓励企业将新加坡作为开展离岸贸易活动的基地，并雇佣足够数量的具有必要技能的当地员工。

（陈晓黎）

【获宁波海关 2021 年度重点纳税企业称号】 2022 年 3 月 8 日，宁波海关关税处处长乐志远一行到联合石化公司下属宁波公司走访调研并颁授 2021 年度“重点纳税企业”荣誉牌匾。宁波海关对联合石化宁波公司在快速应对海关政策调整、税款代收代缴等方面取得的成绩予以充分肯定，并表示将继续建立良好的沟通渠道，依托专业关税技术服务，共同为实现宁波口岸货物高效通关赋能。

（姜玲飞）

【获《Tank Storage》全球评选银奖】 2022 年 5 月 25 日，联合石化公司下属冠德公司的 FOT 和 VESTA 合资公司获《Tank Storage》全球评选银奖，其中 FOT 公司获管理创新（Terminal Innovation）银奖，这也是该公司继 2020 年获该杂志全球评选的安全卓越（Safety Excellence）金奖后，第二次获此荣誉；VESTA 公司获安全卓越（Safety Excellence）和未来之星（Terminal of the Future）两项银奖。

（蒋　煜）

【累计无损安全工时超 300 万小时】 2022 年 9 月 30 日，联合石化公司下属冠德公司在阿联酋的合资企业 FOT 公司实现累计无损安全工时超 300 万小时，连续 50 个月保持“零事故”安全业绩。这是 FOT 公司继 2019 年底实现 200 万小时无损安全工时后，连续作业的又一个重要里程碑。作为集团公司首个境外油品仓储合资公司，“安全第一”始终是 FOT 公司的核心价值观之一，充分融合国际先进的 HSE 管理经验和最佳实践，坚持“保护生命、保护环境、保卫资产、保卫声誉”的安全理念，锚定“零损失工时、零泄漏、零火灾”的管理目标，持续改进安全管理，不断为股东创造最大价值。

（欧阳忠滨）

【荣膺“新丝绸之路”年度最佳 CEO】 2022 年 10 月 4 日，第五届“新丝绸之路”年度最佳 CEO 颁奖晚会在阿联酋富查伊拉召开。联合石化公司下属冠德公司副总经理、原 FOT 公司总经理石宝明获石油仓储类年度最佳 CEO 称号。该奖项由富查伊拉当地政府和沙特阿美公司共同设立，设有贸易、仓储、炼化、航运与港口等几大类奖项，表彰具有远见视野并为世界能源贸易作出突出贡献的行业先锋，在业内颇具影响力。候选者由国际遴选委员会提名，最终由 100 多家相关能源市场参与者投票产生。该奖项自设立以来的获奖者均为沙特阿美、维多、摩科瑞、孚宝、VTTI 等国际知名能源公司 CEO 和团队领袖，石宝明是首位获此荣誉的中资公司高管。

（蒋　煜）

石油销售公司

【概况】 中石化石油销售有限责任公司（简称石油销售公司）是股份公司的全资有限责任公司，是国家管网改革保留资产的经营管理主体，属于大Ⅰ型企业，归口炼油事业部管理，2020 年 9 月 9 日在北京注册成立，负责管网改革后原油储运设施保留资产的承接及管理，为相关区域企业办理原油集中采购和销售业务，履行与国家管网衔接原油管输计划及运行协调职能。

截至 2022 年底，石油销售公司本部设立综合管理部（党群工作部、党委组织部）、投资发展部、财务资产部、企业管理部（监督审计部）、安全环保部、原油业务部、运行管理部 7 个职能部门，用工总量 43 人。设 9 家分公司，参股连云港实华原油码头有限公司（持股 51%），受托管理舟山实华原油码头有限公司（中国石化持股 60%）和唐山港曹妃甸拖船有限公司（中国石化持股 18%）。所属分公司及合资企业委托天津石化、青岛石化、上海石化、镇海炼化、扬子石化、中科炼化 6 家炼化企业管理。

石油销售公司有曹妃甸、大港、日照等 9 座油库，总库容 828 万立方米，连接曹妃甸、天津、青岛等 7 家合资公司码头，连接国家管网原油管道 38 条、6200 余千米，直接为中国石化系统内京津冀、鲁豫、甬沪宁、沿江和华南片区 20 余家炼化企业服务。

石油销售公司主要经营指标见表 1。

（苏　祺）

【保障企业资源稳定供应】 2022 年，石油销售公司充分发挥一体化管理优势和纽带作用，动态平衡企业资源需求，灵活安排管输作业计划，提高原油储运系统整体运行效率，实现安全平稳输油，有力保障企业资源稳定供应。全年通过石油销售中转系统为企业输油 1.32 亿吨，占集团公司原油加工总量的 54.5%。积极应对“鲁宁线管线开裂漏油事件”和册镇管线停输检修，配合塔河炼化检修、董东管线投产、胜利油田东营原油库和国家管网东营输油站搬迁投产，精细编排保供方案和应对预案，有力保障企业资源稳定供应和油田后路畅通。

（于　帅）

【生产经营业绩再创新高】 2022 年，石油销售公司扎实开展“牢记嘱托、再立新功、再创佳绩，迎接学习贯彻二十大”主题行动，狠抓安全环保、服务保障、攻坚创效、管理提升、党建引领等重点工作，各项生产经营指标均超计划完成。全年输转原油 1.32 亿吨，实现收入 1759.61 亿元，利润总额 2.65 亿元。动态跟踪税收优惠政策变化，抢抓机遇实现税务降本，推进留抵增值税退税工作，大力缓解现金流压力，累计增值税留抵退税 7.83 亿元，节约财务费用约 0.2 亿元。

（张宏明）

【全力服务集团公司发展大局】 2022 年，石油销售公司牢固树立“一盘棋”的大局观，增强服务主动性、市场预见性和调节科学性，灵活运用原油、储罐资源，向炼化企业提供优质服务。紧盯重点码头、重点油轮、重点环节，优化管输作业计划，统筹中转和商储储罐串换使用，优化油轮靠泊和接卸方案，降低滞期费和一程运费，提高原油接卸和输转效率。疫情期间，优化调整 54 艘约 1055 万吨原油卸货地点和顺序，累计减少油轮压港等待 314 天、节省滞期费 1095 万美元，全年滞期时间同比缩短 8.2%。按照企业需求，优化混合配输方案，实现京津冀和沿江企业高低硫、轻重质原油配比输送。协调东部储运公司在京津冀、甬沪宁地区输送高黏重质卡斯、瓦斯原油 160 余万吨，支持企业降低原油成本 0.55 亿元。

支持沿江企业开展提硫试验，精细编排配输方案和输送计划，全程跟踪分析，动态调整配输比例，降低企业原油采购成本 730 万元。

（于　帅）

【夯实安全环保工作基础】 2022 年，石油销售公司层层压实 HSE 责任，建立并完善公司及全员安全生产责任制，组织公司“一把手”和班子成员、分管领导和部门签订安全生产责任书；以资产管理界面协议为抓手，按照“谁操作谁负责，谁指挥谁负责”的原则，明晰与国家管网间的管理责任；以资产委托和 HSE 管理协议为依据，切实履行好出资人的 HSE 监督职责，督促代管企业落实好国家、地方政府和集团公司安全环保相关要求，将库区纳入 HSE 体系一体化管理。稳步推进安全风险防控和安全环保隐患治理工作，应急管理部重点监管的 30 项安全隐患全部按期完成销项，投入安全环保隐患整治资金 1.05 亿元。积极落实国家应急管理部工作部署，按照“先合规后提升”“先试点后推广”的原则，全力推动安全风险智能化管控平台建设工作，提前一个月完成平台建设任务。

（李晓东）

【全面统筹推进储罐大修】 2022 年，石油销售公司积极推进储罐大修，在兼顾生产运行和原油储备的基础上，制订三年滚动储罐大修计划，合理控制最长大修年限，制订 RBI 年度检验计划，对不满足要求的储罐开展检验，确保依法合规运行。全力组织年度大修计划落实，协调代管企业，建立大修过程的跟踪和协调机制。组织召开储罐大修工作会议，与重点企业问题对接和协调，制定改进措施。2022 年，共组织完成 36 台储罐大修，长周期服役储罐数量比 2021 年底减少 54%。

（巫红军）

【持续完善公司治理体系】 2022 年，石油销售公司全面落实“两个一以贯之”，深入推进“三项制度”改革，将制度优势转化为企业治理效能。建立执行董事（董事长）专题会和总经理办公会制度，制（修）订董事会议事规则、授权管理办法、外部董事履职保障、董事会秘书工作规则等公司治理相关制度，完善修订石油销售公司“三重一大”决策制度和内控权限指引，进一步规范各决策主体的权责范围。委托管理机制进一步健全，建立委托管理月度通报机制，对安全生产、原油业务、运行损耗、工程大修、费用控制、依法合规、典型经验等事项进行通报分享，营造“比学赶超”浓厚氛围。

（孔卓然　李　成）

【不断筑牢依法合规底线】 2022 年，石油销售公司深入开展“严肃财经纪律、依法合规经营”综合治理专项行动和“合规管理强化年”活动，强化内控风控管理，有效防范金融衍生品、资金债务、税务合规等风险，全面筑牢依法合规防线。不断强化内部审计监督保障作用，开展专项审计选商工作，对部分代管资产区域进行专项审计，促进全面提升管理质量。配合集团公司开展衍生品专项审计工作，组织落实整改责任，确保立行立改、即知即改。

（弥斌斌）

【深入宣传贯彻党的二十大精神】 党的二十大召开之后，石油销售公司周密组织迅速掀起党的二十大精神学习热潮，采取丰富多样形式，引导干部员工更加自觉地学习贯彻运用党的二十大精神。制订《石油销售公司学习宣传贯彻党的二十大精神实施方案》，结合党中央和集团公司要求以及石油销售公司实际，制定 8 类 19 项具体的学习宣传贯彻方式、举措，通过将工作安排清单化、责任化，为学习宣传贯彻党的二十大精神提供清晰工作路径。2022 年 11 月 9 日，集团公司党组成员、副总经理、股份公司高级副总裁凌逸群到石油销售公司宣讲党的二十大精神，听取石油销售公司党委关于学习宣传贯彻党的二十大精神有关工作部署，对石油销售公司党员干部学习贯彻党的二十大精神提出要求。党委委员利用党委会学习、中心组学习研讨，党支部利用“三会一课”、主题党日等形式开展集体学习，确保党的二十大精神第一时间传达到每一名党员干部。党员结合工作岗位交流党的二十大精神学习心得，分享学习体会 20 多篇。

（张菲菲）

【加强干部人才队伍建设】 2022年，石油销售公司统筹谋划、有序推进干部队伍建设，强化年轻干部培养使用，年内研究人才相关工作17次。开展专业技术人员选聘9人次，中层管理干部选聘1人次，引进成熟人才4人次。开展高层次人才储备，扎实推进“三千”人才实践锻炼计划，多措并举拓宽人才成长通道。着眼推进专业技术人才基础能力和专业素养提升，全年组织员工培训51班次，累计培训员工357人次，其中中层及以上人员培训8班次、安全环保专题培训3班次。结合疫情实际，灵活培训方式，加大中国石化网络学院和网络培训规模应用，增设石油销售公司专业书籍库，开设维普电子期刊账号，全力保障员工综合素质提升。

（裴　佩）

【开展青年精神素养提升工程】 2022年，石油销售公司建立健全青年工作组织，深入实施青年精神素养提升工程，聚焦“三个问题”开展青年大讨论，号召广大青年建功新时代，主动投身企业高质量发展。高质量开展专题组织生活会，围绕4个方面对标，引导青年深刻检视自身问题，明确改进目标，为后续建功行动奠定思想基础。深入挖掘中国石化青年岗位能手等青年先进典型事迹，开展典型事迹宣讲，充分发挥青年示范引领作用。组织开展书香节、男女足球友谊赛等活动，不断提升青年员工综合素养，增强员工凝聚力，激发干事创业热情。开展青年专项思想动态调研，聚焦青年员工“急难愁盼”问题，积极争取相关政策，为9名非京籍青年员工办理北京市工作居住证，解决青年员工“购房难”“上学难”等问题。

（苏　祺）

【持续推进党风廉政建设】 2022年，石油销售公司不断压实党风廉政建设责任，组织召开党风廉政建设和反腐败工作会议，印发28项重点任务分工方案，全面压实党委主体责任和纪委监督责任。认真贯彻落实集团公司党组关于加强对“一把手”和领导班子监督的部署要求，将“一把手”监督融入日常，抓在经常。高标准开展反腐倡廉教育月活动，深入推进廉洁风险防控和靠企吃企整治。不断落实政治监督规范化精准化，围绕“国之大者”强化政治监督，紧扣核心职责履行落实政治监督，全程跟进监督推进国家管网改革收尾任务、国企三年改革、能源保供、攻坚创效、防范化解重大风险、迎接和学习党的二十大精神等重点任务。

（孔卓然）

表1　石油销售公司主要经营指标

指标名称 \ 年份	2022	2021	2020年10—12月
原油销售量/万吨	3 578.19	3 983.86	907.09
原油中转量/万吨	13 221.00	13 483.00	3 538.00
营业收入/亿元	1 759.61	1 313.17	193.47
利税总额/亿元	9.74	6.34	0.67
利　润/亿元	2.65	2.04	0.08
税金及附加/亿元	7.09	4.30	0.59

北京石油分公司

【概况】 中国石化销售股份有限公司北京石油分公司（简称北京石油分公司）主营汽油、柴油、航空煤油、润滑油、燃料油、天然气、非油品及充换电业务，是首都成品油市场供应主渠道。

北京石油分公司的前身是北京石油集团有限公司，成立于1950年4月。1998年9月，成建制划转集团公司。2000年2月，成立中国石油化工股份有限公司北京石油分公司。2006年12月，非上市部分成立中国石化集团资产经营管理有限公司北京石油分公司，2009年7月实行上市与非上市一体化管理。2014年12月，公司名称变更为中国石化销售有限公司北京石油分公司。2019年1月，公司名称变更为中国石化销售股份有限公司北京石油分公司。

截至2022年底，北京石油分公司资产总额154.26亿元，员工5138人，有在营油库4座、储油罐34座、总库容29.5万立方米。其中，汽油罐29座，罐容21.5万立方米；柴油罐5座，罐容8万立方米。拥有1条环北京成品油管道及1条航空煤油管道，其中成品油管道长151.4千米、设计运载量285万吨/年，航空煤油管道长98.3千米、设计运载量160万吨/年。有加油站555座（自营500座）、加气站45座、加氢站6座，易捷便利店477个、充换电网点43个、洗车网点91个，资产总额154.26亿元。北京石油分公司获集团公司2022年度安全生产先进单位、2022年度节能环保先进单位称号，安全生产实现"十九连冠"。

2022年，北京石油分公司完成油气经营总量331.65万吨，其中成品油经营量322.27万吨、下降21.9%（汽油234.08万吨、下降20.6%，航空煤油16.6万吨、下降62%，柴油71.59万吨、下降3.1%）。机出零售量228万吨、下降17.5%（汽油188万吨、下降18.8%，柴油40万吨、下降11.1%），直分销（含参股）57.85万吨、下降6.2%（汽油30.98万吨、下降19.1%，柴油26.87万吨、增长15%）。天然气经营量9.35万吨，下降20.4%；氢气经营量350.1吨。实现基础品类营业额12.04亿元，下降7.3%。实现利润1.65亿元。

北京石油分公司主要经营指标见表1。

（张　鹏）

【领导班子调整】 2022年12月，李峰玲任北京石油分公司总会计师、党委委员；杜宝伟不再任公司总会计师、党委委员。

（张　鹏）

【学习贯彻党的二十大精神扎实推动】 2022年是党的二十大召开之年。北京石油分公司紧紧围绕迎接学习贯彻党的二十大部署各项重点工作，积极营造迎接学习贯彻党的二十大的浓厚氛围。党的二十大召开期间，组织干部员工收看直播盛况，通过中心组学习、"三会一课"等多种形式原原本本学习党的二十大报告。党的二十大闭幕后，制定学习宣传贯彻党的二十大精神工作方案，成立7个宣讲团及时启动宣讲，推动党的二十大精神直达基层、直通一线；开设党的二十大精神宣传专栏，全面展示学习宣传成果，掀起学习宣传党的二十大精神的热潮，切实把干部员工的思想和行动统一到党的二十大精神上来。

（张　鹏）

【特殊时期服务保障工作坚强有力】 2022年国家大事、要事多。北京冬奥会期间，北京石油分公司高标准抓好冬奥站、加氢站运行，组织冬奥志愿服务团队，展示中国石化良好形象；累计供应成品油、天然气、氢气1120余吨，其中氢气110吨，北京冬奥组委给予高度评价。北京石油分公司获销售公司北京冬奥赞助权益落实先进单位称号。党的二十大期间，公司领导值班值守，机关部门划片承包，各级干部分工包保，基层库站落实到位，完成服务保障任务，市内保局给予来信表扬，集团公司党组给予充分肯定。针对特殊时期特殊要求，坚持提前量、大裕度，明确职责分工，层层压实责任，为圆满完成服务保障任务奠定基础。

（张　鹏）

北京石油分公司给氢能源公交车提供服务和能源保障

【改革创新工作取得新成果】 2022年，北京石油分公司切实抓好深化改革三年行动收官，深入开展做实做强区公司和非油品业务综合改革“回头看”，获销售公司2022年度改革示范企业称号。积极推进油库智能化建设，油库安全保障能力进一步增强。成立互联网运营中心，推进信息技术深化应用，完成“易捷加油”App由自建向全国统建的切换。智能加油机器人项目积极推进，核心技术取得突破。积极推进新能源业务发展，2座加氢站平稳运行，销量在系统内名列前茅；建成青云店、安固2座加氢站和悦实达、庙城2座充换电站。

（张　鹏）

【强化资源统筹】 2022年，北京石油分公司紧盯市场价格走势，积极应对超预期突发因素，灵活把控外采节奏，抢抓采购时机，以效益最大化为原则，将“每吨再降10元钱”的理念贯穿全年外采工作，全力降低采购成本。按照“总部集采－大区统采－省市自采”的三级外采管理体系，紧跟政策导向，与销售公司、华北大区公司上下联动紧密配合，进一步提高市场主导权和议价能力。全年集、统采比例达65%，提升30个百分点，有效降低采购成本。配合公交公司，加强与政府相关部门的沟通协调，争取理解与支持，获得最为有利的LNG购销价格政策，为公司带来1.3亿元的稳定创效能力。

（张　鹏）

【夯实零售经营】 2022年，北京石油分公司持续强化零售经营，成功组织“双节送豪礼·虎年添新翼”充值营销活动，参与活动客户达31.7万人，累计带动充值额12.8亿元，锁定汽油销量12.4万吨，实现首农商品销售额约900万元，活动带动油品充值额、非油品消费金额在销售企业排名第一。不断优化经营策略，持续推广爱跑98汽油，支持区公司开展自主营销，努力维持零售市场份额稳定。针对个别社会站非理性价格竞争行为，实行“一站一策”，开展“点对点”竞争，较好维护零售市场秩序。抓好运营客户召回、单位客户维系工作，承接总部战略客户。及时调整汽服业务发展策略，由合作改为自建自营。深化三方合作营销，引入三方合作营销资源4096万元。

（张　鹏）

【巩固直分销业务】 2022年，北京石油分公司聚焦客户、精耕市场，持续深入推进“终端开发强基、油站攻坚联网、经营协作稳量、油非共进增值”4项经营计划，在基本稳定销量规模基础上积极做好非油品团销，增长13.4%。扎实推进4项经营计划，合理把控量价平衡，实现量效规模总体稳定。大力推进工业尿素销售，探索形成“总对总”开发模式，与国能龙源环保有限公司签订框架合作协议，2次中标其旗下8座特许运维电厂用工业尿素，总标的4.44万吨。

（张　鹏）

【拓展非油品经营】 2022年，北京石油分公司紧盯全年销售热点，利用业务模式创新推进赋能增效。抢抓北京冬奥会特许商品“一墩难求”的市场机遇，协调供应商锁定货源，实现冬奥商品销售92万件，销售额7300万元，毛利达2530万元。充分发挥易捷品牌优势，激发体制机制活力，积极拓展新业务。切实优化商品管理，利用冬奥契机抓好特许商品销售，开发易捷贴牌全生物降解购物袋，推进烟草网上配货，努力增加基础品类营业额。创新会员发展，权益会员数量达178万人。6家易捷Tims联标咖啡店投营，京西中关村站、密云穿梭餐厅两家肯德基店开业，引入咔哥智能厨房及移动餐车配套服务，智能厨房、广告、保险等业务取得积极进展。

（张　鹏）

易捷便利店作为冬奥特许商品零售店

【积极维护网络稳定】 2022年，北京石油分公司坚持“稳存量、拓增量”的发展方向，紧盯年度目标任务，主动适应新形势、应对新问题、探索新模式，深入挖掘发展潜力，全年发展网点31座，其中续租22座、租转购1座、他有他营续租1座、新建站投营3座、长停复业4座。此外，实现大兴机场站、通州首环站等3座高速公路网点投营。推进加油站提质增效，综合考虑安全环保、合理布局、投资效益等，“一站一策”制订改造方案，全年完成加油站提质增效29座，计划完成率100%，同时，通过落实承包商记分考核和召开施工单位述职大会等方式加强工程质量管理，培养一批素质过硬的战略承包商。稳步发展新能源网点，充分利用支持政策，融入地方发展，与大兴、房山、昌平、顺义四区建立长效沟通机制，组建专班共同推动氢能产业发展，全年新建大兴安固、青云店2座油氢合建站，房山储运、向阳加氢站建设取得实质性进展，此外，累计完成光伏项目48个、充换电站24座，北京石油分公司新能源网络布局初见成效。

（张　鹏）

【狠抓安全环保数质量】 2022年，北京石油分公司深入学习习近平总书记关于安全、环保工作的重要论述和指示批示精神，积极推进本质安全专项行动。各级领导对重大安全风险实行定点承包，全年开展安全观察1200余次。深入开展风险排查和隐患治理，多措并举实现风险总值降低。大力开展HSE专项培训，通过“每周一例、每月一考”活动，督促完成体系重点要素内容自主学习。积极推进绿色发展，完成污水回用、三次油气回收安装等项目，完成绿色企业复核和绿色基层建设任务。强化综合督查，全年现场检查3625库站次，月均视频轮巡1.2万余库站次，有效推进问题整改。优化数质量管理，全年未发生数质量等级事故，地方政府部门执法抽检和集团公司抽检油品质量100%合格。2022年，北京石油分公司以优异成绩获集团公司级安全生产先进单位称号，同时也是获集团公司环保先进单位的9家销售企业之一。

（张　鹏）

监测加油站内水源观测井，随时掌握站区地下水水质状况

【强化“三基”工作】 2022年，北京石油分公司落实集团公司统筹部署和销售公司的具体安排，围绕公司“三基”工作实施方案，扎实推动“三基”工作各项措施落实落地，强化“三基”工作考核评价。切实把“三基”落实到安全环保、创效降本、业务经营等各项工作中，充分发挥区公司、专业中心实施落实主体作用，推动基层建设、基础工作、基本功训练取得实效。积极搭建“三基”交流平台，强化“三基”宣传引导，深化改善经营管理建议工作，及时总结提炼企业管理的经验成果。

（张　鹏）

【进一步深化全面从严治党】 2022年，北京石油分公司认真贯彻新时代全面从严治党总要求，全面压实管党治党责任，强化干部队伍建设，政治生态持续向好。党的政治建设进一步加强。认真落实“第一议题”制度，持续巩固深化党史学习教育成果。细化两级党委“把方向管大局保落实”具体措施，把党的领导落到实处。21座万吨站成立党支部，基层党组织政治功能和组织功能不断增强。党风廉政建设进一步强化。紧盯“第一议题”“关键少数”“靠企吃企”“百日竞赛”“冬奥保供”等，推动纪检监督工作走深走实。通过提级核查、交叉办案不断加大执纪问责力度，通过强化制度建设不断堵塞监管漏洞，以警示教育大会、“清风BJSY”微信群、反腐倡廉教育月为载体深化廉洁教育，一体推进“三不腐”取得明显成效，套卡套现等“微腐败”问题数量大幅下降。

（张　鹏）

【强化宣传思想文化建设及群团工作】 2022年，北京石油分公司坚持正确的舆论导向，切实讲好新时代“北京石油故事”。深入开展形势任务教育，定期开展员工思想动态调研，注重做好一人一事思想政治工作。认真履行社会责任，疫情期间为小微企业减免租金 275.9 万元，向东城区捐赠防疫用品价值 9.9 万元。抓实各类劳动竞赛，北京石油分公司获北京市“安康杯”竞赛优胜单位称号。关心困难员工生活，设立“疫情防控专项资金”，组织开展疫情心理辅导 16 次。建立信访工作联席会议机制，针对重点群体及时化解维稳事项。离退休、关工委、共青团、统战以及保密、档案管理等工作积极推进，为公司平稳发展作出应有贡献。

（张　鹏）

表 1　北京石油分公司主要经营指标

指标名称 \ 年份	2022	2021	2020	2019	2018	2017
成品油销售总量 / 万吨	322.27	412.40	364.10	512.67	536.00	513.23
零售量	228.00	303.98	250.70	353.60	324.00	322.77
销售收入 / 亿元	309.05	314.20	363.26	229.42	388.00	324.00
利润 / 亿元	1.65	2.73	−3.50	5.00	7.22	10.10
吨油费用 / 元	707.00	600.00	680.00	440.00	387.00	436.00
资产总额 / 亿元	154.26	155.00	160.00	166.00	151.00	156.00
加油站总数 / 座	555	575	572	568	567	562
在营油库数量 / 座	4	5	6	6	7	7

天津石油分公司

【概况】 中国石化销售股份有限公司天津石油分公司（简称天津石油分公司）是中国石油化工股份有限公司所属销售企业，主要经营成品油、润滑油、燃料油、氢气、天然气、工业脱销尿素的零售、直销、批发业务及其他非油品业务，是天津地区最大的成品油经营企业。截至 2022 年底，天津石油分公司有在营加油站 428 座、在营加氢站 5 座、在营加气站 16 座、光伏并网 28 座、充换电项目 23 座、司机之家 24 座、在营便利店 408 座、油库 3 座，库容 24.9 万立方米。天津石油分公司设 11 个职能部室、4 个专业中心、6 个分公司，全口径用工规模 3814 人，资产总额 81.97 亿元。

2022 年，天津石油分公司全面开展“牢记嘱托、再立新功、再创佳绩，迎接学习贯彻二十大”主题行动，坚持以客户为中心、以奋斗者为本，众志成城、真抓实干，圆满完成既定的“企业经营质效提升、‘比学赶帮超’年度红旗同比增长、员工收入持续增长”三大目标任务。累计夺取“比学赶帮超”红旗 28 面，较 2021 年增加 4 面，其中在新业务及销售拓展、加氢站发展、数智化、纪检监督、劳动生产率方面夺得年度红旗 5 面，较 2021 年增加 1 面。全年实现一般及以上安全事故和数质量事件为零。一年来，天津石油分公司锚定高点、力争上游，交上一份可圈可点的答卷：取得 ISO 9000 质量管理体系第三方认证；获得 2022—2025 年度“企业信用评价 AAA 级信用企业”、集团公司合规管理体系建设 A 级企业、网络安全水平 A 级企业、绿色企业复核 A 档企业；2022 年度销售企业宣传进步单位、年度改革示范企业、“加油站服务提升百日竞赛”铜牌、入选销售企业 2022 年度十佳管理案例、获全国总工会授予的基层工会财务工作先进单位称号；连续 8 年获全国文明单位、连续 6 年获榜样天津最具社会责任企业称号、连续 7 年入选天津市 100 强企业。西南、滨海、武清分公司分别获销售公司2022年度“两力”评价城市型地市级公司综合竞争能力第4名、发展进步能力第2名和第3名。

天津石油分公司主要经营指标见表1。

（赵 莹 何 珊）

【领导班子调整】 2022年2月7日，集团公司党组宣布对天津石油分公司领导班子调整的决定：楼江权担任天津石油分公司总会计师。调整后，天津石油分公司领导班子由佟德健、高望、许渝峰、李春波、杜道林、楼江权组成。

（赵 莹 何 珊）

【组织机构调整】 2022年2月23日，天津石油分公司系统内率先成立合资企业管理中心。10月9日，成立“打非治违”工作办公室，办公室设在零售中心。

（赵 莹 何 珊）

【助力国企改革三年行动收官】 2022年，天津石油分公司以“激活力、提效率、增效益”为主线，聚焦突破关键领域，重点工作与国企改革三年行动深度融合，在原有117项工作任务基础上，修订完善31项重点内容并全部完成，确保国企改革三年行动高质量收官。

（赵 莹 何 珊）

10月16日，天津城区石油长江道站员工在站收看党的二十大开幕会，新华总社对此进行了宣传

【深入贯彻党的二十大主题行动】 2022年，天津石油分公司全面开展“牢记嘱托、再立新功、再创佳绩，迎接学习贯彻二十大”主题行动，创新“三亮、四比、五落实”主题实践活动，即“亮身份，亮承诺、亮行动，比党性、比责任、比形象、比奉献，落实岗位学习、落实攻坚创效、落实安全管理、落实服务提升、落实融合互促”，增强党员责任意识、争先意识。

（赵 莹 何 珊）

【建立“我为群众办实事”长效机制】 2022年，天津石油分公司印发《天津石油“我为群众办实事”长效机制实施意见》，引导公司机关上下积极主动转变作风、服务群众，着力解决员工群众“急难愁盼”问题178件。

（赵 莹 何 珊）

【聚焦关键环节监督治理】 2022年，天津石油分公司探索“一平台统筹＋三层级联动＋五方面核查”的“135”工作机制，精准开展直分销业务“四查一比”专项治理活动，助力直分销销量增长79%；持续深化检维修专项治理，修理费较前两年平均下降34%，入选销售企业2022年度十佳管理案例。

（赵 莹 何 珊）

【抓实风险隐患排查治理】 2022年，天津石油分公司完成大港油库油罐抬升、善门口油库浮盘改造和油罐防腐等9项隐患治理。组织全系统风险识别和隐患排查，最大风险点由党政主要负责人承包，全年各线条通过有效管控措施，实现风险总值由年初162下降至90。

（赵 莹 何 珊）

【HSE管理体系要素到人】 2022年，天津石油分公司认真贯彻新版HSE体系手册，坚持责任上墙、要素到人，将34个二级要素分解落实到11个要素主管部门和365名要素相关管理员，实现要素管控全部到位。

（赵 莹 何 珊）

【从严抓实施工现场安全管理】 2022年，天津石油分公司作业现场全面规范“2+2+1”监管模式和“7+1”作业规定，明确作业管理程序，层层压实责任。制定《特殊作业严管重罚记分措施》，对违章违规行为零容忍，确保施工及重点作业环节无事故。建立月度安全互查、体系督查和专项综合督查一体化监督机制，严格落实奖惩。将42家承包商列入黑灰名单。近三年实现一般及以上生产安全事故和数质量事件为零。

（赵　莹　何　珊）

【严把质量管控关口】 2022年，天津石油分公司首次完成ISO 9000质量管理体系第三方现场认证工作；提前完成国ⅥB车用乙醇汽油升级置换。

（赵　莹　何　珊）

【与交通集团开展战略合作】 天津石油分公司与天津市交通集团于2022年4月27日签署战略合作协议，双方在巩固现有合作基础上全面开启党建共建、物流运输服务、仓储管理、商品供应等合作新模式，带动双方资源互促，实现合作共赢。

（赵　莹　何　珊）

【“打非治违”卓有成效】 2022年，天津石油分公司制发《天津石油“打非治违”专项行动方案》，设置专项线索举报奖励，落实线索举报网格化管理闭环机制。政企协作发挥“打非”合力优势，与市公安局内保总队组织3次“打非”专班座谈，致函市政府并获市长张工亲自批复，全力推进税控云平台建设和“打非治违”工作，促成市公安局启动“迅雷3号”专项行动，全年打击非法加油约362起，罚没非法油品约286吨，创效248万元。

（赵　莹　何　珊）

【优化新能源网络激发新动能】 2022年，天津石油分公司在全国重点地区加氢发展排名第一；完成11座光伏项目并网任务；发展8座充换电项目，超额完成新能源网络建设任务。

（赵　莹　何　珊）

天津石油分公司首座集加油、加气、充电、光伏、司机之家“五位一体”的综合能源服务加能站——天津东北石油双利加能站

【历史遗留问题取得突破】 2022年，天津石油分公司收购多年的聚能油库取得不动产权证书，同时收回蓟州区政府10年欠款7445万元，确保国有资产不流失；解决雪佛龙股权收购历史遗留问题；停业5年之久的涧河服务区加油站成功复营。

（赵　莹　何　珊）

【全力收回拆迁补偿】 2022年，天津石油分公司坚持“拆一还一、补偿到位”原则，收回协和加油站拆迁经营损失6100万元，成功获得同意该站还建的政府性文件，创租赁站拆迁补偿新的里程碑。

（赵　莹　何　珊）

【多维度考核体系应用落地见效】 天津石油分公司建立年度KPI绩效考核指标体系和多维度考核体系，中层管理人员、两级机关管理岗及站长共1400余人参与考核评分，考核结果强制分布定档，两年以来，有2名中层正职降至副职、2名中层副职降至助理、2名助理级人员降至主管。2022年，中层人员末等调整及不胜任退出现岗干部比例13%，两级机关管理岗调整优化用工82人次，加油站站长调整65人次，全年优化用工472人，同销量口径人均劳效提升11%；站长、管理岗、中层人员收入分别增长14%、12%、10%，以奋斗者为本、向价值贡献者倾斜的改革红利逐步释放。

（赵　莹　何　珊）

【即时绩效考核激发内生动能】 2022年，天津石油分公司推行全员全额联量计酬，全面实施加油站员工即时绩效，将实时加油量、非油品销售额等数据精准匹配到人，员工薪酬与个人销售业绩硬挂钩，根据业绩差异，合理拉开收入差距，实现多劳多得、奖勤罚懒。自主开发即时绩效系统全面上线，基层覆盖率100%，加油站员工薪酬即时体现、自主查询，颠覆传统薪酬激励的滞后性，员工主动营销积极性大幅提高，有效促进一线员工抢量上量。

（赵　莹　何　珊）

天津石油分公司在天津西南石油大桥加油站举办“百日竞赛”技能比武大赛

【强化队伍建设推进人才强企】 2022年，天津石油分公司在综合管理、人力资源管理、营销策划等专业序列选拔首席专家1名、高级专家3名、专家9名。开展各层级专家、高级主管、主管技师“一协议两书”的梳理、编制和签订工作，强化目标引领和价值体现。统招大学生由天津石油分公司领导班子亲自面试，晋升至中层副职，最短时间由16年减少至8年，缩短人才成长路径。在年轻干部选拔使用上不断打破隐性台阶，新提拔至中层管理岗位45岁及以下人员占比80%，其中40岁及以下人员占比50%，形成老中青结合、富有活力的干部人才队伍局面。

（赵 莹 何 珊）

【优化“三定”持续“三能”】 2022年，天津石油分公司制订并优化两级机关“三定”方案，基层机关定编标准减少80人，降幅21.5%。机关37人在“三能”改革中交流到分公司或协议解除劳动合同。2022年人均劳效670吨，增加67吨，增长11%。

（赵 莹 何 珊）

【共享改革发展成果为员工谋幸福】 2022年，天津石油分公司职工人均补充医疗保险保费增长25%，由1150元提高至1440元；补充医疗保险报销比例由80%提高至90%。

（赵 莹 何 珊）

【盘活“低无负”资产】 2022年。天津石油分公司盘活闲置资产62项，收回资金8795万元、创效7696万元。16座加油站公开挂牌“我有他营”，其中成交8座，最高溢价率233%，年创效790万元。

（赵 莹 何 珊）

【培训体系全面覆盖】 2022年，天津石油分公司建立全员数字化学习管理体系和分级赋能HSE培训体系，推广“天津石油赋能培训云课堂”“主播训练营”，实现HSE培训库站一线全覆盖、新能源取证率大幅提升。

（赵 莹 何 珊）

【强化合规管理体系】 2022年，天津石油分公司《危险化学品运输环节法律风险提示》以及《销售企业常见纠纷案件法律风险分析》等法律工作成果被销售公司采纳发布，推动法律资源共享。从严落实招投标流程、代理机构评价标准、供应商全生命周期管理，完成选商260余项，非框架类成交金额约1.2亿元，真正实现应招必招、能招尽招。

（赵 莹 何 珊）

【审计监督护航经营管理】 2022年，天津石油分公司完成集团公司离任审计、销售公司挖潜增效审计整改率100%；针对ETC充值、加油卡积分兑换等26项经营管理中的薄弱环节和潜在风险进行预警提示，风险排查金额1399万元；工程结算审检、督促收回场地租金及广告代理费等，促进增收节支813.8万元；合资企业轮审实现“两年全覆盖”。

（赵 莹 何 珊）

【信息化建设再创新成果】 2022年，天津石油分公司自主开发预算管理系统，提高预算管理信息化水平。推进站级一体化应用，全面实施非油品零点自动日结功能，减轻一线员工工作量和财务核算难度。在销售企业内率先完成“双防数智化平台”建设并投入使用。圆满完成销售企业首家智能油库建设，将油库运营管理与大数据、工业互联网、3D等技术深度融合，实现现场标准化、管理精益化、运行智慧化。自主研发上线新应急局日报上报平台，实现400余座加油站应急日报每天自动采集、定时上报，每年可为加油站节省5.11万工时、15.33万张打印纸，节约设备更新及维护费用168万元。

（赵 莹 何 珊）

【科技创新工作再上新台阶】 2022年，天津石油公司成立科技创新工作委员会，有效提高科技项目管理效率，其中“便携式线纹读数装置”成功申报实用创新专利，“加油站地埋式储油装置”等5件专利取得专利证书，超额完成销售公司下达的任务指标。

（赵 莹 何 珊）

【勇担中央企业社会责任】 2022年，天津石油分公司持续助力帮扶攻坚，推进宝坻2座定点扶贫村“数字乡村”建设，与南开中心小学签约对青海省尼桑堂完小开展教育帮扶工作，捐赠170套被褥、6.9万元视频教学设备；全力服务户外劳动者，共建成“爱心驿站”106座、“司机之家”24座。

（赵 莹 何 珊）

表1 天津石油分公司主要经营指标

指标名称＼年份	2022	2021	2020	2019	2018	2017
成品油销售总量/万吨	209.90	220.50	206.20	237.46	253.80	263.40
零售量	147.50	174.80	175.70	195.71	196.50	194.20
销售收入/亿元	195.63	173.80	131.92	178.00	195.00	163.60
吨油费用/元	608.00	506.00	618.00	553.00	506.00	472.00
在营加油站数/座	428	473	467	474	476	475

河北石油分公司

【概况】 中国石化销售股份有限公司河北石油分公司（简称河北石油分公司）本部位于河北省石家庄市，其机构前身成立于1949年11月。1998年6月27日正式划归集团公司。2000年5月23日，按照集团公司企业重组改制精神，其主营业务重组成立河北石油分公司，其存续部分称中国石化集团河北石油有限责任公司。后者于2006年更名为中国石化集团资产经营管理有限公司河北石油分公司。2014年按照中国石化混合所有制改革部署，变更为中国石化销售有限公司河北石油分公司；2019年按照股改要求，变更为中国石化销售股份有限公司河北石油分公司。

河北石油分公司是河北省成品油市场供应主渠道，主要经营全规格的汽油、柴油、润滑油（脂）以及天然气、氢能、非油品、光伏发电、充换电业务。

截至2022年底，河北石油分公司下辖13个二级单位、9家合资公司、1个直属机构，省公司本部内设15个职能部门；自有在营油库11座，油库总容量55.6万立方米，其中汽油库22.5万立方米、柴油库31.4万立方米、乙醇库1.7万立方米；在营加油站1580座、易捷便利店1546座，销售网络覆盖河北城乡各地；资产总额135.9亿元，用工总量9151人。公司党委下辖二级党委13个、党支部213个，在职党员2869人。

河北石油分公司主要经营指标见表1。

（韩 博）

【领导班子调整】 2022年1月25日，集团公司党组任命刘少林、钱有为河北石油有限责任公司副总经理，股份公司聘任刘少林、钱有为河北石油分公司副总经理。调整后的河北石油领导班子由张文胜、陈伟、王津培、洪威、曹洪华、刘少林、钱有组成。

（韩 博）

【实现历史性扭亏为盈】 2022 年，河北石油分公司紧盯市场和现场，统筹安全与发展，坚定不移走内涵式高质量发展之路，重塑核心竞争优势、踏稳改革创新步伐，夯基础、强弱项、补短板、固底板，创造几年来最好业绩。经过全体上下的不懈奋斗，2022 年实现利润 6118 万元，减亏 7.16 亿元，扭转持续 6 年的亏损局面。全年获销售公司“比学赶帮超”红旗 26 面，增加 20 面；获销售企业年度改革示范企业称号，获评集团公司绿色企业 A 级单位；省公司财务资产部被集团公司评为内控风控先进集体，保定、承德两家公司挺进销售企业“两力”评价先进行列。

（韩 博）

【体制改革取得重大进展】 2022 年，河北石油分公司深化改革三年行动圆满收官，将延续近 20 年的、以行政区划为标准设置的 166 个县片区大幅压减，重组成 92 个以管理半径、业务重心为标准的区域经营部和高速公路经营部，县片区压减比例达 44.6%，同步减少基层管理人员 67 人；重新界定区域经营部责权，破除基层干部官老爷作风，压实现场管理、对外协调、客户开发核心职责，将区域经营部经理由指挥命令式的行政经理转向赋能服务式的项目经理；着力打造专业化机构，相继组建机构（重卡）客户项目部、高速公路项目部、运维项目部、LNG 项目部，突出专人专班专事专责，推动一批重点工作获得重大突破。调整省市公司机构职能，组建配送中心、新能源项目部，设立河北石油党校（微水实训基地），加大专业人才和成熟人才引进力度，提升专业化水平。推动标准化体系建设，高标准编制业务指导手册和岗位指导手册；完善制度体系，废止、修订不适用制度，推动制度上线，开展制度学习，提升制度执行力。实施行政效能跃升计划，建设企业内部门户，推进要事督办，优化会议管理。

（韩 博）

【大力实施客户开发计划】 2022 年，河北石油分公司面对严峻的经营形势，变“坐商”为“行商”，组建机构、重卡、直分销三大类 300 余人的客户经理队伍，省市公司领导班子带头走访，推动百名机关人员挂职客户经理，在 600 余座小站推广“站长 + 客户经理”模式，打响公车客户攻坚战，开展直分销客户大走访，实现社会站走访全覆盖，广大客户经理积极主动走出去，以前所未有的工作状态和激情开拓直分销客户、机构客户、重卡客户、公车客户，不厌其烦地走进企业单位、工厂、物流园、社区，为客户办理 IC 卡、充值、一键加油、定点加油、团购等业务，全年开发客户 11 万个、IC 卡充值 123 亿元、一键加油充值 20.2 亿元，赢得客户广泛赞誉，客户开发工作起到托底稳量的巨大作用。

（韩 博）

【全面提升营销服务水平】 2022 年，河北石油分公司创新实施忠诚客户回馈计划，波浪式推进年货节、养车节、酒水节、易享节等主题营销，大力开展小站改革、千站亮剑、“低无负效”站治理、“高潜低效”站提升，实施“携手抗疫，真情回馈”等主题活动，多项营销成绩达到历史新高，以有限营销资源创造最大营销价值。打造线上线下融合的 OMO 会员服务平台，持续做大套餐营销体系，丰富套餐内容、扩大套餐会员规模，实现线上线下高度融合、油与非油正向循环，大幅提升客户黏性和复购率。以“尊重”为服务主基调，以“标准化”为服务总抓手，深入开展“服务提升百日竞赛”，强化站长现场沟通客户职责，推动员工“礼貌迎送”“亮声服务”等基础服务，深化实施“擦续收”“试吃试饮”“随手礼”“免费洗车”等增值服务，建设 12 家高品质客户服务中心，用好客户正面反馈和负面评价，服务水平得到整体提升。建设加能站运营标准化体系，制定加能站运营手册，实行分类定级、标准化管理，引进新品潮品，完善尾货处理机制，推行标准化铺货，开展门店督导，强化店员培训，加大整件销售激励，鼓励全员“亮声”营销，开拓环保产品、洗衣等新业务，易捷服务运营力、商品力、销售力持续夯实。

（韩 博）

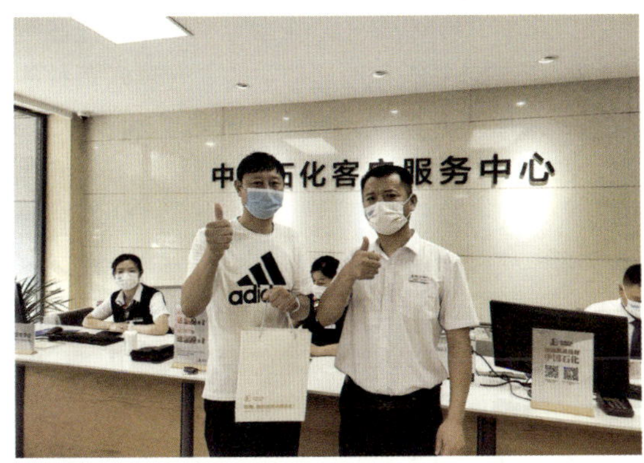

2022 年，河北石油分公司在全省 12 个地市建设 12 家高品质客户服务中心，为客户提供一站式的高水平全业务服务，有效拉近与客户的距离

【强化干部人才队伍建设】 2022 年，河北石油分公司把实行公开竞聘、由“相马”到“赛马”作为净化选人用人风气、选拔德才兼备干部的关键一招，组织全省范围公开竞聘、交流任职，实现三年来新提拔中层干部竞争性选聘占比 100%、2/3 以上到基层任职；同时，推动干部年龄结构不断优化，现任中层干部中“80 后”占比 76%，地市公司一把手“75 后”达 70% 以上。对在同一单位、部门工作满 5 年的中基层干部集中实施异地交流，交流率 100%。建立“绩效考核 + 述职评议”中层干部考核模式，组织全体干部述职大会，中层干部逐一向省公司党委述职，接受党委考核评价和绩效面谈，考核 A 档的被评为卓越领导者，优先选拔使用，考核 C 档、排名末位的予以淘汰或调整使用，末等调整、不胜任退出的中基层干部占比达 3.1%。推动站长队伍流动，建立能者上庸者下机制。出台站长任期目标责任制，开展站长考评，达标获得奖励、卓越赢得荣誉，2022 年表彰达标、卓越站长 147 人，淘汰低绩效不合格站长 129 人；严格执行任期制，三年任期届满必须交流，2022 年共交流 557 人；社招 100 名高学历、高素质后备站长，加强任职资格管理，建立站长人力资源池，在人力资源池范围内公开竞聘，杜绝在站长选拔中上下其手、暗箱操作。引进社会成熟人才，为零管、经管、发规部门选聘 HSE 工程师，为部分市公司配备安全总监；建立低绩效员工绩效面谈、提升培训和岗位退出机制，开展合同期满考核及“双严”治理工作，2022 年精简低绩效用工 646 人。

（韩　博）

【着力提升网络质量】 2022 年，河北石油分公司实施加油站商业化改造计划，完成 1100 余座加油站翻新改造，网络品牌形象大幅提升；自主组建运维力量，打造标准化现场，实施旱厕改造，解决加油站用水难题，亮化夜间环境，推进清洁提升行动，现场“脏乱差”问题得到有效解决。务实重效推动重点区域油气网络发展，全年新发展 LNG 加气站 13 座，着力做大天然气量效规模，天然气销量同比增长 237%；着力解决网络发展历史遗留问题，果断处置无效、负效加油站，启动闲置资产试点转让；衡水油库投营，邢台油库完成隐患治理改造，泊头等油库关停并转，油库布局更加优化。稳妥推动新能源转型，雄安新区第一座加氢站建设顺利启动，光伏、充换电站建设任务顺利完成，总部科技攻关“十条龙”项目“加氢站和氢气检测实验室建设”顺利“出龙”。

（韩　博）

【全面加强党的领导】 2022 年，河北石油分公司深入推动“主题行动”落地见效，统筹推进党建引领、客户开发、卓越服务等 8 个方面、46 项重点任务，实现加油站现场服务水平不断提升，门店标准化、友好化持续推进，全员客户开发蓬勃发展，深层次改革稳步向前，安全环保逐步迈向本质安全，企业稳定大局持续巩固，初步实现高质量党建引领下的高质量发展。规范党委议事决策机制，完善党委决定及前置研究事项清单，更新“三重一大”决策制度，2022 年组织召开党委会 35 次，研究决策各类重要事项 136 项，一批重大项目相继开展。严肃党内政治生活，召开党史学习教育专题民主生活会，认真落实“第一议题”和党委中心组学习制度，组织党委理论中心组学习 13 次、专题研讨 6 次，加强学用转化，以习近平新时代中国特色社会主义思想指导实践、推动工作。加强以党支部为核心的基层建设，围绕片区体制改革优化基层党支部设置，万吨站党支部覆盖率 100%，5000 吨以上加油站自有党员覆盖率 100%，班组党员覆盖率 100%，提前完成销售公司目标任务。发挥战斗堡垒作用，组织开展“三查三强”主题党日等活动，规范建设党员示范岗、党员责任区，开展争创“最美标兵”，助力“百城万站・卓越服务”劳动竞赛，组建抗疫服务队，基层党建工作与经营管理深入融合。扎实开展党建共建活动，省公司机关党委与省文联等9个省直机关党委开展“联学共建”，全系统党组织与72家单位开展党建共建。

（韩　博）

【推进从严治党向基层延伸】 2022年，河北石油分公司召开全面从严治党推进会、开展“强化规矩意识 严守纪律底线”专项整顿，聚焦“靠企吃企”典型表现和案件暴露出的问题开展整治工作；对3212名加油站站长以上干部开展经商办企业情况起底式清查；聚焦投资资金管理、重要敏感岗位交流等10个领域，全面排查廉洁风险，深入整治靠企吃企突出问题。连续3年开展加油站“微腐败”专项整治，2022年全面推进基层“清风行动”，不断对基层“微腐败”问题加压整治，基层管理生态实现根本好转，2022年发现查处的加油站违规违纪行为较2019年大幅下降90%。全面加强基层监督力量，推进员工奖惩工作规范化、制度化，上收奖惩权限，有效杜绝基层私罚滥罚问题。着力构建“司部站班”四级廉洁教育体系，开展“整治靠企吃企，促进廉洁从业”反腐倡廉教育月等活动，举办青年干部廉洁从业演讲比赛，曝光典型问题，达到强烈警示震撼效果。对中基层干部开展日常监督谈话，推进作风整治专项行动，从严从实做好干部教育监督工作。

（韩　博）

【筑牢安全环保底线】 2022年，河北石油分公司切实增强安全生产领导力，调整省市公司安全工作分工，选聘安全工程师，设置市公司安全部门，选拔市公司安全总监，组织HSE资格培训认证，实现全员持证上岗。努力构建油库本质安全状态，推动领导干部驻库办公，关停沧州泊头等老旧油库，升级改造邢台等隐患油库；开展油库隐患专项整治，大力推广付油“十联锁”、罐前阀电动化等技改措施；委派省公司安全专家到油库挂职锻炼，组织油库主任异地挂职交流，开展六项技能培训，全面提升油库运营水平。紧盯承包（运）商、加氢站、加气站、中央仓等重要环节，强化重点领域安全保障，组织承包（运）商QHSE管理体系审核，强化JSA应用，推行施工现场“标准化”管理；实施全省设备管理要素专项内审，开展建筑物安全隐患专项排查，组织“筑防线保安全”等专项检查，有效识别大风险、防范大隐患。紧紧盯住环保手续历史遗留问题整改，持续推进绿色企业行动计划，全部完成库站环评手续补办工作，环保手续具备率提升至100%。

（韩　博）

【全力防范经营风险】 2022年，河北石油分公司组建省公司经营风险咨询专家组，建立232人的省市公司风控稽核队伍，针对直分销、加油卡等高风险业务开展常态化稽核，推动财务稽核向基层片区、库站延伸。进一步健全合规体系，深入落实“严肃财经纪律、依法合规经营”综合治理要求，全面完成“合规管理强化年”各项工作，切实发挥大监督格局作用，综合风控稽核、内控检查、法律监督、纪检监督、内外审计等资源形成风控合力；充分发挥审计发现风险作用，盯紧数字化平台、合资合作等风险，严控法律合规风险。加强关键环节风险管控，紧盯大额交易、高频交易，持续强化异常情形风险管控；加强合资公司及工会、党委账户监管，开展企业各类银行账户全面核查清理；开展各类信息系统账号权限清理；落实采购、投资和财务管理等重要领域、关键岗位定期交流轮岗机制；开展承包商、承运商、合资企业、委托管理站等合规性审计。深化权限分级管理，开展阳光招标采购，加强制度体系建设，建设在线制度平台，开展“学制度、明规定、强执行”常态化学习，持续提升制度有效性和执行力。

（韩　博）

表1　河北石油分公司主要经营指标

指标名称 \ 年份	2022	2021	2020	2019	2018	2017
成品油销售总量/万吨	401.80	439.00	466.00	597.36	586.70	608.68
零售量	269.50	295.60	336.00	450.85	456.03	482.17

续表

指标名称 \ 年份	2022	2021	2020	2019	2018	2017
销售收入 / 亿元	364.15	309.34	287.70	414.72	405.26	382.25
利润 / 亿元	0.61	-6.50	-8.80	-14.54	-14.98	-4.91
吨油费用 / 元	570.00	636.00	612.00	506.00	463.00	427.00
加油站总数 / 座	1 580	1 661	1 707	1 796	1 796	1 796

山西石油分公司

【概况】 中国石化销售股份有限公司山西石油分公司（简称山西石油分公司）本部位于山西省太原市万柏林区大王路 8 号，前身为成立于 1951 年的中国石油公司太原支公司，伴随管理体制多次变更，企业几经更名，1991 年改为山西省石油总公司，1998 年整体上划集团公司，2000 年 10 月重组改制为中国石油化工股份有限公司山西石油分公司，按照中国石化油品销售系统改革重组安排，2014 年更名为中国石化销售有限公司山西石油分公司 ,2019 年更名为中国石化销售股份有限公司山西石油分公司。

山西石油分公司为中国石化在山西唯一的、也是山西省最大的成品油销售企业，承担着成品油资源配置、供应的主要任务，主营汽油、柴油、煤油、润滑油、天然气、充换电及非油品业务。

山西石油分公司下辖 11 个市分公司、109 个县（区）公司，截至 2022 年底，用工总量 7457 人，共有在用油库 12 座，在营加油站 1232 座，非油品便利店 1173 座，资产总额 100 亿元。

山西石油分公司主要经营指标见表 1。

（王喜梅）

【领导班子调整】 2022 年 1 月 19 日，中共中国石化党组召开视频会议，宣布冯东明任中共山西石油总公司委员会党委书记、山西石油分公司代表，吴劲松调任山东石油分公司党委书记、分公司代表。2 月 18 日，鉴于年龄原因，股份公司决定解聘郝润明的山西石油分公司副总经理职务。6 月 13 日，股份公司决定聘任王剑为山西石油分公司副总经理。10 月 23 日，鉴于年龄原因，中共中国石化党组决定免去马建祥的中共山西石油总公司委员会副书记、委员、纪律检查委员会书记职务。12 月 20 日，根据工作需要，股份公司决定解聘张毅的山西石油分公司总经理职务，同日，中共中国石化党组决定李萍任中共山西石油总公司委员会副书记兼纪律检查委员会书记，免去张毅的中共山西石油总公司委员会副书记、委员职务。山西石油分公司领导班子由冯东明、韩祥峰、邓红平、王剑、李萍 5 人组成，冯东明负责全面工作。

（王喜梅）

【扭亏脱困实现破局】 2022 年，山西石油分公司克服近三年来疫情最严峻的不利影响，坚定不移贯彻“以资源运作打通创效链路、零售保价稳量、直分销扩销拓市、易捷服务融合互促”经营思路，成功探索扭亏脱困之路，实现“三年扭亏”既定目标。成品油经营总量增长 5%，近 4 年来首次正增长；直分销增长 39%，销量创历史新高；零售营销投入下降 57%，差价收入增长 89%，为近 5 年最高水平；易捷服务基础品类营业额增长 19%，利润增长 107%，扭转增长停滞局面；报表利润完成率 120%，增长 1339%。

（王喜梅）

【提升管理争先进位】 2022 年，山西石油分公司深入推进“322”工作机制运行，以“严肃财经纪律，依法合规经营”综合治理、“对标一流管理提升”行动和“比学赶帮超”等工作为抓手，狠抓安全环保和“三基”管理，管理水平实现提升进位。年内绿色基层创建率 63%，完成油库双重预防机制系统建设及雷电预警系统、消防远程启动等改造任务，加油站环评、排污手续问题全面“清零”，取得油品、非油品 ISO 9000 体系认证，内控风控合规工作实现常态化、全覆盖，全年夺得“比学赶帮超”红旗 34 面，为历年最多。

（王喜梅）

【综合能源网络巩固提升】 2022 年，山西石油分公司顺应能源革命和消费需求的深刻变化，推进向“油气氢电服”综合能源服务商转型，综合能源网络得到巩固提升。狠抓网络维稳，坚守“拆一还一”和“存量网点总量不减”底线，加油站总数较 2021 年增加 8 座，遏制加油站数量下降势头；狠抓提质升级，完成综合改造 145 座，治破治旧 800 余座，夜间亮化 290 座，改造厕所 445 座，47 座换上新形象，加油站品牌形象更为靓丽；狠抓外延拓展，建成和投营加气站 8 座，与华新燃气、城投等地方能源企业成立合资公司，锁定网点规划 29 座，储备油气项目 28 座；狠抓新能源布局，新发展光伏项目 40 座、充换电站 40 座，推进 1 座加氢站项目规划落地，开辟能源转型的新跑道。

（王喜梅）

【党建工作呈现新气象】 2022 年，山西石油分公司扎实开展“牢记嘱托、再立新功、再创佳绩，迎接学习贯彻二十大”主题行动，在优势转化上持续发力，党建工作呈现新气象。开辟宣传新阵地，全年在省部级媒体刊发稿数量增长 74%；突出人才队伍建设，“80 后”中层干部占比提升至 27%；突出基层组织保障，成立 9 个加油站党支部，年销量 5000 吨以上加油站实现自有党员 100% 全覆盖，打造万吨站支部品牌、树立全省站级支部新标杆；突出从严监督执纪，信访举报同比下降 41%，企业干部员工“零违法”；突出社会责任履行，积极助力乡村振兴，建设打造“司机之家”78 座、“爱心驿站”155 座，其中 6 座获山西省民生实事项目称号、9 座被山西省总工会授牌表彰。

（王喜梅）

【获年度改革示范企业称号】 2022 年，山西石油分公司聚焦“提效率、增活力、添动力”，始终抓住“扭亏脱困”中心任务，坚定不移推进改革。坚持“两个一以贯之”，构建高效分公司治理体制机制；完善大监督体制，构建“四面三线”监督机制；坚持“三能机制”常态化运行，激发干部职工干事创业精气神；持续完善业绩考核机制与分配办法，实现绩效考核全覆盖无死角；坚持“突出运营”抓改革，提升企业运营管理水平。年内全面完成深化改革三年行动计划 67 项任务，被销售公司授予年度改革示范企业称号。

（王喜梅）

【县（区）公司改革入选销售企业“十大创新事件”】 2022 年，山西石油分公司聚焦恢复提升四项核心职能、发挥三个作用，以业务为驱动、以客户为中心、以市场为导向，全面实施县（区）公司改革。明确县（区）公司经理（书记）统筹经营、管理、发展、党建职能，强化县（区）公司属地管辖、内外协调和现场管理职责；增设零售经理、销售经理，增加客户经理和易捷服务督导人员，充实一线经营力量；完善绩效薪酬、分级评价等激励考核机制，激发县（区）管理团队工作活力。2022 年县（区）公司直分销增长 114%，机出价格到位率提高 1.58 个百分点，差价收入增长 39%，变动费用同比下降 23%，县（区）公司经营基石作用得到夯实。山西石油分公司县（区）公司改革填补销售企业改革空白，入选销售企业“十大创新事件”。

（王喜梅）

【推出“7 折券”营销】 2022 年，山西石油分公司着力增强油非互促能力和差异化核心竞争能力，策划推出“7 折券”营销产品，以加油购物综合优惠为卖点，全员、全渠道开展营销宣传，依托员工算账“明白纸”和客户算账“明白纸”，提升员工营销积极性，提高非油客户购买率、增强零售客户黏性，全年“7 折券”累计参与客户 135 万人次，使用率 14.4%，带动门店零售额 1.3 亿元，投入产出比达 129%，成功打造山西石油特色油非互促营销服务品牌。

（王喜梅）

山西石油分公司“7 折券”
营销成功打造油非互促特色服务品牌

【首个三晋消费帮扶超市投营】 2022 年 6 月 9 日，山西石油分公司首个三晋消费帮扶超市在太原滨河加油站便利店内投营。该消费帮扶超市是山西石油分公司与山西晋勤服务集团落实双方战略合作协议、推动巩固脱贫攻坚成果、带动山西农副产品销售的共同行动。超市初步引入宁化府陈醋、胖福原杂粮、野山坡沙棘汁、大槐树醋糕等 200 多种山西特色商品，进店消费可享受中国石化“七折券”优惠。该超市的投营，对释放疫情期间消费潜力、促进消费逐步恢复具有重要意义。

（王喜梅）

山西石油分公司首个三晋消费帮扶超市投营

【运城油库储运班组获 2020—2021 年度全国“安康杯”竞赛活动“优胜班组”】 2022 年 7 月 18 日，中华全国总工会、应急管理部、国家卫生健康委员会联合发布表彰 2020—2021 年度全国“安康杯”竞赛活动先进集体和个人名单。中国石化油品销售企业 10 家单位获优胜单位和优胜班组等称号，山西石油分公司运城油库储运班组爱岗敬业有担当、团结协作打硬仗，坚定不移贯彻“安全第一，预防为主”总方针，用实际行动树立油库安全生产榜样，获优胜班组称号。

（王喜梅）

【首座新形象旗舰加能站】 2022 年 10 月 18 日，山西石油分公司首座新形象旗舰站亮相太原城南太茅加能站。该站严格按照 2021 版《中国石化综合加能站新形象手册》完成改造，为 2010 年以来山西石油分公司加油站形象首次升级。改造后的太茅加能站增设能源管理系统、智能照明系统、负压真空卫生间、360 全景鹰眼摄像机、卸油流程控制器等 6 项新功能，预留光伏、充电、汽服等多种综合服务空间，站内设施设备齐全，服务功能完善，外观独特靓丽，成为山西石油一张全新的形象名片。

（王喜梅）

【中国石化首座正式投营重卡换电站】 2022 年 12 月 30 日，山西石油分公司与国家电投上海启源芯动力科技有限公司合作建设的重卡换电站在山西长治分公司关村站建成运营，这是中国石化首座正式投营的重卡换电站。该站位于山西省长治市潞州区交通枢纽，具备加油、重卡换电、易捷便利购物、“司机之家”等一站式综合服务功能，换电站采用顶部吊装式换电结构，上部有 8 个电池工位，从司机扫码更换电池到更换完成仅需 5 分钟，每天可满足 168 车次换电需求，相对于传统充电模式，能有效解决重卡充电车位稀缺、电池容量大、充电时间长等问题。该站的投营是山西石油分公司落实中国石化“一基两翼三新”产业格局战略部署、积极融入山西能源革命转型发展大局、因地制宜推动能源转型的重要举措。

（王喜梅）

中国石化首座正式投营重卡换电站——关村换电站

【布局首个加氢站项目】 2022年，山西石油分公司深入贯彻落实集团公司“一基两翼三新”产业格局，积极融入山西省政府氢能产业发展规划，努力推进加氢站规划布局。4月向山西省发改委提交氢能中长期规划编制和加氢站建设书面建议，9月在太原能源低碳发展论坛上，抓住吕梁市打造氢都机遇，提出通过合资合作方式与吕梁当地龙头企业共同建设和运营加氢站构想。年内多层级多轮次主动拜访地方政府、实地考察相关企业，最终与山西美锦能源股份有限公司达成合作，共同推进吕梁离石南关加油加氢站项目，完成方案设计、规划立项及报批手续，迈出山西石油分公司氢能发展布局第一步。

（王喜梅）

【晋中油库完成智慧化改造】 2022年，山西石油分公司立足提升油库运行、推进科技强安，致力于运行数据高度集成与安全预警数字化，试点完成晋中油库智慧化改造。晋中油库始建于1953年，是山西石油分公司首座和最大油库。此次智慧化改造依托销售公司试点成果，完成生产调度、作业计划、设备与巡检管理等智能油库综合管理平台功能建设；整合各子系统建成集成 scada 平台，实现库级自动化系统联动与控制；运营监控数字化运行，实现远程监控与报警预警时时响应；建立库级实时数据中心及数据同步机制，实现“云—边—端”数据贯通共享。这是晋中油库继2007年实施管输配套工程改造以来又一次大规模升级改造，为山西石油分公司全面推行油库智慧化升级积累宝贵经验。

（王喜梅）

【山西省内率先完成油品国ⅥB标准升级】 按照中国石化国ⅥB车用汽油质量标准全国推广实施进度安排，为确保2023年1月1日全面实施国ⅥB车用汽油质量新标准，山西石油分公司于2022年12月完成全省中国石化加油站国ⅥB油品置换工作，在山西市场率先实现车用汽油再次升级。自2001年以来山西石油分公司按照中国石化总体部署，6次领跑山西成品油质量升级，用实际行动践行“每一滴油都是承诺”的社会责任。

（王喜梅）

表1　山西石油分公司主要经营指标

指标名称＼年份	2022	2021	2020	2019	2018	2017
成品油销售总量／万吨	332.96	316.00	326.00	364.00	395.00	381.77
零售量	162.55	194.00	207.00	238.00	273.60	275.63
销售收入／亿元	294.01	230.79	195.75	246.53	277.45	230.74
利润／亿元	0.73	0.05	−6.49	−9.80	−13.50	−6.90
吨油费用／元	456.00	492.00	531.00	445.00	430.00	491.10
在营加油站总数／座	1 232	1 239	1 250	1 317	1 385	1 211

上海石油分公司

【概况】 中国石化销售股份有限公司上海石油分公司（简称上海石油分公司）系销售公司直属在沪大型成品油、非油品销售企业。其前身系创建于1953年10月的中国石油公司上海分公司。经历年业务调整，名称变更，1983年，其煤炭经营业务划归上海市燃料公司后更名为上海市石油公司。1995年11月，上海市原区县石油公司行政业务统一集中管理后成立为上海市石油（集团）

有限公司。1998年9月，上海石油（集团）有限公司成建制划归集团公司并更名为中国石化上海石油（集团）公司。1999年8月，原中国石化华东销售公司高桥石油站等经营性资产划入中国石化上海石油（集团）公司。2000年2月，中国石化上海石油（集团）公司主辅分离，改制上市，主营业务部分组建为中国石化股份有限公司上海石油分公司，辅助业务部分组建为中国石化集团上海石油有限责任公司（后更名为中国石化集团上海石油资产分公司）。2014年5月，中国石化股份有限公司上海石油分公司更名为中国石化销售有限公司上海石油分公司。2019年2月，中国石化销售有限公司上海石油分公司更名为中国石化销售股份有限公司上海石油分公司。

上海石油分公司主营汽油、柴油、天然气、燃料油、润滑油及其他化工化纤产品的零售。经营日用百货便利店、食品餐饮、烟草零售、医疗器械、药品零售、酒类批发等，具备站用加氢及储氢设施销售、消防器材销售、化工石油设备管道安装建设工程、自有房屋租赁、汽车清洗服务等经营资质，涉足社会民生的各个关键领域。

2022年，上海石油分公司完成经营总量449.1万吨，其中成品油448.08万吨、下降19.5%；成品油零售335.96万吨，下降23.1%；直分销112.11万吨，下降6.6%；易捷服务营业额18.9亿元，增长22%。实现报表利润9.07亿元，商流费用20.30亿元，吨油费用453元。在集团公司层面，获评“牢记嘱托、再立新功、再创佳绩，迎接学习贯彻二十大”主题行动先进单位、年度安全生产先进单位、年度节能环保先进单位、“三项制度”改革评估A级企业、党建考核A档、年度宣传工作进度单位等。在销售公司层面，获“比学赶帮超”红旗35面，被评为优秀企业。

上海石油分公司主要经营指标见表1。

（郑珉磊）

【众志成城打赢疫情防控阻击战】 2022年，上海石油分公司坚持人民至上，上半年面对疫情带来的人员健康、安全管理、增量创效等多重压力，牢牢遵循习近平总书记“人民至上，生命至上”理念和“疫情要防住、经济要稳住、发展要安全”重要指示精神，认真贯彻落实集团公司党组要求，坚定不移地按照市委市政府有关部署，因时因势制定预案，压紧压实防控职责，从严从细落实措施，全力保证经营管理秩序稳定、干部员工安全健康。上海石油分公司干部员工驻守库站，党员突击队下沉一线，430座加油站累计为应急防疫加注能源335万车次，300多座易捷便利店累计线上线下为70多万居民提供物资供给，最困难时期，加油站人员值守率仍达100%、对外营业站点达70%，全力践行“油品不断供、商品不涨价、服务不打烊”承诺，以实际行动履行市场保供和民生保障的政治责任、社会责任和经济责任，为打赢“大上海保卫战”贡献石化力量，彰显国有企业“大国重器”的使命担当，受到上海市委、集团公司党组领导的充分肯定，收到各级政府和外部单位发来的感谢信140余封。

（殷 颖）

疫情期间上海石油加油站为防疫车辆加注油品

【全力以赴打赢“梅花”台风抵御战】 2022年9月，上海石油分公司全员响应、迅速行动，全力以赴迎战73年来登陆上海最强台风“梅花”，全力保障极端天气条件下特大型城市油品供应稳定和库站安全平稳运行。台风登陆前夕，上海石油分公司成立防台应急指挥部、应急指挥办公室和工作组，紧急启动防台防汛应急预案，迅速进入防御台风“梅花”的临战状态。各级领导干部、库站负责人24小时坚守岗位，全力做好台风暴雨期间的各项应急准备和调度工作。密切关注台风路径和气象变化，配备专人多渠道实时收集台风动向及气象信息，实时通报预警信息，及时传递至工作群并进行安全风险提示，全力做好台风应对抗击和应急响应工作。受大风和暴雨影响，上海石油分公司库站出现不同程度受损，各直属单位及时摸清各库站积水及设备设施情况，制订针对性抢修方案，科学安排合理调度，对抢险救灾、设备抢修、灾后恢复等工作作出快速响应。

（郑珉磊）

【从严从实打赢安全生产保卫战】 2022 年，上海石油分公司坚持安全为先，深入贯彻落实全国安全生产电视电话会议精神和集团公司安全生产警示大会有关部署，紧盯责任落实，明确 42 项安全生产具体任务，对标对表 HSE 体系领导引领力 10 条要求，将全员安全生产责任制落到实处。紧盯体系建设，持续推进 HSE 管理体系改进提升，形成“要素统领、专业协同、基层执行”的运行管理机制。紧盯风险隐患，聚焦施工作业、直接作业承包商管理等关键风险点，聚焦管线、新能源等关键风险面，搭建风险分级管控和隐患排查治理双重预防数智化管控平台，全年风险总值下降 5%，安全隐患整治率 100%。紧盯“三基”工作，坚持精力向基层集中、政策向基层倾斜、资源向基层投入、力量向基层聚集，在“抓基层建设三项工作、落实四项基础管理、加强五项基本功训练”上狠下功夫，夯实安全发展根基。紧盯绿色环保，深化绿色企业行动和污染防治攻坚战，参与国家重点研发计划并取得 2 件国家技术发明专利。紧盯重点任务，成功守护党的二十大、进博会等“两特两重”时期安全稳定，获集团公司年度安全生产、年度节能环保“双先进”，并连续 17 年保持“安康杯”竞赛活动全国优胜企业称号。

（殷　颖）

【全力以赴打赢经营创效攻坚战】 2022 年，上海石油分公司坚持效益为重，牢牢把握行业发展大势和市场竞争态势，全力巩固上海成品油市场主导地位。深挖传统业务创效空间，抢抓复工复产跑道，强化采销联动，7—9 月实现利润 5.8 亿元，一举扭转疫情期间损失。有力应对台风、咸潮等突发情况，妥善解决市场阶段性供需矛盾，持续推进打非治违。以合稳面、以竞破点，优化完善价格管理，畅通直分销配送“微循环”。坚持以客户为中心，扎实开展“加油站服务提升百日竞赛”，以“五率”提升为核心，推动治破治旧、新形象改造、亮化工程改造多管齐下，窗口形象持续升级。全年经营总量 449.1 万吨，零售 335.96 万吨，直分销 112.11 万吨。深挖易捷服务创效空间，疫情期间全力确保各类物资供给充足、价格稳定，5 月和 6 月以基础品类营业额 4.7 亿元、27% 的增量贡献占比在销售系统稳居第一，实现逆势正增长。“易享节”期间实现销售额 4.1 亿元，增长 70%，排名区内第四、组内第一，创历史新高，39 家门店销售破百万元。“易享家蜂花檀香皂液”开启上海易捷自有品牌成长之路。全年易捷服务基础品类营业额 18.91 亿元，增长 22%，排名区内第三，并以 2.11 亿元实实在在的毛利额排名同组第一，实现承压突破，既争荣誉又得效益。深挖降本减费创效空间，持续加强油品数质量管理，全年全口径油品综合损溢率在销售企业排名第十。落实全员降本增效，持续开展低无负效加油站盘活创效与土地盘活创效，全年当期利润 9.07 亿元，位列销售企业第七，吨油费用 453 元，实现“将失去的时间抢回来、将失去的效益夺回来”的奋斗目标。

（殷　颖）

上海石油分公司加氢站

【多点发力打赢转型发展突围战】 2022 年，上海石油分公司坚持发展为要，加快向“油气氢电服”综合能源服务商转型，终端网络有序拓展，发展格局不断优化。巩固网络竞争优势，全力做好存量网点维系，精准实施网络发展战略，在努力控制成本的前提下，全年新发展加油站 7 座，43 座加油站分别落实土地续租与承包经营续签。探索新能源发展路径，紧盯年度目标任务，积极布局、稳妥推进，高度关注已建成项目的运营情况。开发氢能源应用场景，通过“车—站—景”联动模式合理布局网点，运用数字化手段提升管理效能。

科学布局充换电网络，与蔚来、捷能智电开展合作。全年建成加氢站 1 座，新建充换电站 10 座，12 座光伏发电加油站新项目通过国家电网验收并实现并网投运。加快重点工程建设进程，以打造安全优质工程为目标，稳步推进油库智能化改造等重点项目，实施金闵管道项目建设挂图作战，年末完成 86% 工程进度。

（殷　颖）

【多措并举打赢管理效能升级战】 2022 年，上海石油分公司坚持管理为基，坚持深化改革、强化管理，扎实推进企业治理全面发力、多点突破、提质升级。深化改革添活力，筑牢“机关服务基层、管理服务经营、监督在事前事中”理念，优化职能部门与直属单位部门设置与岗位职责，配齐配强力量，进一步理顺“市—分”两级城市型公司机关职能，提升运行管理效率；有序推进南门油库属地化管理，全面提升物流运行管理效能；提前一个月实现深化国企改革三年行动百分百高质量“收官”，获评集团公司“三项制度”改革评估 A 级企业。对标提升强实力，深化应用高质量发展评价指标体系，通过查短板、补弱项、抓整改、促提升，推动实现上海石油分公司战略目标。依法合规防风险，压茬推进“合规管理强化年”工作，扎实推进“严肃财经纪律、依法合规经营”综合治理专项行动，进一步守住系统性风险，经营管理水平全面提升。

（殷　颖）

【凝心聚力打赢党建引领阵地战】 2022 年，上海石油分公司坚持党建引领，坚定不移全面从严治党，党建和队伍建设亮点突出。党建工作走深走实，创新实施“三个三”举措，推动党委理论中心组学习见行见效，上海石油分公司迎接学习宣传贯彻党的二十大精神向纵深推进。深入贯彻国有企业党的建设工作会议精神，全面落实“两个一以贯之”，聚焦治理模式有序衔接。深入推行“网格化”基层党组织设置模式，成立万吨站党支部 8 座，探索推行“党建指导员”工作机制，打造沪上首座加油站党群服务站。大力推进“三融四化”基层党建工作法，实现集团公司党建考核保 A 目标。在经信委驻沪央企基层党建经验交流会上展示党建工作亮点，有效提升企业地位。内宣外宣有声有色，《一袭蓝衣向光行》等作品深入人心，获集团公司年度宣传工作进步单位称号。中央企业担当全面彰显，因地制宜打造 23 座“司机之家”、144 座“爱心驿站”，以“爱心 + 服务”理念回馈客户、服务社会。发挥中央企业“压舱石”作用，减免小微企业 95 个项目合计 1163 万元租金。积极投身乡村振兴战略，落实教育帮扶与消费帮扶。

（殷　颖）

上海石油分公司泰和路加油站党群服务站暨司机之家

表 1　上海石油分公司主要经营指标

指标名称＼年份	2022	2021	2020	2019	2018	2017
成品油销售总量 / 万吨	448.08	556.89	522.85	543.64	545.40	531.32
零售量	335.96	436.87	426.13	440.59	437.90	435.68
销售收入 / 亿元	410.26	417.60	324.13	390.69	411.59	345.07
利润 / 亿元	9.07	10.58	7.33	9.66	10.00	10.71
吨油费用 / 元	453.00	373.00	355.00	334.00	313.00	314.00
资产总额 / 亿元	179.20	176.13	172.25	171.46	136.86	143.29
在营加油站总数 / 座	581	603	598	590	590	584
在营油库数量 / 座	4	4	4	4	4	4

江苏石油分公司

【概况】 中国石化销售股份有限公司江苏石油分公司（简称江苏石油分公司）成立于 1953 年。主营成品油、天然气、加氢、充换电、易捷服务等业务。承担中国石化驻江苏企业维稳、宣传、舆情等牵头职责。下辖 14 家地市公司及中石化壳牌（江苏）、江苏高速石油 2 家合资公司。资产总额 436 亿元。在岗员工 1.7 万人。在营加油（气）站 2606 座（加气站 55 座）、易捷便利店 2281 个、油库 18 座，库容 148 万立方米；加氢站 11 座、充（换）电站 260 座、洗车网点 898 座。成品油市场份额近 70%。有二级党委 16 个，党（总）支部 251 个，党员 3112 人。

江苏石油分公司连续 8 年获评中国石化党建考核 A 档，多次被评为销售板块标杆企业。2022 年获评集团公司管理优秀企业、年度创新先进企业、主题行动先进单位；获江苏省五一劳动奖状、慈善捐赠突出贡献单位称号。在销售企业“比学赶帮超”活动中，获得年度红旗 25 面，并列第一；销售企业“两力”排行中，江苏石油分公司各地市公司均榜上有名。江苏苏州分公司连续 5 年列综合竞争力第一。

江苏石油分公司主要经营指标见表 1。

（葛康玲）

【主营业务】 2022 年，江苏石油分公司实现零售量 1156 万吨，自营机出 896.1 万吨；直分销 323.4 万吨；天然气 3 亿立方米；非油品交易额 48.32 亿元；天然气销量 2.98 亿立方米；吨油商流费用 347 元；利润 32.4 亿元。

（葛康玲）

综合提升改造后的油站换新颜，图为无锡广益加油站

【经营创效谱写新篇章】 江苏石油分公司实施“攻坚创效”行动，履行市场保供责任、努力增量创效，2022 年接卸配置油为集团公司炼销产业链作出贡献。

自北向南构建梯度竞争格局，“打好苏北遭遇战、苏中阻击战、苏南保卫战”，担好华东区域创效职责，助推板块整体效益最大化。直分销环节终端客户、中小客户显著增加，增幅分别达 15.9% 和 3%；终端配送量增加 9.8 万吨，中小客户配送量增加 7.3 万吨。

分级抓实“新一站一策”运营，实施“油站攀登、站域领先”计划，对出租车、网约车客户，持续开展客户“追访蓄稳”行动。开展“治破治旧”行动，油站、员工形象全面焕新。开展片区经理、站长业务培训，客户好评率保持板块前列。汽油稳定面上价格水平，价格到位率保持高位。柴油结合“千站亮剑”行动，坚持“一盘棋”，竞争投入大幅下降。

开设零售学院培育基层骨干

强化市场整治，推动出台全国首个地方规章和配套《实施细则》。打好“自流黑”摸排打击、税收整治，以及柴油入危化品等一系列“组合拳”。成功创建 5A 级江苏省石油流通行业协会。成品油市场综合整治工作获集团公司管理现代化创新成果一等奖。相关专报获党组领导、销售公司领导充分肯定。

做实易捷服务，提升创效水平。强化油服互促，围绕“做实商品、做实门店、做实供应链、做实新业态”，实现利润6.6亿元、增长29.3%。“重大频联”商品销售额增长38%。门店零售占比增加16个百分点。抓好“养车节、酒水节、易享节”等造节营销，易享节销售额列板块第一。推广洗车业务，汽服销售额1.7亿元、增长17%。有效拓展站外店和工业尿素市场。燃油宝、卓玛泉等核心商品销售保持板块第一。

（葛康玲）

【安全稳定迈上新台阶】 江苏石油分公司切实做好党的二十大安保稳定工作，细化落实集团公司“20条安全措施”实施，开展“安全提升年”行动，保持“零事故”。推动HSE体系落地，压实安委会、分委会、各专业条线职责，建立“三横三纵十六线”机制，开展“铁脚板”行动。构筑安全部门、监督部门和基层单位安全管理“三道防线”。抓实风险管控、隐患排查和“三违”“低老坏”治理，实现风险点责任到人全覆盖，安全风险总值下降43%。抓实承包商和直接作业管理。抓好重点单位和老旧装置安全风险评估，落实现场施工作业“三监护”、现场叫停权，坚决做到不安全不生产、不安全不施工、不安全不开工，664个工地实现施工平稳运行。做实防疫措施动态优化。省地两级班子成员及中层干部实行周末单休，80%左右的油站坚持24小时营业。根据“国家二十条、新十条、乙类乙管”等防疫政策，及时调整、完善防疫策略，组织防疫物资采购发放。丰富“无接触”新销售方式。推动向“线上＋线下”“视频＋现场”“云会议、云培训、云演练、云监督”等工作方式的转变。

（葛康玲）

【党建铸魂焕发新气象】 江苏石油分公司全体干部员工深入学习贯彻党的二十大和十九届历次全会精神，以习近平总书记视察胜利油田重要指示精神为动力，贯彻集团公司“1355”党建工作总体思路。聚焦“责任、质量、实效”，组织召开学习交流会，推动学习宣讲活动进基层、进库站。落实“两个一以贯之”，发挥党委“把管保”领导作用，积极推进“十四五”发展规划，常态化组织党建考核和党组织书记述职评议，以党建考核和经营业绩考核为依据开展党支部分类定级。

坚持大抓基层，建成10座万吨站党支部，在营5000吨以上油站自有党员全覆盖。持续提升“两个覆盖”质量，做实党员油站反馈问题闭环管理，反馈问题2755个，完成整改2432个。探索形成《基层党支部工作体系手册》，以体系思维推进党支部标准化、规范化建设。围绕市场拓展、企地共建、油库建设等重点，开展党建共建项目150个。

坚持党管干部、党管人才，统筹用好各年龄段干部，加大优秀年轻干部使用，累计推选6期349名青年骨干，有23人走上中层领导和专家岗位，110人走上基层领导、（副）主任师岗位。“80后”中层领导人员达22人，11家地市公司配备“80后”领导班子成员；35岁及以下基层领导人员、主任师、副主任师达86人。

落实党风廉政建设主体责任，制定对“一把手”和领导班子监督的责任清单，组织集体廉洁谈话，开展“整治靠企吃企、促进廉洁从业”主题活动。持续开展安全环保领域形式主义、官僚主义专项整治。党组巡视问题整改率99%，党建考核问题整改率100%。

建立为民办实事长效机制，收入向基层一线倾斜，基层员工获得感、幸福感、安全感持续提升。疫情转段后，为保障员工健康的快速恢复，给全体员工增加营养餐、发放营养补贴。

贯彻落实乡村振兴工作部署，建设乡村振兴综合体、乡村振兴服务站。启动井冈山“朝阳助学”教育帮扶行动，助力革命老区建设“家门口的优质学校”。积极参与“央企消费帮扶兴农周”“富民兴疆”行动。升级393座爱心驿站、514座司机之家服务功能和设施，为货车司机、户外劳动者提供暖心服务。

（葛康玲）

井冈山“朝阳助学”教育帮扶行动，助力革命老区建设“家门口的优质学校”

【改革强企取得新进展】 2022 年，江苏石油分公司深化改革三年行动圆满收官，被集团公司评为深化改革典型单位。将易捷分公司和县公司经理层纳入任期制和契约化管理。探索数字化手段，提升场景应用质量，着力解决系统问题。试点双重预防数智化和“工业互联网 + 安全生产”平台，探索智能油库建设。建成 251 座 AI 无感加油站。集成终端流量入口，构建多样化支付体系。实施创新项目制管理，16 项创新项目实现结项。4 项项目管理创新成果获评集团公司第三十一届管理现代化创新成果奖。

开展“依法合规经营”专项行动，推进对标一流管理提升。盘活资产 2.8 亿元，“低无负效”资产占比下降 1%。挖潜增效 2.2 亿元，公务性支出较预算节约 19%。强化数质量管理、外采油管理，通过第三方质量体系审核，销售油品数质量 100% 合格。综合损耗率下降 4.5 个万分点。强化法律风险化解，结案 34 件。积极配合任中审计，高效开展专项审计，防范措施更加得力。

（葛康玲）

【转型升级带来新动能】 2022 年，江苏石油分公司围绕“一基两翼三新”产业格局，加快转型升级。布局氢能业务。推广油氢合建模式，提前布局加氢走廊规划和应用场景，新建加氢站 3 座。与徐州市政府签订“1+4”战略合作协议，推进氢能产业链项目。拓展充换电业务。在全国率先取得充换电建设和运营资质。推进光伏业务，构建分布式光伏发电网络。全年全省充换电量 4170 万千瓦・时。

响应总部“数字化转型升级”部署，设立互联网运营中心，组建“数字化转型先锋队”，提升员工数字化意识。围绕油服结合的“1+N”业务模式，推进数字化技术与网络资源、客户资源深度融合。完善大会员体系，分析和挖掘客户需求，支撑精准营销。实施“工业互联网 + 安全生产”行动，助力工业生产本质安全水平提升。运用 RPA 自动化业务流程，提高劳动生产率。推进智能智慧油库，建成 251 座无感加油站。推广“提油数字化”，上线充电平台、光伏管理平台。

坚持做强做优核心骨干网络，稳步推进新形象站改造任务。实行“一案一策”，踢好临门一脚，解决网络发展历史遗留问题 30 个。落实 14 宗土地定向储备。深化绿色企业建设，培育绿色低碳竞争优势。扎实开展 VOCs 整治，升级油气回收在线监测系统管理平台，提高监控效率。完善雨污分流系统，“一库一档、一站一档”，动态排查治理。绿色基层创建率 100%。在镇江谏壁油库建成销售企业首座“碳中和”油库。

（葛康玲）

表 1　江苏石油分公司主要经营指标

指标名称＼年份	2022	2021	2020	2019	2018	2017
成品油销售总量 / 万吨	1 479.40	1 620.80	1 541.80	1 639.30	1 579.05	1 539.60
零售量	1 156.00	1 286.50	1 246.70	1 299.60	1 283.50	1 249.90
销售收入 / 亿元	1 352.97	1 229.86	953.44	1 173.90	1 191.50	1 008.80
利润 / 亿元	32.40	33.00	38.60	34.90	38.02	41.50
吨油费用 / 元	347.00	310.00	299.00	283.00	271.60	260.50
加油站总数 / 座	2 678	2 627	2 675	2 695	2 564	2 450

浙江石油分公司

【概况】 中国石化销售有限公司浙江石油分公司（简称浙江石油分公司）前身为建于 1950 年的中国石油公司杭州支公司。1985 年成立中国石油化工销售公司浙江省石油公司。1990 年更名为浙江省石油总公司。1998 年 8 月与省内各地（市）、县石油公司成建制划转集团公司。2000 年 4 月更名为中国石油化工股份有限公司浙江石油分公司。2014 年 5 月更名为中国石化销售有限公司浙江石油分公司。2019 年 1 月更名为中国石化销售股份有限公司浙江石油分公司。

浙江石油分公司主要经营成品油、天然气、氢能源以及加油站便利店非油品、洗车和餐饮等，是浙江省内最大的成品油销售企业。本部位于浙江省杭州市上城区望江街道富春路 158 号。截至 2022 年底，设立 17 个职能部门和 2 个直属单位，下辖 12 家分公司和 2 家合资公司，从业人员 16702 人，其中委托经营公司员工 10464 人。有定位油库 20 座，油罐容量 160.87 万立方米；铁路专用线 3 条，油库码头 10 座；各类加油（气）站等终端网点 2078 座，其中纯加气站 43 座、加氢站 7 座；累计建成分布式光伏发电站 170 座，布局充换电站 377 座。浙江石油分公司充分利用已建成的浙赣、甬台温、金嘉湖、镇杭等成品油管道，年累计输送成品油达 1155 万吨，管输比例达 74%。

2022 年，浙江石油分公司以迎接学习贯彻落实党的二十大精神为主线，以主题行动为统领，持续深化改革，奋力攻坚创效，经受住疫情多发散发、油价宽幅震荡、不公平竞争拉锯反复等系列超预期的冲击和挑战，完成年度各项任务目标。全年销售成品油 1606 万吨，其中零售 1172 万吨、直分销 434 万吨；销售天然气 2.5 亿立方米；非油品营业收入 38.5 亿。合计营业收入 1444.66 亿元，报表口径吨油费用 334.5 元，实现报表利润 40.02 亿元，占销售系统的近 1/6。取得销售公司“比学赶帮超”年度红旗 25 面，位居销售系统第一。连续 7 年获销售企业党建工作年度先进红旗，连续 7 年在集团公司的党建考核中获评 A 档企业。

浙江石油分公司主要经营指标见表 1。

（舒志国）

【业务经营】 2022 年，浙江石油分公司超前把握外采机遇，踩准外采节奏，紧盯实物到货，外采成本优势保持领先。超前对接资源，加强与炼厂、大区的产销联动，分品种优化资源进货，95# 汽油外采增长超过 50%，实现品质创效的大幅增长。强化“日指导”，全年累计调整直分销指导价 91 次，直分销价差收入位居系统第一。统筹摆布区域作价，最大限度发挥资源创效作用，全年以批代零价差收入再创佳绩。

（舒志国）

【零售经营】 2022 年，浙江石油分公司加大营销策划力度，开展新客户办卡充值送，新增用户 68 万人；调整 666 品牌活动策略，定向发放优惠券，开展寻找流失客户专项活动，累计回流销量约 4.4 万吨。拓展第三方合作，全年零售吨油营销投入下降 4 元。深入开展“加油站服务提升百日竞赛”，延长营业时间 524 座站，形象升级 201 座站，建立“有评价必有回应，有建议必有提升”的客户响应机制，以服务促增量。

（舒志国）

【直分销经营】 2022 年，浙江石油分公司突出核心客户稳定、终端比重、客户开发等指标考核，采取定向优惠策略，客户稳定率 93%。坚持区域阶梯作价，有效参与市场竞争，实现量价互动、量效双赢。实施差异化营销策略，开展主题促销活动 17 次。分级推进客户维系，强化客户增值服务，累计走访客户 4 万次以上，回流客户数占比 17.6%。推广二维码提油及“一键送油”“我要买油”等数字化营销工具，开发直分销 LPS 价值分析平台，构建以批代零效益分析模型，提升销售策略科学性、精准性。

（舒志国）

【非油品业务】 2022 年，浙江石油分公司集中资源打造质优价廉爆品，培育 8 个爆款单品；开发定制商品 26 种、联标品牌 2 个，成功培育网红双柚汁，向省外输出，实现销售 548 万元。加强源头合作，实现 8 个品牌厂家直采，直采比例提升至 41%，降低采购成本 360 万元。通过营销带动销售 16.2 亿元，先后获销售企业年货节冠军奖、养车节全能奖、易享节店庆日第一等多个奖项。创新“易捷有礼”“易捷油惠”营销产品，贡献营业额 5770 万元。积极探索新业态，企业购销售 1.73 亿元、工业尿素销售 8881 万元、“黔货出山”

销售 2.04 亿元。

（舒志国）

【创新业务】 2022 年，浙江石油分公司以 App 平台和权益会员为依托，以直播 + 社群 + 分销为创新工具，完善线上业务布局，累计 App 下载量超过 100 万次，发展权益会员 268 万人；通过省、市两级直播常态化销售 5578 万元；通过搭建员工创业平台实现销售 6053 万元，居系统首位；累计发展社群客户超 61 万人，增长 135%。累计建成洗车网点 776 座，新增自营自建洗车网点 50 座，新建肯德基门店 2 座，打造主题甄酒馆 22 家，500 家门店布局甄酒主题区，打造临期折扣店 9 家、小型会员门店 83 家。

（舒志国）

【天然气业务】 2022 年，浙江石油分公司根据国际资源走势和市场需求变化，超前落实天然气资源，在价格低位时签订定量锁价合同，直接创效 400 余万元。建立多个接收站及国内液厂资源采购渠道，首家开展储气库租赁模式，全年实现天然气毛利 3359 万元。与嘉兴氢产业集团达成合作协议，推动管道氢气批零业务兼容，降低资源进货成本，提升加氢站可持续运营和盈利能力。

（舒志国）

【网络发展】 2022 年，浙江石油分公司全年竞得土地 13 宗，其中 11 宗为定向或底价拿地。全年改造、微改造提量 307 站次，平均单站油品提量 3.5%。全年新发展加油（气）站 56 座，超额完成年度任务指标。建成加氢站 7 座；能装尽装，完成分布式光伏项目建设 40 座；完成充换电站建设 104 座，新能源网络布局实现全省覆盖。

（舒志国）

【物流优化】 2022 年，浙江石油分公司创新物流运行思路，提升外采、配置资源直达温台比例，在提高实物到货效率的同时，减少水路库库中转 46.6 万吨，降费 3000 余万元。同时通过精心运作，从多渠道、多方面深入挖掘物流优化潜力，不断开辟物流优化新通道，物流优化取得重大突破，2022 年获得销售公司物流优化考核奖励 1.07 亿元，增长 303%，年度考核全系统排名第一。

（舒志国）

【打非治违】 2022 年，浙江石油分公司会同省级政府部门成立“成品油综合智治”工作专班，上线“综合智治”平台，精准治理成品油市场。全年配合政府开展专项治理行动，打击黑窝点近百个，扣押油品 5000 余吨，持续净化成品油市场。

（舒志国）

【精益管理】 2022 年，浙江石油分公司深入开展“双提质、双增效”行动，低无负效网点提效 44 座，负效站下降 23%。推动资产盘活创效 1.3 亿元，持续推进法人压减 11 户。改革加油站上门收款，降费 36%；推广线上支付，他行贷记卡手续费下降 46%，创历年来费用降幅之最。落实财税优惠 9385 万元，核增公司资本金 2357 万元。全年生产性费用下降 5.7%，公务性支出下降 11.7%，考核口径吨油费用节约 1.6 元。组织开展各类审计项目 928 项，促进增收节支 5381 万元。

（舒志国）

【安全环保】 2022 年，浙江石油分公司加大督查检查、溯源分析、举一反三力度，发现并整改各类问题 1024 个。全面推行网格化管理，对 20 座油库开展 2 轮全面检查，分类修订 1700 余座加油站应急预案。有效应对“轩岚诺”“梅花”台风，完成北京冬奥会、党的二十大等特殊敏感时期安保护航任务，安全环保水平持续提升。加强质量管控，抽检库站油样 9149 批次，实现销售端 100% 覆盖，接受各级政府和集团公司抽检 856 批次，100% 合格。加强计量管控，建立加油机计量风险评估和淘汰机制，首次通过 ISO 9000 质量管理体系第三方认证。扎实推进综合治理 8 个专项行动，识别 7 个方面 43 项风险，梳理 40 余项预警指标，风险防控体系持续强化。

（舒志国）

【企业深化改革】 2022 年，浙江石油分公司进一步深化改革，累计完成 599 座 5000 吨以下站家庭驻站承包改革，优化分流用工 912 人。实施综合性油库、配送库大班组改革，撤并独立发卡点 32 座，优化分流营业厅开票人员 20%。推进分支公司“三定”，285 人进入人力资源池，并向基层一线和综合服务队分流转岗。常态化推进干部“能上能下”，严格落实末等调整、易岗易薪，分公司年度工资增幅极差达 10 个百分点，中层干部、普通岗位浮动薪酬比例分别提高至 94% 和 60%，收入差距均超过 30%。推进落实子企业经理层成员任期制和契约化管理；调整省公司部门设置，完成易捷公司、互联网中心组建，推进市场化用工、市场化考核、市场化薪酬；推动零售公司改革转型。

（舒志国）

【队伍建设】 2022 年，浙江石油分公司实施“梯队培养人选计划”，构建中层正职梯队培养人选库，8 人提任省公司机关部门、二级单位领导班子正职。首次开展高级专家公开竞聘，选聘 4 名高级专家。加强人才培训教育，实施基层一线员工基本功训练 1893 期，参训 62994 人次。

（舒志国）

【党建工作】 2022 年，浙江石油分公司始终把学深悟透习近平新时代中国特色社会主义思想作为最大政治任务，认真学习贯彻习近平总书记视察胜利油田重要指示精神，深入学习宣传贯彻党的二十大精神。组织“第一议题”学习 45 次，组织中心组学习 25 次，充分发挥浙江石油党校主阵地作用，开办各类研讨班、政治轮训 26 期，培训党员干部 6588 人次。形成党委 99 项议事决策清单，严格落实党委会议事规则和前置研究程序。构建“三位一体”指数考评机制，深入打造“浙石红”系列党建品牌，持续推进“六大工程”，5000 吨以上加油（气）站自有党员覆盖率 100%，建设 12 个万吨站党支部，以党建“三基本”推动基层党组织全面进步、全面过硬。

（舒志国）

【宣传思想舆论】 2022 年，浙江石油分公司围绕中心工作，加强立体宣传，在中央媒体上稿 71 篇，在省级媒体上稿 96 篇，在《中国石化报》、朝阳 E 站等平台上稿排名销售系统第一，获评集团公司 2021—2022 年度宣传思想工作先进单位、销售公司 2022 年度宣传工作先进单位。加大先进典型选树力度，共选树 6 位中国石化劳动模范、10 位浙江石油分公司劳动模范和 14 个先进集体，1 个班组获评全国工人先锋号。坚持文化引领，开展“宣传思想工作十大优秀案例”评选，“红船”领航红色教育基地入选“中国石化红色教育基地”。

（舒志国）

【纪检监督】 2022 年，浙江石油分公司持续深化党风廉政建设，细化党风廉政建设责任制清单 59 项，强化责任制落实考核；建立 17 个类别 50 项监督计划，聚焦监督重点，创新监督方式，运行“大监督”五项工作机制，推动政治监督具体化常态化，日常监督、专项监督风险防范化解作用进一步彰显；打造廉洁文化“润心工程”，促进干部队伍充盈新风正气。落实巡视巡察反馈问题整改，集团公司党组常规巡视、党组“卡脖子”技术攻关专项巡视整改率 100%，推进建章立制 47 项；销售公司党委巡察完成整改立行立改问题 106 个，截至年底整改完成率 57.5%，推动完善制度 12 项。

（舒志国）

【乡村振兴】 2022 年，浙江石油分公司有序推进结对帮扶工作，注资打造的青田县北山镇湖东村民宿和游艇项目顺利营业，民宿累计接待游客 300 余名，实现营业收入 6 万余元，游船年租金收入 20 余万元，村民年人均收入由结对时的 8000 多元增加到 1.2 万元以上。持续开展消费帮扶，2022 年共销售脱贫地区特色农产品 1.4 亿元。重点落实好安徽颍上县文地小学教育帮扶，先后捐赠智能化教学设备、打印机、学生校服等价值 40 余万元的应急物资；组织 18 名文地小学师生来浙游学；联合杭州二中白马湖学校作为师资战略合作伙伴，对文地小学进行全面帮扶，彰显中央企业责任担当。

（舒志国）

表 1 浙江石油分公司主要经营指标

指标名称＼年份	2022	2021	2020	2019	2018
成品油销售总量 / 万吨	1 606.00	1 667.00	1 617.00	1 635.00	1 564.80
零售量	1 172.00	1 216.00	1 169.00	1 180.00	1 141.20
报表利润 / 亿元	40.02	40.61	40.08	34.50	33.32
吨油费用 / 元	334.50	317.00	322.00	274.00	276.00
加油（气）站总数 / 座	2 078	2 073	2 094	2 070	2 085

安徽石油分公司

【概况】 中国石化销售股份有限公司安徽石油分公司（简称安徽石油分公司）本部位于安徽省合肥市。其前身为 1952 年组建的中国石油公司安徽支公司，1985 年成立中国石化销售公司安徽省石油公司，1991 年在地方政府的支持下组建安徽省石油总公司。1998 年 6 月，省内各级石油公司整体划转集团公司管理，2000 年改制重组为中国石化股份有限公司安徽石油分公司，2009 年升格为大 I 型企业，2014 年重组为中国石化销售有限公司安徽石油分公司，2019 年 1 月更名为中国石化销售股份有限公司安徽石油分公司。

安徽石油分公司是安徽省内最大的成品油销售企业，主营汽油、柴油、航空煤油、天然气和非油品业务，加氢、充换电等新能源业务加快发展。截至 2022 年底，本部设 12 个管理部门、4 个专业中心，下辖 16 个市级分公司及高速石化、滁宁石化、安徽中粮生化等合资公司；用工总量 8341 人，其中合同制员工 4066 人；总资产 184.68 亿元，资产负债率 52.66%；在营油库 14 座，库容总量 61.04 万立方米；铁路专用线 6 条，接卸油码头 3 座，公路发油台 15 座；在营加油站 1570 座、便利店 1295 座。

2022 年，安徽石油分公司获集团公司主题行动提质增效先进单位、投资优化先进单位称号，连续 8 年在集团公司党建考核中被评为 A 类企业，连续 7 年获评集团公司安全生产先进单位，连续 4 年保持集团公司绿色企业称号，获销售公司标杆企业和年度创新先进企业称号。连续 6 年获评安徽省十大服务行业最满意供油公司，获历届安徽省十大服务行业最高荣誉“金口碑奖”和安徽省十佳履行社会责任最满意企业。

安徽石油分公司主要经营指标见表 1。

（邢大全）

【经营量效规模】 2022 年，安徽石油分公司成品油经营量 620.5 万吨，逆市增长 1%，其中零售量 469.6 万吨，直分销量 150.9 万吨。销售天然气 1.33 亿立方米，增长 18.6%。易捷服务营业额 18.5 亿元，增长 19%。报表利润 12.71 亿元，盈利规模排名销售企业第 5 位。

（邢大全）

【零售经营】 2022 年，安徽石油分公司深入开展“加能站服务提升百日竞赛”活动，全面落实“把服务做到客户心坎里”的工作要求，增强员工服务意识，推行服务新流程，创新服务新模式，完善客户评价机制，“加油六步法”“收银五步法”成为安徽区域中国石化差异化服务的标识，获“加能站服务提升百日竞赛”活动铜牌。投入加能站改造资金 4.6 亿元，推进治破治旧、清洁提升、形象靓化专项工作，客户消费环境明显改善，彰显品牌形象。开展电子券、会员日活动，发放停复业引流券，为客户提供增值服务，有效提升市场竞争力。

（邢大全）

“加能站服务提升百日竞赛”活动总结颁奖现场

【直分销经营】 2022年，安徽石油分公司围绕理念重建、流程重建、激励重建、队伍重建、信息提升5个方面，全力打造以集团客户开发为基础的业务运营新模式，直分销业务突飞猛进，为扩大经营规模和效益、提升库存运作空间作出重要贡献。直分销转型发展新模式被评为销售公司年度十大创新事件。制订六大行业服务方案，搭建多元产品体系，为客户量身订制一体化解决方案，开发集团大客户86家，锁定成品油年需求32万吨。建立多维客户综合评价体系，有效实施差异化营销，提升客户维系效果，客户数量增长31%，位居全国前列。实施客户经理竞聘上岗、量化计酬，开展客户经理培训和达标考试，客户经理队伍战斗力明显增强，人均销量达8110吨，增长27%。

（邢大金）

【易捷服务】 2022年，安徽石油分公司打造“易品徽臻”定制产品，提高粮油、酒饮等重点品类销售，自有品牌销售贡献率28%，烟草销售占比降至33%，毛利率大幅提升。推进全域营销，开展年货节、养车节、酒水节、易享节主题营销以及“黔货出山”“全民洗车日”等系列活动，油非营销带动销售6亿元。快速推进工业尿素项目，中标7.2万吨，规模位于全国第二。推动会员营销、直播带货、“易捷到车”等线上业务快速发力，在CCFA（中国连锁经营协会）全国直播竞赛中获3金、3银，新增权益会员178万人，发展社群客户18.7万人。深化拓展汽服、汽车销售、广告、保险等车生态项目，汽服店增至519座，建成京东养车项目9座，新开1座麦当劳得来速餐厅，综合服务业态进一步丰富。

（邢大金）

【LNG、氢能经营】 2022年，安徽石油分公司顺应能源变革趋势，抢抓发展机遇，加快推进LNG、氢能业务发展，培育新的业务增长点，构筑转型发展新优势。全年销售LNG3.5万吨，增长12.3倍；加氢销售100吨。

（邢大金）

【综合能源网络发展】 2022年，安徽石油分公司巩固传统网络优势，发展投营加能站51座，完成承重罐改造191座，实施加能站新形象改造63座，芜湖新油库顺利投油。坚持以LNG加注站建设作为天然气业务的突破口，新发展LNG加注站15座，累计建成24座，初步形成LNG加注网络。主动对接地方政府，培育氢能应用场景，跟进重点地市氢能项目，建成投营加氢站2座，累计建成5座。发展合肥、芜湖等重点城市充换电业务，投入运营充换电站135座。推进光伏电站建设，累计建成光伏电站371座。

（邢大金）

合肥市繁华大道加能站内的蔚来全自动换电服务现场

【数智赋能】 2022年，安徽石油分公司投入研发经费551万元，增长92%。推进数字化项目，搭建大数据营销平台，打通加油卡系统、零管系统、石化钱包、ERP系统、海信系统等数据接口，建立数据中台和数据治理标准，形成统一的底层数据。推进智能化应用，实施合肥、芜湖、宣城、宿州 4 座油库智能化改造，开发北斗 AI 地罐标定系统，整合站级终端收银系统，建设跨界联合营销平台、数质量监控预警平台和安全风险智能化管控平台，提升自动化管理水平。开发北斗无感加油项目，启动机械臂加油试点，探索为客户提供全新消费体验。开展“爱跑 98”汽油数字化营销，积累油品数字化营销的宝贵经验。

（邢大全）

【体制机制改革】 2022 年，安徽石油分公司发挥集团客户开发、数字化转型、新能源开发专业团队作用，组建市场研判、工程项目、内部审计工作专班，增强适应市场变化的本领。完善绩效考评体系，修订省公司部门和地市公司绩效考核办法，突出即时激励、月度业绩激励和专项激励。落实中央企业改革三年行动，实施末等调整和不胜任退出工作机制，干部能上能下的机制初步形成。加强油库基层建设，分设地市公司物流部及油库，发布加能站分级分类管理标准，强化基层工作职能落实，增强基层党支部功能，“三基”工作进一步夯实。

（邢大全）

【安全环保】 2022 年，安徽石油分公司落实集团公司“总经理 2 号令”和“安全生产二十条”措施，强化红线意识、体系思维，坚持领导示范、全员参与，开展 HSE 关键岗位取证、新任领导述职评估，压实安全环保责任。强化体系要素监测，分类实施加能站体系运行标准，完善现场应急处置方案，推进体系有效运行。开展风险隐患排查，如期完成 20 项隐患治理，实现管控风险降值降级，双防数智化平台建设通过应急部门验收。强化承包商承运商监督考核，落实直接作业环节“7+1”制度，常态化开展“视频 + 现场”督查，加大“安全红包”正向激励力度，规范现场标准化操作。抓实疫情防控措施，配齐防护用品，有力保障员工身心健康。制订碳达峰行动方案，推进碳中和项目实施，完成绿色基层创建任务。

（邢大全）

【风控管理】 2022 年，安徽石油分公司组建数质量讲师队伍，开展在岗质检员轮训，加强外采油品质量监控，强化“他有他营”站监管，质量管理等 4 个体系通过第三方认证。加强党委对审计工作的集中统一领导，建立纪检审计监督协同联动机制，推进重点难点问题整改，首次实现当年发现问题当年全部整改，历史遗留问题销减 35%。开展“严肃财经纪律、依法合规经营”综合治理专项行动，严控资金风险，杜绝虚假贸易，加大合同倒签补签整改，强化诉讼案件应对，完善网络安全体系建设，全面筑牢风险防线。

（邢大全）

【人才队伍建设】 2022 年，安徽石油分公司加强中层领导人员选任，加快年轻干部培养，改善干部队伍结构，近两年调整提拔中层领导人员 79 人，占群体总人数的比例为 92%，“75 后”副提正、“80 后”新提拔占比均达 60%。2022 年省公司本部专业技术人员调整比例 48.4%，地市公司提拔基层领导人员 44 人。

（邢大全）

【党建工作】 2022 年，安徽石油分公司加强和完善党的领导，落实“两个一以贯之”要求，修订党委议事决策规则和“三重一大”决策制度，发挥省公司党委“把方向、管大局、保落实”的领导作用。推进党建向基层延伸，形成一批具有特色的基层党建工作亮点，提升党建工作质量和实效。开展塑典型、树先进工作，组织“五一”“七一”表彰活动，大力宣传集团公司级、省级劳动模范先进事迹，发挥典型示范效应。增强宣传工作意识，总部媒体发稿数量显著提升，获评销售公司宣传工作先进单位。

（邢大全）

【管党治党】 2022 年，安徽石油分公司坚持把学习习近平新时代中国特色社会主义思想放在首位，从严落实“第一议题”制度，学习贯彻党的十九届六中全会、党的二十大精神及习近平总书记视察胜利油田重要指示精神，坚决捍卫“两个确立”、做到“两个维护”。深化政治监督，推动党内政治生活制度化、经常化、规范化，成立省市两级大监督委员会，落实地市公司“一把手”和领导班子政治谈话制度，督促“关键少数”，发挥“头雁效应”，较好落实管党治党责任。一体推进“三不腐”，保持惩治腐败高压态势，受理信访举报和问题线索数量下降55%，减存量、遏增量成效显著。运用监督执纪“四种形态”，批评教育帮助9人次，开展任前廉洁谈话12人次。开展靠企吃企问题专项整治，更新维护领导人员廉洁“活页夹”，紧盯重点领域廉洁风险点，查处加能站违反十大禁令13起。落实中央八项规定精神和党组实施细则，驰而不息纠治“四风”，破除形式主义、官僚主义桎梏，切实为基层“减负松绑”。

（邢大全）

【社会责任】 2022年，安徽石油分公司坚决落实省委省政府和集团总部的疫情防控要求，在疫情防控常态化下安全有序为消费者提供加能、购物服务，特别是在资源紧张、节假日期间，主动扛起保供责任，加大资源投放，优化物流配送，做到加油站不脱销、不断档，确保特殊时期安徽成品油市场稳定。始终将乡村振兴作为应尽义务，持续开展教育帮扶、产业帮扶和消费帮扶，加大中国石化乡村振兴定点岳西县、颍上县帮扶，安排专项资金用于完善颍上县赛涧回族乡民族石化小学基础设施，搭建优质特色消费品产需对接平台，年销售安徽地方帮扶产品近千万元，乡村振兴工作取得显著成效。

（邢大全）

支助建设的颍上县赛涧回族乡民族石化小学

表1 安徽石油分公司主要经营指标

指标名称 \ 年份	2022	2021	2020	2019	2018	2017
成品油销售总量/万吨	620.50	614.50	636.24	662.70	635.10	610.40
零售量	469.60	487.00	486.68	505.70	496.38	484.40
销售收入/亿元	565.53	463.06	392.88	468.59	463.78	397.86
报表利润/亿元	12.71	10.52	14.08	9.30	6.82	9.58
吨油费用/元	415.00	402.00	349.00	325.00	328.00	311.00
加油站总数/座	1 810	1 784	1 811	1 776	1 657	1 598

福建石油

【概况】 中国石化销售股份有限公司福建石油分公司（简称福建石油分公司）的前身为福建省石油总公司，成立于1952年10月13日。1998年7月成建制划归集团公司。2000年3月，重组为中国石油化工股份有限公司福建石油分公司。2007年7月24日，成品油业务划入由中国石化和埃克森美孚、沙特阿美合资成立的中石化森美（福建）石油有限公司（简称中石化森美公司）。福建石油分公司和中石化森美公司两家公司合称福建石油。2014年6月，中国石化销售业务重组，中国石油化工股份有限公司福建石油分公司更名为中国石化销售有限公司福建石油分公司。

2019 年 1 月，中国石化销售有限公司股改，中国石化销售有限公司福建石油分公司相应变更为中国石化销售股份有限公司福建石油分公司。

2022 年，福建石油省公司机关设 17 个职能部门，其中 13 个职能部门实行合署办公；下辖 9 个地市分公司和 1 个高速联营公司。截至 2022 年底，福建石油用工总量 1782 人，离退休 2711 人，代理制加油站用工 4817 人。在营加油站 1132 座，油库 10 座（库容 33 万立方米）。

2022 年，福建石油成品油销售总量 545.1 万吨，完成计划 95.13%。报表利润 23.84 亿元，完成计划 136.2%，当期利润在销售企业省市公司中排名第三、利润总额排名第四。获“牢记嘱托、再立新功、再创佳绩，迎接学习贯彻二十大”主题行动先进单位称号，以综合考评第 2 名的业绩再次获销售公司标杆企业荣誉，各线条获销售公司“比学赶帮超”红旗 50 面，其中年度红旗 14 面。有 5 家地市公司进入区内地市级公司综合竞争能力前 50 名，4 家分公司进入区内地市级公司发展进步能力前 50 名。

福建石油主要经营指标见表 1。

（张若虞）

【领导班子调整】 2022 年 6 月，根据集团公司党组安排，联合石化副总经理施雷就任福建石油分公司总经理。

（张若虞）

【零售主战场不断巩固】 2022 年，福建石油强化服务意识，全力唱好“百日竞赛”这一重头戏，获铜牌企业称号；开展汽油量效竞赛，活动期间汽油增量 1.3%；打响“千站亮剑”行动，以 1.3% 的站点实现全年 12% 的柴油销售。持续推进线上线下精准营销，加油卡及石化钱包综合持卡消费率 50.3%，提高 2.4%。新建司机之家 50 座，累计完成 101 座，有 3 座被评为省级示范性共享司机之家。在全公司形成人人关心、支持零售的“大零售”格局，助力福建石油获零售经营、零售管理以及互联网业务拓展年度先进红旗，参与的“销售业务提质增效项目”获评主题行动先进项目。

（张若虞）

【提升直分销市场控制力】 2022 年，福建石油强化考核引导，激发地市终端客户开发、维系的积极性，全年终端销量增长 16%，终端占比达 72%，提升 5 个百分点，获成品油直分销年度先进红旗。组织开展“直分销数字化营销管理基础年”“强终端、优服务、促发展”等专项活动，“我要买油”App 客户注册率、线上开单率及数字提油比率均达 100%，全年柴油主动配送比例为 32.2%，较 2021 年提升 28 个百分点。

（张若虞）

【易捷服务开启新篇章】 2022 年，福建石油筹建非油品中心，进一步充实团队力量，着力提升专业化水平，实行易捷服务独立运行和考核，门店商品陈列与管理进一步规范，客户体验不断提升，门店零售持续做强。精心开展主题营销，易享节营业额增长 27%，创历史新高。大力拓展业务内涵，工业尿素颗粒业务在销售公司排名第二，汽服覆盖率提升至 52%。全年，易捷服务基础品类营业额达 10.8 亿元，增长 23%，获易捷服务年度进步红旗、重点营销活动创新年度先进红旗。

（张若虞）

【体制机制改革稳步推进】 2022 年，福建石油全部完成深化改革三年行动任务。用活考核激励，推动收入“能增能减”，在整体收入提升的基础上，不同地市公司同职级员工月绩效工资高低差距达 2.3 倍，省公司同职级员工月绩效工资高低差距达 1.3 倍；落实优胜劣汰，做到“能上能下”，县片区经理末位淘汰率 10% 以上、站长末位淘汰率 8% 以上；启动县片区改革，增强末梢活力，将 71 个片区压缩到 66 个，进一步充实片区管理力量。

（张若虞）

【精细管理创效明显】 2022 年，福建石油坚持价值引领、业财融合，税收优惠及财税返还合计超 1420 万元；推广“采购三段式竞争法”，节省采购金额 7240 万元；推动闲置资产盘活，盘活创效 1600 余万元。

（张若虞）

【推动净化市场环境】2022年，福建石油积极配合地方政府“打非治违”，立足下游、凝聚合力，全年累计配合执法部门查处非法加油点61座、非法加油车辆177辆、走私油船舶8艘，收储罚没油品2200吨，进一步净化成品油市场环境。

（张若虞）

【社会责任不断夯实】2022年，福建石油采购振兴商品，消费帮扶近2500万元；与江西省新余市渝水区罗坊镇希望小学开展教育帮扶，捐赠物质和资金共108万元。减免符合政策条件的企业及个体工商户租金900余万元。

（张若虞）

【全力布局新能源发展】2022年，福建石油遵照集团公司要求，加大新能源探索力度，加强与省内新能源头部企业的合作，系统谋划发展路径。全年完成光伏站点40座，建成汽车充电站35座，投营中国石化首座“社区超级充电站”，列入销售企业2022年度“十大创新事件”。

（张若虞）

福建石油建设的中国石化首个“社区超级充电站”

【网络质量不断提高】2022年，福建石油提前开展临期站点续租谈判，成功续租站点10座。加强与政府部门协调，在未拆除原站点的同时，提前取得2个拆迁项目的新地块，有11座加油站点在收到拆迁通知后仍维持正常经营，保住近3.9万吨的销量。坚持低成本发展网络策略，漳州合资合作项目在年内落地。专项推动解决历史遗留问题，通过协议出让的方式取得置换土地2宗。强势参与网点土地竞拍，取得福州西园等3宗地块，为网络可持续发展奠定基础。全年新增投营加油站17座，网点总数达1132座。

（张若虞）

【风险防控体系进一步完善】2022年，福建石油实施“1+6”项方案，扎实推进“严肃财经纪律、依法合规经营”专项行动。严格信用客户管理，强化应收账款管理。全面开展税务风险、资金风险专项排查，实施第三方税务鉴证，着力防范化解税务风险，从资金账户管理等14个方面、273个风险点进行梳理排查并完善相应制度。开展“合规管理强化年”工作，编发合规管理工作指引及风险清单7项，形成法律法规清单库1845项、经营类行政许可参考目录24项，进一步完善风控体系。

（张若虞）

【抓牢安全生产不放松】福建石油坚决守住不发生安全环保事故的底线，推进HSE体系有效运行，大力推进风险管控和隐患整治，2022年底风险降值率63%。加强承包商、承运商管理，约谈6家承包商、限制投标6家，列入黑名单4家，做到“以我为主、强势监管”，引入“防御性驾驶”技术，油品承运商安全管理业绩在国内同行居于先进水平。连续21年获集团公司安全生产先进单位称号，连续12年被福建省人民政府评为安全生产目标考核优秀单位。

（张若虞）

【聚焦绿色低碳发展】2022年，福建石油深入开展环保合规性专项排查整治，全部完成绿色企业行动的27项主要任务，全年废气废水外排100%达标；提前1个月完成国ⅥB油品质量升级，助力“双碳”战略。通过集团公司绿色企业年度复审，获环保节能管理年度先进红旗。

（张若虞）

【党建质量扎实提升】2022年，福建石油扎实学习宣传贯彻党的二十大精神，着力提高全体干部员工“政治三力”。完成公司党委、纪委换届。全面开展“三亮三践行”机关服务基层活动，为一线办实事、解难题，全年共计服务达610余次，帮助协调解决基层实际问题困难780个。持续抓实基层组织建设，5000吨以上加油站自有党员覆盖率100%，成立万吨站党支部6个，基层一线发展党员比例达92.39%。

（张若虞）

【党风廉政建设不断加强】 2022年，福建石油坚持“三不腐”一体推进，深化开展靠企吃企专项整治，抓实抓细“大监督”工作，全年发现问题141项并推动整改。巩固“加油站零违规承诺”成效，基层加油站员工违规违纪行为持续保持较低水平，“零违规”工作有效拓展到直分销等领域。强化廉洁风险防控，制定落实防控措施，促进制度完善、执行。开展压实安全生产专项督查，作风建设年以好会风促好作风、为基层减负等工作取得实效。

（张若虞）

表1 福建石油主要经营指标[①]

指标名称 \ 年份	2022	2021	2020	2019	2018	2017
成品油销售总量 / 万吨	545.10	559.80	529.99	565.00	549.95	537.42
零售量	334.27	343.39	341.38	398.12	383.87	389.71
销售收入 / 亿元	494.39	410.67	326.06	402.37	407.08	347.30
利润 / 亿元	23.84	20.03	20.69	17.63	19.40	21.57
费用总额 / 亿元	20.70	22.30	20.59	21.78	19.71	19.01
吨油费用 / 元	380.00	396.00	386.00	384.00	357.00	353.00
加油站总数 / 座	1 132	1 125	1 119	1 123	1 100	1 090

① 合并后的数据去除中石化森美公司和福建石油分公司重复计算部分

江西石油分公司

【概况】 中国石化销售股份有限公司江西石油分公司（简称江西石油分公司）前身为江西省石油总公司，成立于1950年10月，是江西省专营成品油的国有大型企业，1998年10月成建制划转集团公司。非上市部分于2007年4月转制为中国石化集团资产经营管理有限公司江西石油分公司，由股份公司托管。2014年5月，按照改革重组步骤安排，中国石油化工股份有限公司江西石油分公司更名为中国石化销售有限公司江西石油分公司。2019年3月，根据销售公司股改事项安排，中国石化销售有限公司江西石油分公司更名为中国石化销售股份有限公司江西石油分公司。

江西石油分公司主营成品油销售、储运及便利店等非油品业务，是江西省成品油供应主渠道。截至2022年底，下辖11个市级分公司、1所党校（销售公司技能培训中心）、1个全资子公司、98个县（区）分公司，实行省、市二级分公司管理。在营加油加气站1472座，在营油库14座，总库容量62.51万立方米。资产总额166.7亿元。在岗员工人数7679人。

江西石油分公司主要经营指标见表1。

（郑浩然）

【领导班子调整】 12月20日，熊墨宥不再任江西石油分公司总经理、党委副书记，办理退休手续。仲伟任江西石油分公司总经理、党委副书记（兼）。曹志宏任江西石油分公司副总经理、党委委员。

（郑浩然）

【主要指标逆势上扬】 2022年，江西石油分公司坚决贯彻习近平总书记关于“疫情要防住、经济要稳住、发展要安全”重要指示精神，统筹做好安全环保、保供创效、改革发展和疫情防控等各方面工作，经营总量、零售量、直分销量3项指标排名均在区内前列，其中经营总量、机出柴油是疫情以来首次增长，直分销增幅创近8年新高，易捷服务基础品类营业额、利润双双实现正增长，关键指标持续改善。“比学赶帮超”年度先进红旗数突破历史最好成绩，赣州等6家单位进入“两力”排名50强，获年度优秀企业和创新先进企业称号。

（郑浩然）

【社会责任出色履行】 2022年，江西石油分公司统筹推进产业、教育和消费帮扶，投入近470万元在81个乡村开展乡村振兴和平安建设帮扶，派出驻村工作队帮助指导挂点单位发展壮大村级集体经济，在集团公司和江西省委组织部、江西省乡村振兴局考核评价等次均为“好”。组织“情暖驿站、满爱回家”活动，办好公众开放日，开展“童心港湾”爱心助学，擦亮公益事业亮丽名片。“一对一”结对帮扶南昌安义长均学校，协调总部引入茂名石化、江苏石油、福建石油等兄弟企业在江西省捐助1050余万元开展教育帮扶，助力办好老百姓家门口的优质学校。发挥易捷平台优势，设立消费帮扶专区，开展“助农”直播带货，助力江西优质农产品销售。投资支出10亿元、减免租金181万元，上缴税费5.52亿元，带动一批产业链上下游企业协同发展，助力地方稳增长、稳就业。

（郑浩然）

【经营质量稳步提升】 2022年，江西石油分公司同心协力抗疫情，群策群力稳经营，克服油价剧烈波动、市场需求锐减、疫情大范围扰动等严峻挑战，发挥一体化、党建、管理、规模、网络、品牌等诸多优势，从年初的“稳住一季度”，到年末的“决胜四季度”，一刻不曾放松、一刻不曾停歇、一刻不曾懈怠，在政治大年交出优异答卷。全年经营总量583.40万吨，增长1.5%，排名区内第三；其中全口径零售量463.20万吨，排名区内第四；天然气2299万立方米；易捷服务营业收入14.7亿元，增长3%。报表利润6.53亿元，完成率增长7%。吨油费用410.77元，下降7元。

（郑浩然）

【市场整顿深入推进】 2022年，江西石油分公司深入推进市场整治工作，落实警企合作机制。全年推动各级政府发文168份，配合打击、查处非法流动车424辆、自建罐151处、黑窝点83处，协助收缴罚没油1859吨，9例案件列入刑事判罚，有效助推柴油经营恢复增长。

（郑浩然）

【精益管理初见成效】 2022年，江西石油分公司树牢“一切费用皆可降”理念，全年挖潜增效1.43亿元，通过返租高速站点资产实现收益6942万元，借用易派客交易平台提高处置收益，资产处置收益4168万元。用足用好税收优惠政策，节税1602万元，增值税留抵退税1580万元。不断优化节费控费措施，实现吨油降费11元。取得1件国家实用新型发明专利，科技创新实现突破。策划制作销售企业首个“权益会员注册流程”视频，重点打造旅游板块、会员超值购板块及金融服务板块等新业务合作，新增权益会员年度任务完成率184.4%。推进纠纷案件“压存控增”，避免损失409万元。

（郑浩然）

【改革活力不断释放】 2022年，江西石油分公司深化改革三年行动全面高质量收官，改革经验在集团公司推进会上作交流，九江、瑞昌公司合并重组案例被集团公司深化改革三年行动经验案例收录，深化改革满意度99.19%。坚持在完善公司治理中加强党的领导，准确定位党委、经理层两个治理主体职能，优化治理主体决策运行机制，现代企业制度更加完善。在经理层成员任期制和契约化管理上出硬招，加快实现传统“身份管理”到市场化“岗位管理”转变，市场化改革攻坚迈出坚实步伐。持续推动“三项制度”改革，相同职位层级人员收入差异达35.85%，驻站式委托家庭管理加能站占已实施委托管理的80%；用工总量较同期优化 5%；加能站员工人均零售量达 786 吨，排名区内第三。

（郑浩然）

【网络布局更趋完善】 2022 年，江西石油分公司坚持走多元化、内涵式、低成本、轻资产发展之路，通过自主建设、合资合作、他有他营、短租短付等多种方式，全力抢占优质网点，新投营加油站 50 座，计划完成率 111%，“后高速时代”企业创效基础更加稳固。建成充电站 39 座、光伏发点站 80 座，建成江西首座“碳中和”加油站，搭建多能互补的新能源供应体系，转型发展迈出坚实步伐。灵活运用“盘活一批、收储一批、处置一批”等多元发展思路，整体推进低无负效站盘活，低成本发展重要部位网络取得有效进展。大力实施“揭榜挂帅”行动，强化“重奖重罚”“奖金专用”等考核奖惩，全年支出未投营项目完成率 63%，位列区内第 6 名。2 家合资公司完成增资扩股，4 座合资加能站投营。

（郑浩然）

【安全环保平稳运行】 2022 年，江西石油分公司以落实集团公司安全生产 20 条措施和“总经理 2 号令”、推动省公司 63 条措施落地为主线，以做实专业分委会为抓手，HSE 管理体系有效运行。开展危险化学品安全风险管控和隐患集中治理攻坚战，提升公共安全能力，推动安全生产责任制落地见效，及时处置赣州和乐油库库外山火险情，守住安全红线、环保底线，确保党的二十大等特殊敏感时期安全生产平稳有序，得到国家应急管理部督导组、专项检查组专家高度肯定。狠抓风险防范化解，制定“十大风险清单”，落实风险预警、报告、督查督办、问责等工作机制，确保合规创造价值。安全生产专项整治三年行动圆满收官，4 项安全环保风险实现销项或降值，完成年度 5% 的降值目标。上下联动，严防聚集性疫情发生，最大程度保护员工身心健康。

（郑浩然）

【政治优势厚植发展动力】 2022 年，江西石油分公司扎实开展“牢记嘱托、再立新功、再创佳绩，迎接学习贯彻二十大”主题活动，高质量做好迎接和学习宣贯党的二十大重大政治任务，推动党的二十大精神在江西石油分公司落地生根。深入贯彻落实新时代党的建设总要求，以深化集团公司党组巡视“回头看”和销售公司党委巡察整改为主线，着力抓班子带队伍、抓基层打基础、抓纪律正风气，党建质量和实效不断提高，政治生态和管理生态持续向好。认真落实“第一议题”制度，从严执行“三重一大”决策制度，常态化长效化推进党史学习教育，统筹开好党群工作例会、党支部书记例会和党群线条例会，抓党建强党建的思想日益牢固、行动越来越自觉、氛围越来越浓厚。坚持“公平、公正、公开”的选人用人导向，组织开展中层干部、专家职位竞争性选拔，提拔 45 岁及以下的中层领导人员 11 人、占比 84.6%，选人用人工作满意度连续 8 年达 95% 以上；中基层领导人员末等调整、不胜任退出率 3.69%。坚持大抓基层、大抓支部的导向，大力推进党建“十百千”工程，增设 6 个万吨站党支部，加油（气）站自有党员覆盖率提升至 49.5%，5000 吨以上站点自有党员覆盖率 100%。健全大监督格局，加强“一把手”和领导班子监督，运用执纪监督“四种形态”，锲而不舍推进中央八项规定精神和党组实施细则落地落实，深入整治形式主义、官僚主义，持续开展“微腐败”和“靠企吃企”专项整治，一体推进“三不腐”，成效明显。

（郑浩然）

表 1　江西石油分公司主要经营指标

指标名称＼年份	2022	2021	2020	2019	2018	2017
成品油销售总量 / 万吨	583.40	574.63	588.80	618.80	605.80	591.70
零售量	463.20	473.35	488.60	492.00	482.40	474.00

续表

指标名称 \ 年份	2022	2021	2020	2019	2018	2017
销售收入 / 亿元	526.57	430.74	366.94	443.43	448.62	372.00
利润 / 亿元	6.53	7.81	10.70	5.65	1.00	5.05
吨油费用 / 元	410.77	418.00	385.00	357.87	351.02	346.00
加油站总数 / 座	1 472	1 530	1 422	1 535	1 484	1 438

山东石油分公司

【概况】 中国石化销售股份有限公司山东石油分公司（简称山东石油分公司）始建于1953年，位于山东省济南市，1992年11月，被山东省政府确定为正厅级单位，国有大型Ⅰ类企业。作为成品油销售主渠道，山东石油分公司承担着山东省成品油供应保障任务，是省内最大的成品油销售企业，经过半个多世纪的发展，业已形成布局合理、功能完备、流向通畅、保障有力的成品油营销网络。截至2022年底，山东石油分公司下辖17个市公司、139个县公司（片区）。有在营加油站2602座（自营站2433座），加气站23座、加氢站3座，油库16座（库容量134万立方米）、加气母站2座。参控股合资公司52家。二级党委18个、党总支2个、党支部258个，党员5217人。企业资产总额237亿元，用工总量18176人。

山东石油分公司经营范围主要包括成品油、天然气、氢气的销售、储运，充换电和非油品等业务。2022年，在极其困难的市场环境下，山东石油分公司累计销售成品油769.81万吨，销售天然气1.26亿立方米，非油品全口径经营业额21.55亿元，实现报表利润4400万元。

山东石油分公司主要经营指标见表1。

（张　雪　禚虹阳）

【领导班子调整】 2022年1月10日，江建华到龄退休，不再担任山东石油分公司总经理、党委副书记职务。1月25日，吴劲松任山东石油分公司代表、党委书记；许卫华不再担任山东石油分公司党委书记职务，任山东石油分公司总经理、党委副书记；冯东明不再担任山东石油分公司党委委员、副总经理职务，另有任用。4月7日，许卫华不再担任山东石油分公司总经理、党委副书记职务，任胜利石油管理局有限公司一级协理员。6月13日，吕呈兴任山东石油分公司党委委员、副总经理。8月29日，赵霞敏不再担任山东石油分公司党委委员、副总经理职务，任江苏石油分公司二级协理员。12月20日，冯云任山东石油分公司总经理、党委副书记，刘岩任山东石油分公司党委委员、副总经理。

（张　雪　禚虹阳）

【企业发展呈现稳中向好】 2022年，山东石油分公司面对远超预期的困难局面，提高市场研判能力和应变速度，坚持依法合规、防范风险，稳健经营、拓市创效；面对改革攻坚的艰巨任务，以问题为导向，勇于自我革命，敢于破旧立新，统筹加强党建、精心经营、合规管理、深化改革等系列工作一体推进；面对疫情防控的巨大压力，同频共振、共克时艰，严格保障员工、顾客的生命安全和身体健康，最大限度减缓疫情对生产经营的冲击。政治生态大为好转，企业发展呈现稳中有进、进中提质的良好态势，实现安全平稳运行。

（张　雪　禚虹阳）

【零售营销机制更加精细】 2022年，山东石油分公司丰富营销手段和支撑措施，开展个性化营销783次，新开发、回流客户超30万人，汽油综合持卡比 52.6%，高标号汽油占比提升 0.9 个百分点，新增权益会员 233 万人，引入第三方资源超 5700 万元。扎实开展百日竞赛活动，投入专项资金治破治旧，站点形象和服务水平有较大改观。实施核心大站和小站现场办公，平均单站解决问题 6 条，缩短高峰期通过时长，为有效打破“最后一公里”中梗阻现象积累宝贵经验。

（张　雪　禚虹阳）

【直销分销强力支撑经营】 2022 年，山东石油分公司进一步提高市场应变能力、顺势营销能力和节奏把控能力，超额完成直分销销售任务目标，增长 21%。通过客户走访、重点项目攻关、社会站开发维护、合理有效加大配送等手段，成交客户突破 9000 家。加强与社会 LNG 加气站、工业终端客户沟通走访，强化与自有 LNG 工业气化站（点供）客户沟通，全年 LNG 直分销价差增长 25%。

（张　雪　禚虹阳）

【资源整体运作效能发挥】 2022 年，山东石油分公司强化目标库存运作和动态平衡，科学把控月度配置结算、自采资源的品种结构和时间节点，汽柴油采零差位居销售系统前列，为零售市场竞争以及直分销贴近市场做大规模提供坚实的基础。

（张　雪　禚虹阳）

【易捷服务平台初具规模】 2022 年，山东石油分公司探索完善供应链体系，新引入省采供应商 33 家、新品 256 个 SKU。积极开展主题营销活动，创新线上营销模式。全力推进新业务发展，实现汽服营业额 8665 万元、广告 4208 万元。成功举办石化驻鲁企业洽谈会，为开拓石化驻鲁企业油非市场奠定基础。

（张　雪　禚虹阳）

【网络竞争能力不断提升】 2022 年，山东石油分公司灵活运用多种发展方式，抢占重点、关键、战略位置网点，全年建成加油（气）站 34 座、投营 25 座，续租 89 座。实施零售网点提质增效三年滚动改造计划，完成改造项目 416 个，创历史新高。完成销售公司下达的 71 座加气站盘活工作，强力推进 322 项已批复未完结项目清理，实现闭环销项。

（张　雪　禚虹阳）

【重点项目高质高效推进】 2022 年，山东石油分公司加强内外沟通、上下联动，快速推进重点储运项目建设。周村成品油储备库项目投营试生产，完成童海油库柴油罐改造和泰安油库新建汽运接卸项目，完成济南、李沧、周村油库智能化平台搭建及硬件设施改造。

（张　雪　禚虹阳）

【新能源发展保持进取态势】 2022 年，山东石油分公司深化氢能发展战略布局，积极布建加气加氢高速网络。推动企地合作，共同搭建应用场景。建成加氢站 3 座，完成“氢进万家”国家课题年度目标。拓宽充换电项目合作模式，推动资源互换。探索“光伏 +”应用，推进光充一体化。建成充换电站 30 座、光伏发电站 49 座。

（张　雪　禚虹阳）

【数字化转型纵深推进】 2022 年，山东石油分公司开展数据管控和治理，成立数据治理委员会。构建信息和数字化评价体系，推进库站智能化建设，推动各类系统功能提升。评选优秀创新创效先进工作室 8 家，创新创效优秀成果案例 20 项。完成重保时期网络安全保障。

（张　雪　禚虹阳）

【安全环保水平得以提升】 2022 年，山东石油分公司推进 HSE 体系有序运行，扎实开展“百日安全行动”，安全生产专项整治三年行动计划清单项目顺利收官。落实集团公司二十条措施，开展各类检查“回头看”，领导班子带队进行拉网式全覆盖大检查和安全宣讲。绿色基层创建率 74.5%，超进度完成年度计划，完成年度降碳任务。

（张　雪　禚虹阳）

【风险防控基础有力夯实】 2022 年，山东石油分公司落实“合规管理强化年”行动工作清单，培育依法合规文化，构建合资公司全过程合规管理体系。促进内控制度与业务流程深度融合，被集团公司评为内控风控先进集体，是销售企业首家新能源等新业态营业执照增项单位、首家完成商标字号线上平台维权单位。

（张　雪　禚虹阳）

【价值管理能力稳步提高】 2022年，山东石油分公司组织日常刚性费用对标，强化成本费用考核硬约束。制订资产提质增效方案，实现资产创效5233万元。开展“严肃财经纪律、依法合规经营”综合治理专项行动，推进6项治理任务落实落地。用好税收优惠政策，争取税收政策红利1.59亿元。数量质量管理进一步优化。严把质量关口，严格外采油品入库进站检验，确保各级政府、集团公司抽检油品100%合格，通过ISO 9000质量管理体系第三方认证，各环节损耗指标得到有效改善。审计监督效能进一步发挥。抓实任中经济审计，精准开展专项审计，完善投资项目全建设周期审计监督模式，促进增收节支5821万元。

（张　雪　禚虹阳）

【改革发展潜能有效激发】 2022年，山东石油分公司深化改革三年行动圆满收官，初步构建务实管用、规范高效的公司治理体系。加快推进省公司机关大部制改革，部门数量降低16.7%。新增家庭委托管理站191座，超额完成年度目标。严格推动以年度绩效为主体、综合360度测评结果的干部考核评价体系落地，2022年中层干部被评为C档和D档的比例达10.5%，业绩薪酬兑现差距达33.9%。5000吨以上汽油站全面推行即时绩效系统，816座站完成双轨试运行。易捷改革稳妥有序推进，组建易捷公司经营班子，规范完成一般管理岗位人员竞聘。

（张　雪　禚虹阳）

【队伍建设取得新的成效】 2022年，山东石油分公司实施竞争性干部选拔，公开选聘中层副职9人、各级专家9人，完成省公司机关专业技术岗位人员竞聘。选人用人总体评价“好＋一般”的比例达100%，其中“好”的比例达95.52%、提升12.67%。制订并推进加快培养选拔优秀年轻干部实施方案和年轻干部“蹲苗计划”。严把入口、敞开出口，年度优化用工幅度达3.6%。完善干部能上能下评价机制，建立业绩不合格、不达标退出机制，中基层领导人员末等调整、不胜任退出比例达3.2%。选派30名优秀年轻干部跨单位交流挂职，加快优秀年轻干部成长步伐。

（张　雪　禚虹阳）

【党的建设质量全面提升】 2022年，山东石油分公司深入学习贯彻党的二十大精神，及时跟进学习习近平总书记重要讲话、重要指示批示精神，落实“第一议题”制度32次，党委中心组学习研讨15次。扎实推动主题行动，从8个方面明确75项重点任务清单，取得突出成效。充分发挥党委作用，以班子建设为核心，严格执行“三重一大”决策程序，班子合力大为提高。建成“标准＋红色＋服务”基层党支部123个，设置万吨站党支部6个，实现5000吨以上加油站党员全覆盖，完成279名基层党支部书记在线考核。深化党建带团建成果，强化青年员工思想政治引领，开展“庆建团百年 展青春风采”等系列活动，组织劳动和技能竞赛106项。

（张　雪　禚虹阳）

【企业保持和谐稳定局面】 2022年，山东石油分公司把牢党对意识形态工作的领导权，确保意识形态领域绝对安全。强化内外新闻宣传，发表稿件千余篇，方瑞星夫妻、马晓东救火等先进事迹受到社会各界广泛关注。突出信访问题治理，实现信访存量压减不低于1/3的目标，做到重要敏感期进京“零上访”。

（张　雪　禚虹阳）

【央企责任担当充分彰显】 2022年，山东石油分公司全力保障疫情期间民生物资供应，投营司机之家92座、完善建设爱心驿站208座。联系联建帮扶村13个，开展帮扶项目14个，销售助农产品超1亿元，为服务业小微企业减免租金167万元。获“荣耀齐鲁”年度社会责任企业奖、山东十大知名品牌、山东高质量发展企业优秀案例荣誉。

（张　雪　禚虹阳）

表 1　山东石油分公司主要经营指标

指标名称＼年份	2022	2021	2020	2019	2018	2017
成品油销售总量 / 万吨	769.81	770.15	785.69	950.63	964.20	1 086.40
零售量	441.59	498.81	547.08	684.71	718.90	802.80
销售收入 / 亿元	679.72	579.84	479.73	657.97	698.98	648.12
报表利润 / 亿元	0.44	0.42	0.61	−4.00	−26.96	−8.93
吨油费用 / 元	514.00	502.00	456.00	381.71	369.36	313.50
加油站总数 / 座	2 602	2 672	2 653	2 708	2 621	2 549
自营加油站数	2 443	2 486	2 484	2 554	2 489	2 417

河南石油分公司

【概况】 中国石化销售股份有限公司河南石油分公司（简称河南石油分公司）位于河南省郑州市，是中国石化销售股份公司在河南省的唯一成品油销售分支机构。前身为 1950 年 7 月成立的中国石油贸易分公司郑州分公司，1998 年划归集团公司，2000 年 5 月，集团公司以独家发起方式设立中国石化股份有限公司后，注册成立中国石油化工股份有限公司河南石油分公司，2014 年随中国石化销售股份有限公司混合所有制改革变更为现有名称。截至 2022 年底，河南石油分公司设 17 个日常管理部门，下辖 19 个市分公司和 108 个县分公司，有合同制员工 8263 人，有在营加油站（点）1851 座、加气站 51 座（加气母站 1 座）、“易捷”便利店 1750 座，在用油库 20 座、库容 88.8 万立方米；资产总额 186 亿元。

河南石油分公司主要经营汽油、煤油、柴油、天然气的批发、零售及非油品业务。

河南石油分公司主要经营指标见表 1。

（韩　笑）

【领导班子调整】 8 月 2 日，集团公司下发文件，任命刘浩为河南石油分公司副总经理、党委委员。12 月 20 日，集团公司下发文件，任命王邑庆为河南石油分公司副总经理、党委委员。

（王　慧）

【巩固零售终端占有】 2022 年，河南石油分公司零售量 455.4 万吨，柴油完成率区内排名第一，配合政府部门打击自流黑 1181 次，取缔黑加油站（点）784 个，查处流动售油车 397 辆，罚没油品 1824 吨。汽油方面，坚持“持续攻坚创效”策略，分阶段、分板块、分优惠方式灵活把控经营节奏及策略，汽油价差 0.19 元 / 升。柴油方面，坚持“点狠面稳”的竞争策略，量价互动、动态定价，柴油价差 0.36 元 / 升。全年获总部 9 面先进红旗。

（何鸿耀）

【获“百日竞赛”活动铜牌】 2022 年，河南石油分公司聚焦服务、品牌、效率和执行力，推进现场服务提升、洗车亮化品牌提升、“两率”满意提升、零售队伍提升四大提升工程，逐月开展主题活动，压茬推进，在销售公司考评组的检查验收中得到肯定，获评销售公司 2022 年“百日竞赛”活动铜牌，展现中国石化“负责任国际化大公司”与“党和人民好企业”的良好形象。

（何鸿耀）

【持续提升非油品服务能力】 2022 年，河南石油分公司非油品基础品类营业额 16.87 亿元，增长 5%，区内排名第九。上下联动，抓好“四大节”+“囤货季”营销，全年实现主题营销商品销售 7.6 亿元，其中“易享节”五天店庆日实现基础品类销售 8607 万元，创历史新高，增长 204.1%，获销售公司尖兵突击奖、增量贡献奖。工业尿素领跑环保产品新赛道，累计开发省内电厂、钢厂等客户 67 家，销售工业尿素 1.6 亿元，全系统占比 25%，创造客户数量、销售金额、市场覆盖面等指标均在销售系统排名第一的良好业绩。创新汽车合作模式，累计实现营业额 5992 万元。推广实施易捷新服务、新标准、新形象，完善易捷服务条线 HSE 风险识别和防控，完成体系搭建和运行，成功取得 ISO 22000 质量管理体系认证证书。严格执行总部运营督导系统应用要求，累计检查 2716 店次，各项巡店检查任务完成情况位居全国前列。

（黄　静）

【高效推进网络发展】 2022 年，河南石油分公司聚焦打造“油气氢电服”综合能源服务商，以市场为导向，以质量效益为统领，坚持重资产增效、闲资产创效、新能源开发并重，巩固传统能源优势和拓展新能源领域份额，打造优质高效综合加能站，着力提升市场占有和投资回报，实现营销网络高质量转型发展。全年共投营加能站 58 座，其中股份 51 座、合资 7 座；新建加能站 25 座（LNG 站 4 座）、拆还建 8 座、关停重启 10 座、整体租赁 8 座、他有他营 7 座；共盘活存量资产（投资）7.13 亿元。新发展综合加能站 31 座，其中：股份 29 座、合资 2 座；新建 8 座、拆还建 3 座、关停重启 9 座、整体租赁 4 座、他有他营 7 座。新取得加能站建设用地 19 宗（含土地规范 5 宗），其中股份 12 宗、合资 7 宗；低成本置换或起拍价取得土地 7 宗。清理、盘活土地资产 95 宗；新增光伏项目 20 个、充（换）电项目 46 个；执行投资计划 7.63 亿元，实现投资计划执行率、形象进度符合率 2 个 100%。获销售公司“比学赶帮超”季度红旗 4 面、年度红旗 1 面。

（梁　博）

【安全生产形势持续稳定】 2022 年，河南石油分公司坚持“三铁三严”狠抓 HSE 管理，统筹推进“危险化学品安全风险集中治理”“总经理 2 号令”“安全生产二十条措施”“百日安全行动”“环保依法合规排查整治”等专项工作和公司 HSE“12345”工作任务落地，整体保持安全平稳运行态势。先后获集团公司安全生产先进单位和节能环保先进单位称号，被集团公司评为 A 档绿色企业。在“牢记嘱托、再立新功、再创佳绩，迎接学习贯彻二十大”主题行动中获集团公司环保全面依法合规攻坚先进团队称号；在全国“安全生产月”竞赛答题中总积分位列集团公司第 1 名；在河南省“安全河南杯”安全生产知识竞赛中获安全生产示范单位称号。

（张艳丽）

【践行每一滴油都是承诺】 2022 年，河南石油分公司以“质优量足、客户满意”为中心，秉持“细严实恒”工作作风，严守风险底线，持续狠抓油品、非油品、天然气数质量管控，全力践行“每一滴油都是承诺”。接受集团公司质量抽检 20 批次、政府职能部门质量抽检及“双随机一公开”检查 995 批次，均依法合规。在销售公司专项考核中，数质量一体化平台和实验室信息化管理系统应用均为第 3 名，加油站液位仪系统应用考核满分，数质量工作持续保持在销售系统前列。

（杨邦举）

【强化“两化”深度融合】 2022 年，河南石油分公司坚持“一个平台三个点”数字化转型部署，突出标杆示范，强化系统建设，夯实数字基础，全力推进信息工作的落实落地。网络安全体系持续完善，数字化转型工作稳步开局，完成汽油外采、合资企业、项目过程、维修费、电子作业票、数字化提油和审计整改等 9 个系统的建设与推广，完成全省 SD-WAN 网络建设，新建 1 个省级汇聚中心、19 个市级接入中心，接入 SD-WAN 核心网加能站（含部分县公司）达 1860 座。河南石油分公司获集团公司网络安全水平 A 级企业称号，获销售公司“比学赶帮超”年度红旗，在集团公司网络安全竞赛中取得 1 枚金牌、1 枚铜牌和 1 项个人优秀奖。

（陈祝春）

【干部人才队伍建设取得新进展】 2022 年，河南石油分公司坚持党管干部、党管人才，丰富“六重”选人用人导向内涵，修订中层干部选拔任用办法、机关中层助理及以下职位管理办法，拓宽选人用人视野。创新制定“招才引智”实施办法，成熟人才引进实现突破。制定市公司中层干部及助理管理办法，填补市公司中层干部及后备队伍管理空白，2021年公司选人用人满意度100%。贯彻落实干部“132”年龄结构目标，加快年轻干部培养使用，年度内提拔45岁以下中层干部占比60%，增加16个百分点，其中40岁及以下占比16%。修订高层级专业技术职位管理办法，完善基本条件、增加破格条件，全年选聘财务管理专家、审计专家各1人，专家总数达7人。对全省系统132名中层干部、专家、委派合资公司高管人员开展综合考评，中层干部考评实现全覆盖。

（王　慧）

【加强员工教育培训】 2022年，河南石油分公司结合企业经营发展工作需要，累计举办各类线上、线下培训1055期，培训学员110477人次。其中，省分公司举办各线条持证上岗培训、零售经理培训、新能源电工培训、安全负责人培训、百日竞赛示范培训等集中培训36期，培训员工2035人次，举办在线专题培训5期，培训员工16353人次。全年共开发网络在线课程73个、配套题库32套、在线专题考试15个，中国石化网络学院人均学时267小时，全年组织员工参加在线考试2.75万人次，学习情况排名集团公司第二。

（李　洋）

【积极应对法律诉讼处理】 2022年，河南石油分公司加大逐案督办力度，分级建立由省分公司分管领导、总法律顾问、市分公司主要负责人、市分公司分管领导牵头负责的案件督办体系，加大诉讼案件督办力度，推动积案的及时清理和结案，全省共终结案件71起，挽回损失超过9000万元。

（车子明）

【深化改革】 2022年，河南石油分公司坚定不移把全面深化改革推向深入，深化“五员”用工优化管理，强化科学定编，用工总量稳中有降，全年优化用工695人，减幅5.2%。制定完善劳资管理制度8项，从制度层面进一步加强劳资管理的科学性、针对性和公平性。全面推行中基层领导人员契约化管理，100%承接省公司考核指标，严格履行契约，刚性考核兑现，签订经营业绩考核责任书74份。

（车子明）

【抓思想带队伍】 2022年，河南石油分公司严格落实“第一议题”“第一学习”，组织党员干部员工在学思践悟中找理念、找思路、找方法。坚持“抓工作从思想入手、抓思想从工作出发”“抓思想从团队建设出发、抓团队建设从思想入手”“抓思想从自我革命出发、抓自我革命从思想入手”，找准思想建设和工作的契合点，自觉把思想建设寓于各项工作之中。用“六联”（联事、联人、联责任、联本领、联制度、联政治站位）的方法分析问题和评价工作，通过解决人内在的政治站位、思想认识、作风、素质能力问题，促进思想到行为的统一。

（孙小华）

【强化“以巡六促”抓巡视回头看整改落实】 2022年，河南石油分公司落实“四个融入”要求，举一反三，系统思考，建立“以巡六促”整改机制抓巡视“回头看”整改落实，问题整改率100%。强化以巡促学，营造学习宣传贯彻党的二十大精神浓厚氛围；强化以巡促改，统筹巡视反馈问题与各类检查发现问题贯通整改；强化以巡促教，强化教育培训，育强第一资源；强化以巡促治，完善制度体系和体制机制；强化以巡促严，强化作风建设，从严正风肃纪；强化以巡促建，推动党委、支部、干部、员工“四个作用”发挥，深化党政融合。

（孙小华）

【高水平打造“三型五好”示范党支部】 2022年，河南石油分公司持续深化示范党支部创建，引领各支部聚焦学习型、服务型、创新型建设，做到和谐生态好、组织建设好、队伍建设好、制度建设好、工作业绩好，一个支部一个品牌，打造坚强战斗堡垒，累计培育“三型五好”示范党支部 67 个，三门峡豫陕界服务区党支部被评为销售公司万吨站示范党支部。郑州众意路、扬子路和南阳内邓高速立新服务区等 3 座加油站实现“支部建在站上”。

（孙小华）

【践行社会责任】 2022 年，河南石油分公司统筹疫情防控与经营运行，全力保障资源有力保供、库站平稳运行、服务标准不降、员工安全健康。服务“三夏”“三秋”，设立 1000 座农机专供站，让利 427 万元助豫粮丰收被央视报道。助力乡村振兴，投入专职帮扶人员 89 人，承担 58 个村帮扶任务，销售脱贫地区农副产品 2585 万元。落实民企清欠责任，累计支付民企款项 10.69 亿元。建成“爱心驿站”248 座、“司机之家”216 座，成为服务社会靓丽名片。河南石油分公司被授予服务河南经济社会发展先进中央驻豫单位称号和 2021 河南社会责任企业年度奖。

（孙小华）

【有效助力乡村振兴】 2022 年，河南石油分公司努力探索“消费帮扶 +”的帮扶工作新模式，有效助力乡村振兴，展现中国石化作为负责任企业的良好社会形象。①保持消费帮扶强项更强。深挖内部消费潜力，积极营造“人人参与消费扶贫”的浓厚氛围。全省系统帮助销售脱贫地区农副产品 2585.75 万元，采购东乡藜麦 133 万元。②推进党建共建优势更优。深入推进乡村振兴战略，以共建促发展，党委组织部支部与叶县邓李乡马湾村支部签订支部党建共建协议，全省系统共建支部 37 个。③聚焦教育帮扶特色更特。共同建好“农民家门口的学校”。截至 2022 年底，全省 16 家市分公司承担 58 个村的帮扶任务，选派专职帮扶工作人员 89 人，年度投入帮扶专项资金 45 万元。

（胡　鹏）

【新乡市加氢站建设项目启动】 2022 年 3 月 23 日，“新乡市燃料电池汽车示范应用工作暨中石化加氢站建设启动仪式”在新乡分公司卫辉唐庄加油站举行。新乡市市长魏建平、副市长祁文华，河南石油分公司总经理杜予斌、副总经理尤晟，新乡市各政府职能部门负责人、新乡分公司领导班子成员参加启动仪式。河南石油分公司围绕新乡市城乡规划布局，持续加大在新乡地区氢能项目投资力度，全力打造“油气氢电服”综合能源服务商，助推新乡市燃料电池汽车示范应用工作，全面打造燃料电池汽车应用场景，为新乡氢能产业链的持续健康稳定发展作出积极贡献。

（马　原）

新乡市加氢站建设项目启动仪式在卫辉唐庄站举行

【与国家电投河南公司签署战略合作协议】 2022 年 5 月 26 日，河南石油分公司与国家电投集团河南电力有限公司签署战略合作协议。根据协议，双方将本着“优势互补、资源共享、互利双赢”的原则，在新能源和综合智慧能源项目开发等方面展开战略合作，推动各自能源结构优化调整、绿色低碳高质量发展，共同为谱写新时代中原更加出彩的绚丽篇章作出积极贡献。双方以签约为契机，建立沟通协调、定期会晤机制，充分发挥各自优势，务实高效推动新能源、综合智慧能源、绿色交通、氢能综合利用、能源智慧化管控等项目落地实施，打造能源中央企业合作服务“国之大者”的“新典范”。

（马　原）

与国家电投集团河南电力有限公司签署战略合作协议

【与新乡市政府签署战略合作协议】 2022年6月6日，河南石油分公司与新乡市政府在新乡签署战略合作协议。根据协议，双方将本着“政企互动、优势互补、合作互惠”的原则，充分发挥各自优势，在加氢站建设、氢能设备推广等方面展开战略合作，拓展氢能应用场景，致力打造走出河南、走向全国的氢能产业制造高地。

（马　原）

【获2021河南社会责任企业年度奖】 2022年7月2日，由河南日报社、河南省人民政府国有资产监督管理委员会、河南省地方金融监督管理局、河南省工业和信息化厅联合主办的“2021河南社会责任企业及社会责任突出贡献企业家颁奖典礼”在郑州市黄河迎宾馆迎宾会堂举行。河南石油分公司获2021河南社会责任企业年度奖，公司党委副书记、纪委书记、工会主席张德均代表公司领奖。

（梁汇涛　马　原）

河南石油分公司获2021河南社会责任企业年度奖

表1　河南石油分公司主要经营指标

指标名称 \ 年份	2022	2021	2020	2019	2018	2017
成品油销售总量／万吨	615.60	626.20	689.90	765.20	762.50	757.00
零售量	455.40	472.10	514.40	602.80	618.00	622.50
销售收入／亿元	545.00	465.40	421.00	530.00	548.90	485.48
利润／亿元	1.58	1.20	1.10	2.10	-5.85	1.29
吨油费用／元	521.00	493.00	429.00	399.00	390.00	392.00
在营加油站（点）总数／座	1 851	1 716	1 969	1 874	1 851	1 843
在营加气站总数／座	51	61	60	56	51	48
在营加氢站总数／座	1	—	—	—	—	—

湖北石油分公司

【概况】 中国石化销售股份有限公司湖北石油分公司（简称湖北石油分公司）位于湖北省武汉市，前身是成立于1953年的湖北省石油总公司。1998年7月整体划归集团公司管理，2000年4月按照中国石化整体重组上市要求，改制为中国石油化工股份有限公司湖北石油分公司；2008年原武汉石油集团股份有限公司（深交所上市公司）退市后并入湖北石油分公司。2015年1月按中国石化推进销售企业混合所有制改革要求，变更为中国石化销售有限公司湖北石油分公司；2019年3月变更为中国石化销售股份有限公司湖北石油分公司。

湖北石油分公司是湖北省成品油销售的主渠道企业，主要经营成品油和天然气的销售、储运及便利店等易捷服务业务，经营服务网络覆盖湖北省所有地区，下辖武汉、宜昌、荆州等13家市州分公司和5家专业公司，96个县级公司和零售片区，承担着湖北省成品油资源配置和市场供应的主渠道责任。截至2022年底，湖北石油分公司资产总额163.2亿元，资产负债率54%，全口径用工总量10340人。在营油库15座，库容60万立方米；在营加油站1924座（加气站64座、加氢站4座）。2022年，湖北石油分公司成品油经营总量676万吨，天然气销量8690万立方米，非油品销售额28.8亿元，报表利润3.3亿元。

湖北石油分公司主要经营指标见表1。

（金　山）

【领导班子调整】 2022年1月25日，罗鉴任湖北石油分公司党委委员、副总经理。5月31日，陈智勇任湖北石油分公司党委委员、副总经理；罗晓东不再任湖北石油分公司党委委员、副总经理，调出另有任用。

（金　山）

【聚焦价值创造跑出攻坚创效“加速度”】 2022年，湖北石油分公司立足“找优质用户，抓有效市场，做有益竞争”，坚持“油品抓机出、机出抓汽油”，精心打造“寻找锦鲤”“逢8会员日”营销品牌，完成机出量498万吨，规模区内第四，增幅区内第一；完成机出汽油290万吨，增幅区内第一。坚持“以客户为中心”，“石化钱包”会员数突破670万人，充值及消费额全国第二；新加油卡系统应用全国领先，全年发卡27.7万张，充值137亿元；直分销成交客户4800个，率先实现客户在线率、线上开单率、提油数字化推广率3个100%。以“荆楚有名、市场有声、客户有评、渠道有拓、商品有卖、员工有获”为目标，高质量承办第五届“易享节”，销售额6.8亿元，增长31%，规模全国第四；强化“强基固本、融合发展”，主要经营指标箭头向上，基础品类营业额增长4%；完成毛利额5.1亿元，增长4%；新业务营业额突破5亿元，规模全国第一。科学审慎应对国际油价“过山车”行情，克服柴油资源阶段性紧张、疫情封控、油库改造、极限低水位等不利影响，资源创效2.4亿元；促进省市两级政府出台政策文件及行动方案89个，查处非法经营黑窝点129个、黑油点354个、“新能源”站28个，加油车637辆。制定运杂费、商品损耗、修理费等12大类管理创效目标，健全月度跟踪、季度通报工作机制，推动各项管理上台阶，报表利润3.3亿元，超计划20%，完成率位列销售企业第四。

（金　山）

【聚焦引领发展厚植转型升级“新优势”】 2022年，湖北石油分公司加快构建综合能源服务网络体系，枝江、荆州油库顺利投营，辐射全省的储运网络基本成势，油库总库容达60万立方米，湖北石油分公司“缺容之痛”彻底成为历史。建成投营LNG站4座、加能站30座，储备土地22宗，成品油零售网络优势持续巩固。牵头制定武汉市加氢站建设行业标准，加快推动应用场景建设，3座加氢站顺利投营。科学布局绿色低碳产业，充分利用现有土地、网点，建成投营充换电站60座、光伏发电站71座。深入开展“加油站服务提升百日竞赛”，打造新形象站109座，其中旗舰站17座、标准站92座，建成司机之家81座、爱心驿站109座，完成治破治旧微改造1.1万项，加能站旧貌换新颜，窗口形象、服务功能、基础设施全面升级，客户体验明显改善。

（金　山）

【聚焦争先进位激活改革创新“源动力”】 2022年，湖北石油分公司全面完成市州公司经理层任期制契约化管理，基本完成全省“三级机关”改革，优选10家县公司深入推进体制机制改革和职业经理人选聘。坚决推进末位管理，调整12名中基层干部，不胜任退出比例超过3%。深入开展“对标世界一流管理提升”活动，建立健全“高点定标、高速追标、高位强标”工作机制，各项工作、关键指标总体呈现进位提升的良好态势，累计获销售企业“比学赶帮超”红旗54面，其中年度14面、季度10面、月度30面，创历史最好水平。制定“舞龙头、强筋骨、壮腰身、挺脊背”区域发展策略，全面推进市州分公司强基提质进位工程，3 家市州分公司进入销售企业综合竞争能力前 50 名，9 家市州分公司进入发展进步能力前 50 名。构建以党建引领、绩效考核、履职测评为主要内容的“1+3+N”综合考核评价体系，评价干部更加科学，选人用人更加精准。

（金　山）

【聚焦从严管理筑牢安全环保“防护网”】 2022 年，湖北石油分公司坚持“严之又严、细之又细、铁面无私、吹毛求疵”的安全理念，建好用好 HSE 管理体系，践行“有感领导”，从严抓好保运行安全、保计量过硬、保质量合格、保环境优良、保队伍稳定、保资金安全、保疫情防控“七保”措施，8 项重点隐患项目全部按期整改，确保湖北石油分公司安全平稳运行，获评集团公司安全生产先进单位。深入推进绿色企业行动，细化制定碳达峰 21 项工作任务，绿色库站覆盖率 84%，获评集团公司节能环保先进单位。将拆除后的王家河油库码头打造成长江大保护教育基地，受到主流媒体和社会大众的高度赞扬。全力确保党的二十大等敏感时期企业整体和谐稳定，信访维稳综合评价排名集团公司前列，销售企业第三。

（金　山）

【聚焦强根铸魂唱响党建引领“主旋律”】 2022 年，湖北石油分公司深入学习党的二十大精神、习近平总书记视察胜利油田重要指示精神，用主题行动统领各项工作，开展“喜迎党的二十大、携手奋进新征程”“主题行动书记谈”等活动，引导干部员工把思想和行动统一到党中央的决策部署上来，统一到集团公司党组和销售公司党委的工作要求上来，党建引领保障作用更加有力，获集团公司主题行动先进单位。严格落实“第一议题”制度，专项治理会风会纪等典型问题，大力整治形式主义官僚主义，全面筑牢基层单位属地监督、专业部门业务监督、管理部门职能监督、纪检部门专责监督“四道防线”，拓展完善“大监督”格局，风清气正的政治生态持续向好，获集团公司“大监督”工作先进集体。大力推动党建工作和生产经营在省公司党委、市州分公司党委、基层党支部 3 个层面深度融合，纵深推进“五谈两促一提升”党建品牌，“六融六同”工作机制初步形成，新发展党员 279 名，设立万吨站党支部 17 个，加油站自有党员覆盖率 58%，较上年度提升 14 个百分点，党建工作和生产经营的融合更加紧密。

（金　山）

表 1　湖北石油分公司主要经营指标

指标名称 \ 年份	2022	2021	2020	2019	2018	2017
成品油销售总量 / 万吨	676.00	676.20	578.40	713.80	724.72	721.70
零售量	527.90	532.60	465.14	578.90	589.35	589.00
利润 / 亿元	3.30	2.00	−7.57	1.37	0.08	3.10
销售收入 / 亿元	619.01	515.74	373.93	519.00	539.65	468.38
吨油费用 / 元	411.00	405.00	438.00	353.00	341.00	340.00
加油站总数 / 座	1 924	1 926	1 912	1 990	2 257	2 197

湖南石油分公司

【概况】 中国石化销售股份有限公司湖南石油分公司（简称湖南石油分公司）位于湖南省长沙市湘春路113号。其前身为成立于1950年7月的中国石油公司长沙分公司，1998年7月整体划归集团公司，2000年2月随同集团公司重组改制和主辅分离，分设为中国石油化工股份有限公司湖南石油分公司（上市公司）和中国石化集团湖南石油总公司（存续公司）。后者于2007年改组转制为中国石化集团资产经营管理有限公司湖南石油分公司（简称资产公司湖南石油分公司），2009年7月，资产公司湖南石油分公司交由湖南石油分公司托管。2014年5月14日，按照集团公司对销售公司实施改革重组的要求，公司名称由中国石油化工股份有限公司湖南石油分公司更名为中国石化销售有限公司湖南石油分公司。2019年4月，更名为中国石化销售股份有限公司湖南石油分公司。

截至2022年底，湖南石油分公司设14个地市级分公司、103个县级公司；省公司机关设立17个部门（中心）。用工总量10600人；资产总额241亿元；在营加油站1886座、油库20座、易捷便利店1712座。拥有湖南省最为完善的成品油销售网络，是湖南省成品油经营主渠道企业。主要从事成品油的销售；法律法规允许的石油制品、润滑油、化工产品销售、储存；车用燃气经营；非油品（烟酒、饮料、百货、食品、汽车用品、润滑油、其他服务）销售业务。

2022年，销售成品油751.22万吨，实现易捷服务营业收入20.7亿元；实现销售收入670.78亿元、利润总额3.32亿元，上缴税费6.45亿元。

湖南石油分公司主要经营指标见表1。

（夏良春）

【有力担当全省成品油供应保障主渠道重任】 2022年，面对湖南有气象记录以来最严重的连续枯水干旱，克服水位下降、部分主供油库停业检修等因素叠加影响，湖南石油分公司紧急开通华北、西北区域资源入湘通道，通过跨地区、长距离公路出库稳定供应，强化站点精准配送，统筹进销平衡，全年调进资源743万吨，确保全省系统成品油稳定供应，未出现成品油脱销断档情况。提前完成国ⅥB油品质量升级目标，协助各级政府推进成品油市场“打非治违”和社会加油站涉税平台安装，持续净化成品油流通领域经营环境。开展终端客户主动配送、加油卡“六进”和送油到田间地头行动，为各类工矿企业和农业生产提供精准服务，全年成品油经营总量增幅排名区内销售企业第一，零售唯一实现正增长。

（夏良春）

【强化优质服务践行为民服务宗旨】 2022年，湖南石油分公司围绕为客户“省心、省时、省力、省钱”，全方位推广“加油六步法”“收银五步法”新服务流程，落实安心服务、舒心服务、贴心服务和放心消费，在销售企业加油站服务提升百日竞赛中获评“银牌企业”。累计建成“爱心驿站”116座、“司机之家”135座，为各地环卫工人、外卖小哥及卡车司机免费提供休息、就餐、热水、手机充电、小医药包、小工具箱等各种服务。积极承担88个乡村振兴定点帮扶项目，投入专项帮扶资金500万元。创新开展“易捷年货节”，依托中国石化遍布全国的3万座易捷便利店推广“湖湘好物”，以平台带销售、以销售带产业、以产业带振兴，并大力开展直播销售，销售炎陵黄桃、永兴冰糖橙等“湖湘好物”1.1亿元。

（夏良春）

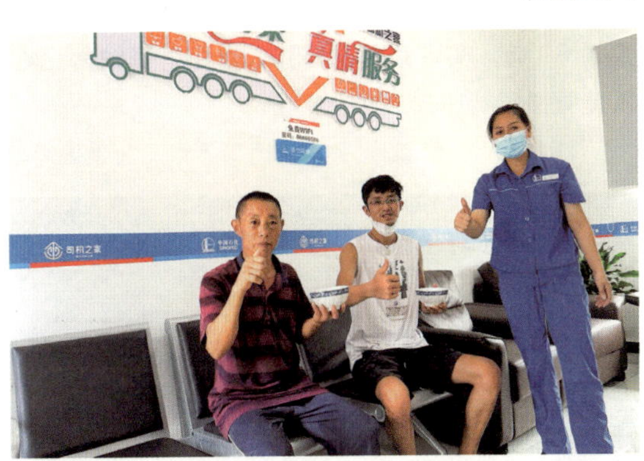

湖南石油分公司打造“司机之家”和“环卫驿站”，为户外工作者和卡车司机免费提供休息、热水等便民服务

【加大投资力度巩固完善洁净能源供应网络】 2022年，湖南石油分公司完善投资项目全过程管控，扎实稳步推进长沙油库扩容、中方油库主体、长沙及815油库智能化等重大改扩建项目；完成加油站改造771座；其中檐口亮化改造项目423座。加快布局车用新能源网络，新投营加气站3座；加强与电力、新能源汽车等领域企业接洽合作，推动60座项目落地投营；累计实现光伏安装60座，年设计发电总量约200万千瓦·时。截至2022年底，共有在营加氢站1座、充（换）电站125座、光伏发电设施93座，基本实现主要高速公路服务区充（换）电“全覆盖”。稳步推进新一代人工智能加油站项目，累计申报发明专利6件、实用新型专利7件。深化数据资产价值开发，实现“易捷加油”App累计注册459万人、“石化钱包”注册303万人。

（夏良春）

【打造高质量“人·车·生活”业务生态圈】 2022年，湖南石油分公司持续推进易捷门店专业化运营，加强商品供应链管理，在销售企业第五届易享节中获尖兵突击奖、增量贡献奖、纪录刷新奖、中流砥柱奖、无所不能直播间奖5个奖项。大力发展洗车业务，新增自建自营及第三方运营洗车网点，营业额增长15%；搭建TOC模式汽车销售业务体系，实现汽车销售2196台，营业额3.35亿元，在销售企业排名第一；因地制宜引进连锁快餐品牌，实现餐饮营业额3120万元，增长190%；大力拓展易捷到车、线上商城等业务，实现线上销售1.9亿元，增长430%；开展采摘季现场直播、探店直播、原产地溯源直播等各类特色直播89场，实现销售额5500万元，在销售企业易捷直播竞赛中排名第一。

（夏良春）

湖南石油分公司积极开展跨界合作，打造集加油、汽服、餐饮等一体的汽车生活驿站，图为张家界鼎泰加油站

【实现深化改革三年行动圆满收官】 2022年，湖南石油分公司优化完善“三重一大”决策事项制度与清单，推进经理层契约化和任期制管理稳步实行。围绕湖南“强省会”战略和“属地化管理”原则，平稳有序完成高速、长沙两家公司业务和人员整合改革，大力提升省会区域市场竞争力和品牌影响力。开展历史遗留问题清理处置专项行动，推动工程投资、合同纠纷、资产产权、人事劳资等领域的各类遗留问题从速妥善解决。规范法人管理，推动法人压减计划，进一步促进湖南石油分公司瘦身健体、提质增效。加大全员培训赋能力度，大力开展专业技术职称评审，58人评审认定中级职称。健全“经营绩效＋管理绩效＋岗位责任”考核机制，配套实施“1+6”绩效考核体系，形成“人工成本有效控制、员工收入稳定增长”的良性循环，在疫情冲击影响下，一线干部员工薪酬仍保持稳定增长。

（夏良春）

【坚持依法合规推动企业安全绿色发展】 2022年，湖南石油分公司坚持严肃财经纪律、依法合规经营，开展专项治理行动，自查整改问题124项，推动修订完善制度31项。全年接受各类数质量抽检247样次，全部100%检测合格。扎实开展“强‘三基’”工作，闭环落实安全环保专项排查整治12项、治理隐患34项，从严强化承包商管理，从细排查整改隐患，始终保持零事故、零污染、零伤害。坚持把员工健康和安全放在首位，坚决保障加油站防疫物资，落实各项防控措施；认真做好“乙类乙管”各项工作，确保经营秩序稳定。依托成品油储运体系，加大环保应急物资储备力度，全年参与地方大型安全环保联合演练20余次，响应参与地方各类应急处突95次，第一时间提供应急物资、派出专业人员，协助当地将损失和影响控制在最小范围，为保障人民群众生命财产安全和三湘四水的生态安全发挥积极作用，得到地方党委、政府部门和相关单位的专门致信和感谢。

（夏良春）

【营造以高质量党建推动高质量发展生动格局】 2022年，湖南石油分公司坚持用习近平新时代中国特色社会主义思想凝心铸魂，开展“牢记嘱托、再立新功、再创佳绩，迎接学习贯彻二十大”主题行动，持续加强党的“三基本”建设，创新党建工作，打造党建品牌。坚持“把支部建在连上”，实现全系统所有在营库站党员“全覆盖”，建设万吨级加油站党支部 8 个，推进湖南石油分公司参股的 95 家合资公司全部“党建入章”，持续提升党建联建、结对帮扶质量实效。坚持将弘扬石油石化优良传统与用好湖南丰富的红色资源相结合，大力弘扬“三老四严”、苦干实干和敢为人先“三种精神”，持续打造红色教育基地，深入开展形势任务宣讲，持续扩大绿色发展、抗击灾害、市场保供等影响力，推动高度负责任、高度受尊敬的党和人民好企业形象持续塑造。

（夏良春）

表 1　湖南石油分公司主要经营指标

指标名称 \ 年份	2022	2021	2020	2019	2018	2017
成品油销售总量 / 万吨	751.22	705.19	763.76	762.80	750.00	743.20
零售量	557.30	556.85	600.40	594.88	587.60	593.60
销售收入 / 亿元	670.78	537.41	461.55	553.45	558.00	493.00
报表利润 / 亿元	3.32	0.70	10.02	6.11	0.09	5.00
吨油费用 / 元	408.00	438.00	385.00	384.00	371.00	350.00
在营加油站总数 / 座	1 886	1 862	1 818	1 736	1 649	1 627

广东石油分公司

【概况】 中国石化销售股份有限公司广东石油分公司（简称广东石油分公司）前身是成立于 1950 年 6 月的中国石油贸易公司广州分公司。1961 年 11 月更名为广东省石油公司。1992 年 8 月改组为广东省石油企业集团公司。1998 年 7 月，广东省石油企业集团公司及其属下的 116 家市、县公司整体划归集团公司。2000 年 3 月，重组为股份公司广东石油分公司和广东省石油企业集团公司。2014 年 5 月，更名为中国石化销售有限公司广东石油分公司。2019 年 8 月，更名为中国石化销售股份有限公司广东石油分公司。

截至 2022 年底，广东石油分公司主要从事成品油和天然气的零售、直批业务及非油品业务，下辖 22 家分公司，2500 余座加油站、2200 余座易捷便利店，29 座油库、总容量超 180 万立方米，有超过 1600 多千米成品油管道为其服务，以加油站为单位的资源输送触角延伸至全省 21 个地市的县域市场，形成遍布全省的资源供应网络和日臻完善的服务体系。2022 年，油气经营总量超过 1650 万吨，非油品销售总额近 70 亿元，是中国石化乃至国内规模最大的区域油品销售企业。连续 7 年获销售公司党建工作年度先进红旗，连续 7 年在集团公司党建考核中获评 A 档企业。

广东石油分公司主要经营指标见表 1。

（刘　露）

【领导班子调整】 2022 年 2 月 28 日，广东石油分公司召开领导班子调整视频会议，省公司副总经理田琳宣读集团公司任免文件，邹伟海不再担任广东石油分公司副总经理、党委委员，另有任用，叶洪任广东石油分公司副总经理、党委委员。省公司新领导班子调整为：岑利祥、董光明、叶洪、刘俊峰、王征苑、田琳、张志勇。

（刘 露）

【攻坚创效】 2022年，面对严峻形势和重重困难，广东石油分公司攻坚克难、开拓进取，以主题行动为抓手实现各项工作稳步有序推进。全年油气经营总量1664.5万吨，完成总部月度累加计划的102.8%。成品油经营总量1650.1万吨，完成计划的102.9%，其中零售1232万吨、直分销418.1万吨；天然气销量14.4万吨。

（刘 露）

2022年，广东石油分公司全面更换加油站新工装，展示新形象

【易捷服务】 2022年，广东石油分公司坚持依法合规和高质量发展原则，完善全域营销模式，深化油非互促，创新宣传方式，易捷服务经营质量有效提升。全年实现易捷服务利润6亿元，增长2%，"易享节"实现9亿元销售额，有效提升易捷品牌价值和影响力。

（刘 露）

【内涵挖潜】 2022年，广东石油分公司巩固打造样板以来形成的整洁清爽油站环境，全面推动员工服务更标准、更规范、更有温度，有效提升加油站现场通过率和服务效率，全省109个经管部2100多座加油站通过样板验收，软硬件水平显著提升，得到销售公司"百日竞赛"的充分检验，获得销售企业金牌。油库方面，坚持"抓两头、促中间"，抓好黄埔、花都油库的样板巩固，集中资源补齐管理短板，同步推进第一批9座样板油库打造，油库基础管理逐步提升。开展"百人千站"内涵挖潜专项调研，组织专家团队对全省系统1278座潜力加油站进行地毯式诊断挖潜，以"精准投资、增量提效"为原则开展项目改造和营销优化，为量效提升提供坚实支撑。牢固树立"今天的投资就是明天的成本"理念，坚持审慎理性投资，低成本高质量维护网络稳定，从源头把控网点创效质量，全年新取得合资项目15座，续租油站19座。

（刘 露）

广东石油分公司发动全员投入治旧治破行动，完成2000余座油站形象微改造

【精益管理】 2022年，广东石油分公司推进深化改革三年行动、对标世界一流管理提升行动圆满收官，推动物流、质量检验专业化管理，理顺新能源业务管理职责，超额完成总部法人压减目标任务，增强企业发展内生动力。牢固树立"过紧日子"思想，通过深入开展对标分析、深化不合理费用检查、逐项跟进整改提升，全年压降租金7283万元，累计通报整改不合理费用17项。扎实推进"严肃财经纪律，依法合规经营"综合治理专项行动，开展依法纳税自查，重点防范资金风险，加强合资企业监管，全力处置重大纠纷，维护广东石油分公司合法权益。严格落实"一案一策"，全年办结案件45起，避免或挽回损失约3.3亿元。

（刘 露）

【安全环保】 2022年，广东石油分公司深入贯彻集团公司及销售公司安全生产警示大会工作部署，扛牢安全生产经营的政治责任，把安全作为"先于一切、高于一切、重于一切"的大事要事抓好抓实。以"强'三基'、促安全"为抓手，强化基层的安全意识、安全操作和应急处置能力，推动

HSE 体系有效运行，实行安全生产“一把手”负责制，精准识别和管控风险，全面排查整治隐患，完善施工高风险关键环节监督，有效保障企业安全平稳运行。抓好项目环保“三同时”管理，落实库站污染防治和危废处置措施，推广油气回收集中式在线监测系统应用，防范环保风险。守住数质量底线。严格全产品、全流程数质量监控，完善对油品及新能源、新产品的质量管控措施。紧跟国家和地方政府防疫部署，因时因势调整防疫措施，做到科学精准和人文关怀并重，最大限度保障员工身心健康和企业正常运营。

（刘　露）

【党建引领】 2022 年，广东石油分公司聚焦党的二十大精神学习，抓好全面从严治党，巩固拓展党史学习教育成果，推动“我为群众办实事”常态化长效化。完善党建与业务深度融合措施机制，围绕开源节流、安全环保等方面开展党员活动，让党旗在基层一线高高飘扬。坚持“党的一切工作到支部、到油站”思路，推进“三基本”建设与“三基”工作融合落实，在基层党员覆盖、干部队伍建设、支部品牌创建、党建联建等方面发力，推进基层班组党员覆盖有形有效，加油站自有党员覆盖率 70%，5000 吨以上加油站实现全覆盖，高质量打造 12 个万吨站党支部；推出“红色安全帽”“爱拼才会赢”等 15 个精品品牌。

（刘　露）

【央企担当】 2022 年，广东石油分公司连续第 10 年开展“情暖驿站”活动，累计超过 4 万名志愿者服务超过 5300 万名春运返乡、出行人员。全年重点打造“司机之家”380 座、建设 261 座“爱心驿站”，打造知名公益品牌项目。助力乡村振兴，深入开展教育帮扶。全年消费帮扶超 2100 万元，位居销售系统前列。

（刘　露）

2022 年，广东石油分公司连续 10 年开展“情暖驿站”大型公益活动

表 1　广东石油分公司主要经营指标

指标名称＼年份	2022	2021	2020	2019	2018	2017
成品油销售总量 / 万吨	1 650.10	1 718.34	1 674.90	1 733.32	1 686.01	1 639.04
零售量	1 232.00	1 280.38	1 201.20	1 285.49	1 331.46	1 300.81
报表利润 / 亿元	26.87	25.40	21.65	33.70	34.44	35.02
报表吨油费用 / 元	490.00	447.49	412.59	391.77	379.36	380.17
在营加油站总数 / 座	2 299	2 351	2 356	2 347	2 272	2 247

广西石油分公司

【概况】 中国石化销售股份有限公司广西石油分公司（简称广西石油分公司）位于广西壮族自治区首府南宁市，前身是成立于 1952 年的广西壮族自治区石油总公司，1998 年划归集团公司，1999

年按照集团公司重组改制、主辅分离的原则，组建广西石油分公司。2009 年整合上市、非上市部门职能，推进一体化管理改革。2014 年根据集团公司油品销售业务重组工作部署，变更为中国石化销售有限公司广西石油分公司。2019 年根据销售公司股改要求，更名为中国石化销售股份有限公司广西石油分公司。

截至 2022 年底，广西石油分公司设 14 个职能部室和 3 个专业中心，下辖 14 个地级分公司和 97 个县公司（片区），组建联营公司 45 个。主要经营汽油、柴油、天然气、氢气和润滑油的批发零售，以及光伏、充换电、加油站便利店非油品业务等。共有在岗员工 9038 人（含委托管理站），有在营加油站 1430 座、便利店 1248 座，在用轻油油库 14 座、总库容 69.5 万立方米；资产总额 173.23 亿元，全年完成固定资产投资 11 亿元。

2022 年，广西石油分公司销售成品油 663.03 万吨，其中零售 513.33 万吨、直分销 149.70 万吨；销售天然气 1.61 亿立方米；非油基础品类营业额 18.80 亿元；全年销售收入 606.29 亿元，报表利润 11.73 亿元。

广西石油分公司主要经营指标见表 1。

（唐倩倩）

【领导班子调整】 2022 年 1 月 29 日，广西石油分公司召开党委扩大会，会上宣布集团公司党组对广西石油分公司领导班子调整的决定：莫淑新任广西石油分公司副总经理、党委委员。4 月 24 日，广西石油分公司召开领导班子扩大会议，会上宣布集团公司党组有关决定：因年龄原因，林东、卢品宝不再担任广西石油分公司副总经理、党委委员职务，改任二级协理员。8 月 5 日，广西石油分公司召开领导班子扩大会，会上宣布集团公司党组对广西石油分公司领导班子调整的决定：陈春华任广西石油分公司副总经理、党委委员。调整后，广西石油分公司领导班子由苏云河、李力波、邓德选、何瑞、莫淑新、陈春华组成。

（唐倩倩）

【战疫抗汛】 2022 年，面对广西疫情多点散发的严峻形势，广西石油分公司始终保持区、市、县三级抗疫响应机制处于激活状态，配合地方政府部门落实员工全员排查、库站消杀等工作，同时合理优化加油站人员排班，在加油站开辟加油绿色通道，为医护车、警车、物资保供车、公务车提供“随到随加”快捷服务，全力保障防疫车辆用油。紧急调配米面粮油等物资，引导顾客使用易捷到车在线下单，提供送货上门、送货到车服务，全力满足民生需求。5—6 月，广西多地降雨突破历史极值，广西石油分公司提前部署、积极应对，全力保障库站安全平稳经营，受灾地区油品不脱销、不断供。

（唐倩倩）

【成品油业务】 2022 年，广西石油分公司坚持以客户为中心、以市场为导向，持续深化业财融合、强化协调联动，不断提升应对市场变局的能力。通过活用数字化加强预判决策、抢抓重大项目建设需求、开展“加油站服务提升大会战”、推广易捷加油、引入跨界资源、抓好会员日营销等一揽子有效措施，有力促进成品油销售稳量增效。

（唐倩倩）

【非油品业务】 2022 年，广西石油分公司持续推进易捷公司深化改革，不断完善“三能”机制，有力激发经营活力和团队潜力。精心打造五大消费节，完善周末会员日营销体系，有力促进销量增长。深入开展线上线下平台融合年活动，全力推进易捷到车、保险、养车卡、汽车销售等新业态，易捷到车业务营业额 2.12 亿元、规模跃居全国第 2 位，直播带货销售 775.20 万元、增长 937%。不断拓宽“易姐姐”品牌序列，成功研发并上市六堡茶、定制款牛奶、易臻选－王老吉罗汉果饮料、罗汉果陈皮茶等自有新品，“易姐姐”螺蛳粉销售额超过 2000 万元。

（唐倩倩）

【新能源业务】 2022 年，广西石油分公司坚定不移推进“油气氢电服”综合能源服务商转型，创新发展新能源业务，取得新的突破。多渠道获取气源，规模化采购 LNG 资源，在营加气站达 35 座，数量居广西首位，市场份额从 2021 年的 31% 提升至 48%。全年建成充电自营站 36 座、分布式光伏站 255 座。在柳州建成投营销售系统首座自主运营的“超级充换电城”，形成“闲置土地盘活发展充换电站＋易捷服务”的全新模式，为销售企业充电业务发展蹚出新路。截至2022年底，累计完成5座加氢站建设，加氢站数量位居广西第一。推动首批氢燃料商用车在南宁顺利交付投用，实现广西车用氢能商业模式的历史性突破。

（唐倩倩）

【网络建设发展】 2022年，广西石油分公司抓住“内涵发展”和“外延拓展”两条主线，完成站点提质增效改造422项、推动关停站盘活投营5座、成功续租站7座、已支出未投营项目投营5座。参与加油站建设用地竞拍66宗，取得16宗，成交数量和单价均优于竞争对手。树牢全生命周期发展理念，重新修订核心制度4项，从严抓好设计规划、签证变更、建设质量、竣工验收等环节的全流程管理。深度介入设计源头审查，增设项目预算内审，控制价偏差率有效下降15%，单站节约投资30万—50万元、投入成本下降约3%、投资回报率提高0.4%。

（唐倩倩）

【创效能力】 2022年，广西石油分公司全面强化预算管理及费用管控，实现应收尽收、应减尽减。建立“创效型”物流模式，二次运费节约预算3836万元；运用平均线管理法，商品损耗节约预算5880万元；强化政策减负，落实含增值税留抵退等财政优惠政策约7763万元。创新低无负效资产盘活方式，盘活闲置土地34宗、闲置房产15宗，其中北海大道北二站、防城港江山站土地置换事项分别入选集团公司和销售公司宣传案例。

（唐倩倩）

【“打非治违”工作】 2022年，广西石油分公司始终把成品油市场“打非治违”作为饭碗工程，全年配合政府部门开展行动1368次，查获非法油品4298吨，促进客户回流1200个，带动油品销量12.90万吨。大力协调政府部门推广加油站数据实时采集平台，并由广西石油分公司主导建设，截至2022年底，民营加油站安装率83%，为后续有效掌握全区加油站成品油经营的实时数据、有效规范市场秩序提供抓手，形成的广西经验被销售公司介绍推广。

（唐倩倩）

【安全环保】 2022年，广西石油分公司扎实推进HSE体系运行，及时完善新能源HSE管理职责，开展安全大检查、线上线下督查、“低老坏”整治等工作，出台全面加强安全生产的一系列措施，安全环保态势稳中向好。持续深化“绿色企业行动计划”，全年完成绿色基层创建129座，库站排污许可持证率实现100%。

（唐倩倩）

【成立70周年系列活动】 2022年，广西石油分公司以“壮美七十载，创业谱新篇”为主题，举办征文大赛、“老物件”展览、先进人物表彰、创业主题大讨论等成立70周年系列特色活动。5月20日，召开成立70周年庆祝大会暨社会责任报告发布会，同时在南宁新阳油库举行广西石油分公司企业文化展馆揭牌仪式，全方面展现广西石油分公司70年来的工作成绩，以及履行国有企业的经济、政治和社会责任的担当，进一步擦亮“党和人民好企业”形象，提升员工认同感和归属感。

（唐倩倩）

【南宁油库投油】 2012年，为服务广西南宁市城市建设规划，广西石油分公司全面启动南宁屯里油库迁建项目。经过10年的谋划及建设，2022年9月7日，迁建后的南宁油库正式投油，新增库容6万立方米，成为中国石化西南地区最大的集信息化、智慧化于一体的现代化油库，有效提高广西地区油品资源供应能力，增强能源安全保障能力。

（唐倩倩）

广西石油分公司南宁油库

【广西首批商用氢燃料汽车投用】 2022 年 9 月 14 日，广西首批 4 台商用氢燃料汽车在广西石油分公司南宁新阳综合加能站正式交付使用，标志着由广西石油分公司协调推动东风柳州汽车有限公司、中外运广西有限公司等企业联合打造的氢能应用产业链在广西初步形成，为推动氢燃料汽车商业应用起到积极的示范作用。

（唐倩倩）

4 台商用氢燃料汽车在南宁新阳综合加能站正式交付

【与中铁交通投资集团有限公司签订战略合作协议】 2022 年 9 月 16 日，中国石化销售股份有限公司、广西石油分公司与中铁交通投资集团有限公司签订战略合作协议。依据达成的合作共识，三方发挥各自领域的优势资源，在成品油、天然气、易捷服务、氢能、光伏、充换电和交通建设、交通配套服务等多个领域开展全方位合作，提前锁定全国 12 条高速路段 59 座网点的合作经营权，巩固提升中国石化在多个省市的高速网络控制力。

（唐倩倩）

【推进成立广西综合交通清洁能源协会】 2022 年 8 月 26 日，在广西石油分公司牵头推动下，召开广西综合交通清洁能源协会成立大会。广西石油分公司担任协会理事长单位，广西石油分公司副总经理莫淑新兼任协会会长职务。该协会的成立将推进西南、华南地区的清洁能源在交通等领域发展更加规范、有序，促进行业内的企业合作更加深入高效。

（唐倩倩）

【举办“我是易姐姐”美好生活代言人青年创业大赛】 2022 年 8 月 15 日，历经 3 个月，由中国石化广西易捷分公司主办、广西广播电视台承办的“我是易姐姐”美好生活代言人青年创业大赛圆满落幕。活动影响力辐射福建、河北等 10 多个省（自治区、直辖市）和泰国、越南、印度尼西亚、尼日利亚等国家，把“易姐姐”品牌知名度和美誉度推向新高度。

（唐倩倩）

举办“我是易姐姐”美好生活代言人青年创业大赛

【人才队伍建设】 2022 年，广西石油分公司深入贯彻人才强企战略，聚焦落实“三能”机制，提拔中层干部及助理 50 人、末位调整退出岗位 11 人、42 名重要敏感岗位人员完成轮岗。加强年轻干部轮岗实践，创新实施“青苗计划”，加快青年人才成长步伐。高质量完成中层干部政治赋能轮训、MBA 模式年轻干部培训等。强化用工优化，人均零售量排名销售企业第六。“三项制度”改革成效显著，被评为中国石化直属单位“三项制度”改革评估结果 A 级企业。

（唐倩倩）

【党建工作】 2022 年，广西石油分公司在总部党建考核中获评 A 档，获销售公司党建先进红旗，连续 3 年获评销售公司宣传先进单位。把学习宣传贯彻党的二十大主题和落实集团公司党组重大决策、重点任务贯穿始终，培根铸魂强化政治建设。坚持“两个一以贯之”，率先在销售企业创新探索“党委会、分公司代表会、总经理会”为主体的治理体系，把加强党的领导和完善公司治理更加有效地统一起来。创新推动党建融合、同频共振，打造万吨站党支部，建立基层党小组，打通“最后一公里”。长效开展“我为群众办实事”实践活动，推进员工关心关爱年活动，获评自治区直属企事业先进职工之家。

（唐倩倩）

表 1 广西石油分公司主要经营指标

指标名称 \ 年份	2022	2021	2020	2019	2018	2017
成品油经营量 / 万吨	663.03	674.28	682.26	699.04	675.74	648.59
零售量	513.33	539.64	533.56	537.83	507.90	502.35
销售收入 / 亿元	606.29	512.26	421.47	502.35	511.22	415.71
利润 / 亿元	11.73	10.40	13.21	9.04	6.83	9.20
吨油费用 / 元	383.49	374.33	346.08	339.32	305.81	311.54
加油站总数 / 座	1 430	1 393	1 349	1 306	1 278	1 251

海南石油分公司

【概况】 中国石化销售股份有限公司海南石油分公司（简称海南石油分公司）位于海口市滨海大道 177 号。其前身中国石油公司广东省海南公司创建于 1953 年，1988 年海南建省后，挂牌成立海南省石油总公司。1998 年 9 月成建制划转集团公司。1999 年 7 月，集团公司将海南省石油总公司和海南经济开发有限公司的部分资产重组。2000 年实行主辅分离，主业成立中国石油化工股份有限公司海南石油分公司，辅业为中国石化集团海南石油总公司（简称海南石油总公司）。2006 年，海南石油总公司整体转制为中国石化集团资产经营管理有限公司海南石油分公司（简称海南石油资产分公司）。2014 年 6 月，中国石油化工股份有限公司海南石油分公司更名为中国石化销售有限公司海南石油分公司。2019 年 2 月，按照销售公司改制上市要求，中国石化销售有限公司海南石油分公司更为现名。

海南石油分公司主营汽油、柴油、天然气、燃料油、润滑油及其他化工化纤产品的零售，日用百货便利店经营，汽车清洗服务，销售预包装食品、散装食品、乳制品的经营，零售保健食品、卷烟、雪茄烟等。是海南省内成品油供应主渠道，销售网络覆盖海南省陆、海两域。

截至 2022 年底，海南石油分公司资产总额 42.73 亿元，有油库 4 座（库容 16 万立方米）、在营加油（气）站 313 座（含合资、他有他营）、液化气站 24 座，用工总量 2763 人，马村—洋浦成品油管道 110.6 千米，马村油库—美兰机场航空煤油管道（简称马美管道）55 千米。海南石油分公司机构设置为 15 个机关部室（专业中心）、18 个市县公司、5 个合资公司和 1 个直属单位。

海南石油分公司主要经营指标见表 1。

（张慧慧）

【领导班子调整】 2022 年 6 月 17 日，李炜任海南石油分公司代表、海南石油总公司党委书记，黄河任海南石油分公司总经理、海南石油总公司党委副书记。12 月 30 日，舒东鲁任海南石油分公司总会计师。海南石油分公司新一届领导班子由李炜、黄河、于永生（自 2020 年 10 月援疆）、崔勇、黄新、蔡文东、舒东鲁 7 人组成。

（张慧慧）

【经营情况】 2022 年，海南石油分公司直面复杂多变的严峻形势，以集团公司“牢记嘱托、再立新功、再创佳绩，迎接学习贯彻二十大”主题行动为主线，以“112100”总体目标为牵引，全力稳运行拓市场、谋创新促发展、抓改革强管理、防风险守底线、抓作风强党建，克服疫情冲击影响，巩固市场份额不降，实现近年利润新高，各方面工作取得新进步。全年成品油经营总量 174.6 万吨，整体报表利润 3.8 亿元，市场占有率 72%。成品油经营总量、直分销量、报表利润完成率分别位居销售企业第二、第一和第七。

（张慧慧）

【网络发展】 2022 年，海南石油分公司坚持现有网点“内涵挖潜”的同时，加快布局新能源网点，想方设法盘点闲置资产，取得较好成效。①传统网络发展巩固优化。全年新增加油（气）站 17 座，网络占有率 57.8%，提升 0.65 个百分点。提质改造完成 64 座，新增年加油（气）量 1.1 万吨。盘活三亚天涯站、林旺站建设充电桩和汽服项目，落实澄迈泰昌站置换大丰互通站土地置换，推进海口灵山站、陵水油库、乐东大安油库土地置换项目有新进度，低成本协调落实东方花梨谷站建设用地。②新能源发展步伐加快。全年新增光伏发电站 92 座，新增充电站 22 座，换电站投营 4 座。③重点项目取得重大进展。马美管道项目基础设计获集团公司发展计划部批复；澄迈段征租补偿工作启动，海口段完成前期对接准备。自贸大厦建设实现大厦“出地面”的年度施工目标，标志项目建设全面由地下基坑工程转为地上主体工程。

（张慧慧）

【风险防控】 2022 年，海南石油分公司坚决贯彻落实集团公司安全生产系列会议精神，深入开展安全环保领域的形式主义、官僚主义整治，大力推进安全生产大调研，集中精力盯现场、抓安全，统筹安全和发展、抗疫和经营，扎实开展以强“三基”为重点的“基础管理提升年”活动，在 HSE 监管上发力，在抵御疫情上合力，在合规经营上用力，更加注重补齐短板、加固底板、稳健经营，守住安全环保红线、各类经营风险底线和聚集性感染防线，保持海南石油分公司健康有效发展。连续 8 年被省政府评为安全生产先进单位；被集团公司合规管理体系评价初步评级为 A 类企业。针对疫情形势变化，及时调整防疫措施，备足物资准备，实施轮班机制，平稳渡过疫情高峰期，实现聚集性、群体性零感染、零上报。

（张慧慧）

【改革创新】 2022 年，海南石油分公司优化省市两级事权，厘清各单位职责，深化赋权改革，进一步提升市县分公司运行效率。修订完善制度和业务流程，梳理制度与内控权限、业务流程及信息系统匹配，进一步畅通业务运行堵点。完善库站制度转换，化繁为简，提升库站执行的简便性和有效性。在海南易捷公司改革基础上，扩大市县公司、液化气中心经营班子任期制和契约化管理，建立“人力资源池”制度，能上能下、能进能出机制得到有效推进。建立以岗位、能力和业绩相挂钩的市场分配制度，推进全员绩效考核，实现收入能增能减，不断激发队伍活力。推进站级一体化、新加油卡功能提升，实现加油机自助圈存、加油卡明折明扣、银联聚合支付等功能；深化“一键订气”系统应用，提升液化气一体化服务水平和管理效能。围绕为基层减负提效，全面完成所有站点“一键班结”，实现零点自动日结；开发移动版站点巡检系统，实现移动巡检功能。

（张慧慧）

【人才建设】 2022 年，海南石油分公司持续加强干部队伍日常管理、培训和考核，坚持基层和多岗位轮岗导向，中层干部交流 11 人次，提拔“80 后”年轻干部 2 名；充分利用自贸港引才政策，组织申报自贸港高层次人才，全年认定 19 人，累计 47 人，干部队伍质量持续提高。全年引进应届毕业生 12 人，社会招录易捷服务、新能源、管道业务人员 16 名，“三新”人才基础不断夯实。畅通三支人才队伍晋升通道，全年聘任主管技师 2 人、技师 8 人，拟聘任专家 2 人、副主任师和主任师 14 人，各层级梯次人才队伍储备不断完善。引进本科学历后备站长、后备油库大班长 22 人，紧扣“五懂五会五能”，加强基层全员素质能力提升培训，基层人员结构、素质能力逐步改善。

（张慧慧）

【党的建设】 2022 年，海南石油分公司认真贯彻落实习近平总书记重要讲话和重要指示批示精神学习贯彻落实机制，深入学习宣传贯彻党的二十大精神，强化思想理论武装，增强党性修养，提升理论素质，“第一议题”制度落实质量和实效不断提升。坚持融合创新抓党建，在攻坚破题、抗击疫情等关键时刻，党建政治优势转化显著增强，海南省委组织部授予海南石油分公司支援市县抗击疫情志愿服务工作表现突出集体称号。落实“双亮”“双示范”制度，深入推动库站党员力量全覆盖；着力创建3座万吨站示范党支部、党建共建15个。贯通运用“党建+”“抓书记、书记抓”工作法，搭建党建与生产经营相融互促载体，建立党组织战斗力和党员先锋模范联动“双亮”机制，引导广大党员在筑牢安全底线、市场开拓、疫情防控等方面发挥先锋模范作用。

（张慧慧）

【“爱跑98”上线】 2022年6月22日，海南石油分公司举行“爱跑98”品牌汽油发布会暨公众开放日活动。会议邀请政府嘉宾、部分企业家代表、企业家协会、价格协会和媒体记者代表参加活动。

（张慧慧）

“爱跑98”品牌汽油海南上线发布会仪式现场

【志愿者支援地方抗疫】 2022年8月1日，海南三亚暴发疫情，随后向全省蔓延。海南石油分公司统筹协调物资采购，紧急调运车辆装运，克服物流交通管制困难，为滞留游客提供暖心服务，兑现“油品不断供、商品不涨价、服务不打烊”的社会承诺。同时，35座加油站开辟油品保供“绿色通道”，29名抗疫志愿服务者奔赴三亚和万宁，想方设法为地方捐赠防疫物资，展现国企担当。

（张慧慧）

8月18日，海南石油分公司第一批23位志愿者紧急奔赴三亚抗疫前线，支援当地疫情防控工作

【投营“司机之家”“爱心驿站”】 2022年，海南石油分公司投入236万元打造“司机之家”25座、“爱心驿站”44座，为当地环卫工人、快递小哥等户外工作者提供暖心服务。

（张慧慧）

万宁城北加能站爱心驿站邀请环卫工人品尝粽子

表1 海南石油分公司主要经营指标

指标名称 \ 年份	2022	2021	2020	2019	2018	2017	2016
成品油经营总量/万吨	174.60	183.80	146.30	154.40	161.40	168.87	158.76
零售量	111.90	123.80	110.30	119.10	123.08	123.72	119.56

续表

指标名称＼年份	2022	2021	2020	2019	2018	2017	2016
销售收入 / 亿元	167.81	145.98	102.74	123.18	133.67	122.47	104.91
利润 / 亿元	3.80	3.40	3.22	3.10	3.40	5.07	4.55
吨油费用 / 元	408.00	384.00	366.00	363.00	344.00	331.00	325.00
加油（气）站总数 / 座	313	306	294	289	306	303	307

贵州石油分公司

【概况】 中国石化销售股份有限公司贵州石油分公司（简称贵州石油分公司）位于贵州省贵阳市南明区解放路 21 号，主营成品油、天然气、非油品销售，是贵州省最大的成品油经营企业。前身为贵州省石油总公司，1998 年划归集团公司。2000 年，组建中国石油化工股份有限公司贵州石油分公司。2019 年，更名为中国石化销售股份有限公司贵州石油分公司。

截至 2022 年底，贵州石油分公司设 14 个职能部门和 4 个专业中心，下属 9 个市（州）分公司，有员工 11191 人（在岗 9070 人、离退休 2121 人）；在营加油站 1246 座，在营成品油油库 9 座（管道下载油库 6 座），总库容 38.95 万立方米；在营易捷便利店 1111 个，非油品物流配送中央仓 1 座。资产总额 163.03 亿元。

2022 年，贵州石油分公司实现成品油销售总量 553 万吨，其中零售 411.9 万吨、直分销 141.1 万吨；非油品营业额 21.2 亿元；天然气销量 14730 万立方米。实现利润 11.2 亿元。获评 2022 年度全国“安康杯”竞赛优胜单位，获国家实用新型专利授权 5 件；获集团公司 2022 年度财务管理先进单位、节能环保先进单位及中国石化“大监督”先进集体称号，获集团公司第三十一届管理现代化创新成果 3 项、集团公司技能人才创新成果 2 项；获销售系统“比学赶帮超”月度、季度红旗 53 面，获年度红旗 8 面，获评销售企业“加油（气）站服务提升百日竞赛”铜牌企业；入选贵州省委改革重大调研课题 2 项，位列“贵州100 强企业”第 6 位。

贵州石油分公司主要经营指标见表 1。

（施延吉）

【领导班子调整】 2022 年，集团公司党组对贵州石油分公司领导班子进行调整：1 月，张杰任贵州石油分公司党委副书记、纪委书记、工会主席人选。4 月，鉴于年龄原因，张宏良不再担任贵州石油分公司副总经理、总会计师，张景任贵州石油分公司总会计师（仍任副总经理）。调整后，贵州石油分公司领导班子由张家顺、罗洪战、赵军、张景、张琦、张杰 6 人组成。

（施延吉）

【资源创效】 2022 年，贵州石油分公司积极抢抓资源创效，紧盯国际油价走势及省内外量价变化，把握最佳采购时点，做好进销统筹，汽油采零差比 2021 年增加 389 元 / 吨，资源创效水平进一步提升。首创与上游企业联合运营加气站的 B2C 直供寄售模式，稳定价差收入，保障天然气销售的盈利能力。通过与政府、金融、通信、汽车等行业洽谈合作，引入营销资源 1.06 亿元，带动销售 3.7 亿元。

（施延吉）

【配合市场整治】 2022 年，贵州石油分公司持续推动“打非治违”，净化成品油市场。协调政府在全省加油站上线“贵州省成品油一体化监管服务平台”，进一步强化成品油经营单位税收监控。推动省、地、县三级政府出台市场专项整治文件155份，配合政府部门开展打击行动461次，罚没非法经营油料2315吨。推进打假维权，协调政府职能部门清理商标侵权社会站12座，维护企业及消费者合法权益。

（施延吉）

【成品油经营】 2022年，贵州石油分公司不断完善成品油营销体系，坚守市场份额。深度开发客户，落实“总对总”战略合作，与多家单位签署战略协议。发挥经营线条合力，组建综合大客户经理团队。省、地公司分别成立战略客户部委员会、客户开发专班，县区公司设立客户服务部，压实各级客户开发职责，全年走访开发园区、工地、网约车、出租车等客户8164户，增量11.35万吨。开展多维度会员营销，新增统建会员150万人。成立专项工作组，对潜力站、低效站开展现场调研，采取提量增效措施158条，56座站销量增幅明显，60座站摆脱低效站。开展98#汽油专项营销，新增网点27个。开展经营性客户市场调研12次，开发加油站终端客户213户，压缩46%的中间贸易商。

（施延吉）

【易捷经营服务】 2022年，贵州石油分公司围绕“车服务、车生活、车用品”着力提升易捷服务管理水平，增强差异化竞争力，推动非油品业务高质量发展。统筹组织“年货节”“易享节”等主题营销，做好要货配送等工作，打造门店良好营销氛围，全年非油品基础品类销售增长9%。开展易捷到车、“9号直播日”等营销，线上销售增长56%。新增投营汽服项目58座，完成联网洗车机274台。

（施延吉）

【开展“加油站服务提升百日竞赛”活动】 2022年，贵州石油分公司聚焦“服务、品牌、效率、执行力”四大工程，全面开展“加油站服务提升百日竞赛”活动。制作“加油六步法”“室内收银五步法”等教学视频，编制律动操，组织服务示范队，实施站长驻站管理，开展现场检查和视频纠偏，推动规范服务成为员工自觉。持续改善现场服务环境，完成加油站亮化工程124座，品牌柱、檐口翻新82座，厕所硬件升级20座，打造新形象站20座，完成加油站全员换装。领导干部深度参与岗位体验，帮助基层解决问题297个。客户服务评价差评率较年初下降51.6%，满意度评价、视频监控成绩均排名系统前列，获评销售企业“加油（气）站服务提升百日竞赛”铜牌企业。

（施延吉）

中国石化在黔首座新形象站

【营销网络发展】 2022年，贵州石油分公司坚持目标导向，加速项目建设，巩固网络终端。紧盯目标任务，推进项目建设，全年投营加油（气）站77座，完成年度计划的110%。坚持以空白区域网点、城区优质网点、新能源综合加能站为发展重点，与多家电力、能源企业开展战略合作，布局新能源，全年建成充换电站52座，完成光伏网点22座。稳步推进油库建设，毕节油库场平工程全部完成，郑屯油库扩容改造工程顺利中交，大龙油库改造完成75%。

（施延吉）

【安全环保】 2022年，贵州石油分公司贯彻落实国家安全生产、环境保护、公共安全法律法规和规章制度，推进集团公司“总经理2号令”和安全生产专项整治三年行动计划落实，进一步夯实HSE管理，全年未发生任何上报等级事故（事件）。强化HSE风险管控，将库站直接作业、施工作业视频监控点按A、B、C三类管理，明确各层级、各线条监控责任，有效防控重点风险，全年监控1.2万座次。成立安全管理专班，对94个施工项目组建联络群，实行施工日报、高风险作业报审和监护纠偏，确保施工安全。开展土壤地下水环境调查，落实库站油气回收检测要求，有效管控废水、废气、固废等排放。持续深化绿色企业建设，建设绿色油库、绿色加油站，9座油库、667座加油站被评为绿色基层单位。打造铜仁仁义大道站为省内首座"碳中和"试点站，践行绿色低碳发展。贵州石油分公司获评集团公司节能环保先进单位。

（施延吉）

2022年12月，贵州铜仁仁义大道加油站通过了北京三星九千认证中心认证，获碳中和加油站证书，成为贵州省首座实现碳中和的加油站

【数质量管理】 2022年，贵州石油分公司以ISO 9001质量管理体系为主线，抓好"验收、接卸、储存、运输、销售"全过程数质量监督与控制，油气质量、数量合格率100%。严把油品入库关，落实"国标＋内控"质量双控制检验，进行报告比对分析，从严从细管控质量风险，全年共检测入库油品5639批次，所有油品均100%合格。强化损耗管理，深化库站自动计量应用，提级M100甲醇燃料质量管理。5月，承办并参加贵州省能源化学行业成品油计量员职业技能大赛，获大赛组织奖，并获个人一、二、三等奖及优秀奖等多个奖项。12月，完成国ⅥB车用汽油质量升级，升级后的油品烯烃含量降低，进一步降低污染物排放，减少空气污染，有助于改善空气质量。

（施延吉）

【信息化建设】 2022年，贵州石油分公司深化信息系统应用，做好重点项目建设和系统保障工作。搭建大监督风险预警信息平台，通过"技防＋人防"开展对加油优惠异常、App用户单日多笔加油等风险的预警，防范经营风险，提升监督实效。建设油库综合管理平台，打通与总部、省应急部门相应管理系统的通信链路，完善数质量报表、油库巡检功能和工控网络安全体系，油库安全监管和运行效率进一步提升。开发应用工程建设项目管理信息系统，打通各参建方信息流，规范承包商管理，实现建设项目全流程管控。上线新加油卡系统，支持赠券、明折明扣、返利等多种营销手段，提升客户体验。

（施延吉）

【改革管理】 2022年，贵州石油分公司持续深化改革管理，提升企业治理效能。有序推进深化改革三年行动，分解48项具体措施，实施动态跟踪，完成改革各项工作目标。开展对标提升，围绕中心工作和重点任务，制定对标提升行动实施方案，主动找差距、补短板，遵义、贵阳、毕节、黔东南4家地市公司进入区内地市公司"综合竞争力"50强，黔东南、铜仁2家地市公司进入"发展进步力"50强。开展"严肃财经纪律 依法合规经营"行动，围绕经营业务合规、产权管理开展专项治理，排查发现问题61项，整改54项。完成经济责任、费用管理、"他有他营"站运行等专项审计367项，促进完善制度流程10余项，2个审计项目获评集团公司优秀审计项目三等奖。

（施延吉）

【人才建设】 2022年，贵州石油分公司强化队伍建设，推进人才强企工程。分层分类推进各类人才培养，举办中层干部政治能力提升班、优化年轻干部"百人"培养项目及重点岗位培训，培训领导人员271人次，选送19名优秀中青年干部参加上级公司重点培训。抓实职称专项提升，新增中级职称89人，中层干部中级及以上职称占比达83%，基层干部中级及以上职称占比由21%提升至36%。完善"三基"知识学习机制，在内部平台开设制度宝、检查宝、经验宝和"1+1+X"答题平台，普及应知应会知识，累计参与答题3.2

万人次。开展地市公司领导班子全面考察，强化考核结果运用，中基层领导人员竞争性选拔比例达69%。

（施延吉）

【党建工作】 2022年，贵州石油分公司党委坚持以习近平新时代中国特色社会主义思想为指导，发挥党委把方向、管大局、促落实作用，推进党的政治优势转化为发展优势。扎实开展“牢记嘱托、再立新功、再创佳绩，迎接学习贯彻二十大”主题行动，将其与年度重点工作紧密结合，紧盯目标任务，细化40余项重点任务及措施清单，定期通报进展，开展考核评比，推动主题行动落实落地。贵州石油分公司党委第一时间学习习近平总书记重要讲话精神、重要指示批示精神和党的二十大精神，认真落实“第一议题”制度，全年开展学习研讨13次。与陕西石油分公司党委启动结对帮扶三年行动工作，围绕21项任务制定帮扶措施。坚持融入中心抓党建，深入开展“党建+”“书记+”“党员+”工程，把经营管理痛点难点问题纳入“1+1+X”党建项目管理，切实解决服务提升、客户拓展、风险防控等125个重点难点问题。坚持抓基层、抓支部，打造万吨站党支部4个，5000吨以上加油站自有党员覆盖率100%。落实党建带团建，开展庆祝建团100周年系列活动，实施青年精神素养提升工程，各级领导干部带头上团课。切实关心关爱员工，推出员工健康管理咨询，提供极速问诊、专家视频会诊等服务。

（施延吉）

【疫情防控】 2022年，贵州省内疫情多点散发，贵州石油分公司在全省库站及机关备齐口罩、消毒液、测温仪、药品等防疫物资，全力做好抗疫保供工作。尤其是9月以来，贵阳、遵义、毕节等地州市相继实施静态管控，公司加强与地方政府部门沟通，快速取得车辆专用通行证，与运输公司通力协作，确保全省站点不脱销，全力保障医疗等应急车辆用油。同时，加强与总部及管网公司协调，加强资源组织，强化资源调度，确保油品充足。全省易捷便利店备足防护用品，储备米、油、奶等民生商品，并紧急从各地采购蔬菜生鲜包1000余份，驰援疫情严重地区，为群众提供生活物资保障。

（施延吉）

【社会责任】 2022年，贵州石油分公司积极履行央企的社会责任，支持贵州省疫情防控、乡村振兴、社会公益等事业。开展结对帮扶，投入乡村振兴帮扶资金242万元，派驻5名驻村书记、7名驻村工作队队员到铜仁印江毛坝村、黔东南三穗贵秧村等12个联系点开展乡村振兴，助力地方完善基础设施建设、改善医疗条件、开展教育帮扶及农产养殖等。协助上海海洋石油局、西南石油局开展对黔东南雷山永乐小学、遵义习水回龙小学的教育帮扶，按照“学校需要什么就帮扶什么”的原则，了解帮扶需求，捐赠教学物资，改善学校硬件、软件条件，受益学生上千名。发挥易捷品牌优势，将刺梨、辣椒、茶叶等省内农特产品引入中国石化易捷便利店及电商平台，助力“黔货出山”销售1.5亿元。打造84座“司机之家”、100座“爱心驿站”，为货车司机及新业态劳动者提供便捷服务，六盘水平寨加油站等6座站获评2022年中华全国总工会“最美工会户外劳动者服务站点”，黔南福泉东出口加油（气）站等9座站获贵州省总工会“城区户外劳动者综合服务站省级示范点”称号。

（施延吉）

2022年，贵州石油分公司积极打造爱心驿站，图为爱心驿站员工与环卫工人一同吃饺子

表 1　　贵州石油分公司主要经营指标

指标名称 \ 年份	2022	2021	2020	2019	2018	2017
成品油销售总量 / 万吨	553.00	559.20	571.40	573.90	559.90	551.50
零售量	411.90	425.40	434.10	423.30	418.10	412.10
销售收入 / 亿元	515.05	429.71	358.99	422.95	431.52	370.00
吨油费用 / 元	475	459.00	427.00	385.00	372.00	361.00
在营加油站总数 / 座	1 246	1 205	1 039	967	902	895

云南石油分公司

【概况】 中国石化销售股份有限公司云南石油分公司（简称云南石油分公司）本部位于云南省昆明市国贸路 865 号。其前身云南省石油总公司建立于 1952 年 7 月，1998 年 6 月整体划转集团公司，2000 年 2 月按照主辅分离、改制上市的要求，主营业务部分组成中国石油化工股份有限公司云南石油分公司。2014 年 5 月按照销售公司改制上市有关要求，更名为中国石化销售有限公司云南石油分公司，2019 年 4 月更为现名。

云南石油分公司是中国石化设在云南的直属销售企业，主要从事汽油、柴油、润滑油、部分石化产品及易捷便利店的零售、直销和批发业务，是云南省内最具实力的成品油主渠道销售企业。截至 2022 年底，云南石油分公司本部设有 14 个职能部门，下辖 16 个州（市）分公司和 90 个县分公司。在营加能站 1350 座，在营油库 11 座（库容量 65.7 万立方米）。有二级党委 17 个、党支部 202 个，党员 3159 人。资产总额 186 亿元，全口径用工总量 9460 人。

2022 年，面对国际油价高位波动、疫情多点频发等严峻形势，云南石油分公司聚焦提质增效，着力固本强基，加快推进高质量发展，全年销售收入 593.03 亿元，报表利润 7.81 亿元。2022 年位列云南百强企业第 8 位。

云南石油分公司主要经营指标见表 1。

（徐长青）

【拓市创效】 2022 年，云南石油分公司聚焦资源、市场、客户、营销“四大要素”，坚持日调度、周平衡、月分析，精心精准运作经营。依托重点站建立市场监控点，优化市场竞争区域划分。加大客户开发维护，终端销量占比提高 25 个百分点。加强营销统一组织，引入第三方营销资源同比增长 198%。制定“打非治违”指导手册，配合各级政府打击假借“新能源”名义撬装站 28 座，阻止建设调和库 2 座，查扣流动加油车 462 辆，查封黑窝点 60 个。

（徐长青）

【服务提升】 2022 年，云南石油分公司聚焦“加能站服务提升百日竞赛”活动，健全“五维”管理机制，强化现场基础管理，客户服务评价综合得分排名区内销售企业第 3 位。以“加能站分类定级”为抓手，持续推动加能站经营管理水平提升，加快打造业绩优、管理实的标准化管理加能站。推进加能站治破治旧和夜间亮化，改善加能站消费环境。结合加能站特点和现场工况，因地制宜提供增值服务，满足客户多元需求。

（徐长青）

云南石油分公司昆明新潭 2 号站

【边贸业务】 2022年，云南石油分公司把开拓边贸市场作为成品油经营的具体措施和目标之一，通过多种方式尝试开展成品油边贸业务。7月8日，云南石油分公司成品油边贸试点业务成功开通，96吨成品油从云南省临沧市清水河口岸顺利通关送达缅甸，在销售企业尚属首次。这是云南石油分公司首次以边贸形式将成品油销往RCEP成员国。全年，云南石油分公司边贸业务累计销售成品油1646吨。

（徐长青）

【易捷服务】 2022年，云南石油分公司持续夯实易捷服务供应链基础，推进门店精细化运营，全力拓展多元业态发展。打造甄酒馆17座，培育“云易·帕巴拉”冰酒、“七彩易”系列酱香酒，丰富酒类SKU，依托自有品牌优势做大酒类销售。充分利用直播平台搭建“云品出滇”线上渠道，持续打造易捷直播专属IP，开展直播17场次，销售非油商品2195万元。云南石油分公司“七彩小易战队”代表中石化易捷销售有限公司参加中国连锁经营协会主办的“2022全国连锁经营行业直播技能竞赛”，获“食品饮料酒水”综合奖金奖。

（徐长青）

云南石油分公司开展易捷直播销售

【网络发展】 2022年，云南石油分公司按照“12345”网建工作思路，围绕实施已支出未投营、资产有效盘活、库站设施升级、综合能源布局“四项行动”，深耕广拓谋划发展，新增投营加能站80座，投营数量排名销售企业第1位。紧盯已支出未投营项目投营目标，投营12座。实施资产有效盘活行动，关停站复营2座，减少低效站87座，盘活无效负效关停站24座。实施库站升级改造行动，制订仓储设施整体规划，加油站提质增效项目完成256座。实施综合能源布局行动，新建光伏项目93个、累计建成210个，新增充换电项目46个、累计建成100个，云南省首座加氢站——云南丽江环城东路站试运营。

（徐长青）

云南石油分公司建成云南省首座加氢站——丽江环城东路站

【安全管理】 2022年，云南石油分公司严格落实集团公司“总经理2号令”和20条具体措施，从严抓实HSE管理体系运行，全年未发生上报等级事故事件，企业总体保持平稳运行。压实安全环保主体责任，11座油库试运行双重预防数智化管控平台，29项安全环保隐患治理全部完成，库站员工成功处置应急事件28起，安全生产专项整治三年行动顺利收官，集团公司绿色企业复核保持A级。云南昆明石油分公司长坡油库、云南大理石油分公司振戎油库获评云南省输油气管道安全保护突出集体，云南文山石油分公司、云南昭通石油分公司北闸油库获评政府消防工作先进单位。

（徐长青）

【数质量管理】 2022年，云南石油分公司以ISO 9001质量管理体系为主线，狠抓全口径资源、易捷商品、新能源质量管控，确保油品、易捷商品、新能源质量100%合格，推动质量体系融入工作各环节，ISO 9001质量管理体系顺利通过第三方评审。深化数质量一体化运行，着力提升质量控制能力，深化自动计量应用，内外部抽检检验合格率均达100%。

（徐长青）

【风险防控】 2022 年，云南石油分公司完善风险防控体系，狠抓经营风险防范。抓实“严肃财经纪律、依法合规经营”综合治理专项行动和虚假贸易业务专项整治行动，全面整治公款私收私存。持续规范合资公司管理，完成控股不控权、参股经营、民企挂靠国资问题等专项排查及问题整改。强化制度闭环管理，重点加强制度预审、宣贯。严格合同全过程管理，着力完善合同流程闭环管理。

（徐长青）

【绩效考核】 2022 年，云南石油分公司突出绩效考核引领，加快构建对标提升体系和绩效考核体系。结合“比学赶帮超”，构建“4+1+1”（省、州、县、库站 + 部门 + 个人）对标提升体系，明确与集团公司的纵向对标、与兄弟单位的横向对标、与自己公司的内部对标，常态化开展对标通报和考核。按照省、市、县、库站“四个层级”分类制定考核指标，机关部门以量化指标 + 重点工作时间节点为重点，州（市）分公司以量效指标 + 管理事项指标为重点，深化青年工作督导队工作应用。加油站考核突出全额联量、联动客户评价等关键管理指标。油库考核联动吞吐当量，突出量效导向。

（徐长青）

【运行管控】 2022 年，云南石油分公司全面实施“5+1+N”重点工作运行管控，组建省、市两级工作督导队，推动全过程闭环管理。聚焦公司运行管理中存在的信息壁垒、执行力不强等问题，坚持问题导向、解放思想、实事求是、开放合作的原则，建立运行管控工作机制，以自愿报名组织推荐的方式选拔优秀青年员工，组建省公司、州（市）分公司两级工作督导队，强化联动、完善运行，推动各项工作有目标、有部署、有管控、有通报、有考核，有力促进州（市）公司、省公司机关各部门执行力的提升。

（徐长青）

【数字化转型】 2022 年，云南石油分公司围绕客户、营销、管理需求，积极探索数字化转型。成立互联网运营中心，推动“互联网 +”工作线上运营。加快数据治理，数据壁垒基本打通，数据集成初步建构，以 ETC 合作、电信翼支付为代表的数据应用试点稳步推进。

（徐长青）

【英才计划】 2022 年，云南石油分公司加快推进“英才计划”，努力建设一支对党忠诚、德才兼备、本领过硬、年龄和专业结构合理、素质优良的人才队伍。制订《云南石油分公司关于加强干部工作“五大体系”建设实施方案》，成为今后一段时期云南石油分公司干部人才管理工作的总遵循。制定《云南石油分公司人才成长通道横向贯通实施办法》，进一步畅通三支人才队伍成长通道，深入落实纵向晋升、横向贯通机制。持续完善各层级优秀人才储备库，建立 128 人青年英才库，充实后备站长和油库管理人员储备。加强省、地两级公司机关管理人员轮岗交流培养，州（市）公司累计 27 人到省公司轮岗锻炼。

（徐长青）

【党的建设】 2022 年，云南石油分公司严格落实“第一议题”制度，提高学习质效，坚持党委理论中心组学习“四化模式”，打造习近平新时代中国特色社会主义思想阵地。持续提升“七彩党建”品牌内涵，扎实开展“党员一线当先锋”系列活动，一支部一品牌建设初见成效。优化调整基层党组织设置，成立迪庆石油、怒江石油党委，在昆明石虎关等 12 个万吨站设立党支部，自有党员班组覆盖排名销售企业第 5 位。

（徐长青）

【社会责任】 2022 年，云南石油分公司践行以人民为中心的发展思想，新打造“司机之家”127 座、“爱心驿站”52 座、“职工驿站”20 座，进一步彰显中国石化央企公益服务品牌。全力办好农民家门口的教育，承担丽江奉科新民小学教育帮扶，累计捐赠 100 余万元。优选驻村干部，帮助改善基础设施，积极引进地方特色产品，助力乡村振兴，持续巩固拓展脱贫攻坚成果。

（徐长青）

表 1 云南石油分公司主要经营指标

指标名称 \ 年份	2022	2021	2020	2019	2018	2017
成品油销售总量 / 万吨	660.00	689.41	705.50	716.41	643.07	654.52
零售量	440.00	494.32	519.80	558.32	510.95	510.23
销售收入 / 亿元	593.03	510.66	422.40	511.58	488.67	433.78
报表利润 / 亿元	7.81	8.08	10.10	7.60	7.08	9.05
吨油费用 / 元	453.00	394.00	379.00	376.00	393.00	390.00
加能站总数 / 座	1 350	1 340	1 328	1 352	1 351	1 314

燃料油公司

【概况】 中国石化燃料油销售有限公司（简称燃料油公司）是集团公司于 2010 年 5 月 27 日注册成立的燃料油经营专业化公司，负责股份公司燃料油的集中销售。2014 年 4 月 1 日，根据中国石化油品销售业务重组的总体部署，成为中国石化销售有限公司的全资子公司。

燃料油公司本部位于北京，截至 2022 年底设 9 个管理部门、4 个业务中心，下辖辽宁、天津、山东、江苏、上海、浙江、福建、广东 8 个分公司和海南、浙江舟山、新加坡、斯里兰卡、巴拿马 5 个全资子公司。2022 年底用工总量 951 人；在营油库 33 座，库容总量 223 万立方米，在中国沿海 80 多个港口、海外 50 多个重点港口具备供油服务能力；总资产 163 亿元。经营量 3059 万吨，营业收入 1671 亿元。

燃料油公司主要经营指标见表 1。

（李俊春）

【领导班子调整】 2022 年 1 月 19 日，集团公司召开视频会，对燃料油公司领导班子进行调整：杨军泽任公司执行董事、党委书记，王茜任公司副总经理、党委委员，刘祖荣因年龄原因不再担任公司执行董事、党委书记。6 月 20 日，受集团公司党组组织部委托，燃料油公司召开干部大会，宣布史立明因年龄原因不再担任公司总会计师、党委委员，任二级协理员。12 月 27 日，集团公司召开视频会，对燃料油公司领导班子进行调整：房海峰任公司总经理、党委副书记。

（李俊春）

【保税油业务实现量效双升新突破】 2022 年，燃料油公司保税船供油经营量 1003 万吨、增长 3%，首破千万吨大关，市场占有率 46%、领先深耕国内市场 50 年的主要竞争对手并超 10 个百分点。坚持“扩销、控采、减库、推价、错峰”十字经营方针，实纸联动，引领带动亚太区域价格稳定上行。优化石化资源“全产全销”链条，实现 800 万吨石化低硫船用燃料油和 MGO“全产全销”。完成 15 艘海上流动加油站建设，打造供油代表队伍，服务质量持续提升。

（李俊春）

【内贸业务实现增量提质新成果】 2022 年，燃料油公司内贸经营量 740 万吨。常态化访企业、送服务、拓业务、创效益，舟山子公司、浙江分公司、上海分公司打通内外贸一体化流程。内贸船加油新增终端客户 197 家，与海警举办军民融合油料保障总结会议，推动江苏 8 座水上站划转、优化广东水上网点布局，实现上海第二座水上绿色综合服务区投营，水上专业化地位不断提升。完成国内首次船舶加注甲醇 90 吨，在行业引起强烈反响。

（李俊春）

【天然气实现运贸一体化新进展】 2022年，燃料油公司天然气经营量55.3万吨。加快“日”字形资源布局，谋划合作建设3个LNG液厂，实现西北21家液厂资源合作。以“自有+合资+合作”模式打造物流体系，形成“石化资源—石化物流—石化LNG加气站”产业链，实现2/3省市石油公司200座加气站25万吨LNG直供，取得销售企业LNG新定位。建成全国首套甲醇制氢设备，实现制、储、运、加为一体氢能应用场景落地。推进“气化长江”网点建设，获批建造浙江舟山－江苏张家港2万立方米LNG运输船，统筹LNG运输/加注船队建设。

（李俊春）

【海外船供油业务实现拓点升级新业绩】 2022年，燃料油公司海外业务经营量1254万吨。新加坡公司大力拓展实体船加油市场，成为区域市场十大供油商、高硫船用燃料油大货贸易主流供应商。斯里兰卡公司获批当地陆上油品批发和对中资企业供油业务，参与陆上油品零售项目投标，取得销售公司海外发展陆上零售网络新定位。巴拿马公司完成注册并实现首单突破，吉布提、富查伊拉组建工作有序推进，全球布局迈出新步伐。

（李俊春）

【船舶综合服务业务实现扩容赋能新亮色】 2022年，燃料油公司船舶综合服务营业额2.6亿元、利润768万元。打造“人·船·生活”生态圈，开拓船用物资市场，培育缆绳、油漆、船员服装等品牌，完成缆绳研发中心项目立项。全力打造“COSMOJOY”自有商品品牌，打通咖啡豆进口流程，福建分公司品牌形象旗舰店成为对外宣传靓丽名片。润滑油业务提升服务质量和水平，全年包装润滑油销售增长76%。拓展多元化国际贸易，与斯里兰卡企业建立贸易合作关系。

（李俊春）

【风险防控在固底板中实现新提升】 2022年，燃料油公司扎实推进风险防控制度，修订公司级制度59项、新增23项。开展“我为内控制度做诊断”活动，调整业务控制点634个，权限指引236项。加强金融衍生品业务管理，有效应对油价大幅波动下市场及保证金风险。规范合资公司管理，15家完成三会召开，7家完成董事会换届，调整董监高53人。

（李俊春）

【安全环保在强弱项中实现新进步】 2022年，燃料油公司大力强化HSE体系建设，压实月度例会机制，开展每周一HSE视频连线，推动监控中心试运行，实施“人人查隐患、时时保安全”活动，排查异常及问题隐患1156项、奖励1247人次。建立项目施工前专家“集体会诊”对接机制，建立设备完整性管理体系手册、重点设备风险管控清单，提升本质安全水平。开展绿色企业行动，严格数质量管理，油气质量100%合格。

（李俊春）

【干部人才队伍建设在激活力中实现新成效】 2022年，燃料油公司深入开展各类人才大调研、国际化人才大摸底、员工技能大轮训，统筹选拔、调整中层管理人员40余人次，其中40岁及以下7人，选聘高级专家1人、专家4人及其他高层次专业人才25人。持续推进“三项制度”改革，实施大部门制、项目制，选聘职业经理人6人。

（李俊春）

【党建工作在提质量中开创新局面】 2022年，燃料油公司认真落实“第一议题”制度，构建“每月集中研讨学、每周及时跟进学”的“1+3”党委中心组学习模式，公司党委委员带头，推动“政治+政策+业务”大学习、大宣贯。完成24个党组织换届增补，在8个分公司增设党群工作部，推动境外、合资公司等领域党建工作全覆盖，党建工作得到充实加强。

（李俊春）

【党风廉政建设在全覆盖中实现新气象】 2022年，燃料油公司持续压实全面从严治党责任、推动“四责”联动，聚焦合资企业、“三商一户”管理，开展大监督，出台规范合资公司管理的规章制度，确保监督工作融入管理链条。健全领导人员廉洁“活页夹”，开展新任职领导人员、新入职大学生集体廉洁谈话，签订《严禁酒驾醉驾承诺书》，深化“靠企吃企”问题整治和“回头看”工作实效，提升全员遵规守纪意识。一体推进“三不”，开展安全环保事件问责 2 件，给予政纪处分 9 人次。

（李俊春）

【宣传思想工作在提士气中实现新作为】 2022 年，燃料油公司持续完善“人人都是宣传员”机制，激活“1+11”微群矩阵，实行“微信日报”，公司主页刊发信息 2000 多条、发布微信动态 500 多次。“宣传促经营”成果被党组宣传部总结为经典案例，低硫船用燃料油品牌建设案例被提名中央企业优秀案例。建立常态化“师带徒”机制，深化“青字号”英语风采大赛等品牌，增强员工归属感、荣誉感。

（李俊春）

表 1　燃料油公司主要经营指标

指标名称＼年份	2022	2021	2020	2019	2018	2017
经营总量 / 万吨	3 059.00	3 015.00	2 387.00	2 304.00	2 191.00	2 199.00
保税油经营量 / 万吨	1 003.00	970.00	808.00	542.00	525.00	403.00
营业收入 / 亿元	1 071.00	1 140.00	767.00	802.00	761.00	557.00
报表利润 / 万元	66 192.00	33 157.00	40 054.00	35 019.00	30 654.00	10 051.00
资产总额 / 亿元	163.00	117.00	107.00	113.80	89.50	106.00

香港公司

【概况】 中石化（香港）有限公司（简称香港公司）成立于 1989 年 10 月，是中国石化的全资子公司，1999 年起开展香港机场航空煤油加注业务；2004 年进入香港加油站零售市场；2007 年并购华润在港油气资产业务，自此，香港公司在香港有油库、油站、油气船等全环节油气储运资产，同时加油（气）站零售网络不断拓展，扎根香港服务社会经济民生的能力显著增强；2014 年，香港公司在新加坡机场开展航空煤油加注业务；2018 年起，香港公司进入新加坡成品油零售市场。2019 年，香港公司在澳大利亚、菲律宾组建成立子公司，拓展直销批发及航空煤油加注业务。2022 年 12 月，香港公司与泰国 SUSCO 成立合资公司，建制式进入泰国成品油零售终端市场。经过多年努力，香港公司已成为中国石化境外成品油经营的重要“桥头堡”，在香港油气市场综合占有率约 38%，在航空煤油、柴油、燃料油、石油气份额占据市场主导地位，有香港最大成品油（气）零售网络，是香港市场最大的成品油和石油气供应商；是亚太地区知名的成品油气贸易商；在实现自身经营规模扩大和效益增长的同时，不断助力中国石化境外品牌形象的提升。

2022 年，香港公司油气经营量完成 1820 万吨，营业收入 1526.44 亿元（港元，下同），利润 10.86 亿元，圆满完成集团公司下达的各项经营管理指标。

截至 2022 年底，香港公司总资产 348 亿元，资产主要包括：香港地区油库 2 座（库容约 37.5 万立方米），亚洲最大成品油保税库——海南洋浦保税库 1 座（库容 205 万立方米，配套码头 4 个）；香港地区加油（气）站 54 座，新加坡加油站 3 座；船舶 11 艘，总运力 18.7 万吨。

截至 2022 年底，香港公司用工总量 1220 人，其中在香港员工 933 人（外派员工 32 人，当地员工 901 人）、在新加坡员工 117 人（外派员工 3 人，当地员工 28 人，新加坡油站 86 人）、在内地员工 170 人（洋浦油库 75 人，深圳电商公司 63 人，宁波明港公司 32 人）。

香港公司主要经营指标见表 1。

（白　金　刘昱琦）

香港最大成品油油库——青衣油库

【深耕本港业务，量效稳中有升】 2022 年，面对俄乌冲突、疫情持续、油价波动等多重压力，香港公司全力以赴，攻坚克难，各业务板块取得良好业绩。香港成品油零售利润 5.4 亿元，增长 17%，成为香港公司克服疫情和攻坚创效的“主力军”，成功打造全港最大最完善成品油（气）零售网络；航空煤油业务聚焦客户维系和开发，在疫情造成航空业巨大萎缩、机场加注量持续锐减的情况下，香港航空煤油机场加注市场份额稳定在 34%；高低硫燃料油不断丰富经营手段，全年燃料油市场占有率 36%，上升 5 个百分点；柴油直分销树牢“以客户为中心”理念，全力开发新客户，全年柴油市场占有率 35%，上升 3 个百分点；石油气一方面积极应对台风等恶劣天气做好资源保供，另一方面持续开拓代理商及终端客户，本港市场综合占有率超 75%，市场主导地位进一步增强。

（白　金　刘昱琦）

香港公司深耕本港业务，成功打造全港最大最完善成品油（气）零售网络

【开拓新兴业态，规模持续做大】 2022 年，香港公司加快开拓“易捷国际”业务，线上会员规模突破 1000 万人，增长 35%；抓住营销热点组织“双十一抢先购”“狂欢购”“返场购”等营销活动，全年线上销售 1.2 亿元，增长 43%；线下业务持续做精做细，充分抓住易捷易享节和年货节等关键时间节点，线下销售 1.2 亿元；持续优化提升小劳保选品平台，开拓企业客户“小劳保”业务，销售 1800 万元，增长 50%；香港本地团购及分销业务不断发展，销售近 1500 万元。

（白　金　刘昱琦）

【持续拓展海外，国际化经营稳步发展】 2022 年，面对当地全面通关及油价大幅波动等经营环境困难情况，香港公司迎难而上、精准营销，3 座万吨加油站销量超过 5 万吨，销量增长 9.8%；全力配合国际合作部推进泰国项目，经过双方长达 3 年多的谈判，香港公司以购买股权的形式入股合资公司，共同运营加油站 25 座及航空煤油业务，于 2022 年 12 月 29 日签订股东协议（SHA）及股份购买协议（SPA）；借助“一带一路”及“RCEP”实施契机，组织团队对老挝及越南成品油市场进行实地调研，同时与老挝当地大型成品油分销商建立贸易合作渠道，并就使用人民币结算等事宜开展深入探讨。

（白　金　刘昱琦）

【发挥海南洋浦库优势，持续做大贸易规模】 2022 年，香港公司继续发挥亚洲最大成品油保税库——海南洋浦油库大码头、大库容优势，持续打通系统内炼厂资源集港异地报关流程，不断做大国际贸易规模；争取炼厂资源，开展各油品调和业务，做大周边成品油贸易；借助 RCEP 加速实施的契机，持续开展“大进小出”业务，发挥洋浦库辐射东南亚国家的地理位置优势，拓展销售小船货物至泰国、越南、老挝、澳大利亚等国家，提升量效；紧抓人民币结算原油及成品油市场探索的契机，利用“一带一路”及“RCEP”影响持续扩大的有利时机，坚决探索开展同老挝及越南成品油人民币结算国际贸易，力争在成品油国际贸易业务中实现人民币结算“零”的突破。

（白　金　刘昱琦）

【引领新能源发展，探索绿色能源方式转变】 香港公司采用欧美加氢站建设标准完成凹头综合加能示范站总体设计方案，2022 年 8 月向香港氢能跨部门小组提交建设申请，力争建成境外第一座加氢站，建成后将与香港现有凹头油气站协同配套，力争成为中国石化在境外首座综合加能站；前瞻布局充电业务，与当地企业合作开展“停车场 + 充电桩”业务，在新加坡 3 座加油站加装充电桩，推动能源加注方式转变。

（白　金　刘昱琦）

【全力以赴做好防疫保供，彰显中央企业责任担当】 2022 年，面对持续蔓延的新冠肺炎疫情，香港公司坚决贯彻落实集团公司各项常态化防疫要求，坚持抓好疫情防控和生产经营工作，切实发挥保供“压舱石”作用，在部分外资油站停业的情况下，保障疫情期间香港 54 个油气站“供应不间断、服务不打烊”；成立供油专班，全天 24 小时为中央援港修建 10 个医疗隔离设施提供工程用油；第一时间开通与珠江船务的供油专线，及时稳定香港“菜篮子”供应，在全线油站为防疫专用车辆开通快捷安全加注“绿色通道”，从“海、陆、空”全方位为香港的防疫和经济民生提供能源保障，受到中联办及特区政府和广大市民的高度赞誉，特区政府机电工程署专门发来感谢信，同时获中央援港抗疫项目“突出贡献供应商”奖。

（白　金　刘昱琦）

【聚焦风险防控，坚决守住不发生重大风险底线】 2022 年，香港公司坚持合规导向，强化金融衍生品风险防控，强化基础管理，切实防范资金风险，以客户为中心，扎实防控赊销风险，完善授信管理，全面审视近 4000 个客户的信用赊销情况，动态减少赊销额度 22 亿元。坚持推进 HSE 体系有效运行，不断加强通用要素和专业管理贯通融合，体系建成后连续 4 年通过 DNV.GL 国际认证，完成青衣油库发油台下装改造和石油气系统增设备用管线等一批隐患整改项目，不断提升本质安全水平；着力推进双重预防数智化管控平台建设，海南洋浦油库建成智能视频分析、人员定位、雷电预警与环境监测和电子作业票等专业系统；首次开展碳排放盘查工作，举办世界环境日、节能宣传周等主题活动，完成“绿色企业”创建计划；强化关键环节管控，承包商管理手段不断创新，电子作业票系统成功上线运行，推动香港公司安全管理水平迈上新的台阶，香港公司获集团公司节能环保先进单位称号。

（白　金　刘昱琦）

【聚焦精益管理，企业综合治理水平不断提升】 2022 年，香港公司夯实制度基础，制定完善公司“三重一大”、全面风险管理等 76 个制度，37 个内控矩阵和 155 条内控权限，构建覆盖多层次立体闭环内控体系；制定下发香港公司“严肃财经纪律、依法合规经营”以及“合规管理强化年”工作方案，细化制定 65 条专项工作措施，完善依法合规管理长效防控体系。深化业财融合，突出全员成本目标管理，全年降本增效 3.8 亿元。

（白　金　刘昱琦）

【稳步推进项目升级改造，数字化转型稳步推进】 2022 年，香港公司切合市场需求，打造香港地区领先的零售终端 App；推进业财、业信深度融合，完成 TRMS 三期项目，构筑流程模式集成、管理功能集成、多元数据集成经营管理体系，将 TRMS 打造成为独具特色的经营、操作、风控一体化系统；上线“智慧油台”，实现客户全自动、智能化提油。

（白　金　刘昱琦）

【聚焦人才强企，专业化国际化人才队伍逐步锻造】 2022 年，香港公司推行市场化薪酬结构改革，增强吸引人才竞争力；持续强化国际化人才培养和使用，坚持“以德为先、以能为先”选人用人导向，提拔任用中层领导人员 5 人，40 岁以下 2 人，提职使用年轻骨干 49 人，轮岗锻炼 7 人，储备中层后备 29 人，关键岗位 66 人，关键岗位后备 42 人，选人育人“池子”不断完善；开展金融衍生品、储运物流和实货贸易等系列专业课程共 31 场培训，参加培训 1342 人次，提升员工业务能力和工作水平，搭建起年轻员工跨部门、跨专业学习交流平台。

（白　金　刘昱琦）

【注重海外传播，境外品牌形象持续提升】 2022 年，香港公司完成 9 座油气站新形象改造，新形象油气站达 22 座，将香港“最靓丽最完善油气站”品牌形象深植民心，受到特区政府和广大消费者高度赞赏；全新设计“公司新官网”，打造成为香港公司业务经营服务、全面形象展示和权威发声平台，完善出台《香港公司宣传片》《香港公司宣传册》等，持续传播香港公司对外良好形象；克服疫情阻碍，香港公司通过民建联向基层市民捐赠 200 万港元防疫物资，受到中联办、特区政府和社会各界的高度肯定，中国石化在香港社会的美誉度持续提升。

（白　金　刘昱琦）

【夯实境外党建，“言商言政”工作扎实有效】 2022 年，香港公司持续强化思想理论武装，组织全体党员学习习近平总书记在省部级主要领导干部学习贯彻党的十九届六中全会精神专题研讨班开班式上的重要讲话、习近平主席在庆祝香港回归祖国 25 周年大会暨香港特别行政区第六届政府就职典礼上发表的重要讲话，组织学习集团公司董事长马永生在贯彻落实习近平总书记视察胜利油田重要指示精神一周年座谈会上的讲话等，力求深刻掌握习近平总书记相关指示精神，更好地指导实践工作开展；组织全体党员观看党的二十大开幕式，聆听习近平总书记二十大报告《高举中国特色社会主义伟大旗帜为全面建设社会主义现代化国家而团结奋斗》，组织全体党员学习党的二十大关于十九届中央委员会报告的决议、关于十九届中央纪律检查委员会工作报告的决议、关于《中国共产党章程（修正案）》的决议，以及夏宝龙在港澳办党组传达学习党的二十大精神，坚定拥护“两个确立”，坚决做到“两个维护”；按照集团公司部署，积极开展“牢记嘱托、再立新功、再创佳绩，喜迎二十大”主题行动，以优异成绩迎接、庆祝党的二十大胜利召开；组织开展系列活动，加强形势任务教育和思想政治工作，牵头组织召开中国石化驻港单位第一届趣味运动会，丰富员工文娱生活，增强企业团队凝聚力；坚持“一国两制”实践、落实“爱国者治港”政策，在推动香港由乱及治、由治到兴中发挥香港公司力量；积极参与香港社会公益活动，更好履行社会责任，传播中国石化品牌形象；加强政治人才培养，教育引导当地骨干员工申请加入党组织，持续壮大境外政治力量；积极助力港区人大代表助选工作，香港公司供应链总监林至颖成功当选第十四届港区全国人大代表。

（白　金　刘昱琦）

香港公司持续 12 年在香港各沙滩及郊野公园开展清洁活动，践行央企责任，守护绿水青山

表 1　香港公司主要经营指标

指标名称 \ 年份	2022	2021	2020	2019	2018	2017
经营总量 / 万吨	1 820.00	1 912.00	1 967.00	2 624.00	2 602.00	2 921.00
零售量	36.00	36.00	32.00	34.00	32.00	32.00
本港直分销 / 万吨	355.00	433.00	515.00	808.00	803.00	768.00
国际贸易量 / 万吨	1 353.00	1 359.00	1 342.00	1 682.00	1 671.00	2 022.00
利润（总额）/ 亿港元	10.86	10.17	12.13	15.02	10.59	8.45
吨油费用 / 港元	99.98	93.80	80.60	61.42	56.61	53.10
本港加油（气）站总数 / 座	54	54	51	51	50	50
新加坡加油站总数 / 座	3	3	2	2	1	0

辽宁石油分公司

【概况】 中国石化销售股份有限公司辽宁石油分公司（简称辽宁石油分公司）成立于2009年12月18日，是国有大Ⅰ型石油流通企业，其前身为成立于2002年的中国石化销售东北分公司，本部位于辽宁省沈阳市。省公司机关设14个职能部门，对外注册有14家地市分公司，其中7个地市实行一托二管理模式，经营范围覆盖全省所有地市；设有10家合资公司和1家全资子公司，主要负责辽宁地区成品油零售、直销、批发以及车用天然气、润滑油、燃料油、非油品销售等业务。授权管理辽宁经济开发公司、销售实业东北分公司2家存续企业。

截至2022年底，辽宁石油分公司有员工1885人，辽宁石油分公司党委下设6个基层党委、2个党总支、40个党支部，党员总数657人，基层党组织覆盖率100%；资产总额53亿元；自有在营成品油油库6座，总库容30.31万立方米；加油（气）站总数451座，在营站426座。

2022年，辽宁石油分公司经营总量263.21万吨；成品油256.84万吨、增长6%，零售量146.69万吨、同比持平；天然气销量8783万立方米，增长8%；易捷基础品类营业额4.38亿元，增长4%；报表利润1.64亿元，增长234%，完成年度任务的102%；吨油费用330元。各合资公司和存续企业继续保持盈利。首次获评集团年度党建工作考核A档；首次获集团公司基础设施和网络安全水平评价A级；连续2年获评集团公司节能环保先进单位；连续6年在集团公司HSE管理体系审核中排名区外第一；获集团公司绿色企业复核评价A档；连续3年获销售公司宣传工作先进单位称号；累计获“比学赶帮超”红旗34面，其中年度红旗6面。沈阳、大连在区外地市公司综合竞争力分别排名第一和第七，营口在区外地市公司发展进步能力排名第四，“打非治违”工作排名区外第二。

辽宁石油分公司主要经营指标见表1。

（王佳子）

【领导班子调整】 2022年1月25日，集团公司党组、辽宁省委决定：李宁任辽宁石油分公司总经理、党委副书记；胡乐天调出。6月9日，集团公司对辽宁石油分公司领导班子进行调整：罗晓东为辽宁石油分公司副总经理；解聘陈智勇的辽宁石油分公司副总经理职务，另有任用。调整后的辽宁石油分公司领导班子由周绍海、李宁、孙维跃、罗晓东、王培亮、牟大志6人组成。

（王佳子）

【攻坚创效】 2022年，辽宁石油分公司积极从“站排头、当龙头”指示精神中找思路、找方法、找答案，反复对标对表，及时校准偏差，有效克服疫情影响，巩固生产经营良好势头，主要经营业绩创历史最好水平。零售方面，辽宁石油分公司围绕“11234”行动路线“抗疫情、追进度、保全年”，全年实现机出毛利6.35亿元。用好“千站亮剑”活动政策，遴选柴油竞争核心站点拓展市场，累计获毛利奖励2132万元。推动“百日竞赛”活动走深走实，开展“四车”“六讲”活动，开发集团客户223家。引入营销活动资源2388万元，其中“总对总”资源引入金额位于区外首位。与辽宁省农业农村厅联合下发《“十四五”农机用油规划》，农机用油销量突破1.5万吨。直分销方面，辽宁石油分公司强化薄弱区域市场开发，薄弱区域市场容量较年初提升6个百分点。加强海上市场调研、客户建档和走访，完成海上用油销量年度目标的191%。深挖区域交叉市场，外埠及下海销量增长92%。合理开展差异化营销，全年新开发客户877个，重点客户稳定率92%。不断深挖客户价值，实现非油品销售2425万元，增长218%。持续推广“我要买油”，客户注册率和下单率均实现100%。新能源方面，辽宁石油分公司以多种方式推进LNG走廊建设，快速控制多个具备经营战略意义的加气网点。在市场开拓和客户拓展方面重点发力，实现增长8%。氢、电、光伏新能源项目在成本投入上精打细算、稳妥推进，充电光伏项目投资回报超10%，减碳1400余吨，取得良好的经济和社会效益。

（王佳子）

【资源运作】 2022 年，辽宁石油分公司积极推进与中国石油大区互供业务，强化互供资源的补充功能，获串换奖励 866 万元。打通盘锦浩业柴油地付、重启鲅鱼圈地付业务，进一步增强辽宁中部地区资源供应能力。增设山东地炼采购渠道，组织衔接 98# 组分汽油，为市场推广提供资源保障。通过增加一次性自采供应商和统采的方式，在价格低点锁定油品和燃料乙醇资源，实现创效 4331 万元。借助华北统采开通与盘锦浩业乙醇汽油联合销售业务，进一步优化物流运输。充分发挥合作单位公路地付点优势，持续开展炼厂地付和互供资源直接入站，实现综合节费 1382 万元。

（王佳子）

【易捷服务】 2022 年，辽宁石油分公司坚持以提高门零销售为核心，深化油非互促，通过会员营销与阶段性营销相结合，门零销售结构不断优化。在易捷服务考核指标中增加 2% 的互联网业务考核，累计统建渠道会员总数突破 190 万人，其中活跃会员人数和吨油会员活跃度均位居区外首位。针对疫情反复形势，大力推广易捷到车活动，2022 年累计完成易捷到车销售额 2500 万元，区外排名第一。易享节活动销售额首次突破 4000 万元。全年新开发 13 座洗车项目，完成三年改革任务 20 座洗车门店开发目标，成为销售企业首批完成养车系统上线的单位。汽车销售业务引入多家车企车商，打造多种购车优惠权益，沈阳、阜新、客运公司均成功销售车辆。监狱项目推进扎实有力，合作监狱增加至 18 座，订单金额增加 52%。监狱服务中心在沈阳监狱城投营，成为易捷创新尝试站外店的新突破。

（王佳子）

【产业布局】 2022 年，辽宁石油分公司累计建成加氢站 1 座、充电站 3 座、光伏站 10 座，超额完成集团公司下达的新能源年度计划任务。通过定向挂牌、盘活置换等方式，低价获得大连山川柳油氢合建站地块和大连金州湾综合加能站地块。朝阳双兴加油站的投营填补凌源县域的网络空白。充分论证改造需求，完成 22 座新形象加油站改造，有效提升品牌形象。仅历时 16 天完成长青南街加油站改造投营，实现东北地区首座明星站的重点突破，获销售企业明星加油站称号。5 项重点历史遗留问题取得实质性进展，葫芦岛新华加油站、大连金湾加油站、阜新迎宾街加油站正式投营，林盛油库扩容改造方案获得销售公司论证通过，抚顺新北村加油站化解法律纠纷挽回经济损失。完成区外首座“碳中和”加油站和全国首座“碳中和”油库建设，特别是连山油库作为洁净能源模块优秀案例代表集团公司在上海进博会展出。

（王佳子）

辽宁葫芦岛连山油库

【合资合作】 2022 年，辽宁石油分公司作为系统内唯一参与国务院振兴东北央地百对企业协作行动的单位，与辽勤集团混改成立的交通能源新发展有限责任公司于 10 月 13 日在沈阳揭牌成立，振兴东北央地协作混改项目成功落地。新公司以建设“油气电氢服”综合服务体系为战略规划目标，将在汽车维修、汽车租赁和二手车收售产业有效延伸产业链，对辽宁省央地企业协作、国有企业混改有着良好的示范意义。辽宁石油分公司充分发挥联营合作优势，集聚地方政府、省直国企、实力民企优势，共享发展成果，与辽中区政府合资成立近海石油化工新能源公司；与北方华锦化学工业集团合资建成东北地区首座车用尾气处理液生产基地。

（王佳子）

辽勤合资公司揭牌仪式

【安全环保】 2022年，辽宁石油分公司主要负责人严格落实带班值班，深入基层开展夜查及现场检查，谋划制定“保安全十条硬举措”。抓实HSE管理体系运行，区外首家正式发布实施体系手册。持续开展全员查风险找隐患，争做安全生产“主人翁”活动，累计提报风险隐患建议455条。加强对重点关注典型和重复性问题整治，完成全省5座油库和43座加油站的安全环保隐患治理。狠抓“三基”工作建设，化繁为简推行“一书两卡”，提高员工岗位履职能力。完成73座绿色基层创建及101座已创建单位绿色提升，实现绿色基层建设率88.8%。坚持打好污染防治攻坚战，实施47座库站大气及水体污染治理项目，完成集团公司能源环境责任书年度目标。抓实审计问题整改成效，实现整改率100%。推进数质量一体化平台应用，库站自动计量和数据管理水平显著提升。福爱尔公司在中心质检室比对中排名销售企业第一，伊吗图油库质检室在非中心质检室比对中排名销售企业第一。承担4个大区公司前置检验任务。承担销售公司科技课题1项、立项自主项目4项，获专利授权10件，获中国石化科技进步奖三等奖1项。

（王佳子）

【科技创新】 2022年，辽宁石油分公司挂牌职工创新工作室，工作室获90项参数检验检测CMA资质，联合辽宁石油化工大学完成“大型储罐油气回收关键技术与设备研发”项目科技立项申报，独立研发创新《变性燃料乙醇中苯并三氮唑含量测定作业指导书》在销售系统推广应用。全力推进数字化发展提速提质提效，围绕智慧营销、智慧服务、智慧管理3个方面率先引进新技术、新理念，打造5座智能化加能站，主要功能包括无感支付、安全智能监管、智能穿戴设备、站点营销分析、泵岛销售、自助结算等功能，以数字化转型打造差异化竞争新优势。进一步完善“互联网＋加油（气）站＋便利店＋第三方”新零售商业模式，打造线上线下互动的智能化合作平台，在互联网业务上重点发力，通过完善组织机构、建立考核机制、丰富营销活动、数据深度分析、建立三方平台等手段，更好地为公司互联网业务高质量发展作出贡献，互联网业务指标位列区外销售企业第一。

（王佳子）

【人才队伍建设】 2022年，辽宁石油分公司重塑绩效考核体系。坚持以经营创效为中心，打造“1437”绩效考核体系。突出党建引领、服务创效及重点难点工作，严考核硬兑现。完成2022年度领导人员梯队培养计划滚动调整，动态调整优秀年轻后备干部储备库。持续规范职称评审，全面提升中高层次专业技术人才比重，中高级职称通过率81%。年度选人用人工作民主评议两个项目“好＋一般”和新提拔中层领导人员民主评议“认同＋基本认同”实现双百分百。签订分公司经理层成员经营业绩考核责任书，促进经理层成员担当作为。健全市场化选人用人机制，扎实推进易捷各项改革工作。

（王佳子）

【党建工作】 2022年，辽宁石油分公司按照集团公司“十四五”时期“1355”党建工作总体思路和辽宁石油分公司“11358”总体规划，锚定“站排头、当龙头”的目标，统筹抓好党的建设各项工作。辽宁石油分公司党委坚持政治、目标、问题、质量、务实“五大导向”，聚焦“三基本”与“三基”工作有机融合，深入实施高质量发展行动，团结带领广大干部员工踔厉奋发、笃行不怠、守正创新，在生产经营攻坚战、疫情防控阻击战、安全环保保卫战、深改行动收官战等大战大考中彰显国企担当，在集团2022年度党建工作考核中首次获评A档，实现由D到A的跨越式突破。以基层党支部“铸魂强基行动”，有效提升基层党支部政治功能和组织功能。巩固自营自管站及5000吨以上站党员100%硬覆盖，成立4座万吨站党支部，推动基层党组织建设全面进步全面过硬。开展“三查三强”促安全主题党日和“安全生产我先行”“助力易享节”等主题活动，充分发挥各级党组织和广大党员在关键时期的关键作用。以巡视“回头看”为契机，压实监督责任，贯通推进“四个融入”指示要求。坚决肃清纪波流毒影响，加速巡视巡察整改，持续巩固政治生态从“遭受严重破坏”到“逐步净化”“大为好转”“持续向好”的深刻转变成果。在地市公司配备专兼职纪委书记、设置纪检专员，构建形成省市两级纪委书记、专职纪检干部、支部纪检委员四级纪检队伍格局和省市基层党组织三级监督组织体系，推动监督向基层延伸拓展。制订深化机关作风建设实施方案，推动为基层减负见真章、见实效。

（王佳子）

【社会责任】 2022 年，辽宁石油分公司面对盘锦有水文记录以来的最大洪灾，积极参与排涝救灾，采用人拉肩扛的方式累计向灾区供应油品 4.5 吨，饮用水、功能饮料、速食简餐、防疫物资 500 余箱（件）、果蔬 300 余斤，现场搭建 9 座移动厕所解决救援队员如厕难等问题，获集团公司党组成员、副总经理凌逸群批示表扬和国家安全生产应急救援中心致信感谢。辽宁石油分公司葫芦岛“红马甲”呵护成长志愿服务项目获集团公司十大优秀志愿服务项目，该项目旨在关注聋哑儿童，弘扬关爱残障儿童的社会风尚，营造尊重、理解、关心、爱护残障儿童的良好氛围。

（王佳子）

辽宁石油分公司参与盘锦防汛救灾

表 1　辽宁石油分公司主要经营指标

指标名称 \ 年份	2022	2021	2020	2019	2018	2017
经营总量 / 万吨	263.21	248.45	231.61	229.00	207.02	192.35
零售量	146.69	147.97	132.50	148.00	135.90	128.81
直销总量	110.15	94.47	95.53	79.00	68.66	61.69
吨油费用 / 元	330.00	311.00	303.00	301.00	308.00	315.00
报表利润 / 万元	16 386.00	4 901.00	12 318.00	6 051.00	3 067.00	1 216.00
加油（气）站总数 / 座	451	451	442	435	414	389

四川石油分公司

【概况】 中国石化销售股份有限公司四川石油分公司（简称四川石油分公司）于 2010 年 1 月 17 日揭牌成立，本部设在四川省成都市。其前身是 2002 年成立的中国石化销售川渝分公司；2011 年，四川石油分公司升格为大 I 型企业。

四川石油分公司主要负责中国石化在四川省境内的成品油、车用天然气、润滑油、易捷服务（便利店、汽服）等经营业务及仓储、销售网点建设工作。截至 2022 年底，机关设 11 个部室、5 个直属机构，下辖 21 家地市级公司。有加油（气）站 569 座，油库 11 座、库容 34 万立方米，资产总额 103 亿元，用工总量 2276 人。

2022 年，四川石油分公司油气经营总量 326.68 万吨，其中成品油销售 303.48 万吨、天然气销售 3.20 亿立方米，易捷服务营业收入 8.22 亿元。销售收入 273.24 亿元，报表利润 1750 万元。

四川石油分公司主要经营指标见表 1。

（赵孟闪）

【领导班子调整】 2022 年 6 月 13 日，集团公司党组对四川石油分公司领导班子进行调整：姜晖任四川石油分公司代表、党委书记，肖毅任四川石油分公司总经理、党委副书记。调整后的领导班子由姜晖、肖毅、何刚、赵大毅、李国营、张展、冯臣7人组成。

（赵孟闪）

【成品油经营量迈上300万吨台阶】2022年，四川石油分公司做好配置、集采、自采资源统筹平衡，全年配置资源购进增长13%、集采资源购进增长40%。坚持以市场为导向、以客户为中心，组织开展销售竞赛，适时优化经营策略，突出抓好零售经营，全力开发战略客户和终端客户，实现成品油销售303.48万吨、增长2%。“易捷加油”会员数达278万人。

（赵孟闪）

【易捷服务营业收入保持增长】2022年，四川石油分公司创新易捷服务经营，围绕提升集客能力，推动商品营销向会员营销转变，普惠式营销向锁定油品消费客户转变，“以服促油、油服共进”水平得到提升。深耕年货节、易享节等全国统一“造节活动”，门店零售额增长7%，重点商品营业额增长17%，“易家香菜籽油”成为全国“年货节”重点商品。

（赵孟闪）

【提升窗口服务水平】2022年，四川石油分公司聚焦服务、品牌、效率和执行力提升，扎实开展“加油站服务提升百日竞赛”，全力贯彻落实“把服务做到客户心坎里”，持续做好客户服务评价，优化督导帮扶机制，建立“数据+视频+现场+电话”四位一体督查体系，全面推广“加油服务六步法”“室内收银五步法”，提升现场服务质量。四川石油分公司被销售公司授予“加油服务提升百日竞赛”银牌企业称号，四川达州分公司被销售公司授予“加油服务提升百日竞赛”优胜地市公司称号。

（赵孟闪）

【抓好终端网点发展】2022年，四川石油分公司持续抓好网络建设，设立月度投营推进会，实施“月考核、季兑现，提前奖、滞后罚”奖惩机制，加大专项督办和压力传导力度，全年投营加油站11座、加气站10座，发展加氢站1座、光伏发电网点5座、充电站15座、重卡换电站1座，“油气氢电服”经营业态更加丰富。

（赵孟闪）

【蓬溪油库铁路专用线投运】2022年1月6日，四川石油分公司在遂宁蓬溪油库举行铁路投油仪式，标志着蓬溪油库全面投入使用。蓬溪油库一期库容3.2万立方米，共有4座5000立方米和4座3000立方米的地上立式内浮顶钢制油罐，1座通过式发油亭，采用铁路及公路进油、公路发油运作模式。

（赵孟闪）

【首座重卡换电站建成投用】2022年7月20日，四川石油分公司首座重卡换电站——百家旺综合加能站在宜宾建成投用，标志着四川石油分公司继发展氢能、光伏、汽车充换电业务后，开始进军“重卡换电”领域。该站位于256国道，占地面积2724平方米。重卡换电装置采用顶部吊装的换电模式，搭载7块282千瓦·时动力电池，兼容工程运渣车、牵引车、载货车等，单次换电仅需3分钟，每日可满足168车次换电需求。

（赵孟闪）

宜宾百家旺重卡换电站

【首座管道供氢加氢母站建成投用】2022年11月25日，四川石油分公司携手东方电气集团东方锅炉股份有限公司、攀枝花市花城新能源有限公司共同运营的首座管道供氢加氢母站——马店河加氢站在攀枝花建成投用。该站位于攀枝花市钒钛高新技术开发区钒钛二号线，占地面积 14.94 亩（9960 平方米），铺设有 1.2 千米输氢管线，站内设有加氢机 1 台，日供氢能力达 1000 千克，每天可为 50 辆氢燃料电池公交车提供加氢服务。除零售加注业务外，还可以依靠氢气管线的接入实现氢气充装批发，服务周边的加氢“子站”、产业园区、工矿企业。

（赵孟闪）

攀枝花马店河加氢站

【严格安全环保数质量管理】 2022 年，四川石油分公司从严从细落实风险管控措施，深化安全生产专项整治三年行动，推行“一书两卡”、重要操作“手指口述”和“135”应急处置模板，开展 HSE 体系全要素审核，推进关键岗位安全资格认证，组织 LNG 安全知识培训，提升专业部门和全员安全履职能力。抓实安全风险分级管控，完成 19 项隐患治理，加强承包商和直接作业环节管控，上线运行重大危险源双重预防数智化管控平台，四川石油分公司保持总体平稳态势。深入开展绿色企业行动，投入 2650 万元打好污染防治攻坚战，全面检测修复库站密封点，83 座站上线在线监测系统、110 座站安装三次油气回收设备，317 座库站实现绿色基层创建目标，1 座油库、1 座加油站被销售公司评为绿色标杆团队。积极实施“双碳”行动，储运电耗和碳排放强度实现双下降。抓好进销存全环节质量管控，通过 ISO 9000 质量管理体系第三方认证，完成国ⅥB 油品质量升级，油品销售质量合格率保持 100%。

（赵孟闪）

【持续深化改革管理】 2022 年，四川石油分公司稳妥推进四川易捷分公司改革，持续完善四川易捷分公司经营班子薪酬分配和业绩考核办法，进一步探索和推动市场化运营模式。恢复设立四川宜宾石油分公司，进一步优化管理架构。扎实开展“严肃财经纪律、依法合规经营”专项行动和“合规管理强化年”活动，持续完善内控体系，深化对标提升行动延伸至基层。落实试点单位职责，建设战略型集约化财务管控体系，深化两级机关作风建设，严肃会风会纪，推动为基层减负措施落地见效。扎实推进降本节费，分类制定低无负效资产提效措施，20 座站完成提档增效任务。试点即时绩效薪酬分配系统，内部管理信息化水平得到提升。

（赵孟闪）

【人才队伍建设】 2022 年，四川石油分公司加大优秀年轻干部选拔使用力度，中层干部中“80 后”占比 39%，提升 11%。出台人才培养激励办法，职称评定和技能鉴定参与人数分别增长 77% 和 37%。抓好各层次干部员工培训，省市公司共举办培训班 327 期，累计培训 1.3 万人次。

（赵孟闪）

【迎接学习贯彻党的二十大】 2022 年，四川石油分公司按照集团公司党组部署，认真开展“牢记嘱托、再立新功、再创佳绩，迎接学习贯彻二十大”主题行动，成立“1+5”个工作组统筹推进，建立《主题行动暨重点工作任务清单》，细化明确 39 项具体措施，与年度重点工作一体部署，推进高效完成工作任务。党的二十大召开后，通过领导干部带头讲、宣讲小组巡回讲、视频课程云宣讲、组织党员微宣讲等措施，全面学习宣传贯彻党的二十大精神。

（赵孟闪）

【坚定不移推进全面从严治党】 2022 年，四川石油分公司认真落实“两个一以贯之”要求，理顺党委会、分公司代表、总经理等各类决策主体权责。推行党群季度例会机制，推广党建共建，优化组织设置，打造万吨站党支部 3 个，5000 吨以上站自有党员覆盖率 100%。严格落实“三转”要求，退出“旁站式”监督 20 项，日常监督更加聚焦主责主业。开展安全生产专项监督，纠治形式主义、官僚主义突出问题，深化“靠企吃企”专项整治，严管严治态势持续增强。坚持党建带共建、团建，发挥群团组织优势，开展各类劳动竞赛，做好常态化帮扶慰问，落实青年精神素养提升工程，举办“青年说·向党汇报”活动等庆祝建团100周年系列活动。

（赵孟闪）

【履行中央企业社会责任】 2022年，四川石油分公司全面落实集团公司教育帮扶工作部署，投入100万元完善广安市华蓥市占云小学教学设备。按照四川省委省政府、省国资委部署，积极助力乡村振兴，投入60万元整改巴中市巴州区狮子寨村村委党群服务中心，投入22万元为狮子寨村街道安装120盏太阳能路灯，通过以购代捐方式，从巴州区采购帮扶农产品25.7万元，从狮子寨村采购脆李5000千克，拓宽当地特色产品销售渠道。与对口帮扶村、定点联系学校搭建党建共建平台，共享党建资源，共同提高党建质量。

（赵孟闪）

【加强企业文化和品牌建设】 2022年，四川石油分公司加强与中国石化在川企业的协作，优化整合媒体资源，牵头开展“驻川企业这十年”综合宣传，在线发布《四川石油年度社会责任报告》，《卡车司机的另一个家》视频短片获评中国石化报社“喜迎二十大，为美好生活加油”短视频创作二等奖。内江航卫站获全国最美工会服务站点称号，成都邛崃西站获评全国5A级“司机之家”。“川石快讯”微信公众号连续6个月获评中国石化月度优秀账号，传播力指数获2个A级。围绕喜迎二十大暨四川石油分公司成立二十周年，举办职工书画展，编制《砥砺二十载，奋进新征程》特刊，强化企业文化积淀，四川石油分公司获评销售公司宣传进步单位。

（赵孟闪）

表1 四川石油分公司主要经营指标

指标名称 \ 年份	2022	2021	2020	2019	2018	2017
成品油销售总量/万吨	303.48	297.66	291.50	288.00	268.00	263.00
零售量	164.34	167.30	162.80	168.00	156.00	157.00
销售收入/亿元	273.24	221.83	177.13	203.85	204.81	164.27
利润/亿元	0.18	1.37	1.48	1.25	0.10	2.30
吨油费用/元	463.00	415.00	420.00	412.00	422.00	409.00
加油（气）站总数/座	569	567	552	521	514	499

重庆石油分公司

【概况】 中国石化销售股份有限公司重庆石油分公司（简称重庆石油分公司）位于直辖市重庆，属中国石化下游销售企业之一，主要负责重庆及周边成品油、车用天然气、非油品销售，液化天然气生产、销售等业务，本部设在重庆市渝中区。

重庆石油分公司前身为三川实业公司重庆分公司，成立于1998年10月，是负责重庆地区成品油经营的地方集体制企业。1999年5月三川实业公司被中国石油化工股份有限公司收购后，更名为中国石化销售有限公司重庆三川分公司。2002年10月成建制划归中国石化销售有限公司川渝分公司，更名为中国石化销售有限公司川渝重庆分公司。2009年11月被调整为股份公司直属企业，更名为中国石油化工股份有限公司重庆石油分公司，按大Ⅱ型企业管理。2012年10月管理规格调整为大Ⅰ型。2014年5月，根据销售公司混改要求，更名为中国石化销售有限公司重庆石油分公司。2019年1月，根据销售公司股改安排，更名为中国石化销售股份有限公司重庆石油分公司。

截至2022年底，重庆石油分公司本部设综合管理部室12个、专业中心3个。设分公司7家、县（区）公司15家、全资子公司7家、控股子公司20家（其中独立运行6家）、参股子公司3家。资产总额85.54亿元，在岗员工3154人（其中党员718人）。在营加能站351座，在营油库8座、库容22.44万立方米。油气网络覆盖重庆市38个行政区县。在营CNG母站1座，最大日生产能力40万立方米；在营LNG工厂1座，最大日生产能力100万立方米。

重庆石油分公司主要生产经营指标见表1。

（朱丽娟）

【领导班子调整】 2022年12月20日，受集团公司党组组织部委托，重庆石油分公司召开干部大会，宣读中国石化党组关于张爱明、周玉伟职务任免的通知：张爱明任重庆石油分公司党委副书记兼纪委书记，为重庆石油分公司工会主席人选。免去周玉伟重庆石油分公司党委副书记、委员、纪委书记职务，不再担任重庆石油分公司工会主席职务。

（朱丽娟）

【经营效益名列前茅】 2022年，重庆石油分公司锚定量效水平、市场占有率等重点指标，产销联动、批零联动，狠抓服务提升，全力攻坚创效，全年实现油气经营总量304.96万吨，其中成品油269.53万吨（零售135.13万吨、直分销134.4万吨），天然气4.90亿立方米、增长4.7%，销量排名销售系统第一。全面推动易捷服务提质升级，实现非油品基础品类营业收入6.22亿元，增长7%。实现报表利润4.01亿元，占区外销售企业利润的45%，连续12年蝉联区外第一。

（朱丽娟）

【多元发展进展顺利】 2022年，重庆石油分公司积极引领重庆地区新能源发展，全年建成加氢站1座，申领建站补贴520万元。坚持有序推进，适当建设充电光伏站点，建成充电站6座、光伏发电站2座。完善权益会员营销体系，全年发展权益会员123万户，总数位列区外第一。大力拓展线上业务，交易额突破96亿元；深化数据资产应用，自主开发单站模拟核算系统，在279座自营站完成“一键班结”推广。上线易捷养车平台，新增智能汽服项目44个，实现自动汽服100%联网。统筹推广新形象新标准，在101座站点开展治破治旧和亮化提升，打造综合加能旗舰站2座，红溪沟综合加能旗舰站首批通过销售公司形象验收，获评中国石化新形象明星站。

（朱丽娟）

首座新形象综合加能站——红溪沟综合加能站

【创新发展成果丰硕】 2022年，重庆石油分公司进一步健全科技项目鼓励申报机制，2个科技项目获集团公司科技部立项。推动重点项目落地，涪陵LNG工厂二期项目立项获批，长寿母站供氢项目基本建成，油气经营中心项目全面启动。坚定改革信念，深化国企改革三年行动圆满收官。强化效益效率导向，合理拉开薪酬差距，“三能”机制建设持续深化。

（朱丽娟）

【效率效能稳步提升】 2022年，重庆石油分公司狠抓承包商管理，全年记分处罚35.39万元，红旗黄牌评比处罚14.4万元。构建双重预防机制，完成油库、LNG工厂管控平台建设。践行“每一滴油都是承诺”，油品质量抽检合格率、检验及时率、检验准确率均100%。深入推进环保污染防治，为350余座库站办理排污许可证。落实“能效提升”计划，全年碳排量降低7.43%。不断完善内控体系，修订控制点147个，集团公司内控检查反馈的33个问题全部整改到位。扎实推进“严肃财经纪律、依法合规经营”综合治理专项行动，贯彻落实“合规管理强化年”行动，处理遗留问题22项，收回资金4791万元，主营业务实现“零发案率”；加大审计闭环整改力度，主要领导经济责任审计提出的25项问题全部整改到位，内部审计节约建设成本2594.88万元。

（朱丽娟）

【队伍结构更趋合理】 2022年，重庆石油分公司着力加大技能操作人才选聘力度，新选聘23人，较同期增长74%。管理序列、专业技术序列、技能操作序列占比由“人才强企工程”启动初期的81%、17%、2%优化为64%、21%、15%，逐步形成“三支队伍”齐头并进新局面。

（朱丽娟）

【企业形象更加彰显】 2022年，重庆石油分公司加强宣传思想工作，建成重庆石油融媒体中心。组织全员参加“职工互助保障计划”，成为销售系统唯一落实该项工作的企业。开展庆祝建团100周年系列活动，与重庆市团校、川维化工公司联合举办“青马班”。接续开展乡村振兴，助力打造善感乡稻渔综合种养示范基地，开展中益乡小学教育帮扶，利用易捷渠道采销扶贫产品717万元。山火期间，捐赠救援物资20余万元；疫情期间，划拨专项党费130万元支持一线抗疫保供。

（朱丽娟）

【党建基础更加夯实】 2022年，重庆石油分公司坚持“务实、创新、融合”，构建“四纵五横”党建责任体系，打造“四心党建”品牌。坚持将“支部建在连上”，成立万吨站党支部3个，将原有的30个党支部优化调整为64个；深入推进基层党组织标准化、规范化建设，基层班组党员覆盖率提升14%，5000吨以上站点自有党员实现100%覆盖。

（朱丽娟）

【投营站点数创近9年最好成绩】 2022年，重庆石油分公司坚持油气并举，全力巩固传统网络优势、加快布局清洁能源网点，新建投营加油站31座、加气站14座（LNG站13座、CNG站1座），网建任务完成率125%，投营站点数量创近9年来最好水平。

（朱丽娟）

【设立互联网运营中心】 2022年7月7日，重庆石油分公司成立互联网运营中心，与信息管理部合署办公，但职能分开。对内以互联网运营中心的名义履行专业中心职能，对外以独立运营单位名义开展线上业务洽谈和对接。互联网运营中心下设营销组、运营组、技术组、综合组4个小组，并在分公司设立分中心。

（朱丽娟）

【重庆油气经营中心项目开工奠基】 2022年10月17日，重庆油气经营中心项目举行奠基仪式。该项目位于重庆市江北区北滨路，是由集团公司在重庆规划建设的集区域总部油气经营、易捷旗舰商城、营销服务、商务办公、调度指挥、会议展示等功能为一体的综合基地。项目占地面积约7.70亩（5133.36平方米），建筑面积约4万平方米（总共18层，其中地上14层、地下4层），总投资约6.98亿元。

（朱丽娟）

重庆油气经营中心项目开工奠基

【合资成立润江能源有限公司】 2022 年 11 月 9 日，重庆石油分公司与江津区地方共同出资成立重庆中石化润江能源有限公司，并完成注册登记。此次合作，中国石化按股比投入现金 1020 万元，直接取得江津区 11 座加油站控股权，自营站点从 7 座增加至 15 座，市场份额达 25%，实现翻番。

（朱丽娟）

涪陵 LNG 工厂 BOG 尾气提氦项目投料试车成功

【涪陵 LNG 工厂 BOG 尾气提氦项目投料试车成功】 2022 年 11 月 18 日，重庆石油分公司涪陵 LNG 工厂 BOG 尾气提氦项目一次性投料试车成功。该项目是 2022 年中央企业关键核心技术攻关“1025 专项工程”二期攻关项目，中国石化“十条龙”重点攻关项目，也是中国石化首个拥有自主知识产权的氦气项目。

（朱丽娟）

【获得荣誉】 在油品销售企业“加油站服务提升百日竞赛”活动中，综合考评排名区外第一，获“金牌企业”称号。在 2022 年油品销售企业“比学赶帮超”活动中，获天然气经营、加气站投营、加氢站发展、科技创新、结对帮扶等 5 面年度先进红旗，成品油经营运作、互联网业务拓展、加油站投营等 3 面年度进步红旗，获年度创新先进企业称号，“高纯氦气成套技术开发与工业应用创新与实践”获评年度十大创新事件。

（朱丽娟）

表 1　　重庆石油分公司主要生产经营指标

指标名称 \ 年份	2022	2021	2020	2019	2018	2017
成品油销量 / 万吨	269.53	281.65	246.20	262.97	242.78	221.70
零售量	135.13	148.08	130.13	151.92	145.18	135.97
天然气生产加工量 / 亿立方米	3.51	3.47	2.75	2.12	3.08	0.34
天然气销量 / 亿立方米	4.90	4.68	4.30	3.88	2.69	2.01
零售量	1.82	1.79	1.56	1.62	1.43	2.00
非油品营业额 / 亿元	7.21	9.31	7.35	6.45	4.88	3.63
销售收入 / 亿元	248.11	209.99	151.12	187.13	179.42	139.75
报表利润 / 亿元	4.01	5.33	4.51	4.12	3.11	3.86
报表吨油费用 / 元	371.00	351.00	341.00	324.00	331.00	334.00
在营加能站总数 / 座	351	341	328	323	318	297
油库总数 / 座	8	8	8	6	6	6

陕西石油分公司

【概况】 中国石化销售股份有限公司陕西石油分公司（简称陕西石油分公司）本部位于陕西省西

安市，是2009年底以原销售西北分公司机关为班底和原销售西北陕西分公司重组而成，2010年1月15日正式揭牌成立，时称中国石油化工股份有限公司陕西石油分公司。2012年10月，中国石化党组研究并征得中共陕西省委员会同意，决定将陕西石油分公司管理规格调整为大Ⅰ型。按照中国石化混合所有制改革部署，2014年5月更名为中国石化销售有限公司陕西石油分公司，2019年1月更名为中国石化销售股份有限公司陕西石油分公司。

陕西石油分公司集仓储、物流、销售、服务为一体，全权负责中国石化在陕西省境内的成品油、天然气、非油品销售等经营业务和销售网络建设工作。截至2022年底，员工总数2604人；公司本部设11个职能部门、3个直属机构，下辖9个地市公司及37个县公司（片区）；在营加油（气）站总数413座，非油品易捷便利店413座，自有油库3座，总库容13.8万立方米。

陕西石油分公司主要经营指标见表1。

（李文娟）

【领导班子调整】 2022年6月17日，集团公司宣布调整陕西石油分公司领导班子。夏凤梧任陕西石油分公司代表、党委书记，戴尽良任陕西石油分公司总经理、党委副书记。12月30日，宣布丁建浩任陕西石油分公司副总经理、党委委员。

（李文娟）

【经营情况】 2022年，陕西石油分公司以“牢记嘱托、再立新功、再创佳绩，迎接学习贯彻二十大”主题行动为总抓手，牢固树立正确的业绩观，坚持“严”的主基调，将自身存在问题和外部环境压力变成倒逼自我革命和改革创新的动力，奋力实现大幅减亏目标任务。全年成品油经营总量151.59万吨，其中机出零售72.38万吨、直分销73.66万吨，天然气经营量2.14亿立方米，非油品基础品类销售3.46亿元，减亏1.73亿元。

（李文娟）

【资源优化】 2022年，陕西石油分公司强化资源运作，实现资源创效2964万元；拓展资源渠道，实现降本2633万元；公路移库量同比减少4.5万吨，节约费用657万元；全省各代储库和采供站密度差增加2019.69吨，增效1738万元；配合执法部门查处非法经营站（点）31座、“黑油点”43处，收缴非法涉案油品831.7吨，打击流动加油车148辆。

（李文娟）

陕西咸阳华昌加油站（胡庆明　摄）

【零售经营】 2022年，陕西石油分公司强化全环节算账理念，零售机出价格不到位收窄158元/吨；36座竞争站点汽油销量增长22%，累计开发加油卡客户3.1万户、电子钱包客户71万户，充值额提高21%，消费比例达到60%，提升14个百分点；建立38支服务示范队，巡回教学547站次，培训1354人次；对254座加油（气）站完成“治破治旧”工作；完成42座站点的厕所升级改造；打造“司机之家”30座、“爱心驿站”93座。

（李文娟）

【直分销】 2022年，陕西石油分公司全年新开发客户873户，增长34%；贡献销量17万吨，增长48%（其中终端客户占比65%，增长93%）；全年（不含配置资源）实现当进当销价差3017万元，增加1740万元；持续推进“直分销数字化”转型，线上下单率实现100%，3座自有库数字化提油业务提升至86%。

（李文娟）

【易捷业务】 2022年，陕西石油分公司全年累计引进新品893种，淘汰低效商品477种，在营商品 SKU 达 2703 个；采购业务营业额 3858.19 万元；线上销售 1871 万元，增长 4304%；累计开展市级微集市 388 场，销售 119 万元；烟草销售额 7800 万元，增长 8%；助力乡村振兴，全年采购扶贫商品 444 万元，销售扶贫产品 608 万元，成功开发“易臻选秦岭益生核桃乳”，实现自有品牌零突破；全年开展 5 个主题、6 档营销系列活动，实现基础品类销售额 3.46 亿元，实现利润 1682 万元；重点打造核心门店 33 座，全年完成便利店整体升级改造项目 35 个、易行馆 2 座、甄酒馆 2 座；工业脱硝尿素销售 2300 吨；累计完成保险业务 App 报价 2.6 万次，为下一步拓展保险业务奠定基础。

（李文娟）

陕西石油分公司首场户外实景直播带货活动在华山成功举办
（侯利民 摄）

【天然气业务】 2022 年，陕西石油分公司优化气源运作，榆林地区 LNG 全部实现直供，全年增加效益 526 万元；西北区域 LNG 统采 2.04 万吨，为兄弟公司节约成本超 200 万元；累计完成 16 个增值服务项目；分别梳理出 LNG 和 CNG 站便利店畅销商品 25 种，纳入气非互动商品池，全年气非互动减少约 23 万元，投入产出比提高 15%；累计开发机构客户 57 户，实现增量 929 万立方米；复营 2 座站点，增加销量 130 万立方米。

（李文娟）

【网络发展】 2022 年，陕西石油分公司新增投营油（气）站 3 座；完成光伏项目 36 座，其中并网发电 17 座；完成充换电项目 5 座；提前退租站点 7 座，减亏 1580 万元；转租站点 4 座，年均减亏 219 万元。

（李文娟）

【深化改革】 2022 年，陕西石油分公司新一任党委班子统一思想、凝聚共识，树立“唯改革者胜、唯创新者强”的管理理念，坚持以“提效率、增效益”为目标，强力推进机构重组体制机制改革。精简优化岗位和编制，开展“三清理”专项行动，推进服务保障用车改革，积极优化用工结构，发挥好考核和薪酬激励作用。干部队伍结构进一步优化完善，40 岁及以下中层干部占比和 45 岁及以下中层正职占比较 2021 年分别提高 5 个和 13 个百分点，竞争性选聘比例 63.6%，高于销售企业平均水平 17.5 个百分点，干部员工干事创业动力逐步增强。

（李文娟）

【HSE 风险防控】 2022 年，陕西石油分公司以 HSE 管理体系运行为主线，发挥组织引领作用，强化主体责任落实，体系与业务实现深度融合，体系内审问题整改率 98%；全面开展风险识别管控和隐患排查治理工作，企业风险总值由年初的 138 降至 101；年度 34 项省公司级安全隐患项目整改率 97%。

（李文娟）

【油品数质量】 2022 年，陕西石油分公司完成 ISO 9000 质量管理体系年度监督审核工作，实施体系内审工作，修订《质量管理办法》等制度，内外部质量抽检合格率 100%；质检中心成为陕西省内唯一一家与全国石油产品和润滑油标委合作实验室，中国石化销售企业共计 4 家；零售损耗下降 0.11‰，减少损耗 38.7 万升；提升计量数据精准度，油库保管环节增加溢余 120 吨，实现管理创效 1386 万元。

（李文娟）

【价值管理】 2022 年，陕西石油分公司深挖降费潜力，全年商流费用较年度预算节余 0.56 亿元；资产提质增效管理工作有效推进，低无负效站点数量减少 33 座；资金运营安全平稳，其中经营现金流完成 3.31 亿元。

（李文娟）

【依法治企】 2022 年，陕西石油分公司持续强化合规管理，深入推进依法治企，全年新增、修订制度 29 项；合同系统运行管理综合考核成绩 98.48 分；累计出具法律意见书 19 份，参与审核重大项目 27 项，提供日常事务法律咨询 50 人次；全年诉讼结案 6 起。

（李文娟）

【党的建设】 2022 年，陕西石油分公司认真学习宣贯党的二十大精神，印发工作方案和运行表，突出务实重效。坚决落实党委全面从严治党主体责任，细化班子集体和个人责任清单事项 45 项，出台落实“第一议题”制度十项机制措施、党委“两个责任”清单，实行党建与经营指标、重点工作联动考核。举办三期“陕西石油怎么了？我该怎么办？”大讨论，凝聚改革共识。创新设立 2 座万吨站党支部，年销量 5000 吨及以上加能站自有党员覆盖率 100%。22 个党支部与地方应急、商务等单位或系统内单位开展党建共建，打造杨家岭红色主题文化加能站，充分发挥“岗、区、队”优势，助力疫情防控、治破治旧、主题营销等重点工作。坚持党建带群团，咸阳文林路加能站被中华全国总工会评为最美工会户外劳动者服务站点，汉中杨家山加能站获汉中市青年安全生产示范岗称号。

（李文娟）

【监督执纪】 2022 年，陕西石油分公司围绕政治责任、重要部署、巡视整改等方面，加强对“关键少数”、重点业务、关键环节的监督，做实做细政治监督。常态化开展库站班前“廉洁喊话”，深入推进“零违规运行”承诺机制，落实正向激励措施，累计兑现 242.45 万元，基层违规违纪问题得到有效遏制，2022 年违反现场管理禁令问题减少超过 50%。

（李文娟）

【对外宣传】 2022 年，陕西石油分公司开展“主播鲜活讲”“我在岗位过春节”等系列报道 186 篇、石化媒体刊发重点稿件 62 篇，《陕西石油助力陕西能源产业转型升级》获中国石化优秀新闻节目，举办公众开放日暨小记者开营活动，全方位展示企业良好形象。

（李文娟）

公众开放日暨小记者开营仪式（曹　旭　摄）

表 1　陕西石油分公司主要经营指标

指标名称＼年份	2022	2021	2020	2019	2018	2017
成品油销售总量 / 万吨	151.59	158.50	160.71	195.10	178.90	169.42
零售量	77.52	97.08	104.97	133.81	127.59	121.29
销售收入 / 亿元	134.46	112.41	93.38	126.38	121.49	98.28
利润 / 亿元	−2.57	−4.29	−3.35	0.60	0.12	0.21
成品油吨油费用 / 元	617.00	595.00	566.00	470.00	487.00	488.00
加油（气）站总数 / 座	413	433	424	435	442	464

内蒙古石油分公司

【概况】 中国石化销售股份有限公司内蒙古石油分公司（简称内蒙古石油分公司）位于内蒙古自治区呼和浩特市，成立于2001年2月，2002年10月更名为中国石化销售有限公司西北内蒙古分公司。2009年12月，经过集团公司体制调整，内蒙古石油分公司调整为股份公司直属企业，更名为中国石油化工股份有限公司内蒙古石油分公司。2014年6月，根据销售公司混合所有制改革安排，更名为中国石化销售有限公司内蒙古石油分公司。2019年6月，根据销售公司股改安排，更名为中国石化销售股份有限公司内蒙古石油分公司。

内蒙古石油分公司主营成品油零售、直销和批发，天然气、润滑油、燃料油及非油品等业务。截至2022年底，内蒙古石油分公司本部设11个机关部室（中心），下辖9个盟市分公司，有在营加油（气）站376座，其中加气站35座，在营油库8座，资产总额49.42亿元，职工总数2537人。

内蒙古石油分公司主要经营指标见表1。

（董　琦）

【领导班子调整】 2022年12月20日，王邑庆不再担任内蒙古石油分公司副总经理、党委委员，调出另有任用。

（董　琦）

【牵头开展联络工作】 2022年，内蒙古石油分公司为中国石化驻蒙单位协调自治区党委政府及职能部门，沟通对接优质煤化工、光伏制氢等重要项目，助力中国石化在内蒙古自治区发展项目高质量落实落地。配合集团公司开展新能源研究中心设计选型、可行性研究报告编制工作。

（董　琦）

【中国石化新能源北方研究中心项目正式启动】 2022年9月27日，中国石化新能源北方研究中心项目在呼和浩特市新城区举行启动仪式。

（董　琦）

中国石化新能源北方研究中心建设项目启动仪式

【坚定转型发展步伐】 2022年，内蒙古石油分公司推进实施“柴转气”“柴转汽”发展策略，承接销售公司“七纵九横”LNG加气走廊规划，抓住内蒙古自治区能源转型契机，年内建成LNG站16座，投营13座。抢占城区汽油站网点，按基准地价成功获得5宗加能站土地。2022年获得销售企业“比学赶帮超”加气站投营年度先进红旗、加油站投营年度进步红旗。

（董　琦）

【深化作风建设】 2022年，内蒙古石油分公司实施作风建设“五个转变”对标提升行动，开展作风建设大讨论，对干部作风建设360度测评并纳入干部年度考核，加强会风会纪、文件报送、评比检查等管理，大力营造“主动作为、精益求精、拼搏进取、争先进位、守正创新”的干事创业氛围，广大干部员工工作效率、敬业精神不断提升。

（董　琦）

【深入开展“加油站服务提升百日竞赛”活动】 2022年，内蒙古石油分公司组建加油站服务提升示范队，开展“服务示范·微视频”评比，以赛促练，以赛促学，有效提升服务现场标准化专业化水平。在加能站开展“清理车内垃圾”“擦拭倒车镜”等暖心服务，强化现场客户消费体验，客户服务评价差评率降至0.17%，较年初下降87.9%。

（董　琦）

【深挖“六进”潜力】 2022年，内蒙古石油分公司开展“打赢客户攻坚战、喜迎二十大”六进活动，开发政府机关、百强企业等新增单位客户1786家。组织5期“靶向唤醒”活动，流失客户唤醒率8.6%。

（董　琦）

【拓展易捷综合服务】 2022年，内蒙古石油分公司培育“蒙小易”自有品牌，开发牛羊肉、乳制品、瓜子、河套面粉等53个内蒙古名特优农牧单品，实现销售额超3000万元。开展各类主题营销，“易享节”实现基础品类销售额9927万元、增长12%，获销售企业突飞猛进奖和最牛拓展企微运营奖。中标工业尿素订单销售额超过8000万元，获得“新业务及销售拓展”年度先进红旗。大力推进互联网营销和会员营销，发展权益会员46万人。

（董　琦）

【打非治违工作】 2022年，内蒙古石油分公司全力争取并配合内蒙古自治区开展铲除“自留黑”专项行动，共侦办非标油刑事案件78起，抓获犯罪嫌疑人137名，涉案价值6.3亿元，查扣非标油950吨、大型储油罐91个、非法改装车辆94辆。

（董　琦）

【全力打好防疫阻击战】 2022年，内蒙古石油分公司累计投放300万元防疫物资，成立抗疫临时党支部、党员抗疫先锋队，前往疫情风险社区开展志愿服务。广大干部员工主动驻守机关和库站一线，在疫情管控期间实现全员“零感染”、安全“零事故”、稳定“零上访”。

（董　琦）

党员抗疫先锋队开展志愿帮扶

【开展“合规管理强化年”和“严肃财经纪律、依法合规经营”综合治理】 2022年，内蒙古石油分公司下发合规管理实施细则、合规行为准则等制度，梳理合规风险清单700余条，开展盟市分公司年度合规管理综合检查，整改专项问题11项26条。深入推进“严肃财经纪律、依法合规经营”综合治理专项行动，开展依法纳税、资金及债务风险、会计信息质量、虚假贸易风险等排查，积极督促整改，夯实管理基础。

（董　琦）

【与自治区消防建立党建共建关系】 2022年，内蒙古石油分公司与内蒙古自治区消防救援总队建立起全国消防救援系统首个党建共建关系，构筑总队对省公司、支队对盟市分公司、大队和消防站对辖区库站的共建网络和消防安全业务合作体系。全年组织联合消防演练14次，联合主题党日活动10次，消防主题培训12次，公益志愿活动7次，安全检查14次，主题团日活动1次。

（董　琦）

开展油库消防演练

表 1　　内蒙古石油分公司主要经营指标

指标名称 \ 年份	2022	2021	2020	2019	2018	2017
成品油销售总量 / 万吨	161.43	162.26	159.61	181.87	196.40	192.22
零售量	96.22	101.87	100.11	137.48	147.17	128.80
销售收入 / 亿元	143.91	116.36	90.00	119.00	131.43	106.31
利润 / 亿元	0.01	0.31	−2.23	0.96	0.96	1.50
吨油费用 / 元	421.00	420.00	384.00	357.00	363.00	348.00
加油（气）站总数 / 座	376	378	388	383	383	368

新疆石油分公司

【概况】 中国石化销售股份有限公司新疆石油分公司（简称新疆石油分公司）本部位于新疆乌鲁木齐市新市区长春南路 466 号，主要负责中国石化在新疆地区的能源销售与营销网络建设，主营汽油、柴油、天然气、润滑油、非油品和其他化石产品的零售、直销配送、批发、仓储业务。2010 年 1 月 1 日，集团公司为加快在新疆地区的发展，与驻疆油田、炼厂发展相配套，确保开发的油品资源就地加工、就地销售，支持与服务于新疆经济社会发展，进行管理体制调整，新组建新疆石油分公司，隶属于中国石化销售股份有限公司直接领导。2012 年 10 月升格为大 I 型企业。

截至 2022 年底，新疆石油分公司设 12 个管理部室、3 个专业中心和 1 个运行保障机构，下辖 9 个地市分公司和 12 个控股公司、3 个全资公司和 1 个参股公司。在营加油（气）站 420 座、易捷便利店 420 座（含店外店）、油库 14 座。员工 2603 名，其中少数民族员工占员工总数的 31%；员工平均年龄为 34 岁；有党员 974 名，占员工总数的 37%。

2022 年完成经营总量 341.12 万吨，其中成品油销售 327.2 万吨（机出零售 133.6 万吨、直批销售 193.6 万吨）；天然气销售 1.8 亿立方米，增长 30%。非油品营业额 4.1 亿元，增长 4%。完成投资 3.24 亿元。营业收入 277 亿元、增长 16%，报表利润 3.12 亿元、增长 39%。经营现金流 11 亿元。企业安全平稳运行。

新疆石油分公司主要经营指标见表 1。

（朱伦千）

【领导班子调整】 2022 年 12 月 27 日，集团公司以视频会议形式召开新疆石油分公司干部大会，宣布干部调整相关文件，曹志宏不再任新疆石油分公司党委委员、副总经理，调出另有任用。调整后的新疆石油分公司领导班子由孟伟、李新强、谭毅、周涛、查云组成。

（朱伦千）

【满载荣誉再创佳绩】 2022 年，新疆石油分公司全面落实董事长马永生“新疆石油要继续在各项工作中站排头、争第一”的殷切希望，对标先进、争创一流，获集团公司主题行动先进项目团队、绿色企业 A 档、内控风控先进集体、2019—2021 年度审计工作先进单位等称号，“防范安全环保数质量风险，创新直接入站油品二次计量管理”项目获中国石化集团公司第三十一届管理现代化创新成果二等奖。获新疆维吾尔自治区 2021 年度自治区诚信企业、“访惠聚”驻村工作先进集体称号。首获销售公司“比学赶帮超”优秀企业奖，争创“比学赶帮超”红旗总数 44 面，获销售公司“加油站服务提升百日竞赛”铜牌，经营、管理、发展、党建等 8 个专项工作获销售公司年度先进红旗。销售企业 2022 年度区外地市级公司“两力”排名中，新疆石油 5 家分公司进入综合竞争能力前 20 名、3 家分公司进入发展进步能力前 20 名。

（朱伦干）

【资源创效活力增强】 2022 年，新疆石油分公司创新大区串换和西北代储模式，优化串换结构，深挖时空价值，节费 9246 万元；打通延长、宁夏铁路采集渠道，在二季度逆全国趋势实现低库存经济型联动保供，资源运作更加有效。在超过 120 天的疫情封控期间，新疆石油分公司联合驻疆企业同舟共济、内外协同运力支撑、灵活调度支援一线、制度跟进保障运行，物流运行更加顺畅。强化战略客户管理，全年签约战略客户 13 家，带动油品销售 10.88 万吨，油非消费 9.4 亿元，区外排名第一；首次与新疆海关、烟草专卖局、农业农村厅开展合作，强势破局；加大与金融业、互联网行业融合发展，引进营销资源 516 万元，增长 47%。

（朱伦干）

【零售基础不断夯实】 2022 年，新疆石油分公司落实“一站一策”“一区一策”、加油站服务提升百日竞赛等提量增效措施，机出零售总体保持稳定。狠抓农业用油及工程用油市场等关键节点，大力推广机出配送业务，积极抢占市场，全年完成机出配送 22.16 万吨，增长 28.9%，完成农业用油 11.3 万吨，增长 17.6%。着力打造 32 座柴油骨干站，抓好进出新疆运输车辆及重点商品运输线路车辆用油，销量增长 20%。疫情封控中的 8—9 月，柴油销量突破 16 万吨大关，再创新高，实现不降反增，增长 7%。

（朱伦干）

【直分销稳量增效】 2022 年，新疆石油分公司以算账式经营为抓手，着力抓市场研判，妥善处理竞合关系；以狠抓客户为抓手，在资源紧张及疫情封控等特殊阶段，持续做好客户保供，客户结构持续优化，全力拓市扩销，终端占比提升至 42%，增长 2%。以完善客户体系建设为抓手，对客户三星级服务全覆盖，对四星级以上客户开展特色服务，着力提升配送服务增加客户黏性，配送比例同比提升 32%。以大力推进数字化转型为抓手，实现直分销业务流程全部线上操作，在完成“三个 100%”目标的基础上实现“提油数字化”及“一键送油”扫码率 100%。

（朱伦干）

【天然气业务拓展迅猛】 2022 年，新疆石油分公司在资源方面，拓展资源渠道，全年新引进供应商 3 家；优化资源结构，贸易商资源购进占比低至 18.32%；推动资源落地，与天然气分公司西北销售中心合作新增 LNG 资源供应 1.7 万吨；稳步推进统采，与甘肃石油合作开展 LNG 统采 3743 吨，创造利润 37.43 万元。在销售方面，以市场为导向调整进货节奏，紧盯库存周转，促进销售良性循环；紧盯重点站，CNG 站点紧盯城市客户群体，LNG 站点紧盯高速国道客户群体，确保销量不降；做大天然气直分销业务，拓展优质大客户 5 家，增长 141%。在管理方面，抓实损溢管理，损溢率降至 0.52%。新疆石油分公司 4—7 月连续 4 个月销量创新高，全年经营总量增长 30%，CNG 单站月销量突破 70 万立方米、月销 100 万立方米以上站点 7 座。

（朱伦干）

【易捷业务做强做大】 2022 年，新疆石油分公司以提升采销能力为中心，做强支柱品类，烟草销售 1.2 亿元，成功打造首个“亿元品类”；中央仓配送门店实现全覆盖，店外开展“社区购”销售 1260 万元。以提升盈利能力为中心，统筹主题营销，深化油非融合，进店消费率提升 3.7%，油非互促投入产出比提升 17%；做大自有品牌，阳光巴扎系列商品销售增长 11%。以开拓创新为中心，丰富经营业态，创新保险业务模式，保险销售 68 万元；强化车企合作，与 35 个汽车品牌合作，汽车销售 115 万元；以提升管理为中心，提高运营能力，加强体系建设，完成质量管理体系（ISO 9001）与食品安全管理体系（ISO 22000）搭建与认证；推进对标一流指标分析提升，单站日均营业额提升 10%、吨油带动非油品销售提升 93%。

（朱伦干）

【营销网络持续拓展】 2022 年，新疆石油分公司始终把加油（气）站网络发展作为“饭碗工程”，抓住新疆“一带一路”核心区建设机遇，加快网点布局建设和投营，全年投营加油（气）站35座。落实低成本高质量发展战略，全年取地14宗，单宗土地成本控制在619万元以内。完成G0711南北疆交通大通道14对28座加油（气）站的战略布局，区域市场控制力进一步增强。南旅基地等一批取地超过8年的项目和“29块地”等历史遗留问题取得进展。网络发展数量和质量创9年来历史最好水平，夺取销售公司加油站投营先进红旗。

（朱伦干）

【首座综合加能旗舰站在乌鲁木齐建成投运】 2022年，新疆石油分公司首座综合加能旗舰站在乌鲁木齐投入运营，标志着新疆石油分公司在加快推进能源转型产业升级进程中迈出坚实一步。作为全疆设施最先进、智慧化程度最高的综合加能旗舰站，该站配备高清视频监控、人脸识别、车牌识别、车流量监测等设备，开设4条加能通道，配备全智能加油机、全智能加气机及双枪快充充电桩，高峰时段最多可同时为30辆车提供加能服务，进一步满足终端客户多元化的能源服务需求。

（朱伦干）

【企业安全平稳运行】 2022年，新疆石油分公司贯彻落实集团公司“总经理1号令”“2号令”，推进HSE子体系建设，制定落实安全生产21条措施，深入实施绿色企业创建、承包商安全管理专项整治及“重大隐患清零”专项活动，建设安全风险识别和隐患排查治理双重预防机制数智化管控平台，不断筑牢安全生产防线，扎实推进安全生产专项整治三年行动攻坚收官，全年未发生安全责任等级事故。强化基层库站以“一站一策”“服务提升”“一书两表”为主要内容的基础工作，推动“三基”工作落地见效。持续完善全面风险管理体系，压实重大风险防控责任，推动风险防控常态化、制度化、精准化。落实党的二十大等特殊时期安全保障措施，保持企业总体平稳运行。

（朱伦干）

【管理效能有效释放】 2022年，新疆石油分公司完善“五位一体”依法合规管理体系，强化日常监督、业务监督，全面完成深化改革与管理提升两大行动任务。修订完善内控制度，内控流程更加清晰、权限更加具体、制度更加健全；建立重大重要风险监控指标体系（KRI），2022年未发生重大风险事件；优化选商审批流程，年内选商周期效率同比提高10%；组织纪检干部开展加油站“全覆盖”巡察帮扶，实现“微腐败”100%查处。两级公司经理层成员任期制和契约化管理机制全面落实，地市公司非经理层成员及区公司部门中层领导人员契约化管理考核机制稳步推进。建立健全“三能”机制，发展活力进一步增强。深化业财融合，搭建“业财联动”算账模型，确保“序日经营”“事前算赢”。深入推进“严肃财经纪律、依法合规经营”综合治理专项行动，有效堵塞经营管理漏洞，企业治理水平明显提升。开展低效资产提效，负效资产盘活，盘活闲置资产11项。深化审计监督作用，印发审计业务规范指引，推动审计业务标准化；紧盯项目招标价、结算价首尾两端，节约投资成本1551.37万元，完成结算审计37项，审减563.72万元，完成招标控制价审核107项，净审减987.65万元；建立问题整改销号机制，审计问题整改复查率100%。完善会员体系建设，深化站级一体化系统应用、电子钱包应用、电子作业票应用，上线实施天然气ERP模块等，信息化建设成效明显。

（朱伦干）

【深化全面从严治党】 2022年，新疆石油分公司全面贯彻落实新时代党的建设总要求，贯彻落实集团公司党组“1355”党建工作思路，以“三个好”建设为抓手，推进党建工作质量提升，在集团公司党建考核中实现保B创A目标，获评销售公司党建工作年度先进红旗。突出制度建设。制订出台党建“五大工程”建设实施方案、党史学习教育5个长效机制、党委工作指导手册、党委前置研究讨论重大经营管理事项7项制度，完善党建工作日常运行管理机制、员工思想动态管理运行机制，构建规范运行管理体系，推动党建工作规范化开展、机制化运行。突出党建引领。聚焦中心任务和重点难点，建立完善“党建+”工作机制，着力推进机关“四带”帮扶机制，各级党组织、广大党员在经营创效、管理提升、“百日竞赛”、疫情防控等工作中打头阵、当先锋、作表率，引领和保障各项任务完成。突出人才强企。贯彻落实集团公司人才工作会议，优化青年人才“百人培养计划”，细化人才“施工图”，持续推进挂职轮岗实践锻炼，推动“1+3+4”教育培训体系建设，推行技能操作人员全员持证上岗，人才队伍综合素质持续提升。在集团公司组织的党支部书记线上培训考试中，平均成绩位居集团公司前 5 名。突出宣传引导。打造思想政治教育“微课堂”宣传平台，常态化开展宣传思想文化教育，凝聚人心，连续 2 年被销售公司评为宣传工作先进单位。突出从严治党，推动政治监督常态化、清单化、精准化，构建纵向四级贯通、横向三级联动的大监督格局，日常监督、季度检查、半年分析研判和评价等机制运行顺畅。实施“红、黄、绿”廉洁运行牌管理，保障主题行动、攻坚创效、安全生产等各项决策部署落实落地，基层“微腐败”事件进一步下降，政治生态根本性好转的态势基本形成。突出强化党对群团工作领导。制定党建带工建、带团建工作方案，一体统筹、谋划、部署、推动党的群团、统战工作，大力推进司机之家、“爱心驿站”创建，组织开展各类劳动和技能竞赛，凝聚起奋进新征程的强大合力。

（朱伦干）

【品牌形象巩固提升】 2022 年，新疆石油分公司高度重视宣传思想文化建设工作，持续提升企业品牌形象。打造具有新疆石油特色企业文化——“访惠聚”精神：扎根边疆，深入基层，真心访民情的密切联系群众作风；吃苦耐劳，担当奉献，全力惠民生的为民服务情怀；信念坚定，敢于斗争，倾情聚民心的民族团结一家亲精神。积极响应地方疫情防控要求，统筹疫情防控和生产经营，两级公司主动协调、积极安排保供车辆参与民生物资保障，用实际行动诠释“油品不断供、商品不涨价、服务不打烊”的承诺。全年开展公众开放日、社会责任发布会、战略合作等主题宣传，充分展示企业形象，获社会广泛好评。广大干部员工发扬斗争精神，以“越是困难越向前”的昂扬斗志，主动参与社区志愿者服务活动，积极拓市攻坚，展现员工队伍良好精神面貌，彰显中国石化“党和人民好企业形象”。高度重视乡村振兴工作，全年投入 981 万元帮扶 18 个村（含伊宁市英也尔镇 5 个村）进一步增收致富，“访惠聚”工作队队员及各地市分公司主动帮销滞销农产品，减少群众财产损失，取得良好社会效益。

（朱伦干）

表 1　新疆石油分公司主要经营指标

指标名称 \ 年份	2022	2021	2020	2019	2018	2017
成品油销售总量 / 万吨	327.20	363.24	312.65	330.55	273.20	283.66
零售量	133.60	142.75	128.00	141.86	139.13	143.10
销售收入 / 亿元	277.00	238.00	165.00	205.00	183.02	160.35
利润 / 亿元	3.12	2.25	2.20	0.66	0.46	0.43
吨油费用 / 元	345.00	293.00	314.00	304.00	341.00	281.00
在营加油（气）站总数 / 座	420	382	382	360	407	392

吉林石油分公司

【概况】 中国石化销售股份有限公司吉林石油分公司（简称吉林石油分公司）位于吉林省长春市，是吉林省主要的成品油供应商、车用天然气供应商，主营汽柴油和天然气批发零售、易捷便利店、充换电、光伏功能站点、加氢站，致力于打造“油气氢电服”综合能源服务商。

吉林石油分公司的前身是中国石化销售股份有限公司东北吉林省分公司。2009 年 11 月，根据集团公司调整区外油品销售企业管理体制决策，重组成立中国石油化工股份有限公司吉林石油分公司。2014 年 5 月因集团公司对油品销售板块业务重组，更名为中国石化销售有限公司吉林石油分公司，2019 年 1 月更名为中国石化销售股份有限公司吉林石油分公司。截至 2022 年底，吉林石油分公司设 7 个分公司，经营范围覆盖吉林省内长春、吉林、松原、四平、延边、通化、白城 7 个地市；有自有油库 2 座、天然气 CNG 母站 2 座。

2022 年，吉林石油分公司设 9 个机关职能部门、2 个专业化中心、1 个省级易捷分公司；有员工 824 人，其中合同制员工 795 人、劳务工 25 人、其他用工 4 人；有高级职称的 13 人、中级职称的 93 人；有高级技师 7 人、技师 10 人，高级工 148 人、中级工 218 人。

吉林石油分公司主要经营指标见表 1。

（刘绍赟）

【主要经营指标】 2022 年，吉林石油分公司油气经营总量 123.9 万吨。成品油经营量 115.40 万吨，增长 6%，排名区外销售企业第四；天然气经营量 1.04 亿立方米；非油品销售额 3.47 亿元，增长 6.11%，排名区外销售企业第三；吨油费用 479 元。获销售企业“比学赶帮超”红旗 23 面，年度综合绩效考核排名区外销售企业第三。区外销售企业地市级公司年度综合竞争能力排名，所属长春、吉林市、四平分公司分别排第 3 名、第 12 名、第 19 名，发展进步能力四平、通化、吉林市、延边分公司分别排第 1 名、第 2 名、第 13 名、第 19 名。

（刘绍赟）

【经营统筹联动攻坚创效】 2022 年，吉林石油分公司坚决贯彻中央精神和党组部署，蹄疾步稳统筹经营发展。实施“采调存运销”一体化运作，将采购、调运、库存、运输与销售有机结合，实现全口径资源创效 4163 万元；打通属地资源配置渠道，直配成品油 2.9 万吨，节约成本 417 万元。灵活“一户一策”“一单一价”五进营销，精准开发居民小区、政府机关、工矿企业、物流园区等客户群体，新开户 1.7 万户，新客户增量 1.1 万吨。推广“易捷加油”App，线上会员达 323 万户，充值 6.9 亿元，新增沉淀资金 2528 万元。

（刘绍赟）

【非油品营销获新增长点】 2022 年，吉林石油分公司创新非油品营销，以五大节日等主题营销为抓手，组织销售竞赛“比学赶帮超”。开展“年货节”“养车节”“酒水节”“易享节”“囤货节”等主题营销，其中“酒水节”酒类水饮销售额增长 98%，“易享节”基础品类营业额增长 61%。落实中央一号文件精神，为吉林省农业种植户提供政策支持，提升易捷客户黏性，全年销售化肥 1.1 万吨、工业尿素 0.6 万吨。

（刘绍赟）

吉林石油分公司易捷便利店“易享节”营销布置现场

【新能源网络发展有新突破】 2022 年，吉林石油分公司继续发力新能源网络发展，与中国石化东北石油局、一汽、市机关局、吉电股份等多渠道展开多形式合作，参与“长白氢走廊”和国际汽车城建设。取得立项的 6 座 LNG 加气项目建设竣工，获批复租赁加油加氢站 1 座、加油加气站 1 座，新增投营加气站 4 座、加油加气站 2 座，新建成光伏项目 5 座，新建成充换电项目 2 座，完成提质增效改造项目 8 座。

（刘绍赟）

吉林石油分公司超越大街加能站

【安全环保数质量水平再提升】 2022年，吉林石油分公司持续推进HSE管理体系运行和数质量管理。抓实HSE要素运行管理，将原来的3个HSE专业分委会调整为经营、物流、培训、综合等7个HSE专业分委会，强化HSE要素运行的组织领导。持续深化自动计量信息系统应用。油库一体化平台应用比例上升至99.82%，库站自动计量系统综合使用率保持在97%以上，液位仪系统和油库一体化平台应用分别排区外销售企业第3名和第4名。安全环保形势稳定，全年安全数质量零事故。

（刘绍赟）

【业财融合引领价值提升】 2022年，吉林石油分公司持续深化业财融合，提升管理创效能力。争取税收优惠，申请安全防范用地免征收土地使用税优惠政策，年度2座自有油库获减免14万元。创新三方合作，引入通信公司和银行业优质营销资源3910万元，吨油节省营销投入154元，排名区外销售企业第一。抓实全环节数质量管理，损溢管理创效2576万元，油品指标升级创效221万元。优化选商工作流程，招投标业务降本减费715万元。

（刘绍赟）

【深化改革激发新潜能】 2022年，吉林石油分公司完成国企三年改革任务收官，持续深化人才强企。与东北石油局成立新能源业务合资公司，参与“气化吉林”“氢能走廊”建设，推进碳达峰、碳中和战略实施。深化人才强企，严把选人用人关，2022年度“一报告两评议”总体评价和对从严管理监督干部的看法“好”的比例均达91.8%，领导人员个人有关事项重点查核和随机抽查一致率100%；激活中层干部队伍，年度调整中层干部7人次，提拔任用中层干部4人，所属地市分公司“80后”“一把手”占比66.7%，年轻干部配备率排名销售企业第二；强化“三支队伍”建设，完善干部人才培训管理体系，选聘专家2名，新增高级技师1名；开展员工卓越培训计划，培训基层操作人员500余人次，基层员工五、六项技能培训考核通过率100%；在销售企业人才强企考核中，排名保持区外销售企业前3位。

（刘绍赟）

【突出政治引领守正创新】 2022年，吉林石油分公司按照“1355”党建工作部署，深入开展“喜迎二十大”主题行动，突出政治引领。强化基层组织建设，建立万吨站党支部5个，发挥万吨站党支部示范引领和人才孵化作用。强化政治监督，定期下发意见书压实监督责任，充分运用监督执纪“四种形态”，持续将正风肃纪推向深入。强化作风建设，精简文件会议、优化账表册，为群众办实事、为基层减负。抓阵地建设，落实“七有机制”，开展石油精神和石化传统教育，发挥宣传思想工作作用，获销售企业2022年度宣传工作先进单位称号。

（刘绍赟）

【履行社会责任彰显使命担当】 2022年，吉林石油分公司持续聚焦社会关注，积极履行社会责任。吉林省疫情管控期间，200余座加油站全力保障成品油、天然气和便利店商品供应，做到“油品不断供、商品不涨价、服务不打烊”，收到吉林省国资委荣誉旗和感谢信。在吉兴吉，联合属地央

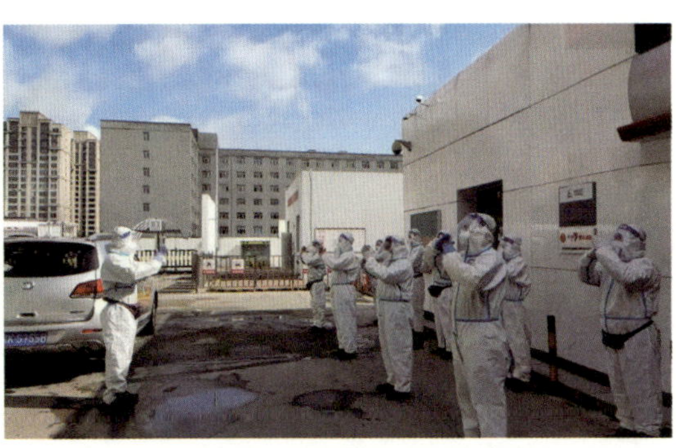
吉林省疫情管控期间，吉林石油分公司加能站员工坚守岗位

企开展“助力春耕、央企惠农”乡村振兴行动，在油品、化肥、润滑油、贷款、惠农商品礼包等方面为吉林省农业种植户提供政策支持，为农户节约春耕资金 300 万元。积极开展“打非治违”行动，协助属地政府出台专项行动方案，配合政府部门打击非法流动加油车，净化成品油市场环境。

（刘绍赟）

表 1　吉林石油分公司主要经营指标

指标名称＼年份	2022	2021	2020	2019	2018	2017
成品油销售总量 / 万吨	115.40	108.70	96.63	95.70	81.30	65.76
零售量	71.27	69.29	62.46	66.07	56.37	48.70
天然气销售量 / 亿立方米	1.04	1.27	1.23	1.26	1.28	1.16
非油品销售 / 亿元	3.47	3.27	2.59	1.87	1.28	1.03
销售收入 / 亿元	99.58	78.85	53.72	65.01	57.76	40.99
利润 / 万元	8 208.00	5 633.00	8 935.00	4 197.00	5 481.00	6 508.00
吨油费用 / 元	479.00	409.00	409.00	430.00	447.00	592.00
加油站总数 / 座	206	211	201	189	178	165

黑龙江石油分公司

【概况】 中国石化销售股份有限公司黑龙江石油分公司（简称黑龙江石油分公司）位于黑龙江省哈尔滨市道里区通达街 307 号。前身是中国石化销售有限公司东北黑龙江分公司，2010 年 1 月 1 日，根据中国石化发展战略需要，调整为石化股份公司直属企业，更名为中国石油化工股份有限公司黑龙江石油分公司；2014 年 5 月，总部进行资产重组，更名为中国石化销售股份有限公司黑龙江石油分公司，现为国家大Ⅱ型企业，是中国石化唯一驻黑企业，主要从事汽油、柴油、煤油、润滑油等成品油批发零售、天然气业务、非油品业务。

黑龙江石油分公司集仓储、物流、销售、服务于一体，全权负责中国石化在黑龙江省境内的成品油、天然气、非油品销售等经营业务和销售网络建设工作。截至 2022 年底，员工总数 1119 人；机关本部设 9 个职能部门，下辖 6 个地市公司及 1 个控股子公司和 1 个参股公司；在营加油（气）站总数 147 座，非油品易捷便利店 147 座，年非油品销售额 3.28 亿元；油库（含租赁、控股）4 座，总库容 10.5 万立方米。

黑龙江石油分公司主要经营指标见表 1。

（王华峰）

【领导班子调整】 2022 年 1 月 25 日，黑龙江石油分公司召开干部大会，宣布集团公司党组关于陈修峰、杨猛职务任免的通知：陈修峰任黑龙江石油分公司党委副书记兼纪委书记，为黑龙江石油分公司工会主席人选。免去杨猛的黑龙江石油分公司党委副书记、党委委员、纪委书记职务，不再担任黑龙江石油分公司工会主席职务，另有任用。

（王华峰）

【多项指标实现突破】 2022 年，黑龙江石油分公司实现经营总量 118.30 万吨，其中成品油销售 117.6 万吨（其中零售 67.5 万吨、直分销 50.1 万吨）、天然气 0.7 万吨。全年报表利润 7830 万元，预算完成率 151%，考核利润 1 亿元，获集团公司财务管理先进单位称号，获销售公司“比学赶帮超”年度利润先进红旗。全年未发生安全环保及数质量上报事故，获集团公司2022年度绿色企业复核评价“A档”评级。

（王华峰）

【坚持逆市攻坚，主营业务进一步巩固】 2022年，黑龙江石油分公司积极应对疫情挑战和错位竞争，抓住市场由乱向治机遇，油气、易捷一体发力，线上线下差异化营销，稳住市场份额，提升经营效益。①经营保障稳健有力。坚持把配合和推动市场整顿作为最大的营销，涉税平台覆盖2个地市，“自流黑”累计打击17个，市场乱象得到有力整治，竞争环境逐步趋向理性。准确研判市场、资源及考核政策走向，强化库存运作，克服柴油资源阶段性紧张、疫情封控、非理性竞争等不利影响，完成节假日和重点时段市场保供任务，资源创效、物流优化保持高水准。以变应变提升资源运作能力，统筹平衡当期进销价差收缩和快速实现库存潜盈变现关系，全年实现资源创效8600万元。提升预判把控，有效应对超常变化，细研考核政策，优化串换结算时点降本1727万元；强化与炼厂协调，压转换月结算直接降本2230万元；集采前抢先衔接统采资源创效390万元，外采找油，灵活收购农垦和中油落地计划兑现效益2570万元。在集采低价区间最大化订货降本1338万元；乙醇跑赢省内所有对手，实现降本345万元；直分销成交客户增加245个，增长18%，在销售系统率先实现线上开单率、在线率和“提油数字化”上线率三个100%。分级定价，柴油大小客户采批差较同期扩大30元/吨；小规模客户与汽油销量占比提高7%。获销售公司“比学赶帮超”红旗4面，其中成品油经营运作1面、直分销2面、天然气经营1面。②营销服务进中提质。聚焦效益、服务、运营和管理四大提升，构建以客户开发维系为基础，营销策划与运营并重，重塑市场新秩序、打造营销新品牌、深化应用新平台的营销体系，全年实现机出61.42万吨，完成总部年度计划的102%。市场竞争精准有力，营销动态把控，累计智慧竞合177站次，创效255万元。“千站亮剑”行动成效显著，集中做大AB类柴油优质站点提升机出销量，累计获考核奖励2052万元；开展低价区域“市场阻击战”，市场占有率提升1.13%。优化营销资源投放，机出柴油销量增长26%，总毛利增长168%。加强客户开发，权益会员突破63万户，充值及消费额区外排名第一。通过一键转发、优惠抢券等方式提高企业微信会员规模，累计建群331个，发展会员4.6万人。推动百日竞赛走深走实，全面推广“服务+”理念，强化服务向经营输出，服务质量显著改善，客户满意度区外排名第一；坚持“小投入大回报”，打造新形象站8座，完成治破治旧项目207个，单站投入区外最低，建成司机之家29座、爱心驿站24座，获省总工会专项激励2.4万元。在油品销售企业“加油站服务提升百日竞赛”总结评选中，黑龙江石油分公司获评铜牌企业，牡丹江石油获评优胜地市公司。获销售公司“比学赶帮超”月度红旗15面，其中互联网8面、易捷服务4面、零售3面；获销售公司“比学赶帮超”年度红旗4面，零售经营、管理、易捷服务、互联网各1面。③易捷转型快速推进。以“打造易捷品牌IP”为方向，聚焦重点门店、重点品类、爆款商品打造，开展5个主题、10档营销系列活动，实现量效齐增。基础品类营业额3.28亿元，增长35%，区外排名第一；投入产出比0.83，提高34%。以客户需求为核心“爆款引流”，落实品类规划、加快商品汰换，引进差异化、有竞争力的商品占比超过50%。同时，强化商品质量管理，取得质量和食品安全双体系认证。特别是面对常态化疫情，一方面优化仓储配送效率，实现节费14%；另一方面外延门店业务，加快新业务拓展和线上业务开发，线上渠道销售额突破700万元。

（王华峰）

【坚持守正创新，发展势头进一步加快】 2022年，黑龙江石油分公司围绕重资产增效、新能源开发、闲资产盘活3项重点任务，坚定转型升级，实现营销网络高质量提升。①传统能源实现新提升。新发展投营加能站5座；推进与黑龙江省交通投资集团有限公司39座高速站组建合资公司项目落地，与哈尔滨新区政府达成松北四站供地方案和组建合资公司等共识，遗留问题实现历史性突破。对全省“十四五”期间402座加能站规划网点开展调研，对优质项目进行精准铺排，形成项目备忘录，培育网络发展后发优势。通过土地竞拍，在牡丹江海林市经济开发区成功取得1宗建设用地，并建成投营。②洁净能源开启新篇章。按照“应装尽装、适度超前”原则，充分研判黑龙江省“十四五”新能源规划情况，利用现有加能站站房、空地等自身资源，选取具备光照条件的新改扩建项目坚持同步报建、同步增容、同步建设，全年完成新能源项目11座（光伏发电站7座、任务完成率117%，充电站4座、任务完成率400%），为打造净零排放网络奠定基础。③资产盘活取得新成效。成立低无负效站综合治理工作小组，制定资产盘活创效考核方案和低无负效站月度评价跟踪表，深度分析低无负效站市场容量、行业发展、地理位置、设施条件、投资成本、租赁成本、市场竞争等客观原因和服务质量、用工数量、管理水平、激励政策等主观原因，找准找实40座低无负效站问题症结。截至年底，成功盘活复营加能站2座（天顺站、老虎岗站），完成提质增效改造12座站，资产价值及品牌形象得到进一步提升。

（王华峰）

【坚持发力改革，动力活力进一步释放】 2022年，黑龙江石油分公司全面推进“三项制度”改革，大力推进人才强企工程，为公司新时期全方位高质量发展提供坚强组织保障和人才支撑。①国企改革三年行动圆满收官。坚持“两个一以贯之”，以刀刃向内的行动自觉推进改革，全面完成企业深化改革三年行动4个领域、18项改革任务，在中国石化直属单位“三项制度”改革评估中获“B+”级企业。②建强三支人才队伍。坚持在大战大考和急难险重任务中考察使用干部，全年提拔4名“80后”中层领导人员，分别充实到省公司机关部门和市分公司班子。基层轮岗锻炼3人，完成重要敏感岗位人员轮岗交流3人。加大“下”的力度，末等调整、不胜任退出6人，退出比例10%。有针对性地进行专业技术序列职位选聘工作，选聘高级主管1人、主管4人、主办7人；贯彻落实集团公司高技能人才培养要求，6人取得高级技师职业技能等级，进一步充实技能操作人才队伍。③深挖人力资源效能。坚持“一站一策”，做好站内员工配置动态管理，结合站内销量、便利店营业额、人均劳效、提枪数、薪酬等多维度指标进行分析，盘活相邻区域内人力资源，坚持通过“共享用工”方式，解决站内员工结构配置等问题。2022年优化用工19人（不考虑新增、关闭站），人均零售量位居销售企业第一。持续完善全额多联计酬专项考核兑现办法，实现人均零售量941吨，获销售公司“比学赶帮超”劳动生产率年度先进红旗1面。严格按照考核结果进行兑现，省、市公司各线条均拉开较大差距，实现按绩取酬，多劳多得。一线员工人均薪酬增长12.74%。

（王华峰）

【坚持惶者生存，安全屏障进一步筑牢】 2022年，黑龙江石油分公司面对系统内部安全事故多发的严峻形势，贯彻“严之又严、细之又细、铁面无私、吹毛求疵”理念，不断完善HSE管理体系，强化安全硬措施，推进绿企创建，为公司安全环保平稳运行奠定坚实基础。①做严安全保障。强化HSE管理体系运行，坚守“三零”目标不松劲，全年未发生HSE和数质量事故事件，企业保持安全平稳运行。持续开展日常监督检查、“两重两特”时期安全检查，有针对性地开展代储库、施工现场专项检查，累计检查83站次，发现问题552项，其中整改550项，问题整改率99%，有力保障安全经营。狠抓承包商、承运商、直接作业等重点时段、重大部位、重要环节的风险管控，落实“一把手”承包及“承包商安全履约金”制度，对承包商违章行为进行经济处罚，对员工违章行为进行安全记分。②做实环保治理。制定实施2022年度绿色企业行动“一方案两清单”，明确能源环境年度工作目标任务，实行月度跟踪、季度考核机制，打造绿色库站131座，全省绿色基层覆盖率89.7%，通过集团公司审核，保持“绿色企业”称号。③做细数质量管理。ISO 9000质量管理体系通过第三方评审认证，各级计量、质量抽检合格率100%，油品一次进货、保管及零售油品损溢指标均优于销售公司考核指标，全流程损耗率下降0.04‰，液位仪系统及一体化管控平台应用排名销售系统第一，实验室信息系统（LIMS）考核区外排名第三。

（王华峰）

【坚持夯实“三基”，管理质量进一步提升】2022年，黑龙江石油分公司坚决落实马永生董事长“三基”工作永不过时指示要求，强化全要素驱动，狠抓规范和精细管理，管理创效和风险防控能力大幅提升。①挖潜价值管理能力。业财协同提升价值管理效能，发挥“预算指导经营”和“考核指挥棒”作用，从财务视角提出合理化建议，实现年度利润目标超额完成。全链条降本减费成效突出，通过物流优化节约运费、统筹隐患治理与提量改造、加强精细管理、科学规划公务开支等措施，实现降费611万元，超额完成降费目标，获销售公司“比学赶帮超”费用管理年度先进红旗1面。盘活长期闲置土地，实现政府补偿收入1345万元。加强资金优化配置，通过沉淀资金定存管理，实现当年资金直接创效1528万元。建立省—市—油站三级资金日监控体系，列出三级管控清单，月度清账率均100%，数智化获销售公司四季度进步红旗1面；聚焦重点领域和关键流程开展内控测试，发现问题整改率100%，守住不发生财务风险底线，获销售公司“比学赶帮超”资金管理季度先进红旗1面。②强化依法治企能力。纠纷管理落实“一案一策”工作机制，完成重大在办纠纷2件结案，均取得有利判决。动态开展制度“立改废”，全面梳理319项现用制度，废除相关制度19项，重新修订制度54项，按照制度办事成为常态。开展“严肃财经纪律，依法合规经营”专项行动，省市两级内控风控合规管理能力进一步提升。强化合规经营，组织修订13个标准文本，标准文本使用率提升至94%。法律风险源头管控，全年开展专项尽职调查45项，出具法律意见书17份，审查各类规章制度70件，实现重大事项、规章制度100%法律审核。③提升审计监督效能。突出风险防控和价值创造，发挥审计监督服务职能，全年实施审计项目40项，提出审计建议39条，出具审计提示函8份，完善业务流程7项，对1人进行问责，审计创效94万元，全年99项问题全部整改，整改完成率100%。

（王华峰）

【坚持党建引领，奋进合力进一步汇聚】2022年，黑龙江石油分公司紧扣迎接学习宣传贯彻党的二十大精神主线，主题行动统领各项工作，持续打造党建品牌，推进基层组织力提升，党建引领保障作用有效发挥。①党建引领更加有力。坚持把主题行动贯穿全年，紧紧围绕安全生产、经营创效两大主线，推进主题行动4个方面32项重点任务清单落实落地，凝聚奋进高质量发展强大力量。组织开展“学习贯彻党的二十大精神，龙江石油见行动”交流研讨，开展专题党课宣讲22场，有力推进党的二十大精神直达基层、直通一线、走进群众，主旋律更加响亮，正能量更加充盈。坚持民主集中制，全面落实“三重一大”事项集体决策、重大事项请示报告制度，“以巡五促”推进问题整改，保障党委“把管保”作用充分发挥。开展党支部“三查三强”促安全主题党日，践行有感领导，全面压实各层级安全责任。规范化完成党代会选举，鼓舞全体员工士气，指明今后5年工作方向。推进基层党建“三基本”建设与“三基”工作有机融合，不断扩展党员责任区345内涵外延，探索“党建+”项目，创新打造“龙江四大精神”万吨站党支部品牌，与帮扶单位上海石油及当地关联单位开展党建共建，打开互融互促新局面，结对帮扶工作获销售公司年度先进红旗1面。聚焦员工群众“急难愁盼”，建立“我为群众办实事”长效机制，推进“爱心驿站”“司机之家”建设等取得预期成效。强化宣传思想和舆论引导工作，组织开展制度演讲比赛及“五四”表彰，做好维护稳定、统战、保密、工会、共青团工作，凝聚推动高质量发展强大合力。②监督合力有效发挥。旗帜鲜明讲政治，严格落实“第一议题”制度，专项治理会风会纪等典型问题，大力整治形式主义、官僚主义，全面筑牢专业部门业务监督、管理部门职能监督、纪检部门专责监督“三道防线”，拓展完善“大监督”格局，风清气正的政治生态持续巩固。始终牢记“不合规的钱一分不挣”，重点开展零售、直分销等重点领域专项治理，推动“大监督”向基层延伸。加强政治监督，督促党委纪委换届、主题行动、安全生产、疫情防控、攻坚创效各项重点任务落实落地。③推动和谐企业建设。落实意识形态责任制，加快构建大统战工作格局。常态化开展劳动竞赛、青年文明号创建、志愿者服务和员工关爱行动，深化“走访”长效机制，建立健全帮扶救助工作机制，持续打造奋斗者文化，推进“七有机制”落地见效，凝聚员工强大合力。完善信访稳定工作机制，及时排查处置各类纠纷，实现关键时期“零上访”。

（王华峰）

表 1　　黑龙江石油分公司主要经营指标

指标名称 \ 年份	2022	2021	2020	2019	2018	2017
成品油销售总量 / 万吨	118.30	110.38	122.04	132.98	111.81	99.74
零售量	67.50	65.87	61.62	88.22	72.89	60.85
销售收入 / 亿元	97.29	72.99	64.61	83.64	75.97	58.75
利润 / 亿元	0.78	0.66	1.36	0.87	0.50	1.20
吨油费用 / 元	375.00	379.00	310.00	319.00	347.00	379.00
加油（气）站总数 / 座	163	162	162	166	161	160
油库数量 / 座	4	4	4	5	5	5

青海石油分公司

【概况】 中国石化销售股份有限公司青海石油分公司（简称青海石油分公司）前身为中国石化销售有限公司西北青海分公司，成立于 2002 年 12 月。2009 年 12 月 21 日体制调整，青海石油分公司班子由集团公司党组进行管理，公司名称变更为中国石油化工股份有限公司青海石油分公司。2012 年公司管理规格升级为大Ⅱ型企业。青海石油分公司主营汽油、柴油批发零售，LNG 零售，汽、柴油仓储服务及非油品销售等业务，是中国石化在青海地区唯一驻地企业。本部位于青海省西宁市城东区民和路 58 号。

截至 2022 年底，青海石油分公司机关设 11 个职能管理部门，下辖西宁、海东、格尔木、海西、青南 5 家地市级分公司，有加油（气）站 187 座，在营加油（气）站 173 座，易捷便利店 164 座，油库 4 座，分别为西宁大通油库（停用）、格尔木油库、海西柯柯油库、湟源中心油库，总库容达 13.5 万立方米。资产总额 32.71 亿元。在岗员工人数 1013 人。设二级党委 6 个、基层党支部 32 个，党员 485 名，实现基层党组织全覆盖。网点遍布青海省西宁市、格尔木市、海东市、海西州、海南州、海北州、黄南州，109、214、227、315 国道沿线，京藏、张汶高速公路沿线和省道沿线。

青海石油分公司主要经营指标见表 1。

（刘得菊）

【主要经营指标】 2022 年，成品油经营总量 54.3 万吨、下降 11.5%，其中汽油 12.6 万吨、下降 25.1%，柴油 41.6 万吨、下降 6.4%；零售 42.2 万吨、下降 18.8%，其中汽油 11.9 万吨、下降 27%，柴油 30.3 万吨、下降 14.9%；直批 12.4 万吨、增长 28.3%，其中汽油 0.7 万吨、增长 28.4%，柴油 11.3 万吨、增长 28.3%；非油品营业额 1.8 亿元，下降 1.4%；天然气销售 2664 万立方米，增长 36.8%；实现报表利润 1789 万元，完成年度计划的 105%。在销售公司“比学赶帮超”活动中获先进红旗 19 面。

（刘得菊）

【领导班子调整】 2022 年 1 月 25 日，青海石油分公司召开干部大会，集团公司党组宣布关于何继龙、郭自强职务任免的通知：任命何继龙为青海石油分公司总经理、党委副书记，解聘郭自强的青海石油分公司总经理、党委副书记职务，任湖北石油分公司二级协理员。

（刘得菊）

【成立 20 周年】 2022 年是青海石油分公司成立 20 周年，12 月 12 日前后，公司党委以“峥嵘二十载 建功二十大”为主题开展线上发布会，利用“奋进青海石油”发布“我们这二十年”16 辑内容，包括各公司司史视频、20 周年图片展、发布 20 周年标识、企业文化宣传片、干部员工祝福视频、主题讲话、20 周年先进典型表彰、倡议书、青年宣言等，在“回忆过去、立足现在、传承未来”中，让员工汲取企业发展动能，激发干部员工二次创业的工作激情。

（刘得菊）

【开展媒体石化交流行活动】 2022 年 8 月 8—12 日，青海石油分公司开展“喜迎二十大 启航新征程”媒体石化交流行活动，特邀请集团公司、销售公司、中国石化报社、新华网、光明网等媒体及主流媒体驻青机构记者，分别前往 8 个站点，从青海西宁分公司海湖路加油站综合服务商、湟中庄科脑村乡村振兴、青海西宁分公司湟源油库智能化、青海青南分公司圣湖加油站旅游驿站、青海海西分公司德小高速加油站新能源、青海格尔木分公司北出口加油站“司机之家”、青海格尔木分公司南山口加油站全国青年文明号、青海格尔木分公司沱沱河加油站中国石化海拔最高站点等各点优势，将中央企业扎根高原做好油品保供、践行生态文明理念进行推广宣传，在各平台发布稿件 46 篇、视频 8 个。

（刘得菊）

【安全环保数质量发展】 2022 年，青海石油分公司落实集团公司“总经理 2 号令”，深入开展安全生产专项整治三年行动和百日安全行动。建立完善《HSE 管理体系运行管理办法》《全员 HSE 责任制》等 12 项制度。印发《生产安全事故事件管理实施细则（试行）》，累计问责 44 人。风险管控和隐患治理安全风险总值由 291 降为 227，下降 22%。完成 39 座加油站“绿色基层”创建目标。数质量管理全环节实物溢余 865 吨，密度创效 6783 万元。外部抽检 319 个批次，集团公司抽检 20 个批次，合格率 100%。完成 ISO 9000 质量管理体系第三方审核，省地两级公司取得质量管理体系认证证书。国家成品油质量升级提前 10 天完成国ⅥB 汽油升级置换工作。

（刘得菊）

【队伍建设】 2022 年，青海石油分公司印发《中层领导人员选拔任用办法》《中层领导人员考核评价实施细则（试行）》等关键制度，完成青海石油分公司 5 个部门领导和 5 家地市分公司班子调整，新提拔干部 11 名，进一步使用 3 名，新提任干部中“80 后”8 名，退出领导岗位 4 名，中层干部平均年龄下降 2 岁，40 岁以下中层干部占比 30%，提高 4%。“三百三千”各引进 1 名、派出 1 名干部，外派 3 名干部到总部学习锻炼，引进区内公司帮扶干部 4 名，安排 4 名干部到省直机关交流学习。印发《“十四五”人才发展规划》《2023—2025 年员工教育培训规划》《毕业生引进管理工作实施细则》《统招大学生跟踪培养实施细则》等文件，完成 1068 人次培训，引进大学生 16 人，新增初级职称 30 人、中级职称 24 人、高级职称 3 人，高级技师 1 人、技师 6 人，为推动公司高质量发展奠定人才基础。

（刘得菊）

【深化改革】 2022 年，青海石油分公司推进深化改革三年行动，完成总任务进度的 100%。通过完善落实“一协议、两书、两办法”，推动经理层成员任期制和契约化管理有效实施。同步开展加油站委托管理改革和用工管理改革，全省委托站达 62 座，优化用工 36 人。如期完成省公司客服中心改革，服务更加高效。印发《推进领导人员能上能下实施办法》，建立以综合考核办法和专项考核方案为互补的绩效考核体系，兑现总经理奖励26万元、疫情防控专项奖25万元。

（刘得菊）

【网络发展】 2022年，青海石油分公司新投营LNG站2座、他有他营站4座，竣工LNG站2座，在建LNG站、加油站各2座。定向底价取得新建项目建设用地3宗，落实2座迁建站建设用地。历经2年完成与交控集团高速站合作谈判，维护14座高速站稳定，节省开支2000余万元。续租1座，完成租赁转收购2座，节省支出590万元。下达提质增效改造批复项目36座，全部完成招标及合同签订，完成改造6座，在改造4座，结转至2023年26座。完成朝阳加油站新形象改造并投营。新能源发展布局加速推进，完成分布式光伏发电项目15座。与氢装上阵（青岛）公司签署战略合作协议，海东零碳产业园“油氢电服”超级能源中心项目取得关键进展。

（刘得菊）

【价值管理】 2022年，青海石油分公司印发《重大项目合法合规性审查论证管理办法》等系列文件制度，修订完善2022版内控手册，优化完善权限99条，新增控制点242个，梳理不相容岗位清单112条。完成审查审批合同1500余份，标准文本使用率提升50%。通过法律程序办结案件14起，避免损失5056万元。控制价审核6项，审减比率4%；工程项目结算审计102项，审减率15%；3万元以下维修项目审计104项，审减率36%。商品流通费用变动费用节约2910万元，吨油变动费用节约26元，全口径日常操作性费用及公务性支出降幅分别达12%和35%。西部大开发税收优惠10年政策所得税减免339万元。与税务主管部门沟通协调减免税额443万元。优化经营网点资金缴存方式，年收款费用从378万元降至46万元，下降88%。完成在建工程转资5000余万元，盘活闲置土地及房产14项。

（刘得菊）

【商务座谈】 2022年2月22日，青海石油分公司邀请青海省发展和改革委员会、青海省工业和信息化厅、青海省科学技术厅、青海大学等单位有关领导，召开“氢能产业发展座谈会”，会中各参会领导围绕青海省氢能统筹规划、全产业链发展关键核心技术及氢能发展经济效益等方面展开深入讨论交流，提出合理有效的意见建议。

（刘得菊）

【对外合作】 2022年，青海石油分公司领导班子坚持以上率下，带头走访，各级干部积极沟通，全年与600余家政府部门、系统内单位和企事业单位建立有效联系。与青藏铁路集团公司、氢装上阵（青岛）公司达成战略合作。积极发挥产业链一体化优势，销售润滑油1000万元，增长69%。推动合作成果转化，实现油品销售9000吨，非油品销售500万元。积极引入异业资源748万元，增长11%，新开发合作单位员工客户9248人。

（刘得菊）

【举行联合运动会】 2022年6月24日，青海石油分公司携手青海省财贸工会、青海盐湖工业集团股份有限公司、国家电网青海省电力公司、西部机场集团青海机场有限公司等12家单位，在青海省体育中心举办2022年“奋进杯”之“喜迎二十大、奋进新征程”联合运动会，13个单位的300余名干部职工，分别参加8个项目的竞赛活动。运动会设立个人赛和团体赛，个人赛包括趣味闯关、手脚并用赛、东南西北拉力赛、百发百中4个项目；团体赛包括旱地冰壶、击鼓颠球、车轮滚滚、达芬奇密码4个项目。

（刘得菊）

【荣誉表彰】 2022年，青海石油分公司打造EAP工作室5个、司机之家8座、爱心驿站10个，获全国“安康杯”竞赛优胜单位，中国石化青海格尔木石油分公司沱沱河加油站被青海省授予五一劳动奖状集体荣誉。联合共青团青海省委开展“我为青工加油”“礼遇志愿者”等活动，注册“易捷加油”会员3000余人。青海西宁石油分公司湟源中心油库成功入围团中央全国青年安全生产示范岗公示名单。

（刘得菊）

【乡村振兴】 2022年3月，青海石油分公司与青海省西宁市湟中区共和镇维新学校续签“立志奖学金”协议，向18名品学兼优学生发放奖学金1.8万元；8月，组织新华社和《人民日报》《青海日报》《中国石化报》及“石化V视”等系统内外媒体赴庄科脑村采访，对驻村第一书记季鹏、“立志奖学金”、张万顺脱贫故事进行宣传；9月，为帮扶村4名新考入大学的学生发放“金秋助学”奖学金8000元。以购代捐，助力消费扶贫，全年通过易捷渠道，帮助销售全国及青海省重点扶贫产品西北骄牛肉干、小西牛酸奶等1767.48万元。同时将帮扶村湟中区庄科脑村菜籽油合作社产品“清越盛农土榨油”入围至非油品名录，实现上架销售；全年购买庄科脑村农产品30.2万元。10月，积极参与“央企消费帮扶兴农周”活动，采购扶贫产品80843元。

（刘得菊）

【抗震救灾】 2022年1月8日1时45分，青海省海北州门源县发生6.9级地震，震源深度10千米。西宁市震感强烈。地震发生后，青海石油分公司迅速启动自然灾害应急预案，立即组织开展全面排查。地市公司、区域公司、油库和加油站四级联动开展震后安全检查和隐患排查工作，同时做好现场员工的安抚慰问工作。公司领导班子分别带队深入到祁连区域、湟源区域，安排部署加油站、油库震后防范工作。

（刘得菊）

【党建落实】 2022年，青海石油分公司推进“牢记嘱托、再立新功、再创佳绩，迎接学习贯彻二十大”主题行动，完成年度重点工作82项，落实学习宣传贯彻党的二十大精神工作措施16项。严格落实“第一议题”制度，开展党委中心组理论学习12次。全年审议党委会、班子会议题190项。完成5家地市分公司党委换届，完善基层党建制度6项，培训党务工作者98人次，实现5000吨以上站点自有党员全覆盖，将海湖路加油站打造成为销售公司万吨站示范党支部。

（刘得菊）

表1 青海石油分公司主要经营指标

指标名称＼年份	2022	2021	2020	2019	2018	2017
销售总量/万吨	54.30	64.51	69.17	77.22	75.39	71.96
零售量	42.24	51.97	59.73	64.12	63.75	58.70
销售收入/亿元	47.94	44.47	39.12	50.84	51.98	44.62
利润/亿元	0.18	0.09	0.02	...	0.51	0.14
吨油费用/元	715.00	608.00	560.00	508.00	460.00	442.00
加油站总数/座	187	179	188	188	180	169

甘肃石油分公司

【概况】 中国石化销售股份有限公司甘肃石油分公司（简称甘肃石油分公司）本部位于甘肃省兰州市，主营汽油、柴油、天然气及易捷服务等业务。其前身为中国石化销售西北甘肃分公司，成立于2003年，2010年整体划转集团公司，2016年11月，甘肃石油分公司管理规格调整为大Ⅱ型。

甘肃石油分公司设总经理办公室、政工部（党委办公室、党委宣传部、党委统战部、工会、团委）、经营管理部（物流中心）、商业客户中心、零售管理中心、非油品中心、财务资产部、发展基建部、党委组织部（人力资源部）、企管法律（信息管理）部、安全数质量部、审计监督部12个职能部门，下辖酒泉、张掖、武威、白银、兰州、定西、天水、平凉、庆阳9家地市级分公司及8家合资公司。

截至2022年底，甘肃石油分公司资产总额28.94亿元。在营加油（气）站139座（加气站10座）、自有油库2座、自有铁路专用线2条；各类用工总数1017人，其中合同制员工872人、劳务派遣员工7人、委托站员工138人，党组管理干部5人，中层干部32人；设立2个二级党委、5个党总支、26个党支部，党员总数359人。

甘肃石油分公司主要经营指标见表1。

（安　鑫）

【经营量效实现稳进提质】 2022年，甘肃石油分公司强化市场运行规律把握，研判油价变动趋势，掌控采销节奏，灵活调整油品销售结构。积极抢抓优质资源，弥补仓储短板，提升资源竞争能力。加强天然气供应商管理，推进LNG资源的统采，努力拓宽天然气的采购渠道，提升议价能力及进销价差。全年经营总量增长6%。

（安　鑫）

【精细营销持续做强零售】 2022年，甘肃石油分公司在疫情多点散发，持续时间长的情况下，扎实推进“百日竞赛”，推广实施新服务标准，提升客户消费体验。以客户为中心综合运用加油卡营销、一键加油、交叉营销、汽服、油非、油油互促等手段，持续提升有效发卡量，增加客户黏性。市场占有率提升0.6%。

（安　鑫）

【直分销服务实现升级】 2022年，甘肃石油分公司坚持市场导向，采取灵活定价机制，完善营销及服务措施，成交客户增长16%，易捷服务营业额增长31%。狠抓提量措施，大力开发终端用户，引导客户消费，提升直分销创效能力。推进数字化营销，推广“我要买油”App，打造一键送油配送服务，实现客户在线率、线上开单率、提油数字化上线率100%。

（安　鑫）

【综合服务商转型提速】 2022年，甘肃石油分公司积极拓展新商品、新模式、新业态，深挖“人·车·生活”服务生态圈商业价值，实现基础品类营业额增长24%。夯实供应链管理，物流配送费率下降1.62%。把握消费新风向，直播带货、社区团购等多渠道经营模式实现多点开花。继续探索连锁经营模式，站外店销售额同比增长131%。充分利用加油站、地铁便利店商圈等条件，新增多座全自动洗车网点、汽车快修网点、汽车充电网点。

（安　鑫）

“陇谷传说”系列产品展示

【持续推进网络发展建设】 2022年，甘肃石油分公司新投营加能站8座，建成待投营站点9座；完成9座加油站新形象建设项目。取得4条高速公路服务区10对、312国道1座加能站的立项批复。光伏项目累计发电50.6万千瓦·时，减排二氧化碳504吨。统筹实施站点形象提升，以及司机之家、爱心驿站、更新“五小”建设。

（安　鑫）

【推进绿色企业行动计划】 2022年，甘肃石油分公司编发绿色企业清单及实施方案，完成18座库站取水合规手续办理，对排污许可证存在问题、建设项目环保合规问题进行督促整改。通过集团公司“绿色企业”复评验收，获评A档；组织对黄河流域10千米内的14座加油站开展土壤及地下水调查工作，并确立碳达峰行动七大计划及20项具体目标。

（安　鑫）

【持续强化数质量管理】 2022年，甘肃石油分公司在完成ISO 9000及ISO 22000体系认证的基础上，持续做好油品（天然气）、易捷服务商品、质量管控等合规性管理，全年数质量工作无异常事件。检测油品3675次，提前完成汽油国ⅥB升级置换，确保销售油品100%合格，油品、天然气损溢管理持续优化提升。

（安　鑫）

【全面提升安全环保能力】 2022年，甘肃石油分公司贯彻集团公司“总经理2号令”、集团公司20条措施，结合主题行动制定8项具体工作措施。完成PAMS平台及油库双重预防机制数智化平台建设工作，开展加能站“一站一档”管理风险管控，开展作业许可培训班等21次。坚持全员每日答题及油库每月一考，组织开展“遵守安全生产法、当好第一责任人”主题宣讲及知识竞赛。

（安　鑫）

【风险防控水平持续提升】 2022年，甘肃石油分公司坚持“管业务必须管风险”，形成全面、全员、全过程、全体系的风险防控机制。充分利用信息化手段，推动问题源头防范和过程解决。推进重大投资项目风险评估及程序性审核，加强资金内控监管。积极推进隐患治理工作，完成隐患治理24项。持续推动站级联动支付，加强网点资金管理，联动支付比率提升至81%，自动清账率提升至91%。上线资金监管现金预警功能对加油站超期未缴存和超期未到账情况及时进行预警提示。

（安　鑫）

【稳步推进精细化管理水平】 2022年，甘肃石油分公司搭建数智化信息管理平台，强化价值引领。搭建单站价值管理平台，持续推进财务数字化转型。推进成本精细化管控体系，实行横向到边、纵向到底的成本管理模式。重塑预算编制模型，实现以年控季、以月保年。通过全面摸查家底，强化考核执行，采取“一站一策”“一站一价”，实现低无负效站点同比增量2.52万吨。对外出租闲置房屋和土地，健全往来款项管理长效机制，清理长期应收款项4945.16万元。

（安　鑫）

【提升现代企业治理水平】 2022年，甘肃石油分公司坚持在完善公司治理中加强党的领导，进一步明晰各治理主体的权责边界。建立健全公司经理层成员任期制和契约化管理，切实推进不胜任退出机制，“三能”机制建设不断深化。全面完成深化改革三年行动各项任务，对平凉、庆阳分公司实行优化共享。规范合资企业管理水平，深入开展对标一流管理提升行动。通过站级信息系统的迭代升级，减少员工班日结操作步骤及操作时间。

（安　鑫）

【积极助力乡村振兴】 2022年，甘肃石油分公司协助集团公司建设藜麦加工产业园，培育“东乡藜”品牌，策划“一县一链”产业帮扶展厅，完成藜麦原粮收购2156吨，藜麦销售额增长170%。在帮扶村开展黑木耳种植、人居环境整治、玉米种植产业基地、绿化建设、机井建设、基层党建示范点建设、小麦及土豆种植等帮扶项目7个，投入帮扶资金136.6万元，有效带动帮扶村实现农业增效、农民增收，守住不发生规模性返贫的底线。

（安　鑫）

东乡布楞沟村藜麦收割现场

【践行初心勇担社会责任】 2022年，甘肃石油分公司统筹推进疫情防控、防汛保供工作，建成投营司机之家5座、爱心驿站8座，完成5座站点自来水接入、5座旱厕改造。在重大任务中勇挑重担、积极作为，在服务保障北京冬奥会和冬残奥会工作中获评2022年中国石化服务保障北京冬奥先进集体；在服务保障2022年健康快车中国石化光明号——定西、临夏光明行中获健康快车基金会及集团公司党组宣传部的高度赞扬。

（安　鑫）

【稳步推进“三基”工作】 2022年，甘肃石油分公司成立“三基”工作领导小组，生产安全知识进一线、进库站、进岗位；建立甘肃石油分公司导师库，充分发挥“师带徒”在基本功训练上的“传帮带”作用。持续做好基层党支部建设与“三基”工作有机融合大文章，切实把融合成效转化为现实生产力。

（安　鑫）

【从严治党引领融合发展】 2022年，甘肃石油分公司全系统学习宣传贯彻党的二十大精神向纵深推进，专题学习、基层宣讲、有奖竞答、新闻宣传等各方面工作有声有色。强化干部人才队伍建设，研究制定关于加强干部工作五大体系实施意见，系统谋划干部人才成长长远规划，制定实施《人才成长通道横向贯通实施办法》《员工职业生涯发展规划管理办法》。开展领导人员梯队培养计划，建立“一人一策”“一人一档”等有针对性的培训培养体系，为公司高质量发展提供人才支撑。

（安　鑫）

【务实创新融合抓党建】 2022年，甘肃石油分公司通过实施“六联”工作法，全系统14个支部与相关系统内外支部开展党建共建，进一步拓展党建与中心工作相融互促的途径。优化基层党组织设置、完善党建考核、党支部分类定级、党建述职考核评议等制度约束，推动各级党组织在公司改革发展稳定关键时期发挥关键作用。

（安　鑫）

【大监督格局逐步完善】 2022年，甘肃石油分公司深入开展党组巡视问题整改，整改措施完成率93%。用好督查检查、内控审计、纪检监察等大监督机制，确保经营规范有序。开展“一把手”和领导班子监督、靠企吃企专项整治、会风会纪整治等专项行动，严查基层“微腐败”，切实提升治理效能。

（安　鑫）

【宣传思想工作持续加强】 2022年，甘肃石油分公司围绕公司生产经营、改革发展、乡村振兴等精心组织主题宣传、典型宣传，在人民网、中新网等外部媒体和石化媒体刊发稿件125篇，“朝阳e站”考核排名提前10名，获评销售公司2022年度宣传工作进步单位。做好维稳、保密、统战、群团工作，公司凝心聚力的氛围更加浓厚，干事创业的活力得到激发，风清气正的生态持续好转。

（安　鑫）

表1　甘肃石油分公司主要经营指标

指标名称 \ 年份	2022	2021	2020	2019	2018	2017
成品油销售总量 / 万吨	50.86	48.15①	45.98②	46.87	50.12	50.45
零售量	36.16	34.04③	35.97④	36.07	39.10	41.32

续表

指标名称 \ 年份	2022	2021	2020	2019	2018	2017
销售收入 / 亿元	45.11	34.63	27.98	32.58	35.93	31.46⑤
利润 / 亿元	0.17	0.21	0.23	-1.49	—	0.70
吨油费用 / 元	591.00	586.00⑥	604.00	580.18	591.23	455.00⑦
加油（气）站总数 / 座	139	132	138	134	130	128

①②③④⑤⑥⑦ 因统计口径变化，数据更新

宁夏石油分公司

【概况】 中国石化销售股份有限公司宁夏石油分公司（简称宁夏石油分公司）前身为中国石化销售有限公司西北宁夏分公司，成立于2002年12月。2009年12月21日，按照集团公司关于区外销售企业体制调整安排，成立中国石油化工股份有限公司宁夏石油分公司，按中型企业（处级）管理。2012年10月23日，管理规格调整为大Ⅱ型。宁夏石油分公司负责中国石化在宁夏地区的成品油天然气销售、油气储运设施建设、非油品销售、新能源发展等业务。本部位于宁夏回族自治区银川市兴庆区清和北街1143号。

截至2022年底，宁夏石油分公司本部设办公室（企管、法律）、党群工作部（党委办公室、党委宣传部）、财务资产部、党委组织部（人力资源部）、审计监督部、发展规划部（信息）、安全数质量部、经营管理部、零售中心（易捷服务）共9个职能部室（中心）；下设银川、石嘴山、吴忠、固原、中卫5个市公司；控股中石化宁夏易捷石化有限公司、中石化石嘴山市常道石化有限公司2家合资公司。宁夏石油分公司党委直辖20个基层党组织，党员总人数293人。有2座在营油库、1座在营加气母站和141座在营加油（气）站；资产总额19.76亿元。期末用工总量864人。

宁夏石油分公司主要经营指标见表1。

（张继强）

【主要经营指标】 2022年，宁夏石油分公司实现油气经营总量61.4万吨。成品油总量55.6万吨、增长34.1%，其中零售量40.0万吨、增长24.6%，直分销量15.6万吨、增长66.6%；天然气经营总量8071万立方米（5.8万吨），增长41.0%。非油品基础品类营业额1.63亿元、增长6.3%，毛利额3500万元（全年计划3150万元）、增长10.7%，非油利润1607万元、增长32.6%。报表利润2547.9万元，年度计划完成率131.3%，增加22547万元。当期利润减亏9950.57万元。吨油费用526元，降低141元。

（张继强）

【零售经营跑出"四个第一"】 ①优化服务为路径。2022年，宁夏石油分公司以销售公司"百日服务竞赛"为抓手，打造"1·6·9"营销品牌，"逢1充惠、逢6商惠、逢9油惠"三惠联动，零售总量增长24.6%，排名销售企业第一。②资源运作为路径。开展95#与92#汽油同价销售，抢占高标号市场。高标号增长52.4%，排名销售企业第一。③主动竞争为路径。展开"千站亮剑"行动，打造3000吨级骨干站47座、万吨站11座。柴油增长38.2%，排名销售企业第一。④分类施策为路径。推广助医、助教、助军、助农"四助"活动，开发助医客户2.8万人、助教客户3.4万人、助军客户1.2万人，服务农机6.5万台次，带动销量4.5万吨。零售任务完成率120%，排名销售企业第一。

（张继强）

【直批业务加快“四个驱动”】 ①服务驱动获客。2022 年，宁夏石油分公司优化客户服务，分级开发维护，小组团队攻关、现场跟踪拍板，客户数量增长 72%。②营销驱动扩量。聚焦“量价兼顾、量效双收”，运用差异化营销手段，直分销量增长 67%，排名销售企业第一。石嘴山分公司直分销量 7.4 万吨，占宁夏石油分公司的 48%，发挥“压舱石”作用。③信息驱动赋能。先行试点“我要买油”平台，实现线上开单率 100%、客户在线率 100%，排名销售企业第一。④竞争驱动提效。深化“四专”策略开展客户经理分类考核，通过竞争激发内生动力，人均销量提高 20%。

（张继强）

【易捷服务实现“四个向好”】 ①规模效益向好。2022 年，宁夏石油分公司紧抓“四节”消费热点，实施“千万元单品”计划，基础品类营业额 16349 万元，增长 6.3%，排名区外公司第六；毛利率 35%，排名销售企业第一；油非互促抵扣券带动比 2.97，排名区外公司第二。②门店运营向好。深化门店分类分级运用，打造千万元门店 1 座、百万元门店 58 座；做强优势品类，烟草毛利率 13.3%，排名区外公司第二；酒类营业额增长 67%，排名区外公司第二。③盈利能力向好。易捷服务利润 1607 万元，增长 32.6%，排名区外公司第二；开展“核心商品销售竞赛”，燃油宝增长 108%，排名区外公司第一；尾气处理液增长 9%，排名区外公司第二。④品牌价值向好。依托宁夏“特色农业提质计划”，主推“国杞天香”枸杞系列产品，衍生开发销售枸杞原浆、枸杞酒、八宝茶、土豆粉、黄花菜等多种扶贫特色产品，2022 年销售额 4302 万元、增长 5%，利润 169 万元、增长 56%。

（张继强）

【网络发展造塑崭新格局】 ①传统网络优势持续巩固。2022 年，宁夏石油分公司千方百计协调吴忠天湖、固原泾河源、中卫贾塘 3 对高速公路服务区加油加气网点投营，实现高速公路服务区“零突破”。全年新投营加油站 7 座、加气站 12 座，新投营加油站完成率销售企业排名第二，新投营加气站完成率销售企业排名第四。②综合能源格局加快形成。紧抓宁夏国家新能源综合示范区建设契机，与 3 家头部企业联合签署会议纪要，合作建设油气氢电服综合加能站。快速布局光伏发电，新增光伏项目 10 个，新增装机容量 315.33 千瓦；累计光伏项目 20 个，总装机容量 745.33 千瓦，每年可降低碳排放量 493 吨。新增充电站项目 4 个，累计建设充电站项目 9 个、充电桩 26 台，每年可收益约 24 万元。③快速推进功能提升。新建“司机之家”10 座，其中 3 座获自治区政府财政补贴 35 万元，累计建设“司机之家”21 座。新建“爱心驿站”31 座，累计建成 37 座，提前 3 年完成总部下达“十四五”任务目标。④网络发展包袱大幅减少。系统梳理 12 个历史遗留问题，销项 8 个无预期收益项目。协调供应商降低购进价格，试行场地设备出租，双管齐下努力盘活贺兰加气母站。实行“揭榜挂帅”制度，石化大厦及职工团购房、吴忠汉渠站及石嘴山前进站 2 个项目揭榜并制订方案，加快推进中。

（张继强）

【扭亏脱困攻坚夺取胜利】 2022 年，宁夏石油分公司报表利润 2547.9 万元（2020 年亏损 2.18 亿元，2021 年亏损 2 亿元），增加 2.25 亿元，增幅区外企业排名第一。吨油费用 526 元，降低 141 元，销售企业排名第一。强化政策导向，获营销专项奖励 2103 万元，资源创效 1148 万元。争取水利基金、西部大开发优惠税率、惠民补贴等政策，创效 403.47 万元，利用承兑汇票低利率期贴现节约资金占用成本 388.93 万元。易捷公司通过与当地龙头企业合作开发 7 类 23 个新品，自主研发 6 类 13 个新品，陆续上市销售。常道公司成立 12 年来首次盈利（年盈利 7.16 万元），实现历史性扭亏。全面治理亏损站，亏损站较 2021 年底减少 22 座，历史最少。打包出租 5 座严重亏损关停站，溢价率 32%，实现 1725 万元租赁收入。加强第三方合作，签约 7 家战略客户，开发银行合作伙伴 4 家，获营销支持 104 万元。

（张继强）

【基础管理提升扎实推进】 2022 年，宁夏石油分公司 HSE 体系有效运行，实现安全零事故、环境零污染、数质量零事件。聚焦“7S”建设推行《基础档案书》《HSE管理体系标准化手册》，制定《加油（气）站分类定级考核指导意见（试行）和基本薪酬管理办法》，强化基层标准化管理。自建“维修小程序”“电子作业票”“即时绩效”“站长驻站检查”App，提升基层工作信息化水平。制作42个库站标准化视频全面推广学习，强化员工基本功养成。深化改革三年行动57项任务全部完成。2019年党组巡视、2021年党建考核、2022年原总经理离任审计及内控审计、2022年党组巡视“回头看”反馈的立行立改问题全部完成整改。2022年集团公司党组第二巡视组正式反馈16个问题，整改措施完成率90.24%。

（张继强）

【政治优势转化稳步提升】 2022年，宁夏石油分公司集团公司党建考核由C晋级为B。完善党委会前置审议重大问题清单，建立党委工作规则。修订内控权限指引，增加总经理权限，制定分公司代表专题会议制度和总经理办公会议事规则。主题行动42类重点工作156项措施如期完成。贯彻落实党风廉政责任制，明确全年33项重点工作并全部完成；制定加油（气）站“违反现场管理禁令行为”及“微腐败”治理工作指导意见，设置廉洁“红黄绿”公示牌和廉洁基金，发挥群众监督，把廉洁要求转化为自觉行动。建立“荣誉员工”激励机制，评选荣誉员工288名。首次印发《员工行为守则》，修订企业文化建设实施纲要，宣传工作位列销售系统第12名。大力实施乡村振兴，投资60万元支持2个帮扶村固原市西吉县李营村、新堡村发展种养殖产业和教育事业；采购销售扶贫商品近700万元，“国杞天香”品牌枸杞产品销售额4302万元，增长5%，实现经济效益增长、品牌效应卓著、社会责任履行三者相得益彰、竞相发展。

（张继强）

表1 宁夏石油分公司主要经营指标

指标名称 \ 年份	2022	2021	2020	2019	2018	2017
成品油（天然气）销售总量/万吨	61.40	45.91	53.25	66.36	62.57	62.19
零售量	45.53	32.08	42.24	50.95	43.58	40.27
销售收入/亿元	55.60	29.85	28.39	40.48	40.19	34.07
报表利润/万元	2 547.90	-19 999.56	-21 769.37	1 201.45	2 881.57	2 906.27
吨油费用/元	526.00	667.00	570.00	434.00	454.00	436.00
在营加油（气）站总数/座	141	147	151	149	141	137

销售华北分公司

【概况】 中国石化销售股份有限公司华北分公司（简称销售华北分公司）是销售大区公司之一。其前身始建于1950年3月，是在接收国民党政府“中国石油有限公司天津营业所”和美孚石油、德士古石油、亚细亚火油等“三大油行”在天津资产的基础上组建而成。1985年前隶属于商业部，1985年1月划归中国石化总公司。

销售华北分公司主要承担“资源统筹中心、区域物流中心、运行调度中心、成本控制中心”的管理职能。辖区内省（直辖市）包括华北地区北京市、天津市、河北省、河南省、山西省、山东省和东北地区黑龙江省、吉林省、辽宁省，资源辐射范围除辖区内省（直辖市）外还包括沿海地区江苏省、浙江省、上海市、广东省等，华中地区安徽省、湖南省、湖北省、四川省等，西北地区内蒙古自治区、陕西省等。

销售华北分公司本部位于天津新技术产业园区榕苑路11号。设有10个职能部门，下设天津储备库、营口油库管理处（沈阳管理处）等二级单位，在华北区10个炼化企业设立办事处。委托管理销售公司的计量管理站、质量管理站。

销售华北分公司下辖4座油库，总库容50.2万立方米；负责24.60千米汽（柴）油输油管道的运行管理。其中，天津储备库，辖有南疆一号库、南疆二号库、新河分库等3座分库，共有储罐36座，库容总量40万立方米，储存介质为汽油、柴油；具备管输、水运、铁路等出入库条件，入库主要是管输接卸天津石化内外贸资源；出库主要是水运下海、管输天津石油分公司善门口油库及武清油库。营口油库，共有油罐16座，库容总量10.2万立方米，储存介质为汽油、柴油，具备铁路、公路、水运等出入库条件。

销售华北分公司另有两家非上市企业，分别为天津悦泰石化科技有限公司、天津金皇房地产有限公司。天津悦泰石化科技有限公司集产品研发、生产、销售于一体，主营“海龙”牌车用汽（柴）油清净剂、尾气处理液、工业脱硝尿素、品牌油添加剂、玻璃水等环保科技产品。天津金皇房地产有限公司下辖金皇和金泽两家酒店，均为五叶级绿色饭店，并获2022年全国绿色饭店领跑企业称号。

截至2022年底，销售华北分公司资产总额114.84亿元，用工总量859人，其中中共党员197人。

销售华北分公司连续多年位列“天津企业百强”第1名，为促进地方经济发展作出突出贡献。

销售华北分公司主要经营指标见表1。

（郭伟玮）

【领导班子调整】 2023年2月14日，集团公司党组对销售华北分公司领导班子进行调整，张毅任销售华北分公司代表、党委书记，吕新华任总经理、党委副书记，荆孝民任党委副书记、纪委书记、工会主席，戴兵任党委委员、副总经理；王英杰任党委委员、副总经理，潘峰任党委委员、副总经理。

（郭伟玮）

【各项经营指标取得新突破】 2022年，销售华北分公司累计销售成品油4003万吨，增长5.48%；实现营业收入3261亿元，增长38.54%；利润总额8167.30万元，上缴税费2.83亿元；石化资源收购计划完成3429.73万吨，兑现率100%；石化资源供应计划完成3424.73万吨，兑现率100%；资源统采规模184万吨。存续企业实现销售收入26.33亿元，上缴税费0.49亿元，利润670万元。多项大区公司高质量发展指标达领先值，其中辖区内一次吨油费用下降2.25%、“两金”占收比0.35%、流动比率185.27%、吨油温室气体排放强度0.95%。

（郭伟玮）

【市场预判能力持续提升，资源保障再立新功】 2022年，销售华北分公司精准研判市场经营量下滑、产销汽油库存双高、内陆石化炼厂堵库风险等市场变化，制订资源平衡方案，通过源头计划调整、统筹四种运力、共享仓储空容等措施，打赢汽油保出厂持久战。积极统筹内外贸资源，深挖炼厂库存，打赢四季度柴油市场保供遭遇战。充分发挥炼销一体化优势，圆满完成北京冬奥会、冬残奥会、全国两会和党的二十大等重要时期的资源运行保障，扛稳能源保供的政治责任。

（郭伟玮）

【资源统筹能力持续增强】 2022年，销售华北分公司大区统采、资源串换再创佳绩。组建华北外采工作领导小组，统采规模达184万吨，提升161万吨，占比59%，创效2.4亿元；开通与中国石油西北公司串换通道，建立三方联合串换，统筹配置、集统采、省市自采、中国石油等多种资源串换，串换规模达82.86万吨，提升18%。

（郭伟玮）

【物流优化水平持续提升】 2022年，销售华北分公司以做大资源串换为突破口，实现各类资源统筹优化，节费1.4亿元；以地付和管输扩距为重点，开展一、二、三级物流优化，节费9378万元；通过管输利益共享、大船运输、减少铁路保价费支出等措施，节费8204万元；通过产销仓储设施共享共用实现资源就近供应，节费 3317 万元。全年累计节费 3.49 亿元，区内吨油费用下降 1.22 元。

（郭伟玮）

【优化辖区油库储运布局】 2022 年，销售华北分公司从服务市场经营角度出发，加快区内仓储设施脱瓶颈改造，结合区域统采和保障产业链平稳，提出油库分类需求，编制华北、东北区域仓储设施优化方案。整体优化后，每年节费成效 7500 万元。

（郭伟玮）

【国企改革稳步推动】 2022 年，销售华北分公司落实集团公司深化改革三年行动方案，落实党委决定及前置研究事项机制，按期完成“两非”剥离工作，两家子企业董事会建设取得关键进展。制定深化推进油库综合大班制运行的实施意见，为油库用工改革夯实基础。

（郭伟玮）

【“三项制度”改革成效凸显】 2022 年，销售华北分公司修订完善《推进领导人员能上能下实施办法》等制度，为落实“下”的机制奠定基础。优化绩效考核体系，实施党建工作、纪检监督、HSE 管理、制度管理、教育培训等 5 类专项考核，完善薪酬分配，深化落实薪酬能增能减机制，部门及单位间薪酬兑现最大差距达 25%，生产一线员工年终兑现增幅达 26%。

（郭伟玮）

【HSE 管理压稳压实】 2022 年，销售华北分公司深入贯彻集团公司“总经理 1 号令”“2 号令”和安全生产警示大会精神，从严落实安全生产二十条工作部署，开展 HSE 管理体系内审和管理评审，坚持“一把手”承包最大安全风险，安全风险实现降值，2 项销售公司级隐患治理销项。建成投用应急指挥中心和双重预防管控平台，圆满完成党的二十大等“两特两重”时期公共安全保障工作。成立重点工程项目现场指挥部，天津南疆出口汽油改造、南疆一分库 204 浮盘改造等 12 项工程完工。

（郭伟玮）

【科技创新能力稳步提升】 2022 年，销售华北分公司完善创新工作体系，申报筹建油品销售企业综合能源应用技术研究院，完善联合创新平台，完成集团公司和销售公司级科技项目立项 5 项，申报专利 6 件，科研经费投入增长 163%。“压缩氢气加气机量值溯源方法和在线校准装置研究”“加氢站氢气取样装置及方法开发”等项目取得阶段性成果。深化油库自动计量系统和一体化管控平台应用，启动智慧油库建设，搭建数智化平台，信息化、数字化转型加快推进。

（郭伟玮）

【绿色企业复评晋升 A 档】 2022 年，销售华北分公司制定绿色企业行动“一方案，两清单”，细化管理责任。开展绿色企业管理现状排查，提升环境监测数据质量。完成集团公司 VOCs 治理任务，落实《储油库大气污染物排放标准》要求。全年处置危险废物 107.42 吨，实现危险废物合规处置率 100%。各直属单位通过公众开放日、视频直播等方式开展绿色文化宣传。营口油库管理处按期完成排污许可证更新工作。金皇酒店、金泽酒店通过中国绿色饭店评审，晋升为五叶级绿色饭店，销售华北分公司实现绿色企业复评 A 档的工作目标。

（郭伟玮）

【HSE 管理数智化进一步升级】 搭建“零代码”数智化管理平台，形成涵盖 HSE 管理体系 34 个要素的信息化应用模块，实现电子作业票与视频监控系统联动管理。完成 HSE 考试、检查、危化品运输管理、设备巡检、碳资产管理、防疫管理等多个专项应用的开发和使用，经营管理处开发的承运商管理模块、营口油库管理处开发的岗位练兵模块均有效助力本部门和单位 HSE 管理水平的提升。

（郭伟玮）

【扎实开展“安全生产月”综合应急救援演练】 2022 年 6 月 24 日，销售华北分公司应急指挥中心办公室组织开展华北分公司上半年综合应急救援演练。演练采用应急演练与抖音同步直播相结合的方式，吸引数百观众在线观看演练全过程，让更多的人通过网络走进油库，直观救援人员为确保油库生产安全、保障北方地区油品供应展现的坚强勇敢、奋力拼搏的精神，了解销售华北分公司应对突发事件的应急救援处置能力与自救能力。

（郭伟玮）

综合应急救援演练

【设备管理水平进一步提升】 2022 年，销售华北分公司完成“一书两卡”编制。开展“设备管理提升月”活动，优化巡检、报修、保修及设备缺陷（故障）管理、检验等工作流程。开展《HSE 管理体系手册设备完整性管理分册》编制，健全设备分级分类清单、定时性工作清单和 KPI 指标。制订管道完整性管理实施方案，开展高后果区再识别、风险评价和完整性评价并形成风险清单。开展管道防腐层检漏、外管道水毁段问题排查等专项工作。大力推进设备预防性维护保养，全年实现设备完好率大于等于 98%，主要设备完好率大于等于 99%，主要设备维修合格率 100%。

（郭伟玮）

防雷防静电接地点自测

【数质量管理水平稳步提升】 2022 年，销售华北分公司开展计量管理提升活动，加强集统采业务的计量管理，稳妥推进流量计检定事宜，管道进货、铁路进货、保管等各项损溢均优于考核指标，水路配置资源运输损耗率 0.09%，保持大区领先水平。率先通过 ISO 9000 质量管理体系第三方认证，强化配置油品过程监控，建立集统采油品前置检测机制，组织 20 家集统采生产商和销售企业开展质检比对，实现经营油品质量 100% 合格。

（郭伟玮）

【全面风险防控扎实有效】 2022 年，销售华北分公司集中开展制度“立改废”，制修订管理制度 87 项。开展“合规管理强化年”活动，动态监测主要风险，妥善处置 4 起法律纠纷。成立党委审计工作领导小组，建立兼职审计专家库，开展总部级和公司级审计 5 项、工程建设项目结算审计 78 项，审计问题整改率 100%。开展“严肃财经纪律 、依法合规经营”综合治理，修订内控权限指引，优化成品油资源结算流程，注销新疆华迪公司久悬账户，有效化解经营管理风险。

（郭伟玮）

【天津储备库开展绿色企业线上直播】 2022 年 8 月 23 日，以“绿色低碳，节能先行”为主题的天津储备库公众开放日线上专场直播活动正式启动。青年员工担当“网红”主播，身穿劳保服装，头戴安全帽走进天津储备库新河油库，向社会公众敞开大门，近距离了解储备库光伏发电、油气回收、清污分流、应急物资仓库及绿化，展示储备库绿化、节能、高能耗改造及取得的成效，传递“清洁、高效、低碳、循环”的中国石化绿色发展理念。

（郭伟玮）

【非上市实现持续创效】 2022 年，天津金皇房地产有限公司强化需求侧、供给侧研究，创新思维拓市创效，克服疫情等重重困难实现收入 6433 万元，圆满完成天津市政协团队接待等重要任务。两家酒店均取得五叶级绿色饭店证书，获 2022 年全国绿色饭店领跑企业等称号。天津悦泰石化科技有限公司打造海龙牌燃油宝、尾气处理液、工业脱硝尿素等科技环保拳头产品，大力推广“爱跑 98”“爱跑 95”品牌汽油，持续优化产能布局，拓展线上营销、代理营销等渠道，实现利润 6588 万元，为中国石化非油品业务的发展作出突出贡献。

（郭伟玮）

【“悦泰海龙”船用尿素进入招商局集团】 2022 年，天津悦泰石化科技有限公司围绕工业尿素、船用及非道路机械尾气处理液业务，顺应绿色发展趋势，着力发展船用尾气处理销售业务。11 月初，天津悦泰石化科技有限公司与招商局南京油运股份有限公司进行接洽，以船用尾气处理液为出发点逐一对接各部门需求，经过多次资料审核、报价及业务沟通，双方达成新造船“永傲”号船用尾气处理液需求意向。12 月 26 日，中国石化“悦泰海龙”船用尿素进入招商局集团南京油运“永傲”号货轮，标志着中国石化船用尿素正式进入招商局集团。

（郭伟玮）

【党建引领作用持续加强】 2022 年，销售华北分公司深入学习习近平新时代中国特色社会主义思想，学习宣传贯彻党的二十大精神，提高“政治三力”，捍卫“两个确立”，做到“两个维护”。建立“五统一、四落实、三目标”党建工作机制和“五位一体”管理模式，党建工作规范化标准化水平持续提升。开展“大研讨、大反思、大识别、大整治、大培训”活动，促进党建工作与安全工作融合互促。组建党员突击队、攻坚组，选树先进典型，获评中国石化劳动模范、天津市五一劳动奖章等荣誉。加强中层干部考核评价，培养选拔年轻干部，干部结构持续优化，职工群众对选人用人满意度达 100%。深入实施“人才强企工程”，高级工及以上人员占比 47.30%，技术职称和技能认定取证率保持销售系统前列。落实“三百三千”实践锻炼计划，4 名年轻干部交流到关键岗位。开展各类培训 120 余期，上岗资格及“三大员”培训考试实现生产一线技能人员全覆盖。全面从严治党向纵深推进，制定 6 个维度 22 项指标，推进政治监督具体化常态化。完善“大监督”体系，聚焦疫情防控、安全生产、攻坚创效等重点工作开展专项监督。强化廉洁警示教育，防范基层“微腐败”风险，持续纠“四风”树新风，整顿会风会纪，推进“三个计划”和 EAP 建设，为基层减负、为群众办实事取得实效，风清气正的一流政治生态持续巩固。

（郭伟玮）

表 1 销售华北分公司主要经营指标

指标名称 \ 年份	2022	2021	2020	2019	2018	2017
成品油销售总量 / 万吨	4 003.00	3 795.16	3 616.50	4 370.28	4 168.93	3 885.00
销售收入 / 亿元	3 261.00	2 423.97	1 859.34	2 691.81	2 719.67	2 160.00
利润 / 亿元	0.82	1.43	15.35	14.81	18.51	25.14

销售华东分公司

【概况】 中国石化销售股份有限公司华东分公司（简称销售华东分公司），系国有大 I 型企业。办公地址为上海市长宁区愚园路 819 号，内部资本金 51.78 亿元。其前身始建于 1949 年 8 月，为中国石油运销公司。1950 年 10 月，改称中国石油公司华东区公司。1953 年 4 月，改组为中国石油公司上海石油采购供应站，为商业部直属企业。1985 年 1 月，划归中国石油化工总公司。1988

年 2 月，更名为中国石化销售公司华东公司。2002 年 10 月，更名为中国石化销售有限公司华东分公司。2000—2004 年，销售华东分公司的主要职责是对浙江、江苏、山东、安徽、福建、江西、上海六省一市石油公司和炼厂实施“资源配置、区间调拨、协调运输、统一结算、信息沟通和价格监督”；2005—2007 年，销售华东分公司资源管理辖区相继进行调整，调整后销售华东分公司资源管理辖区为江苏、浙江、福建和上海三省一市，主要履行资源组织、物流优化、储运管理、统一结算和市场监管等职能。2020 年 9 月 30 日，销售华东分公司管道相关资产划转至国家管网，职能定位调整为资源统筹、物流优化、运行调度及成本控制“四大中心”。

截至 2022 年底，销售华东分公司设综合管理部（党委办公室、企管法律部）、党群工作部（党委宣传部、工会办公室、团委办公室）、经营管理部、安全设备部（数质量管理部、生产运行中心）、党委组织部（人力资源部）、财务资产部、审计监督部（纪委办公室）7 个职能部门和陈山油库 1 个二级单位，在华东区 7 家炼化企业设有办事处。

截至 2022 年底，销售华东分公司用工总量 182 人，其中本部 73 人、二级单位 67 人、驻炼厂办事处 42 人，均为合同制员工。全体员工中，硕士、博士研究生学历 28 人，大学本科学历 72 人，专科学历 53 人。有各类专业技术人员 127 人，其中具有正高级职称的 1 人、高级职称的 18 人、中级职称的 54 人。

销售华东分公司陈山油库库容 43.5 万立方米，有外海岛式码头 1 座，最大可靠泊 8 万吨级船舶，主要承担成品油储备和出口、上岸油品收储及管线首站等职能。

销售华东分公司主要经营指标见表 1。

（刘　娜）

【圆满完成主要指标任务】 2022 年，销售华东分公司面对三年以来最严重的疫情大考、国际油价跌宕起伏及成品油市场形势快速变换等多重挑战，领导班子带领广大干部职工，以开展“牢记嘱托、再立新功、再创佳绩，迎接学习贯彻二十大”主题行动统领全年工作，受疫情影响，虽然经营总量有所下降，但是经济效益等指标实现逆势增长，年度经营绩效考核位列大区第一，被评为集团公司内控风控先进单位和销售公司优秀企业，继续保持中国石化绿色企业称号。全年，销售华东分公司销售收入创历史新高，达 3008.17 亿元、增长 442.91 亿元，上缴税费 7.10 亿元。华东区省市公司全年经营量 4006 万吨。下降 7%。销售华东分公司全口径成品油资源收购 3758.63 万吨，销售 3758.21 万吨。其中，收购石化配置资源 3247.16 万吨，供应省市公司 2870.26 万吨，完成配置计划两个 100%。成品油统采（签约量）459.02 万吨，增长 14.8%，占华东区域总外采量的 48.2%。全年，累计创效 6.78 亿元，成品油进货运杂费 17.46 亿元，相比年度预算节约 2.54 亿元。供区内省市一次吨油费（含区内管线费用）为 34.5 元，低于总部考核指标。

（刘　娜）

【生产运行指标完成良好】 2022 年，销售华东分公司保持安全平稳运行，未发生上报等级安全环保事故和数质量事件，环保工作持续保持“三零”目标，油品进货损耗等控制在指标之内，油品质量合格率 100%，碳排放总量 1689 吨，下降 5.9%。陈山油库全年吞吐量 728.21 万吨，其中水路上岸量 160.72 万吨。全年完成管输 1799.30 万吨，其中淮盐线累计输送 58.65 万吨、诸桐线累计输送 44.89 万吨。水路配送量 501.47 万吨，铁路出厂量 409.54 万吨。

（刘　娜）

【推动 HSE 责任落实】 2022 年，销售华东分公司牢固树立“安全第一”发展理念，深入学习习近平总书记关于安全生产重要论述和指示批示精神，全面推进 HSE 体系建设。根据集团公司党组要求，销售华东分公司领导班子及时调整职责分工，带头制订发布个人安全行动计划，推进完善领导带班责任制，持续强化领导引领力。组织修订岗位 HSE 责任制，系统完善 HSE 组织绩效办法，制定 HSE 违章违规考核办法和专项奖励办法，HSE 激励约束机制进一步完善。完善油库和办事处 HSE 管理“小体系”，压实基层单位属地管理责任，打通体系运行“最后一公里”。抓好

“安全生产专项整治三年行动”“百日安全行动”等专项工作，组织开展体系审核，发现和整治问题 185 项，完成率 100%。

（刘　娜）

【抓好“双防”机制建设】 2022 年，销售华东分公司抓实做细风险识别管控和隐患排查治理工作，组织制订年度风险清单和管控计划，对安全环保风险实施分级管控和量化控制，风险总值从 315 下降至 287。全年立项隐患治理项目 8 个，投入治理资金 1000 余万元，隐患治理项目全部完成。在疫情防控和生产经营双重压力下，率先完成集团公司监管级项目——储罐紧急切断系统隐患治理项目，实现 2 项环境风险降值降级。建立作业票“回溯”检查机制，及时识别和分析施工管理过程中存在的问题和风险。

（刘　娜）

【紧盯现场作业环节】 2022 年，销售华东分公司贯彻落实集团公司党组“48 号明电”要求，紧紧盯住生产和施工作业现场，严格作业管理，防范事故发生。抓好交接班制、现场巡检制、设备维护保养制等现场管理制度执行，以操作纪律、劳动纪律、工艺纪律为重点，不断规范员工行为。坚持现场督查与视频抽查相结合，强化工程建设项目管理，统筹施工计划，严审施工方案，严格施工作业管理。与各相关企业全面签订码头装卸作业安全管理协议，明确各方安全管理责任，同心协力做好物流作业环节安全管理工作。开展仿真培训、情景构建、应急演练等活动，提高员工应急处置能力。

（刘　娜）

【严格检查考核】 2022 年，销售华东分公司建立 HSE 组织绩效考核、违章违规考核、专项奖励贯通联动的激励约束体系，坚持严考核硬兑现，全年对“三违”行为考核扣奖 17 人，对安全工作特别加奖 2 人，对员工提出的 57 条安全诊断建议进行奖励，充分调动全员关心安全生产、认真履职尽责的积极性。以“九查九整治”为抓手，完成承包商 HSE 管理体系审核。对于造成不稳定事件、产生恶劣影响的 2 家承包商，做出列入黑名单、限制项目投标处理。对承包商扣罚 10 余万元，清退承包商人员 6 人。

（刘　娜）

【科学防控疫情】 2022 年，销售华东分公司按照“疫情要防住、经济要稳住、发展要安全”的总要求，认真贯彻落实国家、地方政府和集团公司要求，因时因势制定疫情防控策略和工作方案，压紧压实防控职责，从严从细落实措施，确保上半年上海疫情暴发期间销售华东分公司应急处置高效有序、经营管理秩序稳定，实现员工“零感染”目标。复工复产以来，始终坚持从实际出发，及时研判、科学制订常态化疫情防控方案，努力保障员工生命安全、身体健康。

（刘　娜）

2022 年 3 月 17 日疫情封控期间，销售华东分公司驻库班组员工完成靠泊任务

【提高环保工作水平】 2022 年，销售华东分公司组织制订绿色企业行动方案和污染防治攻坚战计划，制定任务清单，加强油库废气、水质在线监测、溢油检测，实现污染物 100% 达标排放。强化固体废物过程管控，严格规范处置，在清罐、油污水处置环节实现危废减量 34%。建成并投用光伏发电站，全年发电 26120 千瓦·时。

（刘　娜）

【发挥产销一体化优势】 2022 年，销售华东分公司牢固树立集团公司“一盘棋”意识，多措并举保障炼油销售产业链平稳运行，为稳链、强链、固链作出贡献。一季度调拨资源有力保供，二季度协同配合有效保畅，三季度复工复产再创新高，四季度统筹资源优化出口。在市场油品供应紧张情况下，销售华东分公司协调生产企业增产增供，努力提高配置资源兑现率。会同产销企业及时调整仓储结构，充分利用炼厂出口暂缓、检修期间仓储空置罐容，加快省市公司仓储设施改造，增加17万吨仓储能力。发挥江苏石油栖霞首站库与玉带首站库连接线功能，金扬管线单月输送14万吨，创历史新高。协调高桥石化打通外港海滨码头发运成品油流程，提高水路发运效率。完善相关技术交流和数质量交接沟通机制，华东区域管输一次配置物流损耗降至0.20‰，水路一次配置物流损耗降至1.11‰。

（刘　娜）

【不断提高统采工作水平】 2022年，销售华东分公司加强国际原油和国内成品油市场分析研判，把握市场趋势，灵活调整采购节奏，不断提高统采工作水平。提前研判，连续2个月柴油统采量达30万吨以上，充分做好资源储备，为柴油市场保供奠定物质基础。协调统采供应商，及时推迟到货28万吨，有效缓解区内高库存矛盾。大力拓展统采统配业务范围，扩大浙石化、宝来、恒力等生产企业直采资源比例，统配自提量达273.9万吨，占统采总量的60%。落实统采油品前置检测要求，严格审核三方全检报告单，严格外采油品质量风险管控。

（刘　娜）

2022年12月4日，销售华东分公司统采自提船舶“建桥211”顺利靠泊盛虹炼化169泊位，装运92#汽油

【推动业务创新经营创效】 2022年，销售华东分公司提升物流运行整体效率，实现保畅保供、共赢创效。与化工销售公司开展板块间战略合作，租赁江苏德桥油库10万立方米罐容，与川维化工公司进行油化联动运输，实现船舶资源共享。开展与中国石油、中国海油等集团间的跨区互供，打破板块间、区域间资源格局壁垒，实现资源南北联动，提升物流运行总效率，全年互供22.49万吨，创效1802万元。协调开通清江炼厂公路地付柴油直发加油站流程，优化苏北地区一、二、三级物流，吨油综合降费40元。与省市公司和炼化企业沟通合作，实现票据背书转让业务突破和资金创效。落实国家惠企税收优惠政策，增值税留抵退税2.69亿元。

（刘　娜）

【稳步推进内部改革】 2022年，销售华东分公司深入贯彻国有企业党建工作会议精神，贯彻落实“两个一以贯之”要求，坚持和强化党的领导，不断完善公司治理体制机制，建立健全议事决策制度。持续推进深化改革三年行动，根据国家管网体制改革后的实际，重点推进企业业务转型、部门职责分工界定、内控制度完善等工作，提高销售华东分公司整体绩效。持续抓好改善经营管理建议工作，挖掘基层创新创效经验，向销售公司推荐7项管理成果，陈山油库“手指口述”操作法获评销售企业十佳基层工法。

（刘　娜）

【强化专业管理和“三基”工作】 2022年，销售华东分公司健全“三基”工作领导体系，按照“抓基层建设三项工作、落实三项基础工作、加强四项基本功训练”要求，研究制订强化“三基”工作计划，明确30项工作内容61条具体措施。积极探索党建“三基本”建设和“三基”工作融合联动机制。对照上级专业管理要求，开展制度提升行动，识别和承接总部103项制度，结合公司实际制修订制度38项。有序推进油库培训基地建设，组织开展情景构建应急预案演练和“六比六赛”活动，规范基层岗位操作，加强员工基本功训练，促进基础工作标准化、规范化、制度化，提升员工岗位胜任能力、规范操作能力和解决问题能力。

（刘　娜）

【坚持依法合规管理】 2022年，销售华东分公司组织开展“严肃财经纪律、依法合规经营”综合治理专项行动，抓好依法纳税自查和虚假贸易业务专项整治等工作。严格合同管理，狠抓五项监控指标提升。聚焦重点领域、重点环节强化法律风险提示。开展合规风险排查，严格内控制度执行，持续提升内控有效性。严控资金风险，建立风险防控常态化机制，统筹运用市场、信用等手段，加强协调沟通，“两金”占用进一步降低。

（刘　娜）

【强化业务监督检查】 2022年，销售华东分公司充分发挥审计工作经济卫士作用，完成修理费、统采业务等专项审计4项。对照总部规定和上级要求，持续深化整治靠企吃企问题。系统梳理岗位职责、业务流程和权力运行程序，明确44个重要敏感岗位100余项廉洁风险点，制定完善防范措施，一体推进“三不腐”机制建设。

（刘　娜）

【全面加强干部员工队伍建设】 2022年，销售华东分公司深入贯彻“人才强企”战略，全面加强干部员工队伍建设。大力加强年轻干部培养使用，规范竞争性选拔干部工作，推进干部工作的科学化、制度化、民主化。全年新选聘中层干部5人、基层管理人员15人，调整后中层干部40岁及以下8人、占53.3%，35岁及以下基层干部10人、占45.5%，中基层干部配置基本到位。制订专家专业领域设置及职数方案，修订完善销售华东分公司专家管理办法，新选聘公司级高级专家1名、专家2名、高级主管（主管）4名，人才队伍得到充实。做好毕业生引进工作，建立后备人才蓄水池，员工队伍结构进一步优化。

（刘　娜）

【党的领导更加有力】 2022年，销售华东分公司高标准开展政治理论学习，制订党委中心组年度学习计划及月度分解表，建立“第一议题”学习机制；制订落实《关于认真学习宣传贯彻党的二十大精神的工作方案》，党委委员和各支委班子成员完成党的二十大精神宣讲全覆盖；高定位压实抓党建政治责任，全面贯彻落实“两个一以贯之”要求，对党委决定党的建设等方面重大事项、党委前置研究讨论重大经营管理事项进行细化和具体化；完善运行党建工作领导小组工作机制，修订党建责任清单，党委班子成员带头进行抓党建述职，连续6年组织开展基层党支部书记述职评议，党委统一领导、党政齐抓共管、一级抓一级的党建工作格局更加牢固。

（刘　娜）

【党组织作用发挥更加有效】 2022年，销售华东分公司选优配强基层党支部班子，陈山油库党支部等4个党支部完成换届和支委增补；修订党建组织绩效考核细则，持续开展党支部定级，支部季度考核按照20%权重纳入组织绩效考核；推行支部“三会一课”标准化模板，相关流程全部嵌入石化党建平台，党内组织生活标准化、规范化、信息化程度进一步提升。聚焦专（兼）职党务人员履职能力提升，5个基层党支部书记全部通过集团公司基层党支部书记基本功考试，40余名专（兼）职党务人员及骨干党员通过上级党务技能培训考核，首次实现培训全覆盖；加大骨干和党员双向转化力度，25名党员得到提拔或进一步使用，预备党员转正2名，新发展预备党员1名、积极分子3名。发挥“传帮带”作用，成立陈山油库技师工作室，为12名近年来新入职大学生配备思想政治导师，“师带徒”签约率继续保持100%。

（刘　娜）

2022年11月21日，为加强一线员工基本功训练，销售华东分公司利用技师工作室开展一线班组员工实操培训

【风清气正的政治生态更加巩固】 2022年，销售华东分公司切实落实全面从严治党“两个责任”，完善“大监督”格局，成立党委审计工作领导小组，将监督融入公司治理，巩固推进“五位一体”协同工作机制。深入推进“三不腐”，发放廉洁从业监督联系卡，畅通举报渠道，加大腐败典型案例通报力度，组织开展岗位廉洁风险排查，针对44个重要敏感岗位、100余个廉洁风险点，制定分级监督防范措施清单。强化作风建设，大力践行“马上就办”，督办事项准办率提高5%，会议和发文数量分别下降15%和10%。

（刘　娜）

【和谐企业建设更加有“心”】 2022年，销售华东分公司加强阵地建设，修订完善意识形态工作责任制，建成网上舆情监测平台，持续完善保密和国家安全工作机制，定期开展流毒清查，全年无失泄密事件和负面舆情发生，意识形态阵地更加牢固；理顺宣传工作机制，精心提炼工作亮点，销售华东分公司官微推送757篇文章，被总部各类媒体刊发38篇，政务信息报送工作总得分位列17家B类销售企业第一，均创历史最好成绩。在外部媒体刊文6篇，实现国家级媒体刊文“零”的突破。坚持群众路线，全面完成职代会7项提案和26项“我为群众办实事”重点项目，改进帮扶救助制度，做到“真困难、真帮助”；加大关爱力度，疫情封控期间给员工集中运送生活物资，全面推进“青年精神素养提升工程”，开展青年安全生产示范岗创建等活动；坚持收入向一线倾斜，基层员工获得感、自豪感、幸福感普遍提升；加强精神文明建设，上半年上海疫情严峻时期，销售华东分公司在沪党员和青年团员积极投身防疫一线，40余名员工投入社区志愿服务中，累计时长超过1200小时；助力乡村振兴，采购消费帮扶产品金额增长60%；开展公众开放日活动，连续20年参加上海市义务献血，协同所在社区定期开展防疫、环境清洁志愿服务，树立销售华东分公司强烈的责任担当和深厚为民情怀的良好形象。

（刘　娜）

表1　　销售华东分公司主要经营指标

指标名称 \ 年份	2022	2021	2020	2019	2018	2017
成品油资源收购量/万吨	3 758.63	4 123.63	3 582.03	3 702.27	3 644.93	3 719.09
省市供应量/万吨	2 870.26	2 994.79	3 039.45	3 062.20	3 035.30	3 163.74
销售收入/亿元	3 008.17	2 565.26	1 852.71	2 355.25	2 408.77	2 109.06
利润/亿元	1.51	7.62	30.13	28.63	23.51	43.34
油库/座	1	1	3	3	3	3
管道/条	0	0	0	3	3	3

销售华中分公司

【概况】 中国石化销售股份有限公司华中分公司（简称销售华中分公司）成立于1949年，时称华中石油公司，坐落于湖北省武汉市。1985年1月1日划归中国石油化工总公司，改名为中国石化销售公司中南公司；1988年，中国石油化工集团公司成立后，更名为中国石化销售中南公司；1999年4月，与湖北省石油公司实行资产重组；2006年10月，所辖油品供应区域调整，更名为中国石化销售有限公司华中分公司。2019年3月29日更名为中国石化销售股份有限公司华中分公司。

销售华中分公司主要履行“资源统筹、区域物流、运行调度、成本控制”四个中心职能，同时负责辖区内荆门、武汉、安庆、九江和长岭分公司的成品油收购，负责湖北、湖南、安徽、江西、四川、重庆的成品油供应，负责对华中、华东、华南、华北等地区的成品油跨区调拨，担负对部队、铁路、民航等专项用户的成品油供应工作。在营3条管道、5座油库，库容98.8万立方米。设8个机关处室、2个输油管理处、1个岳阳分公司、5个驻厂办事处，共有员工408名。下设党总支2个、党支部10个，党员共计163人。

销售华中分公司主要经营指标见表1。

（余　怡）

【领导班子调整】 2022年12月20日，集团公司下文，解聘孙健的销售华中分公司总经理职务，办理退休手续；免去孙健的销售华中分公司党委副书记、委员职务。

（余　怡）

【经营指标完成良好】 2022年，销售华中分公司克服异常气候、区内炼厂集中检修和新冠肺炎疫情等影响，成品油销售2355.82万吨，销售收入1927.98亿元，利润总额3.04亿元，上缴税费4.01亿元，有力保障炼厂出厂顺利和市场稳定，获销售公司2022年度大区统采先进红旗、成品油经营运作进步红旗。

（余　怡）

【资源统筹能力持续加强】 2022年，销售华中分公司做好长周期资源滚动平衡，灵活准确切换“控销保供”和“扩销疏库”不同运行模式；强化产销协调，一体化应对市场波动；发挥“配置+统采”规模优势，把稳采购节奏，优化采购渠道，不断增强统采规模，全年统采衔接完成218.2万吨，增加48个百分点。

（余　怡）

【完成疫情峰段保供任务】 2022年，销售华中分公司研判疫情形势，提前采购防疫物资，强化人员健康排查，疫情峰段，公司党委及时发布“抗疫保供”倡议书，号召广大干部员工共克时艰、共渡难关，严格落实区域调控中心、油库封闭运行，确保企业在疫情冲击下生产经营有序开展，圆满完成特殊时期的保供任务。

（余　怡）

【安全基础得到持续夯实】 2022年，销售华中分公司以“贯体系、强责任、治隐患、防风险”为主线，全面修订岗位责任制，细化体系要素管理，出台油库体系运行手册，集中治理风险隐患，强化检查问题整改。在重大危险源安全督导检查中，5座油库平均得分为964分，持续保持“低风险”水平，安全风险总值由171降为129，环境风险总值由761降为647。

（余　怡）

【绿色低碳发展得到深化】 2022年，销售华中分公司全面落实“碳达峰”行动方案和节能降碳行动计划，实施月度碳排放总量控制；全面开展污染防治攻坚，完成武汉油库污水处理、大庄油库油气回收与5座油库雨排口改造；全面夯实环保基础，强化管理手册运行，全年检查并整治124项问题。

（余　怡）

打造绿色“花园式”油库

【生产运行管理得到规范细化】 2022年，销售华中分公司大力推行“一书两卡”，全面梳理工艺流程，详细制定油库“四大系统”管理办法；开展全库站、长周期备控应急演练和调度封闭化运行训练；加强KPI指标动态监控、设备管道风险识别和隐患排查治理。全年设备故障下降17%。

（余　怡）

【改革创新管理不断提升】 2022年，销售华中分公司持续在优化体制机制、大班制改革和“三项制度”改革等重点工作上发力，控制用工水平，提升工作效率，深化改革圆满收官；以扎实推进对标世界一流管理提升行动为契机，结合“三基”工作要求，以“日、周、月”为循环建立系统练兵法，健全完善“三基”工作运行机制，阶段性目标完成率 100%。

（余　怡）

【科技创新持续发力】 2022 年，销售华中分公司有序推进科技工作，实施各层级科技项目 6 项，获专利授权 3 件，公开发表科技论文 10 篇，评选 QC 成果 14 项；推进信息化建设，E 提油系统实现油库全覆盖，应急管理、智能油库综合管理、北斗应用等平台建成投用。

（余　怡）

【投资建设有序实施】 2022 年，销售华中分公司完成投资 8653 万元，完成率 99%。实现安庆油库 4 座 2 万立方米成品油储罐扩容项目如期投产，油库罐根阀紧急切断改造、雷电预警系统增设项目按时完工，油库智能化改造、油气回收装置更新、北斗示范应用等项目高效推进。

（余　怡）

【扎实推动人才队伍建设】 2022 年，销售华中分公司启动“销售华中百人培养工程”；全年提任、选聘各类人员 23 人次，技能操作上岗资格取证率 100%；加强高层级专业技术人才和技师培养力度,5 人通过高级职称评审；持续完善与企业发展、人才队伍建设配套的薪酬分配机制。

（余　怡）

【从严从实推进党的建设】 2022 年，销售华中分公司以政治建设为统领，压实管党治党责任，举办“喜迎二十大、永远跟党走、奋进新征程”演讲比赛，成立宣讲团深入基层宣讲 33 场，刊发学习党的二十大报道 21 篇，积极打造践行习近平新时代中国特色社会主义思想重要阵地。深入构建大统战工作格局，获批建立“党外代表人士建言献策工作室”——夏艳梅工作室，为集团公司首批 13 家之一，也为销售企业唯一一家。

（余　怡）

党的二十大献礼——销售华中分公司武汉油库门券展

【深入开展企业文化建设】 销售华中分公司积极推动企业文化建设和企业文明创建，“企业文化展厅”于 2022 年 10 月 10 日正式开馆，成为全体干部员工党性教育、石化传统和企业文化教育的主阵地、主题活动的大课堂、党群融合的新平台。同时，通过层层考核成功创建湖北省国资委委级文明单位。

（余　怡）

销售华中分公司企业文化展厅开馆

【履行中央企业社会责任】 2022 年，销售华中分公司始终牢记中央企业社会责任，与帮扶点永河村签订企地党建共建协议书，向其捐赠 50 万元建设“永河皮子”产业园，开展“手拉手、共成长”爱心助学活动，关注、慰问困难群众，持续做好脱贫攻坚成果的巩固与乡村振兴的建设发展，销售华中分公司乡村振兴工作被评为省级“好”，连续 4 年排在第一档。

（余　怡）

表 1 销售华中分公司主要经营指标

指标名称 \ 年份	2022	2021	2020	2019	2018	2017
资产总额 / 亿元	79.66	82.41	89.66	128.79	129.00	118.98
成品油销售量 / 万吨	2 355.82	2 333.00	2 266.00	2 545.00	2 530.15	2 416.74
销售收入 / 亿元	1 927.98	1 488.00	1 180.00	1 606.00	1 695.62	1 376.00
利润 / 亿元	3.04	3.83	12.04	9.00	32.60	19.25
税金 / 亿元	4.01	5.04	5.59	10.81	14.34	9.21
吨油费用 / 元	84.33	89.28	72.28	56.23	59.24	69.09

销售华南分公司

【概况】 中国石化销售股份有限公司华南分公司（简称销售华南分公司）本部位于广东省广州市天河区体育西路 191 号中石化大厦，其前身是成立于 2000 年的中国石化销售西南分公司，2005 年与中国石化西南成品油管道项目部和珠三角成品油管道项目部合并重组。2006 年 11 月 24 日，经集团公司党组批准，在广州注册成立销售华南分公司，自 2007 年 1 月 1 日起正式运作，系国有大I型企业。

2020 年 10 月 1 日起，为配合国家石油天然气管网体制机制改革，销售华南分公司 6072 千米成品油管道及其相关人员整体划转至管网华南公司，销售华南分公司由管道生产与经营管理并重转变为以经营管理为主的企业。管网改革后，销售华南分公司紧紧围绕“保障产销、服务经营”主线，高质量打造“资源统筹中心、区域物流中心、运行调度中心和成本控制中心”，探索构建成品油物流新发展格局，设有 7 个职能部门、3 个区域中心（分别位于北海、茂名和湛江，总库容 93 万立方米）和 6 个驻炼化企业办事处。截至 2022 年底，有在册员工 199 人，平均年龄 37.7 岁，大专以上学历占比 94.97%。

销售华南分公司主要负责中国石化华南区域广州分公司、茂名分公司、海南炼化、北海炼化和中科炼化（含湛江东兴公司）5 家炼化生产企业的成品油出厂；负责广东、广西、贵州、云南、海南五省（自治区）成品油资源供应和物流优化，以及四川、重庆、湖南、江西等省（市）部分地区成品油资源供应。

销售华南分公司主要经营指标见表 1。

（杨　畅）

销售华南分公司花园式油库

【坚定扛稳能源保供创效重任】 2022 年，销售华南分公司扎实推进“牢记嘱托、再立新功、再创佳绩，迎接学习贯彻二十大”主题行动，进一步统筹区域“大资源、大物流、大仓储”运作，全年成品油销售量突破 3550 万吨，增长 1.5%，创历史新高。①统筹配置、集统采资源，灵活切换“疏库”“保供”策略。上半年面对高库存形势，动态优化出厂节奏，主动担当租赁 50 万立方米罐容，保障炼厂后路畅通。下半年应对资源紧平衡和出口量猛增局面，及时统采汽油、柴油资源，精准组织调运保障市场供应。②拓宽资源优化合作空间，持续抓好互供与串换优化，全年大区互供量 25.8 万吨，配置外采串换量 52.2 万吨，优化串换综合节费 1.0 亿元，5 月首次打通供新疆资源合作通道；紧盯运杂费目标控制，加强精细化管理，三级物流优化综合节费 2.1 亿元。③开展统采业务提质提效专项行动，累计完成大区统采 279 万吨，占比 61%。议价能力显著提升，统采创效 4.2 亿元，吨油创效 149 元。获评销售公司成品油经营运作、物流管理年度先进红旗。

（杨　畅）

【全力夯实安全生产基础】 2022 年，销售华南分公司持续压实 HSE 管理责任，认真做好安全生产专项整治三年行动收官，积极推进危化品专项整治活动，扎实开展“百日安全行动”，保持安全事故为零的目标。完成双重预防数智化管控平台建设，强化风险再评估和分级管控，风险值下降 13%；落实隐患排查治理动态机制，完成隐患治理 11 项；编制“一书两卡”和检修作业工法，完善应急处置卡和演练效果量化评估表，制定应急物资配备标准，开展区域联合应急演练 38 次。开展设备周检、预防性维修和泄漏专项活动，累计检测检定设备 4500 台（套），排查整治设备腐蚀 287 处。销售华南分公司获评广东省三防工作表现突出单位，茂名油库运行班获评 2020—2021 年度全国“安康杯”竞赛活动优胜班组。

（杨　畅）

【持续巩固绿色健康成果】 2022 年，销售华南分公司持续推进绿色企业和“碳达峰碳中和”行动，实现环保事件为零的目标。扎实开展危险废弃物专项整治行动，推行危险废物暂存间规范化管理，危险废物合规处置率持续保持 100%；开展义务植树活动，累计种植 646 棵，新建绿地面积 2800 平方米，绿地率提高 3.04%。因势调整防疫策略，动态跟踪员工健康状况，落实抗原检测试剂、N95 口罩等防疫物资紧急采购及配发工作，合理安排员工错峰上班，密切关注感染员工身体情况，有效抑制和延缓员工感染高峰，确保销售华南分公司正常有序开展生产经营各项工作。保持集团公司绿色企业复核 A 档，获评销售公司环保管理年度先进红旗、广东省工业系统疫情防控工作先进集体。

（杨　畅）

【大力推进科技创新工作】 2022 年，销售华南分公司组建创新工作委员会，建立月度例会和奖惩机制，鼓励员工积极参与创新工作。通过质量管理体系首次三方审核认证，高质量完成油库智能化建设、SCADA 系统改造、SIS 系统建设、油库紧急切断阀改造。北海油库光伏发电项目建成投用，是销售企业最大光伏发电项目。获集团公司科技项目立项 2 项，获评销售公司科技创新年度先进红旗。

（杨　畅）

销售华南分公司北海油库光伏发电项目

【圆满收官国有企业深化改革三年行动】 2022 年，销售华南分公司深化现代企业治理体系建设，持续推进党的领导和公司治理相融合，准确定位党委、分公司代表、经理层三大治理主体的职能，分类完善制度机制，为党委发挥领导作用提供支撑。修订岗位说明书、制定绩效管理办法，签订工作业绩考核责任书，加大考核结果刚性执行，绩效考核激励作用发挥明显。在对标提升行动重点任务全面完成的基础上，组织编制《2022 年对标提升行动方案》，形成 15 项提升目标，每月跟踪完成情况，持续提升销售华南分公司管理水平。全面推行大班组改革，落实落细“三基”工作，持续推进标准化建设，基层专业管理稳步提升。做好改革经验总结，“成品油销售大区公司组织机构改革及效能提升探索实践”获评集团公司管理现代化创新成果二等奖。

（杨　畅）

【全面加强依法合规管理】 2022年，销售华南分公司深入推进“合规管理强化年”活动，制订下发合规管理体系建设方案、实施细则和行为规范，编写17个重点业务流程合规指引、11项“两高一重”合规职责清单、6类重点业务合规业务控制流程清单，持续推进合规体系优化升级。扎实开展“严肃财经纪律、依法合规经营”综合治理专项行动，聚焦经营业务、会计信息、投资问题全面开展风险隐患排查，进一步堵塞风险漏洞。4月召开制度建设推进会，指导制度修订工作，重点做好法律法规识别转化、总部制度及时承接及流程完善工作，提升制度严肃性、可操作性，制度执行力建设进一步加强。全年制修订制度62项，制度优化压减率13.6%。

（杨　畅）

【高站位推进主题行动】 2022年，销售华南分公司高效推进主题行动，全面完成打造重要阵地，制订实施学习宣传贯彻党的二十大精神工作方案。落实“第一议题”制度向“四化”拓展，紧盯“正在做的事”开展学习研究，形成政研成果10篇，精准高效破解改革发展难题。编制《销售华南志》，建设“四色华南”展示墙，组织“回首奋进路 喜迎二十大”员工讲史活动，更好地传播华南奋进历史。全力打造安全、绿色、廉洁等专项文化建设，推进专项文化宣讲进油库、进现场、进班组。7月召开“喜迎二十大 永远跟党走 奋进新征程”先进模范事迹报告会，讲好“身边榜样”故事，引领职工学习先进、争做先进。坚持人人讲好华南故事，人均外宣上稿数0.58篇，在销售企业中排名前列，意识形态持续向上向好。

（杨　畅）

【高标准推进人才强企战略】 2022年，销售华南分公司坚持党管干部、党管人才原则，树立鲜明用人导向，调整提拔中基层领导干部18人，“三百三千”挂职2人，机关与基层双向交流5人，跨序列跨专业跨部门轮岗8人。一季度开展“安全生产培训季”活动，邀请专业培训机械和安全、设备、工艺等方面的专家送课到基层，培训217人次，实现培训主题多元化、一线员工全覆盖的目标。加大基层熔炉历练，实行毕业生“墩苗”培养，建立5年培养规划，逐年推进加快青年人才成长；11月联合兄弟单位举办青马工程暨青年精神素养提升工程培训班，激励广大青年成长为新时代好青年。销售华南分公司选人用人工作“一报告两评议”总体评价“好＋较好”连续9年100%。

（杨　畅）

【高水准强化基层党建创新拓展】 2022年，销售华南分公司健全完善党支部班子，8个党支部全部设置支委，夯实党组织建设根基。发展党员8名，以党员责任区覆盖班组方式，实现油库班组班班有党员。优化党支部分类定级管理，首次明确党建工作KPI指标，压实党建责任。分类推动“六种模式”党建共建，共学共创共督凝聚最大发展合力。驻村驻镇乡村振兴持续发力，引进农业龙头企业打造5G数字农业示范项目，发展高端丝苗米种植产业，在中小学开展科普系列教育主题活动，建设书法艺术馆与文化中心，展现销售华南分公司驻粤兴粤新担当新作为。获评广东省优秀乡村振兴调研报告一等奖、优秀镇域乡村振兴规划优秀奖。

（杨　畅）

【高效能推动“三不”体制机制更加完备】 2022年，销售华南分公司对党的十八大以来信访案件情况进行大起底，全面了解树木和森林情况，持续打造优良政治生态。持续建强监督“三道防线”，通过季度监督例会、纪委扩大会、专项检查等途径，凝聚“大监督”合力。廉洁文化建设从试点到推广接续推进，干部员工廉洁意识普遍提高。严肃整治安全领域形式主义、官僚主义，对安全违纪事件严肃问责，公开通报批评5个方面问题，以严问责强追责压实安全生产责任。全年无信访举报、无廉洁类违规违纪。

（杨　畅）

【高质量推进“我为群众办实事”】 2022年，销售华南分公司坚持为群众办实事，着力推动为基层减负、引才留才等“十大任务”落地见效。常态化开展员工“走访”和帮扶救助，推进“EAP”心情计划，配齐员工健身设施，举办各类群众性健身活动。开通党委书记、工会主席信箱，组织基层职工对机关部门减负满意度测评，持续保持“零上访”。

（杨　畅）

表 1　　销售华南分公司主要经营指标

指标名称＼年份	2022	2021	2020	2019	2018	2017	2016
成品油销售总量 / 万吨	3 550.61	3 503.34	3 083.00	3 018.00	3 089.00	2 952.00	2 941.00
销售收入 / 亿元	2 895.21	2 262.81	1 600.00	1 931.00	2 070.00	1 692.70	1 510.00
实现利税 / 亿元	9.79	4.86	35.29	32.54	42.30	41.10	35.42
利润 / 亿元	7.61	0.58	30.36	27.57	32.23	33.77	28.29

易捷公司

【概况】 中石化易捷销售有限公司（简称易捷公司）位于北京市朝阳区朝阳门吉市口路 9 号，主要经营食品、饮料、烟酒、百货及润滑油等商品批发零售，洗车、换油等汽车服务，场地租赁，电子商务等，是中国石化销售股份有限公司的全资子公司，受委托行使对销售企业易捷服务业务的经营管理职能。易捷创立于 2008 年，是中国石化非油品业务的运营主体。2014 年 3 月，中石化易捷销售有限公司揭牌成立，标志着中国石化非油品业务向市场化、专业化发展。多年来，易捷公司坚持“实体服务 + 平台增值”发展思路，致力于打造“美好生活服务商”，为消费者提供优质产品、贴心服务。

截至 2022 年底，易捷公司本部共设立 12 个部门，易捷公司党委下设 9 个党支部。下属 11 家合资公司，分别为：贵州赖茅酒业有限公司、西藏高原天然水有限公司、四川石化雅诗纸业有限公司、吉林省林海雪原饮品有限公司、长白天泉（北京）营销有限公司、中石化易捷宝利德投资发展有限公司、天水长城果汁集团有限公司、西藏宝元圣贸易有限公司、易捷咖啡（北京）有限公司、泸州三人炫酒业有限公司、恬梦饮品（上海）股份有限公司。

易捷公司主要经营指标见表 1。

（吕志亭）

【领导班子调整】 2022 年 5 月 31 日，免去孔小强的易捷公司党委副书记、委员，纪委书记职务，不再担任易捷公司工会主席职务，另有任用。6 月 20 日，聘任陈旭华为易捷公司总裁。7 月 7 日，聘任于波为易捷公司副总裁。易捷公司领导班子由叶慧青、陈旭华、曾涛、于波、袁海东、叶子惠、李宏、刘妍组成。

（吕志亭）

【经营量效逆势增长】 2022 年，受疫情管控影响，成品油消费需求锐减，加油站提枪数下降 8.7%；因扫码等原因顾客进店意愿下降。易捷服务锐意进取、迎难而上、多措并举，着力提升商品力、营销力、统筹力，着力强化数字化、专业化、规范化，易捷服务量、质、效逆势增长，跑赢大盘，交上一份来之不易的好成绩。全年，易捷服务营业收入 380.5 亿元，增长 8%；营业利润 43.1 亿元，增长 6%。三年疫情，易捷服务业绩保持三年连续正增长，比 2019 年营业收入增长 19%，营业利润增长 33%。

（吕志亭）

【品牌影响持续增强】 2022 年 7 月 2 日，易捷公司重点打造的全国生鲜销售网络项目“生鲜地图”在广西启动，通过易捷公司 2.8 万家便利店和 2.5

亿关注人数的线上平台为多地生鲜农产品开拓销售渠道，以消费帮扶搭建全国农产品销售平台。9月5日，“2022中国品牌价值评价信息发布”活动在北京线上举行，易捷品牌价值从2018年的25.69亿元增长到2022年的197.53亿元，成为集团公司品牌价值最高的子品牌，居中国零售行业品牌榜首，并获“我喜爱的中国品牌”等多项重要荣誉。

（吕志亭）

【统筹营销成效显著】 2022年，易捷公司全面整合内外部各类营销资源，重点关注造节营销、油非融合、流量运营、B端营销及跨界合作，通过对油非营销场景强化，对C端、B端用户精准化运营，以及外部宣传和用户资源的置换，不断创新营销形式、丰富活动内涵，进一步提升营销活动的效能。围绕客户需求，以“造节找机”为营销出发点，聚焦重点品类、核心商品创收增效，全年开展5档主题营销，占年度基础品类销售65%，逐渐凝练成易捷系列营销购物节，形成固化IP，实现统筹营销量效齐增。

（吕志亭）

【首届“养车节”亮相】 2022年3—5月，易捷公司推出首届“养车节”，以“洗车享免费，养车有优惠”为主题，依托国内9000余座易捷汽服门店，携手途虎养车、高德地图等合作伙伴，共同推出洗车、养车、购车、出行险、加油、购物六大权益活动，进一步促进消费、惠及民生。同时，易捷公司致力汽车后市场服务，推出高性价比新型数字产品“易捷养车卡”，提供加油、洗车、养车等多项超值权益，满足车主养车全生命周期需求。

（吕志亭）

【易捷便利店全新“换装”】 2022年3月21日，易捷公司发布全新的便利店形象，这是自2018年易捷便利店形象更新后的再次升级“换装”。此次“换装”，易捷公司配套中国石化综合加能站建设，从提升品牌形象和业务发展需求出发，引入易捷养车、易捷咖啡、爱心驿站等多种经营业态，对便利店色彩、功能布局、道具和材质选用等多方面进行升级，打造全新的舒适购物环境，提升顾客消费体验。

（吕志亭）

易捷全新便利店形象

【“易捷加油”线上服务平台发布】 2022年3月21日，中国石化线上服务平台全新升级，“加油中石化”App正式更名为“易捷加油”App。更名后的“易捷加油”App聚焦车主核心需求，提供“易捷到车”“易捷到家”等便捷服务，并拓展汽车后服务市场生态，打造集汽车服务、保险推荐、预约洗车、生活服务等多功能于一体的“人·车·生活”综合服务平台。同时，易捷公司以全渠道注册会员为基础，打造全新权益会员服务体系，并按照银、金、钻三个级别为会员提供不同权益。

（吕志亭）

【“甄酒馆”和“易行馆”齐亮相】 2022年5月28日，全国首家“甄酒馆”旗舰店揭牌。易捷公司因地制宜开设“甄酒馆”，甄选国内外及区域知名品牌的好酒，以专区、专柜、专架等形式陈列，打造集商品展示、名酒品鉴、文化传播于一体的消费平台，为客户提供“商品丰富、购买放心、价格实惠”的一站式买酒解决方案。8月15日，易捷“易行馆”联合知名户外用品品牌，提供多种户外装备，满足车友“微度假”需求。

（吕志亭）

首家“甄酒馆”旗舰店揭牌

【第五届“易享节”逆市创效】 2022年9月6日，易捷公司在北京和武汉同时启动第五届“易享节”。面对因疫情反复导致消费市场低迷等困难与挑战，易捷公司推出升级版大促活动，精选几十种头部品牌、近百种市场畅销品牌参与活动，店庆日“加一元多一件”活动商品超千款，将优惠活动拓展至洗车、养车、车险等场景，让消费者享受天天有爆款、日日有实惠的购物体验。第五届“易享节”店庆日5天销售额达38.6亿元，创历史新高。

（吕志亭）

第五届“易享节”火爆购物现场

【“阳光招商”平台上线】 2022年9月6日，易捷“阳光招商”平台正式上线，利用数字技术优化和完善供应链体系，以品牌为切入点，按照“品牌—品类—服务商—商品”4个层级，以核心品牌“1+X+N”策略为重点，将易捷服务招商选商工作从线下“搬”到线上，首次实现品牌商（供应商）引入在线报名、在线竞价、在线评议、在线发布，全流程可追溯管理，进一步统筹和共享全域资源，构建开放合作、公正透明的招商生态。

（吕志亭）

【“易捷养车”搭建自营洗车平台】 2022年，易捷公司大力推进汽服业务发展，打造“易捷养车”品牌，建立服务标准化、数据资产化、数据业务化的平台业务发展模式，整合“线上＋线下”“站内＋站外”服务产能，在建成的9300余座汽服网点为客户提供全场景、全链路、全周期的购车、养车、用车、洗车服务。截至2022年底，“易捷养车”联网管控近6000套洗车机设备，每年洗车超1.2亿台次。

（吕志亭）

【业态场景有效拓展】 2022年，易捷公司拓展多元化新兴服务业态，实施“丰餐路舒”战略，拓展餐饮门店1400余座；升级改造“易捷咖啡”品牌联名店，让车友的旅途生活有滋有味；推进“万店聚屏”计划，开发广告媒体15万余块，大力布局“油媒体”；上线“易起保”特色保险服务，满足顾客安心、便捷的保险消费需求；投营“油气氢电服”综合服务体，开放、合作、共建、共赢的“人·车·生活”生态圈初具规模。

（吕志亭）

【“易家族”系列自有品牌家族壮大】 围绕消费者需求，易捷公司坚持谱系化发展，明确“易臻选”“易家香”“易享家”系列的自有品牌打造思路，大力培育自有品牌，让不同的“易系列”自有品牌支撑并扩大易捷母品牌影响力。2022年，易捷公司在开发培育卓玛泉、长白山天泉、赖茅酒、鸥露纸等自有品牌的基础上，跨界功能饮料赛道，推出首款功能饮料产品“劲淳”小瓶能量饮，并推出“三人炫”观炫新品，不断丰富“易家族”成员。

（吕志亭）

【数字化转型稳步推进】 易捷公司强化数字化转型意识，取得新零售平台项目立项批复，确立为数字化建设“一号重点工程”，对标零售、互联网标杆企业，明确数字化、平台化、一体化等建设方向和供应链、销售、运营、财务、基础管理五大建设内容，形成易捷服务数字化转型规划、可行性研究、需求说明及初步设计等系列报告，为易捷服务数字化转型打下坚实基础。

（吕志亭）

【基础工作坚实有力】 2022年，易捷公司通过常态化多维度运营督导，编制基层员工系列作业指导书，强化质量安全专业管控，提升门店运营管理人员专业意识及一线员工操作技能，进一步夯实易捷便利店管理基础。通过不断优化省市仓配体系，提升区域仓服务能力，加强节庆促销保障工作，实现全国物流体系整体综合运营指标持续改善。同时，稳定推进区域仓建设，加大物资保供支持力度，全国物流保障能力持续提升。规范团购业务，优化系统流程，组织开展第三方盘点，规范线上业务，强化临过期商品管控与处理，开发预警平台，开展营销资源兑现、执行力专项监督，风险防控更加全面深入。

（吕志亭）

表1　易捷公司主要经营指标

指标名称 \ 年份	2022	2021	2020	2019	2018	2017
营业收入 / 亿元	380.50	353.60	338.40	320.50	312.50	274.50
报表利润 / 亿元	43.10	40.60	37.40	32.40	30.30	21.70
易捷便利店总数 / 座	28 606	27 950	27 672	27 606	27 259	25 775

石油化工科学研究院

【概况】 中石化石油化工科学研究院有限公司（简称石油化工科学研究院）位于北京市海淀区，其前身创建于1956年7月，1983年整体划归原中国石油化工总公司，是中国石化直属综合性科学技术研究开发机构。研发领域以石油炼制技术开发为主，注重油化结合，兼顾相关石油化工技术研发，并有重点地向新型替代燃料和新能源领域延伸，涵盖炼油、石油产品、化工、材料、新能源、环保、智能化、资源循环利用等方面。

石油化工科学研究院设有18个研究部门、11个管理服务部门、5个支撑服务部门、2个院属公司。职工总数1174人，各类专业技术人员1080人。其中，中国科学院、中国工程院院士4人，享受国务院政府特殊津贴专家12人，“百千万人才工程”国家级人选4人，中国石化首席科学家1人、首席专家2人、高级专家7人。

石油化工科学研究院有炼油工艺与催化剂国家工程研究中心、石油化工催化材料与反应工程国家重点实验室、国家能源石油炼制技术研发（实验）中心、工业产品质量控制和技术评价实验室，5个中国石化重点实验室，是国家石油产品质量检验检测中心、全国石油产品和润滑剂标准化技术委员会秘书处、中国石油学会石油炼制分会和中国化工学会烃资源评价加工与利用专业委员会的挂靠单位。编辑出版《石油学报（石油加工）》《石油炼制与化工》和《China Petroleum Processing and Petrochemical Technology》3个科技期刊。设研究生部和博士后流动站，有化学工艺、应用化学专业博士学位授权点以及化学工程、化学工艺、应用化学和工业催化专业硕士学位授予点。

截至2022年底，石油化工科学研究院共获国家级奖励134项、省部级及以上奖励的科技成果1047项，其中国家最高科学技术奖1项、国家技术发明奖一等奖2项、国家科技进步奖特等奖2项、国家科技进步奖一等奖8项。累计申请国内专利 11325 件，获授权 8151 件；申请国外专利 1802 件，获授权 1065 件；获中国国家知识产权局和世界知识产权组织联合颁发的中国专利金奖 9 项、银奖 1 项、优秀奖 21 项。

2022 年，石油化工科学研究院获中国专利金奖 1 项、中国石化科技奖励 8 项、中国石油和化学工业联合会科技奖励 15 项、中国化工学会科技奖励 9 项。通过技术鉴定 18 项、评议 10 项。申请中国专利 770 件，获授权 735.5 件；申请涉外专利 185 件，获授权 98 件。

石油化工科学研究院 2022 年度主要科研成果获奖情况及 2017—2022 年专利申请与获授权情况见表 1 和表 2。

（杜诗画）

【领导班子调整】 2022 年，集团公司党组对石油化工科学研究院领导班子进行调整：王哲任石油化工科学研究院党委书记、副院长，赵晓敏任石油化工科学研究院副院长、党委委员；解聘刘振华石油化工科学研究院党委书记、副院长职务，办理退休手续。

（杜诗画）

【“羰基化合物的氨肟化方法”获第二十三届中国专利金奖】 该专利技术攻克羰基化合物氨肟化反应中普遍存在的催化剂硅溶解失活的关键技术难题，并在环己酮氨肟化制环己酮肟新工艺中工业实施，催化剂单程运转周期延长 50%，可再生性能明显提升，消耗大幅下降，显著提高工业装置运转平稳性、安全性和过程经济性，有助于推动己内酰胺产业发展。

（杜诗画）

【高温高盐稠油油藏驱油技术通过鉴定】 该技术由石油化工科学研究院、胜利油田共同研发，既可用于稠油提高单井产能，也可用于稠油降黏水驱提高采收率，经济效益显著，达到国际领先水平。

（杜诗画）

【溶剂脱沥青大型化技术实现工业应用】 2022 年 2 月，采用石油化工科学研究院技术的 160 万吨/年溶剂脱沥青装置一次开车成功并产出合格产品，标志着中国石化自主开发的溶剂脱沥青大型化技术成功实现工业应用，该技术具有脱沥青油产品质量好、收率高、能耗低、操作灵活等特点。

（杜诗画）

【生物航空煤油技术实现工业化生产】 2022 年 6 月，采用石油化工科学研究院自主研发的生物航空煤油技术在国内首套生物航空煤油装置实现工业化生产，产出合格产品。此前 5 月，首批生物航空煤油产品通过可持续生物材料圆桌会议（RSB）认证，系中国生物航空煤油产品获得的第一张全球可持续性认证证书。

（杜诗画）

【双氧水法制环氧丙烷技术推广规模居全球首位】 双氧水法制环氧丙烷（HPPO）成套技术历经近 20 年攻关，具有完全自主知识产权，打破国外技术垄断，累计许可 5 套工业装置，推广数量及规模居全球首位。

（杜诗画）

【制氢技术取得突破】 2022 年，石油化工科学研究院建成投用中国石化首套分布式天然气制氢示范装置，在国内同类装置中占地面积及体积最小、集成度最高；建成中国石化首套分布式甲醇制氢系统，产出合格氢气；研发出电解水制氢专用阴阳极催化剂和膜电极技术，建成投用中国石化首套兆瓦级质子交换膜（PEM）电解水制氢装置。

（杜诗画）

【为北京冬奥会氢气新能源保供提供技术支撑】 2022 年，石油化工科学研究院积极参与中国石化北京冬奥会氢气新能源保供项目，服务氢能生产企业，提供氢燃料全供应链质量监控方案，开展供氢企业产品质量抽检。

（杜诗画）

【成立中国民用航空局重点实验室】 2022 年 4 月，石油化工科学研究院与中国民航局第二研究所等单位联合组建的“民航航油航化产品适航与绿色发展重点实验室”通过中国民用航空局认定，正式成立。该实验室将在航空燃料适航认证与可持续技术、航空特种油适航与监测技术以及航空化学品适航与绿色应用技术等方面开展深入研究。

（杜诗画）

【发布石化行业低碳发展白皮书】 2022年4月，石油化工科学研究院与德勤中国共同编制发布《迈向2060碳中和——石化行业低碳发展白皮书》。该白皮书系统梳理石化行业低碳发展驱动因素、发展趋势、转型关键以及困难挑战，根据分析和模型预测，为石化行业2025年碳减排、2030年碳达峰、2060年碳中和不同阶段的低碳发展提出路径策略。

（杜诗画）

【纵深推进体制改革】 2022年，石油化工科学研究院推动全面深化改革走深走实，“科改示范行动”“对标世界一流管理提升行动”“国企改革三年行动”圆满收官。注册成立中石化石油化工科学研究院有限公司，完成“分公司”到“子公司”的重大经营体制转换，党委、董事会、经理层各公司治理主体构建完备，建立起国有企业现代公司治理结构。

（杜诗画）

中石化石油化工科学研究院有限公司第一届董事会第一次会议召开（权　奕　摄）

【成立中石化石科院（天津）科技发展有限公司】 2022年8月，石油化工科学研究院注册成立全资子公司中石化石科院（天津）科技发展有限公司。该公司计划于2023年开工建设，2025年建成投产，目标为建设国内领先的低碳能源化工中试基地以及特种润滑油脂生产基地。

（杜诗画）

【全面学习贯彻党的二十大精神】 党的二十大召开之后，石油化工科学研究院党委第一时间组织专题学习，通过理论学习中心组研讨、“三会一课”、集中宣讲等多种形式，推动全院深入领会大会报告和习近平总书记系列重要讲话精神，聚焦职责使命，担当更大责任，以科技创新引领高质量发展，以实际行动坚决捍卫“两个确立”，自觉践行“两个维护”。

（杜诗画）

【成立“中国石化党外人士代表建言献策舒兴田院士工作室”】 “舒兴田院士工作室”是中国石化13家首批被命名的“党外代表人士建言献策工作室”之一，也是中国石化唯一一家由院士作为领衔人的工作室。该工作室重点发挥党外高级技术人才专业优势，围绕服务推动履行中国石化“三大核心职责”，聚焦“建言献策、学习教育、人才培养、联谊交友”四大核心任务，切实激发党外代表人士履职尽责、成长成才、建功立业。

（杜诗画）

【入选全国科学家精神教育基地及中国石化红色教育基地】 2022年，闵恩泽院士纪念室暨石科院院士馆被中国科协等七部委授予全国科学家教育基地，并入选中国石化红色教育基地（第二批），有力激发广大科研人员温初心、以传统、再出发的工作激情和文化自信。

（杜诗画）

【王辉担任北京冬奥会火炬手】 2022年2月4日，北京冬奥会火炬传递在颐和园举行。石油化工科学研究院石油化学剂研究室王辉担任颐和园第074号火炬手，代表中国石化参与火炬接力活动。

（杜诗画）

表 1　石油化工科学研究院 2022 年度主要科研成果获奖情况

序号	项目名称	奖项名称	获奖等级
1	羰基化合物的氨肟化方法	中国专利奖	金奖
2	新一代己内酰胺绿色生产成套技术	集团公司技术发明奖	一等奖
3	低硫重质船用燃料油成套技术开发及应用	集团公司科技进步奖	特等奖
4	PAO 生产技术开发与工业应用	集团公司科技进步奖	一等奖
5	《中国炼油技术》第四版	集团公司科技进步奖	一等奖
6	高档内燃机油自主技术配方开发及工业应用	集团公司科技进步奖	一等奖
7	大分子芳烃高效加氢转化平台关键技术开发与应用	中国石油和化学工业联合会科技进步奖	一等奖
8	低碳高效逆流连续重整成套技术开发与应用	中国石油和化学工业联合会科技进步奖	一等奖
9	劣质原料绿色低碳高效催化裂化成套技术	中国石油和化学工业联合会科技进步奖	一等奖
10	工业副产气分离纯化及资源化利用技术开发与应用	中国石油和化学工业联合会科技进步奖	一等奖
11	节能高效新型连续重整成套技术开发及工业应用	中国化工学会科技进步奖	特等奖
12	气相法制备高稳定性 Y 型分子筛技术平台的创建及工业应用	中国化工学会科技进步奖	一等奖
13	多产烯烃的中孔分子筛重油催化裂化技术创建与工业实践	中国化工学会技术发明奖	一等奖

表 2　石油化工科学研究院 2017—2022 年专利申请与获授权情况　件

年　份	国内专利		国外专利	
	申请数	获授权数	申请数	获授权数
2022	770	735.5	185	98
2021	733	578	181	78
2020	702	600	121	80
2019	706	532.5	96	56
2018	701	589	90	82
2017	682	564	30	75

大连石油化工研究院

【概况】 大连石油化工研究院是中石化（大连）石油化工研究院有限公司、中国石油化工股份有限公司大连石油化工研究院、中国石油化工股份有限公司抚顺石油化工研究院的统称，创建于1953 年 4 月，是新中国最早建立的石油研究机构，1983 年 7 月划归新组建的中国石油化工总公司。建院初期位于辽宁省抚顺市望花区。2017年9月，主要研发部分搬迁至辽宁省大连市旅顺口区，启用大连石油化工研究院；加氢中试装置留在抚顺，保留抚顺石油化工研究院。2022年3月，注册成立中石化（大连）石油化工研究院有限公司并启动运行。

经过70年的发展，大连石油化工研究院形成“清洁炼油技术、新兴能源资源、公用技术、石化新材料、人工智能”五大技术领域，下设15个研究室，是石油化工环境污染防治技术国家地方联合工程研究中心、工业废水无害化与资源化国家工程研究中心、国家石蜡质量监督检验中心等27个省部级以上工程研究中心（重点试验室）的依托单位。设有博士后工作站，博士、硕士研究生培养基地。

截至2022年底，大连石油化工研究院正式职工总数727人，具有高级及以上职称的人员334人，其中中国工程院院士1人、国家级领军人才5人、享受国务院政府特殊津贴专家8人、中国石化高级专家5人、中国石化突出贡献专家12人。累计获国家级科技进步奖和发明奖24项，省部级科研成果奖495项，申请国内外专利10209件，有中国石化专有技术515项。科研成果应用于俄日韩中亚等“一带一路”多个国家和地区及全国30个省（自治区、直辖市）的900余套生产装置。

大连石油化工研究院2022年度科研成果获奖情况及2017—2022年专利申请与获授权情况见表1和表2。

（高旭锋）

【中石化（大连）石油化工研究院有限公司注册成立并运行】 2022年3月12日，中石化（大连）石油化工研究院有限公司正式注册成立，标志着由分公司进入独立法人子公司治理模式。9月26日，召开第一届董事会第一次会议。同日，召开第一届监事会第一次会议。12月12日，大连福瑞普科技有限公司变更为中石化（大连）石油化工研究院有限公司子公司。

（高旭锋）

【相变材料应用于中国空间站“问天”实验舱】 2022年，大连石油化工研究院研发的相变材料应用于中国空间站“问天”实验舱，助力开展相关实验。7月24日，“问天”实验舱在海南文昌航天发射场发射升空，准确进入预定轨道，在轨运行132天后，12月12日，随神舟十四号返回舱下行回收，圆满完成任务。

（高旭锋）

【环保所催化燃烧班组获全国工人先锋号称号】 该班组于1996年成立，有组员11人，从事挥发性有机物（VOCs）治理技术研发及推广应用，成功开发10余项达到世界先进水平的废气处理成套技术，在炼化企业推广应用160余套装置。2022年，该班组获全国工人先锋号称号。

（高旭锋）

【启动“揭榜挂帅”“军令状”“赛马”科研攻关机制】 2022年，大连石油化工研究院启动“揭榜挂帅”科研攻关机制，分2批发布4个项目，经过评选，与揭榜的团队签订“军令状”，明确攻关目标和攻关时间。对于存在多个技术路线的项目，实行“赛马”制，由多个团队同时攻关。

（高旭锋）

第二届“揭榜挂帅”项目评榜会

【净味环保改性沥青首次成功应用】 2022年10月16日，由大连石油化工研究院、高桥石化、炼油销售公司合作自主研发生产的净味改性沥青首次在上海成功应用。与普通沥青材料相比，净味改性沥青在施工铺设过程中可减少刺激性气体排放量60%左右，各项性能优于同类进口沥青产品。该技术通过向优质沥青中添加改性沥青净味剂，生产绿色清洁的沥青产品。该净味剂除了能减少沥青在拌和生产过程与道路摊铺时的烟气异味、降低对人的健康影响，还具有不改变沥青自身性能、添加量少、通用性强、生产便利等优势，尤其适合在通风不良的隧道或城市繁华路段推广应用，市场前景广阔。

（高旭锋）

【国家自然科学基金基础科学分中心挂牌】 功能介孔材料基础科学中心于2020年获国家自然科学基金委批准，由复旦大学牵头，联合中国石化共同组建，于2021年1月正式挂牌成立。该中心旨在瞄准国际基础科学前沿和国家重大战略需求，以原创性、前瞻性和交叉性为特点，以功能介孔材料精准合成、功能设计、结构调控为基础，建立一体化研究队伍，加速从理论研究到新材料创制、再到实用工业化应用技术研究进程。2022年8月30日，“大连院能源转化应用基础科学分中心”在大连石油化工研究院挂牌。

（高旭锋）

【专利申请量破万件】 2022年10月10日，随着专利“一种加氢反应器及其在顺酐加氢中的应用”（202211230186.0）受理通知书的下达，大连石油化工研究院国内外专利申请正式突破1万件，实现知识产权工作的新突破，标志着科技攻关创新迈上新台阶。获评辽宁省专利导航服务基地。

（高旭锋）

【设立“大研基础前瞻创新奖”】 2022年，院长侯栓弟全额捐赠个人获得的“大连市新引进领军人才”费用260万元，专门设立“大研基础前瞻创新奖”，旨在激励科研人员弘扬科学家精神，开展具有原始创新的基础研究和前瞻性研究，加速科研人员成长成才，更好担当国家战略科技力量。配套出台《大研基础前瞻创新奖评审办法》，首届8名职工获奖励。

（高旭锋）

【填补博士研究生联合培养的空白】 2022年11月18日，在大连市政府组织的市校协同发展博士研究生联合培养创新服务区签约仪式暨政产学研合作论坛上，大连石油化工研究院与大连理工大学决定共建博士研究生联合培养创新服务区（工作站），签署框架协议并揭牌，填补大连石油化工研究院博士研究生联合培养的空白。

（高旭锋）

【百万吨乙烯碱渣湿式氧化技术打破国外长期垄断】 2022年，由大连石油化工研究院、镇海炼化、石油工程建设公司联合开发的国内首套大型国产化废碱湿式氧化装置完成满负荷运行标定。该装置的投入运行，成功突破乙烯工程完全国产化最后一道“卡脖子”技术，一举打破国外大公司在国内该领域的长期垄断地位，标志着中国石化拥有自主知识产权大型废碱湿式氧化处理技术。装置具有处理能力更大、自动化程度更高，投资费用更省、运行能耗更低，各项指标更优、长周期运行更有保障的特点。

（高旭锋）

【“辽宁省石油基高端碳材料工程研究中心”正式落户】 2022年，大连石油化工研究院申报的“辽宁省石油基高端碳材料工程研究中心”获辽宁省发展改革委批复，正式挂牌。该中心将产学研协同推进石油基高端碳材料关键核心技术开发，加速科技成果转化与产业化。

（高旭锋）

【氢气纯化技术助力建成华南最大供氢中心】 2022年，采用大连石油化工研究院技术建设的茂名石化氢燃料电池供氢中心产出合格的99.999%高纯氢。该中心为华南最大氢燃料电池供氢中心，日产氢能力达6400千克，每年可向社会供应高纯氢2100吨，为打通粤港澳大湾区核心城市的“氢走廊”奠定坚实基础。大连石油化工研究院氢气纯化技术在天津分公司、高桥石化、青岛炼化、茂名石化、川维化工公司等企业应用，助力中国氢能产业链高质量发展。

（高旭锋）

【加氢裂化技术海外取得新突破】 2022年，大连石油化工研究院加氢裂化技术成功中标吉尔吉斯斯坦项目，实现加氢裂化成套技术首次中标海外炼厂。年内，缓和加氢裂化技术在白俄罗斯开车成功，实现加氢裂化技术在白俄罗斯首次应用。

（高旭锋）

【沸腾床条形国产化催化剂首次工业试用】 2022年，大连石油化工研究院研发的沸腾床条形国产化催化剂FET-10A在镇海炼化实现工业试用，装置整体运行稳定，催化剂效果达预期。自主研发沸腾床催化剂工业试用，对构建自主可控、安全可靠的沸腾床催化剂国内生产供应体系，保障国家能源安全，具有重要意义。

（高旭锋）

【国内首套沸腾床煤焦油加氢装置安全稳定运行】 2020年7月，采用大连石油化工研究院技术建设的国内首套50万吨/年煤焦油沸腾床加氢装置开车运行。截至2022年底，装置稳定运行至第三周期。在此基础上，大连石油化工研究院技术许可200万吨/年和260万吨/年的沸腾床渣油加氢装置，许可280万吨/年的复合床（沸腾床-固定床）渣油加氢装置，并配套建设高15米、直径2.6米、可装填催化剂20余吨的百万吨级沸腾床冷模装置，验证放大规律。

（高旭锋）

百万吨级沸腾床冷模试验装置

【可降解材料单体技术实现工业应用】 2021年，大连石油化工研究院立足在碳四产业链的长期积累，打通液化气-正丁烷-顺酐-1,4-丁二醇/丁二酸生产技术流程，实现PBS类可降解材料单体制备全产业链贯通。2022年，实现顺酐催化剂首次工业应用、丁二酸技术首次许可并成功申报集团公司“十条龙”攻关项目、生物基丁二醇技术首次许可。

（高旭锋）

【“曾榕辉工作室”获集团公司首批命名】 2022年，大连石油化工研究院结合统战工作和科研工作实际情况，建立以曾榕辉（集团公司高级专家、九三学社社员）为领衔人，由民主党派、党外知识分子等9位党外人士组成的“曾榕辉工作室”，该党外代表人士建言献策工作室获集团公司首批命名。

（高旭锋）

表1 大连石油化工研究院2022年度主要科研成果获奖情况

序号	成果名称	奖励名称	奖励等级
1	高含硫油气安全环保集输处理关键技术	新疆维吾尔自治区科技进步奖	二等奖
2	活性氧化铝晶面控制关键技术创新及在柴油质量升级中的应用	中国化工学会科技进步奖	一等奖
3	油脂非临氢脱氧高效非贵金属催化体系的创制	中国石油和化学工业联合会科技进步奖	一等奖
4	新型固定床渣油加氢体系长效运行机制的创制与实践	中国石油和化学工业联合会科技进步奖	一等奖

续表

序号	成果名称	奖励名称	奖励等级
5	煤气化废水多污染物协同处理关键技术研究与应用	中国石油和化学工业联合会科技进步奖	三等奖
6	低硫重质船用燃料油成套技术开发及应用	集团公司科技进步奖	特等奖
7	《中国炼油技术》（第四版）	集团公司科技进步奖	一等奖
8	低成本低能耗长周期生产国Ⅵ柴油关键技术开发及应用	集团公司科技进步奖	二等奖
9	多功能无人机巡检技术及装备	集团公司科技进步奖	二等奖
10	SEAST 高效加氢裂化预处理催化剂制备技术开发及应用	集团公司科技进步奖	三等奖
11	FN-3Y 乙烯裂解炉烟气脱硝催化剂开发及工业应用	集团公司科技进步奖	三等奖
12	石化企业电力系统仿真与可靠性提升技术	集团公司科技进步奖	三等奖
13	天然气管道缓蚀型减阻剂研发与应用	集团公司科技进步奖	三等奖
14	管道地质灾害监测预警技术开发及应用	集团公司科技进步奖	三等奖
15	清洁低凝、超低凝柴油高效生产技术开发及应用	大连市科技进步奖	一等奖
16	一种石蜡烃择形异构化催化剂及其制备方法和应用（ZL2 0101 0509 102.8）	中国专利奖	优秀奖

表 2　大连石油化工研究院 2017—2022 年专利申请与获授权情况　件

年　份	国内专利		国外专利	
	申请数	获授权数	申请数	获授权数
2022	746.5	672	101	30
2021	704	635	66	30
2020	676	445	31	38
2019	670	626	23	41
2018	692	546	48	42
2017	680	564	24	24

安全工程研究院

【概况】 中石化安全工程研究院有限公司（简称安全工程研究院）位于山东省青岛市，是中国石化直属的安全、环保和职业健康科研机构。其前身为成立于 1979 年的化学工业部化工劳动保护研究所，1999 年 7 月整体划归集团公司，2021 年 7 月，改制为中国石油化工股份有限公司全资子公司并更名为现名。2004 年 4 月，原国家安全生产监督管理总局依托安全工程研究院成立国家安全生产监督管理总局化学品登记中心，为中国危险化学品安全监管提供综合性技术支持，2018 年 12 月 4 日，更名为应急管理部化学品登记中心。2007 年 7 月，国家科技部依托安全工程研究院设立化学品安全控制国家重点实验室，2011 年 5 月 10 日通过国家科技部验收。2021 年 12 月，应急管理部与集团公司签署协议，依托安全工程研究院、化学品登记中心共建国家危险化学品安全（青岛）研究院（基地）。

截至 2022 年底，安全工程研究院设 8 个职能管理部门，15 个研究所（室）、中心。用工总数 681 人（安全工程研究院 517 人，化学品登记中心 52 人，诺诚公司 112 人）。其中，具有正高级职称的 48 人、副高级职称的 281 人；博士 115 人，硕士 346 人，博士后工作站在站博士后 2 人；特聘院士 2 人，科技部部际联席会议特邀专家 2 人，国务院安委会专家咨询委员会和专业委员会委员 2 人，享受政府特殊津贴专家 5 人，国家科技安全生产等部级以上专家 29 人，中国化工学会会士 1 人，中国石化突出贡献专家 8 人、学术技术带头人 6 人；各类国家级 HSE 领域专家 50 余人，具有注册安全工程师、安全评价师、职业危害评价师、环境影响评价师、注册计量师等执业资格的人员 300 余人。建有博士后工作站、研究生工作站。

安全工程研究院 2022 年度主要科研成果获奖情况及 2017—2022 年专利申请与获授权情况分别见表 1 和表 2。

（胡秀丽）

【领导班子调整】 2022 年 1 月 29 日，安全工程研究院召开干部大会，宣布领导班子调整决定。根据工作需要，经研究决定，白永忠任安全工程研究院党委书记（按大Ⅰ型企业正职管理）；徐伟任安全工程研究院副院长（按大Ⅱ型企业副职管理）、党委委员；党文义任安全工程研究院副院长（按大Ⅱ型企业副职管理）、党委委员。

（胡秀丽）

干部大会现场

【国家危险化学品安全（青岛）研究院（基地）召开工作推进会】 2022 年 1 月 27 日，应急管理部副部长刘伟在北京主持召开国家危险化学品安全（青岛）研究院（基地）（简称研究院）工作推进会。集团公司党组成员、副总经理李永林出席会议。应急管理部相关司局和集团公司相关部门负责人参加会议。安全工程研究院、登记中心领导杨哲等参加会议。会上，应急管理部危化一司汇报研究院理事会成员建议名单、理事会工作规则，安全工程研究院、登记中心汇报研究院 2022 年重点工作计划。

（胡秀丽）

【安全工程研究院召开第一届董事会第一次会议】 2022 年 3 月 11 日，中石化安全工程研究院有限公司在青岛召开第一届董事会第一次会议暨 2022 年度第一次定期会议。董事长、总经理杨哲主持会议，董事白永忠、顾松园、杜红岩、魏鑫、李玉辉、罗立斌出席本次会议。监事会主席曹永友，监事王洪秋、孟军以及经理层班子成员张卫华、徐伟、党文义列席本次会议。

（胡秀丽）

【2 家科技孵化创新企业获批】 2022 年 5 月 11 日，股份公司正式批复，同意安全工程研究院依托科技孵化平台公司（安工科技），通过无形资产作价入股的方式，设立青岛安工数联信息科技有限公司、青岛安工装备科技有限公司两家科技孵化创新企业，分别打造“工业互联网 + 危化安全生产”、高端安全装备智能制造领域的创新转化平台和科技产业链条，构建科技成果转化新模式。2022 年 7 月 12 日，青岛安工数联信息科技有限公司正式完成注册登记并取得营业执照。2022 年 8 月 8 日，青岛安工装备科技有限公司完成注册登记并取得营业执照。

（胡秀丽）

【国家石化项目风险评估技术中心完成事业单位法人注销登记】 2022 年 10 月 31 日，国家石化项目风险评估技术中心完成事业单位法人注销登记，正式完成法人压减工作。标志着安全工程研究院“1+3”体制改革的全面完成，为建立健全市场化运营机制、充分释放科技人员创新活力奠定基础。

（胡秀丽）

【中国石化 HSE 管理体系监督服务中心揭牌】 2022 年 1 月 19 日，中国石化 HSE 管理体系监督服务中心揭牌仪式在安全工程研究院湛山院区举行。HSE 管理体系监督服务中心主要职责是对集团公司 HSE 管理体系运行进行监督服务，为集团公司 HSE 管理体系建设、运行和改进提供技术支持和管理支撑，发挥监督服务和技术支持两个作用，持续提升集团公司 HSE 绩效。

（胡秀丽）

【危险化学品安全风险预警与智能管控技术应急管理部重点实验室成功挂牌】 2022 年 4 月 2 日，应急管理部组织召开重点实验室挂牌启动暨工作部署会。会上，宣读《应急管理部办公厅关于将煤矿灾害预防与处置等九个实验室纳入应急管理部重点实验室运行序列的通知》（应急厅函〔2022〕75 号），以登记中心、安全工程研究院为依托单位申报的危险化学品安全风险预警与智能管控技术应急管理部重点实验室成功挂牌。

（胡秀丽）

【氢气泄漏检测技术实现加氢站应用】 2022 年 6 月，安全工程研究院自主研发的快速光学氢气泄漏检测技术及卡扣式氢气传感器长周期智能泄漏监测系统（Clip-01）在中国石化销售公司山东石油分公司院士港加氢站安装并投入使用。Clip-01 系统搭载自主研发的纳米材料 MEMS 气体传感芯片，可实现室温下对低浓度氢气泄漏的快速响应，具有安装简便、适配性强、维护周期长、数据展示直观等特点。

（胡秀丽）

【高酸性气田“十条龙”项目通过成果鉴定】 2022 年 12 月 14 日，中国石化科技部以视频会议的形式组织召开“十条龙”科技攻关项目“高酸性气田长周期安全生产关键技术研究与应用”成果鉴定会，鉴定结果为项目整体达到“国际领先”水平。该项目由中原油田分公司牵头，安全工程研究院作为技术牵头单位承担 3 项攻关任务。

（胡秀丽）

【中层领导人员任期制契约化管理签约仪式举行】 2022 年 7 月 4 日，安全工程研究院举行中层领导人员任期制契约化管理签约仪式。院长杨哲与中层领导人员代表签订《岗位聘任协议》和《年度考核责任书》，并作重要讲话。这是安全工程研究院推进“科改示范行动”的又一重要进展。

（胡秀丽）

【杨哲获青岛市五一劳动奖章】 2022 年 4 月 28 日，青岛市总工会下发《关于公布 2022 年青岛市五一劳动奖和青岛市工人先锋号的通知》，中石化安全工程研究院有限公司董事长、总经理杨哲获青岛市五一劳动奖章。

（胡秀丽）

表 1 安全工程研究院 2022 年度主要科研成果获奖情况

序号	项目名称	奖项名称	获奖等级
1	基于微尺度固液反应强化与微流体控制的水质检测	集团公司基础前瞻奖	三等奖
2	油气回收专用吸附材料及级配处理技术	集团公司技术发明奖	二等奖
3	基于完整性的石油化工设备运维关键技术与工业应用	集团公司科技进步奖	一等奖
4	大型煤气化装置安全防控关键技术	集团公司科技进步奖	二等奖
5	中国石化安全风险量化与智能管控平台（PHAMS）研究与应用	集团公司科技进步奖	二等奖
6	在役石化场地污染源羽安全高效刻画技术与应用	集团公司科技进步奖	二等奖
7	新型高分子材料合成工艺安全防控技术	集团公司科技进步奖	三等奖
8	石化企业输配电线路雷电灾害预警防控关键技术及装备研发	青岛市科技进步奖	二等奖
9	本质安全型低温催化氧化 VOCs 成套处理技术及推广应用	青岛市科技进步奖	二等奖
10	炼化设备腐蚀缺陷声学在线检测技术与装备	中国腐蚀与防护学会科技进步奖	二等奖

表 2　安全工程研究院 2017—2022 年专利申请与获授权情况　件

年　份	国内专利		国外专利	
	申请数	获授权数	申请数	获授权数
2022	365	179	11	2
2021	353	110	8	5
2020	321	84	8	0
2019	316	98	3	0
2018	314	200	1	0
2017	286	129	1	0

化工和材料板块

燕山石化

【概况】 中国石油化工股份有限公司北京燕山分公司（简称燕山分公司）、中国石化集团北京燕山石油化工有限公司（简称燕化有限公司）统称燕山石化，位于北京市房山区燕山岗南路 1 号，占地 36 平方千米，其中生产厂区 12.26 平方千米，是集团公司旗下特大型石油化工联合企业。其前身始建于 1967 年，成立于 1970 年，时称北京石油化工总厂，曾更名为北京燕山石油化学总公司、中国石油化工总公司北京燕山石油化工公司、北京燕山石油化工集团有限公司。北京东方石油化工有限公司（简称东方石化公司）为燕化有限公司全资子公司，中石化保定石油化工有限公司（简称保定石化公司）由集团公司划归燕化有限公司进行管理。

经过几代建设者的不懈奋斗，燕山石化发展成为一家千万吨级的炼化一体化企业。截至 2022 年底，燕山石化有生产装置 62 套、辅助装置 68 套，可生产 116 个品种、765 个牌号的石油化工产品，是中国石化炼化一体化核心骨干企业，也是中国重要的合成橡胶、合成树脂和高品质成品油生产基地。燕山石化原油加工能力 1000 万吨 / 年，成品油生产能力超过 650 万吨 / 年，其中汽油生产能力 300 万吨 / 年；乙烯生产能力 80 万吨 / 年，聚乙烯生产能力 60 万吨 / 年，聚丙烯生产能力 50 万吨 / 年，合成橡胶生产能力 42 万吨 / 年，有机产品生产能力 52 万吨 / 年，电池级氢气生产能力 1460 吨 / 年，纳滤 / 反渗透膜生产能力 200 万米 ^{2}/ 年。

截至 2022 年底，燕山石化累计加工原油 3.72 亿吨，生产乙烯 2567.91 万吨，销售收入 15102.55 亿元，上缴利税 1869.94 亿元。有职能部门 16 个，直属二级单位 16 个，在岗职工 8444 人（含东方石化、保定石化）；直属党委 18 个，在职党支部 155 个，在岗党员 4335 名。

燕山石化主要技术经济指标和主要产品产量分别见表 1 和表 2。

（刘方旭）

【领导班子调整】 2022年9月7日，集团公司党组召开视频会，宣布燕山石化领导班子调整决定。集团公司党组成员、副总经理、股份公司总裁喻宝才出席会议并讲话，集团公司人力资源领域首席专家、党组组织部副部长、人力资源部副总经理、党组编制办副主任张仕江宣布领导班子调整决定：曲宏亮任燕化有限公司董事、总经理、党委副书记，燕山分公司总经理；赵唤群任燕化有限公司党委常委、燕山分公司副总经理；王哲不再担任燕化有限公司董事、总经理、党委副书记，燕山分公司总经理，另有任用。12月26日，集团公司党组召开视频会，集团公司党组成员、总会计师、股份公司监事会主席张少峰宣布燕山石化等单位领导班子调整决定：章丽莉不再担任燕化有限公司党委常委，解聘其燕山分公司总会计师职务，另有任用。

（刘方旭）

【践行“双碳”目标，推动绿色发展】 2022年，燕山石化落实节能降碳实施方案，全年外购绿电4500万千瓦·时，为北京市最大的绿电交易用户。燕山石化持续开展绿色企业行动，高标准完成中国石化绿色企业年度复核，基层绿色装置完成率95%。持续助力美丽中国建设，燕山石化坚持精准防治、科学防治，持续深化VOCs网格化管理，深入打好蓝天保卫战，VOCs排放量连续5年下降10%。

（刘方旭）

【产品产量质量销量不断突破】 2022年，燕山石化光伏级EVA产品累计产量增长153%，创历史最好水平，进一步打破国外行业技术垄断，缓解国内市场进口依赖；110千伏高等级电缆绝缘料产出占比提升至52%，加速推进高等级电缆料国产化进程，持续致力更高等级电缆绝缘料工业化开发；锂电池隔膜料成功实现产品标准化、渠道多元化、价格体系化，其销量较2021年翻一番，产品品质得到下游客户充分认可；1-己烯海外市场开拓再传捷报，成功扩展至15个国家，产量和出口量双创历史新高；燕山石化所拥有的中国石化首套稀土顺丁橡胶装置，通过不断攻关优化，实现投产10年以来首次年产量超万吨。

（刘方旭）

【成为国内首家取得清洁氢认证企业】 2022年1月31日，燕山石化通过“低碳氢、清洁氢及可再生氢标准及评价”认证，成为国内首家取得清洁氢认证的企业。

（刘方旭）

【取得100VLL航空汽油适航批准书】 2022年9月8日，燕山石化取得100VLL航空汽油适航批准书，成为中国石化首家具备生产销售该产品资质的企业。

（刘方旭）

【氢气点燃北京冬奥“主火炬”】 2022年2月4日，北京冬奥会在国家体育场“鸟巢”开幕，燕山石化生产的高纯氢气点燃国家体育场“主火炬”。至此，燕山石化圆满完成冬奥会、冬残奥会开幕式“主火炬”所需燃料氢气的生产保障任务，为绿色冬奥赋能。燕山石化成功为北京及周边地区的13家用户提供燃料电池氢气，与北京地区需外采氢气的全部8座加氢站均建立起业务合作关系，并全力保供中国石化4座冬奥加氢站，保障北京赛区311辆氢能客运车用氢需求。同时作为备用气源，时刻准备为张家口赛区提供氢气保障。截至2022年2月18日，燕山石化累计出厂氢气170车、39.9吨。

（刘方旭）

燕山石化化学品厂氢气新能源充装现场

（李 雪 摄）

【危险化学品重点县专家指导服务组到燕山石化检查指导工作】 2022年3月2日，由国务院安委办派驻的2022年第一轮危险化学品重点县专家指导服务组到燕山石化检查指导工作。专家指导服务组通报检查指导的目的和重点任务。专家指导服务坚持服务指导、推动工作、破解难题的原则，聚焦推进安全风险集中治理、产业转移专项整治、精细化工“四个清零”、老旧装置安全风险管控等重点工作有效落实，坚持企业全覆盖自查、地方专家全覆盖复查、国务院安委会办公室专家抽查核查的工作方法，推动受检企业进行全覆盖安全诊断和分类整治。

（刘方旭）

【疫情关键时期实行封闭运行管理】 2022年5月7日，为高效应对严峻的疫情防控形势，确保疫情防控和生产经营双战双胜，按照北京市、房山区相关防控政策，燕山石化厂区、办公区实行封闭运行，生产运行实行“三班两倒”，工程施工项目暂停。封闭管控区内人员作业工作、食宿生活等均在封闭区域内依托各单位现状条件解决；确需厂区外安排住宿的人员，实行住地、工区两点一线，落实闭环管理。

（刘方旭）

【强势启动危险化学品运输管理提升行动】 2022年6月15日，燕山石化、炼油销售公司、化销华北分公司3家单位联合召开燕山石化危险化学品运输安全管理提升行动启动会暨“四个标准，十大零容忍”发布会。因疫情防控需要，会议采用视频形式举行。会议发布燕山石化危险化学品运输管理“四个标准，十大零容忍”管理要求。与会人员共同观看危险化学品运输安全警示片，并通报有关事故情况。炼油销售公司安全环保部、化销华北分公司作危险化学品运输管理经验交流。燕山集联介绍危险化学品停车场服务内容和管理要求。部分危险化学品运输承运商代表作表态发言。

（刘方旭）

【深入推进一体化体系融合】 2022年，燕山石化完成一体化体系要素框架搭建，建立完善109项主干、278项分支、119项下位制度的制度体系，持续提升管理效能。6月20日，燕山石化召开2022年一体化管理体系与HSE体系结合审核首次会，部署一体化管理体系和HSE体系审核工作。这是燕山石化首次将QHSE体系、能源体系、测量体系、“两化”融合体系、HSE体系进行全面整合后，进行的一次真正意义上的一体化体系审核工作，也是基于一体化体系融合后进入运行阶段的一次全面审核。

（刘方旭）

【获首届北京市健康企业称号】 2022年6月，北京市卫生健康委员会、北京市总工会公布第一届“北京市健康企业”名单，中国石油化工股份有限公司北京燕山分公司榜上有名，成为首批30家“北京市健康企业”之一，获颁“北京市健康企业”奖牌。

（刘方旭）

【举行“七一”主题党日暨节能节水环保交流活动】 2022年7月6日，国家工信部节能与综合利用司、北京市经信局和燕山石化联合举行“七一”主题党日暨节能节水环保交流活动。国家工信部节能与综合利用司司长黄利斌、副司长丁志军，北京市经信局副局长彭雪海，燕山石化总经理、党委副书记王哲，副总经理孔健等领导和3家单位的党员代表参加活动。出席交流活动的相关领导和专家一起研讨炼化企业节能节水相关事项，并对燕山石化节能减排工作进行技术指导。

（刘方旭）

【与北京经济管理职业学院开展校企合作】 2022年7月7日，燕山石化与北京经济管理职业学院签订《企业新型学徒制企校合作协议书》，力求在创新人才培养模式、深化人才培养等方面进一步加强企校合作，努力实现企业得人才、职工得技能、院校得发展的多赢目标。燕山石化成立专项工作组，下设宣传招聘、培养规划、课程体系、考核评价、综合协调5个工作小组，加大新型学徒制工作推进力度。

（刘方旭）

【召开党建工作专题研讨座谈会】 2022年7月13日，燕山石化召开党建工作专题研讨座谈会，围绕“强基固本、守正创新”专题，就加强和提升企业党的建设各项工作、加强和完善党对企业的领导开展广泛研讨。会上，各单位党委书记围绕研讨主题进行座谈交流，就改进和提升党建工作提出意见、建议和本单位的工作设想，党建工作先进党委作经验交流，党建考核排名靠后的单位在会上进行对照检查。

（刘方旭）

【赴辽宁省盘锦市隆台区开展防汛排涝救灾】 2022年8月1日，辽宁省盘锦市绕阳河发生决口导致大面积洪涝灾害。在国家安全生产应急救援中心统一部署下，8月6日上午，燕山石化消防中心（应急救援中心）迅速响应，派出11名消防指战员携带大流量排水抢险车、手抬泵、泥浆泵等排水装备火速奔赴现场。8月20日，在7个国家应急救援队伍的共同努力下，辽宁省盘锦市绕阳河大堤救灾排涝任务圆满完成。20日下午，根据现场指挥部的统一部署，消防中心指战员转场至辽宁盘锦兴隆台区特油作业二区四号站附近继续执行排涝任务。经过22天坝上鏖战，共参与排涝528小时，累计排水238.45万立方米，圆满完成此次防汛排涝救灾任务。

（刘方旭）

【国际安全与可持续发展评级达6级标准】 2022年9月26日，燕山石化举行国际安全与可持续发展评级结果发布会，宣布燕山石化正式通过挪威船级社国际安全与可持续发展评级系统（ISRS）第9版6级评价标准，标志着燕山石化成为国内首家通过ISRS第9版6级评价的炼化企业，燕山石化安全生产工作步入更加稳定的发展阶段，向国际先进企业公司迈出重要一步。

（刘方旭）

燕山石化国际安全与可持续发展评级结果发布会现场

（李 雪 摄）

【承办北京市石油化工生产装置灭火救援综合实战演练】 2022年9月28日，北京市石油化工生产装置灭火救援综合实战演练在燕山石化烯烃厂举行，北京市副市长谈绪祥，中国石化党组成员、副总经理吕亮功，国家应急管理部消防救援局副局长魏捍东等领导在现场观摩指导实战演练。

（刘方旭）

【新书《铸牢国有企业的根和魂：燕山石化公司党建工作巡礼》出版】 2022年10月，在中国战略与管理研究会的指导下，由燕山石化精心编著的党建书籍《铸牢国有企业的根和魂：燕山石化公司党建工作巡礼》，在党的二十大召开前夕，由重庆出版社正式出版发行。10月12日，燕山石化举行《铸牢国有企业的根和魂：燕山石化公司党建工作巡礼》新书发授仪式，燕山石化董事长、党委书记、分公司代表李刚出席授书仪式并讲话。

（刘方旭）

【共青团第十二次代表大会召开】 2022年11月3日，燕山石化共青团第十二次代表大会胜利召开。

（刘方旭）

【兆瓦级质子交换膜（PEM）电解水制氢装置成功开车】 2022年12月10日，中国石化国产化兆瓦级质子交换膜（PEM）电解水制氢装置在燕山石化成功开车，并于当日实现全流程贯通，产品质量检测合格。12月11日，该装置氢气产量和压力达到设计值。这是中国石化首套开车运行的兆瓦级质子交换膜电解水制氢装置，由石油化工科学研究院和燕山石化共同开发、建设，应用国内国产化程度最高的单槽兆瓦级PEM电解水制氢成套设备，生产全过程实现零碳、零污染物排放，打通自主技术“绿电”制“绿氢”流程，标志着中国石化PEM电解水制氢成套技术实现工业应用。

（刘方旭）

燕山石化兆瓦级质子交换膜（PEM）电解水制氢示范站

（张明慧 摄）

【入选《企业生物多样性保护案例集》】 2022年12月11日，由世界可持续发展工商理事会商业自然联盟、世界自然基金会等多家机构联合编制的《企业生物多样性保护案例集》发布，燕山石化“达标排放的工业污水处理＋湿地自然生态修复系统”生态型工业污水综合净化实践入选《中国石化：孕育生物多样性效益的园区建设》案例。

（刘方旭）

【先进典型不断涌现】 高科公司研究中心科技研发专家杜建强获中国能源化学地质工会第八季“大国工匠”称号；集团公司加氢裂化装置操作工技能大师、炼油厂刘劲松获第十六届全国高技能人才评选“中华技能大奖”；炼油厂第五作业区主管王阳、烯烃厂总工程师余仁杰获首都劳动奖章；燕山石化副总工程师王勇、合成橡胶厂顺丁前序工段长范晓明、合成树脂厂二聚装置安全总监彭晓卉、化学品厂第一苯酚丙酮装置区域主管蒋智慧、热电厂第二热电车间锅炉班长尤震获2022年中国石化劳动模范称号；集团公司乙烯装置操作工技能大师、烯烃厂王文海享受北京市政府技师特殊津贴。

（刘方旭）

【多项竞赛斩获佳绩】 在2022年全国行业职业技能竞赛裂解汽油加氢装置操作工竞赛中，由燕山石化烯烃厂崔冬梅、谭启龙、曹哲良组成的代表队获团体二等奖，谭启龙、曹哲良分获个人金奖和银奖；在第四届全国油气开发专业职业技能竞赛暨中国石油首届技术技能大赛催化裂化工竞赛中，由炼油厂杜永建、吕增、范超组成的燕山石化代表队获团队项目金奖，吕增、杜永建分获个人金牌和铜牌；在全国化工行业职工职业技能竞赛中，由燕山石化炼油厂郑晓薇、于永久，有机化工厂孔维猛组成的代表队获团体二等奖，郑晓薇获个人一等奖，于永久、孔维猛获个人二等奖；在全国行业职业技能竞赛硫回收装置操作工竞赛中，燕山石化炼油厂团队获团体三等奖，炼油厂杨智程获个人银奖；储运厂装卸车间计量班获评2020—2021年度全国“安康杯”竞赛优胜班组。

（刘方旭）

表1 燕山石化主要技术经济指标 亿元

指标名称 \ 年份	2022	2021	2020	2019	2018	2017
原油加工量 / 万吨	773.00	775.53	770.64	936.51	911.33	892.07
工业总产值	593.64	521.22	586.09	694.23	629.03	519.21
燕山分公司	593.64	490.19	557.42	664.43	601.34	490.56
燕化有限公司	0	31.03	28.67	29.80	27.69	28.65
资产总计	311.07	351.07	340.35	329.56	284.27	324.08
燕山分公司	212.68	227.58	210.77	205.22	177.98	188.98
燕化有限公司	98.39	123.49	129.58	124.34	106.29	135.10
营业收入	642.57	544.33	446.52	606.41	616.14	553.13
燕山分公司	600.95	502.61	395.52	551.37	562.32	499.92
燕化有限公司	41.62	41.72	51.00	55.04	53.81	53.21
实现利税	71.86	82.70	61.17	94.13	128.10	107.05
燕山分公司	79.06	94.30	63.66	101.93	134.99	131.66
燕化有限公司	−7.20	−11.60	−2.11	−7.80	−6.89	−5.58
实现利润	−1.70	0.63	−12.13	2.28	18.72	29.53
燕山分公司	6.05	13.28	−8.99	11.24	26.91	36.52
燕化有限公司	−7.75	−12.65	−3.14	−8.96	−8.19	−6.99

表 2 燕山石化主要产品产量 万吨

产品名称 \ 年份	2022	2021	2020	2019	2018	2017
燕山分公司						
汽　油	201.69	227.31	207.83	285.45	276.21	271.04
航空煤油	76.15	106.32	103.06	191.03	187.57	190.77
柴　油	169.55	139.96	160.41	173.10	159.77	156.61
商品燃料油	1.01	3.49	4.79	0.58	4.16	3.62
裂解料	195.5	200.83	239.88	232.72	228.88	244.00
商品液化气	30.78	22.27	11.85	11.62	8.32	11.08
纯　苯	17.79	18.39	20.54	18.51	16.13	16.64
乙　烯	71.13	71.19	81.70	81.46	79.40	79.33
丙　烯	33.10	32.74	37.95	37.48	37.18	37.34
丁二烯	9.54	9.44	9.69	10.57	10.62	10.55
间二甲苯	6.57	5.90	6.72	7.31	6.11	6.15
苯乙烯	2.90	6.52	7.39	7.13	6.77	6.98
乙二醇	0.39	3.84	3.77	2.03	4.62	4.79
苯　酚	17.58	15.90	17.59	17.01	15.77	12.85
丙　酮	10.66	9.64	10.66	10.25	9.52	7.76
低密度聚乙烯	19.88	25.38	36.14	41.50	39.13	38.02
高密度聚乙烯	15.14	15.81	18.19	17.59	17.64	17.51
顺丁橡胶	12.94	12.22	11.72	12.80	12.02	10.44
SBS	2.96	3.48	4.18	4.06	3.32	2.07
丁基橡胶	0.23	0.55	1.20	0.98	1.17	0.53
间苯二甲酸	4.16	4.15	4.75	4.74	4.84	4.34
1- 己烯	5.08	3.64	3.93	4.23	2.49	2.22
发电量 / 万千瓦・时	7 094.00	—	—	—	—	—
燕化有限公司 发电量 / 万千瓦・时	—	8 300.00	29 900.00	33 400.00	35 423.00	25 628.00

齐鲁石化

【概况】 中国石油化工股份有限公司齐鲁分公司（简称齐鲁分公司）、中国石化集团资产经营管理有限公司齐鲁石化分公司（简称齐鲁石化分公司）统称齐鲁石化，是集团公司直属的集石油加工、石油化工、煤化工、天然气化工、盐化工为一体，配套齐全的大型炼油、化工、化纤联合企业，位于山东省淄博市临淄区中南部，占地面积 16.55 平方千米。其前身胜利炼油厂始建于 1966 年 4

月，1972 年 6 月更名为山东胜利石油化工总厂。1980 年 3 月山东胜利石油化工总厂更名为齐鲁石油化工总公司。1983 年 7 月划归中国石油化工总公司。1984 年 1 月，齐鲁石油化工总公司更名为中国石油化工总公司齐鲁石油化工公司。1998 年 12 月，齐鲁石油化工公司更名为中国石化集团齐鲁石油化工公司。2000 年 2 月，成立中国石油化工股份有限公司齐鲁分公司、中国石化集团齐鲁石油化工公司。2007 年 10 月，注销中国石化集团齐鲁石油化工公司，成立中国石化集团资产经营管理有限公司齐鲁石化分公司。2021 年 12 月 1 日，按照中国石化生产经营型业务重组要求，齐鲁石化分公司热电、水务等业务及全部在职人员并入齐鲁分公司，齐鲁石化分公司仅保留土地、房产、少量股权投资和非在职人员管理功能。

截至 2022 年底，齐鲁石化有石油化工生产装置 142 套，炼油综合加工能力 1250 万吨 / 年，乙烯产能 80 万吨 / 年，化工产品年生产能力为合成树脂 130 万吨、烧碱 20 万吨、橡胶 30 万吨、苯类 50 万吨、醇类 32.58 万吨、丙烯腈 26 万吨、腈纶 5.4 万吨，热电装机容量 50.4 万千瓦。主要生产汽油、航空煤油、柴油、沥青、聚乙烯、聚丙烯、聚氯乙烯、合成橡胶、合成纤维、丙烯腈、丁辛醇、烧碱、苯类等各种牌号 120 多种石油化工产品。2022 年加工原油 1093.88 万吨，生产乙烯 72.51 万吨，完成营业收入 811.16 亿元，上缴税金 150.82 亿元。截至 2022 年底，累计加工原油 4.05 亿吨，生产乙烯 2074 万吨，完成工业总产值 14696 亿元，实现利税 2286 亿元。

截至 2022 年底，齐鲁石化设机关部门 14 个、直属单位 21 个、专业机构 4 个，驻外机构 2 个。用工总量 15498 人，其中具有正高级职称的 52 人、副高级职称的 1938 人、中级职称的 1693 人、初级职称的 1046 人。

齐鲁石化主要技术经济指标及主要产品产量分别见表 1 和表 2。

（徐江山　江海宁）

【领导班子调整】 2022 年 5 月 25 日，中国石化以视频形式召开齐鲁石化干部大会。集团公司党组书记、董事长马永生出席会议并讲话。集团公司党组成员、副总经理、股份公司总裁喻宝才主持会议并对落实会议精神提出要求。集团公司副总经济师兼党组组织部部长、人力资源部总经理吕亮功宣布齐鲁石化领导班子调整决定：聘任韩峰为中国石化副总工程师兼齐鲁分公司代表、党委书记。

（徐江山　江海宁）

【经营优化提效】 2022 年，齐鲁石化克服重污染天气、疫情封控等不利影响，完成中国石化各项考核指标，经营业绩好于预期。突出“油转化”“油转特”，滚动推进 152 项生产经营优化增效措施，增效 10.7 亿元。增产聚氯乙烯、丁辛醇等特色创效产品，合理安排乙烯装置降负荷运行，努力减亏增效。根据市场和效益情况压汽（油）增柴（油），柴油完成 277.76 万吨，柴汽比达 1.31。优化石脑油流向，保证连续重整—芳烃装置高负荷生产，苯类产品产量完成 34.67 万吨，增产 19.59%。强化产销协调，克服国内疫情多点扩散、市场供需不平衡等不利因素影响，产销率完成 100.17%。捕捉市场需求信息，高标号汽油完成 79.79 万吨，在华北地区排名第一。

（徐江山　江海宁）

【推动降本增效】 2022 年，齐鲁石化研判国际原油价格走势，准确把握采购节奏，开展原油多元化贸易，量价配合到位，原油采购成本降低 5.8 亿元。强化煤炭、化工原辅料、机电仪材料采购降本 1.8 亿元。吨乙烯“三剂”费用 25.25 元，排名中国石化八大炼化企业第一。深化业财融合，落实税收优惠政策增效 3.31 亿元，稳价推价增效 0.48 亿元。强化资金管控降本，连续 4 年财务费用为负。压减 107 项外包业务费用降本 0.49 亿元。深度参与电力市场化交易改革，优化网进电采购策略，全年降低电费成本 2.64 亿元。审计监督服务作用有力发挥，促进增效 6752 万元。

（徐江山　江海宁）

【高质量发展开创新局面】 2022 年，齐鲁石化坚持提质升级，加快重点项目建设和脱瓶颈攻关，高质量发展有力推进。转型升级技术改造项目“7+1”论证基本完成，“鲁油鲁炼”技术升级改造项目进展顺利，燃料电池用氢、光伏发电二期和“三余”

资源利用等项目成功投用。固体库房智能搬运项目投用，建成中国石化首个重载托盘产品自动搬运基地。紧跟能源产业政策，深入对接区域能源布局，紧急启动新建2台300吨/时燃气锅炉项目，确保热力稳定接续。聚丙烯、4#空分和高性能可交联聚乙烯电缆料等合资合作项目进展顺利。围绕解决装置运行瓶颈、提升技术经济指标，全年推动落实短平快技改技措项目191项，累计增效1.82亿元。

（徐江山　江海宁）

【创新驱动取得新突破】 2022年，齐鲁石化强化科技创新引领，研发投入5.57亿元，增长67%。新技术开发应用。含硫天然气提质关键技术开发、重膜包装减薄技术达世界先进水平。硫黄回收装置近零排放技术形成移动床脱硫成套工艺，硫回收率近100%。全年申报专利165件，获专利授权161件。开展科技成果推广转化应用，收回技术转让许可费1098.85万元。新产品开发。成功研发高压电缆料、极低密度茂金属膜料、预焙阳极石油焦等新产品，突破关键核心技术。开发生产树脂新产品12.20万吨，顶替进口15.20万吨，超额完成年度计划。

（徐江山　江海宁）

【安全环保治理】 2022年，齐鲁石化完善HSE管理体系手册，高质量推进体系帮扶和安全诊断问题整改，首次开展HSE管理体系全要素全覆盖审核，试点双重预防数智化管控平台建设，一体推进承包商QHSE管理体系审核。深刻吸取事故教训，举一反三查改安全管理问题，迅速扭转安全生产被动局面。践行有感领导，各级干部下沉一级抓安全，推动HSE要求融入各项生产经营活动、业务管理规范、标准作业程序。强化风险隐患过程管控，风险总值由年初的207降为170，降值率18%。开展“百日安全行动”，加强现场作业风险分析，提升基层“135”应急处置能力，建立督查人员、第三方专家和返聘干部“三位一体”网格化监管体系，作业监管更加严格。坚持绿色发展理念，完成第二延迟焦化装置除焦系统环保隐患治理和91台储罐挥发气VOCs治理，历经4年获评中国石化绿色企业称号。

（徐江山　江海宁）

【信息化建设】 2022年，齐鲁石化固体库房智能搬运项目投用，实现库房24小时无人化搬运作业，建成中国石化首个重载托盘产品自动搬运基地。建成工业互联网+安全生产项目，开发30个App，构建53种安全分析模型，实现人工智能+巡检机器人、大数据+动态感知、数字孪生+远程监测等五大应用，支撑HSE体系高质量运行。通信系统数字化改造（一期）项目竣工，齐鲁石化通信业务步入数字化时代。扎实开展信创工作，在中国石化首家实施门户系统国产化改造，投用国产实时数据库，实现生产数据采集全覆盖，装置数据采集频率由3分钟/次提至10秒/次，提升安全自主可控能力。衡器无人值守系统历经3年建设完成全覆盖，实现自动化、智能化、无人化。工业化与信息化融合管理体系通过国务院工信部认证，成为中国石化首批AAA级认证企业。

（徐江山　江海宁）

高密度聚乙烯智能库房成为中国石化首家重载托盘产品搬运基地（王　飞　摄）

【科学应对疫情封控】 2022年，齐鲁石化全力应对疫情的反复冲击，针对防疫不同阶段及时调整防控策略和措施，制发《齐鲁石化公司新冠肺炎应急预案》（第二版）、《齐鲁石化公司新冠肺炎疫情防控常态化工作方案》（第二版），先后出台指导性文件14个、疫情防控指令19份、阶段性工作通知210个。设立18处核酸检测点，组织完成23.7万人次核酸检测，累计排查风险人群1700余人次，排查疫情重点地区返回员工365人次，处置健康异常信息11起，日均3次消杀消毒6.24万平方米。在公司和二级单位两个层面开展应急演练，切实增强实战能力。11月疫情升级，齐鲁石化克服疫情对物资供应、道路交通的影响，加强值班应急和内外协调力度，完成紧急情况下大宗原物料、车辆和厂区服务等保供任务。12月8日起，齐鲁石化有序恢复正常生产经营秩序。

（徐江山　江海宁）

【100万吨/年二氧化碳回收利用项目产出合格产品】 100万吨/年二氧化碳回收利用项目于2021年10月16日正式开工，2022年1月29日中交。2023年4月1日投料试车一次成功，4月3日产出合格二氧化碳产品。项目投产后，成为国内最大CCUS（二氧化碳捕集、利用与封存）全产业链示范基地，为中国构建低成本、低能耗、安全可靠的CCUS技术体系和产业集群贡献力量，每年减排二氧化碳100万吨，相当于植树近900万棵或近60万辆经济型轿车停开1年，具有较好的经济效益和社会效益。

（徐江山　江海宁）

2021年10月16日，100万吨/年二氧化碳回收利用项目开工。图为装置现场（赵　强　摄）

【特种橡胶装置产出合格产品】 特种橡胶项目可行性研究报告于2021年3月7日获批（石化股份计〔2022〕60号），基础设计于2022年5月30日获批（石化股份计项〔2022〕18号），批准概算64160.06万元。采用中国石化特种橡胶成套技术，建设1套年操作时数为8000小时、规模为5000吨/年的特种橡胶装置。项目于6月21日正式开工，10月26日高标准中交，比计划提前35天完成。12月21日投料试车一次成功，12月26日产出合格产品。项目由中国石化工程建设有限公司和山东大齐石油化工设计有限公司设计，山东齐鲁石化建设有限公司施工，山东昊华工程管理有限公司监理，石油化工工程质量监督总站青岛监督站实施质量监督。项目投产后，巩固和拓展齐鲁石化作为国内最大橡胶生产企业的优势，为打造高端新材料基地打下良好基础。

（徐江山　江海宁）

【第二延迟焦化装置除焦系统环保隐患治理项目建成投用】 第二延迟焦化装置除焦系统环保隐患治理项目可行性研究报告于2021年8月16日获批（石化股份炼〔2021〕190号），基础设计于2021年12月31日获批（齐鲁分函〔2021〕172号），批准概算8948.90万元。主要建设内容：增设1套15000米³/时废气处理设施，将除焦过程中产生的粉尘及挥发气送至加热炉焚烧，对配套设施及储焦池封闭改造。项目于2022年1月5日正式开工，3月31日中交，4月3日投用。项目由山东齐鲁石化工程有限公司总承包，山东齐鲁石化建设有限公司施工，山东昊华工程管理有限公司负责监理，石油化工工程质量监督总站青岛分站实施质量监督。

（徐江山　江海宁）

第二延迟焦化装置除焦系统环保隐患治理项目建成投用（李胜勇　摄）

【轻重质油储罐挥发气VOCs治理项目建成投用】 齐鲁石化轻、重质油储罐挥发气VOCs治理项目可行性研究报告分别于2021年9月12日（齐鲁分函〔2021〕121号）、9月7日（石化股份炼〔2021〕215号）获批，基础设计分别于2021年12月31日（齐鲁分函〔2021〕173号）、12月23日（齐鲁分函〔2021〕165号）获批，批准概算4714.59万元和6198.25万元。主要建设内容：对28台轻质油储罐、66台重质油储罐进行挥发气VOCs治理改造。项目分别于2022年1月10日和

2021 年 12 月 31 日开工，2022 年 6 月 30 日中交。项目投用后，达到环境保护和 VOCs 减排目标。项目由山东三维石化工程股份有限公司总承包，淄博北岳设备防护工程有限公司施工分包，山东梅隆工程项目管理有限公司负责监理，石油化工工程质量监督总站青岛分站实施质量监督。

（徐江山　江海宁）

【推进深化改革】 2022 年，齐鲁石化深化改革三年行动 79 项任务全部办结，在中国石化考核中获评 A 级。谋划制定促进提质增效升级、推进“三项制度”改革、开展专业化重组再优化、实施体制创新再提升、打造现代化智能工厂 5 个方面、27 项新阶段改革举措，为高质量发展注入强劲动力。行政后勤机构整合实现高效运行，橡胶食堂业务外包完成。以租赁经营方式实现齐美大酒店健康养老服务转型，盘活低效资产。发挥人力资源优势，通过人员外派、阶段性调动、业务承揽等方式实现增效 2544 万元。规范业务外包管理，独家采购数量同比下降 64.71%。法律、合规、风控、内控、制度“五位一体”合规管理体系有效运行，依法治企能力得以增强。推广区块链外部电子合同，合同管理综合水平稳居中国石化八大炼化企业首位。

（徐江山　江海宁）

【从严管理成效凸显】 2022 年，创新体系内审模式，完成齐鲁石化机关和直属单位两级内审，验证体系的符合性和适宜性。修订 259 项制度，完善机关部门职责，提升管理效率。全面推进“三标”建设，强化班组“十项制度”运行，扎实开展“信得过”班组创建，基层班组自主管理水平稳步提升。高质高效完成“5S”管理试点阶段性目标，提升现场面貌和本质安全水平。坚持人才强企抓培训，统筹开展操作法、画流程及应急处置等全员业务培训，举办首届操作法竞赛，组织技能操作人员上岗取证考试、“三大员”资格认证考试，提升员工岗位胜任能力。获评泰山产业领军人才技能类 1 人、齐鲁首席技师 4 人、中国石化技能大师 1 人、淄博市“海归之光”1 人，加快员工队伍结构由人才高峰型向人才高原型转变。

（徐江山　江海宁）

【企业地方合作发展】 2022 年，齐鲁石化有全国、省、市、区各级人大代表和政协委员 30 人（全国人大代表 1 人、山东省人大代表 2 人、山东省政协委员 3 人、淄博市人大代表 2 人、淄博市政协委员 5 人、临淄区人大代表 7 人、临淄区政协委员 10 人），代表委员以高度的政治责任感，履职尽责、共商国是、建言资政，为经济社会发展贡献力量。齐鲁石化全年在淄博市物资采购金额达 34.4 亿元，占总采购额的 30%，促进地方相关产业健康快速发展，增添地方经济活力。向社会供应汽油、煤油、柴油 520.24 万吨，全部达到环保标准。向市场提供合成树脂 91.42 万吨、合成橡胶 33.67 万吨、合成纤维 2.48 万吨、沥青 94.54 万吨。为周边 469 家企业、27 个村镇生产和生活提供水、电、蒸汽、氮气、风等能源总价值 14.57 亿元，为地方发展和居民生活提供保障。

（徐江山　江海宁）

【履行社会责任】 2022 年，齐鲁石化严格履行社会责任，接收中国石化和地方政府双重领导，针对 10 月疫情防控突然严峻的形势，齐鲁石化近 8000 名干部员工和战略承包商逆行而上，发扬阵地精神，驻岗守护，克服疫情影响，保证装置 24 小时连续生产，能源保供不停，为国家能源供给提供充足动能。鲁中应急救援中心全年受理地方危险化学品事故报警 8 起，出动消防车辆 20 台次、消防救援人员 86 次，损耗灭火药剂和器材约 62.57 万元，事故处置成功率 100%。参加地方企业“3·25”齐茂催化剂脱硝反应器火灾、“5·26”冯北路氢气罐车事故、“9·7”齐翔腾达脱氢装置碳四火灾、“12·17”淄江路柴油罐车火灾等事故处置和应急救援任务，受到地方政府和企业的赞誉。

（徐江山　江海宁）

【党建质量提升】 2022 年，召开齐鲁石化公司第七次党代会，描绘未来 5 年“一二三四五”蓝图，为推动高质量发展增添新动能。持续加强“三基本”建设，以分类定级为抓手，对基层党支部“全面体检”，不达标党支部全部晋档升级。坚持老中青梯次搭配，持续推进干部年轻化和轮岗交流，干部队伍结构持续改善。深化任期制和契约化管理，推动各级领导干部履职尽责。新发展陈列厅建成投用，成为石油石化优良传统红色教育基地。坚定不移正风肃纪，制定机关作风十个方面、48条典型不良表现，逐条对照整改。加强民主管理，深入开展群众性劳动竞赛和技术比武，承办全国硫回收装置操作工职业技能竞赛，获2金、1银、团体一等奖。持续巩固"我为群众办实事"实践活动成果，"民生十件事"落实落地，员工幸福感和满意度得以提升。压实信访维稳责任，化解积案，完成特殊敏感时期维稳保障任务。

（徐江山　江海宁）

表1　齐鲁石化主要技术经济指标　亿元

指标名称＼年份	2022	2021	2020	2019	2018	2017
原油加工量 / 万吨	1 093.88	1 143.56	1 057.02	1 203.27	1 202.68	1 155.29
工业总产值	802.19	712.34	521.28	697.83	755.63	644.61
工业增加值	182.79	239.03	166.99	206.36	243.04	236.71
资产总计	272.39	326.56	269.35	267.31	232.31	239.40
流动资产	75.63	125.06	75.02	83.56	69.91	73.39
固定资产原值	497.50	479.79	468.45	460.28	459.61	457.12
固定资产净值	143.12	157.75	150.10	141.80	142.36	146.89
销售收入	811.16	724.78	532.20	714.82	768.63	650.51
实现利税	111.74	170.47	121.02	148.84	189.75	178.03
税　金	150.82	128.4	113.61	136.18	148.49	146.91

表2　齐鲁石化主要产品产量　万吨

产品名称＼年份	2022	2021	2020	2019	2018	2017
汽　油	212.27	243.13	195.5	247.82	245.74	238.02
柴　油	277.76	256.37	255.46	294.18	301.96	314.30
煤　油	29.80	53.92	43.74	95.98	90.55	85.47
沥　青	93.60	88.73	97.00	102.02	90.03	90.99
硫　黄	13.30	13.55	12.19	14.36	14.06	13.87
乙　烯	72.51	68.33	85.02	85.65	86.85	71.59
丙　烯	31.01	28.17	35.53	35.57	37.88	29.26
聚乙烯	51.27	49.27	62.20	64.05	64.94	53.13
聚氯乙烯	32.48	28.01	33.10	23.90	23.22	20.34
聚丙烯	7.61	7.87	9.43	9.60	9.41	7.93
苯乙烯	17.82	18.38	19.40	21.65	21.90	18.15
合成橡胶	33.67	32.90	36.76	35.12	24.42	27.50
烧　碱	21.00	17.27	20.73	20.52	20.61	18.33
腈纶纤维	2.47	2.69	3.22	3.89	3.59	3.59
丙烯腈	20.42	18.08	12.62	15.74	14.92	15.68
丁辛醇	36.43	34.07	29.8	29.88	33.50	27.73
纯　苯	16.86	16.70	19.49	19.67	21.25	17.41
对二甲苯	0	1.01	7.18	8.54	9.59	5.50
发电 / 亿千瓦·时	27.12	29.15	34.42	33.94	38.69	36.01

镇海炼化

【概况】 中国石油化工股份有限公司镇海炼化分公司（简称镇海炼化）是中国石化旗下的特大型炼油化工骨干企业，位于浙江省宁波市镇海区。前身是始建于 1975 年的浙江炼油厂，1983 年划归原中国石油化工总公司。

截至 2022 年底，镇海炼化有 2700 万吨 / 年原油加工、220 万吨 / 年乙烯产能，负责管理码头吞吐能力约 1.2 亿吨 / 年、罐储能力约 1700 万立方米，资产总额 784.88 亿元，是中国石化规模最大、盈利能力最强、技术最先进、管理水平最好、发展质量最优的炼化企业，初步建成“世界级、高科技、一体化”绿色石化基地，成为中国石化工业高质量发展的代表。主要生产各种规格的汽油、柴油、航空煤油、液化气、道路沥青、苯类、乙烯、丙烯、丁二烯、环氧乙烷、乙二醇、环氧丙烷、苯乙烯、聚丙烯树脂、聚乙烯树脂等 50 多种优质石油化工产品。炼油绩效自 20 世纪 90 年代以来一直位居亚太地区炼厂第一群组；100 万吨 / 年乙烯装置 2010 年建成投产后，国内唯一连续 6 次在所罗门全球乙烯绩效评价中位列世界第一群组。镇海炼化实行公司—运行部扁平化管理，设立 14 个管理处室（含党群部门）、10 个业务中心（含消防支队）、14 个生产运行（专业）部及中国石化镇海基地项目管理部（炼油老区结构调整提质升级项目管理部）。在岗职工 6342 人，其中具有高级职称的 485 人、中级职称的 1223 人。

镇海炼化扩建 1500 万吨 / 年炼油、120 万吨 / 年乙烯项目的建设及运营主体——中石化宁波镇海炼化有限公司，由中国石化与宁波市于 2018 年 6 月 18 日合资成立，股比 85%∶15%。按照“管理上一体化统筹、法律上独立法人运作”的基本定位，实行镇海炼化与中石化宁波镇海炼化有限公司一体化管理。截至 2022 年底，中石化宁波镇海炼化有限公司管理职能全部依托镇海炼化。其中，120 万吨 / 年乙烯项目于 2022 年 1 月投产。

2022 年，镇海炼化“管理网格化 + 技术专业化 + 现场规格化 + 行为规范化”安全管理新格局初步建立；“无废无异味绿色示范工厂”建设成效显著，得到生态环境部、应急管理部、工业和信息化部等国家部委的高度肯定。镇海炼化获全国五一劳动奖状，入选全国首批“数字领航”企业、第五批全国关心下一代党史国史教育基地等。

镇海炼化主要技术经济指标及主要产品产量分别见表 1 和表 2。

（方　洁）

【领导班子调整】 2022 年 1 月 30 日，镇海炼化召开领导班子扩大会，宣布集团公司党组调整镇海炼化领导班子决定：黄明刚任镇海炼化副总经理、党委委员；免去胡珣镇海炼化党委副书记、委员、纪委书记职务，不再担任镇海炼化工会主席、中石化宁波镇海炼化有限公司监事会主席、监事职务，另有任用；张江洪调出镇海炼化，另有任用。9 月 2 日，镇海炼化召开领导班子扩大会，宣布集团公司党组调整镇海炼化领导班子决定：汪建林任镇海炼化纪委书记、党委委员，为镇海炼化工会主席人选，任中石化宁波镇海炼化有限公司监事会主席；鹿志勇任镇海炼化副总经理、党委委员；张孝明任镇海炼化副总经理、党委委员。12 月 30 日，镇海炼化召开领导班子扩大会，宣布集团公司党组调整镇海炼化领导班子决定：洪波任镇海炼化副总经理、总工程师、党委委员；免去施俊林镇海炼化副总经理、总工程师、党委委员职务，另有任用。

（方　洁）

【中国石化和宁波市人民政府签署战略合作框架协议】 2022 年 11 月 6 日，股份公司副总裁赵日峰与宁波市委常委、常务副市长华伟在镇海炼化大乙烯工程座谈会二十周年纪念活动现场，分别代表中国石化和宁波市人民政府，签署战略合作框架协议。集团公司总经理、党组副书记赵东，宁波市委副书记、市长汤飞帆现场见证签字仪式。

（方　洁）

【中国石化与宁波市举行“云端”高层会谈】 2022年6月1日，中国石化与宁波市举行“云端”高层会谈，集团公司党组成员、副总经理，股份公司总裁喻宝才，宁波市党委副书记、市长汤飞帆出席。

（方　洁）

【中国石化镇海基地一期120万吨/年乙烯装置产出合格产品】 2022年1月7日，中国石化镇海基地一期项目龙头装置——120万吨/年乙烯装置产出合格乙烯产品，创国内同等规模乙烯装置开车用时最短纪录；从开工建设到乙烯产品合格仅用时22个月，创造国内同等规模乙烯工程建设工期最短、国产化程度最高、数字化应用最广、连续安全人工时超5700万小时等新纪录。这标志着镇海基地一期项目正式打通全流程，正式形成220万吨乙烯生产能力。

（方　洁）

中国石化镇海基地一期项目120万吨/年乙烯装置开工试车成功（万　里　摄）

【中国石化镇海基地二期项目开工建设】 2022年6月27日，中国石化镇海基地二期项目管理部办公中心举行正式进驻升旗仪式；6月28日，镇海炼化召开中国石化镇海基地二期项目开工动员暨“奋战六个月、基础出地面”劳动竞赛启动会，标志着中国石化镇海基地二期项目土建工程开工。12月30日，中国石化镇海基地二期1100万吨/年炼油工程首台大件设备——1100万吨/年常压蒸馏装置闪蒸塔吊装就位。镇海基地二期项目主要包括1100万吨/年炼油工程、高端合成新材料项目150万吨/年乙烯及下游高端新材料项目（又称150项目）三大项目群。

（方　洁）

中国石化镇海基地二期1100万吨/年炼油工程首台大件设备——1100万吨/年常压蒸馏装置闪蒸塔吊装就位（李大超　摄）

【生产经营刷新多项历史纪录】 2022年，镇海炼化累计加工原油2300万吨、生产乙烯206.95万吨、营业收入1568.97亿元，均刷新历史纪录；实现利税184.6亿元、利润11.68亿元，留存地方税收46.94亿元，盈利能力继续领跑同类型炼化一体化企业。

（方　洁）

【100万吨/年乙烯装置绩效保持世界领先水平】 根据所罗门公司评价认定结果，2021年，镇海炼化100万吨/年乙烯装置单位高附现金操作费用、单位高附净能耗、维修效率指数3项指标处于第一群组，资产投资回报率、单位高附净现金收益2项指标处于第二群组。按照中国石化对世界领先水平的评价标准，该装置取得2022年度中国石化参评的9家单位10套乙烯装置中的最好成绩，也是自2011年参评以来第6次达到世界领先水平。

（方　洁）

【国内首套10万吨/年生物航煤装置产出合格产品】 2022年6月1日，国内首套10万吨/年生物航煤装置在镇海炼化首次规模化工业试生产成功、产出合格产品。镇海炼化于2020年8月建成中国首套10万吨/年生物航煤工业装置。5月，镇海炼化获得亚洲首张全球RSB生物质航空燃料认证证书。9月13日，取得中国民航局审定的生物航煤适航证书——技术标准规定项目批准书，标志着中国首批规模化生产生物航煤完成适航审定，镇海炼化生物航煤将向整个民用航空市场销售。9月26日，首批30吨可持续航空燃料出厂，运往空客（中国）天津工厂。12月15日，镇海炼化生产的生物航煤首次应用在中国国际货运航空波音 777 型货机上，实现国际货运首飞。

（方　洁）

镇海炼化 10 万吨 / 年生物航煤装置首次规模化工业试生产成功，产出合格产品（万　里　摄）

【国内首次产出直馏渣油 30# 道路沥青】 2022 年 2 月 10 日，由镇海炼化 800 万吨 / 年常减压装置生产的 30# 道路沥青馏出口质量检验合格，标志着镇海炼化在国内首次产出直馏渣油 30# 道路沥青。30# 道路沥青为一种低针入度硬质沥青，具有黏度大、劲度高、黏附性好、整体抗高温变形能力强的特点，用于生产抗车辙性好的重载交通混合路面原料。

（方　洁）

【镇海炼化“东海牌”石油道路沥青连续 13 年出厂量突破 100 万吨】 2022 年 10 月 18 日，镇海炼化“东海牌”石油道路沥青出厂量突破 100 万吨、达 104.5 万吨，为中国石化唯一一家沥青年产销量连续 13 年突破 100 万吨的生产企业。

（方　洁）

【国内最长双向循环环氧乙烷长输管线在镇海炼化投用】 2022 年 8 月 9 日，镇海炼化投用国内最长双向循环环氧乙烷（EO）长输管线。该管线全长 17.3 千米，设计管输能力 21 万吨 / 年，用于将镇海炼化 EO 产品输送至宁波石化经济开发区下游用户。

（方　洁）

【算山首站单批次输送柴油量创投运以来最高纪录】 2022 年 9 月 5—10 日，算山首站单批次输送柴油量达 10 万吨，创算山首站投运以来单批次输送量最高纪录。镇海炼化算山首站位于宁波舟山港区，于 2013 年 4 月投入运行，主要承担甬绍金衢和甬台温两条成品油管道的供油任务。

（方洁）

【聚烯烃研发生产成效显著】 2022 年，镇海炼化加快推进科技创新，全年自主开发超低灰分电工膜专用树脂 PPH-C03、三元无规发泡聚丙烯 E08EB、聚乙烯抗静电滚塑料 R646UZ 等 19 款聚烯烃新产品，累计生产聚烯烃新产品、专用料 70.49 万吨，差异化增效 1.02 亿元。

（方　洁）

【生产销售 4B 石油焦产品增创效益】 2022 年 8 月 4 日，镇海炼化 200 万吨 / 年延迟焦化装置产出 4B 石油焦产品。镇海炼化结合市场形势，探索出在原料劣质化背景下连续稳定生产 4B 石油焦的工艺条件；每月可出厂销售 1.2 万吨 4B 石油焦产品，与原来锅炉烧焦自用相比，增效超 600 万元 / 月。

（方　洁）

【试生产 100LL 航空汽油获成功】 2022 年 6 月 2 日，镇海炼化 30 万吨 / 年烷基化装置完成 100LL 航空汽油试生产工作。该牌号航空汽油是目前国际上使用数量最多的航空汽油产品，使用该类低铅航空汽油，可以大大减少发动机积铅积炭现象，有效降低发动机故障率，提高通用航空的安全水平。

（方　洁）

【浙江大学－镇海炼化联合研究中心揭牌】 2022 年 9 月 23 日，浙江大学－镇海炼化联合研究中心在中石化宁波新材料研究院举行揭牌仪式。浙江大学发展委员会副主席陈子辰和镇海炼化代表、党委书记莫鼎革共同为研究中心揭牌。

（方　洁）

【镇海炼化－中科院上海有机所绿色化学工程联合研究中心成立】 2022 年 12 月 16 日，镇海炼化与中科院上海有机所举行云上签约仪式，成立

“镇海炼化－中科院上海有机所绿色化学工程联合研究中心”。镇海炼化代表、党委书记莫鼎革，中科院上海有机所院士唐勇分别代表双方签署合作协议。

（方　洁）

【集团公司“十条龙”项目成功“出龙”】 2022年12月19日，由镇海炼化作为组长单位参与的“百万吨乙烯配套含硫废碱液湿式氧化工艺技术开发及工业试验”和“高等规聚1-丁烯成套技术开发”项目经集团公司“十条龙”科技攻关领导小组批准“出龙”。

（方　洁）

【首家获挪威船级社（DNV）国际安全评级7级证书】 2022年12月19日，镇海炼化获挪威船级社（DNV）授予国际安全评级7级证书，为国内石油化工行业首家获得挪威船级社国际安全评级7级认证的企业。

（方　洁）

【白鹭园入选全球《企业生物多样性保护案例集》】 2022年12月13日，镇海炼化白鹭园作为全国首个石化厂区里的白鹭自然保护地入选全球《企业生物多样性保护案例集》，在联合国《生物多样性公约》第十五次缔约方大会（COP15）第二阶段会议中国角边会活动上发布。该案例是从全球上百家企业的生物多样性保护实践案例中精选出的23个最佳案例之一。6月30日，镇海炼化举办生物多样性论坛暨白鹭全球慢直播平台发布仪式，标志着中国首个全景式白鹭全球慢直播平台“I-EGRET”（爱白鹭网站）上线。

（方　洁）

镇海炼化白鹭园（苏　航　摄）

【能效、水效管理获多项荣誉】 2022年，镇海炼化在工业和信息化部组织的年度评审中，获2021年重点用能行业能效“领跑者”（乙烯行业）称号，为镇海炼化第5次获此荣誉。在中国石油和化学工业联合会年度评审中，获2021年度能效“领跑者”标杆企业（乙烯）称号，为镇海炼化连续第10年获此荣誉；获2021年度水效“领跑”者标杆企业（乙烯）称号，为镇海炼化连续第2年获此荣誉。另有1名员工获节能优秀管理者称号。

（方　洁）

【助力成为宁波市首个氢能重卡应用场景】 2022年11月22日，由镇海炼化加氢示范站加注氢气的两辆氢能源重卡车首次投入工业使用，成为宁波首个氢能重卡应用场景。镇海炼化加氢示范站于2021年6月25日建成中交，为宁波市首座加氢站，主要以镇海炼化氢气平衡后的富余蓝氢为原料（纯度为99.98%），从制氢装置经管输至加氢站，加氢设计能力为41.67千克/时，设计压力大于40兆帕。

（方　洁）

【首座光伏应用试点项目并网发电】 2022年7月30日，镇海炼化首座光伏应用试点项目并网发电。该项目位于220千伏浙化变周边，建设规模为45.5千瓦，设计安装布置100块455Wp（太阳能电池峰值功率）优质单晶硅电池组件。

（方　洁）

【收购浙江省国资委两家高新企业】 2022年2月28日，宁波浙铁江宁化工有限公司（简称江宁化工）、宁波浙铁大风化工有限公司（简称大风化工）经镇海区市场监督管理局核准完成股东变更登记，成为中石化宁波镇海炼化有限公司下属全资子公司，纳入中国石化镇海基地一体化管理。江宁化工、大风化工两家公司原为由浙江省交通投资集团有限公司控股的浙江交通科技股份有限公司全资子公司，同为A股上市公司，实际受浙江省国资委控制。

（方　洁）

【首次参加"双百企业"专项考核并获评"优秀"】 2022年7月3日，国务院国有企业改革领导小组办公室印发《关于印发中央企业所属"双百企业""科改示范企业"2021年度专项考核结果的通知》，镇海炼化首次参加"双百企业"专项考核并获评"优秀"。

（方　洁）

【多名职工获得先进荣誉】 2022年，镇海炼化烯烃一部苏鹤昉入选第二批中央企业"大国工匠"培养支持计划；群团工作部袁媛获共青团中央授予全国优秀共青团干部称号；关工委李钧奇获中国关心下一代工作委员会、中共中央政法委员会、中华人民共和国司法部、共青团中央委员会、中国法学会授予全国青少年普法教育优秀辅导员称号；事务中心冯梅获中国红十字会总会授予中国红十字会"会员之星"称号。

（方　洁）

【获全国绿化先进集体称号】 2022年，镇海炼化行政事务管理中心获全国绿化委员会、中华人民共和国人力资源和社会保障部、国家林业和草原局授予全国绿化先进集体称号。

（方　洁）

【连续13年位居宁波市"纳税50强"榜首】 2022年3月9日，宁波市经济和信息化局发布"2021年度宁波市纳税50强企业""2021年度宁波市制造业纳税50强企业"名单，镇海炼化连续第13年登上宁波市"纳税50强"企业和宁波市制造业"纳税50强"企业榜首。

（方　洁）

【积极承担中央企业责任助力乡村振兴】 2022年，镇海炼化深化乡村振兴，做好教育帮扶、产业帮扶和消费帮扶：与甘肃东乡布楞沟小学开展优秀师生奖学奖教、"营养早餐"行动、同步课堂等活动，持续推进浙江缙云200米葡萄棚长廊、30亩布朗李水果基地、30亩樱桃种植基地，以及四川金阳中草药种植基地项目，累计向甘肃东乡、山西岚县等采购消费帮扶产品288万元。

（方　洁）

表1　镇海炼化主要技术经济指标　亿元

指标名称＼年份	2022[①]	2021[①]	2020	2019	2018	2017
原油加工量/万吨	2 300.06	2 225.37	2 003.26	2 200.37	2 057.50	2 190.18
工业总产值	1 431.39	1 081.04	789.38	1 056.62	1 064.56	949.62
工业增加值	258.74	357.40	267.06	292.01	338.00	406.75
资产总计	784.88	852.09	614.07	511.34	468.18	456.63
流动资产	222.59	384.48	270.26	244.92	216.14	244.69
固定资产原值	728.43	579.20	458.37	447.32	396.97	401.27
固定资产净值	365.70	252.68	154.27	164.53	132.07	144.16
销售收入	1 568.97	1 177.90	847.50	1 134.77	1 137.87	1 031.77
实现利税	184.60	321.98	237.86	269.41	325.42	389.51
税　金	262.41	231.34	192.26	205.65	223.37	236.48
综合能耗/吨标煤·万元$^{-1}$	0.68	0.80	0.55	0.52	0.52	0.52

① 2021年、2022年数据中，资产总计、流动资产、固定资产原值、固定资产净值、销售收入、实现利税、税金数据均为合并报表口径

表 2　　镇海炼化主要产品产量　　万吨

产品名称＼年份	2022[①]	2021	2020	2019	2018	2017
汽　油	364.58	384.47	347.19	351.70	331.54	336.86
航空煤油	195.59	209.97	184.35	290.33	273.34	246.55
柴　油	568.37	557.17	561.73	600.34	574.00	613.82
石脑油	484.94	340.00	288.83	290.62	257.99	300.40
燃料油	51.53	47.37	39.82	20.65	36.68	29.18
液化气	108.02	102.39	89.79	110.82	111.73	115.36
沥　青	143.27	165.00	163.65	160.75	125.80	135.72
丙　烯	135.39	89.70	85.71	87.38	76.13	85.73
聚丙烯	81.66	60.11	57.38	59.40	50.57	56.55
苯	51.47	38.29	35.51	36.09	34.45	39.90
混合二甲苯	9.74	0	0	0	0	1.00
邻二甲苯	12.50	17.43	16.37	16.31	14.18	16.74
对二甲苯	34.81	51.84	51.61	56.71	54.54	61.59
硫　黄	37.04	34.39	25.24	24.65	21.90	24.41
石油焦	97.76	88.29	70.58	109.97	107.91	117.91
乙　烯	206.95	110.36	111.30	115.28	99.14	113.18
丁二烯	31.19	14.83	15.66	16.35	13.41	15.76
聚乙烯	78.92	47.15	49.86	51.57	42.67	49.50
环氧乙烷	30.67	18.87	17.46	17.12	13.75	16.72
乙二醇	106.20	44.47	45.41	48.86	43.20	43.79

① 2022 年丙烯、聚丙烯、苯、混合二甲苯、邻二甲苯、对二甲苯、乙烯、丁二烯、聚乙烯、环氧乙烷、乙二醇产品产量数据均为镇海炼化与中石化宁波镇海炼化有限公司 2 家公司的对应产品产量加和

天津石化

【概况】 中国石油化工股份有限公司天津分公司（简称天津分公司）和中国石化集团资产经营管理有限公司天津石化分公司（简称天津资产分公司）统称天津石化，位于天津市滨海新区（大港），与天津市区和塘沽新港有铁路、公路相通，与天津港南疆石化码头有输油管线相连。其前身为中国石化天津石油化工公司（由天津市石油化学工业公司和天津市石油化纤总厂组成），成立于 1983 年 12 月 28 日，2000 年分设为中国石化集团天津石油化工公司和中国石油化工股份有限公司天津分公司；2005 年，2 个公司进行一体化重组整合，实现机构的统一管理；2007 年 5 月 22 日，注册

成立天津资产分公司，10 月正式注销中国石化集团天津石油化工公司；2010 年 6 月，2 个公司实行一体化管理。

天津石化有炼油、化工生产装置 56 套，原油综合配套加工能力 1250 万吨 / 年，乙烯生产能力 150 万吨 / 年（含合资公司），化工产品年生产能力为对二甲苯 38 万吨、聚酯 20 万吨、聚醚 14 万吨，热电装机容量 40 万千瓦，日供水能力 10 万吨，原油储存能力 27 万立方米。主要生产汽油、煤油、柴油、液化气、燃料油、道路沥青、工业白油、苯类、乙烯、丙烯、环氧乙烷、乙二醇、聚乙烯树脂、聚丙烯树脂等石油化工产品，其中成品油全部达到国Ⅵ质量标准，为地区市场提供车用乙醇汽油；涤纶短纤维、3# 喷气燃料为国优产品；“天仙”牌涤纶短纤维，“津港”牌轻柴油、车用汽油、3# 喷气燃料，“大港”牌工业用纯苯被评为天津市名牌产品。

截至 2022 年底，天津石化共设 15 个机关部室，11 个生产单位，5 个支持中心单位，2 个科创团队，经授权持股或代管 13 家企业；正式职工总数 6514 人，共有专业技术人员 1799 人，其中具有高级职称的 534 人、中级职称的 671 人。资产总额 448.74 亿元。

天津石化主要技术经济指标及主要产品产量分别见表 1 和表 2。

（罗　威　曹乐凯）

【领导班子调整】 2022 年 9 月 14 日，集团公司调整天津石化领导班子，根据工作需要，陈伟军不再担任天津分公司总经理，天津石油化工公司总经理、党委副书记。12 月 26 日，集团公司召开视频会议，宣布调整天津石化领导班子，根据党组安排，施俊林任天津分公司总经理，天津石油化工公司总经理、党委副书记。集团公司研究决定，刘春祥任天津分公司副总经理，天津石油化工公司党委常委；免去柳荣的天津石油化工公司党委常委职务，不再担任天津分公司副总经理，任二级协理员。

（罗　威　曹乐凯）

【疫情防控精准高效】 2022 年，天津石化四级防疫网格全天候运转、全员核酸筛查常态化推进，一站式检测点高效运转，全年筛查超过 100 万人次，3 年来始终保持“零感染、零疫情”。面对疫情政策优化调整，紧急实施压峰延峰措施，抗原自测、用餐用药有力保障，疫情防控转段平稳有序，保持安全平稳生产。

（罗　威　曹乐凯）

【生产经营平稳有序】 2022 年，天津石化坚决落实党中央“疫情要防住、经济要稳住、发展要安全”总体要求，认真贯彻落实集团公司党组决策部署，强管理、防风险、练内功、促转型，圆满完成各项目标任务。全年加工原油 1154.68 万吨，生产成品油 551.93 万吨、乙烯 10.4 万吨、对二甲苯 30.85 万吨；营业收入 766.62 亿元，利润 -35.37 亿元，其中上市部分 -35.39 亿元（炼油板块 -17.08 亿元、化工板块 -18.31 亿元）、存续部分 0.02 亿元；缴纳税金超 93 亿元。

（罗　威　曹乐凯）

【安全管理全面加强】 2022 年，天津石化坚持体系与“三基”双轮驱动，全年保持安全平稳生产，安全风险管控率、重大隐患治理率、职业健康体检率、健康高危人员干预率均为 100%，被评为集团公司安全生产工作先进单位。领导干部带头实施个人行动计划，“四不两直”常态化开展，106 项体系要素监测指标定期评价，关键岗位 HSE 职责融合岗位职责。开展全员风险识别隐患治理，273 项工作措施压茬推动，104 个重大危险源全部履行包保责任，15 套老旧装置精准评估，大型油气储存基地“一库一策”编制完成。全面承接集团公司新版“7+1”制度，班子带头制定 11 个场景、30 项特殊作业硬措施并有效执行；创建“安全巡察、安全观察、安全检查、安全查短”新格局，南港乙烯项目连续 650 天安全建设，实现 1900 万安全人工时，可记录伤害率为零。“4+1”技防平台预警效果显著，风险隐患双重预防机制高效运行，直接作业管理实现线上闭环，生产装置大机组故障率为零。重点反恐目标全部验收达标，健康企业建设加快推进，员工健康救护中心实现 24 小时应急救护。

（罗　威　曹乐凯）

【绿色转型深入实施】 2022年，天津石化锚定打造“沿海城市型炼化企业典范”，DMC项目上报可行性研究、蓝氢项目开工建设，首个加氢站建成投用，LNG冷能利用设施、海上光伏项目配套加快。合资成立碳科天津公司，作为投资主体介入二氧化碳资源综合利用和投资运营。绿色企业建设深入推进，异味管控、水效提升、土壤治理齐头并进，无异味工厂、无废工厂建设成效卓著，首获中国工业碳达峰“领跑者”企业称号，保持全国炼化行业环境绩效A级评级，蝉联集团公司炼化板块绿色企业A档首位，被评为集团公司年度节能环保先进单位，再获天津市环境保护企业“领跑者”称号。

（罗　威　曹乐凯）

【改革管理协同推进】 2022年，天津石化深化改革三年行动任务全面完成，47项主要任务、148条具体措施达点完成。制度动态识别、承接转化、完善修订、回顾评价效率不断提升，4家合资公司完成注册，聚醚混改按期推进，3家二级单位实现精简优化。“三项制度”改革纵深推进，新进员工优先配置生产单位，60余名员工调配至原油储运部；建立完善2162个岗位说明书，推动安全环保责任进岗。绩效考核、专项奖励、评先选优同向发力，“1+10”考核激励机制建设协同推进。安全生产、绿色低碳奖励力度提升40%，优化奖励即时兑现，创新激励打破常规。坚持“1：2：4”制度检查原则和“两个1/3”考核硬规定，天津石化制度符合性检查考核首次突破1000项。

（罗　威　曹乐凯）

【科技创新效能不断释放】 2022年，天津石化与北京化工研究院、大连石油化工研究院完成战略合作协议签署，构建“产学研用、产销研用”科创交流平台。全年申请专利53件，获授权17件，超额完成总部指标。25个项目通过总部验收，“10万吨/年UHMWPE成套技术开发”“15万吨/年ALL-PE技术工业示范应用”入选集团公司“十条龙”，“绿色环保汽车轻量化材料技术开发与应用”获集团公司科技进步奖特等奖。研发投入历史性突破6亿元，新产品专用料产量、顶替进口任务均超年度指标。开发5个聚烯烃新牌号，气液法茂金属、三元共聚茂金属聚乙烯技术取得工业化突破，系统内首产BOPE专用料。氢化双酚A、聚碳改性工业化取得进展。气相法、气液法聚乙烯技术转让实现稳定收入。自主研发的1-辛烯共聚聚乙烯被中国石油和化学工业联合会评为年度化工新材料创新产品。

（罗　威　曹乐凯）

【产业转型步伐加快】 2022年，天津石化抓住时间窗口，做大优质增量，南港乙烯项目超进度建设，世界级炼化基地布局加快，成为地区经济增长重要牵引。“油转化”项目群协同实施，聚醚二期建成投产，碳五碳九综合利用、甘氨酸项目加快推进，ALL-PE工业化示范项目启动设计。南港乙烯项目引入英力士作为战略投资者，4个“专精特新”合资公司注册成立，天津市级化工园区完成认定，存量转型空间有望释放，“大园区”协同发展格局加速构建。

（罗　威　曹乐凯）

【重点项目有序开展】 2022年，天津石化聚焦“安全、精品、标杆”三人工程新目标，加快推进南港乙烯项目建设，全年完成投资105.3亿元，总体进度完成62.13%，详细设计基本完成，物资订货全部完成，土建基础全面交安，道路全面贯通，全场竖向基本完成，建构筑物全面封顶，钢结构安装完成90%，设备安装完成60%，工艺及热力主管网全面贯通。高起点介入和发展氢能、冷能、光伏等新能源业务，“油转化”项目完成可行性研究批复，1#碳二回收装置尾气和新火炬气回收氢气项目开工建设，炼油部可燃及有毒气体报警等46

天津石化南港乙烯项目2#丙烯塔吊装

个安全隐患治理项目达点完成、热电部 CFB 锅炉低氮优化改造等 7 个环保治理项目获得批复。

（罗　威　曹乐凯）

【智能提升进展明显】 2022 年，天津石化全流程智能控制系统（IPC）扩大应用，装置平稳率、自控率水平大幅提升。信息化项目助力生产运行、经营管理、风险预警等方面效能持续提升，门禁刷脸、无卡消费带来更多便利。数字工厂与产业工厂孪生建设，成为国家物联网示范、天津市智能制造 5G 试点示范项目。首次被评为国家智能制造试点示范工厂“揭榜挂帅”单位，“两化”融合管理体系获最高等级（AAA）认证。

（罗　威　曹乐凯）

【人才强企深入推进】 2022 年，天津石化健全干部管理体系，调整、提拔中层领导人员 17 人。强化基层班子建设，注重安全履职能力考察，任前、任后、年度开展专项测评，不合格不聘任、未通过即调整。滚动完善三级干部后备库，联合高等院校举办管理能力提升研修班。创新设置车间主任助理岗位，注重从优秀班组长中选拔年轻干部。推进干部能上能下全覆盖，末等调整不胜任退出占比 3.5%。首次开展人才竞争力分析，研究制订“十四五”及中长期人才发展规划，青年员工职称评审首次实行指标单列。

（罗　威　曹乐凯）

【政治生态持续向好】 2022 年，天津石化党组巡视、科技专项巡视整改任务全部完成，常规巡察 4 家直属党组织，首轮党委巡察实现全覆盖。开展南港乙烯项目专项监督、跟踪审计，为项目依法合规保驾护航。长效开展整治形式主义官僚主义，出台指导意见，构建问题场景，点名道姓、定期通报。从严规范案件处置，综合运用“四种形态”，重点用好第一种形态，提醒谈话 18 人，诫勉谈话 2 人。

（罗　威　曹乐凯）

【圆满完成盘锦抗洪排涝抢险任务】 2022 年 8 月，辽宁省盘锦市出现严重汛情，在国家安全生产应急救援中心的统一调派下，国家危险化学品应急救援天津石化队紧急调集 20 名人员、5 部救援车辆迅速驰援、率先抵达，历经 21 天连续奋战，排水总量超 120 万立方米，顺利完成抢险任务，被国家应急管理部授予集体三等功，刘玉伟被授予个人三等功。

（罗　威　曹乐凯）

天津石化紧急驰援盘锦抗洪排涝抢险任务

【全面启动教育帮扶师资培训项目】 2022 年，天津石化深入学习领会习近平总书记关于巩固拓展脱贫攻坚成果、全面推进乡村振兴重要指示精神，认真贯彻落实党中央、国务院、集团公司乡村振兴工作部署，与天津市教育科学研究院、青海省泽库县第一民族中学举行教育帮扶项目签约仪式，全面启动教育帮扶师资培训三年计划，以中央企业特色模式助力乡村振兴。

（罗　威　曹乐凯）

【“渤油津炼”流程全面贯通】 2022 年 9 月 2 日，载有 3 万吨中国海油锦州原油的“长航琥珀”轮顺利靠泊天津港石油化工码头，接卸上岸后转输天津石化，实现渤海原油区内就近开采、短程运输和加工炼制，降低物流成本，在改善企业效益的同时促进地方经济发展，有力盘活天津海洋原油资源区域优化“大棋局”，以实际行动“把能源的饭碗端在自己手里”。

（罗　威　曹乐凯）

天津石化首船渤海原油顺利靠泊

【企业发展大局和谐稳定】 2022年，天津石化常态化推进“我为群众办实事”，19件职工代表提案、92件实事全部落实。定单式限价商品房建设在即，面食烘焙中心、健康石化园建成启用，定向配发防静电阻燃服，五项帮扶慰问精准兜底，“总经理信箱”成为线上民心窗口、员工群众参与天津石化治理重要通道。建成全国设备工程大工匠工作室、中国石化示范性职工创新工作室。连续22年获评全国“安康杯”竞赛优胜企业，连续13年保持全国文明单位重要荣誉，被评为中国石化红色教育基地。结合庆祝建团百年，开展青年精神素养提升工程。信访初信初访办结率100%，房产证遗留问题攻坚解决，全年实现“零”进京访。做好离退休工作，武装、统战、计划生育、关工委等工作持续加强，凝聚起奋进新征程的强大合力。

（罗　威　曹乐凯）

【全面从严治党纵深推进】 2022年，天津石化深入贯彻落实集团公司“1355”党建工作总体思路，深入实施天津石化“6+2”党建发展方略，党建工作连续7年保持集团公司A档。推动党史学习教育常态化，创新建立“五环贯通”学习法，严格落实“第一议题”制度，不断加强思想文化和宣传引导。天津石化党委参与决策事项“三个清单”与内控权限指引深度衔接，党委“把方向、管大局、保落实”领导作用有效发挥。细化完善全面从严治党主体责任清单，“两单三书”机制运行更加顺畅。集团公司党建考核反馈问题系统整改、延伸整改完成率100%。党建工作思路方法、标准要求有机融入天津石化一体化管理，写进制度、嵌进流程。基层党的“三基本”建设与“三基”工作融合互促持续推进，体系框架、配套机制、工作措施更加完善。基层班子建设、班组建设更加标准规范，南港乙烯项目党建共建经验做法在集团公司大会交流。

（罗　威　曹乐凯）

表1　天津石化主要技术经济指标[①]　亿元

指标名称＼年份	2022	2021	2020	2019	2018	2017
原油加工量/万吨	1 154.68	1 289.01	913.97	1 217.65	1 214.11	1 202.23
工业总产值	739.13	655.36	340.02	535.39	571.98	471.08
工业增加值	96.76	143.34	37.65	81.57	111.04	152.49
资产总计	448.74	377.75	334.61	334.67	308.79	282.02
流动资产	104.88	99.59	76.74	104.06	125.86	108.20
固定资产原值	396.90	385.59	368.58	319.63	317.43	306.13
固定资产净值	121.20	151.59	127.76	86.52	94.91	116.91
销售收入	760.55	684.62	356.73	559.81	595.01	466.19
实现利税	44.86	95.46	6.96	57.87	100.10	131.12
税　金	80.26	72.50[②]	38.90	47.23	58.97	78.28

① 均为天津分公司数据，不含存续部分数据
② 数据有调整

表2　天津石化主要产品产量　万吨

产品名称＼年份	2022	2021	2020	2019	2018	2017
汽　油	226.74	289.03	131.09	137.68	133.81	130.37
煤　油	103.79	127.48	98.82	209.52	190.85	172.09

续表

产品名称＼年份	2022	2021	2020	2019	2018	2017
柴　油	221.39	180.11	200.69	266.73	263.07	281.41
化工轻油①	384.40	462.84	349.21	393.75	392.64	371.77
商品液化气	44.92	56.35	27.48	32.41	44.90	50.91
石油苯	40.65	48.21	33.58	40.74	41.41	41.84
对二甲苯	30.85	34.65	24.03	33.01	32.50	32.26
精对苯二甲酸	0	0	8.36	29.54	28.44	26.52
聚　酯	0.33	19.70	18.79	23.95	23.53	21.74
聚酯切片	0.08	10.95	11.32	14.57	14.42	12.60
涤纶短丝	0.42	8.43	7.34	9.22	8.87	8.99
聚醚多元醇	3.15	6.04	5.66	5.25	6.19	6.07
丙　烯	24.92	36.06	15.88	17.08	16.96	17.32
乙　烯	10.40	22.74	19.32	22.54	22.64	23.09
聚乙烯	11.48	11.67	10.43	11.85	11.89	12.98
聚丙烯	20.83	20.28	6.02	7.28	6.94	6.99
乙二醇	0.77	2.17	1.86	3.06	3.30	3.85
环氧乙烷	1.22	5.25	4.36	5.33	4.32	4.73

① 化工轻油数据中含尾油产量

中沙石化

【概况】 中沙（天津）石化有限公司（简称中沙石化），是中国石化和沙特基础工业公司以50%∶50%的股比共同出资设立的大型石油化工企业，坐落于天津市滨海新区，于2009年10月20日成立，2010年5月11日正式投入商业运行。截至2022年底，中沙石化资产总额285.22亿元。中沙石化大港区域占地171.5公顷，有主生产装置9套，包括130万吨/年乙烯装置、65万吨/年裂解汽油加氢装置、30万吨/年高密度聚乙烯装置、30万吨/年线型低密度聚乙烯装置、11万吨/28万吨/年环氧乙烷/乙二醇装置、45万吨/年聚丙烯装置、35万吨/年苯酚丙酮装置、20万吨/12万吨/年丁二烯抽提/MTBE联合装置、3.5万吨/年苯乙烯抽提装置，以及配套公用工程和辅助设施。产品包括气体产品4种、液体产品17种、固体产品3类80个牌号。

26万吨/年聚碳酸酯项目是中沙石化二期项目，位于天津市滨海新区南港工业区，总占地面积66.1公顷。该项目采用非光气熔融缩聚法生产工艺，包含2条生产能力均为13万吨/年的聚碳酸酯生产线，每条线均包括3万吨/年一氧化碳（CO）单元、5万吨/11万吨/年碳酸二甲酯/碳酸二苯酯（DMC/DPC）单元、12万吨/年双酚A（BPA）单元、13万吨/年聚碳酸酯（PC）单元，以及公用工程等配套设施。

截至2022年底，中沙石化共有在册员工1474名。专科及以上学历占员工总数的87.3%，各类专业技术人员384人，中高级职称员工占员工总数的 27.1%，技师及高级技师占员工总数的 8.7%。

中沙石化主要经济指标及主要产品产量分别见表 1 和表 2。

（孟永健　王　晶）

【生产经营情况】 2022 年，受超预期因素影响，乙烯裂解原料价格高涨，产品价格抬升乏力，生产经营压力空前。面对严峻形势，中沙石化在保证装置安稳运行的基础上，在创新发展、深化改革、优化增效等方面持续发力，努力扭转不利局面。全年装置整体在线率 99.8%，其中乙烯等装置在线率 100%；工业总产值 242.15 亿元，主产品产量 451.68 万吨；营业收入 242.94 亿元，上缴税费 2.58 亿元。

（孟永健）

130 万吨 / 年乙烯生产区（齐东升　摄）

【安全环保再创佳绩】 2022 年，中沙石化认真贯彻落实党中央、国务院、政府部门、集团公司关于安全环保的一系列工作要求，认真研究安全环保工作面临的新情况、新问题，拿出过硬措施，保持良好的安全环保业绩。全年 EHSS 事故率为 0.03，远低于 0.25 的目标值；员工安全工时达 2737 万小时，实现新的里程碑；各项外排指标明显低于国家和天津市排放标准，通过国家生态环境部重污染天气 A 级绩效企业评审。

安全生产咨询日活动（赵　鹏　摄）

（王　晶）

【实施“优化战略项目”】 2022 年，中沙石化深入开展生产经营优化，实施“优化战略项目”，充分挖掘降本增效潜力。通过原料优化，下半年乙烯收率较上半年提高 1.07%，原料库存下降 25%；通过强化预算管理，大港区域固定现金费用较预算下降 3.93%，吨产品费用较预算降低 310 元；通过优化融资结构、加强存款管理等措施，实现效益 1.07 亿元；通过积极争取政策支持，全年取得税收优惠、财务及人力资源政策补贴近 4 亿元。

（王　晶）

【稳步推进管理改革】 2020 年，中沙石化从股东方 SABIC 引入 OMS 运营管理体系，将 SHEM 体系、ISO 管理体系、法律法规与标准规范和相关管理制度整合，涵盖人员与组织、商业运营、绩效与治理、EHSS 管理、资产生命周期管理（维护）、资产生命周期管理（运营）、持续改进与质量管理 7 个维度，统一标准和流程，全面提升中沙石化管理水平。其中，EHSS 管理维度于 2022 年 6 月 30 日试运行，其他 6 个维度于 9 月 6 日试运行。

（孟永健）

【大力推进产销研用一体化】 2022 年，中沙石化坚持“市场导向、客户至上”原则，大力推进产销研用一体化。为把准市场脉搏、客户需求，中沙石化克服疫情影响，与中国石化化工销售华北分公司一道开展“联合走访、联合调研、联合服务”活动，全面了解下游客户生产经营实际情况，与华北区域下游主要战略客户威高集团、海尔、道恩等公司进行座谈，收集客户差异化需求，实现精准服务、定制化生产。

（王　晶）

【新品开发】 中沙石化聚焦新技术、新产品，努力补短板、填空白，推进进口替代。2022 年研发投入突破 1466 万元，成功开发 9 个新产品，推进 2 项新技术改造，获中国石化合成树脂结构调整专项奖励 21 万元。

（王　晶）

【数字化转型】 2022 年，中沙石化聘请埃森哲咨询公司从全方位多角度对中沙石化进行数字化诊断，结合国内外最佳实践，谋划制定中沙石化数字化转型路线图：以数字化战略为指导，价值链为核心，价值提升为导向，构建 11 个业务域、36 个数字化场景、28 个项目卡片，并利用价值与可实现性评估模型，按照提高运行可靠性、降低安全风险、投资速赢的原则，制定数字化转型实施路径。

（岳兴禹）

【获得多项荣誉】 2022 年，中沙石化通过国家生态环境部重污染天气 A 级绩效企业评审，连续三届被中国设备管理协会评为全国设备管理优秀单位，获天津市设备管理先进单位、天津市企业 100 强、天津市制造业企业 100 强、天津市先进外商投资企业等多项称号。中沙石化申报的“130 万吨 / 年乙烯装置裂解气压缩机国产化应用”项目，获全国设备管理与技术创新成果二等奖。

（王　晶）

【召开 2022 年党委工作会暨二届八次工代会】 2022 年 3 月 9 日，中沙石化召开 2022 年党委工作会暨二届八次工代会。中沙石化党委书记、总裁戴立起作工作报告，回顾总结 2021 年各项工作，分析面临的形势，部署重点任务，要求广大党员和全体员工直面困难局面，采取有效措施，奋力创新实干，积极降本增效，为实现中沙石化高质量发展作出新的贡献。

（徐　荃）

【聚丙烯装置大型机组长周期运行创纪录】 截至 2022 年 3 月 12 日，聚丙烯装置 70 吨 / 时大型挤出机组连续安全运行 241 天，创下该机组连续运行纪录，在同行业中处于领先水平。

（王　晶）

聚丙烯造粒机组长周期运行颁奖仪式（赵　鹏　摄）

【聚碳酸酯项目全线建成投产】 2021 年 12 月，聚碳酸酯项目第一条生产线打通全流程并产出合格产品；2022 年 7 月第二条生产线打通全流程并产出合格产品；10 月，两条生产线同时达到 100% 设计负荷，聚碳项目取得建设收尾及全线投产的双胜利，具备商业运营的条件。

（李付章）

【HDPE 产品实现共享托盘方式出厂】 2022 年，为实现资源有效循环，发掘启用经济环保的物流方式，中沙石化推动高密度聚乙烯（HDPE）产品出厂共享托盘项目。11 月 16 日，新包装设施正式投用，HDPE 产品实现带托下线、出厂、流转。该模式有利于满足客户流转需求、提高库房装车效率、降低人工成本，有助于打造连接工厂、物流企业及下游客户的贸易新生态。

（曲姗姗）

【积极履行社会责任】 中沙石化积极履行社会责任，维系良好的企地关系。2022 年向天津市滨海新区慈善协会捐款 30 万元，助力“迎新春慈善助困”项目，使中沙石化发展成果惠及地方民众。

（杨梦婷）

【全面从严治党】 2022 年，中沙石化党委认真落实党风廉洁建设责任制，坚持做好日常廉洁教育，将廉洁教育列入支部学习和党员轮训内容；严明纪律要求，通过 31 期廉洁教育知识卡片，不断增强党员干部的红线意识和底线意识；坚持开展党委主要领导与分管部门负责人廉洁提醒谈话，持续增强党员领导干部纪律意识。

（徐　荃）

表 1　　中沙石化主要经济指标　　亿元

指标名称 \ 年份	2022	2021	2020	2019	2018	2017
工业总产值	242.15	245.73	147.07	203.71	233.08	221.33
工业增加值	-3.56	33.04	24.52	40.08	63.18	77.29
营业收入	242.94	246.31	148.81	205.41	235.01	222.86
税前利润	-22.47	14.15	9.54	21.78	39.16	51.14

表 2　　中沙石化主要产品产量　　万吨

产品名称 \ 年份	2022	2021	2020	2019	2018	2017
乙　烯	112.27	126.31	92.50	112.86	110.05	111.62
丙　烯	56.28	63.72	46.84	57.12	56.20	56.82
丁二烯	18.88	22.58	17.06	20.25	20.81	21.41
甲基叔丁基醚	13.90	16.53	13.16	15.67	15.56	15.52
1- 丁烯	5.51	6.34	4.96	6.41	6.94	7.21
线型低密度聚乙烯	30.75	38.24	27.32	30.58	29.96	32.88
高密度聚乙烯	28.65	31.61	26.33	31.47	30.22	30.20
聚丙烯	47.40	52.13	40.59	50.80	50.12	50.77
环氧乙烷	13.36	13.50	9.26	11.96	10.13	8.43
乙二醇	32.01	37.67	30.99	37.65	34.68	37.64
苯　酚	23.53	25.33	19.17	23.15	21.59	22.03
丙　酮	14.67	15.79	11.93	14.44	13.45	13.73
混合苯	51.00	61.55	47.22	47.00	42.20	42.22
苯乙烯	3.45	4.04	2.69	2.78	2.72	2.68

上海石化

【概况】 中国石化上海石油化工股份有限公司（简称上海石化）位于上海市金山区，占地面积 9.40 平方千米，是一家集炼油、化工、塑料、化纤生产经营于一体的石油化工企业，也是中国首家股票在上海、香港、纽约三地同时挂牌上市的国际上市公司。前身为创建于 1972 年的上海石油化工总厂，1993 年 6 月改制为上海石油化工股份有限公司。2000 年 10 月更名为现名。

上海石化设炼油部、烯烃部、芳烃部、化工部、碳纤维事业部、合成树脂部、热电部、公用事业部（海堤管理所）、先进材料创新研究院、储运部、环保水务部、碳纤维产业发展中心以及仪控中心、物资采购中心、销售中心、IT 服务中心、质量管理中心、统计中心、行政事务中心、上海培训中心等单位，并由资本运营部管理对外投资企业。截至 2022 年底，总资产 412.43 亿元，在岗员工总数 7647 人。具有原油综合加工能力 1600 万吨 / 年和乙烯 70 万吨 / 年、有机化工原料 407 万吨 / 年、合成树脂 90.8 万吨 / 年、合纤原料 52.5 万吨 / 年、合纤聚合物 15 万吨 / 年、合成纤维 2.8 万吨 / 年、高性能纤维 1500 吨 / 年的生产能力。主要生产石油制品、中间化工原料、合成树脂、合纤原料及合成纤维 4 类产品。

上海石化主要技术经济指标及主要产品产量分别见表 1 和表 2。

（吴文华）

【领导班子调整】 2022 年 7 月 18 日，集团公司以视频形式召开上海石化领导班子干部大会，宣布集团公司党组关于上海石化领导班子调整决定：万涛任上海石化党委书记，建议为董事长人选；吴海君不再担任上海石化党委书记，金文敏不再担任上海石化党委委员。7 月 21 日，股份公司印发《关于万涛等 3 人职务任免建议的通知》，根据工作需要，经研究并征得中共上海市委员会同意，建议：万涛为上海石化董事会董事、董事长人选；吴海君不再担任上海石化董事会董事长、董事职务；金文敏不再担任上海石化副总经理职务。9 月 8 日，上海石化召开 2022 年第二次临时股东大会，选举万涛为上海石化第十届董事会非独立董事。同日，上海石化召开第十届董事会第二十一次会议，审议通过确认万涛为上海石化执行董事，选举万涛为上海石化董事长、董事会战略委员会主任委员、董事会提名委员会委员，以及委任万涛为上海石化于香港交易所的授权代表。12 月 30 日，受集团公司党组委托，上海石化召开党委会，宣布股份公司经研究建议周纪军为上海石化副总经理人选，集团公司党组经研究决定周纪军任上海石化党委委员。

（吴文华）

【完成冬奥会火炬生产保障任务】 2022 年 1 月 17 日，上海石化举办北京 2022 年冬奥会中国石化上海石化火炬团队出征仪式。1 月 27 日，上海石化牵头研发、量产的 1200 支冬奥会碳纤维火炬“飞扬”正式交付北京冬奥会组委。2 月 2—4 日，上海石化火炬组装团队、火炬服务保障团队为火炬传递提供现场服务保障。2 月 9 日，集团公司董事长、党组书记马永生，集团公司董事、党组副书记赵东分别对上海石化高质量完成奥运火炬量产等一系列服务保障工作作出批示。2 月 26 日，上海石化将量产的 600 余支冬残奥会火炬交付北京冬奥组委。3 月 2—4 日，上海石化火炬组装团队、火炬服务保障团队为冬残奥火炬传递提供现场服务保障。至此，上海石化实现世界首次以碳纤维复合材料制作奥运火炬外壳，并完成火炬量产和火炬传递保障任务。4 月 8 日，北京冬奥会、冬残奥会总结表彰大会在人民大会堂举行，上海石化被中共中央、国务院授予北京冬奥会、冬残奥会突出贡献集体称号。

（吴文华）

2022 年 1 月 17 日，上海石化举办北京 2022 年冬奥会火炬团队出征仪式

【国内首套大丝束碳纤维国产线投产】 2022 年 10 月 10 日，国内首个万吨级 48K 大丝束碳纤维工程第一套国产线在上海石化碳纤维产业基地投料开车，产出合格产品，质量达到国际先进水平，标志上海石化大丝束碳纤维技术成功实现规模化生产和关键装备国产化。上海石化是国内第 1 家、全球第 4 家掌握大丝束碳纤维技术的企业。至 2022 年底，上海石化共申请碳纤维领域相关专利 269 件，获授权 123 件，排名国内第一、全球第三。该项目包括 2.4 万吨 / 年原丝、1.2 万吨 / 年 48K 大丝束碳纤维等，总投资 34.9 亿元，由上海工程公司设计总负责并设计、采购（EP）承包，采用中国石化自主开发的 PAN（聚丙烯腈）基大丝束原丝、碳纤维技术，于 2020 年 11 月 27 日桩基开工，2021 年 1 月 4 日正式开工建设，2022 年 8 月 15 日两条国产线中间交接，计划至 2024 年全部完成。

（吴文华）

2022 年 10 月 25 日，上海石化员工在检查 48K 大丝束碳纤维产品外观

【25 万吨 / 年热塑性弹性体项目开工】 2022 年 6 月 16 日，中国石化 25 万吨 / 年热塑性弹性体项目开工建设。该项目是上海市 2022 年重大产业项目之一，基础设计批复概算 31.06 亿元，预计 2024 年下半年建成投产。该项目主体单位为上海石化和巴陵石化按照 50% ：50% 股比合资注册成立的上海金山巴陵新材料有限公司，采用巴陵石化自主知识产权的成套技术，建设 1 套年产 25 万吨热塑性弹性体产品的生产装置，包括 14 万吨 / 年 SBS、5 万吨 / 年 SEBS 及 6 万吨 / 年 SIS 产品，建成后将成为华东地区最大规模的弹性体新材料生产装置。项目建设地位于上海市金山区碳谷绿湾产业园。

（吴文华）

【上海石化海堤安全隐患治理项目完工】 项目于 2021 年 3 月开工，2022 年 8 月 17 日中间交接，8 月 23 日通过上海市水务（海洋）局等相关行业主管部门完工验收。批复投资 2.56 亿元。由上海市水利工程设计研究院有限公司设计，上海建工（浙江）水利水电建设有限公司施工，上海金申工程建设监理有限公司监理，石油化工工程质量监督总站上海监督站质量监督。主要建设内容是对第 3 次—第 6 次海堤（第 3 次—第 6 次海堤的长度分别为 664 米、1559 米、1580 米、3672 米，总长度 7475 米；其中第 5 次、第 6 次海堤属于上海石化资产，第 3 次、第 4 次海堤属于中国石化集团资产经营管理有限公司资产）实施加固改造，包括拆除改造现有浆砌块石防浪墙、加宽堤顶路面、加糙改造海堤外侧护面消浪结构、加固外侧保滩顺坝护面及整修上堤交通坡道等。改造后，海堤防洪标准为 200 年一遇潮位（6.83 米），12 级风下限（32.7 米 / 秒）；设计基本地震加速度为 0.1 重力加速（g），建筑物抗震设防烈度为 7 度。

（吴文华）

【上海石化首套兆瓦级光伏发电项目完工】 项目于 2022 年 7 月 5 日开工，12 月底完工。总投资 997.75 万元。由众一伍德工程有限公司（Wood）设计，上海金腾泰企业发展有限公司土建，上海今电公司实业有限公司安装，上海金申工程建设监理有限公司监理，石油化工工程质量监督总站上海监督站质量监督。项目利用上海石化物资采购中心环江路 9—12 号仓库、13—16 号仓库，共计 1.30 万平方米的屋顶铺设光伏组件，安装标准功率为 550 峰瓦（Wp）的单晶硅光伏组件 2778 块，总装机容量 1.51 兆瓦，拟采用储能、自用、余量上网的方式运行。项目建成后，预计年平均发电量为 141 万千瓦・时，每年可节约标煤 444.15 吨，减排二氧化碳 851.64 吨。这是上海石化继热电部 400 千瓦光伏电站后，建设的第 2 个光伏发电项目。

（吴文华）

【发生“6·18”爆炸事故】 2022 年 6 月 18 日 4 时 24 分，上海石化化工部 1 号乙二醇装置环氧乙烷精制塔区域发生爆炸事故，造成 1 人死亡、1 人受伤，直接经济损失约 971.48 万元。上海市政府于 7 月 7 日批复同意对该事故予以提级调查，经调查认定，该事故是一起生产安全责任事故。上海石化对事故相关责任人共 20 人进行处理。

（吴文华）

【碳纤维锚索应用于高原边坡加固工程】 2022 年 6 月 29 日，中建八局采用上海石化碳纤维材料研制的新型碳纤维锚索 CFRPA1.0 成功应用于高原边坡加固工程，实现国产碳纤维首次在高海拔地区应用。

（吴文华）

【碳纤维复合材料筋应用于海堤工程项目】 2022 年 7 月，由上海石化先进材料创新研究院研发生产的碳纤维复合材料筋完成模板加工和混凝土浇灌，应用于上海石化海堤安全隐患治理项目。这是上海石化碳纤维在海堤工程项目上的首次应用，累计使用复合材料筋 1250 米，对进一步拓展碳纤维在土木工程领域的推广应用具有重要意义。

（吴文华）

【碳纤维复合材料应用于电车头罩】 2022 年 10 月 28 日，上海临港全新一代中运量 2 号线（T2 线）氢动力数字轨道胶轮电车全线试运营，上海石化和中国中车联合研制的轻质高强碳纤维复合材料成功应用于该电车车头罩。T2 线电车是国内首条应用氢能源动力的中运量公共交通线，碳纤维车头罩有效降低车身重量，减少运行能耗，有助于提升续航里程、舒适性和隔音降噪水平，增强车辆可维护性。这是上海石化碳纤维复合材料继首次实现高速地铁车头开闭罩批量运行后，再次成功实现中运量智轨电车司机室头罩部件的商业运营，具有良好的应用示范效果。

（吴文华）

【碳纤维应用于青岛海口路跨风河大桥】 2022 年 12 月，采用上海石化 48K 大丝束碳纤维筋，由中建八局研发的碳纤维吊杆成功在青岛海口路跨风河大桥应用。大桥副拱 12 根吊杆均为碳纤维吊杆，全部采用上海石化生产的 48K 大丝束碳纤维筋。该桥建成后将成为国内首座应用大丝束碳纤维索锚体系的桥梁工程，为国产大丝束碳纤维在土木工程领域应用打开新局面。上海石化与中建八局紧密合作，采用碳纤维筋、索替代原设计中的钢筋、钢索，先后在京台高速、重庆两江四岸朝天门片区治理提升项目中进行示范应用，应用量达 3 万米以上。

（吴文华）

【首次参与绿证市场化交易】 2022 年 9 月 21 日，上海石化首次参与上海市电力交易中心的绿色电子证书（简称“绿证”）市场化交易，申购 1 万张绿证（对应 0.1 亿千瓦·时绿色电力电量）。11 月 2 日，上海石化收到国家可再生能源信息管理中心颁发的绿色电力证书。绿证是国家对发电企业每兆瓦时非水可再生能源上网电量颁发的具有唯一代码标识的电子凭证。

（吴文华）

【上海石化燃气管专用料 YGH041T 首次出口】 2022 年 10 月，在中国石化化销公司、上海石化控股公司中国金山联合贸易有限责任公司的协助下，上海石化燃气管专用料 YGH041T 首次出口。该专用料是国内唯一一款一次混配成型并持续稳定生产的国产燃气管道产品，具有优异的抗静液压性能和耐环境应力开裂性能，同时具备良好的加工性和稳定性，生产的管材表面光滑美观，年产能可达 25 万吨左右。至 2022 年底，共出口该产品 3744 吨。

（吴文华）

【助力地方抗疫】 2022 年 4 月 8 日—5 月 30 日，为支撑保障上海市新冠肺炎疫情防控工作，委托上海石化管理的中国石化集团资产经营管理有限公司上海会议中心、上海石化投资企业金山宾馆承担上海方舱医院 4 支援沪医疗队、428 名医疗队员的服务工作，提供后勤保障，受到地方政府的肯定和医疗队员的好评。下属投资企业上海化学工业区物流有限公司物流基地 4.38 万平方米仓库、2459 平方米办公楼建设方舱医院，作为 10 家上海市级方舱之一，设有 5030 张床位，于 4 月 15 日晚间开舱，运营 29 天，累计收治 6139 名患者。3 月 11 日—5 月 31 日，动员上海石化居家办公党员、群众志愿服务社区，总共 6752 人次，服务时长 3.02 万小时。落实减免房租等纾困政策，至 12 月底共梳理出 52 家小微企业及个体工商户，减免 6 个月房屋租金共 736.61 万元。

（吴文华）

【开展教育帮扶】 2022 年，上海石化积极履行社会责任，继续开展教育帮扶工作。与西藏那曲班戈县中学结对，助力乡村振兴。以“在线帮扶”的形式，开展党建共建系列活动，增进彼此了解。牵头组织上海市金山区教师进修学院附属中学与西藏那曲班戈县中学开展教育帮扶结对，举行云签约仪式，共享上海名师课程。投入资金共 67.1 万元，修缮班戈县中学体育和阅览室设施，采购 2000 余册书籍丰富图书资源。向西藏那曲班戈县中学捐赠价值近 4 万元的防疫物资，缓解学校防疫物资短缺的困难。与 15 名“优才生”建立“一对一、手拉手”联系，对学生的日常生活、学习辅导、心理健康、成长规划等方面进行关爱和帮助。发起募捐活动，为贫困残疾学生捐款 21.53 万元。捐赠 50 万元，用于学校建立“石化朝阳”奖学金和提升学校信息设备，激励学生勤奋学习，积极进取，提高中考升学率。全年累计向西藏那曲班戈县中学支出教育帮扶资金 150.08 万元，同时向金山区教育发展基金捐赠 190 万元、向上海东华大学教育发展基金会捐赠 40 万元。

（吴文华）

【2 项“十条龙”科技攻关项目“出龙”】 2022 年 12 月 19 日，集团公司召开中国石化 2022 年度“十条龙”科技攻关工作会议，上海石化牵头的“48K 大丝束碳纤维成套技术开发”“大丝束碳纤维产业化关键装备成套技术”两项“十条龙”项目出龙，“高强中模 SCF55H 碳纤维工业化技术及其应用研究”项目入龙。专家认定，通过“48K 大丝束碳纤维成套技术开发”项目的实施，开发出达到国际先进水平的成套技术，产出的产品性能达到国际同类产品水平，在相应的土木工程项目中实现示范应用。通过“大丝束碳纤维产业化关键装备成套技术”项目的实施，开发出具有自主知识产权的成套设备，开发的核心设计制造技术属国内首创，满足碳纤维生产的要求。

（吴文华）

【上海石化美国存托股从纽交所退市】 2022 年 8 月 12 日，上海石化发布公告，申请自愿将其美国存托凭证（ADR）从纽约证券交易所（简称纽交所）退市。8 月 12 日（美国东部时间，下同），上海石化董事会通知纽约证券交易所，根据 1934 年美国证券交易法（经修订）自愿将代表上海石化 H 股的美国存托股份从纽交所退市，并在法律条件成熟后撤销注册及终止其对美国证券交易委员会的报告义务。8 月 26 日，上海石化向美国证交会提交退市申请 25 表格，9 月 6 日正式生效，自此上海石化的存托股不再于纽交所上市交易。12 月 8 日，上海石化向存托股存托银行纽约梅隆银行发出上海石化美国存托凭证计划终止函。

（吴文华）

【上海石化首次实施股份回购】 2022 年 6 月 22 日，上海石化召开 2021 年度股东周年大会、2022 年第二次 A 股类别股东大会和 2022 年第二次 H 股类别股东大会审议通过《关于提请股东大会授权董事会回购本公司内资股及 / 或境外上市外资股的议案》，授权董事会回购不超过 10% 上海石化已发行的 H 股。在此基础上，上海石化成立以财务总监为组长、董事会秘书为副组长，以及董秘室、财务部组成的回购工作小组，选聘中介机构、制订回购策略方案并实施。10 月 27 日，上海石化在香港联合交易所完成首次股份回购。当日累计回购 H 股股份 150 万股，回购金额 165 万港元，完成上海石化历史上首次股份回购。至 12 月 31 日，上海石化累计回购 H 股股票 2452.80 万股，回购金额 2796.22 万港元，向市场释放信号，对上海石化 H 股股价起到支撑作用。

（吴文华）

【业务竞赛获奖】 2022 年，上海石化继续开展“大练兵、大比武”业务竞赛，组织参加 3 项国家级、2 项集团公司级、2 项公司级业务竞赛。其中，在 2022 年全国行业职业技能竞赛裂解汽油加氢装置操作工职业技能竞赛中，上海石化获团体三等奖，芳烃部员工陈海军获全国技术能手称号、个人金奖，烯烃部员工占少宝获个人银奖，芳烃部员工李世伟获评最佳裁判。在中国石化网络安全竞赛中，IT 服务中心员工张轶和胡心颖分别获个人金奖、银奖。

（吴文华）

表 1　上海石化主要技术经济指标　亿元

指标名称 \ 年份	2022	2021	2020	2019	2018	2017
原油加工量 / 万吨	1 044.53	1 376.44	1 467.15	1 519.94	1 437.90	1 435.28
工业总产值	714.48	797.01	648.37	799.47	817.36	684.54

续表

指标名称 \ 年份	2022	2021	2020	2019	2018	2017
工业增加值	137.12	232.92	200.55	208.95	243.82	278.84
资产总计	412.43	470.39	447.40	456.36	445.40	396.10
流动资产	157.66	211.27	174.61	223.09	253.19	198.85
固定资产原值	518.97	496.46	485.92	470.76	468.18	480.08
固定资产净值	139.16	127.66	126.44	121.49	125.45	123.93
销售收入	825.18	892.80	747.05	1 003.46	1 077.65	920.14
利润总额	−36.00	26.48	5.74	26.54	67.49	78.51
所得税	−7.31	3.52	−0.66	4.29	14.72	16.99

表 2　上海石化主要产品产量　万吨

产品名称 \ 年份	2022	2021	2020	2019	2018	2017
汽　油	257.08	339.64	327.30	346.84	322.92	316.61
航空煤油	81.70	118.45	112.45	187.86	146.82	157.41
柴　油	252.02	338.80	398.21	384.50	373.08	386.38
乙　烯	59.81	71.28	82.52	84.13	77.78	76.69
丙　烯	43.58	49.80	53.34	54.04	50.99	48.82
纯　苯	30.32	30.67	37.21	37.33	34.86	34.06
对二甲苯	58.59	49.63	66.24	66.68	67.30	63.29
乙二醇	9.57	15.07	23.67	28.67	41.52	41.11
聚乙烯	39.12	49.62	58.12	53.73	41.79	47.13
聚丙烯	39.70	45.59	49.29	46.96	49.36	48.18
PTA	0	4.98	31.67	32.34	27.00	32.90
合纤聚合物	10.75	34.34	34.52	37.03	41.60	42.45
聚乙烯醇	0	0	0.53	1.13	0.95	1.20
聚　酯	10.75	34.34	33.99	35.90	40.65	41.26
合成纤维	2.04	9.76	14.95	17.67	16.12	17.78
涤　纶	0	2.62	3.37	3.94	4.77	4.58
腈　纶	1.96	7.10	11.55	13.69	11.32	13.19

上海赛科公司

【概况】 上海赛科石油化工有限责任公司（简称上海赛科公司）成立于2001年10月29日，是中国石油化工股份有限公司、中国石化上海石油化工股份有限公司、英国石油公司（BP）华东投资有限公司分别按30%、20%、50%的比例出资组建的中外合资公司。2017年10月26日，由中国石化上海高桥石油化工有限公司完成对BP公司股权的收购。2022年12月7日，由英力士投资（上海）有限公司收购部分中国石化和高桥石化股权。上海赛科公司成为中国石油化工股份有限公司、中国石化上海石油化工股份有限公司、中国石化上海高桥石油化工有限公司和英力士投资（上海）有限公司分别按15%、20%、15%、50%比例出资组建的合资公司。上海赛科公司位于上海化学工业区内，占地204万平方米，设有运营部、销售部、供应链部、财务部、人力资源部、综合管理部、党群工作部、党委组织部、纪检监督部、规划部、信息技术部、内部审计部等职能部门。2022年底，员工总数1288人。有设计能力109万吨/年乙烯裂解装置、60万吨/年芳烃抽提装置、18万吨/年丁二烯抽提装置、65万吨/年苯乙烯装置、30万吨/年聚苯乙烯装置、60万吨/年聚乙烯装置、25万吨/年聚丙烯装置、52万吨/年丙烯腈装置、58.4万吨/年硫酸回收装置等18套装置，以及配套的动力中心等公用工程辅助设施。以石脑油和液氨为原料，生产乙烯、丙烯、丁二烯、芳烃、苯乙烯、丙烯腈、聚乙烯、聚丙烯、聚苯乙烯等产品。

2022年，上海赛科公司销售产品310.97万吨，销售收入239.17亿元。

上海赛科公司主要经济指标及主要产品产量分别见表1和表2。

（曹培利）

【股权变更】 2022年7月28日，中国石油化工股份有限公司、中国石化上海高桥石油化工有限公司、中国石化上海石油化工股份有限公司、英力士投资（上海）有限公司和INEOS Group Holdings Limited S.A.共同签署“上海赛科石油化工有限责任公司股东协议”，中国石化将其持有上海赛科公司15%股权和高桥石化将其持有上海赛科公司35%股权共同转让给英力士公司。12月7日，按照股权转让约定，完成工商登记变更流程，获得市场监督管理局颁发的营业执照。12月28日，各股东方完成赛科股权转让交割。完成股权变更后，上海赛科公司股权结构为：中国石化、上海石化、高桥石化和英力士分别持有上海赛科公司15%、20%、15%和50%的股权。

（周　光）

【硫酸回收工厂脱硫脱硝新增臭氧发生器】 该项目于2021年6月开始施工，9月土建交安，2022年3月设备吊装，7月18日中间交接。项目总投资370万元。由中石化宁波工程有限公司设计，苏华建设集团有限公司施工。项目新增1台产能为25千克/时的臭氧发生器，通过加入臭氧脱除硫酸回收装置（SAR）尾气中的氮氧化物和硫氧化物，与装置现有的臭氧发生器并联，交替使用。8月30日，正式投运后运行良好，出口臭氧浓度29—140毫克/升，整体满足工艺需求。

（邵　聪）

【“低气味高熔指抗冲共聚聚丙烯专用料开发”项目完成结题】 2022年7月15日，上海化学工业经济技术开发区（上海化工区）项目“低气味高熔指抗冲共聚聚丙烯专用料开发”完成结题。新产品K7926T性能通过技术考核，综合性能优异，具有低气味、低挥发性有机物（VOCs）含量的优点，可显著降低成型加工中的气味和物耗能耗。消除降解剂的使用，解决降解过程的气味和排放，具有良好的社会效益。项目总投资483.43万元，销售收入2.38亿元。

（仲　华）

【首次实现两套高压地面火炬系统零排放】 2022年7月15日，针对HP-1火炬回收压缩机运行能力下降，火炬气回收量偏低的问题，上海赛科公司更换并投用火炬压缩机，实现 HP-1 火炬气全回收、零排放。8 月 17 日，原 HP-1 火炬气回收压缩机更换至 HP-2 地面火炬回收系统并投用。经系统调试，HP-2 火炬头火焰熄灭，首次实现两套高压地面火炬系统零排放。HP-1 和 HP-2 火炬停止原辅助燃烧用约 500 千克 / 时的燃料气补充，2022 年累计降损增效 331 万元。

（奚　喆）

【AN 及 EBSM 装置新增 VOCs 监测设备项目】 项目于 2022 年 2 月批准，5 月 18 日开始实施，10 月 20 日完工，总投资 646.79 万元。由众一伍德工程有限公司设计，北京燕华工程建设有限公司施工。丙烯腈（AN）1、丙烯腈（AN）2 装置利用原分析小屋各新增挥发性有机物（VOCs）在线监测系统；苯乙烯（EBSM）装置新增分析小屋 1 座、VOCs 在线监测系统 1 套，将原烟气自动监控系统（CEMS）设备移位至新小屋内。10 月 22 日，两套 CEMS 系统恢复正常检测功能，10 月 30 日，新增 VOCs 监测设备完成调试并实现数据上传。锅炉在线监测系统投用，确保烟气中污染物符合法规要求，保证炉管的安全，保障装置的运行可靠性。

（邵　聪）

EBSM 装置新增 VOCs 监测设备项目分析小屋安装

【火灾报警系统改造项目通过验收】 项目于 2021 年 2 月 4 日启动，2022 年底完成改造并通过验收。项目将原泰科（TYCO）25 套 M80 火灾系统升级为 24 套霍尼韦尔火灾报警系统（Honeywell Notifier NFS2-3030），并整合原有的 11 套霍尼韦尔 NFS2-3030，形成 5 个独立的火灾系统网络，并通过企业楼宇集成系统（EBI）实现统一管理。火灾报警信号同时送至中央控制室，以及人员 24 小时值守的消防控制室，便于集中化、多层监控，以及对火灾报警信号的及时响应。取消火灾报警控制器与气体报警系统（GDS HIMA）通信，将需要火灾报警系统接收信号、联动控制的设备，由原气体报警盘（与 GDS 合用 HIMA 系统）移至霍尼韦尔 NFS2-3030 独立的火灾报警控制器控制，实现火气（F&G）分离，满足新规范要求。

（李　立）

【获化工区产业绿色发展扶持资金 215 万元】 2022 年，上海赛科公司申报上海化学工业区产业绿色发展专项扶持资金，申报项目包括“乙烯裂解炉和苯乙烯蒸汽过热炉增设空气预热器项目”和“5# 循环水场风机节能改造项目”，9 月 5 日通过节能量和投资额审核，节能量共 5758 吨标煤，获上海化工区节能补贴资金 215 万元。上海赛科公司在节能方面的投入获上海化学工业区管委会肯定。

（卢　艺）

【全国行业职业技能竞赛首次获奖牌】 2022 年 11 月 7—9 日，全国行业职业技能竞赛——“裂解汽油加氢装置操作工技能竞赛”决赛在中国石化扬子石油化工有限公司开赛。竞赛由中国石化主办，中国石化 14 家、中国石油 5 家企业共 76 名选手参赛。上海赛科公司选手徐中晖获个人三等奖（铜牌），是上海赛科公司在全国行业职业技能竞赛中首次获得的奖牌。

（石　猛　杨劲松）

2022 年全国行业职业技能竞赛之“裂解汽油加氢装置操作工技能竞赛”决赛徐中晖获奖合照

【召开一届三次职代会】2022年1月20日，上海赛科公司召开一届三次职工代表大会，92名职工代表参加。会议审议题为《严细苦实战困局，成本领先塑标杆，奋力建设具有持续竞争力的世界级企业》的行政工作报告；审议《公司2020—2022年集体合同2021年履行情况报告》《公司2021年福利费使用情况和2022年预算初步安排的报告》《公司2021年职工教育经费使用情况报告》《公司2022年职工培训计划编制报告》《公司2021年业务招待费使用情况报告》5项专项报告，以及《公司工会工作报告》；民主评议上海赛科公司领导班子和领导，民主测评党建工作及党风廉政建设和反腐败工作；听取2021年选人用人工作情况报告并开展选人用人满意度测评、新提拔干部满意度测评；对获2021年度集团公司、上海化学工业区及上海赛科公司各类先进进行表彰；表决通过《上海赛科石油化工有限责任公司一届三次职工代表大会决议》。

（刘 彦）

2022年上海赛科公司一届三次职工代表大会

【助力抓好攻坚创效】2022年，上海赛科公司党委以“战困局、化危局、开新局”为重点，以党建工作目标任务清单化为抓手，以“齐心奋楫”生产关键指标专项劳动竞赛作为党建融入生产经营最直接、最有效的抓手，聚焦“三降一增”（采购降本、生产降耗、管理降费、营销增收），制定实施精益生产、精准营销、精细管理3类23项更具针对性和挑战性的举措，攻坚创效5.12亿元。其中，生产优化团队聚焦“三降一增”，牵头各工厂推进生产部级挖潜增效项目。生产运行上，优化生产运行负荷，坚持每周测算装置保本点，压减无边际贡献装置生产负荷；通过优化丁二烯2号装置（BEU-2）和烯烃转化装置（OCU）运行模式，优化产品结构。生产降耗上，开展装置低负荷经济运行攻关和节能降耗行动，推进发电机运行优化、机泵优化、燃料结构优化等节能项目。生产降损上，推进火炬气全回收，减少火炬助燃气使用，避免能源浪费；开展丙烯腈（AN）废催化剂回收再利用、提升苯乙烯抽提装置（SMEU）效率增产苯乙烯等行动，降低化学品和高附加值产品损耗。截至2022年底，生产部级挖潜增效项目由年初的16个增加至25个，全年目标由5500万元提升至1.6亿元，实现增效创收2.03亿元，达到年度目标的126.68%。

（奚 喆 刘 彦）

【落实新冠肺炎疫情防控措施】2022年，在新冠肺炎疫情防控大上海保卫战中，上海赛科公司依托“三联三建”［构建领导班子成员联系基层和支部，支委会成员联系党代表（党员），党代表（党员）联系员工体系及建立走访联系员工机制，建立员工意见收集、分析、反馈机制，建立领导干部联系基层机制为核心的联系服务员工体系与机制］网络，广泛听取员工意见建议，第一时间了解和掌握员工思想、工作、生活、心理等状态，最大限度保护员工生命安全和身体健康、保障生产装置的安全稳定运行。其间，发动党员社区线上报到284人，上海赛科公司员工累计开展社区志愿服务140人、1442人次，其中党员76人、861人次；发动党员和员工捐款支持抗疫工作，262名党员捐款4.52万元，352名员工捐款2.96万元。

（黄树婷 刘 彦）

表1 上海赛科公司主要经济指标 亿元

指标名称＼年份	2021	2020	2019	2018	2017
工业总产值	282.49	199.57	266.33	236.54	272.47
工业增加值	53.37	31.12	48.05	35.59	76.56
销售收入	295.34	214.75	281.62	261.57	289.96

表 2　　上海赛科公司主要产品产量　　万吨

产品名称 \ 年份	2022	2021	2020	2019	2018	2017
乙　烯	103.33	123.59	123.57	126.99	95.10	124.51
丙　烯	67.88	78.02	67.34	79.28	51.84	67.57
丙烯腈	44.00	54.56	52.44	57.34	45.29	53.10
苯乙烯	60.21	74.14	54.92	72.19	59.06	76.09
聚苯乙烯	30.26	35.72	31.32	34.86	26.64	33.40
聚乙烯	67.37	73.25	75.61	76.50	59.22	70.34
聚丙烯	27.63	28.18	29.27	29.83	22.46	27.15

扬子石化

【概况】 中国石化扬子石油化工有限公司（简称扬子石化有限公司）和中国石化集团资产经营管理有限公司扬子石化分公司（简称扬子资产分公司）统称扬子石化，占地面积 12.43 平方千米，位于江苏省南京市北郊，南临长江，北接京沪铁路，与国家级的南京化学工业园融为一体。扬子石化成立于 1983 年，前身为 30 万吨 / 年乙烯工程，于 1984 年开工建设，1990 年全面投产。从 1993 年开始，扬子石化聚焦做强主业，坚持内涵挖潜与外延发展相结合的思路，先后实施三轮大规模技术改造，截至 2022 年底，有 1250 万吨 / 年炼油、80 万吨 / 年乙烯、140 万吨 / 年芳烃、600 万吨 / 年成品油等 60 套大型石油化工装置，以及配套齐全的公用工程和储运物流系统。扬子石化本部有 15 个职能部门、9 个生产单位、7 个业务中心，管理清江石化、泰州石化 2 家子公司和实业有限公司 1 家厂办大集体企业，参股扬巴公司（化工）、扬子昕特玛（碳五树脂）、扬子英力士（醋酸）、扬子林德（工业气体）、扬子百江（液化气）、扬子奥克（环氧乙烷衍生品）、扬子清江物流（仓储物流）7 家合资企业，是国内重要的成品油、基础化工原料、合成材料生产商。

截至 2022 年底，扬子石化整体用工总量 8693 人（扬子石化本部 7371 人、清江石化 728 人、泰州石化 594 人）；整体资产规模 382.87 亿元，累计向社会提供商品 2.5 亿吨，营业收入近 1.32 万亿元，利税超 1907 亿元。“十三五”期间，扬子石化整体累计利润达 181 亿元。近年来，扬子石化锚定打造现代化绿色新材料和高端化学品基地，大力推进安全发展、绿色发展、创新发展、高端发展，奋力建设绿色卓越奋进新扬子，为地方经济社会发展作出积极贡献。

扬子石化主要技术经济指标及主要产品产量分别见表 1 和表 2。

（朱军涛）

【深入学习宣传贯彻党的二十大精神】 2022 年，扬子石化扎实开展“牢记嘱托、再立新功、再创佳绩，迎接学习贯彻二十大”主题行动，推动学习宣传贯彻党的二十大精神走深走实，切实将习近平总书记的嘱托落实在履行三大核心职责上，锚定打造现代化绿色新材料和高端化学品基地发展定位，全力抓好安全环保、大修改造、转型发展、科技创新等工作。党的二十大召开以来，扬子石化自觉把思想和行动统一到党的二十大精神和党中央决策部署上来，扬子石化党委书记、董事长顾越峰带头作专题宣讲报告，领导分别带队到基层一线开展宣讲，在扬子石化掀起学习宣传贯彻党的二十大精神的热潮。

（朱军涛）

【依法合规深入人心】 2022年，扬子石化从宣贯教育入手，锲而不舍强化全员法治观念、合规意识，做到不合规的事一件不做、不合规的钱一分不挣。在安全环保领域，以条文解释、案例分享等多种形式，生动开展《安全生产法》《环境保护法》普法教育，加快筑牢全员红线意识底线思维。在经营财务领域，以“严肃财经纪律、依法合规经营”综合治理为抓手，识别消除合规风险44项，按期完成工业产品生产许可证换证，首次实现合同倒补签现象整治清零。在投资工程领域，全面规范项目立项、设计变更、采购招标、超概审批等程序，推动项目不批复不采购、手续不齐全不开工成为自觉行为。在综合管理方面，聘请专业机构提供法律规范咨询，有效建立法规识别索引、承接转化机制；进一步规范“三重一大”议事规则和决策程序，实现决策事项清单化管理。

（朱军涛）

【大修改造圆满成功】 2022年3月中旬至6月底，扬子石化完成停车大修改造任务，实现全面大修“解决依法合规问题、消除潜在风险隐患、恢复装置运行性能”三大关键目标。此次大修改造是扬子石化的全面停车大修改造，涉及59套装置、7783项检修任务及全部公用工程、安全环保设施，是历史上“范围最广、任务最重、难度最大”的检修。大修期间，实行领导干部定点联系承包和属地现场网格化，全体干部员工精诚团结、务实担当，顺利完成各项目标任务，成功交出安全环保总体可控、疫情防控措施落实有力、设备物资采购优质高效、装置停开车过程平稳有序、后勤保障服务全面过硬的优秀答卷。

（朱军涛）

【安全生产基础逐步夯实】 2022年，扬子石化广大干部员工深入贯彻习近平总书记关于安全生产重要论述和习近平生态文明思想，统筹发展与安全，认真落实集团公司HSE工作部署，坚持“从零开始打基础、向零奋斗再启程”，大力推进“依法合规转观念，回归体系抓管理”，统筹体系运行与安全生产标准化一级企业创建三年行动，完成第一年“培训诊断”目标任务。细化制定38项83条安全管理硬措施，以系统性治本之策夯实安全生产基础。高质量整改安全审计、督导问题，有效开展重大危险源、老旧装置等风险隐患治理，按期完成34个责任状项目，扬子石化风险总值下降15.2%。推广电子作业票系统，严格作业计划审查和作业过程监管，应用布控球、防坠器等强安技术，实现全年近10万项检修施工作业零伤害。

（朱军涛）

【践行绿色发展打造大美扬子湾】 2022年，扬子石化践行绿色发展理念，抓实中央环保督察、党组生态环保专项巡视问题整改，扎实开展环保绩效提升、碳达峰等行动，全方位落实长江水体风险防控，成功投运洗舱站项目，组建嗅辨员队伍，助力打造无异味工厂，完成乙烯11#裂解炉节能改造、芳烃部分加热炉低氮燃烧改造等一批节能环保治理任务，入选集团公司首批“无废集团”建设工作试点企业和新材料科技园绿色综合评价A类企业，加快向清洁化、低碳化、绿色化转型。全年危险废物规范处置率100%，主要污染物COD（化学需氧量）、NH_3-N（氨氮）、SO_2（二氧化硫）、NO_x（氮氧化物）、VOCs（挥发性有机物）排放总量均控制在年度核定指标内。5月31日，扬子石化举办主题为“悠悠长江水、大美扬子湾”公众开放活动，首次向市民展示扬子石化将生产岸线打造为生态岸线的绿色成果，全力打造的“长江最美石化湾”，先后获评集团公司美丽石化—清洁美丽基层和江苏省四星级绿色港口。

（朱军涛）

2022年5月31日，扬子石化践行绿色发展，共抓大保护，“大美扬子湾”首次面向公众开放

（李　维　摄）

【通过南京市“健康企业”建设评估】 2022年，扬子石化实现企业建设与员工健康协调发展，采取优化体检服务、加强职业健康宣传、改进劳动保护用品管理、深化噪声污染治理、在生产现场医疗点配备自动体外除颤仪（AED）等措施，守护职工身心健康、改善现场职业环境。12月21日，经南京市健康企业复查评估专家组检查验收，确认扬子石化通过南京市2022年度“健康企业”建设评估，获南京市健康企业称号。

（朱军涛）

【生产经营总体平稳】 2022年，扬子石化着力构建以工艺平稳性、设备完整性为重要支撑的运行稳定性体系，从严调度纪律、工艺纪律、操作纪律、劳动纪律管理，狠抓PI图修订、变更管理、报警治理和异常溯源等工作，实现关键装置非计划停车同比下降12.5%。大修前，通力保障装置安稳运行；大修后，沉着应对原油走势不确定、产品市场不景气等经营挑战，及时调整经营策略和优化思路，高效统筹原料配置、装置负荷、物料流向和产品结构，最大限度降低减利因素影响，全力保障盈利产品稳产高产。全年加工原油929.08万吨，生产成品油496.69万吨、乙烯52.61万吨、PX71.47万吨、PTA25.55万吨、聚烯烃78.08万吨（含EVA6.81万吨），锂电池隔膜料产销量实现翻番，塑料新产品和专用料比例68.31%、再创历史新高。充分发挥财务战略支撑、决策支持作用，不断推进计划安排、生产组织向价值创造聚焦；从严成本费用管控，消除效益“流失点”、成本“出血点”，实现非生产性费用支出较年初预算下降34.5%。

（朱军涛）

【塑料新产品产销创历史最好水平】 2022年，扬子石化全面落实高效安全生产的各项措施，坚持以市场为导向，以效益为中心，充分发挥“产销研用”一体化优势，靶向生产符合用户需求的塑料新产品，先后取得首次工业化生产茂金属聚丙烯产品、首次成功开发生产埋地排水管专用料等突破性成果。与此同时，扬子石化抓住新能源汽车井喷的有利时机，全力研发生产汽车专用料系列产品，其中外饰件、注塑专用料月产量达6000吨以上。

（朱军涛）

【关键项目取得重大进展】 2022年，扬子石化聚焦建设中国石化南京炼化一体化基地“桥头堡”，大力推动“油转化”“油转特”，加快炼油结构调整项目及配套子项目建设投用，一体推进扬子-扬巴轻烃综合利用等项目建设，全力打造产业集聚优势。聚焦“以新代老”转型升级，大力实施芳烃、乙烯产业链重构以及存量燃煤机组提标改造，构建炼化一体化竞争优势。聚焦高端化、差异化，重点发展化工新材料和高端化学品产业，重点布局发展高端聚烯烃、医用级PGA、二氧化碳等新材料产业，加快构建以氢能、光伏发电、锂电池负极材料等新能源为主的智慧能源体系，加快高端发展步伐。

（顾学峰）

【通过“两化”融合管理体系最高等级认证】 2022年，扬子石化着力强化生产运营数字化管控、生产过程集成管控、设备全生命周期管理等新型能力建设，5G网络、大数据、人工智能等新一代信息技术在生产、经营、管理等环节的融合持续加快。其中，扬子石化与江苏联通合作开展的“5G+安全石化”项目入选国家“512工程”，这是江苏省唯一入选的重点行业案例，也是集团公司唯一入选的企业案例。全面推进“5G+机器人智能巡检、5G光伏智慧电子围栏、5G+泄漏检测”等5类9个应用场景建设，入选2022年度江苏省5G全连接工厂。11月，扬子石化收到“两化”融合管理体系最高等级AAA级证书，这标志着扬子石化在推进信息化和工业化深度融合方面获得最权威认可。

（朱军涛）

【从严管理夯实“三基”】 面对2022年复杂严峻的生产经营形势，扬子石化坚持“从零开始打基础”，各单位各部门行动迅速，从严管理夯实“三基”，以加强报警管理、加热炉管理、在线分析仪表整治和PI图修订等工作为突破口，全力提升装置运行稳定性，千方百计稳增长保效益。扬子石化日均报警数从6月初的2.25万次降至0.4万次以下，装置时均报警数低于 2 次，达到行业内先进水平；各类在线分析仪表投用率、准确率大幅提升；新版 PI 图完成修订，投入使用，为扬子石化进一步严格变更管理、强化依法合规夯实根基。

（朱军涛）

【举办全国裂解汽油加氢技能竞赛】 2022 年 11 月 9 日，全国行业职业技能竞赛裂解汽油加氢装置操作工竞赛在扬子石化顺利闭幕。这是扬子石化首次承办的国家级赛事，也是集团公司 2022 年首先开赛的炼化工种国家级竞赛，参赛单位包括中国石油所属 5 家企业、中国石化所属 14 家企业，共计 76 名选手参赛。经过 3 天的激烈角逐，扬巴公司、独山子石化获团体一等奖，齐鲁石化、燕山石化、扬子石化获团体二等奖。扬子石化高峰、张明利，扬巴公司马云凤等 8 名参赛选手获个人金奖。其中，高峰等 3 名选手作为本次竞赛前三名，获全国技术能手称号。由于疫情影响，本次竞赛首次采取“线上为主 + 线下结合”的方式进行，组织难度远大于常规技能竞赛。扬子石化高度重视赛事的承办工作，提前半年开始筹划，精心组织，最终取得圆满成功，获优秀组织奖。

（朱军涛）

表 1　扬子石化主要技术经济指标　亿元

指标名称 \ 年份	2022	2021	2020	2019	2018	2017
原油加工量[①] / 万吨	929.08	1 196.83	1 320.09	1 357.70	1 337.54	1 143.70
工业总产值	709.09	787.73	661.33	844.80	845.63	618.29
扬子石化有限公司	684.39	765.00	638.78	825.25	823.33	597.68
扬子资产分公司	24.70	22.73	22.55	19.55	22.30	20.61
工业增加值	82.85	169.29	161.27	163.79	203.46	138.54
扬子石化有限公司	76.37	161.82	153.16	158.46	199.16	134.89
扬子资产分公司	6.48	7.47	8.11	5.33	4.30	3.65
资产总计	382.87	438.15	400.08	377.65	370.70	349.61
扬子石化有限公司	311.29	366.01	329.65	307.63	304.53	287.86
扬子资产分公司	71.58	72.14	70.43	70.02	66.17	61.75
流动资产	92.68	188.01	143.84	119.44	142.77	128.30
扬子石化有限公司	89.21	164.48	135.30	106.09	127.06	117.35
扬子资产分公司	3.47	23.53	8.54	13.35	15.71	10.95
固定资产原值	511.10	501.74	484.83	458.54	442.15	462.27
扬子石化有限公司	434.37	426.82	427.04	402.69	389.29	404.37
扬子资产分公司	76.73	74.92	57.79	55.85	52.86	57.90
固定资产净值	148.87	158.36	157.05	143.59	139.31	151.87
扬子石化有限公司	109.73	116.71	131.91	119.21	117.54	126.91
扬子资产分公司	40.14	41.65	25.14	24.38	21.77	24.96
营业收入	688.26	727.24	601.98	777.42	802.51	572.40

续表

指标名称 \ 年份	2022	2021	2020	2019	2018	2017
扬子石化有限公司	652.40	695.42	571.10	747.31	772.91	547.19
扬子资产分公司	35.86	31.82	30.88	30.11	29.60	25.21
利　税	40.76	131.22	106.09	114.24	153.46	130.45
扬子石化有限公司	40.79	129.58	101.89	110.96	149.31	126.70
扬子资产分公司	−0.03	1.64	4.20	3.28	4.15	3.75
税　金	107.85	107.82	102.81	91.51	102.03	98.50
扬子石化有限公司	106.66	107.21	102.23	90.86	101.25	97.74
扬子资产分公司	1.19	0.61	0.58	0.65	0.78	0.70
综合能耗②/ 吨标煤・万元 $^{-1}$						
扬子石化有限公司	1.16	1.18	0.82	0.82	0.82	0.86
扬子资产分公司	2.07	2.53	2.73	2.62	2.77	2.79

① 原油加工量统计包含清江石化和泰州石化
② 2021 年开始，综合能耗数据按 2020 年不变价计算

表 2　扬子石化主要产品产量①　万吨

产品名称 \ 年份	2022	2021	2020	2019	2018	2017
乙　烯	52.61	78.33	82.07	84.53	84.07	65.17
丙　烯	23.73	47.62	50.14	50.53	40.24	36.88
丁二烯	7.23	9.51	10.12	10.53	11.02	8.68
聚乙烯	38.54	46.32	51.09	51.77	48.75	40.64
聚丙烯	32.72	46.82	48.71	49.03	48.15	36.30
精对苯二甲酸	25.55	55.57	81.50	101.17	44.03	55.06
乙二醇	3.26	13.92	16.02	16.64	30.02	22.17
纯　苯	29.91	42.54	43.67	44.18	43.64	35.22
对二甲苯	71.47	94.69	103.01	105.64	99.84	83.54
邻二甲苯	10.56	19.55	20.50	21.53	19.23	14.87
环氧乙烷	6.37	20.47	25.15	16.81	15.08	12.64
柴　油	206.29	205.70	256.90	219.64	223.93	221.23
汽　油	212.39	283.32	274.65	313.71	298.74	239.98
丁苯橡胶	9.10	5.70	10.14	9.55	8.59	9.89
顺丁橡胶②	0	0.46	9.58	8.59	7.54	5.05

① 产品产量包含清江石化和泰州石化
② 2013 年 6 月开始，顺丁橡胶产品投放市场，2014 年停产，2017 年恢复生产，2021 年 1 月停产至 2022 年底

扬巴公司

【概况】 扬子石化－巴斯夫有限责任公司（简称扬巴公司）位于江苏省南京市江北新区新材料科技园，由中国石化和德国巴斯夫（BASF）公司以50%：50%的股比共同投资建设。扬巴公司成立于2000年12月，2005年6月正式开始商业运营，2011年和2014年先后完成两次大型扩建，累计总投资约55亿美元，占地242公顷。运营着33套化工装置，包括74万吨/年蒸汽裂解装置、38万吨/年环氧乙烷/乙二醇装置、40万吨/年低密度聚乙烯/醋酸乙烯共聚物装置、30.5万吨/年羟基醇－碳四装置、20万吨/年聚苯乙烯装置、19万吨/年丙烯酸和21.5万吨/年丙烯酸酯装置、13万吨/年丁二烯抽提装置、8万吨/年2-丙基庚醇装置、8万吨/年新戊二醇装置、6.9万吨/年丙酸装置、6万吨/年非离子表面活性剂装置、5万吨/年甲酸装置、4万吨/年二甲基甲酰胺装置和3.6万吨/年甲胺装置等。所有装置均采用巴斯夫“一体化”理念，以高效环保的方式生产和利用产品、副产品以及能源，降低排放和物流成本，充分发挥协同效应。另有1个以天然气为主要原料的燃气—蒸汽轮机联合循环发电厂和数个国际码头，保证能源供应和物流运输。

扬巴公司的主要产品有低密度聚乙烯、醋酸乙烯共聚物、乙二醇、丁醇、丙烯酸、丙烯酸甲酯及丁酯、甲酸、丙酸、甲胺、二甲基甲酰胺、苯、甲苯、混合二甲苯、聚苯乙烯、丁二烯、非离子表面活性剂、2-丙基庚醇、超吸水性树脂等，广泛应用于农业、食品、卫生、医药、电子、电器、纺织、洗涤、建筑、汽车、皮革处理、光伏产业等各种领域。2022年销售271万吨化学品和聚合物，实现销售收入251亿元。截至2022年底，扬巴公司共有员工2113名。

扬巴公司一体化石化基地现场全景图

（李时艳）

【中国石化和巴斯夫签署新版谅解备忘录】 2022年1月26日，中国石化和巴斯夫高层举行线上会晤，并签署新版谅解备忘录，以进一步加强双方在华合作，加快推进新项目的进程，探讨绿色低碳领域合作机会，进一步深化战略合作伙伴关系。

（李时艳）

【一体化2.8期扩建项目开工建设】 2022年4月28日上午，扬巴公司在装置现场举办一体化2.8期扩建项目奠基仪式，南京江北新区管委会、南京江北新材料科技园、扬子石化、扬巴公司的相关领导出席仪式并为项目培土奠基。扩建项目计划于2023年全部建成投产，以更好地满足国内市场对特种化学品的需求，促进国内高端新材料产业快速发展。

（李时艳）

一体化2.8期扩建项目奠基仪式

【中央废气处理及能量回收项目投用】 2022年1月，经过近两年的建设，扬巴公司中央废气处理及能量回收项目（c-ERU）在预算内按时完成并正式开始运行。这个减污降碳协同治理的项目在立项及建设过程中获得6000万元的中央大气污染防治资金。该项目收集扬巴公司一体化基地的20多股废气并集中处理，将这些废气转化为能量回收，并同步进行脱硝和挥发性有机气体（VOC）

治理，全年可产生 27 万吨蒸汽用于一体化基地生产，能够减少 576 万标准立方米的天然气消耗。

（李时艳）

中央废气处理及能量回收装置

【蓄热式氧化炉尾气处理单元投用】 2022 年 4 月 20 日，扬巴公司蓄热式氧化炉尾气处理单元项目如期投用。该项目在立项及建设过程中获得 1000 万元的中央大气污染防治资金。该项目将环氧乙烷 / 乙二醇 / 非离子表面活性剂装置的尾气进行热解处理，满足政府新的排放要求，进一步提升环境效益。

（李时艳）

【光伏车棚项目成功并网发电】 2022 年 12 月 28 日，扬巴公司 D700 停车场光伏车棚项目通过国家电网验收，取得并网许可，正式并网发电。这 3 座光伏车棚总建筑面积超 2000 平方米，可同时停放 155 辆车。车棚顶部安装的光伏发电组件装机总量达 514 千瓦，每年可发电约 51 万千瓦·时，相当于减少约 300 吨二氧化碳排放。项目还配套建设充电桩，满足扬巴公司现有的新能源大巴、公务车和无人物流牵引车的充电需求，余电还可供应 D700 办公楼日常用电。

（李时艳）

【超吸水性树脂装置产出合格新产品 N2330】 2022 年 8 月 1 日，扬巴公司超吸水性树脂装置生产出合格的新产品 N2330。新产品由巴斯夫公司研发，性能对标当前国际市场的最新产品，在保持原有 N7059、N6830 产品特性的基础上，在通液性、吸盐水速率等方面的性能得到显著提高。

（李时艳）

【扬巴产品首次通过中欧班列出口至欧洲】 2022 年 1 月 25 日，扬巴公司的近 40 吨聚异丁烯产品搭乘中欧班列，抵达德国路德维希港。该批产品从中国长春出发，横跨欧亚大陆，是扬巴公司第一次尝试通过铁路出口非危险化学品。

（李时艳）

【数字化转型加速推进】 2022 年，扬巴公司继续加快数字化转型步伐，在智慧生产运营、智慧工程维修、智慧 EHS、智慧商务、智慧供应链、智慧职能 6 个方面持续发力，先后开发上线工程维修结算系统、新三维工厂设计系统、大修先进管理系统 2.0、技术物资电子送货通知单、事件管理系统、一般危害作业电子许可证、承包商培训考试系统、在线竞拍销售、网上拍卖、易办公自动化平台、生产成本可视化报告 2.0、企业微信等数字化系统和平台，进一步优化内部的生产、维修和 EHS 管理，提高数据透明度和工作效率，增强信息共享的程度，为强化内部沟通、提高客户体验提供有力支撑。

（李时艳）

【通过巴斯夫责任关怀审计】 截至 2022 年 8 月，扬巴公司巴斯夫责任关怀年度审计工作全部完成，包含公用工程装置、超吸水性聚合物装置、低密度聚乙烯 / 醋酸乙烯共聚物装置和物流部门（裂解罐区装置、现场物流作业、码头和罐区）在内的 6 个装置均绿色通过。此外，由于环氧乙烷 / 乙二醇 / 非离子表面活性剂装置 2021 年接受的是全线上审计，2022 年接受飞检，并最终取得维持原审计周期不变的结果。

（李时艳）

【“安全周”活动持续改善安全文化】 2022 年 12 月 5—9 日，扬巴公司举办主题为“思安全，行安全”的安全周活动，通过 SCBA 竞赛、急救竞赛、VR 灭火体验、安全知识竞赛、安全征文、安全 / 消防技术产品展示、安全工坊、健康讲座、安全影院等一系列活动，借助讲座、问答、现场讲解、亲身体验等各种形式传递安全理念，吸引千余名公司员工和承包商员工积极参与。这项年度活动旨在不断深化扬巴公司员工和承包商的安全意识，持续改善扬巴公司的安全文化，营造更加安全的工作环境。

（李时艳）

【聚苯乙烯产品获海信集团质量卓越奖】 2022年，扬巴公司凭借聚苯乙烯产品的良好品质和优质的服务，获海信集团2022年度质量卓越奖。自1998年起，扬巴公司的聚苯乙烯产品就不断为中国家电尤其是冰箱产业赋能，助力家电行业发展壮大。

（李时艳）

【上海紫江向扬巴公司赠送锦旗】 2022年8月，上海紫江彩印包装有限公司（简称上海紫江）向扬巴公司赠送锦旗，感谢扬巴公司在疫情期间及时伸出援手，助其渡过难关。上海紫江是扬巴公司LDPE产品的关键客户，在上半年上海因疫情而实施静态管理期间，上海紫江面临生产原料断供、停产的风险。扬巴公司得知情况后，立即研讨出台解决方案，先后数次及时将产品送达上海紫江，凸显优质供应商的可靠性，也体现出扬巴公司携手客户、合作共赢的态度。

（李时艳）

【在全国行业职业技能竞赛中获奖】 2022年11月，扬巴公司参与2022年全国行业职业技能竞赛——裂解汽油加氢装置操作工竞赛。这是国家二级职业技能竞赛，来自中国石化和中国石油下属19家企业的76名选手参赛，比赛以“线上为主+线下结合”的方式进行，包含综合知识考试、DCS仿真操作、HSE应急仿真演练、视频纠错、综合答辩等多个环节。扬巴公司最终取得团体一等奖、优秀教练奖、1枚个人金奖和2枚个人银奖的成绩，展示出参赛员工出色的业务能力，也体现出扬巴公司重视人才培养和技能培训的成果。

（李时艳）

【获评南京市2022年度十佳港口企业】 2022年，扬巴公司参与南京市交通运输局组织的“十佳港口”评价，并从112家参评企业中脱颖而出，获评2022年度十佳港口企业。扬巴公司物流码头全年接待各级政府检查50余次，涉及疫情防控、消防、反恐、安保、环保等各个方面，检查中提出的开项全部按时整改完毕，同时圆满完成各项安全生产工作，守好扬巴公司水路进出通道，保障码头的安全运行。

（李时艳）

【统计工作获得南京市统计局表彰】 2022年，扬巴公司被南京市统计局评为江北新区工业能源统计工作表现突出单位，罗庆晶被评为市统计监测工作表现突出个人。扬巴公司以严肃认真的态度对待每一次的统计数字和统计调查分析，确保统计数据的质量；及时收集掌握重要经济指标，进行静态动态、多维度分析，反映扬巴公司的经济运行态势，为促进扬巴公司目标的实现和领导层的经营决策提供科学依据。

（李时艳）

【在“江北新区应急练兵竞赛”中夺冠】 2022年10月14日，扬巴公司与其他80多家企业参与由南京市公安局江北新区分局组织的全区重点目标单位应急处突练兵竞赛。经过理论考试和包括反恐器材使用、应急反应能力、抓捕恐怖人员动作规范性、团队协作能力等实际操作方面的两轮角逐，扬巴公司最终夺得冠军，展示出扬巴公司安保人员处置突发事件的综合能力。

（李时艳）

【总裁Bram Jansen获聘南京城市国际化紫金友好使者】 2022年5月28日，南京举办第三批“南京城市国际化紫金友好使者”选聘仪式，包括扬巴公司总裁Bram Jansen在内的12位来自经贸、教育、文化等领域的在宁外籍人士获此荣誉。这一活动旨在进一步加深外籍人士对南京经济社会发展的了解，同时通过国际友人的视角提升南京城市国际化形象并为促进南京城市开放发展、扩大中外友好交往贡献积极力量。

（李时艳）

【总裁Bram Jansen获江苏省人民友好使者称号】 2022年11月26日，江苏省人民对外友好协会在常州举办2022年度“江苏省人民友好使者”授予仪式。扬巴公司总裁Bram Jansen作为获奖嘉宾代表在致辞中表达对中国、对江苏发展前景的信心。"江苏省人民友好使者"每两年评选一次，主要授予对江苏省经济社会发展和国际友好合作作出突出贡献的外国友人，2022年获奖的外籍人士来自日本、英国、比利时等12个国家。

（李时艳）

【发布新的使命、愿景、价值观】2022年3月18日，扬巴公司正式发布新版企业使命：以对化学的热忱，贡献可持续发展的未来。新版企业愿景：以化学为源，筑世界之美。新版企业价值观：保持领先、敏捷响应、责任担当、赋能人人。以更加简洁明了的方式描述扬巴公司的长远发展目标，并将其作为扬巴公司运营的指导原则。

（李时艳）

【倡导绿色办公低碳生活 致力可持续发展】2022年，扬巴公司先后举办"可持续能源及碳减排"论坛、节能宣传周、"可持续发展新视界讲堂"等活动，聚焦节能减碳、可持续发展等主题，从绿色供应、循环经济、能源策略与技术、碳管理、高效设备等多方面进行分析和探讨，确定"双碳"背景下的应对措施和行动路线图；同时通过提出"减少塑料垃圾"等倡议和采取"共建扬巴林"等行动，进一步普及可持续发展理念，号召全体员工践行绿色办公、低碳生活，并为扬巴公司的可持续发展建言献策。

（李时艳）

【向地方政府捐赠危化品应急救援车】2022年5月30日，扬巴公司向扬州宝应县政府捐赠一辆危化品应急救援车，助力地方部门增强应急响应能力、防止突发事故影响当地生态环境。扬巴公司高度的社会责任感和践行可持续发展的行为得到当地干部和群众的一致好评，宝应县公安局、应急管理局、广洋湖镇领导和各界代表出席捐赠仪式，并向扬巴公司颁发"爱心企业"牌匾。

（李时艳）

中韩石化

【概况】中韩（武汉）石油化工有限公司（简称中韩石化）由中国石化和韩国SK综合化学株式会社以65%：35%的股比合资成立，注册资本71.93亿元，成立于2013年10月，2014年1月1日正式运营；2019年通过一体化合资项目完成对武汉石化炼油资产并购，7月1日并表运营，成为中部地区最大的炼油化工一体化企业。

中韩石化有2个厂区。其中，炼油厂区投产于1977年，位于湖北省武汉市青山区，占地188.07公顷，炼油综合配套能力850万吨/年，共有350万吨/年1#常减压、500万吨/年2#常减压、100万吨/年1#催化裂化、100万吨/年2#催化裂化、180万吨/年催化原料加氢处理、180万吨/年加氢裂化、150万吨/年S Zorb汽油吸附脱硫等26套主要生产装置，可生产汽油、柴油、航空煤油、石脑油、聚丙烯、"三苯"、液化气、硫黄、石油焦等产品；化工厂区位于化学工业区，投产于2013年8月，占地294.8公顷，与炼油厂直线距离9.8千米，有110万吨/年乙烯、70万吨/年裂解汽油加氢、15万吨/年碳五分离、13万吨/年丁二烯抽提、35万吨/年芳烃抽提、12万吨/4.5万吨/年MTBE/1-丁烯、30万吨/年高密度聚乙烯、30万吨/年线型低密度聚乙烯、15万吨/28万吨/年EO/EG、20万吨/年JPP聚丙烯、20万吨/年ST聚丙烯、2.7万吨/年苯乙烯抽提、30万吨2#高密度聚乙烯、30万吨/年3#ST聚丙烯、6万吨/年2#丁二烯共15套主体生产装置及相应的系统配套装置，生产聚乙烯、聚丙烯、环氧乙烷、乙二醇、丁二烯、苯乙烯、"三苯"等产品。

中韩石化实行两级扁平化管理，共设14个职能部门、6个业务中心和12个生产运行部。截至2022年底，共有在岗员工2866人，其中包含股份公司委派6人、SKGC委派12人。

中韩石化主要技术经济指标及主要产品产量分别见表1和表2。

（任丽娜）

中韩石化化工厂区夜景（付 松 摄）

【领导班子调整】 2022年6月13日，股份公司下达委派意见书，委派陈达为中韩石化监事。7月21日，集团公司党组发文，免去刘家海中韩石化党委书记职务；股份公司下达委派意见书，刘家海不再担任中韩石化董事长职务。8月29日，集团公司党组发文，江寿林担任中韩石化党委书记；股份公司下达委派和提名意见书，委派江寿林为中韩石化董事长，提名刘百强为中韩石化总经理，杨文德不再担任总经理职务。

（任丽娜）

【生产经营总体维持良好局面】 2022年，中韩石化加工原（料）油845.1万吨，乙烯产量93.71万吨；工业总产值578.6亿元，增长15.7%，创历史新高；营业收入578.6亿元，增长15.2%；全年合并亏损15.1亿元，其中炼油盈利0.8亿元，化工亏损15.9亿元；上缴税金106.9亿元，增长46.8%；炼油吨油完全费用277.2元，乙烯吨产品费用1551.5元，完成集团公司下达的各项生产经营目标任务。

（任丽娜）

【安全生产根基不断夯实】 2022年，中韩石化保持HSE体系持续有效运行，修订HSE管理手册并发布施行，完善体系要素监测指标，按周期开展监测并持续改进。层层分解安全生产责任，修订安全生产责任制，将HSE主体责任落实到各级领导干部、各岗位，组织各级领导制定实施个人安全行动计划。打好安全生产专项整治三年行动收官战，138项工作任务完成126项，完成率91.3%。强化双重预防机制，8项公司级重大安全风险实现1项销项、6项降级或降值，风险总值下降25.7%；持续推进隐患排查治理，对6套老旧装置组织隐患排查，完成"一装置一策"的编制，稳步推进问题整改。严抓直接作业环节管理，强化作业全过程管控，从严作业申报流程审查、JSA分析、现场安全监管及违章考核，对27家主要承包商开展HSE体系审核。中韩石化上报集团公司安全环保事故为零，炼油厂区实现连续安全生产4219天，化工厂区实现连续安全生产3656天，连续2年获评集团公司安全生产先进单位。

（任丽娜）

【绿色环保水平整体提升】 2022年，中韩石化持续推进绿色发展，深挖污水回用减排潜力，污水回用率由30%提升至48%，全口径污水回用率73.9%。大力开展污染防治攻坚战，外排污水量下降33%，外排污染物COD、氨氮、SO_2、NO_x总量持续下降。开展新能源发电项目和绿电采购工作，化工立体包装仓库屋面光伏发电项目顺利并网，热电装置低温热项目全面投用。持续开展雨污系统专项排查整治工作，进一步巩固水体风险防控体系。大力开展危废减量化工作，全年危险废物外委处置量下降20%。持续开展VOCs及现场异味治理工作，成功投用焦化异味治理项目、聚烯烃二部RTO废气治理项目、炼油厂区VOCs网格化监控项目，全年创建验收25套"无异味装置"，完成焦化、汽油加氢装置"无废装置"试点创建和验收工作。获评集团公司节能环保先进单位。

（任丽娜）

【打好疫情防控和生产经营保卫战】 2022年，中韩石化持续抓实疫情防控工作，严格落实疫情防控主体责任，根据地方政府和集团公司防疫工作要求，因时因势调整中韩石化疫情防控工作措施，强化应急处置，坚决维护员工生命健康。12月初，新冠肺炎疫情集中暴发，面对生产岗位严重缺员的紧急状况，中韩石化及时调整一线倒班模式，采取各种紧急措施，全力保证连续生产，未感染的员工在岗位上日夜接续作战，恢复后的员工迅速返岗支援，全力打赢一场艰苦卓绝的生产保卫战和疫情防控攻坚战，直至12月下旬生产力量全面恢复正常，为完成全年生产经营任务奠定坚实基础。

（任丽娜）

【持续攻坚创效创佳绩】 2022年，中韩石化调整产品结构，实时研判市场行情，优化调整产品结构，炼油努力增产高价值产品，累计创效1.9亿元；化工利用低负荷运行时机适时调整裂解深度，优化产品流向，累计减亏7824万元。优化装置运行，根据市场行情主动调整优化乙烯装置负荷，减亏1.3亿元。2022年，炼油在集团公司专业竞赛累计排名第7名，在中型炼厂排名第二，在沿江企业排名第一，炼油4套装置进入集团公司优胜行列。

（任丽娜）

【对标提升和深化改革成效显著】 2022年，中韩石化持续推进对标一流管理提升行动，6项公司级指标在系统内排名达到前两名，9项专业级指标、41项装置级指标完成情况提升明显。深入推进深化改革三年行动，紧盯“三项制度”改革关键核心，推动深化改革三年行动高质量收官，53项工作任务提前3个月完成既定目标。有序推进经理层成员任期制和契约化管理工作，增强干部队伍活力。完善员工绩效考核评价制度，组织284名中基层领导人员签订个人工作业绩考核责任书，编制专业技术及技能操作人员绩效合同“一人一表”，逐步推进全员绩效考核落实落地。按期完成岗位价值评估工作，调整统一炼油和化工同岗位年终绩效奖标准，逐步建立具有一定市场竞争力的薪酬体系。

（任丽娜）

【重点工程项目加快落地】 2022年，中韩石化加快推进重点工程项目建设，7月28日，14万吨/年MTBE装置一次开车成功；9月20日，化工碳四炔烃选择加氢项目中交。1-丁烯改造项目施工准备完成；280万吨/年催化裂化装置反应器施工封顶，其余项目进度安全可控。全年完成投资13.2亿元，投资完成率99.42%。

（任丽娜）

【科技创新发展硕果累累】 2022年，中韩石化持续加大科技投入强度，完成研发经费1465.8万元，增长率31.2%。申请专利18件，其中发明专利6件、实用新型专利12件，超额完成年度任务目标。成立化工新材料研发中心，完成HCPP系列新牌号稳定生产，全年开发新产品12个，其中LLDPE装置滚塑料R335L/R336L实现开发当年产量破万吨，1#PP装置高熔指纤维料S2040市场反应良好、实现量价齐升，全年新产品和专用料比例62.6%。先后在1#HDPE装置、2#HDPE装置成功试用国产催化剂生产，打破进口催化剂供应瓶颈。

（任丽娜）

【智能工厂建设全面升级】 2022年，中韩石化推进信息化建设，完成ERP物装工厂、变更管理、计量管理、绩效考核、门禁5个系统整合工作，圆满完成中韩石化一体化融合工作。完成化工片区5G网络建设，实现中韩石化5G信号全覆盖。开展5G工业化场景应用，获湖北省绽放杯竞赛一等奖。围绕业务需求，完成平面库优化改造、智能火灾识别、JPP及管廊数字化、安全风险四色图等项目，助力安全高效生产。持续跟踪优化APC操作，APC综合评价连续9个月稳定在A类行列。中韩石化再次获武汉市智能标杆工厂称号。

（任丽娜）

中韩石化化工立体仓库俯瞰图（付 松 摄）

【高质量党建优势持续彰显】 2022年，中韩石化以迎接和学习宣传贯彻党的二十大精神为主线，压紧压实全面从严治党责任，深入实施人才强企战略，推进高质量党建。扎实推进“牢记嘱托、再立新功、再创佳绩，迎接学习贯彻二十大”主题行动，锚定5个方面、69项重点任务不放松，引领中韩石化各项重点工作的落实见效。制定领导人员梯队建设“2355”目标，50个领导岗位开展公开竞争性选聘，干部队伍整体年龄结构持续改善。高素质人才不断涌现，3 名员工取得集团公司特级技师等级，实现零突破，3 名员工在国家级技能竞赛中获奖。常态化开展党支部分类定级考核、党员积分管理，大力开展党支部标准化规范化建设，基层班组党员覆盖率 100%。以强化政治监督为统领，有效贯通日常监督、专项监督、巡察监督，一体推进“三不腐”；开展疫情防控、安全生产专项督查，对 8 家单位进行党委巡察，高质量完成党组巡视问题整改任务；完善大监督格局，推动职能监督融入生产经营、向基层延伸。始终把关心维护好员工的切身利益放在首位，配备阻燃工服 1520 套，开展女员工“两癌”筛查，完成炼油食堂改造、化工增设充电桩、标准化外操室配置等惠民暖心实事，福工厂建设稳步推进。

（任丽娜）

表 1　中韩石化主要技术经济指标[①]　亿元

指标名称＼年份	2022	2021	2020	2019	2018	2017
原油加工量 / 万吨	771.40	829.57	577.99	411.95	—	—
工业总产值	578.55	500.05	291.75	311.43	170.97	161.24
资产总值	267.05	281.46	258.26	269.03	153.63	152.34
资产负债率 /%	61.02	55.55	57.64	55.92	15.19	26.09
销售收入	578.57	502.08	287.02	310.16	171.33	161.39
利　润	−15.11	20.97	−12.22	8.91	25.05	36.43
上缴税金	106.93	72.87	80.92	26.94	16.59	20.11
综合能耗 / 吨标煤・万元 $^{-1}$	1.125	1.124	1.176	0.785	1.69	1.69

① 2019 年 7 月 1 日中韩石化一体化合资公司开始并表运营后，原武汉分公司、武汉资产分公司炼油生产经营相关业务并入中韩石化

表 2　中韩石化主要产品产量[①]　万吨

产品名称＼年份	2022	2021	2020	2019	2018	2017
汽　油	174.44	196.42	141.01	94.19	—	—
柴　油	218.38	202.91	187.03	125.44	—	—
航空煤油	63.73	79.49	46.66	53.15	—	—
化工轻油	211.39	256.41	149.91	86.99	—	—
燃料油	23.89	17.44	7.55	2.46	—	—
液化气	34.28	31.90	20.69	16.75	—	—
硫　黄	5.82	6.21	4.29	2.99	—	—
焦　炭	54.62	58.24	42.79	29.23	—	—
丙　烷	0.44	0.16	0.24	0.28	—	—
环氧乙烷	18.07	25.65	12.34	17.05	16.55	15.32
乙　烯	93.71	106.39	69.78	88.95	88.40	86.70

续表

年份 产品名称	2022	2021	2020	2019	2018	2017
丙　烯	60.62	68.62	44.74	50.55	46.20	45.65
1- 丁烯	3.74	4.06	2.34	3.08	2.93	3.61
丁二烯	14.14	17.06	9.93	12.77	12.12	12.91
异戊二烯	1.98	2.11	1.12	1.37	1.48	1.56
间戊二烯	1.99	1.93	0.89	1.17	1.48	1.41
双环戊二烯	1.85	1.82	0.55	0.76	1.12	1.10
苯	18.47	23.55	14.50	17.77	16.67	16.49
甲　苯	8.10	10.15	6.64	8.17	8.14	8.43
二甲苯	4.65	6.18	3.89	4.31	5.80	6.28
甲基叔丁基醚	11.18	10.24	8.21	9.76	7.49	8.38
高密度聚乙烯	36.27	36.94	26.09②	29.82	29.59	28.83
线型低密度聚乙烯	35.05	37.23	26.03②	30.04	30.98	30.17
聚丙烯	59.60	64.98	42.74	47.47	39.79	41.47
乙二醇	8.99	11.00	10.75	19.61	20.45	21.87

① 2019 年 7 月 1 日中韩石化一体化合资公司开始并表运营后，原武汉分公司、武汉资产分公司炼油生产经营相关业务并入中韩石化
② 数据有调整

巴陵石化

【概况】 中石化巴陵石油化工有限公司（简称巴陵石化）位于湖南省岳阳市云溪区和岳阳楼区，紧邻京广铁路、京广高铁、107 国道、京珠高速和随岳高速，西靠洞庭，北倚长江，厂区总面积 6.23 平方千米，是一家大型石油化工、煤化工联合企业，是国内最大的锂系橡胶、己内酰胺生产企业和重要的环氧树脂生产基地。

巴陵石化下辖炼油部、橡胶部、树脂部、己内酰胺部、煤化工部、热电部、水务部、储运部等单位，以及合资企业浙江巴陵恒逸己内酰胺公司、海南巴陵化工新材料有限公司、上海金山巴陵新材料有限公司。固定资产原值 188.18 亿元、净值 80.15 亿元；在册员工 8526 人（在岗 6635 人）；有主要生产装置 50 套，配套建有 2 个区域热电中心、3 个污水处理中心等公用工程。分为 5 条产品链：炼油产品链，包括年综合加工能力 200 万吨炼油（常压部分具备 350 万吨一次加工能力），年产 12 万吨苯乙烯、6 万吨聚丙烯、6 万吨 MTBE 等；合成橡胶产品链，年总产能 38 万吨，包括 20 万吨 SBS、9 万吨 SEBS、4 万吨 SIS、2 万吨 SEPS、3 万吨 SSBR 等；环氧树脂产品链，包括年产 12 万吨环氧树脂、9 万吨烧碱、3.2 万吨氯丙烯、2.8 万吨氯丙烷等；己内酰胺产品链，主要包括年产 50 万吨己内酰胺（含合资企业 20 万吨）、45 万吨环己酮、80 万吨硫铵等；煤化工产品链，主要包括日投煤 2000 吨煤气化（年产氢气 10 万吨），年产 42 万吨合成氨、26 万吨双氧水等。主要产品有汽油组分油、柴油

组分油、溶剂油、苯乙烯、MTBE、SBS、SIS、SEBS、SEPS、SSBR、聚丙烯、环氧树脂、液氯、盐酸、己内酰胺、聚酰胺、环己酮、硫酸铵、液氨、双氧水、氢气等50多种170多个牌号。

截至2022年底，巴陵石化获国家技术发明奖一等奖、国家科技进步奖一等奖、中国工业大奖各1项，国家科技进步奖二等奖6项，累计获得国家、省部级科技进步奖161项，有授权专利508件。被评为中国石化创新型企业。建设中国石化重点实验室、博士后科研工作站等平台。一批“新特”产品填补国内空白，SIS、SEBS被评为国家重点新产品。截至2022年底，巴陵石化锂系橡胶生产技术及其催化剂综合技术居世界先进水平，品种牌号国内最全，质量最好；己内酰胺生产技术世界领先，且掌握环己酮氨肟化、酯化加氢制环己酮、浆态床双氧水等新一代工艺技术；环氧树脂综合技术居国内前列，率先研发行业领先的环保型环氧氯丙烷新工艺。

2022年，巴陵石化生产炼化产品536万吨，营业收入193亿元，上缴税费17.2亿元。

巴陵石化主要技术经济指标及主要产品产量分别见表1和表2。

（李　建　吴　慧）

【领导班子调整】 经集团公司党组研究并征得中共湖南省委员会同意，鉴于年龄原因，2022年1月10日，解聘李德刚巴陵石化总经理、党委副书记职务，办理退休手续。根据工作需要，1月25日，聘任原巴陵石化党委委员、副总经理颜刚为巴陵石化总经理、党委副书记，聘任原巴陵石化安全总监兼安全环保部经理李楚新为巴陵石化党委委员、副经理。8月29日，聘任原巴陵石化总经理助理张红星为巴陵石化党委委员、副经理。

（李　建）

【中国石化与湖南省签署合作框架协议】 2022年3月22日，中国石化与湖南省签署岳阳地区乙烯炼化一体化项目合作框架协议。集团公司董事长、党组书记马永生，湖南省委副书记、省长毛伟明等出席签约仪式并讲话。集团公司副总经理、股份公司总裁喻宝才，湖南省副省长陈飞代表双方签署协议。协议明确主要合作内容、双方责任义务、工作推进机制等。岳阳市政府相关负责人与巴陵石化、长岭炼化主要负责人签署项目投资协议书。

（李　建）

【岳阳地区乙烯炼化一体化项目情况】 岳阳地区乙烯炼化一体化项目被纳入《国家石化产业规划布局方案》，被列为2023年湖南省十大重点产业项目首位。截至2022年底，完成总体设计，相关配套工程启动施工。

（吴　慧）

【己内酰胺搬迁项目建设】 2022年12月26日，岳阳炼化一体化项目园区配套工程开工暨巴陵石化己内酰胺产业链搬迁与升级转型发展项目220千伏己胺变电站受电仪式举行。己胺变电站成功受电，为项目设备调试提供电力基础，为大机组油运和各类设备试运行创造条件。截至2022年底，该项目总体进度完成90%，现场施工进入冲刺阶段，开车准备工作积极推进。

（李　建）

巴陵石化己内酰胺产业链搬迁与升级转型发展项目现场施工进入冲刺阶段

【认真做好迎接、学习、贯彻党的二十大各项工作】 2022年，巴陵石化扎实开展“牢记嘱托、再立新功、再创佳绩，迎接学习贯彻二十大”主题行动，把学习贯彻习近平总书记视察胜利油田重要指示精神，同迎接、学习、贯彻党的二十大紧密结合起来，同做好全年重点工作结合起来，明确7个方面55项重点任务，周密部署党的二十大期间安全环保、信访稳定等保障工作，建立宣传引导、督查督办、考核兑现、评先评优“四位一体”推进机制，充分发挥8个工作组和各级党组织、党员作用，以再立新功、再创佳绩的实际成效迎接党的二十大胜利召开。把学习宣传贯彻党的二十大精神作为首要政治任务，一体推进学习研讨、宣传宣讲和贯彻落实，迅速掀起学习宣贯热潮。

（吴 慧）

【生产运行】 2022 年，巴陵石化着力提升平稳运行水平，加强报警、联锁、盲板、变更管理，狠抓生产异常分析，加大长周期运行奖励，全面修订工艺卡片，工艺报警总数下降 48%，非计划停工时数大幅降低。深化经济技术指标对标追标创标行动，加强节水管理，部分能耗物耗、污水回用率、非常规水资源替代率等指标有效提升。抓好设备完整性管理体系建设和试运行，加大装置现场整治投入，完成炼油、橡胶、热电 10# 炉、煤气化等装置检修，创建 41 个专业完好装置、17 套无泄漏装置，设备基础持续夯实。

（李 建）

【安全管理】 2022 年，巴陵石化深化 HSE 管理体系有效运行，扎实开展“安全生产月”活动、“百日安全行动”，坚决稳住安全生产局面。班子带头实行现场分片包干，落实安全风险分级管控和隐患排查治理双重预防机制，健全重点工程项目“责任网格化、管理专业化、行为规范化”安全体系，开展承包商安全管理专项整治，强化直接作业环节管控，全力夯实安全基础。深入推进安全生产专项整治三年行动收官、安全风险集中治理攻坚，抓实老旧装置风险深度评估和分级管控，巴陵石化重大安全风险总值较年初下降 17%。修订“7+1”安全管理制度，严控现场作业总量，“双边”直接作业总量下降 29%，用火作业总量下降 35%。按照上级要求，采取有效措施，实现疫情防控平稳有序转段。抓好公共安全管理，一级、二级治安反恐防范重点目标全面达标。

（吴 慧）

【绿色环保】 2022 年，巴陵石化深入打好污染防治攻坚战，狠抓源头减排、过程管控和末端治理技术攻关，橡胶、树脂、己内酰胺单位产品 COD 排放量进一步降低。制定并落实碳达峰八大行动、细化 27 项措施 96 项具体任务，积极推动减碳降碳。持续推进“绿色企业行动计划”，累计创建 35 套绿色装置。

（李 建）

【经营运作】 2022 年，巴陵石化坚持市场导向、效益优先，加强产销衔接，优化装置负荷和开停车安排，确保有效益装置满产高产。持续优化原油库存运作，争取低价海洋油资源；对接落实国有大矿资源，电煤长协兑现率远高于行业整体水平；拓宽化工原料采购渠道，推进化工辅料采购国产化替代，实施一般物资“一品一策”采购，采购成本成效明显。积极拓展出口渠道，自销产品出口 3.3 万吨，多个产品首次实现出口，SSBR、SEPS、环氧树脂等产品出口取得较大突破。销售高档鞋材用 SEBS、SBS 新牌号、切片新牌号等“新特”产品 10 万吨，增长 21%。

（吴 慧）

【转型发展】 2022 年，巴陵石化加快推进转型发展，产业升级迈出坚实步伐。上海金山年产 25 万吨弹性体装置在建设中，年产 5 万吨环保型环氧氯丙烷工业示范装置项目基础设计获中国石化批复、进入开工准备阶段，年产 17 万吨高性能环氧树脂项目可行性研究报告获中国石化批复、基础设计基本完成。年产 8 万吨粗白油精制装置建成开车。

（李 建）

【科技创新】 2022 年，巴陵石化持续落实“揭榜挂帅”机制，建立科研蹲点联系、新产品产销研用一体化攻关等机制，创新活力有效激发，创新成果不断涌现。国家“十四五”重点研发课题医用 SEBS 产销量、市场占有率持续提升，国家“1025 专项”攻关子课题复合材料用环氧树脂开发多个配方，中国石化“十条龙”科技攻关项目酯化加氢制环己酮成套技术正在工业化，巴陵石化重点科研项目铁系枝化丁戊橡胶实现试生产、填补行业空白。国家热塑性弹性体技术创新中心创建方案上报国家科技部，新建聚己内酯、间苯二甲胺等 4 套中试装置。巴陵石化橡胶技术带头人梁红文获评中国石化科技创新功勋奖，2 项成果分别获中国石化技术发明奖一等奖、科技进步奖一等奖，获授权专利 38 件。

（吴　慧）

【改革管理】 2022 年，巴陵石化持续深化改革，治理效能稳步提升。完成国企改革三年行动，深入推进“三项制度”改革。完成对标世界一流管理提升行动各项任务，扎实开展“严肃财经纪律、依法合规经营”综合治理专项行动，企业管理效能不断加强。开展“三基”工作强化提升年专项行动，深化“4+8”学习培训，增设培训专项奖，举办第一届“最强操作”业务竞赛，建立生产、设备、安全环保专业基层管理人员和“三大员”岗位资格认证机制，创建 21 套“三标”装置和 26 个标准化班组。

（吴　慧）

2022 年 10 月 27 日，巴陵石化举办第一届“最强操作”业务竞赛决赛

【获多项荣誉】 2022 年，巴陵石化树脂部树脂装置液体树脂一单元被授予 2020—2021 年度全国“安康杯”竞赛活动优胜班组称号，消防保卫中心获评全国执勤训练工作先进单位。巴陵石化被授予“助力‘十四五’建设新高地”——湖南省百万职工重点建设项目劳动竞赛先进单位。巴陵石化劳动争议调解委员会获湖南省“劳动人事争议金牌调解组织”，水务部云溪生化装置污水处理岗位被授予湖南省巾帼文明岗，橡胶部 SBS 装置技术组被授予第 22 届湖南省青年文明号，行政事务中心车辆管理室客车队工会分会被命名为 2022 年湖南省模范职工小家。潘卫章首席技师创新工作室被命名为湖南省示范性劳模和工匠人才创新工作室，李望明、杨帆师徒对子获湖南省劳模工匠师徒“结对子”活动优秀师徒对子称号。己内酰胺部孙洁华被授予湖南省五一巾帼奖章（湖南省五一劳动奖章），储运部金杨被授予湖南省五一劳动奖章。

（李　建）

【海南巴陵年产 17 万吨 SBC 项目中交】 12 月 26 日，中国石化和海南省“双重点”建设项目、海南巴陵化工新材料有限公司年产 17 万吨苯乙烯类热塑性弹性体（SBC）项目实现中间交接，全面进入生产准备阶段。该项目由巴陵石化和海南炼化以 50%：50% 的股比共同出资建设，总投资 21.6 亿元，是系统内首个由两家子企业合资建设的项目。项目采用巴陵石化自主知识产权的绿色环保成套生产技术，依托海南炼化的原料优势，于 2021 年 9 月 13 日开工，包括年产 12 万吨 SBS 和 5 万吨 SEBS 装置各 1 套。

（吴　慧）

12 月 26 日，海南巴陵化工新材料有限公司年产 17 万吨苯乙烯类热塑性弹性体项目实现中间交接

表 1　巴陵石化主要技术经济指标　亿元

指标名称 \ 年份	2022	2021	2020	2019	2018	2017
原油加工量 / 万吨						
巴陵石化分公司	—	—	—	189.18	195.60	162.18

续表

年份 指标名称	2022	2021	2020	2019	2018	2017
巴陵有限公司	114.80	154.70	168.50	—	—	—
工业总产值						
巴陵分公司	—	—	—	39.25	49.12	38.94
巴陵石化分公司	—	—	—	166.42	180.34	142.98
巴陵有限公司	192.06	200.14	168.20	—	—	—
炼 油						
巴陵石化分公司	—	—	—	96.29	97.51	75.49
巴陵有限公司	70.84	74.68	70.96	—	—	—
化 工						
巴陵分公司	—	—	—	30.33	43.47	31.21
巴陵石化分公司	—	—	—	70.13	82.83	67.49
巴陵有限公司	107.04	114.74	88.13	—	—	—
化 肥						
巴陵分公司	—	—	—	8.92	5.65	7.73
巴陵有限公司	12.59	9.10	9.11	—	—	—
工业增加值						
巴陵分公司	—	—	—	4.12	3.94	−0.24
巴陵石化分公司	—	—	—	39.98	44.86	39.28
巴陵有限公司	27.64	11.36	52.31	—	—	—
资产总计						
巴陵分公司	0.05	0	0	42.50	37.85	31.72
巴陵石化分公司	0.84	1.01	2.23	61.62	56.90	63.69
巴陵有限公司	235.46	153.28	113.68	—	—	—
流动资产						
巴陵分公司	0.05	0	0	3.91	4.95	3.25
巴陵石化分公司	0.08	0.20	1.39	20.99	16.21	24.28
巴陵有限公司	35.5	38.78	31.31	—	—	—
固定资产原值						
巴陵分公司	0	0	0	76.73	75.02	70.58
巴陵石化分公司	2.07	2.12	2.23	107.84	104.26	100.89
巴陵有限公司	188.18	187.10	181.11	—	—	—

续表

指标名称 \ 年份	2022	2021	2020	2019	2018	2017
固定资产净值						
巴陵分公司	0	0	0	37.02	35.79	31.72
巴陵石化分公司	0.96	1.02	1.12	47.96	47.22	46.77
巴陵有限公司	79.19	82.15	79.74	—	—	—
销售收入						
巴陵分公司	0	0	28.82	96.74	109.16	94.43
巴陵石化分公司	0.12	0.17	110.16	169.53	185.40	147.07
巴陵有限公司	193.01	199.74	29.05	—	—	—
实现利税						
巴陵分公司	0	0.20	−9.25	0.88	1.83	−1.22
巴陵石化分公司	0.79	1.27	17.52	23.65	29.33	24.39
巴陵有限公司	4.43	20.37	8.16	—	—	—
税　金						
巴陵分公司	0	0	0.55	0.87	1.53	0.56
巴陵石化分公司	0.68	1.07	16.73	22.94	28.31	22.93
巴陵有限公司	13.63	20.71	5.14	—	—	—
能耗 / 吨标煤·万元$^{-1}$						
巴陵分公司	—	—	2.287	2.37	2.32	2.46
巴陵石化分公司	—	—	0.781	0.77	0.77	0.82
巴陵有限公司	1.948	1.828	—	—	—	—

表 2　巴陵石化主要产品产量　万吨

产品名称 \ 年份	2022	2021	2020	2019	2018	2017
汽油组分油	27.62	38.64	40.47	45.83	46.66	37.57
柴油组分油	35.31	41.58	47.78	49.94	48.98	43.11
燃料油	2.16	2.45	3.23	3.19	2.87	2.56
石脑油	16.95	21.22	22.05	22.67	27.68	20.32
液化气	10.12	14.47	15.15	16.23	18.64	14.01
干　气	3.24	3.60	4.45	4.32	4.88	4.23
丙　烯	5.61	7.76	9.15	9.25	10.21	8.01

续表

年份 / 产品名称	2022	2021	2020	2019	2018	2017
溶剂油	—	—	—	—	—	0.51
合成橡胶	36.19	35.75	32.06	31.54	28.28	25.27
SEBS 热塑弹性体	9.48	8.81	6.94	7.26	6.58	5.17
环氧树脂	11.83	10.70	10.14	9.55	9.33	9.21
环己酮	19.73	21.75	23.95	22.77	22.30	18.54
烧　碱	9.35	8.92	9.32	9.43	8.58	7.45
盐　酸	1.06	1.01	1.13	1.01	0.68	0.41
液　氯	7.97	7.61	7.80	7.99	7.43	6.45
聚丙烯	2.41	4.26	5.58	5.52	6.73	5.40
氯丙烯	2.73	2.49	2.79	3.11	3.62	3.55
环氧氯丙烷	2.70	2.26	2.34	2.70	2.62	2.22
合成氨	35.76	32.93	36.60	29.47	28.37	28.70
己内酰胺	23.83	28.17	29.66	26.49	28.22	23.49
尼龙 6 切片	5.41	5.52	5.42	11.04	10.53	4.93
硫酸铵	32.95	38.94	41.64	36.12	39.95	32.98
双氧水	29.32	27.89	30.32	23.51	28.35	24.24

仪征化纤

【概况】仪征化纤是中国石化仪征化纤有限责任公司（简称仪化有限公司）和中国石化集团资产经营管理有限公司仪征分公司（简称仪征资产分公司）的统称，位于江苏省仪征市，占地 10 平方千米，前身为仪征化纤工业联合公司，1978 年筹建，1981 年设立，1993 年股份制改组，1998 年加入中国石化。2014 年，重组成为中国石化全资子公司。

仪征化纤是中国石化中高端聚酯生产基地和特种纤维生产基地。有 PTA 产能 142 万吨 / 年（含合资权益产能 42 万吨 / 年），聚酯产能 240 万吨 / 年（含聚酯切片、短纤、中空、瓶片），超高分子量聚乙烯纤维产能 3300 吨 / 年，对位芳纶产能 1000 吨 / 年，马来酸酐产能 10 万吨 / 年和熔喷布产能 6000 吨 / 年，工程塑料（PBT）产能 16 万吨 / 年，聚酯薄膜产能 4.5 万吨 / 年（与日本东丽公司合资）和聚丙烯织物产能 1 亿米 ^{2}/ 年（与德国科德宝公司合资）。仪征化纤聚酯产品差别化率达 99% 以上，质量处于国内领先地位，其中涤纶短纤产销量全球第一。高性能聚乙烯纤维和对位芳纶为完全自主知识产权，高性能聚乙烯纤维采用国内唯一干法工艺技术。

仪征化纤实行一体化管理，设 13 个机关部室、3 个直属机构和 17 个二级单位（含 2 个合资企业）。仪征化纤党委下辖 12 个基层党委、6 个直属党总支、3 个直属党支部，94 个基层党支部。有在岗员工 5842 名，在岗党员 2098 名。

仪征化纤主要技术经济指标及主要产品产量分别见表 1 和表 2。

（黄　斌）

【领导班子调整】 2022 年 6 月 18 日，集团公司党组发文，决定刘楠任仪征化纤党委副书记兼纪委书记，为工会主席人选。免去陈达的仪征化纤党委副书记、委员、纪委书记职务，不再担任仪征化纤工会主席职务，另有任用。7 月 21 日，集团公司党组和股份公司发文，根据工作需要，决定免去万涛的仪征化纤党委书记、委员和执行董事职务，另有任用。郭晓军主持仪征化纤全面工作。12 月 26 日，集团公司党组以视频方式召开仪征化纤干部大会，宣布郭晓军任仪化有限公司执行董事、党委书记。毛绪国任仪化有限公司总经理、党委副书记，仪征资产分公司总经理。

（黄　斌）

【深入学习贯彻党的二十大精神】 2022 年，仪征化纤把学习宣传贯彻党的二十大精神作为首要政治任务，第一时间组织各级党员领导干部集中收听收看党的二十大开幕会，第一时间认真学习习近平总书记重要讲话精神。研究制定《关于认真学习宣传贯彻党的二十大精神的通知》，明确 5 个方面 23 项具体措施，切实把党员干部员工思想统一到党的二十大精神上来。仪征化纤党委班子成员带头集中学习，带头开展专题研讨，带头深入分管领域、分管单位开展专题宣讲，推动大会精神下基层、进班组、到一线、进头脑。仪征化纤各级党组织闻令而动、精心组织，迅速掀起学习宣传贯彻的热潮。围绕贯彻党的二十大精神，组织召开年度务虚会，从党的二十大报告和习近平总书记的重要讲话中找方法、找答案、找路径，形成“五个转型”的发展思路，推动党的二十大精神在仪征化纤落地见效。制订党的二十大精神宣传策划方案，开设专题专栏，持续报道学习贯彻党的二十大精神动态消息、体会文章及亮点成效，营造浓厚氛围。

（黄　斌）

【推动主题行动走深走实】 2022 年，仪征化纤深入贯彻习近平总书记视察胜利油田重要指示精神，把主题行动作为思想淬炼、政治历练、实践锻炼的大平台，作为全年工作的主题主线，党委班子成员亲自挂帅出征，成立 7 个工作组，制定 7 个方面 38 项重点任务，细化工作措施 145 条。建立健全主题行动工作机制，常态化跟进重点任务落实，推动各项工作落地落实。把 38 项重点任务纳入督办系统，线上线下同步发力，督促主题行动各项重点任务取得实效。制定考核评价、表彰奖励办法，从严激励约束，促进专业管理水平提升。多媒体联动，开设 12 个栏目，多形式、多角度、全方位报道干部职工投身主题行动的工作实践、生动事例和典型做法，激发积极性、主动性、创造性。开展“五一”“七一”先进评比表彰，选树一批在主题行动中涌现出来的先进典型，振奋精神、鼓舞士气、凝聚力量，为仪征化纤完成全年各项目标任务提供有力保障。

（黄　斌）

【全力拓销保效益】 2022 年，仪征化纤严格遵守法律法规，恪守商业道德和行业规则，重视社会责任，注重员工价值，忠实履行合同。面对保效益的艰巨任务，坚持眼睛盯住市场、功夫下在现场，千方百计保稳定、抓优化、拼市场、降成本，多措并举攻坚创效，经受住严峻市场考验，完成集团公司下达的效益目标。全年营业收入 196.84 亿元，上缴税收 2.21 亿元，获扬州市人民政府颁发 2022 年度纳税突出贡献奖。

（黄　斌）

【全速推进转型升级】 2022 年，仪征化纤按照集团公司做强做优芳烃产业链的战略部署，滚动优化仪征化纤“十四五”发展规划，制订实施相配套的行动方案，得到集团公司党组的高度肯定。加快推进 300 万吨 / 年 PTA、23 万吨 / 年智能化短纤项目，开工建设 50 万吨 / 年新一代瓶片、12 万吨 / 年 PBT 项目，与政府签订 400 万吨高端绿色新材料一体化项目投资服务协议，产业结构得到持续优化，实现高质量发展新突破。

（黄　斌）

全速推进转型升级（刘玉福）

【企地合作建设 400 万吨高端绿色新材料一体化项目】 2022 年，仪征化纤围绕中国石化做强做优做大芳烃产业链的产业布局，融入仪征市打造“一区三地”战略部署，坚持创新驱动、绿色引领、结构调优，推动 300 万吨 / 年 PTA 等一批重大项目落地建设，经营总量、综合竞争力持续提升，迈出高质量发展坚实步伐。为进一步延链、补链、强链，增强全产业链综合竞争力，仪征化纤拟投资 165 亿元，一次规划、分步建设 400 万吨高端绿色新材料一体化项目，打造中国石化芳烃下游产业链仪征示范基地。为服务仪征化纤发展，促进地方经济，2022 年 9 月 27 日下午，扬州市、仪征市与仪征化纤签订 400 万吨高端绿色新材料一体化项目企地投资服务协议，进一步深化战略性对接、拓展合作领域，促进中央企业、地方互利共赢发展。

（黄　斌）

【着力打造行业优质产品】 2022 年，仪征化纤持续完善质量管理体系，主导修订《填充用中空涤纶短纤维》行业标准，复制国家有证标准样品《纤维级聚酯切片标准样品》，参与起草《化学纤维溶剂残留量试验方法》等 4 项国家标准和 1 项行业标准，促进相关行业产品标准和质量水平的提升。着力强化质量风险管控，提升全员质量意识，不断改进产品质量，持续满足用户需求，全年出厂产品合格率 100%。聚酯切片、涤纶短纤维、瓶级切片、PBT 树脂等产品的综合优等品率 99.45%。全年江苏省及中国石化到仪征化纤进行质量监督抽查 7 类 14 批次产品，抽检合格率 100%。聚酯切片（含瓶片）、涤纶短纤维（含中空）继续保持“江苏省名牌产品”荣誉。

（黄　斌）

着力打造行业优质产品（刘玉福）

【首闯中国创新方法大赛总决赛】 2022 年 11 月，仪征化纤组成的 2022 年中国创新方法大赛参赛团队，携“利用 TRIZ 理论提高面料阻燃耐久性”项目获中国创新方法大赛江苏赛区一等奖，首次闯入全国总决赛。在天津市举行的总决赛上，与来自全国的 239 个创新项目团队展开激烈角逐，获中国创新方法大赛全国总决赛二等奖。

（黄　斌）

首闯中国创新方法大赛总决赛（刘玉福）

【抓紧抓牢安全生产】 2022 年，仪征化纤认真贯彻落实国家及地方政府有关安全环保的方针政策和集团公司 HSE 工作会议精神，全面落实集团公司“总经理 2 号令”，积极推进 HSE 管理体系有效运行。扎实开展本质安全提升、老旧装置安全风险防控、危险化学品安全风险管控和隐患集中攻坚等专项活动，持续推进安全生产专项整治，安全生产形势稳中向好。全年无一般及以上事故发生，实现全员（含承包商）死亡事故为零、重伤事故为零、急性职业中毒和放射事故为零的目标。仪征化纤被评为集团公司安全生产先进单位。

（黄 斌）

【积极推动绿色发展】 2022 年，仪征化纤牢固树立和践行绿色发展理念，持续推进“绿色企业行动计划”，通过强化源头减排、末端治理，开展污染物减排，COD、氨氮等主要污染物全部达标排放。严格控制能源消耗成本，推动绿色低碳转型。仪征化纤获 2022 年度国家级绿色工厂、江苏省首批绿色发展领军企业、江苏省重点行业绩效评价 A 级企业、2022 年度集团公司节能环保先进单位等称号，并连续 4 年获评中国石化环保先进单位，连续 4 年通过江苏省秋冬季大气管控豁免，连续 7 年在江苏省信用评价系统中信用等级被评定为“绿色”。

（黄 斌）

【大力实施科技创新】 2022 年，仪征化纤深化科技创新机制改革，完善科技成果鉴定、奖励、专利管理和技术标准管理制度，实施重点攻关项目“揭榜挂帅”，着力突破关键核心技术，推进高附加值产品生产，全年研发 MLCC 膜用聚酯、高透亮聚酯、细旦防切割芳纶、高强力纶等新产品 17 个。“善解”品牌生物可降解 PBAT 获德国权威认证机构 DIN CERTCO 工业堆肥认证证书，推出 PBAT 可降解地膜产品。开发出中国石化自有知识产权的阻燃防静电工装面料系列配方，并注册仪特斯® 商标品牌。聚酯膜级切片获国家制造业单项冠军称号。强化知识产权管理，全年完成专利申请 40 件，获授权 30 件。

（黄 斌）

【加快信息化数智化改造】 2022 年，仪征化纤持续深化“数据 + 平台 + 应用”信息化建设，建成智慧经营平台，实现成本效益分析可视化，为动态优化生产经营提供有效支撑。投用智能发货系统，实现 24 小时预约、“一站式”发货，平均提货时长缩短 30%。开发应用短纤盛丝桶自动搬运系统，岗位用工减少 50%。推进大数据应用，建设现场违章智能识别系统，扩充实施运行部电力数据采集。推进“仪征化纤安全环保业务一体化平台提升项目”和“中国石化工业互联网 + 安全生产”等项目的建设，为安全管理赋智赋能。

（黄 斌）

【深化改革激发活力效率】 2022 年，仪征化纤全面实施聚酯短纤业务一体化、流程化重组，聚焦稳定运行、提质增效、降本减费等指标，开展模拟市场化核算，建立“赛马”机制，有效激发运行部内生创效动力。强化劳动用工管理，开展人力资源盘点，优化盘活用工存量，推进非核心业务外包，实施机器“换人”，全年用工总量减少 151 人，人均劳效提高 2.7%。突出效益效率导向，落实生产单位、业务中心、机关部门差异化考核，发挥“指挥棒”作用。坚持“三个不一样”，聚焦重点专项任务，加大总经理奖励力度，核拨 4600 余万元经理（主任）奖励基金，投入 500 万元开展一线劳动竞赛，树立重实干、重业绩的鲜明导向。

（黄 斌）

【强“三基”提升精细管理水平】 2022 年，仪征化纤持续深化对标一流管理提升行动，提前完成全部重点任务，建立管理提升长效机制。BDO 部被授予集团公司对标提升行动标杆基层单位。严抓“三基”工作，完成制度立改废 78 项，评选表彰 28 个“三标”示范典型。强化从严管理、精益管理，严抓“五大纪律”，坚决整治“低老坏”，总部监控的 9 项经济技术指标全面完成，在集团公司“比学赶帮超”活动中获得 14 面红旗、36 颗红星，位于化工板块前列。强化设备管理，推进完整性管理体系有效运行，深化完好装置创建，大力开展改代利用、修旧利废，创效 3013 万元。强化质量管控，广泛组织群众性质量活动，实施 59 项质量改进项目，开展重难点问题揭榜攻关，用户投诉下降 33%。扎实开展“严肃财经纪律、依法合规经营”综合治理专项行动，贯通法律、审计、内控、巡察等监督措施，守住不发生系统性风险的底线。

（黄 斌）

【持续提升党建工作质量实效】 2022年，仪征化纤党委坚持“第一议题”制度，坚定不移从习近平新时代中国特色社会主义思想中找方向、找方法、找答案，确保始终沿着正确方向前进。落实“两个一以贯之”，推动党的领导深度融入企业治理。制订落实党史学习教育常态化长效化实施方案，分层分级开展领导干部和党员政治轮训，广大干部职工政治判断力、政治领悟力、政治执行力不断增强。召开人才工作会议，开展岗位能力矩阵建设，完善“十四五”人才发展规划，出台“人才八条”，明确人才工作目标及措施。坚持好干部标准，一批年富力强的骨干力量脱颖而出，干部年龄结构进一步优化，选人用人满意度“好”的比例达98.8%。畅通人才队伍成长通道，常态化开展各类人才职位选聘，引进大学生162人，激发人才活力。构建大培训格局，举办各类培训班113期，累计培训1万人次，队伍素质日益增强。配强支部带头人，选拔11名优秀青年党员挂职党支部书记，实施支部书记考核持证上岗。聚焦强“三基”、保安全，广泛开展党员责任区、党员先锋工程，全面推广机关基层党建共建，建立党支部和党员发挥作用长效机制，推动党建工作与中心工作融合互促。持续深化“双示范”创建和“示范党支部书记行”，用好用活石化党建平台，促进基层党建质量提升。贯通运用各类监督资源和力量，推进日常监督清单化，实施重点工程驻点监督，实现第一轮党委巡察全覆盖，“大监督”质效持续提升。坚持“三不腐”一体推进，分层分类开展警示教育，全覆盖开展领导干部廉洁谈话，扎实开展靠企吃企专项整治，干部职工廉洁从业意识进一步增强，企业政治生态持续向好。强化意识形态阵地管理，广泛开展专题形势任务教育，激发广大干部职工为企业发展而战的斗志。讲好仪化故事，超低气阻口罩、阻燃工装产品等报道多次在《人民日报》、“学习强国”等平台刊发，“善解”品牌成功亮相进博会，展示良好企业形象。加强群团工作，深化劳动竞赛和技能竞赛，实施青年精神素养提升工程，凝聚发展合力。坚持源头化解矛盾纠纷，全面加强统战、离退休、人武、保密、外事、关工委、档案、科协等工作，形成上下同心、共谋发展的良好局面。仪征化纤党建工作连续5年在集团公司党建考核中被评为“A档”。

（黄 斌）

【多措并举关心关爱员工】 2022年，仪征化纤持续深化“我为群众办实事”实践活动，提高意外伤害险赔付和救助标准，为所有会员提供健康讲座、保险咨询等增值服务，发放帮困基金180.89万元，涉及483名职工。持续深化“走基层、访万家”活动，走访1709户，发放价值25.64万元慰问品。组织开展高温季节送清凉活动，发放10.5万元防暑降温药品，发放27.5万元慰问品和慰问金。举办红色收藏展，开展爱党、爱国和革命传统教育。组织开展职工羽毛球、乒乓球、足球、游泳等比赛，近1000名职工参加比赛，丰富了职工精神文化生活。2022年仪征化纤员工思想问卷调查数据显示，94.28%的员工对工作和生活状态表示满意，为历年最高水平。

（黄 斌）

【积极参与社会公益活动】 2022年，根据江苏省委省政府统一安排，仪征化纤选派1名帮促队员担任淮安市淮安区朱桥镇新华村驻村第一书记，接续做好淮安市淮安区的乡村振兴帮促工作，全年投入帮扶资金100万元，助力建设标准化厂房，村道路拓宽、新建，文明小游园建设，圆满完成帮促工作任务。落实集团公司党组对口帮扶甘肃省东乡县三塬学校部署，设立爱心助学基金，干部职工累计捐款305570.5元、捐献图书2000册；制订教师培训方案、开展教育帮扶走访调研等活动，实施“1+1”教师结对帮扶，促进三塬学校教育教学水平取得长足进步。积极参加“消费帮扶新春行动”、中央企业消费帮扶兴农周等活动，累计向东乡、新疆、山西等地区购买消费帮扶产品128.03万元，帮助销售帮扶地区农产品11.51万元。

（黄 斌）

【展现仪征化纤良好形象】 2022年，仪征化纤将打造集团公司红色教育基地与地方教育基地有机结合，持续提升中国石化公众开放日——仪征化纤站品牌化运作。仪征化纤综合陈列馆先后入选仪征市

“欢庆二十大 见证新仪征”学习体验线路站点、仪征市干部教育培训精品研学路线站点和仪征市首批“苏童成长”践习基地。2022年组织36次线下和2次线上公众开放日活动，接待社会公众1227人次；组织2次线上“云开放”，吸引1500多人次参与，点赞量超过6.5万次。其中，在仪征市“欢庆二十大 见证新仪征”活动中，两周之内接待市民20批634人次，进一步搭建与公共沟通的平台，增进公众对石油化工、化纤与人们衣食住行的认知认同，擦亮“党和人民好企业”形象。

（黄 斌）

表1 仪征化纤主要技术经济指标 亿元

指标名称 \ 年份	2022	2021	2020	2019	2018	2017
工业总产值						
仪化有限公司	195.00	156.22	122.18	157.89	175.46	152.77
仪征资产分公司	—	22.80	9.94	10.40	9.50	8.88
工业增加值						
仪化有限公司	12.11	22.14	19.68	17.74	22.13	19.30
仪征资产分公司	—	3.10	1.22	1.16	1.70	1.02
资产总计						
仪化有限公司	113.38	91.00	84.83	83.72	80.41	83.03
仪征资产分公司	6.82	13.03	10.48	11.18	11.99	13.14
流动资产						
仪化有限公司	27.04	23.90	16.70	21.83	22.05	26.76
仪征资产分公司	5.10	11.26	0.87	1.46	2.44	3.28
固定资产原值						
仪化有限公司	184.01	183.62	175.25	160.96	154.99	151.68
仪征资产分公司	4.33	4.32	11.39	11.75	10.15	12.82
固定资产净值						
仪化有限公司	33.53	34.29	47.42	35.80	47.03	33.17
仪征资产分公司	1.61	1.65	4.57	4.96	6.21	8.23
销售收入						
仪化有限公司	194.22	179.09	131.85	164.84	180.12	157.57
仪征资产分公司	2.62	21.55	10.34	10.60	9.77	9.13
实现利税						
仪化有限公司	−5.76	−10.11	2.67	2.52	4.67	4.03
仪征资产分公司	0.24	3.36	1.24	0.11	1.41	−0.87

续表

指标名称 \ 年份	2022	2021	2020	2019	2018	2017
税 金						
仪化有限公司	2.14	2.79	2.62	2.48	3.66	3.97
仪征资产分公司	0.07	0.25	0.24	0.11	0.34	0.27
综合能耗 / 吨标煤·万元 $^{-1}$						
仪化有限公司	1.320	1.519	0.889	0.890	0.886	0.92
仪征资产分公司	—	0.208	0.095	0.099	0.103	0.11

表 2　仪征化纤主要产品产量[①]　万吨

产品名称 \ 年份	2022	2021	2020	2019	2018	2017
涤 纶	222.79	221.70	254.52	250.70	238.08	235.43
聚酯切片	93.25	91.42	128.29	130.35	126.18	125.80
瓶级切片	37.08	30.83	35.09	35.97	34.36	33.17
涤纶短纤维	79.16	82.86	78.70	75.42	70.09	68.93
中空纤维	13.30	16.59	12.44	8.96	7.45	7.52
聚丙烯熔喷布	0.09	0.13	0.20	—	—	—
对位芳纶	0.08	0.06	0.05	—	—	—
高 纤	0.34	0.33	0.27	0.31	0.23	0.23
顺酐（MAH）	11.62	11.83	11.46	12.58	12.52	10.09
PTA	94.26	102.80	99.32	99.05	86.91	94.31
PBT 树脂	13.45	13.65	12.89	12.64	9.41	9.14
四氢呋喃	1.04	1.00	0.93	0.81	0.60	0.59

南化公司

【概况】 中国石化集团南京化学工业有限公司（简称南化公司）坐落于江苏省南京市六合区，占地面积 3.79 平方千米，由原南化公司与南京化工厂 2005 年重组成立。原南化公司的前身是近代著名爱国实业家范旭东先生于 1934 年创办的永利化学工业公司铔厂。南京化工厂的前身是始建于 1947 年的国民政府资源委员会中央化工厂筹备处京厂。原南化公司、南京化工厂分别于 1998 年、1999 年进入集团公司。2005 年，两个企业合并后，南京化工厂整体搬迁到江北南化公司厂区内，原厂2007年停产拆除。

南化公司是国内无机化工、有机化工、精细化工的生产基地。主要产品有三大系列：以煤、盐、硫黄为原料的无机化工产品，年产量分别为合成氨30万吨、氢气9万吨、硫酸50万吨、稀硝酸37.5万吨、浓硝酸22万吨、烧碱10万吨；以苯为原料的有机化工产品，年产量分别为苯胺25万吨、硝基苯35万吨、环己酮16万吨、氯化苯12万吨、硝基氯苯15万吨、环己胺6500吨、己内酰胺40万吨（合资）；以橡胶助剂为主体的精细化工产品，年产量分别为RT培司3万吨，防老剂TMQ 3万吨、防老剂6PPD/4010NA 3万吨、表面活性剂2000吨。

南化公司还是国内石油化工、精细化工科研与设备制造基地。有以气体净化、铜系催化剂研发为主的化工研究院；有以石油化工压力容器制造为主，被集团公司定位为“中石化大型非标设备制造基地”的化工机械厂。

南化公司设15个机关部门。化工主业实行公司—运行部二级管理，下设煤化工、苯化工、橡胶化学品、环己酮、油田化学品5个生产运行部和检验、检维修、动力3个辅助生产运行部及储运1个业务运行部，销售、物资装备2个业务中心。非化工工业实行分、子公司管理，下设化工机械厂1个分公司和研究院公司、化机公司2个子公司。合资合作企业有南京福邦特东方化工有限公司。

截至2022年末，资产总额65.52亿元；在职员工5253人，离退休人员17219人，协解员工11607人。二级党委（直属党总支、直属党支部）18个，基层党支部86个（含直属党支部）；党员总数2005人，其中在职党员1742人，离退休党员263人。

南化公司主要技术经济指标及主要产品产量分别见表1和表2。

（耿汉学）

【生产经营持续盈利】 2022年，南化公司坚持以效益为中心、市场为导向、价值为引领，实现营业收入86.59亿元、完成率115.47%，利润6790万元，主要经济数据均超额完成集团公司下达指标，其中化机制造板块人均利润达历史最好水平。持续加强提质增效工作，动态跟踪推进9项92条措施，增效3.92亿元。

（耿汉学）

【积极开拓市场】 2022年，面对疫情流行和市场下行“双重”压力，南化公司主动出击、拓市增效，坚持低库存策略，聚力以销定产，成功将“零碳助剂”销往外资企业，助剂产品实现毛利4.47亿元，创历史新高。抓住欧洲能源危机产生的市场机遇，实现苯胺毛利2.04亿元。组织销售及创新团队研究客户反馈的差异化需求，持续改进品质拓展品种，实现高端氯化苯向高端市场的销售，每吨单价最高增收3400元，逆市而上赢得效益。

（耿汉学）

【推进节能减排】 2022年，南化公司“兰花牌”橡胶防老剂产品6PPD和TMQ成为全球首例获权威认证的全生命周期“零碳”排放的橡胶防老剂碳中和产品，由《人民日报》专题报道，写进国家记忆。实现综合能耗2.89吨标煤/万元，持续开展机泵节能改造，共改造167台，累计节电545.6千瓦·时。坚持环保优先，深入推进绿色企业行动，通过南京市清洁生产审核。取得碳充装码头资质并正式运行。开展LDAR管理提升竞赛，压实各级主体责任，有效管控VOCs治理，绿色南化形象持续提升。

（耿汉学）

【抗击新冠肺炎疫情】 2022年，南化公司迅速落实省市政府疫情防控部署要求，切实履行国有企业社会责任，为方便周边社区居民，缓解社区人员、物资等紧张压力，南化公司党委主动联系街道，统筹安排在南化公司消防队特别开设核算检测点，组织团员青年开展抗疫志愿服务94轮，参与青年1200余人次，南化公司核酸检测专场检测达24.4万余人次。面对化工新村社区防疫物资紧缺状况，南化公司迅速组织筹措、配送，受到当地政府好评。面对栖霞区突发疫情，南化公司全力落实应急预案，134名干部员工驻厂上班、轮流顶班，保证南化公司各套生产装置的稳定运行和经营管理的有序进行。

（耿汉学）

【以科技服务生产】 2022年，南化公司组建3个创新团队，攻关解决现场难题，实现氯化苯提纯至99.99%，水分低于80×10^{-6}，实现高端客户供应。邻硝基氯苯提纯至99.96%，达行业领先水平。膜分离国家示范项目通过国家科技部验收，达到国际先进水平。国内单套产能最大的贵金属催化剂固定床连续加氢制备防老剂6PPD装置试车成功，产出合格产品。全年完成专利申请192件，其中发明专利164件。2项获中国石化技能人才创新成果二等奖。参与2个项目列入集团公司重大攻关项目。研究院国家级博士后科研工作站获评江苏省示范博士后工作站。

（耿汉学）

【推进转型升级发展】 2022年，南化公司《南化公司转型发展总体方案》上报党组，完成《南化公司就地升级发展总体方案》初稿编制。依托研究院CCUS技术优势，南化公司转型先导、作为第二大股东的中石化碳产业科技股份有限公司成立并落地江北新区，创新开启南化公司转型发展新路径。化机公司与福船一帆签订战略合作协议，拓展沿海装备制造业务。南化苯胺—橡胶助剂产业链项目可行性研究完成综合评估。聚酰胺（尼龙）新材料产业链项目千吨级气相重排侧线试验装置完成可行性研究批复、工艺包编制及基础设计。

（耿汉学）

中石化碳产业科技股份有限公司揭牌仪式（裴　昱　摄）

【强化合规管理】 2022年，南化公司深化改革三年行动收官，按期完成改革方案和62项深化改革任务。全面完成对标世界一流43项目标任务、135项管理提升措施。编制5个业务领域合规专项工作指引，梳理合规管理强化年工作评价验收输出物274项，动态修订岗位说明书3645份次。合同管理工作排名全年稳居集团公司155家企业综合成绩前三。获集团公司首次评选的内控风控先进单位称号；营销变革、班组赋能等3项成果获省市企业管理现代化创新成果一等奖。“NHY-1型钻井液用有机膨润土”创新成果获全国职工技术创新成果二等奖。

（耿汉学）

【强化赋能培训】 2022年，南化公司落实集团公司“总经理2号令”工作部署，提高基层技能操作人员现场实操水平，组织开展倒班员工教育月度集中培训、考试10期，共计7829人次参加。从“文化赋能、管理赋能、民主赋能、技能赋能、活动赋能”5个维度，持续开展产业工人队伍赋能建设，173个班组分别建成信息化管理平台，班组内生动力逐步激发。持续推进“一岗多能”操作培训，419人理论、实操双合格，282人通过试岗考核并获得奖励。举办第十一届职工技能竞赛，180人参赛，8人分获技术状元称号。

（耿汉学）

【开展帮扶工作】 2022年，南化公司持续对岳普湖县铁热木镇初级中学开展结对教育帮扶，着力从整合优质资源、强化师资建设、提升基础设施、改善学习环境、丰富课余生活、关心关爱学生等方面全面开展教育帮扶工作。落实集团公司关于乡村振兴工作的安排部署，助力山西临县、岚县拓宽特色农产品销售渠道，打通特色农产品销售链条，为实现乡村振兴尽力奉献。

（耿汉学）

【学习贯彻党的二十大精神】 2022年，南化公司组织干部员工及时收听收看党的二十大盛会，举办“学习贯彻党的十九届六中全会精神暨习近平总书记视察胜利油田重要指示精神”培训班，南化公司领导带头、各级党组织分层开展“五个一”“四个进”集中宣讲活动，南化公司党委组织集中学习研讨，迅速兴起学习宣传贯彻党的二十大精神热潮。聚焦制约企业高质量发展的“七个问题”，开展中基层管理人员大讨论、大反思，凝聚干部员工思想，迸发干事创业激情。

（耿汉学）

【开展主题行动】 2022年，南化公司深入开展“牢记嘱托、再立新功、再创佳绩，喜迎二十大/迎接学习贯彻二十大”主题行动，设立领导小组办公室，下设综合协调、安全生产、绿色低碳、转型发展、经营效益、科技创新、改革管理、党建引领8个工作组，细化分解8个方面91条措施，全部实施完成，实现持续盈利和转型发展攻坚突破的主线目标。开展“三查三强”促安全活动，强化安全意识、落实岗位责任。完成安全生产专项整治三年行动，发布新版《HSE管理体系手册》，实现安全风险总值下降15.2%，完成4个重大安全隐患治理。

（耿汉学）

【传播红色文化】 2022年，南化公司打造红色教育“打卡热地”，协助江北新区开展暑期“红领巾寻访”活动，南化公司红色教育基地接待“红领巾”寻访活动79场次2655人次，在师生、家长中传播化工发展的艰辛历史和南化特有的红色文化。9月，“永利化学工业公司铔厂”获评教育部首批“大思政课”实践教学基地。12月，南化公司组织的“红领巾‘寻访实业报国路’科普活动”获评2022年全国科普日优秀活动。南化公司全年持续开展对外开放117场次14292人次，展现南化新风貌。

（耿汉学）

【打造典型形象】 2022年，南化公司弘扬“忠诚、尽职、担当、服务、团结”的新时代红色职业化精神，打造“我们的荣光”典型宣传品牌，多媒介宣传典型11个。选树“践行新时代红色职业化精神典型——2022年季度之星”24人次，送“奖”到岗位，为员工们提振士气、加油鼓劲。南化公司获集团公司2021年度财务管理先进单位及全员成本目标管理进步奖。苯化工部获集团公司“对标提升行动”标杆基层单位称号。朱魁获评中国石化突出贡献专家；尹春荣获聘集团公司技能大师；尹春荣、朱玺、高申华3位南化公司首席技师被评为首批中国石化特级技师；刘春宁、哈吉祥、宋同进3人被授予中国石化技术能手称号；曾志强获中国石化青年科技精英赛表彰。

（耿汉学）

【持续为员工减负办实事】 2022年，南化公司建立“我为群众办实事”长效机制，从“聚焦服务年立项、聚焦意见季反馈、聚焦责任月跟踪、聚焦巡视回头看、聚智成果固制度”5个方面持续开展“为基层减负、为员工办实事”活动，用心用情用力解决基层困难事、群众烦心事80件。组织3244名职工体质测试，评选表彰“职业健康达人”，获评南京市健康企业。开展困难员工帮扶，“送温暖”159人次，发放帮扶救助金25.24万元，为1274名职工办理日常困难补助77.41万元，办理互助保险理赔62人次24.1万元。累计办理化建高层职工房屋不动产权证666本，完成率93.8%，实现住户愿办尽办；新华七村首批发放240户房屋不动产权证，解决困扰新华七村住户多年的办证难问题。全力推进后“四供一业”阶段工作，停供30户专变用户，停用20台变压器，停运7条高压线路，停止对高压外单位转供电，转供电减亏45万元，同时处置旧变压器、电缆等创效246万元。

（耿汉学）

【认真整改巡视问题】 2022年，南化公司针对集团公司党组2021年巡视反馈的17个问题制定整改措施221条，通过建立“五个机制”，推行审验交账“三三制”流程，确保闭环管理，整改措施累计完成219条，完成率99.1%。推进完成9家党组织的常规巡察，实现18个二级党组织的常规巡察全覆盖，访谈党员干部和群众983人次，按照党组巡视工作的“四个落实”要求，发现问题235项，推进立行立改问题329个，编发《南化公司党委巡察反馈问题整改工作动态》，并制定《巡察整改实施指南及工作流程》，抓好被巡察单位党组织落实巡察整改“后半篇文章”。

（耿汉学）

表 1 南化公司主要技术经济指标 亿元

指标名称＼年份	2022	2021	2020	2019	2018	2017
工业总产值	79.44	76.49	50.71	51.16	56.78	56.15
工业增加值	16.72	22.93	12.56	14.07	14.45	8.73
资产总计	65.52	56.09	51.35	52.72	55.55	59.43
流动资产	22.59	21.57	14.75	12.76	13.94	14.91
固定资产原值	115.61	113.78	115.59	114.66	112.99	114.81
固定资产净值	49.10	50.55	53.60	55.99	57.49	61.55
销售收入	86.60	81.08	53.97	57.13	61.20	58.34
实现利税	2.67	8.89	0.36	−1.43	−1.12	−7.05
税　金	1.99	3.09	2.09	1.76	2.44	1.84
综合能耗 / 吨标煤 · 万元 $^{-1}$	2.890	2.880	1.981	2.066	2.117	2.10

表 2 南化公司主要产品产量 吨

产品名称＼年份	2022	2021	2020	2019	2018	2017
硫酸（100%）	312 251	397 917	354 788	318 452	338 505	406 510
浓硝酸（100%）	212 337	205 401	203 297	207 061	182 913	200 425
稀硝酸（50%）	668 821	677 305	659 005	628 484	595 855	588 374
盐酸（31%）	124 203	129 539	117 378	81 590	74 216	101 671
烧碱（100%）	87 335	91 009	84 706	60 082	53 512	74 143
氢　气	53 327	60 457	69 107	72 446	68 648	75 739
合成氨	325 307	312 476	260 335	296 730	225 780	246 841
氯化苯	107 199	112 709	106 284	72 230	64 934	90 966
环己酮	125 747	136 867	153 731	149 447	149 941	142 012
苯　胺	221 963	218 483	217 059	208 113	197 726	208 139
环己胺	4 076	6 808	6 717	6 241	6 144	5 866
硝基苯	308 059	308 426	308 718	302 680	301 834	311 413
对硝基氯化苯	48 928	69 772	64 288	32 963	42 020	65 374
邻硝基氯化苯	26 739	38 028	34 882	18 107	22 788	35 087
RT 培司	16 024	15 027	13 748	12 918	11 201	10 800
橡胶防老剂总量	56 572	55 738	52 266	49 507	46 445	45 342
防老剂 TMQ（RD）	34 010	34 403	31 077	31 072	30 535	30 077
防老剂 6PPD	19 624	19 296	18 114	17 232	14 903	14 701
防老剂 4010NA	2 938	2 038	3 075	1 204	1 007	564
表面活性剂						10
化工设备制造总量	20 024	14 602	11 908	13 079	13 744	11 536

安庆石化

【概况】 中国石油化工股份有限公司安庆分公司（简称安庆分公司）和中国石化集团资产经营管理有限公司安庆分公司（简称安庆资产分公司）统称安庆石化，始建于1974年7月，是安徽省最大的中央直属生产企业、最大的石化产品生产基地。

截至2022年底，安庆石化有年综合加工能力800万吨的炼油装置，日处理煤2000吨的壳牌粉煤气化装置，以及年产33万吨合成氨、21万吨丙烯腈、7万吨腈纶、10万吨乙苯—苯乙烯等主要生产装置70余套。同时有自备发电机组、吞吐能力382万吨/年的油品化学品码头、80万吨/年的卸煤码头和日产24万吨的供水系统，以及全长13千米的厂内铁路专用线。在册员工总数4126人，固定资产原值233.68亿元，净值96.11亿元，累计上缴国家和地方税金超过1220亿元，为国家和地方经济的发展作出积极贡献。

安庆石化主要技术经济指标及主要产品产量分别见表1和表2。

（杨众魁）

【生产经营稳中向好】 2022年，安庆石化在生产经营、疫情防控、项目建设、大修改造等多线作战的情况下，紧盯市场行情，及时优化产销方案，开稳开优创效装置，Ⅲ催化等主要生产装置实现三年连续稳定运行。择机自采低价重质原油，适时外采蜡油、重整料进厂，组织低硫重质船用燃料油出口，充分发挥装置创效潜力。抢抓腈纶创效窗口期，全年产销腈纶4.59万吨，创近年新高。大力稳价推价，硫黄、液化气、石油焦等产品年度均价分列全系统第1、2、3位，创历史最好成绩。阻燃纤维产销取得新突破。全年实现营业收入448.24亿元，利润3.94亿元（炼油盈利2.49亿元、化工盈利1.03亿元，安庆资产分公司盈利4247万元），3个板块均实现盈利并完成总部下达的利润指标。

（杨众魁）

【安全环保总体受控】 2022年，安庆石化以深化HSE体系运行为抓手，完善领导下基层督导机制，组织开展“大反思、大排查、大整治”专项行动、“百日安全行动”，制定实施特殊时期生产安全管理考核问责规定、安全突出贡献长效激励办法等措施，安全生产监督工作深入推进。制定中层管理人员HSE绩效考核排名办法，强化结果运用，领导安全引领力持续提升。发动全员参与“查隐患捡黄金”，全面推进老旧装置安全风险评估，安全拆除7套老旧装置，投用炼油一区中控室，安全生产三年整治圆满收官，安庆石化风险总值下降33.2%。从严强势管理承包商，严格执行“一停二罚三清退”。抓实异味攻关，抓好环保设施及在线仪表管理，强化外排雨水管控，高质量完成91%的绿色基层创建，现场环境面貌持续提升，集团公司绿色企业复核保持A档。抓好公共安全风险管控，通过二级治安反恐达标验收。

（杨众魁）

【转型升级成果丰硕】 2022年，安庆石化利用安徽省政府和中国石化新一轮战略合作协议成功签订的契机，坚持规划引领，推进轻烃资源综合利用及高端材料项目前期工作，动态完善安庆石化“十四五”及中长期发展规划，全年完成投资计划63.79亿元，创历史新高。坚持内涵发展，发挥“大兵团”作战优势，实现炼油转化工结构调整项目整体按期中交。正式成立百聚合资公司，加速形成区域协同发展的新局面。完成国ⅥB汽油质量升级，碳一板块安全环保提升及节能优化改造项目基础设计获批、完成大修同步实施项目，开展延迟焦化提升改造项目可行性研究报告编制工作。坚持创新驱动，全年研发投入增长25%，申报受理专利8件、省部级科学技术奖项4项，项目质量、数量等多项研发指标均进步明显。加快实施数字化转型，完成工业互联网平台搭建，“两化”融合获工信部3A级评定，高质量发展的基础进一步夯实。

（杨众魁）

【大修改造成功】 2022年，安庆石化克服大修改造期间疫情感染激增、人力资源不足等实际困难，坚持“应修必修修必修好、应检必检检必检准”原则，超前谋划、精心组织大修改造各项工作，优化停开工网络，严格过程管控，实现高质量停工交付。以I常材质升级改造、结构调整项目碰头为重点，科学编制检修计划，合理调配人员力量，强化过程质量控制，开展“大修改造·四比四创”劳动竞赛，建立“捡黄金”奖励快速兑现机制，组织现场保廉督导、领导干部八小时以外履职督查，强化宣传报道、后勤保障，会战氛围更为浓厚。通过全体参战单位共同努力，安庆石化完成78套主辅装置，共计4894个检修项目、186项设备更新项目、97项同步改造项目的检修改造任务，交出一份“四好一成功”的检修答卷。

（杨众魁）

【改革管理纵深推进】 2022年，安庆石化积极防范和规避经营风险，对标提升行动和深化改革三年行动提前收官，“合规管理强化年”各项工作高效完成，全面提升工作持续推进，成效显著。动态厘清优化管理职责划分，全年制（修）订公司级制度172项、废止53项，一体化管理体系有效运行。持续深化“三项制度”改革，根据转型发展需要，动态优化组织机构，拓宽人才引进渠道。不断修订完善绩效考核管理制度、专业考核及量化考评标准，落实定员动态调整和考核机制，有效发挥考核指挥棒作用。针对生产经营过程中的重点难点问题，组建23个技术攻关团队开展技术攻关，取得积极成效。落实基层减负要求，推行周四“无会日”制度，优化检查评比工作，检查、公文、会议数量均同比下降。

（杨众魁）

【党的建设坚强有力】 2022年，安庆石化始终坚持以党的政治建设为统领，严格落实“第一议题”学习制度，修订完善安庆石化“三重一大”实施细则，在完善公司治理中不断加强党的领导。认真做好党的二十大精神学习宣贯，专题学习研讨、领导基层宣讲、新闻宣传引导等工作有声有色、成效显著。坚持正确选人用人导向，选优配强领导班子，干部年龄结构进一步优化。落实管理人员竞争性选聘要求，中基层管理人员竞争上岗，专业技术人员轮岗锻炼。全面开展“三查三强”促安全主题党日实践，督促抓好“一支部一品牌”建设。持续完善长效激励机制，深化全员岗位练兵和集中培训。深入开展班组“三基”竞赛，深化推进区域“三标”建设。积极开展形势任务教育，发布安庆石化新版企业文化理念，成立新媒体工作室，加大先进典型选树宣传力度，大力弘扬劳模精神、劳动精神、工匠精神。持续深化党风廉政建设，强化政治监督，实现党委巡察全覆盖。紧盯“关键少数”，聚焦安全环保领域形式主义官僚主义问题，强化作风建设。坚持“三不”一体推进，“大监督”协同作用有效发挥。积极助力乡村振兴，抓好大修期间成品油市场保供，彰显中央企业责任担当。

（杨众魁）

【结构调整项目全面建成中交】 2022年12月31日，安庆石化炼油转化工结构调整项目全面建成中交，这是贯彻落实党的二十大精神的具体体现和生动实践，在安庆石化第四次创业史上具有里程碑意义。项目于2021年6月主体工程开工建设，全体参建人员克难攻坚、通力合作，战高温、斗严寒、抗疫情，“白加黑”“5+2”地长期奋战在工程一线，勠力同心，苦干实干，共克时艰，在确保安全质量的前提下，历时18个月，实现项目全面中交，交出一份成色足、质量高的工程建设成绩单，为项目投料开工一次成功、实现安全稳定长周期运行打下坚实基础。

（杨众魁）

安庆石化炼油转化工结构调整项目全面建成中交仪式

【数字化转型成效明显】 2022年12月2日，安庆石化信息化和工业化融合管理体系正式通过工业信部“两化”融合管理体系评定工作委员会认证，取得“两化融合管理体系AAA级评定证书”。“两化融合管理体系 AAA 级评定证书”的认证是对安庆石化信息化和工业化融合能力的检验，为后续的流程优化、技术创新和数据利用打下坚实的基础，为安庆石化数字化转型提供保障。

（杨众魁）

【国务院安委会综合检查组到安庆石化调研】 2022 年 6 月 19—20 日，工信部安全生产司副司长、一级巡视员罗志坚率国务院安委会综合检查组第一组来安庆石化检查指导工作。罗志坚充分肯定安庆石化在安全管理工作中取得的成绩，对安庆石化队朝气蓬勃的精神面貌、训练有素的战斗作风给予高度赞扬，向安庆石化全体干部员工为安全生产作出的贡献表示慰问。罗志坚要求安庆石化要深度推进标准化建设与 HSE 体系融合，推进标准化分级管理，建立“党建 + 安全保障”制度，落实第一责任人责任，以党建引领全面提升本质安全水平。

（杨众魁）

【持续助力乡村振兴】 2022 年，安庆石化始终将定点帮扶工作列入“一把手”工程，党委定期听取乡村振兴工作汇报，研究制定帮扶措施，第一时间结对岳西县老鸭村并选派干部驻村帮扶，领导班子成员分别多次赴县、镇（村）调研走访，密切与各级政府部门交流沟通，谋划帮扶措施，选准、选好产业振兴项目，确保实现可持续、稳定的经济增长。全年累计投入定点帮扶资金 160 万元，开展消费帮扶 504.78 万元，捐赠教育帮扶资金 50 万元，持续打造“石化助学”教育示范工程，助力乡村振兴发展。

（杨众魁）

【和谐发展氛围更加浓厚】 2022 年，安庆石化始终坚持人民至上，高标准抓实民生工程、办好实事难事。牢固树立“一切为了职工，一切依靠职工”理念，落实“我为群众办实事”长效机制。动态调整疫情防控政策，配齐个人防疫用品，开展全员体质测试，做实员工体检，开设职工健康驿站。提高职工结婚、生育慰问金标准，实行“普惠有约”，抓好走访慰问、夏送清凉、金秋助学、冬送温暖等工作。职工收入逐年稳步提高，获得感、自豪感、满意度持续提升。抓好团青工作和思想动态调研工作，召开安庆石化第十一次团代会，统筹抓好审计、保密、统战、人武、科协、政研、老干部、关工委等工作，凝心聚力、和谐发展氛围更加浓厚。

（杨众魁）

表 1　安庆石化主要技术经济指标　亿元

指标名称 \ 年份	2022	2021	2020	2019	2018	2017
原油加工量 / 万吨	578.99	752.00	710.40	658.13	727.46	750.58
工业总产值	442.17	449.02	403.46	394.68	451.14	400.90
炼　油	405.72	402.07	362.32	345.62	391.31	346.17
化　工	34.89	32.89	28.40	35.74	45.13	40.88
其　他	1.56	14.06	12.74	13.32	14.70	13.85
工业增加值	107.06	147.03	118.76	130.57	156.33	150.27
资产总计	211.68	179.74	153.79	141.44	132.62	142.49
流动资产	33.91	49.03	32.07	17.56	22.82	32.61
固定资产原值	233.68	229.03	231.27	224.32	220.84	210.16
固定资产净值	96.11	100.32	108.65	111.25	114.20	110.53
营业收入	448.24	473.22	340.89	401.63	464.23	411.76
实现利税	86.56	134.31	104.39	111.75	140.35	142.99
税　金	82.62	115.19①	106.48	104.81	117.90	124.48
炼油综合能耗 / 千克标油·吨 $^{-1}$	79.67	73.75	76.70	76.98	76.93	73.31

① 数据有调整

表 2　　安庆石化主要产品产量　　万吨

产品名称＼年份	2022	2021	2020	2019	2018	2017
汽　油	219.28	283.87	256.16	249.15	269.61	243.43
柴　油	134.44	168.73	183.93	181.56	183.22	251.65
航空煤油	36.14	55.01	46.83	39.57	40.37	34.83
燃料油	24.45	23.65	13.64	5.66	3.37	0.34
原料油	28.25	39.27	23.78	19.09	28.23	36.34
液化气	56.31	78.34	70.34	64.58	75.07	67.64
石油焦	20.41	28.60	26.80	23.35	27.56	28.98
合成氨	28.06	31.84	26.80	25.73	26.30	28.85
丙烯腈	18.75	23.15	21.03	20.17	21.80	23.64
腈　纶	4.59	3.91	3.67	4.02	4.40	3.98
苯乙烯	7.54	10.09	10.20	9.17	10.08	10.52

海南炼化

【概况】 中国石化海南炼油化工有限公司（简称海南炼化）位于海南省西北部洋浦经济开发区，毗邻北部湾，位于新加坡—香港—上海—大阪国际海运主航线上，拥有天然的深水良港和避风港，地理和海运条件优越，同时享受保税港区、经济特区、开发区以及自贸港的全部或部分优惠政策。前身是始建于 2003 年 10 月 31 日的海南实华炼油化工有限公司，2006 年 2 月 28 日，公司名称注册变更为中国石化海南炼油化工有限公司。一期炼油于 2006 年 9 月 28 日建成投产。2013 年 12 月 27 日公司第一套芳烃也是首套采用中国石化自主技术的大型芳烃生产装置建成投产，打破欧美对芳烃成套技术长达 40 年的垄断；2019 年 9 月 27 日运用中国石化芳烃技术 2.0 的第二套芳烃建成投产。2022 年 11 月 13 日 100 万吨 / 年乙烯及炼油改扩建项目建成中交。

截至 2022 年底，海南炼化原油加工能力 920 万吨 / 年、芳烃生产能力 160 万吨 / 年、乙烯生产能力 100 万吨 / 年，拥有 45 套炼油化工生产装置及相应的油品储运设施、公用工程，30 万吨级原油码头、10 万吨级成品油码头及 5 万吨级化工码头各 1 座，年设计通过能力 3595 万吨，以及海南巴陵新材料、海南聚酯新材料等合资公司；代管库容 255 万立方米的海南原油商储库以及国家危险化学品应急救援洋浦基地；生产和销售各种规格的汽油、柴油、航空煤油、液化气、硫黄、燃料油、苯、对二甲苯、邻二甲苯、聚丙烯和苯乙烯等。海南炼化累计实现工业总产值 7479 亿元，纳税额 1192 亿元、连续 16 年排名海南省首位（2007—2022 年）。

海南炼化主要技术经济指标及产品产量分别见表 1 和表 2。

（张九莎）

【安全环保再创佳绩】 2022 年，海南炼化不断强化本质安全，压实岗位责任制，推进 HSE 体系有效运行，全年无安全环保上报事故，获集团公司安全生产先进单位称号并保持绿色企业 A 档。2# 硫黄装置实现开工 300 天无动火尾项，二氧化硫排放始终在 0.2 毫克 / 米 ^{3} 左右，保持“近零”排放。

（张九莎）

【催化裂化装置长周期运行创历史之最】 截至2022年3月16日，280万吨/年重油催化裂化装置连续运行达1512天，创造催化装置自建厂以来最长运行周期纪录，以及中国石化同类装置无切断进料、无紧急检修最长连续运行纪录，实现装置“安稳长满优”运行。

（张九莎）

【四度蝉联全国对二甲苯行业能效“领跑者”企业称号】 2022年1月19日，国家工信部、国家市场监督管理总局公布2021年度重点用能行业能效“领跑者”企业名单，海南炼化获全国对二甲苯行业能效“领跑者”企业称号，四度蝉联对二甲苯行业能效“领跑者”企业。

（张九莎）

【汪剑波参加海南省“政企面对面、服务心贴心”早餐会】 2022年5月21日，海南炼化董事长、党委书记汪剑波作为15家企业的代表之一，与时任海南省省长冯飞共进早餐。此次早餐会为冯飞首次参加，旨在帮助解决企业急难愁盼问题，构建新型亲清政商关系。

（张九莎）

【疫情防控顺利收官】 海南“0801”疫情发生后，海南炼化坚持“一手打伞、一手干活”，率先推行“泡泡式封闭管理”，经受住海南疫情考验，实现厂区高峰期2.2万余人健康在岗，企业防疫工作受到上级领导多次肯定，时任海南省委书记沈晓明8月30日调研企业时指出“为全省工业企业树立了榜样”。

（张九莎）

【首次援建儋州二号方舱医院】 2022年8月14日，应儋州市政府紧急请求，海南炼化组织中国石化第四建设公司、第五建设公司、第十建设公司及南京工程公司、天津众业、燕化天钲等共计598人次，通过24小时不间断作业，实现8月16日儋州二号方舱医院顺利投用。

（张九莎）

【第四周期装置大修改造高质量完成】 2022年3月15日—6月15日，海南炼化高质量完成检修项目最多、范围最广、深度最大、改造任务最重的第四周期大修改造。在停工过程中各装置严格执行密闭吹扫方案，做到“气不上天、油不落地、味不扰民”，4月1日30套装置全部交付检修，6月初炼油老区和1#芳烃全面生产运行，6月15日2#芳烃实现正常生产运营，高标准实现安全环保文明绿色的大修改造总体目标。

（张九莎）

【对二甲苯产品首次打通海外市场】 2022年7月21日，海南炼化首船1万吨对二甲苯产品出口东南亚，开创中国对二甲苯产品首次实物出口销售纪录，为中国石化化工产品抢占国际市场奠定基础。

（张九莎）

【名列海南省企业100强和制造业企业40强榜首】 2022年9月20日，“海南国资”发布海南2022年100强企业的评选结果，海南炼化以营业收入543.39亿元名列海南省企业100强和海南省制造业企业40强榜首。

（张九莎）

【乙烯装置建成中交】 2022年11月13日，海南炼化举行100万吨/年乙烯项目核心装置乙烯装置中交仪式。乙烯装置从土建开工至中交，用时22个月、较定额工期提前2个月，并在中交时基本完成预试车。

（张九莎）

100万吨/年乙烯项目核心装置乙烯装置中交

（刘海龙　摄）

【乙烯项目3套聚烯烃装置投产一次开车成

功】 2022年12月20—30日，乙烯项目3套聚烯烃装置陆续投产并一次开车成功，生产出合格产品，实现海南炼化共聚工艺生产聚丙烯、聚乙烯产品“零”的突破。其中，环管法聚丙烯、高密度聚乙烯装置中交后不到2个月实现投料开车成功，创系统内同类项目高速度建设、高质量中交新水平。

（张九莎）

【乙烯区完成首车液氮出厂销售】 2022年12月2日，海南炼化乙烯区新建空分装置自产液氮首次作为产品装车出厂，实现本地化销售。

（张九莎）

【下属合资公司项目进展顺利】 2022年9月28日，中石化（海南）聚酯新材料公司6万吨/年PBST项目正式开工。该项目作为中国石化“十条龙”科技攻关项目，充分发挥洋浦区位优势、仪征化纤技术优势、海南炼化资源优势，突出抓好“五大控制”，努力把项目建设成为安全、绿色、效益、优质和廉洁的标杆工程。12月26日，海南巴陵化工新材料有限公司17万吨/年苯乙烯类热塑性弹性体项目实现中间交接，全面进入生产准备阶段。

（张九莎）

【信息化建设实现历史性突破】 2022年，在“智慧海南”和中国石化数字化转型引领下，海南炼化深化大数据、物联网、边缘计算、数字孪生等技术应用，融合数字化交付成果，打造以“三化”融合可视化平台为核心，工程建设管理系统为载体，安全眼、进度眼、质量眼赋能现场智慧管控的数字化管理生态。1月20日，安全眼管控系统和“三化”融合可视化平台2项软件获国家版权局计算机软件著作权登记证书；12月27日，“三化”智能项目入选国家工信部2022年工业互联网平台创新领航应用案例；12月30日，数字孪生工厂建设、生产计划优化、在线运行监测3个场景被国家工信部评为2022年度智能制造优秀场景。

（张九莎）

【召开首届科技大会】 2022年12月9日，海南炼化召开首届科技大会，深入总结建厂以来科技创新主要成果，着力推进重大关键技术和高端材料、新材料开发攻关，支撑和引领企业高质量发展。会议还表彰23个科技创新先进集体及个人，首批“揭榜挂帅”项目揭榜人代表现场签订“揭榜挂帅”项目任务书，并作表态发言和经验交流。

（张九莎）

【员工创新意识显著提升】 2022年，海南炼化在鼓励员工首创精神方面持续发力。12月7日首次召开合理化建议、青工“五小”答辩评审会。全年有200余条合理化建议、40余项“五小”创新攻关项目在创新平台上通过专家集体评审；海南炼化6项创新成果参加全国首届大国工匠创新交流大会；开发的“文曲星”App项目升级建设软件，节省人力成本840万元/年，创新研制的罐内清扫机器人，以最小的投入节省约10倍的人工清理费用。

（张九莎）

【汪剑波当选中国共产党第二十次全国代表大会代表】 2022年4月29日，海南省人民政府网公布中国共产党第二十次全国代表大会代表名单，海南炼化董事长、党委书记汪剑波当选。10月16—22日，二十大代表汪剑波参加中国共产党第二十次全国代表大会。

（张九莎）

【全方位开展党的二十大精神学习宣贯活动】 2022年10月16日，海南炼化组织党员干部集体收看党的二十大开幕会。党的二十大闭幕后，坚持在学懂弄通做实党的二十大精神上下功夫，海南炼化党的二十大代表、各级领导干部等多层次、多方位开展学习宣传贯彻工作，累计宣讲近百场、覆盖人员超2万人次；11月17日，海南学习宣传贯彻党的二十大精神首场新闻发布会在海南炼化举行，网络直播观看人数达10万人次。深入开展“牢记嘱托、再立新功、再创佳绩，迎接学习贯彻二十大”主题行动，以48项KPI指标引领保障经营扭亏、乙烯开工等年度重点工作高效完成。

（张九莎）

【“引进来”促提升，“走出去”拓视野】 2022年，海南炼化采取“引进来”“走出去”的方式，推进员工能力素质提升。5 月 19 日、7 月 7 日、8 月 2 日分别邀请集团公司首席专家亢万忠，原国家安监总局、应急管理部党组成员、总工程师王浩水，中国工程院院士、中国石化原总裁王基铭到海南炼化授课，面对面交流解决实际工作中的困惑。11 月 14 日、20 日、22 日，先后启动群团干部、班组长、中层干部“走出去”能力素质提升班，除专题学习党的二十大精神、“三基”管理外，还沿着习近平总书记考察海南时的足迹，开展体验式、沉浸式学习，感受绿色生态、乡村振兴等国家战略所取得的巨大成就。

（张九莎）

【党建工作取得新成效】 2022 年，海南炼化党委深入开展“两优”实践活动，延伸拓展党员积分管理，创建 54 个党员责任区、79 个党员示范岗。打造“三单三学三延伸”、共建互促等特色党建品牌，形成“书记领跑 党员竞跑 群众跟跑”的浓厚氛围。“两优”入选海南省国资系统十大党建工作品牌，海南炼化获评省国资系统基层思想政治工作“先行示范点”，“小积分”管好“大队伍”的经验材料被海南省国资委印发全系统，党员积分管理经验在儋州市及省内部分单位复制推广，典型经验在海南省国有企业党建引领自贸港建设座谈会、全省组织部长会议上作交流。

（张九莎）

【获多个集体和个人荣誉】 2022 年，海南炼化及下属组织和个人获多项荣誉：“抱罗村志愿助学团队志愿助学项目”获评中国石化优秀志愿服务项目，海南炼化获海南省慈善总会“99 公益日”慈善筹募先进单位称号。芳烃部获中国石化先进集体称号，芳烃部三班获海南省青年文明号称号，芳烃部党支部和聚烯烃部党支部获海南省国资系统基层组织建设示范点称号，聚烯烃部获海南省青年五四奖章（集体）称号，炼油一部团总支获中国石化五四红旗团组织称号。1 名员工获中国石化青年岗位能手称号，3 名员工获中国石化劳动模范称号。

（张九莎）

表 1　海南炼化主要技术经济指标　亿元

指标名称＼年份	2022	2021	2020	2019	2018	2017
原油加工量 / 万吨	716.30	940.48	932.40	927.63	865.74	791.70
工业总产值	512.51	573.95	374.30	494.76	502.89	386.10
炼　油	499.30	457.83	379.08	486.04	497.84	328.68
化　工	93.44	109.57	55.21	84.95	79.33	58.42
工业增加值	75.91	154.32	110.00	114.00	122.50	96.20
资产总计	457.28	400.40	306.51	304.26	212.39	121.76
流动资产	126.11	185.82	197.58	209.23	120.72	41.92
固定资产原值	306.19	188.54	185.52	183.65	154.27	148.40
固定资产净值	174.52	63.30	68.33	76.67	57.63	61.65
销售收入	449.31	543.39	368.85	497.13	485.74	319.66
实现利税	63.87	146.06	107.44	101.43	120.04	107.69
税　金	63.39	101.98	95.37	82.45	84.84	85.27

表 2　　海南炼化主要产品产量　　万吨

产品名称 \ 年份	2022	2021	2020	2019	2018	2017
汽　油	197.62	269.82	245.25	270.05	254.24	224.41
柴　油	209.28	262.66	278.78	266.47	249.50	222.46
煤　油	88.52	126.86	113.39	157.07	142.25	133.09
液化气	40.00	62.75	54.53	62.04	59.26	54.69
燃料油	59.69	78.32	68.45	18.00	15.02	14.75
石脑油	27.37	24.30	26.35	19.53	20.28	9.90
硫　黄	5.43	6.54	7.22	5.91	6.51	5.43
对二甲苯	73.13	140.20	87.48	92.35	68.05	59.94
邻二甲苯	9.06	12.40	6.53	11.02	6.57	7.37
苯	6.98	17.92	7.99	13.23	14.23	14.65
聚丙烯	17.00	23.54	24.07	23.29	21.84	19.72
有机热载体	—	7.65	15.06	18.53	8.98	18.41
发泡剂	—	1.74	2.25	2.59	2.97	6.49

川维化工公司

【概况】 中国石化集团重庆川维化工有限公司（简称川维化工公司）位于重庆长寿经济技术开发区（国家级），占地面积 286 万平方米。前身为中国石化集团四川维尼纶厂，是 20 世纪 70 年代初引进的四大化纤项目之一，主要装置从英、法、德、日等国引进，1974 年破土动工，1979 年建成投产，1983 年竣工验收，同年整体进入中国石化，2017 年 11 月完成公司制改革。

截至 2022 年底，川维化工公司设 25 个二级单位，包括 12 个职能部门、5 个专业中心、1 个研究院、7 个生产运行部。在岗合同制员工 2562 人，其中具有正高级职称的 7 人、副高级职称的 180 人、中级职称的 506 人。

川维化工公司是国内最大的、最具代表性的天然气化工企业，天然气年加工能力 15.5 亿立方米（含合资企业），主要产能包括甲醇（MeOH）87 万吨 / 年、醋酸乙烯（VAc）50 万吨 / 年、精醋酸甲酯（MeOAc）21 万吨 / 年、合成氨 20 万吨 / 年等基础化工产品，以及聚乙烯醇（PVA）16 万吨 / 年、醋酸乙烯—乙烯共聚乳液（VAE）12 万吨 / 年、维纶纤维 1.65 万吨 / 年等精细化工产品和新材料。有 4 家在营合资企业，分别是扬子江乙酰化工有限公司、重庆川维林德气体有限责任公司、重庆华利维盛油田化学科技有限公司、重庆信维环保有限公司。

川维化工公司主要技术经济指标及主要产品产量分别见表 1 和表 2。

（郑洵洵）

【领导班子调整】 2022 年 8 月 2 日，中国石化党组调整川维化工公司领导班子：免去赵寰川维化工公司党委副书记、委员、纪委书记、工会主席、监事职务。12 月 20 日，任命周玉伟为川维化工公司党委副书记兼纪委书记，为工会主席人选，任川维化工公司监事。

（郑洵洵）

【6 万吨 / 年 VAE 再扩能项目获批】 继 2021 年

年产6万吨VAE产品技术升级改造项目投运后，2022年5月24日，川维化工公司6万吨/年VAE再扩能项目获得中国石化批复。项目投产后，川维化工公司VAE产能将扩大至18万吨/年，成为国内产能最大的VAE厂商之一。

（郑洵洵）

【中国石化西南危险废物处置中心投运】 2022年9月21日，川维化工公司与重庆财信环境资源股份有限公司、重庆长寿经济技术开发区开发投资集团有限公司三方合资建成的工业废弃物终端处置中心——中国石化西南危险废物处置中心焚烧装置点火投运。

（郑洵洵）

中国石化西南危险废物处置中心

【纳入中国石化“无废集团”建设先行先试企业】 2022年10月27日，川维化工公司被纳入中国石化“无废集团”建设12家直属企业先行先试试点企业名单，是国内首批、重庆首个试点单位。

（郑洵洵）

【科研机构改革】 2022年10月10日，川维化工公司研究院揭牌，研发中心正式更名为研究院，并对内设机构、党组织机构进行适应性调整。

（郑洵洵）

【连续3年获得重庆市环保诚信企业称号】 2022年11月9日，《重庆市生态环境局关于重庆市2021年度参与市级企业环境信用评价结果的公告》发布，川维化工公司在1053家市级参评企业中排名第一，连续3年获得重庆市环保诚信企业称号。

（郑洵洵）

【开展“牢记嘱托、再立新功、再创佳绩，迎接学习贯彻二十大”主题行动】 川维化工公司扎实开展“牢记嘱托、再立新功、再创佳绩，迎接学习贯彻二十大”主题行动，围绕28项重点任务，确定具体措施82项，全部作为川维化工公司督办事项进行管理。截至2022年底，如期完成各项目标任务，超额完成年初下达利润7亿元的主题行动总目标，被评为中国石化“牢记嘱托、再立新功、再创佳绩，迎接学习贯彻二十大”主题行动先进单位。

（郑洵洵）

【第一次党代会召开】 2022年6月23日，中国共产党重庆川维化工有限公司第一次代表大会召开，140余名代表及列席人员参会。这是川维化工公司公司制改革以来召开的第一次党代会。大会主题：以习近平新时代中国特色社会主义思想为指引，深入学习贯彻党的十九大和十九届历次全会精神，弘扬伟大建党精神，进一步组织动员各级党组织和全体共产党员，团结带领全体干部员工，奋进新时代、担当新使命、建设新川维，奋力打造世界领先特色精细化工和新材料公司。这次大会为川维化工公司当前及今后一个时期的高质量发展明确方向。

（郑洵洵）

中国共产党重庆川维化工有限公司第一次代表大会召开

【履行社会职责】 2022年8月，受极端高温天气影响，川渝地区供电形势异常严峻。川维化工公司深挖机组发电潜力，全力提升自发电量，大幅减少外购电量，填补电力缺口，让路民生用电，彰显中央企业担当，中央电视台综合、新闻、财经频道以《川维地区能源企业让电于民保供应》

为题进行报道。同时，因极端高温天气导致重庆多地发生火情，川维化工公司消防中心消防指战员、森林灭火救援人员、志愿者等多次参与涪陵大梁山、南川金佛山、长寿云台镇、万顺镇、洪湖镇及化工园区等多起社会面火灾救援。

（郑洵洵）

表 1　川维化工公司主要技术经济指标①　亿元

指标名称 \ 年份	2022	2021	2020	2019	2018	2017
天然气加工量 / 亿立方米	10.46	13.50	11.01	11.07	10.42	12.13
工业总产值②	85.54	77.41	48.73	54.15	56.71	56.45
工业增加值	29.01	28.80	8.36	13.95	12.89	13.45
资产总计	60.09	62.06	62.78	59.22	59.37	64.39
流动资产	8.39	6.55	8.74	6.46	6.24	4.70
固定资产原值	118.21	113.42	109.64	108.45	107.19	110.03
固定资产净值	51.44	51.05	50.33	51.87	54.20	57.54
营业收入	91.96	83.13	53.14	59.15	60.09	60.17
实现利税	15.51	16.64	−1.45	3.19	4.62	3.77
税金及附加	3.77	3.57	1.35	2.07	3.57	3.10
综合能耗 / 吨标煤・万元 $^{-1}$	4.78	3.35	2.83	2.846	3.02	2.84

① 数据不含合资企业
② 工业总产值数据以现价计算

表 2　川维化工公司主要产品产量　万吨

产品名称 \ 年份	2022	2021	2020	2019	2018	2017
甲　醇	74.16	79.18	80.49	80.62	74.07	87.39
醋酸乙烯	49.41	48.87	50.97	50.43	47.13	52.88
聚乙烯醇	15.43	14.09	14.58	14.72	15.74	15.75
醋酸甲酯	11.31	9.05	13.78	7.60	8.52	17.83
醋酸乙烯—乙烯共聚乳液	10.81	9.13	6.53	6.17	6.24	6.35
维纶纤维	0.88	1.25	0.89	1.18	1.98	2.05
液　氨	15.19	13.42	13.02	10.64	7.66	13.86

湖北化肥

【概况】 中国石油化工股份有限公司湖北化肥分公司（简称湖北化肥分公司）暨中国石化集团资产经营管理有限公司宜昌分公司（简称宜昌资产分公司）统称湖北化肥。位于湖北省枝江市，紧邻沪渝高速和 318 国道，南距长江约 1.5 千米，铁路专用线由枝江车站接轨至厂卸煤线站台，交通优势十分明显。湖北化肥前身为湖北省化肥厂，1974 年 10 月动工建设，1979 年 8 月投产，1983 年 7 月 1 日划入中国石油化工总公司。2000 年和 2006 年分别实施燃料、原料路线“煤代油”改a造。2014 年 3 月，20 万吨 / 年合成气制乙二醇示范装置投产后，退出化肥业务，实现由化肥向化工转型。2022 年 4 月 2 日，集团公司全面深化改革领导小组会议决定实施湖北化肥异地转型发展，与贵州能化业务整合、融合发展。

截至 2022 年底，湖北化肥有 30 万吨 / 年合成氨装置、52 万吨 / 年尿素生产装置、日处理 2000 吨煤的煤气化装置、20 万吨 / 年乙二醇装置、2 台 240 吨 / 时生产能力高压煤粉锅炉和 1 台 220 吨 / 时生产能力高压煤粉锅炉、2 台 2.5 万（千瓦·时）/ 时汽轮发电机组的公用工程装置、配套有产氧能力为 4.8 万米^3（标准）/ 时和 6000 米^3（标准）/ 时的 2 套空分装置，一条 23 千米的自有专用铁路线和工业编组站、5 座码头、1 个罐区。

截至 2022 年底，湖北化肥设 10 个职能部室、4 个业务中心、5 个运行部、1 个临时机构共 20 个直属单位。有合同制员工 745 人，其中有高级职称的 62 人、中级职称的 191 人，高级技师 39 人、技师 109 人。

湖北化肥主要技术经济指标见表 1。因湖北化肥于 2021 年 11 月停产，无产品产量。

（张爱红）

【启动喜迎二十大主题行动】 2022 年 3 月 18 日，按照集团公司党组部署，湖北化肥启动“牢记嘱托、再立新功、再创佳绩，喜迎二十大”主题行动，深入贯彻集团公司工作会议精神和党组领导批示要求，奋力开创转型发展、党建工作新局面，以崭新面貌迎接党的二十大胜利召开。

（张爱红）

2022 年 3 月 18 日，湖北化肥启动“牢记嘱托、再立新功、再创佳绩，喜迎二十大”主题行动

【党组决定实施湖北化肥异地转型发展】 2022 年 4 月 2 日，集团公司全面深化改革领导小组会议决定实施湖北化肥异地转型发展，与贵州能化业务整合、融合发展。5 月 10 日，湖北化肥召开干部大会，宣布集团公司关于实施湖北化肥异地转型发展的决定，党委书记、总经理陈齐全“从思想上怎么看、情感上怎么想、行动上怎么做”三个方面进行动员，引导干部员工理解、支持和参与异地转型发展改革。

（张爱红）

2022 年 9 月 21 日，湖北省经信厅与总部发展计划部、化工事业部等在武汉召开湖北化肥异地转型发展协调会

【检维修中心检修一班获省工人先锋号称号】 2022 年 4 月 25 日，湖北省总工会下文，湖北化肥检维修中心检修一班获 2022 年湖北省工人先锋号称号。

（张爱红）

【开展主题竞赛促转型】 2022 年 5 月 20 日，湖北化肥启动“强堡垒、争先锋、促转型”主题竞赛，引导广大员工迎难而上、实干担当、创先争优，平稳高效推动转型发展，全年评选表彰 15 名“改革堡垒奖”、49 名“改革先锋奖”。

（张爱红）

【湖北化肥和贵州能化班子交叉任职】 2022 年 6 月 1 日，集团公司党组以视频形式召开湖北化肥、贵州能化干部大会，宣布关于湖北化肥、贵州能化领导班子调整决定：陈齐全兼任长城能源化工贵州有限公司总经理、党委副书记，原任职务保持不变；李绪青兼任长城能源化工贵州有限公司总会计师、党委委员，原任职务保持不变；杜阳、褚荣林兼任长城能源化工贵州有限公司副总经理、党委委员，原任职务保持不变。

（张爱红）

【党建共建助力乡村振兴】 2022年9月2日，湖北化肥与定点帮扶村百里洲坝洲村党支部开展“美好环境和幸福生活共同缔造”联合主题党日活动，向坝洲村捐赠爱心书包和农技书籍，看望慰问当地困难农户代表，考察湖北化肥援建的15亩（1万平方米）阳光蔬菜大棚建设情况，助力乡村振兴。

（张爱红）

【改制企业融入地方发展】 2022年9月23日，湖北化肥两家改制企业——湖北万兴建安公司和宜昌长欣机电安装有限公司与枝江市经济开发区签订工程安装及维保框架协议，为双方搭建交流合作平台，促进两家企业加快融入枝江化工产业园区发展。

（张爱红）

【转型发展取得标志性成果】 2022年，湖北化肥构建党委统一领导、专业部门牵头、全员参与的工作格局，全力推动异地转型发展工艺处理，截至9月30日，安全高效完成35种化工物料处置、22条跨装置管线置换及近万吨固废处理，拆除尿素栈桥1158米，未发生安全、环保事故事件，取得转型发展标志性成果。

（张爱红）

【学制度强“三基”】 2022年10月22日，湖北化肥以党委中心组扩大学习形式举办“制度大学习”培训班，涉及资产处置、HSE管理、依法合规等7个方面70项规章制度，推动学制度强“三基”。

（张爱红）

【技能比武助力转型】 2022年11月22日，湖北化肥开展“学制度 强‘三基’”技能操作比武，80位选手参加机电仪、检验计量专业组和化工操作及业余组3个组比赛，36名员工、8个集体获奖。

（张爱红）

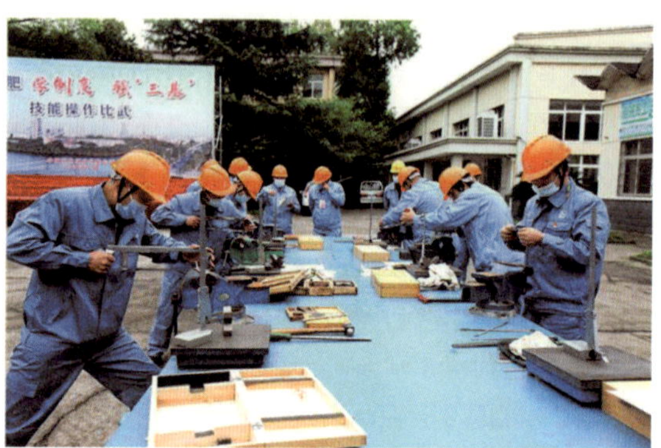

2022年11月22日，湖北化肥开展“学制度 强‘三基’”技能操作比武

【EAP活动室正式启用】 2022年11月25日，湖北化肥EAP活动室正式启用，为员工沟通交流、释压解惑、健身运动提供场地，缓解员工心理压力。

（张爱红）

【“企局”联合监督打造样板】 2022年12月22日，湖北化肥与纪检监察组武汉工作局召开湖北化肥异地转型发展“企局”联合监督工作启动会，要求坚持“六个并举”原则，聚焦转型发展资产处置、人员分流安置、领导干部作风建设开展监督，实现“保稳定、保安全、保廉洁”三大目标，助力打造转型发展样板工程。

（张爱红）

表1 湖北化肥主要经济指标 亿元

指标名称 \ 年份	2022	2021	2020	2019	2018	2017	2016
工业总产值							
湖北化肥分公司	—	9.28	10.19	14.80	17.70	13.84	8.06
宜昌资产分公司	—	3.74	4.36	5.72	5.99	4.78	3.39

续表

指标名称＼年份	2022	2021	2020	2019	2018	2017	2016
工业增加值							
湖北化肥分公司	—	−0.38	0.19	−0.71	0.95	−0.60	−1.58
宜昌资产分公司	—	−3.29	0.44	0.96	0.87	0.97	0.30
资产总计							
湖北化肥分公司	7.33	10.28	13.33	21.66	20.47	21.97	25.20
宜昌资产分公司	1.04	1.77	4.95	5.24	5.50	6.05	5.70
流动资产							
湖北化肥分公司	0.38	3.14	3.00	4.36	2.68	3.78	2.89
宜昌资产分公司	0.15	0.85	0.86	0.73	0.80	0.68	0.53
固定资产原值							
湖北化肥分公司	55.84	56.17	56.18	55.82	53.73	53.00	52.39
宜昌资产分公司	11.14	11.07	11.17	11.16	10.08	10.18	10.14
固定资产净值							
湖北化肥分公司①	30.14	30.35	30.54	31.54	30.68	30.91	31.69
宜昌资产分公司	3.81	3.70	4.08	4.56	3.89	4.23	4.70
销售收入							
湖北化肥分公司	0.40	12.53	12.26	18.39	21.38	17.23	10.49
宜昌资产分公司	0.42	3.99	4.84	7.67	8.19	6.81	4.64
实现利税							
湖北化肥分公司	−3.23	−6.05	−10.4	−4.28	−2.10	−8.92	−5.22
宜昌资产分公司	−0.19	−4.15	−0.18	0.16	0.05	0.11	−0.70
税　金							
湖北化肥分公司	0.02	0.05	0.06	0.08	0.10	0.06	0.04
宜昌资产分公司	0.08	0.08	0.04	0.06	0.08	0.10	0.09
综合能耗 / 吨标煤·万元$^{-1}$							
湖北化肥分公司	—	6.493	5.035	5.048	5.595	5.808	6.103
宜昌资产分公司	—	1.654	1.609	1.609	1.558	1.734	1.809

① 2016—2020 年数据有调整

中原石化

【概况】 中国石化中原石油化工有限责任公司（简称中原石化）是股份公司控股的企业，位于河南省濮阳市，占地面积 173 万平方米。1987 年国家批准立项建设，1996 年建成投产，1998 年 4 月划归集团公司，2005 年 1 月进入股份公司。

截至 2022 年底，中原石化有新、老 2 套生产系统，11 套化工生产装置。老系统为石油化工生产路线，先后进行 2 次技术改造，包括 20 万吨 / 年乙烯装置、26 万吨 / 年聚乙烯装置、6 万吨 / 年聚丙烯装置，以及 10 万吨 / 年汽油加氢、10 万吨 / 年苯抽提、10 万吨 / 年催化裂解制烯烃（OCC）、5 万吨 / 年混合碳四、2 万吨 / 年 PSA 制氢 5 套副产品深加工装置。新系统为煤化工生产路线，包括 60 万吨 / 年甲醇制烯烃（S-MTO）装置和配套的 10 万吨 / 年聚丙烯装置、乙烯单体外卖装置，分别于 2011 年 10 月和 9 月、2017 年 2 月投产。主要产品有聚乙烯、聚丙烯、苯、MTBE、氢气等。

中原石化实行两级扁平化管理，设 11 个机关部室、6 个运行部和 5 个业务中心。截至 2022 年底，用工总量 1168 人。

中原石化主要技术经济指标及主要产品产量分别见表 1 和表 2。

（郭永立　王月莹）

【领导班子调整】 2022 年 1 月 25 日，集团公司党组对中原石化领导班子进行调整：柳勇任中原石化副总经理、党委委员；孙磊不再担任中原石化总会计师、党委委员职务，另有任用。12 月 27 日，集团公司党组召开中原石化干部大会（视频），宣布对中原石化领导班子调整的决定：王家纯任洛阳分公司总经理、党委副书记，洛阳资产分公司总经理，仍任中原石化董事长、党委书记，不再担任总经理职务；李贵生任中原石化副董事长、总经理、党委副书记。调整后，中原石化领导班子由王家纯、李贵生、王攀、柳勇组成。

（王月莹）

【生产经营水平持续提升】 2022 年，中原石化突出提质增效，深度优化生产经营，强化前端预判和事先算赢，持续动态优化调整原料产品结构和装置负荷；克服疫情管控影响，千方百计做好原料保供和产品出厂；全面推进设备完整性管理，强化全流程过程管控，实现全年无非计划停工；坚持“过紧日子”，实施全员、全要素、全过程成本管控，全年生产乙烯 25.19 万吨、聚乙烯 22.64 万吨、聚丙烯 16.01 万吨，营业收入 42.99 亿元，利润 -4.98 亿元，有效完成集团公司下达的利润目标，实现好于预期的经营业绩。

（王月莹）

【连续 23 年无上报安全事故】 2022 年，中原石化贯彻习近平总书记“亲力亲为、亲自动手抓”重要指示，中原石化两级“一把手”积极践行有感领导，确保各项工作落实。严抓关键人员安全履职，创新开展“班组安全培基”行动，强化副班培训、“三大员”技能培训，全员安全执行力有效提升。打赢安全生产专项整治三年行动收官战，扎实开展“双百行动”，狠抓承包商管理和直接作业管控，开展老旧装置风险评估等隐患排查治理，公司级风险总值较年初下降 20.7%，全年无上报各级各类事故事件。

（王月莹）

【绿色企业建设持续深化】 2022 年，中原石化深入推进绿色低碳发展，强化环保达标合规性管理，深入打好污染防治攻坚战，完成料仓 VOCs 治理、MTO 装置污水池密闭治理等项目，常态化开展“清废行动”和“千人行动查异味”活动。强化火炬排放过程控制，污水回用率提至 51.8%，工业取水量较年度指标下降 23.2%，完成“绿色基层”创建及复审，中原石化绿色企业复审进入集团公司 A 档，获中国石化绿色企业称号。

（王月莹）

中原石化获中国石化绿色企业称号（张现红　摄）

【创新发展成果显著】 2022年，中原石化坚持高水平科技自立自强，深入实施创新驱动发展战略。完善科技创新体制机制，持续发挥“1+10+3”新型电工材料与绿色电力装备创新联合体作用，与兄弟单位建立“产销研用”联动机制，与下游企业建立战略合作关系。坚持推进“卡脖子”技术攻关，11月18日，采用完全自有技术生产的聚丙烯粗化膜料成功通过由中国机械工业联合会组织的技术鉴定。牵头组织制定的《塑料电容器薄膜用聚丙烯专用料》和《塑料锂电池隔膜用聚丙烯专用料》2项团体标准申请获批。电容器膜料和锂电池隔膜料产量增长125%和404%、销量增长91.6%和348%，实现对进口产品的量产替代。高质量参与完成国家重点研发计划“超高转速干气密封关键技术研究与产品示范应用”、集团公司重大装备国产化项目“乙烯装置膨胀机国产化应用”攻关。完成国产聚丙烯茂金属催化剂首次工业化试验。

（郭永立　王月莹）

7月6日，佛塑科技-中原石化-化销华中签署战略合作意向书（张　伟　摄）

【筑牢员工健康防线】 2022年，中原石化狠抓疫情防控措施落实，三次启动应急响应，实施封闭式管理，党员干部员工累计驻厂30天，防控中实现“三个零”目标，开放后做到有序管控，被评为濮阳市疫情防控先进单位。积极开展健康企业建设，持续完善员工健康管理体系，员工职业健康体检率、工作场所职业病危害因素监测率100%，用好EAP工作平台，全面守护员工身心健康。

（郭永立　王月莹）

【改革管理提升取得实效】 2022年，中原石化全面完成深化改革三年行动和对标提升行动，重点任务完成率均为100%。强化“三能”机制建设，完善以“价值、能力、潜力、贡献”为导向的人才评价体系，实施中层“一人一表”考核，建成中原石化人力资源池。建立对标一流目标考核机制，强化专业管理考核与评价，考核指挥棒作用有效发挥。初步建立高质量发展指标评价体系，并开展常态化评价，提升管理效能。

（王月莹）

【加强董事会建设】 2022年，中原石化按照集团公司部署及中原石化加强董事会建设工作方案，扎实开展董事会建设工作。坚持“两个一以贯之”，修订《公司章程》，持续在完善公司治理中加强党的领导；成立董事会办公室，设立战略与投资、薪酬与考核、审计与风险、提名、社会责任5个专门委员会，实现外部董事占多数；完善董事会运行管理机制，依法制定《董事会议事规则》等11个制度，修订中原石化“三重一大”决策事项清单，进一步明确党委、股东、董事会和经理层等治理主体职责权限，提前完成董事会建设任务。

（郭永立　王月莹）

【党建优势持续转化】 2022年，中原石化深入学习党的二十大精神、习近平总书记视察胜利油田重要指示精神，扎实开展“迎接学习贯彻二十大”主题行动，完成46项重点任务和139项具体措施，以重点突破带动各项工作整体提升。坚持融入中心抓党建，深入开展“能力作风建设年”活动，“让党旗在一线高高飘扬”行动，“三查三强”促安全主题党日、党建共建等，有效引领党员、干部员工在疫情防控、稳产调优、技术攻关及“两特两重”期间迎难而上、逆行攻坚，在揭榜挂帅、挖潜增效上站排头、争第一，让党旗在创新一线、生产一线高高飘扬，进一步增强高质量发展的保障能力。

（郭永立　王月莹）

【实现党委巡察全覆盖】 2022年，中原石化党委成立2个巡察组，采用“一托二”方式，对人力资源部、综合管理部、监督部、行政事务中心4个党支部开展常规巡察，实现对22个党支部（2020年2个，2021年16个，2022年4个）的一轮常规巡察全覆盖，并对被巡察过的18个党支部开展巡察整改“回头看”，有效发挥“巡察利剑”的震慑效应。

（王月莹）

【积极履行社会责任】 2022年，中原石化积极践行企业社会责任，接续助力乡村振兴，通过开展党建共建、产业帮扶、致富知识培训、人居环境整治、爱心助学捐赠等，丁李村党建水平、村容村貌、人居环境等实现有效提升，巩固脱贫攻坚成果；组织开展无偿献血活动，献血量达74400毫升；组织开展“慈善一日捐”活动，共筹集善款85950元；持续开展“责任中原石化，青春志愿先行”主题学雷锋实践活动，集中开展健康义诊、手机贴膜、照片塑封、磨刀、超声波清洗、计算及维护、图书换绿植等青年志愿服务活动。

（王月莹）

3月5日，中原石化开展学雷锋青年志愿服务集中活动
（张 伟 摄）

表1 中原石化主要技术经济指标 亿元

指标名称 \ 年份	2022	2021	2020	2019	2018	2017
工业总产值	42.85	46.13	31.39	41.37	41.69	45.26
工业增加值	−1.87	4.94	3.37	4.70	4.70	7.25
资产总值	10.65	10.08	19.35	20.46	16.91	19.46
流动资产	2.79	3.29	3.51	3.08	3.06	4.07
固定资产原值	66.90	66.50	65.44	67.02	67.03	70.06
固定资产净值	3.57	20.44	20.20	21.23	22.43	24.57
销售收入	42.99	46.15	31.35	41.32	41.95	45.38
实现利税	−4.58	−7.10	−0.44	1.10	1.37	4.38
税 金	0.39	1.05	0.75	1.05	1.32	1.71
综合能耗 / 吨标煤 · 万元$^{-1}$	2.87	2.73	2.06	1.98	1.91	2.04

表2 中原石化主要产品产量 万吨

产品名称 \ 年份	2022	2021	2020	2019	2018	2017
乙 烯	25.19	29.03	24.86	28.41	25.18	29.73
丙 烯	15.66	17.42	15.81	17.68	13.80	18.84
聚乙烯	22.64	23.65	21.16	22.01	17.23	23.86
聚丙烯	16.01	17.85	16.40	18.85	14.45	19.11
混合碳四	3.70	4.43	3.51	3.83	4.12	4.15

续表

产品名称 \ 年份	2022	2021	2020	2019	2018	2017
混合碳五	1.43	1.80	1.46	1.81	1.75	1.79
混合碳九	0.86	1.28	0.59	0.70	0.65	0.68
乙烯焦油	1.35	1.78	1.36	1.39	1.74	1.73
氢　气	0.17	0.21	0.13	0.16	0.16	0.16
1-丁烯	1.14	0.90	0.89	0.57	0.42	1.11
石油苯	3.59	3.74	2.67	2.88	3.31	3.29
3#混合苯	1.83	2.39	1.68	1.69	2.00	2.27

长城能化

【概况】 中国石化长城能源化工有限公司（简称长城能化）是2012年8月27日注册成立的煤化工专业公司，是股份公司的全资子公司，业务归口化工事业部管理与指导，是中国石化煤化工业务平台，负责中国石化煤化工业务的投资和经营，组织协调煤化工项目建设，对煤化工企业进行专业化管理。

长城能化本部机关位于北京市朝阳区吉市口路9号，注册地为北京亦庄经济技术开发区，设有综合管理部（党委办公室、外事办公室）、规划计划部、财务部、党委组织部（人力资源部、党群工作部、党委宣传部）、企管法律部、纪检监督部（审计部）、安全环保部、设备工程部、煤炭部、化工部和煤矿安全管理部11个部门；下设中国石化长城能源化工（宁夏）有限公司（简称宁夏能化）和中石化长城能源化工（内蒙古）有限公司（简称内蒙古能化）2个全资子公司，中国石化新疆能源化工有限公司（简称新疆能化）和中国石化长城能源化工（贵州）有限公司（简称贵州能化）2个控股公司，中天合创能源有限责任公司（简称中天合创）、中安联合煤化有限责任公司（简称中安联合）和毕节中城能源有限责任公司（简称中城能源）3个参股公司。截至2022年底，长城能化在宁夏、内蒙古、安徽、贵州和新疆等地规划布局6个煤化工项目。其中，宁夏能化、中天合创和中安联合3个项目建成投产并转入商业运营，贵州能化PGA项目启动建设，内蒙古能化配套煤矿落实资源、烯烃项目在进行论证决策中，新疆准东煤制天然气项目处于前期工作阶段。长城能化本部机关、各全资及控股子公司和依托长城能化管理的中天合创及中安联合化工分公司用工总量5515人。

2022年，长城能化深入学习贯彻党的二十大精神和习近平总书记视察胜利油田、陕西榆林等重要指示精神，认真落实党组决策部署，全面落实“疫情要防住、经济要稳住、发展要安全”总体要求，深入开展“牢记嘱托、再立新功、再创佳绩，迎接学习贯彻二十大”主题行动，全力抢抓煤化工市场机遇和发展机遇，扎实推进投产项目运营优化和规划项目布局优化，保持高质量的经营发展成果。

（成牧达）

【煤化工整体保持良好赢利势头】 2022年，长城能化抓住高油价下的市场机遇，加强市场分析和效益测算，狠抓煤矿和化工装置稳产高产、产品结构调整优化和高附加值新产品开发，打表推进84项提质增效措施，深挖投产项目煤化一体化协同潜力，板块煤炭和主要化工产品产销量再创历史新高。全年煤炭产量创历史新高，原煤、商品煤分别超额完成 10% 和 8%，主要化工产品产量、经营总量均超年度计划 4%，合并口径销售收入增加 3.2 亿元，保持较好经营创效水平，利润总额再次稳居化工板块首位，被集团公司评为化工提质增效优胜单位和主题行动投资优化管理先进项目（团队），获综合成本管理领先奖。

（成牧达）

【投产项目运营水平有效提升】 2022 年，长城能化各投产项目煤化一体化优势和技术经济指标大幅提升。宁夏能化 5 种主要赢利产品产量增长 31.3%，吨化工产品完全费用降低 1064 元，商品量和销售收入实现双增长，延续较好创效能力；中天合创实现煤炭和化工产品增产增收增效，吨聚烯烃产品完全费用降低 389 元，聚烯烃新产品和专用料占比提高 6.8%，销售收入和利润总额均再创历史新高；中安联合圆满完成首次装置大修，聚焦周边市场拓市扩销，成功开发高性能抗冲聚丙烯和高熔聚乙烯高附加值产品，聚烯烃新产品和专用料占比提高 6%。

（成牧达）

【煤炭增产保供成效显著】 2022 年，长城能化落实国家关于能源保供和释放煤炭先进产能等政策部署要求，协调抓好现有项目配套煤矿的稳产增产、产能核增和设计产能恢复，推进煤矿安全标准化建设、智能化矿井建设和绿色矿山建设，有力推动各煤矿增产保供降本，宁夏能化银星二号煤矿产能核增 40 万吨，宋新庄煤矿释放压覆资源 1043 万吨（可采储量 723 万吨）；推进中天合创煤矿恢复至设计产能评审论证工作；贵州能化 PGA 项目煤炭保供方案与贵州省及盘江集团达成一致。同时，调研制定获取优质煤炭资源工作方案，加大煤炭资源的调研比选、合作商谈和获取力度，全力获取巴彦柴达木井田煤炭探矿权。

（成牧达）

【中安联合装置首次停工检修完成】 2022 年 7 月 30 日—9 月 13 日，中安联合开展首次停工检修工作。检修涉及 20 多套生产装置、3000 多个检修项目、100 多个技改技措项目和近 20 台大机组检修。在检修组织上，长城能化现场服务组对施工作业进行“全过程、全天候”安全环保督查，协助指导中安联合强化过程管控，紧盯开工率、完工率，挂图作战、打表推进、销号管理，实现“安全、环保、优质、绿色、高效、准时、廉洁”的大修目标，提前两天完成煤化工装置首次大修并一次开车成功。

（成牧达）

中安联合大修现场

【重点项目有序推进】 2022 年，长城能化落实“十四五”煤化工发展规划，坚持“煤＋化工”发展理念，按计划推进贵州能化 PGA 项目场平工程施工和总体设计优化，同步开展产品加工应用科技攻关；全力推进大路煤制烯烃项目优质煤炭资源获取，启动项目可行性研究“9+1”决策论证；完成亦庄基地项目建设竣工验收，运营准备工作加快推进。同时，挖掘已投产项目潜能、加快完善落实后续发展规划，有序推进宁夏能化 15 万吨/年 BDO 项目，醋酸装置和 BDO 装置挖潜改造项目；建成投运中天合创余热蒸汽发电和高压闪蒸汽回收项目，完成绿色降碳升级改造（煤化工耦合绿电绿氢）项目可行性研究编制，启动“9+1”决策论证；建成投产中安联合 2 万吨/年 1- 丁烯装置，完成二期项目初版可行性研究编制。

（成牧达）

【持续加强专业化管理】 2022 年，长城能化扎实开展深化国企改革三年行动和对标世界一流管理提升行动，着力抓好完善公司治理、加强合资公司管理、深化对标管理等重点工作，修订公司章程、党委讨论和决定事项清单、“三重一大”集体决策事项清单和相关配套制度，完成中天合创高级管理人员轮换，以现场及书面通信方式完成各合资公司“三会”召开及议案决议签署。全面推进煤化工企业热电、空分、水务、MTO、聚烯烃等专业及装置对标工作，组织实施热电机组节能降碳提效升级，中天合创和中安联合获中国石油和化学工业联合会发布能效“领跑者”标杆企业称号，中天合创和宁夏能化获中国石油和化学工业联合会发布水效“领跑者”标杆企业称号。

（成牧达）

【持续抓实风险防控】 2022年，长城能化以聚焦迎接保障服务党的二十大为重点，结合实际突出抓好安全环保、疫情防控、交易对手信用、中城能源债务接续等重大风险的防范和管控，煤化工企业重大安全风险总值下降22.9%，绿色基层创建率累计完成95%，中天合创提前解除股东担保，宁夏能化资产负债率较年初下降19.4%，中城能源完成股权转让方案谈判，板块总体保持安全清洁稳定生产和疫情防控有效应对。

（成牧达）

【持续推进人才强企工程】 2022年，长城能化贯彻落实集团公司人才工作会议精神，成立人才工作领导小组，持续加强人才队伍建设，印发实施《煤化工“十四五”及中长期人才发展规划》，完成第二批第二期“三百三千”计划，优化完善人才培养措施，组织开展煤化工板块职称评审、技能等级认定和岗位培训等工作，畅通煤化工人才成长通道，进一步激发广大干部员工干事创业的活力和动力。

（成牧达）

【深入开展“牢记嘱托、再立新功、再创佳绩，迎接学习贯彻二十大”主题行动】 2022年，长城能化党委坚持以习近平新时代中国特色社会主义思想为指引，深入学习贯彻党的二十大精神和习近平总书记视察胜利油田及陕西榆林等重要指示精神，紧紧围绕煤化工高端化、多元化、低碳化的发展目标，研究制订长城能化主题行动实施方案，成立主题行动领导小组及办公室，以及“1+5”个工作组，组织召开主题行动启动会、推进会和总结会，打表推进装置提质增效、项目发展规划、安全环保降碳、改革管理提升和全面从严治党等36项重点工作任务，有力统领和推动长城能化全年各项工作任务目标的高质量完成。

（成牧达）

长城能化主题行动推进会

【组织开展庆祝长城能化成立十周年系列活动】 2022年，长城能化以成立十周年为契机，组织煤化工板块员工开展主题征文、书画、摄影比赛，召开庆祝会议，为先后在长城能化工作过的全体员工发放纪念卡，加大对内对外宣传力度，制作并在石化V视播放长城能化成立十周年专题片，得到煤化工板块广大干部员工的广泛转发和一致好评，激发全员的荣誉感和自豪感。

（成牧达）

【充分发挥党建引领保障作用】 2022年，长城能化党委坚持融入中心抓党建、抓好党建促发展，全力推动政治优势转化为治理优势、发展优势。强化思想政治引领，严格落实“第一议题”制度，认真学习贯彻党的二十大精神和习近平总书记视察胜利油田及陕西榆林等重要指示精神，自觉对标对表，修订完善高质量发展指标体系，引领保障煤化工高质量发展。落实管党治党责任，完成党委纪委换届选举，召开板块党建质量提升推进会，制定实施加强党建共建的指导意见，强化党风廉政建设，实现党委巡察“全铺开”，并接受集团公司党组专项巡视、党建考核和党委巡察专项检查体检，积极推进各类问题整改。

（成牧达）

中天合创

【概况】 中天合创能源有限责任公司（简称中天合创）成立于2007年10月，是集煤炭、化工和电力生产为一体的大型煤炭深加工企业，由中国中煤能源股份有限公司（简称中煤能源）、中国石化长城能源化工有限公司（简称长城能化）、申能股份有限公司（简称申能股份）、内蒙古满世煤炭集团股份有限公司（简称满世煤炭）4家股东单位投资建设，股权比例为：中煤能源38.75%、长城能化38.75%、申能股份12.5%、满世煤炭10%。中天合创设化工分公司和煤炭分公司，分别负责项目煤炭部分和煤化工部分的建设、运营与管理。

中天合创位于鄂尔多斯市乌审旗境内，总占地面积约525公顷，配置煤炭资源49.98亿吨、黄河水资源2677万米^3/年。总投资概算批复590亿元。中天合创建有2座煤矿及配套的洗煤厂，总生产能力2500万吨/年（葫芦素煤矿1300万吨/年、门克庆煤矿1200万吨/年）。化工部分有2×180万吨/年煤制甲醇装置，2×180万吨/年S-MTO装置，5套聚烯烃装置，总生产能力为360万吨/年甲醇（中间产品）和137万吨/年聚乙烯、聚丙烯产品。

中天合创于2016年基本建成，葫芦素煤矿第一个生产面于2016年1月投入试生产，门克庆煤矿第一个生产面于2016年10月投入试生产，化工装置第一个生产系列于2016年10月打通全流程，并产出合格的聚烯烃产品。中天合创于2017年9月转入全面商业运营。

2022年，中天合创化工分公司生产聚烯烃产品141.85万吨、MTO级甲醇440.26万吨；营业收入135.63亿元、利润14.97亿元（未经审计）。

中天合创化工分公司主要技术经济指标及主要产品产量分别见表1和表2。

（徐振楠）

【领导班子调整】 2022年11月18日，中天合创以视频会议形式分别召开股东会2022年第六次会议、第二届监事会2022年第一次视频会议、第二届董事会2022年第一次视频会议，分别对董事会、监事会及经营层换届作出决议。中天合创全体股东审议通过《关于选举公司第二届董事会的议案》和《关于选举公司第二届监事会的议案》，选举杨栋、朱稳樑、余永林、刘强、代贵生、孙凯、褚小华、王永峰为中天合创第二届董事会董事；其中杨栋为董事长、朱稳樑为副董事长。选举高四祥、王怿、毛迪、史建国为中天合创第二届监事会监事。第二届监事会2022年第一次视频会议审议通过《关于选举公司第二届监事会主席的议案》，选举高四祥为监事会主席。董事会审议通过《关于聘任公司经营层事宜的议案》，聘任孙凯为中天合创总经理、褚小华为常务副总经理，程茂玖、杨洪军、刘伟为副总经理，顾克荣为总会计师。

12月30日，中天合创以视频形式召开干部大会，传达集团公司对中天合创领导班子人员职务任免的决定。潘立龙任中天合创化工分公司党委副书记、纪委书记、工会主席。免去于然旺的中天合创化工分公司党委副书记、纪委书记、工会主席职务，另有任用。

（徐振楠）

【重点项目开工】 2022年4月8日，分质制盐、高压闪蒸气回收改造、OCC装置扩能、VOCs治理等重点项目及技术改造项目开工。项目总投资12.81亿元，建成投产后可为内蒙古和中天合创可持续高质量发展奠定良好基础。

（徐振楠）

【污废水装置氯化钠产品成功外销】 2022年3月6日，中天合创水务部污废水装置高含盐第一批产品氯化钠外销成功，顺利走向市场，实现产品效益化。氯化钠产品外售后，为中天合创减少危险废物处置费用近6万元/日。

（徐振楠）

【高压聚乙烯产品再添"新丁"】 2022年7月27日，烯烃部管式聚乙烯装置成功试生产新牌号LD-607，该产品LD-607熔体质量流动速率高，具有优良的加工性和较好的透明性，制品外观好，有一定的市场容量。

（徐振楠）

【首车丙烯产品出厂销售】 2022年11月16日，中天合创所产的丙烯试装车出厂外售至宁夏，标志着丙烯销售出厂流程全线贯通，为提高产品销售效益提供一个新的调节手段。

（徐振楠）

【防爆盖智能升级改造任务完成】 2022年4月29日，门克庆煤矿完成一号回风立井防爆盖智能升级改造任务。该设备可在4500帕压力下稳定运行，具备防炸飞、开启容易、快速复位、自动锁紧、密封可靠等功能，在安全高效、稳定通风、减灾抗灾等方面具有重要意义。

（徐振楠）

【绿色升级项目开展可行性研究工作】 2022年5月9日，中国石化发展计划部以视频会议形式召开中天合创2.5期项目启动会。会议明确设计单位分工，增强各单位的沟通与交流，为有效推动项目可行性研究工作奠定基础。11月23日，受中国石化发展计划部委托，中国石化咨询有限责任公司组织召开"中天合创鄂尔多斯煤炭深加工示范项目绿色降碳升级改造项目"可行性研究报告综合评估视频会议，标志着项目取得阶段性进展。

（徐振楠）

【余热蒸汽发电项目建成】 2022年6月10日，中天合创举行余热蒸汽发电项目中交仪式，6月29日，余热蒸汽发电项目首次冲转试车成功。余热蒸汽发电项目总投资7749.54万元，年可回收64万吨蒸汽，年设计发电1.2亿千瓦·时。

（徐振楠）

【突破废水零排放除硬难题】 2022年8月5日，由中天合创、中国石化石油化工科学研究院、长城能化共同研发的科研项目"煤化工零排放废水处理系统高效除硬关键技术"成果通过中国煤炭工业协会认证。该技术解决了煤化工行业内高含盐水零排放处理系统化学法除硬效率偏低的难题，具有低药耗、低成本的特点，对解决煤化工废水及其他工业废水零排放除硬问题具有很好借鉴意义。在中天合创投用后，与2019年相比，高密池出水总硬度下降近50%，吨水处理成本下降36%，年节省成本超1600万元。

（徐振楠）

【高压闪蒸气回收改造项目一次开车成功】 2022年11月24日，甲醇部高压闪蒸气回收改造项目一次投料开车成功。该项目顺利投产，在回收有效气体创效的同时，规避气体排放带来的环保压力、降低碳排损失，增强工艺操作灵活性，进一步提高煤化工对煤炭的综合利用能力，推进煤炭清洁高效利用，每小时可回收处理6000立方米高压闪蒸气，增产甲醇1.5吨，预计每年创效1000余万元。

（徐振楠）

【掘锚工作面正迎头超前卸压新技术实验成功】 2022年中天合创门克庆煤矿自主摸索出的掘锚工作面正迎头超前卸压新技术，在3107回风巷试验成功。该技术相比超前侧向卸压方法，每百米进尺可少施工150米的钻孔，提高卸压钻孔利用率，增强卸压效果，可为类似的掘锚工艺迎头超前大直径钻孔卸压提供参考和借鉴。

（徐振楠）

【获得荣誉】 2022年4月21日，在鄂尔多斯市包联驻村工作领导小组召开的表彰大会上，中天合创获2021年度企地合力助推消费帮扶突出贡献企业称号；8月19日，在乌审旗城市基层党建引领基层治理工作推进会暨共驻共建表彰会上，获2021年度城市基层党建共驻共建先进单位称号；8月25日，在中国石油和化学工业联合会召开的2021年度石油和化工行业能效、水效"领跑者"发布暨节能降碳技术交流推广会上，获2021年度能效、水效"领跑者"标杆企业称号；9月2日，在鄂尔多斯市第四届农产品展洽会表彰现场，获鄂尔多斯市消费帮扶突出贡献企业称号；9月20日，在第12届全国设备管理优秀单位表彰大会暨新时代设备管理经验交流大会上，获全国设备管理优秀单位称号；

在“乌审旗抓招商、优环境、强产业”暨工业经济高质量发展大会上，获评乌审旗2022年度税收贡献突出企业；中国煤炭工业协会公布2022年度先进会员单位的名单，中天合创葫芦素煤矿获2022年中国煤炭工业协会先进煤矿称号；12月27日，中国煤炭工业协会发布2022年度煤炭行业标杆煤矿名单，中天合创葫芦素煤矿入选2022年度煤炭行业标杆煤矿；中国煤炭工业协会印发的《关于发布2022年煤炭行业标杆煤矿、标杆案例和标杆模式的通知》，中天合创门克庆煤矿绿色矿山建设典型案例入选2022年煤炭行业标杆案例。

（徐振楠）

【获得奖项与科技创新成果】 中天合创“煤制甲醇合成气装置设备及管道防腐和选材技术开发与工业应用”“煤质甲醇合成气净化装置大型低温塔器优化技术”，获中国石化科技进步奖三等奖；在全国第五届“绽放杯”5G应用征集大赛智慧工业专题赛总决赛上，“中天合创能源有限责任公司化工分公司厂区4G/5G网络覆盖项目”获一等奖；在第二届中国工业企业创新大会暨第三届现代工业企业创新优秀成果（案例）、优秀论文和优秀创新团队名单发布仪式上，中天合创申报的《高质量经营管理体制机制研究与实践》创新成果获第三届中国现代工业企业管理创新成果特等奖；8月31日，乌审旗召开地企共商教育高质量发展暨捐资助教座谈会，授予中天合创“乌审旗助力教育高质量发展奖”。

9月21日，中国石化发布第三十一届管理现代化创新成果评审结果，中天合创申报的《煤化工企业构建“三分三能”优化用工机制的探索与实践》《煤化工企业以“三落实三提升”为核心的“三基”工作探索与实施》2项成果获得三等成果；2022年中天合创重点科技攻关项目“蒙陕矿区中高位厚硬砂岩顶板破断致灾机理及减震防冲技术研究”“中天合创冲击地压风险智能判识与多参量综合预警技术研究”2项科技成果，均通过中国煤炭工业协会科技成果鉴定，专家组一致认为2项科技成果均达到国际先进水平；12月24日，中国煤炭工业协会组织专家对中天合创自主研发的“西部深埋强采动回撤通道双层柔性厚锚主动控顶技术研究与应用”项目进行科技成果鉴定，专家组经质询讨论和最终评分，一致认为该研究项目成果达到国际领先水平；中天合创“一种保护层开采伏岩煤光纤传感检测用回转注浆装置”和“一种适用于卸压工程顶板孔施工的履带钻机水砂疏导装置”2件实用新型专利获国家知识产权局授权。

（徐振楠）

【举办建厂15周年暨商业运营5周年纪念活动】 2022年9月24日，中天合创举办建厂15周年暨商业运营5周年征文及图片展。

（徐振楠）

表1　中天合创化工分公司主要技术经济指标　亿元

指标名称 \ 年份	2022
原煤加工量 / 万吨	659.51
工业总产值	133.03
工业增加值	70.65
资产总计	258.39
流动资产	10.73
固定资产原值	359.12
固定资产净值	253.28
销售收入	135.63
综合能耗 / 吨标煤·万元$^{-1}$	6.19

表 2 中天合创化工分公司主要产品产量 万吨

产品名称＼年份	2022
MTO 级甲醇	440.26
聚合级乙醇	68.48
聚合级丙醇	74.57
聚烯烃	141.85
其　他	49.85

中安联合

【概况】 中安联合煤化有限责任公司（简称中安联合）位于安徽省淮南市现代煤化工产业园区，是华东地区最大的煤化一体化公司，是安徽省企业经营与管理研究会副会长单位、安徽省 3A 级信用企业。

中安联合成立于 2010 年 12 月，由长城能化与安徽省皖北煤电按 50%：50% 股比合资组建，设煤化工和煤矿 2 个分公司。项目一期工程可行性研究批复总投资 267 亿元，建设 170 万吨 / 年煤制甲醇及转化烯烃装置，配套 400 万吨 / 年朱集西煤矿，是中国石化重点建设项目，安徽省重点工程，淮南市“一号工程”。

2022 年是党和国家历史上极为重要的一年，也是中安联合发展史上极不平凡、极为困难、极具挑战的一年。中安联合坚持以“牢记嘱托、再立新功、再创佳绩，迎接学习贯彻党的二十大”为主线，推动两大板块一体统筹协同发展，稳住中安联合生产经营基本盘，各项工作取得新的进展。2022 年中安联合获石油和化工行业煤制烯烃能效“领跑者”标杆企业、国家煤炭工业安全高效矿井、安徽省数字化车间等称号，被授予国家高新技术企业、淮南市文明单位，通过安徽省文明单位评选公示。

中安联合主要技术经济指标及主要产品产量分别见表 1 和表 2。

（张　峰）

【“中安姓党”本色鲜明】 中安联合党委重温学习习近平总书记视察胜利油田重要指示精神，把习近平总书记“能源的饭碗必须端在自己手里”“潜力巨大、大有前途”“再立新功、再创佳绩”等殷切嘱托，转化为推动中安联合发展的强大动力。认真学习宣传贯彻党的二十大精神，抓好集中学习研讨，层层举办报告会、座谈会、知识竞赛近 100 场次，在“全面学习、全面把握、全面落实”上狠下功夫，切实把全员思想和行动统一到党的二十大精神上来，进一步增强“清洁高效利用煤炭，助力国家能源安全”的使命担当。紧密结合中安联合年度重点任务，扎实开展“牢记嘱托、再立新功、再创佳绩，迎接学习贯彻二十大”主题行动，“我为群众办实事”长效机制进一步巩固。

（张　峰）

【党的建设务实奋进】 2022 年，中安联合坚持“第一议题”制度，跟进学习习近平总书记最新讲话和指示批示精神。认真学习贯彻党的二十大精神，各级领导干部带头宣讲，把牢正确政治方向，坚决捍卫“两个确立”、做到“两个维护”。以主题行动统领党建各项工作，推动 38 项重点任务走深走实。扎实开展“一支部一策略”“一书记一目标”对标提升行动，实施 112 项提升计划，推动基层党支部全面进步、全面过硬。抓实“区员岗队”、揭榜攻关、青年环保守卫队等载体，让党的旗帜在生产经营一线高高飘扬，特别是在疫情防控防治、化工大修期间，广大党员有效发挥“八个带头”“四个到位”的作用。坚持严的主基调不动摇，主动配合上级巡视和外部督察，全面推动问题整改。推动党建共建与党建联盟协同发展，召开第五届党建共建工作会议，进一步擦亮“共建共享、绿色阳光”党建品牌，营造“同是中安人、共创中安业”的浓厚氛围，中安朋友圈越来越大、知名度越来越高，带动地方经济发展和园区龙头作用更加凸显。

（张　峰）

【强化正风肃纪】 中安联合完善“六位一体”大监督格局，聚焦“第一议题”、安全环保、专项巡视等重点任务，推进政治监督进一步具体化、精准化、常态化。加大环保问责力度，严肃查处环保事件相关责任人，形成有力震慑。强化对班子成员和基层“一把手”监督，分 2 次约谈 14 名责任部门负责人，先后 6 次对 88 名新任职干部提醒谈话，实现对基层主要负责人廉洁谈话全覆盖。认真落实年度监督计划，39 项重点监督任务全部完成。强化监督增值服务，围绕煤化工装置大修开展事前、事中 2 轮督查，发现并督促整改问题 146 个。开展专项督查、专项审计 11 项，推行“审核 + 服务”模式，发现并督促整改问题 216 个。常态化开展廉政教育，党风廉政建设和反腐败工作在激浊扬清中得到进一步深化。

（张　峰）

中安联合“廉味”春联迎新春（赵天奇　摄）

【生产运营稳中有进】 2022 年，面对疫情持续反复、煤炭价格高企、产品市场低迷、生产运行波动等多重因素叠加影响，中安联合坚定信心、迎难而上，主动应变、积极求变。针对煤源、物流、库存等变量，优化调整煤种掺烧方案，最大限度确保装置安全稳定经济运行。根据甲醇、乙烯、聚乙烯产品价格走势，动态调整装置运行负荷及营销策略，成功应用“110 工法”，多回收 5.6 万吨煤炭资源。严格控制 11 煤采高，提高毛煤质量，原煤灰分降低 7%。精采细采 13 煤，混煤回收率保持在 85% 以上。初步构建煤化工成本效益模型，迈出用成本数据指导生产的关键一步，中安联合生产经营总体保持稳中向好的态势。

（张　峰）

实行智能化仓储（赵天奇　摄）

【完成化工大修】 2022 年，中安联合牢固树立“一切为了大修、一切服从大修、一切服务大修”的理念，围绕“安全、环保、优质、绿色、高效、准时、廉洁”七大目标，各级领导干部分片承包关键装置和主要风险点，带头抓安全环保、抓质量进度、抓服务保障，紧盯开工率、完工率，挂图作战、打表推进、销号管理，提前两天打通煤化工生产全流程，完成 21 套生产装置、3026 个检修项目、107 个技改技措项目和 19 台大机组检修工作，交出“停车置换一次成功、检修一次

化工大修现场（赵天奇　摄）

成功、开车一次成功”的硬核答卷，实现“零伤害、零污染、零事故、零感染”。通过首次大修进一步历练员工队伍，锤炼工作作风，丰富企业文化，孕育“众志成城、攻坚克难、甘于奉献、敢于胜利”的大修精神，这是一笔弥足珍贵的精神财富。

（张　峰）

【科技创新持续加强】 2022 年，中安联合召开首届科技创新大会，进一步凝聚“科技创新是实现中安高质量发展的必由之路”这一共识。持续加大科研投入力度，强化多方合作攻关，开展设备国产化替代，成功应用气化装置锁斗开关阀国产化技术，粉煤控制阀关键技术获中国机械工业科学技术一等奖。推动“两化”融合，建成系统内首家集煤矿、化工两大行业为一体的 ERP 经营管理平台，成功应用智能仓储、智能物流、机器人巡检等 5G+ 工业互联网技术，“5G+ 安全专网和人车智能定位应用”被列为安徽省工业互联网 5G 典型应用示范项目，“两化”融合获 AAA 级认证。开发出高性能抗冲聚丙烯、高熔聚乙烯高附加值产品，“新产品 + 专用料”比例 36.6%，提高 6 个百分点。一期光伏项目建成并网发电，每年可发电 850 万千瓦 · 时以上，减少二氧化碳排放 8500 吨。推进科技链和人才链深度融合，1 个技术团队获评淮南市“50 科技之星”创新团队，1 个研发团队当选安徽省第十五批“115”产业创新团队。

（张　峰）

【二期项目进入发展快车道】 2022 年 9 月，中国石化与安徽省签订新一轮战略合作协议，明确中安联合二期项目产品路线。化工二期项目是事关中安联合可持续、高质量发展的生命工程，能有效降低一期项目运行成本，提升整体盈利水平，为地方带来巨大的社会效益和经济效益。中安联合全体员工上下一心，不等不靠、以我为主、抢抓机遇、乘势而上，加快二期项目论证和决策程序，加强与地方政府沟通协调，推进解决煤炭资源，创造条件争取煤炭资源配置到位，积极推进二期项目落地，坚定不移地把生存发展的主动权掌握在自己手中。

（张　峰）

【不断释放人才活力】 2022 年，中安联合围绕打造煤化工行业红色高端人才基地目标，全局性系统性统筹谋划人才工作。对基层单位管理人员开展全面“履职体检”，强化选任把关、考核考察和监督管理。13 人通过公开竞聘和竞争性选拔走上管理岗位，拓宽选贤任能新途径。开展中基层领导人员“全体起立”竞聘上岗，加大竞争性选拔力度。加大年轻干部选用力度，新提拔到中层人员 45 岁以下占 70%，基层人员 35 岁以下占 54%。分层分类建立人才“培养档案”，选出首批 49 名“双岗互学”培养对象，进行“全流程操作”培养。开展全员岗位大练兵，首次通过率管理人员 95.91%、专业技术人员 92.82%、技能操作人员 93.07%。一批优秀人才脱颖而出，1 人获评安徽省劳动模范，1 人获评中国石化劳动模范，1 人获省技能大奖，1 人当选淮南市“学科名人”，王立新工作室获评市级技能大师工作室，气化装置获安徽省青年安全生产示范岗称号。

（张　峰）

【治理能力有效提升】 2022 年，中安联合扎实推进国企改革三年行动，44 项任务顺利完成。坚持在完善公司治理中加强党的领导，制定会议重大决策事项范围及权限清单、董事会向经理层授权事项、经理层向董事会报告机制，厘清党委会等决策性会议权限。深化“三项制度”改革，围绕能上能下，实施竞争上岗、末等调整和不胜任退出等机制。围绕能增能减，推行经理层任期制和契约化管理，对生产单位管理团队实行经济责任制考核，并向协作单位延伸；实施以业绩导向的“差异化”晋档机制，874 名员工薪酬档次得到提升。围绕能进能出，打破“一聘定终身”，进一步优化干部队伍结构。推进一体化管理，取得质量、环境、能源、社会责任等八大体系认证。制（修）订 157 项制度，对 200 多件事项进行合法合规性审查，中安联合依法合规治理效能持续显现。

（张　峰）

【不断深化共建共享】 2022 年，中安联合落实“四个一”的工作理念，以 6000 多名职工的视角，积极实践、扎实推进工会共建工作。将协作单位、煤矿托管项目部生产班组纳入小指标劳动竞赛参赛单位，2 个项目部及各协作单位的优秀员工和先进集体，被评选为中安联合劳动模范、先进工作者、工人先锋号和标兵班组。将煤矿托管项目部及协作单位特殊荣誉人员和特殊困难人员纳入中安联合“走基层、访万家”活动走访慰问名单。邀请煤矿托管项目部、协作单位参加文体活动，赛场上并肩作战、共展风采。2022 年，中安联合被淮南市总工会列入 14 家“幸福生活环境企业试点单位”之一。

（张　峰）

【有效彰显国企担当】 2022 年，中安联合全力支持乡村振兴工作，实施“党建、文化、教育、产业、消费”五大助力工程，助力销售农产品 160 余万元，支援乡村振兴、文明城市创建等专项资金 80 万元。持续开展“公众开放日”活动，先后 5 次邀请政府机关、周边居民、学校社区等人员到中安联合现场参观，全力展示中安联合服务国家战略、推动绿色低碳发展、践行社会责任的良好形象。持续开展员工帮扶慰问工作，将协作单位“两特”人员纳入中安联合“走访”范围，全年发生慰问费用 500 多万元。常态化开展“我为群众办实事”工作，疫情期间为员工紧急采购药品 3 万元，在公租房增设充电桩、运动器械，开展燃气、消防安全专项检查，保障员工身心健康和财产安全。扎实做好国家安全、信访、维稳、统战、保密、档案等相关工作，有力维护企业和谐稳定。举办“奋进杯”拔河比赛、“拼搏杯”乒乓球比赛、“希望杯”羽毛球比赛等系列活动，员工的幸福指数得到进一步提升。

（张　峰）

表 1　中安联合主要技术经济指标　亿元

指标名称＼年份	2022
原煤加工量 / 万吨	306.11
工业总产值	52.52
资产总计	258.47
流动资产	12.76
固定资产原值	218.33
固定资产净值	182.30
销售收入	52.45
综合能耗 / 吨标煤・万元 $^{-1}$	5.47

表 2　中安联合主要产品产量　万吨

产品名称＼年份	2022
MTO 级甲醇	182.20
聚乙烯	24.64
聚丙烯	29.42
聚烯烃	54.05
其　他	33.87

宁夏能化

【概况】 中国石化长城能源化工（宁夏）有限公司（简称宁夏能化）位于宁东能源化工基地C区，前身为2010年6月成立的国电宁夏英力特宁东煤基化学有限公司。2012年12月，长城能化参股50%设立合资公司。2014年1月，长城能化持股比例增至95%。2021年3月，长城能化持股比例变为100%，宁夏能化成为长城能化独资子公司。

宁夏能化于2009年6月25日正式启动建设，2014年9月26日全面打通工艺流程，2016年1月转入商业运营；是中国石化煤化工板块第一个进入生产运营的企业，是国家宁东能源化工基地建设的大型循环经济示范企业；主要经营危险化学品生产，化工产品（不含危险化学品）、电力、热力、脱盐水、硅酸盐水泥熟料、水泥及水泥制品生产与销售，煤炭开采与销售，危险废物经营，货物进出口，化工技术开发、转让、咨询与服务，普通货物运输，设备检修、房屋租赁，住宿服务。

截至2022年底，宁夏能化有62万吨/年甲醇、75万吨/年电石、23万吨/年乙炔、40万吨/年醋酸、45万吨/年醋酸乙烯、10万吨/年聚乙烯醇、44万吨/年甲醛、20.8万吨/年1,4-丁二醇、10万吨/年四氢呋喃、9.2万吨/年聚四氢呋喃等5个化工项目，2×330兆瓦自备热电项目，100万吨/年水泥项目、公用工程项目及2个总产能340万吨/年煤矿项目。设部门11个、专业中心3个、基层单位10个，有在册职工2018人。

宁夏能化主要技术经济指标及主要产品产量分别见表1和表2。

（汪茹仙）

【领导班子调整】 2022年9月7日，集团公司对宁夏能化领导班子作出调整：林国任宁夏能化执行董事、党委书记；李少平不再担任宁夏能化执行董事、党委书记职务，办理退休手续；初泰安任宁夏能化副总经理、党委委员。12月20日，集团公司对宁夏能化领导班子作出调整：张炜任宁夏能化总经理、党委副书记（兼）；梁志国任宁夏能化监事、党委副书记兼纪律检查委员会书记，工会主席人选。

（汪茹仙）

【深入学习党的二十大精神】 2022年，宁夏能化深入学习贯彻党的二十大精神，组织干部员工集体观看党的二十大开幕会，党委理论学习中心组观看新一届中央政治局常委与中外记者见面会直播，公司领导带头宣贯党的二十大精神并迅速掀起学习热潮，党委书记林国撰写体会文章《以党的二十大精神为指引坚定不移向着“一体化、高端化、绿色化”阔步迈进》，在奋进石化“党委书记学二十大”专栏发表。11月17日召开的公司第二次党员代表大会，把宣讲党的二十大精神作为头等大事，将党的二十大精神融入公司党代会报告并就贯彻落实作出部署。截至2022年底，宁夏能化组织开展各层面宣讲165场，4609人次参加；邀请专家学者讲授专题讲座2场，152人次参加；党支部书记撰写体会文章24篇。

（汪茹仙）

【深入开展主题行动】 2022年，宁夏能化深入学习贯彻习近平总书记视察胜利油田重要指示精神，深入开展“牢记嘱托、再立新功、再创佳绩，迎接学习贯彻二十大”主题行动，聚焦“安全环保、经济效益”两项中心工作，强化政治担当，狠抓工作落实，取得跑赢大势、远超预期的经营业绩。全年生产化工商品量104.01万吨、增长14.04%，实现营业收入93.94亿元、增长3.5%，商品量和营业收入均创历史新高；实现利润27.57亿元，完成集团公司“两利四率”指标任务，经营业绩位居化工板块各企业前列，在大战大考之年向集团公司党组交上一份成色十足的答卷。

（汪茹仙）

【党的建设质量全面提升】 2022年，宁夏能化持续深化全面从严治党，有力推动政治优势转化为发展优势、治理优势、竞争优势。政治建设持续加强，规范落实“第一议题”制度，认真学习宣传贯彻党的二十大精神，领导班子成员开展宣讲8场，邀请专家学者宣讲2场，基层层面宣讲165场、4600余人次参加，各级领导班子和领导干部的政治判断力、政治领悟力、政治执行力持续提升。胜利召开第二次党员代表大会，成功选举产生公司第二届委员会和纪律检查委员会。深入推进“牢记嘱托、再立新功、再创佳绩，迎接学习贯彻二十大”主题行动，将79项具体措施与贯彻集团公司年度工作会议、年中工作会议精神紧密结合，定期检查推动，持续跟踪问效，全面完成年度任务，主题行动硕果累累。规范执行“三重一大”决策程序，扎实推进“主体责任”落实，有力推动党建运行。

（汪茹仙）

【HSE 管理基础逐步夯实】 2022年，宁夏能化深入贯彻习近平生态文明思想和习近平关于安全生产的重要论述，落实集团公司年初、年中 HSE 工作会议精神，以 HSE 体系为抓手，强化管理，全面完成集团公司下达的 HSE 目标任务。

（汪茹仙）

【新冠肺炎疫情从严防控】 2022年，宁夏能化建立各环节全覆盖立体化疫情防控格局，区内及周边地区疫情反复期间果断采取闭环管理，优化生产组织，强化保供保通，有力保障生产经营有序运行，未发生产品停运、原料停供、装置停工事件。广大干部员工特别是志愿人员、基层防疫人员主动响应公司党委号召，不辞艰辛、勇毅坚守，顶风冒雪、负重逆行，付出艰苦卓绝的努力和难以想象的牺牲，以各种硬核措施戮力战疫，战胜前所未有的困难和挑战。

（汪茹仙）

2022年，宁夏能化生产厂区（王　鑫　摄）

【生产经营效率明显提高】 2022年，宁夏能化强化生产管理，推动全产业链提质增效，优化挖潜增效4.4亿元。经营总量稳步做大，年计划完成准确率99%，原煤、甲醇、BDO、PTMEG、醋酸等10个产品年产量创历史新高，8个产品超额完成年度计划，其中效益较好的原煤完成114%，PTMEG 完成110%，BDO 完成111%，THF 完成117%，VAC 完成112%，PVA 完成107%。

（汪茹仙）

【装置运行水平稳步提升】 2022年，宁夏能化甲醇装置连续运行超438天，甲醇工艺烧嘴连续运行最长时间从66天延长至94.5天，创造合成气脱瓶颈改造后的最好成绩。公用工程蒸发结晶单元连续运行180天，醋酸乙烯优化合成催化剂有效运行时长由平均270天提升至380天，最高达462天。

（汪茹仙）

【产品销售成果丰硕】 2022年，PTMEG 在非氨应用领域、THF 在医药应用领域、VAC 在 EVA 应用领域均实现突破，BDO、醋酸实现下游应用领域全覆盖。VAC、PVA、BDO、PTMEG、

2022年，公用工程运行部主生化臭气治理项目投料试车（王　鑫　摄）

THF 等产品出口至欧美及新加坡、泰国、印度尼西亚、印度等地，年出口量达 4.59 万吨。深化“石化 e 贸”平台应用，通过竞价交易累计销售成品及副产品 45 万吨，成交金额 6.2 亿元。

（汪茹仙）

【节能降耗成效明显】 2022 年，宁夏能化推动全产业链提质增效，全年优化挖潜增效 4.4 亿元。经营总量稳步做大，年计划完成准确率 99%，原煤、甲醇、BDO、PTMEG、醋酸等 10 个产品年产量创历史新高，8 个产品超额完成年度计划，其中效益较好的原煤完成 114%、PTMEG 完成 110%、BDO 完成 111%、THF 完成 117%、VAC 完成 112%、PVA 完成 107%。降本减费力度加大，吨化工产品完全成本比预算减少 119 元，同口径减少 443 元；固定费用同比节约 2.48 亿元；实现经营净现金流 47.34 亿元，财务费用节约 1.68 亿元。节能降耗成效明显，综合能源消费总量 298.06 万吨标煤，比集团目标低 5.08%；万元产值综合能耗 6.32 吨标煤，下降 11.52%；万元产值取水量 27.1 吨，下降 15.13%；获中国石油和化学工业联合会 2021 年度水效“领跑者”标杆企业（煤制甲醇）称号，在集团公司水务竞赛年度综合排名连续 2 年位列前三。

（汪茹仙）

【质量管控更加到位】 2022 年，宁夏能化外购大宗原材料综合入库合格率 98.82%，提升 0.13 个百分点；关键质量控制点指标合格率达 95.5%，提升 2.8 个百分点，全年实现客户“零投诉”。

（汪茹仙）

【基础管理水平稳步提升】 2022 年，宁夏能化改革工作有序推进，深化改革三年行动 30 项措施和对标提升行动清单 171 项任务高质量完成。完成基层组织架构优化，全面实现运行类承包商“三同”管理。深化结构性用工优化，狠抓外包业务整合，外包类承包商优化用工 68 人，人员稳定率同比提升 17 个百分点。制度体系不断健全，深化体系、制度、责任、信息机制建设与融合，质量、测量管理体系认证具备第三方认证审核条件。落实“数据 + 平台 + 应用”建设模式，建成了水务管理、LIMS、电子作业票等应用，管理效率明显提升。“三基”工作得到加强，建立“三大员”及班组长履职能力评估与竞争性上岗工作机制，组织开展 247 名班组长和 366 名专业技术人员履职能力评估，竞争性选拔 51 名班组长及专业技术人员，“胜任”及以上比例提高 7.6%；狠抓岗位练兵，技能等级持证率提高至 81.4%。经营风险可控在控，深入推进“合规管理强化年”专项行动和“严肃财经纪律、依法合规经营”综合治理专项行动，“两高一重”风险得到有效管控。建立重大决策合规审查机制，完善最低限价管控机制，审计挽损 746 万元，招标节约资金 6200 万元。

（汪茹仙）

【创新发展加快步伐】 2022 年，宁夏能化深入落实党的二十大报告系列部署，确立公司推动高质量发展的根本方向是“一体化、高端化、绿色化”协调发展并就此作出全局性部署，有力解决长期困扰公司的发展思路、发展方向、发展格局问题。创新结硕果，“新型醋酸合成射流鼓泡反应器工业化示范应用”科研项目在醋酸合成反应器成功应用，整体技术达到国际先进水平。低甲醇含量 PVA 首轮工业试验取得成功，热塑性聚乙烯醇阻隔功能膜专用料（TPVA）成功开发并获集团公司科技进步奖特等奖。项目获突破，15 万吨 / 年 BDO 项目获政府备案，6 万吨 / 年 PTMEG 项目有序推进，BDO 装置达标改造项目主体结构施工完成，醋酸装置挖潜优化改造项目初步达到产能预期目标。产业在做大，银星二号煤矿产能核增至 220 万吨 / 年并成功摘牌煤矿产能置换指标。宋新庄煤矿盐环定扬黄工程马二干渠改线工程释放资源量 1043 万吨，延长可采服务年限 6.9 年。

（汪茹仙）

【干部队伍建设活力迸发】 2022 年，宁夏能化认真贯彻落实新时代党的组织路线，完善党委人才工作领导小组运行机制，选优配强安全环保部、乙炔运行部等 20 个中层领导班子，提拔选用政治过硬、勇于担当、业绩突出的中层管理干部 18 人次，其中 40 岁以下占比 33%、优于集团平均指标；提拔基层管理干部 33 人、平均年龄 37.7 岁，“年龄有梯次、素质有提升、专业有互补”的干部队伍正在形成。推进中基层管理人员末等调整、不胜任退出，末等调整率3.6%。选聘公司工艺技术高级专家2人。

（汪茹仙）

【党风廉政建设不断深入】 2022年，宁夏能化聚焦黄河流域生态警示片、中央和地方环保督察问题整改等39项年度重点工作强化政治监督，紧盯“一把手”和领导班子监督85项措施落实。扎实做好黄河流域生态保护专项巡视整改工作，细化措施整改完成率69.05%。深入推进“靠企吃企”问题整治，领导人员亲属从业和“影子公司”“影子股东”排查未发现问题。持续纠治“四风”，对安全环保领域存在形式主义官僚主义问题的4家单位及疫情防控工作落实不力的2家单位和个人点名道姓通报批评。精准运用监督执纪“四种形态”，共对14人次进行批评教育和处理。党风廉政建设和反腐败工作满意率98.7%。深化落实“基层减负”部署，年公文（全口径）发文量下降19.55%，2020年以来文、会数量分别下降21.32%和15.6%。

（汪茹仙）

【管理基础不断夯实】 2022年，宁夏能化坚持“三基本”与“三基”工作同向发力，持续深化“支委＋团队”工作法，加强党员量化积分管理，基层党建基础得到夯实。成立党员突击队、实施党员创新创效工程、揭榜挂帅攻关等，充分发挥党支部的战斗堡垒作用和党员的先锋模范作用。深入开展石油精神石化传统教育，举办“先辈创业史 石化发展史”等专题讲座，编发《奋进》《责任》等企业文化丛书，组织“奋进之声”宣讲团深入基层一线开展巡回宣讲18场次。建设公司“青年阳光驿站”及8个基层EAP工作室，员工队伍更加稳定。

（汪茹仙）

表1 宁夏能化主要技术经济指标 亿元

指标名称＼年份	2022	2021	2020	2019	2018	2017
产品总量/万吨	688.61	620.42	441.18	437.23	384.30	261.25
工业总产值	93.47	89.81	37.80	42.50	41.31	33.61
工业增加值	23.12	14.35	6.19	4.50	2.81	−28.04
资产总计	140.13	143.84	147.75	174.84	183.87	187.47
流动资产	4.57	6.33	5.50	7.02	8.11	7.19
固定资产原值	244.71	240.69	217.68	216.00	212.97	188.61
固定资产净值	107.45	113.60	100.82	128.29	136.74	126.92
销售收入	93.94	90.77	37.79	44.24	41.13	32.63
利 润	27.57	30.26	−34.65	−12.04	−16.20	−46.03

表2 宁夏能化主要产品产量 万吨

产品名称＼年份	2022	2021	2020	2019	2018	2017
甲 醇	69.08	63.04	61.68	63.66	52.20	54.25
电 石	63.96	51.40	56.54	55.95	48.51	54.08
乙 炔	19.82	14.10	14.09	17.21	15.88	15.26
醋 酸	43.11	34.32	35.39	34.24	23.64	27.34

续表

产品名称 \ 年份	2022	2021	2020	2019	2018	2017
醋酸乙烯	37.98	22.29	24.79	34.86	31.91	31.66
聚乙烯醇	8.66	6.64	7.46	7.25	5.48	5.93
1,4- 丁二醇	22.24	20.12	17.48	16.86	15.30	12.68
四氢呋喃	11.68	10.39	7.59	6.70	6.72	4.73
聚四氢呋喃	10.19	9.66	6.62	5.42	4.94	3.59
水　泥	59.44	70.03	69.44	79.04	58.19	51.72
煤　炭	342.45	318.43	140.10	116.04	121.53	—

化工销售公司

【概况】 中国石化化工销售有限公司（简称化工销售公司）是中国石化下属全资子公司。2005 年 5 月，中国石化党组实施化工产品销售体制重大改革，按照“六统一”（营销策略、市场开拓、物流优化、资源配置、销售业务、品牌战略）原则，组建化工销售分公司，承担中国石化化工产品营销工作的管理职能。2009 年 1 月，设立化工销售有限公司（与化工销售分公司一套班子、两块牌子）。2012 年 5 月，化工销售分公司和化工销售有限公司整合为化工销售公司。化工销售公司总部位于北京，在北京、上海、广州、武汉、南京设有华北、华东、华南、华中、江苏 5 家区域分公司，在全国各主要消费集中地和物流集散地设立有多个营销网点、驻企业办事处以及自贸区公司。设有全资子公司香港公司，在越南、新加坡、中东、北美、韩国、俄罗斯、中国台湾设立 7 个办事处。化工销售公司成立之初，经营范围以中国石化产品为主，后续发展过程中为保障市场供应和客户需求，以及为新增产能准备市场渠道，拓市扩销，形成统销为主、自营为辅的经营格局。化工销售公司主要负责中国石化统销化工产品的经营销售（包括进出口业务、系统内互供保供），以及仓储、物流管理业务，主要经营有五大类产品：合成树脂、合成橡胶、合纤原料、合成纤维及聚合物、有机化工及中副产品，同时，围绕主责主业开展国内、国际化工贸易，坚持“以客户为中心”的经营理念，致力于打造世界领先化工贸易综合服务商。

（武　晶）

【经营理念】 2022 年，化工销售公司作为中国石化旗下全资子公司，化工贸易总量位居全球前列，经营与服务网络覆盖全球，产品销往全国各地、全球主要消费市场，整合中国石化丰富的化工资源，为全球合作伙伴提供低成本交付方案，最终实现合作共赢。始终坚持“以客户为中心”的核心文化和经营理念，充分依托中国石化品牌影响力，为全球客户及合作伙伴快速、高效提供集化工生产、技术、商务、物流、金融、信息等一体化的优质综合服务，并时刻安全可靠地践行品牌承诺。秉承高质量发展理念，顺应时代之势、市场之变，与合作伙伴共同推动化工产业链可持续、健康稳定发展，共同打造出覆盖全球的全链条产品供应体系、国际领先的高效率现代智慧物流配送体系、用户满意的高品质解决方案服务体系、绿色安全的高标准低碳营销体系。

（武　晶）

客户现场座谈

【产销研用】 2022 年，化工销售公司聚焦新产品专用料研发应用和技术服务，强化产销研用协同，全力拓展中高端领域。成立产销研用工作小组，开展新产品试用推广、产销优化、质量提升等活动，通过精准化服务、精细化细分市场等措施，推动合成树脂、合成橡胶和合成纤维三大合成材料的新产品开发、专用料市场推广。深化高端市场分析，细分行业类别，开展分层级的客户和供应商走访及“扫市场”工作，掌握市场真实需求，研究产品开发方向，协同生产企业与战略客户联手打造定制化产品，有效推动 EVA 光伏、茂金属聚乙烯、LDPE 超纤料、电工膜、医用聚丙烯、SSBR、稀土顺丁等新产品开发和推广，推进高性能纤维产业化和可降解聚酯项目规划和建设。加大与生产企业、研究院协同力度，发挥一体化优势，从资源、技术、商务等多个方面提升服务能力，推进产品定制化和顶替进口工作。

（武　晶）

【战略合作】 2022 年，化工销售公司发挥好中国石化一体化优势，与客户开展全方位战略合作，特别是从研发层面深度合作，精准了解客户现实和潜在需求，为企业发展规划提供市场依据，引领产业发展和产品战略，共同打造差异化、绿色化、高效化产品体系，培养具有行业影响力的“产品巨人”。从“产品导向型”向“服务导向型”转型，聚焦客户关注的重点问题，系统梳理客户服务场景，明确不同场景下客户服务的标准化行为，提炼形成指引客户服务的纲领性文件，建立起一套符合现代客户需求的标准化服务体系，为树立品牌形象，构建核心竞争力打下坚实基础。

（武　晶）

品牌展会

【石化 e 贸】 2022 年，化工销售公司推进“石化 e 贸”平台功能建设，不断丰富完善平台功能，为平台用户提供多样化价值创造和服务，提升业务运行效率和规范管理。开发客户档案管理系统，连接市场调研、一户一案等功能，消除信息孤岛，构建涵盖客户全生命周期的客户档案。依托“石化 e 贸”平台打造汇集解决方案、新品推广、专家课程三大功能的产品知识库系统，实现知识产品标签管理和检索功能，为知识服务体系全面建设奠定基础。

（武　晶）

【精细管理】 2022 年，化工销售公司深入贯彻“六统一”，结合对行业发展、市场走势的综合研判，不断推进统销自营两种资源、国内国际两个市场的优化配置。加强业务与物流协同，运用物流大数据增强经营决策力、市场洞察力和供应链优化能力。牢固树立整体一盘棋的思维，紧紧牵住系统优化这个“牛鼻子”，进一步强化跨区域、跨产品线协同，开展全流程、全要素大优化。树牢全面预算管理理念，强化资金统筹力度，进一步提升“两金”周转效率。坚持勤俭节约办企业，培育精细算账文化，提升算经济账、效益账的能力。

（武　晶）

【物流管理】 2022 年，化工销售公司依托第三方专业咨询公司，对标国际行业先进水平，对现有

水路运输

物流体系运行情况进行全面诊断，提升物流专业化管理。修订完善服务商资质、运载工具等认证标准，适应国际、国内化工物流发展趋势。推动危化品装卸实操、应急处置标准化，组织开展危化品装卸环节专项安全调研，编制形成《化工销售常用危险化学品操作规程及应急处置指南》。加大物流信息化建设力度，推动透明物流建设，实现运输与仓储业务的全过程管理。

（武　晶）

【党的建设】 2022年，化工销售公司坚持把党的政治建设摆在首位，把学习宣传贯彻党的二十大精神作为首要政治任务，与深入学习贯彻习近平总书记视察胜利油田重要指示精神有机结合，不断强化理论武装。坚持“双融双促”，将学习贯彻中央精神、集团公司党组最新要求和中心工作紧密结合，扎实开展“三学三强”“四个一”等系列活动，做到以学促用、学用结合。坚持以作风建设引领效能提升，从“三老四严”的石化传统中汲取力量，在整治形式主义、官僚主义上持续加力，优化业务流程，为基层减负。加大执纪问责力度，激励干部担当作为，大力营造风清气正、干事创业的良好政治生态。

（武　晶）

化销华北分公司

【概况】 中国石化化工销售有限公司华北分公司（简称化销华北分公司）于2005年5月10日成立，是根据中国石化化工销售体制改革需要而组建的区域性专业化经营公司，主要负责中国石化所属华北、东北、西北区域企业化工产品的资源统筹、市场营销、产品销售、物流运作和客户服务，以及企业生产所需相关化工原料的采购和供应工作。辖区包括华北、东北和西北的14个省（自治区、直辖市），在服务区内燕山石化，齐鲁石化、天津石化、青岛炼化、青岛石化、石家庄炼化、济南炼化、沧州炼化和塔河炼化9家系统内生产企业及中沙石化、中天合创和科鲁尔3家合资企业的同时，还与中油西北、中油华北、中煤化（天津）、中化化销、兖矿等中字号企业以及天津大沽化、吉林化纤、汇丰石化、利和知信、齐翔腾达等国内化工企业建立战略合作关系，销售网点、中转仓库遍布市场各地。主要经营的合成树脂、合成橡胶、有机化工、合原合纤、特殊化学品等产品在区域市场内占有主导地位。

（张小颖）

【产销应对闯新路】 2022年，化销华北分公司接续克服特殊时期及区域内疫情反复冲击影响，充分发挥渠道优势和专业优势，深化“一企一制”，累计召开联合经营分析会、产销座谈会等70余次，有序推动产销双方各层交流，统销产品产销率100%；千方百计打通运输“大动脉”，将物流分析延伸至每个运作环节，打通MTBE保供燕山石化铁路槽罐进厂、石家庄炼化二甲苯铁路槽罐出厂及疫情期间物流闭环运行等运输流程，实现紧急状态下产品出厂公路、铁路、水路平稳切换，全力协调落实保供资源百万吨，多次化解原料断供、产品堵库风险。强化“以销定产”“以效定产”“以效定销”，动态测算装置和产品边际效益，引导优化排产104次，促进企业盈利装置开满开足，实现增效 3.86 亿元；紧盯两个市场，准确把握进出口窗口期，加大产品出口力度，燕山石化 1- 己烯、天津石化 PTA 等产品出口销量大幅增加，累计为企业创造效益 6000 余万元。

（张小颖）

【经营成果创新绩】 2022 年，化销华北分公司加强与供应商及客户的商谈力度，在自营总量减少情况下，实现利润增加超千万元，自营业务质量明显提高。抓自营渠道优化，成功推动与山东盛玉、齐翔腾达、滨化集团等供应商的自营合作，自营直采率、直销率持续提升，其中合成橡胶自营总量首次突破 10 万吨，西安代表处化肥进易捷业务也向前迈出一大步。统筹推进物流优化，通过推动“公转铁”提高铁路运输比例、公路干线循环运输、试点网络货运平台、扩大散装罐车、液体集装罐、共享托盘等绿色物流新技术应用，累计降本近 4000 万元，完成年度目标的 173.3%。

（张小颖）

化肥进易捷

【科技创新抢新机】 2022 年，化销华北分公司成立 58 个 MPRC 小组，对新能源、医卫、包装领域高端新材料等 18 个重点项目开展“揭榜挂帅”，联合产业链上下游构建起从研发到生产再到应用的新品开发推广联盟。持续发挥董树明劳模创新工作室平台作用，协助医用包装客户完成“关联评审”，帮助下游用户实现原料成本一降再降，医卫材料销量实现历史性突破；紧盯战略客户需求，推广高端 EVA 牌号 14 个，构建起以发泡、预涂膜、光伏、热熔胶四大领域为主体的产品架构，助力企业在能源价格高启背景下实现逆势创收 11.8 亿元。以重包装膜原料国产化、产品轻质化为切入点，助力茂金属聚乙烯产品成功应用到北起中天合创、南至福建联合石化的产品包装中，在完成全国布局的同时，形成较强的口碑效应，在全面推动化工材料迈向产业链、价值链中高端方面展现华北作为。

（张小颖）

【协同创效开新局】 2022 年，化销华北分公司“业物”“业财”深度融合，首次开发 RPA 开票机器人程序并成功应用，探索建立全纬度盈亏测算模型，动态跟踪市场变化与效益波动，作为集团公司信用风险管理系统试点项目成功上线；依托产业链长和资金信用优势，完善“业财物”协同融合，积极探索产业链金融服务新场景，成功运作昆仑银行“化销贷”金融服务产品，并协助 8 家客户获取昆仑银行授信贷款，助力客户解决融资难点痛点问题，实现产业链多方共赢。高质量召开 2023 年客户座谈会，连续 3 次为年度“金牌客户”“突出贡献客户”授牌，深层次推动产销研用相互赋能。优化物流运作方式，协助战略客户常州百佳打通燕山石化 EVA 铁路自提流程，为客户节省吨运费近百元；联合科鲁尔公司成功打通丙烯腈管输至客户的业务流程，实现三方合作共赢。青岛有限公司为地方经济发展作出积极贡献，获得地方政府 100 万元专项奖励。

（张小颖）

【固本培元起新步】 2022 年，化销华北分公司一体落实岗位责任，印发一体化管理体系文件（B/1 版），统筹构建起完备的“1+1+N”绩效考核体系，梳理废止制度 18 项；印发《关于进一步改进工作作风 20 条措施》，持续为基层减负，连续 3 年保持集团公司践行“马上就办”先进水平；强化岗位练兵，一体提升实战本领，编制一体化管理体系“口袋书”，举办“华北讲堂”30 余场次，开展贯穿全年的“严格制度执行、依法合规经营”大比武活动，600 余人次参与答题比拼，营造“工作前找制度依据、工作中按制度办事、工作后无业务风险”的工作氛围；发挥政策引导作用，74 人参加各类职称评审，17 人获评中高级职称，创历史最好纪录。

（张小颖）

【同频共振出新彩】 2022年，化销华北分公司热烈庆祝党的二十大胜利召开，紧紧抓住全面贯彻落实习近平总书记视察胜利油田重要指示精神这一重大政治任务，以“牢记嘱托、再立新功、再创佳绩，迎接学习贯彻二十大”主题行动统筹全年30项重点工作，在政治大年体现大担当。深入贯彻新时代党的建设总要求，丰富“5+5”党建方案内涵，连续3年举办党建研究成果发布会，完成9项年度党建课题研究，大力开展“‘三新’巩固年”主题实践，落实608项优化提升措施，先后获取190面红旗、288颗红星，持续掀起敢拼实干做先锋高潮。成立新疆代表处党支部，赴遵义开展“四委一书记”培训，深化党建品牌创建推广，实现基层党组织特色品牌全覆盖，得到集团公司党群工作部充分肯定，《光明日报》客户端和《中国石化报》手机报先后报道，并入选《国企》杂志2022年度国企党建创新优秀案例。持续建强基层组织体系，首次召开化销华北分公司人才工作会议，科学编制“十四五”人才规划，揭牌成立营销专家工作室，干部队伍逐步进入接替有序的良性循环。圆满完成集中地、齐鲁经营部新办公楼搬迁，员工归属感幸福感显著提升。主动承担集团公司加强新时代廉洁文化建设课题调研，“五力五关模型”廉洁文化建设成果在《国企》刊载，化销华北分公司党风廉政和反腐败工作翻开崭新一页。

（张小颖）

化销华北分公司乔迁新址集中地员工合影留念

化销华东分公司

【概况】 中国石化化工销售有限公司华东分公司（简称化销华东分公司）是化工销售公司设在上海的分公司。2005年5月，中国石化党组实施化工产品销售体制重大改革，按照“六统一”原则，组建中国石油化工股份有限公司化工销售分公司，并在上海设立中国石化化工销售上海分公司。2009年3月，中国石化化工销售上海分公司更名为中国石化化工销售华东分公司，并按照大Ⅰ型企业管理。2012年2月顺应化工销售内外贸一体化改革的要求，更名为中国石化化工销售有限公司华东分公司。主要负责中国石化在上海、江苏、浙江、安徽、江西四省一市所属企业生产的化工产品销售和市场管理，并负责区域内企业部分化工原料的采购与供应工作，同时开展物流管理、自营贸易、进出口等业务。经营五大类产品：合成树脂、合成橡胶、合纤原料、合成纤维及聚合物、有机化工及中副产品。主要化工产品在华东市场占有重要份额，有较强的市场影响力。始终坚持中国石化“人本、责任、诚信、精细、创新、共赢”的核心价值观，以“服务客户，服务企业，服务员工”为宗旨，围绕助力集团公司构建“一基两翼三新”发展格局，开启内涵式高质量发展新征程，努力打造世界领先化工贸易综合服务商。

（陈　月）

【统筹疫情防控和经营管理】 2022 年，上海静态管理期间，化销华东分公司快速启动应急预案，平稳切换至远程办公模式，经营管理稳定有序；统筹运用公、铁、海、管等多种运输方式，畅通物流大动脉，保障产业链上下游的平稳供给；履行中央企业社会责任，制定重点客户“云服务”方案，成立 26 支党员突击队投身抗疫保畅，保障医疗防疫客户、重点核心客户的原料供应；落实员工关怀，为全体员工发放抗疫专项慰问品，满足日常基本生活需求。

（陈　月）

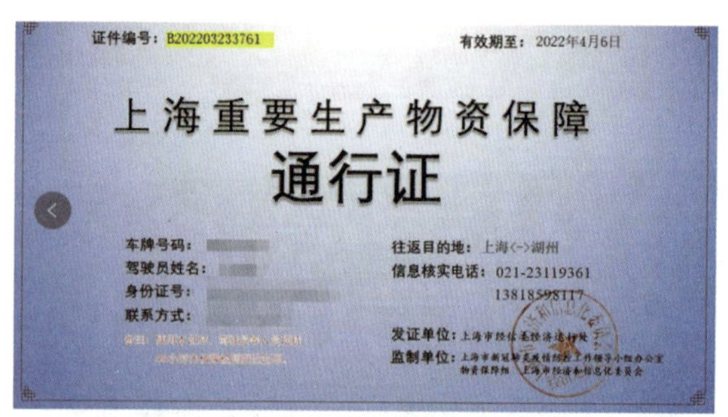

证件编号：B202203233761　　有效期至：2022年4月6日

上海重要生产物资保障

通行证

车牌号码：

驾驶员姓名：

身份证号：

联系方式：

往返目的地：上海<->湖州

信息核实电话：021-23119361　13818598117

发证单位：

监制单位：上海市新冠肺炎疫情防控工作领导小组办公室物资保障组　上海市经济和信息化委员会

全力畅通物流大动脉

【坚持以客户为中心理念】 2022 年，化销华东分公司整合“资源、产品、技术、金融、物流”五位一体，提供一揽子省心服务体验。巩固和深化与行业前三战略客户的合作，以项目制方式满足客户个性化需求，合作业务量、规模占比实现“双提升”；强化业财融合，为核心客户提供专项信用额度，替重点客户纾困解难，助力产业链复工复产；提升海外伙伴合作广度，国际化经营规模达到历史最高水平，1- 丁烯产品首次出口海外，树脂产品出口至 34 个国家和地区。

（陈　月）

加大海外市场出口力度

【深度服务企业转型发展】 2022 年，化销华东分公司持续优化服务机制，深化“一企一制”，公司领导领衔区内 11 家生产企业服务组组长，强化产销衔接效果；专项对接重点装置，成立联合服务组，落实物流运力、产品流向、原料保供等事宜，保障新装置顺利投产；优化《化销华东快讯》，将行业动态、客户需求、前沿信息等及时准确传达到生产企业；深入市场开展调研，形成 27 份产业链细分市场调研报告，助力企业发展谋划。

（陈　月）

打通九江石化 PX 出厂流程

【不断增强创新驱动动能】 2022 年，化销华东分公司深化产销研用一体化运作，充分发挥资源、渠道、物流、仓储、技术、金融等优势，瞄准中高端市场，推进“揭榜挂帅”项目，实现“新专高”产品销量 400 万吨；完善新产品开发机制，建立 MPRC 高层对接机制，充分发挥内部科研平台优势，为客户开发定制化产品；探索优化营销模式，创新性采用后点价交易方式，通过期现结合节省原料采购成本；践行绿色低碳理念，试点运行氢能源车运输线路，推进节能减排。

（陈　月）

【建设完善合规管理体系】 2022 年，化销华东分公司统筹推进“五位一体”合规体系建设，建立健全合规管理运行及保障机制，推进 24 项具体工作；以“管理提升年”专项行动为引领，一体推进“合规管理强化年”“严肃财经纪律、依法合规经营”等专项行动，完成自营业务、虚假贸易、安全生产依法合规治理排查等 17 个专项排查整治，确保合规管理体系有效运行；坚持问题导向，聚焦效益漏损点、管理薄弱处，以周督办、月通报形式强化跟踪闭环，确保问题一追到底。

（陈　月）

【激发队伍活力】 2022年，化销华东分公司逐步优化干部结构，加大年轻干部选拔任用力度，主管级干部队伍的平均年龄低于员工队伍平均年龄；畅通专业技术序列人才成长通道，开展专家、副主任师选聘，促进两支人才队伍并驾齐驱、共同发展；2022年开展的测评中，选人用人满意度100%；制订“朝阳工程”实施方案，强化人才培养顶层设计，统筹推进人才强企战略；优选主管级干部开展半脱产挂职，弥补经历短板，加快成长步伐；进一步推广“竞包赛马”机制，突出业绩导向，激发活力动力；开展“青年精神素养提升工程”、庆祝建团百年、“学习二十大、永远跟党走、奋进新征程”主题教育等活动，激励青年岗位建功。

（陈　月）

【党的建设】 2022年，化销华东分公司以“牢记嘱托、再立新功、再创佳绩，迎接学习贯彻二十大”主题行动统筹年度重点工作，团结带领广大干部员工经营提质、管理提效、改革赋能、党建铸魂，全面推进内涵式高质量发展；贯彻落实“两个一以贯之”，厘清各治理主体权责界面，形成“党委把方向管大局、分公司代表作决策、经理层抓执行”的公司治理体系；以“大学习、大宣讲、大讨论”为主要载体建设学习型组织，制定学习宣传贯彻方案和工作运行表，掀起学习宣传贯彻党的二十大精神的热潮；依托“周提示、月检查、季评审、年考核”党建管理机制，加强指导监督，推动标准化规范化建设；化销华东分公司党委坚决扛稳扛牢全面从严治党主体责任，坚持问题导向，全面推进落实党组巡视、党建考核，化销巡察等内审外查反馈问题整改，深化成果运用；积极探索领导干部密切联系群众的新形式，建立“书记会客厅”，搭建员工直接与公司领导沟通对话、深度交流的平台。

（陈　月）

化销华南分公司

【概况】 中国石化化工销售有限公司华南分公司（简称化销华南分公司）成立于2005年3月16日，隶属化工销售公司。化销华南分公司设合成树脂部、合成橡胶部、有机化工部、合纤原料部、国际贸易部5个产品部，设综合管理部、党群工作部、计划信息部、财务部、党委组织部（人力资源部、企业管理部）、法律风控部、安全环保部（物流部）、监督审计部8个职能部，并设有化工销售（福建）有限公司、化工销售（海南）有限公司、汕头经营部以及黄埔、东莞、茂名、昆明代表处共7个经营网点，在茂名石化、广州石化、福建炼化、海南炼化、北海炼化、中科炼化、古雷石化设有7个驻企业办事处。截至2022年底，有员工458人（正式员工393人，业务外包人员65人），设有基层党支部17个，有党员260人。销售华南分公司主要负责华南区内中国石化下属7家生产企业的主要化工产品的统一销售，并开展部分产品的自营业务；产品主要有合成树脂、合成橡胶、有机化工、合纤原料和特殊化学品等约500个牌号（品种）的化工产品；业务范围覆盖广东、广西、海南、福建、云南、贵州、西藏7个省（自治区）。2022年经营总量1332万吨，综合绩效考核得分在化工销售各区域分公司中实现“四连冠”。

（郭庚琦）

【主题行动】 2022年，化销华南分公司以“牢记嘱托、再立新功、再创佳绩，迎接学习贯彻二十大”主题行动和公司“服务年”主题活动为抓手，加强与产业链上下游市场协同，提高经营创效水平，立足全局推动高质量发展。深化“一企一制”，提前部署海南炼化100万吨/年乙烯及炼油改扩建项目的市场培育，落实中科炼化EVA、茂名石化新苯乙烯等新增产能的原料保供、产品销售及物流运输安排。坚持“基础+高端”战略，实行“MPRC+ 重点产品拓量 + 揭榜挂帅”复合推广模式，实现可降解和再生料销售破冰，总部 A 类科技项目“医用防护高分子材料关键技术开发及应用”取得突破，实现销量破万吨。推动出口业务逆势增长，帮助企业产品走出国门，全年出口化工产品 41.56 万吨，出门盈利全部返还给生产企业。期货套保业务稳健开展，探索点价套保、期现结合等新模式，有效规避经营风险，累计开展套保业务 6.91 万吨。

（郭庚琦）

海南炼化百万吨乙烯树脂产品推介会

【安全物流】 2022 年，化销华南分公司全力提升本质安全水平。大力开展“安全生产月”活动，统筹开展防御性驾驶、急救技能等培训，用好远程监控和安全驾驶主动防护系统、“易检查”App 等，全面排查危化品经营范围，强化物流服务商及危化品自提客户延伸管理，全年实现安全事故零发生。深化绿色物流体系建设，加大共享托盘使用力度，开通中科炼化产品运输铁路专列，大力推行树脂散货船出口业务，打通“中欧班列”运输通道，推动物流平台建设，全年降本减费 4599 万元，固体产品实现全配送。《粤港澳大湾区化工企业绿色物流体系的探索与实践》获集团公司管理现代化创新成果二等奖。

联合中科炼化、广铁集团开通中国石化环湾班列

（郭庚琦）

【管理创新】 2022 年，化销华南分公司全力打好“国企改革三年行动”收官战，“三项制度”改革获评 A 级。能上能下方面，坚持完善中基层领导人员“三性”考核和“双 D”调整，突破原有的客户经理成长通道，增设首席、资深客户经理，破解一线业务人员晋升挤“独木桥”难题。能进能出方面，分板块实行 ABCD 强制分布，对业绩差的人员进行解聘或纳入“人力资源池”管理。能增能减方面，优化设置职能部室、驻企业办事处岗位奖金系数，打破基于身份和资历的“大锅饭”，实现考核结果与分配结果相统一、与员工年度绩效奖金分配兑现相挂钩。

（郭庚琦）

【风险防控】 2022 年，化销华南分公司全力抓好“合规管理强化年”建设，从业务源头防范经营风险，开展“严肃财经纪律，依法合规经营”专项治理行动，整改依法纳税问题 4 项，制定 33 项重大重要风险预警量化指标，对自营敞口业务和金融衍生品业务实行日报告管理，对授信客户和自营供应商等高风险业务交易对手建立常态化风险排查机制，融资性贸易、“空转”“走单”等业务风险有效防范。

（郭庚琦）

【党的建设】 2022 年，化销华南分公司深化党建体系化管理，积极构建“六张清单”责任体系、“5 规范 +5 机制”质量体系和“五大融合平台”实效体系，聚焦明风险、找问题、强震慑、严整治、兴文化“五步法”，巩固“三不腐”机制和“三道防线”建设，统筹推进全面从严治党各项工作落实落地。突出“责任、质量、实效”，大力开展基层党建考核，坚持“抓两头、带中间”，积极开展“双示范”创建和“送服务到基层”等活动，督导落后党支部召开“我们为什么落后”专题组织生活会等，有力提升基层党建质量。2022 年，化销华南分公司党委党建考核获评 B+ 等级。

（郭庚琦）

【和谐企业建设】 2022年，化销华南分公司全力讲好化销华南故事，注册开通微信公众号，全年累计在集团公司和地方媒体上稿220余篇，其中《粤港澳大湾区开出石化产品定制货运专列》登上新华网、广东电视台等媒体。选树中国石化劳动模范秦黎明，开展“向劳模学习”大讨论，广泛宣传“服务创效”劳动竞赛先进人物及集体，自上而下掀起“学先进、赶先进、超先进”的实干热潮。坚持“工会搭台、协会唱戏”，联动开展乒乓球比赛、趣味运动会、美食节等活动，实现全员走起来、动起来、乐起来。扎实推进“我为群众办实事”实践活动，全面落实员工子女入学、集中地办公区升级改造、全员体质测试和心理健康普查等事项，员工的归属感、幸福感持续增强。

（郭庚琦）

【统战工作】 2022年，化销华南分公司织密统战工作“同心网”，组织统战人员重走习近平总书记视察胜利油田路线，现场感悟习近平总书记视察胜利油田时的指示精神。落实联谊交友制度，化销华南分公司领导“一对一”开展谈心谈话，举办统战工作座谈会，落实统战人员“建言献策”15条。

（郭庚琦）

重走习近平总书记视察胜利油田路线

【乡村振兴】 2022年，化销华南分公司积极参与乡村振兴，选派1名干部担任雷州市松竹镇八龙村驻村第一书记，有序推动“废旧塑料加工产业链”“农产品采购促销”“物流承运帮扶”“美丽乡村”“教育振兴”“党建共建”6个项目，发动员工捐款14.5万元，为八龙小学建设新厕所和户外教学设施。

（郭庚琦）

化销华中分公司

【概况】 中国石化化工销售有限公司华中分公司（简称化销华中分公司）成立于2008年，位于湖北省武汉市洪山区，主要负责湖南、湖北、河南、四川、重庆“四省一市”除油品以外石化产品的资源统筹、市场营销、产品销售、物流运作、客户服务，以及中国石化所属企业生产所需相关化工原料的采购和供应工作，服务于中韩石化、巴陵石化、川维化工、洛阳石化、中原石化、长岭炼化、荆门石化、宁夏能化8家生产企业。

化销华中分公司经营范围涉及石油化工、天然气化工、煤化工3个领域，产品包括合成树脂、合成橡胶、合成纤维原料、合成纤维和聚合物、有机化工原料、特殊化学品等。设有5个产品部门、8个机关部室、8个驻企业办事处，在华中区域内各主要消费集中地和物流集散地设立6个营销代表处和6个服务点，并根据化工销售公司的授权对武汉自贸区公司进行运行管理。2022年经营化工产品873万吨，年营业收入超500亿元，有合作客户超1200家、供应商超100家。

（张康平）

【助力企业提质增效】 2022年，化销华中分公司紧扣高质量发展主线，大力实施“助力企业提质增效”专项行动，与区内生产企业共同推进重点行动项目80余项，助力企业提质增效1.1亿元，促进实现化工板块效益最大化和中国石化资产价值最大化。

（张康平）

走访下游重点客户

【卡脖子产品扩量增效】 2022年，化销华中分公司联合中原石化与下游重点客户开展战略合作，“电工用聚丙烯粒料”粗化膜料项目通过中国机械工业联合会的鉴定，进入“挂网”运行阶段。全年销售6123吨，增长362%，有效促进电工膜料卡脖子产品扩量增效。

（张康平）

共同推动电工膜料卡脖子产品扩量增效

【国际贸易】 2022年，化销华中分公司统筹国内国际“两个市场”，努力做优以PVA、橡胶产品为代表的精细化工合成材料出口，做强以硫酸铵、醋酸乙烯为代表的大宗散化出口，抓住欧美等海外市场价格窗口期，一盘棋统筹内外贸资源投放，全年出口助力企业增效3.3亿元。2022年，化销华中分公司出口量增长12.7%，以“一带一路”沿线国家和地区为重点区域，产品足迹遍布全球57个国家和地区，出口额增长33.2%。

（张康平）

PVA产品专列发往欧洲

【绿色低碳发展】 2022年，化销华中分公司践行绿色发展理念，与销售华中、长航集团跨板块推动液体产品循环船舶运输，全年组织化学品—成品油水路循环41个航次，节省物流成本300多万元，减少碳排放量近千吨。开展“树脂产品散装罐车绿色运输”项目，实现从生产装置至下游客户生产车间的点对点运输，节约大量包装材料和人工成本，提高装载、运输和卸车投料效率，客户黏性大幅增强且起到很好的示范效应。

（张康平）

【HSE管理】 2022年，化销华中分公司认真贯彻落实全国安全生产电视电话会议、集团公司HSE视频会议精神，全力推进HSE管理体系运行，扎实开展“三查三强”促安全主题党日，推动“百日安全行动”要求落实，夯实安全环保管理基础，确保重大敏感时期安全稳定运行。根据疫情防控形势变化，抓实物流环节防疫举措，坚持员工动态管理，常态化筑牢疫情防控屏障，保障员工身心健康和化销华中分公司正常运转。

（张康平）

【队伍建设】 2022年，化销华中分公司强化干部选拔和任用，注重复杂环境历练和内部岗位交流任职，大胆启用锻炼年轻干部。全年提拔重用中基层干部42人，其中破格提拔1名“80后”中层副职，选聘6名部门助理，开展18个基层岗位竞争上岗，17名优秀基层副职获得晋升，干部队伍年龄层次、专业结构得到进一步优化；全年交流干部员工61人次，实现常态化。

（张康平）

【党的建设】 2022年，化销华中分公司按照强基础、补短板、扬优势、出特色的总体思路开展党建工作，严格落实执行“第一议题”制度，积极打造践行习近平新时代中国特色社会主义思想的重要阵地，强化党务政工人员素质提升，推动“一支部一特色”品牌建设，深化“我为群众办实事”实践活动，持续开展统战对象交友联谊、“走基层、访万家”、青年精神素养提升工程等暖心活动，营造和谐稳定发展的良好氛围。

（张康平）

【持续打造“廉洁华中”名片】 2022年，化销华中分公司深化“3255”大监督工作机制，以问题为导向，推动开展疫情防控常态化监督，危化品管理监督，定期开展在线巡查，组织召开化销华中分公司廉洁文化建设座谈交流，巩固发扬廉洁文化建设成果。开展党委理论中心组廉洁教育专题研讨，全面汲取“7·22”案件教训，规范支部月度学习材料，切实把廉洁教育抓在经常、融入日常。坚持对信访举报案件进行严肃处置，有力维护执纪监督的强大震慑。

（张康平）

化销江苏分公司

【概况】 中国石化化工销售有限公司江苏分公司（简称化销江苏分公司）是化工销售公司设在南京的区域分公司。2004年，集团公司实施外贸体制改革，将江苏石油公司镇江、无锡、江阴、苏州、昆山、南通、南京等地化工经营网点、仓储设施和经营人员划入国际事业公司，2005年8月，组建中国石化国际事业有限公司江苏化工办事处。2007年8月，国际事业公司对南京地区所属单位进行业务重组，扬子办事处、金陵外贸经营部并入江苏化工办事处，组成中国石化国际事业有限公司江苏分公司。2009年4月，正式划入化工销售公司。2012年10月，升格按照大Ⅱ型企业管理。主要负责中国石化所属企业部分化工产品的销售、中国石化所属部分企业生产所需化工原料的采购与供应工作，同时与社会第三方合作单位开展自营贸易、物流服务、进出口等业务。主要经营四大类产品：合成树脂、合纤原料、合成纤维及聚合物、有机化工及中副产品。甲醇、MTBE、己内酰胺（CPL）、环氧丙烷（PO）、醋酸乙烯等主要产品拥有较大的行业影响力和市场话语权。化销江苏分公司始终秉承中国石化“人本、责任、诚信、精细、创新、共赢”的核心价值观，发扬“开拓创新，追求卓越”的公司精神，努力打造世界领先化工贸易综合服务商。

（李婧雯）

【“专精特新”高质量发展】 2022年，化销江苏分公司聚焦高质量发展指标体系，直销率、综合价差率、单吨净毛利、成本费用利润率等多项指标在化销区域公司排名第一。“专精特新”产品差异化经营优势逐步显现，18个品种实现增量。其中，醋酸乙烯、环氧丙烷、合成氨3个产品增量超15%，拳头产品市场引领力进一步增强；8个品种开展库存经营，经营量增长192%，创效增长226%；辛醇、己内酰胺等产品实现中国石化首次出口，首次将扬子石化副产合成氨作为产品销售，打开炼化企业绿色环保装置副产品销售先河。

（李婧雯）

【物流协同创效】 2022年，化销江苏分公司发挥物流运作优势，大力扩充优质物流资源，从提效、降本两方面提升物流创效能力，物流创效成绩显

物流协同

著。为中科炼化石脑油运送至镇海炼化加工提供全过程物流服务，为化工板块创效 3700 余万元；统销产品全配送占比 65%，环氧丙烷、醋酸乙烯等产品的配送率接近 100%；实施苯胺包船运输、醋酸乙烯专船专用，每吨节约物流成本 10 余元；发挥仓储资源优势打通宁远库管输镇海炼化甲醇流程，每月为企业创效约 80 万元。

（李婧雯）

【可降解可再生“绿色营销”】 2022 年，化销江苏分公司发布中国石化首个可降解材料制品类团体标准，取得首个再生塑料全球回收标准（GRS）认证，与多家 BDO、PLA 一手资源大型供应商和可再生行业标杆企业建立战略合作，与多家高校科研院所合作开发高性能膜袋、耐热吸管改性专用料，实现中国石化 PBST、PGA 核心技术制造的可降解农地膜成功应用于水稻、油菜等主粮主油作物，铺设试验田百余亩。

（李婧雯）

可降解材料

【危险化学品运输安全】 2022 年，化销江苏分公司牵头组织 9 家运输服务商共同制定环氧丙烷车辆运输管理标准，覆盖从司押人员资质、培训、管理到车辆准入、装、运、卸等各个环节，开创按产品制定危险化学品运输细分标准的先河，推进行业规范化发展，发挥中央企业引领力作用。

（李婧雯）

危险化学品运输

【考核激励】 2022 年，化销江苏分公司细化统销、自营、外贸三大类业务奖励细则，实施比创效、比增量，比进步、比排名的多维度奖励策略，考核激励机制更加科学、合理、高效。针对上半年出口量仅完成年度计划 41% 的落后状况，及时调整外贸业务考核激励办法，优化规模增长与创效能力权重，设置阶梯式奖励区间，实施后下半年出口量比上半年增长 90%，全年实现考核指标 200% 的成绩。更加注重考核结果“硬兑现”，业务部门根据经营业绩计算提成，管理部门按照年度重点工作细化分解任务，月度兑现、季度回顾与及时请奖、及时兑现相互补充，确保公平公正，同层级业务人员最高奖金差幅达 2 倍，员工积极性得到充分调动。

（李婧雯）

【党建引领】 2022 年，化销江苏分公司集中收看党的二十大现场直播，党委理论学习中心组第一时间学习研讨报告原文，在各层面开展学习宣讲，迅速掀起学习宣传贯彻党的二十大精神热潮。实施能力提升工程，加强党支部书记、支委基本功训练，加快建设“三懂三会三过硬”党支部带头人队伍，12 名基层党支部书记全部高分通过集团公司考试，平均分达 98.58，在集团公司名列前茅。选优配强部门领导班子，加快优秀年轻干部培养选拔，中层干部“80 后”占比 40%、提高 18%、平均年龄下降 2.4 岁，累计交流干部员工 44 人、占在岗人员的 25%，人才梯队结构更加合理。用好“走廊文化”宣传阵地，开展主题行动成果展、“合规经营、风险防控、廉洁从业”专题展。发挥新闻宣传影响力，首次登上新华网、中国石化新闻联播等重量级媒体，《中国石化报》、中国石化新闻网等平台累计刊载化销江苏分公司投稿 50 余篇，企业形象不断提升。

（李婧雯）

中原油田

普光累产天然气 1100 亿立方米

探索形成普光页岩气“井工厂”新模式

2023 年，中原油田大力开展学习贯彻习近平新时代中国特色社会主义思想主题教育，原油产量连续三年箭头向上，川东北工区保持安全高效运行，普光气田累产天然气突破 1100 亿立方米。48 年来油田累计生产原油 1.5 亿吨、天然气 1217.48 亿立方米，为保障国家能源安全作出了积极贡献。强力推动“十四五”后三年科技攻关，形成高校、研究院所、企业战略联合矩阵式攻关模式，高含硫气井连续气举技术填补国内空白，静态磁聚焦阵列套变监测技术获国际专利。加快推进多能互补能源体系建设，投运中国石化首个兆瓦级 PEM 电解水制氢示范项目，文 24 储气库建成投产，百亿方储气库规模持续扩大。坚持依托资质升级、战略合作增强“中原服务”品牌竞争力，运行合同总额同比增长 12.24%，服务范围扩大到国内 27 个省（市、自治区），海外 6 个国家。

文 24 储气库高效建成投产

集团公司首个兆瓦级绿氢制取示范工程投产

厂级数字化生产指挥中心高效运行

因海而生，为祖国而勘探 向海而行，为祖国献石油

——上海海洋石油局成立50周年

上海海洋石油局作为中国石化唯一从事中深海域油气勘探开发的专业化队伍，成立50年来，一代代海洋石油人因海而生，为祖国而勘探，向海而行，为祖国献石油，先后发现了渤海盆地、南黄海盆地、东海陆架盆地、珠江口盆地等17个油气田和一批含油气构造，向国家提交了油气探明储量3800亿立方米气当量。见证了新中国海洋石油事业从小到大，从弱到强的发展，为保障国家油气安全稳定作出了重要贡献。

渤海启航

1960年，上海局前身地质部渤海综合物探大队在天津塘沽成立。100多名由海军、大专院校、科研单位抽调组成的人员从渤海滩涂出发，拉开了新中国海洋石油勘探开发的序幕，同年向祖国递交了第一份海洋物探勘查报告，时任地矿部部长李四光欣然题词："星星之火可以燎原，唯有奋斗才能发现"，为海洋油气勘探指明了发展方向。

新中国第一代海洋物探船星火系列

建队初期，海军、大专院校、科研单位等参战人员在五七二舰合影

黄海练兵

1968 年，队伍受命迁往上海，按照党中央“积极进行海洋地质调查，力争早日在南黄海钻探见油”的指示，在黄海开展地质勘探工作，填补了南黄海地质图上的空白，为我国与邻国海域划界提供了坚实的依据。先后钻探我国外海油气勘探的第一口井，全面完成我国海洋油气勘探“插红旗、练队伍、摸经验”的艰巨任务和历史使命。1973 年，经国务院批复，同意在原 627 工程筹备小组基础上建立海洋地质调查局。

由两条货轮拼装成的新中国第一艘钻探船“勘探一号”在黄海钻探

勘探一号钻探前开展技术研究

东海丰碑

自 1974 年以来，上海局先后在东海发现了平湖、春晓、天外天、宝云亭等多个油气田和玉泉、龙二等一批含油气构造，实现了东海找油的重大突破，江泽民同志和李鹏同志专门为东海的油气发现发来贺电。1999 年 4 月 28 日，平湖油气田正式向上海市民供气，宣告 80 万个煤球炉退出历史舞台。2000 年 3 月，上海海洋石油局随新星石油公司整体并入中国石化集团，携手中海油启动东海油气田的联合开发，2014 年、2015 年，在合作探区先后发现两个千亿立方米储量大气田，实现了储量翻番。

1983 年 4 月，勘探二号平台完钻的平湖一井获高产油气流

1984 年，由我国自行设计、建造的第一艘钻井平台“勘探三号”投入东海作业

勘探七号平台积极响应“七年行动计划”，深扎东海推动增储上产

南海突破

随着海洋油气勘探开发进入深水区，上海局狠抓基础地质研究，强化理论技术创新，推进“做强西湖、加快涠西、培育招商、拓展新区”的海域油气资源战略，于 2016 年在南海北部湾“涠四井”试获日产油气超千吨，创中国石化海域油气勘探单井最高纪录，2023 年成功扩储，加快推动中国石化首个中深海自营油田建设。勘探七号、勘探八号、发现 6 号、勘探 313 轮等一系列海洋勘探大型装备投产下水，进一步增强海域油气勘探开发的服务支撑能力。

勘探三号平台在南海钻井作业

南海北部湾“涠四井”试获日产油气超千吨

昨日的成就已镌刻丰碑，明日的辉煌将照亮前路。站在新的历史起点上，上海海洋石油局将坚持以习近平新时代中国特色社会主义思想为指导，端牢能源饭碗，扛稳核心职责，努力在海域能源报国新征程上再立新功再创佳绩。

中石化石油工程技术服务股份有限公司

胜利石油工程公司在国家页岩油示范区牛页一区施工

中石化石油工程技术服务股份有限公司（以下简称石油工程公司）是中国石油化工集团有限公司的控股子公司，拥有地球物理、钻井工程、海洋石油工程、测录井、井下特种作业和工程建设六大业务板块，服务内容涵盖从油气勘探、开发、增产、集输的全产业链过程。公司于2012年6月28日在京注册成立。2014年底，经过石油工程重大资产重组完成上市，正式登陆A股（股票简称：石化油服【600871】）和H股（股票简称：石化油服【01033】）资本市场。公司自2018年以来保持了连续盈利良好势头，先后获"中国上市企业百强奖""中国道德企业奖""港股100强税后净利润增长10强奖""金港股最佳基建及公共事业公司奖""最佳上市公司董事会"等荣誉。

2022年，石油工程公司深入学习贯彻党的二十大精神和习近平总书记视察胜利油田重要指示精神，深入开展"牢记嘱托、再立新功、再创佳绩，迎接学习贯彻二十大"主题行动，全面深化技术创新、改革创新、管理创新等，旋转地质导向等关键核心有效突破，特深层钻完井等特色技术快速迭代升级，高效打出一批高产井发现井，石油工程支撑能力大幅提升，服务保障勘探开发卓有成效。公司实现全年新签合同额810亿元、营业收入738亿元，分别同比增长

"胜利天工"钻机自动化设备

石油工程公司在香港进行业绩披露

科技人员正在分析核实录井仪器数据

可控震源车整装待发

14.2%、6.1%，均创出“十三五”以来同期最好水平；利润总额7.3亿元，同比增加2.4亿元，全面超额完成年度奋斗目标任务，高质量发展迈出坚实步伐。

石油工程公司将坚持高质量发展首要任务，坚持全方位提升核心支撑保障能力的工作主线，坚持“服务客户、支撑油气、技术引领、价值创造”发展理念和“专业化、市场化、国际化、高端化、特色化”发展战略，全力做好服务保障、拓市创效、技术创新、改革优化、从严管理、安全环保、党的建设等重点工作，加快建设世界一流技术先导型油服公司，在扛稳扛牢服务勘探开发、保障国家能源安全的核心职责中展现硬核担当。

东营原油库迁建工程

江汉石油工程公司在国家级页岩气示范区——涪陵页岩气田首创“井工厂”钻井模式，大大提高了页岩气钻井施工效率

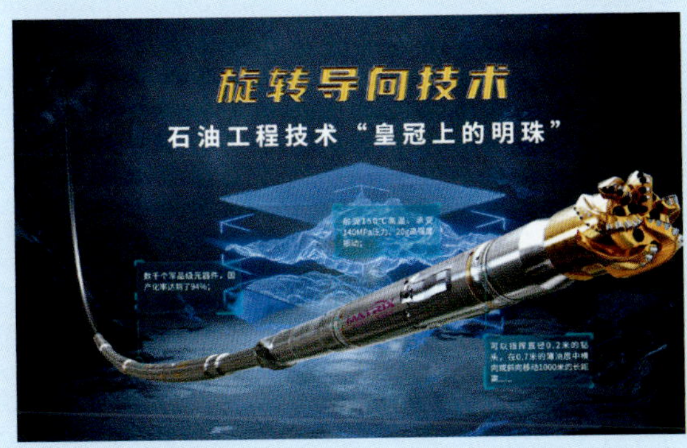

旋转地质导向

华北石油工程公司井下作业分公司HB-YL203压裂队在集团公司“示范井工程”东胜气田J30-6-P2井压裂施工

中石化石油工程建设有限公司

中石化石油工程建设有限公司是中国石化专业从事国内外陆地、海洋石油石化工程建设的技术服务商和工程承包商，具有设计、制造、施工、运维、检测、监理、PMC 及 EPC“一揽子”总承包能力。

公司拥有 13 家全资子公司（5 家被认定为国家高新技术企业）。其中，设计和技术服务企业 5 家（石油工程设计公司、中原设计公司、江汉设计公司、江苏设计公司、管道技术公司），油建企业 5 家（胜利油建公司、中原油建公司、河南油建公司、江汉油建公司、江苏油建公司），建工企业 2 家（胜利建工公司、中原建工公司），监理企业 1 家（江苏监理公司），员工总数 1.2 万余人。

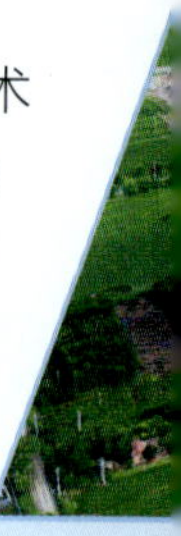

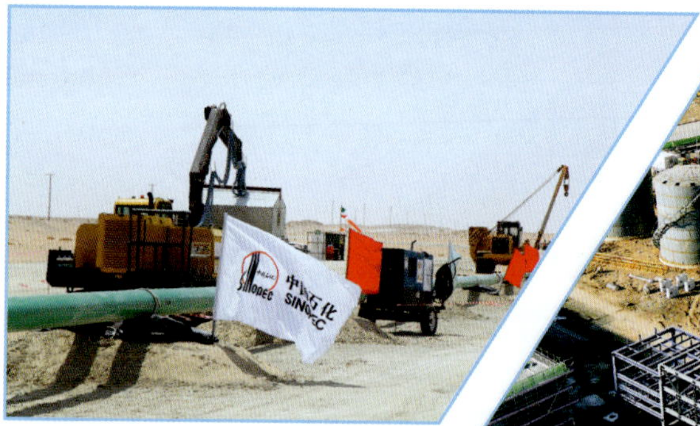

沙特阿美公司 MIP 管道工程

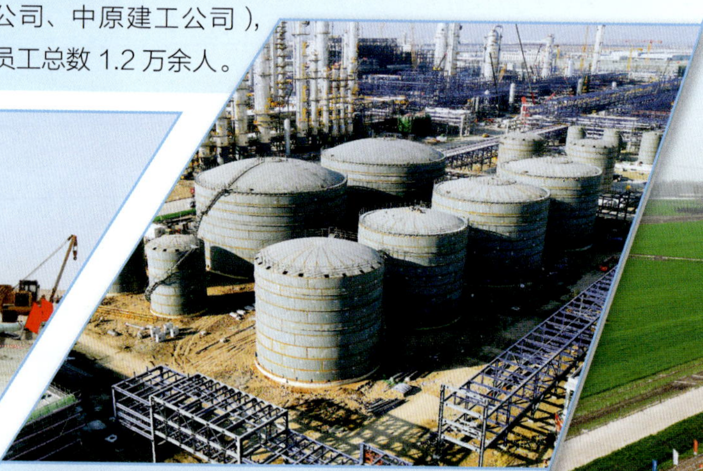

天津南港乙烯工程

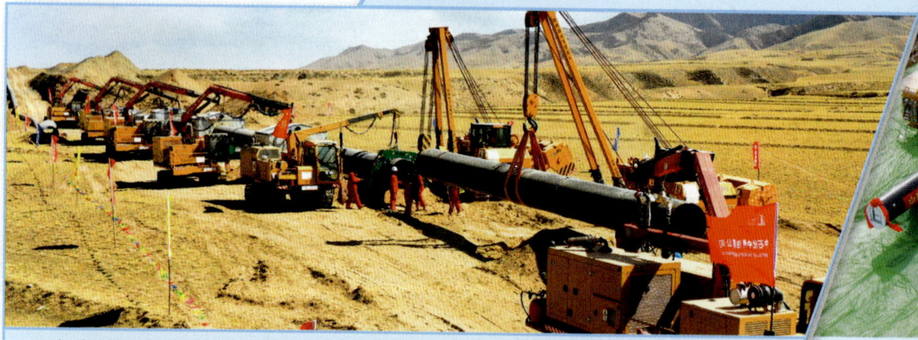

西气东输四线工程

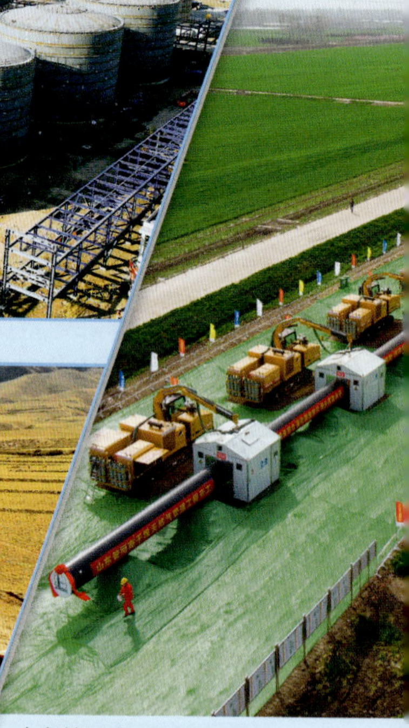

山东管网南干线工程

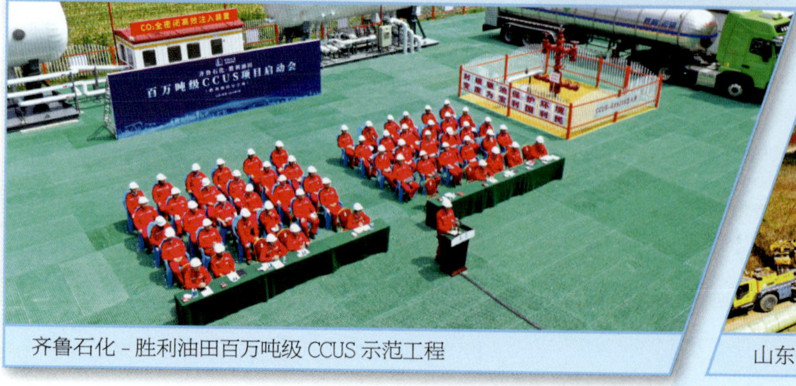

齐鲁石化 - 胜利油田百万吨级 CCUS 示范工程

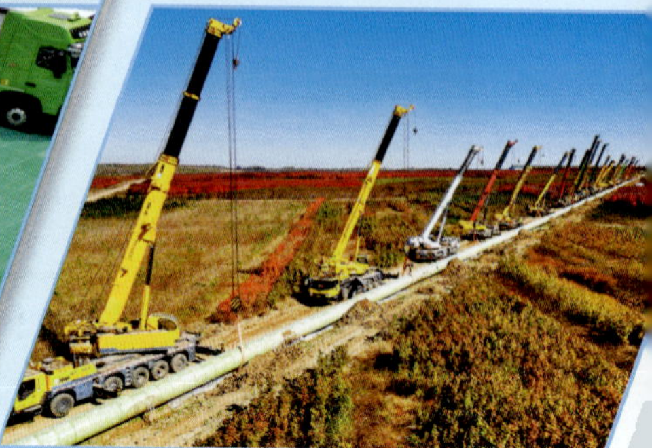

山东管网东干线工程

东营原油库迁建工程　　大牛地气田 3 号脱硫站工程

经营范围涉及工程设计勘察咨询业务、工程施工业务和监理业务三大板块，陆上油气田地面工程、储运工程、海洋工程、环保与公用工程、新能源利用和碳减排、信息化六大业务领域。多年来，公司在保障集团油气勘探开发的同时，全面拓展国内外的陆地和海洋工程建设市场，为中国石油、中国海油、国家管网、道达尔、沙特阿美、泰国国家石油公司等多个国家的能源公司提供工程建设服务，在沙特、乌干达、加纳、泰国、缅甸等 46 个国家和地区实施工程项目。优质高效完成东营原油库迁建工程、中原储气库群、顺北二区天然气处理厂、京沪高速公路和齐鲁石化－胜利油田百万吨级 CCUS 示范项目二氧化碳输送管道工程等一批国家重要工程。

公司拥有 6 个省部级重点实验及科研机构，是集团公司油田地面工程专标委牵头单位。多年来，通过技术攻关和工程实践，公司初步建立了覆盖陆上油气田地面工程、储运工程、海洋工程、环保与公用工程、新能源利用和碳减排、信息化六大业务领域的技术体系；先后参与多项国家重大专项科技项目，承担集团公司“十条龙”科技项目和余项省部级重点研发项目共计 20 余项。经过多年积累，公司拥有省部级施工工法 66 项，授权专利 770 件，软件著作权 96 项；先后获国家科学技术进步特等奖 1 项，国家科学技术进步二等奖 1 项，省部级科技成果奖 23 项；中国建设工程鲁班奖 2 项，中国土木工程詹天佑奖 1 项，全国优质工程奖 14 项，全国优秀焊接工程奖 105 项。

展望未来，公司围绕“建设国际一流工程建设企业”发展目标，持续对标一流，有序推进深化改革、管理创新、技术创新，充分发挥专业化、一体化优势，为集团公司打造世界领先洁净能源化工公司贡献更大的力量。

连宿高速公路工程　　顺北二区天然气处理厂工程　　黄泽山－鱼山原油管道定向钻工程

化工净化水装置被命名为“广东省环境教育基地”

中国石化集团茂名石油化工有限公司
中国石油化工股份有限公司茂名分公司

茂名石化始建于 1955 年 5 月，以开采油母页岩、加工“人造石油”起家，是新中国“一五”期间 156 个重点项目之一，是我国首家千万吨级炼油厂、首座百万吨乙烯厂。经过 68 年的发展，特别是党的十八大以来的做强做优，目前，原油一次加工能力 1800 万吨 / 年、乙烯生产能力 100 万吨 / 年，有炼油和化工生产装置 89 套、CFB 锅炉 7 台及配套汽轮发电机组 7 台，同时拥有港口、铁路运输、原油和成品油输送管道及 30 万吨级单点系泊海上原油接卸系统等较完善的配套系统，成为我国生产规模较大、经济效益较好、发展基础较牢的国有炼化企业之一，是国有炼化企业高质量发展排头兵。

茂名石化首个光伏发电项目投用

茂名石化建厂 68 年来，累计为华南和西南地区保供成品油 2.42 亿吨、输出化工产品 6780 万吨，累计实现利税 5397.29 亿元，特别是近 10 年实现利税总额达 3713.2 亿元，相当于赚回了 6 个现规模的茂名石化。2022 年，茂名石化承压而上、科学应变、苦干实干、狠补短板、锐意进取，获省部级科技进步奖 15 项，1 个科研团队被授予“央企攻坚工程一期突出贡献团队”称号；我国完全自主知识产权的高端润滑油技术实现工业化，中国石化自主知识产权的成套聚苯乙烯、聚烯烃弹性体、催化柴油、粗裂解气制苯乙烯技术在茂名石化研发成功；建成投产华南最大氢燃料电池供氢中心和 3 个光伏发电项目，生产绿电 886 万千瓦 · 时，实现了发展建设扎实推进、科技创新又上台阶。

白鹭在茂名石化炼油厂区制水厂“安家”

2023 年，茂名石化将深入学习贯彻党的二十大精神，坚决落实集团公司党组决策部署，突出“保安全、增效益、快发展、深创新、强管理、实党建”，坚定信心、迎难而上、压实责任、强化执行，夯实第四次跨越式发展根基，以优异成绩庆祝中国石化成立四十周年！

华南最大氢燃料电池供氢中心建成投产，满足周边 200 千米范围内用氢气需求

中国石化上海高桥石油化工有限公司

中国石化 SINOPEC

公司实施"1233"发展战略，开创"二次创业"高质量发展新局面

高桥石化成立于1981年11月，是我国经济体制改革、国有企业联合重组的第一个重大成果。公司下属的上海炼油厂成立于1945年，是我国较早的炼油企业；高桥化工厂成立于1957年，是国内第一个石油化工厂，被誉为中国化学工业的"摇篮"。高桥石化是1983年中国石化总公司成立时首批进入的企业之一，是上海自贸区内较大的实体企业。

公司占地面积3.12平方千米，高桥炼油区域具备原油综合加工能力1300万吨/年，位于漕泾化工区的化工部具备50万吨/年的化工产品生产能力。公司先后获国家级科技奖项18项、获上海市"高新技术企业"、上海市"文明单位"、集团公司"安全生产先进单位"和"绿色企业"等荣誉，连续七年获评集团公司党建考核A档，连续六年蝉联浦东新区经济特别贡献奖（其中2021年、2022年蝉联第一名）。

当前，高桥石化以习近平新时代中国特色社会主义思想为指导，贯彻落实集团公司党组决策部署，全力打造静悄悄矗立于城市一隅的"安全、绿色、领先"城市型工厂，积极为谱写中国式现代化石化新篇章贡献高桥石化力量。

全力打造静悄悄矗立于城市一隅的"安全、绿色、领先"城市型工厂

公司获集团公司"绿色企业"称号

公司先后获国家级科技奖项18项、上海市级科技奖项102项

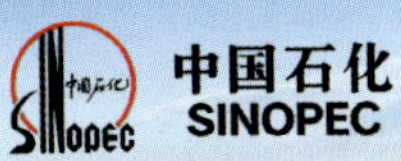

中国石化 SINOPEC

齐鲁石化

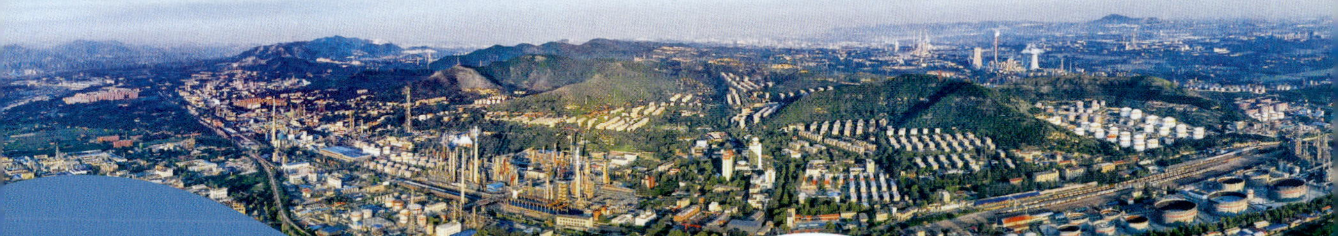

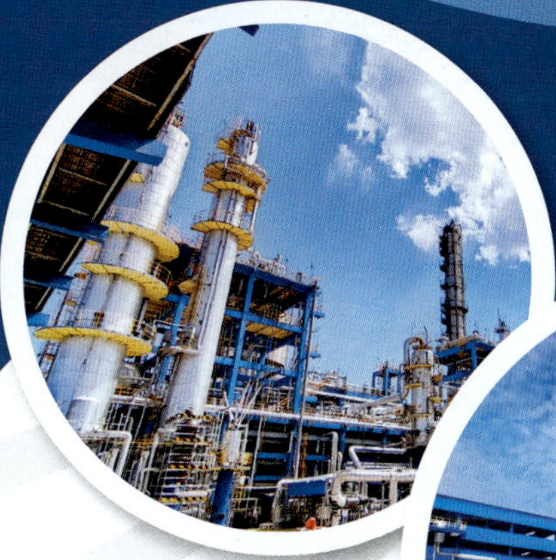

齐鲁石化燃料电池用氢项目。每年外送燃料电池氢气千万立方米，可供 1000 辆轿车分别行驶 10 万千米

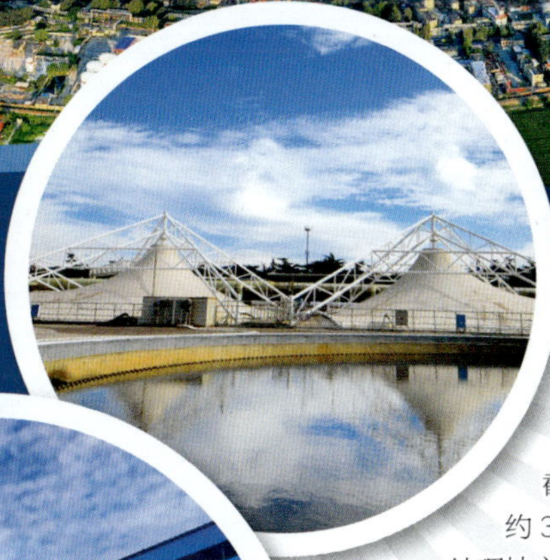

齐鲁石化污水处理项目。截至 2022 年底，累计节水约 3.03 亿立方米。几十年间，处理地方企业污水超 3537 万立方米

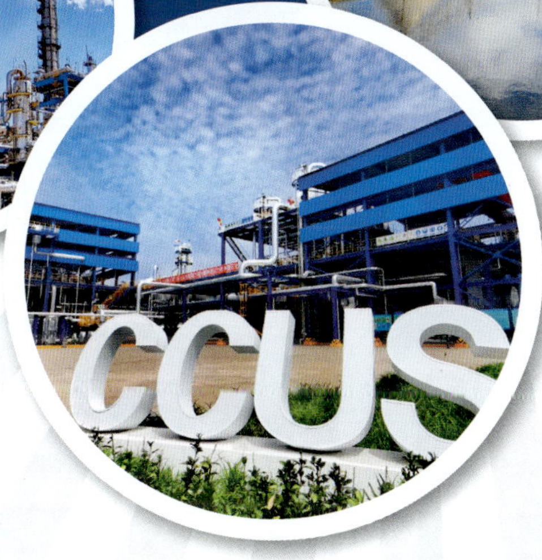

我国首个百万吨级 CCUS 项目。齐鲁石化－胜利油田百万吨级 CCUS 项目建成投产。每年减排二氧化碳 100 万吨，相当于植树近 900 万棵

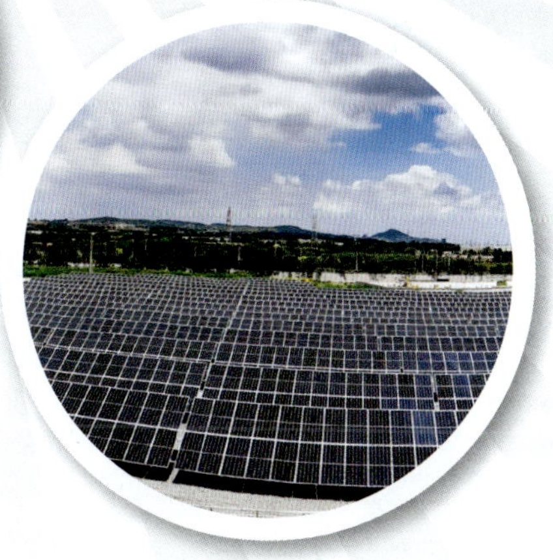

齐鲁石化光伏发电项目。光伏一期二期项目顺利投产，装机容量 15.94 兆瓦，设计年发电量 1775 万千瓦·时，每年可节约标煤 5325 吨，减排二氧化碳 10123 吨

齐鲁石化坐落于山东省淄博市，占地面积 16.53 平方千米，是集石油加工、石油化工、煤化工、天然气化工、盐化工为一体的炼油、化工、化纤联合企业。近几年来，齐鲁石化牢固树立和践行绿水青山就是金山银山的理念，加快转型发展，建成 CCUS、光伏发电、氢能等新能源产业，打造绿色低碳发展亮丽名片，为实现“碳达峰”“碳中和”贡献力量，向着绿色低碳高质量发展目标不断奋进，构建人与自然和谐共生的地球家园。

中国石化上海石油化工股份有限公司
Sinopec Shanghai Petrochemical Co., Ltd.

上海石化举办北京 2022 年冬奥会
中国石化上海石化火炬团队出征仪式

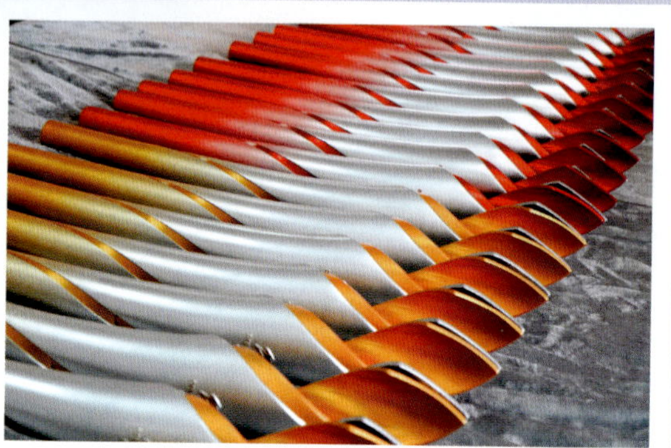

上海石化牵头研发、量产的北京冬奥会、冬残奥会火炬

金山宾馆完成援沪医疗队接待任务

上海石化员工在检查 48K 大丝束碳纤维产品

上海石化全景

中国石化上海石油化工股份有限公司（以下简称上海石化）是中国石油化工股份有限公司的控股子公司，位于上海市金山区，是中国主要的炼油化工一体化企业之一，也是国内重要的成品油、中间石化产品、合成树脂和合成纤维生产基地。上海石化的前身是创建于1972年的上海石油化工总厂。1993年，经过国有企业股份制规范化改制，上海石化成为中国第一家股票同时在上海、香港和纽约三地上市的国际上市公司。

至2022年底，上海石化具有综合加工原油能力1600万吨/年和乙烯70万吨/年、有机化工原料407万吨/年、合成树脂90.8万吨/年、合纤原料52.5万吨/年、合纤聚合物15万吨/年、合成纤维2.8万吨/年、高性能纤维1500吨/年的生产能力，并拥有独立的公用工程、环境保护系统，及海运、内河航运、铁路运输、公路运输配套设施。上海石化的主要产品分为石油制品、中间化工原料、合成树脂、合纤原料及合成纤维4大类产品。2022年，上海石化加工原油1044.53万吨，生产成品油590.80万吨，乙烯59.81万吨，营业收入825.18亿元，利税64.84亿元，总资产412.43亿元。

2023年，上海石化坚持稳字当头、稳中求进，融入新发展格局，落实集团公司高质量发展行动要求，统筹发展和安全，务实重效抓“三基”、严细管理促提升，着力“五个抓实”，突出做好强基础、强管理、强运营，防范化解重大风险，打赢安全生产翻身仗，推动生产经营“跑赢大势、好于同行”，重点项目发展取得突破，党建内部管理全面提升，为全面推进公司高质量发展奠定坚实基础。

上海石化一向重视树立良好的公司形象，积极履行社会责任，为振兴中国石化工业而不懈努力；一贯坚持规范化运作，致力于用良好的经营业绩回报股东；一直以为顾客提供优质的石化产品和良好服务为己任，多次获得社会各界的嘉奖。近年来，连续六届获全国文明单位，先后获全国绿化先进单位、全国思想政治工作优秀企业、全国“重合同、守信用”单位、全国用户满意企业、全国厂务公开先进单位、全国爱国拥军模范单位、中华环境友好企业、全国模范劳动关系和谐企业、智能制造试点示范企业、全国花园工厂、中国石化节能环保先进单位、中国石化绿色企业等一系列荣誉称号。

上海石化2.4万吨/年原丝、1.2万吨/年48K大丝束碳纤维项目产出合格产品

上海石化海运5号、6号拖轮参加上海市组织的“沪应-2022”上海危化品船舶应急处置综合演练

中沙（天津）石化有限公司

中沙（天津）石化有限公司（简称中沙石化），成立于 2009 年 10 月 20 日，是中国石化和沙特基础工业公司以 50%：50% 的股比共同出资设立的大型石油化工企业。公司坐落于天津市滨海新区，雄踞京津冀协同发展战略合作功能区的核心位置，占地面积 237.68 公顷，总投资 313.12 亿元人民币。公司主要业务包括乙烯及其衍生品的生产、销售和研发，产品包括有机化工产品 22 种，以及 LLDPE、HDPE、PP、PC 四大类聚合物，借助股东双方强大的营销网络，供应国内各主要市场。公司始终秉承以人为本、诚实求信、员工与企业共成长核心价值观，坚持新发展理念，推动高质量发展，努力打造世界一流的国际化石油化工企业，做到基业长青。

中央控制室

国内钛系双峰油箱料

耐热高密度聚乙烯专用料管道

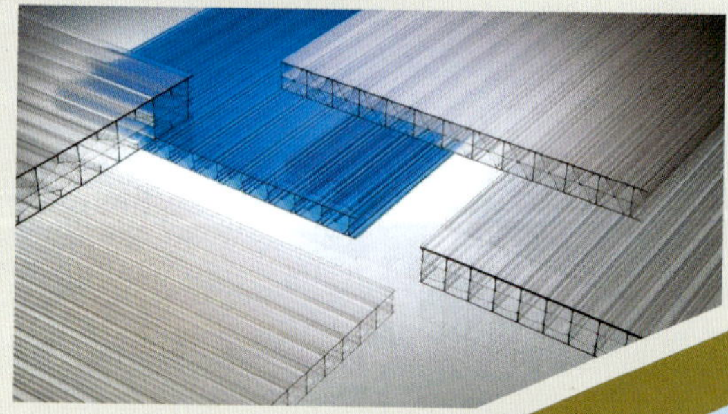
PC 阳光板

乙烯厂区装置全景

中国石化扬子石油化工有限公司
中国石化集团资产经营管理有限公司扬子石化分公司

"六五"环境日公众开放日活动

中国石化扬子石油化工有限公司（简称扬子石化公司）和中国石化集团资产经营管理有限公司扬子石化分公司（简称资产公司扬子分公司）统称扬子石化，占地面积12.43平方千米，位于江苏省南京市北郊，南临长江，北接京沪铁路，与国家级的南京化学工业园融为一体。扬子石化成立于1983年，前身为30万吨/年乙烯工程，于1984年开工建设，1990年全面投产。从1993年开始，公司聚焦做强主业，坚持内涵挖潜与外延发展相结合的思路，先后实施了三轮大规模技术改造，现拥有1250万吨/年炼油、80万吨/年乙烯、140万吨/年芳烃、600万吨/年成品油等60套大型石油化工装置，以及配套齐全的公用工程和储运物流系统。公司本部共有15个职能部门、9个生产单位、7个业务中心，管理清江石化、泰州石化2家子公司，参股扬巴公司（化工）、扬子昕特玛（碳五树脂）、扬子英力士（醋酸）、扬子林德（工业气体）、扬子清江物流（仓储物流）等5家合资企业，是国内重要的成品油、基础化工原料、合成材料生产商。截至2022年底，公司整体资产规模382.87亿元；用工总量8693人（其中：公司本部7371人、清江石化728人、泰州石化594人）。近年来，扬子石化聚焦中国石化新使命、新任务，打造现代化绿色新材料和高端化学品基地，大力推进安全发展、绿色发展、创新发展、高端发展，奋力建设绿色卓越奋进新扬子，为地方经济社会发展作出了积极贡献。

2022 年装置大修圆满成功

机器人在现场智能巡检

教育帮扶对接

2022 年全国行业职业技能竞赛

炼油结构调整项目连续创造 1000 万安全工时新纪录

中韩（武汉）石油化工有限公司

乙烯厂区

中韩（武汉）石油化工有限公司（简称中韩石化）是中国石化和韩国SK公司以65%：35%的股比合资成立的大型炼油化工企业，目前是我国华中地区重要炼油化工生产基地。

中韩石化成立于2013年10月28日，于2019年完成对武汉石化炼油资产并购，同年7月1日，一体化合资公司并表运营。公司由炼油和化工两个厂区组成，拥有850万吨/年炼油综合配套能力和110万吨/年乙烯生产能力。

十年来，公司坚持产业报国，累计加工原油7479万吨，生产乙烯795万吨，供应成品油4730万吨，生产树脂产品964万吨，累计实现工业总产值4700亿元，上缴利税878亿元。中韩石化全力服务地方经济社会发展，带动上下游产业链年产值超1200亿元。

未来，中韩石化将继续坚持以习近平新时代中国特色社会主义思想为指引，牢记初心使命，在中国石化扛稳扛牢“三大核心职责”的生动实践中，稳步推动企业高质量发展，为“打造具有强大战略支撑力、强大民生保障力、强大精神感召力的中国石化”作出新贡献。

乙烯夜景图

炼油厂区

中韩石化乙烯厂区白鹭园

中石化（北京）化工研究院有限公司

北京化工研究院创建于1958年6月，是中国较早从事石油化工综合性研究的科研机构，1998年9月整体进入中国石化，2021年7月29日新成立中石化（北京）化工研究院有限公司，成为具有独立法人资格的创新型企业。

经过65年的积淀与发展，北京化工研究院在能源化工和新材料领域具有扎实的学科基础和雄厚的研发实力，是国务院国资委部署中国石化打造化工新材料领域原创技术策源地的牵头单位，被国务院国企改办纳入“科改示范企业”，获“全国文明单位”称号，入选国家工信部第五批工业遗产，被评为中国石化对标一流管理提升行动“标杆企业”，在国务院国资委“科改企业”专项考核中荣获“标杆企业”称号。

技术开发

工业应用

产品推广

院本部院貌

国家科技奖励证书

废聚烯烃塑料催化裂解

太阳能树

“塑料黄金”1-聚丁烯

5G 覆铜版黏合剂液体橡胶

锂电池隔膜

聚焦国家能源化工和新材料领域的高质量发展，北京化工研究院勇担国家战略科技力量。在乙烯技术、催化科学与工程、合成树脂、合成橡胶、合成纤维、有机与精细化工、化工环保、医卫材料、高分子资源化利用等领域具有扎实的学科基础和雄厚的研发实力，在氢能、太阳能、工程塑料、光电材料、智能材料等新能源新材料基础前瞻新领域方面取得重要突破，技术和产品涉及能源、健康、交通、农业、生态等应用领域。

拥有中国工程院院士 2 人，享受国务院政府特殊津贴 10 人，“百千万人才工程”国家级人选 2 人；中国石化首席科学家 1 人，首席专家 2 人、高级专家 4 人。拥有 4 个国家工程研究中心和重点实验室、8 个国家级和行业性技术中心，承担 5 个国内外行业协会秘书处职能，设有 5 个中国石化技术中心、2 个联合研发创新中心和 6 个中国石化重点实验室，拥有通州、天津两大科学试验基地，以及 2 个一级学科硕士学位授权点，具有联合培养博士研究生资格，设有博士后科研工作站。

截至 2022 年底，累计获省部级及以上科技奖励 514 项，其中国家级奖励 88 项，包括国家科技进步特等奖 1 项，一等奖 2 项、二等奖 9 项，国家技术发明奖 10 项。专利申请量每年超过 900 件，累计申请中国发明专利 8867 件，获授权 5200 件；申请境外专利 1545 件，获授权 926 件；拥有专有技术 84 项；获中国专利金奖 2 项、银奖 3 项、优秀奖 12 项。

在“十四五”新征程中，北京化工研究院将以习近平新时代中国特色社会主义思想为指导，全面提高担当国家战略科技力量的能力和水平，加快实现高质量发展，助力打造具有强大战略支撑力、强大民生保障力、强大精神感召力的中国石化，为全面推进中国式现代化作出更大贡献！

中石化广州工程有限公司

作为专利商与承包商承建的河南省首座油氢合建站投运

参建的智利 HIF 公司 Haru Oni 示范项目工厂产出全球首桶绿色合成汽油

中石化广州工程有限公司成立于 1956 年 10 月，前身为石油工业部抚顺设计院、中国石化集团洛阳石油化工工程公司，现已成长为能源化工行业集技术开发、工程咨询、工程设计、工程承包为一体的国家高新技术企业，拥有国家综合甲级设计资质。

多年来，该公司累计获国家、省部级技术发明奖和科技进步奖 433 项，拥有国内外有效授权专利 994 余件、专有技术 195 项，创造了多项“共和国第一”和“世界第一”，可为不同规模的半工业化试验、工业试验和示范装置提供一站式解决方案；累计完成国内石油炼制、石油化工、油气储运、现代煤化工、新能源等领域大中型工程建设项目 5000 余项，炼化一体化设计拿总能力、装置大型化设计能力、数字化交付能力居同行业领先地位。完成海外设计、采购、总承包项目近百项，业绩遍及亚洲、欧洲、美洲、非洲诸多地区。哈萨克斯坦阿特劳炼油厂、科威特阿祖尔新建炼厂项目被誉为“一带一路”建设中的国家新名片。

目前，该公司正以建设世界领先的技术先导型能源化工工程公司为目标，大力弘扬“时代楷模”陈俊武精神，实施五大发展战略，打造“三大五新”技术优势，在谱写中国式现代化新篇章中贡献石化力量。

时代楷模陈俊武陈列室入选全国科学家精神教育基地

承担设计的 340 万吨/年歧化装置在中国海油宁波大榭石化建成投产

废聚烯烃塑料催化裂解

太阳能树

“塑料黄金”1-聚丁烯

5G覆铜版黏合剂液体橡胶

锂电池隔膜

聚焦国家能源化工和新材料领域的高质量发展，北京化工研究院勇担国家战略科技力量。在乙烯技术、催化科学与工程、合成树脂、合成橡胶、合成纤维、有机与精细化工、化工环保、医卫材料、高分子资源化利用等领域具有扎实的学科基础和雄厚的研发实力，在氢能、太阳能、工程塑料、光电材料、智能材料等新能源新材料基础前瞻新领域方面取得重要突破，技术和产品涉及能源、健康、交通、农业、生态等应用领域。

拥有中国工程院院士2人，享受国务院政府特殊津贴10人，“百千万人才工程”国家级人选2人；中国石化首席科学家1人，首席专家2人、高级专家4人。拥有4个国家工程研究中心和重点实验室、8个国家级和行业性技术中心，承担5个国内外行业协会秘书处职能，设有5个中国石化技术中心、2个联合研发创新中心和6个中国石化重点实验室，拥有通州、天津两大科学试验基地，以及2个一级学科硕士学位授权点，具有联合培养博士研究生资格，设有博士后科研工作站。

截至2022年底，累计获省部级及以上科技奖励514项，其中国家级奖励88项，包括国家科技进步特等奖1项，一等奖2项、二等奖9项，国家技术发明奖10项。专利申请量每年超过900件，累计申请中国发明专利8867件，获授权5200件；申请境外专利1545件，获授权926件；拥有专有技术84项；获中国专利金奖2项、银奖3项、优秀奖12项。

在“十四五”新征程中，北京化工研究院将以习近平新时代中国特色社会主义思想为指导，全面提高担当国家战略科技力量的能力和水平，加快实现高质量发展，助力打造具有强大战略支撑力、强大民生保障力、强大精神感召力的中国石化，为全面推进中国式现代化作出更大贡献！

中石化（上海）石油化工研究院有限公司

中石化（上海）石油化工研究院有限公司（以下简称公司）是我国较早从事石油化工技术研发的综合性科研机构。前身为上海市石油化学研究所，成立于 1960 年。1984 年，成为中国石化直属科研单位，1990 年更名为上海石油化工研究院。2022 年，为进一步完善公司法人治理结构，“中石化（上海）石油化工研究院有限公司”注册成立，成为中国石化子公司。

截至目前，公司有正式职工 754 人，高级职称以上骨干 372 人，其中博士 247 名、硕士 269 名，公司始终坚持“人才是创新的第一资源”理念，深入实施“人才强院”工程，培育了一批科技领军人才、青年创新人才和创新团队。成长出中国工程院院士 2 名、中国科学院院士 1 名，全国创新争先奖获得者 2 名，何梁何利基金科学与技术创新奖 2 名，侯德榜化工科学技术奖 10 名，国家突出贡献中青年专家、国家中青年科技创新领军人才数名。

公司主要从事有机原料（烯烃、芳烃及其大宗衍生物）、碳一化工、合成材料、油气助剂、精细化工等领域的技术创新与成果转化，研究领域涵盖了当前石油化工及煤化工产业链的主体技术。主要开发了丙烯腈、甲苯歧化、苯乙烯、醋酸乙烯、环氧丙烷、精对苯二甲酸、乙苯、异丙苯、裂解汽油加氢、甲醇制烯烃、合成气制乙二醇等一大批具有我国自主知识产权的催化剂和成套技术。创制的全新结构分子筛 SCM-14 获国际分子筛协会授予的结构代码 SOR，实现了我国企业在该领域零的突破。

截至目前，累计申请中国专利 8873 件，获授权 5615 件；累计申请涉外专利 934 件，获授权 594 件。累计获省部级以上奖励 338 项，其中国家科技进步特等奖 1 项、一等奖 2 项，二等奖 10 项，国家技术发明二等奖 5 项，中国专利金奖 5 项，中国石化科技进步奖特等奖 4 项、一等奖 31 项、二等奖 34 项，技术发明一等奖 3 项、二等奖 9 项等，以及中国石化前瞻性基础性研究科学奖一等奖 5 项、二等奖 5 项。

高通量实验室

全新结构分子筛创新团队

办公楼

评价装置

地址：上海市浦东北路 1658 号
公司电话：+86（21）68461723　68461507
联系人：关震宇　13916038800
邮编：201208
网址：http://www.sript.com.cn
高磊　13661506215

中石化碳产业科技股份有限公司

2022年9月22日，我国首个碳全产业链科技公司——中石化碳产业科技股份有限公司在南京揭牌成立

碳科公司于2022年9月22日在江苏南京揭牌成立，注册资本金25亿元，由中国石化股份公司、南化公司、石油工程建设公司、联合石化公司、上海工程公司、南京工程公司按46%：34%：5%：5%：5%：5%股比设立，隶属中国石化股份公司。

碳科公司是我国首个碳全产业链科技公司，是中国石化从事二氧化碳捕集、利用和碳资产运营的专业化经营实体；是中国石化面向国内外碳产业市场提供综合解决方案的一体化服务商；是中国石化以科技创新支撑和引领碳产业发展的高科技企业。公司主要业务：一是推进二氧化碳资源化利用。通过筛选、引进、开发等手段，推进二氧化碳捕集、化工利用、化学链矿化、油田驱油、地质封存产业化，实现减碳、控碳、负碳。二是推进碳资产价值挖掘和变现。挖掘系统内外碳汇潜力，通过开发碳资产、实施碳交易等手段，加速提升碳资产价值，引领碳利用技术产业化商业化发展，做强做大碳产业，实现由减碳、控碳、负碳向碳价值创造转变。

碳科公司将重点围绕建设碳全产业链技术体系、加速CCUS产业商业化运营、挖掘碳资产开发潜力、创新现代化企业治理体系，打造“科技＋数字＋资本”融合发展的“专精特新”示范企业，努力建设成为具有全球影响力的碳资源管理公司。

碳科公司与南京市江北新区签订落户协议

碳科公司荣获南京市江北新区2022年度最具潜力奖

石化盈科信息技术有限责任公司

石化盈科信息技术有限责任公司（简称石化盈科）成立于2002年，是由中国石油化工股份有限公司、香港电讯盈科企业资源有限公司共同出资成立的合资公司，2022年引入战略投资者浙江中控技术股份有限公司。公司本部设在北京，在北京、上海、广州、南京、西安、武汉、沈阳、香港等地设立了分支机构。

依托多年能源化工行业信息化最佳实践经验，面向未来产业互联趋势，石化盈科以市场为导向，构建起咨询、设计、研发、交付、运营的完整服务价值链，形成了咨询规划、智慧经营、智能制造、商业新业态、新基础设施、智能硬件等核心业务。凭借丰富的行业经验，专注于将先进的ICT技术与传统产业结合，石化盈科已成长为能源化工行业全产业链信息化解决方案和产品的提供商，能够为客户提供优质和专业的信息技术服务。积蓄多业务能力，积极参与国家制定标准，打造了面向能源化工行业自主知识产权的工业互联网平台ProMACE®，积聚工业数据、工业模型和工业知识，创新运营模式，重构和优化产业价值链。

石化盈科是国家规划布局内重点软件企业和高新技术企业，拥有信息系统服务交付能力等级一级五星、CMMI5级、电子与智能化工程专业承包一级、建筑智能化系统设计专项甲级、安防工程企业设计施工能力一级、国家首批ITSS认证等多项顶级资质，通过ISO 9001、ISO 20000、ISO 27001、ISO 14001、ISO 45001、HSE等多种体系认证，是中国智能制造系统解决方案供应商联盟副理事长单位，中国软件协会常务理事单位。

石化盈科以“企业数字化转型的使能者”为愿景，将“服务+平台+产品”作为企业数字化转型的核心动力，为客户赋值、赋智、赋能，帮助客户重塑管理架构，创新商业模式，实现战略转型，推动能源化工行业向数字化、网络化、智能化迈进。

智慧经营领域，聚焦战略管控

着力于提升战略与投资管理、财务管理、风险管控、人力资源管理、物资供应管理、综合协同等信息化应用，推动组织扁平化、企业平台化、管理可视化，实现集中、精准、集约、智能的新一代集团管控。

智能制造领域，聚焦提质增效

布局数字技术与板块业务深度融合，打造智能油气田、智能工厂、智能服务站、智能研究院，实现全产业链的智能制造。提升生产全过程、作业现场全场景集成互联和精准管控水平，提高全要素生产率和创效能力，激发企业经营活力，实现高效生产、安全生产、绿色制造，提升发展质量和效益。

商业新业态领域，聚焦价值创造

以重点发展新一代电子商务、新零售和融合协同三大业务为核心，打造移动化、社交化和生态化的商业新生态平台，形成统一入口优势，创新商业模式，重塑服务业态。

新基础设施领域，聚焦数字赋能

努力夯实发展基础，打造新一代基础支撑平台和跨数据中心全局资源调度的云服务能力，实现运维向云服务运营转型。充分应用新技术打造智能基础设施解决方案，形成国内领先的企业级 ICT 基础设施与智能工程解决方案能力。

智能硬件领域，聚焦万物互联

依托自有的智能硬件研究室及工控安全实验室，开展智能物联、智能协同、智能控制、智能安全、智能装备等产品的研发，为企业提供现场全面感知、装备边缘智能、云边高效协同、信创安全可控的全面支撑。

中石化广州工程有限公司

作为专利商与承包商承建的河南省首座油氢合建站投运

参建的智利 HIF 公司 Haru Oni 示范项目工厂产出全球首桶绿色合成汽油

中石化广州工程有限公司成立于 1956 年 10 月，前身为石油工业部抚顺设计院、中国石化集团洛阳石油化工工程公司，现已成长为能源化工行业集技术开发、工程咨询、工程设计、工程承包为一体的国家高新技术企业，拥有国家综合甲级设计资质。

多年来，该公司累计获国家、省部级技术发明奖和科技进步奖 433 项，拥有国内外有效授权专利 994 余件、专有技术 195 项，创造了多项“共和国第一”和“世界第一”，可为不同规模的半工业化试验、工业试验和示范装置提供一站式解决方案；累计完成国内石油炼制、石油化工、油气储运、现代煤化工、新能源等领域大中型工程建设项目 5000 余项，炼化一体化设计拿总能力、装置大型化设计能力、数字化交付能力居同行业领先地位。完成海外设计、采购、总承包项目近百项，业绩遍及亚洲、欧洲、美洲、非洲诸多地区。哈萨克斯坦阿特劳炼油厂、科威特阿祖尔新建炼厂项目被誉为“一带一路”建设中的国家新名片。

时代楷模陈俊武陈列室入选全国科学家精神教育基地

目前，该公司正以建设世界领先的技术先导型能源化工工程公司为目标，大力弘扬“时代楷模”陈俊武精神，实施五大发展战略，打造“三大五新”技术优势，在谱写中国式现代化新篇章中贡献石化力量。

承担设计的 340 万吨 / 年歧化装置在中国海油宁波大榭石化建成投产

催化剂公司

【概况】 中国石化催化剂有限公司（简称催化剂公司）是中国石化催化剂生产、销售和服务的责任主体。2004 年底，中国石化对系统内催化剂业务实施企业层面的专业化重组，组建中国石化催化剂分公司，并在 2013 年改制为中国石化的全资子公司。

催化剂公司主营业务为催化剂的生产、销售与服务。产品涵盖炼油、聚烯烃、基本有机原料、煤化工、环保、吸附剂及助剂 6 类近 300 个品种，年生产能力达 24 万吨。

截至 2022 年底，催化剂公司机关设置职能业务部门 11 个，下辖 9 家生产经营性单位、1 家工程制备研究院、2 家商贸型单位和 2 家直属机构，9 家生产经营性单位主要分布在北京、上海、天津、湖南、山东、辽宁和江苏 7 个省（直辖市）。催化剂公司用工总量 3300 余人，有各类专业经营管理及专业技术人员 1500 余人。其中，教授级职称 33 人，高级职称 509 人；有博士 31 人、硕士 330 人，专（兼）职科研人员 500 余人。设有 2 个院士专家工作站（机关、长岭）和 2 个博士后工作站（工程技术研究院、长岭）。

催化剂公司主要生产经营指标见表 1。

（李宇敏）

【盈利能力大幅提升】 2022 年，催化剂公司高效统筹各基地生产资源，常规用剂和重点产品生产销售有序得力，国产化替代取得多项实质突破，销量增幅达到业内领先水平。在疫情封控、原材料上涨、供应短缺等不利形势下，裂化剂、加氢剂销售持续增长，高附加值芳烃剂、化工剂、聚烯烃剂销售大幅增加，系统外和海外的销售占比显著提高，年销售收入首次挤入“百亿俱乐部”，利润总额历史性突破 10 亿元大关，盈利能力大幅提升。

（李宇敏）

【催化剂境外业务逆势上扬】 2022 年，催化剂公司准确研判国际形势新变化，锁定重点目标市场，精心制定营销策略，紧紧抓住市场机遇，克服保供紧张、服务受阻等困难，实现境外销售金额 7.9 亿元，同比增长 67.8%，境外收入占比 9.2%。其中，FCC 催化剂、CO 助燃剂首次出口到欧洲，化工催化剂 PX 吸附剂等 7 个品种实现首次出口，加氢催化剂、重整催化剂、聚烯烃催化剂境外市场再创新高，尤其是聚烯烃催化剂销量同比增长 249%，远东某境外市场拓展取得显著成效，市场占有率 80%。

（李宇敏）

【本质安全环保水平全面提升】 催化剂公司始终以“1234”安全工作总体思路为主线，把安全环保摆在各项工作首位，坚持最严标准、最严管理、最严考核，“1234”安全工作总体思路深入人心，HSE 管理体系有效运行，管理要素得到分类识别、分级承接，开展危化品、老旧装置风险排查和安全生产专项整治，推进安全环保网格化管理，严格风险管控和隐患排查，大打污染防治攻坚战，助力 2022 年冬奥会、冬残奥会空气质量保障获得好评，本质安全环保水平持续提升，并再次以 A 档通过集团公司绿色企业复核，入选中国石化“无废集团”建设试点单位。

（李宇敏）

【产业布局成型升级】 催化剂公司紧跟炼化企业转型发展步伐，不断优化产业布局，多个基地项目建设齐头并进，一批调结构优存量装置完成性能提升，天津有限公司注册运营，光伏、信息化建设赋能产业发展，高端精细化学品、高纯化学品、油田助剂等效益增长板块加快培育，生产资源规模化整合、集约化开发取得积极成效，企地共赢合作链条更加紧密，产业链、上下游“朋友圈”拓展延伸，国际化收购取得宝贵经验，为助推炼化企业提质增效、产能提升和支撑业务发展提供坚实的产业保障。

（李宇敏）

【科技创新动能得到有力释放】 持续加大科技创新力度，在核心技术突破、重点项目推进、对外交流合作、创新成果转化等方面聚力攻坚，科技驱动发展能力持续增强。深度参与集团公司“十条龙”重点攻关项目，完成“第三代高效环保芳烃成套技术开发与工业应用”“15 万吨 / 年 CHP 法制环氧丙烷成套技术工业应用”2 个项目攻关目标。与各研究院开展新产品放大实验，完成直接法制备梯级孔 FCC 催化剂、HBC-3WH 催化裂化催化剂等 29 个新产品的转化，其中 17 个新产品实现当年销售，新产品收入占比超过 30%，特别是在新能源、新领域方面完成氢燃料电池催化剂、电解水制氢阳极催化剂、天然气重整制氢催化剂、丙烷脱氢催化剂、氯乙烯生产用纳米金催化剂油田化学助剂等的新产品转化，为催化剂公司转型发展、进入新能源、新材料领域、提高产品的市场竞争力提供技术支撑。部分科技项目获中国石化技术发明奖一等奖、科技进步奖一等奖，申报“稀土分子筛催化新材料制备关键技术及应用”“刚性环结构聚合单体及聚合物生物制造关键技术”2 项国家重点研究计划，有序推进北京化工大学联合共建“化工资源有效利用国家重点实验室”。全年申请专利 122 件，获得专利授权 63 件，其中包括 1 件国外专利。

（李宇敏）

【入选国家级“科改示范企业”】 2022 年 3 月，国务院国有企业改革领导小组办公室发布最新“科改示范企业”名单，集团公司共有 3 家企业入选国家级“科改示范企业”，催化剂公司为其中之一。2022 年，催化剂公司继续推进科改示范行动，编制“科改示范行动”2022—2025 年综合改革方案，推进修理费改革试点，激发职工活力效率，制定实施生产运营体制机制改革方案，在北京奥达分公司先行先试，基层单位生产专业化、运行高效化、管理精细化探索更进一步。催化剂公司连续 2 年获评国务院国资委“科改示范行动”标杆企业，改革典型经验入选国务院第三批“学先进、抓落实、促改革”专项工作推广名单。

（李宇敏）

【主题行动成效更加显著】 催化剂公司党委深入学习习近平总书记视察胜利油田重要指示精神，以迎接党的二十大为主线，认真落实主题行动要求，紧扣中心任务和重点工作，全力打好经营创效攻坚战、科改示范收官战、推动高质量发展主动战，坚定不移为催化剂公司各方面再立新功、再创佳绩提供高质量党建引领保障。

（李宇敏）

【举办烯烃与聚烯烃催化剂线上国际技术交流会】 2022 年 6 月，催化剂公司和北京化工研究院共同举办烯烃与聚烯烃催化剂线上国际技术交流会，会议邀请来自泰国、马来西亚、印度尼西亚、印度、荷兰、俄罗斯、菲律宾、越南、韩国、西班牙 10 个国家和台湾地区共 30 余家客户、190 余人参会，集团公司科技部、催化剂公司、北京化工研究院聚烯烃催化剂、碳二碳三加氢精制催化剂和银催化剂等领域的权威专家作相关主题报告。会议是在全球疫情情况下的首次尝试，取得较好的效果。

（李宇敏）

【获得多项国家、集团公司表彰】 2022 年，催化剂公司多家单位和个人先后获中国石化化工提质增效优胜单位、节能环保先进单位、国际合作与外事工作先进集体和中国石化“大监督”工作先进个人、维护稳定工作先进个人、网络安全和信息化工作先进个人、工程建设先进个人、宣传思想工作先进个人、物资供应管理先进个人、财务管理先进个人、质量管理先进个人、安全生产先进职工、节能环保先进管理者、节能环保先进个人、国际合作与外事工作先进个人等多项称号。云溪基地 5 万吨 / 年催化裂化催化剂联合生产装置建设项目获国家优质工程奖。

（李宇敏）

表 1　催化剂公司主要生产经营指标

指标名称 \ 年份	2022	2021	2020	2019	2018	2017
生产各类产品 / 万吨	20.10	19.70	18.30	20.40	18.20	19.80

续表

指标名称＼年份	2022	2021	2020	2019	2018	2017
销售各类产品 / 万吨	21.00	20.30	19.10	20.30	21.60	18.50
销售收入 / 亿元	102.60	89.80	87.40	87.50	79.50	64.20
资产总额 / 亿元	143.80	118.30	114.40	107.20	99.90	89.70

碳科公司

【概况】 中石化碳产业科技股份有限公司（简称碳科公司）成立于2022年9月22日，注册地南京市江北新区，由股份公司、南化公司、石油工程建设公司、联合石化公司、上海工程公司、南京工程公司按46%∶34%∶5%∶5%∶5%∶5%股比设立，隶属股份公司，归口化工和材料板块。

碳科公司是中国首个碳全产业链科技公司，是中国石化从事二氧化碳捕集、利用和碳资产管理运营的专业化经营实体；是中国石化面向国内外碳产业市场提供综合解决方案的一体化服务商；是以科技创新支撑和引领碳产业发展的高科技企业，通过“科技＋数字＋资本”融合发展，努力建设成为具有全球影响力的碳产业公司。其核心任务：①推进二氧化碳资源化利用。通过筛选、引进、开发等手段，推进二氧化碳捕集、化工利用、化学链矿化、油田驱油、地质封存产业化。②推进碳资产价值挖掘和变现。挖掘集团碳汇潜力，通过开发碳资产、实施碳交易等手段，加速提升碳资产价值，引领碳利用技术产业化商业化发展，做强做大碳产业，实现由控碳、减碳、降碳向碳价值管理转型。

（王　宁）

上海石油化工研究院

【概况】 中石化（上海）石油化工研究院有限公司（简称上海石油化工研究院）位于上海市浦东新区，创建于1960年（时称上海市石油化学研究所），1984年转隶原中国石油化工总公司，1990年更名为上海石油化工研究院。2004年12月科技资源整合，上海石化科技开发公司催化剂业务整体并入上海石油化工研究院，2010年4月集团公司完善科技体制机制，在相关企业增设上海石油化工研究院南化分院、仪征分院、天津分院、巴陵分院和川维分院五家分院。2020年12月，“中石化新材料科技（上海）有限公司”注册成立，为新领域技术培育与孵化转化提供良好条件。2022年10月，“中石化（上海）石油化工研究院有限公司”注册成立，进一步完善研究院法人治理结构。主要从事有机原料（烯烃、芳烃及其大宗衍生物）、碳一化工、合成材料、油气助剂、精细化工等领域的技术创新与成果转化，研究领域涵盖当前石油化工及煤化工产业链的主体技术。有“基本有机原料催化剂国家工程研究中心”“绿色化工与工业催化国家重点实验室”等国家级研发基地，建有甲醇转化技术等6个中国石化重点实验室，以及中国石化合成纤维加工应用中心（FTC）等技术创新平台；是全国化学标准化技术委员会石油化学分技术委员会的依托单位，有国家人社部博士后工作站。

截至 2022 年底，正式职工 755 人，其中高级职称以上骨干 376 人。成长出中国工程院院士 2 人、中国科学院院士 1 人，有享受国务院政府特殊津贴专家 38 人。累计获得省部级及以上奖励 332 项，其中国家科技进步奖特等奖 1 项、一等奖 2 项、二等奖 10 项，国家技术发明奖二等奖 5 项，中国专利金奖 5 项，中国石化科技创新功勋奖 2 项、科技进步奖特等奖 4 项，科技进步奖、技术发明奖及前瞻性基础性研究科学奖等一等奖 38 项。累计申请中国专利 8819 件、获授权 5321 件，累计申请涉外专利 895 件、获授权 570 件。

上海石油化工研究院 2022 年度主要科研成果获奖情况和 2017—2022 年专利申请与获授权情况分别见表 1 和表 2。

（班楚婕）

【领导班子调整】 2022 年 8 月 5 日，上海石油化工研究院召开干部大会，宣布集团公司党组对上海石油化工研究院领导班子的调整决定。根据工作需要，集团公司党组经研究决定：李应成任上海石油化工研究院副院长、党委委员，解聘其集团公司化工和材料领域高级专家；刘剑锋任上海石油化工研究院副院长、党委委员；吕晓渊任上海石油化工研究院副院长、党委委员；免去宗弘元的上海石油化工研究院副院长、党委委员职务，转聘集团公司化工和材料领域高级专家。

（班楚婕）

【国内首条全国产化高强高模碳纤维专用线开车成功】 2022 年 11 月 16 日，由上海石油化工研究院牵头建设的国内首条满足航天认证要求的全国产化高强高模碳纤维专用线开车成功，获得高强高模碳纤维产品，经第三方测试，产品力学性能与国外同类产品相当，填补国内技术与生产空白，对支撑中国航天关键战略材料自主可控、保障国家产业安全具有重要意义。高强高模碳纤维是支撑载人航天、人造卫星、深空探测器、战略导弹等大国重器的关键战略材料，2015 年以来，上海石油化工研究院持续开展高强高模碳纤维核心技术攻关，突破高强高模碳纤维关键制备技术。2022 年 2 月，高强高模碳纤维专用线启动安装，7 月 30 日如期建成，11 月 16 日打通全流程并获得高强高模碳纤维产品。

（班楚婕）

中国石化高强高模碳纤维产品

【全球首套催化柴油制轻质芳烃和裂解料中试装置开车成功 实现满负荷运行】 2022 年 9 月 8 日，全球首套催化柴油制轻质芳烃与裂解料（LCO-A）技术工业装置实现满负荷运行，单程转化率大于 99%，从装置采出清澈亮白透亮的加氢裂化油，轻质芳烃产品质量与催化重整装置相当，同时联产优质烯烃原料，转化率、选择性等指标全面超过计划任务目标。该装置采用上海石油化工研究院和工程建设公司联合开发的催化柴油制轻质芳烃（LCO-A）技术，于 1 月 19 日在茂名石化一次开车成功，是一套从高稠芳、低十六烷值 LCO 生产芳烃和烯烃原料的千吨级试验装置，设计规模达 1600 吨 / 年，其中采用的由上海石油化工研究院自主开发的高性能化工型加氢裂化催化剂，实现 LCO 中芳环结构的最大化利用，为炼化一体化装置的催化柴油增值利用提供新的解决方案，为中国石化芳烃产业链重构提供重要的技术支撑。

（班楚婕）

【茂名石化低成本乙烷裂解气制乙苯 / 苯乙烯装置开车成功】 2022 年 5 月 30 日，中国石化“十条龙”科技攻关项目“低成本乙烷裂解气制 40 万吨 / 年苯乙烯成套技术开发”装置在茂名石化一次开车成功，主要性能指标均满足或优于设计值，获得的乙苯产品纯度达 99.8%、苯乙烯产品纯度达 99.96%，超过国家优等品纯度要求。该装置采用粗裂解气制乙苯 / 苯乙烯生产新技术，由上海石油化工研究院联合多家单位开发，是世界上首次采用乙烷裂解气（粗裂解气）为原料生产乙苯 / 苯乙烯的大型化装置，其成功开车标志着中国石化乙苯/苯乙烯新技术取得重大突破，对于炼油化工产业实现降本增效和绿色发展、助力实现“双碳目标”具有重要战略意义。

（班楚婕）

【第三代芳烃成套技术实现工业应用】 2022年6月8日，中国石化“十条龙”科技攻关项目“第三代高效环保芳烃成套技术开发与工业应用”在九江石化一次开车成功，主要性能指标均满足或优于设计值。该装置采用中国石化自主开发的第三代芳烃成套技术，具有投资成本低、能耗低、催化剂应用效率高等优势，其成功开车标志着中国石化芳烃技术达到国际领先水平，显著提升中国芳烃技术的国际竞争力。第三代芳烃技术是面向国家产业布局的重点项目，作为主要项目成员单位，上海石油化工研究院承担甲苯歧化与烷基转移装置的催化剂与成套技术研发任务，创制抗高萘系物原料的高效催化剂及节能新工艺，实现芳烃装置重质原料的深度利用，有效降低装置燃动消耗。

（班楚婕）

【高收率烯烃裂解技术达到国际领先水平】 2022年6月，“高收率烯烃裂解技术的创制与工业应用”项目通过中国石化组织的技术鉴定。该项目研制新型高选择性烯烃催化裂解催化剂，形成新一代高收率烯烃裂解（高收率OCC）成套技术，为低附加值C_{4^+}烯烃的高效利用提供新的解决方案，技术达到国际领先水平，有力提升中国烯烃生产技术实力。该技术由上海石油化工研究院开发，丙烯和乙烯收率比第一代OCC技术提高60%以上，实现跨越式提升。采用该技术在联泓新科建成的9万吨/年烯烃裂解装置实现稳定运行，通过与甲醇制烯烃（MTO）装置高效集成，实现MTO装置醇耗下降10%，领先于国内外同类装置。2021年，上海石油化工研究院OCC技术获2021年度美国《烃加工》杂志最佳石油化工技术奖，是中国石化技术首次获得这一国际奖项；同年，该技术成功出口乌兹别克斯坦，助力“一带一路”国家建设发展。

（班楚婕）

【甲醇制芳烃成套技术（S-MTA）总体居于国际领先水平】 2022年6月15日，由上海石油化工研究院牵头承担的“3.6万吨/年甲醇制芳烃（S-MTA）成套技术研究”项目通过集团公司鉴定。该项目开发的S-MTA成套技术具有催化剂性能稳定、芳烃收率高等优点，技术指标总体居于国际领先水平，为百万吨级S-MTA成套技术的开发和工业化提供设计依据，推动中国煤炭资源清洁利用。该技术由中国石化自主开发，是以煤为原料经甲醇制芳烃的原创技术。2021年，该技术在燕山石化3.6万吨/年S-MTA装置上一次投料开车成功，连续稳定运行727小时，各工艺参数达到设计要求，芳烃碳基总收率78.7%。截至2022年底，S-MTA技术申请中国发明专利62件，获授权45件；申请涉外专利26件，获授权25件。

（班楚婕）

燕山石化3.6万吨/年甲醇制芳烃中试装置

【全国首套非MTBE/酸催化异构化法生产聚合级1-丁烯工业装置开车成功】 2022年11月13日，采用上海石油化工研究院自主研发的全流程1-丁烯技术建设的中安联合2万吨/年1-丁烯装置一次开车成功，产出合格产品。该装置是全国首套非MTBE/酸催化异构化法生产聚合级1-丁烯的工业化装置，采用上海石油化工研究院自主开发的全流程1-丁烯技术采用异构化法技术路线，具有成本能耗低、产能灵活可调、产品质量易于控制、无工业废水等显著优势，为企业提高产品质量、提升经济效益提供新的技术解决方案，为中国石化PE、PB产业链转型发展提供重要的技术支撑。

（班楚婕）

【茂名石化50万吨/年重芳烃轻质化工业示范装置开车成功】 2022年5月21日，采用上海石油化工研究院开发的成套技术设计建造的茂名石化50万吨/年重芳烃轻质化工业示范装置一次投料开车成功，取得合格产品。该装置采用上海石油化工研究院开发的成套技术设计建造，以重整重芳烃为原料生产混二甲苯及烯烃裂解原料，为炼油企业"油转化"提供技术支撑。

（班楚婕）

【新一代甲苯歧化催化剂工业试验开车成功】 2022年6月5日，上海石油化工研究院研发的新一代HAT-300S甲苯歧化与烷基转移催化剂在海南炼化工业装置上一次投料成功，产品质量达标。该新型催化剂突破传统技术对原料中烯烃及稠环芳烃含量的严格限制，原料适应性更加优异，为拓展增产芳烃原料、提高低值资源利用率奠定基础，有力支撑企业增效创效、转型升级，推动绿色节能芳烃技术发展。

（班楚婕）

海南炼化新一代HAT-300S甲苯歧化与烷基转移催化剂工业装置

【"高活性低水比乙苯脱氢催化剂及其制备方法"获中国专利银奖】 2022年8月，国家知识产权局发布第二十三届中国专利奖授奖决定，上海石油化工研究院发明专利"高活性低水比乙苯脱氢催化剂及其制备方法"获中国专利银奖。

（班楚婕）

【牵头起草的国家标准通过审查】 2022年6月17日，在全国化学标准化技术委员会石油化学分会（SAC/TC63/SC4）2022年国家标准审查会上，上海石油化工研究院牵头起草的《工业用乙烯、丙烯中微量氧的测定 电化学法》国家标准通过审查。该标准首次将在线分析技术纳入轻质烯烃标准体系，填补国际和国内轻质烯烃氧含量在线分析标准的空白，提升中国石化在轻质烯烃领域的技术引领力和行业影响力。

（班楚婕）

【牵头承担中国石化首批"揭榜挂帅"项目】 2022年3月，中国石化首批6个"揭榜挂帅"项目正式立项，上海石油化工研究院研究团队积极参与、"揭榜应征"，经过专家论证和评审，"超净高纯异丙醇（G5级）技术开发与应用"项目由上海石油化工研究院研究团队挂帅，成为系统内唯一揭榜成功的单位。上海石油化工研究院研究团队自揭榜以来，持续加快"卡脖子"技术攻关，短期内取得重要突破，成功制备出纯度大于99.999%的异丙醇产品，获下游用户认可，10吨/年中试装置完成建设。

（班楚婕）

【"中石化（上海）石油化工研究院有限公司"注册成立】 2022年10月20日，"中石化（上海）石油化工研究院有限公司"在上海市浦东新区完成注册登记，标志着"分转子"科技体制改革取得重要进展，研究院法人治理结构进一步完善。12月21日，中石化（上海）石油化工研究院有限公司第一届董事会第一次会议召开，审议并通过11项董事会运行保障相关制度，以及《经理层成员薪酬管理办法》《经理层成员经营业绩考核管理办法》，企业现代化管理迈上新台阶。

（班楚婕）

【创新成果参与首届大国工匠创新交流大会】 2022年4月27—29日，由中华全国总工会主办、以"技能强国，创新有我"为主题的首届大国工匠创新交流大会以线上线下多种形式在北京、深圳等地举行。中国石化展区集中展示30项具有行业领先水平的优秀职工创新成果，其中上海石油化工研究院"乙苯脱氢催化剂及成套技术"参与交流展示。该项目创制低温低水比催化剂，首创反应/分离全流程能量耦合节能工艺及关键设备工程技术，实现绿色节能苯乙烯成套技术突破，催化剂在国内大规模应用，实现 18 次出口海外，成套技术对外许可 26 套，累计获国家及省部级技术发明奖、科技进步奖 19 项。

（班楚婕）

表 1　上海石油化工研究院 2022 年度主要科研成果获奖情况

序号	项目名称	获奖名称	获奖等级
1	高活性低水比乙苯脱氢催化剂及其制备方法	中国专利奖	银奖
2	高稳定性甲醇制芳烃催化剂及成套技术开发	集团公司前瞻性基础性研究科学奖	二等奖
3	先进复合材料专用树脂结构设计及开发	集团公司前瞻性基础性研究科学奖	三等奖
4	高收率烯烃催化裂解技术的创制与工业应用	集团公司科技进步奖	一等奖
5	绿色低碳乙苯脱氢催化剂技术创新及应用	集团公司科技进步奖	二等奖
6	碳四烯烃与乙烯歧化制丙烯双功能催化剂开发及工业应用	集团公司科技进步奖	二等奖
7	精对苯二甲酸核心分析技术与国家标准、ASTM 标准的研制及应用	中国石油和化学工业联合会科技进步奖	二等奖

表 2　上海石油化工研究院 2017—2022 年专利申请与获授权情况　件

年　份	国内专利		国外专利	
	申请数	获授权数	申请数	获授权数
2022	625	441	142	100
2021	608	451	110	71
2020	581	514	93	57
2019	603	382	46	41
2018	567	403	45	41
2017	588	378	42	26

北京化工研究院

【概况】 中国石油化工股份有限公司北京化工研究院（简称北京化工研究院）成立于 1958 年 6 月，是中国最早从事石油化工综合性研究的科研机构，曾隶属化学工业部。1998 年 9 月转制进入集团公司。2010 年，按照集团公司整体部署，燕山石化研究院成为北京化工研究院燕山分院，燕山树脂所、齐鲁石化研究院、扬子石化研究院成为北京化工研究院挂牌分院。2019 年，中石化宁波新材料研究院作为北京化工研究院宁波分院挂牌成立。2021 年 7 月 29 日成立中石化（北京）化工研究院有限公司，成为具有独立法人资格的科技型企业。

北京化工研究院形成一院多地的发展格局。院本部位于朝阳区北三环内，占地面积 9.7 万平方米，建筑面积 6.0 万平方米，设有 13 个研究所、1 个二级单位（燕山分院）、4 个专业中心、11 个机关职能部门和 1 个项目指挥部。燕山分院位于房山区向阳街道，占地面积 30 万平方米，建筑面积 6.1 万平方米，设有 7 个专业研究室。通州科学试验基地位于通州区次渠镇光机电一体化产业基地，占地面积 23 万平方米，建筑面积 5.0 万平方米。天津科学试验基地位于天津滨海新区大港石化产业园区内，占地 37 万平方米。截至 2022 年底，全院在职员工 1104 人，其中中国工程院院士 2 人，集团公司首席科学家 1 人，享受政府特殊津贴 10 人，“百千万人才工程”国家级人选 2 人，国家万人计划专家 1 人，集团公司首席专家 2 人、高级专家 4 人、突出贡献专家 19 人，集团公司科技创新功勋奖 2 人，博士 360 人、硕士 401 人。

北京化工研究院共承担聚烯烃国家工程研究中心、橡塑新型材料合成国家工程研究中心、国家基本有机原料质量监督检验中心、工业废水无害化与资源化国家工程研究中心、国家先进高分子材料测试评价平台、国家化学建材测试中心等 11 个国家级和行业性技术中心职能，参与建设生物源纤维制造技术国家重点实验室，承担国际标准化委员会（ISO）塑料 - 力学性能分会等 5 个国内外行业协会秘书处职能；设有 5 个中国石化技术中心、2 个中国石化联合研发（创新）中心和 5 个中国石化重点实验室，有 7 项设计制造资质；建设配备聚烯烃中试技术中心（PPC）、塑料技术中心（PTC）、橡胶技术中心（RTC）、高通量研发技术中心（HTC）等专业技术平台；创办《石油化工》《化工环保》和《国内外石油化工快讯》3 个学术期刊和行业性杂志；有化学工程与技术、材料科学与工程 2 个一级学科硕士学位授权点，具有联合培养博士研究生资格，设有博士后科研工作站。

截至 2022 年底，北京化工研究院共获省部级以上科技奖励 514 项，包括国家技术发明奖 10 项，国家科技进步奖特等奖 1 项、一等奖 2 项、二等奖 9 项，中国专利金奖 2 项、银奖 3 项。其中，2022 年度获集团公司前瞻性基础性研究科学奖 1 项、技术发明奖 3 项、科技进步奖 7 项，石化联合会科学技术奖励 4 项、中国化工学会科学技术奖励 4 项。累计申请国内发明专利 8867 件，获得授权 5200 件，申请境外发明专利 1545 件，获得授权 926 件，有专有技术 84 项。

北京化工研究院 2022 年度主要科研成果获奖情况和 2016—2022 年专利申请与获授权情况见表 1 和表 2。

（叶杰铭）

【领导班子调整】 2022 年 1 月 10 日，集团公司党组对北京化工研究院领导班子进行调整：解聘孙玉国的北京化工研究院副院长职务，任二级协理员。

（胡　法）

【中石化（北京）化工研究院有限公司董事会和监事会成员调整】 2022 年 9 月 8 日，中石化（北京）化工研究院有限公司董事会董事进行调整，余夕志、施俊林、张凯、庄毅 4 人任中石化（北京）化工研究院有限公司董事会董事，刘训书、彭鸽威、牛文魁 3 人不再担任中石化（北京）化工研究院有限公司董事会董事职务。10 月 23 日，免去莫正林监事会主席、监事职务。12 月 20 日，王建民任中石化（北京）化工研究院有限公司监事会主席。

（胡　法）

【第四次党代会隆重召开】 2022 年 7 月 14—15 日，中共中国石化北京化工研究院第四次代表大会隆重召开。会议全面贯彻党的十九大和十九届历次全会精神，深入贯彻习近平总书记视察胜利油田重要指示精神，总结过去 5 年的成绩和经验，研究谋划今后 5 年党的建设工作，明晰实现高质量党建的路径方法和措施任务，大会选举产生中共中国石化北京化工研究院第四届委员会、第四届纪律检查委员会，选举戴锭为中共中国石化北京化工研究院第四届委员会书记、王建民为中共中国石化北京化工研究院第四届纪律检查委员会书记。

（胡　法）

【入选国家级“科改示范企业”】 2022年3月18日，北京化工研究院被国务院国有企业改革领导小组办公室纳入国家“科改示范行动”提质扩容范围，成为中国石化第3家国家级“科改示范企业”，也是唯一一家入选的直属科研单位。

（胡 法）

【首席科学家工作室挂牌成立】 2022年10月9日，集团公司化工与材料领域首席科学家工作室在北京化工研究院挂牌成立，遴选科技领军人才、科研骨干进入集团公司首席科学家领衔的科研团队，优选优秀青年科技人才担任首席科学家科研助手，集结各方优势力量，通过“产销研用”协同攻关和“产学研”合作创新，实现全产业链贯通创新，推动化工与材料领域关键方向“卡脖子”技术创新突破，实现人才培养和科技攻关“双赢利”。

（胡 法）

首席科学家工作室挂牌成立

【加入物质绿色创造与制造海河实验室】 2022年3月9日，北京化工研究院被聘为物质绿色创造与制造海河实验室理事单位，集团公司首席科学家、北京化工研究院院长吴长江被聘为理事会理事。

（胡 法）

【天津科学试验基地厂前区建筑全部封顶】 北京化工研究院天津科学试验基地建设项目克服疫情和冬季低温强风环境影响，经过116天的加紧建设，于2022年12月25日完成厂前区四栋建筑物主体结构封顶工作，提前5天完成控制点目标。

（胡 法）

【国家战略科技攻关任务VD21生产出合格产品】 北京化工研究院3吨/年医用关键原料VD21生产装置于2022年7月1日一次开车成功，7月12日打通全流程，产出合格产品。

（杨芳芳）

【高等规聚1-丁烯成套技术开发“十条龙”项目“出龙”】 2022年11月30日，北京化工研究院参与承担的中国石化“十条龙”攻关项目“高等规聚1-丁烯成套技术开发”项目成功“出龙”。3000吨/年高等规聚1-丁烯工业示范装置在镇海炼化开车成功，产出的管材料及系列均聚、无规共聚产品性能与进口同类产品相当。

（杨芳芳）

【气田采出水深度处理技术开发及工业应用项目通过鉴定】 2022年6月8日，北京化工研究院牵头的“气田采出水深度处理技术开发及工业应用”项目通过集团公司科技部鉴定。该项目成功开发气田采出水深度处理回用成套技术，在普光气田工业应用，是国际首次成功实现低成本气田采出水深度处理回用资源化项目，整体技术处于国际领先水平。

（杨芳芳）

【高分散碳三液相加氢催化剂及其专家控制系统开发和应用项目通过鉴定】 2022年5月20日，北京化工研究院牵头的“高分散碳三液相加氢催化剂及其专家控制系统开发和应用”项目通过集团公司科技部鉴定。该项目采用自主研发的高分散碳三液相加氢催化剂、单段床液相工艺与基于深层专家知识体系开发的碳三加氢反应器专家控制系统相结合，成功应用于齐鲁石化80万吨/年乙烯装置，实现碳三加氢一体化技术的成功开发，该技术处于国际领先水平。

（杨芳芳）

【乙烯精制脱一氧化碳催化剂实现出口】 2022年10月，北京化工研究院开发的具有自主知识产权的乙烯精制脱一氧化碳催化剂，在波兰Grupa Azoty Polyolefins S.A的聚烯烃装置上应用，该装置由韩国现代工程有限公司设计并建造。这是该催化剂首次在欧盟国家进行应用，成功拓展海外应用。

（许景琦）

【前脱乙烷前加氢催化剂完成首次工业应用】 2022年5月，北京化工研究院自主开发的前脱乙烷前加氢催化剂在茂名石化40万吨/年低成本乙烷裂解气制乙苯/苯乙烯工业示范装置中完成首次工业应用，填补国内空白。

（许景琦）

【新型BCC-100催化剂成功完成首次工业应用】 2022年3月，北京化工研究院新型BCC-100催化剂成功在扬子石化CX工艺完成首次工业应用，开创球形淤浆聚乙烯催化剂工业应用的先例，得到的聚合物堆积密度高、细粉少，聚合性能优异。

（许景琦）

【DQS催化剂成功开发高强土工布专用聚丙烯树脂】 2022年10月，北京化工研究院DQS催化剂在济南炼化成功开发出高强土工布用聚丙烯树脂，用作全球首条6米超宽幅聚丙烯长丝土工布生产线的原料，生产的土工布具有良好可纺性和力学性能，撕裂强度、顶破强度达到高铁用料标准，成功实现进口树脂替代，标志着国产化高铁用土工布专用料替代进口迈出关键一步。

（许景琦）

【茂金属聚丙烯催化剂完成首次工业应用试验】 2022年11月，由北京化工研究院自主开发的茂金属聚丙烯催化剂先后在扬子石化Hypol工艺聚丙烯装置和中原石化环管工艺聚丙烯装置完成首次工业应用试验，生产出性能优异的均聚和无规共聚茂金属聚丙烯树脂，助力中国石化成为国内首家成功自主开发茂金属聚丙烯技术的企业。

（许景琦）

【YS-9110银催化剂在扬子石化完成首次工业应用】 2022年10月，由北京化工研究院自主开发的首个高时空产率、高性能银催化剂YS-9110在扬子石化完成首次工业应用，填补中国该类催化剂的技术空白，进一步增强国产银催化剂对EO/EG（环氧乙烷/乙二醇）装置的适应性。

（许景琦）

【POE中试装置在茂名石化一次开车成功】 2022年9月22日，采用北京化工研究院自主开发的催化剂和聚合技术的1000吨/年聚烯烃弹性体（POE）中试装置在茂名石化一次开车成功，打通全流程，产出合格产品，实现连续稳定运行，标志着中国石化成为中国首家具备相关成套自主知识产权的技术专利商，填补国内空白，并为中国石化在建5万吨/年POE工业化装置顺利投产奠定坚定基础。

（许景琦）

【千吨级聚苯乙烯中试装置首次全流程开车成功】 2022年4月3日，北京化工研究院聚苯乙烯研发团队牵头开发的千吨级聚苯乙烯中试装置在湛江新中美化工有限公司首次开车成功，全流程运行顺畅，聚苯乙烯产品达到设计指标，性能优于进口产品，填补国内该领域空白。

（许景琦）

【氢化丁腈工艺装置在齐鲁石化一次开车成功】 2022年12月26日，采用北京化工研究院自主开发技术的5000吨/年氢化丁腈工业装置在齐鲁石化一次开车成功，产品加氢度大于99%，标志着中国石化氢化丁腈技术开发取得成功，工业装置全面进入生产阶段，助力中国特种橡胶技术自立自强。

（许景琦）

【膜法低能耗高纯氦气提纯装置一次开车成功】 2022年11月17日，采用北京化工研究院开发的高效深度脱氢技术、膜法氦气分离技术建成的中国石化首套氦气提纯装置，在重庆石油LNG厂一次开车成功，产出99.999%高纯氦气产品。该项目解决了中国氦气提纯技术的“卡脖子”问题，打破美国和日本在氦气分离膜专有高分子材料领域的技术封锁。

（许景琦）

【重要荣誉】2022年，北京化工研究院入选国家"科改示范企业"、中国科协2021—2025年全国科普教育基地；获中国石化"牢记嘱托、再立新功、再创佳绩，迎接学习贯彻二十大"主题行动先进单位、中国石化2021年度绿色企业、中国石化2021年度财务管理先进单位。

（胡　法）

表1　北京化工研究院2022年度主要科研成果获奖情况

序号	项目名称	获奖名称	获奖等级
1	新型光致发聚合物的创制及应用	集团公司前瞻性基础性研究科学奖	二等奖
2	高分散碳三液相加氢催化剂及其专家控制系统开发和应用	集团公司技术发明奖	二等奖
3	土壤持久性石油烃污染物高效微生修复技术研究	集团公司技术发明奖	三等奖
4	新型耐划伤低散发长寿命聚丙烯关键制备技术及工业应用	集团公司技术发明奖	三等奖
5	新型乙烯齐聚制线性α－烯烃技术开发与工业应用	集团公司科技进步奖	一等奖
6	高浓气田采出水低成本深度处理资源化套技术	集团公司科技进步奖	一等奖
7	CM催化剂技术开发及工业应用	集团公司科技进步奖	二等奖
8	绿色化超高模量聚丙烯树脂的开发及应用	集团公司科技进步奖	二等奖
9	双酚A先进评价方法及ASTM系列标准的建立	集团公司科技进步奖	二等奖
10	抗黏蒸煮型流延膜专用聚丙烯关键技术开发及工业化	集团公司科技进步奖	三等奖
11	污水高比例回用于循环水无磷低磷处理技术	集团公司科技进步奖	三等奖
12	多级孔无机分子筛材料的绿色高效制备关键技术及应用	中国化工学会科技进步奖	三等奖
13	非均相臭氧氧化催化剂制备及应用研究	中国化工学会科技进步奖	三等奖
14	新型双向拉伸聚乙烯薄膜专用树脂分子结构调控及工业化	中国化工学会技术发明奖	一等奖
15	三次采油耐温抗盐驱油聚合物的分子构筑与性能研究	中国化工学会基础研究成果奖	三等奖
16	新型非贵金属高炔烃含量丁二烯抽提尾气选择加氢催化剂研制与应用	石化联合会技术发明奖	三等奖
17	绿色环保轻量化车用聚丙烯关键技术及工业应用	石化联合会科技进步奖	一等奖
18	绿色高性能釜压发泡用聚丙烯关键技术开发及产业化	石化联合会科技进步奖	二等奖
19	新型高效银催化剂的设计开发与应用	石化联合会科技进步奖	三等奖
20	基于高性能性配位聚合催化剂开发绿色多功能聚丙烯关键技术	河南省科学技术进步奖	二等奖
21	脱除燃料电池用氢气中碳氧化物的低温催化剂技术	青岛市技术发明奖	二等奖
22	污水动态膜生物反应器处理关键技术及应用	华夏建设科学技术奖	一等奖
23	用于烯烃聚合的催化剂组分及其制备方法	石油和化学工业专利奖	优秀奖

表 2　北京化工研究院专利申请与获授权情况　件

年　份	国内专利		国外专利	
	申请数	获授权数	申请数	获授权数
2022	767	622	174	77
2021	706	510	115	65
2020	647	476	122	101
2019	640	430	73	96
2018	635	461	63	68
2017	630	406	55	67

炼化工程公司

【概况】 按照集团公司专业化重组的总体部署，中石化炼化工程（集团）股份有限公司（简称炼化工程公司，英文缩写 SEG）于 2012 年 8 月 28 日在北京注册成立，9 月 3 日举行揭牌仪式。2013 年 5 月 23 日在香港联合交易所挂牌上市，在港交所股票简称中石化炼化工程，股票代码为 2386。

作为中国石化炼化工程领域的唯一运营主体，炼化工程公司具备包括工程设计综合甲级资质、全国石油化工工程施工总承包特级等最高等级的业务资质。可以为海内外客户提供石油炼制、石油化工、芳烃、煤化工、无机化工、医药化工、清洁能源、储运设施、环保节能等行业的整体解决方案。炼化工程公司是能源化工行业全产业链、全生命周期综合服务商，可以提供包括工程咨询、技术许可、项目管理承包、协助融资、工程总承包以及设计、采购、施工安装、大型设备吊装和运输、预试车和开车等全产业链服务。

炼化工程公司在境内包括 12 家分子公司，分别为：中国石化工程建设有限公司、中石化广州（洛阳）工程有限公司、中石化上海工程有限公司、中石化宁波工程有限公司、中石化南京工程有限公司、中石化第四建设有限公司、中石化第五建设有限公司、中石化第十建设有限公司、中石化重型起重运输工程有限责任公司、中石化节能技术服务有限公司、炼化工程集团洛阳技术研发中心、炼化工程集团信息中心。境外有 8 家直属机构。

截至 2022 年底，炼化工程公司共有合同制员工 16641 人，其中两院院士 4 人、全国工程勘察设计大师 9 人、集团公司首席专家 2 人、集团公司高级专家 21 人和 4000 余名各专业注册类工程师。

2022 年，美国《工程新闻记录》（ENR）全球 250 强工程承包商排名中，炼化工程公司名列第 47 位，整体实力和品牌影响力持续提升。

（刘红叶）

【生产经营任务全面完成】 2022 年，面对国际形势动荡、行业转型、疫情影响等重重压力，炼化工程公司党委全面落实集团公司党组工作部署，以迎接学习贯彻党的二十大为强大动力，以学习贯彻习近平总书记视察胜利油田重要指示精神为工作指针，苦干实干、担当作为，全年收入 530.28 亿元，净利润 22.82 亿元，新签合同总额 725.25 亿元。

（刘红叶）

【全力保障集团公司重点工程项目顺利实施】 2022 年，炼化工程公司坚持安全生产常抓不懈，全面强化质量管理，参建的集团公司重点工程项目均顺利推进，安全生产总体平稳。镇海基地一期、九江芳烃项目建成投产，海南乙烯高质量中交，天津南港乙烯加快建设，安庆转型升级等一批项目有力推进，儋州基地、连云港商储、天津 LNG、广西LNG、龙口LNG、新疆库车绿氢等项目快速实施，为集团公司世界级炼化基地建设、能源保供、转型升级提供强有力的支撑。引领石化行业高质量发展，美孚惠州乙烯、吉化转型升级、裕龙石化等系统外项目稳步实施。沙特项目群全面推进，马来西亚RAPID陆续开车收官，境外业务持续、稳定、健康运行。

（刘红叶）

镇海基地项目

【项目执行质量持续提升】 2022年，炼化工程公司加强精益管理，做好项目全周期收入及成本策划，加强结算管理，现金流指标转好，“两金”占用有效控制。以标准化设计和优化设计带动项目效率提高和效益提升。完善分包管理，有效提高项目执行质量。组织管理对标，优化采购方案，采购议价和项目保供能力持续提升。

（刘红叶）

【协同能力不断强化】 2022年，炼化工程公司发挥技术研发、工程设计、装备制造以及施工一体化优势，在茂名聚烯烃弹性体（POE）、上海大丝束、齐鲁氢化丁腈橡胶等重大“卡脖子”项目上高效协同攻关，打通工程技术转化全流程。发挥各单位专家作用，组织开展重大项目实施计划评审、可施工性评审，打造良好工厂建设基因。各单位密切配合，高质量编制完成石化工程量清单计价办法，为项目精细化管理打好基础。

（刘红叶）

【境内市场继续保持领先】 2022年，炼化工程公司承担集团公司重点建设项目，拿总茂名、洛阳、镇海、岳阳四大一体化乙烯，贵州PGA等重点项目的前期工作，签署南港乙烯、镇海二期、新疆库车绿氢、LNG项目群等工程设计、EPC和施工合同。开拓外部市场，成功获得中国石油吉化转型升级项目工程设计和拿总合同，实现中国石化百万吨级乙烯技术首次向系统外许可；深化与中海炼化战略合作，签署中海壳牌惠州三期乙烯项目总体设计与拿总，大榭石化、泰州石化等工程设计合同；签署福海创、滨华新材料、恒力、万华、浙石化等设计、施工和总承包合同。为神华集团、中化集团、延长集团等做好发展规划服务。

（刘红叶）

【境外市场取得逆势突破】 2022年，炼化工程公司首次进入阿尔及利亚市场，获得2个EPCC总承包合同，实现非洲市场的历史性突破；签订沙特阿美和沙比克系列工程服务合同，签订伊拉克前期工作合同，首获阿联酋和卡塔尔吊装服务合同，与国际工程公司合作中标约旦炼厂扩建项目EPC，中东市场竞争优势持续巩固；俄罗斯中亚市场成功开启“技术+”高端发展之路，签订俄罗斯西布尔乙苯/苯乙烯前期设计合同和乌兹别克斯坦MTO装置EPSS合同，新市场新领域取得重要进展。

（刘红叶）

【重点科技攻关项目顺利推进】 2022年，炼化工程公司镇海高等规聚1-丁烯、上海石化大丝束碳纤维（国产线）、涪陵高纯氦气提取、齐鲁氢化丁腈橡胶等7个新领域技术攻关项目先后建成投产。其中，“高等规聚1-丁烯树脂绿色制造关键技术”产出合格产品，并连续稳定生产，在该产品上，中国石化成为全球第4家、国内首家的领跑者。承担的24项国家级课题、31项“十条龙”攻关项目和20项集团公司重大专项进展顺利，“燃料车用氢气纯化”“乙烯废碱氧化”等8个项目完成攻关任务，成功“出龙”；“LCO转化制BTX”“15万吨/年ALL-PE成套技术”等8个项目顺利“入龙”，“在龙”项目持续保持高位。

（刘红叶）

【科技创新机制持续优化】 2022年，炼化工程公司制定揭榜挂帅管理办法，首批揭榜挂帅项目顺利发榜，各单位相关团队积极揭榜，本部组织完成评榜，初步确定6个项目团队中榜，科技创新机制探索迈出重要一步。

（刘红叶）

【聚焦双碳目标做好转型储备】 2022年，炼化工程公司完成高温气冷堆技术与石化行业深度耦合应用的可行性研究，推动石化行业源头减碳降碳；开展石化行业碳源的梳理和研究，提出碳中和策略和实施路径，并从源头、过程和末端同步组织相关技术的开发和储备。

（刘红叶）

【数字工程技术再上新台阶】 2022年，炼化工程公司数字化交付在近40个大型项目上全面应用，为未来智能工厂建设奠定重要基础，全面提升建设期工效，交付能力不断提升。海南乙烯、巴陵己内酰胺等重点项目数字化交付高质量推进，天津南港、镇海二期等智能工厂设计取得突破，工艺优化、设备管理等应用场景进一步拓展，工厂建设与运行一体化数字孪生价值链得到延伸。在吉化项目承担数字化拿总与交付总承包，数字化交付模式迭代升级。完善炼化工程业务域应用构架和实施方案，上线经营管理平台，部署数据服务平台，搭建低代码开发平台，数据治理和数业融合初见成效。

（刘红叶）

【改革管理取得新突破】 2022年，炼化工程公司企业改革持续深化。国企改革三年行动高标准收官，通过专项审计。董事会建设不断加强，董事会各项职权全面落实。实施经理层任期制和契约化管理，形成以契约为核心的权责体系。提前完成年度法人压减任务，压减长效机制发挥实效。稳妥推进境外项目运营模式与国际业务管理机制改革，境外机构运行权责更加明晰，各单位“走出去”积极性得到充分调动。

财务管控能力进一步提升。建立业财高度融合的全面预算管理系统，加强对效益、资金统筹管控，深入开展经济活动分析。以“严肃财经纪律、依法合规经营”综合治理专项行动为抓手，紧盯财务业务关键风险点深入开展全面检查，细化境外资金业务管理办法，财务管理基础进一步夯实。

（刘红叶）

【党建工作扎实推进】 2022年，炼化工程公司把迎接和学习贯彻党的二十大精神作为重要政治任务，高质量完成“牢记嘱托、再立新功、再创佳绩，迎接学习贯彻二十大”主题行动各项目标任务，学习贯彻党的二十大精神向纵深推进。

在完善公司治理中持续加强党的全面领导。坚持“两个一以贯之”，持续优化决策机制，完善党委讨论和决定重大问题清单、“三重一大”事项清单和内控权限指引，进一步明晰各治理主体的权责边界。高素质专业化干部人才队伍建设成效显著。坚持正确选人用人导向，畅通人才成长通道，大力推进人才强企。实施“墩苗计划”，搭建年轻干部培养的实践平台。完善人才成长通道建设，专家作用发挥有力。全年新增“中国石化科技功勋奖”获得者1人、中国石化突出贡献专家7人、闵恩泽青年科技人才8人、正高级职称35人。基层党组织的政治功能和组织力不断提升。坚持务实创新融合抓党建，选优训强基层党支部书记，基层党组织在安全质量、科技创新、项目建设、攻坚创效、疫情防控等重点工作中充分彰显战斗堡垒作用。政治监督走深走实。坚持“三不腐”一体推进，稳步实施党委巡察，完成对8家单位所属33个党组织的常规巡察和12个党组织巡察“回头看”，推动健全完善108项制度，解决突出难题和群众关切的问题，巡察利剑作用得到充分发挥。坚持严管厚爱并重，制定“一把手”和领导班子监督清单，多措并举开展反腐倡廉教育，引导党员干部知敬畏、存戒惧、守底线。发展合力不断增强。持续打造融合文化，围绕“我们一起走过的奋斗历程”，总结十周年发展经验，鼓舞全员士气。加强国际传播和跨文化融合，树立良好形象。深入开展统战工作，圆满完成特殊时期维稳保障任务，组织开展各类劳动竞赛，全面推进青年素养提升工程，进一步汇聚起高质量发展的强大合力。

（刘红叶）

工程建设公司

【概况】 中国石化工程建设有限公司（简称工程建设公司）成立于1953年，1983年并入中国石油化工总公司，1999年完成改革重组，本部位于北京市朝阳区。工程建设公司有工程设计综合甲级、工程咨询甲级、工程监理甲级等国家顶级资质证书，是国家认定的高新技术企业和国家级企业技术中心，具有较强的工程技术研发和工程转化能力，可提供从工程研发、技术许可、工程咨询、工程设计、智能工厂建设、园区规划、项目管理到工程总承包一站式整体解决方案，业务范围涵盖石油炼制、石油化工、煤炭清洁利用、天然气净化与液化、油品及天然气储运、新能源新材料等领域。

截至2022年底，工程建设公司内设机构36个，其中职能管理部门10个，生产经营管理及支持部门15个，专业室11个，境内外分（子）公司9家。有在职员工2333人，其中中国工程院院士3人，全国工程勘察设计大师5人，石油和化工行业工程勘察设计大师9人，集团公司首席专家1人、高级专家8人，享受国务院政府特殊津贴人员17人，正高级职称165人，高级职称1500余人。

70年来，工程建设公司先后完成上百家企业3000余套装置的工程咨询、工程设计和工程总承包，成为推动中国能源化工工业高质量发展的重要保障力量。2022年，工程建设公司营业收入150.31亿元，利税22.25亿元，完成各类工程项目446项，其中总承包项目19项，28套装置一次开车成功。全年获省部级以上科技奖励21项，管理现代化创新成果奖3项，获评集团公司“牢记嘱托、再立新功、再创佳绩，迎接学习贯彻二十大”主题行动及安全、财务、审计、内控风控先进单位。全年获专利授权106件，其中发明专利94件，至此工程建设公司共拥有有效专利819件、专有技术276项。

2022年工程建设公司主要生产经营指标见表1，开车及中交项目见表2，获奖情况见表3。

（门宽亮）

【领导班子调整】 2022年8月，集团公司党组决定：刘洁、秦永强任工程建设公司党委委员、副总经理；12月，党组决定：董汪平任工程建设公司党委委员、副总经理。

（门宽亮）

【镇海基地一期项目一次开车成功】 2022年1月，由工程建设公司实施EPC总承包的中国石化镇海基地一期项目16万吨/年丁二烯抽提装置、60万吨/年裂解汽油加氢装置、27.4万吨/60.2万吨/年PO/SM装置、120万吨/年乙烯装置、30万吨/年淤浆法高密度聚乙烯装置及配套设施等陆续一次开车成功，打通全流程。其中120万吨/年乙烯装置是首套采用中国石化自主研发顺序分离工艺（AERP）新建的乙烯装置，标志着中国石化全面掌握三大乙烯分离技术。

（门宽亮）

【中沙聚碳酸酯项目全面投产】 2022年7月13日，由工程建设公司实施EPC总承包的中沙石化26万吨/年聚碳酸酯项目二线装置一次开车成功，生产出高品质聚碳产品。至此，该项目两条生产线实现全面投产，标志着中国石化在高端合成新材料领域又实现一项新突破。

（门宽亮）

【浙江石化浆态床渣油加氢装置一次开车成功】 2022年1月和5月，由工程建设公司负责工程设计的浙江石化2套300万吨/年浆态床渣油加氢装置先后一次开车成功。

（崔丹玫）

【海南乙烯项目主要装置陆续中交】 2022年5—11月，由工程建设公司承担工程总承包的中国石化海南炼化公司100万吨/年乙烯及炼油改扩建工程炼油配套系统、化工罐区、火炬、污水处理场、2#对二甲苯装置改造、30万吨/年FDPE装置、30万吨/年HDPE装置、100万吨/年乙烯装置等陆续建成中交。其中，100 万吨 / 年乙烯装置采用中国石化自主研发的百万吨级乙烯成套技术，是继中韩石化、中科炼化、古雷炼化一体化、镇海基地一期、宁波华泰、大庆龙油项目后的又一次成功应用。

（门宽亮）

海南乙烯装置夜景

【国内最大全容式 LNG 储罐气顶升一次成功】 2022 年 5 月 17 日，由工程建设公司总承包的中国石化山东 LNG 三期工程 27 万立方米大型液化天然气储罐气顶升一次成功，标志着中国超大容积 LNG 储罐研发建造技术实现新突破。

（崔丹玫）

【第三代芳烃首套工业装置一次开车成功】 2022 年 6 月 8 日，工程建设公司作为主要研发单位、工程设计单位、技术拿总单位、数字化交付主要负责单位的中国石化第三代芳烃技术首套工业应用装置——九江石化 89 万吨 / 年芳烃联合装置一次开车成功，产出合格产品。中国石化第三代芳烃技术以芳烃单塔吸附分离工艺为主要特征，具有投资成本低、能耗低、催化剂应用效率高等优势，总体达到国际领先水平。

（门宽亮）

九江石化芳烃联合装置一次开车成功

【中标中国石油吉林石化乙烯项目】 2022 年 3 月，工程建设公司中标中国石油吉林石化炼油化工转型升级项目乙烯标段，并签署乙烯技术许可合同和总承包合同。根据合同，工程建设公司承担 120 万吨 / 年乙烯装置、100 万吨 / 年裂解汽油加氢装置、45 万吨 / 年芳烃抽提装置的总承包任务。该项目还实现中国石化自主开发的前脱丙烷前加氢乙烯分离技术（LECT）在系统外的首次应用。

（门宽亮）

【高等规聚 1- 丁烯工业示范装置投产】 2022 年 2 月 8 日，由工程建设公司参与技术攻关并承担工艺包和工程设计的中石化宁波新材料研究院 3000 吨 / 年高等规聚 1- 丁烯工业示范装置一次开车成功，产出合格产品。该项目开发具有自主知识产权的高等规聚 1- 丁烯成套技术以及适用于 1- 丁烯均相聚合过程的反应器和静态脱挥设备，整体技术属国内首创。

（崔丹玫）

【POE 中试装置一次开车成功】 2022 年 9 月 22 日，由工程建设公司参与技术攻关并牵头实施 EPC 总承包的 1000 吨 / 年聚烯烃弹性体（POE）中试装置在茂名一次开车成功，产出合格产品。该装置于 2021 年 7 月启动建设，2022 年 5 月中交，采用中国石化自主开发的烯烃溶液聚合技术，解决超高黏度、非牛顿流体工艺及工程设计难题，填补国内空白。

（崔丹玫）

【氦气提纯成套技术首次应用成功】 2022 年 11 月 17 日，由工程建设公司牵头技术攻关并承担工艺包和工程设计的重庆涪陵 LNG 工厂 BOG（LNG 储罐闪蒸汽）尾气提氦装置一次开车成功，产出 99.999% 的高纯氦气。该项目开发的具有自主知识产权的页岩气（天然气）回收高纯氦气成套技术，具有氦气产品纯度高、回收率高等特点。

（崔丹玫）

【氢化丁腈橡胶工业装置一次开车成功】 2022 年 12 月 26 日，工程建设公司参与技术开发的 5000 吨 / 年氢化丁腈橡胶（HNBR）装置在齐鲁石化一次开车成功，产品加氢度大于99%，标志着中国石化氢化丁腈技术开发取得成功。

（崔丹玫）

【老旧装置设计合规性排查评估取得重要成果】 2022年，工程建设公司承担的中国石化老旧装置设计合规性排查评估项目拿总职责和主要排查任务取得重要成果。形成排查评估导则，建立覆盖51个品种、16个专业的评估体系模板；组织200余名专家赴生产企业现场开展调研排查，按期完成216套装置、65万余项的排查评估任务，占中国石化全部任务的55%。

（门宽亮）

【连续8年获评集团公司安全生产先进单位】 2022年，工程建设公司坚持疫情防控"不掉链"、生产经营"不停歇"的工作目标，全年完成4025万安全人工时，各项HSE管理绩效良好，未发生HSE可记录事故事件，连续第8年获评集团公司安全生产先进单位。

（门宽亮）

【获工程咨询资信甲级证书】 2022年1月，中国工程咨询协会公布2021年符合甲级资信评价标准的工程咨询单位名单，工程建设公司获得"石化、化工、医药""石油天然气""建筑"及"生态建设和环境工程"4个专业的甲级资信证书。

（门宽亮）

【参加"央企消费帮扶兴农周"】 2022年7月，工程建设公司参加"央企携手，兴农惠民——央企消费帮扶兴农周"主题活动，选购东乡高原藜麦、御福缘烤鸭蛋、国杞天香枸杞等多款产品，完成消费帮扶超过50万元，助力受援地特色产业提质增效和可持续发展。

（门宽亮）

帮扶兴农

表1 工程建设公司主要生产经营指标

指标名称 \ 年份	2022	2021	2020	2019	2018	2017
资产总值/亿元	264.06	209.21	193.62	164.09	179.78	133.56
设计投资额/亿元	415.45	358.28	328.49	322.05	340.15	296.94
主营业务收入/亿元	150.31	156.65	134.31	125.45	120.03	101.72
利税总额/亿元	22.25	17.22	16.32	16.61	21.10	13.17
承接合同数量/项	310	286	192	217	186	188
获授权专利数量/件	93	62	65	69	56	64

表2 2022年工程建设公司开车及中交项目情况

序号	项目名称	开车日期（中交日期）	备注
1	中国石化镇海炼化分公司扩建1 500万吨/年炼油120万吨/年乙烯项目（乙烯部分）16万吨/年丁二烯抽提装置	1月4日	EPC

续表

序号	项目名称	开车日期（中交日期）	备注
2	镇海炼化扩建 1 500 万吨 / 年炼油 120 万吨 / 年乙烯项目（乙烯部分）60 万吨 / 年裂解汽油加氢装置	1 月 5 日	EPC
3	镇海炼化扩建 1 500 万吨 / 年炼油 120 万吨 / 年乙烯项目（乙烯部分）27.4 万吨 /60.2 万吨 / 年 PO/SM 装置	1 月 6 日	EPC
4	镇海炼化扩建 1 500 万吨 / 年炼油 120 万吨 / 年乙烯项目（乙烯部分）120 万吨 / 年乙烯装置	1 月 7 日	EPC
5	中国石化集团石油商业储备有限公司福建原油商业储备基地工程项目	1 月 13 日	EPC
6	镇海炼化扩建 1 500 万吨 / 年炼油 120 万吨 / 年乙烯项目（乙烯部分）30 万吨 / 年淤浆法高密度聚乙烯装置	1 月 19 日	EPC
7	茂名分公司 LCO 制轻质芳烃与裂解料技术开发及千吨级中试研究项目	1 月 19 日	
8	海南华盛新材料科技有限公司 2×26 万吨 / 年非光气法聚碳酸酯项目（一期）22.4 万吨 / 年 DPC 装置（碳酸二苯酯）装置	1 月 19 日	
9	福建联合石化公司芳烃联合装置脱瓶颈工程设计完善项目	1 月 25 日	
10	浙江石化公司 300 万吨 / 年浆态床渣油加氢装置项目	1 月 29 日	
11	福建炼化 FREP 芳烃联合装置低温热利用项目（一期）完善设计	1 月 30 日	
12	海南华盛新材料科技有限公司 2×26 万吨 / 年非光气法聚碳酸酯项目（一期）26 万吨 / 年 PC 装置	2 月 5 日	
13	利华益利津炼化有限公司 100 万吨 / 年烯烃芳烃项目	2 月 6 日	
14	中石化宁波新材料研究院 3 000 吨 / 年高等规聚 1- 丁烯工业示范装置	2 月 8 日	
15	海南炼化 100 万吨 / 年乙烯及炼油改扩建工程炼油配套系统	5—7 月	中交日期 EPC
16	茂名分公司 40 万吨 / 年粗裂解气制苯乙烯项目粗裂解气装置	5 月 20 日	
17	九江分公司 89 万吨 / 年芳烃项目	6 月 8 日	
18	中国石油辽河石化公司 60 万吨 / 年重整装置长周期安全生产技术改造	7 月	
19	海南炼化 100 万吨 / 年乙烯及炼油改扩建工程化工罐区、火炬、污水处理场	7—8 月	EPC
20	连云港石化有限公司年产 135 万吨 PE、219 万吨 EOE 和 26 万吨 ACN 联合装置工程 125 万吨 / 年原料加工装置 2 期	7—8 月	
21	连云港石化有限公司年产 135 万吨 PE、219 万吨 EOE 和 26 万吨 ACN 联合装置工程 40 万吨 / 年 HDPE 装置 2 期	7—8 月	
22	连云港石化有限公司年产 135 万吨 PE、219 万吨 EOE 和 26 万吨 ACN 联合装置工程 6 万吨 / 年丁二烯抽提装置	7—8 月	
23	海南炼化 100 万吨 / 年乙烯及炼油改扩建工程 260 万吨 / 年连续重整装置	7 月 21 日	中交日期 EPC

续表

序号	项目名称	开车日期（中交日期）	备注
24	海南炼化100万吨/年乙烯及炼油改扩建工程2#对二甲苯装置改造	7月21日	中交日期 EPC
25	海南炼化100万吨/年乙烯及炼油改扩建工程30万吨/年FDPE装置	7月30日	中交日期 EPC
26	马来西亚RAPID项目440万吨/年渣油加氢装置	8月8日	EPCC
27	中国石油克拉玛依石化公司15万吨/年白油加氢装置	9月1日	
28	中国石化天津液化天然气（LNG）项目扩建工程（二期）接收站工程	9月2日	中交日期 EPC
29	塔河炼化顺北原油蒸汽裂解百万吨级乙烯厂际管廊项目	9月20日	中交日期 EPC
30	茂名分公司聚烯烃弹性体（POE）中试装置EPC项目	9月22日	EPC
31	海南炼化100万吨/年乙烯及炼油改扩建工程30万吨/年HDPE装置	10月30日	中交日期 EPC
32	泰国石油精制石油化学企业（IRPC）DCC反再系统改造项目	11月	EPC
33	海南炼化100万吨/年乙烯及炼油改扩建工程100万吨/年乙烯装置	11月13日	中交日期 EPC
34	中石化通汇能源涪陵LNG工厂BOG尾气提氦装置	11月17日	
35	海南炼化100万吨/年乙烯及炼油改扩建工程30万吨/年环管PP装置	12月28日	EPC
36	齐鲁分公司特种橡胶项目特种橡胶装置	12月28日	

表3　2022年工程建设公司获奖情况

序号	项目名称	获奖名称	获奖等级
1	一种吸附分离塔的液体物料分配收集装置和方法	中国专利奖	国家银奖
2	节能高效新型连续重整成套技术开发及工业应用	中国化工学会科技进步奖	省部特等
3	面向加氢反应流出物空冷系统长周期安全运行关键技术及工业应用	中国化工学会科技进步奖	省部一等
4	低碳高效逆流连续重整成套技术开发与应用	中国石油和化学工业联合会科技进步奖	省部一等
5	劣质原料绿色低碳高效催化裂化成套技术	中国石油和化学工业联合会科技进步奖	省部一等
6	大分子芳烃高效加氢转化平台关键技术开发与应用	中国石油和化学工业联合会科技进步奖	省部一等
7	大型流程工业智能运行与控制关键技术研发及工程应用	中国石油和化学工业联合会科技进步奖	省部一等
8	严苛环境下区域在线监测和超高分子量聚乙烯成型技术研发及应用	中国腐蚀与防护学会科学技术奖	省部一等
9	加氢站、油气氢合建站安全防控研究与工程应用示范	中国安全生产协会安全科技进步奖	省部一等

续表

序号	项目名称	获奖名称	获奖等级
10	PAO 生产技术开发与工业应用	集团公司科技进步奖	省部一等
11	高收率烯烃催化裂解技术的创制与工业应用	集团公司科技进步奖	省部一等
12	《中国炼油技术》（第四版）	集团公司科技进步奖	省部一等
13	天津液化天然气（LNG）接收站工程	中国勘察设计协会优秀勘察设计奖	省部一等
14	神木富油能源科技有限公司 50 万吨 / 年煤焦油全馏分加氢制环烷基油项目	中国勘察设计协会优秀勘察设计奖	省部一等
15	中国石化海南炼油化工有限公司 60 万吨 / 年对二甲苯项目异构化、二甲苯分馏、吸附分离单元	中国勘察设计协会优秀勘察设计奖	省部一等
16	中国石油化工股份有限公司武汉分公司 80 万吨 / 年乙烯工程乙烯装置（含低温罐）及汽油加氢装置	中国勘察设计协会优秀勘察设计奖	省部一等
17	中化泉州 100 万吨 / 年乙烯及炼油改扩建项目	中国勘察设计协会优秀勘察设计奖	省部一等
18	中化泉州 100 万吨 / 年乙烯及炼油改扩建项目	中国石油工程建设协会石油工程建设优秀设计奖	省部一等
19	《建筑与工业给水排水系统安全评价标准》	中国工程建设标准化协会标准科技创新奖	省部一等
20	《石化工程知识体系》	中国石油和化工自动化行业优秀科技著作奖	省部一等
21	基于“学习地图”的培训体系构建与应用	中国石化管理现代化创新成果奖	省部一等
22	分区强化多产高价值产品的加氢裂化关键技术及应用	中国化工学会科技进步奖	省部二等
23	LTAG 提质增效技术开发与工业应用	中国石油和化学工业联合会科技进步奖	省部二等
24	高含硫天然气提质关键技术开发与应用	集团公司科技进步奖	省部二等
25	百万米 ^{3}/ 日页岩气（天然气）液化成套技术开发及工业应用	集团公司科技进步奖	省部二等
26	高稳定性甲醇制芳烃催化剂及成套技术开发	集团公司前瞻性基础性研究科学奖	省部二等
27	济南分公司 60 万吨 / 年逆流移动床重整装置改造	中国勘察设计协会优秀勘察设计奖	省部二等
28	福建联合石化乙烯脱瓶颈改造项目 99 万吨 / 年乙烯裂解装置改造	中国勘察设计协会优秀勘察设计奖	省部二等
29	中化泉州 80 万吨 / 年对二甲苯装置	中国石油工程建设协会石油工程建设优秀设计奖	省部二等
30	《炼化装置腐蚀风险控制》	中国石油和化工自动化行业优秀科技著作奖	省部二等
31	全面协同市场开发体系的构建与实施	中国石化管理现代化创新成果奖	省部二等

续表

序号	项目名称	获奖名称	获奖等级
32	煤气化废水多污染物协同处理关键技术研究与应用	中国石油和化学工业联合会科技进步奖	省部三等
33	中安联合煤化有限责任公司煤制 170 万吨 / 年甲醇及转化烯烃项目污水处理场、废碱焚烧装置	中国勘察设计协会优秀勘察设计奖	省部三等
34	安庆分公司 100 万吨 / 年催化柴油加氢转化装置	中国勘察设计协会优秀勘察设计奖	省部三等
35	中海石油宁波大榭石化有限公司馏分油综合利用项目催化裂解联合装置	中国勘察设计协会优秀勘察设计奖	省部三等
36	中国石化股份有限公司荆门分公司润滑油基础油质量升级 55 万吨 / 年润滑油高压加氢装置	中国勘察设计协会优秀勘察设计奖	省部三等
37	中沙（天津）石化有限公司 3.5 万吨 / 年苯乙烯回收项目	中国勘察设计协会优秀勘察设计奖	省部三等
38	国产成套专有技术及设备在泰国石油精制及化学企业（IRPC）催化裂解装置工业应用 EPCC 项目	中国勘察设计协会优秀勘察设计奖	省部三等
39	装备链耦合创新管理模式	中国石化管理现代化创新成果奖	省部三等
40	数字工程建设创新团队	集团公司优秀创新团队	

广州（洛阳）工程公司

【概况】 中石化广州（洛阳）工程有限公司［简称广州（洛阳）工程公司］是炼化工程公司全资子公司，前身是石油工业部抚顺设计院，成立于1956 年 10 月，是国内能源化工领域集技术专利商与工程承包商为一体的高新技术企业，是国家级企业技术中心，有国家工程设计综合甲级资质，有工程总承包、工程设计、工程监理、工程咨询和环境影响评价等甲级资格证书。2012 年，根据集团公司华南战略布局需要和炼化工程板块重组改制要求，成立中石化广州工程有限公司，与中石化洛阳工程有限公司实行一体化管理。2021 年9 月，中石化洛阳工程有限公司综合甲级设计资质转移至中石化广州工程有限公司。

截至 2022 年底，广州（洛阳）工程公司建立精干高效、运转协调的组织机构体系，设运营管理部门、项目执行部门和设计专业室共 31 个部门，各部门管理层次清晰、管理幅度适中，为公司的运营发展提供有效的组织保障。有在册职工 1699 人，有中国炼油催化裂化工程技术的奠基人、中国科学院院士陈俊武和 4 名国家设计大师、8 名石油化工行业设计大师，享受政府特殊津贴专家 24 人，有突出贡献的科技和管理专家 25 人；正高级（教授级）专业技术人员 70 人、高级专业技术人员 1023 人、各类注册工程师 520 余人。

广州（洛阳）工程公司在石油炼制、石油化工、油气储运、煤化工、煤制油、新能源、液化天然气（LNG）、医药和化工等多个领域形成独特的工程技术优势和工程承包能力，创造多项“共和国第一”和“世界第一”。累计完成国内大中型工程建设项目 5000 余项，其中炼油工程设计市场份额达到半数以上；完成海外设计、采购、总承包项目近百项，业绩遍及亚洲、欧洲、美洲、非洲诸多地区，近十年内海外营业收入占比达到30% 以上。连续多年荣登中国工程设计企业 60 强榜单，先后获国家级优秀设计奖 25 项、省部级优秀设计奖 125 项，获国家级优质工程奖 15 项、省部级优质工程奖 50 项，全国优秀总承包项目金、银钥匙奖 9 项。

广州（洛阳）工程公司先后承担完成流化催化裂化、渣油加氢处理、超低压连续重整、重油催化裂化、干气制乙苯、甲醇制低碳烯烃（DMTO）、柴油液相加氢、新型硫酸法烷基化、安全环保型延迟焦化密闭除焦输送及存储成套技术、移动床芳构化、绿氢工程技术开发及绿氢炼化示范等国家和集团公司的科技攻关课题 500 余项，累计获国家级科技进步奖和发明奖 55 项，省部级科技进步奖和发明奖 348 项，国家有效授权专利 1006 件。

广州（洛阳）工程公司先后获全国五一劳动奖状、全国模范劳动关系和谐企业、全国模范职工之家、广东省五一劳动奖状、河南省五好基层党组织、河南省先进基层党组织等荣誉，陈俊武院士被授予新中国成立 70 周年“最美奋斗者”和国家“时代楷模”等荣誉称号，公司品牌美誉度持续提升。

广州（洛阳）工程公司主要生产经营指标和 2022 年主要中交及投产工程项目分别见表 1 和表 2。

（杨　静）

【改革任务纵深推进】 2022 年，广州（洛阳）工程公司全面实施经理层成员任期制和契约化管理，完善“三重一大”决策制度，公司治理结构高效规范运行，国企改革三年行动、对标一流管理提升行动顺利收官；全面推行中层管理人员任期制和契约化管理，签订部门 2022 年度绩效责任书，公司系统性组织绩效管理体系初步建成。

（杨　静）

【科技创新成果显著】 2022 年，广州（洛阳）工程公司承担的 5 项国家重点研发项目、7 项中国石化“十条龙”攻关项目、6 项氢能重大攻关项目及 1 项“绿氢炼化”专题研究进展顺利。“燃料电池车用氢气纯化及供应技术研发和应用”等 2 个项目“出龙”，“LCO 加氢裂化路线生产 BTX 技术开发及应用”等 2 个项目“入龙”，“大型固定床加氢反应过程强化工程技术开发”等 2 项成果获集团公司科技进步奖。

（杨　静）

【新业务开发实现突破】 2022 年，广州（洛阳）工程公司以服务集团公司转型升级为核心，全力攻坚“三新”领域业务开发，加速抢占增量市场。化工新材料业务开拓成效显现，在多个技术领域新签项目合同 20 份，占全年境内新签合同额的 13%；节能环保、新能源等业务开拓稳步增长，新签项目合同 40 份，占全年境内新签合同额的 12%；高端咨询、数字化交付等业务开拓量效齐增，在产业链规划、总流程优化、合规性排查、HAZOP 分析、SIL、QRA 评估等咨询业务领域新签合同额 1.77 亿元，新签数字化交付项目合同额 7316.44 万元。

（杨　静）

【境外市场逆势上扬】 2022 年，广州（洛阳）工程公司克服新冠肺炎疫情、全球通胀、地缘风险等多重不利因素，紧盯重点区域抢抓机遇，中东、东南亚、非洲等目标市场布局持续优化。新签阿尔及利亚 LNG 储罐、MTBE 等境外（外资）项目合同 7 份，合同总金额 8.93 亿美元，其中公司合同份额占比约 60%。成功设立阿布扎比、沙特阿拉伯、印度尼西亚等分公司，为后疫情时代境外市场开拓奠定良好基础。

（杨　静）

【氢能领域技术攻关和工程建设成效显著】 2022 年，广州（洛阳）工程公司全力推进氢能领域重点工程项目和科研攻关进程，积极为集团公司打造“中国第一氢能公司”蓄力发力。全力推进新疆库车绿氢示范项目建设，茂名分公司氢燃料电池供氢中心项目成功投产，中原油田兆瓦级 PEM 制氢工业示范装置建成投产；有机液体储氢、SOEC 电解水制氢、低温液氢储罐、氢能源产业用压缩机等技术研发项目顺利推进；洛阳红山加氢站、天津石化加氢母站、濮阳综合加能站等一批新能源项目高质量建成，为保障国家能源安全贡献力量。主编中国石化一级企业标准《石油化工企业氢气纯化装置和供氢中心工程技术规范》并发布实施，填补现行国家及行业标准空白。

（杨　静）

【镇海轻烃基地项目全面建成投用】 2022年1月15日16时，广州（洛阳）工程公司总承包的镇海轻烃基地项目厂外码头开始接驳低温丙烷，至23时低温丙烷罐进料成功，标志着镇海轻烃基地项目全面投用。

（杨　静）

【阿尔及利亚LNG储罐项目及MTBE项目合同签订】 2022年2月17日，广州（洛阳）工程公司与国际石油工程公司组成联合体，正式签订阿尔及利亚国家石油公司LNG储罐工程总承包项目合同。该项目合同金额约1.83亿美元，是公司在非洲承担的首个EPC工程总承包项目。该项目建成投用后，将进一步提高阿尔及利亚国家石油公司LNG的出口能力。5月19日，广州（洛阳）工程公司和中国技术进出口集团有限公司组成联合体，正式签订阿尔及利亚国家石油公司阿尔泽炼厂20万吨/年甲基叔丁基醚（MTBE）联合装置总承包合同，合同金额约6.3亿美元（含实报实销预估部分）。该项目计划于2025年建成投产，将满足阿尔及利亚国家石油公司对于高辛烷值汽油添加剂MTBE产品的需求，为当地带来显著社会经济效益。

（杨　静）

【中科光伏项目首批发电并网成功】 2022年7月16日，广州（洛阳）工程公司承担的新星公司中科炼化分布式光伏发电工程项目首批（停车场部分）622.08千瓦装机容量发电并网成功，预计该部分光伏年发电量可达80万千瓦·时。

（杨　静）

【《企业文化手册》发布】 2022年10月16日，广州（洛阳）工程公司召开庆祝公司成立66周年暨《企业文化手册》发布会。新版《企业文化手册》结合“十四五”发展规划，对旧版的卓越文化体系进行全面梳理与提升，进一步传承以“苦干实干、三老四严”为核心的石油精神，弘扬以“家国情怀、事争第一、求真务实、精细严谨”为主要内涵的石化传统。

（杨　静）

广州（洛阳）工程公司《企业文化手册》发布

【压力容器技术中心正式揭牌】 2022年11月18日，广州（洛阳）工程公司压力容器技术中心正式揭牌投入运营，未来将聚焦市场需求和技术前沿，不断开拓创新，做实、做优、做强，努力跻身国内压力容器行业前列。

（杨　静）

【助力智利产出全球首桶绿色合成汽油】 2022年12月20日，广州（洛阳）工程公司与炼化工程集团洛阳技术研发中心联合参建的智利HIF（海利创新燃料）公司Haru Oni示范项目工厂，在全球首次产出真正实现碳中和目标的“绿色汽油”。该项目主要利用当地丰富的水和风能制取绿氢，从空气中回收二氧化碳，合成甲醇后再生产绿色汽油，建设内容涵盖风能发电、电解水制氢、二氧化碳捕集、二氧化碳加氢制甲醇、甲醇制汽油（FMTG）等单元。第一桶绿色合成汽油加注于保时捷常规动力赛车后，在全厂项目庆典仪式上完成首次成功演示。该项目是智利政府实施氢能发展战略、创新性推进“碳中和”的环保项目，同时也是中国参与研发的FMTG技术在海外的首次工业应用。

（杨　静）

公司助力智利产出全球首桶绿色合成汽油

【国内首个风光电耦合兆瓦级 PEM 电解水制氢示范工程建成投产】 2022年12月25日，广州（洛阳）工程公司与大连石油化工研究院、安全工程研究院等联合攻关的中原油田2.5兆瓦级可再生电力电解水制氢示范项目建成投产，标志着国内单套最大PEM电解水制氢装置建成投运。项目成功投产后每年可生产纯度为99.9995%的“绿氢”400吨，将为中国可再生能源制氢提供可复制、可推广的示范样板。

（杨 静）

中原油田兆瓦级可再生电力电解水制氢示范项目建成

【充分发挥陈俊武陈列室红色载体作用】 2022年，广州（洛阳）工程公司充分发挥时代楷模陈俊武陈列室的红色载体、科普载体作用，传承石油精神、弘扬石化传统。7月18—20日，“中国一日·科技强国”大型文学主题实践活动走进广州（洛阳）工程公司。由中国作协和中国科协组织，受中国石化作协委派，中国作家协会会员、洛阳市作家协会副主席吴文奇走进公司，深入采访陈俊武院士，近距离感悟老一辈科技工作者的报国情怀，并实地参观时代楷模陈俊武陈列室。截至11月底，时代楷模陈俊武陈列室先后获评洛阳市青少年爱国主义教育基地、全国科学家精神教育基地、中国石化红色教育基地、洛阳市科普教育基地、洛阳市直机关主题党日活动基地等，累计接待中国石化系统内外91家单位、2000余人次参观学习。

（杨 静）

【党建与中心工作融合互促】 2022年，广州（洛阳）工程公司党委坚持融入中心抓党建，抓好党建促发展，以“牢记嘱托、再立新功、再创佳绩，迎接学习贯彻二十大”主题行动为抓手，深刻践行中国石化“三大核心职责”，深入开展“三学三做”“三讲三听”活动，党建工作在集团公司考核中连续第4年为A档。优化调整党组织机构设置，成立洛阳基地党委、项目管理党总支、中东项目党工委。基层党组织认真开展“三查三强”促安全主题党日，党员示范岗和党员突击队在生产经营中充分发挥红色引擎优势。深化企地共建、项目共建、内部共建，将党建工作纳入项目实施计划，党建与中心工作有效融合。

（杨 静）

【开展迎接学习贯彻二十大系列活动】 2022年是党的二十大召开之年，也是“十四五”发展的关键之年。为进一步振奋士气、凝聚力量，广州（洛阳）工程公司开展迎接学习贯彻二十大系列活动：3月18日，召开“牢记嘱托、再立新功、再创佳绩，喜迎二十大”主题行动启动会；9月27日，在广州、洛阳两地同步举行“喜迎二十大、颂歌献给党”职工云合唱比赛；10月14日，举办“喜迎二十大、永远跟党走、奋进新征程”主题演讲比赛；10月16日，公司组织广大干部员工收听收看党的二十大开幕会直播盛况，聆听习近平总书记代表第十九届中央委员会所作的工作报告；10月26日，公司党委专题学习贯彻党的二十大精神；11月7日，公司党委书记、执行董事周成平带头宣讲，动员部署公司学习宣传贯彻党的二十大精神工作，领导班子成员轮流宣讲，公司掀起学习贯彻二十大精神热潮；11月9日，召开党外代表人士学习贯彻党的二十大精神座谈会；12月13日，开展“牢记嘱托、再立新功、再创佳绩，迎接学习贯彻二十大”知识竞赛。

（杨 静）

【获得荣誉】 2022年，广州（洛阳）工程公司获评集团公司主题行动先进单位、财务管理先进单位，“合规管理强化年”考核、网络安全水平等获集团公司A级评定，深化“三项制度”改革工作获集团公司B+评定，《基于信息系统的物资采购审计方式创新实践》获集团公司管理创新成果二等奖，获中国文化管理协会“新时代企业文化建设优秀单位”称号；多个基层单位和个人获集团公司先进集体及先进个人等荣誉称号19项，获河南省设计大工匠、建造大工匠，洛阳市五四红旗团支部、五一劳动奖章等市级以上荣誉称号14项，公司品牌美誉度和地方影响力持续提升。

（杨　静）

表1　　广州（洛阳）工程公司主要生产经营指标

指标名称＼年份	2022	2021	2020	2019	2018	2017
资产总值 / 亿元	109.12	99.70	103.20	110.80	123.30	99.21
工程设计投资 / 亿元	423.50	438.87	477.90	472.30	489.70	418.80
EPC 工程建设投资 / 亿元	90.30	78.73	103.50	126.90	113.90	65.40
主营业务收入 / 亿元	71.71	97.10	109.50	123.10	107.10	76.74
实现利税 / 亿元	8.66	11.10	8.10	12.40	13.02	7.85
获授权专利数量 / 件	113	58	58	39	68	92

表2　　广州（洛阳）工程公司2022年主要中交及投产工程项目

序号	项目名称	中交、投产日期
一	EPC 项目	
1	中科炼化新建船燃项目	2月8日投产
2	镇海轻烃基地项目	1月15日投产
3	湖北荆州油库迁建工程项目	1月16日投产
4	中科炼化液态烃仓储设施项目	1月21日中交
5	茂名石化供氢中心项目	4月30日中交 12月3日投产
6	海南炼化炼油改扩建项目	7月30日中交
7	海南炼化新增石脑油罐区项目	7月30日中交
8	洛阳红山加氢站项目	1月12日中交
9	山东中科化工新材料一期项目	7月30日中交 10月30日投产
10	天津渤化 DMTO 工程项目	6月16日投产
11	温州液化天然气（LNG）项目	12月23日部分中交
12	湛江东兴中间罐区搬迁项目	12月26日中交
13	智利 HIF 公司 Haru Oni 示范项目	12月20日投产
14	联泓新科锂电碳酸酯项目	12月30日中交
15	濮阳综合加能站项目	12月30日中交
二	设计项目	
1	山东润泽化工有限公司180万吨 / 年加氢裂化装置	1月8日投产
2	浙江石油化工有限公司4 000万吨 / 年炼化一体化项目二期工程2套装置	3月20日投产
3	塔河炼化5套装置	4月20日投产

续表

序号	项目名称	中交、投产日期
4	茂名分公司 40 万吨 / 年乙烷裂解气制乙苯 / 苯乙烯项目乙苯单元	5 月 30 日投产
5	榆林 180 万吨 / 年催化裂化装置沉降器防结焦改造项目	10 月 10 日投产
6	富德（常州）能源化工发展有限公司 3 套装置	11 月 8 日投产
7	东营威联化学有限公司 6 套装置	11 月 29 日投产
8	盛虹炼化一体化项目 15 套装置及系统单元	12 月 20 日投产
9	镇海炼化芳烃联合装置换剂适应性改造项目	12 月 11 日投产
10	中原油田兆瓦级可再生电力电解水制氢示范项目	12 月 25 日投产

上海工程公司

【概况】 中石化上海工程有限公司（简称上海工程公司）是炼化工程公司全资子公司，坐落于上海市浦东新区张杨路 769 号，位于中国（上海）自由贸易试验区内。上海工程公司前身是上海医药工业设计院，成立于 1953 年，是国内最早从事石油化工、医药、化工工程设计和工程总承包的大型综合性工程公司之一。曾先后归属轻工业部、化工部、国家医药管理总局领导，2000 年 12 月整体划归集团公司。2002 年 6 月，按照集团公司结构调整、专业化重组的部署，以上海医药工业设计院为核心，联合中石化上海金山工程公司和上海高桥石化设计院进行重组，并于 2003 年 4 月更名为中国石化集团上海工程有限公司。2012 年，按照集团公司炼化工程板块重组上市部署，更名为中石化上海工程有限公司。

上海工程公司是国内首批获得住建部颁发的“工程设计综合甲级资质”证书的单位之一，完成一批作为中国“第一”的石化、化工、医药、环保等领域的开创性装置、项目。上海工程公司主要业务领域分为三大类：石化、化纤、炼油化工等；医药化工和生物能源化工等；环保、电子、轻纺食品、天然气储运工程等。上海工程公司重组以来，连年居于全国工程勘察设计、工程项目管理、工程总承包企业营业额百强前列。

截至 2022 年底，上海工程公司共有在岗员工 1128 人，从事工程设计和服务的工程技术人员占 91%；有国家级设计大师 3 名、石油和化工行业工程勘察设计大师 10 名，高、中级职称人员 828 人，各类职业资格人员 210 余人。

2022 年，面对严峻复杂形势和新冠肺炎疫情影响，上海工程公司落实集团公司和炼化工程集团部署，以“迎接保障服务党的二十大、学习宣传贯彻二十大精神”为主线，以“牢记嘱托、再立新功、再创佳绩，迎接学习贯彻二十大”主题行动为抓手，坚持稳中求进工作总基调，全力强党建、抗疫情、拓市场、稳运行、提效益、防风险，年度主要生产经营效益指标提前一个月全面完成，并创上海工程公司历史新高，交出高质量党建引领高质量发展实现全面跨越的出色答卷。

上海工程公司主要生产经营指标及 2022 年完成的主要项目分别见表 1 和表 2。

（陈　儒）

【领导班子调整】 2022 年 8 月 2 日，集团公司党组决定：熊凤鸣任上海工程公司党委委员、副总经理。上海工程公司共有领导班子成员 6 人。

（陈　儒）

【扎实开展主题行动】 2022 年，上海工程公司贯彻落实集团公司党组部署，扎实开展“牢记嘱托、再立新功、再创佳绩，迎接学习贯彻二十大”主题行动。以主题行动统筹全年各方面工作，聚焦价值创造，提升五大能力，扎实开展 5 个方面、37 项重点任务，推进市场开拓、技术研发、项目攻坚、改革创效、党建引领等各项工作高质量发展，生产经营业绩再创历史新高。

（陈　儒）

【技术创新全面跨越】 2022年，上海工程公司主动融入国家和集团公司科技创新体系，着力推进3项“1025专项”工程等国家战略科技任务攻关，中国首个万吨级48K大丝束碳纤维工程第一套国产线投料开车并产出合格产品；川维EVOH项目详细设计高标准完成。稳步推进10项“十条龙”科技攻关项目，2项“出龙”，2项新“入龙”，90余项技术开发项目滚动推进。推进乙烯振兴计划，完成百万吨级绿色高效蒸汽裂解制乙烯工艺包编制和裂解炉方案研究。全年签约技术许可10项，合同额近1亿元。参与投资组建的中石化碳产业科技股份有限公司揭牌，努力为中国石化绿色低碳发展贡献力量。

（陈　儒）

【市场开发再创新高】 2022年，上海工程公司秉持“以客户为中心”“专利商+承包商”等理念，全面加强“走出去、请进来、站讲台”步伐，累计与30多家单位签署党建共建暨战略合作协议。深耕传统石油化工和医药化工、新材料和新能源“两大领域”，新签系统外合同额、医药板块设计合同额大幅增长。拓展前期咨询，打造“上海工程解决方案”，单个前期项目投资额突破百亿级，前期项目落地转化较2021年翻一番。签署沙特阿美冠军计划，与中国机械设备工程股份有限公司（CMEC）联合中标俄罗斯NKNK乙苯苯乙烯项目，境外市场开拓取得突破性进展。

（陈　儒）

【全年完成各类项目171项】 2022年，上海工程公司全力克服疫情影响，精心组织，一批国家和集团公司重大工程高标准建成。高质量推进国储项目，当好东营原油库迁建工程前期技术顾问；北京化工研究院医卫材料、上海石化大丝束碳纤维一阶段、镇海炼化EG、中科炼化EVA、海南炼化JPP、茂名石化苯乙烯等项目成功开车；海南炼化EG、广西华谊苯酚丙酮、安庆石化苯乙烯项目中交，洛阳石化苯乙烯装置具备开车条件。全年完成各类项目171项，完成工程设计投资额205.13亿元。

（陈　儒）

【上海石化48K大丝束碳纤维工程第一套国产线投料开车】 2022年10月10日，由上海工程公司设计总负责并设计、采购（EP）承包的中国首个万吨级48K大丝束碳纤维工程第一套国产线，在上海石化碳纤维产业基地投料开车，产出合格产品，质量达到国际先进水平，标志中国石化大丝束碳纤维技术成功实现规模化生产和关键装备国产化。该材料应用于北京冬奥会“飞扬”火炬。该项目包括1.2万吨/年48K大丝束碳纤维、2.4万吨/年原丝等，采用中国石化自主开发的PAN（聚丙烯腈）基大丝束原丝、碳纤维技术，于2020年11月27日桩基开工，2021年1月4日正式开工建设，计划至2024年全部完成。

（陈　儒）

48K大丝束碳纤维工程第一套国产线投料开车并产出合格产品

【镇海基地一期项目80万吨/年乙二醇装置开车】 2022年1月17日，上海工程公司EPC总承包的镇海基地一期项目80万吨/年乙二醇装置开车成功。该装置为镇海基地一期500万吨/年炼油120万吨/年乙烯项目（乙烯部分）化工装置之一，采用壳牌公司提供的SHELL MASTER EO/EG工艺包，工艺技术为乙烯氧化法生成环氧乙烷。上海工程公司承担80万吨/年乙二醇装置基础设计和EPC总承包工作，基础设计和详细设计共13个月，比常规同类装置缩短设计周期近半年，装置占地面积在国内同规模装置中最小（53460平方米），创造国内同类项目新纪录。

（陈　儒）

【茂名 40 万吨 / 年苯乙烯装置开车】 2022 年 5 月 30 日，上海工程公司联合承担的低成本乙烷裂解气制 40 万吨 / 年苯乙烯成套技术在茂名分公司一次开车成功，产出乙苯、苯乙烯合格产品。该装置是首次采用乙烷裂解气（粗裂解气）为原料生产乙苯、苯乙烯的大型化装置，开车成功标志着中国石化乙苯 / 苯乙烯技术取得重大突破。该项目是中国石化“十条龙”科技攻关项目之一，其中乙苯脱氢制苯乙烯技术由上海工程公司、上海石油化工研究院、华东理工大学共同自主研发。

（陈　儒）

【广西华谊苯酚丙酮装置中交】 2022 年 10 月 30 日，上海工程公司总承包的广西华谊新材料 75 万吨 / 年丙烯及下游深加工一体化项目 28 万吨 / 年苯酚丙酮装置中交。项目建成投产后，对加快延伸广西钦州石化产业链，助力钦州打造高端化工新材料产业集群、加快建设现代化产业体系具有重要意义。

（陈　儒）

【海南炼化乙烯 JPP 装置开车、EG 装置中交】 2022 年 12 月 20 日，上海工程公司总承包的海南炼化 20 万吨 / 年 JPP（气相法聚丙烯装置）开车一次成功，成为全厂首套开车成功的工艺装置；11 月 10 日，上海工程公司总承包的海南炼化 80 万吨 / 年 EO/EG（环氧乙烷乙二醇）装置中交；海南炼化 LPG 低温罐建设稳步推进。3 套装置开车投产后，将为海南打造首个千亿级石化产业集群贡献上海工程力量。

（陈　儒）

海南炼化乙烯及炼油改扩建工程项目 80 万吨 / 年 EO/EG 装置及储罐全景

【榆林化工 5 万吨 / 年 PGA 项目建成投产】 2022 年 9 月 19 日，由上海工程公司承担工程化放大、设计的国能榆林化工有限公司 5 万吨 / 年 PGA（聚乙醇酸）项目正式建成投产，标志着世界首套万吨级煤基可降解材料示范项目实现工业化生产。该项目于 2021 年 3 月开工建设，2022 年 7 月设计完成。与生产传统聚烯烃塑料相比，煤基聚乙醇酸可降解材料吨产品原料煤耗低、二氧化碳排放低，工业增加值增加 2—3 倍，具有较强的市场竞争力和环保效益。

（陈　儒）

【浙江钠创钠离子电池正极材料项目（一期）建成投产】 2022 年 10 月 25 日，上海工程公司设计的浙江钠创新能源公司“年产 4 万吨钠离子电池正极材料项目”（一期）建成投产，标志着上海工程公司在新能源领域的工程转化方面实现新突破。该项目可改善国内锂电池资源供给不足等问题，助力中国新能源行业发展。

（陈　儒）

【持续打造绿色企业】 2022 年，上海工程公司完善环保管理体系，持续开展绿色企业行动，推进创建绿色工地，通过中国石化绿色企业、绿色工地复核并获 A 档评级，保持“中国石化绿色企业”称号。8 月，上海工程公司入选 2022 年度上海市绿色低碳服务机构名单。

（陈　儒）

【全面修订完善管理体系】 2022 年 6 月 1 日，上海工程公司重塑发布以运营管理体系为基础，项目管理体系、QHSE 管理体系和技术管理体系为支柱，监督保障体系为保障的“1+3+1”五位一体管理体系，实现公司管理架构重塑、流程再造。五大体系一体谋划，环环相扣，覆盖公司全部业务范围，包括 317 项管理制度、123 项管理标准和 81 项技术标准，保障生产经营和管理工作依法合规、精准高效。

（陈　儒）

【召开人才工作会议】 2022 年 12 月 5 日，上海工程公司召开人才工作会议，深入学习贯彻党的二十大关于新时代人才工作的要求，紧扣集团公司建设能源化工领域重要人才中心和创新高地，完善人才工作顶层设计和战略谋划，深入实施人才强企战略，壮大战略人才队伍，全面打造堪当新时代重任、引领上海工程公司高质量发展的人才队伍。深入实施“朝阳工程”“卓越工程师”“青马工程”三大工程，落实“一人一表”培养400多人，着力打造“最强工程师”等竞赛品牌，持续完善人才保障机制，厚植高质量发展“第一资源”。

（陈　儒）

【获省部级重要奖项30项】 2022年，上海工程公司获28项省部级奖项。其中，20万吨/年精环氧乙烷成套技术开发与工业应用、10万吨/年双氧水法制环氧丙烷成套技术开发获集团公司科技进步奖一等奖。上海工程公司获集团公司2022年度“质量管理先进单位”“财务管理先进单位”、2021—2022年度“物资供应管理先进单位”称号。上海工程公司以年度贡献第47名的成绩获上海市“静安区2022年度经济贡献二百强企业称号”，并获“深耕静安20年金色成就奖”。上海工程公司被中国石油和化学工业联合会评为2022年度“中国石油和化工行业技术创新示范企业”。

（陈　儒）

【党建引领优势显著】 2022年，上海工程公司党建考核成绩跃升A档。一年来，上海工程公司党委认真落实“第一议题”制度，开展党委中心组学习56次，创新工作方法，每期形成学习纪要，推动学习成果转化。深入学习贯彻党的二十大精神，与上海党建共建单位开展中心组联学研讨，强化创新驱动，深化业务合作，学习案例登上中国石化新闻联播。纵深推进全面从严治党，一体推进“三不腐”机制，巩固深化“靠企吃企”专项整治成果，建设“崇廉敬业、建阳光工程”廉洁文化。建立“我为群众办实事”长效机制，精心策划“十大实事工程”，上海工程公司防疫、生产、安全一体推进工作得到市经信委、集团公司、国务院国资委肯定。

（陈　儒）

【纪念重组20周年】 2022年是上海工程公司重组20周年。公司以“守正创新 凝心聚力 上海工程再出发”为主题，隆重简朴开展重组20周年系列纪念活动：组织企业文化大讨论，发布公司新版企业文化，传承文化基因，开拓事业新局；举办重组20年图片展览，揭幕展示厅，开展老领导代表、干部员工代表座谈；编撰发布企业白皮书，开展主题纪念征文，进一步聚人心、鼓干劲、树新风，在新时代新征程上再立新功、再创佳绩。

（陈　儒）

上海工程公司重组20年揭幕

【“中国石化党外代表人士建言献策创新赋能工作室”揭牌】 2022年9月，上海工程公司申报的“中国石化党外代表人士建言献策创新赋能工作室”，入选中国石化首批党外代表人士建言献策工作室。

（陈　儒）

表1　上海工程公司主要生产经营指标

指标名称＼年份	2022	2021	2020	2019	2018	2017
主营业务收入/亿元	55.01	64.73	43.00	40.04	31.67	19.51
完成工程投资额/亿元	205.13	151.16	134.74	125.90	121.00	116.00
完成工程项目/项	265	217	253	286	394	327
获授权专利/件	382	367	337	327	301	279

表 2 上海工程公司 2022 年完成的主要项目

序号	项目名称	中交或完工日期
一	EPC 总承包项目	
1	海南炼化 100 万吨 / 年乙烯及炼油改扩建工程 EPC 总承包 PP 装置	7 月 15 日
2	上海石化 2.4 万吨 / 年原丝、1.2 万吨 / 年 48K 大丝束碳纤维项目原丝纺丝及碳纤维装置设计采购（EP）承包	8 月 15 日
3	广西华谊 75 万吨 / 年丙烯及下游深加工一体化项目苯酚丙酮工程设计采购施工总承包	10 月 31 日
4	海南炼化 100 万吨 / 年乙烯及炼油改扩建工程 EPC 总承包 EG 装置	11 月 10 日
二	设计项目	
1	青岛碱业 20 万吨 / 年聚苯乙烯项目	1 月
2	贵州能化 PGA 总体设计项目	1 月
3	山东裕龙 30 万吨 / 年 PP 装置工艺包编制技术服务	3 月
4	中安联合 2 万吨 / 年 C_4 异构化制 1- 丁烯工程设计项目	4 月
5	茂名分公司千吨级聚苯乙烯中试项目	5 月
6	上海石化百吨级高性能碳纤维装置设计项目	5 月
7	路普能源氢燃料电池电堆 / 发动机组装及相关测试设施工程设计项目	5 月
8	茂名分公司炼油转型升级及乙烯提质改造项目总体设计项目	5 月
9	中山翠亨新区生物医药智创中心项目	6 月
10	国家能源集团神华榆林能源化工有限公司 5 万吨 / 年聚乙醇酸示范项目工程设计项目	7 月
11	巴陵石化己内酰胺产业链搬迁与升级转型发展项目	8 月
12	沈阳三九药业有限公司药品生产项目	9 月
13	广西华谊 75 万吨 / 年丙烯及下游深加工一体化项目公辅设施基础设计及总体院设计项目	9 月
14	奇正藏药医药产业基地建设项目	9 月
15	威海华钟制药有限公司项目	9 月
16	利华益利津炼化有限公司 20 万吨 / 年聚苯乙烯项目工程设计	9 月
17	安庆分公司 40 万吨 / 年乙苯苯乙烯装置详细工程设计项目	9 月
18	平顶山神马工程塑料科技发展有限公司 4 万吨连续聚合尼龙 66 切片二期项目工程设计	9 月
19	青岛炼化液化气安全提升（顺酐）项目基础工程设计	11 月
20	上海 / 扬子 / 高桥 / 茂名 / 燕山石化老旧装置设计合规性排查	11 月
21	镇海炼化扩建项目二期工程 150 万吨 / 年乙烯及下游高端新材料产业集聚项目总体设计	12 月

宁波工程公司

【概况】 中石化宁波工程有限公司（简称宁波工程公司）是炼化工程公司全资子公司，2003年经中国石化批准，由原中国石化集团兰州设计院和中国石化集团第三建设公司重组设立的国有独资公司，注册地为浙江省宁波市高新区。宁波工程公司是以技术为先导，价值创造为引领，工程项目管理为主体，以人为本，创新驱动，聚焦能化，绿色发展，为全球客户提供高品质的一站式整体解决方案的国际工程公司。

宁波工程公司是国家高新技术企业，有国家级企业技术中心，持有工程设计综合甲级资质证书，石油化工工程施工总承包特级资质证书，工程咨询单位甲级资信证书，压力容器设计、制造许可证，压力管道设计、安装许可证，锅炉安装、改造、修理许可证，美国ASME压力容器“U”钢印证和动力锅炉“S”钢印证等。多年来，宁波工程公司先后完成炼油、乙烯及烯烃后加工、合成氨及尿素、煤气化、甲醇、醋酸、丙烷脱氢、丙烯腈、聚烯烃、热塑性弹性体、有机硅、合成橡胶等1000多套装置的工程设计、工程总承包及施工建设。有500余项专利和专有技术，在天然气化工、石油化工、煤化工以及合成气化工等领域具备独有的核心技术优势和施工安装能力，是中国石化大型非标设备制造基地。

截至2022年底，宁波工程公司设有9个机关管理部门、11个直属机构、6个专业设计室、7个分公司、1个专业公司、4个子公司及15个EPC项目部（在建）。在册职工2376人，其中行业设计大师4人、享受国家政府津贴6人、高级以上职称684人、中级职称679人、各类注册工程师532人、其他管理和技术人员500余人。

2022年，宁波工程公司有效应对各种超预期变化，固根基、调结构、促转型、守底线，聚焦科技创新、拓市增量、项目筑基、风险防控，持续提质增效，全方位推进企业高质量发展，全面完成年度生产经营任务。全年利润1.20亿元，营业收入42.66亿元，工程质量验收合格率100%，EPC总承包项目一次投料试车成功率100%，企业总体保持和谐稳定。

宁波工程公司主要生产经营指标和2022年完成的主要工程项目分别见表1和表2。

（贺　颖）

【领导班子调整】 2022年，中国石化党组调整宁波工程公司领导班子：郑立军任宁波工程公司总经理、党委副书记。

（贺　颖）

【境内市场开发成绩显著】 2022年，宁波工程公司承接镇海炼化基地二期油制氢和丙烯腈、天津南港丙烯腈、中天合创分质制盐、新浦化学PVC装置、万华化学和巴斯夫湛江制造等多个项目，新签合同额累计完成78.45亿元，全面完成上级下达的目标。

（贺　颖）

天津南港丙烯腈项目建设现场

【海南炼化100万吨/年乙烯项目动力中心成功投产】 2022年6月，宁波工程公司承接的海南炼化100万吨/年乙烯项目动力中心成功投产，产出合格吹扫蒸汽，进入蒸汽吹管阶段，标志着该动力中心达到外送蒸汽的条件，为项目转入生产准备阶段的管线吹扫和试车用汽提供重要保障。

（贺　颖）

海南炼化 100 万吨 / 年乙烯项目

【承接的济南炼化催化烟气脱硫污水除盐项目中交】 2022 年 12 月，宁波工程公司承接的济南炼化催化烟气脱硫污水除盐项目中交，为按期、优质产出合格硫酸钠产品创造有利条件，能有效解决济南炼化亟需实施高含盐废水近零排放的需求，对济南炼化污水处理技术革新、打造城市炼厂标杆具有重要意义。

（贺　颖）

【打造丙烷脱氢新名片】 2022 年 9 月，宁波工程公司召开福建永荣新材料公司 200 万吨 / 年丙烷制丙烯及下游新材料项目一期工程丙烷脱氢装置工艺包设计开工会，该装置是当前全球单套规模最大的丙烷脱氢装置之一，也是宁波工程公司承担设计的第 10 套丙烷脱氢装置。

（贺　颖）

【科技创新打开新局面】 2022 年，宁波工程公司立足传统优势技术巩固提升和新品种拓展延伸，加大技术寻源的深度和广度，中国石化“十条龙”攻关项目镇海炼化重油气化技术研发有序推进；与南化院合作开发的二氧化碳 + 氢气制甲醇技术正在进行中试装置建设；与天邦膜技术中心等单位合作开发的天然气常温提氦技术成功运用于东胜气田天然气提氦项目，迈出该领域系列项目开发的第一步；丙烯酸及酯、乙烷催化氧化脱氢制乙烯等新技术取得阶段性进展；与杭州碳氢公司合作开展 HEI 等 3 项技术的开发及应用场景拓展。

（贺　颖）

【数字化转型取得新突破】 2022 年，宁波工程公司拓展装置生产运维技术服务深度，自主研发的智能工厂运维平台应用于巴陵石化己内酰胺项目，为业主提供装置运维期的一站式服务；深入推广应用参数化循环水场智能设计系统等智能化设计研发成果，提升设计质量和效率；稳步推进业务数据标准化治理；与鹰图软件技术有限公司联合建立数智化研究中心，推动工程软件国产化的研发与应用，为宁波工程公司数字化转型夯实基础。

（贺　颖）

宁波工程公司某项目装置 3D 效果图

【“三新”业务领域取得新成果】 2022 年，宁波工程公司承接中原油田、镇海炼化等累计 52 兆瓦的光伏发电项目设计，在新能源领域积累有效经验；承接金发科技生物基 BDO、浙江赞昇氢化丁腈橡胶等新材料项目设计；数字化业务稳步推进，成功开发巴陵石化己内酰胺、湖北姚家港智慧园等数字化服务项目。

（贺　颖）

【安庆石化 300 万吨 / 年重油催化裂解装置反应器成功封顶】 2022 年 11 月 16 日，宁波工程公司承建的安庆石化炼油转化工结构调整项目 300 万吨 / 年重油催化裂解装置反应器成功封顶。该反应器是当前世界规模最大重油催化裂解装置反应器，是中国石化自有最新 RTC 技术首次大规模工业化应用，由宁波工程公司现场制造，施工难度史无前例，当日实施吊装的反应器封头模块直径 18 米，高度 18.93 米，重 1040 吨，吊装高度 74.77 米。

（贺　颖）

【改革管理工作纵深推进】 2022年，宁波工程公司聚焦重点难点攻坚突破，深化改革三年行动、对标世界一流管理提升行动圆满收官，成功入选集团公司深化改革三年行动经验案例；完善经理层成员任期制和契约化管理业绩考核及薪酬管理制度；优化制度体系建设，统筹落实上位制度承接整改，优化公司内控管理，制度执行力进一步提高；构建协同工作机制，加强跨部门协作、多维度督办、全方位考核，有效强化对基层一线的支撑与服务；构建风险内控合规一体化管理的“大风控”体系，依法合规经营能力不断提升。

（贺　颖）

【党的建设全面加强】 2022年，宁波工程公司严格落实“第一议题”制度，深入学习贯彻党的二十大精神和习近平总书记系列重要讲话精神，“牢记嘱托、再立新功、再创佳绩，迎接学习贯彻二十大”主题行动落实落地、取得实效；以实施“示范强基工程”为载体，推动基层党建与中心工作深度融合；加大干部轮岗交流力度，开展中基层领导人员竞争上岗，全年竞争性选聘比例69%；严格落实党风廉政建设“两个责任”，集中开展靠企吃企问题专项整治；建立“我为群众办实事”常态化机制，员工群众的满意度显著提升。

（贺　颖）

【多项工程技术获奖】 2022年，1项技术成果获中国职工技术创新成果三等奖；“浙江石化炼化一体化项目（二期）3# 芳烃装置安装工程”获浙江省优秀安装质量奖；5项技术成果获中国石化科技进步奖；1项技术成果获中国石化自动化科技进步奖三等奖。

（贺　颖）

【管理工作获多项荣誉】 2022年，宁波工程公司获评全国石油和化工建设发展规模及效益综合排位前30名企业；获浙江省AA级“守合同重信用”企业称号；获中国石化先进集体、绿色企业、物资供应管理先进单位、发展计划管理先进单位、优秀创新团队、五四红旗团组织称号；获宁波市“五好职工宿舍”、综合百强企业和竞争力百强企业。

（贺　颖）

表1　宁波工程公司主要生产经营指标

指标名称 \ 年份	2022	2021	2020	2019	2018	2017
资产总值/亿元	48.82	63.88	80.14	79.15	76.34	61.52
设计投资额/亿元	128.92	205.42	120.42	103.11	93.14	111.81
主营业务收入/亿元	42.09	75.50	67.29	61.96	52.91	35.10
利　税/亿元	1.72	1.46	1.06	3.88	5.64	5.09
承接工程数量/项	382	349	342	312	385	397
工程总承包/项	15	19	23	25	25	18
工程设计/项	147	125	132	111	135	103
工程咨询/项	112	93	76	70	91	113
工程建设及制造/项	108	112	111	106	134	163
获授权专利数量/件	97	57	37	36	42	22

表 2　　宁波工程公司 2022 年完成的主要工程项目

序号	项目名称	中交或完工日期
一	EPC 总承包项目	
1	宝武清洁能源韶钢产业园焦炉煤气制氢（一期）工程	12 月
2	安庆石化再生烟气净化单元工程项目	12 月
3	济南分公司催化烟气脱硫污水除盐项目	12 月
二	设计项目	
1	江苏斯尔邦二期丙烷产业链项目 MMA 装置及配套工程	1 月
2	辽宁宝来新材料公司丙烷脱氢装置	3 月
3	中原石油勘探局热力分公司油田区域分布式光伏发电项目	4 月
4	延长中燃泰兴轻烃深加工项目一期工程项目	5 月
5	台塑工业（宁波）公司丙烷脱氢年产 60 万吨丙烯项目	5 月
6	巴陵石化己内酰胺产业链搬迁与升级转型发展项目	7 月
7	新浦化学（泰兴）公司年产 31 万吨高性能苯乙烯聚合物项目	7 月
8	宁波金发公司 120 万吨 / 年聚丙烯热塑性弹性体及改性新材料一体化项目	12 月
三	施工及制造项目	
1	镇海炼化新增化工码头甲醇管输进厂设施项目	3 月
2	镇海炼化低硫重质船用燃料油储运项目	5 月
3	中国石化石油商业储备公司宁波分公司镇海岚山商储基地 4 台储罐大修工程	5 月
4	中海福建天然气公司海西天然气管网二期工程福安段项目	6 月
5	东营威联化学 200 万吨 / 年对二甲苯项目	7 月
6	东营原油储备项目储罐土建安装工程	7 月
7	上海石化 2.4 万吨 / 年原丝及 1.2 万吨 / 年 48K 大丝束碳纤维项目	8 月
8	江苏嘉通能源公司 PTA-1 主装置安装工程	9 月
9	上海石化氢燃料电池供氢中心项目	9 月
10	上海石化 2022 年烯烃部及储运部等区域设备恢复性检修项目	10 月
11	镇海炼化炼油老区污水拆除项目	12 月
12	上海石化航空复材项目	12 月
13	高桥石化防汛墙抢险项目	12 月

南京工程公司

【概况】 中石化南京工程有限公司（简称南京工程公司）是炼化工程公司全资子公司，2009 年 6 月由中国石化集团第二建设公司和中国石化集团南京设计院重组成立，位于江苏省南京市栖霞区仙林大道 16 号，注册资本 5.56 亿元。

南京工程公司是以设计为先导，专利、专有技术、工艺包开发为核心，工程总承包和项目管理、专业施工为主体，面向国内外市场提供技术和管理服务的综合性、一体化的国际工程公司。在煤化工、天然气化工、环境工程、清洁能源、硫酸磷肥等无机化工、苯系化工、公用工程和工业民用建筑等设计业务方面优势明显；具有设计、采购、施工一体化独特优势和雄厚的国内外项目综合管理能力；具有以大型机组安装、大型储罐安装、大型DCS/ESD安装调试、特殊材质焊接等为核心的施工以及施工管理能力。

2022年，南京工程公司设职能部门12个、专业设计室6个、专业分公司3个、区域分公司5个。在册职工2673人，其中经营管理、专业技术和工程项目管理人员2097人，各类技能操作人员576人，具有本科及以上学历1873人，有中、高级专业技术职称1524人。

南京工程公司2022年主要生产经营指标和完成的主要工程项目分别见表1和表2。

（毕　华）

【领导班子调整】 2022年，集团公司党组对南京工程公司领导班子作出调整：3月，陈德兴不再担任南京工程公司副总经理、党委委员，任二级协理员。6月，张章兴任南京工程公司副总经理、党委委员。截至2022年底，南京工程公司领导班子成员包括周赢冠、吴吉波、王红光、刘胜、郑国洋、彭付成、张章兴。

（毕　华）

【市场开发成果显著】 2022年，南京工程公司建立“领导带动、营销推动、技术互动、全员行动”营销责任体系，配强大客户经理，优化营销策略，落实开发责任，提升整体市场营销能力。全年任务承揽82.38亿元，设计合同额达2.5亿元，设计及EPC占比40%以上，创历史新高。

（毕　华）

【安全生产平稳可控】 2022年，南京工程公司以“QHSE管理体系运行提升年”为主线，夯实管理基础，强化体系运行，把制度、职责、要求落实到系统、落实到班组、落实到岗位。强化安全风险分级防控和隐患排查治理双重预防工作机制建设，加强重大风险作业管控，组织开展安全大检查、百日安全行动、机械设备、高处作业、脚手架等专项排查，开展质量“低老坏”问题和焊工超资质焊接等专项整治行动，切实加强过程管控。加强现场安全技防投入，运用无人机巡视、远程视频监控等手段，充分发挥南京工程公司生产指挥调度中心作用，及时发现、叫停违章作业，定期开展警示教育和案例分享，提升全员安全管理意识和技能水平。

（毕　华）

【项目执行优质高效】 2022年，南京工程公司优化项目管理体系，提升策划质量，严格过程管控，统筹资源配置，扎实开展标准化设计、工厂化预制、模块化施工等“六化”工作，生产组织方式不断优化，设计、采购、施工一体化集成优势不断增强。全年执行项目281个，总体平稳可控，集团公司考核的20个控制点全面完成。海南乙烯、东营PTA、蓝星安迪苏、九江芳烃、安庆油转化等项目高标准中交。贵州磷石膏、润阳多晶硅、天津南港乙烯、镇海基地二期、巴陵己内酰胺、扬巴2.8期、台化PTA、惠州乙烯、沙特泵站等项目，高效组织、平稳实施。

（毕　华）

【经营业绩企稳向好】 2022年，南京工程公司统筹做好疫情防控、生产经营、改革发展和党的建设等各项工作，较好地完成各项任务目标。现金流连续2年净流入，应收账款、合同资产大幅压降，南京工程公司可持续发展根基更加牢固。

（毕　华）

【科技攻关取得新进展】 2022年，南京工程公司瞄准行业趋势和市场需求，通过自主研发、协同攻关、集成创新，扩大与科研院所合作，在科技成果转化应用、体制机制改革等方面取得明显成效。创新研发项目管理方式，推行“揭榜挂帅”“职场赛马”攻关机制，完成“二氧化碳加氢制甲醇”项目发榜、揭榜、评榜和研发团队组建，“新型醋酸合成射流鼓泡反应器工业化示范应用”“30万吨苯胺工艺包”2项课题通过总部审查。新签上级委托开发课题数量和合同额创历史新高。全年运行技术开发项目 77 项，计划结题 45 项，实际完成 46 项；整理成熟工艺包 2 项；完成专利申请 68 件，其中发明专利 23 件，获授权专利 68 件；形成企业级工法 10 项；主编参编国标、行标 32 项，主编中国石化标准 11 项、炼化工程集团标准 36 项，完成企业技术标准和标准图、通用图 105 项。

（毕　华）

【参股中石化碳科公司】 2022 年 9 月 22 日，中国首个碳全产业链科技公司——中石化碳产业科技股份有限公司（简称中石化碳科公司）在南京揭牌成立。该公司将围绕技术研发、碳资产管理运营、项目股权投资等重点业务，面向国内外碳产业市场提供综合解决方案，支撑中国石化引领中国 CCUS（二氧化碳捕集、利用与封存）产业链稳链固链，以科技创新驱动和引领碳产业发展，推动化石能源走向高效、清洁、低碳。南京工程公司参股中石化碳科公司，提升行业影响力和竞争力。

（毕　华）

【参加南京市重大招商项目暨央企区域总部项目视频签约活动】 2022 年 4 月 21 日，南京工程公司参加 2022 年南京市重大招商项目暨央企区域总部项目视频签约活动。活动签约重大项目共 59 个，总投资额 1206 亿元。南京工程公司与南京市栖霞区政府签署项目合作协议，双方将整合优势资源，共建南京工程公司 CCUS 工程技术研究中心项目，通过成立二氧化碳捕集及纯化等 5 个技术团队，在技术攻关、工程设计和应用推广等方面持续提升南京工程公司整体技术水平。

（毕　华）

【2 个中心通过南京市工程技术研究中心认定】 2022 年，南京工程公司被认定为“南京市 CCUS 工程技术研究中心”“南京市碳原子经济性绿色化工工程研究中心”。南京市 CCUS 工程技术研究中心设捕集及纯化、矿化利用、化学利用、氢能技术、生物质技术 5 个技术团队，重点研发和推广二氧化碳干重整 / 双重整、羰基化反应制系列产品和高端材料、二氧化碳化学转化利用（制甲醇）、大型二氧化碳捕集等新型绿色低碳技术。碳原子经济性绿色化工工程研究中心以技术开发为载体，以碳元素迁移为主线，以碳元素原子经济性转化技术为基础，重点研发和推广二氧化碳干重整 / 双重整、羰基化反应制系列产品和高端材料、二氧化碳化学转化利用（制甲醇）等技术，意在实现新技术工程转化和产业化。

（毕　华）

【扎实开展全面优化工作】 2022 年，南京工程公司深入开展全链条、全要素、全方位、全过程优化，形成南京工程公司和二级单位层面各具特色的优化清单、优化措施，按月督办、按季考核，提高效率、降低成本，企业软实力和竞争力不断增强；成立“施工班组安全绩效提升”等 6 个工作专班，制定专项方案，优化举措落实到位、优化成效逐步显现、优化氛围初步形成。

（毕　华）

【深化“三项改革”制度】 2022 年，南京工程公司大力推进中层级人员任期制和契约化管理，个性化设置考核指标，构建“效益 + 专项 + 重点工作 + 服务 + 党建”综合指标考核体系，以清晰的考核激励导向激发干事创业热情。按照“年轻化、复合型”的培养目标，建立年轻干部梯队滚动考核调整机制。建立薪酬能增能减机制，优化海外薪酬福利管理体系，实行中层领导人员、项目管理班子的经营效益与绩效奖金联动机制。

（毕　华）

【组织收看党的二十大开幕会盛况】 2022 年 10 月 16 日上午，中国共产党第二十次全国代表大会在北京人民大会堂隆重开幕。南京工程公司组织全体党员干部第一时间通过电视、广播、网络平台等形式同步收听收看党的二十大开幕会实况，认真聆听习近平总书记代表第十九届中央委员会向大会作的报告，共同感受发展成就和奋进精神，为下一个百年奋斗目标汇聚强大力量。

（毕　华）

工程技术研发中心大楼收看党的二十大开幕会直播现场

【高质量开展主题行动】 2022年，南京工程公司党委深入贯彻落实集团公司党组关于开展“牢记嘱托、再立新功、再创佳绩，迎接学习贯彻二十大”主题行动的部署，坚持把学习贯彻习近平总书记视察胜利油田重要指示精神作为主题行动本质要求，深刻领会习近平总书记关于能源安全、科技创新、安全环保、国企改革等方面的殷切嘱托，提高政治站位，增强历史主动，牢牢把握主题行动实践意义，把主题行动同迎接宣传贯彻党的二十大紧密结合，同南京工程公司“全面优化年”工作结合，强化顶层设计，以主题行动统领全面优化工作，把全面优化工作作为高质量主题行动的重要抓手、具体实践，实现主题行动与全面优化工作的有机结合，在服务发展大局中跟上节奏、合上节拍、踩准节点，在全面优化提升中体现新担当、展现新作为。

（毕　华）

【成立党外代表人士建言献策工作室】 2022年11月10日，南京工程公司党外代表人士建言献策工作室正式揭牌，这是集团公司命名的首批党外代表人士建言献策工作室之一，是党外代表人士进一步凝聚共识，汇聚力量，积极建言献策的重要平台。截至2022年底，工作室共有成员4人，涵盖煤化工、碳一化工和硫磷化工等多个主要科研工程领域。

（毕　华）

【与栖霞区龙潭街道联盟村开展“双共建”】 2022年8月22日，为落实上级党组织在助力乡村振兴中深化党建共建的要求，发挥省级文明单位示范带动作用，推进城乡文明一体发展，南京工程公司党委与栖霞区龙潭街道联盟村党总支在“城乡结对、文明共建”的基础上，举行签约仪式，进一步开展党建共建。

（毕　华）

【完成多项检修任务】 2022年，南京工程公司承担上海石化抢修，中安、荆门、安庆大检修项目，积极响应、克服疫情，提前完成任务，为实现各装置更高水平的安稳长满优运行奠定坚实基础。

（毕　华）

【海南炼化乙烯项目碳八联合装置中交】 2022年6月29日，南京工程公司EPC总承包的海南炼化乙烯项目碳八联合装置和汽车装卸站中交，碳八联合装置是南京工程公司首次承接的新品种EPC项目，由55万吨/年裂解汽油加氢装置和35万吨/年芳烃抽提装置组成，在上下游装置之间起着承上启下的桥梁作用。装置建成后，可加工乙烯裂解装置副产的粗裂解汽油，生产高纯度碳八芳烃产品，助力海南炼化绿色低碳转型发展，为打造海南首个石化产业千亿级产业集群贡献力量。

（毕　华）

海南炼化乙烯项目碳八联合装置

【东营威联化学250万吨/年PTA项目主装置中交】 2022年8月18日，南京工程公司承建的东营威联化学250万吨/年PTA项目主装置中交，项目转入联动试车和生产运行准备阶段。该项目是对二甲苯产业延伸项目，主要建设一套国内单体最大的PTA（精对苯二甲酸）装置，项目建成后，在山东省内率先打通“原油—芳烃—聚酯”产业链条，对富海集团调整产业结构、推动高端石化产业发展具有重要意义。

（毕　华）

【安庆石化炼油转化工项目中交】 2022年12月31日，南京工程公司承建的安庆石化炼油转化工项目如期中交。该项目是中国石化“十条龙”科技攻关及中等规模炼油企业转型发展示范项目，南京工程公司EPC总承包80万吨/年芳烃抽提、空分空压站、热电部化学水制水3个装置，承建300万吨/年重油催化裂解联合装置。重油催化裂解联合装置是项目核心装置，首次使用RTC的新工艺，施工要求高、难度大、工期紧。

（毕　华）

安庆石化炼油转化工项目

【沙特财务共享外账成功上线】 2022年10月18日，南京工程公司境外财务共享沙特地区外账打通全流程，试点成功上线。沙特地区外账试点上线，是贯彻集团公司“十四五”规划及集团公司党组领导要求、落实境外财务共享建设方案、推进境外共享试点的一次尝试，对于南京工程公司加强境外业务管控、提高境外业务信息化水平、推动境外业务高质量发展，具有十分重要的意义。

（毕　华）

表1　南京工程公司主要生产经营指标

指标名称＼年份	2022	2021	2020	2019	2018	2017
资产总值/亿元	52.90	51.85	53.36	55.29	55.87	56.81
设计投资/亿元	95.61	81.70	60.36	64.17	90.20	93.89
主营业务收入/亿元	61.61	58.84	58.81	67.02	55.98	46.77
承接工程数量/项	283	286	257	239	196	170
获授权专利数量/件	68	65	54	37	48	56

表2　南京工程公司2022年完成的主要工程项目

序号	项目名称	中交或完工日期
一	EPC总承包项目	
1	沙特SABIC YANPET EG2升级改造（EPC）项目	1月
2	镇海炼化扩建项目配套空分项目	2月
3	海南炼化100万吨/年乙烯及炼油改扩建工程项目－三标段（裂解汽油加氢单元、芳烃抽提）C_8工程	6月
4	海南炼化100万吨/年乙烯及炼油改扩建项目设计、采购、施工（EPC总承包第一批）九标段空分空压站工程	7月
5	资产公司安庆分公司炼油转化工结构调整项目热电配套工程热电部化学水制水装置扩建项目	11月
6	安庆分公司炼油转化工结构调整芳烃及空分空压站项目	12月

续表

序号	项目名称	中交或完工日期
二	施工项目	
1	福建联合石化公司 2021 年芳烃联合装置改造施工项目	1 月
2	九江分公司 89 万吨 / 年芳烃项目	1 月
3	蓝星安迪苏南京有限公司二期 18 万吨 / 年液体蛋氨酸项目	6 月
4	海南炼化 100 万吨 / 年乙烯及炼油改扩建工程（一标段）土建安装工程（罐区）	7 月
5	中国海油石化工程公司东营原油储备项目二 – 储罐土建安装工程 二标段	8 月
6	东营威联化学有限公司 250 万吨 / 年精对苯二甲酸及配套项目第一标段土建、安装施工工程	8 月
7	万华化学（福建）异氰酸酯有限公司 MDI 项目标段一土建安装工程	10 月
8	海南炼化 100 万吨 / 年乙烯及炼油改扩建（五标段 80 万吨 / 年 EG 装置）	11 月
9	安庆分公司炼油转化工结构调整项目（第一批次）– 主装置区域一标段（300 万吨 / 年重油催化裂解联合装置）	12 月
三	设计项目	
1	江苏华扬液碳有限责任公司黄桥气田采矿处理厂迁建项目详细设计	3 月
2	巴陵石化 66 万吨 / 年硫黄制酸和 3 万吨 / 年硫化氢制酸装置详细设计	3 月
3	中国石化润滑油滨海分公司润滑油天津南港特种油脂及基础储运项目详细设计	4 月
4	惠州市晟达新材料科技有限公司 50 万吨 / 年湿化学品项目基础设计	4 月
5	中国石化集团资产经营管理有限公司宜昌分公司 30 万吨 / 年磷酸及配套公用工程辅助设施详细设计	4 月
6	扬子石化炼油结构调整项目 30 万吨 / 年硫黄回收装置 & 东邵罐区详细设计	5 月
7	中石化宁波镇海炼化有限公司 1100 万吨 / 年炼油和高端合成新材料二十一标段（净化水场、除盐水及凝结水站）详细设计	5 月
8	中石化宁波镇海炼化有限公司 1100 万吨 / 年炼油和高端合成新材料项目工程设计二十四标段（空分）详细设计	7 月
9	仪征化纤 300 万吨 / 年 PTA 项目（二标段，配套公用工程）详细设计	9 月
10	山东裕龙石化有限公司裕龙岛 3.5 万吨 / 年烷基化废酸再生装置基础设计	10 月
11	南化公司制氢、合成氨联合优化项目详细设计	11 月
12	云南祥丰金麦化工有限公司 10 万吨 / 年新能源材料前驱体配套项目详细设计	12 月

第四建设公司

【概况】 中石化第四建设有限公司（简称第四建设公司）是炼化工程公司的全资子公司，成立于大庆石油会战时期的1963年1月，1965年迁至湖南长岭参加“三线建设”，1974年参加天津炼油厂建设，落户天津滨海新区。2012年4月改制为公司制企业，由中国石化集团第四建设公司更名为中石化第四建设有限公司。

第四建设公司有石油化工工程施工总承包壹级及化工石化医药行业工程设计甲级等资质，业务涵盖炼油、石油化工、煤化工、储运工程、海洋工程、吊装工程、环境工程等多个领域，为客户提供工程项目管理咨询、大型项目施工总承包、项目试运行及开车、工程项目监理、职业技术培训等服务，在LNG低温存储工程、特种材料焊接、模块化建造等方面形成国内领先的技术优势。

截至2022年底，第四建设公司本部设15个职能部门，下设8个二级单位，其中3个综合型工程公司、3个专业工程公司、1个以PMC业务为主的工程项目管理公司和1个培训中心。在册员工3674人，其中经营管理与专业技术人员2496人、技能操作人员1178人，拥有中、高级专业技术职称的1200余人，享受国务院特殊津贴及突出专家18人，取得国家注册一级建造师等各类国家注册资质526人。

第四建设公司主要生产经营指标和2022年完成的主要工程项目分别见表1和表2。

（邓高科）

【领导班子调整】 2022年，集团公司党组对第四建设公司领导班子进行2次调整。1月，赵仓任公司党委委员、副总经理。12月，郭文斌任公司党委委员、副总经理。截至2022年底，第四建设公司领导班子成员：向文武、董克学、李希玲、孙晓晨、许金国、赵仓、郭文斌。

（邓高科）

【市场开发再上新台阶】 2022年，第四建设公司坚持价值引领，聚焦国家能源布局，紧盯重点项目投资，锚定战略市场，持续优化完善市场营销策略，全年市场承揽合同额创公司历史新高，市场拓展取得明显成效。工程总承包业务总量达23.45亿元，在市场开发的业务内容上取得重大突破；项目管理业务承揽合同额首次突破3亿元，持续扩大石化行业市场占有率和品牌影响力；数字化工程业务首次在镇海炼化二期、天津南港乙烯等项目开展，陆续打开埃克森美孚（惠州）、兵总华锦、北京寰球等重点市场，有望形成新的效益增长点。

（邓高科）

【项目执行屡获好评】 2022年，第四建设公司以创建精品为目标，加强新开工项目策划，优化生产组织模式，强化资源保障，统筹推进75个项目实施。全年实现52项工程顺利开工，确保49项工程高标准中交和6项检维修改造工程高效完工。海南乙烯项目稳站排头，坚持以工法创新促项目执行，如期实现高标准中交，得到集团公司和业主认可；天津南港乙烯项目率先实施管廊模块化建造工艺，大量应用新工艺、新工法，进度、质量均创造国内同类工程新纪录，被集团公司工程部选树为标杆项目；巴陵己内酰胺项目全面推行标准化施工管理，在安全、质量评比中始终保持领先；江苏滨海27万立方米LNG储罐工程提前一个月完成穹顶安装，在中央电视台、《人民日报》等媒体刊载。年内收到感谢信、锦旗67件（次），公司市场美誉度和品牌影响力不断提升。

（邓高科）

海南炼化乙烯装置中交后全景

【安全生产平稳可控】 2022年，第四建设公司以完善HSSE体系运行为重点，深入开展“安全生产专项整治三年行动”和“三查三强”促安全主题党日等活动，整改隐患940项，识别危险源40个，查摆风险24项。推行“责任清单化、措施操作化、案例云文档、人人可分享”等具体做法，强化安全意识和能力提升，不断推进安全长效机制建设。实现上报集团公司一般C级及以上生产安全、环保、职业卫生和公共安全事件事故等“四个为零”。连续2年被评为集团公司安全生产先进单位，连续15年保持全国“安康杯”竞赛优胜单位称号。

（邓高科）

【企业管理持续提升】 2022年，第四建设公司以合规建设为目标，结合公司改革，系统化修订、新编制度263项，优化议事决策、薪酬分配、考核激励等111项管理流程，制度建设更加规范完善。围绕构建价值引领和风险防范工作机制，推进战略财务管控体系建设，通过建立量化的考核指标模型，将强化成本、资金意识贯穿合同执行全过程，提高管理精细化水平，年内2次获集团公司资金考评“流动红旗”；坚持多手段推进清收工作，应收账款余额下降9.04%；充分利用税收优惠政策为企业“减负”，争取各类税费减免、退税共计4000余万元；百元营业收入成本控制在目标值以内，财务管理成效逐步显现。抓实项目成本管理，强化过程管控，加快合同结算和效益回收，下发《全员成本管理实施细则》《项目成本管理办法》，年内完成承包合同结算56.5亿元、分包合同结算42.5亿元；坚持超前策划，通过研判市场价格走势低点采买，同时发挥集采优势，全年节约采购资金4537万元，经营创效能力有效提升。

（邓高科）

【技术创新成果不断显现】 2022年，第四建设公司大力推动技术开发应用，新申请专利18件，获专利授权44件、软件著作权2项；完成技术积累成果24项、施工工法17项，完成焊接工艺技术开发168项。主编及参编6项国家、行业标准。承担集团公司、炼化工程公司技术开发项目11项，均处于有序实施状态。LNG储罐内罐纵缝自动焊工艺技术及不锈钢储罐纵缝自动焊工艺技术成功投入应用。“LNG薄膜罐技术开发及应用”“药芯焊丝在石化碳钢管道的应用”等前瞻性技术研究进入实施阶段。

（邓高科）

【人才强企战略不断深入】 2022年，第四建设公司深化“人才强企”战略，不断加强人才队伍建设。制定并实施“13610”人才工作方略，人才队伍结构进一步改善。畅通多元化引才渠道，吸收引进成熟人才322人。强化员工职业生涯规划，为130余名青年骨干制定职业生涯规划，明确青年人才个人职业提升方向，赋予成长加速度。常态化实施专业技术序列、技能操作序列职位考核晋升工作，742名员工通过选聘获得职位晋升。推进激励约束机制建设，全年累计开展基本薪酬晋升、晋级、晋档调整3737人次；将2014年以后入职的合同制员工纳入企业年金计划，进一步调动员工干事创业热情。

（邓高科）

【转型提升取得新突破】 坚持战略引领，发布实施《企业战略规划纲要》和《企业文化建设纲要》，为公司长远发展明确方向，厚植底蕴。由公司主导重组的智汇（天津）工程设计院先后参与天津南港乙烯全厂工艺及热力管网、北京化工研究院中试装置等EPC项目，“施工＋设计＋项目管理＋制造”协同效应初步显现，在公司发展史上具有里程碑意义。职业技能培训与研发业务取得全国职业教育教师企业实践基地、天津市“工匠学院”等9项资质资格，培训中心获批天津市首批“工匠学院”，设立现代焊接研究所和安全工程与环保工程研究所，挂牌成立现代制造产业学院，迈入新的学院化发展阶段。数字化提升工程持续推进，实现所有新建、已建系统数据集成，建设项目管理系统等4个平台正在推广应用，具有公司特色的差异化发展优势正逐步形成。

（邓高科）

南港乙烯项目全厂工艺及热力管网工程管廊实施模块化安装

【党建质量持续提升】 2022年，第四建设公司党委坚决落实全面从严治党主体责任，继承和发扬公司优良传统，持续丰富新铁军文化内涵，内鼓干劲，外树形象，增强企业品牌价值，引领企业持续向好。注重企业文化引领，凝练“建精品、树丰碑、站排头”的企业核心理念，发布实施首个全面、系统的《企业文化建设纲要》，统一思想，凝聚合力。在深入开展“牢记嘱托、再立新功、再创佳绩，迎接学习贯彻二十大”主题行动中，坚持建强宣传思想阵地，在集团公司“小石头微榜”始终名列 A 类，获评集团公司 2021—2022 年宣传思想工作先进单位；多篇重量级报道在中央电视台、《人民日报》、新华社等媒体刊载，浏览量突破 660 万人次。抓实党风廉政建设，强化“三不”机制，日常监督与专项监督相结合，风清气正的政治生态持续巩固。真心关爱温暖员工，抓实群团、维稳、保密、统战和离退休工作，形成共谋发展、共创事业的浓厚氛围。

（邓高科）

【履行国企责任】 第四建设公司在 2022 年天津本土疫情期间，积极组织志愿者团队参与津南抗疫、社区大筛等防控任务 60 场、1500 余人次，同社区累计完成近 60 万人次核酸检测；海南乙烯项目部在做好自身防控工作的同时，主动援建洋浦方舱医院，助力海南疫情防控；同天津市应急管理局签订《应急救援联动合作协议》，促进“平安天津”建设，维护社会安全稳定，彰显中央企业责任和担当。

（邓高科）

【多项工程获得荣誉】 2022 年，第四建设公司承建的中安联合煤化有限责任公司煤制 170 万吨/年甲醇及转化烯烃项目、恒逸（文莱）PMB 石油化工项目获国家优质工程金质奖；催化剂长岭分公司云溪基地 5 万吨/年催化裂化催化剂联合生产装置建设项目获国家优质工程奖。辽宁海航仓储低温储罐焊接工程获国家优秀焊接工程一等奖；扬子江乙酰四期升级改造项目哈氏合金管道焊接、粤北天然气管道焊接、古雷炼化裂解汽油加氢装置 SHA1 级管道焊接等 3 项工程获国家优秀焊接工程奖。

（邓高科）

表 1　第四建设公司主要生产经营指标

指标名称＼年份	2022	2021	2020	2019	2018	2017
资产总值 / 亿元	52.24	47.90	41.66	38.62	44.62	42.86
主营业务收入 / 亿元	58.58	60.06	52.69	39.64	38.51	33.63
利税 / 亿元	1.62	2.09	2.01	-2.26	1.20	-2.99
承接工程数量 / 项	206	219	287	173	192	168
获授权专利数量 / 件	44	37	28	21	22	66

表 2　第四建设公司 2022 年完成的主要工程项目

序号	工程名称	竣工日期
1	青岛海工 LNG Canada 项目 A5EA 模块总装工程	1 月
2	辽宁海航实业有限公司仓储项目二期工程	1 月
3	北海炼化 8 万吨 / 年硫黄回收装置项目	1 月
4	中科炼化一体化液态烃仓储设施项目	1 月
5	国家石油天然气管网集团有限公司华北山东分公司新建济南至莱芜高速铁路 JLZQTJ-1 标段港沟站鲁皖管道迁改工程	1 月
6	茂名石化氢燃料电池供氢中心项目	3 月

续表

序号	工程名称	竣工日期
7	粤北天然气主干管网韶关—广州干线项目第 4 标段线路施工工程	3 月
8	辽宁海航实业有限公司仓储项目二期原油罐组三、凝结水及热水站安装工程	3 月
9	北闸油库改扩建工程项目金属安装及罐区土建标段工程	4 月
10	青岛海工武船麦克德莫特海洋工程有限公司北极二项目	5 月
11	辽宁宝来新材料有限公司 60 万吨 / 年 ABS 及其配套装置工程项目	5 月
12	中沙石化 26 万吨 / 年聚碳酸酯项目主装置土建安装工程	6 月
13	龙口港区液化烃专用泊位接卸设施扩建项目 12 万立方米低温丙烷混凝土顶全包容储罐及配套工程	6 月
14	浙江嘉兴（平湖）LNG 应急调峰储运站项目库区场站安装施工	7 月
15	海南炼化 100 万吨 / 年乙烯及炼油改扩建工程项目 EPC（十二标段）土建安装工程	7 月
16	海南炼化 100 万吨 / 年炼油改扩建工程项目（十一标段）建筑安装工程	7 月
17	中科炼化外供物料管输园区企业配套设施项目	8 月
18	茂名分公司化工旧三聚包装优化改造项目建筑安装工程	8 月
19	董东线及东黄复线东营输油站进站管段改线工程线路工程	8 月
20	海南炼化乙烯增加石脑油罐及优化物料互供管线项目建筑安装工程第一标段	9 月
21	宁波金发新材料有限公司 120 万吨 / 年聚丙烯热塑性弹性体（PTPE）及改性新材料一体化项目（低温丙烷、低温乙烯罐及相关配套）储罐施工标段	9 月
22	石油勘探开发研究院沙河科研中心搬迁施工总承包项目	9 月
23	中原石化 2018 年一般措施及安全环保项目	10 月
24	海南炼化 100 万吨 / 年乙烯及炼油改扩建工程项目乙烯主装置	11 月
25	北京燃气天津南港 LNG 应急储备项目接收站 EPC 安装工程	12 月
26	中科炼化（湛江东兴）中间罐区搬迁项目	12 月
27	海南炼化 100 万吨 / 年乙烯及炼油改扩建工程项目（LPG 低温罐工程）	12 月

第五建设公司

【概况】 中石化第五建设有限公司（简称第五建设公司）是炼化工程公司全资子公司。第五建设公司成立于 1953 年，2010 年 12 月 18 日根据集团公司战略部署，从甘肃省兰州市西固区迁址到广东省广州市荔湾区中山七路 81 号。2012 年 4 月，根据炼化工程板块实施重组上市要求，中国石化集团第五建设公司更名为中石化第五建设有限公司。

第五建设公司是中国最早从事石油化工建设的大型施工企业，也是集团公司直属大型综合性施工企业。有石油化工工程施工总承包壹级企业资质，钢结构工程专业承包壹级，环保工程专业承包壹级，建筑工程施工总承包、机电工程施工总承包、电力工程施工总承包贰级，消防设施工程专业承包贰级，市政公用工程施工总承包叁级，国外工程承包资质、对外经济合作经营资格资质和建筑行业（建筑工程）乙级、石油化工医药行业（化工工程、石油及化工产品储运）专业乙级设计资质等。

第五建设公司具备60亿元/年以上的施工生产能力，能独立承担炼油、化工、化肥、化纤、橡胶、电力、医药、冶金、军工等大中小型装置及配套工程建设任务。在大型传动设备（机组）安装、大型储罐安装运输、大型DCS自动化集散控制系统安装与调试和特种材料焊接，以及大型锅炉、大型空分、炼油、聚烯烃、甲醇、煤化工、土壤修复、安全技术、机械清罐等方面，形成独具特色的技术优势。近年来，第五建设公司在做好传统业务的同时，在安全技术研发、土壤修复处理、油罐机械清洗、无轨导爬行焊接“机器人”等方面创新求变发展转型业务，培养一大批高级工程技术人员和各专业高级技师。在国家许多重大项目建设中，充分体现在工程管理、机具装备、专业人才、新技术开发应用等方面的实力和优势。

截至2022年底，第五建设公司本部设13个职能处室；下辖区域分公司、专业分公司等13个二级单位。有87个项目部（国内83个、国外4个），分布在全国各地炼化企业和海外。用工总量为1840人，其中在岗合同制员工1708人、短期阶段性合同工2人、不在岗130人（含离岗调研、内退、工伤）。获国家一级建造师98人、二级建造师19人。

第五建设公司主要生产经营指标和2022年完成的主要工程项目分别见表1和表2。

（于维娜）

【经营业绩在稳中有进中迈向新台阶】 2022年，第五建设公司经营业绩创历史最好水平，新签合同额、营业收入、净利润均创历史新高，全年实现新签合同额境内74.75亿元、目标完成率150%，海外3.64亿美元、目标完成率121%；实现营业收入56.12亿元，目标完成率102%；利润总额1.32亿元、目标完成率101%，净利润1.16亿元、目标完成率101%，营业收入利润率2.57%；自由现金流入2.92亿元，目标完成率195%；期末资产负债率91.96%，净资产收益率36.34%，国有资产保值增值率140%。员工收入比2021年增长3.06%。

（于维娜）

【工程建设在服务大局中树立新形象】 2022年，第五建设公司境内外在建项目87个，九江石化芳烃、茂名石化POE、上海石化大丝束、盛虹炼化一体化、烟台万华MMA二期等34个项目高标准中交，天津LNG、埃克森美孚惠州、扬子石化炼油结构调整、中韩武汉催化裂化等53个在建项目有序推进，新加坡Crisp、沙特Berri、沙特Marjan3个海外项目全面启动。成功打造海南炼化乙烯改扩建、海南巴陵SBC、安庆石化等一批标杆项目，提升公司工程建设品牌形象。全年焊口一次焊接合格率96.52%，获全国优秀焊接工程奖2项。

（于维娜）

海南炼化乙烯项目连续重整装置全景图

【深化改革在蹄疾步稳中迈出新步伐】 2022年，第五建设公司深化改革三年行动全面收官，两级组织持续优化，机关部门管理职责进一步理顺。探索实施经理层成员任期制和契约化，对经理层成员岗位职责和权利业务、考核指标等进行细化完善。推进“三项制度”改革，制定海外员工薪酬福利管理办法，建立人工成本目标管理机制，分类制定组织绩效考核方案，将公司整体绩效目标层层细化分解，极大地调动干部员工工作的主动性、积极性和创造性。

（于维娜）

【企业管理在夯实根基中获得新提升】 2022年，第五建设公司发布2022—2024年三年滚动计划，开展对标一流管理提升行动。指导重点难点项目开展施工组织设计和技术方案编制，获授权专利

21件，获科技进步奖3项，主编或参编国家和行业标准11项。建立典型项目标准成本模型，完成项目核算56份，加快资金回笼，财务费用较2021年减少1029万元。完善风险防范机制，开展管理效益审计，强化监督检查，加大重点工作督办力度，促进风险内控工作与生产经营的深度融合。

（于维娜）

【转型之路在保持特色中实现新发展】 2022年，第五建设公司在安全技术服务、土壤修复、退役装置拆除和专业EPC业务方面，探索出具有五建特色的转型发展之路。安全技术中心的技术、产品、服务和解决方案受到系统内外客户的认可，研发的技术、产品实现成果转化和推广应用，第三方安全监管服务以质量塑造品牌，以服务赢得市场，华南实训基地积极拓展地方培训领域，获得地方政府认可。环保节能中心形成“专业化处置，智能化拆除，资源化利用，精准化修复”的环保产业链，完成安庆石化等企业多套退役装置拆除，完成国家级课题“长江经济带石化污染示范项目”。设计院明确“工程设计＋专业EPC”的发展定位，完善体系建设，加强与工程建设公司和上海工程公司的合作，承建的巴陵石化污泥干化EPC项目实现危废减量和资源化利用目标。

（于维娜）

【党的建设在全面加强中见到新成效】 2022年，第五建设公司认真落实“第一议题”制度，深入学习贯彻党的十九届六中全会、党的二十大精神，胜利召开第五建设公司第二次党代会。迎接集团公司巡视“回头看”并抓好反馈问题整改，加强党建制度的“立、改、废”，制定公司党委贯彻落实中国共产党重大事项请示报告条例实施细则，推动公司党委领导班子成员全面从严治党责任的落实。制订干部队伍建设“十四五”发展规划，建立健全重点领域重要敏感岗位人员日常监督机制和常态化轮岗交流机制，加大领导干部末等调整、不胜任退出力度和人才培养力度，公司干部人才队伍建设扎实有效。“一体化推进、标准化落实、特色化彰显”党建工作管理体系在基层落地，举办党务干部能力提升班、党员教育培训示范班，基层党建质量实效不断提升。推进“三不腐”，持续纠治“四风”，公司政治生态持续向好。

（于维娜）

中国共产党中石化第五建设有限公司第二次代表大会

表1 第五建设公司主要生产经营指标

指标名称 \ 年份	2022	2021	2020	2019	2018	2017
资产总值/亿元	42.89	41.14	38.66	36.60	44.54	40.30
主营业务收入/亿元	55.50	50.07	47.22	48.99	41.27	33.97
利税/亿元	2.78	2.12	2.06	1.56	1.86	−5.42
承接工程数量/项	87	82	91	100	105	90

表 2　第五建设公司 2022 年完成的主要工程项目

序号	项目名称	竣工时间
1	中国石油化工股份有限公司西安石化分公司装置拆除施工总承包项目	1月
2	九江分公司 89 万吨 / 年芳烃项目安装工程施工总承包工程施工—二标段	1月
3	广州分公司 2019—2020 年度三类投资项目工程施工（框架协议）	2月
4	贵州石油分公司加油站储油罐清洗项目	3月
5	茂名分公司聚烯烃弹性体（POE）中试项目	3月
6	茂名分公司化工火炬系统完善改造项目建筑安装工程	4月
7	中韩石化轻烃资源综合利用（一期）项目（安装工程项目）	4月
8	扬子石化管控中心与乙烯装置仪表控制系统隐患治理项目（建筑安装）	5月
9	海南炼化 100 万吨 / 年乙烯及炼油改扩建工程项目化工区动力中心建筑安装工程	5月
10	海南炼化 100 万吨 / 年乙烯及炼油改扩建工程项目（十一标段）建筑安装工程第二标段施工总承包项目（轻烃回收装置等）	6月
11	盛虹炼化一体化项目第四标段土建、安装工程	6月
12	万华化学集团股份有限公司 MMA 二期项目土建及安装工程	6月
13	东营原油储备项目（一）土建安装工程施工承包（标段六）	7月
14	海南炼化 100 万吨 / 年乙烯及炼油改扩建项目（EPC 总承包第三批二标段 20 万吨年气相法 PP 装置）	7月
15	海南炼化 100 万吨 / 年乙烯及炼油改扩建工程项目 EPC（十二标段）土建安装工程（260 万吨 / 年连续重整项目及其他配套设施的建筑安装工程）	7月
16	海南炼化 100 万吨 / 年乙烯及炼油改扩建工程项目 C_4 联合装置等主项工程建筑安装工程	7月
17	安庆分公司三套非在役生产装置拆除及拆除物资处置	7月
18	上海石化 2.4 万吨 / 年原丝、1.2 万吨 / 年 48K 大丝束碳纤维项目安装工程（三标段）	8月
19	国家石油天然气管网有限公司南宁站搬迁及配套管道迁改工程项目线路工程（二标段）	8月
20	重庆中石化通汇能源有限公司涪陵 LNG 工厂 BOG 尾气提氦改扩建项目建筑安装工程	8月
21	埃克森美孚（惠州）化工有限公司石化区西南片区地下综合管网项目全厂一级地管工程（第二批）四标段	8月
22	埃克森美孚（惠州）化工有限公司石化区西南片区地下综合管网项目全厂一级地管工程（第三批）施工总承包－六标段	8月
23	湖北化肥分公司素栈桥及配套转运站、散料皮带机等实物资产拆除工程施工总承包项目	9月
24	中天合创能源有限责任公司化工分公司 OCC 装置扩能项目－烯烃低压火炬拆除项目	9月
25	福建联合石油化工有限公司 22 单元－汽油罐区等 12 个罐区增设紧急切断阀项目	9月
26	安庆石化工业废渣填埋场整治项目（二期）	10月
27	中天合创化工分公司热电装置维护维修及检修工程施工	10月
28	安庆分公司炼油转化工结构调整项目第一批次（主装置区域）工程施工（三标段）（30 万吨 / 年聚丙烯装置）	11月
29	安庆分公司炼油转化工结构调整项目第一批次（主装置区域）工程施工（二标段）（40 万吨 / 年乙苯苯乙烯装置）	11月

续表

序号	项目名称	竣工时间
30	安庆石化炼油转化工结构调整项目热电配套工程煤炭储存及输送设施改造工程	11 月
31	安庆分公司 300 万吨 / 年催化裂解装置再生烟气净化单元建筑安装工程	11 月
32	海南巴陵 17 万吨 / 年苯乙烯类热塑性弹性体项目主装置工程施工总承包	12 月
33	毕节油库场平工程施工	12 月
34	福建古雷石化福建漳州古雷炼化一体化项目新增石脑油储罐及配套设施工程	12 月

第十建设公司

【概况】 中石化第十建设有限公司（简称第十建设公司）是炼化工程公司全资子公司，成立于 1953 年 1 月，前身为重工业部化学工程管理局太原工程公司，1970 年 10 月分建山东淄博，后成立山东省化学石油建设公司，1978 年更名为化学工业部第十化工建设公司，1983 年由化工部划入中国石油化工总公司，更名为中国石化第十建设公司，1998 年更名为中国石化集团第十建设公司，2012 年完成公司制改制并变更为现名，2014 年 8 月本部迁址山东青岛。

第十建设公司在能源、化工等诸多领域为境内外客户提供优质服务，主要承建炼油、石油化工、煤化工、精细化工、油气储运、医药、市政、环保、锅炉、电站及送变电等新建、改扩建、检维修工程，同时开展设备制造、大型设备吊装与运输、特种机械修造及工程项目管理与监理业务，是国内承建炼油、乙烯、煤化工、化纤、大型 LNG 与原油储罐、大型设备吊装等工程最具竞争力的工程企业。第十建设公司所建工程获国家和省部级荣誉近 200 项，其中鲁班奖 5 项、国家优质工程金质奖 6 项、国家优质工程奖 22 项、新中国成立 60 周年“百项经典暨精品工程”3 项、改革开放 35 年“百项经典暨精品工程”3 项、改革开放 40 年“百项经典工程”3 项，为中国石化主业发展以及国家能源工业与地方经济社会发展作出了重要贡献。

第十建设公司有石油化工工程施工总承包一级等资质，在大型储罐安装、大型设备吊装、大型压缩机组安装调试、大型电气仪表控制系统安装与调试、大型起运机械修造、特种材料焊接等方面，形成国内领先的核心技术优势，被认定为国家高新技术企业。

截至 2022 年底，第十建设公司设 15 个机关部室以及安装、仪电、储运、重机、建筑工程、齐安工程（管道结构工程）、金海湾项目管理公司等 15 个专业分公司，北京金海湾工程建设监理有限公司等 3 个全资子公司。在册员工 2452 人，其中在岗经营管理与专业技术人员 1834 人、技能操作人员 521 人；有高级职称及以上人员 439 人，中级职称人员 578 人，技师及高级技师 114 人。

第十建设公司主要生产经营指标和 2022 年完成的主要工程项目分别见表 1 和表 2。

（翟巍巍）

【领导班子调整】 2022 年 12 月 28 日，集团公司党组召开视频会议，宣布调整第十建设公司领导班子：王毅任第十建设公司执行董事、党委书记，赵喜平任第十建设公司总经理、党委副书记，免去吴忠宪第十建设公司执行董事、党委书记职务，办理退休手续。

（翟巍巍）

【“牢记嘱托、再立新功、再创佳绩，迎接学习贯彻二十大”主题行动落实有力】 2022 年，第十建设公司坚决贯彻集团公司“牢记嘱托、再立新功、再创佳绩，迎接学习贯彻二十大”主题行动部署，细化 56 项重点任务和 183 项具体措施，以重点项目为主要抓手，引领主题行动开展。8 月

15 日，承建的上海石化大丝束碳纤维生产线实现中交，是国内首套大丝束碳纤维生产线；8 月 30 日，参建的集团公司“一号工程”东营输油站迁建工程实现高标准中交。在主题行动中，广大干部员工牢记殷切嘱托，扛职责、担使命，以扎实的生产经营工作迎接和贯彻党的二十大，最终超额完成主题行动各项目标。

（翟巍巍）

【市场开发成效显著】 2022 年，第十建设公司坚持精准定位，全力服务集团公司发展战略，全年新签合同额 87.79 亿元。其中，境内市场抢抓系统内增量提质发展机遇，主要中标广西液化天然气项目三期、山东龙口液化天然气、天津南港乙烯等项目；稳固拓展系统外重点市场，主要中标万华化学乙烯裂解装置、盛虹 EVA 装置、山东裕龙产业园公共管廊等项目；同时发力新业务驱动转型，环保技术合作、设计业务发展着力推进，承揽到济南炼化焦化装置环保综合治理项目。境外市场围绕主线，优化区域，加大中东市场、国际客户在中国投资项目的开发力度，中标埃克森美孚惠州乙烯一期项目土建安装工程。

（翟巍巍）

【创新提质赋能有力】 2022 年，第十建设公司坚持数字化赋能、智能化提升，通过课题立项、揭榜挂帅、战略合作等多机制加大技术研发和攻关力度，全年立项研发课题 95 项，赋能公司主业增长。注重强化顶层设计，“数据 + 平台 + 应用”新模式得到广泛应用；“管道 1G 位置机器人自适应 CMT、TIG 打底焊接装备研发”等重点课题立项推进，成功研发九轴全位置智能焊接机器人；启用工程建设数字化管理平台，各施工工序和业务管理系统不断完善、加速集成。在持续推动“两化”融合、数智赋能的同时，切实加强网络和数据安全管理，获全国数据安全职业技能竞赛“美亚柏科杯”优胜单位。

（翟巍巍）

【项目执行能力持续提升】 2022 年，第十建设公司不断创新优化施工组织，以标准化的建设、精益化的管理、数智化的手段，全力赋能项目高质量执行。深化“六化”管理，强化复盘总结和对标提升，着力推动典型装置模块化、管道施工有序化的深入开展。在南京和惠州项目试点设置质量管理部，探索质量管理新模式。加强体系管控，落实资源保障，促进与分包的战略合作和良性互动，建成镇海炼化乙烯、东营原油库输油站迁建、海南炼化、福建古雷石化 EVA 等项目，统筹协调俄罗斯 AGCC 项目清算及复工、泰国清洁油品、沙特 MARJAN 项目施工进展等工作，促进项目“强管理、创一流、树口碑、育人才、拓市场”的良性循环。

（翟巍巍）

【安全环保护航有力】 2022 年，第十建设公司强化 HSE 体系建设，加强关键岗位人员管理，HSE 责任风险意识、依法合规意识不断强化；作业环节风险辨识、高风险作业管控持续压紧，事前预防、事件管理能力不断增强；环保生态持续营造，绿色发展凝聚共识，HSE 文化建设不断强化，推进基于 VR 技术的模拟作业培训平台研究及应用，探索沉浸式安全培训，促进安全意识、专业能力的提升，实现安全稳定发展。全年累计实现 7185 万安全人工时，获集团公司安全生产先进单位称号，保持绿色企业称号，高质量发展的基础进一步夯实。

（翟巍巍）

【国内首台 27 万立方米 LNG 储罐成功升顶】 2022 年 5 月 17 日，由第十建设公司承建的山东 LNG 项目三期工程国内首台 27 万立方米 LNG 储罐在山东青岛董家口港区成功升顶，穹顶气顶升是大型 LNG 储罐安装施工中难度大、工艺复杂的工程节点，该储罐直径 100.6 米，高 55 米，容积 27 万立方米，穹顶顶升总重量约 1500 吨，气顶升用时 107 分钟，在世界最大跨度低温储罐穹顶设计建造技术上实现新的突破。项目计划 2023 年 8 月底中交，建成投产后将有效增强青岛 LNG 接收站气化外输能力，提高天然气资源灵活调配和市场保供能力。

（翟巍巍）

【海南炼化乙烯项目 100 万吨 / 年乙烯装置裂解炉

区高标准中交】 2022年11月13日，第十建设公司承建的海南炼化乙烯工程项目100万吨/年乙烯装置裂解炉区取得项目中交证书。该项目自2021年1月6日开始土建工程施工，8月12日完成裂解炉附属钢结构首吊；2022年4月1日开始工艺管道试压工作，11月1日H-008轻油炉一次点火成功。面对疫情防控、台风侵袭等不利因素影响，项目系统实施工厂化预制、模块化施工等举措及创新工法，形成“安全+质量”双重网格化管理，最终实现高标准中交。

（翟巍巍）

第十建设公司承建的海南炼化乙烯100万吨/年乙烯装置裂解炉区

【国内首套大丝束碳纤维生产线产出合格产品】 2022年8月15日，第十建设公司承建的中国首套大丝束碳纤维生产线——上海石化大丝束碳纤维生产线实现高标准中交，10月10日，投料开车产出合格大丝束碳纤维产品。该项目分两个阶段建设，面对工期紧、技术保密性强、交叉作业多、厂房空间狭窄就位困难等问题，项目部自2021年1月4日开工以来，统一思想认识，压实工作责任，保障施工过程“界面清晰、责任明确、运转灵活、协调有力、科学管理、操作规范、创建全优”，最终克服疫情、高温等诸多不利因素影响，完成大丝束碳纤维生产线施工任务。

（翟巍巍）

【科威特GC-32工程项目顺利中交】 2022年12月25，第十建设公司承建的科威特石油公司油气收集中心GC-32工程项目部取得MC中交证书，负荷试车工作全面展开。该项目自2018年4月10日签订合同，9月22日完成钢结构首吊，2022年2月19日全面进入预试车阶段，10月5日火炬点火成功，预计2023年6月全面竣工。该项目在面临海外资源短缺、境外疫情严峻等压力下，持续探索外籍用工创新管理模式，实现“项目管理外籍化”和“资源配置国际化”的管理目标，较好地保持正常施工生产和职工队伍的稳定。

（翟巍巍）

第十建设公司承建的科威特石油公司油气收集中心GC-32工程项目

【与中国石油大学（华东）签署战略合作协议】 2022年5月31日，第十建设公司与中国石油大学（华东）签署战略合作协议。校企双方以服务国家创新驱动发展战略，加快推进产教融合与校企合作为宗旨，以优势互补、互利互惠、资源共享、共谋发展为原则，发挥各自优势，合理配置资源，围绕技术合作、科技创新、人才培养及学术交流等方面，在工程建设、智能装备、安全技术、环保节能、材料焊接、检测技术等领域，开展全面战略合作，为经济社会发展和石油化工工程建设行业科技进步提供有力支撑。第十建设公司总经理、党委副书记王毅，中国石油大学（华东）党委副书记、副校长刘华东等出席签约仪式。

（翟巍巍）

【党建引领凝聚奋进力量】 2022年，第十建设公司高度重视学习贯彻落实党的二十大精神，以党建引领破解生产经营工作中的各类难题，努力将学习成果真正转化为助推高质量发展的具体行动。通过“1+3”学习新模式、运用“两微一端”（微信、微视频、移动终端）等平台，营造浓厚的学习氛围，凝聚起奋进新征程的十建力量。切实发挥基层党支部战斗堡垒作用，自2018年起连续5年召开加强基层党建工作推进会，总结提炼先进经验30项，有力推动基层支部工作的均衡开展。举办首届感动十建人物评选，开展“思想春播”形势任务教育，深挖公司文化底蕴、讲好十建发展故事，公司上下思想统一，形成干事创业的氛围浓厚。

（翟巍巍）

表1 第十建设公司主要生产经营指标

指标名称＼年份	2022	2021	2020	2019	2018	2017
资产总值 / 亿元	53.65	48.89	39.09	41.93	42.01	40.79
主营业务收入 / 亿元	84.08	81.32	69.01	67.38	53.60	36.67
利税 / 亿元	2.80	3.71	2.55	2.00	1.65	2.03
承建工程数量 / 项	63	62	60	60	70	62
获授权专利数量 / 件	122	107	95	84	80	70

表2 第十建设公司2022年完成的主要工程项目

序号	项目名称	竣工日期
1	大连催化剂生产线恢复建设施工总承包项目	1月
2	潍坊舒肤康30万吨 / 年高端聚丙烯新材料施工总承包项目	1月
3	日照储备石油基地工程施工总承包项目	3月
4	海南东方BPA装置土建安装施工总承包项目	3月
5	盛虹炼化一体化炼油系统管廊安装施工总承包项目	3月
6	浙江石化炼化一体化高压聚乙烯安装施工总承包项目	4月
7	烟台万华工程项目PMMA二期装置	4月
8	江苏斯尔邦石化二期丙烷产业链施工总承包项目	4月
9	中化兴中六期改扩建安装施工总承包项目	4月
10	齐鲁分公司经济保卫部生产区域安防封闭一体化（炼油板块）项目	4月
11	烟台万华工业园区全厂技改施工	4月
12	浙江石化炼化一体化浆态床渣油加氢安装施工总承包项目	5月
13	彤程化学10万吨 / 年可生物降解材料（一期）土建施工总承包项目	5月
14	茂名石化2022年化工Ⅰ系列1#裂解静设备管道检修施工总承包项目	6月
15	齐鲁分公司炼油厂消防系统安全隐患治理项目	6月
16	海西天然气管网二期福州至宁德段（罗源标段）普通线路	6月
17	海西天然气管网二期工程宁德至福鼎段（蕉城标段）普通线路	6月
18	齐鲁分公司氯碱厂生产控制室抗爆隐患治理项目	6月
19	盛虹炼化一体化仓储罐区土建安装施工总承包项目	6月
20	盛虹炼化一体化项目炼油系统管廊图幅9-12剩余安装工程	6月
21	齐鲁分公司生产区域安防封闭一体化（化工板块）项目	7月
22	盛虹炼化一体化项目炼油系统管廊图幅6-16电信及仪表工程	7月
23	盛虹炼化一体化1#芳烃联合装置施工总承包项目	7月

续表

序号	项目名称	竣工日期
24	盛虹炼化一体化 110 万吨 / 年乙烯装置施工总承包项目	7月
25	盛虹炼化一体化项目蜡油加氢加热炉余热回收系统安装施工总承包项目	7月
26	三江化工 100 万吨 / 年 EO/EG 施工总承包项目	8月
27	彤程化学 10 万吨 / 年生物可降解材料一期安装施工总承包项目	8月
28	宁夏煤业煤制油厂外新建管廊施工总承包项目	8月
29	东营输油站迁建施工总承包项目	8月
30	宁夏煤业煤制油分公司气固流化床活化示范装置 EPC 工程	9月
31	广东天然气管网储配站和外输管线施工总承包项目	9月
32	广西华谊 28 万吨 / 年苯酚丙酮装置安装施工总承包项目	9月
33	盛虹炼化一体化 400 万吨 / 年蜡油加氢裂化装置等施工总承包项目	9月
34	东营原油储备项目储罐土建安装施工总承包项目	10月
35	天然气分公司终端燃气施工总承包项目	10月
36	海南炼化 100 万吨 / 年乙烯装置施工总承包项目	10月
37	浙江石化炼化一体（一期）技改施工总承包项目	10月
38	古雷炼化一体化项目 30 万吨 / 年 EVA 装置施工总承包项目	10月
39	海南炼化 30 万吨 / 年 FDPE 装置施工总承包项目	11月
40	大榭石化馏分油四期施工总承包项目	11月
41	山东管网南干线天然气道工程项目	11月
42	盛虹炼化一体化项目醋酸乙烯装置土建、安装施工总承包项目	11月
43	浙江逸盛 300 万吨 / 年 PTA 工程施工总承包项目	12月
44	广西 LNG 项目输气管道工程桂林支线施工项目	12月
45	温州液化天然气（LNG）接收站施工总承包项目	12月
46	上海石化芳烃装置低温热综合利用（一期）建筑安装施工总承包项目	12月
47	漳州液化天然气（LNG）项目储罐安装工程	12月
48	安庆高新区区域石化热电联产改扩建施工总承包项目	12月
49	陕煤榆林化学 1 500 万吨 / 年煤炭分质清洁高效转化示范项目热解启动工程其他装置建安施工	12月

上海赛诺佩克有限公司

【概况】 上海赛诺佩克有限公司成立于 2008 年 9 月，主要职能是开发、建设、运营中国石化上海浦东科研信息办公综合基地，根据项目推进的需要，于 2019 年 6 月初步完成组织架构搭建并正式启动运营。上海赛诺佩克有限公司办公地址位于上海浦东杨高南路 729 号陆家嘴世纪金融广场，截至 2022 年底，共有员工 24 人，设综合管理部（党群工作部）、财务部、工程管理部（QHSE 管理部）3 个职能部门。中国石化上海浦东科研信息办公综合基地项目（简称基地项目）毗邻浦东新区行政中心、世纪公园、上海科技馆和东方艺术中心，2020 年 4 月 28 日正式开工建设。基地项目概算投资 47.30 亿元（含土地费用 15.57 亿元），总用地面积 6.29 公顷，总建筑面积 26.01 万平方米，其中地上建筑面积 15.75 万平方米，地下建筑面积 10.26 万平方米。地上部分建设 5 座科研办公综合楼、1 座科技交流中心、1 座信息中心，以及配套公用工程和辅助设施。地下部分 3 层，主要功能为车库、厨房及餐厅、档案库房、变配电用房及其他辅助用房。基地项目建成后，中国石化 13 家在沪企业的 3000 余名员工可入驻办公。

（侯先兆）

中国石化上海浦东科研信息办公综合基地效果图

【领导班子】 陈柯达任执行董事、总经理、党委副书记，马广印任党委书记、副总经理，朱逍然任党委副书记、纪委书记、工会主席，方强任副总经理。

（侯先兆）

【主营业务】 上海赛诺佩克有限公司主营业务范围为房地产开发、房屋租赁、物业管理。2019 年 4 月—2024 年 6 月，为基地项目建设期。截至 2022 年底，基地项目总体进度计划完成 63.5%，实际完成 66.6%，2022 年完成投资计划 5.15 亿元，累计完成投资 32.31 亿元。

（侯先兆）

【安全环保】 2022 年，上海赛诺佩克有限公司学习贯彻习近平总书记关于安全生产的重要指示批示精神，认真贯彻集团公司安全生产警示大会精神，推动“安全生产月”“百日安全行动”等工作，落实一系列强化安全管理的“硬措施”。每天开展安全巡查，“两特两重”期间，全员参与加强工地现场全天候值班；贯彻绿色发展理念，严格文明施工，实时开展施工现场噪声、扬尘监测，严格预防空气、噪声及光污染，创建文明工地和绿色工地。

（侯先兆）

【疫情防控】 2022 年，上海赛诺佩克有限公司严格落实疫情防控要求，按照承包商与公司防疫工作同等要求的原则，加强对基地项目现场防疫工作的指导和督促，尤其上海封控期间，有 800 多名建筑工人聚居的项目工地成为所在区唯一一个无疫工地，得到市、区有关领导的充分肯定。

（侯先兆）

【企业管理】 2022 年，上海赛诺佩克有限公司深入贯彻集团公司要求，主题行动落地见效，强化内部考核，“深化改革三年行动”“对标世界一流管理提升行动”工作收官；科学优化财务管理，按照基地项目建设的需要，组织资金及时支付，保障农民工工资发放到位；严格预算管理，全年完成建设单位管理费 2170 万元，控制在总部下达的 2300 万元指标范围内。开展发展规划研究工作，加强与总部有关领导和部门的沟通、汇报，制订总体方案，就上海赛诺佩克有限公司进入正式运营阶段后体制架构、经营模式提出意见建议。加强年轻干部选拔培养，修订完善人才成长通道建设、专家管理制度；落实导师带徒等各项培养措施，2 名青年职工顺利转岗。

（侯先兆）

【党的建设】 2022 年，上海赛诺佩克有限公司全面深入学习党的二十大精神，贯彻落实党的路线方针政策坚决迅速、不打折扣，切实增强“四个意识”、坚定“四个自信”、做到“两个维护”。坚持用党的创新理论武装头脑，认真落实“第一议题”制度，积极打造践行习近平新时代中国特色社会主义思想重要阵地。认真执行党委会、班子会等议事规则，严格落实“三重一大”事项程序。成立上海赛诺佩克有限公司监督委员会，持续完善监督格局；聚焦项目建设、企业发展重点任务，运用“党建+”的理念，深化互融互促，持续推动“党建入章”，完成公司章程修订的工商备案工作，工地项目获评上海市文明示范工地。

（侯先兆）

项目管理公司（南京项目管理中心）

【概况】 中石化项目管理有限公司（简称项目管理公司）于2018年9月28日在江苏省南京市江北新区注册成立，12月28日正式揭牌运营，是股份公司全资子公司，是中国石化建设工程项目管理的专业技术服务公司，主要从事石油化工工程项目管理、工程技术咨询、工程招标代理、工程造价咨询、贸易经纪与代理、税务代理、审计服务、工程监理、设备监造服务、面向成年人开展的培训（不含国家统一认可的职业证书类培训）等业务，注册资金1亿元，业务归口集团公司工程部管理，与中国石化工程部南京项目管理中心（简称南京项目管理中心）合署办公，实行“一套班子，两块牌子”。2020年9月20日，项目管理公司整体搬迁至南京市建邺区南京金融城9号楼8—9层。

南京项目管理中心是中国石化2007年6月批准成立的工程部南京派出机构，作为工程部管理职能的延伸，代表中国石化履行重点工程项目管理、制度修订、技术支持、专项培训等职能。自成立以来，向中国石化武汉80万吨/年乙烯工程（简称武汉乙烯工程）、中天合创鄂尔多斯煤炭深加工示范项目、中安联合煤化有限责任公司煤制170万吨/年甲醇及转化烯烃项目（简称中安项目）、福建漳州古雷炼化一体化项目（简称古雷项目）、中国石化扬子油品质量升级及原油劣质化改造项目（简称扬子炼油改造项目）、福建炼油化工有限公司炼油乙烯一体化项目、镇海炼化100万吨/年乙烯工程、中国石化青岛1000万吨/年炼油项目、南京扬子石化碧辟乙酰有限责任公司50万吨/年醋酸合资项目、中国石化扬子石油化工股份有限公司50万吨/年醋酸装置配套工程、扬子石化-巴斯夫有限责任公司IPS二期改造项目等重点项目派出管理团队。以南京项目管理中心团队为管理核心的武汉乙烯工程获国家优质工程金奖、扬子炼油改造项目获国家优质工程奖。

项目管理公司在南京项目管理中心职能的基础上，按照专业化、市场化的要求，增加经营管理、市场开发、工程技术服务，以及部分人力资源协调管理等职能，对中国石化合资合作项目、系统内石油化工工程建设项目开展工程管理服务，最大限度地维护和保障中国石化的整体利益，正在逐步成为独立的市场化运作的项目管理公司。自成立以来，先后承接中国石化自贸大厦项目（简称自贸大厦项目）、中国石化长城能源化工（贵州）有限公司50万吨/年聚乙醇酸（PGA）项目一期20万吨/年工程（简称贵州能化PGA项目）工程管理服务，以及华北油气分公司大牛地气田天然气乙烷回收工程管理咨询服务。2022年，先后承接新星公司新疆库车绿氢示范项目（简称新疆绿氢项目）工程管理服务、连云港原油商业储备基地项目（简称连云港商储项目）、中石化工程院油田化学剂成果转化中心（天津）建设项目工程管理咨询服务。以项目管理公司名义管理的中安项目先后获中国石化优质工程奖、中国施工企业管理协会“工程建设项目设计水平评价一等成果”、国家优质工程金奖。

项目管理公司设综合管理部（党群工作部）、经营管理部、工程技术部、工程财务部、工程管理部、质量安全部6个职能部门。截至2022年底，现职中层干部9人，公司首席专家1人、高级专家1人、专家2人。在职员工96人，大多数是石油化工工程及相关专业的项目管理技术骨干，持有PMP、IPMP、建造师、监理工程师、造价工程师等各类资质证书和注册执业证书的人员39人，占总人数的41%；本科及以上学历77人，占总人数的80.2%；正高级职称3名，高级职称21名，中级职称38名。项目管理公司拥有造价咨询暂定乙级资质，2020年取得质量、环境和职业健康安全管理体系认证证书。

（姜　喆）

【领导班子调整】 2022 年 6 月，杨秋龙任项目管理公司执行董事、党委书记、南京项目管理中心主任，不再担任项目管理公司总经理职务；张强不再担任项目管理公司执行董事、党委书记、南京项目管理中心主任职务，办理退休手续。9 月，孙荣田、杨昌美任项目管理公司党委委员、副总经理、南京项目管理中心副主任。12 月，梁军超任项目管理公司总经理（仍任党委副书记）、南京项目管理中心副主任，不再担任项目管理公司纪委书记、工会主席、监事职务。调整后，项目管理公司领导班子由杨秋龙、梁军超、孙荣田、杨昌美 4 人组成。

（姜　喆）

【重点工程管理】 2022 年，项目管理公司持续抓好重点工程项目管理，安全、质量、进度、投资、合同、廉洁六大目标全面受控。①贵州能化 PGA 项目。项目管理公司贵州能化 PGA 项目管理团队克服重重困难和瓶颈，有力有序推进项目设计、采购、施工及生产准备等工作，场平主体工程完成总体进度的 75.8%。自 2021 年 12 月 21 日首次爆破到 2022 年 12 月 31 日，累计实施爆破作业 409 次，消耗雷管 53606 发、炸药 1766.311 吨，累计爆破土石方量 621.6 万立方米，完成爆破工程量的 87.8%，现场无安全事故发生。②新疆绿氢项目。新疆绿氢项目是中国首个、迄今全球在建规模最大光伏绿氢项目。2022 年 1 月，项目管理公司成立新疆项目管理团队，选派精兵强将参与项目建设，全力推进前期准备、设计、采购、施工、生产准备等工作。3 月 2 日，新疆库车绿氢示范项目基础设计获批复；9 月 3 日，电解水制氢系统首台核心设备电解槽一次吊装成功，自此，项目进入土建施工收尾和设备安装攻坚并行阶段。③古雷项目。项目管理公司古雷项目管理团队积极应对新冠肺炎疫情、进口物资到货运输、进度追赶等各种风险挑战，推进项目建设从建成中交、投料试车向项目收尾、竣工验收转型。EVA 装置于 10 月 30 日中交，厂前区竖向景观绿化工程于 12 月底移交使用，新增石脑油储罐及配套设施项目计划于 2023 年 1 月 16 日中交。④扬子石化炼油结构调整项目。项目管理公司派遣人员全力协助业主，克服行政许可、疫情防控、环保管控、安全管控、场地狭小、酷暑高温及“两特两重”提级管理等众多不利因素，精心组织、统筹安排，按照总体统筹控制计划，依法合规、持续推进项目建设。截至 2022 年底，项目总体进度累计完成 67.93%，累计实现 576 万连续安全人工时，20 万人工时可记录伤害率为零。⑤自贸大厦项目。针对项目特点难点，项目管理公司自贸大厦项目管理团队，及时策划、精心组织、扎实推进，项目安全和质量始终处于受控状况。2022 年 12 月 31 日，项目主体结构一层墙柱钢结构完成吊装，实现自贸大厦出地面（±0.000）的重要目标。截至 2022 年底，总体累计进度完成 40.91%，计划超前 0.96%。

（姜　喆）

新疆绿氢项目制氢厂区

古雷项目厂区西北侧全景

【安全管理】 2022 年，项目管理公司始终坚持人民至上、生命至上，深入贯彻落实习近平总书记关于安全生产重要论述和重要指示批示精神，按照集团公司部署要求，制定安全生产领域形式主义官僚主义整治实施要点、贯彻国务院安委会15条和集团公司20条的实施细则、贯彻落实集团公司安全生产事故紧急通报视频会精神的措施，以及“安全生产月”“百日安全行动”和疫情防控等方案；公司领导班子亲自带队赴各驻外项目开展HSE观察，督促各项目团队紧盯工程建设安全生命线，全面排查各种风险隐患，聚焦人员、管理、作风等关键要素，深刻反思、汲取教训、引以为戒，把安全责任落实到各岗位、落实到人，确保各驻外项目安全平稳运行，全力打造安全工程。项目管理公司累计实现2.8亿连续管理安全人工时，进一步筑牢高质量发展安全基石。

（姜　喆）

【经营管理】 2022年，项目管理公司超额完成集团公司下达的效益指标。紧紧围绕深化改革三年行动方案目标、分工及五大类、32项具体工作措施，实行台账式、项目化动态跟踪推进，如期完成全部改革任务；深化落实对标世界一流管理提升行动部署，进一步加大市场开发力度，与塔河炼化签署战略合作协议，共同打造中国石化内部企业“智慧援疆”新模式；积极跟进茂名炼油转型升级及乙烯提质改造项目、岳阳地区150万吨/年乙烯炼化一体化项目，并初步达成合作意向。着力体系建设加强企业管理，完成QHSE管理体系文件由A.2版向B.1版升版，并于12月1日正式公布运行；大力推进公司信息化项目建设，完成工程建设项目信息管理平台石化智云服务器的架构和部署，在满足信息安全要求的同时，实现不同角度、不同层级的管理功能和业务流程，将管理经验转化为系统化、标准化的管理平台，并在多个项目试点运行。

（姜　喆）

【队伍建设】 2022年，项目管理公司大力实施“强基工程”“赋能工程”，组织完成1名中层正职的选拔聘任、1名中层副职（主持工作）的平级调整，干部队伍建设规划科学、梯次结构合理。引进应届硕士毕业生7名，采取“引进来”和“走出去”等方式开展多方位入职培训，持续为公司注入新鲜血液。

（姜　喆）

反腐倡廉教育月现场学习

【党风廉政建设】 2022年，项目管理公司及时召开党风廉政建设和反腐败工作会暨警示教育大会，制发年度重点任务分工方案和年度、季度日常监督重点任务清单，形成加强对“一把手”和领导班子监督责任清单，组织签订《党风廉政建设责任书》和《廉洁自律承诺书》；定期召开监督委员会会议，及时部署推动重点领域、重大项目的日常监督和专项监督；召开全员警示教育大会，开展集体廉政谈话，上廉政专题党课；组织开展工程建设全过程廉洁风险策划，对贵州能化PGA项目工程采购开展专项督查，与新星公司联合开展“新疆绿氢项目阳光廉洁示范工程行动”；扎实开展“整治靠企吃企、促进廉洁从业”反腐倡廉教育月“六个一”活动，干部员工纪律规矩意识持续稳步增强，公司始终保持信访举报和违规违纪违法情况零发生。

（姜　喆）

【宣传与文化建设】 2022年，项目管理公司印发《公司企业文化建设实施方案》，制作企业文化墙，创办《萌芽·蓓蕾》内部刊物，多渠道多层次宣贯中国石化及项目管理公司核心价值理念，深入落实“七有机制”推进石油精神石化传统落地生根。领导班子经常深入项目一线，了解掌握员工思想新动向、新变化、新需求，切实做好“一人一事”思想政治工作。建立EAP工作室，开展EAP培训及工作规划，持续提升员工生活质量和幸福感。坚持“内聚人心、外树形象”，强化公司新闻宣传，加强兼职宣传员队伍培训及考核，持续完善企业微信公众号功能，充分发挥公司记者站职能，2022公司内外平台发布新闻稿件141篇，各驻外项目纷纷在地方媒体发布新闻报道多次，有效提升公司知名度和影响力。2022 年，项目管理公司获集团公司（省部级）荣誉 3 人次，获公司及总部部门（地市级）荣誉 14 人次、团体荣誉 5 次。

（肖子雅）

【党建工作】 2022 年，项目管理公司坚持以党的政治建设为统领，统筹推进落实全面从严治党各项工作。制定 2022 年深化推进党的政治建设重点措施责任清单，扎实开展“牢记嘱托、再立新功、再创佳绩，迎接学习贯彻二十大”主题行动，深入推进 9 个方面 49 项措施，完成率 100%。全面学习、全面把握、全面落实党的二十大精神，深刻领会“两个确立”的决定性意义，严格落实“第一议题”制度，建立党史学习教育常态化长效化机制，加强红色专题教育，持续开展“传承石油精神、弘扬石化传统”教育，深化“我为群众办实事”实践活动。严格落实“党政同责”“一岗双责”要求，严格执行重大事项请示报告制度，结合实际按照“机关 + 项目”模式完成 4 个党支部的调整设置；先后安排 4 名党支部书记参加集团公司基层党支部书记基本功培训及考试，平均分达 97.25 分、通过率 100%；修订公司党支部分类定级考评细则，突出责任、质量、实效，从严从实开展支部考评及党支部书记述职，基层党组织政治功能和组织功能不断增强；党建与业务工作深度融合，持续开展党建共建，开设“尚学讲堂”、开展主题劳动竞赛，坚持以高质量党建引领高质量发展。

（姜　喆）

【群团统战工作】 2022 年，项目管理公司认真落实“依靠”方针，制发《职工代表大会制度（暂行）》《厂务公开管理办法》《职工代表大会提案工作管理办法》《公司员工慰问及帮扶救助范围及标准（暂行）》，组织职工代表参加“安全生产月”安全监督检查，从源头上维护员工的合法权益；设立“健康驿站”，及时深入开展“五必访”“送温暖”“送清凉”等活动。积极履行公益责任，持续开展乡村振兴、义务植树、特需关爱、图书捐赠、防疫志愿、“雷锋月”等公益活动，全年消费扶贫及公益支出 7.98 万元，比 2021 年的 6.95 万元有所提升，公司精神文明建设成效显著。紧紧抓住建团百年和青年精神素养提升工程，通过打造“七个一”活动激发青年活力、提升综合素质；通过志愿服务、联谊交友、主题文化活动、项目管理策划大赛等形式展示青年风采，促进青年全面发展。深入落实集团公司关于加强和改进统战工作的安排部署，召开统战工作会、统战座谈会，4 名公司领导与 8 名统战人员联谊交友，为推动公司高质量发展凝聚思想共识、发展合力。

（姜　喆）

资本金融和支持板块

资本公司

【概况】 中国石化集团资本有限公司（简称资本公司）是由集团公司和股份公司共同出资设立，于 2018 年 7 月 10 日在河北雄安新区注册成立。初期实缴注册资金 100 亿元，其中集团公司出资 51 亿元、占股 51%，股份公司出资 49 亿元、占股 49%。2022 年，资本公司积极投身“牢记嘱托、再立新功、再创佳绩，迎接学习贯彻二十大”主题行动，稳运行拓投资、谋创新促发展、抓改革强管理、防风险守底线，投出首个自主开发、投资额超过 10 亿元的“大手笔”项目，打通直投业务“研投管退”全流程，实现利润16.94亿元，净利润12.81亿元，经营创效达到历史新高，实现净资产收益率9.8%，人均创效1862万元。

（杨　然）

【领导班子调整】 2022年5月31日，集团公司党组研究决定：周美云任资本公司副董事长、党委副书记，建议其为资本公司总经理人选，6月24日，资本公司董事会聘任其为总经理；调整后的领导班子由孙明荣、周美云、邓群伟组成。

（刘雁南）

【投资布局成效显著】 2022年，资本公司围绕“一基两翼三新”产业格局，继续在五大重点投资领域寻找优质标的，加快集团公司在相关领域产业链的延伸布局，完成项目交割31.94亿元，年末在管资产规模73.7亿元。

直投方面，资本公司新增布局新能源交通产业链：投资力高（山东）新能源技术有限公司，布局新能源汽车及储能电池管理系统BMS；投资河北坤天新能源股份有限公司，布局锂离子动力电池负极材料；投资中材锂膜有限公司，布局高性能锂电池隔膜材料，成为资本公司首个自主开发、投资额超过10亿元的“大手笔”项目。在新能源氢能产业链：投资北京中科富海低温科技有限公司，布局大型低温制冷装备。在新材料领域：投资廊坊市飞泽复合材料科技有限公司，布局碳纤维复合材料；投资青岛三力本诺新材料股份有限公司，布局特种高分子材料及聚合单体。在高端制造领域，投资中石化石油机械股份有限公司，布局油气开发装备；投资北京博清科技有限公司，布局高端特种焊接机器人；投资合肥华升泵阀股份有限公司，布局高端国产化泵阀装备；投资北京康吉森自动化技术股份有限公司，布局安全控制系统和控制阀。在大数据与人工智能领域：投资清云智通（北京）科技有限公司，布局工艺安全、过程安全软件系统。

基金方面，恩泽基金继续加大投资力度，在科技孵化项目方面实现突破，完成青岛安工数联信息科技有限公司、青岛安工装备科技有限公司投资交割。

资本公司已投项目实现较大增值。浙江海正生物材料股份有限公司于2022年8月16日在A股科创板上市。上海重塑、博清科技、中鼎恒盛、力高新能源等项目，在资本公司投资后完成新一轮融资，估值实现较大幅度提升。

（金　岩　金玉洁）

【人才管理大幅提升】 2022年，资本公司持续探索建立党管干部、党管人才与市场化选聘相结合的用人机制，完成投资总监、风控总监、财务总监的市场化选聘工作；进一步规范选人用人工作流程，资本公司新招聘员工28人，提拔晋升2名VP职级员工，晋升16名员工，岗位调整5人；优化薪酬体系结构，制定《工资总额管理暂行办法》；构建系统化、梯次化人才培养体系，定期举办资本讲坛、员工大讲堂，制定投资专业人员培养方案，开展估值建模竞赛，组织新员工赴燕山石化参观交流，开展第一期管培生的招生与培养。

（李　戈）

【公司治理规范有序】 2022年，资本公司不断规范企业法人治理结构，坚持党的领导，切实发挥党组织的领导核心和政治核心作用，完善市场化经营机制，深化改革持续向纵深推进。国企深改三年行动83项改革任务圆满收官；加强董事会、监事会建设，配备副董事长，选举职工监事，年内召开9次董事会，对涉及公司经营发展的22项议案进行审议；修订董事会、管委会、投决和投后委员会议事规则和决策程序，增设内部审计机构，投资决策效率和公司治理水平进一步提高；优化公司经理层岗位职责和部门职责，明确岗位和部门职责边界；密切跟踪研判市场变化，及时优化经营策略，编制战略财务管控目标测算方案，构建战略型集约化财务管控体系。

（王欣然）

【风险防控不断完善】 2022年，资本公司组织开展“我为制度做诊断”专项提升活动。完成投资管理、跟投管理、投后管理、合规管理等涉及9个方面、共25项制度的制修订工作；编制印发《员工诚信合规管理手册》和《合规及廉洁风险清单》，将廉洁风险防控嵌入相关制度规定和内控流程，提升风控、内控和法律合规一体化联动的风险识别、监控、预警和处置能力。

（赵程程）

【党建引领保障高质量发展】 2022年，资本公司党委以习近平新时代中国特色社会主义思想为指导，全面学习贯彻落实党的二十大精神和习近平总书记视察胜利油田重要指示精神，扎实落实集团公司党组决策部署，充分发挥把方向、管大局、保落实作用。全年党委中心组学习、党委会第一议题学习36次，班子成员与党外部门负责人建立联谊交友关系，开展"强党建、整作风，促政治生态根本好转"专题谈心谈话和员工恳谈会，带动员工队伍的政治觉悟和思想认识持续提高。全力配合集团公司党组第六巡视组开展金融领域机动巡视，高质高效推动整改措施落地落实，营造风清气正的政治生态。聚焦政治监督、重点监督、日常监督，监督制度体系持续健全，大监督机制运行步入正轨。党支部书记100%高分通过基本功考试，带领党员通过党员大会、主题党日、党课等形式学政策、学业务、学本领。年内发展2名员工入党，新增4名入党积极分子，表彰3名优秀共产党员、1名优秀党务工作者。建立职代会制度，召开2次职代会会议，更好发挥民主管理作用。组织召开青年精神素养提升工程启动会，党委书记面向团员青年讲授主题团课，带领公司团员青年与党同心、跟党奋斗，为打造集团公司转型升级新引擎贡献青春力量。

（孙雅彬）

【疫情防控稳中加固】 面对2022年巨大的疫情防控压力，资本公司党委加强组织领导，科学精准防控，强化后勤保障，成功抵御多轮冲击，筑牢"疫情防护网"。通过畅通远程工作平台，召开线上会议等，确保投资不断档、工作不延迟。统筹员工关怀和疫情调度，多次全员发放防疫物资，为特殊员工一对一寄送防疫应急物资，创建疫情关爱群，密切关注员工健康状况，开展"战疫中的我和我的家"主题活动，坚定抗击疫情的信心和决心。

（吴海军）

【获得荣誉】 2022年，资本公司投资的上海舜华新能源系统有限公司项目、浙江海正生物材料股份有限公司项目分别获评央企投资业协会颁发的"十大优秀投资案例奖""战略投资优秀案例奖"。资本公司获评河北雄安新区2022年度诚信纳税企业，获集团公司主题行动先进项目（团队）、内控风控先进集体、财务管理先进单位等称号，资本公司员工获集团公司主题行动先进个人、财务管理先进个人、内控风控工作先进个人等多项荣誉称号。

（杨　然）

财务公司

【概况】 中国石化财务有限责任公司（简称财务公司）是由原中国石油化工总公司独家发起，经中国人民银行批准于1988年7月8日成立，以加强集团公司资金集中管理和提高集团公司资金使用效率为目的，为集团公司成员单位提供金融服务的非银行金融机构。财务公司注册资本180亿元（内含6000万美元），其中集团公司出资91.8亿元，占注册资本的51%；股份公司出资88.2亿元，占注册资本的49%。

财务公司股东会是公司的最高权力机构，董事长为法定代表人。财务公司位于北京市朝阳区朝阳门北大街22号，设综合管理部（党委办公室、董事会办公室、企业管理部）、人力资源部（党委组织部）、党群工作部（党委宣传部、企业文化部）、纪检监督部、风险控制（法律事务）部、财务会计部、稽核部、资金计划部、信贷部、票据业务部、国际业务部、投资银行部、结算部、信息部、金融研究开发部等15个总部部室；京外设上海、南京、广州、山东、郑州、武汉、成都、新疆、天津9家分公司。截至2022年底，财务公司干部职工共363人，其中总部110人、分公司253人。

2022年，财务公司实现营业收入56.36亿元，实现利润29.39亿元，年末资产总额2702.45亿元，所有者权益327.31亿元。全年通过充分发挥金融专业优势，提供结算、贷款、委托贷款、直接购付汇、优惠贴现等各项服务，为集团公司协同创效超过21.5亿元。

财务公司资产负债损益情况见表1。

（张　贝）

【全力保障金融服务始终畅通】 2022年，财务公司积极应对疫情防控挑战，全力保障金融服务始终畅通。全面贯彻党中央决策部署及各属地和党组疫情防控要求，完善应急体系，强化服务保障，常态化开展疫情演练，成功抵御多轮冲击，平稳度过困难时期。在公司总部及各分公司办公场所接连封控管控的情况下，通过党员突击队驻守办公、居家人员协同联动，开辟金融服务绿色通道，推广线上便企服务，确保业务不打烊、金融服务7×24小时不间断，保障集团资金收付结算“大管道”和“微血管”始终畅通。

（张　贝）

【资金集中管理安稳高效】 2022年，财务公司保持集团公司“资金池”“票据池”及电商支付等资金管理系统安稳高效运行，管理水平和服务效率进一步提升，累计完成资金结算3018万笔、65万亿元，提供票据服务11万张、1271亿元，电商支付在线结算量达63万笔、4428亿元，保持“录入零差错、收付零损失、服务零投诉”。

（张　贝）

【主动融入司库体系建设】 2022年，财务公司服务集团公司构建战略型数智化司库管理体系，发挥资金管理专业优势，主动参与并协助完成集团发债融资模型构建、资金资源配置体系及股份票据集约化设计。建立新型内部存贷款定价体系，贷款平均价格下调，协助全资和控股企业节约财务费用约2.1亿元。

（张　贝）

【服务集团主业发展成效显著】 2022年，财务公司制定实施“一企一策”金融服务指导意见，推进“主动、精准、专业、高效”服务。发挥同业优势，拓宽融资渠道，保障集团资金池流动性需要，降低集团融资成本。聚焦服务主业转型升级和绿色低碳发展，密切跟进地热、光伏、风能等30余个项目进展，日均贷款规模881.78亿元。完善票据贴现利率模型，动态管控贴现指导价格，日均票据贴现规模98.91亿元。开立集团内部首笔汇总征税总担保保函，关税保函增至11家海关，累计办理保函116亿元，为企业节约财务费用1.4亿元。

（张　贝）

【金融业务发展质量稳步提升】 2022年，财务公司扎实推进能力提升工程，围绕20余项课题开展研究，助推金融业务高质量发展。加强宏观经济、金融政策和金融市场跟踪研究，发布利率追踪报告、金融市场动态、外汇市场周报等研究报告100余期。紧盯银行关键时点资金需求，灵活开展交易，可运作短期资金综合收益率与市场货币基金产品对标排名前列。优化“自投债＋固收FOF＋权益FOF＋货币基金”资产组合，有效应对市场系统性风险，整体投资收益在同类专业投资机构中首批回正。

（张　贝）

【外汇服务实现新突破】 2022年，财务公司外汇服务实现新突破，发挥集团境内购付汇主渠道作用，累计办理结售汇977亿美元。推进集团跨境资金集中运营管理，成功部署人民币跨境支付系统（CIPS）标准收发器，打通境内外资金调剂通道，为成员企业提供综合风险更低、效率更高的跨境支付解决方案。积极稳妥开展远期业务，为企业合规高效办理远期购付汇签约33笔、金额0.63亿美元。

（张　贝）

【风险防控合规管理巩固深化】 2022年，财务公司以“严肃财经纪律、依法合规经营”综合治理、“查漏洞、补短板、强弱项”等专项行动为抓手，开展“基础工作提升年”活动。加强重点领域风险防控，开发上线新一代信贷客服系统，对216家信贷客户和126家合作商业银行开展年度信用评级，启用新版流动资金贷款、项目贷款标准化调查模板；聚焦监管重点以及内审外查发现问题，制定10个方面73项对照检查要点，全面梳理排查风险隐患，堵塞管理漏洞。“啄木鸟”式诊断公司制度，修订完善99项制度、100余个内部控制点。印发《财务公司诚信合规管理手册》，组织全员签订合规承诺书。

（张　贝）

【信息化建设稳步推进】 2022年，财务公司持续推动信息化项目建设，完成信贷客服系统、SAP总账系统升级等6个项目并行建设。逐步推进数据治理工作，编制2022—2023年公司数据治理工作方案，开展数据资产盘点。强化信息安全管理，完成冬残奥、党的二十大等重大活动安全保障和“护网”、公安部安全检查、银保监会检查14次，全年未发生网络安全事故。

（张　贝）

【“三项制度”改革纵深推进】 2022年，财务公司实施干部任期制和契约化管理，构建“业绩+重点任务+党建”指标体系，实现中层领导人员全覆盖；优化绩效考核评价体系，推进考核精准化，建立健全末等调整不胜任退出机制；完善差异化分配机制，实现绩效工资由“分奖金”向“挣绩效”转变，员工福利由“普惠性”向“差异化”转变，推动收入能增能减、活力有效激发。

（张　贝）

【中国特色现代企业制度持续完善】 2022年，财务公司修订公司章程，制定党委讨论和决定重大事项清单，实现党的领导融入公司治理各环节制度化、规范化、程序化；设立董事会办公室，建立或修订董事长专题会议制度、董事会各委员会议事规则、总经理工作规则和总经理办公会制度等10余项公司治理相关制度，进一步厘清党委、董事会、经理层权责边界，基本实现“权责法定、权责透明、协调运转、有效制衡”治理目标。

（张　贝）

【党建引领保障作用有效发挥】 2022年，财务公司深入学习宣传贯彻党的二十大精神，开展“大学习”“大宣讲”“大研讨”，推动学习成果转化。严格落实“第一议题”制度，修订并严格落实“三重一大”决策事项清单，党委会事前审议重大事项21项、决定重大事项90余项。健全优化党支部设置，选优配强支委班子，用好用活党员责任区、示范岗、突击队等创先争优载体，“1+N”“3+N”党建共建实现全覆盖。对分公司开展政治巡察和巡察“回头看”，召开集中警示教育大会，集中查摆形式主义、官僚主义典型表现，政治生态持续向好。

（张　贝）

11月3日，财务公司召开传达学习贯彻党的二十大精神视频会

【企业文化建设取得成效】 2022年，财务公司加强宣传思想文化工作，内外部宣传报道数量大幅提升，印发包括服务文化、风险合规文化、廉洁文化及人才理念在内的财务公司企业文化手册；开展系列群众性文体活动，启动实施青年精神素养提升工程，选优配强新一届团委班子，公司上下保持崇尚学习、干事创业、心齐劲足的良好氛围。

（张　贝）

【获得荣誉】 2022年，财务公司获集团公司颁发的“牢记嘱托、再立新功、再创佳绩，迎接学习贯彻二十大”主题行动先进单位称号；获中国外汇交易中心颁发的2021年度银行间外汇市场“最佳人民币外汇非银会员”奖项；获中国人民银行营业管理部发布的2021年度金融统计工作考核“A级”评价；获集团公司内控风控先进单位称号。

（张　贝）

表 1　　财务公司资产负债损益情况表　　亿元

指标名称＼年份	2022	2021	2020	2019	2018	2017
流动资产	2 128.50	1 944.58	1 751.39	1 803.83	2 098.37	1 611.80
非流动资产	573.94	550.86	530.08	189.13	163.59	177.82
资产总计	2 702.45	2 495.44	2 281.47	1 992.96	2 261.96	1 789.62
自营资产总额	2 129.10	1 732.00	1 522.00	979.30	1 335.08	1 085.63
流动负债	2 368.40	2 179.87	1 978.72	1 706.21	2 004.02	1 542.09
非流动负债	6.74	6.02	5.14	5.69	3.32	0.06
所有者权益	327.31	309.55	297.61	281.06	254.62	247.47
实收资本	180.00	180.00	180.00	180.00	180.00	180.00
资本公积	0.19	0.19	0.19	0.19	0.19	0.19
盈余公积	32.92	30.58	28.41	26.38	24.15	22.28
未分配利润	85.69	76.28	69.39	53.89	33.79	30.27
负债及所有者权益	2 702.45	2 495.44	2 281.47	1 992.96	2 261.96	1 789.62
营业收入	56.36	51.77	34.67	37.63	29.45	25.30
营业支出	1.83	9.20	7.92	9.50	5.03	4.36
税金及附加	0.31	0.35	0.36	0.30	0.23	0.26
利润总额	29.39	27.23	26.75	28.13	24.41	20.95
净利润	23.38	21.68	20.27	22.31	18.68	15.33

盛骏投资公司

【概况】 中国石化盛骏国际投资有限公司（简称盛骏投资公司）是 1994 年底经原中国石油化工总公司党组同意，1995 年 3 月以收购方式设立的有限责任公司，原名豪锐投资有限公司，收购完成后更名为盛骏国际投资有限公司。2007 年 11 月，公司更名为中国石化盛骏国际投资有限公司。2008 年 6 月，集团公司印发《中国石化境外资金管理办法》，明确以盛骏投资公司为境外资金平台在集团范围内全面实施境外资金集中管理，承担集团公司境外结算、筹融资、现金和外汇管理、境外账户资金监控等职能。盛骏投资公司作为集团公司境外“结算中心、筹融资中心、现金管理中心、资金监控中心和外汇中心”，为境外企业提供全方位资金服务。盛骏投资公司持有香港特区政府颁发的放债人牌照，获穆迪公司“A2”、标普公司“A”信用评级。

盛骏投资公司设有董事会和监事会，分别由总部相关部门领导和财务公司、盛骏投资公司主要负责人组成。有董事 5 人、监事 3 人。

盛骏投资公司有员工 64 人（含管理层 4 人），其中香港本部 45 人，所属子公司 19 人。公司本部设在香港，内设 9 个部门，即企业结算部、信贷业务部、银行业务部、全球市场部、投资战研部、风控法律部、信息科技部、财务会计部、综合管理部。盛骏投资公司在新加坡、英国、美洲、中东、深圳和敏沃设 6 家全资子公司，分别负责东南亚区域、欧洲及非洲区域、美洲区域、中东及中亚区域和跨境的相关资金和金融业务。

2022 年，盛骏投资公司年末资产总额 3180 亿元，所有者权益 276 亿元。

（李　贝）

产融控股公司

【概况】 中石化产融控股有限公司（简称产融控股公司）于 2022 年 6 月 6 日在深圳注册成立，首期注册资本金 93 亿元人民币（现金出资 35 亿元人民币），系中国石油化工集团有限公司直属全资子公司。产融控股公司旨在对中国石化所属保险、期货、租赁、企业年金、供应链金融和产业金融科技等业务进行集中统筹管理。为集团产业金融发展提供综合管理职能支持、专业风险防控保障和事业发展依托，通过股权管理和综合管理职能的集中化管理，全面贯彻集团公司发展战略，落实专业化管理要求，依法合规推动产融结合、融融结合。2022 年 6 月 20 日，中石化产融数字智能科技有限公司在深圳成立，注册资本金 15 亿元人民币。2022 年 8 月 8 日，中石化产融养老有限公司在深圳成立，注册资本金 10 亿元人民币。

产融控股公司参（控）股中国石化所属期货经纪、风险管理、商业保理、融资租赁、经营性租赁、保险经纪、自保、企业年金、个人养老金、金融科技等金融产业，所属公司包括上海浙石期货经纪有限公司（下设中石化朝阳风险管理有限公司）、易派客商业保理有限公司、中石化保险经纪有限公司、中石化保险有限公司、太平石化金融租赁有限责任公司（参股）、实华国际租赁有限公司（参股）、中石化产融养老有限公司、中石化产融数字智能科技有限公司等 8 家企业。产融控股公司本部设综合管理部（党委组织部、人力资源部）、党群工作部（党委办公室、纪检监督部、党委宣传部、党委统战部）、财务资产部、风控和审计合规部、计划运营部等 5 个职能部门。

2022 年，产融控股公司认真落实集团公司党组要求，以打造“规范的金融控股公司”为目标，主动对接市场，深研业务、创新模式，全年实现净利润 4.74 亿元，超年度预算 9.24%，为集团企业协同降本 1.5 亿元，产业金融服务主责主业的能力水平得到进一步锤炼提升。

（鲍之珺）

产融控股公司揭牌仪式

【领导班子调整】 2022 年 6 月 13 日，张伟成任公司执行董事、党委书记（按大Ⅰ型企业正职管理），支华任公司总经理、党委副书记（按大Ⅱ型企业正职管理），刘继锋任公司副总经理（按大Ⅰ型企业副职管理）、党委委员。11 月 11 日，刘继锋任二级协理员。12 月 20 日，苗军任公司监事、党委副书记兼纪委书记、工会主席，张冬平任公司副总经理、党委委员。

（鲍之珺）

【加快推进股权划转】 2022 年，产融控股公司以“集约高效”为底层逻辑，通过专业化管理和股权划转，逐步构建形成 1 家中后台管理平台、8 家子企业的“1+8”管理架构。2022 年，保险经纪公司股权划转全部完成，自保公司、浙石期货公司股权划转，保理公司股权评估，实华租赁公司增资等工作积极推进，公司“一盘棋”管理格局正加快构建。

（鲍之珺）

【业务拓展取得新亮点】 2022年，产融控股公司打通浙石期货公司资管产品业务，成功发行1亿元产品；打通风险公司点价业务，实现首单落地；打通保险经纪公司与自保公司自保再保业务，协同创效3600万元；打通产融养老公司和保理公司ABS业务合作途径；践行宗旨意识，落实集团公司党组领导要求，在央企中率先推出员工专属个人养老金平台，累计开户7957人，充值3565万元，为员工实现税收优惠400万元。

（鲍之珺）

【协同创效取得新成果】 2022年，产融数智公司协同保险经纪公司、产融养老公司、保理公司，上线互联网保险、个人养老金和保理等业务，完成数字人民币业务平台建设。保险经纪公司妥善处置新星公司库车项目理赔，优化升级联化美洲董责险保障，逆势实现保障额度翻倍。自保公司避免俄乌冲突高额战争险加费，节约保费成本近2000万元。实华租赁公司与石化机械公司达成经营性租赁合同，切实解决实体企业库存管理痛点。

（鲍之珺）

【扎实做好风险防控】 2022年，产融控股公司以国务院国资委金融风险专项治理和集团专项审计整改为契机，推动各金融持牌企业整改存量问题和风险，26项问题整改完毕。强化制度体系顶层设计，成立制度建设专项工作组，研究制定公司“三重一大”议事规则，梳理各职能部门5类、68项制度清单，基本制度体系搭建完成。

（鲍之珺）

【坚决推进中后台集约共享】 2022年，产融控股公司坚持“成本经济，运营高效，寓管于服”，人员精干、部门精简，不断优化调整集约共享机制。明确中后台集约共享业务流程，联合开展主题党日活动，建立事业部、产融控股公司有关部室单位联席周例会、月度经营分析会等制度，集约共享取得初步成果。

（鲍之珺）

【大力推进“人力资源池”建设】 2022年，产融控股公司起草人力资源池管理细则，探索“蓄水池”“中转池”“充电池”“沉淀池”管理，研究人员融通、培养发展、资源共享、待岗退出等解决方案，推进资本金融企业人力资源柔性流动，建立能进能出动态调整机制，提高人力资源管理效能。

（鲍之珺）

【持续推进人才强企】 2022年，产融控股公司实施“引才”工程，统筹开展公司本部等5家单位人才招聘工作，着重引进具有金融、保险、数字科技等专业背景的优秀人才。全年到位66人，其中产融控股公司本部20人、产融养老公司18人、产融数智公司17人、风险公司6人、保险经纪公司5人。共引进前台业务岗位48人、占70%，市场化人才29人、占45%，研究生学历45人、占70%，初步建成高素质专业化人才队伍，有力支撑产业金融业务发展。

（鲍之珺）

【认真践行主题行动】 2022年，产融控股公司把学习宣传贯彻党的二十大精神作为首要政治任务，深刻领会、科学把握党中央和集团公司党组的决策部署，扎实开展“迎接学习贯彻二十大”主题行动，召开党委会开展“第一议题”学习14次，党委理论学习中心组学习4次，班子成员带头讲授专题党课，在统一思想、凝聚共识中，更好地把政治优势、组织优势转化成发展优势。

（鲍之珺）

【严格落实管党治党责任】 2022年，产融控股公司制定公司党委落实全面从严治党主体责任办法，细化公司党委全面从严治党责任清单，扛牢压实管党治党政治责任。开展反腐倡廉教育月活动，签订《廉洁责任承诺书》，筑牢全员廉洁思想防线。开展廉洁风险问题查摆，加强对权力运行及内部管理等廉洁风险的预警防范，增强纪律规矩意识。

（鲍之珺）

【严格落实党的“三基本”建设要求】 2022年，产融控股公司持续深化基本组织、基本队伍、基本制度建设，夯基固本，先后成立 4 个党支部，制定下发党建制度 10 余项，按期转正 2 名党员，党建基础工作更加扎实。发挥集约共享优势，与资本和金融事业部开展党建共建、联合主题党日等活动，统筹运行党费缴纳、党员发展、组织关系转接、石化党建平台维护等党务工作。

（鲍之珺）

【乡村振兴展现新担当】 2022 年，保险经纪公司为重点乡村振兴项目无偿提供保险支持方案；浙石期货公司投入专项资金 90 万元；石化团购网打造“一县一链一品”产业消费帮扶线上交易渠道，助力扶贫销售超 3000 万元；太平石化金租公司落地油茶扶贫项目，为助力乡村振兴作出积极贡献。

（鲍之珺）

百川公司（总部后勤服务中心）

【概况】 百川经济贸易有限公司（简称百川公司）成立于 1993 年 2 月，是集团公司直属专业公司、全资子公司。根据改革发展需要，2021 年 11 月，经集团公司党组研究决定，成立中国石油化工集团有限公司总部后勤服务中心（简称总部后勤服务中心），与百川公司“一个机构、两块牌子”。

百川公司（总部后勤服务中心）主要负责总部部门、部分专业公司和在京单位办公物业服务，主要包括餐饮服务、楼层办公及会议服务、办公楼设备运行维护维修、安全保卫、公务用车、健康服务、洗衣保洁等。负责对集团公司后勤服务工作进行业务指导。承担总部办公、住宅和员工公寓的房产管理，基本建设管理等部分总部管理职能。经营管理会议中心、和园酒店、胜利饭店、塔河宾馆、春成宾馆等 5 家宾馆酒店。

百川公司设综合管理部（办公室）、党群工作部（党委办公室、纪检监督部、宣传工作部、党委统战部）、党委组织部（人力资源部、外事办公室）、财务经营部、企改和法律部（审计部）、安全环保部、市场开发运营部、餐饮服务分公司、交通运营服务分公司、小营分公司、井田公司、房产管理运营中心、设备工程管理运营中心、健康服务中心、物资采购中心、实华饭店、会议中心、和园酒店等 18 个部门（单位）。截至 2022 年底，百川公司有职工 198 人。

百川公司（总部后勤服务中心）以建设成为特色鲜明、效益良好、国内领先的办公综合服务提供商为愿景，以客户至上、服务至诚、管理至精、经营至信为核心价值观，坚持人人用心、时时用心、事事用心的服务理念，精益、规范、务实、高效的管理理念，诚信、合规、创效、共赢的经营理念，努力为客户提供专业、优质、高效的服务。

（郭保红）

【加强政治建设】 ①以迎接和学习贯彻党的二十大精神为强大动力，坚定政治方向。制订学习宣传贯彻党的二十大精神专题方案和计划运行表，列出 7 个方面 20 项任务。通过党委中心组、“三会一课”、主题党日、党员上讲台等多形式、全覆盖、系统化学习党的二十大精神，2022 年累计开展党委中心组学习研讨 35 次。对表对标党的二十大标定方向，研究谋划未来五年特别是 2023 年重要工作。②以扎实开展主题行动为全年工作总抓手，压实政治责任。专题研究行动方案、建立主题行动月度督导机制和考核评价机制，将落实情况纳入党支部检查考核、党委巡察、审计监督，推进确定的 27 项重点任务 61 项具体措施 100% 完成。坚持将主题行动与深入贯彻落实习近平总书记视察胜利油田重要指示精神和服务保障、拓市创效、深化改革、安全环保、履行业务指导职能等重点工作相结合，一体部署推进。围绕主题行动中的重点难点工作，深入开展“党旗在一线高高飘扬、党徽在胸前闪闪发光”等活动，推动主题行动走深走实。③以打赢疫情防控阻击战、确保总部安全平稳运行为重点，彰显政治担当。自疫情发生以来，紧急储备急需物资，及时采购、发放退烧药等应急药品 2 万余件，采购口罩、床被等防疫生活物资 98 万件。积极协调核酸检测和疫苗接种，在朝阳门办公区安装 2 个采样亭，累计组织核酸检测近20万人次、疫苗接种6500余人次。严格门禁管理，紧急安装人脸识别系统，认真落实测温、扫码、核酸查验等措施。迅速调整服务模式，改堂食为盒饭及员工自助取餐回工位就餐模式，累计装配、供应盒饭套餐50余万份，组织消杀70余万平方米。着眼员工安全通勤，开通广华新城至朝阳门班车，累计运行100余班次。展现负责任中央企业形象，所属4家宾馆酒店累计接待地方政府及总部隔离观察人员7万余人次，为广华新城3号院居民配送蔬菜礼包和慰问信1100余份。

（郭保红）

党员干部装配盒饭

【履行总部后勤服务中心职能】①一是深刻践行集成、共享、服务理念，一体化建设初见成效。制定总部后勤服务中心"一体推进、两化互融、三个目标"的工作思路，明确8项重点落实措施，推动服务保障和业务指导职能有效履行。坚决贯彻落实习近平总书记关于制止餐饮浪费行为的指示批示精神和国务院国资委、集团公司党组有关部署，制订《中国石化制止餐饮浪费工作分级落实方案》，举办"百川星推荐，邀您来光盘"主题活动，12387人次参与。通过强宣传、强技防、强协同措施，大力整治不文明就餐行为。加强后勤业务指导，开展在京直属单位办公用房调研和燕山石化等8家直属单位后勤业务摸底调研，摸清家底和业务情况，提出资源整合优化建议。②大力推进《后勤服务标准化手册》落地，标准化体系有效建立。编制刊印《中国石化后勤服务标准化手册》，集成170项管理规定、281项岗位职责、177项流程标准，并以此为抓手，召开2期"三基"工作暨《后勤服务标准化手册》培训会，坚持理论+实操形式，对各业务部门基层管理人员、班组长及重点岗位人员进行培训，以服务标准化为契机，夯基石、打基础。③高质量建成"百川星服"智慧后勤系统，信息化建设成效显著。开发建设并成功上线运行"百川星服"App，设定"有模有样""有滋有味""有呼有应"三大板块，集成百川味道、餐厅优选、会议预订、网上报修、访客管理等25个功能模块，涵盖员工日常办公综合服务各个方面。持续深化沙河智慧园区系统建设，运行监控软硬件同步提升，智能化管理能力进一步增强。

（郭保红）

"百川星服"App建成运行

【打造"百川星服"品牌】①突出重点保障赢得良好口碑。深入践行"人人用心、时时用心、事事用心"的服务理念，圆满完成北京冬奥会、国务院国资委中央企业负责人会、集团公司工作会等重要会议、重大活动的服务保障任务，抽调精兵强将有力保障中办318项目、中直机关北戴河暑期服务项目等重点项目，赢得国家部委、集团公司党组和社会各界的高度认可，2022年共收到感谢信28封。②聚焦"医食住行教"办实事获广泛赞誉。深入落实"以人民为中心"的发展思想，聚焦员工急难愁盼，提供暖心服务。全年提供各类医疗服务22万人次、餐饮服务309万人次、会议服务57万人次、前台接待服务6万人次、设备维修服务3.4万次、理发及健身等服务11.6万人次，公务用车安全行驶70余万千米，定制公交服务4.8万人次，完成沙河职工住宅建设，办理员工子女中小学入转学近150人。③打造服务品牌得到党组肯定。认真贯彻落实集团公司党组"打造服务规范、标准统一的中国石化办公物业体系和服务品牌”的要求，确定“星为悦·诚以服”等品牌名称、标识、口号、架构和定位，形成成熟的“百川星服”品牌体系。

（郭保红）

【强化经营创效】①拓市创效成绩突出。聚焦办公物业板块拓市创效，深入对接中国石化（亦庄）智能制造研发生产基地项目，推进实华饭店转型办公物业服务，新承接管理干部学院餐饮服务等6个服务项目，续签南京物探院等2个项目，新增合同总额5458万元。聚焦酒店板块营销创效，组织开展“拓市创效、降本减费”活动，创新线上平台和新媒体营销，深耕婚庆、亲子、会议培训市场，打造儿童乐园品牌项目，实现拓市增收856万元，降本488万元。聚焦资产板块盘活创效，推进小营办公楼市场化运营，实现房租收入9543万元，出租利用朗月园别墅等6项资产，创收2400余万元，完成广华新城配套商业出租，有效盘活闲置资产。立足业务体系多元创效，健康服务创效85万元，车辆租赁及汽修项目创收约470万元，探索推进“百川商城”开发建设，借助“百川星服”App新平台开发新业态。②降本减费潜力进一步挖掘。调整沙河物业运营主体，优化公司资金存贷结构，降低成本6535万元。完成朗月园别墅产权办理手续，节省成本近500万元。加大工程费用审核力度，56项维修工程项目累计审减费用达1138万元。发挥一体化优势，推进牛羊肉、维修配件等7个项目集中采购，全力打通电商平台采购流程。完善人力资源共享用工机制，全年共享用工900人次，节约人工成本117万元。2022年，百川公司实现利润6912万元，实现翻番，全员劳动生产率达251万元/人，较上年增长16万元/人。

（郭保红）

【深化改革管理】①改革效能持续激活。推进深化改革56项措施100%完成，获集团公司改革评估“改革任务完成度”和“任期制和契约化管理情况”两项关键指标满分好评。与2名经理层成员、全体基层以上管理人员签订聘任协议和考核责任书256份，建立部门（单位）与管理人员双向选择机制，和园酒店引进1名职业经理人，在会议中心试点积分制管理，加大考核调整力度，2022年管理人员末等调整和不胜任退出比例达4.8%，同职级员工收入差距最大达26.45%，“三能”机制进一步完善。②管理水平持续提升。深入开展“合规管理强化年”活动，完成3个方面25项重点任务。扎实开展“严肃财经纪律、依法合规经营”综合治理专项行动，深入排查7个方面21项问题。邀请外部专家参与对经营单位、合资企业、工会经费等审计，发现问题54项。修订管理制度38项，开展内控制度执行情况检查，发现并整改问题25项。完成电梯等重点设备的改造，强化设备日常维保管理和运行状态监测，设备运行水平有效提升。③安全环保底板持续筑牢。逐级签订《安全责任书》和《安全承诺书》1703份，开展安全检查35次，发现并督促解决各类安全问题397项。制定《百川公司识风险查隐患防事故安全专项奖励实施细则》，申报安全专项奖励65条。深入开展自建房专项整治，发现问题44项，大力推进隐患治理，基本完成13项公司级以上隐患治理项目。完成北京冬奥会、冬残奥会期间空气质量保障重点任务，统筹推进公司高耗能用电设备更新，更换办公区节能灯具3000余盏，每年节电近40万千瓦·时。2022年，百川公司实现安全环保零事故目标，累计5次获评集团公司安全生产先进单位。

（郭保红）

【推进人才强企】①选用管理干部获员工好评。按规定程序完成公司两委换届，选举产生新一届党委、纪委。在集团公司党组关心下，1名“70后”和1名“80后”干部进入领导班子，领导班子知识结构、年龄结构进一步改善。严格执行干部选拔制度规定，选拔任用中层领导人员7人次。加强考核管理，制定《百川公司中层领导班子和领导人员综合考核评价管理办法》等3项干部考核评价制度。2022年，“一报告两评议”总体评价和对从严管理监督干部的看法“好”的比例均达100%。②强化培养锻炼实现结构优化。加大干部轮岗交流和年轻干部培养使用力度，推荐3名年轻干部参加集团公司及百川公司“三百三千”实践锻炼，完善优秀年轻干部人才库，选拔中层正、副职后备干部18人。畅通人才引进渠道和三支人才成长通道，引进高校毕业生4人、系统内成熟人才5人，选聘高级专家及专家2人，职称晋升23人。③建设学习型组织激活人才潜能。完善职业发展规划，编制《百川公司员工职业发展手册》，并在小营分公司试点。重视员工教育培训，组织学习习近平新时代中国特色社会主义思想和党的十九届六中全会精神专题培训班，举办百川大讲堂，组织开展“我的拿手菜”技术比武等多项业务培训。针对年轻员工成长难题，完善“师带徒”激励机制，以老带新助力员工成长。

（郭保红）

【高质量党建引领】①党建质量进一步提升。聚焦发挥党支部和党员作用，围绕疫情防控、服务保障、拓市创效、信息化建设、“三重两特”等重点工作，开展党员突击队、党员示范岗等“党”字号活动340项次。聚焦提升党支部工作创新力，创新党建共建“1+N”模式，2022年开展党建共建190余次，解决重点难点问题116项。做细做实“一支部一品牌”，组织优秀党建案例项目评比。聚焦提升党建责任执行力，细化完善两级党组织和中层以上干部党建履责体系和责任清单，实施支委月度工作清单机制和“支委+”工作模式，责任矩阵进一步完善。聚焦提升基层党建规范性，深化“五抓五看五提升”高质量党建推进体系，深入开展基层党建“示范行”，深入党支部开展指导40余次。②监督保障实效进一步增强。聚焦疫情防控等重点任务，紧盯物资采购、工程建设等重点领域，强化政治监督、抓实日常监督。深化拓展大监督格局，协同解决重点难点问题17项。深入开展党委巡察，自2021年起，累计完成对12家党支部巡察任务，实现对业务部门、经营单位巡察全覆盖。持续完善“三不腐”一体机制，组织开展“整治靠企吃企、促进廉洁从业”警示教育等活动，从严落实《中国石化领导人员亲属经商办企业管理规定》等制度，认真开展“一对一”和集体廉洁谈话。持续深化作风建设，紧盯各部门（单位）工作作风问题，研究制定任务清单及91项整改措施。③员工队伍凝聚力进一步增强。发挥工团统战作用，征集“安全金点子”合理化建议66条，“身边隐患随手拍”36项，成立“青年突击队”“中国石化百川公司青年志愿服务分队”，在北京冬奥会、学雷锋社区志愿服务中，展现百川公司青春风貌，设立党委统战部，在朝阳门、小营、沙河等办公区创建“统战之家”，凝聚发展合力。坚持典型引路，2人被评为中国石化劳动模范，6人被评为百川公司劳动模范，16人被评为“身边的榜样”。

（郭保红）

共享服务公司

【概况】中国石化集团共享服务有限公司（简称共享服务公司）于2017年5月20日设立，8月25日正式完成工商注册，是集团公司全资子公司，也是中央企业成立的首家一体化共享服务专业公司。业务范围主要涵盖财务、人力资源、IT共享、商旅平台和石化党建平台，同时积极拓展法律、内控、税务、档案等共享新领域。

财务共享业务范围主要包含主数据管理、核算报表、涉税业务、资金结算、会计档案管理、产（股）权业务和风险提示等业务。人力资源共享业务范围主要包含员工关系、信息维护、薪酬计发、统计报表、企业年金、社保办理、档案服务、人才招聘、职称评审、员工培训、在线考试、人才盘点、电子考勤等业务。IT共享业务范围主要包含一体化运维、风险与安全、数据、项目技术、云平台等业务。商旅共享业务范围主要包含差旅申请、国内机票、国内酒店、国内火车票、国际机票、海外住宿、网约车、因私旅游、会议团组、党团活动、差旅数据分析等全流程商旅服务。石化党建平台业务范围主要包含数据服务、业务支持、教育资源和专家咨询等服务。

共享服务公司组织架构包括本部机关、东营和南京两个分公司（按大Ⅱ型企业管理）及中国石化国际旅行社有限公司（全资子公司），东营分公司下设淄博、濮阳服务部，南京分公司下设武汉、扬州服务部，由分公司按业务单元统一管理。截至 2022 年底，共享服务公司用工总量 4813 人，其中合同制员工 3041 人。

（隋金凇）

【领导班子调整】 2022 年 1 月 26 日，集团公司党组对共享服务公司领导班子进行调整：孙岱如任共享服务公司党委委员、副总经理。

（隋金凇）

【财务共享服务】 2022 年，共享服务公司高质量完成 2021 年度财务决算，获评集团财务管理先进单位和内控风控先进单位，《中国石化财务共享服务体系的构建与实施》获国企管理创新成果一等奖。业务质效提升取得新进步。狠抓质量管理不放松，报表质效实现跃升，准确率同比提升 13 个百万分点。制定重大风险隐患闭环管理机制，风险防范更加严密。境外共享建设迎来新进展。全面完成年度推广目标，编制完成内账操作规范和手册，系统平台同步推进，流程优化和自动化加快实施，风险防控初见成效。增值外拓业务实现新突破。形成增值服务目录，标杆企业应上尽上。新设企业一体化、税务共享、特殊资金、档案、内控等新业务领域全面展开。独立完成千万级国家管网财务共享建设咨询项目，外部客户扩展至 29 家，开拓市场创效成果显著。流程优化再造见到新成效。完成业务操作规范等修订，标准化水平持续提升。完成电子凭证会计数据标准试点和物装（国事）关联交易流程优化。智能财务收单机获授权 3 件专利，亮相中国国际服务贸易交易会，在镇海炼化等 9 家企业推广使用。会计政策研究创造新成果。积极参与准则修订和“十四五”会计改革与发展大讨论，获评优秀组织单位，4 篇论文获一等奖。在《财务与会计》等核心期刊发表论文 5 篇。首席专家张怡佩被聘为第二届全国会计信息化标准化技术委员会咨询专家。在集团财金知识竞赛中，获个人赛 1 金、2 银、2 铜、团体决赛三等奖的好成绩。

（隋金凇）

【人力资源共享服务】 2022 年，共享服务公司完成人员信息维护 595 万人次、薪酬计发及主数据维护 5995 万次、编制各类人力资源统计报表 1.45 万套。

全面完成 8 个城市社保区域化布局，社保业务累计上线 40 家。企业年金业务累计上线 123 家，覆盖集团 86% 企业。组织举办 4 个集团层面、4 个企业层面培训班，完成 6 项考试业务，首次通过“云竞赛”的方式组织集团财金业务知识竞赛。初步建成一体化人才盘点产品体系，完成 4 个人才盘点项目。承接集团、事业部 3 项课题研究，完成国家管网、中国原子能公司 2 家中央企业人力资源共享建设项目。为 20 家集团内部企业、4 家集团外部企业提供人事档案服务，为 16 家企业提供人才招聘服务，为 8 家企业提供职称评审服务，为 48 家直属企业考评工作提供支持，新承接产融控股公司、碳科公司 HR 统建项目，提供“一揽子”解决方案和“一站式”服务。配合党组组织部编制集团公司人力资源域信息化建设规划，完成集团人力资源域数据指标体系标准化治理。完成高管劳动合同系统与全员劳动合同系统功能整合、数据迁移与区块链存证。开发应用 69 个 RPA，线上基础业务自动化处理场景覆盖率 78.6%。在 76 家企业推广应用薪酬支付银企直连。首次采取由共享服务公司购买外部薪酬数据并独立开展薪酬对标分析的方式，开展集团公司 2021 年度薪酬市场对标工作。全面完成 HR 系统数据治理，整改人员信息 192.3 万人次，机构、岗位信息 9.4 万个，并完成中层领导人员信息质量验收。

（隋金凇）

【IT 共享服务】 2022 年，共享服务公司加强工作落实，确保 IT 共享服务业务稳步推进。大力开展一体化运维体系建设。协助总部完成一体化 IT 运维服务系统建设以及总部和 13 家试点企业的推广实施，纳管基础设施、应用系统等近 30 万项信息化资源。持续做优 ERP、费用报销、合同管理、共享服务平台等系统运维工作，服务接单量约 13.37 万项。不断完善网络安全服务体系，协助总部建立中国石化网络红军运行机制，圆满完成冬奥会、党的二十大等网络安全重保任务，完成 20 家企业促优提升服务，自主研发工业互联网安全评估工具，成为石油石化行业首家中国电子工业标准化技术协会企业。加快数据服务建设，完成金融服务域 84 个业务流程、354 个业务对象的数据资产盘点，逐步完善形成数据治理方法及配套流程、制度，助力集团公司数据治理工作不断深化。加强信息化项目质量管控服务，开展财务管理等 9 个业务域共计 26 个石化智云项目质量检测服务；完成“石化 e 贸”提升与推广项目等 15 个统建项目验收测试和 26 个总部移动应用的上线质控，质量管控项目数量较上年大幅增加；牵头完成《石化智云运营队伍管理办法》等文件编制；协助总部建立 118 个信息化产品及服务资源库产品长名单，并配套完成 IT 专用供应商管理机制设计等工作。

（隋金淞）

【商旅平台】 2022 年，共享服务公司紧紧围绕集团公司商旅平台建设工作部署，以“规范管理、降本增效、方便员工”为目标，全力丰富资源、优化运营、完善功能、提升服务、开拓市场，持续推动平台使用率稳步提升，各项工作取得新进展、新成效。商旅平台机票、火车票、酒店使用率分别达 96%、91% 和 75%，累计服务员工 224 万人次，助力集团公司节约差旅成本 1.87 亿元。资源产品持续丰富，国内机票实现全航线覆盖，国际机票涵盖全球 120+ 境外航司资源，酒店资源覆盖率 80%，加大因私资源引入力度，为集团百万员工及家属出行提供行、住、游、购、保险于一体的全场景一站式出行服务。增强产品自营能力，机票自出票率 71%，加大协议资源签约力度，助力企业差旅降本。运营服务能力持续增强。客户服务精准有效，建立客户档案，精准企业差旅画像，为企业提供差旅数据监控、分析及管理，以大数据驱动差旅数字化运营。构建“五位一体”服务质量管理体系，持续提升服务质效。2022 年客户满意度 99.08 分，比 2021 年提升 3.12 个百分点。构建商旅产品 2.0 体系，打造全流程化、全智能化、全服务化的企业级差旅服务产品。系统功能实现迭代升级，完成商旅平台项目三期立项，扎实推进核心功能开发和需求迭代，推动 PC 端全面改版，不断完善平台功能、提升系统性能。使用体验优化提升，探索推进结算新模式，实现未报销人员精准提醒催报，深化商旅平台与 ERS 集成交互，提升商旅基础数据准确性。积极总结经验成效，《构筑“四化”商旅平台 赋能集团企业差旅数智化管理》获集团公司信息和数字化十佳案例。

（隋金淞）

【石化党建平台】 2022 年，共享服务公司认真贯彻落实集团公司党组工作部署，坚持“管理 + 服务”定位，统筹“开发 + 运行”，攻坚“五智一屏”功能开发，于党的二十大召开前夕如期上线 3.0（一期）石化党建平台。石化特色智慧党建平台取得新进展，“一台四系统、六库四门户”和 PC 端、App 端“两位一体”格局更加健全，涵盖党建、统战、工会、团青 4 大业务，用户突破 60 万，功能进一步完善，用户黏性进一步增强，更加好用、管用、耐用。平台运营实现新提升，以高质量实现“三个百分之百”为目标，通过优化运营和深化平台推广应用，激活平台功能提质增效。累计 1.1 亿人次登录平台（月均活跃度 900 余万人次），阅读量 4 亿多人次。增值服务取得新突破，探索实施企地党建系统数据共享服务为基层减负，以信息化推动党建工作高质量发展的成效更加显现。中央和国家机关工委旗下刊物《旗帜》刊发文章《以信息化为党建工作提质赋能》，推广石化党建平台经验做法。共享东营分公司石化党建平台服务部被评为集团公司先进集体。

（隋金淞）

【稳步提升服务运营管理】 2022 年，共享服务公司建立完善财务、人力资源和 IT 线条“1+X”分层级质量考核指标体系，设置有针对性、时效性的质量指标，建立起网格化的质量管理体系。配合集团公司、股份公司财务部搭建财务共享服务评价体系，形成业务处理质量、服务协同度、运营能力 3 个维度的评价指标。为加强业务分析，从财务线条入手，设计完成 78 张运营报告模板，初步建立业务部、流程、服务部分层级的业务运营分析体系，满足灵活多维度的运营分析需求。建立财务线条分层级的对标指标体系，对内建立分业务部、流程、服务部的 42 项指标；对外建立分企业、板块的 29 项指标，实现内部、外部多维度对标分析，促进企业端、业务端的业务有序高效运行，提升运营管理效能。组织以“精益共享追求卓越”为主题质量月活动，开展质量阶梯攀升工程、财务报表质量提升专项行动、服务质量检查、六西格玛质量提升等活动，收到较好成效。财务线条准确率 99.9986%，及时率 99.9996%；人力资源线条及时率 99.9988%；IT 线条及时率 99.9%。各线条均实现年度奋斗目标。

（隋金凇）

【切实加强共享服务标准品牌管理】 2022 年，共享服务公司切实加强标准管理，坚持标准先行，根据《国家标准化发展纲要》，畅通公司国家标准研制渠道，积极打造公司在全国共享服务领域的领先地位。与北京标准化研究院合作，编制财务共享国家标准申报工作方案，启动国家标准申报工作。加强与 ISO 国际标准的对标、贯标，开展 ISO 内审员培训，组织本部及 2 个分公司、4 个服务部完成 ISO 管理认证体系交叉内审，针对发现的问题采取有力措施进行整改提升，规范公司内部管理；迎接 ISO 外审，通过 ISO 9001、ISO 20000、ISO 27001 等标准体系 3 年期满续证审核，保持公司质量、信息安全和信息技术服务标准体系的有效性。编印出版《企业财务共享服务标准应用指南》，通过共享服务公司官微、中国经济出版社、中国总会计师官微、管理会计研究公众号等内外部媒体，大力宣传推介团体标准，扩大公司标准知名度。

切实加强品牌管理，成立品牌管理领导小组，将品牌建设纳入共享服务公司发展战略和年度重点工作。加大品牌宣传力度，通过国务院国资委官网、共享服务公司官微等媒体，宣传报道百余篇具有专业性、技术性、价值性的共享服务行业前沿理论文章及优秀实践案例，有力提升共享服务公司品牌形象。根据集团公司《关于开展品牌建设对标工作的通知》要求，本着“实事求是、严谨细致”的原则，认真准备有关资料并开展自查，总部综合评价 73.35 分，高于集团公司内 88% 的企业，通过品牌对标，找出短板和不足，为下一步品牌建设提供重要依据。加强品牌研究，外聘咨询机构，通过访谈与调研，对公司品牌建设现状进行系统全面诊断评估，出具《公司品牌建设现状评估与路径规划》报告，明确建设方向，规划实施路径。积极筹备共享服务高峰论坛，制作共享服务公司专题宣传片。

（隋金凇）

【全面推动拓市创效】 2022 年，共享服务公司成立市场开发领导小组和两级市场开发部，召开 3 次市场开发领导小组会议，加强市场开发指导统筹；建立项目制管理体系，完善市场经营制度保障。在领导带队赴国家管网交流引领下，两级班子带头加强客户交流，克服疫情影响完成内外部客户走访接待 600 余次。首次独立实施千万级国家管网共享咨询建设项目，以高于国内知名 HR 咨询服务商的竞标价中标中核集团咨询项目，共享服务公司市场竞争力得到充分体现。内外市场实现收入 1.59 亿元，增长 2 倍以上。首次实现集团 SLA 协议上半年全面签订，对内签约 50 余家增值服务标杆企业，对外明确五类重点客户。持续扩大中财协财务共享一体化专业委员会成员范围，吸纳中国航天科技集团等 14 家新会员单位，召开两场专委会现场研讨会，共享服务公司行业影响力持续增强。加大创效激励力度，用好集团市场化激励政策，队伍全员创效热情进一步提升。

（隋金凇）

【坚持创新驱动发展】 2022 年，共享服务公司坚持把创新作为推动发展的第一动力，加大信息技术开发投入，完善鼓励创新创效机制，不断拓展自动化和智能化创新应用，助力提升企业生产营运优化创效水平。大力推动“享当当”智能化生态建设，在集团内推广智能化生态圈的应用，新增 20 家，累计 40 家企业纳入生态圈，企业在平台自建 73 个机器人、124 个流程，举办 108 家内外部单位 1000 余人参加的“享当当” RPA 应用培训。完成自动开票机器人等产品的打造。开展 Ukey 集成管理一体机的优化提升，并在财务公司上线应用。加强与重点客户的合作共赢，与镇海炼化完成质量仪表 LIMS 系统自动启停等多项业务流程自主开发并全部正式上线应用，协助茂名石化组建 RPA 开发团队，助力企业打造自身智能化应用能力。

（隋金凇）

【逐步夯实企业管理基础】 2022年，共享服务公司按照集团公司关于对标世界一流管理提升行动的总体部署，持续推进落实8个方面（战略管理、组织管理、运营管理、财务管理、科技管理、风险管理、人力资源管理、信息化管理）22项对标提升行动重点工作内容，完成各项任务。创建一批公司标杆，评选出6个标杆项目、12个标杆基层单位和18个标杆班组，其中财务共享服务项目被评为集团公司对标提升行动九大标杆项目之一，充分展示共享服务在深化业财融合、推动管理转型、大幅提升质效等方面的示范价值。高质量完成深化改革三年行动和对标提升行动重点任务，在集团“三项”制度改革评估中处于板块领先，排名进入直属企业前30%。深入贯彻落实国务院国资委以及集团公司关于“合规管理强化年”活动和综合治理专项行动要求，制定《公司“合规管理强化年”实施细则》，完成25项重点任务；首次编发《数据安全合规工作指引》《个人信息保护合规工作指引》以及两期《法规政策解读》，着力筑牢公司依法合规经营防线。制定印发《关于加强“三基”工作的实施意见》，着力打造具有共享特色的“三基”管理模式。制定印发《创收项目管理办法（试行）》等“1+3”项管理制度，初步构建项目全生命周期的管理模式，确保创收项目有序运行。《中国石化财务共享服务体系的构建与实施》获评国企管理创新成果一等奖。

（隋金淞）

【积极推进法律共享建设】 2022年，为开展法律共享服务试点，共享服务公司成立法律共享项目部，积极拓展工商、合规等共享业务，取得较好的成效，并初步编制《中国石化法律共享服务工作规范》，得到企改和法律部充分认可。

（隋金淞）

【加强干部人才队伍建设】 2022年，共享服务公司坚持“事业成就人才、人才成就未来”的理念，把人才作为公司最大的资本，推动队伍建设从优化人力资源向增值人才资本转变。深入实施人才强企战略，成立人才工作领导小组，召开共享服务公司首次人才工作会议，制定“十四五”及中长期人才发展规划，布局实施“1166”人才发展战略。坚持新时期好干部标准，选优配强各级领导班子，用好各年龄段干部人才，印发《关于进一步加强优秀年轻干部发现选拔培养的实施意见》，新提拔中层干部17人，40岁以下中层管理人员占比20%，35岁以下基层管理人员占比16%，班子结构更加优化、干部队伍素质显著提升。持续开展干部交流培养，派出、接收集团“三百三千”实践锻炼计划6人，内部交流挂职84人。进一步加大专家选聘力度，新聘各层级专家17人，其中首席专家1名、高级专家7名。完成共享服务公司青年、党务人才盘点，识别各类人才特点，明确培养工作方向。举办公司专家能力提升培训班、新入职大学生培训班等，加强重点人才培养，持续提升员工专业素质能力。

（隋金淞）

【以高质量党建引领保障高质量发展】 2022年，共享服务公司深入学习宣传贯彻党的二十大精神，充分发挥党建在主题行动中的引领保障作用，打造践行习近平新时代中国特色社会主义思想重要阵地。坚持在完善公司治理中加强党的领导，修订“三重一大”制度体系，充分发挥党委“把管保”作用。以公司党建融合提质年为抓手，推动“13356”党建质量提升行动落实落地，党建工作与中心工作相融互促“四同”机制逐步形成。在集团公司乡村振兴办指导下，完成集团石化伴学平台开发任务，与临夏州、凤凰县签约开展文旅合作，助力集团公司服务乡村振兴国家战略。以共享服务公司五周年为契机，总结推广一批融合案例，选树一批先进典型，推出一批重大报道。本部机关党支部设置和运行更加规范，公司党支部书记基本功培训和取证考试实现全覆盖，党员“三支队伍”建设、“2+X”先锋指数考核全面推广。牢牢把握意识形态工作主动权，宣传思想工作守正创新，企业文化建设凝心聚力，“两个放心、三个满意”大讨论扎实有效。工会职能作用进一步发挥，统战工作规范运行。庆祝建团100周年活动有声有色，青年精神素养提升工程稳步推进，共享青字号品牌服务力、影响力持续提升。推进政治监督和日常监督全覆盖，扎实开展反腐倡廉教育，落实内部专项审计，公司政治生态向上向好，和谐稳定局面不断巩固。

（隋金淞）

【共享服务东营分公司】 中国石化集团共享服务有限公司东营分公司（简称共享服务东营分公司）位于山东省东营市，于2017年5月20日组建，10月13日完成工商注册登记。2015年8月，在齐鲁石化驻地成立淄博服务部，2016年11月，在中原油田驻地成立濮阳服务部。2022年，共享服务东营分公司牢记习近平总书记殷切嘱托，以迎接学习贯彻党的二十大精神为强大动力，积极克服疫情反复、经营压力加大等影响，聚焦主责主业，砥砺攻坚前行，经营效益创历史最好水平，运营指标创历史最新高度，在政治“大年”交出一份满意答卷。财务共享完成89家公司代码、1.2万个销售及采购流程业务场景配置，服务企业会计报表实现提前一天上报的重要突破；境外共享承接20家企业5套外账主体和124套内账主体上线，高质量完成年度上线任务；为5家企业提供定制化管理报表服务，财务培训、管理报表开发等产品推广到68家上线企业，成功实现集团外企业、改制企业和联营企业共享服务新突破。HR共享构建面向客户的“一站式”服务体系，协调企业整改信息44.2万人次，员工自助系统登录率创历史新高；首创区域服务中心模式，挂牌成立青岛、郑州2个区域中心，启动开展实质性运营；先后为国家管网、中国星网等大型央企提供人力资源共享建设咨询服务，承办集团公司财务骨干、专职合同管理员等专题培训。IT共享完成4家企业试点和8家扩大试点企业一体化运维任务，ERP应用监控服务在石油工程板块实现全覆盖，完成冬奥会、护网、党的二十大等重保任务，面向31家企业提供融合基础设施运维、RPA开发等集成化、一体化服务。石化党建平台加速推进“五智一屏”开发攻坚，平台3.0（一期）在党的二十大前夕上线。深度拓展服务领域，档案业务完成14家企业、3万余册会计档案托管，承接8家集团内企业、2家集团外客户人事档案服务项目；工程造价业务自主研发工程造价业务运营平台，打造出4类159项审计咨询服务产品。深度拓展服务领域，建立完善拓市机制，压实创收指标责任，塑造出智能财务平台、享当当RPA等一系列品牌，全力打造石化共享服务亮丽“名片”。着力构建人才、创新双轮驱动大格局，人才发展体制机制持续完善，队伍能力素质不断提升，共享服务自动化、智能化、数字化能力全面升级，各类成果获奖数量及等级均创近年新高。积极推进改革向深层次迈进，制度执行效能显著提升，“三基”建设成效显著，经营风险有效管控，财务管理规范有序，HSE管理从严从实，高质量发展根基进一步筑牢。深入贯彻新时代党的建设总体要求，深化推进引领铸魂、人才筑梦、思想聚力、融合深化、清风倡廉、幸福民生“六大工程”，构建形成党委统一领导、党政齐抓共管、群团组织共同参与的大党建格局。

（隋金凇）

【共享服务南京分公司】 中国石化集团共享服务有限公司南京分公司（简称共享服务南京分公司）位于江苏省南京市，于2017年5月20日组建。下设扬州服务部、武汉服务部，9月18日完成工商注册登记。2022年，共享服务南京分公司认真学习贯彻党的二十大精神，深入开展“牢记嘱托、再立新功、再创佳绩，迎接学习贯彻二十大”主题行动，奋力打好“四大攻坚战”，着力提升“五大能力”，全面完成年度目标任务，经营指标创下历史新高。财务共享扎实开展报表质效提升专项行动，财务报表提前1天上报，上线5家境外企业16个公司代码，承接外账业务，基础业务应收尽收，标杆企业基础业务纳入率50%。人力资源共享全面推进数据治理，完成65家企业年金上线，成立4个区域服务中心，60家企业人事、薪酬业务全流程贯通，43家银企直联上线，业务处理效率提升15%。IT共享为5家企业提供一体化运维服务，合同系统监控检查效率提升3倍以上，石化智云、网络安全、软件测试、RPA开发等持续开展，“享当当”生态圈基本建成。外部市场全力攻坚，签订中国原子能、东海蓝帆等30个合同，外部市场成为高质量发展的新引擎。共享内涵不断丰富，法律、内控、税务、档案、数据分析、新设公司一体化服务等加快拓展，“大共享”理念逐步树立。创新成果竞相涌现，《面向石化企业集团的数字化人力资源共享服务业务开拓管理》成果获全国企业管理现代化创新成果二等奖，6项获省市级管理创新奖，申报专利1件，取得软件著作权20项。在集团公司财金大赛获团体三等奖，连续2年在中国RPA+AI开发者大赛获银奖，扩大经营许可范围，取得企业信用“AAA级”认定，品牌影响力持续提升。

（隋金凇）

【石化国际】（中国石化）集团国际旅行社有限责任公司（简称石化国旅）是中国石化集团共享服务公司全资子公司，下设综合管理部、人力资源部、财务计划部、资源产品部、业务拓展部、运营服务部6个部门。2022年，石化国旅全力优服务、拓市场、抓党建、强管理、夯基础，多项经营指标实现新突破。面对疫情冲击，积极调整优化业务布局，精耕细作基础业务，平台使用率和预定额逐月攀升，特别是酒店使用率提升15%。多点发力增值业务，VIP服务成为商旅特色服务品牌，团组服务高水平完成“石化院士行”服务保障，赢得党组领导和院士们的好评与肯定。与甘肃临夏州、湖南凤凰县合作开发红色文旅产品，以文旅赋能助力集团公司服务乡村振兴国家战略。主动与非洲、中南美洲驻点企业、海外项目建立常态化沟通机制，全力做好海外服务保障。集团外部市场实现突破，成功签约3家企业客户。运用石化商旅实践经验，为国家管网提供全流程一站式服务，助力国家管网所属企业全面上线石化商旅平台，服务6.2万人次，交易额1771万元。服务保障能力持续增强，建立高效响应的应急服务保障体系，为党组领导重大应急事件出行保驾护航；针对多地疫情反复，担当员工“出行卫士”，为1.37万员工紧急协调退改、妥善安置住宿，守护员工安全出行。公司经营管理对标提升，健全董事会组织体系，建立合规管理体系，依法合规管理发力见效。强化财务管控力度，提高资金使用率，多措并举催报销、减负债，公司资产负债率控制在58%，财务资金管理持续增效。打赢经营效益保卫战、年结保卫战，经营效益保卫富有成效。开展岗位、薪酬和绩效三大体系设计，扎实做好“三项制度”改革方案制订，市场化改革有序推进。人才队伍建设扎实有力，全年举办43场“商旅大讲堂”，员工专业能力有效提升；抓好党建带团建，加快培养优秀年轻干部，获共享服务公司党建工作创新实践成果三等奖、演讲比赛三等奖。充分发挥党支部战斗堡垒作用，抓政治建设提升党性修养，抓正风肃纪巩固良好政治生态，抓好事办实事传递组织温暖，确保党的建设与各项工作深度融合同频共振。

（隋金凇）

审计中心

【概况】 中国石油化工集团有限公司审计中心（简称审计中心）成立于2021年3月4日，2021年6月3日完成工商注册，是集团公司唯一一家直属分公司（按大Ⅰ型直属单位管理）。

审计中心以审计部原北京分部为基础组建，审计部原南京分部、武汉分部、广州分部、境外审计分部分别更名为南京审计中心、武汉审计中心、广州审计中心、境外审计中心，作为审计中心的派出机构，境外审计中心编制从国勘公司编制序列划入审计中心管理。审计中心本部设综合室（党群工作部、纪检监督部）、党委组织部（人力资源室）、大数据审计室和审计业务一室、审计业务二室、审计业务三室等6个部室。截至2022年底，审计中心有在册员工192人。

审计中心接受审计部（党组审计办）的直接领导和业务指导，主要履行审计监督职能，负责按时按质按量完成集团公司年度审计计划；负责确保审计项目在审计管理信息系统中运行；负责督促审计发现问题的整改等职责。审计部（党组审计办）和审计中心实施一体化运行、一体化管理、一体化考核，形成“界面清晰、责权分明、管办分离、协同有序”的高效运行审计管理体制。

（戚桂军）

【领导班子调整】 2022年12月，根据工作需要，集团公司党组研究决定：李文德任审计中心党委副书记兼纪委书记，为审计中心工会主席人选；

陈锦叶任审计中心党委委员、副总经理。

（戚桂军）

【完成全年审计监督任务】 2022年，审计中心高效统筹疫情防控和审计工作，开展各类审计项目82个，完成全年审计监督任务，促进增收节支直接创效3.74亿元，有效发挥审计监督效能。

（戚桂军）

【聚焦重大政策和决策的跟踪落实开展审计监督】 2022年，审计中心密切关注经济高质量发展、能源资源安全等国家重大战略和国资监管重点等重大方针政策落实情况，密切关注集团公司创新驱动发展战略、"三新"业务产业布局等重大决策落实情况，组织开展深化改革三年行动、金融风险等4个专项审计和审计调查，向党组及相关事业部提交19份签报和专题报告，有效发挥政策落实的推动作用。

（戚桂军）

【聚焦重大风险化解和防控开展审计监督】 2022年，审计中心坚持法治思维、底线思维，密切关注重大风险化解和防控，紧扣现金流、投资、成本管控等重点领域，组织开展30项风险内控审计。针对集团公司2022年严峻的安全形势，审计中心还树立"安全至上"理念，以审计促安全、稳效益、防风险、促发展。

（戚桂军）

【聚焦权力运行和责任落实开展审计监督】 2022年，审计中心密切关注领导人员的权力运行和责任落实情况，紧盯"关键少数"，坚持把企业"三重一大"等重大经济事项作为审计监督重点，组织开展27项经济责任审计，督促企业领导人员树立正确的政绩观、业绩观。

（戚桂军）

【聚焦问题整改推动建立健全长效机制】 2022年，审计中心认真贯彻落实习近平总书记关于"审计整改是有效发挥审计监督作用的重要一环"的重要指示精神，密切关注审计问题整改，大力推行边审边改、立行立改、本质整改，着力推动建立健全长效机制，把整改成果转化为治理效能。2022年首次实现"当年审计问题当年整改完成率100%"的目标。

（戚桂军）

【研究强审取得新进展】 2022年，审计中心大力开展"研究型审计"，首次按板块分解审计项目、首次在年初分解下达全年项目计划、首次应用4个审计报告模板；实施领导带队出征及"1+N+X""一督导六同查""三平台两渠道"开放式审计等项目运行模式，审计项目质量明显提升。

深入开展课题研究，理论研究成果创历年来最好成绩。参与完成的《高质量党建引领新时代中国石油工业高质量发展》获集团公司、中共中央党校出版社等四部门颁发的党建成果一等奖；首次组织申报集团公司管理现代化创新成果，3篇成果获奖，实现零的突破；15篇论文在集团公司审计理论研讨中获奖，16篇论文和案例在集团公司内控风控征文活动中获奖；3篇成果入选中国内审协会优秀论文集、案例库，其中广州审计中心获邀在中国内审协会年度重点工作总结大会上作经验交流。

（戚桂军）

【科技强审开拓新局面】 2022年，审计中心积极探索开展审计模型迭代升级，协同审计部动态完善审计模型58个，对44项应用成效较好的模型进行重点推荐。继续探索开展大数据应用支持，累计推送线索173条，总结推广27个典型案例，辐射带动效应充分发挥。首次探索开展信息化项目决算审计，聚焦网络安全、数据治理，发现的系列典型问题引起总部信息部和企业的高度重视。

（戚桂军）

【人才强审增添新动能】 2022年，审计中心成立人才工作领导小组，统筹用好定期整训、审计大讲堂等多元化培训模式，开展"提质量、促研究、强三基"岗位练兵活动，通过公开招聘等形式引进36名成熟人才，有64人获得晋升，先后举办或组织参加各类培训班46个、培训人员1627人次，审计人员的人才成长通道进一步拓宽，队伍年龄结构和专业结构进一步优化。

2022年，借用审计专员、兼职专家、企业审计人员214人次，发挥了“以审代培”和统筹审计“三支队伍”的重要作用。同时选派精兵强将51人次支援国家审计署、国务院国资委及总部部门、兄弟企业开展联合审计、各类审计检查等专项工作，得到一致好评和表扬。

（戚桂军）

【政治强审取得新成效】 2022年，审计中心坚持以习近平新时代中国特色社会主义思想为指导，以“牢记嘱托、再立新功、再创佳绩，迎接学习贯彻二十大”主题行动为载体，贯通学习党的十九届六中全会和二十大精神，捍卫“两个确立”、践行“两个维护”的思想基础更加夯实。

坚持党建引领，相融互促。制定实施党委讨论和决定重大事项清单，召开党委会22次，研究决定重大事项53件，深化“石化党建”平台应用，党委“把方向、管大局、保落实”领导作用有效发挥，与审计部一同获2021年集团公司党建考核A档。

坚持正风肃纪，凝心聚力。持续纠“四风”树新风，大力整治形式主义、官僚主义。统筹推进统战、群团、宣传、稳定工作，深入实施青年精神素养提升工程，建立“我为群众办实事”常态化机制，员工幸福指数持续提升。

（戚桂军）

经济技术研究院（咨询公司）

【概况】 中国石化集团经济技术研究院有限公司（简称经济技术研究院）是中国石化直属的软科学研究机构，位于北京，主要从事公司发展战略、宏观经济政策、国际化经营、金融证券、公司管理及市场营销战略研究，并为重大项目提供决策支持。1999年12月底，中国石化为加强发展战略、宏观经济与政策、市场营销及科技信息研究，并为决策层提供决策咨询，决定将原中国石化石油化工规划院和原中国石化信息中心的经济技术信息部分合并，设立中国石油化工集团公司经济技术研究院。经中央机构编制委员会办公室批复同意，经济技术研究院仍为事业单位。2015年，经济技术研究院获全国博士后管委会批准设立博士后科研工作站。2017年，经济技术研究院入选中国社会科学评价研究院《中国智库综合评价研究报告（2017）》核心智库榜单，跻身十大国有企业智库之列。2020年，中国石油化工集团公司经济技术研究院由事业单位改制为企业，中国石化集团经济技术研究院有限公司注册成立。

中国石化咨询有限责任公司（简称咨询公司）的前身是于1985年批准成立的中国石化咨询公司，原与中国石化规划院、现与经济技术研究院合属办公，主要职责是对中国石化固定资产投资项目进行可行性研究的前评估和后评价，是中国石化的直属专业公司。1994年，咨询公司获中国首批甲级工程咨询资质，成为中国工程咨询协会理事单位，2004年获首批承担国家发展改革委投资咨询评估任务的咨询机构资格并始终保持。2017年，按照中央企业公司制改制的总体部署，咨询公司完成改制工作，正式更名为中国石化咨询有限责任公司。

截至2022年底，经济技术研究院（咨询公司）用工总量209人，其中202人具有专业技术职务任职资格，占全公司职工总数的96.65%，正高级技术职称14人、副高级技术职称84人，38人具有博士学位、128人具有硕士学位。

2022年，经济技术研究院（咨询公司）坚持以习近平新时代中国特色社会主义思想为引领，坚定扛稳“政府信赖的智囊团、集团倚重的参谋部、市场认可的思想库”职责使命，以“牢记嘱托、再立新功、再创佳绩，迎接学习贯彻二十大”主题行动为抓手，全力推进党建引领、深研细究、改革创新、管理提升、人才强院，高质量完成重大重点及绩效考核课题、深化改革三年行动和对标世界一流管理提升行动等年度目标任务，切实发挥智库支撑作用。

经济技术研究院（咨询公司）2022年主要研究成果获奖情况见表1。

（陈丹妮）

【领导班子调整】 2022年5月30日，集团公司召开经济技术研究院（咨询公司）领导班子调整视频会议，宣读集团公司党组决定：戴宝华任经济技术研究院（咨询公司）党委副书记（兼），仍任执行董事、总经理；顾松园任经济技术研究院（咨询公司）党委书记、副总经理；李志任经济技术研究院（咨询公司）党委副书记、纪委书记、监事，为经济技术研究院（咨询公司）工会主席人选。6月20日，召开经济技术研究院（咨询公司）工会委员会全体委员会议，李志全票当选为经济技术研究院（咨询公司）工会主席。

（陈丹妮）

【课题研究量质齐升】 2022年，经济技术研究院（咨询公司）切实提高站位，恪守服务国家、服务集团、服务企业发展宗旨，聚焦中国石化乃至中国能源化工产业绿色低碳转型高质量发展，深入开展各类支撑性研究280余项。

注重多维度发力，服务国家献良策。深入开展各类课题20余项，为国家有关部门研判产业发展大势、制定和完善产业政策、完善国资监管体系和公司治理机制、推进产业绿色低碳高质量发展提供支撑。

强化全方位支撑，服务集团出良计。聚焦中国石化“三大核心职责”与年度重点工作部署，围绕环境分析研判、绿色低碳转型高质量发展、生产经营优化、投资决策支撑、管理提升研究、风险防范以及国际化经营研究等领域，全面开展研究课题近210项、持续打造《中国石化智库报告》，为中国石化长远发展与生产经营决策、改革管理、资本金融、国际化发展等提供智库支撑。

发挥专业化优势，服务企业开良方。发挥市场研判、供应链优化、竞争力分析、风险评估等研究优势，聚焦服务企业资源优化、结构调整、绿色转型和管理提升，开展各类研究40余项，为企业提升竞争力、优选技术路线、解决发展难题提出措施建议。

（陈丹妮）

【品牌影响力持续攀升】 2022年，经济技术研究院（咨询公司）积极利用政务信息报送渠道，信息采用率显著提高，决策影响力进一步提升；《能源化工财经与管理》期刊正式发行，首次发布《中国能源展望2060》，持续打造《2023中国能源化工产业发展报告》并成功发布，全力呈现对行业发展的新观点，品牌影响力不断攀升。积极与国内外知名咨询公司、研究机构、兄弟单位和高校开展多渠道交流合作和深度沟通，持续完善知识版图、激发创新思维、相互学习促进，推进能源化工行业智库协同发展，行业影响力不断扩大。

（陈丹妮）

《中国能源展望2060》发布会现场

【改革管理不断强化】 持续完善智库顶层设计。全面完成《打造世界一流能源化工高端智库战略行动方案》的修订工作，明晰分阶段目标、实施路径与重点措施。

持续推进改革攻坚创效。高质量完成“深化改革三年行动”；持续推进市场化改革，全年咨询服务合同总额再创历史新高；深入推进项目经理负责制，项目经理揭榜挂帅2022年重点及绩效课题，跨部门、跨专业、跨领域的开放式研究进入常态化运行。

持续深化管理优化治理。高质量完成对标世界一流管理提升行动；持续推进各治理主体依法依规依责行权，公司治理能力不断提升；持续加强“三基”工作，管理效能持续提升。

持续夯实信息化支撑。制定实施《数字化转型战略规划》《“十四五”信息化发展规划》，基本完成“中国石化能源化工产业研究应用系统”应用模块及预测模型开发，全面启动专家库系统建设，信息化支撑作用不断强化。

持续提升后勤服务。深入推进HSE管理体系高效运行，因时因势调整疫情防控策略，全力保障员工身心健康，服务各项工作安稳运行。

（陈丹妮）

【人才建设多点发力】 完善人才发展体制机制。成立党委人才工作领导小组，健全党管人才工作体系和推进机制；制订实施《“十四五”期间及中长期人力资源发展规划》，加强人力资源顶层设计；制定实施《中层领导人员选拔任用办法》，持续完善选人用人制度；稳步推进干部选拔任用，开展基层级职位选聘调整以及高级专家、专家竞聘，建立人才常态化晋升机制；修订完善《专家管理办法》，高层次人才管理工作迈上新台阶。

加强人才干部队伍建设。充分利用“三百三千”计划、各类培训，持续加强员工综合培育，建强干部队伍梯次配备与干部选拔培养；优化外部专家库，引进系统内外成熟人才，补充重点领域研究力量；持续完善“专业 + 复合 + 国际化”三大能力培育体系，员工队伍整体素质不断提升。

稳步推进“三项制度”改革。完成经理层2021年度考核兑现及任期激励，建立中层领导人员任期制和契约化管理机制，实现绩效目标契约化管理全覆盖；稳步推行差异化薪酬分配机制，增强薪酬分配的激励约束作用；修订《员工绩效考核管理办法》，实现包括绩效计划制定、过程指导、结果评价、改进反馈的全流程闭环管理；持续完善“三能”机制，修订《推进中层领导人员能上能下实施办法》，进一步打造能者上、劣者汰、鼓励竞争的良性生态。

（陈丹妮）

【党建引领不断强化】 全面加强政治建设。狠抓“第一议题”制度落实和中心组学习质效提升，优化学习流程、创新学习模式；高质量推进“牢记嘱托、再立新功、再创佳绩，迎接学习贯彻二十大”主题行动，全力为中国石化推进主题行动实施提供智库支撑；高质量开展党的二十大精神学习贯彻工作，将党的二十大精神融入研究报告，充分彰显智库研究优势。

全面完成党组巡视“回头看”迎检配合及整改阶段性工作。制订《立行立改事项整改方案》并全部整改到位，细化制定《巡视反馈意见整改落实工作方案》及其台账，高质量召开落实巡视“回头看”问题整改专题民主生活会，整改阶段性工作全面完成。

全面提升基层党建规范化标准化水平。进一步优化调整党支部设置，建立党支部工作月度例会制度，推动基层组织体系建设与队伍素质进一步提升；召开“庆七一”表彰座谈会表彰“两优一先”，调整党员责任区、评选党员示范岗，充分发挥先进示范引领作用；强化思想政治工作，引领全体员工凝心聚力、协同发展；大力弘扬“前瞻、创新、求是”企业文化，积极营造良好氛围。

全面加强党风廉政建设和反腐败工作。高质量开展反腐倡廉教育月活动；全面肃清流毒影响。充分发挥大监督格局作用，选聘特约监督员并制定《特约监督员实施办法（试行）》，全面加强监督力量，促进各类监督做深做实。

全面发挥群团桥梁纽带作用。抓实统战工作，召开统战人士代表座谈会，组织统战人士加入中国石化“同心圆”云工作室；抓实工会工作，推进职工绿色就医通道建设等暖人心工作，组织各类文体活动，推选中国石化劳动模范、青年岗位能手等先进典型；抓实共青团工作，实施青年精神素养提升工程，开展“喜迎二十大、永远跟党走、奋进新征程”主题实践活动，高质量举办第七届青年论文交流会，多样化开展主题团日、“青研说”交流活动、“学雷锋”志愿活动，全面启动团总支建制升格团委工作，开创团青工作新局面。

（陈丹妮）

表 1　经济技术研究院（咨询公司）2022 年主要研究成果获奖情况

序号	课题名称	获奖名称	获奖等级
1	《2022 世界一流能源化工公司管理评价及实践研究》	中央企业智库联盟 2021 年度重点课题优秀研究成果	一等奖
2	《新发展格局下我国能源安全研究》	中央企业智库联盟 2022 年度重点课题优秀研究成果	特等奖

续表

序号	课题名称	获奖名称	获奖等级
3	《中国石化境外区域（国别）投资策略体系的构建与实践》	中国石化集团第三十一届管理现代化创新成果	一等奖
4	《基于平准化成本的绿氢产业链经济性评价体系建设》	中国石化集团第三十一届管理现代化创新成果	二等奖
5	《中国石化“三基”工作长效机制建设》	中国石化集团第三十一届管理现代化创新成果	二等奖
6	《战略型集约化财务管控体系建设》	中国石化集团第三十一届管理现代化创新成果	二等奖

石化报社

【概况】 中国石化报社（简称石化报社）成立于1988年7月，是集团公司直属事业单位，主营业务是新闻报刊的出版与发行，注册资本1000万元，社址位于北京市朝阳区吉市口路9号。

石化报社1988年成立时仅出版《中国石化报》，定位是集团公司党组机关报，也是石油石化行业经济报。1992年，由原中国石油化工总公司企业管理部主办的《中国石化企业管理》杂志（1994年更名为《中国石化》杂志）划入石化报社。2000年，原中国石化信息中心声像业务整体划入石化报社。2016年，集团公司官网、股份公司官网的管理和维护职能及总部办公门户要闻栏目更新维护工作移交石化报社。2022年10月，集团公司将党组宣传部维护和运营中国石化官方微博、微信等中国石化官方新媒体的具体职能调整到石化报社，相关新媒体一并移交。

截至2022年底，石化报社所属媒体有《中国石化报》《中国石化手机报》《中国石化》杂志、石化V视、《中国石化新闻联播》（电视，含网络视频）、中国石化新闻网、《车友报》、中国石化报微信公众号、中国石化新闻图片网、石化新闻客户端、中国石化新闻网微博（中国石化报社官方微博）等。同时石化报社还负责管理维护中国石化2个官网，运营中国石化官方微博、微信等28个中国石化官方新媒体账号。

石化报社有员工148人，其中具有硕士研究生以上学历63人、本科学历79人，具有副高级和高级技术职称的71人、中级技术职称的54人。内设15个机构，其中机关职能部门4个、直属机构11个。石化报社有驻省记者站26家。

石化报社主要媒体运营数据见表1。

（庞 炜）

【领导班子调整】 2022年1月25日，杨守娟任中国石化报社社长兼总编辑、中共中国石化报社委员会副书记（兼）；杜波任中国石化报社副社长、中共中国石化报社委员会委员。12月20日，方忠于任中共中国石化报社委员会书记、中国石化报社副社长（兼）。

（庞 炜）

【中层机构设置和职责调整】 为加快推进石化报社媒体融合创新行动，建立健全目标明确、边界清晰、权责对等、精简高效、运行顺畅的组织体系，2022年11月7日，石化报社成立国际传播部、视频发展部、运营保障部，撤销车友报编辑部。保留广告发行部、车友报社牌子，与运营保障部合署办公，同时运营保障部加挂信息中心牌子。电视部调整为电视新闻部，综合办公室不再加挂信息部牌子。调整后石化报社共设15个中层机构，其中综合办公室（党委办公室、党群工作部、纪检监督部、审计与法律部）、党委组织部（人力资源部、外事办公室、企业管理部）、财务部、总编室（通联部）4个部门为机关职能部门；

要闻部、专刊部、周刊部、杂志编辑部、电视新闻部、新媒体部、视频发展部、国际传播部、记者部、美术部、运营保障部（广告发行部、信息中心、车友报社）11 个部门为直属机构。

（庞　炜）

【全资子公司划转给集团公司】 为配合集团公司以借壳方式设立金融管理平台公司，2022 年 4 月 20 日，石化报社与集团公司签订《股权无偿划转协议》，将全资子公司华夏实华文化发展有限公司 100% 股权无偿划转给集团公司，石化员工团购网一并划转。9 月，石化报社办理完成股权划转等移交手续。

（庞　炜）

【接收中国石化官方新媒体】 2022 年 10 月 20 日，集团公司向党组宣传部和石化报社下发《关于推进媒体业务管办分离的通知》，将党组宣传部维护和运营中国石化官方微博、微信等的具体职能调整到石化报社，相关新媒体一并移交。

（庞　炜）

【《车友报》纸质版休刊】 2022 年 12 月 28 日，《车友报》纸质版出版最后一期后休刊，仍保留《车友报》微信公众号。

（庞　炜）

【组织开展大型采访活动】 北京冬奥会恰逢虎年春节，2022 年 1 月底至 2 月，石化报社开展“相约冬奥·新春走基层”大型全媒体新闻报道，26 名记者冒着严寒深入一线，对燕山石化、冬奥保供站、冬奥形象站、志愿者、火炬手等进行采访，采写图文报道 192 篇、视频报道 52 条、微信发文 32 篇，精彩记录“北京冬奥会中的石化元素”，全媒体呈现中国石化服务冬奥的鲜活故事。6 月，派出采访团探访西北、西南、华北等油气增储上产一线，推出“油气勘探开发一线行”系列报道，展示中国石化全力保障国家能源安全的积极作为、干部员工开展“牢记嘱托、再立新功、再创佳绩，喜迎二十大”主题行动的良好精神面貌。7—8 月，组织记者深入各地销售企业一线采访，推出“油品保供一线行”系列报道，展示销售企业在保障市场供应、推进改革创新、履行社会责任等方面的积极成效。

（庞　炜）

2022 年 1 月 31 日，石化报社“新春走基层”采访团在北京石油延庆打造的第一座油氢合建站兴隆加氢站采访
（胡庆明　摄）

【开展“融合创新年”活动】 为深入开展“牢记嘱托、再立新功、再创佳绩，迎接学习贯彻二十大”主题行动，石化报社开展“融合创新年”特色活动，从媒体融合、新闻创新、对标提升、党建拓展 4 个方面，扎实推进全年 33 项重点任务落实落地。完善石化报社“十四五”规划和干部人才队伍建设规划；成立视频发展部、国际传播部、运营保障部，整合车友报，改版周刊，推出《能源导刊》《市场导刊》《环球石油石化》；接收 28 个中国石化官方新媒体账号；完成非编与媒资管理系统升级、新闻演播室大屏幕改造项目，演播室主屏幕达 4K—8K 播放能力；扎实开展青年精神素养提升工程、“奋进新征程 建功新时代”主题劳动竞赛，高质量办好“周五课堂”、实施员工帮助计划（EAP）；健全“我为群众办实事”长效机制，10 件实事全部完成。

（庞　炜）

【以问题整改夯根基】 石化报社党委高度重视党组巡视、党建考核反馈问题整改，2022 年多次召开专题会分析原因、研究整改、压实责任、挂账销项，70 项巡视反馈问题整改措施和 35 项党建考核反馈问题整改措施全部落实。扎实开展“合规管理强化年”活动，构建合规管理和责任追究体系，坚决守住不发生系统性风险的底线。落实“支部建在连上”，首次在 15 个部门完成党支部设置全覆盖，深入开展党支部述职评议、分类定级、案例分享，党支部组织力进一步提升。强化纪委监督责任，制定“一岗双责”融合落实意见责任清单，加强重点监督和日常监督，深化“靠企吃企”问题专项整治。

（庞　炜）

【加强新闻队伍建设】 2022 年，石化报社坚持“吃苦者吃香、能干者能上、有为者有位、优秀者优先”用人导向，加强年轻干部和人才培养，选聘首席专家 1 人，提拔中层干部 2 人，平级调整 11 人，高级主管 / 主任师及以下 37 人职级得到晋升，19 人通过职称评审，选派优秀年轻干部参加“三百三千”计划外派挂职锻炼 2 人，内部交流锻炼 1 人，33 人在机构优化中调整岗位，跨业务、跨部门岗位交流和复合培养成为常态。修订中层领导人员竞争上岗和公开招聘实施细则、员工职位晋升管理办法等一系列干部人事制度，落实干部能上能下、员工能进能出、收入能增能减。制定全员绩效考核管理办法、奖励管理办法，加大月度绩效考核和即时奖励力度，对优秀项目团队、在疫情期间值班值守人员给予特别奖励，适度拉开收入差距。石化报社新闻队伍发扬“特别讲政治、特别能吃苦、特别能战斗、特别讲奉献”的光荣传统，加班加点无怨言、主动追求高质量，面对两次疫情封控，向险逆行，在值守人员最少仅 6 人、媒体运行极为困难的情况下，与居家办公人员紧密配合，确保新媒体率先发声、纸媒准时出版、电子报准点上线。

（庞　炜）

【获得荣誉】 2022 年 4 月，由集团公司党群工作部、乡村振兴办组织报送，石化报社制作的典型事迹片《坚守阵地的勇者》《我眼中的东乡》分获中央组织部第十六届全国党员教育电视片观摩交流活动优秀作品二等奖、三等奖。4 月底，石化报社冬奥报道团队获评中国石化服务保障北京冬奥工作先进集体。5 月，石化报社“感动石化”项目组获中国石化先进集体称号。6 月，第八届“国企好新闻”奖项公布，石化报社获组织奖，系列报道《那些年我们获得的科技大奖》获“国企好新闻”文字类三等奖，摄影作品《建设者》获“国企好新闻”影音类一等奖。9 月初，石化报社新媒体作品《交纳 100 万元特殊党费，她是谁？》获第五届中央企业优秀故事奖一等奖。9 月底，石化报社上报的《塑造“感动石化”党建品牌的探索和实践》《构建记者“前端引领”新型采编管理模式的探索与实践》分获中国石化第三十一届管理现代化创新二等、三等成果。

（庞　炜）

表 1　石化报社主要媒体运营数据

指标名称 \ 年份	2022	2021	2020	2019	2018	2017
《中国石化报》①/ 万份	12.40	12.22	12.60	12.56	12.90	12.60
《中国石化》杂志②/ 万份	2.88	2.80	2.82	2.81	2.80	2.75
《中国石化手机报》③/ 万份	2.07	2.01	1.86	1.86	1.83	1.82
中国石化新闻网④/ 万次	1.30	1.00	2.00	2.00	3.00	3.00
中国石化报微信公众号⑤/ 万人	16.22	15.16	4.68	2.52	2.28	1.99
中国石化新闻网微博⑥/ 万人	6.02	6.01	5.87	5.71	5.70	5.00
石化新闻客户端⑦/ 万次	22.86	22.72	22.69	22.50	11.00	10.00
石化 V 视⑧/ 万次	9.89	9.86	9.70	—	—	—

①②③发行量
④日均页面浏览量（2021 年和 2022 年数据为内容页日均浏览量）
⑤关注人数
⑥新浪微博关注人数
⑦累计下载量
⑧日均浏览量

石化出版公司

【概况】 2015年9月，集团公司印发《关于中国石化出版社有限公司中国经济出版社整合的通知》（中国石化企〔2015〕471号），决定对中国石化出版社、中国经济出版社进行整合，实行“一套班子、两块牌子”，整合后保留两家出版社名称，对内称石化出版公司，对外分别使用中国石化出版社有限公司、中国经济出版社有限公司开展业务。

出版公司以建设国内知名文化品牌和国内一流的知识、文化、智库服务提供商为目标，坚持把社会效益放在首位，坚持以服务集团、服务行业、服务国企、服务社会为己任，紧紧围绕中国石化战略与业务发展、品牌文化建设、队伍建设和党建等各方面工作需要，实施价值创造战略、创新驱动战略、资源开拓战略、差异化运营战略、平台化战略、人才强企战略，立足全面提升传统出版，积极拓展数字与融合出版和知识服务等新业务，大力提升品牌影响力和市场竞争力，努力实现更高质量、更高水平的快速发展，加快把两个出版社打造成为集团公司建设世界领先企业的“文化名片”。

截至2022年12月末，石化出版公司在岗员工198人，设置中层机构20个，其中业务部门16个、职能部门4个，党支部14个，党员139人。

（综合管理部）

【企业生产经营情况】 努力克服疫情持续、书号规模压减、图书市场大幅下行等不利影响，通过深入学习贯彻党的二十大和习近平总书记视察胜利油田的重要指示精神，以“牢记嘱托、再立新功、再创佳绩，迎接学习贯彻二十大”主题行动为抓手，全体干部员工克服困难、开拓进取、奋力拼搏，实现了社会效益和经济效益双丰收，圆满完成了各项生产经营目标任务。全年共出版图书1469种，其中新书1093种、重印书376种；图书出版码洋4.86亿元，其中新书3.26亿元、重印书1.6亿元；发货码洋1.71亿元、营业收入2.75亿元，完成全年预算目标；净利润1601万元，与目标相比增长23.2%；4家子公司整体经营情况良好。与上年同比：取得出版码洋增长13%、营业收入基本持平、利润增长35.4%的良好业绩。其中石化出版社：全年出版图书900种，出版码洋3.37亿元，发货码洋8626.42万元，营业收入1.49亿元，实现利润1101万元。与上年同比，取得出版码洋大幅增长26.5%、营业收入增长2.7%、利润增长16%的良好业绩。经济出版社：全年出版图书569种，出版码洋1.5亿元，发货码洋8511.35万元，营业收入1.26亿元，实现利润500万元。与上年同比，取得利润增长113%的良好业绩。

（综合管理部）

【图书出版高质量发展实现新提升】 始终坚持正确的政治方向和出版导向，持续加大调结构、调节奏力度，取得了阶段性成效。以“四个十”精品工程和“百种万册”工程为抓手，着力提质量、出精品，出版了《新时代中国石油工业》《顾心怿传》《知名学者纵论共同富裕》等一大批优质图书。《中国炼油技术（第四版）》等4种图书入选国家“十四五”重点图书规划项目，《中国经济新发展阶段丛书》获2022年国家出版基金资助。出版了《价值投资实战手册（第二辑）》《小林漫画》《国学日历》等市场畅销图书。其中，“万册图书”领头板块雪球系列图书总印数已经突破100万册。自2020年以来，累计实现“百种万册”工程图书272种，成为出版公司创效的主力军。围绕主题行动、安全月教育、保密月教育等主题，完成“明白纸”、动漫和画册等出版项目。做好庆祝中国石化成立四十周年主题出版，协助开展《中国石化简史》等项目前期工作。文创产品出版创新取得可喜成果。助力发行《习近平谈治国理政》第四卷，配合为央企海外机构搭建中国书架。进行版权输出，申请国家外译项目“丝路书香工程”立项，对外传播工作得到了加强。全年完成服务集团公司图书项目373个，服务国务院国资委和央企项目 100 个。获国家部委、各省市、行业协会等图书相关奖项 68 项。

（综合管理部）

【坚持守正核心职责，全面做好“四个服务”】 2022 年，出版公司坚持把服务集团作为首要任务，推进做好服务国资央企、服务行业和服务社会工作。①完成服务集团公司图书项目 373 个。其中，石油化工行业标准、企业标准 200 余项；集团年鉴和系统内企业年鉴、志鉴图书 18 种；专业图书、工作手册、明白纸 100 余种。积极做好党的二十大学习辅导读物及其他党政图书发行配送工作，全年向集团公司党组办公室配送图书 140 种，1.4 万册。全年累计征订图书 43.62 万册。高质量完成 2022 清华大学“碳中和经济”论坛、第五届中国国际进口博览会中国石化主题论坛暨中国石化交易分团签约仪式。协同集团公司科技部承担中关村论坛平行论坛——“国企发现与发明论坛”。配合完成中国石化展示中心项目科研和立项工作。圆满完成 2022 中国国际服务贸易交易会、中国石化奥林匹克文化展等 15 个重点展览项目。冬奥展览展示得到集团公司党组领导表扬。集团公司庆祝中国石化成立四十周年展览按照预期顺利施工，配合做好集团公司展厅建设和简史编纂工作。助力集团公司打造“书香石化”，成功开发运营“石化智能共享书柜”，在总部办公区设立 4 台试用书柜，并完成中国石化对口帮扶学校 6 台书柜样机的准备工作；围绕党的二十大、石油精神等主题，设计制作了手账、加油站礼盒等文创产品。制作了主题行动、2022 年中工作会解读等主题动漫。为总部 12 家企业和部门策划制作中国石化人才风采等宣传片。《国资报告》刊发《中石化锚定“中国第一氢能公司”》等多篇集团公司及二级子公司的深度报道。进出口公司配合党组宣传部策划落实“丝路书屋—中国书架”等 7 个项目，参与沙特法赫德国王国家图书馆中国图书上架仪式。②全力做好服务国资委工作，走进国资央企取得新成果。全年完成服务国务院国资委和央企项目 100 个。出版了《中央企业高质量发展报告》《诚通 30 年》等一批服务国资央企的优质图书；完成《国资年鉴 2022》等中央企业志鉴板块图书 11 种，完成 3 期《国资委公告》出版发行；参与国资委《大国顶梁柱奋进新时代——党的十八大以来中央企业重大成就图志》图书编纂工作，承办国资委第九届“国企好新闻”评选活动，被授予突出贡献奖。进出口公司积极参与“中国书架”央企三期项目，为国家开发投资集团有限公司驻约旦分支机构等 4 家央企、9 个海外机构搭建中国书架。③积极满足社会读者需求，强化服务行业、服务社会。累计出版以服务社会大众为导向的市场图书 486 种，出版码洋达 3.08 亿元。出版石油石化、经济社会及相关行业发展报告 77 种。与《科技创新与品牌》杂志联合推出《大国创新·石油化工》专辑进“两会”。出版《企业科协工作手册》《海洋石油装备概论》等服务行业、高校的专著和教材图书。为行业相关协会购销图书 1.62 万册。研创策划科普图书“蓝星使者生物多样性系列丛书”并入选中国科协“2022 年科普中国创作出版扶持计划”。

（综合管理部）

【创新融合发展取得新成果】 2022 年，“书展会片刊”业务融合发展不断扩大。成功举办清华大学“碳中和经济”论坛，积极筹办“在希望的田野上”乡村振兴论坛等高端论坛。完成中国石化展示中心立项，开工建设。成功举办或组织参加中国石化奥林匹克文化展、首届大国工匠创新交流大会等展览项目 15 个。高质量完成纪录片、专题片、宣传片等 19 个。策划石化智能共享书柜、中国石化加能站定制礼盒等一批受欢迎的项目和文创产品。出版深度融合发展案例在《中国新闻出版广电报》专版刊发。与燃料油公司签署战略合作框架协议。创新矩阵式对外传播方式，借助主流媒体开展实时报道和海外直播。各部门积极拓展业务范围、创新业态模式、提升服务质量，多项工作得到党组领导、总部有关部门的高度肯定；着力推进传统出版与新兴出版融合发展，基本完成中国石化知识服务平台（易牍）项目建设，同步开展内容、制度建设。完成 3300 多种图书数字化转化，建立勘探开发和炼油化工等领域的知识体系和知识图谱，制定资源数字化加工和入库标准。积极拓展外部内容资源，为上线创造良好条件。开展数字化生产系统建设立项准备工作。中国石化图书采购平台（易书汇）等建设继续推进。优化出版ERP管理系统，建设协同办公系统扩展应用和公司内网门户网站，管理数字化取得新进展。实行线上店铺和新零售集中运营，提升资源利用效率和专业化运营水平。

（综合管理部）

【全面落实深化改革工作】 国企改革三年行动各项措施全面落实。持续推进改革，完善机制，各项改革措施基本完成，取得良好成效。相关做法在集团公司和板块深化改革推进会上作典型经验介绍，入选集团公司深化改革三年行动典型案例。修订经理层成员经营业绩考核办法、薪酬管理办法、全员竞争上岗实施办法等制度，完善任期制契约化管理，建立“人力资源池”制度。优化岗位设置，改进岗位管理，完成员工竞争上岗准备工作。组织开展大众出版分社职业经理人公开招聘。制订《对标世界一流管理提升行动方案》，落实对标一流举措。

（综合管理部）

【扎实推进主题行动】 制订主题行动方案，召开动员部署会，加强过程督导，扎实推进落实。制定考核评价、表彰奖励实施办法，对业绩突出的7个部门、单位予以表彰奖励。向共产党员发出倡议，激发各党支部和党员充分发挥“两个作用”。建立评比表彰及先进典型选树长效机制，选树先进典型32名。加大宣传引导力度，刊发主题行动报道57篇，组织开展“主题行动展成效”“书香润初心、献礼二十大”“抗疫先锋，坚守一线”报道，持续营造攻坚克难、团结拼搏的氛围，有效保证全年各项目标的顺利完成。

（综合管理部）

【党建工作持续提升】 2022年，出版公司党委认真落实集团公司党组对党建工作的各项要求，进一步提高政治站位，落实全面从严治党责任，全方位加强党的领导和党的建设，以高质量党建引领公司高质量发展。①在完善公司治理中党的领导全面加强。修订党委讨论和决定重大事项清单、“三重一大”决策制度实施细则，明晰各治理主体的权责边界，各治理主体运行更加高效。修订完善党委落实全面从严治党主体责任清单。全年召开党委会25次，研究审议议题110项，党委把方向、管大局、保落实的领导作用得到更好发挥。②融入中心抓党建的机制更加完善。持续完善“三个三”党建工作模式，全面强化了党建与中心工作融合互促。制定打造中国石化“文化名片”、党的“三基本”建设与企业“三基”工作有机融合等制度17项。优化支部设置；坚持月度工作统筹安排，做好日常检查督导，对支部工作的指导作用更有成效；改进支部考核办法，开展党支部工作年度考核现场查验，突出考核重点，提升支部考核工作。落实深入开展党建共建工作实施意见，指导开展党建共建活动46次，有效促进支部建设水平的提高和业务拓展。③持续做好宣传思想工作。制定加强网络意识形态工作规则和舆情管理与处置实施办法。开展员工思想动态调研与分析，领导干部联系群众，常态化开展谈心谈话。加强新闻宣传、品牌建设和企业文化建设，推进“文化名片”建设，构建了内外宣有效联动的宣传舆论格局，内部媒体刊发转发新闻报道265篇，外部主流媒体刊发有关出版公司重要新闻118篇。④统战群团等工作更有成效。统筹抓好统战、工会、共青团、保密工作，深入细致开展关心服务老同志工作。成立党外代表人士建言献策工作室，组织统战对象学习党的二十大精神，定期听取统战对象建议。落实职代会制度，围绕主题行动征集落实提案，推进劳模创新工作室建设，坚持开展劳动竞赛，进行慰问帮扶，累计开展专项EAP近1000人次，工会的桥梁纽带作用进一步加强。组织庆祝中国共产主义青年团成立100周年系列活动，实施青年精神素养提升工程，持续开展青年大学习，教育培训团员青年约240人次，连续六年开展“公益学雷锋、爱心加油站”活动，青年生力军作用得到了更好发挥。组织开展“保密法治宣传教育月”活动，服务全系统保密学习教育，保密工作进一步加强。⑤党风廉政建设进一步推向深入。制定加强对“一把手”和领导班子监督的重点措施，确定监察对象92人，强化对关键少数的监督。深入开展反腐倡廉教育月活动，落实整治靠企吃企问题重要部署。突出重点不断强化政治监督和日常监督，制定执行监督委员会工作规则，组织落实33项重点任务，“大监督”效果得到提升。健全处级干部廉政档案，及时研判处置廉情信息，建立了各类谈话记录台账，针对有关案例和问题规范开展谈话提醒。持续开展警示教育，不断强化纪律规矩意识。

（党群工作部）

【全面推进人才强企战略】①落实新时代党的组织路线，坚持正确选人用人导向，持续加强选人用人工作。修订中层干部选拔任用办法、容错纠错实施办法等制度，突出政治标准，强化重实绩、重实干、重担当的鲜明导向。严格落实中层干部任期制和契约化管理，中层干部考核评价工作更加有效。对部分中层干部的职位进行了优化调整。开展理论素养、工作作风、干事创业能力培训，干部队伍能力素质得到新的提升。②年轻干部、后备干部队伍建设取得新成效。将年轻干部培养选拔工作纳入领导班子和干部队伍建设总体布局，加大优秀年轻干部培养选拔力度。修订后备干部管理办法、优秀年轻干部发现培养选拔办法等制度。完成领导人员梯队培养计划人选滚动调整工作，组织开展中层后备干部选拔，进一步充实以“90后”为主体的优秀年轻干部储备库。落实“三百三千”培养计划，选派2人到兄弟单位挂职交流、8人内部交流。③人才工作体系更加健全。完善专业技术人员管理、职位竞聘管理等人才工作制度，形成较为完善的制度体系。完善首席专家、专家职位设置；细化专家职责、任务，明确考核办法，组建两个专家工作室，探索推进“岗位职责＋专项任务”履职模式，建立领导联系高层次专家人才制度，专家队伍建设得到全面加强。开展了高级主管和主管职位竞聘。完善考核评价细则，提升“师带徒”工作成效。组织业务竞赛，统筹开展内外部培训，累计培训700多人次。加大编辑和新兴业务成熟人才引进力度，以多种方式引进各类人才29人。

（人力资源部）

【做好疫情防控和安全生产工作】统筹疫情防控和生产经营，为稳生产保安全创造了有利条件。严格执行集团公司疫情防控要求和各项决策部署，建立58号院联防联控机制，及时摸排、掌握员工健康及流动情况等信息。为员工配备必要的防疫物资，宣传疫情防控相关知识。及时接收员工封控、居家、弹窗等异常信息，发布疫情防控通知，落实排查任务，及时向集团公司上报有关情况。在办公区物业人员接续出现感染后，数名同志多日驻守办公区，积极应对疫情，统筹安排各项工作，及时控制了疫情的蔓延。12月，在国家疫情防控政策调整后，公司感染者急剧攀升，公司及时开展应急处置，想方设法采购抗原检测试剂、医疗药品等物资，统筹协调疫情防控和各项工作，有序安排复工复产，保证了生产经营等各项任务的顺利完成。高质量开展“安全生产月”活动，排查不稳定因素，进一步加强安全管理，确保了“两重两特”时期安全生产和信访维稳工作。

（人力资源部）

石化出版社（展览办公室）

【概况】中国石化出版社有限公司（简称石化出版社）是中国石化集团公司主管和主办的中央级科技出版社。其前身为经文化部批准于1984年12月成立的烃加工出版社，先后与原中国石化情报所、中国石化信息所、中国石化信息中心合署办公，1992年更名为中国石化出版社，1999年3月与原中国石化信息中心分离单列，成为中国石化直属独立的事业法人。2010年12月转制为企业，设立中国石化出版社有限公司。中国石化集团公司展览办公室（简称展览办公室）经中国石化集团公司批准成立，负责中国石化境内外展览业务，与石化出版社合署办公。

截至2022年末，石化出版社有在岗员工83人，其中硕士研究生以上学历33人，本科学历48人；取得高级专业技术职称的43人、中级专业技术职称的18人。

石化出版社主要出版石油勘探开发、石油炼制、石油化工、安全环保、企业文化与管理等方面的图书，以及相关的行业标准、辞典、手册工具书、石油及石化系统教材和职工培训教材的出版及电子、音像制品的出版；同本社出版范围相一致的互联网图书出版，设计、制作图书广告，利用本出版社出版的图书发布广告；图书、期刊、电子出版物、音像制品批发、零售、网上销售；负责集团公司年鉴、年报的编辑出版工作；负责承办集团公司暨股份公司在国内外举办的各种展览业务、会议服务，承办展览展示。石化出版社与多家国际知名的出版机构开展版权贸易和业务合作活动，引进国际石油化工、勘探开发等专业科技书籍版权并组织翻译出版；坚持以为石油石化工业科技进步服务为宗旨，逐步摸索出一套具有行业特色、适合自身发展、规范稳健的管理模式。

石化出版社 2022 年重点图书目录见表 1。

（综合管理部）

【3 部科技著作顺利通过集团公司科技成果鉴定】 2022 年 4 月 25 日，《中国炼油技术（第四版）》《炼油化工行业水污染治理技术进展与实践》《轻烃加工工艺与工程》三本图书的科技成果鉴定会在石化出版社顺利召开。经鉴定，专家组取得一致意见，认可该三项成果内容新颖、数据翔实、逻辑严谨、学术性强，编辑出版质量优秀，得到了政府部门、专家学者和企业用户的高度评价，具有很高的专业性、权威性、先进性与指导性，是具有国际水准的优秀著作。

（总编室）

【获 13 项 2022 年度全国石油石化企业管理现代化创新优秀著作奖】 根据中国石油企业协会《关于发布和推广 2022 年度石油石化企业管理现代化创新优秀成果、优秀论文、优秀著作的通知》，由石化出版社组织申报的 11 个项目获优秀著作奖，1 个项目获优秀论文奖，1 个项目获优秀编辑奖。

（总编室）

【获 34 项 2022 年度中国石油和化学工业联合会优秀出版物奖】 2022 年 12 月，中国石油和化学工业联合会发布《2022 年中国石油和化学工业优秀出版物奖（图书奖、教材奖）评审结果公示》，由石化出版公司组织申报的 34 个项目获 2022 年度石油和化学工业联合会优秀出版物奖，其中图书奖 21 项（一等奖 8 项、二等奖 13 项）、教材奖 12 项（一等奖 5 项、二等奖 7 项）、音像电子奖 1 项。

（总编室）

【获 12 项 2021 年度中国石油和化工自动化行业科学技术奖】 根据中国石油和化工自动化应用协会《关于 2022 年度中国石油和化工自动化行业科学技术奖的授奖决定》（中油化自协〔2023〕012 号），石化出版社组织申报的 12 个图书项目获优秀科技著作奖，包括一等奖 3 项，二等奖 3 项，三等奖 6 项。

（总编室）

【2022 年度“石油和石化工程教材出版基金”评选结果公布】 根据《中国石油和石化工程教材出版基金管理及实施办法》，中国石油和石化工程研究会、石化出版社组织协作组参会专家对各院校申报的 2022 年度中国石油和石化工程教材出版基金资助项目进行了评审，确定 23 个资助项目。

（总编室）

【全国“两会”特刊《大国创新·石油化工》面向社会公开出版发行】 由中国科协企业创新服务中心指导，石化出版社和《科技创新与品牌》杂志社联合推出的全国两会特刊《大国创新·石油化工》于 2022 年 3 月出版发行。该特刊由中国工程院、中国石化、中国石油、中国海油、民盟中央科技委员会、中国化工学会、中国石油大学、中国陆军勤务学院等 10 多家单位近 30 位专家组成技术指导委员会和特刊专辑编审委员会，采访 10 多家企业和科研院所，在全国两会上供代表参考阅读，同时面向全社会公开发行 2 万余册，电子刊同期发行，获国内外各界高度关注。《大国创新·石油化工》充分展示石油化工行业创新成就，推动企业在挖潜增效、行业转型发展、信息智能化水平、低碳节能减排等方面新技术和新成果的研发创新，促进科技创新与成果转化的高效结合，进一步弘扬创新精神和企业家精神。

（炼油化工出版分社）

【2022 中国石油石化智能化技术交流会暨石油石化企业数字化转型高峰论坛成功举办】 2022 年 4 月，“全力推动数字化转型、智能化发展”2022 中国石油石化智能化技术交流会暨石油石化企业数字化转型高峰论坛由中国石化出版社与中国石油和石化工程研究会联合主办。论坛邀请了中国石油天然气集团有限公司信息和数字化管理部、中国石油化工集团有限公司信息和数字化管理部、中国海洋石油集团有限公司科技信息部、中国中化控股有限责任公司数字化部、国家石油天然气管网集团有限公司数字化部等国内知名专家和领导、科研技术人员、工程管理人员，紧密围绕石油石化企业数字化转型与智能化发展探讨交流。近 500 名从业者、100 多家企业和科研院所参与现场交流、展示。该论坛为进一步推动能源化工企业加快智能化、数字化产业转型升级，促进石化工业高质量发展，搭建科学技术创新成果展示平台增添动能。

（炼油化工出版分社）

【服务总部和行业，做好标准出版工作】 做好国家能源局发布的石油产品行业标准、工信部发布的石化产品行业标准和工程建设行业标准、中国石化集团有限公司发布的石化企业标准的出版和发行工作。2022 年标准出版 230 项，具体情况如下：NB/SH/T 0087—2021《发动机冷却液铝泵气穴腐蚀特性试验法》等 79 项石油产品行业标准；NB/T 10696—2021《地热井井身结构设计方法》等 21 项能源行业标准；SH/T 3121-2022《石油化工装置工艺设计规范》等 14 项工程建设行业标准；Q/SH 0031—2022 气体钻井录井技术规范等 116 项企业标准。

（装备综合出版分社）

【第十三届（2022）石油化工设备维护检修技术交流会召开】 为了加强石化企业设备管理工作，提高设备维护检修水平，确保炼油化工装置安全、稳定、长周期运行，在中国石化、中国石油、中国海油、中国中化和国家能源集团等总部设备管理部门的支持下，在中国化工学会石化设备检维修专业委员会的指导下，由中国石化出版社举办的第十三届（2022）石油化工设备维护检修技术交流会于 2022 年 8 月 18—19 日在贵州省贵阳市召开。来自以上五大集团的总部领导、生产企业，以及地方炼化企业、检维修企业、研究机构、高等院校、制造企业的 200 多名代表参加了会议。会议交流的内容涵盖石化设备领域的多个方面，如设备完整性体系、大检修管理、大数据分析、密封智能监测、检修质量控制、检修节能减排、设备安全运维、企业数值化转型等，既有传统检维修管理技术的经验分享，也有设备管理与新技术融合的积极探索，实现了技术交流、互相学习、经验共享、提升石油化工、煤化工行业设备检维修水平的目的。

（装备综合出版分社）

【2022 年石化行业节能低碳技术交流会成功举办】 为贯彻落实党的二十大报告中“加快节能降碳先进技术研发和推广应用”的要求，深入推动能源利用效率和减碳水平提升，助力实现双碳目标、推动能源转型，促进石化企业高质量发展，2022 石化行业节能低碳技术交流会成功举办。会议充分发挥科技引领作用，分析研判石化行业节能降碳政策和发展趋势，探讨相关技术难题和攻关方向，交流分享节能低碳成熟技术应用，并作新技术和新成果展示。

（装备综合出版分社）

【全国石油石化仪器仪表及自动控制技术交流会成功举办】 全国石油石化仪器仪表及自动控制技术交流会由中国化工学会石化设备检维修专业委员会、中国石化出版社有限公司装备综合出版分社主办。会议邀请中国石化、中国海油、国家管网等单位的仪器仪表专家行业专家，围绕石油石化仪器仪表及自动控制系统典型故障案例分析、应用现状及发展趋势分析、智能油气田、无人机及无线技术、管道泄漏监测、能量计量等方面进行深度探讨交流。来自全国石油石化行业的 60 余名代表参加了会议。交流会实现技术交流、互相学习、经验共享的目的，提高了石油石化仪器仪表及自动系统的管理、应用水平。

（装备综合出版分社）

【线上线下技术培训班圆满完成】 围绕服务集团、服务企业，积极开拓思路，探索组织“图书+”活动。根据行业技术人员的需要，利用行业专家资源，克服疫情带来的不利影响，成功举办炼化企业机械密封、石油石化企业防雷防静电安全管理、石油化工关键机组管理及故障诊断、石油石化仪表与控制系统预防性维护及检修、石油石化碳排放政策解读暨碳排放管理、石油石化腐蚀与防护等多个专业技术培训班，对于提高从业人员素质，提升装置安全生产水平，发挥了积极作用。

（装备综合出版分社）

表1　石化出版社2022年重点图书书目

序号	书名	著译者
1	设计案例：文96储气库	刘中云
2	页岩气吸附、扩散、渗流与储层伤害	王　瑞
3	单点高密度三维地震解释方法及应用	张云银　隋志强　高秋菊　朱定蓉　巴素玉　商　伟
4	润滑剂技术与应用	赵　江
5	中国石化公文档案业务综合训练手册	本书编写组
6	济阳坳陷古近系深层地震勘探技术	于正军　谭明友　张云银　孔省吾　宋艳阁　关　键
7	齐鲁石化年鉴.2021	齐鲁石化史志编纂委员会
8	江苏油田年鉴.2021	《江苏油田年鉴》编纂委员会
9	茂名石化年鉴.2021	《茂名石化年鉴》编纂委员会
10	上海石化年鉴.2021	《上海石化年鉴》编纂委员会
11	西南石油年鉴.2021	《西南石油年鉴》编纂委员会
12	城市轨道交通规划设计与建设管理	张泉艳
13	工业水处理技术	张志军
14	财务会计	卓茂荣
15	MOH材料路面施工控制及压实工艺	张翠红
16	疲劳裂纹扩展 检测—评估—预防	Hans Albert Richard
17	氮化镓晶体生长技术	Dirk Ehrentraut
18	中国石化集团有限公司党组党校学员研究报告集（一）	赵　东
19	ABAQUS在水力压裂模拟中的应用——基础理论与实例详解	潘林华　王海波　贺甲元　李凤霞
20	石化荣光	本书编写组
21	视觉	吴明树
22	宏微观接触力学与摩擦学原理	李万钟
23	石油储运基础知识（第二版）	吴世逵
24	超低渗油藏高压注水井降压增注技术	王宏伟　王　萌
25	遗迹化石图集及油气勘探应用	张　友
26	石油化工装备管理	赵　斌
27	智能仪器设计基础	杨轶璐

续表

序号	书名	著译者
28	应用有机化学	黄艳仙
29	化学分析实验技术	高兰玲
30	市场营销学	余丽琼
31	石油加工手册（第 2 版）	Steven A Treese　P.E.
32	吐哈盆地及邻区重磁资料综合研究	张春灌
33	催化剂制备及应用技术（第二版）	朱洪法
34	跨国公司的全球化治理	王保军
35	环境保护与清洁生产	牟晓红
36	镁合金表面新型化学镀工艺	赵　惠
37	工厂选址与布局指南（第二版）	Center for Chemical Process Safe 孟亦飞　刘　义　酒江波
38	低渗透致密砂岩油藏差异富集规律及有利勘探区预测	张凤奇　武富礼
39	环境样品前处理与质量控制技术	李冠华
40	非线性系统切换控制引论	孙茜放
41	高分子材料与工程专业实验	史　博
42	常减压及焦化专家培训班大作业选集（第二期）	赵日峰
43	民用机场供油工程	邓志彬
44	炼化装置腐蚀检查与防护	杜晨阳　刘　畅
45	采油企业设备精益管理与实践	马立军　贾品元
46	解码万吨站	石杏茹
47	应用分析化学	康新平
48	缝洞型油藏开发知识管理方法与技术	张　允　任　爽
49	种子花开　雷锋式大学生成长手册	孔祥慧　刘明耀　张金平　黄志丹　赵晓东
50	高压高含硫气田维护保养技能操作标准化教程	陈东升
51	中国石油化工集团有限公司年鉴 .2021	《中国石油化工集团有限公司年鉴》编委会
52	油气长输管道大型穿越工程典型案例	詹胜文　胡　颖　张文伟
53	定边－樊学罗卯地区延安组、延长组油气成藏条件及工程地质研究	唐建云
54	多相流数值模拟及其在油气集输中的应用	翁　羽
55	油管（杆）修复工技能操作标准化培训教程	陈东升
56	石油化工设备维护检修技术（2022 版）	《石油化工设备维护检修技术》编委会
57	配电线路工技能操作标准化培训教程	陈东升
58	液化天然气接收站工艺与工程	孙丽丽　李凤奇
59	钻井液辞典	赵润琦　刘俊章
60	中国石化综合加能站形象标准手册（2021）	中国石化销售股份有限公司

续表

序号	书名	著译者
61	微型气相色谱技术	韩　菊
62	煤矿区煤层气开发利用全生命周期综合评价及发展战略	赵路正
63	石油化工设备维护检修规程 仪表（2019 版）	中国石油化工股份有限公司中国石油化工集团有限公司
64	电力调度及自动化岗技能操作标准化培训教程	陈东升
65	转出新路 创出新局——中国石化胜利油田“三转三创”案例集锦	韩　辉
66	中石化新疆新春石油开发有限责任公司志（1996—2021）	《中石化新疆新春石油开发有限责任公司志》编审委员会
67	油田生产现场常用设备故障及处理	孟向明　隋爱妮
68	致密碎屑岩油气藏测井评价技术	赵俊峰
69	油气输送管线天然气水合物抑制技术	董三宝
70	非常规气井管住可靠性设计及定量评估方法	樊　恒　杨尚谕　闫怡飞
71	鄂尔多斯盆地上古生界流体赋存特征及成藏机制	王晓梅
72	胜利油田基层党建实务手册	孔凡群　牛栓文
73	化工过程安全	田　震
74	轻烃装置操作岗技能操作标准化培训教程	陈东升　陈国才
75	计量仪表在线校准规范	中国石油化工股份有限公司化工事业部中国计量协会能源计控工作委员会
76	煤层水力压裂裂缝起裂扩展机理	李王伟
77	中国石油石化安全生产与应急管理行业发展蓝皮书（2021—2022）	中国应急管理学会中国石油集团安全环保技术研究院有限公司中国应急管理学会石油石化安全与应急工作委员会
78	威荣深层页岩气田富集机理与高效勘探技术	唐建明　熊　亮　魏力民
79	鄂尔多斯盆地奥陶系岩溶储集体特征及改造	李克智
80	废水处理原理与技术	李大鹏
81	油气管道地质灾害现场抢险技术	鲁小辉　李　军　李家宁　闫东东　张　苏
82	石油化工设备维护检修规程 化工设备（2019 版）	中国石油化工集团有限公司中国石油化工股份有限公司
83	环境基础化学	张干伟
84	氮杂环化合物合成及杀菌活性研究	李　阳
85	采油地质工技能操作标准化培训教程	陈东升
86	油田特车驾驶员技能操作标准化培训教程	陈东升
87	环境管理学	沈洪艳
88	延长油田低渗致密油藏压裂改造技术	展转盈　倪　军　王成俊
89	光催化分解水材料表界面调控与性能提升	闫俊青

续表

序号	书名	著译者
90	中国油气产业发展分析与展望报告蓝皮书（2021—2022）	王志刚　蒋庆哲　董秀成　高潮洪
91	石油化工储运管理	王玉亮
92	唯是创新　加油争气——中国石化华东油气分公司勘探开发研究院（1976—2020）	华东油气分公司勘探开发研究院
93	南方油气勘探实践二十年论文选集	中国石油化工股份有限公司勘探分公司
94	单片机原理及应用实验仿真案例教程	郭岩宝
95	炼油结构绿色低碳转型	凌逸群
96	油气藏开发智能完井技术及工业化应用	何祖清
97	低渗致密油藏表面活性剂驱油理论与技术	王成俊　倪　军
98	第八届长炼科技论坛优秀论文集	长炼科技论坛编委会
99	面向未来井筒工作液科技创新论文集	蒋官澄
100	油料保障推演与评估	熊　彪　王　帅　陆思锡
101	江汉油田年鉴 2020	《江汉油田年鉴》编纂委员会
102	中原油田年鉴 .2021	中原油田史志编纂委员会
103	催化裂化烟气脱硫除尘脱硝技术问答（第二版）	龚望欣
104	煤化工废水处理及废水资源化利用技术与工程案例	汪　炎
105	深层断溶体油藏建模数模一体化技术	康志江　李红凯　张冬丽
106	深层碳酸盐岩缝洞型油藏井间连通定量预测技术	张冬丽　康志江　刘坤岩
107	深层碳酸盐岩缝洞型油藏试井解释技术	张冬丽　康志江　尹洪军　邢翠巧
108	深层碳酸盐岩缝洞型油藏新一代数值模拟技术	康志江　张冬丽　张　允　赵艳艳
109	党建研究与创新实践	孙永壮
110	储运油料学（第 2 版）	熊　云　苏　鹏
111	沉积学	姜在兴
112	高分子与生活	陈金伟　吴丽旋　孔　萍　林嘉定
113	地震资料噪声压制技术	刘彦萍　聂鹏飞
114	油气生产信息化运维技术	陈东升
115	海洋石油装备概论	贾光政　李　睿
116	催化裂化技术进展与应用	赵日峰
117	材料科学软件应用	张骁勇　刘文婷　肖美霞　雒设计　赵文文
118	山东省沉积岩型观赏石	张修龙
119	高性能水泥固化高温冻土的机理及工程应用	孙杲辰
120	端面弧齿结构与强度	袁淑霞
121	逐梦	本书编写组
122	药用化学实验基础	王春燕　廖　红　明智强
123	GB 30871—2022《危险化学品企业特殊作业安全规范》应用问答	中国化学品安全协会
124	千万吨级炼化企业节能优化案例选编	孙　浩　陈　刚

续表

序号	书名	著译者
125	管道器材选用与工程应用	宋岢岢
126	自动控制原理（第二版）	朱玉华
127	中国石化销售企业综合加能站运营手册	中国石化销售股份有限公司
128	公共安全指引	中国国际石油化工联合有限责任公司
129	中国石化易捷便利店形象标准手册（2022）	中国石化销售股份有限公司
130	加氢裂化及渣油加氢技术进展与应用	赵日峰
131	渤海油田注水开发技术与管理	苏彦春
132	生物质炭的农田土壤环境效应	张玉虎
133	从理念到实务：成品油营销 30 讲	刘　林
134	药品生物检定	张　姣
135	矿井水资源化利用和零排放处理技术与工程案例	郭中权
136	油田管路安装与数字化应用技术	姜　平　任传柱　张士勇　刘可夫
137	城市公共安全评估：体系、方法、案例	陈国华
138	非常规储层压裂地质特征及增产技术	窦亮彬　高　辉　王治国
139	低渗轻质油油藏空气 / 空气泡沫调驱技术	秦国伟
140	油气田开发安全能力提升指南	王和琴
141	液化天然气操作工	薛文河
142	钻井井控	王少一
143	稠油集输与处理工艺技术	王玉江
144	工贸行业粉尘爆炸事故典型案例分析	彭知军
145	光纤超声波传感器及其成像应用	刚婷婷
146	运营期悬索桥纵向服役性能评估	李光玲
147	污水处理工艺及应用	蒋克彬
148	企业基层党建引领实践方略	李法军
149	液流电池与储能	徐　泉　牛迎春　王　屾　徐春明
150	海洋防污材料及其研究进展	赵文文
151	先进焊接方法	宋天民
152	石油钻井装备新技术及应用	李晓明　李联中　孟祥卿　乔建华
153	跨越的足迹——“十三五”石油和化工民营企业创新发展成果汇编	中国化工经济技术发展中心
154	采出气处理、仪控与数字化交付	刘中云
155	广州石化年鉴 .2021	《广州石化年鉴》编纂委员会
156	ISO 14001& ISO 45001 环境和职业健康安全管理体系建立与实施（第三版）	刘　宏　郑敏学
157	油田采出液处理技术与设备	田洋阳　田　雨
158	致密储层油水两相渗流试井分析方法	李蒙蒙

续表

序号	书名	著译者
159	智能完井井下控制技术	李　中
160	奋进十年	中国石化石油工程技术研究院
161	石油工业概论（第三版）	任晓娟
162	胜利油田年鉴.2021	《胜利油田年鉴》编纂委员会
163	河南油田年鉴.2021	河南石油勘探局年鉴编纂委员会
164	西北石油年鉴.2021	西北石油局有限公司　西北油田分公司
165	化工过程安全管理与实践	王浩水
166	石油石化企业管理现代化创新优秀成果选编（第二十九集）	中国石油企业协会
167	融合 转型 智变	王子宗
168	会计信息化实训教程	刘　杰　曹美娟　张凤文
169	成本会计	智　慧　张春平　沈福花
170	有机太阳能电池材料与器件	高欢欢
171	直缝管多丝埋弧焊焊接缺陷分析	王立柱
172	精密测量技术实训手册	党威武　李桂玲　张　涛
173	辅导员打造个人品牌 IP 实战指南	刘明耀
174	企业会计综合实训	刘洪斌　万　敬
175	顾心怿传	沈顺万　周洪成
176	新能源催化转化科学与技术概论	金　鑫　严文娟
177	圆极化电场虚拟电极效应消除心律失常的基础研究	冯　霞
178	油气储运技术论文集（第十八卷）	中国石油天然气管道工程有限公司
179	工程热力学基础（第二版）	战洪仁
180	化工生产标准化与法律法规	魏　刚
181	风电机组传动系统大数据智能运维	吕中亮
182	快变信号测量方法	吕方兴
183	ABS 树脂生产实践及应用（第二版）	索延辉
184	化学史话（第二版）	侯纯明
185	在线分析仪表	于秀丽
186	基于互穿网络聚合体堵剂的封堵技术	王增宝
187	锅炉传热性能计算方法进展及应用	吴　松
188	求解线性和非线性方程组的 Kaczmarz 类方法 Kaczmarz-Type Methods for Solving Linear and Nonlinear Equations	李维国　邢丽丽
189	承压设备局部焊后热处理	蒋文春　王金光　涂善东
190	2022 中国油气田与长输管道无人值守站建设技术交流会论文集	中国石油学会石油储运专业委员会
191	化工园区多米诺效应事故防控原理	陈国华
192	检维修 HSE 管理	吴基荣　崔吉宏　曹振涛　张建东　周家伟
193	油田结垢腐蚀因素调查与分析	马文庆

续表

序号	书名	著译者
194	光纤风险监控与应急管理：信号处理与智能分析	王　松　胡燕祝　宋　钢
195	隧道工程施工与安全管理	蒋　波
196	化工过程设计与集成（原书第二版）	王彧斐
197	勇立潮头	本书编写组
198	第 21 届五省（市、区）稠油开采技术研讨会论文集	本书编委会（石油学会）
199	地震勘探原理	刘淑芬
200	百舸争流 奋楫者先	中国石化全面深化改革领导小组办公室
201	准噶尔盆地南缘深层下组合物源－沉积体系演化及优质储层特征	高崇龙
202	企业科协工作手册	中国科协企业创新服务中心
203	胜利油田发展简史	本书编写组
204	本质安全油库建设	佟　伟
205	微波耦合滤波器及射频电路工程设计	王晨浩　师晓敏
206	成品油管道完整性管理技术与实践	王晓霖
207	特长距离高水压油气管道盾构隧道设计与施工	詹胜文　王学军　刘广仁　许维青
208	基于表面改性的氮化镓纳米材料	肖美霞　宋海洋　王　博
209	大学生职业生涯规划与发展	金志浩　王成家　孙晓静
210	企业财务管理与共享模式的内部控制研究	郑凌洁
211	国有企业基层党建实战思悟（修订版）	于　虎
212	精细化学品复配原理与技术（第二版）	贾长英
213	有机化学实验（Experimental Organic Chemistry）	潘世光
214	状态方程与 PVT 分析	董珍珍　李伟荣　俞宏伟
215	科技论文检索与写作	朱道义
216	电阻率成像测井技术	康正明　柯式镇
217	SiC 纤维增强钛基复合材料界面原子尺度研究	李　健
218	检维修质量控制	吴基荣　崔吉宏　曹振涛　张建东　周家伟
219	圆环形通道内高压及超临界水的传热特性	吴　刚
220	振动系统的逆谱问题	魏朝颖
221	海域天然气水合物勘探开发技术	王海波　梁金强　贺甲元　张　乐
222	2019–2020 年度石油工程建设工法汇编	李广远
223	华东石油工程公司年鉴 .2021	《华东石油工程公司年鉴》编纂委员会
224	中国消防协会学术工作委员会消防科技论文集（2022）	中国消防协会学术工作委员会中国人民警察大学防火工程学院
225	《思想道德与法治》案例集	王一喆
226	2021 年中国石油炼制科技大会论文集	中国石油学会石油炼制分会
227	压缩空气泡沫灭火技术及应用	杨　哲　徐　伟　郎需庆
228	碳达峰、碳中和 石化行业节能低碳新技术	本书编委会（双碳能源）

续表

序号	书名	著译者
229	深基坑施工技术与工程管理	邱茂顺
230	上海石化年鉴 .2022	《上海石化年鉴》编纂委员会
231	碳科学与技术：从能源到材料	申海平
232	南化年鉴 .2022	《南化年鉴》编纂委员会
233	星星之火 自发燎原	本书编委会
234	新时代中国石油工业	本书编写组
235	油气管道智能封堵机理及减振控制方法	赵　弘　吴婷婷
236	中国石化法律纠纷典型案例汇编（2022）	中国石化企改和法律部
237	聚合物回收利用：方法、表征和应用	李明丰
238	城镇燃气管道风险管理技术	王文想
239	空气泡沫驱的伤害与对策	李永飞　杨海龙
240	中国石油化工集团有限公司年鉴 .2022	《中国石油化工集团有限公司年鉴》编委会
241	页岩气田排水采气及优化决策技术	何祖清
242	“十四五”中国基建：国家重大基础设施发展思路研究	李连成　王杨堃
243	炼油生产过程能量系统优化手册	田　涛
244	修井作业复杂工程事故案例	张光华　王守才　刘孝强　唐　佳

经济出版社

【概况】 中国经济出版社有限公司（简称经济出版社）由原国家经济委员会创办于 1985 年 1 月，先后隶属国家计划委员会、国家经济贸易委员会、国务院国有资产监督管理委员会。2010 年完成转企改制，2013 年 1 月经财政部批准整体划转中国石化集团公司，2017 年 11 月改制为中国经济出版社有限公司。

截至 2022 年末，经济出版社有在岗员工 115 人，其中硕士研究生以上学历 41 人，本科学历 60 人；取得高级专业技术职称的 43 人、中级专业技术职称的 25 人。

经济出版社为中央一级出版社。30 多年始终坚持多出书、出好书，形成了以热点经济、经济管理、财政金融、人文社科和教育教材为主营方向的业务板块，在经济界和社会上赢得了良好声誉。经济出版社整体组织结构分为出版社主体和子公司两部分，其中出版社主体功能涵盖图书的出版、发行、批发、零售业务。经济出版社下属 4 家子公司：中国经济图书进出口有限公司，主营出版物进出口贸易、国际出版合作等业务；中经录音录像中心有限公司，主营音像制品的出版业务；中国经济书店有限公司，主营书刊、音像制品、文化用品等的销售业务；《国资报告》杂志社有限公司，由经济出版社与国资委新闻中心共同主办，出版《国资报告》杂志（月刊）。

经济出版社 2022 年重点图书目录见表 1。

（综合管理部）

【1 个项目被确定为 2022 年度国家出版基金资助项目】 根据国家出版基金规划管理办公室 2022 年 3 月 7 日发布的 2022 年度国家出版基金资助项目评审结果公告，经济出版社申报的《中国经济新发展阶段丛书》被确定为 2022 年度国家出版基金资助项目。

（总编室）

【2022 丝路书香工程】 根据国家新闻出版署 2022 年 8 月 26 日发布的丝路书香工程立项项目公示，经济出版社申报的《面向 21 世纪海上丝绸之路的中国与东盟海洋合作研究》（印尼语）、《新视野：共建“一带一路”高质量发展》（吉尔吉斯文）入选丝路书香工程。“丝路书香工程”是中国新闻出版业唯一进入“一带一路”倡议的重大项目。

（总编室）

【2022 国家新闻出版署“向港澳台地区出版发行中文繁体版图书”项目】 经济出版社申报的《新基建：数字经济重构经济增长新格局》（中文繁体版）入选国家新闻出版署“向港澳台地区出版发行中文繁体版图书”项目。

（总编室）

【2022 中国当代作品翻译工程】 经济出版社申报的《经山海》（格鲁吉亚文版）入选中国作家协会“中国当代作品翻译工程”。

（总编室）

【2022 版权商业输出及合作出版】 2022 年，出版公司实施“一国一策”等精准推荐策略，经济出版社与施普林格·自然等知名学术出版社合作出版《中国油气与新能源产业发展报告（2021）》（英文版）等图书 2 种，面向德国、新加坡、韩国、越南等多个国家和地区输出图书纸质版、电子版版权 9 种，为助力提升国际传播能力作出积极贡献。

（总编室）

【清华大学 2022 年“碳中和经济”论坛成功举办】 “创新驱动发展，科技引领未来”清华大学 2022 年“碳中和经济”论坛由经济出版社与清华大学经济与管理学院联合主办，中经录音录像中心承办。论坛邀请了国家能源局、国家发改委、核工业集团、三峡集团、清华大学、中国工业经济联合会、中国石油和化工联合会、中国财政科学研究院、隆基绿能、法国液化空气公司、天合光能、北京绿色交易所等有关国家部门领导、央企党组成员、新能源企业负责人、高校及研究机构专家学者，围绕“双碳”政策下国家政策引导、企业责任担当、学界科技创新等议题展开深入探讨。集团公司总经理、党组副书记赵东，与学界及业界代表一起，共同开启《对话碳索家》发布仪式。论坛通过光明网、今日头条等中央媒体和主流互联网平台进行直播，直播观看量累计 800 万余人次；新闻报道阅读量累计 300 万余人次。论坛的成功举办，有力推动了产学研政各界在“碳中和”经济领域的深度合作，为实现“双碳”目标贡献智慧和力量。

［中经录音录像（融合出版）中心］

【2022 年中国石化人才风采宣传片】 2022 年 7 月 28 日，中国石化召开人才工作会议，会上播放了由中经录音录像（融合出版）中心策划制作的《中国石化人才风采宣传片》，全片以中国石化人才工作为主线，全面展现了近年来人才队伍建设工作中取得的成就，突出中国石化的优秀人才队伍，展示各类人才的形象与风采，以此彰显在石油精神和石化传统的引导下，中国石化作为科技先导性企业，为各类人才搭建了重要的发展平台，以及在企业发展过程中和各种大战大考中，在建设具有强大战略支撑力、强大民生保障力、强大精神感召力的中国石化的过程中，各类人才做出的突出贡献。

［中经录音录像（融合出版）中心］

【中石化碳产业科技有限公司成立宣传片】 2022 年 9 月 22 日，中国首个碳全产业链科技公司——中石化碳产业科技股份有限公司成立。集团公司党组书记、董事长马永生，江苏省委副书记、省长许昆林出席揭牌暨合作协议签约仪式。仪式上，播放了由中经录音录像（融合出版）中心《科技引领“碳”索未来》宣传片，呈现了碳科公司以科技创新驱动、引领碳产业发展的职能定位，展示了中国石化打造具有全球影响力的碳产业公司，支撑中国石化引领中国 CCUS（二氧化碳捕集、利用与封存）产业链稳链固链，引领能源化工行业低碳转型，推动化石能源走向高效、清洁、低碳的决心。制作团队仅用 10 天时间高质量完成宣传片的制作，在揭牌仪式上，获与会领导和行业专家的一致好评。

［中经录音录像（融合出版）中心］

【第五届进博会中国石化专场主题论坛系列宣传片】 2022年11月4日，第五届中国国际进口博览会中国石化主题论坛暨中国石化交易分团签约仪式在上海举办。集团公司总经理、党组副书记赵东出席并作主旨演讲，股份公司高级副总裁刘宏斌主持。石化出版公司配合完成论坛承办，为中国石化保障全球能源安全，推动绿色发展助力。论坛播放了由中经录音录像（融合出版）中心策划制作的开场宣传片、中国石化交易分团签约启动片，中国首个开放式千万吨级CCUS项目签约仪式启动片。系列宣传片介绍了中国石化保障全球能源安全，面向世界，推动绿色发展的决心和成绩，提升了中国石化的品牌专业度，提高了论坛暨签约仪式的国内和国际影响力。

[中经录音录像（融合出版）中心]

【中国石化绿色低碳发展这十年宣传片】 2022年1月13日，《中国石油化工集团有限公司绿色低碳发展白皮书（2022）》正式发布，从战略理念、体制机制、大力发展清洁能源、资源节约利用等八个方面向社会各界集中展示中国石化的绿色低碳理念和实践。发布会现场播放了由中经录音录像（融合出版）中心策划制作的《中国石化绿色低碳发展这十年》宣传片。宣传片通过生动的画面与解说，展示出中国石化作为绿色低碳发展的引领者、生态环境保护的先行者、绿色科技创新推动者，致力于为改善人类生态环境、应对气候变化作出的贡献，十年来踔厉奋发、迎难而上，在绿色低碳发展方面取得的显著成效，走出了具有石化特色的绿色发展之路。以此次发布为新起点，与社会各界携手并进，共建美丽中国，共创绿色未来！

[中经录音录像（融合出版）中心]

表1 经济出版社2022年重点图书书目

序号	书名	著译者
1	中国与中东欧国家数字经济合作研究	邱　强
2	新形势下人民币国际化路径与策略研究	李　丹
3	创新研发投入结构与制造业转型升级研究	赵春哲
4	新时期煤炭地质勘查产业链布局与发展研究	中国煤炭工业协会煤炭地质分会
5	中国国际进口博览会主宾国贸易指数报告	刘永辉　周　昀　张建新
6	资本管理视角下央企混合所有制改革效应研究	代　飞
7	中国石化绿色低碳发展白皮书（2022）	中国石化集团能源管理与环境保护部
8	我国的农业面源污染治理与生态福利绩效提升	张彦博
9	“一带一路”背景下区域经济一体化进程研究	张　英
10	新时代文化软实力与社会治理格局——以内蒙古为例	郭　喜
11	奢侈品后市场	曹玉智
12	海南自由贸易港国际旅游消费蓝皮书	郭　强
13	股市心学	陈　伟
14	认知变现	耿　华
15	生态文明视阈下青海省产业转型升级研究	王建军
16	中国特色社会主义法治体系理论研究	石荣广
17	马克思主义国家结构理论中国化研究	石　婧
18	玩转数字营销	李纯青　谢　莹
19	中国少数民族地区扶贫进展报告（2020）	张丽君
20	2021保险蓝皮书：中国保险市场发展分析	寇业富

续表

序号	书名	著译者
21	“一带一路”沿线省域新能源产业化与传统能源高级化协同发展研究	焦　兵
22	企业数字化转型认知与实践	李剑峰
23	世界知名自贸港法律汇编	吴士存
24	中国文化传媒投资发展报告（2020—2021）	谭云明
25	中国对外文化贸易年度报告（2020）	向　勇
26	深圳健康产业发展报告 2020	深圳市健康产业发展促进会　深圳市保健协会
27	中央企业高质量发展报告 2021	国务院国资委研究中心
28	山东省工业和信息化发展研究（2021）	山东省工业和信息化研究院
29	“一带一路”背景下加强我国“走出去”企业税务管理问题研究	应　涛
30	中国清洁供热产业发展报告 2022	清洁供热产业委员会
31	普洱茶文化与“世界茶源”	黄桂枢
32	现代管理理论与方法创新论坛（2021）	李纯青　张文明
33	拼图经济学	蔡天娇
34	中国铁建年鉴 2021	《中国铁建年鉴》编委会
35	“十四五”时期能源发展思路及战略重点研究	王仲颖　白　泉
36	中国石油流通行业发展蓝皮书（2021—2022）	邸建凯　孙仁金　董秀成
37	新中国口岸开放与变革发展 70 年	朱　振
38	中国特色社会主义先行示范区生态环境管理市场机制研究	孙敬锋　刘　祥　曲　建
39	中国经济安全展望报告（2022）	刘　伟　苏　剑
40	成渝地区双城经济圈一体化发展研究报告(2020—2021年)	重庆市综合经济研究院
41	中国服务外包产业发展报告（2019—2020）	王晓红
42	企业财务共享服务标准应用指南	张少峰
43	海南国际旅游消费中心的建设路径研究	郭　强
44	IOD·创新引领 科技城市产业发展研究	鑫创科技
45	“双循环”新格局下关中地区装备制造业与科技融合发展研究	王满仓
46	基于马克思主义政治经济学视阈的当代资本主义改良理论与实践研究	石高宏
47	比较视阈下的马克思主义政治经济学研究	赵麦茹
48	新中国经贸投资开放与变革发展 70 年	张　沁　宁　宇　张少萱
49	中国信托业发展报告（2022）	清华大学法学院金融与法律研究中心
50	治理能力现代化	王　伟
51	国家战略科技力量：新型科研机构	樊建平
52	智能投顾	清华大学金融科技研究院
53	2021 中国进口发展报告	魏　浩

续表

序号	书名	著译者
54	中国西部大开发 20 年回顾研究	姚慧琴　徐璋勇
55	中国经济增长质量发展报告（2022）——数字经济赋能高质量发展	任保平
56	素描碳中和	张闻素
57	乡村振兴实施路径与实践	刘　祥
58	重庆绿色发展若干重大问题研究	重庆市综合经济研究院
59	工业涪陵研究	何侍昌
60	百年筑梦	全球华商人物志编辑委员会
61	中国特色国有企业管理	陈占夺
62	强政府与强社会	杨立华
63	改革开放再出发，智库发展新作用	樊　纲
64	国有企业经理人中长期激励理论与实务	付永刚
65	“一带一路”国家经济社会发展评价报告（2020）	胡　健
66	2021 年中国人本发展报告	李宝元
67	“十四五”时期中国经济发展新动力与宏观调控体系研究	朱之鑫
68	变局中的证券机构	清华大学金融科技研究院
69	智本论・宏观转向	智本社
70	智本论・滞胀时代	智本社
71	智本论・国家转型	智本社
72	智本论・国际秩序	智本社
73	中国对外直接投资的动因研究	张相伟
74	海洋经济高质量发展理论与实践	安　然
75	乡村振兴背景下农民财产性收入问题研究：以青海东部农业区为例	石鹏娟
76	专精特新企业融资实务	周　红
77	绿色发展视角下低碳经济理论与测度研究	蔡宏宇
78	丝绸之路经济带发展报告：2020—2021	马莉莉
79	国有企业红色文化研究	李秀梅
80	中国特色社会主义政治经济学创新发展研究报告（2020—2021）	何爱平
81	简明投资指南	滕　涛
82	中国金融改革发展论坛（四）	王满仓
83	2021 中国光伏发电行业发展报告	水电水利规划设计总院
84	2021 中国生物质发电行业发展报告	水电水利规划设计总院
85	2021 中国风电行业发展报告	水电水利规划设计总院
86	做一个有社会责任感的经济学人 ——耿明斋教授经济思想述评	耿明斋

续表

序号	书名	著译者
87	财务柔性价值、社会连带与企业财务行为研究	户　青
88	经济特区研究文献索引（第五辑）	陶一桃
89	"中国—中亚—西亚"经济走廊国际会展业与旅游产业互嵌融合发展研究	钟　鸣
90	踔厉奋发　谱写高质量发展新篇章——中建交通建设集团投资管理公司党建创新实践 30 例	中建交通建设集团临汾晋和路桥工程有限公司
91	我国地方政府隐性债务风险法律规制研究	刘　冰
92	中国上市公司年报文本信息披露特征、生成机制与经济后果	韩少真
93	国有装备制造业企业高质量发展评价	毛　强
94	中冰企业家风采录（中英双语版）	张守凤
95	2022 中国企业跨境并购年度报告	工业和信息化部国际经济技术合作中心 易界（DealGlobe）
96	丝路沿线区域消费环境指数评价	李佼瑞　于思琦　高　杰
97	小火与小冰	中国石油化工股份有限公司石油勘探开发研究院
98	坐着火箭看四季	北京航天长征科技信息研究所
99	中国石化法律合规风险管理报告	中国石化企改和法律部
100	青春奋进新征程	中国石化物资装备部（国际事业公司）团委
101	奋进	中国石油化工集团公司团委
102	新使命　新担当	马立军
103	数字共同体：通往共同富裕的社群行为经济学	朱幼平
104	资本市场操纵行为量化、监测与监管研究	姚　远
105	赢在售前——大项目供应链售前实战技巧	陈美燕　陈梅丽
106	我们的世界	中国（深圳）综合开发研究院
107	数字经济背景下传统文化版权开发策略研究	任丙超
108	全球证券交易所变迁：竞争与创新	清华大学五道口金融学院中国金融案例中心
109	企业上市之路：7 年内打造一家上市公司	李　勇
110	漠北胜利人	马立军
111	中国电建市政建设集团有限公司志（2007—2021）	《中国电建市政建设集团有限公司志》编纂委员会
112	回望与推进：后小康时代的乡村振兴	韩灵梅　高晓燕
113	强企之道	薛汉根
114	中国家庭教育年鉴（2010—2011）	赵东花
115	家业长青——大变局时代的企业与家庭发展之道	晟和研究院
116	中国"双一流"大学评价研究报告（2022）	冯用军　赵　雪
117	2022 年中国信托公司经营蓝皮书	清华大学法学院金融与法律研究中心
118	共生飘红：中国广告第一股成长密码	程东升
119	为美丽中国赋"能"	水电水利规划设计总院

续表

序号	书名	著译者
120	中国创意产业发展报告（2022）	张京成
121	大计算概论及应用	程　伟
122	中国家庭教育年鉴（2012）	赵东花
123	健康扶贫与人口发展	韦　艳
124	北京乡村振兴系列研究报告集（上）	龚　晶
125	北京乡村振兴系列研究报告集（下）	龚　晶
126	面向 2050：全球城市现代化战略	叶　青
127	中国国有资产监督管理年鉴 .2022	《中国国有资产监督管理年鉴》编委会
128	中国烟草年鉴 .2021	《中国烟草》杂志社有限公司
129	海南自由贸易港热带特色农业产业化发展模式探索	李世杰
130	进一步推进能源领域关键环节市场化改革	王仲颖　白　泉
131	黄河流域能源基地转型发展研究	张有生　苏　铭
132	2023 年重庆经济展望	重庆市综合经济研究院
133	河北省可再生能源发展报告 2021	水电水利规划设计总院
134	坚持和完善公有制为主体　多种所有制经济共同发展基本经济制度研究	洪功翔
135	中国城市服务业高质量发展指数报告（2021）	余泳泽
136	“一带一路”经贸合作研究	颜少君
137	马克思主义生产关系结构理论及其当代价值	张作云
138	迈向新征程的国有企业改革发展研究	中国社会科学院国有经济研究智库
139	数字游民时代	李明桦　檀　林
140	创见	张闻素
141	西方行政制度	古小华
142	基金风云录 2	沈　良
143	家庭理财十三课	马永谙
144	赢在门店	DEYOU 德佑
145	中央企业党建思想政治工作优秀研究成果文集（2021）	中央企业党建思想政治工作研究会
146	漫书保密——神秘人的神秘事（上）	北京航天长征科技信息研究所
147	三井帝国在暗战：揭开日本财团的美国博弈	白益民　乔梓效
148	价值投资实战手册 第二辑	唐　朝
149	图解股市陷阱	麻道明，又名邵道明
150	企业所得税政策与申报实务深度解析 2022	陈玉琢
151	理财师爸爸的财商启蒙课	陈伟发
152	智慧妈妈的两个孩子养育课	金盛浦子
153	整理师妈妈的亲子收纳课	小松易
154	学霸小孩养成课 3——助孩子提升学习力，实现成绩跨越式进步	帕提亚・玛瑞纳・哈默

续表

序号	书名	著译者
155	母爱第一课	山崎房一
156	高情商妈妈的温柔批评课	金盛浦子
157	好妈妈的正面管教课	金盛浦子
158	学霸小孩养成课 2	和田秀树
159	儿童创造力培养课	金景熙
160	对话式亲子阅读法	金晓英
161	老板财税决策实操指南	李　舟
162	数实融合	张晓燕
163	可转债长赢	陈益文
164	供应链履约力：如何做好客户联通、库存管理与物流履约	潘永刚
165	价值投资实战手册（第二辑）	唐　朝
166	自然界的灵之长	北京环保娃娃公益发展中心
167	豹在雪山之巅	北京环保娃娃公益发展中心
168	守护自然飞羽	生态环境部宣传教育中心
169	呵护水精灵	生态环境部宣传教育中心
170	财务自由笔记（小白理财实操版）	高敬镐
171	供应链管理高手之路	孔令华
172	简单投资（全新升级版）	陈立锋
173	左手德鲁克，右手稻盛和夫	朱明晓
174	数智力量	用友案例编委会
175	山东省县域工业经济发展报告	山东省工业和信息化研究院
176	企业数字化转型战略	胡兴民　杨芳莉
177	投资改变人生 第二辑	雪　球
178	用稻盛思想突破企业经营困境	李柏映
179	商业问道	李柏映
180	雪球基金第一课：明明白白买基金	雪　球
181	中国保险业可持续发展报告（2022）	陈　辉
182	地产营销力	杨　涛　范世兴
183	中国化妆品科研成果蓝皮书（2022 年）	中国日用化工协会　中国抗衰老促进会化妆品产业分会
184	应变：应对快速变革 100 法	Peter Shaw
185	思变：转换思维模式 100 法	西蒙・梅尔
186	平衡：领导与管理策略	Peter Shaw
187	国学日历 2023	北京善品乾坤图书有限公司
188	售馨 1	邓小华
189	售馨 2	邓小华

续表

序号	书名	著译者
190	数字人民币	陈耿宣　景　欣　李红黎
191	我的地球 我守护	石油 Link
192	中国石化 × 泡泡玛特加油站定制礼盒	小石头
193	税务稽查疑难 180 问	吴天如　陈晓黎
194	用新闻语言讲石化故事	陶建定
195	一年十倍的期货操盘策略（八）：期货量价实战分析	无　形
196	寻找百倍消费股	吕长顺
197	数字经济	周之文　周克足
198	劳动者之歌	中交集团工会联合会
199	数字化财务	鲍　凯
200	金融安全指数报告（国别版）	清华大学　金融科技研究院　金融安全研究中心　周道许　马天平
201	保险科技：框架与实践	陈　辉

集团公司党组党校（管理干部学院、网络学院）

【概况】 中国共产党中国石油化工集团有限公司党组党校（石油化工管理干部学院、中国石化网络学院）[简称集团公司党组党校（管理干部学院、网络学院）]，作为集团公司直属的教育培训单位，主要承担集团公司领导干部培训、高层次人才培训、网络培训、党建和企业管理研究的重任。管理干部学院于 1985 年筹建，1987 年正式成立。集团公司党校于 1998 年挂牌，为中央党校国资委分校石化办学点。2011 年，党校（学院）被评为国家级专业技术人员继续教育基地。2020 年党校更名为集团公司党组党校，集团公司党组副书记兼任校长，同年成立中国石化网络学院。

截至 2022 年底，集团公司党组党校（管理干部学院、网络学院）设 15 个部门，即管理培训部（党建培训部）、技术培训部、国际化经营培训部、网络培训部、教务部（外事办公室）、党校分校办公室、科研管理部（院研究中心、中石化人力资源研究中心）、党建研究所、品牌与文化研究所（管理案例研究室）、综合管理部（党群工作部、纪检监督部、党委宣传部）、人力资源部（党委组织部）、行政管理部、财务资产部、信息资源中心、后勤服务中心。同时，建立较为完备的专兼职教师队伍，聘任的客座教授和兼职教师包括集团公司党组领导，两院院士，高层管理人员和技术专家，国内外著名高校、教育培训和科研机构的专家学者等。占地 103 亩，建筑面积 5.31 万平方米，可同时容纳 700 余名学员在校学习。学习资源中心有党建、管理、技术、国际化等多种类别馆藏图书文献和相关电子期刊、论文库。网络学院平台采用“云集中 + 分布式”部署架构，具有岗位学习、培训管理、资源管理、学习专区等主要功能。另外，在朝阳区安翔北里（健翔桥）设有分校区，建筑面积 1.6 万平方米，可同时容纳 200 余名学员在校学习。

集团公司党组党校（管理干部学院、网络学院）紧紧围绕服务集团公司发展战略、服务于集团公司人才队伍建设的“两个服务”使命，主要承担以下业务：①高层经营管理及后备人才培训，重点培训总部职能部门和直属企事业单位的领导干部、中青年后备干部及部分中层干部；培训者培训，重点培训各直属企业的培训管理人员和培训机构的专兼职骨干教师。②高级专业技术人才培训，重点培训油气勘探开发、炼油化工、工程建设、科研、销售等领域的各类专家及青年骨干人才。③国际化经营人才培训，重点培训国际勘探开发、国际石油工程、国际炼化工程、国际贸易等领域的经营管理、专业技术人员和外籍员工。④网络培训。依托中国石化网络学院，为集团公司和各企业提供在线学习、岗位培训、分享交流、资源管理、培训管理等服务。⑤科研咨询。为学院和直属企业培训机构培训业务发展提供智力支持，为集团公司和直属企业经营管理提供咨询服务。

（姚晓宇）

【提供优质培训服务】 2022 年，集团公司党组党校（管理干部学院、网络学院）提供优质培训服务，开创在线培训新局面。举办培训班 224 个，其中在线培训班 208 个，培训近 80 万人天，培训达 6.8 万人次，分别是 2021 年的 1.6 倍、4.7 倍和 8 倍，是“十三五”期间年平均规模的 5 倍，培训质量效果稳步提升，服务支撑集团公司战略和干部人才队伍建设能力显著增强。“炼化企业高级技术管理人才实战培训项目”“海外项目经理培训项目”获国际人才协会 ATD2022 年卓越实践奖，“基于战略的创新型炼油工艺技术人才培训对策”获集团公司科技进步奖二等奖，“基于智库发挥的领军人才培训模式助力集团高质量发展”“构建选培用人才培养模式助力销售领域国际化业务高质量发展”获中国石化第 31 届管理现代化创新成果二等奖，“领军专家系列培训项目”入选培训杂志“品牌学习项目建设工程”，“慕课 + 商务英语沟通能力提升系列项目”“创新工作坊助力培训创造价值”“催化人生　恩泽百姓”分别获培训杂志品牌学习项目、人才发展卓越实践案例、精品培训课程奖。

（姚晓宇）

【管理与党建类培训】 2022 年，集团公司党组党校（管理干部学院、网络学院）牢固树立校企融合理念，精准对接培训需求，组织实施中青年干部培训一二三班、新任领导人员培训班、领导人员哲学思维和战略谋划培训班等重点项目，对企业高级管理人员战略思维能力、专业管理能力和管理效能的提高发挥积极作用，为集团公司发展战略和人才强企战略提供支撑。

（姚晓宇）

【技术类培训】 2022 年，集团公司党组党校（管理干部学院、网络学院）牢记习近平总书记“能源饭碗必须端在自己手里”重要嘱托，聚焦石油石化产业核心价值链，做精做优各类技术培训项目。对战略科学家、科研团队带头人、氢能战略预备队及新材料战略预备队等重点人群开展精准化的培训开发与实施。推出油田板块重大科技攻关成果集成推广系列培训班，打通重大科技成果转化“最后一公里”。成功推出卓越工程师塑造等能力提升系列项目，助力打造中国石化卓越工程师队伍。根据集团安全生产形势和要求，开发实施以炼油工艺员岗位任职资格培训班为代表的“三大员”任职资格等安全培训，得到总部部门和企业的充分肯定。

（姚晓宇）

【国际化经营类培训】 2022 年，集团公司党组党校（管理干部学院、网络学院）紧贴远航人才方阵建设要求，坚持整建制、系统性开发思路，组织实施国际化领军人才、骨干人才、储备人才的分层分领域培训。举办海外项目经理能力提升培训班、国际财务高级经理培训班等项目，不断探索国际化领军人才向专业领域高端延伸。加强国际化骨干人才综合素质能力提升和经验萃取，促进国际化业务高质量开展。分 5 个业务领域举办国际化经营战略预备队培训班，通过 2 年 3 个阶段，采取逐级选拔、梯次进阶培养模式，形成国际化储备人才池。充分应用“AI+”模式，针对领导人员、中层干部、骨干人才三个层级举办英语能力强化在线学习班。首次采用“线上 + 线下”方式为 8000 多名考生举办专业外语考试，保证全系统职称评审工作正常开展。

（姚晓宇）

【网络培训】 2022 年，集团公司党组党校（管理干部学院、网络学院）主动把握数字化发展新契机，直面疫情发展和综合楼改造带来的挑战，面向全系统举办 208 个在线培训项目，形成在线培训新局面。举办数字化转型实战训练营，推动全体员工数字化观念、素养和技能的持续提升，深入探索在线培训规律，应用人工智能、大数据等技术，实现培训在线多种场景、多种模式方式，为促进学习和工作融合，随时随地赋能组织和个人发展提供新路径。推进全流程在线质量管理，制定项目开发与实施、课件制作、收费等管理相关制度文件，为在线项目科学有序规范化运行提供指引。持续优化在线平台功能，搭建支撑直播、录播、实时互动、全流程管理的学习平台和管理平台。网络学院成为培训关键枢纽，充分发挥“覆盖广、资源多、见效快”的优势，为各类培训提供有力支持，引导员工加强自主学习、精准学习，依托学习地图形成在线学练考评闭环，为岗位培训和练兵开辟循环赋能新阵地，学习专区成为面向全员推动政策制度宣贯和业务交流的便捷快车。全年在线应用总量达 6000 万学时，再创历史新高。

（姚晓宇）

【智库咨询作用发挥取得新成效，开创科研工作新局面】 2022 年，集团公司党组党校（管理干部学院、网络学院）加大研究力量投入，研究任务量创新高。推进 19 个集团公司课题研究，完成《落实人才强企战略，深化管理人员培训体系建设》等 4 项课题，获批《中国石化品牌增值战略研究》等 8 个课题，申报 2023 年立项《培训服务集团公司战略解码与实施研究》等 8 个课题。同期集团公司级在研项目、结题项目、申报项目数量再创历史新高，科研经费额比 2021 年翻一番。提高研究站位，完成国务院国资委、集团公司职能部门等委托的《建立完善党的领导和公司治理有机统一的‘六个机制’研究》等 5 项课题。立足教育培训工作实际，完成《国有企业领导干部领导力要素研究》等校（院）级课题 10 项，《国际工程项目管理系列案例》等案例 6 项。

成果质量持续提升，转化效果明显。在新时代石油精神和石化传统的基本内涵与发展脉络、管理人员素质能力模型与培训体系构建、专业技术人员发展模式构建与实施等方面形成创新性、特色化的研究成果，转化为培训项目和培训课程。中央企业董事会监督作用研究成果为国务院国资委指导中央企业强化董事会监督作用、完善公司治理机制提供重要参考。中央企业国际传播策略研究成果对推动央企传播工作提档升级、提升国际传播质量效能提供借鉴，获央企党建政研会优秀成果一等奖。国有企业转型发展的运行机制研究成果在中央企业党校智库课题评审中获一等奖。另外，在人才素质能力、培训方式方法等方面形成一系列自主性研究成果，为培训创新提供理论和方法依据。

强化智库能力建设，发挥参谋智囊作用显著。党建研究所参加科研单位和炼化企业的党建专项调研，参与起草集团公司党组《科研单位党建工作与科技创新深度融合的若干意见》及对文件的宣讲解读，开展党建案例库建设。加强《学报》策划，彰显专业研究优势。品牌与文化研究所启动“建设三个强大中国石化”课题，起草中国石化品牌引领行动方案，推进中国石化品牌价值排名研究，强化智库能力建设。

影响力持续提升，服务范围持续扩大。承接国务院国资委，国企党建专委会，央企党建政研会，中央企业党校智库，集团公司科技部、党群工作部、党组宣传部、炼油事业部等委托的多项党建、企业管理与教育培训类科研项目，形成项目来源多渠道、研究专业多领域、服务支撑多部门的科研工作新局面，为今后科研工作再上新台阶奠定坚实基础。

（姚晓宇）

【聚焦打造精品项目，高质量推进校园软硬件建设】 2022 年，集团公司党组党校（管理干部学院、网络学院）综合楼等楼宇改造项目按计划推进，主体工程如期完工。按照总经理赵东的批示要求，确立在确保安全和疫情防控前提下实现“精品工程、按期完成”的总目标，按照“专业化、规范化、精准化、体系化”要求，统筹安全、质量、进度、费用、招投标等管理，加强管理制度和监管运行机制的建设，各参建方共梳理管理制度 34 项、监理细则 15 项、施工方案 41 项。完善日晨会、周例会、月领导小组会议及专题研讨会议等项目管理例会机制。召开 100 余次专家论证会，持续优化设计方案，将“朴素里面见精致，实用里面有科技”的理念贯彻始终，提升外立面、大堂和综合楼报告厅等公共区域设计品质，着力解决供水忽冷忽热、房间隔音效果差、浴室空间结构不合理、高峰期电梯容量不足等困扰多年的顽疾，切实提升住宿体验。制定安全管理硬措施和运行机制，实践安全风险管理“5+1”模式和质量管理“N+3”模式，为工程项目安稳运行保驾护航。健全组织架构，建立临时党支部，抽调20余人成立大监督组、现场安全质量督察队，进行全员、全区域、全专业、全过程的网格化管理。达到建好一座楼宇、打造一个管理体系、培养一支队伍的目的。

以“数据＋平台＋应用”模式，推进石化e学、智慧学院两个数字化平台建设。智慧学院正式运行，石化e学持续迭代更新，在线直播、在线报名、在线结算等新功能顺利上线，平台资源、部署架构进一步优化，面向培训全业务链的管理闭环逐渐形成，数字化培训支撑与保障能力不断提升，数字化平台融合持续深化，中国石化培训“一张网”优势显现。

（姚晓宇）

【深化改革创新，管理和服务保障能力逐步提升】 2022年，集团公司党组党校（管理干部学院、网络学院）全面开展“三基”建设，把基层建设、基础工作和基本功训练具体深化为“三定”“三会一课”“三程”和“三练”具体措施。扎实开展“三定”，启动部门职能梳理工作，成立工作小组，广泛征求机构职能精简优化意见，形成建议方案。以制度建设为抓手，深化完善业务流程、操作规程、监管规程，在此基础上强化“三练”，紧抓基本功训练，以支部、部门、分工会、团支部等为载体持续推进个人自觉练、部门搭台练、校院统筹练，弥补能力缺项，促进全体教职工能力水平跃升。始终将安全放在首位，深入开展“要素到岗、责任到人”工作，逐人制定并手抄岗位责任，装裱立证定期对照检查，严格落实各项安全防范措施。密切关注疫情形势变化，及时更新《疫情防控应急预案》，对施工现场实行闭环运行，妥善处理应急疫情情况。开展制度诊断和建设，搭建制度体系框架，通过新建、废止、修订等方式，将原有126项制度扩充至148项，实现“瘦身”与“增肌”双达标。着力提升招投标、合同管理、审计等规范化水平，扎实做好内部风险防控。强化预算牵引，努力增收节支，实现盈亏平衡的经营目标。持续优化外包服务管理，后勤服务保障工作更加标准化规范化，切实促进提升外包服务质量。

（姚晓宇）

【大抓支部建设，以高质量党建引领保障高质量发展】 2022年，集团公司党组党校（管理干部学院、网络学院）认真落实“三会一课”制度，围绕中心工作和重点任务开展组织生活，战斗堡垒作用更加突出。完善党群工作月度例会制度，督导推动党建重点工作任务完成。按照“六有”标准，建立示范支部。系统梳理党支部设置，对管理培训、教务科研等4个联合党支部成立9个党小组，加大经验交流推广力度。加强党员党性教育，组织党支部定期开展辅导讲座与研讨交流，推动党的创新理论全覆盖、贯到底。按季度开展“五比五创”红旗党支部和先锋岗评比工作，促进支部工作全面进步、全面过硬。宣传思想文化工作始终坚持贯彻落实党校姓党原则，强化意识形态领域引导和管理。成立统战工作领导小组，制定统战联谊分配清单，把党外代表人士纳入干部人才培养使用体系。开展“当好主人翁、建功新时代、岗位创一流”主题劳动竞赛，印发《青年精神素养提升工程实施方案》，做好庆祝建团100周年各阶段工作。涉及员工切身利益的重要事项均广泛听取意见建议，民主管理氛围日益浓厚。完成不同时期特殊敏感节点维稳保障政治任务，维护和谐稳定大局。

（姚晓宇）

工程质量监督总站（工程质量监测公司、招标公司）

【概况】 石油化工工程质量监督总站（简称工程质量监督总站）、中石化工程质量监测有限公司

（简称工程质量监测公司）和中国石化集团招标有限公司招标公司（简称招标公司）位于北京市朝阳区北苑路86号，按照“一个党委、一体化管理，三个机构法人单设、业务独立运行”的运营模式，为集团公司工程建设项目和重点大修改造项目提供工程质量监督、工程质量监测、特种设备检验、工程采购服务等工程质量监管和技术、咨询服务。

工程质量监督总站于1987年批准成立，在中央编办注册为事业单位法人，1991年国家建设部颁发《建设工程质量监督站证书》，2010年国家发展和改革委员会在《关于印发〈石油石化建设工程质量监督工作规程〉的通知》中，明确“总站作为受国家发改委委托机构，依法对石油石化专业建设工程质量进行监督”。主要从事工程质量监督、压力管道施工监督检验和工程质量管理等业务。注册资金6000万元，资产总额8.03亿元，下设华南、天津等11个区域监督站。

工程质量监测公司原名中石化工程质量监测中心，于2001年由国家工商行政管理总局核定注册批准成立，2017年更名为中石化工程质量监测有限公司。主要从事工程建设项目的质量监测、无损检测监管和特种设备定期检验业务，按照国家市场监管部门要求开展压力管道设计、安装许可资质评审和压力容器设计单位许可资质评审。注册资金6000万元，资产总额3.5亿元，下设北京、南京等11个分公司和中石化工程造价有限公司、胜利金梧桐经贸有限公司2个子公司。其中，造价公司（定额站）前身为化工部合同预算技术中心站，主要从事炼化工程定额管理、造价咨询服务及竣工决算审计工作。胜利金梧桐经贸有限公司于2020年5月由百川公司划转，主要从事工程技术服务、人力资源服务、后勤保障服务等工作。

招标公司于2003年6月经集团公司批准成立，持有国家发展和改革委员会“中央投资项目招标代理机构”及住房和城乡建设部的“工程招标代理机构”两项甲级资质。于2021年6月通过QHSE三体系认证。主要从事招标代理、电子招投标交易平台管理、交易中心管理等业务。注册资金5000万元，资产总额2.5亿元，下设北京、南京等4家分公司。

（马　宁）

【三位一体守护工程生命线】 2022年，工程质量监督总站深入贯彻质量强国发展战略，落实集团公司质量工作与工程建设安排部署，在监工程项目共计1097个，其中重点项目36个。对集团公司重点项目，组织综合性质量检查188次，专项质量检查216次，累计发现各类质量问题9310项。针对涉及海南炼化乙烯、镇海炼化乙烯等5个项目存在的突出问题开展约谈15次，持续跟踪推进各类质量问题的整改。受理压力管道监检申报项目171个，累计长度3400千米。重点工程项目焊接一次合格率按焊口计为96.4%，按底片计为98.6%，停监点验收一次合格率99.7%，分别上涨0.7个、0.8个和0.02个百分点，项目质量监管效果显著，高质量保证胜利油田迁建、海南炼化乙烯项目等2座油气田地面工程、18套炼化装置和1套油气储运设施中交投产，全面实现集团公司年度质量控制目标。

工程质量监测公司牢牢把握捍卫实体质量安全线宗旨使命，在海南炼化、中安联合等4个大修项目开展特种设备定检，完成压力容器检验2095余台，压力管道6266条，发现重大缺陷85项，保障装置“安稳长满优”运行。在巴陵石化己内酰胺等9个项目开展质量监测，完成光谱抽检72.5万点，发现问题625个，射线抽检9.8万张，发现问题516个，底片复审78.6万张，发现问题459个，AUT和PAUT图谱复评9.2万张，发现问题770个，有力捍卫建设项目实体质量安全。

招标公司按照集团公司强化工程采购管理的要求，全力做好工程采购服务保障。2022年完成采购代理项目1849个标段，其中招标项目1620个标段、非招标项目229个标段；累计中标金额744.71亿元，其中招标项目733.37亿元、非招标项目11.34亿元，标段数和成交金额增长13.30%和67.41%，依法合规率100%，采购文件质量投诉为零，为工程建设把好关键关口。

（马　宁）

【深化改革】 2020年12月，为加快推进招标公司管办分离，招标公司本部机构及人员调整到总站。为适应新的治理结构，总站、公司本部进行新一轮调整，由原来的7个部门增加到10个部门。2022 年 8 月，招标公司开始内部改革，由“本部 + 分部”模式调整为“本部 + 分公司”模式，逐步取消招标分部，成立 4 家分公司。人员招聘工作基本结束。深化改革三年行动顺利收官，按照资本金融和支持板块深化改革管理提升工作要求，持续推进深化改革管理提升工作，制定的 235 项措施 100% 按时完成。组织自评完善，推动落地见效。深入推进对标提升行动。组织开展第二阶段工作，完成 103 项提升措施。对标标杆单位，选树内部标杆单位，“比学赶超”、力争一流。大兵团作战模式初具雏形。集中力量办大事，项目部统筹区域资源，保障重点项目实施。明确项目部产值核算、分配原则，保障项目部机制运行通畅。编制完善项目部上岗协议，“一人一表”绩效考核，项目部运行效能显著提升。激励约束效果持续彰显。推进“三能”机制建设，深化内部分配制度改革，完善考核指标体系，考核挂钩比例从 66% 调整到 100%。推动任期制和契约化管理工作持续深入，进一步激发干部队伍工作热情。

（马　宁）

【干部人才队伍实现新突破】 2022 年，坚持把人力资源作为第一资源，不断加强干部人才队伍建设。员工队伍发展至 461 人。其中，大学本科及以上学历 383 人，占比 83%；中级及以上职称 372 人，其中正高级 7 人、高级 185 人；持一级、二级监督工程师证 229 人；特种设备高级检验师 1 人，检验师 62 人，检验员 96 人。

（马　宁）

2022 年 3 月 1 日，移动检测实验室在天津南港乙烯项目部落成开仓

【科技创新取得成果】 2022 年，坚持“四个面向”，在零起步的情况下加快科技创新步伐。依托北京站组建技术中心，成立 2 个专家工作室，搭建科技创新体系。承担总部、单位级科研项目 26 项，涉及科研经费 6000 余万元，有专利数 22 件，“质量眼”、移动实验室等科研成果，数字射线、低频导波、脉冲涡流等新技术投入现场应用，有力提升质量管控能力，科技创新取得初步成果。

（马　宁）

【提升信息化、智能化水平】 2022 年，聚焦主营业务，坚持“两化”融合，逐步构建信息化、智能化体系。在全国建设 1 个智能中心和 9 个分中心，建成覆盖全部重点项目的可视化平台，通过高清视频、无人机、违章行为智能识别等方式实现远程监督、智能监督和工程形象进度的可视化，远程开展工程质量监督的调度指挥和技术支持。在天津南港、镇海基地建立阀门检试验系统，通过“二维码”定义阀门唯一身份，实现阀门出厂、检验、试压、安装等各环节的跟踪控制。在天津南港乙烯、镇海基地二期项目应用质量见证取样、桩基智能监测、混凝土温度监测等智能监督工具，提升监管效能。组织开展招标平台三期项目建设，加快系统应用。

（马　宁）

【综合实力实现新突破】 2022 年，坚持把资质增项作为提高竞争力的重要途径，以资质升级牵引实力提升。通过国家市场监管总局无损检测 A 级资质评审，取得安全阀校验资质（宁波监测分公司）增项核准，完成综合检验机构（定期检验）、压力管道监检资质换证工作。工程质量监测公司获国家高新技术企业和检验检测机构 CMA 资质认定，市场竞争力持续提升。招标公司获中国招标投标协会评定的 2022 年 AAA 级企业信用最高等级证书，综合实力得到权威认证。

（马　宁）

【强化党建引领】 2022 年总站、公司坚持以迎接、学习宣传贯彻党的二十大精神为主线，围绕重点项目加强党建工作，服务保障有力。认真落实“第一议题”制度，学习领会习近平总书记视察胜利油田重要指示精神，细分专题，组织党委中心组学习以及全体党员学习。组织开展“质量强国”大家谈、答题竞赛等系列活动，教育引导干部员工深刻领悟“两个确立”的决定性意义，做到“两个维护”。加强党风廉政建设。加强政治监督，督导落实“第一议题”制度，落实党委加强对“一把手”和领导班子监督任务清单，组织推动职能部门结合“重点监管事项”落实监管职责。深化落实中央八项规定精神及党组实施细则，聚焦领导人员履职待遇、业务支出开展自查自纠，建立“廉洁朋友圈”。狠抓执纪问责，运用“第一种形态”，采取诫勉谈话、提醒谈话、问题通报等方式，持续加大问责力度。认真组织党组巡视整改。制定“三个清单”，通过整改督办、审核销账，上下联动、一体推进整改。巡视整改反馈的 13 个问题、96 条措施及 11 个立行立改问题全部完成整改，追责问责 11 人、挽回经济损失 2.24 万元。强化基层党建。坚持融入“三基”，编制“三基本”手册，完成 2 个支部换届、1 个支部调整，在岗半年以上的支部书记持证率 100%。组织本部部门与区域机构结对子，与业务联系单位开展党建共建。动态管理驻外党员和外聘党员，确保党员教育全覆盖。强化党的基层建设。坚持大抓基层，充分发挥党支部战斗堡垒作用，加强“三基本”建设，完成“三基本”手册初稿编制工作，推动基层组织能力提升，积极构建基层党建工作新格局。加强宣传文化建设。以总站成立 35 周年为契机，传承石油石化传统，组织“讲好总站故事 弘扬优良传统”主题活动，举办书画摄影展，开展员工思想动态调研。构建总站、公司核心价值理念体系，制作企业文化手册，拍摄企业形象宣传片，建设企业文化展厅。利用融媒体平台，多方位、全角度加大新闻宣传力度，开展走基层宣传报道，“向低老坏亮剑”短视频首次在央视频报道。深化群团统战工作。完善大统战工作格局，坚持党建带群建，成立“吉章红建言献策工作站”，开展“奋战一百天、贯彻二十大”劳动竞赛，实施青年素养提升工程。完成特殊时期维稳保障任务，企业总体稳定。

（马　宁）

2022 年 8 月 19 日，中部项目部举办制式服装换装暨“奋战一百天、喜迎二十大”主题劳动竞赛启动仪式（甘俊杰　摄）

人 物

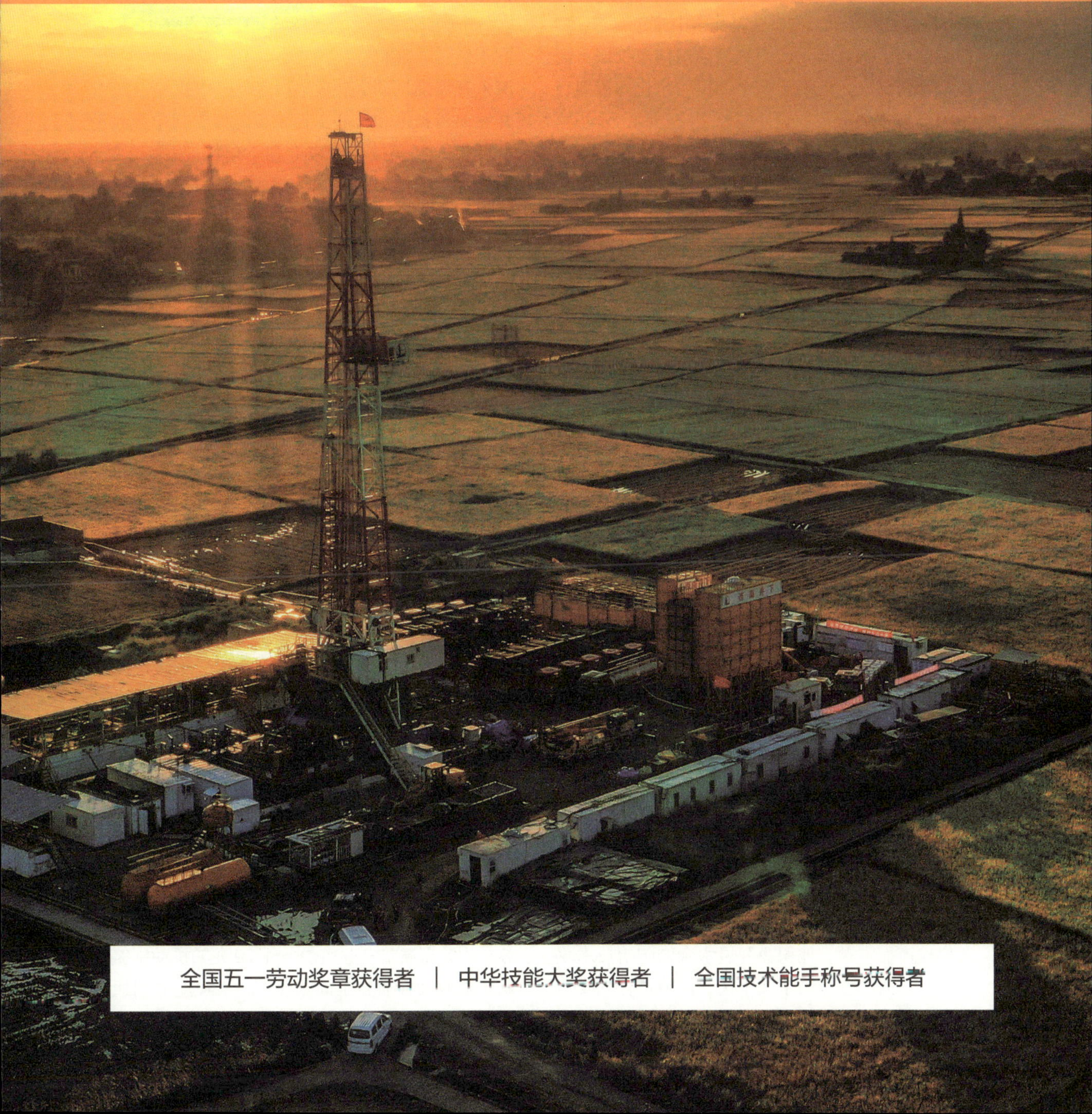

全国五一劳动奖章获得者 | 中华技能大奖获得者 | 全国技术能手称号获得者

全国五一劳动奖章获得者

【王海洋】 男，1989 年 12 月出生，中共党员，中原油田分公司信息化管理中心主任师，先后获全国青年岗位能手、全国技术能手、河南省技术能手、中国石化技术能手等称号和河南省五一劳动奖章。作为新一代石油人，王海洋坚定“我为祖国献石油”的信念，将满腔热情倾注于石油事业。大学毕业及工作期间，他多次放弃外企及多家 IT 企业的高薪工作机会，扎根中原，无怨无悔地奉献自己的青春。作为中原油田信息领域科研和技术带头人，他在十余个油田信息化建设项目中担任技术负责人，长期驻外坚守一线，舍小家顾大家，不计个人得失，攻克一个又一个技术难题。他主动发挥自身专业优势，带领团队攻关新一代信息技术在传统能源行业的创新应用，着力推进科研成果更好转化成为现实生产力。作为技术骨干参加中国石化智能油气田云平台设计，打造了国家工信部普光高含硫气田智能化试点示范工程；实现现场视频监控的 AI 生产合规识别，有效提升油田生产安全管控水平。2020 年 1 月，他组建了中原油田第一个油气田人工智能实验室，先后在人工智能助力油田勘探开发、复杂地质构造条件下储层物性 AI 判定、地震数据的卷积神经网络智能去噪等方面取得重要成果。团队承担的科研项目获中原油田科技进步奖 3 项、创新创效成果奖 3 项，申报国家发明专利 1 件，团队的技术能力和业务技能显著提高。

（谢梓峰）

【刘乔平】 男，1974 年 10 月出生，中共党员，中石化重庆涪陵页岩气勘探开发有限公司油田专家。涪陵页岩气前期开发过程中，刘乔平组织涪陵页岩气地面集输工程撬装化设备研究工作，研制页岩气井地面集输撬装化、模块化集输设备，使地面集输场站建设周期缩短 15 天以上，节约投资数千万元，项目获中国机械工业联合会二等奖。针对页岩气井初期井口压力高，易形成水合物堵塞集输流程难题，他积极开展水合物防治技术攻关，有效消除水合物堵塞干扰，保障页岩气安全高效集输。为科学客观评价页岩气井产能，他组织涪陵焦石坝区块页岩气产能评价方法研究，针对不同气井特征制定产能评价体系，助力涪陵页岩气高效开发。面对页岩气田中后期低压气井积液问题，他积极开展排水采气工艺技术攻关，形成撬装化低噪声增压开采、高效气举技术，物理消泡技术，智能柱塞举升技术等页岩气特有的排水采气技术，2021 年实现年增产页岩气 12 亿立方米以上，项目获中国石化科技进步二等奖。他深入开展理论研究和发明创造工作，围绕页岩气开发前沿技术和核心工艺积极开展专利申报和论文发表，共获授权国家专利 12 件，发表论文 5 篇，并带出徒弟 9 名，全部成为页岩气采气工艺技术骨干，多人获闵恩泽青年科技人才称号、获重庆市五一劳动奖章等。

（谢梓峰）

【何　龙】 男，1980 年 5 月出生，中共党员，西北油田分公司高级专家。自 2009 年工作以来，何龙主持 1 项国家级项目、4 项集团公司级项目、20 余项分公司级项目，攻关成果获授权发明专利 21 件，先后获省部级技术奖励 14 项，现场应用创效 27 亿元。针对塔里木盆地缝洞型油藏出水影响 120 万吨 / 年产量的现场问题，他立足缝洞尺度大、重力主导、密度分异强的特点，发明固化密度介于原油和地层水之间，低成本、高强度的新型堵剂，实现缝洞体内密度选择性堵水，攻克从微米级尺度孔隙裂缝堵水到毫米—米级尺度缝洞通道堵水的国际难题，获新疆维吾尔自治区科技进步一等奖。他针对塔里木盆地碎屑岩超深水平井出水治理难题，研发耐温抗盐速溶聚合物及绿色环保高效酚醛预聚体交联剂，开发低成本选择性堵剂系列，与前期相比，有效率增加 10%，单井成本从 60 万元降低到 16 万元，对国内外深层油田控水稳油具有重要示范意义。他针对塔里木盆地缝洞型油藏水驱后大幅度提高采收率难题，参与攻关高温差 - 强风沙条件 70 兆帕机动制氮注氮、强腐蚀介质安全高效注入、大尺度缝洞通道泡沫防窜等难题，现场实施 1332 井次高压注气，增油 261 万吨，新增利润 22.31 亿元。

（谢梓峰）

【刘东章】 男，1974 年 11 月出生，中共党员，胜利石油工程公司海洋钻井公司装备管理监造中心高级技师，先后获全国技术能手、山东省创新能手、中国石化名匠等称号和山东省五一劳动奖章，享受国务院政府特殊津贴。从事海上钻井 29 年来，刘东章坚定“我为祖国献石油”信念，从一名柴油机工成长为全国石油石化行业高技能领军人才。先后完成柴油机进气道关闭装置设计、CAT3500 柴油国产空滤技术改进、海水淡化装置技术改进等发明设计与技术改造 121 项，提出并解决现场装备技术难题 600 余项，获授权国家专利 76 件，发表论文 20 多篇，40 多项成果在集团公司推广应用，累计增效 7000 余万元。他跟随十号平台先后转战国内外海上 8 个油田，在波斯湾与平台相伴 7 年里，不管是 10 级风还是滔天的浪，都保证了平台有充足的动力渡过一个又一个险境；与英国、伊朗、委内瑞拉和亚美尼亚 4 国 5 位船长紧密配合，安全顺利完成 18 次平台拖航移位作业，接来送往船舶、直升机、外方人员 8000 余次，指挥吊装货物数万吨。他积极发挥“刘东章工作室”领衔人作用，带领工作室成员研制的“铁钻工旋扣器”“分流器替代装置”等实现进口设备易损部件的国产化替代，打破国外技术封锁和“卡脖子”瓶颈，在打造“一带一路”中国石化新锚点上彰显着大国工匠力量。

（谢梓峰）

【王　勇】 男，1979 年 12 月出生，中共党员，天津分公司炼油部联合三车间值班长，先后获天津市五一劳动奖章和中国石化技术能手等称号。王勇长期扎根一线，从一名普通操作工成长为同事公认的“装置通”“流程王”，连续 10 年获集团公司同类装置技术比武第一名。他撰写的《降低脱丁烷塔压力波动幅度》《提高重石硫及航煤银片腐蚀合格率》分别获中国石化 QC 成果一等奖和天津市优秀成果奖。他创新班组管理，在班组制度建设上，紧密围绕安全环保、生产优化、节能降耗、设备维护等环节，修订完善“岗位责任交接”“班组重要设备检查”等 10 项制度，做到制度细化进岗、责任落实到人。在班组创新实践上，他发动全员创新开展“安全标准照镜子”活动，并录制“标准化交接班视频”，进一步提升班组员工标准化、规范化意识。在现场装置管控上，他根据车间装置多、巡检线路长的特点，积极推行“常规 + 定向 + 随机”“三位一体”的“立体交叉式巡检”，确保装置安全平稳运行。多年来，他带领班组查找处置安全隐患 423 项，实施优秀操作法、合理化建议 69 项，所在班组连续 13 年未发生安全生产事故。他充分发挥党员先锋模范作用，全力做好能源保供工作，2021 年带领班组成员圆满完成 7000 吨建党 100 周年庆祝活动军用航油保障任务。为保证北京冬奥会氢燃料车辆用氢需求，他带领班组团队克服疫情影响，连续奋战 12 天，圆满完成燃料电池氢装置开工和充装任务，99.999% 高纯度氢气按时发往北京和张家口赛区，为绿色冬奥提供可靠“氢”洁能源。

（谢梓峰）

【郭建波】 男，1971 年 5 月出生，中共党员，洛阳分公司炼油二部首席技师，先后获河南省五一劳动奖章和中国石化技术能手等称号。郭建波扎根重整装置 32 年，潜心钻研重整装置生产技术，从普通工人逐步成长为中国石化技能大师，先后攻克氢气增压机无法 100% 负荷运行、重整催化剂烧焦不完全等 58 项技术难题。在国家重点工程洛阳石化 120 万吨 / 年新建重整装置开工中，他通过对再生安全仪表系统、闭锁料斗等控制系统的程序进行设计与优化，使之成为国产化连续重整再生控制系统开发的模板。他通过技术攻关在国内首创一拖三氢气增压机 C202 自动控制方案，为新建重整装置稳定运行和节能降耗作出贡献。他主创并实施“优化提升操作降低重整催化剂消耗”等 63 项操作优化，“罐区精制油无扰动切换操作法”等 8 项技术填补国内同行业生产操作空白，推广应用后累计创效 628.6 万元。他通过强化理论和现场流程学习、利用仿真模拟操作，培养熟练掌握装置操作的技能人才。他代表中国石化在全国催化重整操作工职业技能竞赛的技能交流论坛上对国内石化行业的重整装置操作人员进行技能传授与技术培训。他曾被集团公司聘请帮助广州石化首套国产化超低压连续重整装置开工、扬子石化和中科炼化连续重整装置开工，并作为技术专家指导国家“一带一路”项目——哈萨克斯坦阿特劳炼油厂连续重整装置开工，用技能保障国家能源安全。

（谢梓峰）

【杨应标】男，1981年2月出生，中共党员，广东中山石油分公司安全部计质量管理副主任师，先后获全国能源化学地质系统“大国工匠”、广东省劳动模范称号和广东省五一劳动奖章等。杨应标从最基层的加油员做起，历任加油站计量员、站长助理、数质量管理员等，坚持利用业余时间钻研技改项目，把为公司增量创效、守护油品质量当作己任，被誉为“技改工匠”。他领衔的创新工作室被评为广东省劳模和工匠人才创新工作室，成为粤港澳大湾区劳模和工匠人才创新工作室联盟成员单位，研发的排空方法使油站管线排空时间由3天缩减到1天，改造油站能提前2天复营，累计创效约600万元；2021年研发的密闭式接卸油油品质量观测装置，大大降低员工劳动强度，减少接卸油质量外观检测验收环节的油气排放，真正做到密闭卸油，项目获2021年广东石油分公司“粤油创e星”创新创效大赛“黄金星”奖。在他的带动下，一线员工钻研技改氛围浓厚，中山石油分公司技师人数从之前的不足10人增长至33人。他精益求精、刻苦钻研，按照日、周、月、季、年5个时间节点，梳理出油站数质量操作24个关键点，确保数质量管理工作不漏项、无差错。每逢雨季，他都提前推送预防信息，逐站开展水杂检测，视频巡查，闭环监控油罐进水问题，确保油品100%合格。

（谢梓峰）

中华技能大奖获得者

【刘劲松】男，汉族，1976年1月出生，籍贯北京市房山区，大学专科学历，中共党员，1996年8月参加工作，集团公司加氢裂化装置操作工技能大师、特级技师。刘劲松始终扎根一线，积极参与京Ⅵ B油品质量升级工作，指导氢气新能源装置一次开车成功，为保障北京冬奥会绿色能源供应作出突出贡献。他致力于生产技术攻关，带领工作室解决精制柴油硫含量高等31项生产难题，提出优化措施13项，为企业创造效益4000余万元。获全国技术能手、北京市劳动模范、国企楷模·北京榜样——敬业模范、中国石化优秀共产党员称号，2018年享受北京市政府技师特殊津贴，2020年享受国务院政府特殊津贴，是国家级技能大师工作室领衔人。2022年获十六届中华技能大奖。

（丁新兴）

全国技术能手称号获得者

【唐守忠】男，汉族，1970年6月出生，籍贯山东梁山，大学专科学历，中共党员，1989年参加工作，胜利油田采油工特级技师，集团公司技能大师。他率领“唐守忠创新工作室”成员解决生产难题200多项，研制“车载多功能抽油机工作平台”等164项技术成果，获授权国家专利41件。所带选手有50人次在中国石化、胜利油田职业技能竞赛中摘金夺银。先后获全国劳动模范称号、全国五一劳动奖章，集团公司技术能手、石化名匠称号，泰山产业领军人才、齐鲁大工匠等称号，2019年享受国务院政府特殊津贴。2022年获全国技术能手称号。

（丁新兴）

【王建军】 男，汉族，1978年9月出生，籍贯山东潍坊，大学本科学历，中共党员，1998年12月参加工作，胜利石油工程公司石油钻井工特级技师，齐鲁首席技师和集团公司技能大师。王建军先后研制出“井控信号发布仪”等96项技术成果，获授权国家专利46件，解决生产难题260余项。累计带徒122人，其中5人在全国大赛获奖、6人在中国石化竞赛获奖，8人获省部级技术能手称号。先后获山东省五一劳动奖章、山东省突出贡献技师、山东省创新能手、中央企业技术能手、中央企业青年岗位能手、全国模范退役军人等荣誉和称号，享受国务院政府特殊津贴。2022年获全国技术能手称号。

（丁新兴）

【郭　亮】 男，汉族，1977年6月出生，籍贯河南社旗，大学本科学历，中共党员，1996年参加工作，河南油田井下作业工特级技师，集团公司技能大师。他率领“郭亮技能大师工作室”成员先后完成136项技术成果，获授权国家专利37件。所带徒弟在全国行业职业技能竞赛、集团公司业务竞赛中先后获4金、8银、5铜。先后获中国石化技术能手、河南省五一劳动奖章、中原大工匠、中国石化优秀共产党员、中国石化劳动模范等荣誉和称号，2020年享受国务院政府特殊津贴。2022年获全国技术能手称号。

（丁新兴）

统计资料

表 1　集团公司主要经济指标　亿元

项　目	2022 年	2021 年	2020 年	2019 年	2018 年	2017 年
工业总产值（现价）	21 513.72	18 468.71	13 557.52	17 376.99	18 096.03	15 038.03
实现利税总额	4 371.34	4 297.77	3 477.23	3 894.68	4 168.76	3 831.05
利　润	1 204.74	1 165.85	726.22	1 008.74	967.38	582.05
年末职工总数 / 万人	52.90	54.74	55.88	58.72	61.58	64.72
营业收入	33 668.66	27 894.99	21 423.32	30 034.17	29 368.41	24 003.18
资产总值	25 433.46	24 180.83	22 399.60	22 117.19	22 600.94	22 566.98
负债总值	12 302.87	11 844.45	10 778.47	10 929.53	11 714.91	11 781.32
流动负债	8 626.28	8 277.53	7 207.07	7 297.38	7 838.01	8 424.28
非流动负债	3 676.59	3 566.92	3 571.40	3 632.15	3 876.89	3 357.04

注：数据来自集团公司财务部

表 2 集团公司主要能源产品产量及占比 万吨

项　目	2022 年	2021 年	2020 年	2019 年	2018 年	2017 年
原　油						
集团公司	3 532.26	3 515.44	3 514.39	3 513.07	3 506.03	3 505.36
全行业	22 472.20	19 888.1[illegible]	19 476.86	19 162.83	18 932.42	19 150.61
占比 /%	15.72	17.6[illegible]	18.04	18.33	18.52	18.30
天然气 / 亿立方米						
集团公司	352.65	338.77	302.79	295.86	275.75	257.38
全行业	2 201.10	2 075.84	1 924.95	1 753.62	1 601.59	1 480.35
占比 /%	16.02	16.32	15.73	16.87	17.22	17.39
原油加工量						
集团公司	24 227.32	25 527.64	23 859.64	25 040.82	24 596.39	24 012.24
全行业	67 590.00	70 355.00	67 440.80	65 503.00	60 575.60	56 537.80
占比 /%	35.84	36.28	35.38	38.23	40.60	42.47
成品油总量						
集团公司	14 014.81	14 621.28	14 150.13	15 999.62	15 479.77	15 066.29
全行业	36 610.70	35 460.50	33 126.00	36 050.00	35 957.10	35 825.11
占比 /%	38.28	41.23	42.72	44.38	43.05	42.06

续表

项　目	2022 年	2021 年	2020 年	2019 年	2018 年	2017 年
汽　油						
集团公司	5 905.34	6 521.05	5 791.08	6 276.97	6 115.93	5 702.59
全行业	14 535.60	15 316.00	13 171.70	14 120.68	13 964.69	13 276.19
占比 /%	40.63	42.58	43.97	44.45	43.80	42.95
煤　油						
集团公司	1 800.73	2 114.81	2 037.80	3 116.48	2 891.45	2 688.09
全行业	2 949.10	3 926.50	4 129.40	5 322.60	4 770.30	4 230.90
占比 /%	61.06	53.86	49.35	58.55	60.61	63.53
柴　油						
集团公司	6 308.75	5 985.42	6 321.26	6 606.17	6 472.39	6 675.61
全行业	19 126.00	16 218.00	15 904.90	16 638.27	17 360.07	18 318.02
占比 /%	32.99	36.91	39.74	39.70	37.28	36.44
燃料油						
集团公司	1 203.03	1 189.12	815.26	235.81	223.44	154.17
全行业	5 070.80	4 386.10	3 406.30	2 470.00	2 074.70	2 408.90
占比 /%	23.72	27.11	23.93	9.55	10.77	6.40

注：全行业数据来自国家统计局，2021 年数据有调整

表 3 集团公司主要产品产量 万吨

项　目	2022 年	2021 年	2020 年	2019 年	2018 年	2017 年
乙　烯	1 343.66	1 338.00	1 206.00	1 249.28	1 151.15	1 160.97
纯　苯	460.23	469.84	432.38	448.34	425.30	415.55
精甲醇	765.89	774.81	760.22	602.43	504.43	393.51
醋　酸	43.11	41.87	43.50	38.99	24.20	27.34
合成氨	112.16	135.61	134.41	118.43	102.60	110.12
塑　料	1 857.53	1 909.92	1 768.65	1 754.75	1 624.37	1 621.49
聚乙烯	771.20	823.97	801.34	807.94	730.92	748.63
聚丙烯	893.31	906.82	803.99	789.48	747.59	716.31
聚苯乙烯	59.45	67.71	62.00	67.44	58.26	62.94
聚氯乙烯	32.48	28.10	33.10	23.90	23.22	20.34
合成橡胶	128.37	125.15	138.81	136.26	117.91	110.10
合成纤维原料	618.45	620.53	612.90	702.11	639.77	654.90
合成纤维聚合物	285.59	327.27	319.90	326.96	318.99	313.49
合成纤维	112.03	136.94	132.17	130.09	123.75	124.01
涤　纶	101.63	121.28	112.02	106.73	101.97	100.60
腈　纶	9.02	13.70	18.44	21.60	19.32	20.77
维　纶	0.88	1.26	0.89	1.18	1.98	2.05
丙　纶		0.27	0.46	0.24	0.22	0.36

表 4 中国原油与石油产品进口数量与金额

产品名称	2022 年		2021 年		2020 年		2019 年		2018 年		2017 年	
	数量 / 万吨	金额 / 百万美元	数量 / 万吨	金额 / 百万美元	数量 / 万吨	金额 / 百万美元	数量 / 万吨	金额 / 百万美元	数量 / 万吨	金额 / 百万美元	数量 / 万吨	金额 / 百万美元
原　油	50 824.84	36 5577.15	51 297.78	257 331.16	54 206.11	176 048.25	50 570.28	241 820.90	46 189.04	240 361.26	41 996.65	160 750.93
成品油	1 311.57	11 907.60	1 311.97	9 843.78	1 549.20	7 227.98	1 546.80	10 050.93	1 653.03	12 247.34	1 569.03	9 544.66
车用、航空汽油	2.01	20.41	35.77	243.34	48.05	181.32	33.34	208.79	44.54	313.44	1.64	8.76
石脑油	926.24	7 112.86	760.97	4 863.43	788.70	3 076.10	702.22	3 827.79	747.21	4 802.37	666.76	3 290.12
橡胶等溶剂油	3.59	55.54	3.86	48.11	3.69	42.37	3.77	46.43	3.44	43.70	2.34	27.25
壬　烯	4.40	90.76	5.12	68.97	4.66	44.94	4.36	52.02	5.45	82.99	4.69	58.03
其他轻油及制品	4.55	60.65	23.67	166.06	35.62	158.51	19.29	148.19	73.00	560.03	124.39	757.70
航空煤油	86.79	845.71	137.36	805.34	255.23	920.25	358.34	2 236.03	406.19	2 796.98	371.44	1 945.69
灯用煤油							0	0.01	0	0.02	0	0.02
其他煤油馏分	27.51	243.60	19.88	144.80	10.48	69.72	8.41	81.35	6.47	68.00	4.30	39.92

续表

产品名称	2022 年		2021 年		2020 年		2019 年		2018 年		2017 年	
	数量 / 万吨	金额 / 百万美元	数量 / 万吨	金额 / 百万美元	数量 / 万吨	金额 / 百万美元	数量 / 万吨	金额 / 百万美元	数量 / 万吨	金额 / 百万美元	数量 / 万吨	金额 / 百万美元
柴　油	43.84	423.41	76.18	437.69	119.17	428.69	119.02	693.46	71.12	469.21	74.83	361.49
润滑油	31.83	930.01	33.70	849.80	28.95	678.98	29.15	726.50	33.51	840.47	34.41	820.47
润滑脂	2.21	129.82	2.34	134.74	2.26	116.29	2.24	114.54	2.40	119.38	2.57	122.06
润滑油基础油	178.60	1 994.84	213.13	2 081.50	252.40	1 510.81	266.66	1 915.82	259.70	2 150.75	281.66	2 113.15
燃料油	1 320.17	7 547.53	1 390.96	6 766.49	1 262.59	4 479.51	1 493.23	6 867.88	1 674.80	7 693.35	1 368.14	4 677.26
石　蜡	6.44	108.10	10.53	134.95	11.34	122.97	9.86	124.50	9.48	129.88	10.33	135.94
石油沥青	293.37	1 544.84	320.83	1 294.27	476.42	1 550.97	428.39	1 771.96	460.32	1 762.19	503.86	1 551.09
石油焦	1 509.07	4 942.82	1 274.10	2 491.99	1 027.66	1 002.00	830.52	1 581.77	982.61	1 674.67	742.61	974.21
液体石蜡	10.64	133.86	9.27	81.99	14.70	101.15	15.85	153.62	20.23	206.07	27.22	232.48
液化石油气	2 659.71	20 441.62	2 442.69	16 079.89	1 965.79	8 451.56	2 060.55	10 131.75	1 899.30	11 128.71	1 844.90	9 209.00

注：数据来自海关总署

表 5

中国原油与石油产品出口数量与金额

产品名称	2022 年		2021 年		2020 年		2019 年		2018 年		2017 年	
	数量 / 万吨	金额 / 百万美元	数量 / 万吨	金额 / 百万美元	数量 / 万吨	金额 / 百万美元	数量 / 万吨	金额 / 百万美元	数量 / 万吨	金额 / 百万美元	数量 / 万吨	金额 / 百万美元
原　油	205.20	1 438.10	261.08	1 010.39	163.81	481.63	81.00	361.76	262.66	1 270.42	486.34	1 822.81
成品油	3 485.28	33 450.36	4 063.31	22 688.30	4 593.15	19 440.22	5 561.47	33 277.96	4 628.36	30 454.15	4 120.99	21 774.92
车用、航空汽油	1 257.16	11 660.76	1 454.27	8 638.38	1 600.00	6 487.79	1 637.05	9 424.75	1 287.94	8 436.72	1 055.45	5 692.06
石脑油	4.34	26.53			0	0	0	0.01	4.40	25.71	2.58	9.31
橡胶等溶剂油	0.64	8.11	0.39	3.77	0.31	2.52	0.26	2.57	0.30	2.94	0.47	4.85
其他轻油及制品	0.48	5.84	0.62	5.87	1.37	10.66	8.56	57.48	0.63	6.85	0.91	7.60
航空煤油	1 090.70	10 521.48	855.80	4 939.02	997.48	4 758.55	1 761.21	11 254.13	1 467.00	10 155.13	1 318.93	7 157.06
其他煤油馏分	4.16	24.45	1.70	6.92	0.02	0.16	0.28	1.68	0.01	0.09	0.01	0.08
柴　油	1 092.85	10 631.17	1 720.51	8 677.65	1 976.30	7 915.51	2 138.23	12 278.05	1 853.24	11 575.53	1 725.53	8 632.38

续表

产品名称	2022 年		2021 年		2020 年		2019 年		2018 年		2017 年	
	数量 / 万吨	金额 / 百万美元	数量 / 万吨	金额 / 百万美元	数量 / 万吨	金额 / 百万美元	数量 / 万吨	金额 / 百万美元	数量 / 万吨	金额 / 百万美元	数量 / 万吨	金额 / 百万美元
润滑油	18.34	359.13	17.06	286.04	13.43	217.62	11.25	198.02	10.81	195.92	11.47	211.34
润滑脂	2.26	61.80	1.81	41.65	1.62	29.70	1.79	38.49	1.60	35.06	1.30	26.89
润滑油基础油	14.36	151.10	11.14	88.99	2.62	17.72	2.84	22.78	2.43	20.20	4.34	33.35
燃料油	1 876.17	14 622.62	1 962.89	9 666.61	1 584.50	6 072.50	1 119.14	5 097.25	1 234.58	5 431.14	1 112.93	3 724.07
石　蜡	79.26	1 070.66	84.09	903.71	66.00	516.12	60.17	541.20	52.86	547.73	53.25	529.28
石油沥青	56.36	398.48	55.27	255.49	56.74	211.53	65.62	295.80	77.50	283.21	38.56	118.74
石油焦	162.91	1 356.27	186.17	877.03	178.36	462.36	228.96	749.83	248.87	1046.16	225.36	628.12
液体石蜡	6.60	140.73	4.30	59.63	3.54	41.83	4.07	47.19	0.83	8.12	0.15	1.32
液化石油气	86.91	692.83	98.58	666.73	94.86	446.18	140.86	707.78	114.28	694.37	132.14	710.57

注：数据来自海关总署

表 6

中国主要石化产品进口数量与金额

产品名称	2022 年		2021 年		2020 年		2019 年		2018 年		2017 年	
	数量 / 万吨	金额 / 百万美元	数量 / 万吨	金额 / 百万美元	数量 / 万吨	金额 / 百万美元	数量 / 万吨	金额 / 百万美元	数量 / 万吨	金额 / 百万美元	数量 / 万吨	金额 / 百万美元
一、五大合成树脂	1 918.71	24 617.80	2 128.06	27 673.23	2 760.48	26 691.82	2 438.43	26 905.57	2 140.80	28 256.56	1 850.58	23 720.06
1. 聚乙烯	1 346.54	16 660.18	1 458.57	17 345.92	1 853.64	16 578.06	1 666.44	17 124.37	1 402.48	17 512.78	1 179.35	14 215.28
低密度聚乙烯	753.12	9 961.27	795.47	9 970.70	943.84	8 627.31	866.72	8 849.49	729.45	8 682.89	539.96	6 671.78
高密度聚乙烯	593.42	6 698.92	663.10	7 375.22	909.80	7 950.75	799.72	8 274.88	673.03	8 829.89	639.39	7 543.50
2. 聚丙烯	293.20	3 565.37	318.05	4 049.18	450.46	4 542.27	349.10	4 045.71	327.96	4 193.17	317.76	3 843.41
3. 聚苯乙烯	90.47	1 174.55	119.85	1 619.46	135.99	1 436.36	131.00	1 595.99	115.27	1 628.92	74.32	1 099.81
可发性聚苯乙烯	1.59	40.23	2.97	64.11	3.74	56.46	6.42	88.39	9.16	125.02	3.31	58.17
其他聚苯乙烯	88.88	1 134.32	116.87	1 555.35	132.26	1 379.90	124.59	1 507.60	106.11	1 503.91	71.01	1 041.64
4. ABS 共聚物	137.37	2 508.63	175.50	3 775.50	201.71	3 070.87	204.48	3 278.98	201.28	3 923.51	178.90	3 508.06
5. 聚氯乙烯	51.13	709.06	56.09	883.17	118.68	1 064.26	87.41	860.52	93.81	998.18	100.25	1 053.50
纯聚氯乙烯	44.00	546.70	48.35	705.67	107.69	897.66	75.15	681.63	83.88	807.64	90.56	867.86
未塑化聚氯乙烯	1.46	23.23	1.45	31.95	1.92	30.79	2.35	27.30	1.93	28.09	1.83	25.80
已塑化聚氯乙烯	5.67	139.13	6.30	145.54	9.08	135.81	9.91	151.59	8.00	162.45	7.86	159.84
二、合成橡胶及胶乳合计	469.75	8 866.08	434.49	8 194.24	512.81	7 447.26	408.00	6 614.16	437.95	7 551.45	433.23	8 405.50
1. 丁苯橡胶	17.36	452.82	22.25	476.06	21.95	335.14	19.25	360.43	20.92	441.64	23.33	489.14
丁苯胶乳	10.28	282.77	11.75	252.25	10.53	162.72	9.59	163.47	10.12	198.05	10.92	199.28
2. 顺丁橡胶	6.58	140.04	5.93	132.96	7.05	99.08	6.14	116.09	6.54	139.75	7.24	168.66

续表

产品名称	2022年		2021年		2020年		2019年		2018年		2017年	
	数量/万吨	金额/百万美元	数量/万吨	金额/百万美元	数量/万吨	金额/百万美元	数量/万吨	金额/百万美元	数量/万吨	金额/百万美元	数量/万吨	金额/百万美元
3. 丁基橡胶	0.99	26.37	0.88	22.92	1.88	37.25	1.49	37.52	1.78	48.35	2.42	60.76
4. 氯丁橡胶	1.68	84.05	1.94	81.78	1.76	69.84	1.73	75.52	2.15	94.99	2.26	89.28
5. 丁腈橡胶	12.83	207.48	19.44	443.84	13.64	195.77	11.48	165.57	8.85	159.43	9.22	159.58
6. 异戊二烯橡胶	1.39	25.38	0.54	12.52	1.53	23.82	0.58	14.70	0.56	20.43	0.41	13.97
7. 乙丙橡胶	5.98	160.85	6.19	144.31	9.14	131.88	11.44	186.29	10.37	210.89	8.43	166.63
8. 其他合成橡胶	422.94	7 769.09	377.32	6 879.36	455.86	6 554.48	355.89	5 658.04	386.78	6 435.97	379.93	7 257.49
其他胶乳	0.65	32.09	0.65	26.16	0.35	7.23	0.4	6.99	0.50	8.71	0.76	11.69
三、合成纤维	35.23	1 534.86	53.27	2 039.02	50.25	1 631.66	62.68	2 070.86	71.05	2 438.94	67.38	2 202.85
1. 锦　纶	7.29	580.70	9.02	657.93	8.31	580.59	10.83	683.75	14.00	769.35	13.94	705.12
长　丝	6.29	486.83	7.75	551.88	7.26	490.88	9.74	590.15	12.79	670.58	12.63	611.78
短纤维及纤维条	1.00	93.87	1.28	106.06	1.05	89.71	1.09	93.60	1.21	98.77	1.31	93.34
2. 涤　纶	17.90	369.45	28.66	516.38	27.49	458.67	33.07	565.26	31.90	636.02	29.52	589.68
长　丝	8.87	248.91	12.36	328.08	8.86	267.26	11.22	316.20	13.01	356.42	13.72	361.81
短纤维及纤维条	9.03	120.54	16.30	188.30	18.63	191.41	21.85	249.06	18.89	279.60	15.80	227.86
3. 腈纶短纤维及纤维条	4.56	163.30	7.49	223.23	6.78	171.35	8.95	249.32	14.95	423.72	14.74	343.84
4. 丙　纶	0.16	7.99	0.23	7.36	0.51	11.28	0.39	8.25	0.32	7.50	0.40	9.02
长　丝	0.05	5.11	0.08	3.50	0.20	4.53	0.13	2.60	0.08	2.55	0.10	3.09

续表

产品名称	2022年		2021年		2020年		2019年		2018年		2017年	
	数量/万吨	金额/百万美元	数量/万吨	金额/百万美元	数量/万吨	金额/百万美元	数量/万吨	金额/百万美元	数量/万吨	金额/百万美元	数量/万吨	金额/百万美元
短纤维及纤维条	0.11	2.88	0.15	3.87	0.31	6.75	0.26	5.65	0.23	4.95	0.30	5.94
5. 氨纶长丝	2.59	226.79	3.68	375.15	2.94	176.97	2.80	202.35	3.09	232.94	2.69	203.09
6. 其　他	2.73	186.63	4.19	258.94	4.22	232.80	6.64	361.93	6.79	369.41	6.07	352.10
长　丝	0.85	90.25	1.25	117.93	1.47	110.32	1.47	131.67	1.46	132.05	1.08	119.04
短纤维及纤维条	1.88	96.38	2.94	141.01	2.75	122.48	5.17	230.26	5.33	237.36	4.99	233.06
四、制成肥料	898.50	4 942.87	963.07	2 734.24	1 101.79	2 943.95	1 097.15	3 491.58	936.60	2 681.82	917.90	2 336.62
尿　素	0.48	3.43	5.37	28.39	0.16	1.70	18.15	46.54	16.39	45.43	11.47	29.89
五、有机化学品												
（一）乙烯、芳烃												
乙　烯	206.75	2 165.95	206.78	2 201.04	197.78	1457.10	250.97	2 373.95	257.59	3 302.38	215.69	2 507.02
纯　苯	332.17	3 444.94	296.09	2 787.76	209.79	989.98	193.92	1 228.04	257.25	2 184.13	250.31	2 094.57
甲　苯	6.77	64.42	20.62	157.01	45.24	195.23	33.14	220.97	32.73	257.46	50.90	343.07
混合二甲苯	0	0.16	0.01	0.29	0.01	1.56	14.58	105.63	1.26	9.73	0.96	6.76
邻二甲苯	6.10	64.55	17.80	132.32	18.74	100.39	8.44	71.02	26.23	225.18	35.60	281.74
对二甲苯	1 058.24	11 530.92	1 365.04	11 572.12	1 386.08	8 144.95	1 493.80	13 809.90	1 590.82	16 918.33	1 443.82	12 133.16
苯乙烯	114.32	1 355.68	169.14	1 968.98	283.04	2 096.55	324.31	3 306.05	291.35	3 957.03	321.22	4 008.55

续表

产品名称	2022 年		2021 年		2020 年		2019 年		2018 年		2017 年	
	数量 / 万吨	金额 / 百万美元	数量 / 万吨	金额 / 百万美元	数量 / 万吨	金额 / 百万美元	数量 / 万吨	金额 / 百万美元	数量 / 万吨	金额 / 百万美元	数量 / 万吨	金额 / 百万美元
乙　苯	0	0	0.99	5.90	0.50	2.31	2.38	18.23	17.91	186.75	13.72	139.01
（二）主要有机原料												
甲　醇	1 219.30	4 165.22	1 119.80	3 860.63	1 294.48	2 684.77	1 089.52	2 909.34	742.86	2921.00	814.48	2 640.36
丁　醇	24.97	269.82	25.15	345.87	35.06	226.32	31.21	235.26	30.74	278.22	34.08	280.27
辛　醇	16.14	252.55	24.04	446.30	27.72	236.52	20.88	219.19	19.77	251.97	16.26	190.19
醋　酸	0.02	1.61	0.04	1.32	5.78	16.45	0.62	3.58	1.43	8.41	1.58	6.09
苯　酚	40.93	525.05	52.23	567.11	70.99	490.43	46.76	460.20	41.87	530.45	36.55	328.45
丙　酮	71.53	491.42	62.26	542.43	70.30	534.87	77.92	336.77	67.77	428.58	49.46	359.69
丁　酮	0.04	0.88	0.12	1.97	0.10	1.47	0.04	0.84	0.11	1.81	0.15	2.07
（三）主要合纤原料及聚合物												
乙二醇	751.07	4 494.27	842.64	5 660.77	1 054.79	4 889.27	994.70	5 818.61	979.99	9 009.68	875.01	7 507.91
对苯二甲酸	7.22	56.58	7.87	50.79	61.66	283.59	103.69	770.73	78.28	667.90	54.38	353.02
尼龙 66 盐	0.64	20.60	0.44	9.72	0.43	9.75	0.38	9.53	0.41	11.29	0.22	3.78
丙烯腈	10.42	180.78	20.38	413.25	30.66	330.13	30.91	487.03	37.00	742.30	27.08	398.02
己内酰胺	8.65	148.63	10.58	174.37	25.80	288.34	20.21	306.23	17.36	349.42	23.74	429.60
聚酯切片	42.48	517.52	49.08	530.00	49.63	444.50	63.71	607.55	43.35	527.44	22.13	332.29

表 7

中国主要石化产品出口数量与金额

产品名称	2022 年		2021 年		2020 年		2019 年		2018 年		2017 年	
	数量 / 万吨	金额 / 百万美元	数量 / 万吨	金额 / 百万美元	数量 / 万吨	金额 / 百万美元	数量 / 万吨	金额 / 百万美元	数量 / 万吨	金额 / 百万美元	数量 / 万吨	金额 / 百万美元
一、五大合成树脂	475.78	6 951.37	418.26	6 156.38	173.72	2 182.80	167.82	2 065.24	168.66	2 186.58	201.17	2 302.36
1. 聚乙烯	72.19	1 173.57	51.11	815.52	25.23	361.42	28.24	407.69	22.77	358.30	24.69	360.81
低密度聚乙烯	39.71	716.14	23.26	443.31	12.03	205.77	11.76	177.99	9.78	154.31	9.32	146.29
高密度聚乙烯	32.48	457.43	27.85	372.22	13.20	155.65	16.48	229.70	12.99	203.99	15.37	214.52
2. 聚丙烯	115.66	1 737.54	127.36	1 880.51	36.35	522.09	34.32	472.70	31.17	463.15	29.59	392.32
3. 聚苯乙烯	39.34	670.34	22.31	379.95	21.18	251.86	30.12	391.75	31.98	507.92	33.05	476.14
可发性聚苯乙烯	27.46	431.67	15.50	221.31	17.26	160.88	26.18	307.46	28.00	414.08	27.52	371.83
其他聚苯乙烯	11.88	238.67	6.80	158.63	3.92	90.98	3.94	84.29	3.98	93.84	5.53	104.32
4. ABS 共聚物	8.10	221.01	8.08	240.48	4.94	109.56	3.78	82.62	4.77	109.02	3.53	83.12
5. 聚氯乙烯	240.49	3 148.91	209.41	2 839.92	86.02	937.87	71.36	710.48	77.97	748.19	110.31	989.97
纯聚氯乙烯	207.21	2 474.23	183.14	2 353.09	65.35	588.26	54.86	465.92	62.73	543.41	96.92	801.14
未塑化聚氯乙烯	11.53	238.35	6.40	109.62	5.35	84.83	5.08	66.93	5.47	78.98	4.66	63.29
已塑化聚氯乙烯	21.75	436.33	19.86	377.22	15.32	264.78	11.42	177.63	9.77	125.8	8.73	125.54
二、合成橡胶及胶乳合计	70.65	1 691.51	59.81	1 340.86	38.27	716.88	31.97	683.77	29.74	699.76	25.92	601.69
1. 丁苯橡胶	16.38	306.37	9.21	162.04	6.70	96.77	6.97	116.25	6.06	118.69	5.10	100.03
丁苯胶乳	2.73	33.09	2.00	26.01	2.17	20.51	2.42	24.25	1.76	19.84	1.59	17.65
2. 顺丁橡胶	12.72	259.39	7.86	135.65	5.05	68.30	3.32	55.83	2.90	58.76	2.14	41.47

续表

产品名称	2022年		2021年		2020年		2019年		2018年		2017年	
	数量/万吨	金额/百万美元	数量/万吨	金额/百万美元	数量/万吨	金额/百万美元	数量/万吨	金额/百万美元	数量/万吨	金额/百万美元	数量/万吨	金额/百万美元
3. 丁基橡胶	5.87	150.31	3.22	66.22	1.44	30.96	0.75	22.38	0.05	2.13	0.13	3.53
4. 氯丁橡胶	2.24	114.11	1.49	60.54	1.08	37.51	1.22	49.34	1.18	57.84	0.44	17.44
5. 丁腈橡胶	5.14	90.91	14.89	336.83	5.75	123.64	2.66	38.87	3.40	60	1.43	29.04
6. 异戊二烯橡胶	1.15	37.35	0.40	14.38	0.10	3.47	0.05	1.72	0.08	4.32	0.09	2.64
7. 乙丙橡胶	2.98	81.85	3.03	78.54	1.04	20.90	0.39	7.51	0.57	12.14	0.42	9.04
8. 其他合成橡胶	24.17	651.23	19.71	486.67	17.11	335.33	16.61	391.87	15.50	385.88	16.16	398.50
其他胶乳	0.50	8.23	0.61	9.34	0.48	5.17	0.64	7.56	0.70	9.13	0.21	2.51
三、合成纤维			532.50	10 649.39	465.28	7 384.17	515.48	9 250.58	448.65	9 568.37	425.19	8 035.84
1. 锦　纶	39.30	1 593.87	34.58	1 358.03	25.53	786.20	27.74	1 000.11	24.69	994.24	24.76	869.95
长　丝	38.38	1519.60	33.88	1 306.98	25.07	753.73	27.19	957.76	24.14	945.05	24.32	836.07
短纤维及纤维条	0.92	74.27	0.71	51.06	0.46	32.47	0.55	42.35	0.55	49.19	0.44	33.88
2. 涤　纶	437.10	6 223.57	399.79	5 354 25	354.98	3 871.22	371.61	5 062.56	333.53	5 195.18	308.66	4 187.75
长　丝	336.71	5 095.43	306.19	4 387.36	274.84	3 167.72	273.09	4 002.65	230.22	3 942.54	207.70	3 145.19
短纤维及纤维条	100.39	1 128.14	93.60	966.89	30.14	703.50	98.52	1 059.91	103.31	1 252.64	100.96	1 042.56
3. 腈纶短纤维及纤维条	6.68	163.29	2.27	61.33	3.11	53.59	2.58	55.48	1.94	47.99	4.57	88.82
4. 丙　纶	6.03	197.06	5.84	184.48	3.61	118.19	3.64	128.05	3.42	119.83	2.93	96.70
长　丝	2.68	139.96	2.87	133.86	2.35	98.57	2.18	104.84	2.05	96.19	1.96	80.85

续表

产品名称	2022年		2021年		2020年		2019年		2018年		2017年	
	数量/万吨	金额/百万美元	数量/万吨	金额/百万美元	数量/万吨	金额/百万美元	数量/万吨	金额/百万美元	数量/万吨	金额/百万美元	数量/万吨	金额/百万美元
短纤维及纤维条	3.35	57.10	2.98	50.62	1.26	19.62	1.46	23.21	1.37	23.64	0.97	15.84
5. 氨纶长丝	8.74	644.44	9.60	800.35	7.85	365.54	7.40	366.72	6.46	355.42	5.77	303.57
6. 其　他	89.42	3 196.29	80.41	2890.94	70.20	2 189.43	102.51	2 637.66	78.61	2 855.71	78.50	2 489.06
长　丝	13.32	741.84	13.14	680.47	11.50	544.09	38.28	571.17	10.73	536.35	9.92	483.36
短纤维及纤维条	76.10	2 454.45	67.27	2 210.47	58.70	1 645.34	64.23	2 066.49	67.88	2 319.36	68.57	2 005.70
四、制成肥料	2 148.69	9 738.01	2 608.99	9 222.69	2 226.25	5 076.60	2 112.45	5 618.41	2 080.25	6 050.30	2 420.43	6 060.47
尿　素	282.93	1 570.29	529.47	2 146.67	545.01	1 421.08	494.46	1 404.72	244.30	773.95	465.64	1 143.73
五、有机化学品												
（一）乙烯、芳烃												
乙　烯	15.39	161.88	19.13	188.02	9.41	64.12	1.22	10.11	0.02	0.61	0.63	6.10
纯　苯	0.66	5.83	1.18	11.43	0.31	1.58	3.58	22.20	4.11	31.52	3.55	22.04
甲　苯	64.87	712.05	9.67	73.42	7.52	33.27	3.69	23.70	1.50	11.63	0.09	0.90
混合二甲苯	1.29	16.12	0.15	1.61	0.04	0.30	0.07	0.72	0.61	4.91	0.09	0.71
邻二甲苯	3.41	41.07	0.50	3.80	0	0.01	2.48	22.97	0.63	6.01	0	0
对二甲苯	7.86	92.19	0.01	0.24	0	0.10	0.01	0.15	0.01	0.17	3.50	29.70
苯乙烯	56.25	745.65	23.48	290.03	2.70	24.89	5.24	55.48	0.52	7.27	6.34	86.46

续表

产品名称	2022 年		2021 年		2020 年		2019 年		2018 年		2017 年	
	数量 / 万吨	金额 / 百万美元	数量 / 万吨	金额 / 百万美元	数量 / 万吨	金额 / 百万美元	数量 / 万吨	金额 / 百万美元	数量 / 万吨	金额 / 百万美元	数量 / 万吨	金额 / 百万美元
乙 苯	0.05	0.95	0.09	1.30	0.04	0.45	0.56	4.74	0.07	1.07	0.03	0.40
（二）主要有机原料												
甲 醇	17.28	65.21	39.29	138.28	12.12	29.23	17.10	62.02	31.64	133.91	12.67	47.45
丁 醇	3.57	46.45	4.78	69.90	2.14	16.11	2.09	18.37	1.77	20.71	3.95	35.32
辛 醇	7.26	106.89	2.93	52.05	0.96	9.81	2.02	21.81	2.40	29.27	3.18	32.81
醋 酸	109.62	595.43	98.42	797.71	40.04	131.18	63.83	259.50	70.98	431.27	45.74	185.34
苯 酚	3.62	50.71	13.51	163.21	1.60	14.08	0.64	8.12	4.40	56.93	5.72	58.24
丙 酮	0.35	3.74	6.62	68.06	0.02	0.35	0.21	1.08	0.37	2.75	2.25	17.20
丁 酮	25.50	385.19	14.24	158.75	19.05	177.37	16.48	163.79	14.97	192.96	11.51	115.73
（三）主要合纤原料及聚合物												
乙二醇	4.04	29.15	12.36	80.40	6.08	32.26	1.17	14.26	0.45	13.04	1.81	22.47
对苯二甲酸	344.68	2 920.31	257.55	1 677.40	84.74	395.52	69.17	517.35	84.04	714.61	52.36	334.64
尼龙 66 盐	0	0.02	0	0	0	0.01	0	0.01	0	0.01	0	0
丙烯腈	21.74	336.64	21.02	440.32	7.28	78.32	4.28	66.68	0.49	11.99	0.98	15.14
己内酰胺	4.78	83.42	0.36	7.52	0.05	0.78	0.02	0.43	0.01	0.31	0.50	9.69
聚酯切片	509.86	5 744.25	387.24	3 579.41	273.47	2 049.33	344.00	3 495.80	317.49	3 826.49	247.76	2 416.94

表 8 中国石化在《财富》杂志世界 500 强企业中排名

年度	排名
1999	73
2000	58
2001	68
2002	86
2003	70
2004	54
2005	31
2006	23
2007	17
2008	16
2009	9
2010	7
2011	5
2012	5
2013	4
2014	3
2015	2
2016	4
2017	3
2018	3
2019	2
2020	2
2021	5
2022	5

附 录

附录 1

企事业单位名录

序号	单位名称	地址	邮政编码	电话	传真
● 油气和新能源板块					
1	中国石化集团胜利石油管理局有限公司 中国石油化工股份有限公司胜利油田分公司	山东省东营市济南路 125 号	257001	(0546) 8552074	(0546) 8221719
2	中国石化集团中原石油勘探局有限公司 中国石油化工股份有限公司中原油田分公司	河南省濮阳市华龙区中原路 277 号	457001	(0393) 4822151 (0393) 4822301	(0393) 4828300
3	中国石化集团河南石油勘探局有限公司 中国石油化工股份有限公司河南油田分公司	河南省南阳市宛城区油田五一路中段	473132	(0377) 63830011	(0377) 63830027
4	中国石化集团江汉石油管理局有限公司 中国石油化工股份有限公司江汉油田分公司	湖北省潜江市广华江汉路 1 号	433124	(0728) 6501000	(0728) 6501000
5	中国石化集团江苏石油勘探局有限公司 中国石油化工股份有限公司江苏油田分公司	江苏省扬州市文汇西路 1 号	225009	(0514) 87761792	(0514) 87761111
6	中国石化集团上海海洋石油局有限公司 中国石油化工股份有限公司上海海洋油气分公司	上海市浦东新区商城路 1225 号	200120	(021) 20896811	(021) 68769284
7	中国石化集团西北石油局有限公司 中国石油化工股份有限公司西北油田分公司	新疆乌鲁木齐市长春南路 466 号中国石化西北石油科研生产园区	830011	(0991) 3166567	(0991) 6637597
8	中国石化集团西南石油局有限公司 中国石油化工股份有限公司西南油气分公司	四川省成都市高新区吉泰路 688 号中国石化西南科研办公基地	610041	(028) 65285555	(028) 65285666
9	中国石化集团东北石油局有限公司 中国石油化工股份有限公司东北油气分公司	吉林省长春市绿园区西安大路 4936 号	130062	(0431) 87958808	(0431) 87974693 (0431) 87973631
10	中国石化集团华北石油局有限公司 中国石油化工股份有限公司华北油气分公司	河南省郑州市中原区陇海西路 199 号	450006	(0371) 68629268	(0371) 86002220

续表

序号	单位名称	地址	邮政编码	电话	传真
11	中国石油化工集团公司华东石油局 中国石油化工股份有限公司华东油气分公司	江苏省南京市建邺区江东中路 375 号金融城 9 号楼	210019	（025）66201000	（025）66201111
12	中国石油化工股份有限公司勘探分公司	四川省成都市高新区吉泰路 688 号中国石化西南科研办公基地	610041	（028）85164709	（028）85164600
13	中国石油化工股份有限公司天然气分公司	北京市朝阳区惠新东街甲 6 号	100029	（010）69166019	（010）69196617
14	中国石化集团国际石油勘探开发有限公司 中国石化国际石油勘探开发有限公司	北京市朝阳区惠新东街甲 6 号	100029	（010）69165136	（010）69165140
15	中石化石油工程技术服务有限公司	北京市朝阳区吉市口路 9 号	100020	（010）59965885	（010）59965899
16	中国石化集团国际石油工程有限公司	北京市朝阳区吉市口路 9 号	100020	（010）59965556	（010）59760955
17	中国石化集团石油工程建设有限公司	北京市朝阳区安慧北里安园 21 号	100101	（010）84879999	（010）64963395
18	中石化石油工程地球物理有限公司	北京市朝阳区吉市口路 9 号 24 层	100020	（010）59965719	（010）59760901
19	中石化经纬有限公司	山东省青岛市市南区台湾路 4 号胜利油田科技交流中心	266071	（0532）58288966	–
20	中石化胜利石油工程有限公司	山东省东营市东营区济南路 125 号	257001	（0546）8552074	（0546）8221719
21	中石化中原石油工程有限公司	河南省濮阳市华龙区中原路 277 号	457001	（0393）4816077	（0393）4826997
22	中石化江汉石油工程有限公司	湖北省潜江市广华江汉路 1 号	433124	（0728）6501000	（0728）6502632
23	中石化西南石油工程有限公司	四川省成都市高新区吉泰路 688 号中国石化西南科研办公基地	610041	（028）65285555	（028）65285666
24	中石化华北石油工程有限公司	河南省郑州市中原区中原西路 188 号	450006	（0371）60197620	（0371）60197619
25	中国石化集团华东石油工程有限公司	南京市建邺区江东中路 375 号金融城 9 号楼 29–31 层	210019	（025）66202327	（025）66202300

续表

序号	单位名称	地址	邮政编码	电话	传真
26	中石化海洋石油工程有限公司	上海市浦东新区商城路 1225 号	200120	（021）20896811	（021）68769284
27	中国石油化工股份有限公司石油勘探开发研究院 中国石化石油勘探开发研究院有限公司	北京市昌平区百沙路 197 号	102206	（010）56609227	（010）56607519
28	中国石化集团石油工程技术研究院有限公司 中石化石油工程技术研究院有限公司	北京市昌平区沙河镇百沙路 197 号中国石化科学技术研究中心 1 号楼西区	102206	（010）56606323	（010）56606666
29	中国石油化工股份有限公司石油物探技术研究院	江苏省南京市江宁区上高路 219 号	211103	（025）68109928	（025）69109900
30	中石化石油机械股份有限公司	湖北省武汉市东湖新技术开发区光谷大道 77 号金融港 A2 座 12 层	430205	（027）52306800	（027）52306868
31	中国石化集团新星石油有限责任公司	北京市海淀区北四环中路 263 号	100083	（010）82335563	（010）82335152

● 炼油和销售板块

序号	单位名称	地址	邮政编码	电话	传真
32	中国石化集团茂名石油化工有限公司 中国石油化工股份有限公司茂名分公司	广东省茂名市茂南区双山四路 9 号大院	525000	（0668）2243941	（0668）2269317
33	中国石化上海高桥石油化工有限公司 中国石油化工集团公司	上海市浦东新区利津路 78 号	200129	（021）58711001	（021）58712207
34	中国石化集团金陵石油化工有限责任公司 中国石油化工股份有限公司金陵分公司	江苏省南京市栖霞区甘家巷街 388 号	210033	（025）58978070	（025）85592004
35	福建炼油化工有限公司	福建省泉州市丰泽区安吉路福炼大厦	362011	（0595）27355053	（0595）27355000
36	中国石化集团资产经营管理有限公司长岭分公司 中国石油化工股份有限公司长岭分公司	湖南省岳阳市云溪区	414012	（0730）8451824	（0730）8451824
37	中国石化集团资产经营管理有限公司广州分公司 中国石油化工股份有限公司广州分公司	广东省广州市黄埔区石化路 239 号	510726	（020）62121666	（020）82396591

续表

序号	单位名称	地址	邮政编码	电话	传真
38	中国石化集团资产经营管理有限公司洛阳石化资产分公司 中国石油化工股份有限公司洛阳分公司	河南省洛阳市吉利区大庆路 1 号	471012	（0379）66992300	（0379）66991882
39	中国石化青岛炼油化工有限责任公司	山东省青岛市经济技术开发区千山南路 827 号	266500	（0532）86915983	（0532）86915988
40	中国石化集团资产经营管理有限公司石家庄分公司 中国石油化工股份有限公司石家庄炼化分公司	河北省石家庄市裕华区石炼路 1 号	050099	（0311）80862314	（0311）80861234
41	中国石化集团资产经营管理有限公司荆门分公司 中国石油化工股份有限公司荆门分公司	湖北省荆门市掇刀区炼厂路 9 号	448039	（0724）2274984	（0724）2271677
42	中国石油化工股份有限公司九江分公司	江西省九江市浔阳区滨江东路 230 号	332004	（0792）8495259 （0792）8493204	（0792）8617006
43	中国石化集团资产经营管理有限公司济南分公司 中国石油化工股份有限公司济南分公司	山东省济南市工业南路 26 号	250101	（0531）88832203	（0531）88983622
44	中国石化集团资产经营管理有限公司沧州分公司 中国石油化工股份有限公司沧州分公司	河北省沧州市交通北大道 50 号	061000	（0317）3552688	（0317）3552688
45	中国石化润滑油有限公司	北京市海淀区安宁庄西路 6 号	100085	（010）62949873	（010）62917732
46	中国石化青岛石油化工有限责任公司	山东省青岛市李沧区滨海路 8 号	266043	（0532）66762212	（0532）84816954
47	中国石化北海炼化有限责任公司	广西北海市铁山港区 4 号路	536016	（0779）8528168	（0779）8528888
48	中国石化塔河炼化有限责任公司	新疆库车市天山东路 60 号	842000	（0997）7979229	（0997）7979016
49	中国石化炼油销售有限公司	上海市长宁区延安西路 728 号 22 层	200050	（021）60863339	（021）52381680
50	中科（广东）炼化有限公司	广东省湛江市湛江市经济技术开发区中科大道 1 号	524076	（0759）8936026	（0759）8936000

续表

序号	单位名称	地址	邮政编码	电话	传真
51	中国国际石油化工联合有限责任公司	北京市朝阳区朝阳门北大街 22 号	100728	(010)59966492	
52	中石化石油销售有限责任公司	北京市朝阳区朝阳门北大街 22 号 2 号楼 14 层	100728	010-59965092	
53	中国石化销售股份有限公司北京石油分公司	北京市东城区广渠家园 6 号楼	100022	(010)67006700	(010)67006900
54	中国石化集团资产经营管理有限公司天津石油分公司 中国石化销售股份有限公司天津石油分公司	天津市南开区南京路 338 号	300100	(022)27201588	(022)27201555
55	中国石化集团资产经营管理有限公司河北石油分公司 中国石化销售股份有限公司河北石油分公司	河北省石家庄市槐安东路 106 号 /6 号	050021	(0311)87182017	(0311)87182888
56	中国石化销售股份有限公司山西石油分公司	山西省太原市万柏林区大王路 8 号	030024	(0350)2217302	(0350)2217029
57	中国石化销售股份有限公司上海石油分公司	上海市黄浦区中山东一路 24 号甲	200002	(021)63219490	(021)63210762
58	中国石化销售股份有限公司江苏石油分公司	江苏省南京市鼓楼区中山北路 395 号江苏石油大厦	210003	(025)58808888	(025)58803729
59	中国石化销售股份有限公司浙江石油分公司	浙江省杭州市河坊街 58 号	310009	(0571)87818833	(0571)87818822
60	中国石化销售股份有限公司安徽石油分公司	安徽省合肥市屯溪路 188 号	230009	(0551)62212843	(0551)62212900
61	中国石化销售股份有限公司福建石油分公司	福建省福州市鼓楼区五四路 109 号东煌大厦 19 楼	350003	(0591)87761085	(0591)87803099
62	中国石化集团江西石油总公司 中国石化销售股份有限公司江西石油分公司	江西省南昌市洪都北大道 102 号	330046	(0791)88512108	(0791)88511107
63	中国石化销售股份有限公司山东石油分公司	山东省济南市经十路 13777 号 9 栋中国石化山东石油大厦	250014	(0531)85857777	(0531)85856789

续表

序号	单位名称	地址	邮政编码	电话	传真
64	中国石化销售股份有限公司河南石油分公司	河南省郑州市郑东新区正光路 16 号	450016	（0371）87520290	（0371）87520299
65	中国石化集团资产经营管理有限公司湖北石油分公司 中国石化销售股份有限公司湖北石油分公司	湖北省武汉市硚口区解放大道 606 号	430030	（027）68837019	（027）68837267
66	中国石化销售股份有限公司湖南石油分公司	湖南省长沙市湘春路 113 号	410008	（0731）84841848	（0731）84841801
67	广东省中石化石油有限公司 中国石化销售股份有限公司广东石油分公司	广东省广州市天河区体育西路 191 号中石化大厦 A 塔	510620	（020）38084345	（020）38081618
68	中国石化销售股份有限公司广西石油分公司	广西南宁市桃源路 67 号石油大厦	530021	（0771）6757886	（0771）6757889
69	中国石化销售股份有限公司海南石油分公司	海南省海口市秀英区滨海大道 163 号	570100	（0898）68680800	（0898）68680909
70	中国石化销售股份有限公司贵州石油分公司	贵州省贵阳市南明区解放路 21 号贵州石化大厦	550000	（0851）85986622	（0851）85985810
71	中国石化销售股份有限公司云南石油分公司 中国石化集团资产经营管理有限公司云南石油分公司	云南省昆明市国贸路 865 号	6500299	（0871）63115215	（0871）63115210
72	中国石化燃料油销售有限公司	北京市朝阳区惠新东街甲 6 号中国石化大厦 1 号楼	100029	（010）69166392	（010）69168888
73	中石化（香港）有限公司	香港湾仔港湾道 1 号会展广场办公大楼 19 楼		852-28633487	
74	中国石化销售股份有限公司辽宁石油分公司	辽宁省沈阳市皇姑区崇山东路 51 号	110032	（024）86629533	（024）86860772
75	中国石化销售股份有限公司四川石油分公司	四川省成都市高新区吉泰路 688 号中石化西南科研基地	610041	（028）65286812	（028）65286822
76	中国石化销售股份有限公司重庆石油分公司	重庆市渝中区民族路 188 号环球金融中心 48 楼	400010	（023）63107555-6103	（023）63106320

续表

序号	单位名称	地址	邮政编码	电话	传真
77	中国石化销售股份有限公司陕西石油分公司	陕西省西安市莲湖区北大街 29 号中天国际大厦 10 层	710003	（029）87257291	（029）87403810
78	中国石化销售股份有限公司内蒙古石油分公司	内蒙古自治区呼和浩特市如意开发区如意和大街 28 号万铭总部基地综合楼 5 楼	010090	（0471）5289801	（0471）5289808
79	中国石化销售有限公司新疆石油分公司	新疆乌鲁木齐长春南路 466 号中国石化科研生产园区 2 楼 B 座	830011	（0991）3163087	（0991）3163086
80	中国石化销售股份有限公司吉林石油分公司	吉林省长春市南关区人民大街 10606 号东北亚国际金融中心 3 号楼	130000	（0431）81332986	（0431）81332966
81	中国石化销售股份有限公司黑龙江石油分公司	黑龙江省哈尔滨市道里区通达街 307 号中国石化	150000	（0451）51530813	（0451）51530991
82	中国石化销售股份有限公司青海石油分公司	青海省西宁市城东区民和路 58 号	810007	（0971）6233926	（0971）5161973
83	中国石化销售股份有限公司甘肃石油分公司	甘肃省兰州市城关区天水中路 2 号	730000	（0931）8520616	（0931）8833795
84	中国石化销售股份有限公司宁夏石油分公司	宁夏回族自治区银川市兴庆区清和北街 1143 号	750000	（0951）3803513	（0951）3859299
85	中国石化销售有限公司华北分公司	天津市华苑产业园区榕苑路 11 号	300384	（022）23059524	（022）23059522
86	中国石化销售股份有限公司华东分公司	上海市长宁区愚园路 819 号	200050	（021）62119325	（021）62119327
87	中国石化销售股份有限公司华中分公司	湖北省武汉市江汉区常青路 39 号	430023	（027）65798146	（027）65798015
88	中国石化销售股份有限公司华南分公司	广州市天河区体育西路 191 号中石化大厦 A 塔 39 楼	510620	（020）38083999	（020）38083909
89	中石化易捷销售有限公司	北京市朝阳区朝阳门吉市口路 9 号	100728	（010）59964590	–
90	中国石油化工股份有限公司石油化工科学研究院	北京市海淀区学院路 18 号	100083	（010）62310806	（010）62311290
91	中国石油化工股份有限公司大连石油化工研究院 中国石油化工股份有限公司抚顺石油化工研究院	辽宁省大连市旅顺口区南开街 96 号 辽宁省抚顺市望花区丹东路东段 31 号	116045 113001	（0411）39699990 （024）56389234	（0411）39699000 （024）56429551

续表

序号	单位名称	地址	邮政编码	电话	传真
92	中石化安全工程研究院有限公司	山东省青岛市崂山区松岭路 339 号	266100	(0532)83786202	(0532)83861318
● 化工和材料板块					
93	中国石化集团北京燕山石油化工有限公司 中国石油化工股份有限公司北京燕山分公司	北京市房山区燕山岗南路 1 号	102500	(010)69347800 010-69345930	(010)69345087
94	中国石油化工股份有限公司齐鲁分公司	山东省淄博市临淄区桓公路 15 号	255408	(0533)7588336	(0533)7586888
95	中国石油化工股份有限公司镇海炼化分公司	浙江省宁波市镇海区蛟川街道	315200	(0574)86444000	(0574)86270077
96	中国石化集团资产经营管理有限公司天津石化分公司 中国石油化工股份有限公司天津分公司	天津市滨海新区(大港)北围堤路(西)160 号	300271	(022)63805589	(022)25991000
97	中沙(天津)石化有限公司	天津市滨海新区(大港)北围堤路(西)235 号	300271	(022)63809018	(022)63809000
98	中国石化上海石油化工股份有限公司	上海市金山区金一路 48 号	200540	(021)57941941	(021)57942267
99	上海赛科石油化工有限责任公司	上海市化学工业区南银河路 557 号	201507	(021)37990088-2061	(021)67250866
100	中国石化扬子石油化工有限公司	江苏省南京市沿江工业开发区(大厂)新华路 777 号	210048	(025)57782303	(025)57784389
101	扬子石化—巴斯夫有限责任公司	江苏省南京市江北新区新华东路 8 号	210048	(025)57770888	
102	中韩(武汉)石油化工有限公司	湖北省武汉市化学工业区八吉府大街特 1 号	430070	(027)86595153 (027)86595156	(027)86595188
103	中国石化集团资产经营管理有限公司巴陵石化分公司 中国石油化工股份有限公司巴陵分公司	湖南省岳阳市云溪区	414014	(0730)8492348	(0730)8481456
104	中国石化仪征化纤有限责任公司	江苏省扬州市仪征市长江西路 1 号	211900	(0514)83231693	(0514)83233880

续表

序号	单位名称	地址	邮政编码	电话	传真
105	中国石化集团南京化学工业有限公司	江苏省南京市江北新区大厂葛关路 268 号	210048	（025）57765017	（025）57792812
106	中国石化集团资产经营管理有限公司安庆分公司 中国石油化工股份有限公司安庆分公司	安徽省安庆市石化四路 20 号	246002	（0556）5375133	（0556）5378299
107	中国石化海南炼油化工有限公司	海南省洋浦经济开发区	578101	（0898）28820068	（0898）28820099
108	中国石化集团重庆川维化工有限公司	重庆市长寿区维江路 36 号	401254	（023）68976909	（023）68974009
109	中国石化集团资产经营管理有限公司宜昌分公司 中国石油化工股份有限公司湖北化肥分公司	湖北省枝江市迎宾大道 15 号	443200	（0717）4232261	（0717）4212660
110	中国石化中原石油化工有限责任公司	河南省濮阳市胜利西路	457001	（0393）4471167	（0393）4416227
111	中国石化长城能源化工有限公司	北京市朝阳区吉市口路 9 号	100020	（010）59965261	（010）59760059
112	中天合创能源有限责任公司化工分公司	内蒙古自治区鄂尔多斯市乌审旗图克镇工业园区	017300	（0477）2247071	–
113	中安联合煤化有限责任公司	安徽省淮南市潘集区祁集镇煤化工大道经六路	23200	（0554）4328151	（0554）4618888
114	中国石化长城能源化工（宁夏）有限公司	宁夏回族自治区灵武市宁东能源化工基地煤化工 C 区	750411	（0951）3098899	（0951）3098833
115	中国石化化工销售有限公司	北京市朝阳区朝阳门北大街 22 号	100728	（010）59966916	（010）59760728
116	中国石化化工销售有限公司华北分公司	北京市朝阳区小关东街 6 号	100029	（010）51586875	（010）51586876
117	中国石化化工销售有限公司华东分公司	上海市长宁区延安西路 728 号 19F、20F、21F	200050	（021）22196888	（021）52385009
118	中国石化化工销售有限公司华南分公司	广东省广州市天河区体育西路 191 号中石化大厦 A 塔 10 层 -15 层	510620	（020）22389638	（020）22389600
119	中国石化化工销售有限公司华中分公司	湖北省武汉市洪山区徐东大街 73 号湖北能源大厦 23-25 层	430063	（027）59356969	（027）59356500
120	中国石化化工销售有限公司江苏分公司	江苏省南京市秦淮区龙蟠中路 218 号中航科技大厦 27 层	210000	（025）84765985	（025）84765911

续表

序号	单位名称	地址	邮政编码	电话	传真
121	中国石化催化剂有限公司	北京市朝阳区惠新东街甲 6 号	100029	（010）69166523	（010）69166878
122	中石化碳产业科技股份有限公司	江苏省南京市建邺区江东中路 371 号金融城九号楼	210019	（025）66202272	（025）66202298
123	中国石油化工股份有限公司上海石油化工研究院 中石化（上海）石油化工研究院有限公司	上海市浦东新区浦东北路 1658 号	201208	（021）68462197	（021）68462283
124	中国石化集团资产经营管理有限公司北京化工研究院 中国石油化工股份有限公司北京化工研究院	北京市朝阳区北三环东路 14 号	100013	（010）59202809	（010）64228661
125	中石化炼化工程（集团）股份有限公司	北京市朝阳区慧忠北里安园 19 号兰华国际 B 座	100101	（010）64998021	（010）64998599
126	中国石化工程建设有限公司	北京市朝阳区安慧北里安园 21 号	100101	（010）84879999	（010）64963395
127	中石化广州（洛阳）工程有限公司	广东省广州市天河区体育西路 191 号 A 塔 河南省洛阳市中州西路 27 号	510620 471003	（020）22193318 （0379）64887749	（020）22193355 （0379）64887756
128	中石化上海工程有限公司	上海市浦东新区张杨路 769 号	200120	（021）58358142	（021）58358142
129	中石化宁波工程有限公司	浙江省宁波市高新区院士路 660 号	315103	（0574）87975589	（0574）87915111
130	中石化南京工程有限公司	江苏省南京市栖霞区仙林大道 16 号	210049	（025）85935263	（025）85561051
131	中石化第四建设有限公司	天津市滨海新区大港世纪大道 180 号	300270	（022）63862214	（022）25990156
132	中石化第五建设有限公司	广东省广州市荔湾区中山七路 81 号	510145	（020）28348210	（020）28348169
133	中石化第十建设有限公司	山东省青岛市黄岛区漓江西路 677 号	266555	（0532）55681666	（0532）55681000
134	上海赛诺佩克有限公司	上海市浦东新区杨高南路 729 号陆家嘴世纪金融广场 1 号楼 2202	200127	（021）58360576	（021）580611
135	中石化项目管理有限公司 中国石化工程部南京项目管理中心	江苏省南京市建邺区南京金融城 9 号楼 8—9 层	210019	（025）66202700	（025）66202726

续表

序号	单位名称	地址	邮政编码	电话	传真
● 资本和金融支持板块					
136	中国石化集团资本有限公司	北京市朝阳区东三环中路 1 号环球金融中心东塔 22 层	100026	(010)56633668	
137	中国石化财务有限责任公司	北京市朝阳区朝阳门北大街 22 号	100728	(010)59966700	(010)59760508
138	中国石化盛骏国际投资有限公司	香港湾仔港湾道 1 号会展广场办公大楼 24 楼	999077	+852 28373336 +852 28373300	+852 28272630
139	中石化产融控股有限公司	深圳市前海深港合作区南山街道前湾一路 63 号万科前海特区馆 A 区 301	100000	010-59960825	
140	中石化百川经济贸易公司(中国石油化工集团公司机关服务中心、中国石油化工集团公司机关服务局)	北京市朝阳区朝阳门北大街 22 号	100728	(010)59960509	(010)59960901
141	中国石化集团共享服务有限公司	北京市朝阳区吉市口路 9 号	100020	(010)59965596	
142	中国石油化工集团有限公司审计中心	北京市朝阳区吉市口路 9 号中石化大厦 2 号楼	100020	010-59963801	
143	中国石化集团经济技术研究院有限公司(中国石化咨询有限责任公司)	北京市朝阳区安外小关街 24 号	100029	(010)52826100	(010)52826200
144	中国石化报社	北京市朝阳区吉市口路 9 号	100020	(010)59963283	(010)59762243
145	中国石化出版社有限公司	北京市东城区安定门外大街 58 号	100011	(010)57512507	
146	中国经济出版社有限公司	北京市东城区安定门外大街 58 号	100011	(010)57512507	
147	中国共产党中国石油化工集团有限公司党组党校(石油化工管理干部学院)	北京市朝阳区立水桥北甲 1 号	100012	(010)52591872	-
148	石油化工工程质量监督总站 中石化工程质量监测有限公司	北京市朝阳区安翔北里 11 号石化干部管理学院分部	100101	(010)21720157	(010)21720188
149	中国石化集团招标有限公司	北京市朝阳区惠新东街甲 6 号	100029	(010)69166487	-

附录 2

2022 年制度清单

序号	制度名称	制度文号	管理部门
1	中国石化新闻舆论工作管理办法	中国石化制〔2022〕76 号	党组宣传部
2	中国石化会计基础工作管理办法	中国石化制〔2022〕74 号	集团公司财务部
3	中国石化信访工作规定	中国石化制〔2022〕73 号	综合管理部（党组办公室）
4	中国石化炼化企业仪控专业管理规定	石化股份制〔2022〕14 号	炼油事业部
5	中国石化关联交易管理办法	中国石化制〔2022〕72 号	集团公司财务部
6	中国石化投资绩效考核办法	中国石化制〔2022〕71 号	发展计划部
7	中国石油化工股份有限公司油气资产弃置费管理办法	石化股份制〔2022〕13 号	股份公司财务部
8	中国石化石油物探工程管理规定	中国石化制〔2022〕70 号	油田勘探开发事业部
9	中国石化炼化企业加热炉管理细则	石化股份制〔2022〕12 号	炼油事业部
10	中国石化炼油企业质量检验机构及采样管理办法	石化股份制〔2022〕11 号	炼油事业部
11	中国石化电子档案管理规定	中国石化制〔2022〕69 号	综合管理部（党组办公室）
12	中国石化炼油产品销售管理办法	石化股份制〔2022〕10 号	炼油事业部
13	中国石化化工企业质量管理办法	石化股份制〔2022〕9 号	化工事业部
14	中国石化国内上游全面预算管理办法	中国石化制〔2022〕68 号	油田勘探开发事业部
15	中国石化炼油业务工资总额管理实施细则	石化股份制〔2022〕8 号	炼油事业部
16	中国石化直属单位职工代表大会实施办法	中国石化制〔2022〕67 号	党群工作部
17	中国石化高级管理人员绩效考核和薪酬管理办法	中国石化制〔2022〕66 号	党组组织部（人力资源部）

续表

序号	制度名称	制度文号	管理部门
18	中国石化炼油企业质量管理办法	石化股份制〔2022〕7 号	炼油事业部
19	中国石化统计管理办法	中国石化制〔2022〕65 号	发展计划部
20	中国石化机构编制管理办法（试行）	中国石化党组制〔2022〕10 号	党组组织部（人力资源部）
21	中国石化化工轻油管理办法	中国石化制〔2022〕64 号	生产经营管理部
22	中国石化外购原油交接计量监督管理办法	中国石化制〔2022〕63 号	科技部
23	中国石化担保业务管理办法	中国石化制〔2022〕62 号	集团公司财务部
24	中国石化加强日常监督谈话工作办法（试行）	中国石化党组制〔2022〕9 号	纪检监察组
25	中国石化质量事故管理规定	中国石化制〔2022〕61 号	科技部
26	中国石化领导人员插手干预重大事项记录报告办法	中国石化纪监发〔2022〕9 号	纪检监察组
27	中国石油化工集团有限公司直属工会经费收支管理办法	中国石化直工〔2022〕41 号	党群工作部
28	中国石化炼油生产计划管理办法	石化股份制〔2022〕6 号	炼油事业部
29	中国石化职称证书管理办法	中国石化制〔2022〕59 号	党组组织部（人力资源部）
30	中国石化战略科学家管理与服务工作办法	中国石化制〔2022〕55 号	党组组织部（人力资源部）
31	中国石化内部人才优化配置管理办法	中国石化制〔2022〕57 号	党组组织部（人力资源部）
32	中国石化专家管理办法	中国石化制〔2022〕56 号	党组组织部（人力资源部）
33	中国石化社会成熟人才引进管理办法	中国石化制〔2022〕58 号	党组组织部（人力资源部）
34	中国石化高校毕业生引进工作管理办法	中国石化制〔2022〕60 号	党组组织部（人力资源部）
35	中国石化品牌架构管理办法	中国石化制〔2022〕54 号	党组宣传部

续表

序号	制度名称	制度文号	管理部门
36	中国石油化工股份有限公司总裁工作规则	石化股份制〔2022〕5 号	综合管理部（党组办公室）
37	中国石油化工股份有限公司董事会授权管理办法	石化股份制〔2022〕4 号	综合管理部（党组办公室）
38	中国石化总部议事协调机构管理办法（试行）	中国石化制〔2022〕52 号	党组组织部（人力资源部）
39	中国石化突发环境事件专项应急预案	中国石化制〔2022〕53 号	能源管理与环境保护部
40	中国石化信息化项目技术审查管理办法	中国石化制〔2022〕51 号	信息和数字化管理部
41	中国石化贵金属及有色金属资源管理规范	中国石化制〔2022〕50 号	物资装备部
42	中国石化金融衍生品业务管理办法	中国石化制〔2022〕49 号	集团公司财务部
43	中国石化热电专业对标竞赛管理办法	中国石化制〔2022〕48 号	化工事业部
44	中国石化水务专业对标竞赛管理办法	中国石化制〔2022〕47 号	化工事业部
45	中国石化领导人员亲属经商办企业管理规定	中国石化党组制〔2022〕8 号	党组组织部（人力资源部）
46	中国石油化工集团有限公司内幕信息知情人登记管理办法	中国石化制〔2022〕46 号	综合管理部（党组办公室）
47	中国石化物资储备和库存管理办法	中国石化制〔2022〕44 号	物资装备部
48	中国石油化工集团有限公司资产评估机构备选库管理办法	中国石化制〔2022〕43 号	集团公司财务部
49	中国石化风险勘探项目管理办法	中国石化制〔2022〕42 号	油田勘探开发事业部
50	中国石化境外内派人员外事管理办法	中国石化制〔2022〕41 号	国际合作部
51	中国石化财政资金管理办法	中国石化制〔2022〕40 号	集团公司财务部
52	中国石化业务竞赛工作管理规定	中国石化制〔2022〕39 号	党组组织部（人力资源部）
53	中国石化总部部门党小组工作细则（试行）	中国石化直党〔2022〕31 号	党群工作部

续表

序号	制度名称	制度文号	管理部门
54	中共中国石油化工集团有限公司直属纪律检查委员会工作规则	中国石化直纪〔2022〕4 号	党群工作部
55	中国石化企业文化建设管理办法	中国石化党组制〔2022〕7 号	党组宣传部
56	中国石化集团公司领导身边工作人员保密管理规定	中国石化制〔2022〕38 号	综合管理部（党组办公室）
57	中国石化生态环境事件管理办法	中国石化制〔2022〕37 号	能源管理与环境保护部
58	中国石化生态环境事件责任追究管理办法	中国石化制〔2022〕35 号	能源管理与环境保护部
59	中国石化国内上游企业质量管理办法	中国石化制〔2022〕34 号	油田勘探开发事业部
60	中国石化先进典型选树宣传管理办法	中国石化党组制〔2022〕6 号	党组宣传部
61	中国石化受处分党员干部回访教育工作办法	中国石化党组制〔2022〕5 号	纪检监察组
62	中国石化生产调度信息报送管理规定	中国石化制〔2022〕33 号	生产经营管理部
63	中国石油化工集团有限公司直属单位董事会和董事评价办法（试行）	中国石化党组制〔2022〕4 号	综合管理部（党组办公室）
64	中国石化法人单位设立变更撤销管理办法	中国石化制〔2022〕32 号	企改和法律部
65	中国石油化工集团有限公司水煤浆型煤气化装置运行管理办法	中国石化制〔2022〕31 号	化工事业部
66	中国石油化工股份有限公司内幕信息知情人登记管理办法	石化股份制〔2022〕3 号	综合管理部（党组办公室）
67	中国石油化工股份有限公司董事会秘书工作规则	石化股份制〔2022〕3 号	综合管理部（党组办公室）
68	中国石油化工股份有限公司独立董事工作规则	石化股份制〔2022〕3 号	综合管理部（党组办公室）
69	中国石油化工股份有限公司董事、监事及高级管理人员所持公司股份及其变动管理规定	石化股份制〔2022〕3 号	综合管理部（党组办公室）
70	中国石油化工股份有限公司信息披露管理规定	石化股份制〔2022〕3 号	综合管理部（党组办公室）

续表

序号	制度名称	制度文号	管理部门
71	中国石化企业社会责任工作管理办法	中国石化制〔2022〕30 号	党组宣传部
72	中国石化纪检监察机构参加生产安全事故环境事件调查与开展追责问责工作办法	中国石化纪监发〔2022〕4 号	纪检监察组
73	中国石化物资供应管理绩效考核办法	中国石化制〔2022〕29 号	物资装备部
74	中国石化重大经营风险事件报告管理办法	中国石化制〔2022〕28 号	企改和法律部
75	中国石油化工集团有限公司新闻宣传考核办法	中国石化制〔2022〕27 号	党组宣传部
76	中国石化技术引进工作规范	中国石化制〔2022〕26 号	物资装备部
77	中国石化电力交易管理办法（试行）	中国石化制〔2022〕25 号	化工事业部
78	中国石化环境信息管理办法	中国石化制〔2022〕24 号	能源管理与环境保护部
79	中国石化关联交易转让定价管理办法	中国石化制〔2022〕23 号	股份公司财务部
80	中国石化炼油节能管理办法	石化股份制〔2022〕2 号	炼油事业部
81	中国石化国内上游计量管理办法	中国石化制〔2022〕22 号	油田勘探开发事业部
82	中国石油化工集团有限公司董事会议案管理工作规范	中国石化制〔2022〕21 号	综合管理部（党组办公室）
83	中国石化环保统计管理办法	中国石化制〔2022〕20 号	能源管理与环境保护部
84	中国石化推进领导人员能上能下实施办法	中国石化党组制〔2022〕2 号	党组组织部（人力资源部）
85	中国石化领导班子和领导人员综合考核评价暂行办法	中国石化党组制〔2022〕3 号	党组组织部（人力资源部）
86	中国石油化工集团有限公司资本和金融企业风险管理办法	中国石化制〔2022〕18 号	资本和金融事业部
87	中国石化应收款项管理办法	中国石化制〔2022〕19 号	集团公司财务部
88	中国石化直属单位外部董事考核评价办法（试行）	中国石化党组制〔2022〕1 号	党组组织部（人力资源部）

续表

序号	制度名称	制度文号	管理部门
89	中国石化董事长、总经理奖励管理办法	中国石化制〔2022〕17 号	党组组织部（人力资源部）
90	中国石化炼化企业原油业务管理细则	石化股份制〔2022〕1 号	炼油事业部
91	中国石化境外资金业务管理实施细则	中国石化制〔2022〕15 号	集团公司财务部
92	中国石化临时用电作业安全管理规定	中国石化制〔2022〕14 号	安全监管部
93	中国石化受限空间作业安全管理规定	中国石化制〔2022〕14 号	安全监管部
94	中国石化动火作业安全管理规定	中国石化制〔2022〕14 号	安全监管部
95	中国石化作业许可管理规定	中国石化制〔2022〕14 号	安全监管部
96	中国石化吊装作业安全管理规定	中国石化制〔2022〕14 号	安全监管部
97	中国石化动土作业安全管理规定	中国石化制〔2022〕14 号	安全监管部
98	中国石化盲板抽堵作业安全管理规定	中国石化制〔2022〕14 号	安全监管部
99	中国石化高处作业安全管理规定	中国石化制〔2022〕14 号	安全监管部
100	中国石化直属单位工会工作规则（试行）	中国石化制〔2022〕13 号	党群工作部
101	中国石油化工集团有限公司 董事会授权管理办法（试行）	中国石化制〔2022〕12 号	综合管理部（党组办公室）
102	中国石化境外物资采购管理办法	中国石化制〔2022〕10 号	物资装备部
103	中国石化治理指定采购和独家采购监督规定	中国石化制〔2022〕11 号	物资装备部
104	中国石化信息标准代码管理办法	中国石化制〔2022〕4 号	信息和数字化管理部
105	中国石化易派客平台物资采购业务运行管理办法	中国石化制〔2022〕3 号	物资装备部
106	中国石化档案工作检查评价规定	中国石化制〔2022〕1 号	综合管理部（党组办公室）

索　引

企事业单位主题词索引 ｜ 表题索引

企事业单位主题词索引

使用说明

1. 本索引引用主题词分析索引法编制。
2. 本索引按汉语拼音音序排列。具体如下：以英文字母开头的，排在最前面；汉字标目则按首字的音序、音调依次排列，首字相同时，则以第二个字排序，并依次类推。
3. 在索引中，索引标目之后的数字表示主题内容所在年鉴正文的页码；英文字母 a、b 分别表示左、右两个栏目。
4. 为反映索引款目的逻辑关系。对于二级目录，采取在上一级标目下缩两格的编排形式予以体现，之下的索引款目仍按上列排序方法依次排列。

A

B

C

D

F

G

H

J

K

L

M

N

Q

R

S

T

X

Y

Z

表题索引

使用说明

1. 本索引采用表题索引法编制。年鉴中所有表题均在标引范围内。
2. 本索引基本上按汉语拼音音序排列。具体如下：以数字开头的，排在最前面；汉字标目则按首字的音序、音调依次排列，首字相同时，则以第二个字排序，并依次类推。
3. 在索引中，索引标目之后的数字表示主题内容所在年鉴正文的页码。

0~9

A

B

C

D

F

G

H

J

K

L

M

N

Q

R

S

T

X

Y

Z